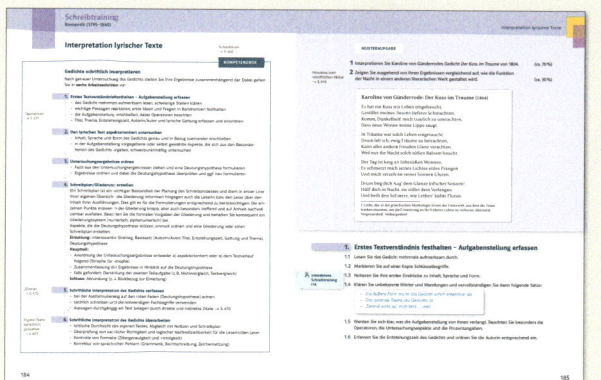
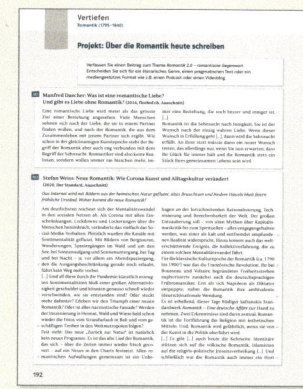

Wissen und Können

Hier finden Sie die übersichtliche Zusammenfassung der wesentlichen Inhalte und Kompetenzen.

Schreibtraining

In den Schreibtrainings werden ausgewählte Schreibformate in sechs aufeinander aufbauenden Schritten angeleitet.

Vertiefen

Den Abschluss der Kapitel bilden Projektvorschläge oder weitere Schreibaufgaben.

Symbole

MK	Aufgaben zur Integration oder Reflexion von Medien
A ◁))	Audio, z. B. Hörtext
I 👆	interaktive Inhalte, z. B. 360°-Bilder, So geht's, Schreibtraining, Sprachtraining
D 📄	Dokument, z. B. Beispiellösung

Schauen Sie sich im Panorama (S. 164) die Punkte ①–⑥ an, um die Epoche besser zu verstehen.

Die blauen Felder regen die fakultative Arbeit mit zusätzlichen multimedialen Inhalten an.

Die Medien (Audios, interaktive Inhalte und Dokumente) zum Schulbuch sind online und offline verfügbar.

1. QR-Code scannen oder Link in einen Browser eingeben
2. Mit den persönlichen Klett-Zugangsdaten anmelden
3. Digitale Medien online nutzen oder in die 🐸 **Klett Lernen App** herunterladen

Link
qr.klett.de/LC-Kpu-J1p

1. Auflage

1 | 5 4 3 2 1 | 28 27 26 25 24

Herausgeberin: Friederike Braun, München
Unter Beratung von: Prof. Dr. Helmuth Feilke, Gießen; Prof. Dr. Iris Winkler, Jena
Autorinnen und Autoren: Dr. Dominik Banhold, Aschaffenburg; Bernhard Bogner, Bad Wörishofen; Friederike Braun, München; Dr. Anika Davidson, Heroldsberg; Christian Frobenius, Grafing; Dr. Thomas Gutwald, München; Dominik Koch, Diedorf; Conrad Pietschmann, Blaustein; Dr. Stefan Schäfer, Lörrach; Carolin Sollfrank, München

Mit Beiträgen von: Wilhelm Borcherding, Spenge; Klemens Büsch, Leverkusen; Stefan Hesper, Bad Sassendorf; Arnhild Nachreiner, Bergisch Gladbach; Sandra Rollmann, Würzburg; Michael Schwarzwald, Beverungen; Wolfgang Wittor, Leipzig

Entstanden in Zusammenarbeit mit dem Projektteam des Verlages.

Gestaltung: normaldesign GbR, Maria und Jens-Peter Becker, Schwäbisch Gmünd
Umschlaggestaltung: normaldesign GbR, Maria und Jens-Peter Becker, Schwäbisch Gmünd
Titelbild: Sandra Then, Bonn
Satz: Fotosatz Buck, Kumhausen
Reproduktion: Meyle + Müller GmbH & Co. KG, Pforzheim
Druck: PASSAVIIA Druckservice GmbH & o. KG, Passau

Printed in Germany
ISBN 978-3-12-350568-3

Deutsch kompetent

mit Medien

Herausgegeben von:
Friederike Braun

Unter Beratung von:
Helmuth Feilke
Iris Winkler

Erarbeitet von:
Dominik Banhold
Bernhard Bogner
Friederike Braun
Anika Davidson
Christian Frobenius
Thomas Gutwald
Dominik Koch
Conrad Pietschmann
Stefan Schäfer
Carolin Sollfrank

Ernst Klett Verlag
Stuttgart · Leipzig · Dortmund

TEXTE

Vertrauen in Daten-Umgang durch Social-Media-Plattformen 2022 **58** • R. J. Vodermair: „Erkenne dich selbst? Erschaffe dich selbst!" – Selfie, Selbstinszenierung, Social Media **58 f.** • W. Ullrich: Selfies **59**

Deutschlandfunk Nova: Soziale Netzwerke belohnen Empörungs-Posts **61**

Forsa: Vertrauen der Deutschen in Institutionen **62** • M. Bertolaso: Wie viel Demoskopie braucht Deutschland? **62 f.** • G. Mester: Politik, Medien und Demoskopie **64** • M. Kneuer: Die Veränderung demokratischer Prozesse durch digitale Medien **64 f.** • R. D. Precht/H. Welzer: Die vierte Gewalt **65**

M. Maurer: Agenda-Setting **66** • E. Wehling im Interview: Wirkungsvolle politische Sprache und Framing **67** • J. Cook: Falsche Ausgewogenheit **68** • O. Georgi: Viel reden, wenig sagen **69** • C. M. Wieland: Durch welche sichere Mittel wird [die Aufklärung] befördert? **70** • F.-W. Steinmeier: Rede zur Verleihung des Marion Dönhoff Preises für internationale Verständigung und Versöhnung an die „New York Times" am 3. Dezember 2017 in Hamburg **71 f.**

A. Stefanowitsch: Empörungswellen in Sozialen Medien: Entgrenzte Kommunikation **75 f.**

F.-W. Steinmeier: Jubiläum – 20 Jahre Jugend debattiert **80** • Zeitstrahl: 20 Jahre Jugend debattiert **80 f.**

P. Köhler: Die Wahrheit. Hier wirst du Deutsch gelernt **83**

A. Storrer: Über die Auswirkungen des Internets auf unsere Sprache **85** • Standpunkt der Gesellschaft für deutsche Sprache (GfdS) zu einer geschlechtergerechten Sprache **86** • T. O. Feicke: Jugendwort des Jahres **87** • statista: Diese Sprachen lernen die Deutschen **88** • H. Schwinn: Normative Grammatik **89** • J. G. Schneider: Sprachliche ‚Fehler' aus sprachwissenschaftlicher Sicht **89 f.** • U. Ammon: Gültigkeit und Legitimität von Normen **91**

8 Realistische Strömungen des 19. Jahrhunderts (1815–1900)
„einfach jeden Zipfel der Wirklichkeit beschreiben"?

9 Moderne (1890–1945)
„Wohl dem, der jetzt noch – Heimat hat!"

M. Scharrenbroich: Sandmann. Graphic Novel von M. Mikolajczak u. J. Piotrowski (Rezension) **363, 364, 369** • T. Sedlmaier: Pochen Herzen algorithmisch, wenn sich ein Mensch in einen Roboter verliebt? **363**

M. Mikolajczak/J. Piotrowski: Sandmann **364, 365, 367** • J. Abel/C. Klein: Bildabfolgen untersuchen **366** • Formen von Bildabfolgen nach Scott McCloud **366** • J. Abel/C. Klein: Genre **369**

M. Schrader: Ich bin dein Mensch **370f., 372ff.** • K. Wacker: Heldenreise nach Christopher Vogler als dramaturgisches Konzept **371**

M. Schrader im Interview mit K. Lindemann **380**

H. Pilarczyk: Rezension zu „Ich bin dein Mensch" **380**

S. Schultz: Pressestimme zu „Ich bin dein Mensch" **381**

F.-W. Steinmeier: Rede zur Verleihung des Marion Dönhoff Preises für internationale Verständigung und Versöhnung an die „New York Times" **440**

D. Esslinger: Herzenswärme, gerne für alle **442**

H. Lorenz: Habt Mitgefühl! **444**

C. Brentano: Hörst du wie die Brunnen rauschen **460**

J. W. Goethe: Iphigenie auf Tauris **461**

Bedingungen der Verständigung untersuchen
Wie gelingt Kommunikation?

1

Was ist Kommunikation?

Wie beeinflusst Kommunikation unser Handeln?

Wie kommuniziert man erfolgreich?

2

Anton Benz: Mythos Spiegelneurone (2022, Spektrum.de, Ausschnitt)

Sommer 1992 – die Sonne brütet über Parma. Ein Affe wartet in einem Labor des Istituto di Fisiologia Umana darauf, dass die Wissenschaftler aus ihrer Mittagspause zurückkehren. Der verkabelte Makak[1] ist an ein Gerät angeschlossen, welches die Aktivität von Neuronen im motorischen Kortex[2] aufzeichnet und jedes Mal dann ein Surren von sich gibt, wenn er nach Nahrung greift. Langsam trudelt die Gruppe um Giacomo Rizzolatti aus der Kantine ein. Ein Doktorand schleckt noch gemütlich an seinem Eis, bevor es zurück an die Arbeit geht. Als er die Kugel im Sichtfeld des Affen zum Mund führt, geschieht etwas, das die Hirnforschung für immer verändern soll: Der Apparat schlägt an, obwohl sich das Versuchstier nicht regt. Jene Nervenzellen, die eigentlich feuern, wenn der Makak selbst Essen zum Maul führt, reagieren auch bei der bloßen Beobachtung derselben Bewegung! Und die Entdeckung der Spiegelneurone nimmt ihren Lauf.

Eine tolle Geschichte, auf die man im Internet häufig stößt. Leider ist sie nicht wahr. Heute, 30 Jahre später, lacht der inzwischen emeritierte[3] Rizzolatti darüber: „Das ist nichts weiter als ein Mythos, der einmal in der ‚New York Times' stand und sich von dort weiterverbreitete. Die eigentliche Geschichte ist viel unspektakulärer: Es gab eine Vorrichtung, aus der wir das Essen für die Affen entnahmen. Zu unser aller Überraschung feuerten ihre Nervenzellen auch dann, wenn wir nach einer Belohnung für sie griffen." [...]

Die Idee, dass im Gehirn Neurone auf die Gebärden anderer reagieren, lädt dazu ein, größer zu denken. Spiegeln sie dann vielleicht auch innere Zustände? Sind sie möglicherweise sogar der Grund, warum wir eine Ahnung davon haben, was in den Köpfen anderer vor sich geht? [...]

1998 stellten Rizzolatti und der englische Neurowissenschaftler und Informatiker Michael Arbib die These auf, die menschliche Sprache sei vor allem durch das Zutun von Spiegelneuronen entstanden. [...] Ein Team um Stephen Wilson von der Vanderbilt University in Nashville untermauerte diese Theorie 2004 mit Daten aus dem Hirnscanner. Im MRT sollten Versuchspersonen einzelnen Silben entweder lauschen oder sie nachsprechen. In beiden Bedingungen wurden Teile der motorischen Hirnrinde mit Spiegeleigenschaften aktiv. Verstehen wir also Sprache, indem Spiegelneurone im Motorkortex die Laute unseres Gegenübers nachahmen?

---

1 Makaken, die: Primatengattung aus der Familie der Meerkatzen, zu der u. a. Rhesusaffen zählen   2 motorischer Kortex, der: Teil der Großhirnrinde, der für die Steuerung von Bewegungsabläufen zuständig ist   3 emeritiert: von der Lehrtätigkeit als Professorin bzw. Professor an einer Hochschule in den Ruhestand versetzt

1 Erarbeiten Sie im Team eine Definition von Kommunikation, die auch die auf den Bildern auf S. 12 dargestellten Fälle mit einschließt.

2 Erläutern Sie, was laut Text *Mythos Spiegelneurone* die Spiegelneurone für die Kommunikation zwischen Menschen leisten könnten.

3 Formulieren Sie im Team Thesen zur Frage, ob und wie Spiegelneurone zur Entstehung und zur Lösung von Missverständnissen und Konflikten beitragen könnten.

1.1 Kommunikation theoretisch untersuchen
Auf dem Weg zur Verständigung

Störungen der Kommunikation

Lo Graf von Blickensdorf: Missverständnis (2021)

Karsten Schley: Kommunikation (2017)

1 Beschreiben Sie die Karikaturen und benennen Sie jeweils die Aussageabsicht.

2 Bilden Sie drei Gruppen und bereiten Sie arbeitsteilig eine kurze Präsentation zu den folgenden Teilthemen vor:
- Formen von Konflikten
- Ursachen von Konflikten
- Schlichtung von Konflikten

Lutz Schrader: Was ist ein Konflikt? (2018, Bundeszentrale für politische Bildung, Ausschnitt)

Konflikte treten in sehr unterschiedlichen Formen in Erscheinung. Sie können sich als Gewissensbisse in einer Person abspielen, als Streit eine Ehe belasten, als Tarifkonflikt zwischen Gewerk-
5 schaftsmitgliedern und Unternehmen in einem Streik gipfeln oder als Bürgerkrieg zwischen einer Regierung und Rebellengruppen ausgetragen werden. Bei aller Unterschiedlichkeit lassen sich Konflikte auf eine mehr oder weniger gemeinsa-
10 me Grundstruktur zurückführen. Jeder Konflikt umfasst idealtypisch drei Komponenten:
- ein widerstreitendes Verhalten der Konfliktparteien, das den Konflikt anzeigt und ihn allzu oft weiter verschärft (z.B. Achtlosigkeit,
15 Kommunikationsverweigerung, Konkurrenz, verbale Angriffe, physische Gewalt),
- unvereinbar erscheinende Interessen und Ziele der Konfliktparteien (z.B. Streben nach sozialer Anerkennung oder nach materiellem Gewinn, Verfolgung von Demokratie oder Au-
20 tokratie als ideale Staatsform),
- unterschiedliche Annahmen und Haltungen der Beteiligten in Bezug auf die Ursachen des Konflikts, ihre eigene Stellung/Rolle innerhalb des Konflikts und die Bewertung der an-
25 deren Konfliktparteien (z.B. Stereotype, Vorurteile und Feindbilder).
Die Konfliktforschung unterscheidet zusätzlich noch zwischen der sichtbaren bzw. manifesten und der latenten Ebene eines Konflikts. Das Ver-
30 halten der Konfliktparteien bildet die manifeste Ebene. Dagegen bleiben die Interessen und Ziele sowie die Annahmen und Haltungen der Konfliktparteien häufig im Dunkeln. Sie bilden die unsichtbare oder latente Ebene der Auseinan-
35 dersetzung.

3 Erstellen Sie auf der Grundlage Ihrer Vorarbeit (S. 14, Aufgabe 2) sowie der Informationen aus dem Text von Lutz Schrader eine Kurzdefinition des Begriffs *Konflikt*. Diskutieren Sie, ob die in den Karikaturen dargestellten Situationen Konflikte sind.

4 Diskutieren Sie, ob sich Konflikte als Form der Kommunikationsstörung beschreiben lassen.

Paul Watzlawick/Janet H. Beavin/Don D. Jackson: Menschliche Kommunikation
(1969, Ausschnitt)

Die Unmöglichkeit, nicht zu kommunizieren

Verhalten hat vor allem eine Eigenschaft, die so grundlegend ist, dass sie oft übersehen wird: Verhalten hat kein Gegenteil, oder um dieselbe Tatsache noch simpler auszudrücken: Man kann sich nicht *nicht* verhalten. Wenn man also akzeptiert, dass alles Verhalten in einer zwischenpersönlichen Situation Mitteilungscharakter hat, d. h. Kommunikation ist, so folgt daraus, dass man, wie immer man
5 es auch versuchen mag, nicht *nicht* kommunizieren kann. Handeln oder Nichthandeln, Worte oder Schweigen haben alle Mitteilungscharakter: Sie beeinflussen andere, und diese anderen können ihrerseits nicht *nicht* auf diese Kommunikation reagieren und kommunizieren damit selbst. Es muss betont werden, dass Nichtbeachtung oder Schweigen seitens des anderen dem eben Gesagten nicht
10 widerspricht. Der Mann im überfüllten Wartesaal, der vor sich auf den Boden starrt oder mit geschlossenen Augen dasitzt, teilt den anderen mit, dass er weder sprechen noch angesprochen werden will, und gewöhnlich reagieren seine Nachbarn richtig darauf, indem sie ihn in Ruhe lassen. Dies ist nicht weniger ein Kommunikationsaustausch als ein angeregtes Gespräch. [...]

Die Inhalts- und Beziehungsebene der Kommunikation

15 Wenn man untersucht, was jede Mitteilung enthält, so erweist sich ihr Inhalt vor allem als Information. Dabei ist es gleichgültig, ob diese Information wahr oder falsch, gültig oder ungültig oder unentscheidbar ist. Gleichzeitig aber enthält jede Mitteilung einen weiteren Aspekt, der viel weniger auffällig, doch ebenso wichtig ist – nämlich einen Hinweis darauf, wie ihr Sender sie vom Empfänger verstanden haben möchte. Sie definiert also, wie der Sender die Beziehung zwischen sich und
20 dem Empfänger sieht, und ist in diesem Sinn seine persönliche Stellungnahme zum anderen. Wir finden somit in jeder Kommunikation einen *Inhalts- und einen Beziehungsaspekt*. [...]
Wenn Frau *A* auf Frau *B's* Halskette deutet und fragt: „Sind das echte Perlen?", so ist der Inhalt ihrer Frage ein Ersuchen um Information über ein Objekt. Gleichzeitig aber definiert sie damit auch – und kann es nicht *nicht* tun – ihre Beziehung zu Frau B. Die Art, wie sie fragt (der Ton ihrer Stimme,
25 ihr Gesichtsausdruck, der Kontext usw.), wird entweder wohlwollende Freundlichkeit, Neid, Bewunderung oder irgendeine andere Einstellung zu Frau B ausdrücken. B kann ihrerseits nun diese Beziehungsdefinition akzeptieren, ablehnen oder eine andere Definition geben, aber sie kann unter keinen Umständen – nicht einmal durch Schweigen – nicht auf A's Kommunikation antworten. Für unsere Überlegungen wichtig ist die Tatsache, dass dieser Aspekt der Interaktion zwischen den bei-
30 den nichts mit der Echtheit von Perlen zu hat (oder überhaupt mit Perlen), sondern mit den gegenseitigen Definitionen ihrer Beziehung, mögen sie sich auch weiter über Perlen unterhalten.
Oder betrachten wir kurz die folgenden beiden Mitteilungen: „Es ist wichtig, die Kupplung langsam und weich zu betätigen" und „Lass das Kupplungspedal einfach aus, das tut dem Getriebe sehr gut". Beide Mitteilungen haben ungefähr denselben Informationsgehalt (Inhaltsaspekt), definieren aber
35 offensichtlich zwei grundverschiedene Beziehungen zwischen Fahrlehrer und Schüler.
Um Missverständnisse hinsichtlich des eben Gesagten zu vermeiden, muss klargestellt werden, dass Beziehungen verhältnismäßig selten bewusst und ausdrücklich definiert werden. Im Allgemeinen ist es so, dass die Definition der Beziehung umso mehr in den Hintergrund rückt, je spontaner und „gesunder" die Beziehung ist, während „kranke" (d. h. konfliktreiche) Beziehungen u. a. durch
40 wechselseitiges Ringen um ihre Definition gekennzeichnet sind, wobei der Inhaltsaspekt fast völlig an Bedeutung verliert. [...]

Symmetrische und komplementäre Interaktion

[...] Sie stehen für Beziehungen, die entweder auf Gleichheit oder auf Unterschiedlichkeit beruhen. Im ersten Fall ist das Verhalten der beiden Partner sozusagen spiegelbildlich und ihre Interaktion

45 daher *symmetrisch*. Dabei ist es gleichgültig, worin dieses Verhalten im Einzelfall besteht, da die Partner sowohl in Stärke wie Schwäche, Härte wie Güte und jedem anderen Verhalten ebenbürtig sein können. Im zweiten Fall dagegen ergänzt das Verhalten des einen Partners das des anderen, wodurch sich eine grundsätzlich andere Art von verhaltensmäßiger Gestalt ergibt, die *komplementär* ist. Symmetrische Beziehungen zeichnen sich also durch Streben nach Gleichheit und Verminde-

50 rung von Unterschieden zwischen den Partnern aus, während komplementäre Interaktionen auf sich gegenseitig ergänzenden Unterschiedlichkeiten basieren.

In der komplementären Beziehung gibt es zwei verschiedene Positionen: Ein Partner nimmt die sogenannte superiore, primäre Stellung ein, der andere die entsprechende inferiore, sekundäre. Diese Begriffe dürfen jedoch nicht mit „stark" und „schwach", „gut" und „schlecht" oder ähnlichen Gegen-

55 satzpaaren verquickt werden. Komplementäre Beziehungen beruhen auf gesellschaftlichen oder kulturellen Kontexten (wie z.B. im Fall von Mutter und Kind, Arzt und Patient, Lehrer und Schüler), oder sie können die idiosynkratische[1] Beziehungsform einer ganz bestimmten Dyas[2] sein. In beiden Fällen muss jedoch die ineinander verzahnte Natur der Beziehung hervorgehoben werden, wobei unterschiedliche, aber einander ergänzende Verhaltensweisen sich gegenseitig auslösen. Es ist

60 nicht etwa so, dass ein Partner dem anderen eine komplementäre Beziehung aufzwingt; vielmehr verhalten sich beide in einer Weise, die das bestimmte Verhalten des anderen voraussetzt, es gleichzeitig aber auch bedingt.

---

1 idiosynkratisch: hier im allgemeinen Sinne: spezifisch   2 Dyas, die: Zweiheit, Paar

5 Fassen Sie die Aussagen von Watzlawick u.a. in Form von Thesen zusammen.

6 Untersuchen und beschreiben Sie, wie Watzlawick u.a. ihre Positionen entfalten.

Iphigenie auf Tauris → S.139   **7** **PLUS** Untersuchen Sie den Dialog einer Dramenszene im Buch (z.B. aus Goethes *Iphigenie auf Tauris* auf S.139) daraufhin, ob die Kommunikation der Gesprächspartner als symmetrisch oder als komplementär nach Watzlawick u.a. bezeichnet werden kann, und belegen Sie Ihre These am Text.

Friedemann Schulz von Thun: Das Vier-Ohren-Modell (1981)

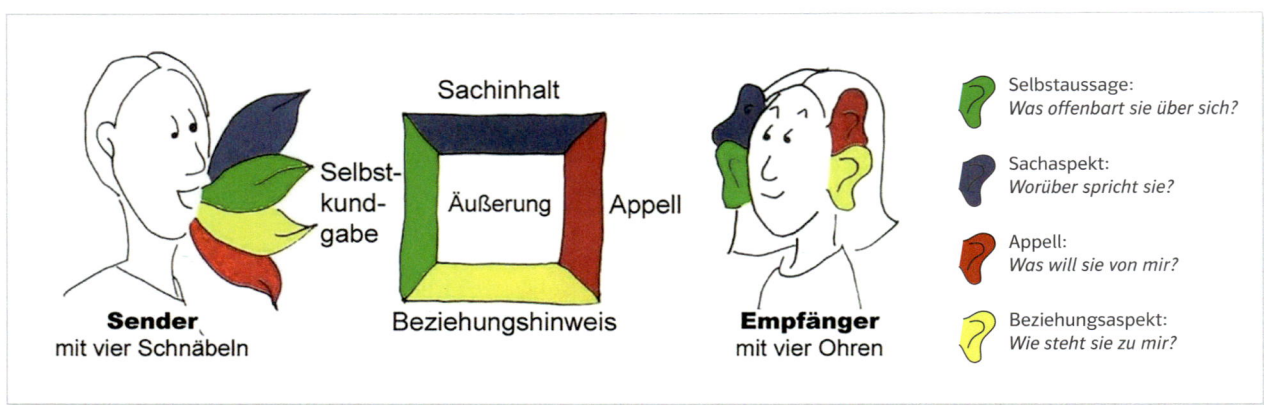

8 Erläutern Sie, wie das Kommunikationsmodell von Friedemann Schulz von Thun auf den Thesen von Watzlawick u.a. (S.15 f.) aufbaut.

9 Beschreiben Sie die in den Karikaturen (S.14) dargestellten Kommunikationssituationen mithilfe des Vier-Seiten-Modells (Vier-Ohren-Modell) von Friedemann Schulz von Thun.

Kommunikationsmodelle und das Gelingen von Kommunikation

Karl Bühler: Das Organon[1]-Modell (1934, Ausschnitt)

Organon-Modell
→ S.451, 453

Die Linienscharen symbolisieren die semantischen Funktionen des (komplexen) Sprachzeichens [„Z" steht für „Zeichen"]. Es ist *Symbol* kraft seiner Zuordnung zu Gegenständen und Sachverhalten, *Symptom* (Anzeichen, Indicium) kraft seiner Abhängigkeit vom Sender, dessen Innerlichkeit es ausdrückt, und *Signal* kraft seines Appells an den Hörer, dessen äußeres oder inneres Verhalten es steu-
5 ert wie andere Verkehrszeichen.

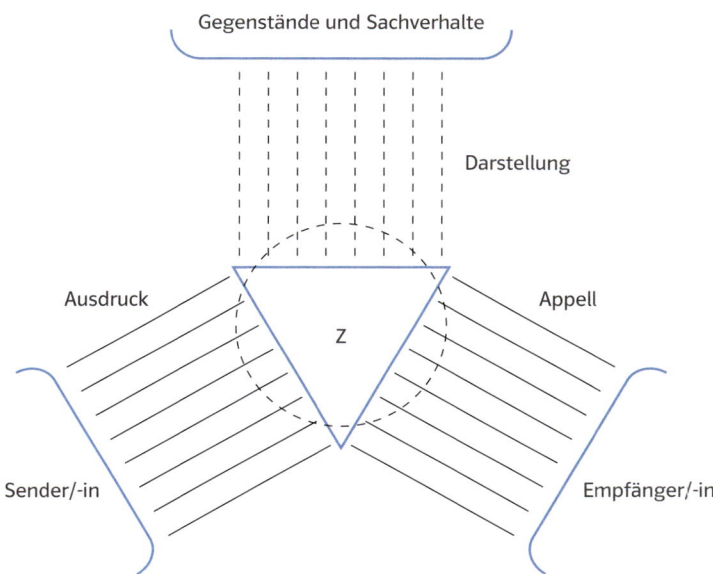

Dies Organon-Modell mit seinen drei weitgehend unabhängig variablen Sinnbezügen steht vollständig, wie es ausgeführt werden muss, in meiner Arbeit über den Satz (1918), die mit dem Worte beginnt: „Dreifach ist die Leistung der menschlichen Sprache, Kundgabe, Auslösung und Darstellung". Heute bevorzuge ich die Termini: *Ausdruck*, *Appell* und *Darstellung* [...].

---

1 Der Begriff *Organon* (griech. für „Werkzeug") ist eine Übernahme aus dem platonischen Dialog *Kratylos*, in dem Sprache erstmals als Werkzeug dargestellt wurde, „um einer dem anderen etwas mitzuteilen über die Dinge".

1 Beschreiben Sie das Organon-Modell von Karl Bühler in Ihren eigenen Worten. Sie können zur Veranschaulichung ein Beispiel wählen.

2 Erläutern Sie die drei Zeichenfunktionen am folgenden Beispiel. Was bedeutet der Satz – möglicherweise – als Ausdruck, als Darstellung und als Appell?

> Zwei Menschen halten sich in einem Raum auf. Beim Blick aus dem Fenster sagt einer der beiden zum anderen: „Es schneit."

3 PLUS Der Kreis im Bühler'schen Modell symbolisiert den physischen Träger des Zeichens, also im Falle des gesprochenen Wortes die Lautkette als Schallereignis. Das Dreieck mit dem „Z" steht für die dreifache Zeichenfunktion, die – im Falle des gesprochenen Wortes – diese Lautkette hat. Erklären Sie, weshalb der Kreis über das Dreieck ragt und umgekehrt das Dreieck über den Kreis.

Sprachfunktionen
→ S.451

Roman Jakobson: Sprachfunktionen (1960)

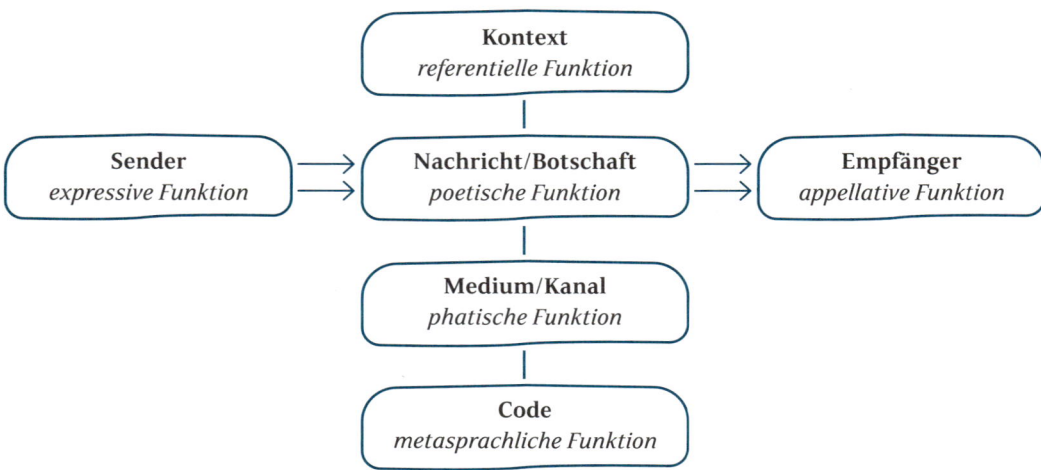

4 Benennen Sie, welche Funktionen aus dem Modell von Roman Jakobson den Funktionen im Bühler'schen Organon-Modell (S.17) entsprechen.

5 Erläutern Sie, wie Roman Jakobson das Bühler'sche Organon-Modell erweitert. Beziehen Sie die folgenden Äußerungen in Ihre Erläuterung mit ein.

A „Hallo, Hallo? Hörst du mich?"
B „Und was meint hier jetzt ‚öffentlich'?"
C „pirsch! / döppelte der gottelbock von Sa-Atz zu Sa-Atz"[1]

1 Verse aus Ernst Jandls Gedicht *wien: heldenplatz* (1962)

Gerhard Maletzke: Feldmodell der Massenkommunikation (1963)

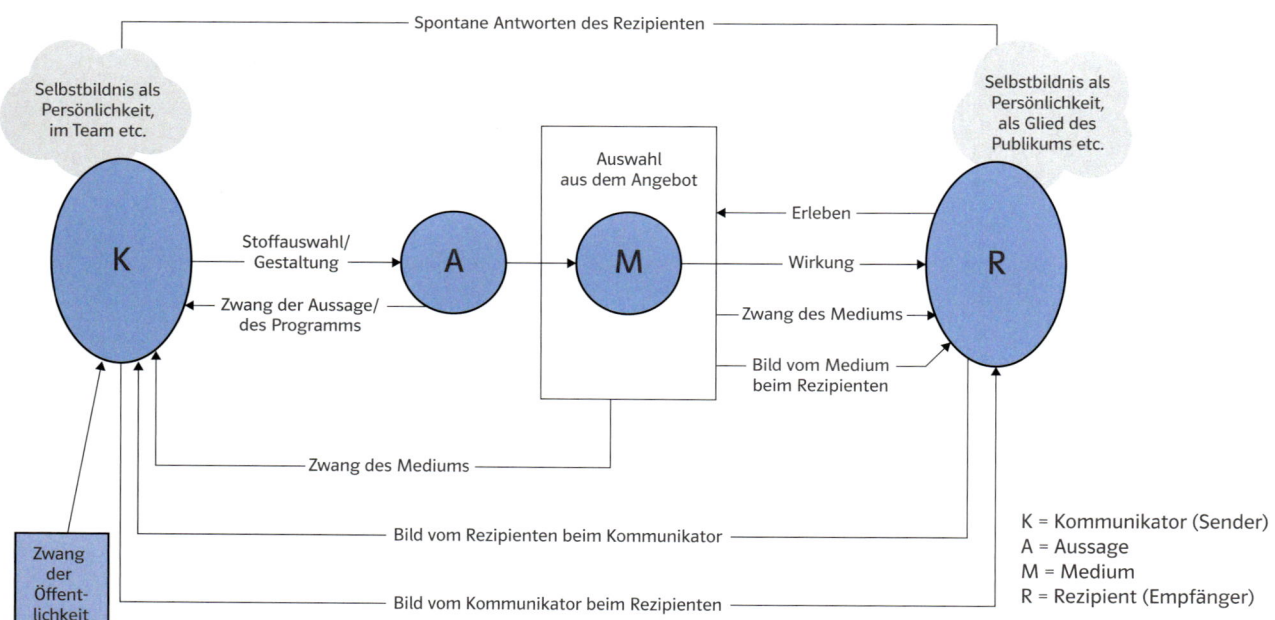

6 Beschreiben Sie mündlich das Feldmodell der Massenkommunikation von Gerhard Maletzke (S. 18) und übertragen Sie es auf das Massenmedium Fernsehen.

7 **PLUS** Prüfen Sie, inwieweit sich das Feldmodell der Massenkommunikation auf die Kommunikation in sozialen Netzwerken übertragen lässt.

Sprachtraining
I 01

Konversationsmaximen von Herbert Paul Grice (1967, Ausschnitt)

Grundprinzip (= Kooperationsprinzip): Gestalte deinen Gesprächsbeitrag so, dass er dort, wo er im Gespräch erscheint, dem anerkannten Zweck dient, den du gerade mit deinem Kommunikationspartner verfolgst.

Quantitätsmaximen:
1. Mache deinen Gesprächsbeitrag so informativ wie (für die augenblicklichen Gesprächszwecke) nötig.
2. Mache deinen Gesprächsbeitrag nicht informativer als nötig.

Qualitätsmaximen:
1. Behaupte nichts, von dessen Wahrheit du nicht überzeugt bist.
2. Behaupte nichts, wofür du keine hinreichenden Beweise hast.

Relevanzmaxime:
1. Sei relevant.

Modalitätsmaximen:
1. Vermeide Unklarheit im Ausdruck.
2. Vermeide Mehrdeutigkeit.
3. Vermeide Weitschweifigkeit.
4. Vermeide Ungeordnetheit.

---

8 Sammeln (oder erfinden) Sie Gesprächssituationen, in denen eine Gesprächspartnerin oder ein -partner gegen eine oder mehrere Maximen verstößt, und erläutern Sie die Konsequenzen der Verstöße.

9 Erläutern Sie mithilfe der Konversationsmaximen die beiden folgenden Gespräche: Warum kann A jeweils annehmen, B habe etwas Sinnvolles gesagt?

Gespräch 1 (Telefongespräch)
A: „Du, sehen wir uns heute Abend?"
B *(im Büro)*: „Einverstanden, Herr Müller, dann rufe ich Sie später noch einmal an."

Gespräch 2 (Situation: Draußen regnet es in Strömen.)
A *(kommt rein)*: „Mensch, ich bin ganz nass."
B: „Ja, wieder einmal ein herrliches Wetter heute."

10 Diskutieren Sie, ob die Konversationsmaximen von Grice auch Kommunikationsmaximen sein könnten. Übertragen Sie dazu die Maximen auf andere Kommunikationssituationen (z. B. Rede bei einer Familienfeier, Parlamentsdebatte, Plakatwerbung, Zeitungsbericht).

ÜBRIGENS

Kommunikative Missverständnisse
Legendär ist ein Liveprogramm des WDR-2-Mittagsmagazins am 13. April 1967: Der Sender unterbrach sein laufendes Programm, um eine „traurige Nachricht aus Rhöndorf" zu verkünden. Anschließend wurde Trauermusik gespielt. Rhöndorf war der Wohnort von Konrad Adenauer (Bundeskanzler von 1949–1963), der schwer krank zu Hause lag. In der Welt verbreitete sich daraufhin die Kunde vom Tod des Politikers, im Bonner Verteidigungsministerium und anderswo wurde Halbmast geflaggt. Jedoch: Adenauer lebte zu diesem Zeitpunkt und verstarb erst eine gute Woche später. Was war geschehen: Der Sender hatte sich auf eine Todesnachricht vorbereitet. Ein Redakteur wollte dem Moderator der Livesendung eine Vorwarnung geben, dass man auf noch zu überprüfende Nachrichten aus dem Liveticker wartete, indem er mit den Armen kreiste. Der Moderator deutete das Rudern wohl aber als Kreuzzeichen, mit dem man einen Abbruch laufender Sendungen und den Übergang zu Sondermeldungen einleitete. Die Trauermusik abzubrechen bzw. das bunte Programm wieder aufzunehmen, getraute man sich anschließend nicht. Weitere getragene Musik folgte. So traten makabre Fake News ihren Lauf um die Welt an.

1.2 Politisch-gesellschaftliche Kommunikation zwischen Verständigung und Strategie untersuchen
Wandel der Debattenkultur?

1 Tauschen Sie sich über Ihre Begegnungen mit Formen von Hatespeech aus.

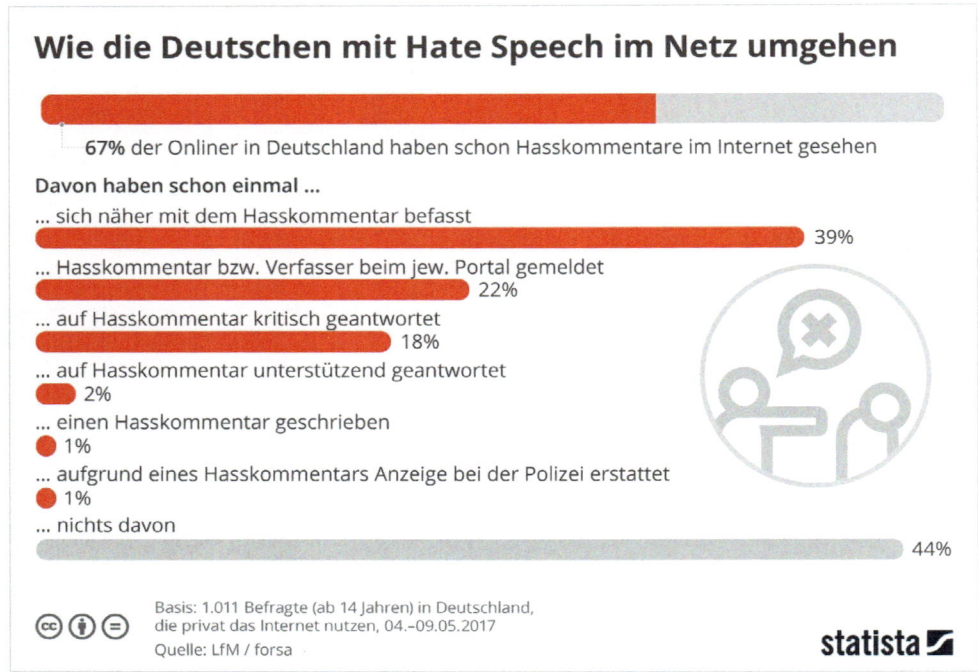

Wie die Deutschen mit Hate Speech im Netz umgehen

67% der Onliner in Deutschland haben schon Hasskommentare im Internet gesehen

Davon haben schon einmal ...

... sich näher mit dem Hasskommentar befasst — 39%

... Hasskommentar bzw. Verfasser beim jew. Portal gemeldet — 22%

... auf Hasskommentar kritisch geantwortet — 18%

... auf Hasskommentar unterstützend geantwortet — 2%

... einen Hasskommentar geschrieben — 1%

... aufgrund eines Hasskommentars Anzeige bei der Polizei erstattet — 1%

... nichts davon — 44%

Basis: 1.011 Befragte (ab 14 Jahren) in Deutschland, die privat das Internet nutzen, 04.–09.05.2017
Quelle: LfM / forsa

statista

diskontinuierliche Texte
→ S. 467

2 Untersuchen Sie das Diagramm *Wie die Deutschen mit Hate Speech im Netz umgehen* genauer und bewerten Sie die Darstellung.

 3 Wie dem Diagramm zu entnehmen ist, haben 44 Prozent der Menschen, denen Hatespeech begegnet ist, nicht auf diese reagiert. Stellen Sie begründete Vermutungen zu den Motiven an und beziehen Sie dabei auch Ihre eigenen Erfahrungen mit ein.

Paul Sailer-Wlasits: Die Metastasen des Hasses (2019, zeit.de, Ausschnitt)

Hassreden waren und sind sprachliche Schatten der menschlichen Kulturgeschichte. Erst vor wenigen Jahrzehnten, als der Zivilisationsprozess bereits weit fortgeschritten schien, geriet die Sprache in den monströsen
5 Würgegriff von Totalitarismen. Der schrecklichsten aller Menschheitskatastrophen ging eine Deformation der Sprache zu hassverzerrtem, rassistischem Wortgut voran. Die verrohte Diktion der NS-Diktatur zerschlug die Sprache des Deutschen Idealismus[1]. Verbale Umcodierungen
10 und Hasssprache durchsetzten den Alltag. Auf derartiger sprachlicher Kontamination, auf solchen toxischen Resten von ethnisch und religiös herabwürdigendem Vokabular gründet die Hassrede unserer Tage.

Die Sprache des Hasses bewirkt einen Zusammenbruch der Symmetrie bestehender Verhältnisse der Anerken- 15 nung. Sprachliche Grenzen werden bedenkenlos übertreten, inhumane Sprachentgleisungen destabilisieren den Diskurs, es triumphiert der rhetorische Effekt. Und: Hasssprache metastasiert und richtet sich – etwa aus rechtsextremer Sicht – nicht nur gegen jene Menschen, die angeb- 20 lich das Abendland und die je eigene monokulturell definierte Nation von außen bedrohen, sondern auch gegen jene, die sich als „Verräter am Volk" für die Schutzsuchenden engagieren. [...]
Dabei ist auch zu beobachten, wie schleichend das Gift des 25 Verbalradikalismus wirkt: Bereits bevor die Sprache rheto-

risch umschlägt und in veränderter Wort- und Satzseman-
tik sichtbar wird, also in offen rassistischer, herabwürdi-
gender oder gewaltlegitimierender Sprache, existiert
30 bereits die Intention eines sprachlichen Missbrauchs.
Überall dort, wo Sprache den Modus des Allgemeinen verlässt und in einen „Modus der Anrede" (Judith Butler[2])
wechselt, kann Hasssprache entstehen. Sobald der Sprechende beginnt, sein Gegenüber zu bestimmen und auf be-
35 stimmte Identitäten festzulegen, übertritt er eine bedeutsame Grenze. Letztlich fehlen nur noch die explizite
Herabwürdigung und das Definieren des Anderen als Gefahr für das je Eigene, damit definitiv Verletzungsgefahr
besteht – sei es durch Sprache (zunächst) und physisch (in
40 der Folge).
Der Übergang vom Wort zur Tat bleibt jedoch ein qualitati-
ver Sprung. Dieser ist nicht aus einer einzigen Ursache her-
leitbar, sondern entspricht Vorgängen von sich gegenseitig
verstärkenden Sprechakten, kumulativen Wirkungen von
45 Sprachhandlungen, aus semantischen Auf- und Überla-
dungen und aus daraus ableitbaren Handlungsanweisun-
gen. Der latente Hass wird durch die Sprache aufgeweckt,
er wird manifest und immer weiter gesteigert bis zu seiner
Entladung, denn eines kann die Hasssprache ja eben nicht:
50 sich selbst mäßigen und disziplinieren.
Langfristig ist die Investition in politische Bildung die
wirksamste und günstigste Präventivmaßnahme gegen
Hassrede – allerdings jene Form der geistigen Festigung,
die von humanistischen Werten durchdrungen ist und we-
55 der der verbalen Ausgrenzung noch der Perfidie[3] rhetorischer Entgrenzung dient.
Mittelfristig wären behutsame gesetzliche Regelungen
und deren Kontrolle wünschenswert. Aber Vorsicht: Das
Risiko der Beschädigung von Meinungsfreiheit ist be-
60 trächtlich, wenn staatliche Organe darüber entscheiden,
ob Hasssprache vorliegt, oder auch, ob (etwa von einer So-
cial-Media-Plattform) systematisch Hass und Lügen verbreitet werden. Entscheiden Rechtsprechende dann basie-
rend auf ihrer subjektiven Lesetradition und Bildung oder

etwa auf der Grundlage von Checklisten darüber, was Hass- 65
rede ist? Und was davon wäre uns künftig lieber? Überhaupt: Können einzelne Richter darüber entscheiden, wie
verletzend verbale Aggression auf eine konkrete Person
(mit ihrer individuellen Vorgeschichte) in einer bestimmten Situation gewirkt hat? Oder bedarf es dafür mindestens 70
einer Hass-Jury samt Sachverständigen? Kurzfristig wäre
die Vorbildfunktion von Politikern, Medien und all jenen
Menschen von eminenter[4] Bedeutung, die als gesellschaftliche Multiplikatoren wirken. Vorbildwirkung ist im Unterschied zu staatlicher Repression kostenlos. Nicht erst die 75
nächste Legislaturperiode, sondern bereits die nächste
Parlamentsrede und der nächste Wahlkampf bieten Gelegenheit zu verbaler Deeskalation im Sinne politischer
Sprachkultur. Gleichzeitig weist dieser Vorschlag auch
schon auf eine Schwäche der Herangehensweise: Es macht 80
Hassrede ja gerade so attraktiv für bestimmte Charaktere,
dass sie – anders als zurückgenommene Sprache – Aufmerksamkeit erzeugt. Die kultivierte Gegenrede ist stets
argumentierend, begründend und erklärend, daher ist und
bleibt sie rhetorisch-wirkungspsychologisch im Nachteil 85
gegenüber der kurzen, scharfen, schneidenden Hassrede.
Gerade weil Hasssprache aufgrund vielfältigster Ursachen
entsteht, greifen eindimensionale Lösungsansätze – wie
bei allen komplexen Problemen – zu kurz. Weder die Straf-
rechtsverschärfung allein noch einzelne Präventivmaß- 90
nahmen werden das vielgestaltige Phänomen unter Kontrolle bringen. Nur das Zusammenwirken von lang-,
mittel- und kurzfristigen Maßnahmen kann, wie ein kom-
plementärer Therapieansatz, die Hassrede in ihrer Gesamtheit erfassen, fixieren und allmählich auf ein sozial 95
erträgliches Maß eindämmen. Das klingt sperrig und wird
anstrengend – denn die Hassrede wird sich mit Verweis auf
die (falsch verstandene) Freiheit gegen jede Maßnahme zu
immunisieren versuchen. Doch ohne alle erdenklichen
Schritte und Manöver entfaltet sie schon bald ihr ganzes 100
zerstörerisches Potenzial.

---

1 Deutscher Idealismus, der: Epoche der deutschen Philosophie, die in engem Zusammenhang mit der Literatur der Klassik und der Romantik steht. Vertreter sind u.a. Immanuel Kant oder Johann Gottlieb Fichte.   2 Judith Butler: US-amerikanische Philosophin   3 Perfidie, die: Hinterhältigkeit, Heimtücke   4 eminent: hervorragend, außerordentlich

Textsorte
→ S. 439

4 Bestimmen Sie die Textsorte und Intention des Textes *Die Metastasen des Hasses*.

5 Stellen Sie dar, in welchen Schritten laut Paul Sailer-Wlasits sich die Entstehung von Hatespeech vollzieht und welche Wirkung sie hat.

6 Stellen Sie tabellarisch dar, welche Möglichkeiten, auf Hassrede zu reagieren und ihr entgegen- zuwirken, laut Sailer-Wlasits kurz-, mittel- und langfristig bestehen.

7 Erläutern Sie, was die Bekämpfung von Hassrede so schwierig macht. Achten Sie hierbei auf die Hinweise zur Umsetzung der vorgeschlagenen Maßnahmen (vgl. Aufgabe 6).

8 Untersuchen und beschreiben Sie die Sprachverwendung im Text von Paul Sailer-Wlasits. Ergänzen Sie die Tabelle.

Textstelle	Beschreibung	Funktion
„Hassreden waren und sind sprachliche Schatten der menschlichen Kulturgeschichte." (Z.1f.)	*inhaltlich überflüssige Dopplung (Präsens umfasst hier auch so schon die Vergangenheit)*	*verstärkt die Aussage*
„monströsen Würgegriff von Totalitarismen" (Z.4f.)	*wertende Wortwahl; Numerus auffällig („Totalitarismen" haben einen Würgegriff)*	*Plural zeigt, dass die Staatsform für Regime steht; Singular „Würgegriff" charakterisiert das Thema*
„Der schrecklichsten aller Menschheitskatastrophen" (Z.5f.)	*Verabsolutierung*	*...*
...	...	...

9 Erläutern Sie schriftlich, weshalb Hassrede ein Problem für den politischen Diskurs darstellt. Beziehen Sie sich auf das Diagramm *Wie die Deutschen mit Hate Speech im Netz umgehen* (S.20) sowie den Text *Die Metastasen des Hasses* von Paul Sailer-Wlasits (S.20f.).

Kommentar
→ S.442f.

10 PLUS Verfassen Sie einen Kommentar zu Paul Sailer-Wlasits' Beitrag, in dem Sie auf seine Vorschläge zu den langfristigen Präventivmaßnahmen gegen Hassrede eingehen.

Samira El Ouassil: Mehr Polarisierung wagen! (2022, spiegel.de, Ausschnitt)

Die viel beklagte Spaltung der Gesellschaft ist in einer Demokratie eigentlich ganz normal. Vorsicht ist geboten, wenn sie in eine gruppenbezogene Ablehnung umschlägt. Stellen Sie sich vor, Sie arbeiten auf einer Intensivstation.
5 Die Bettensituation ist so angespannt, dass es zu einer Triage[1] kommt, das heißt, Sie müssen entscheiden: Welche der Kranken werden als Erstes behandelt – und wer erst mal nicht? Ihnen ist bewusst, dass die nicht Behandelten aller Voraussicht nach ohne medizinische Versorgung sterben werden. Nach welchen Kriterien würden Sie entscheiden? Wen würden Sie priorisieren? Die Personen mit höheren Überlebenschancen? Jüngere Kranke? Menschen, die mehr Kinder haben? Oder diejenigen, deren politische Einstellung Sie teilen?
15 Eine im Juni in der politikwissenschaftlichen Fachzeitschrift „Political Science Research and Methods" veröffentlichte Studie, an der u.a. der Sozialwissenschaftler Lukas F. Stoetzer von der HU[2] Berlin beteiligt war, fand heraus, dass die Parteizugehörigkeit des Patienten durchaus eine messbare Rolle bei solch einer Entscheidung spielt. Während sich die Befragten zwar hauptsächlich auf Merkmale stützten, die in den Leitlinien der medizinischen Fachgesellschaften enthalten sind, wie z.B. die Überlebenschance, beeinflusste auch parteiübergreifende Sympathie, ob sie jemanden bevorzugt überleben lassen würden. Egal ob Menschen mit linken, liberalen, konservativen oder rechten politischen Einstellungen: Empirisch betrachtet würden Personen Anhänger/-innen anderer Parteien eine medizinische Unterstützung auf Grundlage dieser Kategorie vorenthalten. Wobei die Studie zeigt, dass Patienten, die rechten Parteien nahestehen, offenbar stärker benachteiligt werden und dass eine Priorisierung vor allem gruppenintern erfolgt. Diese Erhebung ist ein lehrbuchhafter Ausdruck dessen, was in der Soziologie als gruppenbezogene bzw. affektive Polarisierung einer Gemeinschaft beschrieben wird, also die Entwicklung einer sich wie Magnete abstoßenden innergesellschaftlichen Gegensätzlichkeit auf Grundlage von Gruppenzugehörigkeitsgefühlen. Ist sie hier also zu erkennen – quantifiziert durch ein moralisches Dilemma, wo es um Leben und Tod geht – die viel zitierte „Spaltung der Gesellschaft" bzw. dieser „Riss, der durch das Land geht"?
[...] Eine liberale Demokratie zeichnet sich zwangsläufig durch Polarisierungen aus. Eben weil in ihr die Freiheit herrscht, sich für unterschiedliche Positionen zu entscheiden, braucht es gerade die Form der Demokratie, um widerstreitende Interessen fair und gerecht zu verwalten. Eine Polarisierung ist also an und für sich nichts Schlechtes. Jetzt kommt jedoch das Aber: Es gibt verschiedene Formen der Polarisierung. Es lässt sich zwischen der themenbezogenen und der eingangs bereits empirisch wahrgenommenen affektiven bzw. gruppenbezogenen unterscheiden. Eine themenbezogene Polarisierung, wie im Falle der demokratischen Pluralität, ist struktureller Teil heterogener

55 Gesellschaften. Eine gruppenbezogene Polarisierung verhindert jedoch politische und gesellschaftliche Aushandlungsprozesse, indem sie geistige Opponenten zum Feind erklärt.

Mittels einer repräsentativen Längsschnittstudie unter der 60 Leitung des Politologen Thorsten Faas von der FU[3] Berlin konnte beispielsweise herausgearbeitet werden, dass eine persönliche Abneigung besteht zwischen den Menschen, welche die Coronamaßnahmen unterstützen, und denen, die dies nicht tun. Diese Animositäten, die auf Gegenseitig-65 keit beruhen, benennt Faas als die affektive Polarisierung, die sie ist. Und das ist jene, die wir fürchten müssen. Hier wird die diskursive Aufgeladenheit, in welcher unterschiedlichste gesellschaftspolitische Themen verhandelt werden, zum Treiber einer gesellschaftlichen Aushöhlung, 70 die über die Verteufelung des gedanklichen Kontrahenten funktioniert. Egal ob die pandemischen Maßnahmen, der Krieg oder aktuell die Debatten über das Geschlecht sowie den Begriff „woke" (was auch immer damit gemeint ist) – die Meinungen können im Widerstreit sein, aber sie dürfen 75 nicht zu einer Entmenschlichung derer, die sie äußern, führen.

Im Gegensatz zur themenbezogenen Polarisierung führt eine gruppenbezogene bzw. affektive zu Herabwertung oder gar zu einer erwünschten Demütigung. Im Sinne 80 eines Gewinnenwollens der eigenen Mannschaft werden eine konstruktive Diskussion und gemeinwohlorientierte Politik verhindert. Populisten und Radikale profitieren davon, da die persönliche Attacke eines Gegners eine oftmals anspruchsvollere inhaltliche Auseinandersetzung ersetzt. 85 In seinem posthum[4] veröffentlichten Werk „Die Kunst, Recht zu behalten" beschreibt der Philosoph Arthur Schopenhauer[5] diese affektive Polarisierung, ohne den Begriff zu verwenden, als eine Folge menschlicher Egozentrik. Denn, so setzt er voraus, „wären wir von Grund aus ehrlich, 90 so würden wir bei jeder Debatte bloß darauf ausgehn, die Wahrheit zutage zu fördern, ganz unbekümmert, ob solche unsrer zuerst aufgestellten Meinung oder der des Andern gemäß ausfiele: dies würde gleichgültig, oder wenigstens ganz und gar Nebensache sein." Nun zeigen die oben er-95 wähnten Ergebnisse und unsere gegenwärtigen gesellschaftlichen Differenzen: Von unbekümmert kann nicht die Rede sein. Denn unsere „angeborne Eitelkeit, die besonders hinsichtlich der Verstandeskräfte reizbar ist, will nicht haben, dass was wir zuerst aufgestellt, sich als falsch und das des Gegners als Recht ergebe". Und so schließt Scho-100 penhauer: „Daher die Erbitterung des Besiegten, ohne dass ihm Unrecht widerfahren."

Insbesondere bei wertebasierten Meinungsfragen, die sowohl durch rationale Argumente als auch Affekte, Betroffenheit und persönliche Haltung geprägt sind (das steht 105 übrigens nicht in einem Gegensatz zueinander), besteht eine gewisse Unauflöslichkeit, die in Unerbittlichkeit umschwenken kann. In seinem Essay „Dialogues de sourds – Traité de rhétorique antilogique" („Gehörlosendialoge – Abhandlung zur antilogischen Rhetorik") erklärt der 110 Sozialtheoretiker und Ideenhistoriker Marc Angenot diese rhetorische Verbissenheit: „Ich argumentiere nicht, wenn die Dinge klar sind, sondern wenn die Welt verschwimmt, wenn sich die Bezugspunkte auflösen, wenn die Welt draußen meinen Ideen widersteht und mich widerlegt." Auf-115 grund dieses Verschwimmens kommen wir im Ringen um Klarheit ohne Polarisierung nicht aus – wir brauchen jedoch die richtige. Themenbezogene Polarisierungen werden zwar vermutlich auch nicht für plötzlichen Weltfrieden sorgen, da sie ja den Disput bedingen. Aber bestenfalls 120 verhindern sie eine diskursive Verkapselung, da als Kraft zwischen ihren Polen die Wahrheitsfindung wirkt, nicht das Gewinnen der eigenen Seite. Denn ich finde auf jeden Fall die Vorstellung bedrohlich, dass die eigene politische Couleur heimlich mitbestimmen könnte, wen man als 125 überlebenswert erachtet – und auch andersherum, dass mir in diesem Sinne jemand eher keine medizinische Versorgung zukommen lassen würde – vielleicht aufgrund dieser Kolumne.

---

1 Triage, die (aus dem Französischen: triage: Auswahl, Sortieren): Verfahren zur Priorisierung medizinischer Hilfeleistung in Fällen, in denen einer hohen Anzahl von Patienten nicht ausreichende Ressourcen, z. B. medizinisches Personal, zur Verfügung stehen   2 HU, die: Humboldt-Universität   3 FU, die: Freie Universität   4 posthum: nach dem Tod erfolgend   5 Arthur Schopenhauer (1788–1860): deutscher Philosoph und Hochschullehrer, dessen Werk auf Immanuel Kants Philosophie aufbaut

---

11 Erstellen Sie zur Argumentationsstruktur des Textes *Mehr Polarisierung wagen!* von Samira El Ouassil eine Übersicht, z. B. als Tabelle oder Flussdiagramm.

12 Formulieren Sie die dem Text *Mehr Polarisierung wagen!* zugrunde liegende These in eigenen Worten. Vergleichen Sie Ihre Ergebnisse miteinander.

13 Leiten Sie aus den Ausführungen El Ouassils Strategien ab, die Ihnen in Kontroversen (Debatten, Konflikte, Diskussionen) helfen könnten, auf verhärtete Gegenpositionen bis hin zur Hatespeech zu reagieren.

14 **PLUS** Bereiten Sie eine Podiumsdiskussion zum Thema „Hatespeech" als Rollenspiel vor. Legen Sie bestimmte Rollen fest (Moderator/-in, Medienwissenschaftler/-in, Psychologin/Psychologe, Hatespeech-Betroffene/-r …) und bereiten Sie die einzelnen Rollen inhaltlich vor (Aufgaben, Haltungen, Gesprächsziele). Führen Sie anschließend die Podiumsdiskussion durch und geben Sie sich gegenseitig Feedback (z. B. zu Gesprächsmoderation bzw. -verhalten, Argumentation).

NDR Kultur: „Cancel Culture" – Was ist das eigentlich? (2022, ndr.de, Ausschnitt)

„Cancel Culture" taucht als Schlagwort in Debatten immer häufiger auf. Die einen beklagen sich darüber, die anderen behaupten, Cancel Culture gebe es gar nicht.

Die „Harry Potter"-Autorin J. K. Rowling sorgt mit Tweets
5 über Trans-Menschen immer wieder für Kontroversen. Mit „RIP J. K. Rowling"-Tweets wird dazu aufgerufen, sie zu Grabe zu tragen und ihre Bücher nicht mehr zu lesen. Kritiker werfen der Kabarettistin Lisa Eckhart vor, in einem Auftritt 2018 antisemitische Klischees bedient zu haben. Darauf-
10 hin wird sie vom Harbour Front Festival in Hamburg ausgeladen. Schauspieler werden aus Filmen, Gedichte von Hauswänden, Autoren aus Verlagsprogrammen und Autorinnen aus Debütanten-Salons entfernt. Auch in Deutschland taucht in den Diskussionen über diese Vorgänge ver-
15 stärkt der Begriff „Cancel Culture" auf, was Streich- oder Abbruchkultur bedeutet. [...]

„Cancel Culture" bezeichnet den Versuch, ein vermeintliches Fehlverhalten, beleidigende oder diskriminierende Aussagen oder Handlungen – häufig von Prominenten –
20 öffentlich zu ächten. Es wird zu einem generellen Boykott dieser Personen aufgerufen.

„Cancel Culture' – damit werde ich mich sicher noch auseinandersetzen, weil ich den Begriff sehr interessant finde", sagte die Kabarettistin Lisa Eckhart im August 2020
25 bei NDR Kultur, als ihre Ausladung vom Harbour Front Festival in Hamburg dazu führte, dass der Begriff in der öffentlichen Diskussion überall auftauchte. „Ich sehe die Culture – also die Kultur – in dem Begriff ,Cancel Culture' nicht als das Subjekt – also als eine Kultur, die cancelt –, sondern als
30 das Objekt. Nämlich, dass man teilweise bestrebt ist, Kultur als Ganzes zu canceln. Das ist nicht etwas, das ich einem politischen Lager zuordnen würde, sondern eine Tendenz, die man in vielem sieht", so Eckhart weiter. [...]

Und doch sind es auch die politischen Lager, die sich bei
35 der Bestimmung des relativ jungen Internet-Phänomens gegenüberstehen. Es entstand zunächst auf Twitter. 2014 wurde in den USA vom „canceln" gesprochen, gemeint war das als Spaß: Über jemanden, mit dessen Meinung man nicht übereinstimmte, schrieb man, „diese Person ist für mich gecancelt". Doch schnell wurde der Protest ernsthaf-
40 ter, moralischer, lauter. Marginalisierte Gruppen verschafften sich unter dem Hashtag #CancelCulture Gehör, fordern seitdem Verbote und Boykotts von Personen, die ihrer Ansicht nach Unrecht begangen haben. Sie beschreiben diese Entwicklung als einen demokratischen Vorgang, der vom
45 Internet ausgeht. [...]

Doch dieser Vorgang hat Film-Sets und Universitäten, Verlage und Buchhandlungen, den gesamten öffentlichen Raum erreicht. Dagegen richtet sich in Deutschland ein „Appell für freie Debattenräume", den der Journalist Milosz
50 Matuschek 2020 veröffentlichte. Darin heißt es: „Wir erleben gerade einen Sieg der Gesinnung über rationale Urteilsfähigkeit. Nicht die besseren Argumente zählen, sondern zunehmend zur Schau gestellte Haltung und richtige
55 Moral." [...]

Linke dagegen zweifeln, ob es die Verbotskultur wirklich gibt oder ob die, die sie beschwören, eher um den Verlust ihrer Meinungsführerschaft fürchten. So schreibt die Kolumnistin Margarete Stokowski bei „Spiegel Online": „Der
60 Begriff ,Cancel Culture' ist im Grunde nur eine Umbenennung von „man darf ja wohl gar nichts mehr sagen", faktisch aber gefährlicher, weil ein gewaltbereiter, mächtiger Mob fantasiert wird."

Ist die „Kultur der Absagen" ein Gespenst, oder ist sie eine ernsthafte Bedrohung für jede Art von Debatte? Geht es
65 um Wahrheit oder Zensur? Darüber diskutiert Deutschland gerade, mit einem Begriff, der allerdings uneindeutig und schlecht abzugrenzen ist.

15 Fassen Sie in Ihren eigenen Worten zusammen, was *Cancel Culture* meint. Erläutern Sie in diesem Zusammenhang auch, was den Begriff problematisch erscheinen lässt, und recherchieren Sie Beispiele für einen Missbrauch des Begriffs. Beziehen Sie auch eigene Erfahrungen mit ein.

16 „Ist die ,Kultur der Absagen' ein Gespenst, oder ist sie eine ernsthafte Bedrohung für jede Art von Debatte? Geht es um Wahrheit oder Zensur?" (Z. 64 ff.) – Diskutieren Sie im Plenum zu diesen Fragen.

Auf einen Blick: Kommunikation und medial geführte Debatten untersuchen

Lexikon Sprache und Kommunikation
→ S.451ff.

Kommunikationsmodelle

Karl **Bühler** (1879–1963) hat 1934 ein Zeichenmodell entwickelt, das davon ausgeht, dass ein sprachliches Zeichen zugleich eine Mitteilung über dessen Sprecher/-in und die Adressatin/den Adressaten enthält (= Ausdrucks- bzw. Appellfunktion des Zeichens). Roman **Jakobson** (1896–1982) erweiterte 1960 dieses Organon-Modell von Bühler um die folgenden Sprachfunktionen:

- Botschaft, die in ihrer poetischen Funktion selbst zum Thema werden kann
- Kanal, der durch die phatische Funktion der Botschaft aufrechterhalten wird
- Code, dessen wechselseitige Verständlichkeit in der metasprachlichen Funktion der Botschaft zum Thema wird

Axiome der Kommunikation

Das von Paul **Watzlawick** (1921–2007), Janet H. **Beavin** (*1940) und Don D. **Jackson** (1920–1968) entworfene Kommunikationsmodell ist nicht zeichenbasiert, sondern beschreibt fünf grundsätzliche Erkenntnisse über die menschliche Kommunikation:

- Man kann nicht nicht kommunizieren.
- Jede Kommunikation hat einen Inhalts- und einen Beziehungsaspekt.
- Kommunikation ist immer Ursache (Reiz) und Wirkung (Reaktion).
- Menschliche Kommunikation bedient sich analoger und digitaler Modalitäten.
- Kommunikation ist symmetrisch oder komplementär.

Konversationsmaximen

Die von Herbert P. **Grice** (1913–1988) entwickelten Konversationsmaximen beruhen auf dem **Kooperationsprinzip**, das besagt, dass man der Kommunikationspartnerin/dem Kommunikationspartner bis zum Beweis des Gegenteils unterstellt, ein gemeinsames Ziel zu verfolgen. Beim Kooperationsprinzip handelt es sich ebenfalls um ein Axiom, das nicht beweisbar ist, sich aber handlungspraktisch als plausibel herausgestellt hat. Aus dem Kooperationsprinzip ergeben sich die eigentlichen **Konversationsmaximen**, deren Gültigkeit jeder Äußerung unterstellt wird:

- Quantitätsmaxime (maximale Informativität)
- Qualitätsmaxime (Wahrheit)
- Relevanzmaxime (Relation zum Ziel)
- Modalitätsmaxime (Klarheit)

Wird eine Maxime verletzt, wird versucht, die Verletzung in Einklang mit dem Kooperationsprinzip zu bringen, z.B.: A sagt etwas offensichtlich Unwahres; wenn Kooperation unterstellt wird, muss die Äußerung uneigentlich interpretiert werden (z.B. als Ironie oder als Anspielung).

Hatespeech

Unter **Hatespeech** (auch: Hate-Speech; deutsch „Hassrede") versteht man menschenverachtende Aussagen, die zugleich ein **gruppenbezogenes** Merkmal aufweisen, also beispielsweise auf Merkmale wie Hautfarbe, Herkunft, Sexualität, Geschlecht, Alter, Behinderung oder Religion von Menschen zielen, wobei unterstellt wird, dass bestimmte Menschengruppen weniger wert seien und/oder weniger Rechte hätten als andere. Im Gegensatz dazu bezeichnet der Begriff „Mobbing" quälerisches Verhalten gegenüber Einzelpersonen auch aufgrund nicht gruppenbezogener Merkmale (wie z.B. Verhalten, Aussehen).

Cancel Culture

Cancel Culture heißt „Absagekultur" und bedeutet den Boykott von Menschen oder Institutionen aufgrund eines Fehlverhaltens, das der Öffentlichkeit entsprechend bekannt gemacht wird (durch einen sog. „Callout"). Cancel Culture kann dabei als Form einer **Political Correctness** verstanden werden, d.h. der Idee oder Forderung, dass Ausdrücke und Handlungen vermieden werden sollten, die Gruppen von Menschen kränken oder beleidigen können (etwa aufgrund ihrer Religion, ihres Geschlechts oder ihrer Herkunft). Der Begriff „Cancel Culture" muss sich dabei nicht auf ein tatsächliches Fehlverhalten beziehen, sondern kann auch als Schlagwort missbraucht werden (etwa indem die Unterdrückung von abweichenden Meinungen pauschal unterstellt wird).

Analyse eines pragmatischen Textes mit Zusatzauftrag

Schreibform → S.464

KOMPETENZBOX

Verfassen einer Analyse eines pragmatischen Textes mit Zusatzauftrag

Bei dieser Aufgabenart müssen Sie sich mit der Argumentation und Position eines Sachtextes kritisch auseinandersetzen und Ihre eigene Sichtweise dazu darlegen und begründen. Der Schwerpunkt der Aufgabe liegt dabei auf der Analyse des pragmatischen Textes (ca. 70 %). Der Zusatzauftrag bezieht sich dann auf eine der Textaussagen (z. B. in Form einer Erörterung bzw. einer kritischen Auseinandersetzung).

1. Erstes Textverständnis festhalten – Aufgabenstellung erfassen
– Aufgabenstellung klären
– Textsorte, Autor-/in, Titel und Quelle des Textes einordnen
– Thema und Inhalt des Textes erfassen

2. Text aspektorientiert untersuchen
– Argumentationsstruktur des Textes untersuchen, dabei Intention, Thesen, Argumente mit entsprechenden Belegen und Beispielen aus dem Text herausschreiben
– Sprache und Stil des Textes untersuchen und den Zusammenhang zur Aussageabsicht herstellen
– Verstehensentwurf zur Intention des Textes und Absicht der Autorin/des Autors formulieren

3. Eigene Position entwickeln
– Argumentation, Sprache bzw. Stil und Wertungen des Textes kritisch hinterfragen: zwischen Fakten, Wertungen und begründeten Schlussfolgerungen unterscheiden
– eigenes Wissen zum Thema sammeln
– eigene Meinung sowie Einwände mit Bezug zu den Textaussagen formulieren

4. Schreibplan/Gliederung erstellen (vgl. S. 184)
Einleitung
– Autor/-in, Titel, Thema, Textsorte sowie ggf. Quelle benennen
– zentrale These benennen und Leserinteresse wecken, Verstehensentwurf notieren
Hauptteil
– Zusammenfassung der Position, des Argumentationsaufbaus und der Intentionen
– Beschreibung der Sprache des Textes und ihrer Funktion
– ggf. Darstellung weiterer in der Aufgabenstellung genannter Untersuchungsaspekte
– argumentative Entfaltung der eigenen Position unter Einbeziehung weiteren Wissens, z.B. nach These-Gegenthese-Modell: Thesen bzw. Argumente der Autorin/des Autors nacheinander mit den eigenen Gegenargumenten konfrontieren
– Zusammenfassung der eigenen Position
Schluss
– rahmender Rückbezug zur Einleitung mit Ausblick, Vergleich mit anderen Positionen …

5. Analyse eines pragmatischen Textes verfassen
– Thesen und Argumente des Autors/der Autorin präzise formulieren
– eigene Thesen bzw. Urteile überzeugend begründen
– auf den Ausgangstext verweisen und korrekt zitieren
– roten Faden einhalten, thematische Entfaltung bewusst gestalten
– sachlich schreiben und Fachbegriffe korrekt verwenden

Zitieren
→ S.470

6. Analyse eines pragmatischen Textes überarbeiten
in drei gesonderten Durchgängen prüfen:
– sachliche Richtigkeit und inhaltliche Stimmigkeit
– Einhaltung des roten Fadens (Folgerichtigkeit)
– sprachliche Richtigkeit

Eigene Texte
sprachlich
gestalten
→ S.403

Hinweise zum
schriftlichen Abitur
→ S.466

MUSTERAUFGABE

1 Analysieren Sie den Text *Wie viel Empfindlichkeit hält die Demokratie aus?* von Beate Meierfrankenfeld hinsichtlich seines gedanklich-argumentativen Aufbaus, der sprachlichen Gestaltung sowie seiner Intentionen.

(ca. 70 %)

2 Setzen Sie sich anschließend mit der Position von Beate Meierfrankenfeld zur Bedeutung der Identitätspolitik auseinander. Beziehen Sie eigenes Wissen mit ein.

(ca. 30 %)

◁)) Hörtext
A 01

Beate Meierfrankenfeld: Wie viel Empfindlichkeit hält die Demokratie aus?
(2021, br.de, Ausschnitt)

Das Thema ist ein Aufreger mit Aufregungsgarantie, immer für knackige Kommentare, immer für eine Titelgeschichte gut: Identitätspolitik. Der vermeintliche „Kulturkrieg", wie der SPIEGEL im Heft vom 10. Juli 2021 formuliert, der um die Diskriminierung der einen und die Privilegien der anderen toben soll. Die Covergrafik dazu zeigt, wie die monumentale Mar-
5 morbüste des alten weißen Mannes von sehr kleinen, aber eifrig kooperierenden Gestalten vom Sockel geholt wird. Zwei von ihnen sind mit dünnen Fadenschlingen für die unter diesen Größenverhältnissen unwahrscheinliche Mechanik des Bildersturms zuständig, drei für unterstützende Propaganda – mit Megafon, Spraydose und Regenbogenflagge.
Laute, gut vernetzte Minderheiten, die den Aufstand gegen die Mehrheit proben: So sieht das
10 viel beschworene Schreckbild aus. Schon diese Beschreibung über Quantitäten legt Zweifel daran nahe, ob Identitätspolitik überhaupt vereinbar sei mit Demokratie, in der es schließlich auf die Mehrheit ankomme. Noch schwerer wiegt ein qualitatives Argument zur identitätspolitischen Methode: Sie arbeite mit persönlicher Befindlichkeit, mit Verletzlichkeiten, Schonungsanspruch und Kränkungskalkül. Eine Politik der Schmerzen. „Ich leide, also bin
15 ich", oder: „Ich habe gelitten, also hab' ich Recht". Womit vom vernünftigen Diskurs nur noch ein heikler Gefühlsparcours übrig bleibe, ein Eiertanz aus Vorsicht und eilfertiger Entschuldigungsbereitschaft. Demokratie dagegen lebe nun einmal vom Streit, und wer mitmachen wolle, müsse das aushalten.
Letzteres ist zweifellos richtig. Was produktiven Streit jedoch eigentlich ausmacht, ist gar
20 nicht leicht zu sagen. Der heroische Verweis auf das „Aushalten-Müssen" oder die „robuste Zivilität" der Debatte, mit der der britische Historiker Timothy Garton Ash in diesem Zusammenhang gerne zitiert wird, wirkt schon deshalb schal, weil damit meistens vor allem die Robustheit der anderen gemeint ist. Dass Empfindlichkeiten sich auf allen Seiten finden, beweist jede Diskussion über das N-Wort, das Z-Wort oder den Genderstern.
25 Man muss also grundsätzlicher fragen. Nicht, ob eine junge übersensible „Generation Beleidigt", wie die französische Publizistin Caroline Fourest sie nennt, das Streiten verlernt hat, das die alten Recken – APO[1]-erprobt, durch Strauß-Wehner-Duelle[2] oder wenigstens ein bisschen Schröder[3]-Ruppigkeit gestählt und überhaupt einfach nicht dauernd auf die eigene Gefühlslage horchend – so gerne praktizieren würden. Denn diese Opposition ist eine nostalgi-
30 sche Legende. Verwundbar sind wir alle, auch wenn nicht alle das so nennen.
Worum es geht, ist die komplizierte Verhandlung darüber, welche Verwundbarkeit, welcher Schmerz, um es pathetisch zu formulieren, politisch zählen soll. Aus welchem sich ein verhandelbares Argument machen lässt und aus welchem nicht.
Sind Mohammed-Karikaturen oder Judenwitze ein zumutbarer Schmerz im Dienst der
35 Meinungs- oder Satirefreiheit? Sind Tabubrüche tatsächlich immer aufklärerisch, auch wenn sie sich nicht wie im historischen Aufklärungs-Zeitalter gegen mächtige Institutionen wie König und Kirche richten, sondern gegen Minderheiten? Müssen eher Feministinnen geschlechterungerechte Sprache aushalten – oder Konservative das Gendern? Warum zählt die Verletzlichkeit eines Homosexuellen mehr als der Schmerz seiner katholischen Mutter um
40 ihren „verlorenen" Sohn?

Es zeigt sich: Zwar sind anthropologisch betrachtet alle Menschen verletzliche Wesen, politisch sind sie es aber keineswegs alle im gleichen Maße. Die Unterschiede der Verletzlichkeit wiederum sind nicht zufällig, sie haben System. Wer nicht den richtigen Pass hat, wird am Flughafen anders behandelt, wer in einer jüdischen Familie aufwächst, muss sich früh an Po-

45 lizeischutz vor dem Kindergarten gewöhnen. Als Frau mit Kopftuch oder als Schwarzer hat man es schwerer bei der Wohnungssuche, als Arbeiterkind schafft man es seltener aufs Gymnasium.

Betroffenheit – noch so ein Reizwort der Diskussion – ist also mehr als ein Gefühl. Sie ist real, weil sie mit realen Bedingungen zu tun hat, in denen Menschen leben. Dass Minderheiten als

50 solche angreifbarer sind als Angehörige der Mehrheitsgesellschaft, liegt auf der Hand, dass Diskriminierung ein Schmerz ist, der politisch zählen muss, ebenso. Und weil Demokratie hellhörig sein muss darauf, wo Diskriminierung beginnt, hat sie über Verwundbarkeit zu reden. „Diskriminierung aushalten!" wäre wohl doch kein sinnvolles Postulat an die „robuste Zivilität".

55 Die Perspektive der Verwundbarkeit fordert philosophisch das schöne Bild vom autonomen Subjekt heraus und irritiert politisch die kleinen Heldengeschichten des liberalen Individualismus. Geschichten von leistungsbereiten Self-Made-Menschen, die die Verhältnisse zu ihren Gunsten gestalten, statt ihnen ausgesetzt zu sein. Deren Kontaktstelle zur Gesellschaft ist der Wettbewerbsvorteil, nicht der wunde Punkt.

60 Die Fairness des Wettbewerbs selbst wird dabei stillschweigend vorausgesetzt. Dass nun so viel von Privilegien die Rede ist, ist deshalb auch eine unangenehme Attacke auf die angenehme Vorstellung, die Welt, in der man zu den relativ Privilegierten gehört, sei irgendwie doch gut für alle, selbst wenn sie Ungleichheiten, sogar extreme und wachsende Ungleichheiten bereithält. Auch dies: eine brüchig gewordene liberale Idee. Eine große Beschwichti-

65 gungs-Erzählung, die „Win-win-Situationen" sieht, wenn zum Beispiel die Näherin in Bangladesch Arbeit hat und deswegen eine Jeans zusammenschneidert, über deren niedrigen Preis sich die Europäerin im Laden freuen kann.

Von „win-win" zu sprechen statt von Privilegien, tut so, als finde die Aushandlung des Geschäfts auf neutralem Terrain statt. Die Sache dagegen von der Verwundbarkeit her zu den-

70 ken, untergräbt diese tröstliche Neutralitätsfantasie. Genau darin liegt der empfindliche Vorstoß der Identitätspolitik. Sie wehrt keine missliebigen Meinungen ab, sondern markiert Asymmetrien und Ausschlüsse. Und sie will nicht, wie Sahra Wagenknecht es nennt, auf Sonderrechte für „immer skurrilere Minderheiten" hinaus. Ihr Utopia wäre echter, gleichberechtigter Pluralismus. Wie der aussieht, weiß man noch nicht so genau, es hat ihn noch nie

75 gegeben. Sicher ist vorerst nur: Macht und Machtgefälle werden wohl weiterhin weh tun, aber nicht immer den Gleichen.

Eine Politik der Schmerzen ist kein romantisches Regime. Nicht naiv, auch nicht subjektiv, sondern ziemlich erwachsen. Sie legt den Finger in die Wunden, und die nüchterne Botschaft lautet: Neutrale Koexistenz, ob als heiteres Multikulti oder frenetisches „Win-win", ist eine

80 Selbsttäuschung. Wer auf Verletzlichkeit blickt, sieht stattdessen überall Verstrickung. Die Pointe dieser Perspektive wäre dann, dass sie tapfer das große Ganze betrachtet – und gerade nicht auf Spaltung der Gesellschaft aus ist oder jeden und jede in den „Safe Space" eigener Spezial-Empfindlichkeit einschließen möchte. Im Gegenteil: Diese Perspektive beharrt darauf, dass von einem System schließlich alle betroffen sind – nur eben die einen so, die ande-

85 ren so. Verstrickung ist eine sehr demokratische Zumutung.

---

1 APO, die: Außerparlamentarische Opposition, in Deutschland z.B. als Opposition v.a. der Studentenbewegung gegen die große Koalition von CDU und SPD in den 1960er-Jahren 2 Franz Josef Strauß (1915–1988, CSU) und Herbert Wehner (1906–1990, SPD) lieferten sich im Bundestag legendär gewordene Rededuelle von hoher persönlicher Direktheit. 3 Gerhard Schröder (*1944, SPD) war von 1998 bis 2005 Bundeskanzler und pflegte einen bisweilen direkten Ton.

1. Erstes Textverständnis festhalten – Aufgabenstellung erfassen

Schreibtraining
102

1.1 Paraphrasieren Sie die Aufgabenstellung.

1.2 Lesen Sie den Text und benennen Sie, welches Thema behandelt wird. Halten Sie Ihr Vorwissen und Ihre Erfahrungen zu dem Thema stichwortartig fest.

1.3 Formulieren Sie in Ihren eigenen Worten die Position der Autorin.

2. Text aspektorientiert untersuchen

2.1 Führen Sie die Analyse der Argumentation mithilfe von Markierungen am gesamten Textausschnitt fort.

SO GEHT'S Die Argumentation in einem Sachtext analysieren

Beate Meierfrankenfeld: Wie viel Empfindlichkeit hält die Demokratie aus? (2021, br.de, Ausschnitt)

Das Thema ist ein Aufreger mit Aufregungsgarantie, immer für knackige Kommentare, immer für eine Titelgeschichte gut: Identitätspolitik. Der vermeintliche „Kulturkrieg", wie der SPIEGEL im Heft vom 10. Juli 2021 formuliert, der um die Diskriminierung der einen und die Privilegien der
5 anderen toben soll. Die Covergrafik dazu zeigt, wie die monumentale Marmorbüste des alten weißen Mannes von sehr kleinen, aber eifrig kooperierenden Gestalten vom Sockel geholt wird. Zwei von ihnen sind mit dünnen Fadenschlingen für die unter diesen Größenverhältnissen unwahrscheinliche Mechanik des Bildersturms zuständig, drei für unterstützende Pro-
10 paganda – mit Megafon, Spraydose und Regenbogenflagge. Laute, gut vernetzte Minderheiten, die den Aufstand gegen die Mehrheit proben: So sieht das viel beschworene Schreckbild aus. Schon diese Beschreibung über Quantitäten legt Zweifel daran nahe, ob Identitätspolitik überhaupt vereinbar sei mit Demokratie, in der es schließlich auf die
15 Mehrheit ankomme. Noch schwerer wiegt ein qualitatives Argument zur identitätspolitischen Methode: Sie arbeite mit persönlicher Befindlichkeit, mit Verletzlichkeiten, Schonungsanspruch und Kränkungskalkül. Eine Politik der Schmerzen. „Ich leide, also bin ich", oder: „Ich habe gelitten, also hab' ich Recht". Womit vom vernünftigen Diskurs nur noch ein heikler
20 Gefühlsparcours übrig bleibe, ein Eiertanz aus Vorsicht und eilfertiger Entschuldigungsbereitschaft. Demokratie dagegen lebe nun einmal vom Streit, und wer mitmachen wolle, müsse das aushalten.

Einführung des Themas und dessen Charakterisierung

Veranschaulichung des Aufreger-potenzials

quantitatives Argument der Gegenseite: Identitätspolitik wird von einer Minderheit betrieben ↔ Demokratie folgt Mehrheiten

qualitatives Argument der Gegenseite: Identitätspolitik erhebt „Schonungsanspruch" ↔ Demokratie lebt vom Streit

sprachliche Mittel: semantische Paraphrasen, Komposita

Die Analyse der Argumentation erfolgt über die inhaltliche Erschließung: Über welche Themen werden welche Aussagen getroffen? Im nächsten Schritt wird die Verknüpfung der Themen/Aussagen untersucht bzw. hinterfragt; zu bedenken ist, dass es Funktionen (z. B. Leserlenkung) außerhalb der Argumentation geben kann. Innerhalb der Argumentationsketten wird die Qualität der Argumente und deren Stützung geprüft.

2.2 Stellen Sie die Argumentationsstruktur des Textes *Wie viel Empfindlichkeit hält die Demokratie aus?* auf der Grundlage Ihrer Arbeitsergebnisse aus 2.1 stichpunktartig dar, z. B. als Flussdiagramm.

2.3 Untersuchen Sie, mit welchen sprachlichen Mitteln Meierfrankenfeld ihre Argumentation stützt. Geben Sie jeweils Beispiele aus dem Text an.

2.4 Formulieren Sie Ihren eigenen Verstehensentwurf des Textes.

3. Eigene Position entwickeln

3.1 Formulieren Sie Ihre eigene Position in der Frage der Bewertung der sogenannten „Identitätspolitik".

3.2 Übernehmen Sie die Tabelle und ergänzen Sie aus dem Text und mithilfe Ihres Wissens weitere Argumente pro und kontra „Identitätspolitik".

pro Identitätspolitik	kontra Identitätspolitik
– Freiheit des demokratischen Diskurses: jede/jeder darf Themen setzen bzw. dies versuchen *...*	*– Minderheitenmeinung; vgl. Sahra Wagenknecht: „immer skurrilere Minderheiten" (Z. 73)* *...*

3.3 Überprüfen Sie, wie Sie Ihre Position inhaltlich entfalten und ggf. durch Beispiele (auch aus Ihrem persönlichen Umfeld) stützen können.

4. Schreibplan erstellen

4.1 Ergänzen Sie den folgenden Schreibplan für eine Sachtexterörterung für den konkreten Fall der Erörterung des Textes von Meierfrankenfeld.

I Einleitung
Hinführung zum Thema (allgemeine Problematik)
Hinführung zum Text (Titel, Autor/-in, Kernthese, ggf. Datum und Quelle)
Verstehensentwurf

II Hauptteil
Analyse des Sachtextes (ca. 2/3 des Hauptteils)
– Argumentationsstruktur
– sprachliche Gestaltung
– ggf. weitere Aspekte nach Aufgabenstellung und/oder Text (z. B. Intention, Kontext)
– Überleitung zur Erörterung
Erörterung (ca. 1/3 des Hauptteils)
– Planung z. B. nach dem These-Gegenthese-Modell (vgl. S. 104, 464)
– ggf. Wertung der Argumentation des Ausgangstextes (Aufzeigen von Fehlern, Lücken, manipulativen Strategien ...)
– abgeleitetes eigenes Urteil in der Wertungsfrage

III Schluss
Fazit, Hinweis auf erweiterten Kontext ...

---

5. Analyse eines pragmatischen Textes verfassen

5.1 Verfassen Sie Ihre Erörterung auf der Grundlage Ihrer Arbeitsergebnisse aus den Schritten 1 bis 4.

6. Analyse eines pragmatischen Textes überarbeiten

Eigene Texte sprachlich gestalten → S. 403

6.1 Korrigieren und überarbeiten Sie Ihre Erörterung unter den Gesichtspunkten inhaltliche Stimmigkeit, Folgerichtigkeit und sprachliche Richtigkeit.

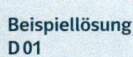

Beispiellösung

In ihrem Artikel „Wie viel Empfindlichkeit hält die Demokratie aus?" aus dem Jahr 2021 von der Website des Bayerischen Rundfunks beschäftigt sich Beate Meierfrankenfeld mit dem Thema Identitätspolitik, einem in ihren Worten „Aufreger mit Aufregungsgarantie"

5 (Meierfrankenfeld, Z. 1). [...] Ihre zentrale These lautet dabei, dass Identitätspolitik systematische Ungleichheiten und Diskriminierungen aufzeigt und letztlich auf eine echte demokratische Gesellschaft zielt. [...]

Einleitungssatz, mit dem zum Thema und zum Text hingeführt wird und der das Leserinteresse weckt

Paraphrasierung der zentralen These

Meierfrankenfeld erläutert dabei in ihrem Text zunächst die Gegen-
10 argumente zu ihrer These: Zum einen, so das quantitative Argument, werde Identitätspolitik von einer Minderheit betrieben und sei daher an sich undemokratisch. Zum anderen werde auch ein qualitatives Argument von der Gegenseite häufig ins Feld geführt, nämlich [...]

Argumentationsstruktur des Ausgangstextes aufzeigen

Meierfrankenfelds Text ist gut verständlich und eindringlich
15 geschrieben. Neben der Wiederholung von Schlüsselbegriffen (z. B. „Aufreger mit Aufregungsgarantie" (Z. 1), „Macht und Machtgefälle" (Z. 75)) und semantischen Paraphrasen („mit persönlicher Befindlichkeit, mit Verletzlichkeiten, Schonungsanspruch und Kränkungskalkül. Eine Politik der Schmerzen" (Z. 13 ff.)) ist vor allem
20 die Reihung rhetorischer Fragen (vgl. Z. 34 ff.) auffällig, die zugleich belegen, dass sie mit Beispielen Anschaulichkeit erzeugt. [...]

Sprache und ihre Funktion erläutern

Doch eine anschauliche und gut verständliche Argumentation muss trotzdem nicht überzeugend sein. Es sollen deshalb jetzt die unterschiedlichen Argumente in der Frage der Bewertung der
25 Identitätspolitik abgewogen werden.

Überleitung zur Argumentation, thematische Entfaltung beachten

Meierfrankenfeld führt für ihre Position an, dass [...] Hierzu ist zu ergänzen, dass die Freiheit des demokratischen Diskurses jedwede Themensetzung erlaubt, niemand muss sich also dafür rechtfertigen, eine identitätspolitische Frage zu behandeln.

Pro-Argumentation nach dem These-Gegenthese-Modell

30 Umgekehrt ist aber auch zu berücksichtigen, dass identitätspolitische Themen und Minderheitenthemen, auch wenn sie noch so sehr Gerechtigkeitslücken aufzeigen, dazu führen können, dass [...]. Hinzu kommt außerdem der Aspekt [...]

Kontra-Argumentation nach dem These-Gegenthese-Modell

Im Wesentlichen problematisch an der Identitätspolitik scheint aber
35 die damit verbundene Illusion zu sein, z. B. durch den Gebrauch einer gendergerechten Sprache oder die Vermeidung des N-Wortes schon etwas für diese Menschen getan zu haben. Die Altenpflegerin verdient nicht mehr, wenn Menschen gendern. Genauso wenig [...]

Ableitung und Darstellung der eigenen Meinung

Identitätspolitische Fragen werden oft aus persönlicher Perspektive
40 bewertet. Die Frage des Betroffenseins, Meierfrankenfeld hebt dies mehrfach deutlich hervor, spielt eine große Rolle. Hinzu kommt, dass die Feststellung der systematischen Ungerechtigkeit völlig richtig ist. Dagegen muss man etwas tun. Nur: Mit Sprache allein wird das nicht gehen.

Schlussteil mit Fazit oder Ausblick

Projekt: Eine Kurzgeschichte erschließen und verfilmen

Filmsprachliche
Mittel
→ S.447f.

Erschließen und verfilmen Sie die Kurzgeschichte *Weidmanns Nachtgespräch*.

Martin Suter: Weidmanns Nachtgespräch (2000)

Martin Suter (Schweizer Schriftsteller, *1948)

„Wie findest du mich eigentlich?"

Regula Weidmann liest beim Licht der Nachttisch-
lampe „Ein leidenschaftliches Leben", die Biographie
von Frida Kahlo[1]. Die Art der Lektüre verbietet ihr, sich
5 schlafend zu stellen und die Frage zu überhören. Sie
antwortet, ohne aufzuschauen. „Hm?"

„Wie du mich findest?"

Jetzt schaut Regula Weidmann von ihrem Buch auf.
Kurt liegt mit offenen Augen auf dem Rücken, knapp
10 außerhalb des Lichtkegels ihrer Lampe. Er sollte das
Nasenhaarscherchen, das ich ihm geschenkt habe, öfter benützen, denkt sie. Sie versucht Zeit zu gewinnen.

„Wie meinst du das?"

„So wie ich es sage. Wie findest du mich?"

15 Regula Weidmann lässt das Buch auf die Bettkante sinken.

„Warum fragst du das?"

„Einfach so. Es interessiert mich halt. Also: Wie findest
du mich?"

20 „Du bist mein Mann."

Einen Moment scheint er sich mit der Antwort zufrie-
denzugeben. Aber gerade als Regula ihr Buch wieder
hochnimmt, sagt er: „Ich meine, objektiv."

„Wir sind seit achtzehn Jahren verheiratet, da ist es
schwer, objektiv zu sein." 25

„Versuch es."

Sie lässt das Buch wieder sinken und überlegt.

„Musst du da so lange überlegen?", fragt Weidmann
nach ein paar Sekunden. Es klingt etwas beleidigt.

„Du meinst so als Mensch? Ganz allgemein?" 30

„Nein, nicht als Mensch. Als Mann."

Regula Weidmann schließt das Buch, behält aber einen Finger als Buchzeichen zwischen den Seiten. „Du
meinst, so vom Aussehen?"

„Auch, ja." 35

„Auch?"

„Und was so dazugehört: Ausstrahlung, Anziehungs-
kraft, so Sachen."

Weidmann dreht den Kopf zur Seite und schaut seine
Frau an. Sein Gesicht liegt jetzt knapp innerhalb des 40
Lichtkegels. Keine günstige Beleuchtung.

Regula Weidmann legt Frida Kahlo aufs Nachttisch-
chen und dreht sich zu Kurt. Vielleicht ist jetzt der Moment, das Gespräch zu führen, das sie schon so lange
führen will. Über die letzten Jahre, die letzten vier, fünf 45
– ach, seien wir ehrlich: acht Jahre. Seit „Mitglied des
Direktoriums", genau genommen. Als die Abende mit
„Privatbewirtungen" zu Hause begannen. Stundenlang
ovolactovegetarisch[2] kochen für Gattinnen von Männern mit Einfluss auf niedrige Entscheidungen. Und 50
später Damenprogramme mit Zoo- und Museumsbe-
suchen in Gesellschaft von Gattinnen von Männern
mit Einfluss auf höhere Entscheidungen. Kurt, dem die
Karriere immer wichtiger wurde, und sie immer gleich-
gültiger. 55

„Ich bin froh, dass du das fragst", begann sie behutsam.
„Ich wollte auch schon lange darüber reden."

„Die Frage lässt mich nicht mehr los", gesteht Weide-
mann erleichtert. „Seit neue Untersuchungen bewiesen haben, dass attraktivere Männer bessere Karriere- 60
chancen besitzen. Sei bitte ganz ehrlich."

Regula Weidmann greift sich ihr Buch vom Nachtisch.
„Du bist sehr attraktiv, Kurt. Ganz ehrlich."

---

1 Frida Kahlo (1907–1954), mexikanische Malerin mit ereignisreichem Leben, wurde von der Frauenbewegung geschätzt
2 ovolactovegetarisch: ohne Fleisch, also vegetarisch, aber mit Eiern und/oder Milchprodukten

So können Sie vorgehen

1. Lesen Sie die Kurzgeschichte *Weidmanns Nachtgespräch* und beschreiben Sie den Gesprächskontext. Halten Sie in dem Zusammenhang stichpunktartig fest, welche Requisiten Sie für eine Verfilmung mindestens benötigen.

2. Analysieren Sie die Äußerung „Wie findest du mich eigentlich?" (Z.1) Weidmanns mithilfe des Kommunikationsmodells von Schulz von Thun (vgl. S.16). Benennen Sie seine Gesprächsintention zu diesem Zeitpunkt.

3. Untersuchen Sie, wie Regula auf die Frage reagiert. Verfassen Sie einen möglichen Gesprächsbeitrag Regulas, der die Informationen der Erzählerrede (Z.2ff.) zum Ausdruck bringt.

4. Analysieren Sie die Äußerung „Du bist mein Mann" (Z.20) mithilfe der Kommunikationsmaximen von Grice (vgl. S.19) und benennen Sie Regulas Gesprächsintention zu diesem Zeitpunkt.

5. Beschreiben Sie, wie sich Regulas Gesprächsintention am Ende der Kurzgeschichte ändert (vgl. „Vielleicht ist jetzt der Moment, das Gespräch zu führen, das sie schon so lange führen will", Z.43ff.). Verfassen Sie einen möglichen Gesprächsbeitrag Regulas, der die Informationen der Erzählerrede (Z.45–55) zum Ausdruck bringt: Mit welcher Äußerung könnte sie also nun versuchen, dem Gespräch eine andere Wendung zu geben?

MK
6. Verfassen Sie im Team ein Drehbuch zu Ihrem Film. Ändern Sie ggf. die Positionierung der Figuren und nutzen Sie die folgende Vorlage als Beispielentwurf. Gehen Sie dabei immer von den Äußerungen der beiden Figuren Weidmann (W) und Regula (R) aus. Besprechen Sie anschließend, wie die Figuren zu agieren haben (Szene) und wie Sie dies im Bild umsetzen wollen (Einstellung).

	Einstellung	Szene (Wohnzimmer; Cordula im Sessel, Weidmann auf der Couch)	Äußerung, ggf. Musik/Geräusch
1	Halbtotale, danach Zoom auf Halbnah	Weidmann sieht auf seine Frau, dann an sich herunter; er betrachtet seine Hände, dann wieder seine lesende Frau	Schicksalsmotiv aus Beethovens 5. Sinfonie
2	Schnitt: Halbnahe von Regula	Regula liest und beachtet ihren Mann demonstrativ nicht	W (selbstsicher): Wie findest du mich eigentlich?
3	Halbnahe von Regula	Regula hält ihre Augen starr auf das Buch (sie liest nicht)	R (scheinbar gelangweilt): Hm?
4	...	...	...

MK
7. Proben Sie das Gespräch einige Male als Ganzes und setzen Sie es dann abschnittsweise (von Einstellung zu Einstellung) um. Nutzen Sie sicherheitshalber mehrere Handys für die Aufnahmen, berücksichtigen Sie dabei auch abweichende Einstellungen. Berücksichtigen Sie die Richtlinien für den Datenschutz und das Urheberrecht.

MK
8. Schneiden Sie Ihren Film mithilfe einer entsprechenden Gratissoftware so, wie es Ihnen richtig erscheint. Ergänzen Sie abschließend die Musik. Wenn Sie wollen, können Sie nun noch ein Intro mit dem Filmtitel sowie einen Abspann mit den Namen aller Beteiligten anfertigen. Berücksichtigen Sie auch hier die Datenschutzrichtlinien.

Was sind Medien?

Was haben Medien und Gesellschaft miteinander zu tun?

Wie wirken Medien auf die sie Nutzenden und wie kann man sie selbst nutzen?

Das lernen Sie jetzt!

2.1 einen Medienbegriff entwickeln und Medienfunktionen erläutern
2.2 das Verhältnis von Massenmedien und Öffentlichkeit beschreiben
2.3 Mediennutzung und -wirkung theoriegestützt untersuchen
Schreibtraining: materialgestützt einen informierenden Text verfassen

Franz Kafka: Brief an Milena Jesenská (März 1922, Auszug)

Franz Kafka, deutschsprachiger jüdischer Schriftsteller aus Prag, schrieb neben literarischen Texten Briefe in großer Zahl und verfasste unter anderem an seine zeitweilige Verlobte Felice Bauer Hunderte Briefe, Postkarten und Telegramme. Auch an seine enge Freundin Milena Jesenská schrieb er genug Briefe, um ein Buch damit zu füllen.

Sie wissen ja, wie ich Briefe hasse. Alles Unglück meines Lebens […] kommt, wenn man will, von Briefen oder von der Möglichkeit des Briefeschreibens her. Menschen haben mich kaum jemals betrogen, aber Briefe immer, und zwar auch hier nicht fremde, sondern meine eigenen. […] Die leichte Möglichkeit des Briefeschreibens muss – bloß theoretisch angesehn –
5 eine schreckliche Zerrüttung der Seelen in die Welt gebracht haben. Es ist ja ein Verkehr mit Gespenstern, und zwar nicht nur mit dem Gespenst des Adressaten, sondern auch mit dem eigenen Gespenst, das sich einem unter der Hand in dem Brief, den man schreibt, entwickelt […]. Wie kam man nur auf den Gedanken, dass Menschen durch Briefe miteinander verkehren können! Man kann an einen fernen Menschen denken und man kann einen nahen Men-
10 schen fassen, alles andere geht über Menschenkraft. Briefe schreiben aber heißt, sich vor den Gespenstern entblößen, worauf sie gierig warten. Geschriebene Küsse kommen nicht an ihren Ort, sondern werden von den Gespenstern auf dem Wege ausgetrunken. Durch diese reichliche Nahrung vermehren sie sich ja so unerhört. Die Menschheit fühlt das und kämpft dagegen; sie hat, um möglichst das Gespenstische zwischen den Menschen auszuschalten
15 und den natürlichen Verkehr, den Frieden der Seele zu erreichen, die Eisenbahn, das Auto, den Aeroplan[1] erfunden, aber es hilft nicht mehr, es sind offenbar Erfindungen, die schon im Absturz gemacht werden, die Gegenseite ist so viel ruhiger und stärker, sie hat nach der Post den Telegrafen erfunden, das Telefon, die Funktelegrafie. Die Geister werden nicht verhungern, aber wir werden zugrunde gehen.

---

1 Aeroplan, der: veraltete Bezeichnung für das Flugzeug

Abbildung 1: Filmstill aus dem Film *An einem trüben Nachmittag* unter der Regie von Bryan Forbes (GB, 1964)
Abbildung 2: Print- und Onlinemedien

MK **1** Überlegen Sie anhand der Bilder auf S. 34, was das Wort *Medium* bedeuten kann und was die Bedeutungen verbindet und trennt.

MK **2** Geben Sie Franz Kafkas Kritik an Briefen in eigenen Worten wieder.

MK **3** Überlegen Sie, inwiefern das Unbehagen gegenüber Briefen, das Kafka in dem Bild des Gespenstischen ausdrückt, nachvollziehbar und auf andere Medien übertragbar ist.

4 Sammeln Sie weitere Ängste und Besorgnisse, die Menschen beim Gebrauch von Medien haben, und bewerten Sie, inwieweit diese Ihrer Ansicht nach nachvollziehbar sind.

2.1 Physik der Medien und andere Medientheorien
Speicherung, Übertragung und Verarbeitung

Deutsches Wörterbuch von Jacob Grimm und Wilhelm Grimm: Tisch
(1891, Ausschnitt)

TISCH, *m. mensa. [...]*
3) *unser* tisch *ist ebenfalls früh entlehnt aus gr.-lat.* discus *(wurfscheibe, in nachclassischer zeit schüssel, teller): ahd.* disc *und mit regelrechter verschiebung* tisc *(auch noch mit der bedeutung schüssel), mhd. und nhd.* tisch *(md.[1] und schwäb.-alem.[2] auch* disch*), alts.[3]* disc*; altn.[4]* diskr *und ags.[5]* disc *schüssel, teller. vgl. ital.* desco *tisch neben* disco *scheibe [...], prov.[6]* deis, *altsp.* dois dais *speisetafel [...]*
II. *Bedeutung und gebrauch. der* tisch *ist im allgemeinen eine auf einem gestell, auf einem oder auf drei, vier füszen ruhende [...] platte (scheibe, discus), etwas darauf zu stellen, zu legen u.s.w. [...]*

1 md: mitteldeutsch
2 schwäb.-alem.: schwäbisch-alemannisch
3 alts.: altsächsisch
4 altn.: altnordisch
5 ags.: angelsächsisch
6 prov.: provenzalisch, in der Provence
   (heute in Südostfrankreich) gesprochene Varietät

1 Definieren Sie in eigenen Worten den Begriff *Tisch* und seine Funktionen mit Bezug zu dem Bild und der Definition aus dem Wörterbuch der Brüder Grimm.

2 Erklären Sie die Zusammenhänge zwischen der Wortherkunft und der heutigen Bedeutung.

3 Reflektieren Sie die Schreibtischmetapher *Desktop* für die Benutzeroberfläche eines Computers und klären Sie die dahinterstehenden Überlegungen und Aussageabsichten.

4 PLUS Diskutieren Sie, inwiefern Ihre Beobachtungen zu PC-Desktops auch auf die Benutzeroberfläche von Smartphones zutreffen. Erläutern Sie dabei, welche Anwendungen (Apps) und Funktionsweisen Entsprechungen an einem stationären Arbeitsplatz haben oder medienspezifisch sind.

Walter Seitter: Möbel als Medien (2001, Ausschnitt)

*Als Medien werden oft Objekte bezeichnet: Telefon,
Fernseher und Computer sind zunächst Gegenstände.
Davon ausgehend schlägt der Medienwissenschaftler
Walter Seitter eine auf der physischen Beschaffenheit
von Medien beruhende Medienkunde vor, die von „alten" Medien ausgeht, die als solche nicht wahrgenommen werden. So werden Formen und Funktionen von
Medien grundsätzlicher betrachtet. Er erläutert dies
außer am Tisch auch am Stuhl und am Bett und verweist auf andere Forschungen, die u. a. die Straße, das
Papier und das Monument als Medien untersuchen.*

Der Tisch ist eine feste horizontale Platte, die einen
Boden für die Auge-Hand-Zone bildet. Sobald der
Mensch nicht liegt oder hockt, sondern eine vertikalere Körperposition einnimmt, befindet sich sei
5 ne Auge-Hand-Zone so weit weg vom Boden, dass
diese keine direkte Basis mehr hat. Für viele Verrichtungen ist es günstig, wenn die manipulierten Stoffe oder Geräte abgestellt werden können,
sodass sie innerhalb des Arbeitsbereiches griffbereit bleiben. Für diese Nahehaltung in der gehobenen Auge-Hand-Zone ist die Verwendung eines „Zweitbodens" nützlich, der seinerseits gegen
10 über dem Erdboden angehoben ist – und zwar über einem Segment des Erst- oder Erdbodens.
Was aber rechtfertigt es, den Tisch, der ein seit Langem bekanntes mobiles oder auch immobiles
„Möbel" ist, als „Medium" zu bezeichnen? Leistet er etwa das, was man heutzutage von einem Medium verlangt – nämlich Speicherung, Verarbeitung, Übertragung von Information? Nein und ja.
Seine Leistung geht in diese Richtung – aber sie ist noch radikaler oder elementarer. Der Tisch trägt
15 dazu bei, solche Dinge, die Menschen in einer bestimmten Nähe oder Präsenz haben wollen, in
dieser Nähe oder Präsenz zu halten. Seine Leistung liegt in *Präsentierung* – verstanden als Präsentmachung oder vielmehr Präsenthaltung. [...] Nahrungsmittel und Essgeräte, Informationsgeräte
wie Papier oder Computer, Körperteile wie Hände und Unterarme werden auf dem Tisch deponiert,
können dort wieder gruppiert und verschoben usw. werden.
20 Alle diese Präsentierungen von Dingen [...] werden von den Tischen nicht eigenmächtig durchgeführt, aber sie leisten erhebliche Beiträge dazu: Die Festigkeit der Platte verhindert, dass die Dinge
versinken oder hinunterfallen, ihre glatte Oberfläche ermöglicht leichten Schubverkehr. [...] [E]in
Tisch ist eine kleine Hochebene zu einer bestimmten Präsentierung von Dingen.

MK **5** Erklären Sie in eigenen Worten, warum der Tisch ein Medium ist.

MK **6** Überlegen und begründen Sie, inwiefern die anderen genannten Gegenstände – Stuhl, Bett, Papier,
Straße und Monument – „alte" Medien darstellen.

MK **7** Überlegen Sie, was im Klassenzimmer als Medium gelten kann, und definieren Sie es als solches.
Stellen Sie sich die gewählten Gegenstände gegenseitig in Kurzvorträgen als Medium vor.

MK **8** Besprechen Sie, inwiefern sich Ihre Wahrnehmung der genannten Gegenstände verändert,
wenn Sie diese als Medien klassifizieren.

MK **9** Verfassen Sie eine Definition von Medien nach Ihrem Verständnis und Wissen.

MK **10** **PLUS** Setzen Sie Ihre Erkenntnisse zum Begriff Medium in Beziehung zu Ihren Beobachtungen zu
analogen und digitalen Arbeitsumgebungen (S. 36, Aufgabe 4). Stellen Sie dazu beispielhaft funktionale Vor- und Nachteile bzw. Leistungen und Einschränkungen eines Blattes Papier und eines digitalen
Dokuments gegenüber. Begründen Sie dabei, für welche Zwecke und Anlässe Sie das jeweilige Medium
vorziehen würden.

Andreas Ströhl: Eigenschaften der Medien (2014)

Medien sind situativ.
Die Situation entscheidet, was als Medium benutzt wird. Ein Knoten im Taschentuch
macht das Taschentuch zum Speichermedium.

Medien sind relational.
5 Ein Medium wird dadurch Medium, dass es mindestens zwei Instanzen
(z. B. einen Sender und einen Empfänger) miteinander verbindet.

Medien sind konsensuell.
Nur, wenn sich Sender und Empfänger einig sind, etwas als Medium zu nutzen
(und über den gleichen Code verfügen), kann Kommunikation erfolgen.

10 **Medien sind prozessual.**
Nahezu alles kann als Medium dienen. Aber nur während des Kommunikationsakts ist es Medium.
Was jetzt als Medium dient, kann im nächsten Moment tote Materie oder eine tote Institution sein.

Medien bieten eine Auswahl von Elementen aus einem Repertoire potenzieller Formen.
Das Medium Schrift bietet Kombinationsmöglichkeiten aus 26 Buchstaben. Das Fernsehen verfügt
15 über eine definierte Zahl von Bildpunkten bei 25 Bildern pro Sekunde. Zwölftonmusik besitzt
zwölf Töne. Computercodes sind binär.

Medien sind hierarchisch verschachtelt.
Das Medium „Schriftkultur" enthält Archive. Das Medium „Archiv" enthält handschriftliche
Dokumente. Briefe als Medien enthalten Schrift. Das Medium „Schrift" enthält Sprache.

MK **11** Erstellen Sie auf Grundlage der sechs Medieneigenschaften nach Andreas Ströhl ein Cluster,
in dem Sie jeder Eigenschaft weitere Beispiele und Veranschaulichungen hinzufügen.

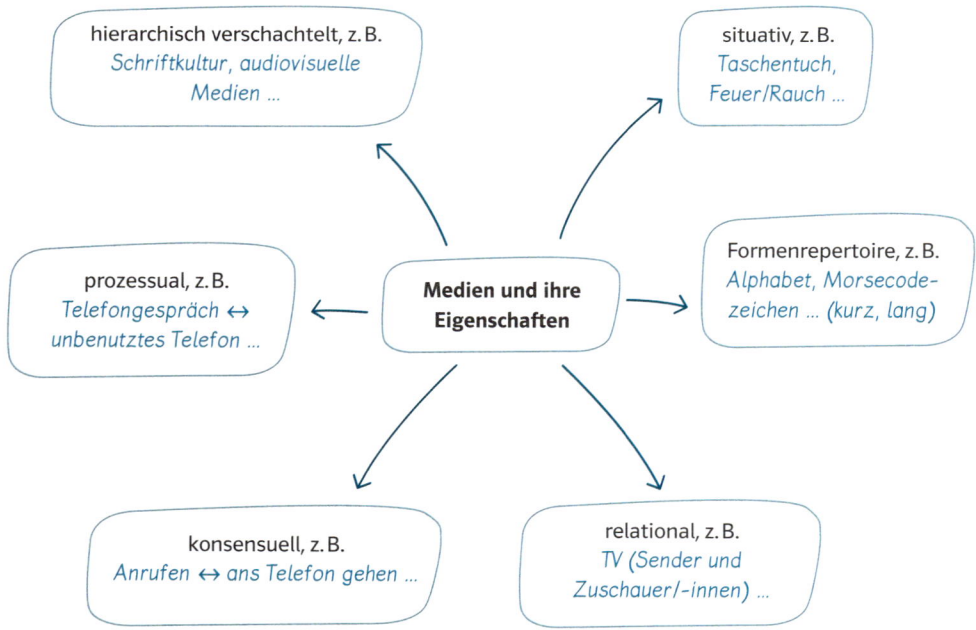

MK **12** Andreas Ströhl selbst gelangt in seiner Darstellung der wichtigsten Medientheorien zu folgender
Definition: „Kommunikationsmedien transportieren Information durch Raum und/oder Zeit."
Überprüfen und diskutieren Sie, inwiefern diese Definition für Sie zutreffend bzw. überzeugend ist.

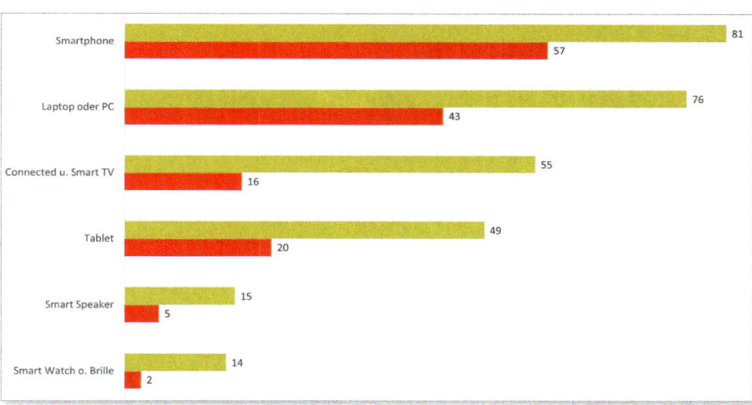

Abbildung 33: Verwendete Geräte für Online-Nachrichten 2022 (in Prozent)

Das Leibniz-Institut für Medienforschung | Hans-Bredow-Institut erhebt die Daten für Deutschland im Rahmen des jährlich in 47 Ländern durchgeführten Projekts *Reuters Institute Digital News Report*. Die in diesem Kapitel wiedergegebenen Zahlen beziehen sich auf die Befragung von rund 2000 Personen hier im Land.

Quelle: Reuters Institute Digital News Report 2022/Leibniz-Institut für Medienforschung | Hans-Bredow-Institut

MK **13** Beschreiben Sie das Schaubild. Sie können sich am „So geht's"-Beispiel unten orientieren.

MK **14** Stellen Sie Vermutungen zu Hintergründen der beobachteten Trends an.

MK **15** Beantworten Sie in der Gruppe die Frage, welche der im Diagramm genannten Geräte Sie letzte Woche zum Abrufen von Nachrichten genutzt haben, und vergleichen Sie das Ergebnis mit dem Umfrageergebnis.

MK **16** Diskutieren Sie das Für und Wider des Nachrichtenkonsums über die meistgenutzten Geräte, das sich sowohl im Schaubild als auch in Ihrer gruppeninternen Umfrage zeigt. Beziehen Sie dabei die Medien- und physischen Geräteeigenschaften ein.

SO GEHT'S **Eine Grafik zur Mediennutzung analysieren**

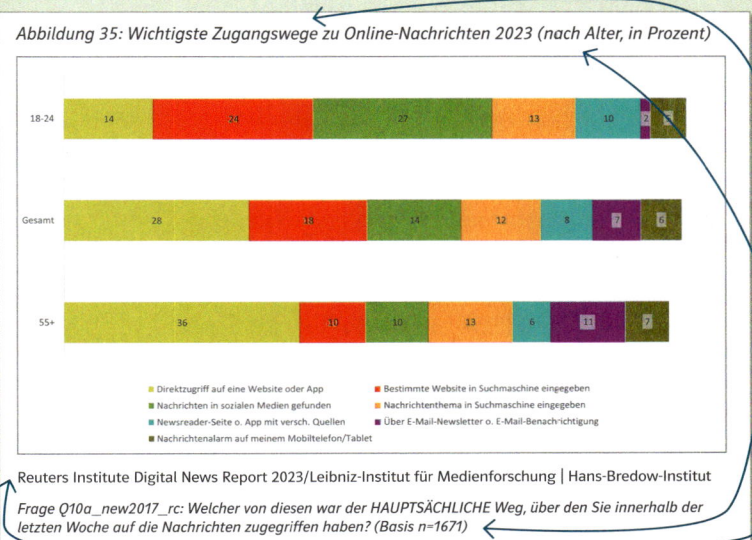

Abbildung 35: Wichtigste Zugangswege zu Online-Nachrichten 2023 (nach Alter, in Prozent)

Reuters Institute Digital News Report 2023/Leibniz-Institut für Medienforschung | Hans-Bredow-Institut

Frage Q10a_new2017_rc: Welcher von diesen war der HAUPTSÄCHLICHE Weg, über den Sie innerhalb der letzten Woche auf die Nachrichten zugegriffen haben? (Basis n=1671)

Art des Diagramms bestimmen
→ gestapeltes Balkendiagramm

Thema und Frage benennen → Auf welchem Weg gelangen Nutzerinnen und Nutzer verschiedenen Alters an Online-Nachrichten?

Daten analysieren → Altersgruppen oder andere Gruppen, absolute Zahl der Befragten und deren relative Anteile bei Antwortmöglichkeiten in Prozent

Quelle, Urheber und Qualität des Schaubilds ermitteln → internationale wissenschaftliche Studie: *Leibniz-Institut für Medienforschung | Hans-Bredow-Institut* auf der Basis von 1671 Befragten

Auswertung und Weiterarbeit mit der Quelle: *Während etwa ein Drittel der Nutzerinnen und Nutzer höheren Alters Nachrichten direkt bei Websites und Apps, die diese anbieten, liest oder anschaut, gelangen Nachrichten an fast ein Drittel der jüngeren Nutzerinnen und Nutzer gefiltert durch soziale Medien. Das heißt, die Nachrichten, die sie konsumieren, sind öfter und stärker durch Algorithmen der sozialen Medien oder durch den vorherrschenden Geschmack der eigenen „Bubble" vorausgesucht. Dies hat Vorteile und Nachteile. […]*

2.2 Die politische und gesellschaftliche Bedeutung von Massenmedien analysieren

Anarchischer Austausch spontaner Meinungen

Niklas Luhmann: Theorie des Gedächtnisses der Gesellschaft

„Was wir über unsere Gesellschaft, ja über die Welt, in der wir leben, wissen, wissen wir durch die Massenmedien." (Niklas Luhmann, *Die Realität der Massenmedien,* 1995)

Für Luhmann ist das *Gedächtnis der Gesellschaft* ein Mechanismus, der zur Orientierung, Identitätsstiftung und Stabilisierung sozialer Ordnung beiträgt.

Niklas Luhmann (1927–1998), Soziologe

Nach Luhmanns Systemtheorie besteht die Gesellschaft aus miteinander kommunizierenden *sozialen Systemen* (z.B. Wirtschaft, Bildung, Politik, Massenmedien). Als auto-
5 nome Einheiten organisieren sie sich durch Kommunikation und Strukturen selbst und gestalten ihre Funktionsweise unabhängig von individuellen Handlungen.

„[D]ie Massenmedien [haben] als Funktionssystem eigener Art die Beschreibung der Welt und der Gesellschaft übernommen." (Niklas Luhmann, *Die Gesellschaft der Gesellschaft,* 1997*)*

MK **1** Überlegen Sie, was die Zitate von Luhmann oder die Wiedergabe von Luhmanns Theorie bedeuten und mit welchen Beispielen aus Ihrer Mediennutzungserfahrung Sie seine Einschätzung untermauern könnten.

MK **2** Betrachten Sie das Bild links und tauschen Sie sich darüber aus, inwiefern es zu Luhmanns Thesen passt.

MK **3** Diskutieren Sie, inwiefern Sie Luhmanns Theorie der Massenmedien zutreffend finden und inwiefern Sie den Medien darüber hinausgehende Funktionen und Wirkungen zuschreiben würden. Beziehen Sie dabei auch die sozialen Medien mit ein.

Hans Magnus Enzensberger: Repressiver und emanzipatorischer Mediengebrauch
(1970, Ausschnitt)

Der Dichter und Philosoph Hans Magnus Enzensberger formuliert in Anlehnung an die mindestens teilweise optimistischen frühen Medientheorien von u. a. Brecht, Balázs und Benjamin eine Mediengebrauchstheorie. Wenn jede an der Mediennutzung teilnehmende Person immer sowohl Sender als auch Empfänger sein kann, können Medien seiner Theorie zufolge ein geeignetes Instrument gesellschaftlichen Fortschritts im Sinne der Aufklärung sein. Sein Ansatz stellt diesen emanzipatorischen Mediengebrauch dem repressiven, den er zu dieser Zeit als vorherrschend kritisiert, gegenüber.

Repressiver Mediengebrauch	Emanzipatorischer Mediengebrauch
Zentral gesteuertes Programm	Dezentrale Programme
Ein Sender, viele Empfänger	Jeder Empfänger ein potenzieller Sender
Immobilisierung isolierter Individuen	Mobilisierung der Massen
Passive Konsumhaltung	Interaktion der Teilnehmer (Feedback)
Entpolitisierungsprozess	Politischer Lernprozess
Produktion durch Spezialisten	Kollektive Produktion
Kontrolle durch Eigentümer oder Bürokraten	Gesellschaftliche Kontrolle durch Selbstorganisationen

MK **4** Werten Sie die Gegenüberstellung von repressivem und emanzipatorischem Mediengebrauch nach Enzensberger aus und suchen Sie zu den genannten Schlagworten möglichst konkrete Beispiele.

MK **5** Diskutieren Sie, ob Sie Enzensbergers optimistischer Sichtweise auf die positiven Möglichkeiten der Mediennutzung zustimmen. Beziehen Sie dabei Ihre Kenntnisse von und Erfahrungen mit der Kommunikation in den sozialen Medien ein.

MK **6 PLUS** Recherchieren Sie arbeitsteilig zu neueren medientheoretischen Ansätzen (Aufsätze, Buchrezensionen und Ähnliches), z. B. von Roger Silverstone oder Wolfgang Schweiger. Informieren Sie sich gegenseitig.

Jürgen Habermas: Überlegungen und Hypothesen zu einem erneuten Strukturwandel der politischen Öffentlichkeit (2021, Ausschnitt)

◁)) Hörtext
A 02

Der Philosoph Jürgen Habermas (geb. 1929) ist seit Jahrzehnten eine prägende Figur des philosophischen und gesellschaftlichen Diskurses in der Bundesrepublik Deutschland. Eine seiner bekanntesten Veröffentlichungen ist eine Analyse der Öffentlichkeit[1] in den seit der Sattelzeit[2] der Französischen Revolution entstehenden liberal-bürgerlichen und demokratischen Gesellschaften vor allem in Europa und den USA. Das 1962 erschienene Werk „Strukturwandel der Öffentlichkeit" sieht in der medialen Öffentlichkeit eine Grundbedingung für die Funktion demokratischer Staaten. Angesichts der Entstehung und Entwicklung des Internets bis in unsere heutige Zeit stellten sich Sozial- und Medienwissenschaftler die Frage, ob gerade ein neuer Strukturwandel ablaufe. Habermas verfolgt diesen Gedanken in einem eigenen Beitrag zu dieser Fragestellung als Fortführung seiner zu diesem Zeitpunkt 60 Jahre alten Studie.

Von besonderer Relevanz ist in unserem Zusammenhang ein Umstand: Das Gewicht, das der Wille der Staatsbürger, also des Souveräns, auf die Entscheidungen des politischen Systems insgesamt gewinnt, hängt nicht unwesent-
5 lich auch von der aufklärenden Qualität des Beitrages ab, den die Massenmedien zu dieser Meinungsbildung leisten. [...] Denn diese zehrt von der vorgängigen journalistischen Verarbeitung der Themen und Beiträge, der alternativen Vorschläge, Informationen, Stellungnahmen pro und contra, kurzum des Inputs, der u. a. über die Informationskanä-
10 le der politischen Parteien, der Interessenverbände und der PR-Agenturen der gesellschaftlichen Funktionssysteme sowie von den Akteuren und Intellektuellen der Zivilgesellschaft in die Öffentlichkeit eingeschleust wird. Durch diesen, vom Mediensystem gefilterten, mehr oder weniger in-
15 formierten Meinungspluralismus erhält jeder Bürger und jede Bürgerin die Gelegenheit, sich jeweils eine eigene Meinung zu bilden und eine aus ihrer Sicht möglichst rational motivierte Wahlentscheidung zu treffen.

Jürgen Habermas (*1929)

20 Man kann [...] davon ausgehen, dass die Orientierung vernünftiger Teilnehmer an der Wahrheit oder Richtigkeit
ihrer räsonierten Überzeugungen die politischen Auseinandersetzungen erst recht anheizt und diesen einen grundsätzlich agonalen[3] Charakter verleiht. Wer argumentiert,
25 widerspricht. Nur über das Recht, ja die Ermutigung zum
reziproken[4] Neinsagen entfaltet sich das epistemische[5]
Potential der widerstreitenden Meinungen im Diskurs,
denn dieser ist auf die Selbstkorrektur von Teilnehmern
angelegt, die ohne gegenseitige Kritik nicht voneinander
30 lernen könnten. Darin besteht ja der Witz deliberativer[6]
Politik: dass wir in politischen Auseinandersetzungen unsere Überzeugungen verbessern und der richtigen Lösung
von Problemen näherkommen können. Bei der in der Öffentlichkeit entfesselten Kakophonie[7] der gegensätzlichen
35 Meinungen wird allein eines vorausgesetzt – der alle übrigen Auseinandersetzungen legitimierende Konsens über
die Grundsätze der gemeinsamen Verfassung. Vor diesem
konsentierten Hintergrund besteht der gesamte demokratische Prozess aus einer Flut von Dissensen, die von der
40 wahrheitsorientierten Suche der Bürger nach rational ak-
zeptablen Entscheidungen immer von neuem aufgewühlt
wird.
Dabei dürfen wir allerdings die Hauptsache, an der sich das
Schicksal einer Demokratie letztlich entscheidet, nicht
45 vergessen: [Die] institutionalisierte Willensbildung muss
im Ganzen auch tatsächlich so funktionieren, dass die
Wahlbürger in ihrem Verfassungskonsens von Zeit zu Zeit
durch Erfahrung bestätigt werden. Die Ergebnisse des Re-
gierungshandelns müssen derart in einem erkennbaren
50 Zusammenhang mit dem Input der Entscheidungen der
Wähler stehen, dass die Bürger darin die rationalisierende
Kraft ihrer eigenen demokratischen Meinungs- und Willensbildung bestätigt sehen können. [...]
„Doch die Verhältnisse sind nicht so", nicht einmal mehr in
55 den ältesten angelsächsischen Demokratien. Das zustim-
mende Echo, das der Sturm auf das Kapitol unter Trump-

Wählern gefunden hat, muss man wohl auch als den ex-
pressiven Ausdruck von Wählern verstehen, die seit
Jahrzehnten eine politisch folgenreiche und spürbare
Wahrnehmung ihrer vernachlässigten Interessen nicht 60
mehr erkennen konnten. [...]
Ein Symptom [der v. a. in den „Echoräumen", d. h. den Plattformen der sozialen Medien, existierenden „Halböffent-
lichkeit", die sich gegen den „Mainstream" und Widerspruch gegen die eigene Auffassung abschottet,] ist die 65
Doppelstrategie des Ausstreuens von Fake News und der
gleichzeitige Kampf gegen die „Lügenpresse" [...]. Wenn
aber der gemeinsame Raum „des Politischen" zum Kampf-
platz konkurrierender Öffentlichkeiten degeneriert, reizen
die demokratisch legitimierten, staatlich durchgesetzten 70
politischen Programme – wie im Fall der libertär inszenier-
ten, aber autoritär motivierten Anti-Corona-Demonstra-
tionen – zu verschwörungstheoretischen Erklärungen.
Diese Tendenzen lassen sich in Mitgliedsländern der Europäischen Union schon beobachten; aber sie können sogar 75
das politische System selbst ergreifen und deformieren,
wenn dieses lange genug durch sozialstrukturelle Konflikte untergraben und erschüttert worden ist. In den USA ist
die Politik in den Strudel einer anhaltenden Polarisierung
der Öffentlichkeit geraten, nachdem sich die Regierung 80
und große Teile der Regierungspartei an die Selbstwahr-
nehmung eines in den sozialen Medien erfolgreichen Präsidenten, der täglich über Twitter die plebiszitäre[8] Zustimmung seiner populistischen Gefolgschaft einholte,
angepasst hatten. [...] 85
Nicht die Häufung von Fake News ist für eine verbreitete
Deformation der Wahrnehmung der politischen Öffentlichkeit signifikant, sondern der Umstand, dass aus der
Perspektive der Beteiligten Fake News gar nicht mehr als
solche identifiziert werden können. 90
In den Kommunikations- und Sozialwissenschaften ist es
inzwischen üblich, von disrupted public spheres[9] zu sprechen, die sich vom Raum der journalistisch institutionali-
sierten Öffentlichkeit entkoppelt haben.
Ein demokratisches System nimmt im Ganzen Schaden, 95
wenn die Infrastruktur der Öffentlichkeit die Aufmerksamkeit der Bürger nicht mehr auf die relevanten und entschei-
dungsbedürftigen Themen lenken und die Ausbildung
konkurrierender öffentlicher, und das heißt: qualitativ ge-
filterter Meinungen, nicht mehr gewährleisten kann. 100
Dass Presse, Rundfunk und Fernsehen beispielsweise dazu
verpflichtet sind, Falschmeldungen zu korrigieren, macht
auf jenen Umstand aufmerksam, der hier interessiert. Wegen des besonderen Charakters ihrer Waren, die eben keine
bloßen Waren sind, können sich auch die Plattformen 105
nicht jeder publizistischen Sorgfaltspflicht entziehen.
Auch sie sind verantwortlich und müssten für News haften, die sie weder produzieren noch redigieren; denn auch

110 diese Informationen haben eine meinungs- und mentali-tätsbildende Kraft. In erster Linie unterliegen sie nicht den Qualitätsstandards von Waren, sondern den kognitiven Standards von Urteilen, ohne die es für uns weder die Objektivität der Welt von Tatsachen noch die Identität und Gemeinsamkeit unserer intersubjektiv geteilten Welt ge-115 ben kann. In einer schwer vorstellbaren „Welt" von Fake News, die nicht mehr als solche identifiziert, also von wah-

ren Informationen unterschieden werden könnten, würde kein Kind aufwachsen können, ohne klinische Symptome zu entwickeln. Es ist deshalb keine politische Richtungs-entscheidung, sondern ein verfassungsrechtliches Gebot, 120 eine Medienstruktur aufrechtzuerhalten, die den inklusi-ven Charakter der Öffentlichkeit und einen deliberativen Charakter der öffentlichen Meinungs- und Willensbildung ermöglicht.

---

1 Öffentlichkeit, die: Der von Habermas verwendete Begriff Öffentlichkeit entspricht dem der Medien bzw. der darin ablaufenden Kommunikation. 2 Sattelzeit, die: Begriff des Historikers Reinhart Koselleck. Sie erfasst eine Übergangs- oder Schwellenphase, z. B. die hin zur Moderne. 3 agonal: kämpferisch, mit Streitcharakter 4 reziprok: wechselseitig, gegenseitig 5 epistemisch: erkenntnisbezogen 6 deliberativ: beratschlagend, abwägend 7 Kakophonie, die: der Missklang 8 plebiszitär: die direkte Beteiligung der Bürgerinnen und Bürger an politischen Themen betreffend 9 disrupted public spheres: (wörtl.) gestörte öffentliche Sphären/Räume

MK 7 Lesen Sie den Text von Jürgen Habermas mehrfach und genau durch und notieren Sie sich Schlüssel-begriffe, mit denen Sie Habermas' Verständnis des Verhältnisses von Gesellschaft, Medien und Politik bestimmen.

MK 8 Klären Sie ggf. durch eine Recherche den Begriff der Medien als „vierte Gewalt" und überprüfen Sie, inwiefern dieser mit Habermas Beschreibung der Medienfunktion für die Gesellschaft übereinstimmt oder über ihn hinausgeht.

MK 9 Erklären Sie, inwiefern die mediale Öffentlichkeit eine Grundbedingung für die Funktion demokra-tischer Staaten ist, und erläutern Sie den momentanen Strukturwandel der Öffentlichkeit. Geben Sie Ihre Erklärung in eigenen Worten bzw. durch Paraphrase geeigneter Stellen wieder. Nutzen Sie das „So geht's"-Beispiel unten.

MK 10 Diskutieren Sie, inwiefern Sie Habermas' Position zur gesellschaftlich-politischen Relevanz der Medien zustimmen.

MK 11 Setzen Sie sich mit den nach Habermas durch soziale Medien entstandenen Problemen in der Funktionsweise und Struktur der *Öffentlichkeit* im Einzelnen auseinander.

MK 12 Diskutieren Sie die Forderung Habermas', den Erhalt der Öffentlichkeit als „verfassungsrechtliches Gebot" (Z. 120) zu sehen und dementsprechend durchzusetzen.

informierende Texte → S. 56, 439

MK 13 Die AG Demokratie an Ihrer Schule plant ein Projekt zum Thema *Demokratie und Internet*. Verfassen Sie einen informierenden Text für die Projektzeitung, in dem Sie Habermas' Position zu diesem Thema erläutern.

SO GEHT'S   **Paraphrasieren**

„Nur über das Recht, ja die Ermutigung zum reziproken Neinsagen entfaltet sich das epistemische Potential der widerstreitenden Meinungen im Diskurs, denn dieser ist auf die Selbstkorrektur von Teilnehmern angelegt,
5 die ohne gegenseitige Kritik nicht voneinander lernen könnten."

Paraphrase → (im engeren Sinne) ein Ausdruck oder eine Aussage wird durch eine Umschreibung, durch synonyme Bezeichnungen oder Ober- oder Unterbegriffe ersetzt

Fremdwörter bzw. schwierige Begriffe und Phrasen erschließen oder nachschlagen

Aussage in eigenen Worten wiedergeben → *Im öffentlichen Dialog sind Widerspruch und Kritik an den Aussagen anderer erwünscht, weil sie den Gesprächsteilnehmenden ermöglichen, fehlerhafte Positionen zu verbessern und so die potenziell beste Position zu erkennen.*

2.3 Die Wirkungen von Mediennutzung untersuchen
Injektion durchs Auge

Medien und „Realität"

Stanley Kubrick: Uhrwerk Orange (GB/USA 1971)

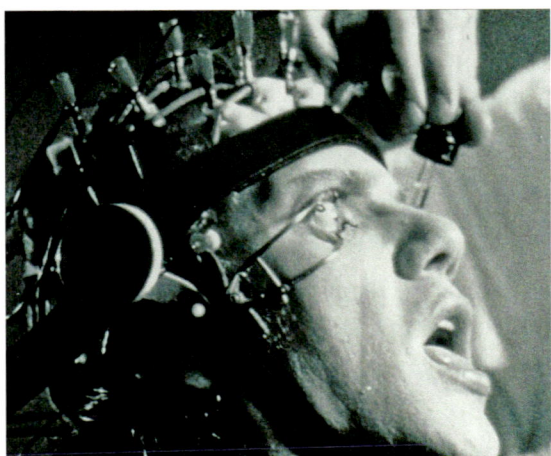

In Stanley Kubricks dystopischem Science-Fiction-Film *Uhrwerk Orange* wird der wegen extremer Gewalttaten verurteilte Alex der „Ludovico-Therapie" unterzogen, bei der ihm unter Zwang die Augen offen gehalten werden und er gefilmte Gewaltdarstellungen anschauen muss, was ihm seine eigenen gewalttätigen Impulse unerträglich machen soll. Zunächst scheint die Therapie erfolgreich und Alex von seiner soziopathischen Aggressivität „geheilt", aber am Ende des Films „erwacht" sein gewalttätiges Wesen wieder und die Behandlung erweist sich als gescheitert.

 1 Beschreiben Sie, wie dieses Bild auf Sie wirkt.

 2 Diskutieren Sie die Idee der fiktiven „Ludovico-Therapie", deren Durchführung in dem Bild aus Kubricks Film zu sehen ist, und gehen Sie dabei auf das damit gezeigte Verständnis von Medien und ihrer Wirkung ein.

 3 Erläutern Sie, inwieweit Sie Medien eine Wirkung zugestehen und wo Sie Grenzen ihrer Wirkmächtigkeit sehen.

Béla Balázs: Der Geist des Films (1930, Ausschnitt)

Der ungarische Schriftsteller und Filmkritiker Béla Balázs (1884–1949) gehörte mit seinen Werken „Der sichtbare Mensch" (1924) und „Der Geist des Films" (1930) zu den Ersten, die die Bedeutung des neuen, zur Stummfilmzeit noch hauptsächlich visuellen Mediums Film erkannten und zu erfassen suchten. Dabei verglich er die Wirkmächtigkeit des Films mit der der Schrift- und Buchkultur. Er ging davon aus, dass der Film, auch wegen seiner Neuheit und wegen des Verhältnisses von Schrift und Bild, die Zuschauenden auf einer assoziativen, unbewussten Ebene sehr unmittelbar anspricht und daher ähnlich Traumbildern und Visionen sehr wirksam ist. Im vorliegenden Text geht er auf die unterschiedlichen Formen des Films oder Filmgenres ein: den Wochenschaufilm, am ehesten einer heutigen Nachrichtensendung vergleichbar, den Kulturfilm, der dem Dokumentarfilm entspricht, und den absoluten Film, dessen Bilder keinen Erzählzusammenhang haben, sondern suggestiv oder sogar manipulativ eine Bedeutung vermitteln.

Ein Tagebuch der Zeit könnte man die Wochenschaufilme nennen. Sie geben scheinbar unkonstruierte, unpersönliche Wirklichkeit wieder. Also keinen lyrischen Spaziergang und kein privates Schicksal, sondern Reportage. Und doch ist auch das nicht einfach sachliche Wirklichkeit, was wir zu sehen bekommen. Sensation und Aktualität bestimmen Auswahl und Zusammenstellung, und das ist schon ein Gesichtspunkt, der gewisse Formen schafft. Die Wochenschaubilder sind Dokumente des historischen Bewusstseins jener kleinbürgerlichen Massen, für die sie vornehmlich gemacht werden.

Tagebuch der Zeit? Was werden die Historiker aus diesen Sport-, Parade- und Katastrophenaufnahmen erfahren über die Ereignisse, die historisch entscheidend waren? Die sozialen Gewalten haben keine sichtbare Gestalt. Kann man den Young-Plan[1], die Rationalisierung, den Lohnabbau fotografieren? Kann man ihre ökonomische Ursache und Bedeutung im Bild fassen? Höchstens letzte Auswirkungen, Symptome an der Peripherie. Die Wochenschau zeigt die Grenze des Films an. Nein, die Bilder selbst werden für die Historiker keine dokumentarische Bedeutung haben. Umso mehr das Prinzip ihrer Auswahl.

Ökonomische und politische Kräfte haben keine sichtbare Gestalt, und man kann sie nicht für eine Wochenschau einfach fotografieren. Und dennoch sind sie optisch darzustellen. In der Montage eines wirklich guten Kulturfilms[2] erscheinen sie in den Dingen, die sie bewegen, so wie der Wind sichtbar wird in der Bewegung der Bäume. [...] Nur wenn die vielen Ansichten des Gegenstandes eine Ansicht des Betrachters enthalten, wenn durch die Montage der Wirklichkeitsbilder eine Deutung und Erklärung geschieht, nur dann werden sie zu einem Werk. Der deutsche Kulturfilm „Schanghai"[3]. Er zeigt nicht nur Glanz und Elend der Chinesenstadt. Er zeigt ihre funktionelle Beziehung zueinander. Er zeigt die Klassengegensätze und die Ausbeutung. Die Montage wird zu einer systematischen Darlegung, die dem Zuschauer eine Erkenntnis aufzwingt. Jedoch eine soziale Erkenntnis zwingt

zur Stellungnahme. Sie ist bereits Stellungnahme, wenn sie Erkenntnis geworden ist. Vor solchen Tatsachenfilmen werden die Zuschauer zu Augenzeugen. Sie werden gleichsam aufgerufen. Denn jeder Hinweis wirkt als Gebärde des Zeigers. Jeder Anblick enthält die natürliche menschliche Reaktion darauf. Denn zuerst machte doch das Motiv Eindruck und wurde darum erst fotografiert. Eine Emotion war Ursache des Bildes. Jedes Bild weist auf seinen Anlass hin. In den Bildern des Leidens ist das Mitleid, in den Bildern des Unrechts ist die Empörung drin. [...] Hans Richter[4] hat es versucht, Ereignisse wie die Inflation [...] als reine Erscheinung, als Impression zu gestalten. Ein Albtraum von Visionen sollte es werden: Banknotenhaufen, leere Warenstände, ausgehungerte Gesichter, irre Blicke, Börsentumulte, Sektgelage, Selbstmorde, Kurse, Geld, Geld, Geld. Keine fortlaufenden Begebenheiten, keine ausgespielte Szene. Nicht Erzählung, nur Erscheinung. Und zwar innere Erscheinung: Eindruck und Assoziation. Absoluter Film. [...] Kein Bild hat [darin] seine besondere Bedeutsamkeit, seine besondere Tiefe, sein besonderes Geheimnis. Nicht auf die vielen einzelnen Bilder, nicht auf die vielen einzelnen Gestalten kommt es hier an, sondern auf das Ganze, auf die eine Impression, die in der Montage erscheint. Die Kamera ist gleichsam nach innen gekehrt und erfasst nicht die Erscheinungen der Außenwelt, sondern ihre Spiegelung im Bewusstsein. Nicht das Ding selbst, sondern seine Aufnahme in der Psyche wird von der Kamera aufgenommen. [Es kommt] gar nicht auf die Darstellung, sondern auf die Herstellung einer Psychologie an. Das ist kein Wortspiel. Das Erste bezweckt das Bild einer Psyche, das wir sehen und zur Kenntnis nehmen sollen. Das Zweite bezweckt eine psychische Wirkung, die in uns entstehen soll. [...] Wenn Symbolbilder in einem absolut absoluten Film vorkommen, so wollen sie die Emotion nicht darstellen, sondern im Zuschauer direkt bewirken. Es ist eigentlich ein Suggestionsverfahren. In solchen Filmen liegt gar nicht die Absicht einer bestimmten eigenen Gestalt. Sie geben uns nur eine Injektion durchs Auge.

---

1 Young-Plan, der: Der Young-Plan (1929/30) basierte auf den Versailler Verträgen und setzte Reparationszahlungen fest, die Deutschland nach dem Ersten Weltkrieg jährlich zu leisten hatte. 2 Kulturfilm, der: eine bis 1945 gebräuchliche, u. a. von der deutschen Filmproduktionsfirma *Ufa* verwendete Bezeichnung für populärwissenschaftliche Dokumentarfilme 3 Kulturfilm „Schanghai": Gemeint ist der (tatsächlich sowjetische) Film *Das Dokument von Shanghai* (1928) des Regisseurs Jakov Blioch (1895–1957). 4 Hans Richter (1888–1976): Dadaist und experimenteller Filmemacher, drehte 1928 den Film *Inflation*

MK **4** Erklären Sie in eigenen Worten den Zusammenhang zwischen Inhalt und Form, den Balázs (S. 44 f.) in seinen Ausführungen zum Wochenschaufilm herstellt, und überlegen Sie, inwiefern sich dieser Zusammenhang auch in den heutigen (sozialen) Medien beobachten lässt.

MK **5** Stellen Sie Aspekte der Wochenschau, des Kulturfilms und des absoluten Films in einer Tabelle gegenüber.

MK **6** Erläutern Sie die Vorzüge und Gefahren, die Balázs an den von ihm beschriebenen Formen des Kultur- und des absoluten Films erblickt.

MK **7** Erklären Sie die Bildlichkeit und Bedeutung der Formulierung „Injektion durchs Auge" (Z. 92) im Zusammenhang mit Balázs' Einschätzung der Filmwirkung. Erläutern Sie Unterschiede im Verständnis zum Material 1 (S. 44). Diskutieren Sie, was dem sogenannten absoluten Film damit zugeschrieben wird und was für ein grundsätzliches Medienverständnis darin zum Ausdruck kommt.

MK **8** Diskutieren Sie, inwiefern Sie Balázs in seiner Bewertung der Filmwirkung zustimmen, und beziehen Sie dabei auch heutige Medienformate mit ein, die ähnliche Charakteristika aufweisen.

Schockwirkung ohne Kultwert

Material 3

Walter Benjamin: Das Kunstwerk im Zeitalter seiner technischen Reproduzierbarkeit
(1935, Ausschnitt)

Walter Benjamin, deutscher Philosoph, Kulturkritiker und Übersetzer, verfasste den „Kunstwerkaufsatz" im Exil in Frankreich, wohin er vor den Nationalsozialisten fliehen musste. 1940 brachte er sich in dem spanischen Grenzort Portbou aus Angst vor Verhaftung durch die Gestapo um. Im Kunstwerkaufsatz geht es um die Frage, was mit dem Kunstwerk und seinem Status durch dessen maschinelle Reproduzierbarkeit geschieht und wie die Massenmedien – darunter der Film – sich darauf auswirken.

Walter Benjamin (1892–1940)

Text in alter Rechtschreibung

Aus einem lockenden Augenschein oder einem überredenden Klanggebilde wurde das Kunstwerk bei den Dadaisten zu einem Geschoß. Es stieß dem Betrachter zu. Es gewann eine taktile Qualität. Damit hat es die Nachfrage nach dem Film begünstigt, dessen ablenkendes
5 Element ebenfalls in erster Linie ein taktiles ist, nämlich auf dem Wechsel der Schauplätze und Einstellungen beruht, welche stoßweise auf den Beschauer eindringen. Man vergleiche die Leinwand, auf der der Film abrollt, mit der Leinwand, auf der sich das Gemälde befindet. Das letztere lädt den Betrachter zur Kontemplation ein; vor ihm kann er sich seinem Assoziationsablauf überlassen. Vor der Filmaufnahme kann er das nicht. Kaum hat er sie ins
10 Auge gefaßt, so hat sie sich schon verändert. Sie kann nicht fixiert werden. Duhamel[1], der den Film haßt und von seiner Bedeutung nichts, aber manches von seiner Struktur begriffen hat, verzeichnet diesen Umstand mit der Notiz: „Ich kann schon nicht mehr denken, was ich denken will. Die beweglichen Bilder haben sich an den Platz meiner Gedanken gesetzt." In der Tat wird der Assoziationsablauf dessen, der diese Bilder betrachtet, sofort durch ihre Veränderung unterbrochen. Darauf beruht
15 die Chockwirkung des Films, die wie jede Chockwirkung durch gesteigerte Geistesgegenwart aufgefangen sein will [...].
Was [Duhamel] dem Film vor allem verdenkt, ist die Art des Anteils, welchen er bei den Massen erweckt. Er nennt den Film „einen Zeitvertreib für Heloten[2], eine Zerstreuung für ungebildete, elende, abgearbeitete Kreaturen, die von ihren Sorgen verzehrt werden ... ein Schauspiel, das keinerlei Konzentration
20 verlangt, kein Denkvermögen voraussetzt ..., kein Licht in den Herzen entzündet und keinerlei andere Hoffnung erweckt als die lächerliche, eines Tages in Los Angeles ‚Star' zu werden."

Man sieht, es ist im Grunde die alte Klage, daß die Massen im Kunstwerk Zerstreuung suchen, die Kunst aber vom Betrachter Sammlung verlangt. Das ist ein Gemeinplatz. Bleibt nur die Frage, ob er einen Standort für die Untersuchung des Films abgibt. – Hier heißt es, näher zusehen. Zerstreuung
25 und Sammlung stehen in einem Gegensatz, der folgende Formulierung erlaubt: Der vor dem Kunstwerk sich Sammelnde versenkt sich darein; er geht in dieses Werk ein, wie die Legende es von einem chinesischen Maler beim Anblick seines vollendeten Bildes erzählt. Dagegen versenkt die zerstreute Masse ihrerseits das Kunstwerk in sich; sie umspielt es mit ihrem Wellenschlag.
[...]
30 In seiner Chockwirkung kommt der Film dieser Rezeptionsform [der Zerstreuung] entgegen. Der Film drängt den Kultwert[3] nicht nur dadurch zurück, daß er das Publikum in eine begutachtende Haltung bringt, sondern auch dadurch, daß die begutachtende Haltung im Kino Aufmerksamkeit nicht einschließt. Das Publikum ist ein Examinator[4], doch ein zerstreuter.

---

1 Georges Duhamel (1884–1966): frz. Schriftsteller und Verfasser technik- und fortschrittskritischer Abhandlungen **2** Helot, der: Staatssklave, Unterdrückter, Leibeigener **3** Kultwert, der: In der Zeit vor dessen technischer Reproduzierbarkeit besitzt das „einzigartige" Kunstwerk eine Aura bzw. einen Status, der bei Betrachtenden Ergriffenheit erzeugt und es zu einem quasi-kultischen Objekt macht. Dieser Kultwert wird durch die Reproduzierbarkeit zerstört. Benjamin konstatiert zwar das Verschwinden der Aura und bedauert es teilweise, ist aber den neuen (Massen-)Medien gegenüber offen und sieht in ihnen emanzipatorisches Potenzial. **4** Examinator, der: Prüfer

MK **1** Definieren Sie in eigenen Worten zentrale Begriffe von Benjamins Überlegungen zum Film und dessen Wirkung bzw. klären Sie diese ggf. noch einmal: Schock, Zerstreuung, Sammlung/Versenkung/Kontemplation, Geistesgegenwart/Aufmerksamkeit.

MK **2** Erläutern Sie die Formulierungen, dass erstens die zerstreute Masse das Kunstwerk in sich versenke (vgl. Z.27f.) und zweitens das Publikum ein zerstreuter Examinator sei (vgl. Z.33).

MK **3** Diskutieren Sie, inwiefern Schock, Zerstreuung, Sammlung und Versenkung allgemein und für Sie selbst passende Begriffe für die Wirkung und Rezeptionshaltung von Filmen sind.

Alte Gefahren in neuen Medien

Material 4

Medienkonsum heute

MK **1** Besprechen Sie, welche Rezeptionshaltungen (siehe Aufgabe 3 oben) Sie in den beiden Abbildungen erkennen.

MK **2** Wenden Sie die so gewonnenen Begriffe an, um die Medienkonsumhaltung auf den Bildern (M4) zu beschreiben. Erläutern Sie im Anschluss weitere mögliche Benutzungsszenarien neuer Medien und grenzen Sie sie ggf. kontrastierend voneinander ab.

Material 5

forsa: Nutzungsmuster sozialer Medien (DAK, 2022)

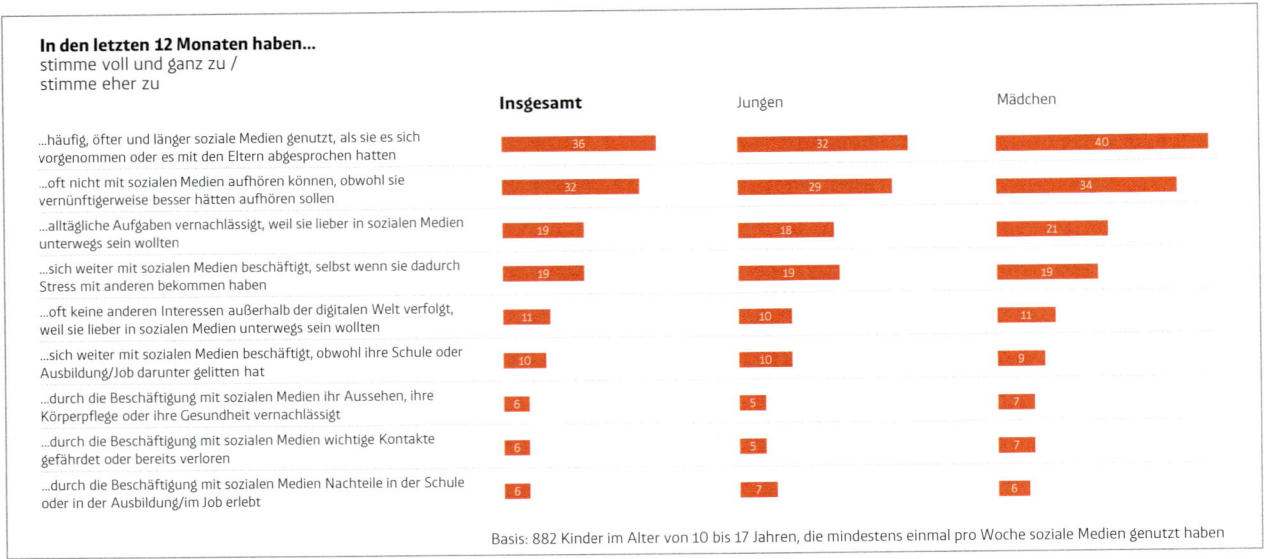

Basis: 882 Kinder im Alter von 10 bis 17 Jahren, die mindestens einmal pro Woche soziale Medien genutzt haben

MK **3** Beschreiben Sie das Diagramm (M5) und setzen Sie seine zentrale Aussage in Beziehung zu Ihren Ergebnissen zum Medienkonsumverhalten Jugendlicher aus den Aufgaben 1 und 2 (S. 47).

Material 6

Joachim Westerbarkey: Massenkommunikation (2020, journalistikon.de, Auszug)

Die Vorstellung von Massenkommunikation resultiert aus der inzwischen verworfenen soziologischen Theorie der Massengesellschaft des 19. und 20. Jahrhunderts, die den Einzelnen als entwurzeltes und isoliertes Wesen betrach-
5 tete, das den publizistischen Medien schutzlos ausgeliefert sei. ‚Massenmenschen' werden also als unmündig betrachtet und die Medien einer Elite zugerechnet, die das Volk mehr oder weniger wohlmeinend zu führen hat – ein autoritäres Modell, das manche auch im Zeitalter digitaler
10 Kommunikationsnetze noch fasziniert.
Für Massenmedien ist charakteristisch, dass sie technische Speicher-, Vervielfältigungs- und Verbreitungsmittel verwenden, dass die Rollen der Kommunikanten asymmetrisch festgelegt sind (Monologstruktur), dass diese räum-
15 lich und/oder zeitlich disparat agieren[1], dass das Publikum anonym und heterogen[2] ist und dass dennoch die Sender ihren Empfängern und die Empfänger einander ähnliche Rezeptionsweisen und Informationen unterstellen. Massenmediale Kommunikation schafft außerdem breite Zu-
20 gänglichkeit (Verbreitungsmedien), Erwartungssicherheit[3] und zeitliche Unabhängigkeit (Speichermedien).

Dabei können sich die Kommunikatoren nicht an individuellen Adressaten orientieren, sondern nur an Statistiken und allgemeinen Vorstellungen von ihnen. Und weil sie die Angesprochenen zumeist nicht direkt beobachten können, 25 können sie den Erfolg ihrer Bemühungen nur selten unmittelbar kontrollieren.
Massenmedien sind ‚Push-Medien', die viele Menschen mit dem gleichen Angebot versorgen (one to many). ‚Pull-Medien' bieten dagegen eine Fülle von Angeboten, aus de- 30 nen jeder Nutzer diejenigen auswählen kann, die er bevorzugt (many to one) […]. In sozialen Medien können die Nutzer aber auch ‚one to one' kommunizieren (Individualkommunikation), sich interaktiv vernetzen, soziale Beziehungen herstellen und pflegen, miteinander spielen 35 oder bei der Produktion von Mitteilungen zusammenarbeiten (many to many). Anders als bei der konventionellen Massenkommunikation sind hier nur geringe Zugangsvoraussetzungen und Kenntnisse erforderlich, die Programme sind relativ leicht zu handhaben, es gibt kaum Zeitverzug 40 (just in time) […] .

---

1 disparat agieren: unterschiedlich/ungleichartig handeln   **2** heterogen: voneinander verschieden, uneinheitlich   **3** Erwartungssicherheit, die: soziologischer Fachbegriff; durch Erfahrungen gewonnene Gewissheit, welches Verhalten Beteiligter erwartbar ist

4 Notieren Sie in Stichworten, was der Text zu dem Begriff *Massenmedien* und zu dem Begriff *soziale Medien* aussagt. Geben Sie die Textaussagen anschließend mit eigenen Worten wieder.

 5 Erläutern Sie mithilfe des Textes, wie sich für den Einzelnen die Rezeptionsweise von Ereignissen durch Massenmedien von der Rezeptionsweise durch soziale Medien unterscheidet.

 6 Besprechen Sie, inwieweit laut Text die historische Vorstellung von Massenkommunikation heute wieder an Aktualität gewinnt. Welche Rolle spielen dabei die sozialen Medien?

> **Material 7**

Margarete Stokowski: Soziale Medien: Twitter[1] ist nicht nur ein Rattenloch (Spiegel, 2022, Ausschnitt)

Margarete Stokowski (*1986) ist Autorin und Kolumnistin.

Viele Feuilletonisten[2] verteufeln die sozialen Medien. Doch so schlimm, wie alle tun, sind die dann auch nicht [...].

Wenn ich keine Accounts in den sozialen Medi-
5 en hätte und mich nur übers Feuilleton darüber
informieren würde, was auf Twitter, Instagram
und den anderen Plattformen so los ist, würde
ich denken, es muss die absolute Hölle sein. Das
wäre ein bisschen richtig, aber ansonsten ziem-
10 lich falsch. [...]

Es liegt natürlich in der Logik von Medien, dass
über schlechte Nachrichten öfter berichtet wird
als über gute Nachrichten. „45.000 Deutsche haben sich gestern mit Corona infiziert" ist eine
15 Nachricht, „72 Millionen Deutsche haben gestern lecker gefrühstückt" ist keine. Aber wir wollten ja übers Feuilleton reden, und da stehen naturgemäß nicht nur Nachrichten im Sinne von
„gestern hat Person X im Ort Y dies und das ge-
20 sagt", sondern hauptsächlich Betrachtungen
zum Zustand von Gesellschaft und Kultur, und
da kommen soziale Medien im Schnitt richtig
schlecht weg. Unfair, wenn Sie mich fragen!
Aus Feuilleton-Sicht sind soziale Medien größ-
25 tenteils ein ekliges Rattenloch voller Cancel Culture und Prangerkultur, ein kaltherziger Hass-
Marktplatz, an dem man nix mehr sagen darf, als
Mann natürlich sowieso nicht, und überhaupt
natürlich der Schoß, aus dem die #MeToo-Bewe-
30 gung kroch, die seitdem kontinuierlich Existen-
zen vernichtet. Außerdem eine perfide Like-
Maschine, die Frauen zwingt, sich die Lippen
aufspritzen zu lassen und sich beim Schminken
zu filmen. Auf jeden Fall nichts, wo man intellek-
35 tuelle Herausforderungen erlebt oder einfach
nur Spaß haben kann. Aber ganz ehrlich, wenn
soziale Medien so wären, wie man im Feuilleton
lesen kann, würde sich da niemand mehr ein-
loggen.

Vor ein paar Tagen konnte man auf Zeit Online 40
lesen: „Die Logik der sozialen Medien beruht auf
einer Ja/Nein-Fassung der Welt, in der dritte Positionen kaum einen Platz haben." Die Literaturwissenschaftlerin Erika Thomalla schrieb, es
gebe dort „wenige Spielräume für neutrale, ab- 45
wägende, ambivalente oder uneindeutige Äußerungen", viel Affirmation und Eskalation, man
sei irgendwie immer „progressiv oder konservativ, links oder rechts, dafür oder dagegen" und
man müsse immer mit einem Zwinkersmiley 50
oder einem Hashtag markieren, wenn man was
ironisch meint, damit man nicht falsch verstanden wird.
Das stimmt allerdings nicht so ganz. Es stimmt
zwar, dass es Leute gibt, die ironische Aussagen 55
mit einem „#Sarkasmus" markieren, und es gibt

Leute, die Angst haben, irgendwann etwas Missverständliches oder Falsches zu machen und dann per Shitstorm gegeißelt zu werden. Aber:
60 Erstens gibt es haufenweise ironische Aussagen auf Twitter, die nicht als solche gekennzeichnet werden, das kann ich als Heavy User Ihnen versichern. Und zweitens ist es zwar richtig, dass Leute ironische Aussagen manchmal ernst neh-
65 men, aber das passiert außerhalb von sozialen Medien halt auch jeden Tag. (Ich habe einmal eine komplett ironische Kolumne darüber geschrieben, was für ein feministischer Held Justin Trudeau doch ist, und es gibt heute noch Men-
70 schen, die denken, dass ich den geil und heiß finde. Mann, Leute!)
Und drittens: Es ist manchmal erst recht lustig zu sehen, was Leute alles falsch verstehen können. Ein paar Tage vor Silvester schrieb einer
75 meiner Lieblings-Twitteraccounts, DJ Lotti: „in eigener sache: mein mann wurde gestern an der grenze zu polen mit 2 tonnen böllern in seinem ford transit erwischt. die anwaltskosten können wir leider unmöglich selber tragen. ich habe des-
80 halb ein gofundme eingerichtet (erstmal 150.000 € als spendenziel)". Es gab leider richtig viele Leute, die das ernst nahmen und sich über uneinsichtige Böllerfans aufregten. Würde man sich mit dem Account ein bisschen beschäfti-
85 gen, wüsste man, dass „DJ Lotti" nach Selbstauskunft eine 14-jährige schwer erziehbare Jugendliche ist, die gerade die Trennung von ihrem ungefähr zwölften Ehemann durchmacht, sich auf ihre Kandidatur als Oberbürgermeisterin
90 von Stralsund vorbereitet, aber auch demnächst nach Madeira auswandern will, manchmal ihren Schülerpraktikanten die Treppe runterwirft und neulich von Elke Heidenreich verprügelt wurde. Das mit den Böllern könnte natürlich trotzdem
95 stimmen, wir wissen es nicht.

Warum gibt es im Feuilleton so selten Betrachtungen darüber, was einfach nur unfassbar lustig oder lieb oder schlau ist und aus den sozialen Medien kommt? Es ist ein bisschen witzig, dass
100 den sozialen Medien so oft vorgeworfen wird, alles zu verkürzen und zu polemisieren und nur Schwarz und Weiß zu kennen – und dass das gleichzeitig eine polemische Verkürzung und Schwarz-Weiß-Denken ist. [...]
105 Auf Twitter gibt es nicht nur Shitstorms, es gibt auch Leute, die richtig aufwendige Bildungsarbeit betreiben oder einfach nur über ihre Sorgen und Ängste schreiben, ihre Haustiere fotografieren oder die Bücher posten, die sie gerade lesen.
110 Oder von ihren Krankheiten oder Reitausflügen erzählen. Es gibt einen Account, der „soviet soldiers dancing" heißt und Videos von tanzenden Soldaten mit Tonspuren von Mariah Carey, Lady Gaga oder „Feliz Navidad" unterlegt. Das ist
115 komplett lustig. [...] Es gibt Fotos von Bäumen, die aussehen, als ob sie twerken, oder den australischen HNO-Arzt, der in einem Video erklärt, wie man sich korrekt den Tupfer in die Nase schiebt, ohne dass es wehtut. Alles komplett
120 harmlos, aber darüber wird Jens Jessen nie einen wütenden Leitartikel in der „Zeit" schreiben.
Das Ding ist: Die Feuilletonistinnen und Feuilletonisten wissen das ja alles. Sie lesen fleißig mit, denn ohne soziale Medien hätten die meisten
125 von ihnen überhaupt keine Ahnung, worüber wir woken Cancel-Kriegerinnen die ganze Zeit so reden. Sie pflügen sich permanent durch den kostenlosen Content, den wir da abliefern, aber schreiben nur darüber, wenn sie einen Skandal
130 wittern oder ein Ventil für ihr Gefühl des Abgehängtseins brauchen. [...] Ich hasse Twitter und Instagram auch manchmal. Aber stellen Sie sich mal vor, es wäre Pandemie und wir hätten das alles nicht. Das wäre wirklich die Hölle.

---

1 Twitter: heute der Social-Media-Dienst X, nachdem Elon Musk diesen erworben hatte   **2** Feuilletonist/-in, der/die: Verfasserin oder Verfasser unterhaltender und belehrender Artikel im Feuilleton, dem Kulturteil einer Zeitung, mit literarischen, kritischen und populärwissenschaftlichen Beiträgen

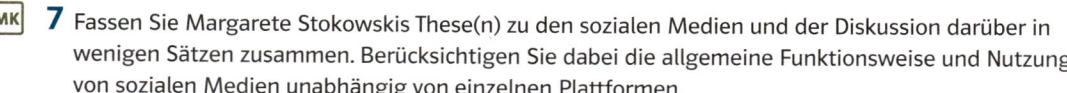

7 Fassen Sie Margarete Stokowskis These(n) zu den sozialen Medien und der Diskussion darüber in wenigen Sätzen zusammen. Berücksichtigen Sie dabei die allgemeine Funktionsweise und Nutzung von sozialen Medien unabhängig von einzelnen Plattformen.

8 Untersuchen Sie die sprachliche Gestaltung und den Stil von Stokowskis Text und überlegen Sie, wie diese die Textaussage funktional stützen.

9 Diskutieren Sie Stokowskis Einwände gegen die Einseitigkeit der Kritik an der digitalen Kultur und überlegen Sie, welche sinnvollen Schlussfolgerungen sich daraus ziehen lassen.

Auf einen Blick: Medien und Medientheorien untersuchen

Lexikon Medien
→ S.449 f.

Allgemeine Medieneigenschaften

Potenziell können alle Objekte als Medium genutzt werden – schon bei einem Gespräch ist die schalltragende Luft das Medium. Um als Medium gelten zu können, muss das Objekt aber zumindest zeitweise verschiedene Eigenschaften aufweisen:

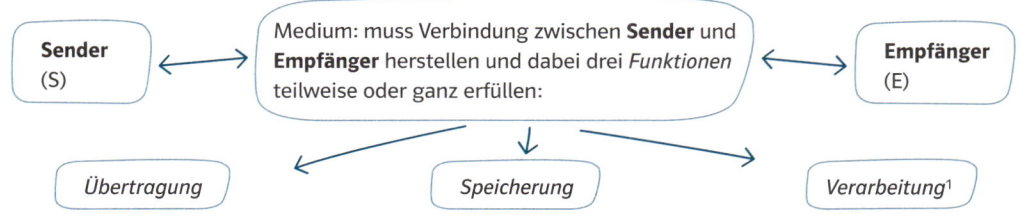

Sender (S) ⟷ Medium: muss Verbindung zwischen **Sender** und **Empfänger** herstellen und dabei drei *Funktionen* teilweise oder ganz erfüllen: ⟷ Empfänger (E)

Übertragung — Speicherung — Verarbeitung[1]

1 Verarbeitung, die: gemeint ist jede eingreifende Veränderung von Text-, Bild- oder Toninformationen, wie Bild-/Tonschnitt, Textverarbeitung am Computer, Bildmanipulation usw.

Gesellschaftliche Funktionen von Medien

Medienfunktionen für Politik und Gesellschaft

Information

– Beitrag zur demokratischen Willens- und Meinungsbildung
– Kritik und Kontrolle durch investigative Recherche
→ Medien als „**vierte Gewalt**"

Mischung der Funktionen als **Infotainment** z. B. Polit-Talkshows

Unterhaltung

Film und Fernsehspiel, Serien, Game-Shows usw.

Theorien der Massenmedien

Béla Balázs: *Der Geist des Films* (1930)
– Film als visuelle Sprache
– Wirkung auf das Unbewusste
– Bildauswahl nach Wirkung auf Zuschauende
– Möglichkeit und Gefahr der Manipulation

Walter Benjamin: *Das Kunstwerk im Zeitalter seiner technischen Reproduzierbarkeit* (1935)
– Schockwirkung des Films
– Zerstreuung und Versenkung
– Verlust des Kultwertes/der Aura der Kunstwerke durch Massenmedien

Hans Magnus Enzensberger: *Repressiver und emanzipatorischer Mediengebrauch* (1970)
– emanzipativ: Alle Teilnehmenden sind gleichzeitig Sender und Empfänger.
– repressiv: Sender- und Empfängerposition sind fest definiert (z. B. Radio).

Jürgen Habermas: *Überlegungen und Hypothesen zu einem erneuten Strukturwandel der politischen Öffentlichkeit* (2021)
– Öffentlichkeit = (Massen-)Medien
– Austauschplattform zum Meinungsstreit und zur Meinungsfindung
– für demokratischen Prozess notwendig
– Neuer Strukturwandel durch Internet/soziale Medien bedroht demokratischen Prozess, da er „die Öffentlichkeit" in viele Teilbereiche aufsplittert.

Materialgestütztes informierendes Schreiben

Schreibform
→ S.462

Einen materialgestützten informierenden Text schreiben

1. Aufgabenstellung erfassen
- Anlass, zu dem der Text verfasst werden soll
- Funktion des Textes und Adressatinnen/Adressaten
- Thema des Textes

2. Materialien auswerten
- Überblick über Materialien verschaffen: Textsorte, Autorin/Autor, Quelle erfassen und einordnen
- zentrale Begriffe klären
- wichtige thematische Aspekte festhalten
- Leitfragen für die Auswertung formulieren
- Qualität der Materialien beurteilen
- wichtige Informationen schriftlich festhalten

3. Informationen organisieren
- Auswahl relevanter Informationen aus den Materialien, bewusstes Ausschließen verzichtbarer Informationen
- Ergänzung der Informationen aus dem Material durch eigenes Wissen
- Leitfragen oder überordnende Aspekte notieren, nach denen das Material sortiert werden kann
- Auswahl von Informationen für Einleitung und Schluss

4. Schreibplan/Gliederung erstellen (vgl. S.184)
Einleitung
- interessante Einstiegsidee finden
- Nennung von Anlass und Thema
Hauptteil
- Leitfragen bzw. überordnende Aspekte in eine Reihenfolge bringen
- Themen untergliedern
- Zwischenüberschriften festlegen
- Zitate aus den Materialien einplanen
Schluss
- Abrundung der Darstellung (z.B. zusammenfassender, resümierender, verallgemeinernder Abschluss, ggf. Ausblick)

5. Materialgestützten informierenden Text verfassen
- sachlich, in eigenen Worten schreiben
- Fachbegriffe verwenden
- Orientierung aller Teile am Thema und der Funktion, die durch die Aufgabenstellung vorgegeben sind
- Textkohärenz und -stringenz herstellen, logische Verknüpfung der einzelnen aufeinanderfolgenden Teile durch verbindende Elemente (Überleitungen, Konjunktionen usw.)
- Kennzeichnung von Zitaten/Übernahmen aus den Materialien

Zitieren
→ S.127, 470

Eigene Texte
sprachlich
gestalten
→ S.403

6. Materialgestützten informierenden Text überarbeiten
- Text nach eigenen Fehlerschwerpunkten durchsuchen und Fehler korrigieren
- auf gedanklichen Aufbau und roten Faden hin überprüfen und ggf. verbessern

MUSTERAUFGABE

Ausgangssituation:

Zum Thema *Die Medien und ihre Macht* veranstaltet ihre Schule einen Themenabend für Lehrerinnen und Lehrer, Eltern, Schülerinnen und Schüler, der sich den Medien aus dem Blickwinkel mehrerer Fächer widmet. Nach der Begrüßung und Einführung durch die Schulleitung folgt Ihr informierender Impulsvortrag zum Thema *Was ist dran an den Ängsten vor neuen Medien?*

Verfassen Sie auf der Grundlage der Materialien 1 bis 7 (vgl. S. 44–50) und Ihrer eigenen Kenntnisse und Erfahrungen einen informierenden Kurzvortrag, in dem Sie
– auf die manipulativen und persuasiven Möglichkeiten der modernen Medien eingehen,
– die Problematik von (Realitäts-)Flucht in verschiedenen Medienarten ansprechen und
– über das Phänomen einseitiger Standpunkte von Medienkritik und -lob berichten.
Beachten Sie dabei, dass die Zuhörenden die von Ihnen genutzten Materialien nicht kennen.
Ihr Text sollte ungefähr 1000–1200 Wörter umfassen.

1. Aufgabenstellung erfassen

 Schreibtraining I 03

1.1 Lesen Sie die Aufgabenstellung und notieren Sie in Stichworten die Anforderungen zu Thema, Inhalt, Adressatinnen/Adressaten, Form und Ziel Ihres Textes.

1.2 Überlegen und notieren Sie, wie Sie Sprachniveau und Stil dem Anlass und dem Adressatenkreis entsprechend anpassen.

	Aufgabenstellung	Schlussfolgerung für Sprache und Stil
Anlass	– …	– *klare, auch sprachlich logische Formulierungen und Verknüpfungen*
Adressatenkreis	– *Schülerinnen/Schüler, Lehrerinnen/ Lehrer, Eltern, evtl. Schülerzeitung/ Jahresberichtsteam, lokale Presse*	– *…*

2. Materialien auswerten

2.1 Markieren Sie in jedem Material zentrale Aussagen und machen Sie Randnotizen.

2.2 Ergänzen Sie die Informationen aus der Materialsammlung um eigenes Wissen. Legen Sie hierzu ein Cluster an. Prüfen Sie insbesondere, welche Vorteile die modernen Medien besitzen.

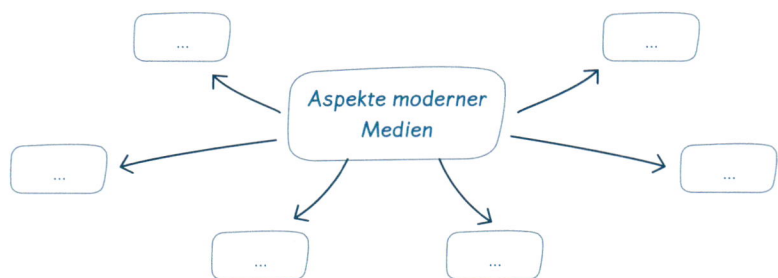

2.3 Bestimmen Sie jeweils die Textsorte von M2 (S. 44 f.) und M7 (S. 49 f.). Bewerten Sie die Relevanz und ggf. Glaubwürdigkeit des Materials.

2.4 Bewerten Sie für folgende Zitate die Relevanz und Verwertbarkeit für Ihren Vortrag und überlegen Sie ggf., in welcher Form und wo Sie das Zitat einsetzen können.

<table>
<tr><td>

Material 2

B. Balázs: *Der Geist des Films* (Z. 86–92)

Wenn Symbolbilder in einem absolut absoluten Film vorkommen, so wollen sie die Emotion nicht darstellen, sondern im
5 Zuschauer direkt bewirken. Es ist eigentlich ein Suggestionsverfahren. In solchen Filmen liegt gar nicht die Absicht einer bestimmten eigenen Gestalt. Sie
10 geben uns nur eine Injektion durchs Auge.

</td><td>

Material 7

M. Stokowski: *Twitter ist nicht nur ein Rattenloch* (Z. 111–121)

Es gibt einen Account, der „soviet soldiers dancing" heißt und Videos von tanzenden Soldaten mit Tonspuren von Mariah Carey, Lady Gaga oder „Feliz Navidad" unterlegt. Das ist komplett lustig.
5 […] Es gibt Fotos von Bäumen, die aussehen, als ob sie twerken, oder den australischen HNO-Arzt, der in einem Video erklärt, wie man sich korrekt den Tupfer in die Nase schiebt, ohne dass es wehtut. Alles komplett harmlos, aber darüber wird Jens
10 Jessen nie einen wütenden Leitartikel in der „Zeit" schreiben.

</td></tr>
</table>

2.5 Ziehen Sie auch dieses Bild und die zugehörigen Informationen als weiteres Material heran und überlegen Sie, wie Sie es nutzen können.

Auguste und Louis Lumière: Ankunft eines Zuges in La Ciotat (1895)

Standbild des einfahrenden Zuges und wartender Passagiere

Der circa einminütige Film der Brüder Lumière besteht in der Einfahrt und dem Halt des Zuges im Bahnhof La Ciotat (Südfrankreich) in Richtung der ihn filmenden Kamera.

Eine den Film betreffende „urbane Legende" besagt, dass Teile des Publikums in einem französischen Café bei der Betrachtung des Films erschrocken aufsprangen und wegrannten, als sie vermeinten, einen Zug auf sich zukommen zu sehen.

3. Informationen organisieren

3.1 Erarbeiten Sie aus der bisherigen Analyse der Aufgabenstellung und Auswertung der Materialien eine Liste von Leitfragen bzw. übergeordneten Aspekten, die die grundlegende Struktur Ihrer Stoffsammlung und Ihres Vortrags bilden können.

3.2 Legen Sie eine geordnete Stoffsammlung bzw. Mindmap an, in der Sie die Leitfragen oder Aspekte sortieren und die Informationen notieren oder bspw. über Ziffern bzw. Buchstaben zuordnen können.

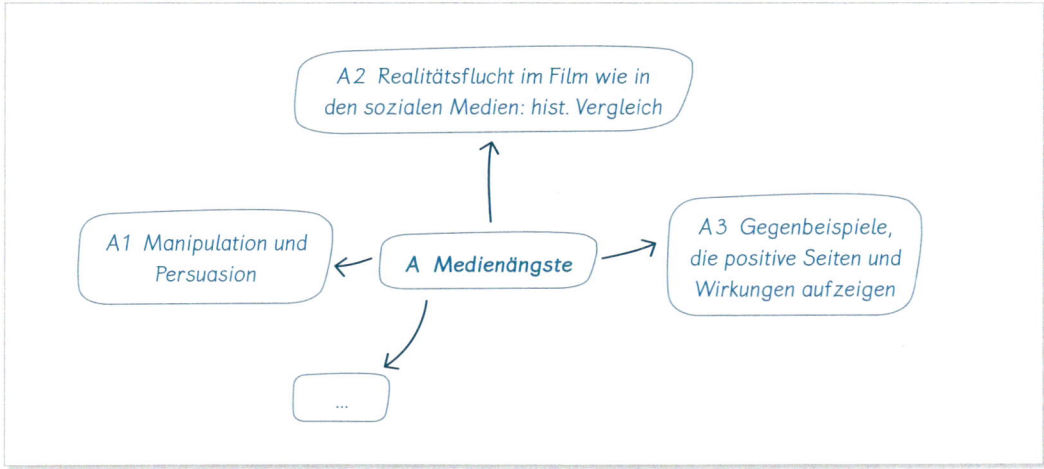

4. Schreibplan erstellen

4.1 Überprüfen Sie, welche Hinweise auf eine mögliche Gliederung die Aufgabenstellung enthält, und überlegen Sie, welche Teile der geforderte Text grundsätzlich beinhalten sollte.

4.2 Erstellen Sie auf der Grundlage des folgenden Entwurfs einen Schreibplan, der die Strukturierung Ihres Vortrags verdeutlicht.

> I. *Illustrierender Einstieg*
>   – *z. B. Thematisierung der „Medialität" der Veranstaltung durch Verweis auf Tontechnik, evtl. anwesende Presse, Sprache als Medium zwischen Vortragendem und Zuhörenden und „Vortrag" als Medienform oder Ähnliches*
>   – *Thematisierung des Anlasses, des Veranstaltungstitels und der anwesenden Diskussionsgäste*
>   – *Verwendung eines Zitats*
>   – *...*
>
> II. *Manipulation und Persuasion durch die Medien*
>
> III. *...*
>
> IV. *...*
>
> V. *...*

5. Materialgestützten informierenden Text verfassen

5.1 Stellen Sie für die Abfassung Ihres Textes positive und negative Aspekte von Massenmedien im Vergleich zu sozialen Medien so zusammen, dass sie, dem informierenden Charakter des Textes entsprechend, ein ausgewogenes Bild ergeben und nicht argumentativ eine Meinung vertreten wird.

5.2 Überlegen Sie, welche konkreten sprachlichen und stilistischen Mittel dem Thema, dem Anlass und dem Adressatenkreis angemessen sind, und behalten Sie deren Einsatz beim Abfassen im Auge. Sie können sich am Sprachtipp auf Seite 56 orientieren.

5.3 Verfassen Sie den Kurzvortrag auf der Basis Ihrer Arbeitsergebnisse aus den Schritten 1 bis 5.

6. Materialgestützten informierenden Text überarbeiten

Eigene Texte
sprachlich gestalten
→ S.403

6.1 Nutzen Sie die Checkliste zur Überarbeitung des Vortrags.

Informierende Texte schreiben

Aufgabenstellung
- ☑ Entspricht der Text dem Anlass?
- ☑ Spricht er die Adressatinnen und Adressaten angemessen an?
- ☑ Sind alle geforderten Teilbereiche berücksichtigt?

Gliederung und Struktur
- ☑ Ist die Vortragsstruktur klar erkennbar und systematisch umgesetzt?
- ☑ Sind die einzelnen Teile klar – äußerlich und innerlich – durch abschließende und verknüpfende Formulierungen voneinander abgesetzt?

Inhalt
- ☑ Sind die wichtigsten Informationen aus den Materialien in den Zitaten, Paraphrasen und Vergleichen richtig dargestellt?
- ☑ Wurden Schlussfolgerungen aus den Materialien und eigene Erkenntnisse mit aufgenommen?

Sprachliche und stilistische Gestaltung
- ☑ Ist die Wortwahl präzise und werden passende Fachbegriffe verwendet?
- ☑ Werden sinnvolle Zitate eingesetzt?
- ☑ Ist der Satzbau grammatikalisch korrekt?
- ☑ Sind die Sätze logisch verknüpft und gut verständlich?
- ☑ Sind keine flapsigen und/oder banalen Ausdrücke enthalten?
- ☑ Ist der Text frei von Rechtschreib- und Zeichensetzungsfehlern?

Plausibilität
- ☑ Liegt ein klarer gedanklicher roter Faden vor?
- ☑ Bleibt der Text informativ und gleitet nichts ins Argumentative ab?

Zitieren
→ S.470

Interaktives
Sprachtraining
104

SPRACHTIPP

Gestaltungs-ebene	Gestaltungsmöglichkeiten	Gestaltungstipp
Wortebene	Einsatz logisch verknüpfender Konjunktionen	*Einerseits ... andererseits; zwar ... aber; Zunächst ... Weiterhin ... Überdies ...*
	Verwendung von Fachbegriffen und Zitaten	gezielter Einsatz von Fachbegriffen, wenn diese im Zusammenhang sinnvoll und nicht zu schwer verständlich sind, ggf. mit Verweis auf die Autorin/den Autor
Satzebene	Vermeidung langer, komplexer Sätze	Verwendung von Parataxen
Stilebene	keine umgangssprachliche oder distanzlose Ausdrucksweise und Banalisierung des Themas, sondern präzise, gewählte Ausdrucksweise	direkte, höfliche Ansprache der Zuhörenden am Anfang, ggf. aber auch während des Vortrags
rhetorische Mittel	angemessene Verwendung insbesondere klanglicher Stilmittel, z. B. Alliteration	z. B. *Medien, Manipulation, Macht ...*

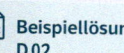

Beispiellösung
D 02

Beispiellösung

Sehr geehrte Eltern, Lehrerinnen und Lehrer, liebe Schülerschaft,
aus dem Jahr 1895 ist folgende Legende überliefert: In einem Café in
Frankreich wird ein Film der Brüder Lumière gezeigt. Ein Zug fährt auf die
Kamera zu in einen Bahnhof ein. Erschreckt von der anscheinend direkt auf
5 sie zukommenden rauchenden Lokomotive verlassen einige Zuschauer
fluchtartig den Saal. Eine derartig buchstäbliche Fluchtreaktion lösen neue
Medien in der Regel nicht aus, aber Sorgen, Ängste und Ablehnung
begleiten neu aufkommende Kommunikationsmittel regelmäßig. Am
Beispiel des Films, eines frühen Massenmediums, und der heutigen
10 sogenannten sozialen Medien will ich Ihnen hier kurz aufzeigen, was an
den Ängsten vor neuen Medien tatsächlich dran ist.
Frühe Medientheoretiker wie Balázs und Benjamin, die sich in den
Zwanziger- und Dreißigerjahren des vergangenen Jahrhunderts grundlegend mit dem Film als Massenmedium befassten, sahen in ihm ein
15 kritisches Potenzial. Die Gefahr der Manipulation der Zuschauenden fasst
Balázs in dem prägnanten Begriff der „Injektion durchs Auge" (M 2, Z. 92)
geradezu als Verabreichung eines Medikaments oder einer Impfung an
einer besonders empfindlichen, direkt mit dem Gehirn verbundenen Stelle.
Balázs nennt hier Filme des Dadaisten Hans Richter, die gar keine
20 zusammenhängende Geschichte erzählen wollen, sondern durch eine
bestimmte Abfolge von Bildern direkt auf das Unbewusste einwirken.
Benjamin wiederum bezeichnet die Abfolge von Bildern, die so schnell auf
das Publikum einprasseln, dass der eigentliche ruckartige Wechsel der
Bilder als Fluss erscheint, als Serie von Schockerlebnissen, die er als
25 andauernde Traumatisierung wahrnimmt. Klar zeigt sich hier, als wie
wirkmächtig das neue Medium bei seinem Erscheinen wahrgenommen
wurde, während man als mit Film und Fernsehen aufgewachsener Mensch
der heutigen Zeit diese Schockwirkung nur noch in der Vorstellung
nachvollziehen, aber wohl kaum noch nacherleben kann. Balázs wie
30 Benjamin erkennen aber nicht nur manipulative Gewalt im Film, sondern
setzen auch Hoffnung in die gesellschaftlich und politisch aufrüttelnde
Wirkung des Films sowie in die neue Konsumhaltung, die der Film erzeugt,
wie die Rolle des von Benjamin sogenannten „zerstreuten Examinators",
der sich durch eine hohe Geistesgegenwart auszeichnet. Es lohnt sich, sich
35 den tiefen Eindruck, den das Medium Film auf Zuschauende und Theoretiker
gemacht hat, vor Augen zu führen, bevor wir uns nun dem neueren neuen
Medium zuwenden, dem Internet, und dabei vor allem den sozialen Medien.
Der fundamentale Unterschied zu den vor der Durchsetzung des Internets
etablierten Massenmedien ist, dass bei – in der Reihenfolge ihrer
40 Durchsetzung – Zeitung, Radio und Fernsehen die Senderfunktion bei
der betreffenden Redaktion bzw. Station liegt und beim Publikum die
Empfängerfunktion. Leserbriefe und Anrufsendungen stellen dabei nur die
Ausnahme zu der Regel dar, dass es sich um eine einseitige Kommunikation handelt, was in der Medientheorie von Enzensberger aus dem Jahr
45 1970 als repressiver Mediengebrauch kritisch gesehen wird. Bei den
sozialen Medien jedoch ist in Enzensbergers Formulierung „jeder
Empfänger ein potenzieller Sender", worin er, damals noch optimistisch,
emanzipatorisches Potenzial erblickte. [...]

Einstieg über ein historisches, anekdotisches Material → Hinführung zum Thema

Direkter Bezug auf das Vortragsthema

Direktes Zitat in klarem Bezug zu seinem Verfasser

Nennung eines Beispiels, um das den Zuhörenden unbekannte Material zu veranschaulichen

Überleitung, um den Gedankengang zu verdeutlichen

Schreiben: Einen Essay verfassen

Essay
→ S. 444 f.

> Verfassen Sie auf Basis der nachfolgenden Materialien und Ihrer eigenen Kenntnisse und Erfahrungen einen materialgestützten Essay, in dem Sie aus jugendlicher Sicht für einen Blog im Netz der Frage nachgehen, was unsere Mediennutzung heutzutage über uns als Menschen und das Verhältnis von Privatem und Öffentlichem aussagt.

Material 1

Vertrauen in Daten-Umgang durch Social-Media Plattformen 2022 (nach Alter, in Prozent)

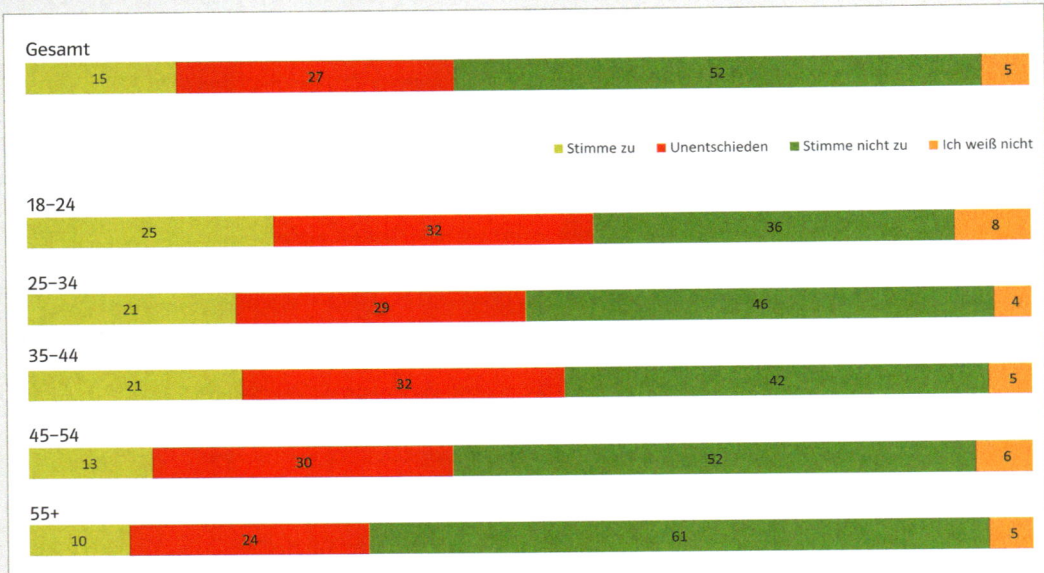

Reuters Institute Digital News Report 2022 / Leibniz-Institut für Medienforschung | Hans-Bredow-Institut

Frage REGISTER2_2: Heutzutage bitten verschiedene Online-Sites aus verschiedenen Gründen um personenbezogene Daten. Inwieweit stimmen Sie diesbezüglich den folgenden Aussagen zu oder nicht zu? „Ich vertraue den meisten Social-Media-Sites in Bezug darauf, dass sie meine Daten verantwortungsvoll verwenden." (Antwortmöglichkeiten: Stimme überhaupt nicht zu; Stimme eher nicht zu (Stimme nicht zu); Stimme weder zu noch nicht zu (Unentschieden); Stimme eher zu; Stimme voll und ganz zu (Stimme zu); Ich weiß nicht; Basis n = 2022

Material 2

Ricarda Julia Vodermair: „Erkenne dich selbst? Erschaffe dich selbst!" – Selfie, Selbstinszenierung, Social Media (2020/2022, Ausschnitt)

Da Virtualität[1] einen Existenzbeweis [durch Posts in den sozialen Netzwerken] erfordert, wird jeder Nutzer der virtuellen Plattformen [...] prinzipiell auch zum ‚Autobiographen', jedoch in Form einer nicht-literarischen Selbstbeschreibung mit autobiographischen Zügen, die in Zusammenhang mit Neuerungen wie dem Visibilitätszwang[2], dem Lifestreaming[3] und der Hyperdokumentation[4] steht. [...] Zudem bedingen die veränderten technisch-medialen Dispositionen von Weblogs und den sozialen Netzwerken einen Wandel, und damit Neuerungen, der Erzählstrategien [...]. Gegenwärtig stellt Virtualität ein Konstituens[5] dar, das eine wesentliche Rolle für das Subjekt und dessen Selbstverständnis spielt. So wirkt beispielsweise die virtuelle Identität entsprechend einer neuartigen Form von Identität als Ergänzung und Erweiterung

der Identität der materiellen Wirklichkeit. Zentral ist in diesem Zusammenhang ferner, dass die
Selbstdarstellung im Bereich der Virtualität zur
unerlässlichen Voraussetzung für die Existenz
eines Subjekts wird [...]. Hierin ist auch die zunehmende Relevanz von Inszenierungsstrate-
gien für das Selbst bzw. die enorme Wichtigkeit
der Selbstinszenierung begründet.

1 Virtualität, die: Eigenschaft, ohne körperliche Daseinsform zu existieren   2 Visibilität, die: Sichtbarkeit   3 Lifestreaming, das: das Dokumentieren und Teilen einer Person von eigenen täglichen Erfahrungen auf einer Lifestream-Website   4 hyper-: über, übermäßig, übertrieben   5 Konstituens, das: wesentlicher Bestandteil

Material 3

Wolfgang Ullrich: Selfies (2019, Ausschnitt)

Der häufigste Vorwurf gegen Selfies lautet, sie seien schril-
le Symptome eines narzisstischen Zeitalters. [...] Immer
wieder werden Studien vorgelegt, die beweisen wollen,
„dass jene, die häufig inszenierte Selbstportraits in sozialen Netzwerken verbreiten, eher Narzissten sind, als Menschen, die sich damit zurückhalten". Manchen Studien zufolge gilt dies nur für Männer. Oder man beweist (sogar in
derselben Fachzeitschrift) das Gegenteil: Vor allem Frauen
mit narzisstischen Eigenschaften wie Dominanzstreben
und Gefallsucht hätten einen ausgeprägten Drang zu Selfies. Oder es wird entdeckt, dass Selfies nicht nur von Nar-
zissmus zeugen, sondern diesen noch weiter steigern. [...]
Selfies sind [...] erst mit der Smartphone-Technik möglich
geworden [...] und erst dank der Sozialen Medien gibt es genügend Orte, um sie zu publizieren. Den Selfie-Boom mit
einer technischen Entwicklung zu erklären, ist allein deshalb plausibel, weil er sich andernfalls kaum so explosions-
artig hätte ereignen können. Die Selfie-Kritiker, die einen
psychosozialen Wandel für den Boom verantwortlich machen, tun sich hingegen schwer, zu erklären, warum dieser
innerhalb weniger Jahre stattgefunden haben soll: Wieso
sollten Millionen von Menschen schlagartig zu Narzissten
geworden sein? Und das fast überall auf der Welt zur selben
Zeit? Es ist also ein großes Ereignis, dass sich erstmals in
der Kulturgeschichte ganz alltäglich und in jedem Moment
mit Bildern Nachrichten, Meinungen, Gefühle austauschen lassen. [...] Dass Bilder heute viel sichtbarer und mo-
biler sind als je zuvor, führt nicht zuletzt zu einem Phänomen, das oft mit Befremden wahrgenommen wird und für
den schlechten Ruf von Selfies mitverantwortlich ist. So
erscheinen ihre Protagonisten häufig mit verzerrten, gri-
massenhaften, exaltiert-übertriebenen Gesichtszügen.
Das aber ist oft ein Selbstschutz, denn wer immer ein Selfie
postet, muss auch kritische Kommentare und mögliche
Shitstorms fürchten, zumal sich nie kontrollieren lässt,
wer sie sieht und wo überall sie zirkulieren. Eine eigens inszenierte Selfie-Grimasse aber kann unerwünschten
Folgen vorbeugen, wird das Selfie damit doch nicht nur
ironisch kommentiert und in seiner Bedeutung herunter-
gespielt, sondern auch alle Aufmerksamkeit gebunden, um
von Dingen – etwa einer unreinen Haut oder unordent-
lichen Frisur – abzulenken, für die man sich geniert.

So können Sie vorgehen

MK
1. Erstellen Sie eine Übersicht zur Frage, welche sozialen Medien Sie selbst auf welche Weise aktiv und passiv nutzen.

2. Werten Sie die Statistik (M1) aus und halten Sie Ihre Ergebnisse stichwortartig fest.

3. Fassen Sie Vodermairs These zur Motivation und Wichtigkeit der Selbstdarstellung (M2) in eigenen Worten zusammen und überlegen Sie, inwiefern die Begriffe Visibilitätszwang, Lifestreaming und Hyperdokumentation Ihnen bekannte Phänomene treffend bezeichnen.

4. Fassen Sie Ullrichs Darstellung der Verbreitung und Ästhetik der „Selfies" als Phänomen der sozialen Netzwerke (M3) in eigenen Worten zusammen.

5. Erstellen Sie aus Ihren Vorarbeiten aus den Arbeitsschritten 1–4 einen Schreibplan für Ihren Essay.

6. Verfassen Sie den Essay mithilfe eines Textverarbeitungsprogrammes. Tauschen Sie sich in Gruppen über Ihre Ergebnisse aus und geben sich gegenseitig Rückmeldung.

3 Sprache in politisch-gesellschaftlichen Verwendungszusammenhängen

Medien und Demokratie

Welchen Einfluss haben Medien auf die Meinungsbildung und den demokratischen Diskurs?

Welche Mechanismen sind in den Medien wirksam?

Welche Aufgaben sollten die Medien in einer Demokratie übernehmen?

Das lernen Sie jetzt!
3.1 Mechanismen der Meinungsbildung verstehen
3.2 mediale Strategien verstehen
Schreibtraining: einen pragmatischen Text erörtern

Deutschlandfunk Nova: Soziale Netzwerke belohnen Empörungs-Posts (2021, Ausschnitt)

Wie aus dem Nichts ist plötzlich ein Shitstorm da. Laut einer Studie liegt es mit daran, dass die Sozialen Medien vor allem empörende Likes und Shares unterstützen. Eine rassistische Äußerung, Bilder von Tierquälerei oder ein Lacher eines Politikers in einem unpassenden Moment – es gibt viele Dinge, die in uns Emotionen und manchmal auch Empörung wecken. Dass sich diese Empörung vor allem in den Sozialen Netzwerken so rasant beschleunigen kann, liegt laut einer neuen Studie der Yale University an den Sozialen Netzwerken selbst – genauer gesagt am Design der Sozialen Netzwerke. Empörende Sprache und Verhalten werden mit mehr Likes und Shares belohnt als beschwichtigende Posts oder Gegenrede. [...] Das führe dann laut der Forschenden dazu, dass die Menschen auch danach mehr dazu neigten, auf empörende Sprache und empörendes Verhalten im Netz zurückzugreifen, erklärt Deutschlandfunk Nova-Reporterin Anne Tepper. Es wirkt auf Nutzerinnen und Nutzer wie eine Art Belohnungssystem. [...] Dafür haben die Forschenden zu verschiedenen kontroversen Debatten auf Twitter insgesamt 13 Millionen Tweets von 7000 Nutzerinnen und Nutzern analysiert. Begleitend dazu haben die Forschenden Verhaltensstudien mit Social-Media-Nutzenden aus dem einerseits radikalen und andererseits politisch moderaten Spektrum durchgeführt. [...]

Zwar reagierten dabei die radikalen Nutzerinnen und Nutzer deutlich empörter in ihren Tweets als die gemäßigten, jedoch hatte das Liken und Teilen kaum einen Einfluss auf das Nutzungsverhalten der Radikalen. Ganz anders war das bei den moderaten Nutzerinnen und Nutzern. Bei ihnen sorgten Likes und Retweets dafür, dass sich ihr Empörungsverhalten mit der Zeit immer weiter verstärkte. Für die Forschenden sei das eine Erklärung dafür, wie es passieren kann, dass sich gemäßigte Gruppen mit der Zeit immer mehr radikalisieren. Ob Like-Funktionen deshalb besser abgeschafft werden sollten, dazu äußern sich die Forschenden in ihrer Studie nicht. Grundsätzlich sei Empörung nichts Schlechtes und könne beispielsweise den Blick auf Missstände leiten und so zu Verbesserungen führen. Allerdings sollten wir uns bewusst machen, dass die Sozialen Netzwerke durch die Belohnungsfunktion indirekt steuern, wie Debatten geführt werden. [...]

Deshalb seien die Sozialen Netzwerke keine neutralen Plattformen, auf denen sich Menschen ganz neutral über bestimmte Themen austauschen. Das sollte laut der Forschenden vor allem die Politik im Blick haben, wenn es darum geht, wie sehr die Netzwerke reguliert werden sollten.

Abbildung 1: Demonstration von Internetaktivisten für Pressefreiheit

Abbildung 2: „Fridays for Future" in Frankfurt a. M., 5.4.2019 – Demonstration

 1 Erläutern Sie, wie nach Aussage des Textes die sozialen Medien unsere Debattenkultur beeinflussen. Beziehen Sie die Bilder auf S. 60 in Ihre Überlegungen mit ein.

 2 Diskutieren Sie, welche Folgen daraus für Ihr eigenes Nutzungsverhalten entstehen könnten.

 3 Tauschen Sie sich darüber aus, wie Sie den Sprachgebrauch in sozialen Medien wahrnehmen.

3.1 Über Meinungsbildung im digitalen Zeitalter nachdenken
Mediokratie?

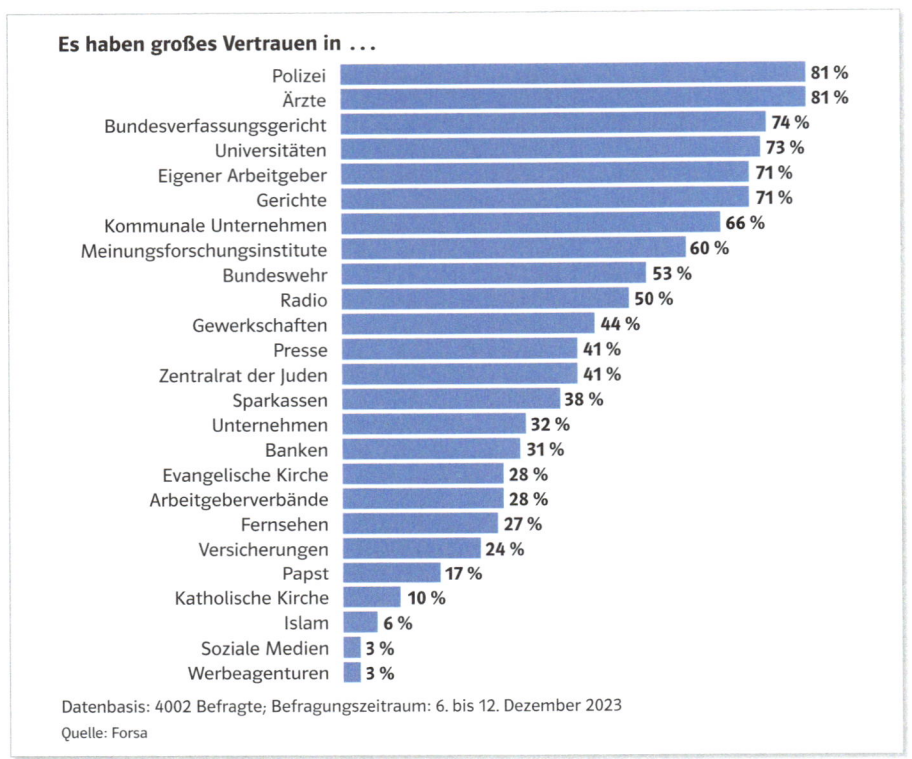

Vertrauen der Deutschen in Institutionen (2024)

Es haben großes Vertrauen in …

Institution	%
Polizei	81 %
Ärzte	81 %
Bundesverfassungsgericht	74 %
Universitäten	73 %
Eigener Arbeitgeber	71 %
Gerichte	71 %
Kommunale Unternehmen	66 %
Meinungsforschungsinstitute	60 %
Bundeswehr	53 %
Radio	50 %
Gewerkschaften	44 %
Presse	41 %
Zentralrat der Juden	41 %
Sparkassen	38 %
Unternehmen	32 %
Banken	31 %
Evangelische Kirche	28 %
Arbeitgeberverbände	28 %
Fernsehen	27 %
Versicherungen	24 %
Papst	17 %
Katholische Kirche	10 %
Islam	6 %
Soziale Medien	3 %
Werbeagenturen	3 %

Datenbasis: 4002 Befragte; Befragungszeitraum: 6. bis 12. Dezember 2023
Quelle: Forsa

1 Tauschen Sie sich darüber aus, welche Umfragewerte aus dem Diagramm Sie überraschen und welche nicht.

 2 Formulieren Sie Thesen zum Zusammenhang zwischen Meinungsbildung, Meinungsforschung und Medien.

Marco Bertolaso: Wie viel Demoskopie braucht Deutschland? (2018, deutschlandfunk.de, Ausschnitt)

In der Nachrichtenredaktion werden wir aus der Hörer- und Nutzerschaft immer wieder auf die schillernde Rolle der Meinungsumfragen angesprochen. […] Meinungsforschung geht weit über den politischen Bereich hinaus. Das 5 gilt natürlich erst recht für ihre Schwester, die Marktforschung. Ziel ist es, Einstellungen, Meinungen, Verhalten, Kaufwünsche und andere Bedürfnisse von einzelnen Menschen oder Gruppen zu ermitteln. Meinungsforschung wird für die Wissenschaft eingesetzt, aber auch stark für 10 kommerzielle Zwecke wie die Einführung neuer Produkte oder die Positionierung eines Unternehmens.

Konzerne, Stiftungen, Verbände, Hochschulen und viele andere Einrichtungen beauftragen Umfragen zudem als Bestandteil ihrer Marketing-Aktivitäten. Die Berichterstattung über die Zahlen transportiert den Namen des Auf- 15 traggebers, genauso wie die Auslobung eines Preises, ein Stipendienprogramm und manches mehr. Wenn es gut läuft, stützt die ermittelte Aussage die Interessen des Absenders. Bei Umfragen muss man auf vieles achten – die Frage nach den Auftraggebern und deren Interessen ge- 20 hört immer dazu.

Wenn das ganze Land betroffen ist, wie etwa bei Bundestagswahlen, versuchen die Meinungsforscher eine bestimmte Zahl von Menschen so auszuwählen, dass sie von deren Antworten auf die Allgemeinheit schließen können. Faktoren wie Alter, Ausbildung, Geschlecht, Einkommen oder Wohnort sollen Repräsentativität garantieren.

Bis in die 1980er-Jahre wurden die Interviews meist im persönlichen Gespräch geführt. Heute wird vor allem auf Telefoninterviews gesetzt. Klassicherweise wurde dafür das Festnetz gewählt. Immer mehr Menschen sind aber vor allem mobil erreichbar. Eine wichtige Frage ist also, ob man daheim am Festnetz noch einen Querschnitt der Menschen erreicht. Doch auch wenn man das Mobilnetz einbezieht, können sich Verzerrungen ergeben.

Wer auf Mobilnummern setzt, weiß zum Beispiel nicht mehr sicher, wo die Menschen leben. Das ist eine große Herausforderung, wenn es um regionale Umfragen geht oder wenn für eine bundesweite Erhebung die repräsentative Mischung gefunden werden soll. [...]

Ein weiteres Problem liegt darin, dass einige Menschen ihre wahren Einstellungen nicht offenbaren mögen. Sie wählen vielleicht eine radikale Partei, trauen sich aber nicht, das im Interview zu offenbaren. Elisabeth Noelle-Neumann schrieb auch darüber in ihrem Klassiker zur „Schweigespirale[1]".

Auch wenn die Theorie nicht unumstritten ist, scheint doch klar, dass viele Menschen aus unterschiedlichen Gründen an Befragungen nicht teilnehmen. Manche wollen sogar bewusst irreführen. Schließlich sind die standardisierten Fragen ein enges Korsett. Wer je an einer Telefonumfrage teilgenommen hat, weiß, dass er oft gezwungen war, halbwegs falsch zu antworten, weil für die eigene Position kein Raum da war.

Ein anderer Faktor hat nichts mit Technik oder Methoden zu tun. Immer häufiger entscheiden sich Wählerinnen und Wähler erst unmittelbar vor der Stimmabgabe für eine Partei. Die Bindung einzelner Gruppen an bestimmte Parteien ist viel kleiner als früher. Mit „Arbeiter wählen SPD" oder „Katholiken stimmen für die Union" kommt man heute nicht mehr weit. Das Phänomen der Protestwahl und das Aufkommen populistischer Kräfte wirbelt das bekannte Spektrum weiter durcheinander. All das ist keine deutsche Besonderheit, in vielen anderen Ländern haben sich Parteienlandschaft und Wählerverhalten noch stärker verändert als bei uns.

Vielen ihrer alten und neuen Probleme treten die Demoskopen mit Gewichtungen entgegen. Im Kern geht es darum, Repräsentativität zu erreichen, wenn sie in der Stichprobe der Befragten nicht gesichert ist. Gibt es mehr Antworten von jüngeren Menschen, als es dem Bevölkerungsdurchschnitt entspricht, so kann man die Position der Älteren stärker bewerten. Über das genaue Vorgehen wird oft nicht mehr bekannt, als wir über die Coca-Cola-Rezeptur wissen. [...]

In unserer Hörerpost finden sich regelmäßig weitere Kritikpunkte, die auch in der öffentlichen Diskussion auftauchen. So wird der Politik vorgehalten, zu sehr auf Umfragen zu setzen, sich Tag für Tag von mutmaßlichen Stimmungen abhängig zu machen, anstatt komplexe Themen sach- und zukunftsgerecht anzugehen. Das kann man so sehen, aber der Hinweis ist erlaubt: Politische Akteure wollen wiedergewählt werden, sie brauchen Mehrheiten.

Andere Hörerinnen und Hörer, Nutzerinnen und Nutzer kritisieren, was auch Wissenschaftler analysieren: Umfragen bekommen Eigendynamik. Verliert eine Partei Zustimmung und wird dies über Medien transportiert, dann wenden sich auch andere Wähler ab. [...]

Den Medien werfen viele, nicht zuletzt viele unserer Hörer, vor, Umfragen überzubewerten und damit Stimmungen zu machen. Die Süddeutsche Zeitung veröffentlichte jüngst einen lesenswerten Artikel unter der Überschrift „Demoskopie – wie Meinungsforscher Wahlen beeinflussen".

Kritik gibt es auch an der Inszenierung, vor allem im Fernsehen. Dazu gehört Kritik an der Hervorhebung eigenbeauftragter Umfragen in den Nachrichten und an der Personalisierung durch die diversen langjährigen Präsentatoren der demoskopischen Ergebnisse als Erklärer des Volkswillens. Einer dieser Erklärer war über viele Jahre Jörg Schönenborn. Der Fernsehchef des WDR wird in einer empfehlenswerten Sendung der Deutschlandfunk-Reihe Hintergrund zum Thema Meinungsforschung mit folgender Position zitiert:

„[...] es gibt einen Punkt, der ganz extrem wichtig ist: Das ist ein Stück Kontrolle des Wahlergebnisses. Weil zwei Institute, beauftragt von zwei unabhängigen Sendern, im Grunde parallel zur Wahl das Ergebnis überprüfen lassen."

---

1 These Noelle-Neumanns: Vertreter von Minderheitsmeinungen äußern diese umso seltener, je stärker die Gegenmeinung ist, was die Minderheitenmeinung noch mehr unter Druck setzt.

3 Stellen Sie tabellarisch gegenüber, was Meinungsumfragen leisten und aus welchen Gründen sie kritisch zu bewerten sind.

Gerhard Mester: Politik, Medien und Demoskopie (2018)

MK **4** Fassen Sie die Aussage der Karikatur in einer These zusammen und nehmen Sie begründet Stellung zu der These. Beziehen Sie Ihre Vorarbeiten (Aufgaben 2 und 3) mit ein.

Marianne Kneuer: Die Veränderung demokratischer Prozesse durch digitale Medien
(2017, Bundeszentrale für politische Bildung, Ausschnitt)

◁)) **Hörtext A 03**

Das technische Potenzial digitaler Medien birgt neue Merkmale (Interaktivität, Echtzeit, Ortlosigkeit, Synchronizität, Multimodalität) und andersartige Handlungslogiken (Vernetzung, Transnationalität, Konnektivität). [...]
5 Das technische Potenzial sozialer Medien hat mehrere Effekte auf die politischen Meinungsbildungs- und Entscheidungsprozesse: Erstens haben sich die Kommunikationsströme erheblich beschleunigt, was permanente Reaktionen der Politikerinnen und Politiker nicht nur auf
10 Nachrichten, sondern auch auf Posts, Blogs etc. erfordert. Zweitens ist auf der anderen Seite die Nutzerin bzw. der Nutzer zum Content Provider geworden bzw. zum „Produser" in einer Doppelrolle als User und Producer. Dies hat dazu geführt, dass die Bürgerin oder der Bürger die politi-
15 schen Akteure (und umgekehrt) direkt adressieren und somit ein direkter Bürger-Politiker-Dialog stattfinden kann. Politikerinnen und Politiker haben diese direkte Ansprache der Bürgerinnen und Bürger längst als wirkungsvolle Kommunikationsform für sich entdeckt und sind daher in
20 Netzwerken wie Facebook präsent oder bedienen sich Microblogs wie Twitter. Damit ist drittens ein Bedeutungsverlust institutionalisierter Kommunikationskanäle verbunden. Klassische Medien stellen nicht mehr für alle Bürgerinnen und Bürger die zentrale Instanz für die Infor-
25 mierung über politische Vorgänge dar (dies trifft vor allem auf Jüngere zu) und üben nicht mehr in gleichem Maße ihre Filter- und Bündelungsfunktion für Nachrichten aus. Infolgedessen ist der Großteil an Botschaften inzwischen dadurch gekennzeichnet, dass sie sich ungefiltert im Kommunikationsraum bewegen. Eine wichtige Rolle für die Art 30 der Kommunikation spielt, viertens, die Anonymität im Netz; einerseits senkt sie die Hürden zur Teilnahme an der Kommunikation, andererseits wird in ihr einer der Gründe für die zu beobachtende Senkung der Hemmschwelle (Stichwort: Hate Speech) gesehen. 35
Auf zwei weitere zentrale Charakteristika des Internets wies bereits früh der Netzwerktheoretiker Manuel Castells hin. Das Netz entwickelt und fördert nach ihm eher schwache denn starke Verbindungen zwischen den Nutzern und führt außerdem zu einer „Privatisierung der Soziabilität" 40 (Castells 2000: 389) – Entwicklungen, die Wellman als „vernetzten Individualismus" (Wellman 1999) und Bennett als Personalisierung von politischer Kommunikation (Bennett 2003) beschreiben. Die Kommunikation in diesen Netzwerken ist „dünn", dafür reich an Identitäts- und Lifestyle- 45 Narrativen (ebd: 145–151). Dabei zeigt sich, dass in der Kommunikation ideologische Standpunkte oder politische Ziele ihre Bedeutung verloren haben, während die Bedeutung individueller Identitäten und emotionaler Verbindungen gewachsen ist. Das Internet stellt ein besonders 50 gut geeignetes Medium dar, die Bedürfnisse von Bürgerinnen und Bürgern zu befriedigen, die keine „dicken", also inhaltsorientierten, dauerhaften und tiefgehenden Kommunikationskontexte suchen, sondern bevorzugt gefühls-, betroffenheits- oder ereignisgelenkte, oberflächliche und 55 kurzfristige Botschaften wahrnehmen und versenden.

Weitergedacht lässt sich dies als neuen Typ von Öffentlichkeit konzipieren, nämlich die „persönliche" Öffentlichkeit im Sinne von Nutzerinnen und Nutzern, die sich „mit ihren eigenen Interessen, Erlebnissen, kulturellen Werten oder Meinungen für ein Publikum präsentieren, ohne notwendigerweise gesellschaftspolitische Relevanz zu beanspruchen" (Schmidt 2011: 107). [...]
Schließlich folgt die Kommunikation größtenteils der Funktionslogik des Netzes, insofern sie dezentral abläuft. Zusammen mit dem Bedeutungsverlust institutionalisierter Kommunikationskanäle bedeutet dies für politische Akteure, dass einerseits die Setzung eigener Themen und deren „Karrieren" schwieriger berechenbar sind und nicht zuletzt auch die Adressierung einer strukturierten Öffentlichkeit immer schwieriger wird; andererseits werden Politikerinnen und Politiker von Themen, die das Netz hervorbringt, getrieben. Für die in demokratischen Gesellschaften so wesentliche Funktion von Öffentlichkeit als Raum, in dem die Interessen der Bürgerinnen und Bürger artikuliert, aggregiert[1] und kanalisiert werden, bedeutet die Dezentralisierung ein erhebliches Problem.

---

1 aggregieren: anhäufen

 5 Werten Sie in Kleingruppen den Text *Die Veränderung demokratischer Prozesse durch digitale Medien* von Marianne Kneuer inhaltlich aus und stellen Sie dar, welche Effekte das „technische Potenzial digitaler Medien" (Z. 1) auf die politischen Meinungsbildungs- und Entscheidungsprozesse hat und was daraus folgt.

6 Vergleichen Sie die thematische Entfaltung sowie die Sprache in den Texten von Marco Bertolaso (S. 62 f.) und Marianne Kneuer. Formulieren Sie jeweils eine begründete Vermutung bezüglich der Textsorte.

Richard David Precht/Harald Welzer: Die vierte Gewalt (2022, Ausschnitt)

Politik- und Medienwissenschaftler diagnostizieren schon lange die unheilvolle Tendenz, dass die Demokratie, wie wir sie kannten, sich in eine „Mediokratie" transformiert. Das Mediensystem kolonialisiert in dieser Sicht das politische System und lässt es zunehmend nach den gleichen Spielregeln des Aufmerksamkeitskampfes funktionieren. Massenmedial gehetzte und getriebene Politiker, die zudem jede Äußerung, ja, jeden Gesichtsausdruck durch voreilende Selbstzensur überprüfen müssen, um nicht skandalisiert zu werden, dürften kaum die notwendige Gelassenheit haben, um eine weitsichtige und vernunftgeleitete Politik zu verfolgen. Und der öffentliche Raum als Ort unausgesetzter Sensationierung und Skandalisierung lässt wenig Platz für Glaubwürdigkeit, Sachverstand, Bürgernähe und Tatkraft – ebenjene Eigenschaften, die Bürger an Politikern gemeinhin am meisten schätzen. Der wachsende Einfluss der Medien verändert also nicht nur ihre Macht, sondern er verändert zugleich auch die Politik. Über die letzten fünfzehn Jahre wurde die Gefährdung der demokratischen Öffentlichkeit fast ausnahmslos den neu entstandenen Direktmedien angelastet. Twitter, TikTok und Telegram, dazu die ungezählten Kanäle demokratiefeindlicher Influencer galten als der Quell der Desinformation und gesellschaftlicher Manipulation. Natürlich sind einseitige Berichterstattung, Manipulation und Diffamierung aber keineswegs ein originäres Produkt der Direktmedien – auch Blätter wie die Bild-Zeitung haben da Traditionen, und die algorithmische Bevorzugung von Skandal- und Klamaukfähigem hat ihre Vorläufer im Boulevard. Aber durch die Direktmedien ist die Zahl von Skandalthemen größer und die Hemmschwellen sind niedriger geworden. So wird die Kultur der Assholery nicht mehr nur in den digitalen Kanälen der Dauererregten gepflegt – ihr Ungeist ist längst aus den Direktmedien entwichen und zuhauf in jene Leitmedien eingewandert, die bislang für sich in Anspruch nehmen, für Qualität zu stehen.

 7 Fassen Sie die Aussagen Prechts und Welzers zusammen und diskutieren Sie, ob Sie eine vergleichbare Wahrnehmung der Medien haben.

 8 Recherchieren Sie die Bedeutung des Begriffs *Mediokratie* und debattieren Sie, ob sich unsere Demokratie Ihrer Ansicht nach in eine Mediokratie transformiert bzw. transformiert hat.

3.2 Mediale Strategien und Mechanismen erkennen
Zwischen Objektivität und False Balance

Themensetzungen verstehen

1 Beschreiben Sie die beiden Bilder. Unterscheiden Sie dabei zwischen Bildinhalt und Bildwirkung.

MK **2** Äußern Sie sich spontan: Welche Themen behandeln wohl die Zeitungsartikel (online oder gedruckt), die durch jeweils eines der Bilder oben illustriert werden?

Marcus Maurer: Agenda-Setting (2020, Journalistikon, Ausschnitt)

Der Begriff Agenda-Setting wurde Anfang der 1970er-Jahre von Maxwell McCombs und Donald Shaw geprägt. Er beschreibt in seiner ursprünglichen Form die Themensetzungsfunktion der Massenmedien: Demnach sortieren Menschen politische Sachthemen oder Probleme (Issues) auf einer Art interner Prioritätenliste nach ihrer Relevanz (Publikumsagenda, gemessen über Befragungen).
5 Wie relevant ihnen die verschiedenen Themen erscheinen, hängt der Theorie zufolge vor allem davon ab, wie häufig oder prominent die Massenmedien über die Themen berichten (Medienagenda, gemessen über Medieninhaltsanalysen). Der Agenda-Setting-Ansatz unterstellt in seiner einfachsten Form folglich einen linearen Einfluss der Medien- auf die Publikumsagenda. Berichten die Massenmedien beispielsweise vor allem über den Klimawandel, halten die Menschen dieses Thema für
10 besonders relevant. Wechselt der mediale Fokus auf Flüchtlingspolitik, erscheint diese den Menschen am bedeutsamsten, während der Klimawandel aus der öffentlichen Wahrnehmung verschwindet – und zwar auch dann, wenn sich an der objektiven Bedrohung durch den Klimawandel nichts ändert. Dieser Effekt entsteht, weil sich die meisten Menschen über politische Sachfragen aus den Massenmedien informieren und ihre Informationsverarbeitungskapazität begrenzt ist:
15 Sie können sich nicht mit allen Problemen gleichzeitig beschäftigen und beschäftigen sich folglich vor allem mit denjenigen, die ihnen medial regelmäßig vor Augen geführt werden.

MK **3** Erklären Sie in Ihren eigenen Worten, was man unter „Agenda-Setting" versteht, und erläutern Sie, auf welcher Grundlage Sie die Zuschreibung von Bild zu Thema (vgl. Aufgabe 2) vorgenommen haben.

Wirkungsvolle politische Sprache und Framing. Ein Interview mit Dr. Elisabeth Wehling (2017, Friedrich-Ebert-Stiftung, Ausschnitt)

Frau Wehling, der Begriff „Framing" ist in aller Munde. Was steckt hinter politischem Framing? Wie funktioniert es?

Wehling: Framing ist ein Fachbegriff der Kognitionsforschung und bezeichnet nichts anderes als „Rahmen setzen". Also: Über Sprache wird im Kopf eines Rezipienten ein Frame aktiviert, der das
5 gesammelte Weltwissen zu einer Idee beinhaltet. Das Wort „zahlen" etwa aktiviert einen Frame der ökonomischen Transaktion. Er inkludiert Konzepte wie Kunde, Kaufen, Ware oder Serviceleistung, Verkäufer, Profit, Preise und wirtschaftlichen Wettbewerb. Es ist dieses gesammelte Weltwissen, das dem Wort ‚zahlen' in unserem Kopf eine Bedeutung gibt. Jedes Wort aktiviert einen Frame. Auch in der Politik aktiviert jedes Wort einen Frame. Zum Beispiel werden abstrakte politische Konzepte im-
10 mer über metaphorische Frames gesprochen und gedacht. Beispiel: Weil unser Gehirn keinen direkten Zugang zu Steuern hat – wir können sie nicht anfassen, sehen, schmecken, hören –, nimmt es einen Schleichweg. Es denkt die Idee innerhalb von Frames, die es aus der direkten Welterfahrung kennt. Wie etwa dem der ökonomischen Transaktion! Wir sprechen davon, Steuern zu „zahlen", haben den „Bund der deutschen Steuerzahler". Damit wird das Beitragen von Steuern zu einer öko-
15 nomischen Transaktion – der Steuerzahler ist Kunde, der Staat ein Unternehmen mit staatlichen Dienstleistungen und einer Steuerkasse. Der Frame ebnet den Weg zu Privatisierung und zu Rufen nach weniger Steuern, nach dem Motto: Wieso soll ich für Dinge zahlen, die ich nicht in Anspruch nehme? An der Supermarktkasse zahlen wir auch nicht für den Einkauf anderer Kunden.

Bestimmen die richtigen Frames tatsächlich die Politik?

20 **Wehling:** Absolut. Sprache prägt das Denken, und unser Denken ist die Grundlage unserer Handlungen. In der Politik und anderswo. [...]

In welche „Sprachfallen" sollte man nicht tappen?

Wehling: Man sollte die Sprache politischer Gegner meiden, denn sie basiert auf den moralischen Prämissen des Gegners – zumindest, wenn er gutes Framing macht. Auch wenn Sie Ideen negieren,
25 aktivieren Sie die assoziierten Frames. Versuchen Sie es einmal: Denken Sie nicht an die Lügenpresse[1]! [...]

Was können Sie Menschen in Bezug auf Sprache und Kommunikation empfehlen, die sich wirkungsvoll für gesellschaftliche Anliegen und demokratische Werte engagieren?

30 **Wehling:** Eine ehrliche Sprache nutzen, die die eigene Ideologie transparent macht und propagiert. Das ist harte Arbeit. Ich gebe Ihnen ein letztes Beispiel. In den USA ist das Recht auf Abtreibung unter Beschuss. In manchen Ländern in Europa übrigens auch. Männer und Frauen, die
35 davon betroffen sind und sich gegen Abtreibungsverbote einsetzen, sollten aufhören, von Pro-Choice zu sprechen. Es ist schön, wenn man im Leben eine Wahl hat. Aber es macht die moralische Dringlichkeit der Sache nicht fassbar: Man will frei sein von Zwang und Dogma, will nicht
40 genötigt werden, nach den Überzeugungen der Abtreibungsgegner sein Leben zu gestalten. Männer und Frauen, die an das Recht auf Abtreibung glauben, sollten das Problem beim Namen nennen: Es geht nicht um Pro-Choice, sondern um den Schutz vor Reproductive Coercion – zu Deutsch also den Schutz vor reproduktivem Zwang bzw. reproduktiver Nötigung. Das ist ideologisch transparente Sprache. Der Mitbürger weiß sofort, wo sein Gegenüber
45 das moralische Problem sieht – und kann sich dann entscheiden, ob er die Perspektive teilt. Oder ihr widerspricht, weil er das moralische Problem woanders sieht. In dem Fall können dann beide in einen gesunden, ehrlichen, fairen und lautstarken ideologischen Kampf einsteigen – wer den Kampf gewinnt, hängt erheblich davon ab, wer sich besser über sprachliche Framings begreifbar macht.

> ### ÜBRIGENS
>
> **Framing erkennen**
> Sprachliche Bilder und ihr assoziativer Rahmen sind Teil jeder Sprache: Sie können etwas poetisieren (*Mondsichel*), etwas verharmlosen (*ins Feld ziehen* statt *Krieg führen*), Positives (*das Glas ist halb voll*) oder Negatives (*das Glas ist halb leer*) betonen usw. Den Deutungsraum umreißt auch das Kommunikationsmodell von Schulz von Thun (S. 16). Bleiben wir also kritisch: Obwohl es das Wort *Mondsichel* gibt und wir zeitweilig am Himmel den Lichtbogen des Erdtrabanten sehen, ist der Mond zu keiner Zeit eine Sichel.

---

1 Lügenpresse, die: verunglimpfende Bezeichnung u. a. von Rechtsextremisten für die Medien

| SO GEHT'S | **Sprachliche Wertungen in einem Sachtext untersuchen** |

Ein Interview mit Dr. Elisabeth Wehling
(2017, Friedrich-Ebert-Stiftung, Ausschnitt)

Eine ehrliche Sprache nutzen, die die eigene Ideologie transparent macht
und propagiert. Das ist harte Arbeit. Ich gebe Ihnen ein letztes Beispiel. In
den USA ist das Recht auf Abtreibung unter Beschuss. In manchen Ländern in Europa übrigens auch. Männer und Frauen, die davon betroffen
5 sind und sich gegen Abtreibungsverbote einsetzen, sollten aufhören, von
Pro-Choice zu sprechen. Es ist schön, wenn man im Leben eine Wahl hat.
Aber es macht die moralische Dringlichkeit der Sache nicht fassbar: Man
will frei sein von Zwang und Dogma, will nicht genötigt werden, nach den
Überzeugungen der Abtreibungsgegner sein Leben zu gestalten. Männer
10 und Frauen, die an das Recht auf Abtreibung glauben, sollten das Problem
beim Namen nennen: Es geht nicht um Pro-Choice, sondern um den
Schutz vor Reproductive Coercion – zu Deutsch also dem Schutz vor
reproduktivem Zwang bzw. reproduktiver Nötigung. Das ist ideologisch
transparente Sprache. Der Mitbürger weiß sofort, wo sein Gegenüber das
15 moralische Problem sieht – und kann sich dann entscheiden, ob er die
Perspektive teilt. Oder ihr widerspricht, weil er das moralische Problem
woanders sieht.

semantische Wertungen:
Adjektive (ehrlich, hart …),
Verben (nötigen, glauben …),
Nomen (Beschuss, Zwang …)

Modalität: Modus, Modal-
adverbien und -verben

rhetorische Strategien bzw.
Stilfiguren: Wiederholung,
Paarformeln, Abwertungen

4 Erläutern Sie in Ihren eigenen Worten, was man unter einem „Frame" versteht.
Diskutieren Sie, ob und wie Wehling selbst „framt".

5 Wehling führt im Weiteren aus: „Eine ideologisch transparente Sprache ist
aus meiner Sicht keine Option in der Politik, sondern ein Auftrag."
Erläutern Sie diese These.

6 Benennen Sie, welche Ratschläge Elisabeth Wehling für den politischen Gebrauch
von Sprache gibt.

John Cook: Falsche Ausgewogenheit (2018)

7 Diskutieren Sie, ob und ggf. welchen
Zusammenhang es zwischen Agenda-
Setting und Framing gibt.

8 Beschreiben Sie die Karikatur und
benennen Sie, welche Medienpraxis
mit der Karikatur kritisiert wird.

9 Erläutern Sie den Zusammenhang
zwischen Agenda-Setting und dem
Thema der Karikatur.

Strategien politischer Kommunikation in der Öffentlichkeit

1 Sammeln Sie in einem kurzen Brainstorming (z. B. 30 Sekunden) Schlagwörter, die die aktuelle politische Diskussion bestimmen. Wählen Sie aus den Wörtern einige aus und besprechen Sie gemeinsam im Kurs, was mit den Wörtern gemeint ist und ob alle dasselbe Verständnis des Begriffs haben.

Oliver Georgi: Viel reden, wenig sagen (2019, faz.net, Ausschnitt)

Wenn Politiker reden, sind Floskeln meist nicht weit. Politiker handeln mit Augenmaß, betonen ihre große Einigkeit, wollen sich nach Wahlniederlagen ehrlich machen und die Leitplanken ihres Handelns neu ausrichten, weil es an der Tatsache nichts zu beschönigen gibt, dass das Profil dringend wieder geschärft werden muss. Sie wenden Schaden vom Land und von ihrer Partei ab, sagen Dinge
5 in aller Deutlichkeit und versachlichen die Diskussion mit einer Dynamik, die authentisch und zukunftsfähig ist. Ein paar Phrasen sind besonders beliebt.

Verantwortung
Wer in der Politik unterwegs ist, lernt früh, dass eine Phrase mit dem Stichwort „Verantwortung" stets für etwas gut ist. Trotzdem greift hier eine fein abgestufte Floskellehre, je nachdem, ob es „nur"
10 um eine politische Entwicklung oder auch um die weitere Karriere eines Politikers geht. Wenn ein Politiker nach einem Skandal oder einem offensichtlichen Fehlverhalten nach Wochen des immer größer werdenden Drucks erklärt, er übernehme die „politische Verantwortung", dann reicht er mit ziemlicher Sicherheit bald den Rücktritt von seinem Amt ein, weil er eingesehen hat, dass er sich nicht mehr halten kann. Gerade in diesem Fall soll die Floskel den Eindruck „verantwortungsvollen"
15 Handelns erwecken und den Wählerinnen und Wählern signalisieren, dass man nicht um jeden Preis an der Macht klebt, eben weil man ein „verantwortungsbewusster" Politiker ist. Synonym zur „politischen Verantwortung" wird oft die Floskel „persönliche Verantwortung" gebraucht. Sie meint dasselbe – meist den wahrscheinlichen Rückzug eines Politikers aus einem Amt, rückt aber noch stärker die Person in den Mittelpunkt. Wenn man so will, ist die „persönliche" Verantwortung das
20 maximale Schuldbekenntnis, das in der politischen Kommunikation üblich ist – zumindest rhetorisch.
Es gibt allerdings noch eine Variante der Verantwortung, die in puncto Gravität von jeher noch heller strahlt und die sozusagen die ultimative Waffe gegen so ziemlich jedes Argument ist: die „staatsbürgerliche Verantwortung". „Staatsbürgerlich", auch das soll heißen, dass das Wohl des Staates
25 (wahlweise auch: der Demokratie, der „freiheitlich-demokratischen Grundordnung", des Bürgers) dem Sprecher über alles, vor allem aber über die eigene Befindlichkeit und Karriereplanung geht. Wer von der „staatsbürgerlichen Verantwortung" spricht, der will damit den Eindruck erwecken, im Sinne des Elementarsten zu handeln, das Deutschland nach den Katastrophen und Abgründen seiner Geschichte hat: der Stabilität des demokratischen Systems. Wer wollte dagegen noch etwas
30 sagen?

2 Erläutern Sie, was Georgi mit Blick auf das Wort „Verantwortung" (Z. 8) als „fein abgestufte Floskellehre" (Z. 9) bezeichnet und was er an der Begriffsverwendung kritisiert.

3 **PLUS** Wählen Sie ein weiteres Schlagwort aus (z. B. aus Ihren Ergebnissen zu Aufgabe 1) und beschreiben Sie in Gruppenarbeit, wie es in der politischen Kommunikation gebraucht wird. Berücksichtigen Sie hierbei auch das Konnotationspotenzial des Begriffs.

4 Erläutern Sie anhand der Beispielsätze **A**–**D** den Zusammenhang zwischen Sprechen (was gesagt wird) und politisch-gesellschaftlichem Handeln (welche Handlung mit dem Gesagten vollzogen wird).

A „Dafür übernehme ich die volle Verantwortung."
B „Dafür ist XY allein verantwortlich."
C „Ich bin verantwortlich."
D „Das zu tun war meine staatsbürgerliche Verantwortung."

69

5 Beschreiben Sie ausgehend von dem folgenden Beispiel, welche Vorteile die politische Kommunikation mittels Memes bietet. Tauschen Sie sich über Ihre Erfahrungen mit Memes aus.

„Fridays for Future" organisiert seit 2018/19 sogenannte Klimastreiks. Die Bewegung befürchtet, dass das Freihandelsabkommen der Europäischen Union mit Südamerika zu mehr Agrarproduktexporten aus dieser Region und damit zu einer stärkeren Abholzung des Regenwalds führt. Auch die Politik zollt den Aktivistinnen und Aktivisten Respekt und verspricht, die Forderungen und Ziele ernst zu nehmen.

6 Memes werden vom Kunsthistoriker und Kulturwissenschaftler Wolfgang Ullrich als Element des „Iconic Turn", also der Wende von der Schriftkultur hin zu einer reinen Bildkultur, bezeichnet. Diskutieren Sie, wo sich diese Wende im Netz und in der Politik sonst noch zeigt.

Der Beitrag der Medien zur Aufklärung der Menschen

Christoph Martin Wieland: Durch welche sichere Mittel wird [die Aufklärung] befördert? (1789, Ausschnitt)

Die Vorstellungen, Begriffe, Urteile und Meinungen der Menschen werden aufgeklärt, wenn das Wahre vom Falschen daran abgesondert, das Verwickelte entwickelt, das Zusammengesetzte in seine einfacheren Bestandteile aufgelöst, das Einfache bis zu seinem Ursprunge verfolgt und überhaupt keiner Vorstellung oder Behauptung, die jemals von Menschen für Wahrheit angegeben
5 worden ist, ein Freibrief gegen die uneingeschränkteste Untersuchung gestattet wird. Es gibt kein anderes Mittel, die Masse der Irrtümer und schädlichen Täuschungen, die den menschlichen Verstand verfinstert, zu vermindern, als dieses, und es kann kein anderes geben.
Die Rede kann also auch hier nicht von Sicherheit oder
10 Unsicherheit sein. Niemand kann etwas dabei zu befürchten haben, wenn es heller in den Köpfen der Menschen wird, als diejenigen, deren Interesse es ist, dass es dunkel darin sei und bleibe; und auf die Sicherheit dieser Letzteren wird doch wohl bei Beantwor-
15 tung der Frage keine Rücksicht genommen werden sollen?

Aufklärung
→ S. 410 f.

1 Leiten Sie aus dem Textausschnitt ab, was nach Wieland das Ziel der Aufklärung sein muss, und beantworten Sie dabei folgende Fragen: Wie kann dieses Ziel erreicht werden? Mit welchen Widerständen ist zu rechnen?

MK **2** Diskutieren Sie, welche Medien sich besonders als Wahrheits- und Aufklärungsmedien eignen. Beziehen Sie Wielands Überlegungen in Ihre Diskussion ein.

> **ÜBRIGENS**
>
> **Fluch und Segen neuer Medien**
> Der Fluch der Medien ist ebenso ihr Segen: Verbreiten sich Falschmeldungen und Verschwörungstheorien besonders durch digitale Medien, bieten Medien eben auch die Möglichkeit, Dingen auf den Grund zu gehen und Aussagen reflektiert zu hinterfragen.
> 2021 hat die Initiative „Deutschland – Land der Ideen" erstmalig zusammen mit Stiftungen und anderen Partnern den „Medienpreis für digitale Aufklärung" in den Kategorien Geschriebenes Wort und Gesprochenes Wort sowie einen Sonderpreis für ein Kinder- und Jugendformat vergeben. Der Wettbewerb wirbt mit dem Slogan „Die Zeit der digitalen Aufklärung ist gekommen!". Was bedeuten Aufklärung und – nach Immanuel Kant – der „Aufbruch aus der selbst verschuldeten Unmündigkeit" im digitalen Zeitalter?

Frank-Walter Steinmeier: Rede zur Verleihung des Marion Dönhoff Preises für internationale Verständigung und Versöhnung[1] an die „New York Times" am 3. Dezember 2017 in Hamburg (2017, bundespraesident.de, Ausschnitt)

Wir ehren heute eine Autorität der Aufklärung – die Gray Lady[2], die New York Times. Wir ehren einen Leuchtturm der Vernunft in einem Zeitalter grassierender Unvernunft. Solange es sie
5 gibt, solange äußern manche ihren Verdacht, dass die Gray Lady der herrschenden Elite zu nahesteht. Sie ist, wie alle unabhängigen Medien, die kritische Instanz. Aber sie steht eben im demokratischen Gefüge – nicht gegen das demo-
10 kratische Gefüge. Und so ist – übrigens nicht erst seit dem letzten Präsidentschaftswahlkampf – das „East Coast Establishment" zu einem Kampfbegriff der Demokratieverächter geworden, zu dem besonders gern die New York Times gezählt
15 wird – auch von solchen selbsternannten Anti-Establishment-Kämpfern, die ihrerseits aus gut betuchtem Ostküstenhause stammen.

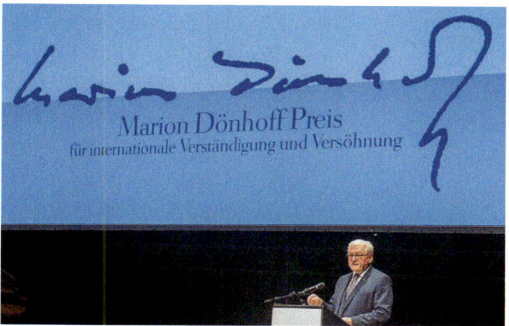

Frank-Walter Steinmeier bei seiner Rede am 3. Dezember 2017 in Hamburg

Ich glaube, Qualitätsmedien vertragen solche Elitenkritik. Und sie müssen es sogar. Denn auch
20 die Gray Lady, auch eine Autorität der Aufklärung ist nicht unfehlbar. Im Gegenteil: Die Aufklärung lebt von der Suche, den Fehlern, der Korrektur. Das gilt für die New York Times – wie für ganz Amerika. Die Autorität der freien Presse ist
25 eine geliehene: geliehen von der Autorität des mündigen Lesers. Immer schon hat sich die New York Times dessen kritischen Fragen stellen müssen: Hat die Zeitung, in der Nachrichtenflut des Zweiten Weltkrieges, die grauenvollen Wahr-
30 heiten des Holocaust deutlich genug herausgestellt – Wahrheiten, deren Aufarbeitung auch in der Geschichte der New York Times ein schmerzhaftes Kapitel ist? Hat sich, gerade in den Jahrzehnten der erstarkenden Civil-Rights-Be-
35 wegung, die Vielfalt der amerikanischen Gesellschaft angemessen in ihrer Redaktion gespiegelt? Hat sie – im Irak-Krieg – Quellen über angebliche Massenvernichtungswaffen ausreichend kritisch geprüft? Hat sie – in der jüngsten
40 Geschichte – die geballte Mischung aus Ressentiment, Entfremdung und Wut im ländlichen Amerika verstanden, die das Ergebnis der Präsidentschaftswahl von 2016 hervorgebracht hat? [...]
45 Reporter sind keine Roboter – und das sollen sie auch niemals werden! Aber gerade deshalb gehört der kritische Blick nach innen – auf eigene Haltungen, Neigungen, Vorurteile – genauso

zum Journalistenberuf wie der kritische Blick nach außen, auf den Gegenstand der Bericht-
50 erstattung. Für ihren kritischen Innenblick gebührt der New York Times mein besonderer Respekt – gerade jetzt, wo auch wir in Deutschland kritische Debatten in und über die Medien führen –, sei es über die Berichterstattung in der
55 Flüchtlingskrise oder über den richtigen Umgang mit den Tabubrüchen populistischer Parteien.

Ich finde, die Selbstkritik, die ganz selbstverständlich von Politikern gefordert wird, ist auch
60 von Medienmachern zu erwarten. Natürlich, gerade in dieser unübersichtlichen Welt brauchen wir Vertrauen in die Autorität von Medien. Aber ich bin sicher, Selbstkritik untergräbt nicht die Autorität der Medien – im Gegenteil: Sie ist
65 Grundlage für das Vertrauen in Medien. Das hat die New York Times verstanden.

„All the News That's Fit to Print!" Im Motto der New York Times spiegelt sich ein beeindruckendes, ein äußerst selbstbewusstes, ein zeitloses
70 Berufsethos des Journalismus. Aber zugleich spiegeln sich im selben Motto alle großen, offenen Zukunftsfragen des Journalismus. Jedes Wort können wir heute mit einem Fragezeichen versehen: All ...? Welches Medium kann über-
75 haupt noch Vollständigkeit beanspruchen in dieser Welt?

... The News ...? Was sind News, was Fake News? Und wem traut man die Unterscheidung zu?

... Fit ...? Wer entscheidet, was „angemessen" ist
80 für öffentliche Aufmerksamkeit? Sicherlich nicht nur Zeitungen, sondern längst auch Trolle und Bots und twitternde Präsidenten.

Tja, und: ... To Print ...? Als ich kürzlich eine Schü-
85 lergruppe fragte, wann sie zuletzt eine gedruckte
Zeitung in der Hand hatten, da erntete ich nur
staunende Blicke. Gedruckte Zeitungen?
In all diesen großen Fragen, in all den Umbrüchen unserer Zeit – Digitalisierung, die Zäsur der
90 letzten US-Präsidentschaftswahl, die Kakophonie des Postfaktischen – erscheint mir die New
York Times vor allem dies: besonnen. Sie hat sich
besonnen auf die fundamentalen Tugenden ihrer Branche: Wie reagieren auf die Unvernunft?
95 Mit Vernunft und mit unbedingter Sachlichkeit.
Wie reagieren auf ständige Aufregung und Hysterie? Mit dem guten Handwerk gründlicher Berichterstattung.
Wie reagieren auf wachsende Polarisierung und
100 Parteinahme? Indem der Journalist sich in die
Schuhe des Gegenübers stellt, Argument und
Gegenargument ernst nimmt. Wie reagieren auf
Lügen? Indem man die Fakten klarstellt.
Dort, in den klassischen Tugenden der Bericht-
105 erstattung, zwischen Aufregung und Achsel-

zucken, liegt der Kern des Journalismus: Aufklärung. Darum geht es doch in diesem Beruf: zu
informieren! Und ich finde, das ist und bleibt
eine noble Aufgabe. [...]
Gute Journalisten sind Autoritäten in der Demo- 110
kratie – aber Journalisten sind nicht die besseren
Politiker. Auch dafür gibt es Beispiele aus jüngs-
ter Zeit. Vielleicht ist die New York Times manchem deutschen Medienmacher, der gerade in
diesen Zeiten zur Volkserziehung neigt, schon 115
einen Schritt voraus. Die Reaktion der New York
Times auf den Populismus war eben nicht die
Selbstüberhebung, sondern die Selbstbeschei-
dung – auf die eigentliche, die noble Aufgabe der
Aufklärung. [...] 120
Liebe New York Times, please continue to bring
us „All the News That's Fit to Print"– so we can be
informed! Congratulations, Gray Lady. Oder in
Uwe Johnsons Worten: Herzlichen Glück-
wunsch, „Tante Times[3]". 125

1 Der Preis ist mit 20.000 Euro dotiert und wird seit 2003 vergeben. Die *New York Times* war 2017 die erste Institution, die den Preis erhalten hat.   2 Gray Lady: Spitzname der *New York Times*; konnotiert Achtung und Ansehen   3 Als „Tante" und damit als jeman-den, an dem man sich orientiert, personifiziert die Protagonistin in Uwe Johnsons Roman *Jahrestage* (1970–1983) die Zeitung *New York Times* in ihrer neuen Heimat New York, in die sie nach dem Zweiten Weltkrieg emigriert.

3 Untersuchen Sie die Redesituation. Beziehen Sie die Abbildung mit ein. Erläutern Sie anschließend, wie sich der Redetypus auf den Aufbau der Rede auswirkt.

Anlass	...
Ort	*Hamburg*
Zeit	*3. Dezember 2017*
Redetypus	*Feste bzw. Lobrede (Laudatio)*
Position des Redners	...
Publikum	...

sprachliche Mittel
→ S. 436 f.

4 Untersuchen Sie die Sprache des Textes. Stellen Sie tabellarisch dar, welche Sprachmittel dem Rede-typus geschuldet sind. Beschreiben und erläutern Sie die sprachlichen Mittel im Einzelnen.

Textstellen	Beschreibung/Funktion
„Autorität der Aufklärung" (Z.1), „Gray Lady" (Z. 2)	*Personifikation*
...	...

5 Im Text ist an mehreren Stellen von *Aufklärung* die Rede (vgl. die Unterstreichungen im Text). Diskutieren Sie: Was unterscheidet Aufklärung von der Informationsübermittlung?

6 Benennen Sie, welche Merkmale einer guten Zeitung im Text genannt bzw. deutlich werden.

Rede
→ S. 440 f.

7 Verfassen Sie eine eigene Rede als Erwiderung auf Steinmeiers These, Aufklärung sei der Kern des Journalismus (vgl. Z. 106 f.). Proben und halten Sie die Rede.

Auf einen Blick: Mündliche und mediale Kommunikation untersuchen

Lexikon Sprache und Kommunikation
→ S. 451 ff.

Mechanismen im öffentlichen Diskurs

Framing („Rahmung") bezeichnet in der Kognitions- und Kommunikationswissenschaft Schemata, durch die Vorwissen und Einstellungen aktiviert werden. Je nach Art der Informationspräsentation können unterschiedliche Rahmen aktiviert und so die Einstellungen der Rezipienten und ihre Entscheidungen verändert werden. **Agenda-Setting** kann dabei als ein Aspekt von Framing verstanden werden: Indem Medien Themen aufgreifen und sie durch Platzierung und Häufigkeit gewichten, haben sie Einfluss auf die Relevanz, die Politik und Gesellschaft ihnen zumessen. Bislang kommt hier den klassischen Leitmedien (überregionale Presse, Fernsehen) eine besondere Rolle zu; die Bedeutung von individualisierten Onlinediensten gewinnt aber an Bedeutung. **False Balance** („falsche Ausgewogenheit") ist wiederum ein Aspekt des Agenda-Settings; wenn Medien versuchen, Pro- und Kontra-Positionen ausgewogen abzubilden, kommt es fast immer zu Verzerrungen, sodass abweichende Meinungen überrepräsentiert sind.

Politik als sprachliches Handeln

Politisch-gesellschaftliches Handeln ist außerhalb der eigentlichen Entscheidungsprozesse meist sprachliches Handeln. Im einfachsten Falle handelt es sich hierbei um sog. performative Äußerungsakte, das sind Handlungen, die nur durch Sprechen vollzogen werden können, wie z. B. den Rücktritt erklären, dementieren oder fordern. Erst durch den Vollzug der Äußerung (beispielsweise „Wir fordern X!") ist die Forderung erhoben. Sprachliche Handlungen können aber auch implizit vollzogen werden, d. h., eine Forderung etwa kann auch als Frage („Wäre X nicht besser?") oder als Aussage („In anderen Ländern wird X längst praktiziert") formuliert werden.

Sprechakte sind dabei an Regeln gebunden, die über die sprachlichen Regeln im engeren Sinne (wie Grammatik) hinausgehen. Um beispielsweise etwas in einem relevanten Sinne versprechen zu können (z. B. „Weniger Steuern!"), muss u. a. gelten, dass die Urheberin/der Urheber der Äußerung nicht nur in der Lage ist, das Versprechen (etwa im Falle einer erfolgten Wahl) auch einlösen zu können, sondern auch willens ist, es dann wirklich zu tun (sonst wäre es eine „Wahllüge"); und es muss gelten, dass die/der Angesprochene das Versprochene auch aufrichtig will (wer eigentlich Steuererhöhungen sinnvoll fände, empfindet die Äußerung „Weniger Steuern!" als Drohung oder Warnung).

In Bezug auf das **politisch-gesellschaftliche Sprechen** lassen sich drei **Hauptfunktionen** unterscheiden: informative Funktion (liegt z. B. vor, wenn eine Entscheidung auf einer Pressekonferenz mitgeteilt oder erklärt wird), persuasive Funktion (liegt beispielsweise in Debattenreden, politischen Talkshows oder auch in Wahlslogans vor, wenn für eine Position geworben wird), Erzeugung von Aufmerksamkeit (z. B. indem lustige oder provokante Tweets abgesetzt werden).

Äußerung: „Mit uns wird es keine neuen Steuern geben."

Intention, die mit der Äußerung verbunden ist	angestrebte Folgewirkungen bei der Adressatin/dem Adressaten	tatsächlich erreichte Wirkung (Beispiele)
feststellen, aussagen	Hörer/-in ist informiert.	Hörer/-in war abgelenkt und hat die Äußerung nicht gehört.
versprechen	Hörer/-in wählt die Partei der/des Sprechenden.	Hörer/-in wählt die Partei jetzt gerade nicht.
warnen	Mögliche Koalitionspartner sollen ihre Forderungen anpassen.	Mögliche Koalitionspartner entscheiden sich gegen eine Koalition.

Erörtern eines pragmatischen Textes

Schreibform → S.465

Eine Erörterung verfassen

Bei dieser Aufgabenart müssen Sie sich mit der Argumentation und Position eines Sachtextes kritisch auseinandersetzen und Ihre eigene Sichtweise dazu darlegen und erörternd begründen. Der Schwerpunkt der Aufgabe liegt im Bereich des argumentierenden Schreibens.

1. Erstes Textverständnis festhalten – Aufgabenstellung erfassen
- Aufgabenstellung klären
- Textsorte, Autor-/in, Titel und Quelle des Textes einordnen
- Vorwissen aktivieren
- Thema und Inhalt des Textes erfassen

2. Ausgangstext aspektorientiert analysieren
- Text aspektorientiert untersuchen
- Aussagen, Thesen und Argumente des Textes festhalten
- Verstehensentwurf formulieren
- eigenes Wissen ergänzen

3. Eigene Position entwickeln
- Argumentation, Sprache bzw. Stil und Wertungen des Textes kritisch bewerten: zwischen Wertungen, Fakten und begründeten Schlussfolgerungen unterscheiden
- eigene Meinung sowie Einwände mit Bezug zu den Textaussagen formulieren
- Argumentation planen

4. Schreibplan/Gliederung erstellen (vgl. S.184)
Einleitung:
- Autor/-in, Titel, Thema, Textsorte sowie ggf. Quelle benennen
- zentrale Thesen benennen, eigene Position darstellen
Hauptteil:
- zusammenfassende Wiedergabe der Positionen und des Argumentationsaufbaus sowie, falls gefordert, der Sprache des Textes und ihrer Funktion
- ggf. Darstellung weiterer Untersuchungsaspekte
- argumentative Entfaltung der eigenen Position durch eine Erörterung mit strukturierter Pro-Kontra-Argumentation
- begründete Bewertung des Ausgangstextes, Synthese mit Fazit
Schluss:
Abrundung, ggf. Vergleich mit anderen Positionen oder Appell an die Leserin/den Leser

5. Text verfassen
- Thesen und Argumente der Autorin/des Autors präzise formulieren
- eigene Thesen bzw. Urteile überzeugend begründen
- auf den Ausgangstext verweisen und korrekt zitieren
- roten Faden einhalten
- sachlich schreiben und Fachbegriffe korrekt verwenden

Zitieren
→ S.127, 470

6. Text überarbeiten
In drei gesonderten Durchgängen prüfen:
- sachliche Richtigkeit und inhaltliche Stimmigkeit
- Einhaltung des roten Fadens (Folgerichtigkeit)
- sprachliche Richtigkeit

Eigene Texte
sprachlich gestalten
→ S.403

Hinweise zum
schriftlichen Abitur
→ S.466

MUSTERAUFGABE

1 Stellen Sie den Argumentationsgang und die Intention des Textes von Anatol Stefanowitsch
mit dem Titel „Empörungswellen in Sozialen Medien: Entgrenzte Kommunikation" aus dem
Jahr 2019 dar. Berücksichtigen Sie dabei auch ausgewählte sprachliche Mittel.   (ca. 40 %)

2 Erörtern Sie am Beispiel der digitalen Kommunikationsmedien und der dort immer wieder
beklagten sprachlichen Entgrenzungen, ob eine stärkere Reglementierung des öffentlichen
Diskurses wünschenswert wäre. Beziehen Sie eigene Medienerfahrungen mit ein.   (ca. 60 %)

Anatol Stefanowitsch: Empörungswellen in Sozialen Medien: Entgrenzte Kommunikation (2019, tagesspiegel.de, Ausschnitt)

Es besteht große Einigkeit, dass der öffentliche Diskurs in den letzten Jahren rauer geworden
ist. Es wird eine allgemeine „Sprachverrohung" und eine Verschiebung der „Grenzen des Sag-
baren" beklagt. Dem Internet wird dabei oft eine ursächliche Rolle zugeschrieben, und tatsächlich lässt sich eine sprachliche Entgrenzung im Netz auch schwer bestreiten – in den
5 sozialen Medien und in den Kommentarspalten großer Online-Medien findet sich menschenverachtende Hetze gegen Flüchtlinge, Muslime, Frauen, Homosexuelle und andere
sogenannte Minderheiten in einer Menge und mit einer Regelmäßigkeit, die eigentlich nur
noch durch Verdrängung und Abstumpfung erträglich ist.

Ob das Internet tatsächlich zu einer zunehmenden Verrohung des sprachlichen Miteinan-
10 ders beiträgt, lässt sich kaum beurteilen: Die sozialen Medien stellen einen so radikalen
Bruch in unseren kommunikativen Traditionen dar, dass sich ein Vorher und Nachher
quantitativ schwer vergleichen lassen.

Bis vor wenigen Jahren hat alltägliche Kommunikation hauptsächlich mündlich stattgefunden und keine Spuren hinterlassen. Wenn wir schriftlich kommuniziert haben, ge-
15 schah dies in Medien wie dem Brief, der E-Mail oder der SMS, die nur dem kleinen Kreis
von Absender/innen und Empfänger/innen zugänglich waren. Erst das Internet hat einen
Teil dieser alltäglichen Kommunikation sichtbar gemacht, indem es ihn an öffentlich zu-
gänglichen Stellen und mit einer gewissen Dauerhaftigkeit dokumentiert.

Was die Qualität der Kommunikation betrifft, sieht es anders aus: Mit den internetgestützten
20 Medien [...] haben sich eine Reihe von Kommunikationspraktiken entwickelt, die direkt an
die Eigenschaften dieser Medien gebunden sind: Trolling, Flamewars, Cybermobbing, Cyber-
stalking und Shitstorms, um nur einige zu nennen.

Der Prototyp der entgrenzten Online-Kommunikation ist dabei sicher der Shitstorm – eine
Welle der Empörung, die sich in einem schnell anwachsenden und oft tagelang anhaltenden
25 Dauerfeuer beleidigender und oft menschenfeindlicher Postings in den sozialen Netzwerken
äußert. Ein Shitstorm kann sich im Sinne einer aus dem Ruder gelaufenen Verbraucherkritik
gegen ein Unternehmen richten, aber häufig steht – in einem fließenden Übergang zum
Mobbing – eine Privatperson im Fadenkreuz – etwa die Journalistin Nicole Diekmann, die die
Selbstverständlichkeit „Nazis Raus" twitterte, oder die Politikerin Sawsan Chebli, die nichts
30 weiter getan hatte, als eine Uhr zu tragen. Auch als Gruppe werden vor allem sogenannte
Minderheiten zum Ziel von Shitstorms.

Drei Eigenschaften der sozialen Medien ermöglichen das Entstehen und die starke Wirkung
dieser Empörungswellen. Erstens, die Niederschwelligkeit einer kommunikativen Handlung – ich kann mich mit einem oder mehreren Beiträgen an einem Shitstorm beteiligen,
35 ohne mich besonders anzustrengen oder mit nennenswerten Konsequenzen rechnen zu
müssen. Zweitens, die Konnektivität des Netzwerks – ich kann das Ziel meiner Empörung
direkt ansprechen, indem ich den Beitrag direkt auf dessen Seite hinterlasse oder indem ich

seinen Nutzernamen verwende und auf diese Weise dafür sorge, dass der Beitrag in seinen
Benachrichtigungen auftaucht.

40 Drittens, die allgemeine Zugänglichkeit – andere Nutzer/innen können meinen Beitrag ebenfalls sehen und sich dadurch zu eigenen Beiträgen inspirieren lassen. Diese Zugänglichkeit
lässt sich noch erhöhen, zum Beispiel durch die Verwendung sogenannter Hashtags – Schlagwörter, die automatisch in Links umgewandelt werden, unter denen dann alle Beiträge mit
diesem Schlagwort auffindbar sind.

45 Die Forschung zeigt, dass die einzelnen Nutzer/innen innerhalb solcher Empörungswellen
sich zwar gegenseitig wahrnehmen, aber kaum miteinander interagieren. Ohne ein Medium,
das sie füreinander sichtbar macht, hätten sie also weder die Fähigkeit, sich ohne Weiteres zu
einem Mob zusammenzuschließen, noch würden sie wohl überhaupt auf die Idee kommen.
Es wäre also theoretisch durchaus denkbar, der sprachlichen Entgrenzung im öffentlichen

50 Diskurs entgegenzuwirken, indem wir die oben genannten Eigenschaften der sozialen Medi-
en verändern, also etwa Netzwerkbetreiber in Haftung für ihre Nutzer/innen nehmen, wie es
das Netzwerkdurchsetzungsgesetz tut, oder die Öffentlichkeit der Kommunikation technisch
beschneiden, wie es in der Dauerdiskussion um Privatsphäre-Einstellungen gefordert wird.
Aber damit würden wir den sozialen Medien gleichzeitig ihre größte Stärke nehmen, nämlich

55 ihre Fähigkeit, Öffentlichkeiten für Menschen und Inhalte herzustellen, die vorher unsichtbar waren. Dieselben Eigenschaften, die die Verbreitung von verbalem Hass und Hetze in
einem Shitstorm befördern, ermöglichen auch Hashtag-Kampagnen wie #aufschrei, #metoo
oder #metwo, die es Betroffenen von Sexismus, sexualisierter Gewalt und Rassismus ermöglichen, für ihre Erfahrungen überhaupt erst eine Öffentlichkeit zu finden und damit gesell-

60 schaftliche Diskussionen anzustoßen.
Und das halte ich für wichtiger als eine voreilige technische oder juristische Beschneidung
des Mediums „Soziales Netzwerk". Der Hass würde damit weniger sichtbar und wahrscheinlich weniger virulent. Aber er würde nicht verschwinden, sondern im Feuilleton, in den Talkshows und in den Parlamenten weiter Verbreitung finden. Nur hätten die Betroffenen keine

65 Möglichkeit mehr, sich zu wehren.

1. Erstes Textverständnis festhalten – Aufgabenstellung erfassen

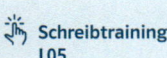
Schreibtraining
105

1.1 Lesen Sie die Aufgabenstellung und veranschaulichen Sie die Struktur der Aufgabe als kleines
Flussdiagramm.

Analyse (= 40 %)
Text „Empörungswellen in Sozialen Medien: Entgrenzte Kommunikation" (A. Stefanowitsch):

• inhaltliche Entfaltung
• ...   ← sprachliche Mittel
• ...

Erörterung (= 60 %): ...

1.2 Benennen Sie, welche Informationen die Aufgabenstellung bereits über Anatol Stefanowitschs
Text enthält.

1.3 Formulieren Sie auf Grundlage Ihres Weltwissens und der Arbeitsergebnisse aus Arbeitsschritt 1.2
Leseerwartungen an den Artikel *Empörungswellen in Sozialen Medien: Entgrenzte Kommunikation*.

2. Ausgangstext aspektorientiert analysieren

2.1 Stellen Sie die inhaltliche Entwicklung und die Argumentationsstruktur des Textes stichpunktartig in einer Skizze dar.

> *Ausgangssituation: allgemeine „Sprachverrohung" bzw. sprachliche Entgrenzung im Netz, für die das Internet verantwortlich gemacht wird*

> *Aufgrund des radikalen Bruchs in der kommunikativen Tradition ist eine Verrohung des sprachlichen Miteinanders <u>quantitativ</u> nicht zu belegen.*

> *Richtig ist aber, dass die an das Medium gebundenen „Kommunikationspraktiken" (Trolling, Shitstorms usw.) die <u>Qualität</u> der Kommunikation verändert haben.*

> *...*

> *...*

2.2 Formulieren Sie Ihren Verstehensentwurf von Stefanowitschs Text, indem Sie seine zentrale These benennen und daraus seine Position ableiten.

2.3 Untersuchen Sie, mit welchen sprachlichen Mitteln Anatol Stefanowitsch seine Argumentation stützt. Erläutern Sie jeweils die Funktion des Mittels mit Blick auf die Intention des Autors. Orientieren Sie sich an den gegebenen Beispielen und ergänzen Sie die Tabelle.

auffällige Sprachverwendungen	Funktion
„Sprachverrohung' und eine Verschiebung der ,Grenzen des Sagbaren'" (Z. 2 f.) vs. „sprachliche Entgrenzung im Netz" (Z. 4)	*Sprachgebrauch des öffentlichen Diskurses wird aufgegriffen, um die Leserschaft abzuholen; zugleich erfolgt eine Distanzierung davon und die Etablierung eines neutralen Begriffs – Sachlichkeit erhöht die Autorität des Autors als wissenschaftlicher Beobachter*
Aufzählungen („Hetze gegen Flüchtlinge, Muslime, Frauen, Homosexuelle und andere sogenannte Minderheiten", Z. 6 f.) und Paarformeln („in einer Menge und mit einer Regelmäßigkeit [...] durch Verdrängung und Abstumpfung", Z. 7 f.)	*klare und eindringliche Positionierung in der Sache: die erwähnte „Hetze" hat keine inhaltliche Rechtfertigung und ist zu verurteilen*
...	*...*

3. Eigene Position entwickeln

3.1 Übernehmen Sie die folgende Tabelle auf ein separates Blatt und ergänzen Sie sie zunächst durch die Textaussagen, dann durch weitere Argumente aus Ihrem Wissen. Ergänzen Sie nach Möglichkeit außerdem eigene Erfahrungen bzw. aktuelle Beispiele.

	positive Folgen	negative Folgen
Beibehaltung des Status quo	– *Öffentlichkeit für Menschen und Inhalte* *...*	– *sprachliche Entgrenzung* *...*
technisch beschnittene Öffentlichkeit der Kommunikation	– *Eindämmung von Shitstorms* *...*	*...*

3.2 Formulieren Sie Ihre eigene Position zu der strittigen Frage nach einer stärkeren Reglementierung des öffentlichen Diskurses.

4. Schreibplan erstellen

Anordnung der
Argumente
→ S. 104, 463

4.1 Skizzieren Sie für den ersten Teil der Aufgabe die Reihenfolge, in der Sie Ihre Analyseergebnisse sinnvoll darlegen können. Entscheiden Sie sich bewusst für eine der Möglichkeiten zur Anordnung einer Argumentation (linear, antithetisch oder aspektorientiert) und beachten Sie, dass auch der Analyseteil über einen roten Faden verfügen sollte.

Einleitung	*Titel, Textsorte, Autor und Thema (Umgang mit Hassrede und Shitstorms in sozialen Medien)*
inhaltliche Entfaltung der Ausgangslage	*Entfaltung der Ausgangslage: „Sprachverrohung" bzw. sprachliche Entgrenzung im Netz → drei Ursachen:* *1. Niederschwelligkeit einer kommunikativen Handlung* *2. ...* *3. ...*
zentrale These / Intention	*...*
. . .	*...*

4.2 Ergänzen Sie im folgenden Schreibplanauszug für eine Erörterung weitere Argumente und Beispiele und skizzieren Sie einen möglichen Schluss.

Kontraposition	*– Diskriminierung ist im Netz so widerwärtig geworden, dass es selbst zu Lasten einer verringerten Öffentlichkeit eine technische Beschneidung der Kommunikation geben muss*
	– Argumente:
	  • Verteidigung der Öffentlichkeit, wie sie u. a. Stefanowitsch unternimmt, ist zwar nachvollziehbar, aber darf und kann nicht zu Lasten der Persönlichkeitsrechte und der Freiheit anderer gehen
	  • Funktion der klassischen Medien als „Sittenwächter" sollte durch Netzwerkbetreiber aufgefangen werden → Beispiel: Leserbrief
	  • Straftaten wie Volksverhetzung oder der Aufruf zu Straftaten müssen auch im Netz gehandelt werden → Beispiel: ...
	  • ...

Schluss	*...*

4.3 Entwerfen Sie ggf. einen eigenen Schreibplan für Ihre Erörterung. Gehen Sie dabei von Ihrer Position aus (vgl. Arbeitsschritt 3.2).

5. Text verfassen

5.1 Verfassen Sie den Analyseteil. Achten Sie auf strikte Sachlichkeit der Darstellung und die formale Korrektheit insbesondere der Textverweise und Zitate.

5.2 Benennen Sie typische sprachliche Mittel der Textsorte Erörterung.

5.3 Schreiben Sie den zweiten Teil Ihres Aufsatzes.

6. Text überarbeiten

Eigene Texte
sprachlich
gestalten
→ S. 403

6.1 Korrigieren und überarbeiten Sie Ihren Text unter den Gesichtspunkten der inhaltlichen Stimmigkeit, der Folgerichtigkeit und der sprachlichen Richtigkeit.

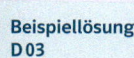

**Beispiellösung
D 03**

Beispiellösung

Regelmäßig und mit großer Verlässlichkeit taucht die Debatte um die Frage auf, ob und wie man der Sprachverrohung und Hetze in den sozialen Netzwerken Herr werden und damit insbesondere den Minderheiten endlich den Schutz zukommen lassen kann, der ihnen
5 *zusteht.*
In seinem Beitrag „Empörungswellen in Sozialen Medien: Entgrenzte Kommunikation" aus dem Jahr 2019 für den Tagesspiegel befasst sich der Berliner Sprachwissenschaftler Anatol Stefanowitsch mit der Frage nach dem richtigen Umgang mit Hassrede und Shitstorms
10 *in sozialen Medien.*
Als Ausgangspunkt seiner Argumentation beschreibt Stefanowitsch zunächst anschaulich die allgemeine „Sprachverrohung" bzw. sprachliche Entgrenzung im Netz, für die das Internet verantwortlich gemacht wird, und zwar aus drei Gründen, der „Niederschwelligkeit
15 *einer kommunikativen Handlung" (Z. 33 f.), die „Konnektivität des Netzwerks" (Z. 36) sowie die „allgemeine Zugänglichkeit" (Z. 40). […]*
Einen gewissen Nachdruck verleiht er seiner Argumentation durch Aufzählungen und Paarformeln (z. B. „Hetze gegen Flüchtlinge,
20 *Muslime, Frauen, Homosexuelle und andere sogenannte Minderheiten", Z. 6 f.) und Metaphern, wobei diese manchmal auch etwas unbedacht verwendet werden (z. B. wenn die „Welle" zum „Dauerfeuer" wird, vgl. Z. 24 ff.). […]*

Insbesondere mit dem Argument, dass Veränderung der sozialen
25 *Medien den Hass nicht zum Verschwinden bringen würden, hat Stefanowitsch ein nachvollziehbares Argument auf seiner Seite. Ergänzt werden könnte in diesem Zusammenhang noch, dass deshalb tatsächlich auch nicht die Medien zu verändern sind, sondern sich die Nutzerinnen und Nutzer besser auf den Umgang mit diesen Medien*
30 *vorbereiten müssen. Dies ließe sich auch dadurch erreichen, dass der Umgang mit entgrenzter Kommunikation stärker im Rahmen der schulischen Medienbildung thematisiert bzw. berücksichtigt wird. […] Dass jedoch aus den Nachteilen der sozialen Medien zugleich ihre Vorteile resultierten (vgl. Z. 61), wird den Opfern von Sexismus und*
35 *Rassismus allerdings kaum einleuchten, handelt es sich doch um eine Art Zirkelschluss: Frauen müssten Diskriminierungen im Netz ertragen, wie Stefanowitsch meint, weil sie dadurch leichter eine Öffentlichkeit für ihren Protest gegen Diskriminierung bekämen. […] In einer Sache hat Stefanowitsch aber natürlich recht: Wer Hass nur*
40 *weniger sichtbar macht, bringt ihn noch lange nicht zum Verschwinden. […] Hier sind für die Zukunft mehr Aufklärung über andere, mehr Toleranz und mehr Verständnis gefordert. Aber trotzdem: Sprache vermag die Wirklichkeit vielleicht nicht zu verändern. Trotzdem muss der sprachlichen Entgrenzung endlich eine*
45 *klare Grenze gesetzt werden. Weil sie unerträglich und schlicht durch nichts zu rechtfertigen ist.*

Einleitung, mit der zum Text und seinem Thema hingeführt wird

Darstellung der Entfaltung der Argumentation

Verweise und Zitate aus dem Bezugstext integrieren

Hinweis auf wichtige sprachliche Merkmale des Ausgangstextes

Übergang zum Erörterungsteil durch Absatz hervorheben

Stärkung der Kontra-Position

Überleitung zur Pro-Argumentation und Entfaltung der eigenen Argumentation

Schlussteil mit Appell

Schreiben: Eine Eröffnungsrede vorbereiten

Rede
→ S. 440 f.

Ihre Schule ist Gastgeberin des Regionalwettbewerbs „Jugend debattiert", dessen Siegerinnen und Sieger sich für die Landesausscheidung im Maximilianeum in München qualifizieren. Als erfolgreichster Teilnehmer bzw. erfolgreichste Teilnehmerin Ihrer Schule an diesem Wettbewerb des vergangenen Jahres fällt Ihnen die Aufgabe zu, die Teilnehmerinnen und Teilnehmer der aktuellen Runde an Ihrer Schule zu begrüßen und die Veranstaltung zugleich zu eröffnen.

Verfassen Sie die entsprechende Eröffnungsrede (ca. zehn Minuten Dauer), in der Sie außerdem auf die Frage eingehen sollen, welchen Beitrag der Wettbewerb „Jugend debattiert" für die Demokratieförderung leistet.

Material 1

Frank-Walter Steinmeier: Jubiläum – 20 Jahre Jugend debattiert
(2021, jugend-debattiert.de)

„Wie sehr wir die Fähigkeit zur Debatte, zum fairen und qualifizierten Meinungsstreit brauchen, das ist uns heute noch einmal stärker bewusst als zur Gründung der Initiative vor 20 Jahren. Wir brauchen faire und lebhafte Debatten statt Fake News. Debatten, die andere Meinungen achten und auf Gewalt und Gewaltandrohung verzichten.

Mein herzlicher Dank gilt deshalb allen, die sich bei „Jugend debattiert" engagieren und in den vergangenen zwanzig Jahren engagiert haben: den Lehrerinnen und Lehrern, den Verantwortlichen in den fördernden Stiftungen, Landesparlamenten und Kultusministerien, ebenso allen Mitarbeitenden in der Programmleitung und in den Landeskoordinationen, im Kuratorium und in den Jurys, und nicht zuletzt den Schülerinnen und Schülern – den Hauptakteuren bei „Jugend debattiert".

Die Corona-Pandemie erschwert die Lern- und Lehrbedingungen in den Schulen enorm. Wenn es gelingt, mit „Jugend debattiert" auch in dieser schwierigen Krisenzeit Impulse für gelingende Demokratieerziehung zu geben, ist das eine große Leistung und ein Dienst an der Demokratie. Im Sommer – zum Abschluss des Bundeswettbewerbs – hoffe ich diese Leistung auch persönlich beim Bundesfinale würdigen zu können."
(Frank-Walter Steinmeier, Bundespräsident und Schirmherr von „Jugend debattiert")

Material 2

Zeitstrahl: 20 Jahre Jugend debattiert (2021, jugend-debattiert.de Ausschnitt)

• **2001: Der Bundespräsident übernimmt Initiative und Schirmherrschaft für „Jugend debattiert"**
Seit 1999 gab es in Hamburg einen Landeswettbewerb „Streitgespräch – Jugend debattiert", veranstaltet von der Hamburgischen Bürgerschaft, dem Parlament des Landes Hamburg. 2001 präsentiert die Hertie-Stiftung unter dem Motto „Rhetorik in die Schule! Jugend debattiert" einen Wettbewerb nach gleichen Regeln für Frankfurt am Main, mit Fortbildungen für Lehrkräfte und Training für Schülerinnen und Schüler. Bundespräsident Johannes Rau schlägt daraufhin vor, „Jugend debattiert" auf ganz Deutschland auszuweiten.

• **2002: Auftaktveranstaltung im Schloss Bellevue**
Gemeinsam mit der Hertie-Stiftung und der Kultusministerkonferenz der Länder stellt Bundespräsident Johannes Rau am 21. November 2002 im Schloss Bellevue, seinem Berliner Amtssitz, seine Initiative der Öffentlichkeit vor. Kooperationspartner sind die Robert Bosch Stiftung, die Stiftung Mercator und die Heinz Nixdorf Stiftung.

• **2003: I. Bundesfinale „Jugend debattiert" in Berlin**
Rund 16.000 Schülerinnen und Schüler und über 500 Lehrkräfte an 169 Schulen in ganz Deutschland sind beim ersten Durchgang des Bundeswettbewerbs „Ju-

gend debattiert" dabei. Die Themen des I. Bundesfinales am 15. Juni 2003 lauten „Soll die Ganztagsschule zur Regelschule werden?" und „Sollen sich Eltern das Geschlecht ihrer Kinder aussuchen dürfen?". Die ersten Bundessieger stammen aus Bremen und dem Saarland. „Als Initiator und Schirmherr von ‚Jugend debattiert' wünsche ich mir, dass unser Wettbewerb genau das fördert: sprachlich gewandte und demokratisch couragierte Bürgerinnen und Bürger auszubilden. Ich wünsche mir und uns, dass die Kunst der Debatte als Form des Unterrichts in möglichst vielen Fächern in der Schule immer stärker selbstverständlich wird." (Johannes Rau in seiner Ansprache)

• **2005: Erste „Jugend debattiert"-Wettbewerbe im Ausland: Polen und Tschechien**

Die EU-Osterweiterung 2004 gibt Anlass, auszuprobieren, ob „Jugend debattiert" nicht auch im Ausland auf Interesse stößt – in deutscher Sprache, an Schulen mit erweitertem Deutsch-Unterricht. Im Schuljahr 2004/05 startet das Pilotprojekt „Jugend debattiert" in Polen und Tschechien. Höhepunkt 2005 ist eine Debatte der polnischen Finalistinnen und Finalisten mit Bundespräsident Horst Köhler und dem polnischen Staatspräsidenten Aleksander Kwaśniewski im Rahmen des „Deutsch-Polnischen Jahres 2005/2006" am 1. September 2005 in Danzig.

• **2008: „Jugend debattiert" erhält die Auszeichnung „Ort im Land der Ideen"**

„Ihr habt gut reden! Beim Bundeswettbewerb ‚Jugend debattiert' lernen Schüler Streitkultur." Mit diesen Worten erhält „Jugend debattiert" zum Bundesfinale 2008 die Auszeichnung „Ort im Land der Ideen", die von der Initiative „Deutschland – Land der Ideen" vergeben wird, einer gemeinsamen Initiative der Bundesregierung und der deutschen Wirtschaft für ein zukunftsfähiges und weltoffenes Deutschland: „Ideen sind unser wertvollster Rohstoff, ein Garant für eine lebenswerte Zukunft."

• **2010: Gründung des Jugend debattiert Alumni e. V.**

• **2015: Die Parlamente der Länder werden Partner von „Jugend debattiert"**

Die Parlamente der Länder werden Partner von „Jugend debattiert", fünfzehn der sechzehn Landesfinale 2015 werden in den Plenarsälen der Landtage ausgetragen, nur im Saarland ist der Plenarsaal zu klein. Hier bleibt der Saarländische Rundfunk Veranstaltungsort.

So können Sie vorgehen

1. Paraphrasieren Sie die Aufgabenstellung und halten Sie stichpunktartig Funktion und Inhalte der zu schreibenden Rede fest.

2. Werten Sie die Materialien mit Blick auf die Inhalte Ihrer Rede (wichtige Informationen zum Wettbewerb, mögliche Zitate) aus. Ergänzen Sie weitere Aspekte zum Thema „Demokratieförderung" aus Ihrem eigenen Wissen.

3. Machen Sie sich das Redesetting bewusst: Um welche Region handelt es sich? Wo an Ihrer Schule würde der Wettbewerb stattfinden? Wer wäre anwesend? Angaben, die Ihnen fehlen, können Sie sinngemäß ergänzen.

4. Erstellen Sie eine Gliederung zu Ihrer Rede, die den Ablauf (Begrüßung – Beitrag zur Frage, was „Jugend debattiert" für die Demokratieförderung leistet – Eröffnung der Veranstaltung) in den wesentlichen Inhaltspunkten skizziert.

5. Formulieren Sie die Rede aus. Nutzen Sie dafür ein Textverarbeitungsprogramm. Achten Sie dabei auch auf den gezielten Einsatz geeigneter rhetorischer Mittel, um den Zuhörerinnen und Zuhörern die Intention Ihrer Rede zu verdeutlichen. Bedenken Sie, dass die Rede zwar schriftlich ausformuliert, aber doch mündlich vorgetragen werden soll.

6. Halten Sie Ihre Rede vor der Klasse und lassen Sie sich ein Feedback geben.

Den gegenwärtigen Sprachgebrauch reflektieren
Sprachbeschreibung und Sprachkritik

Wie wird sich das Deutsche in 100 Jahren verändert haben?

Wer bestimmt, was richtiges oder gutes Deutsch ist?

Kann Sprachkritik am tatsächlichen Sprachgebrauch etwas verändern?

3

Bin auch schon gespannt auf das Material. Richte ich aus. Guten Flug ✈️   10:20

Fahrt 🚆 Danke!   10:23

Gut für die Umwelt 🌿 :)   10:37

Peter Köhler: Die Wahrheit. Hier wirst du Deutsch gelernt
(2021, taz.de, Ausschnitt)

Neues von der Sprachkritik: Die guten alten Medien wie Zeitungen können selbstverständlich alles. Außer richtig Schreib.[1]

Das Beste wäre, man könnte auf Deutsch Englisch sprechen. Das ist keine Werbung für oder Klage übers sogenannte Denglisch: Es geht
5 nur um einen bestimmten Fall, und zwar die Fälle, lateinisch: die Kasusse, nein: Kasi, auch nicht: Kasus'... nee ... die Kasus! (Im Plural selbstverständlich mit langem u.)

Hintersinn der kurzen Abschweifung: Das schwierige Deutsch gilt den simplen Briten als das Latein von heute. Wie in diesem gibt es
10 in jenem Kasusmorpheme sonder Zahl, worüber die im Irrgarten der Grammatik taumelnden Deutschlernenden die Orientierung verlieren. Nicht nur sie! Muttersprachlern ergeht es nicht anders. Wie zum Beispiel geht der Genitiv? Die taz, in der „ein Drittel der von Cybergewalt Betroffener" zur Sprache kommt, weiß es nicht.
15 Heißt es etwa „der von Grammatikfehlern Betroffenen"? Oder nicht eher „der von Grammatikfehlern Betroffenem"? Das wäre nicht verwunderlich in dieser unserer Zeitung, die auch den „Vorwurf sexuellem Missbrauchs" kennt.

Im Deutschen muss man mit allen möglichen Morphemen[2] hantie-
20 ren und obendrein zwischen starker und schwacher Beugung wählen: Des Hirschen? Des Hirsches? Oder Hirschs? Dem Nachbarn? Dem Nachbar? Gar dem Nachbaren? Dem Nachbarem?! Am besten, man lässt buchstäblich am Ende alles weg.

---

1 Anspielung auf den Werbeslogan „Wir können alles. Außer Hochdeutsch" des Landes Baden-Württemberg   2 Morphem, das: kleinste bedeutungstragende Einheit der Sprache

Abbildung 1: Fairtrade Deutschland e.V.

1 Benennen Sie, welche Arten von Sprachfehlern Peter Köhler in seiner Glosse thematisiert.

2 Diskutieren Sie, wie die Sprachfehler motiviert sein können (Ursachen der Fehler) und ob die Fehler das Sprachsystem des Deutschen beeinflussen könnten.

3 Sammeln Sie weitere typische Sprachfehler bzw. Besonderheiten des heutigen Sprachgebrauchs. Beziehen Sie hierbei auch die Abbildungen mit ein.

4.1 Sprache als dynamisches System verstehen
Tendenzen im aktuellen Gegenwartsdeutsch

Einflüsse auf das Deutsche bewusst wahrnehmen

Lockdown   *Ausgangssperre*

Triage   Social Distancing   **Hotspot**   Varianten

Worst-Case-Szenario   Homeoffice   *Homeschooling*

flatten the curve   PCR-Test

Hospitalisierungsrate   **Inzidenz**   Booster

Querdenker   Kontaktverbot

Zeitenwende   Butscha   *Donbas*   **Spezialoperation**   *Eskalationsdominanz*   Ringtausch   Москва   Sondervermögen

Gesellschaft für deutsche Sprache e.V.: *Sprachraum: Krieg* (Mockba: Moskwa für Moskau in der kyrillischen Schreibweise)

1 Ordnen Sie die beiden Wortfelder oben zeitgeschichtlich ein.

2 Prüfen und benennen Sie, welche der Wörter aus den Wortfeldern noch aktuell sind, welche dagegen nicht mehr.

3 Erläutern Sie ausgehend von den beiden Wortfeldern, wovon das Fortdauern eines Begriffs im Lexikon einer Sprache und damit auch der Sprachwandel abhängen.

4 Vergleichen Sie die Wörter bzw. Namen der beiden Wortgruppen miteinander und benennen und erläutern Sie die Auffälligkeiten in Bezug auf die Begriffsbildung und Herkunft.

Angelika Storrer: Über die Auswirkungen des Internets auf unsere Sprache (2020, Ausschnitt)

Textsortenvielfalt und funktionaler Ausbau der Schrift statt Verluderung und Verarmung – mit dieser Sicht auf die Veränderungen der Sprache durch das Internet erntet man gegenüber Journalisten oder auch im Freundeskreis oft un-
5 gläubiges Staunen und kaum verhohlene Skepsis. Unstrittig bleibt ja, dass viele Schriftprodukte der Netzkommunikation erheblich von den Anforderungen abweichen, die an grammatisch und orthographisch normkonforme Texte gestellt werden. Wird sich der neue Schreibstil denn nicht
10 negativ auf die Schreibkompetenzen der Jugendlichen auswirken, speziell die der „Digital Natives", die Schriftsprache überwiegend in digitaler Form wahrnehmen?

Diese Befürchtungen sind verständlich, es gibt allerdings bislang keine empirischen Indizien dafür, dass sie begrün-
15 det sind. In der „Stanford Study of Writing" untersuchten Prof. Andrea Lunsford und ihr Team von 2001 bis 2006 ca. 15.000 englische Schrifttexte von Studierenden; die Ergebnisse liefern keine Anhaltspunkte für eine Verschlechterung der Schreibfähigkeiten. Interessant sind die
20 Ergebnisse des von Prof. Horst Sitta und Mitarbeitern an der Universität Zürich durchgeführten „Sprachqualitätenprojekts". Die vergleichende Analyse einer Sammlung von Maturaarbeiten (die schweizerische Entsprechung der deutschen Abiturarbeiten) aus dem Zeitraum zwischen
25 1881 und 1991 ergab zwar keine Hinweise darauf, dass sich die Qualität der untersuchten Arbeiten im Laufe des Untersuchungszeitraums generell verschlechtert hätte. Mit dem zum im Projekt entwickelten Raster von Textbewertungsdimensionen ließ sich aber nachweisen, dass die neueren
30 Arbeiten in Wortwahl und Satzbau häufiger Merkmale aufweisen, die für den Duktus der gesprochenen Sprache typisch sind, als die älteren Arbeiten. Dieser Befund ist im Kontext der Netzkommunikation deshalb interessant, weil er dokumentiert, dass es schon vor der Verbreitung des In-
35 ternets einen Trend zu einem stärker mündlich geprägten

Schreibstil gab. Im noch laufenden Projekt „Schreibkompetenz und neue Medien" entwickelten Prof. Christa Dürscheid und ihre Mitarbeiter an der Universität Zürich das im Sprachqualitätenprojekt genutzte Textbewertungsras-
40 ter weiter, um Aufsätze aus dem schulischen Deutschunterricht mit der per SMS, E-Mail und Chat geführten schriftlichen Freizeitkommunikation derselben Jugendlichen zu vergleichen. Die ersten Ergebnisse dieses Projekts bestätigen zwar den bereits im Sprachqualitätenprojekt
45 diagnostizierten Trend zu einem stärker mündlich orientierten Schreibstil; sie zeigen aber auch, dass die Jugendlichen sehr wohl zwischen dem privaten und dem schulischen Schreiben unterscheiden und hierfür unterschiedliche Register nutzen. Die Zwischenbilanz der Projektleiterin lautet: „Weder das Sprechen noch das Schrei-
50 ben der Jugendlichen wird durch den umgangssprachlichen Ton in SMS und Chat beeinflusst." Ab und zu sei in Aufsätzen ein Smiley gefunden worden, das sei alles.

Sicherlich ist es wünschenswert, die Veränderungen der Schreibkompetenzen weiter empirisch zu erforschen. Ge-
55 rade wenn Kinder und Jugendliche schon früh mit den neuen Schreibformen im Netz umgehen, ist es wichtig, die Besonderheiten der netzbasierten Schreibformen im Unterricht bewusst zu machen und die Kompetenz zur situationsadäquaten Wahl schriftsprachlicher Mittel bei
60 Bedarf gezielt zu fördern. Hierzu gibt es bereits Unterrichtsvorschläge für verschiedene Schulformen und Klassenstufen. Die Reflexion über die neuen Schreibformen lässt sich sehr gut integrieren in das generelle Leitziel der Schreibdidaktik, die Textsortenkompetenz von Jugendli-
65 chen zu entwickeln, die benötigt wird, um in verschiedenen Situationen und in Bezug auf unterschiedliche Adressaten aus den verschiedenen Registern eine sinnvolle und angemessene Wahl zu treffen.

5 Fassen Sie zusammen, wie Angelika Storrer die Auswirkungen des Internets auf die deutsche Sprache beurteilt.

6 Diskutieren Sie, inwieweit sich der Befund Angelika Storrers mit Ihren eigenen Wahrnehmungen deckt.

7 Formulieren Sie Ihre Haltung zum Thema Gendern. Erklären Sie in diesem Zusammenhang kurz, bei welchen Gelegenheiten und in welchen Formen Sie ggf. gendern.

8 Lesen Sie den folgenden Text zum Thema Gendern und halten Sie dabei dessen Hauptaussagen stichwortartig fest.

Standpunkt der Gesellschaft für deutsche Sprache (GfdS) zu einer geschlechtergerechten Sprache (2019, Ausschnitt)

Die Gleichberechtigung von Männern und Frauen ist in Artikel 3 Absatz 2 des Grundgesetzes verankert. Ein wichtiger Aspekt, um die Gleichbehandlung sicherzustellen, ist eine geschlechtergerechte Sprache. War man bisher in weiten Teilen der Gesellschaft von einem zweigeschlechtlichen Modell ausgegangen, so befindet sich diese Sichtweise derzeit im Umbruch und im Personenstandsgesetz wurde im Dezember 2018 eine dritte Geschlechtsoption („divers") eingeführt. [...] Die Sichtbarmachung des dritten Geschlechts in der Sprache ist mit großen Problemen verbunden. So sind nicht nur neue, künstliche Formen bei Personenbezeichnungen zu schaffen (z.B. Arzt, Ärztin, 3. Form), auch sind viele grammatische Ergänzungen und Veränderungen vonnöten, wie etwa die Etablierung eines vierten Genus und entsprechend neue Flexionsformen, Artikel und Pronomen. Doch eine institutionell verordnete Umstrukturierung und Ergänzung großer Teile der deutschen Sprache steht einer natürlichen Sprachentwicklung mit ihren natürlichen Ökonomisierungsbestrebungen konträr entgegen. Insofern sind realistische und orthografisch wie grammatisch korrekt umsetzbare Möglichkeiten einer umfassend geschlechtergerechten Sprache weiterhin zu diskutieren – dazu gehören auch Gendergap (_) und Gendersternchen (*). [...]

Wie bei allen Themen, die die Gesellschaft betreffen, sind auch bei der geschlechtergerechten Sprache die Meinungen kontrovers. Noch immer halten viele am generischen Maskulinum fest und argumentieren damit, dass es sich einerseits auf beide Geschlechter beziehe, andererseits Genus nichts mit Sexus, das grammatische also nichts mit dem natürlichen Geschlecht zu tun habe. Speziell letzterer Ansicht schließt sich die Gesellschaft für deutsche Sprache nicht an. So gibt es zum Beispiel durchaus Fälle, in denen das natürliche Geschlecht sprachlich ausschließlich durch das Genus festgestellt werden kann (der Berechtigte vs. die Berechtigte). Es gilt als erwiesen, dass Sprache die Wahrnehmung lenkt, so dass es notwendig ist, sprachliche Gleichberechtigung umzusetzen, um die im Grundgesetz verankerte gesellschaftliche Gleichbehandlung von Männern und Frauen zu stützen.

Die Möglichkeiten, Sprache geschlechtergerecht zu gestalten, sind vielfältig, doch nicht alle eignen sich im Sinne der gültigen orthografischen Regeln für die geschlechtergerechte Formulierung. Darüber hinaus gibt es weitere Aspekte, an denen die Eignung einer geschlechtergerechten Sprache zu messen ist. Ein wichtiges Kriterium ist die Frage, an welche Zielgruppe ein Text gerichtet ist und um welche Textsorte es sich handelt: formell vs. informell, behördlich vs. privat, gesprochene vs. geschriebene Sprache etc., denn je nach Kontext erhält die geschlechtergerechte Formulierung eine unterschiedliche Relevanz. Zusätzlich sollte ein geschlechtergerecht formulierter Text (vgl. Rat für deutsche Rechtschreibung 2018):

1. verständlich sein
2. lesbar sein
3. vorlesbar sein
4. grammatisch korrekt sein
5. Eindeutigkeit und Rechtssicherheit gewährleisten

[...] Die Gesellschaft für deutsche Sprache unterstützt die Bemühungen um eine sprachliche Gleichbehandlung, gleichwohl empfiehlt sie nicht alle derzeit gängigen Methoden, um Sprache geschlechtergerecht zu gestalten, nämlich dann nicht, wenn sie einerseits den oben genannten Kriterien widersprechen und – nach heute gültigen Regeln – grammatikalisch und orthografisch nicht vertretbar sind.

ÜBRIGENS

Die Gesellschaft für deutsche Sprache e.V. (GfdS) ist ein Verein mit Sitz in Wiesbaden, der 1947 als Nachfolgeorganisation des Allgemeinen Deutschen Sprachvereins (ADSV) gegründet wurde. Anders als diese Vorgängerorganisation, die vor allem Fremdwörter im Deutschen bekämpfte, unterhält die GfdS einen Sprachberatungsdienst, den alle nutzen können. Der Redaktionsstab der Gesellschaft berät den Bundestag, den Bundesrat sowie die Ministerien in allen Sprachfragen. Die GfdS gibt außerdem die Zeitschriften *Muttersprache* und *Der Sprachdienst* heraus.

9 Erläutern Sie, welche gesellschaftlichen Veränderungen laut Text (S. 86) für die Verwendung einer zunehmend geschlechtergerechten Sprache verantwortlich sind.

10 Erörtern Sie, ob das Gendern „eine institutionell verordnete Umstrukturierung und Ergänzung großer Teile der deutschen Sprache" (S. 86, Z. 19 ff.) darstellt. Geben Sie dazu auch geeignete Beispiele an.

Tim Oliver Feicke: Jugendwort des Jahres (2017)

diskontinuierliche Texte
→ S. 467

11 Beschreiben Sie die Karikatur und erläutern Sie ihre Aussage(n).

12 Stellen Sie den Zusammenhang zwischen der Karikatur und dem Thema Sprachentwicklung dar.

Kommentar
→ S. 442

13 **PLUS** Schreiben Sie einen Kommentar zum Thema Jugendsprache aus jugendlicher Sicht, wie er z. B. auf der Schulwebsite oder in der Schülerzeitung stehen könnte. Erläutern Sie dabei nicht nur, welche Rolle jugendspezifische Sprache für Sie und Ihr Umfeld spielt, sondern auch, wie Sie die Verwendung von Jugendsprache durch Erwachsene beurteilen. Nutzen Sie ein Textverarbeitungsprogramm, um die spätere Korrektur und Überarbeitung zu vereinfachen.

14 **PLUS** Kann man durch Sprache die Gesellschaft prägen oder ist nicht umgekehrt die Sprache Spiegelbild der Gesellschaft? Führen Sie eine Debatte zu dieser Fragestellung durch.

Statista: Diese Sprachen lernen die Deutschen (2020)

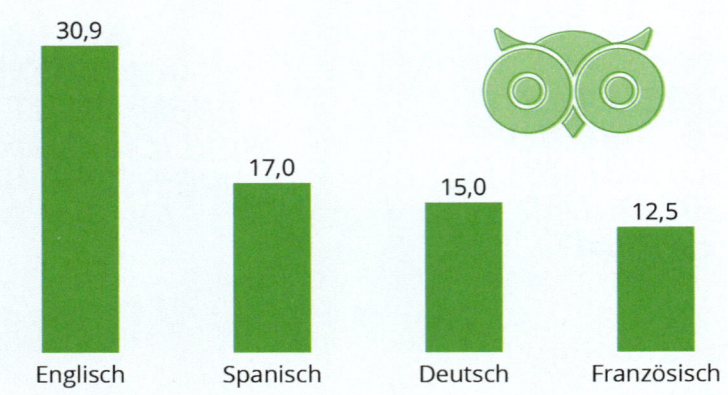

Diese Sprachen lernen die Deutschen

Meistgelernte Sprachen auf Duolingo in Deutschland 2020
(in % der aktiven User_innen)

Basis: über 5.000 aktive User_innen in Deutschland; 01.10.2019 - 30.09.2020
Quelle: Duolingo

Die Schreibung entspricht dem Original.

15 Beschreiben Sie, was die Grafik *Diese Sprachen lernen die Deutschen* aussagt.

16 Formulieren Sie auf der Grundlage Ihrer Alltagserfahrungen Thesen zum Zusammenhang zwischen Migration und Mehrsprachigkeit. Stellen Sie Ihre Thesen zur Diskussion.

17 Benennen Sie die bisher im Kapitel angesprochenen Veränderungstendenzen in der deutschen Sprache und ordnen Sie sie den übergeordneten Einflussfaktoren für Sprachwandel zu. Diskutieren Sie bei Mehrfachzuordnungen, welche Faktoren jeweils dominant sind.

Sprachgebrauch   Medien   Sprachpolitik und Political Correctness   Sprachkontakt

neue Kommunikationsmittel   natürliche Ökonomisierungsbestrebung

Referat
→ S.469

[MK] **18 PLUS** Recherchieren Sie in Gruppen zum Thema Migration und Sprachwandel. Stellen Sie anschließend Ihre Ergebnisse in Form von Kurzreferaten vor und bewerten Sie sie.

Norm, Variation und Fehler untersuchen

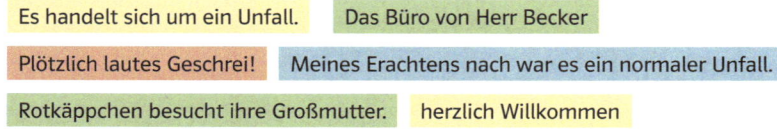

Es handelt sich um ein Unfall.   Das Büro von Herr Becker

Plötzlich lautes Geschrei!   Meines Erachtens nach war es ein normaler Unfall.

Rotkäppchen besucht ihre Großmutter.   herzlich Willkommen

1 Bewerten Sie die Grammatikalität der Äußerungen oben: Was ist für Sie sprachlich (stilistisch, grammatisch und orthografisch) richtig und was nicht? Woran machen Sie das fest?

Horst Schwinn: Normative Grammatik (2016)

Normative Grammatik (auch: präskriptive Grammatik) Grammatik, die Regeln und Normen aufstellt, um eine → Hochsprache zu konservieren, welche sich an sprachlichen und stilistischen Merkmalen literarischer Vorbilder (i. d. R. den jeweiligen Klassikern) orientiert. Ausgehend von der Annahme, dass diese vorbildlichen Varianten reicher und korrekter sind, will die normative Grammatik vorschreiben, wie gesprochen und geschrieben werden soll. Im Gegensatz dazu suchen → deskriptive Grammatiken zu beschreiben, wie tatsächlich gesprochen und geschrieben wird. Die vielfach anzutreffende Dichotomie[1] von deskriptiven und normativen Grammatiken darf nicht zu der Annahme verleiten, dass deskriptive Grammatiken grundsätzlich nicht-normativ seien, denn jede faktische Kodifizierung hat normative Effekte; → Sprachnorm.

_____
[1] Dichotomie, die: Zweigliedrigkeit, Zweiteilung

Fehlertext

Kater Endlaufen

Hallo!
**Meine Kater ist seit 5 tage weg
Er ist schwarz weiß und sehr jung
Er hört auf den Namen Micky**

Wen sie ihn sehn bitte melden sie sich
Telefon ▬▬▬▬▬
Wen sie sich melden were ich ihnen sehr dankbar

Danke!

2 Erklären Sie mithilfe der Informationen aus dem Lexikonartikel *Normative Grammatik*, warum eine Sprachverwendung wie z. B. „herzlich Willkommen" normativ falsch, aber trotzdem deskriptiv richtig sein kann.

3 Benennen Sie alle Fehler in der Suchanzeige und äußern Sie sich zu der mutmaßlichen Fehlerursache. Begründen Sie Ihre Ansicht.

4 Nennen Sie weitere Fehlerursachen und erläutern Sie, woran man die jeweiligen Fehler in der Regel erkennt.

Jan Georg Schneider: Sprachliche ‚Fehler‘ aus sprachwissenschaftlicher Sicht
(2013, Ausschnitt)

In der Linguistik ist es gängig, zwischen System- und Normfehlern zu unterscheiden: „Systemfehler bleiben unter allen Umständen Fehler, Normfehler nur unter bestimmten" (Eisenberg 2007; s. auch Eisenberg/Voigt 1990). Systemfehler sind vor allem Grammatikfehler im klassischen Sinne. Es handelt sich um Ausdrücke, die generell als ‚ungrammatisch‘ betrachtet und daher beispielsweise in Schüleraufsätzen mit *Gr* kenntlich gemacht werden. Bei Normfehlern dagegen handelt es sich eher um stilistische Varianten, die ‚unter bestimmten Umständen‘, d. h. in bestimmten Textsorten, Domänen, kommunikativen Praktiken (Fiehler 2000), als stilistisch markiert oder unangemessen sanktioniert werden: Zum Beispiel, wenn ein Student den ihm nicht privat bekannten Uni-Präsidenten mit ‚Hi!‘ begrüßt oder wenn ein Polizeibericht mit den Worten: ‚Hat Herr P. doch gestern glatt eine Bank ausgeplündert‘ beginnt. Begreift man die begriffliche Unterscheidung zwischen System- und Normfehler als Dichotomie, so kann man logisch festhalten, dass es sich bei allen Fehlern, die nicht ‚unter allen Umständen‘ Fehler sind, um Normfehler handeln muss. Eine weitere in der Linguistik gängige Differenzierung, die einen ganz anderen Aspekt des Fehler-Problems beleuchtet, ist die zwischen ‚Kompetenzfehlern‘ (strukturellen Fehlern) auf der einen Seite und ‚Performanzfehlern‘ (Flüchtigkeitsfehlern, Tippfehlern, Versprechern, Anakoluthen[1], ...) auf der anderen. Im Gegensatz zu Kompetenzfehlern wird bei Performanzfehlern davon ausgegangen, dass die betreffende Person die Regel eigentlich beherrscht, sie nur in der konkreten Situation nicht richtig umsetzt. Zudem wird auch drittens zwischen sprachlichen Fehlern und sprachlichen Zweifelsfällen, d.h. Fällen, bei denen z.B. aufgrund von Sprachwandeltendenzen Unklarheit herrscht, ob es sich überhaupt um

20 Fehler handelt, unterschieden. [...]

Folgende Beispiele sind besonders geeignet, die Fragilität des Fehlerbegriffs und die Varianz der Fehlerwahrnehmung und -korrektur, auch bei professionell mit Sprachnormen umgehenden Personen, zu verdeutlichen. Rechts von den Beispielen ist jeweils in Klammern prozentual angegeben, wie viele der Probanden den Ausdruck als fehlerhaft anstrichen:

25 *(a) Es handelt sich um ein Unfall (90 %)*

(b) Das Büro von Herr Becker (70 %)

(c) Plötzlich lautes Geschrei! (42,5 %)

(d) Meines Erachtens nach war es ein normaler Unfall (27,5 %)

Dass 90 % der Probanden das Syntagma[2] um *ein Unfall* als Fehler wahrnahmen, ist wenig verwun-

30 derlich, denn es handelt sich um ein Paradebeispiel für einen Systemfehler: Die Präposition *um* regiert in der geschriebenen Standardsprache immer den Akkusativ, und daher muss es *einen Unfall* heißen. Interessant ist aber, dass der Prozentsatz bei *Herr Becker* schon deutlich geringer ist. Unter Umständen deuten sich hier bereits Sprachwandeltendenzen an, denn die Konstruktionen *von Herr X, bei Herr X, mit Herr X* finden sich heute z.B. in privaten und beruflichen E-Mails schon auf-

35 fällig häufig, auch bei Schreibern, die ansonsten kaum systematische Grammatikfehler machen. Die Beispiele (c) und (d) sind für unsere Überlegungen von besonderer Bedeutung, denn der relativ hohe Prozentsatz bei (c) ist ein Indiz für die Voreingenommenheit vieler Probanden, die sich vermutlich am traditionellen Satzbegriff ('Jeder Satz muss ein Prädikat haben!') orientieren. *Plötzlich lautes Geschrei!* ist aber auf keinen Fall grammatisch falsch, und in einer Nacherzählung handelt es

40 sich auch nicht um einen Normfehler.

Der niedrige Prozentsatz bei *meines Erachtens nach* wirft ein interessantes Licht auf das Problem des Systemfehlers. Sprachsystematisch betrachtet liegt hier nämlich ein solcher vor, denn *nach* regiert bekanntlich den Dativ. Insofern wäre hier ein höherer Prozentsatz erwartbar. Andererseits handelt es sich aber – ähnlich wie bei *meines Wissens nach* – auch um eine Analogiebildung zu *mei-*

45 *ner Meinung nach*, bei der *meiner Meinung* als Genitiv reanalysiert wird, was aufgrund der Homonymie[3] von Genitiv und Dativ im Femininum auch naheliegt. Die Testpersonen scheinen den Ausdruck jedenfalls als unauffällig zu empfinden und werten ihn daher nicht als Fehler. In der Tat ist hier mit hoher Wahrscheinlichkeit ein Sprachwandelphänomen im Gange, denn der Ausdruck *meines Erachtens nach* ist im geschriebenen Alltagsdeutsch – hier nicht differenziert nach informell

50 und standardsprachlich – zweifelsohne gebräuchlich.

Dies bestätigt auch eine Google-Abfrage am 2. Januar 2012: Für die genaue Wortfolge *meines Erachtens nach* werden ca. 5 Millionen Treffer angezeigt, für die sprachsystematisch einwandfreien Ausdrücke *meinem Erachten nach* und *meines Erachtens* (ohne *nach*) dagegen nur 398.000 bzw. 795.000. In der deutschen Sprachgeschichte finden sich, wenn auch vereinzelt, durchaus ähnliche Fälle wie

55 z.B. der Ausdruck *des Nachts*, der ebenfalls sprachsystematisch abweicht (Nacht ist Femininum) und eine Analogiebildung zu *des Morgens, des Abends* usw. darstellt.

Halten wir also fest: *Meines Erachtens nach* ist gebräuchlich, lässt sich aber mit guten Gründen als Systemfehler werten. Wir haben es also hier mit einem durch Sprachwandel bedingten Konflikt von Gebrauch und System zu tun, der eine Herausforderung für die Grammatikschreibung darstellt.

---

1 Anakoluth, das: ein Satzbruch, durch den Beginn und Abschluss eines Satzes grammatisch nicht übereinstimmen

2 Syntagma, das: die Verknüpfung von Wörtern zu Wortgruppen oder -verbindungen   3 Homonymie, die: Beziehung zwischen Homonymen, d.h. Wörtern, die mehrere verschiedene Bedeutungen haben können, z.B. Tau für „Seil", aber auch „morgendlicher Niederschlag"

5 Erläutern Sie, welche Arten von Fehlern in der Sprachwissenschaft laut Jan Georg Schneider unterschieden werden.

6 Diskutieren Sie, ob solche Fehlerbegriffe (vgl. Aufgabe 5) problematisch sind. Berücksichtigen Sie dabei auch Ihre Arbeitsergebnisse aus Aufgabe 4.

Hörtext
A 04

Ulrich Ammon: Gültigkeit und Legitimität von Normen (2005, Ausschnitt)

Normen *existieren* als *Vorschriften*, wenn Autoritäten mit glaubhafter Macht sie ausgeben und notfalls durchsetzen. Von *echten Normen* spricht man in der Regel erst dann, wenn die Normsub-
5 jekte sie verinnerlicht haben und sich auch ohne Kontrolle der Normautoritäten daran orientieren, oder, wie schon ausgeführt, als ihre eigenen Normautoritäten fungieren (Bartsch 1985). Neuerdings versucht man, die dafür typische So-
10 zialisation ritualtheoretisch zu erklären. So konzipiert z.B. Anne Deumert (2003) den Umgang der Schule mit den Standardnormen oder manche Begleitumstände von Kodifizierungen als Rituale. Auch Theorien sozialer Identität eignen
15 sich als Erklärungsansätze.

Von der *Existenz* der Normen, auch echter, internalisierter Normen, ist ihre *Gültigkeit* zu unterscheiden. Normen sind nur dann *gültig*, wenn die Normautoritäten zur Normausgabe und
20 -durchsetzung befugt sind. Voraussetzung dafür ist die Souveränität der Normautoritäten oder, häufiger, die entsprechende Erlaubnis oder das Gebot durch übergeordnete Autoritäten (von Wright 1963). Der Terminus *Gültigkeit* ist hierfür
25 eindeutiger als der Terminus *Geltung*, der manchmal auch im Sinne bloßer *Existenz* von Normen verwendet wird. Standardsprachnormen sind also gültig, insofern den Normautoritäten ihre Ausgabe und Durchsetzung von über-
30 geordneten Normautoritäten erlaubt oder geboten ist. Dies ist beschränkt auf bestimmte Situationen, z.B. den Schulunterricht. Dort ist es Lehrern für bestimmte Textsorten nicht nur erlaubt, sondern sogar geboten, die standard-
35 sprachlichen Normen durchzusetzen, natürlich unter lehrmethodischer und sozialer Rücksichtnahme. Die übergeordnete Normautorität ist die Kultusbürokratie, die im Staat verankert ist. Für den Sprachstandard ist es typisch, dass die Hier-
40 archie der Normautoritäten letztlich hinaufreicht bis zum staatlichen Souverän. Daher decken sich die Gültigkeitsbereiche der Normen mit den Staatsgrenzen (z.B. Österreich) oder den offiziellen Sprachterritorien (z.B. Schweiz) – die
45 subnationale Variation des Standards ist damit durchaus vereinbar. Allerdings können außer Staaten oder Nationen auch andere gesellschaftliche Organisationsformen über eigene Standardvarietäten verfügen, z.B. Religionsgemein-
schaften oder der Esperantobund[1].
50 Von der *Gültigkeit* von Normen ist schließlich ihre *Legitimität*, ihre Berechtigung zu unterscheiden. Mit der Legitimität von Normen hat sich Klaus Gloy schon 1975 eingehend befasst. Deshalb fasse ich mich kurz. Nach meinem, si-
55 cher auch Gloys Verständnis gewinnen Normen Legitimität durch ihre Kompatibilität mit anerkannten Werten. Im Falle standardsprachlicher Normen sind solche Werte z.B. die systemlingu-
istische Begründbarkeit (Wert der Wissen-
60 schaftlichkeit), die kommunikative Effizienz (Wert der Wirtschaftlichkeit), die Nationalsymbolik (Wert der nationalen Identität oder Loyalität), die Fairness gegenüber allen Regionen des Staates oder gegenüber den verschiedenen Na-
65 tionen der Sprachgemeinschaft (Wert der Gleichberechtigung der Regionen bzw. Nationen) oder auch die Nähe zur „Volkssprache" (Werte der sprachlichen Chancengleichheit oder Demokratie).
70

---

1 Esperanto: eine 1887 aus Elementen verschiedener Sprachen konstruierte, heute weltweit verbreitete Plansprache

7 Geben Sie die Informationen des Textes *Gültigkeit und Legitimität von Normen* mündlich wieder. Verwenden Sie, soweit möglich, Ihre eigenen Worte.

8 Benennen und erklären Sie, welche Sonderrolle laut Ulrich Ammon der Sprachnorm in der Schule zukommt.

9 Bestimmen Sie die Textsorten der Texte *Sprachliche ‚Fehler' aus sprachwissenschaftlicher Sicht* (S. 89 f.) und *Gültigkeit und Legitimität von Normen* und benennen Sie Gemeinsamkeiten und Unterschiede zur Textsorte Lexikonartikel.

10 Der Lexikonartikel *Normative Grammatik* (S. 89) verweist am Ende auf den Eintrag *Sprachnorm*. Schreiben Sie diesen Eintrag mithilfe der Informationen aus den Texten *Sprachliche ‚Fehler' aus sprachwissenschaftlicher Sicht* von Jan Georg Schneider (S. 89 f.) und *Gültigkeit und Legitimität von Normen* von Ulrich Ammon. Orientieren Sie sich am Lexikonartikel *Normative Grammatik*. Arbeiten Sie in Kleingruppen.

4.2 Materialien zum Thema Sprachkritik auswerten
„Zu dumm für gutes Deutsch"?

Friedrich Retkowski: Restdeutsche Impressionen (o.J.)

- Restdeutsche Impressionen -

1 Beschreiben Sie die Karikatur und erläutern Sie deren Aussage.

2 Diskutieren Sie, welche Absichten der Karikaturist mit seiner Arbeit verfolgt.

Statista: Die Unwörter des Jahres von 2014 bis 2020 (2021)

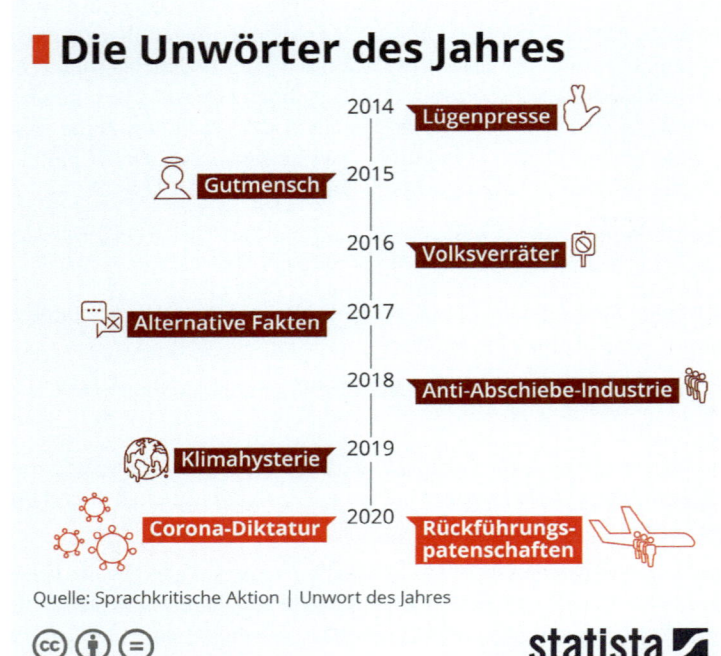

Quelle: Sprachkritische Aktion | Unwort des Jahres

3 Recherchieren Sie zu den Ihnen unbekannten Unwörtern.

4 Die Grafik *Unwörter des Jahres* ist bereits etwas älter. Recherchieren Sie die aktuellen *Unwörter* und informieren Sie sich darüber, wie diese *Unwörter* ermittelt werden.

5 Vergleichen Sie die Intentionen der beiden Materialien 1 und 2. Benennen Sie Gemeinsamkeiten und Unterschiede.

Material 3

Claudius Seidl: Zu dumm für gutes Deutsch (2021, FAZ, Ausschnitt)

Neulich war im liebsten Radiosender aller politisch interessierten Deutschen die folgende, ganz erstaunliche Meldung zu hören: Ein Grundstein sei gelegt worden, und zwar für den Deutschlandtakt der Deutschen Bahn; demnächst werde man mit einem Pilotprojekt beginnen. Na und, konnte man da denken, bei so etwas hört man einfach weg, ganz ohne das Übersetzungsprogramm im eigenen
5 Kopf einzuschalten, ist ja nur Hintergrundgeräusch. Man muss sich aber die Mühe machen, die Meldung beim Wort zu nehmen, dann merkt man, was für ein Blödsinn das ist. Wie legt man den Grundstein für einen Takt? Und was können Piloten zum Gelingen eines Eisenbahnfahrplans beitragen? [...]
Ja, Sprachkritik klingt meistens ein bisschen besserwisserisch, nörgelig, streberhaft – und es ist
10 alles nur noch schlimmer geworden, seit sich diese Kritik nur noch auf zwei Themen konzentriert. Beim einen Thema geht es um den Versuch, Frauen und möglichst viele sexuelle und ethnische Minderheiten beim Sprechen und Schreiben einzuschließen, was zu den bekannten Sprechstolperern und Verständnisverzögerungen führt, zu hässlichen Doppelpunkten oder Großbuchstaben mitten im Wort. [...]
15 Das andere Thema sind die Leute, die man unterhalb des eigenen Status vermutet, die Menschen, die Migrantenslang sprechen oder Straßendeutsch und die, was wohl vom vielen Hip-Hop-Hören und Serienschauen kommt, immer neue englische Wörter in die schöne deutsche Sprache schmuggeln, sich mit unverständlichen Ausdrücken der Aufsicht von Lehrern, Eltern und Sprachhütern entziehen und damit ihren Anteil haben an der Spaltung der Gesellschaft in jene, die den Babo[1] ver-
20 stehen, und jene, denen das verwehrt bleibt. Wer diesen Schmuggel unterbinden will, übersieht aber, dass sich auf diesem Weg, von unten gewissermaßen nach oben, die Sprache schon immer erneuert hat, und kann sich ja schon mal bei Manufactum[2] ein paar gute alte deutsche Wörter reservieren lassen. Wobei der ganze Jugend- und Migrantenslang hundertmal anschaulicher ist als das dürre, bürokratische und meistens manifest falsche Pseudoenglisch, das im oberen Manage-
25 ment jede Konferenz zu einem einzigen Missverständnis macht.
Sprachkritik ohne Liebe zur Sprache, ohne Leidenschaft für den schöneren, genaueren und frischeren Begriff, ist pure Nörgelei, sie bleibt folgenlos – und muss genau deshalb ihrerseits Gegenstand der Sprachkritik sein: Weil Folgenlosigkeit das Schlimmste ist, was man einem Satz bescheinigen kann. Und weil es um eine andere Art der Kritik, eine Kritik, die fragt, wie Sprache ihren Gegenstand
30 spiegelt oder verschleiert, erhöht oder eben verhöhnt, eigentlich gehen muss. Wer sagt was zu welchem Zweck und mit welchem Effekt: Das ist die Frage, die sich stellt, wenn man sich die Mühe macht, das Fernsehen, das Radio, die Politik ausnahmsweise einmal beim Wort zu nehmen. [...]
Wie viel Vergnügen so eine Kritik dem Leser machen kann, führt gerade der Titanic[3]- und Konkret[4]-Autor Stefan Gärtner vor, in einem kleinen Buch, das den großen Titel „Terrorsprache – Aus dem
35 Wörterbuch des modernen Unmenschen" hat, das von fast schon Schopenhauer'scher[5] schlechter Laune und profunder Misanthropie beseelt ist (Edition Tiamat). Es hat die Form eines Glossars, mit Stichwörtern wie „lecker", „dramatisch", „alles gut". Und es nimmt den Unterschied zwischen dem

öffentlichen und dem privaten, dem politischen und dem medialen Sprechen schon deshalb nicht
allzu wichtig, weil anscheinend alles auf den gleichen Effekt hinausläuft: Wer einen Sachverhalt, ein
40 Ursache-Wirkung-Verhältnis, ein Gefühl nicht anschaulich beschreibt, der kann mal zu faul, mal zu
dumm, mal zu böse dafür sein. Es wird aber immer damit enden, dass, was nicht beschrieben werden kann, erst recht nicht verstanden und schon deshalb nicht verändert wird. So bezeugt jede Floskel, jede Phrase ein Einverstandensein, das sich seiner selbst nicht einmal bewusst ist.
„Nur, was sie nicht erst zu verstehen brauchen, gilt ihnen für verständlich; nur das in Wahrheit Ent-
45 fremdete, das vom Kommerz geprägte Wort berührt sie als vertraut." So zitiert Gärtner aus Ador-
nos[6] „Minima Moralia" – es ist ein Satz, der einem lange im Kopf dröhnt, wenn man danach noch
fernsieht oder Radio hört.
„Die Eskalation auf dem Tempelberg war die schlimmste der vergangenen Jahre": Ja, ist das Jahr
denn schon vorbei? Das Unternehmen ist in eine Schieflage geraten, das Rettungspaket wurde be-
50 schlossen, die Notbremse wird umgesetzt. Ist tatsächlich ganz in Vergessenheit geraten, was man
mit Paketen tut und was mit Bremsen? Und dass Schieflagen eine gute Grundlage fürs Skifahren
sind? [...]
Und so scheint hinter all dem medialen Geschwafel und Gefloskel, hinter den schiefen Metaphern,
falschen Bildern und verirrten Verben jene Konfliktscheu, Verdruckstheit und profunde Pointenlo-
55 sigkeit zu wirken, wie sie das öffentlich-rechtlich-politisch-mediale System anscheinend zwangsläufig hervorbringt. Ein klarer Satz könnte schon die Kritik dessen sein, was er beschreibt. Eine
Pointe lebt von der Präzision. Kann es eigentlich sein, dass Deutsche weniger gut Deutsch können
als Engländer Englisch und Franzosen Französisch?

---

1 Babo, der: jugendsprachlicher Ausdruck für Chef oder Boss 2 Manufactum: Name eines Unternehmens, das mit hochwertigen Produkten wirbt; lat. *manu factum* bedeutet handgemacht 3 Titanic: deutsche Satirezeitschrift 4 konkret: Zeitschrift
für Politik und Kultur 5 Arthur Schopenhauer (1788–1860): deutscher Philosoph u.a. des Pessimismus 6 Theodor W. Adorno
(1903–1969): deutscher Philosoph und bedeutender Kritiker der kapitalistischen Gesellschaft

6 Fassen Sie die Hauptaussagen des Textes *Zu dumm für gutes Deutsch* von Claudius Seidl zusammen.

pragmatische Texte
→ S.439 **7** Bestimmen Sie die Textsorte des Textes.

8 Nehmen Sie in Form eines Leserbriefs Stellung zu dem Text von Claudius Seidl.

Material 4

Wolf Schneider: Volkes Maul ist nicht genug (1986, Ausschnitt)

Wer es wagt, als Ratgeber für korrektes Deutsch auf den
Plan zu treten, der wird sogleich von drei Einwänden überfallen: erstens, dass es sich um ein uferloses Thema handle;
zweitens, dass Profis selbstverständlich am besten wüss-
5 ten, was richtig ist; und drittens, dass es altmodisch sei, die
Frage des korrekten Sprachgebrauchs, der grammatikalischen Normen, der Rechtschreibung [...] allzu wichtig zu
nehmen. Die Sprache wachse und ändere sich wie jedes
Lebewesen; „scheinbar" gegen „anscheinend" abzugren-
10 zen, sei eine Pedanterie; und wenn das Volk keinen korrekten Konjunktiv mehr wolle, dann möge der Konjunktiv
eben sterben, und wer dagegen sei, könne ohnehin nichts
ändern. [...]
Was [...] den Punkt angeht, dass es altmodisch sei, zerbre-
15 chende Normen zu verteidigen, oder gar hoffnungslos und
lächerlich wie der Kampf des Don Quijote gegen die Wind-

mühlenflügel – so sollte man darüber keine zu rasche Meinung haben.
Es war schon immer so, dass Feinheiten oder zusätzliche
Verfeinerungen der Grammatik nicht von Landarbeitern 20
und Halbwüchsigen ersonnen oder hochgehalten wurden,
sondern von Dichtern, Mönchen und Lehrern; das Volk
neigt zu saftigem Ausdruck in schlampiger Form. Jahrtau-
sendelang hat sich das Volk nicht gegen die Lehrer und
Mönche durchgesetzt; und da wir mit dem Ergebnis, nehmt 25
nur alles in allem, doch zufrieden sind, muss die Frage erlaubt sein, warum Lehrer und Journalisten plötzlich vor der
uralten Formfaulheit des Volkes kapitulieren sollen. (Bloß
weil die Mönche fehlen?)
Im Zusammen- und Gegeneinanderwirken der erfinden- 30
den und der bewahrenden, der experimentierenden und
der reglementierenden Kräfte, des kraftvollen Inhalts und

der geschmiedeten Form sind die großen Sprachen groß geworden, und dabei sollte man es belassen.

35 Man könne es nicht, die alten Regeln würden von der Entwicklung überrollt? Dieser Einwand ist allgegenwärtig, ziemlich ausgeleiert und im Grunde einfach falsch. Wenn hunderttausend Lehrer und Journalisten ihre historische Pflicht gegenüber der Sprache nicht mehr erfüllen, weil sie
40 es nicht mehr zeitgemäß finden oder weil es ihnen zu mühsam ist, dann hat freilich Volkes Maul gesiegt – auf welches Luther *schaute*, während er ihm gleichzeitig die sächsische Hof- und Kanzleisprache entgegentrug. [...]

Bei der *Deklination* nehmen viele Journalisten die Hürde
45 des Genitivs und des Dativs nicht; zu schweigen vom Kasus der Apposition.

Einerseits liegt die aufwändige Deklination im Sterben: Niemand sieht mehr Helene*n* in jedem Weibe, keiner küsst mehr Charlotte*n* und keiner schielt mehr auf Karl*n* den
50 Großen; unsere Neigung zum starken Deklinieren hat sich in den letzten zwei Jahrhunderten abgeschwächt. Auch dem langsam sterbenden Dativ-E (dem Könige, dem Tage) brauchen wir nicht nachzuweinen.

Andererseits hängen sich viele an den modischen Unfug,
55 dem *Typ* und dem *Autor* eine Dativ-Endung zu verpassen: dem Typen, dem Autoren – obwohl sie doch ihrem Motoren dergleichen nicht zumuten würden.

Dann wieder haben sie vor dem Dativ solchen Horror, dass sie ihn unterdrücken; teils mit der Folge linkischer Stolpe-
60 rei: „Verkehrstod Kampf angesagt" und „Hüttendorf Erdboden gleichgemacht"; beides in der *Frankfurter Rundschau*; teils entstellt zur bloßen Lächerlichkeit: „Mutter gleitet Baby aus dem Arm" (Überschrift im Vermischten der *Süddeutschen Zeitung*) – die Mutter dem Baby oder der Mutter
65 das Baby?

Auch den Krieg gegen den Genitiv scheinen manche Redakteure zu gewinnen: „Haig[1]: Keine Interventionspläne Kubas oder Nicaraguas" (*FAZ*): Keine Interventionspläne hat aber gar nicht Kuba (wie es dasteht), sondern Haig ge-
70 gen Kuba (wie es nicht dasteht).

Dass der *Spiegel* das ihm Mögliche tut, den Genitiv aus dem Deutschen zu verbannen, ist bekannt: „Brandt-Schatten Gaus[2]", und im Schatten des *Spiegels*: die Scheidung von „Queen-Schwester Margaret". [...] Beliebt in vielen Redakti-
75 onen ist der Streit, ob es „des Kreml" oder „des Kremls" heiße. Grundsätzlich hängen wir männlichen Eigennamen ein -s an (am Ufer des Rheins) – nicht aber ausländischen Eigennamen (der Lauf des Mississippi). Oft stellt sich also die Frage, ob ein Wort als deutsches oder als fremdes Wort
80 zu betrachten sei: des Nils? In einer Zeit, die unter Anleitung des *Spiegels* immer deklinationsfauler wird, sollten die Journalisten als Nachfolger der Mönche handeln und im Grenzfall für das -s plädieren [...].

> **ÜBRIGENS**
>
> **Flüsterpost**
> Kognitionsforscherinnen und -forscher der Uni Wien haben zunächst für die englische Sprache nachgewiesen, dass gut erkennbare Lautmuster häufiger benutzt werden und somit zum Sprachwandel beitragen. So wurden offenbar einsilbige Wörter mit langen Vokalen seit dem Mittelalter vom Gehirn leichter verarbeitet und immer öfter eingesetzt, sodass andere Lautverbindungen dahinter zurücktraten.
> Auch Kinder lernen zunächst vor allem die gut erkennbaren Sprachmuster ihrer engsten Kontaktpersonen, oft der Eltern, später prägt das jeweils zeitgenössische gesellschaftliche Umfeld, nicht zuletzt die Peer-Group. So geht es von Generation zu Generation zu wie beim Flüsterpost-Spiel: Es wird stets eine leicht veränderte Sprache weitergegeben.
> Nicht zu verachten: Lesen bildet nicht nur inhaltlich, sondern auch sprachlich. In diesem Fall spielen ebenfalls Textmuster und Wortbilder eine tragende Rolle. Der autofiktionale Roman *Das Ende von Eddy* schildert übrigens eindrucksvoll, wie durch Bildung aus dem aus prekären Verhältnissen stammenden Eddy Bellegueule der erfolgreiche Schriftsteller Édouard Louis wurde.

1 Alexander Haig (1924–2010): US-amerikanischer Armeegeneral und Außenminister unter Präsident Ronald Reagan
2 Günter Gaus (1929–2004): Journalist und Politiker, ab 1973 Staatssekretär unter Bundeskanzler Willy Brandt

9 Fassen Sie zusammen, wie Wolf Schneider den Einwänden gegen „Ratgeber für korrektes Deutsch" (Z. 1) begegnet.

10 Untersuchen Sie den Textaufbau im zweiten Teil (Z. 44–83), der typisch für Sprachglossen ist, und benennen Sie dabei Kennzeichen einer Glosse.

11 Der Text von Wolf Schneider ist schon Jahrzehnte alt, die Deklination ist noch immer ein beliebtes Thema der Sprachkritik. Diskutieren Sie, welchen Nutzen Sprachkritik angesichts ständigen Sprachwandels haben kann.

Statista: Gründe für den Verfall der Sprache (2008/2022)

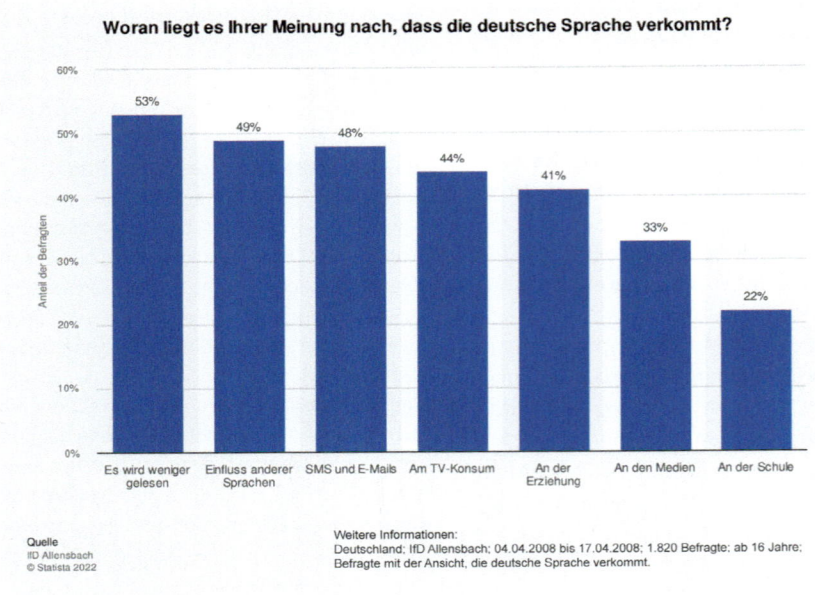

Woran liegt es Ihrer Meinung nach, dass die deutsche Sprache verkommt?

Quelle
IfD Allensbach
© Statista 2022

Weitere Informationen:
Deutschland; IfD Allensbach; 04.04.2008 bis 17.04.2008; 1.820 Befragte; ab 16 Jahre;
Befragte mit der Ansicht, die deutsche Sprache verkommt.

diskontinuierliche
Texte
→ S. 467

12 Beschreiben Sie die Grafik und bewerten Sie alle Elemente inhaltlich und in ihrer Darstellungsweise kritisch.

13 Die Befragung für die Studie, deren Ergebnisse im Diagramm dargestellt werden, fand 2008 statt.
Beurteilen Sie, ob die Grafik immer noch aktuell ist oder ob Ihrer Meinung nach eine Aktualisierung
(z. B. der aufgeführten Gründe) notwendig ist.

14 Recherchieren Sie nach eigenen Interessen arbeitsteilig vertiefend zum Thema Sprachkritik.
Stellen Sie sich Ihre Rechercheergebnisse gegenseitig vor.

Rudi Keller: Der so genannte Sprachverfall (1999/2004, Ausschnitt)

„Jede Zeit sagt, dass derzeit die Sprache so gefährdet und
von Zersetzung bedroht sei wie nie zuvor. In unserer Zeit
aber ist die Sprache tatsächlich so gefährdet und von Zersetzung bedroht wie nie zuvor. [...] Der Journalismus ist
5 schuld, der geschriebene Journalismus und der gesprochene des Radios und des Fernsehens. [...] Die Bildungsexplosion[1] hat beträchtlichen Sprachschaden angerichtet. Und
das Schrecklichste an der Bildungsexplosion ist nicht die
ständig wachsende Zahl von Schülern und Studenten, son-
10 dern die ständig wachsende Zahl von Lehrern und Profes-
soren."

(Hans Weigel 1974, Die Leiden der jungen Wörter, München)

„Die Sprache wird heute so schnell umgebildet, dass sie
heute verkommen und verlottert ist. Unbeholfenheit und
Schwerfälligkeit, Schwulst, Ziererei und grammatische
15 Fehlerhaftigkeit nehmen zu. An die Stelle einer guten

Schriftsprache ist eine hässliche Papiersprache getreten.
Dazu kommt noch die Ausländerei, eine Erbschwäche des
Deutschen. Der Deutsche mag so alt werden, wie er will, er
wird immer und ewig der Affe der anderen Nationen blei-
20 ben. Franzosennachäfferei und Engländernachäfferei sind
verbreitet. [...] Der eigentliche Herd und die Brutstätte dieser Verwilderung sind die Zeitungen, genauer die Tages-
presse. Seit der Pressefreiheit von 1848 gibt es ein Überan-
gebot, das zur Verwilderung führt. [...]"

(Gustav Wustmann 1891, Allerhand Sprachdummheiten. Kleine deutsche
Grammatik des Zweifelhaften, des Falschen und des Hässlichen, Leipzig)

Diese beiden Klagen liegen knapp hundert Jahre aus- 25
einander, aber in ihrem Wesen sind sie sich [...] ziemlich
ähnlich: Die deutsche Sprache ist in akuter Gefahr, sie ver-
ludert; und schuld daran ist die Flut der „neuen" Medien
und die Schule. Das ist der Topos des Sprachverfalls. Ich

denke, jeder von uns kam mit dieser linguistischen Variante des Kulturpessimismus irgendwann einmal in Berührung. [...] Der Topos des Sprachverfalls ist allgegenwärtig –
in allen Kulturnationen und über alle Zeiten hinweg [...]. Es
vergeht keine Woche, in der nicht ein Leser der Rheini-
schen Post in einem Leserbrief seine Ängste über die Zukunft der deutschen Sprache zum Ausdruck bringt. [...]
Zunächst einmal fällt dreierlei auf:
1. Seit mehr als zweitausend Jahren ist die Klage über den
Verfall der jeweiligen Sprachen literarisch dokumentiert,
aber es hat bislang noch nie jemand ein Beispiel einer „verfallenen Sprache" benennen können.
2. Vom Verfall bedroht ist offenbar immer die jeweils zeitgenössische Version der jeweiligen Sprache. Kein britischer
Prinz würde beispielsweise heute darüber klagen, dass das
wundervolle Angelsächsisch zu dem völlig gallifizierten[2]
Neuenglisch verkommen ist.
3. Sprachkritik ist – und auch das sollte zu denken geben –
stets Fremdkritik, Kritik am Sprachgebrauch der anderen.
Die Klage „Was schreibe ich doch für ein verwahrlostes
Deutsch im Vergleich zu meinen Großeltern", diese Form
der Selbstkritik ist äußerst rar.

Das vorherrschende Bild ist folgendes: Der gegenwärtige
Zustand meiner Sprache ist der korrekte, gute und schöne,
und von nun an geht's rapide bergab. Im 19. Jahrhundert
wurde dieses Bild des Sprachverfalls oft noch theoretisch
untermauert durch die Organismus-Metapher: Die Sprache ist ein Organismus, und bei Organismen war es schon
immer so, dass sie „nach bestimmten Gesetzen wuchsen
und sich entwickelten und wiederum altern und abster-
ben". (August Schleicher, 1863) Diesem Organismus-Den-
ken ist es wohl auch zu verdanken, dass wir eine Sprache
wie das Latein als „tote" Sprache bezeichnen. In Wahrheit
ist Latein natürlich nicht tot, sondern lebt munter weiter in
Formen, die man gemeinhin „französisch", „italienisch",
„katalanisch" usw. nennt; so gesehen ist Französisch nichts
anderes als verfallenes Latein: Die schöne klassische Form
cantabo „ich werde singen" wurde im Vulgärlatein[3] ersetzt
durch die analytische Umschreibung *cantare habeo* und
diese dann – durch die schludrige Aussprache der Gallier –
sukzessive über *cantare aio* zu der französischen Form
chanterai heruntergewirtschaftet. Und damit nicht genug:
chanterai wird mehr und mehr verdrängt durch eine neue
vulgäre Umschreibung *je vais chanter*. So müsste eine
sprachgeschichtliche Beschreibung aussehen, wenn man
die Sprachentwicklung mit den Augen eines Verfallstheo-
retikers betrachten würde.

Und damit bin ich bei meiner zentralen These: Was wir als
Sprachverfall wahrnehmen, ist der allgegenwärtige Sprachwandel, aus der historischen Froschperspektive betrachtet. Wir beobachten die Sprache punktuell durch ein
schmales Zeitfenster und erkennen in diesem begrenzten

Ausschnitt notwendigerweise jede Menge Fehler und Bar-
barismen. Die systematischen Fehler von heute sind mit
hoher Wahrscheinlichkeit die neuen Regeln von morgen.
[...]

Es ist wichtig zu klären, in welchem Sinne man das Wort
Sprache verwendet, wenn man über deren Verfall redet;
denn dieses Wort wird in unserer Umgangssprache äußerst
vieldeutig gebraucht. In den Ausdrücken „die Sprache des
jungen Goethe", „die Sprache der Jugendlichen" und „die
deutsche Sprache" wird „Sprache" in je verschiedener Bedeutung verwendet. Im ersten Fall meint man einen bestimmten Idiolekt, eben die typischen Besonderheiten des
Sprachgebrauchs des jungen Goethe; im zweiten Fall eine
bestimmte gruppenspezifische Varietät des Deutschen, einen bestimmten Soziolekt. *Sprache* im Sinne von Deutsch,
Englisch oder Suaheli meint ein bestimmtes System von
konventionellen Regeln – phonologischen, syntaktischen
und semantischen Konventionen, die gegenwärtig gelten.
Da gesellschaftliche Konventionen ständigem Wandel unterliegen und außerdem (beispielsweise) sozial, regional,
alters- und möglicherweise geschlechtsspezifisch variieren, ist der Begriff „die deutsche Sprache" notwendigerweise äußerst unscharf. Aber immerhin gibt es einen harten
Kern derselben, sagen wir die Schnittmenge all dieser Varietäten. In einem solchen Sinne ist „Sprache" wohl gemeint, wenn vom Verfall derselben die Rede ist. Damit ist
aber auch klar, dass man Sprache nicht gleichsetzen darf
mit bestimmten Äußerungen oder Texten einzelner Personen. Fehlerhafte Äußerungen lassen keine Schlüsse auf
den Zustand „der Sprache" zu – es sei denn, es handelt sich
um sehr systematisch und frequent vorkommende Fehler.
Damit sind wir an einem Punkt, der ausschlaggebend sein
könnte für die verbreitete Ansicht, die Sprache gehe allmählich zugrunde: Jede Veränderung einer Konvention beginnt notwendigerweise mit deren Übertretung, und Über-
tretungen sprachlicher Konventionen nennt man „Fehler".
Wenn der Fehler schließlich zum allgemeinen Usus geworden ist, dann hat er aufgehört, ein Fehler zu sein und eine
neue Konvention ist entstanden. Solange das Präteritum
des Verbs *schrauben* noch *schrob* lautete, machte der, der
schraubte sagte, einen Fehler. Heute machen wir alle diesen
„Fehler" und genau deshalb ist es keiner mehr. (Erhalten geblieben ist uns nur noch die starke Form des Partizips von
verschrauben in seiner metaphorischen Bedeutung: *ver-
schroben*.) Dieses Beispiel macht deutlich, weshalb auf-
merksame Sprachbeobachter immer und überall den Eindruck gewinnen müssen, dass ihre Sprache verwahrlost.
Wir nehmen den Beginn eines Wandelsprozesses wahr, der
notwendigerweise eine Regelverletzung darstellt. Unsere
Wahrnehmung lässt nach in dem Maße, in dem die anfäng-
liche Regelverletzung zum allgemeinen Usus geworden ist.
Denn damit verliert sie jede Auffälligkeit. Sehr deutlich

wird dies an orthografischen Regeln: Wer heute vorschlägt,
135 *Spaghetti* ohne „h" zu schreiben, riskiert den Vorwurf, die
abendländische Kultur zu schänden (wobei er den Plural
Spaghettis vermutlich ungestraft bilden darf). Wer aber das
englische Wort *cakes* als *Keks* schreibt und dies (wie bei

Straps) auch noch für eine Singularform hält, macht sich
keines Frevels verdächtig. Der Grund für die allgemeine To- 140
leranz den *Keksen* gegenüber liegt aber ausschließlich darin, dass diese Schreibweise bereits vor 90 Jahren eingeführt
wurde und wir uns mittlerweile daran gewöhnt haben.

1 Bildungsexplosion, die: Beginnend in den 1950er-Jahren veränderte sich in Phasen das Bildungssystem der BRD, sodass zunehmend junge Menschen
aus allen Gesellschaftsschichten Zugang zu höheren Bildungsabschlüssen erhielten, wodurch die Anzahl der Studierenden in wenigen Jahrzehnten rasant
stieg.   2 gallifiziert: Ab dem Jahr 1066, der Eroberung Britanniens durch die Normannen unter Wilhelm dem Eroberer, breitete sich deren „gallische"
(von lat. *Gallia* – etwa gebietsgleich mit dem heutigen Frankreich und Belgien) Sprache und Kultur in Großbritannien aus, wo seit dem 5. Jhd. die ihrerseits
eingewanderten Angelsachsen die dominierende Kultur darstellten.   3 Vulgärlatein, das: das früher vom Volk (lat. *vulgus* = Volk, zum Volk gehörend) gesprochene, also umgangssprachliche Latein; im Gegensatz zum klassischen literarischen Latein. Aus dem Vulgärlatein entwickelten sich im Laufe der Zeit
die heutigen romanischen Sprachen.

SO GEHT'S **Materialien vergleichend auswerten**

R. Keller: *Der so genannte Sprachverfall*	Bezug zu weiteren Materialien
„Topos des Sprachverfalls" (Z. 29, 32)	M4: „dann hat freilich Volkes Maul gesiegt" (Z. 25)
literarische Dokumentation der Klage über Sprachverfall	keine Bezugsstelle
verfallsbedroht ist stets der aktuelle Sprachstand	vgl. M1: Kritik richtet sich gegen aktuelle Anglizismen (→ frühere Spracheinflüsse bleiben außer vor)
Sprachkritik ist stets Fremdkritik	vgl. M2: Kritik richtet sich gegen die Politik
…	…

Ausgangspunkt eines Vergleichs ist in der Regel der längste lineare Text.

- zentrale Inhaltsaspekte des Ausgangsmaterials benennen
- Bezüge zu anderen Materialien durch Zitate oder Verweise belegen
- fehlende Bezüge benennen

*Bei der vergleichenden Auswertung ist es sinnvoll, vom längsten linearen Text („Ankertext")
auszugehen, da der in der Regel auch die meisten Informationen und thematischen Teilaspekte
enthalten wird. Diese könnten herausgearbeitet und beispielsweise absatzweise in Stichpunkten festgehalten werden. Danach werden die weiteren Materialien vergleichend gelesen. Dabei
gilt es herauszufinden, welche Informationen bzw. thematischen Teilaspekte mehrfach und in
verschiedenen Quellen gegeben bzw. angesprochen werden. Diese Inhalte dürften stets von
hoher Relevanz sein. Aspekte, die nur einmal angesprochen werden, müssen natürlich nicht
falsch sein, sollten aber einmal kritisch bedacht werden.*

15 Beziehen Sie den Text *Der so genannte Sprachverfall* von Rudi Keller auf die übrigen Materialien 1 bis 5
(Z. 92–96) und zeigen Sie die thematischen Verbindungen auf. Orientieren Sie sich am „So geht's"-
Beispiel.

16 Stellen Sie dar, wie Rudi Keller die Kritik am sogenannten *Sprachverfall* bewertet.

17 Ordnen Sie den Text *Der so genannte Sprachverfall* einer Textsorte zu. Begründen Sie Ihre Einschätzung.

Auf einen Blick: Sprachgebrauch und Sprachwandel untersuchen

Lexikon Sprache und Kommunikation → S. 451ff.

Mechanismen des Sprachwandels

Sprachveränderung und in der Folge Sprachwandel lassen sich über die gesamte bekannte Geschichte von Sprachen beobachten. Auch wenn Veränderungstendenzen von der sprachkritischen Öffentlichkeit oft mit Sorge vor einer Verlotterung der Sprache oder gar vor Sprachverfall beobachtet werden, ist **Sprachwandel** letztlich nichts anderes als eine **Anpassung der Sprache an die kommunikativen Erfordernisse**, die mit der jeweiligen Sprache bewältigt werden müssen.

Zentrale Triebfedern des Sprachwandels sind:

Wortneuschöpfungen	Diese können echte Neubildungen (z. B. *Handy*), neue Komposita (*Computer + Virus*) oder auch Neubedeutungen (z. B. *surfen* im Internet statt auf dem Wasser) sein.
Entlehnungen	Sie stellen Übernahmen aus anderen Sprachen dar. Das Deutsche entlehnt zunehmend englische Wörter, gleichwohl haben die lateinischen, griechischen und französischen Entlehnungen noch immer einen komfortablen Vorsprung auf das Englische.
Ökonomisierungsbestrebung	Vereinfachungen der Sprache werden unter Beibehaltung derselben kommunikativen Leistung vorangetrieben.
Sprachkontakt	Migration, zunehmende Mehrsprachigkeit und bessere Fremdsprachenkenntnisse erleichtern nicht nur lexikalische Entlehnungen, sondern auch syntaktische Anpassungen.
Orientierung an der Mündlichkeit	Der medial schriftliche, aber oft konzeptionell mündliche Sprachgebrauch in den neuen Medien ist gekennzeichnet von einer hohen Toleranz gegenüber verschiedenen Fehlern und Nachlässigkeiten in der Rechtschreibung bis hin zur Toleranz gegenüber Grammatikabweichungen, was Veränderungstendenzen hin zu einer einfacheren Norm begünstigt.

Standardvarietät des Deutschen

Trotz Zunahme an Sprachkontakten und einer zunehmend konzeptionellen Mündlichkeit innerhalb der digitalen Kommunikation hat das **Deutsche** doch eine **starke Norm**: Seit Jahren steigt die Zahl der Abiturientinnen und Abiturienten und damit derjenigen, die sich auch im Schriftlichen des Standards bedienen können. **Sprachkritik** ist auch finanziell sehr **erfolgreich**, was zeigt, dass den Deutschen ihre Sprache nicht nur lieb, sondern vor allem auch teuer ist. Zudem ist der deutschsprachige und überwiegend an der Norm orientierte Zeitungs- und Buchmarkt (auch mit den vielen Übersetzungen ins Deutsche) so vital wie kaum in einem anderen Land. Mit anderen Worten: Die **Standardvarietät des Deutschen** ist extrem **gefestigt** und nicht so leicht und schnell zu verändern, wie das manchmal vorhergesagt wird.

Norm und Fehler

Die Vermittlung sprachlicher Normen, wie sie durch die amtliche Rechtschreibung und den Sprachgebrauch in den Behörden festgelegt wird, ist ein wichtiger Aspekt des schulischen Sprachunterrichtes. Zu beachten ist hierbei, dass die **Sprachwissenschaft** selbst **deskriptiv** (beschreibend) arbeitet, d. h. die tatsächliche Sprachverwendung untersucht und diese in ihren Beschreibungen (dazu gehören nicht zuletzt auch Grammatiken) darstellt. Was also in einer **Grammatik** oder in einem Wörterbuch zur Sprachverwendung gesagt wird, ist zunächst das **Ergebnis von Sprachbeobachtungen** und bekommt erst **in der Folge auch normativen Charakter**, sodass eine Tendenz besteht, sich am Sprachgebrauch der Vergangenheit zu orientieren. Veränderungen, die durch Sprachwandel bedingt sind, erscheinen deshalb zunächst als fehlerhaft, bis sich der vermeintliche **Fehler** gegebenenfalls durchsetzt und zur **neuen Norm** wird.

Materialgestütztes Verfassen eines argumentierenden Beitrags

Schreibformen → S.463

KOMPETENZBOX

Einen argumentierenden Beitrag auf Materialbasis verfassen

Die Gestaltung des argumentierenden Beitrags hängt von der Aufgabenstellung und dem eigenen Ermessen der bzw. des Schreibenden ab; ein Kommentar oder Essay wird so nicht explizit im Abitur verlangt, kann aber verfasst werden, wenn dies der Aufgabenstellung entspricht.

1. Aufgabenstellung erfassen
- Thema und Teilthemen (sowie ggf. den strittigen Sachverhalt) der Aufgabenstellung klären
- Anforderungen an den eigenen Text erkennen: Schreibziel, Textsorte, Adressatinnen/Adressaten
- Vorwissen aktivieren

2. Materialien auswerten
- Überblick über die Materialien verschaffen: Textsorte, Autorin/Autor, Quelle erfassen und einordnen
- zentrale Aussagen erfassen

3. Informationen organisieren
- Materialien kontextualisieren, eigenes Wissen zu den Hauptaussagen ergänzen
- Textaussagen bewerten: zwischen Meinungen und gesicherten Fakten unterscheiden
- eigene Meinung bzw. Schreibziel formulieren und in Bezug zu den Textaussagen setzen
- für das eigene Schreibziel relevante Aussagen, Gedanken und Zitate auswählen
- Schreibideen festhalten (Schreibhaltung festlegen, möglicher Texteinstieg, mögliches Ende ...)

4. Schreibplan/Gliederung erstellen (vgl. S.184)
Einleitung
- interessanten Einstieg finden
- Thema (und ggf. Kontroverse) benennen
Hauptteil
- Abfolge der Informationsvergabe bzw. der Argumentation (z.B. linear, antithetisch oder aspektorientiert) planen
- größere Teilthemen ggf. weiter untergliedern
Schluss
- Bezug zur Einleitung
- möglich: Zusammenfassung, Ausblick, Appell ...

5. Argumentierenden Beitrag verfassen
- Merkmale, auch sprachlich-stilistische, der gewählten Textsorte berücksichtigen
- die mit der Textsorte und der Schreibform intendierte Schreibhaltung sowie den Adressatenbezug beachten
- Argumentation mit Beispielen und Belegen stützen
- auf die Materialien verweisen und korrekt zitieren
- standardsprachlich schreiben bzw. Abweichungen vom Standard (für sich) funktional begründen

Zitieren
→ S.127, 470

6. Argumentierenden Beitrag überarbeiten
- auf persönliche Fehlerschwerpunkte achten
- sachliche Richtigkeit
- gedankliche Zusammenhänge (roter Faden)
- sprachliche Verknüpfung
- sprachliche Richtigkeit (Rechtschreibung, Zeichensetzung, Grammatik, Zitate)

Eigene Texte
sprachlich gestalten
→ S.403

MUSTERAUFGABE

Hinweise zum
schriftlichen Abitur
→ S. 466

Immer wieder führt der Gebrauch von Sprache, die von der strengen Norm abweicht, zu aufgeregten Leserbriefen und heftigen Debatten. Ihre regionale Tageszeitung plant deshalb für die Wochenendausgabe eine Beilage, die sich der Frage „Was kann Sprachkritik leisten?" widmet und in der gerade auch Beiträge aus der jüngeren Leserschaft abgedruckt werden sollen.
Verfassen Sie einen argumentierenden Beitrag zur Debatte über diese Frage. Nutzen Sie dazu die folgenden Materialien (M1–M5) (vgl. S. 92 ff.) und beziehen Sie eigene Erfahrungen und Ihr Wissen über den gegenwärtigen Sprachgebrauch sowie Sprachkritik ein.
Formulieren Sie eine geeignete Überschrift. Ihr argumentierender Beitrag sollte etwa 800 Wörter umfassen.

1. Aufgabenstellung erfassen

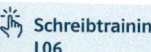 Schreibtraining
106

1.1 Lesen Sie die Aufgabenstellung und halten Sie zunächst stichwortartig in einer Tabelle fest, was die Aufgabenstellung aussagt über die Materialgrundlage, das Thema, den Umfang des zu verfassenden Beitrags sowie die Leserschaft. Prüfen Sie im nächsten Schritt, welche Textsorten durch die Aufgabenstellung nahegelegt werden und was dies für die Sprache bzw. den Stil des zu schreibenden Beitrags bedeutet.

	argumentierender Beitrag
Materialgrundlage	*Materialien 1 bis 5 (vgl. S. 92 ff.)*
Thema und ggf. Teilthemen	...
Umfang	*800 Wörter*
Leserschaft	...
mögliche Textsorten	...
Leserschaft und Sprache bzw. Stil	...

1.2 Halten Sie stichwortartig fest, welche Merkmale die möglichen Textsorten aufweisen. Ergänzen Sie dazu die Vorgaben.

Erörterung:
– *starre Gliederung in Einleitung (mit Heranführung und Nennung des Themas) – Hauptteil (z. B. durch Pro-Kontra-Argumentation mit Drehpunkt) – Schluss (z. B. als Appell)*
– *Bezug auf alle Materialien (Zitate unter Angabe von ...)*
– *...*

Kommentar:
– *Zitate erfolgen ohne Zeilenangabe nur unter Nennung der Autorin oder des Autors und ggf. des Titels*
– *nach Möglichkeit mit Bezug auf einen aktuellen Anlass bzw. ein aktuelles Ereignis*
– *...*

Essay:
– *kreisende bzw. unerwartete thematische Entfaltung*
– *pointierte Sprache*
– *...*

2. Materialien auswerten

2.1 Lesen Sie die Materialien 1 bis 5 (vgl. S. 92 ff.) ggf. noch einmal und halten Sie für jedes Material stichwortartig fest, welche Haltung(en) zur Sprachkritik jeweils zum Ausdruck kommen.

		Haltung(en) zur Sprachkritik
M1	F. Retkowski: *Restdeutsche Impressionen*	– Karikatur ist sprachkritisch, geht also von der Wirksamkeit von Sprachkritik aus – Kritik ist witzig verpackt (will also nicht pedantisch oder als belehrend wahrgenommen werden)
M2	Statista-Diagramm *Die Unwörter des Jahres*	– Grafik selbst ist neutral – die unkommentierte Wiedergabe der „Unwörter" verstärkt die Wirkung der „sprachkritischen Aktion" (siehe Quellenangabe) – Sprachkritik erscheint letztlich als etwas Positives und Wirksames
M3	C. Seidl: *Zu dumm für gutes Deutsch*	– erscheint zunächst als selbstkritisch, indem festgestellt wird, dass … – …
…	…	…

2.2 Untersuchen Sie die Materialien gründlich und halten Sie sowohl alle sprachkritischen Aspekte (was kritisiert wird) als auch alle Aussagen über die Sprachkritik selbst fest. Übernehmen Sie dazu die folgende Übersicht und beginnen Sie mit den beiden linearen Texten (M3 und M4). Die Aussagen der nichtlinearen Texte können Sie anschließend ergänzen.

sprachkritische Aspekte	Aussagen über Sprachkritik
politische Metaphern sind floskelhaft und falsch und verstellen den Blick auf das Wesentliche (M3)	*Sprachkritik ist „besserwisserisch" (M 3, Z. 9)*
Gendersprache führt zu „Sprechstolperern und Verständniszögerungen", „zu hässlichen Doppelpunkten oder Großbuchstaben mitten im Wort" (M 3, Z. 12 ff.)	*Sprachkritik ist konzentriert auf Gendersprache und „Migrantenslang" (M 3, Z. 16)*
Fehler in der Deklination von Genitiv- und Dativformen (M 4)	*häufige Kritik an der Sprachkritik: 1. Sprachkritik ist uferlos; 2. Profis wüssten Bescheid; 3. Sprache verändert sich (M 4)*
…	…
Anglizismen als „Kauderwelsch" (M1)	*enthält indirekt die Aussage, dass Sprachkritik auch witzig sein kann*
…	…

3. Informationen organisieren

3.1 Bewerten Sie die Materialien und deren Aussagen, indem Sie zu allen Hauptaussagen ein begründetes Urteil formulieren. Beziehen Sie in die Argumentation eigenes Wissen bzw. Ihre eigene Spracherfahrung mit ein. Orientieren Sie sich an den folgenden Beispielen.

M1 Anglizismen sind „Kauderwelsch" im Dienst der Wirtschaft

→ *stimme zu, weil Anglizismen oft den wahren Sachverhalt verschleiern (z. B. „Facility-Manager" als „Hausmeister") oder sie euphemistisch sind (vgl. „das … falsche Pseudoenglisch […] im oberen Management", M3)*

→ *stimme nicht zu, weil Anglizismen oft eine semantische Lücke im Deutschen füllen (z. B. ist „Consulting" genauer umrissen als „Beratung") oder kürzer als der deutsche Ausdruck sind (z. B. ist „City" kürzer als „Innenstadt")*

M2 „Unwörter des Jahres" entlarven euphemistischen oder zynischen Sprachgebrauch und haben aufklärerischen Charakter

→ *positive Aktion, weil ein wertender, nicht objektiver Sprachgebrauch ins öffentliche Bewusstsein gerückt und dadurch Aufklärung betrieben wird*

→ *keine positive Aktion, weil „Unwörter des Jahres" selbst subjektiv sind und zugleich oft eine einseitige politische Haltung offenbaren (z. B. „Klimahysterie"), statt wissenschaftlich objektiv zu sein*

3.2 Legen Sie eine Übersicht (z. B. eine Tabelle oder eine Mindmap) an, in der Sie die zentralen inhaltlichen Beziehungen zwischen den Materialien auflisten. Nutzen Sie die Formulierungen des Sprachtipps.

Interaktives Sprachtraining I 07

> **SPRACHTIPP**
>
> **Wortfeld: inhaltliche Beziehungen**
>
> *wiederholen, mit anderen Worten sagen, paraphrasieren, reformulieren, gleiche Aussage treffen, vergleichbare Fragen aufwerfen, stützen, ergänzen, konkretisieren, zusätzlich beinhalten, erweitern, untermauern, besser belegen, weitere Beispiele nennen, Parallelen aufweisen/aufzeigen, problematisieren, widersprechen, entgegnen, hinterfragen, widerlegen, kritisieren, Kritik üben, zu einem anderen Schluss/Ergebnis/Urteil kommen, konträr/ entgegengesetzt/diametral sein …*

3.3 Formulieren Sie Ihre Haltung zur Frage nach der Wirksamkeit von Sprachkritik und halten Sie das aus Ihrer Sicht wichtigste Argument dafür ebenfalls schriftlich fest.

3.4 Entwickeln Sie für Ihren argumentierenden Beitrag zwei Varianten für einen Schluss, der sich als Schreibziel aus Ihrer Haltung zur Frage nach der Wirksamkeit von Sprachkritik ergibt, und stellen Sie beide tabellarisch gegenüber.

3.5 Entscheiden Sie sich auf der Grundlage Ihrer Arbeitsergebnisse aus den Arbeitsschritten 3.3 und 3.4 (Was halten Sie für richtig und was möchten Sie mit Ihrem Text erreichen?) für eine der beiden Schlussvarianten.

4. Schreibplan/Gliederung erstellen

4.1 Leiten Sie aus der Beispiellösung auf S. 105 den diesem Text zugrunde liegenden Schreibplan ab.

4.2 Bewerten Sie den folgenden Schreibplan für einen argumentierenden Beitrag.

1. *Einstieg*
   - *Bezug auf Leserbriefe und Debatten in der Zeitung → vermeintlich falsche Sprache ist ein Aufreger*
   - *doch die Wahrheit ist: Sprachkritik ist überflüssige Besserwisserei*
2. *Hauptteil*
   - *kurzer Blick auf die Gegensicht: Sprachkritik erreicht eine große Öffentlichkeit und schafft kurzfristiges Bewusstsein für Sprachmissbrauch (vgl. M2)*
   - *aber: Sprachkritik nervt (vgl. M3: „Ja, Sprachkritik klingt meistens ein bisschen besserwisserisch, nörgelig, streberhaft") und ist tendenziös (vgl. M5 mit der Unterstellung vom Sprachverfall)*
   - *Sprachkritik verpufft: Anglizismen nehmen trotz Kritik (M1) ebenso zu wie schiefe Metaphern (M3) und vorgebliche falsche Deklination (M4)*
   - *gerade M4 zeigt dabei, dass Sprachkritik wirkungslos ist (trotz jahrzehntelanger Kritik leidet der Dativ immer noch)*
3. *Schluss*
   - *für junge Menschen wirkt Sprachkritik wie ein verzweifeltes Aufbäumen gegen das Unvermeidliche: Sprache verändert sich – gerade durch den sprachspielerischen Umgang mit Sprache durch die junge Generation*
   - *deshalb: Statt Normen von gestern zu verteidigen, besser die Sprache von morgen aktiv mitgestalten!*

4.3 Entwickeln Sie zwei Ideen für einen Einstieg in Ihren Text. Stellen Sie sich Ihre Ideen (und das Schreibziel Ihres Textes) untereinander im Kurs vor und besprechen Sie Vor- und ggf. Nachteile der Ideen.

4.4 Erstellen Sie eine eigene vollständige Gliederung für die von Ihnen gewählte Textsorte. Vergessen Sie die Überschrift nicht!

4.5 Überprüfen Sie noch einmal den Hauptteil Ihrer Gliederung aus Arbeitsschritt 4.4.
Sie können in Ihrer Gliederung entsprechende Markierungen vornehmen.
– Sind die Argumente bzw. Aspekte entsprechend ihrer Wertigkeit geordnet?
– Welche Anordnung der Argumente bietet sich eventuell noch an?

Checkliste zur Überprüfung der Güte von Argumenten

Um die Wertigkeit eines Argumentes zu prüfen, können Sie fragen:
- ☑ Betrifft das Argument einen allgemein hochgeschätzten und unstrittigen Sachverhalt (z. B. sind ethische oder juristische Aspekte wichtiger als technische oder organisatorische Aspekte)?
- ☑ Hat das Argument eine hinreichend große Reichweite (betrifft es sehr viele Menschen statt nur eine kleine Gruppe)?
- ☑ Betrifft das Argument unmittelbar den strittigen Sachverhalt?

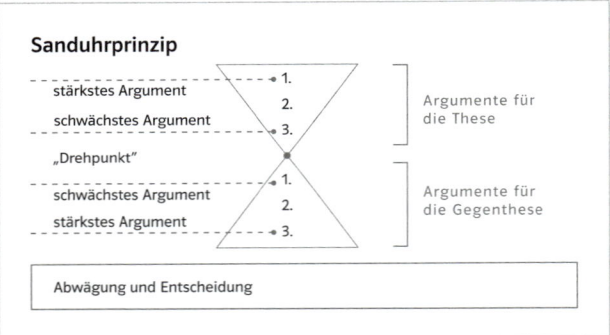

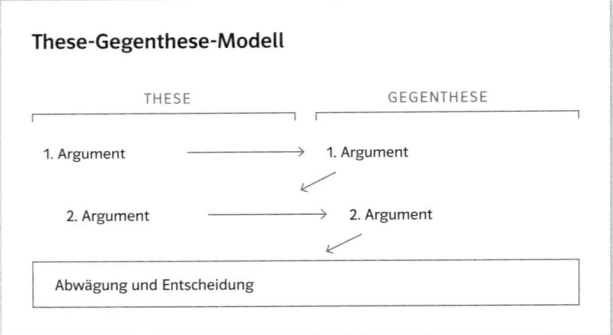

5. Argumentierenden Beitrag verfassen

5.1 Nennen Sie unabhängig von der Textsorte, für die Sie sich entschieden haben, Mittel der Leserlenkung und Adressatenorientierung. Prüfen Sie anschließend textsortenspezifisch, wie Sie diese Mittel für Ihren Text einsetzen können.

5.2 Schreiben Sie nun Ihren Text zum Thema *Wirksamkeit von Sprachkritik* auf der Grundlage Ihrer Vorarbeiten. Nutzen Sie nach Möglichkeit ein Textverarbeitungsprogramm, um so die spätere Korrektur und ggf. Überarbeitung zu vereinfachen.

6. Argumentierenden Beitrag überarbeiten

Eigene Texte
sprachlich gestalten
→ S.403

6.1 Überprüfen Sie Ihren argumentierenden Text zum Thema *Wirksamkeit von Sprachkritik* in mindestens zwei Lesedurchgängen und überarbeiten Sie ihn gegebenenfalls.
– <u>Durchgang 1:</u> Inhalt, d.h. inhaltliche Korrektheit, Stimmigkeit und Folgerichtigkeit
– <u>Durchgang 2:</u> formale Korrektheit, d.h. Rechtschreibung, Zeichensetzung, Grammatik, korrekte Zitate

Beispiellösung
D 04

Beispiellösung für eine Erörterung

Kann Sprachkritik etwas bewirken? ← Überschrift

Wieder einmal war es vergangene Woche so weit: Das Unwort des Jahres wurde gekürt. Und wie schon in der Vergangenheit war die mediale Aufmerksamkeit groß. Blickt man jedoch in die Vergangenheit und auf frühere „Unwörter" zurück (vgl. dazu die Übersichtsgrafik „Die
5 *Unwörter des Jahres" von Statista aus dem Jahr 2021), so stellt sich die Frage, ob es dieser Wortkür wirklich bedarf, um Wörter wie „Lügenpresse" (Unwort des Jahres 2014) oder „Alternative Fakten" (Unwort des Jahres 2017) als Manipulationsversuche zu entlarven. Mehr noch: Hat diese Wortkür überhaupt etwas bewirkt? Gibt es am*
10 *Ende deshalb vielleicht sogar weniger Manipulationsversuche von rechts? Wohl kaum, weshalb sich die Frage auch ganz allgemein stellen lässt: Kann Sprachkritik etwas bewirken oder hat sie letztlich nur eine unterhaltende Funktion?*

Gegen den Nutzen bzw. die Wirksamkeit von Sprachkritik wird als
15 *zentrales Argument immer wieder auf den Sprachwandel und die natürliche Veränderung von Sprachen verwiesen: „Die Sprache wachse und ändere sich wie jedes Lebewesen" (M4: W. Schneider: „Volkes Maul ist nicht genug", Z. 5), wie der Sprachkritiker Wolf Schneider seine eigenen Kritiker zitiert und ihnen entgegnet: „Es war schon immer so,*
20 *dass Feinheiten oder zusätzliche Verfeinerungen der Grammatik nicht von Landarbeitern und Halbwüchsigen ersonnen oder hochgehalten wurden, sondern von Dichtern, Mönchen und Lehrern" (M4, Z. 12 ff.). In dieser Aussage scheint ein weiteres Argument gegen den Nutzen von Sprachkritik durch, nämlich die Tatsache, dass „Sprachkritik […]*
25 *meistens ein bisschen besserwisserisch, nörgelig, streberhaft [klingt]" (M3: C. Seidl: „Zu dumm für gutes Deutsch", Z. 9), weshalb die Kritik auch gar nicht zu einer breiten Mehrheit durchdringt und deshalb womöglich auch wirkungslos bleibt. […]*

Sollte es deshalb also tatsächlich so sein, dass eine Jahrtausende alte
30 *Bemühung um die Sprache und ihren richtigen Gebrauch nutz- und wirkungslos ist? Was gegen diese Annahme spricht, ist zunächst schlicht die Tatsache, dass wir um diese Jahrtausende alte Bemühung wissen, Sprachkritik also zumindest eine dokumentarische Funktion besitzt, wobei nicht nur die Kritik an sich belegt ist, sondern auch die*
35 *damit einhergehende Wertschätzung der Sprache, die letztlich Sprachkritik legitimiert. So stellt Claudius Seidl fest: „Sprachkritik ohne Liebe zur Sprache, ohne Leidenschaft für den schöneren, genaueren und frischeren Begriff, ist pure Nörgelei, sie bleibt folgenlos – und muss genau deshalb ihrerseits Gegenstand der Sprachkritik sein […]" (M3, Z. 26 ff.). Der Grund ist offensichtlich,*
40 *denn Sprachkritik verfolgt immer das Ziel, die Sprache vor einem Effizienzverlust zu bewahren, wovon letztlich auch die Sprachbenutzerinnen und Sprachbenutzer profitieren, die die Sprache vielleicht gedankenlos verwenden. Jedenfalls dann, wenn sich Sprachkritik nicht gegen einzelne Sprachbenutzerinnen und*
45 *Sprachbenutzer wendet, sondern auf drohenden Missbrauch oder Effizienzverlust aufmerksam macht. […]*

Einleitung führt zum Thema hin

Alle Materialien bei der ersten Erwähnung zumindest knapp vorstellen

Einleitung, Hauptteil und Schluss der Arbeit klar durch Absatz trennen

Einstieg in die Darstellung der Gegenseite bei einem Aufbau nach dem Sanduhrprinzip mit dem stärksten Argument beginnen

Hauptteil mit Absätzen klar untergliedern

Alle Zitate und wichtigen Fakten mit Quellenangabe belegen

Übergang in der Argumentation (Drehpunkt) deutlich hervorheben

Die Leserschaft immer wieder einbeziehen → *„dass wir um diese … Bemühung wissen"*

Einstieg in die Darstellung der eigenen Position mit dem schwächsten Argument beginnen

Projekt: Sprachbeobachtungen in einer Podcast-Folge untersuchen und präsentieren

 Gestalten Sie in Gruppen eigene kleine Podcast-Folgen über Sprachbeobachtungen zur Veröffentlichung auf der Schulhomepage.

Unwort des Jahres 2021 (Ausschnitt)

Pushback: Der Ausdruck *Pushback* stammt aus dem Englischen und bedeutet „zurückdrängen, zurückschieben". Im Migrationsdiskurs bezeichnet das Wort die Praxis von Europas Grenztruppen, Flüchtende an der Grenze zurückzuweisen und am Grenzübertritt zu hindern. Ganz unterschiedliche Politiker:innen, Journalist:innen und Organisationen verwendeten im Jahr 2021 den Ausdruck in Debatten zur Einwanderung über die europäischen Außengrenzen.

Sprachpolizei: Mit dem Ausdruck „Sprachpolizei" werden Personen diffamiert, die sich u.a. für einen angemessenen, gerechteren und nichtdiskriminierenden Sprachgebrauch einsetzen, der bisher benachteiligte und ausgegrenzte Gruppen sprachlich einschließt. Die Jury bewertet ihn als irreführend, weil er suggeriert, dass es eine exekutive Instanz gäbe, die über die Einhaltung von Sprachregeln „wacht" und bei „Nichteinhaltung" Bestrafungen vorsieht oder Bestrafungen durchsetzt.

Anette Auberle/Evelyn Knörr: Duden-Podcast: Vornamentrends (2012, Ausschnitt)

[[Musik, kurz darauf in die Musik hinein ein männlicher Sprecher]] Der Podcast der Duden-Sprachberatung

[[weibliche Stimme 1]] Folge 121: Vornamentrends *[[Musik endet]]*

[[weibliche Stimme 1]] Liebe Hörerinnen und Hörer, stellen Sie sich vor, Sie sind gerade Vater oder Mutter geworden. Welchen Namen würden Sie dann für Ihr Kind aussuchen? Günther, Herbert oder Anneliese?

[[weibliche Stimme 2]] Na, vermutlich nicht. Denn das sind Namen, die gerade komplett out sind. Im Trend liegen dagegen Max und Marie, Laura und Leon, Lilly und Lucas.

[[weibliche Stimme 1]] Aber wie kommt es zu den Trends in der Vornamengebung und welche Trends gibt es überhaupt?

[[weibliche Stimme 2]] Gewisse Gemeinsamkeiten lassen die Namen, die gerade so beliebt sind, nämlich schon erkennen: Die Namenforscher haben festgestellt, dass es den Eltern bei der Namenwahl vor allem auf den schönen Klang ankommt. Und deshalb sind Namen, die mit den weichen Konsonanten [m], [n] und [l] anfangen, gerade besonders beliebt.

[[weibliche Stimme 1]] Für einen weichen Klang sorgen auch Vokale, und zwar vorzugsweise helle Vokale wie [i] und [a], die auch auffallend oft in den Trendnamen vorkommen, z.B. Mia, Julian, Elias oder Sofia.

[[weibliche Stimme 2]] Ein weiterer Trend ist Ihnen bestimmt spätestens dann aufgefallen, wenn im Kinderland Ikea Cimberly, Chantal oder Marlon abgeholt werden wollen. In den letzten Jahren sind viele Namen aus fremden Sprachen zu uns gekommen. Und dabei geht es den Eltern weniger um das Land, aus dem der Name kommt, sondern vielmehr um den besonderen Klang und die Neuartigkeit.

[[weibliche Stimme 1]] Besonders beliebt sind natürlich die Namen aus dem englischen und französischen Sprachraum, aber auch italienische Namen wie Laura, Chiara, Luca oder Fabio. Nicht zu vergessen die Entlehnungen aus den nordischen Ländern wie Linea, Maren, Marit, Nican, Nils oder Thorben.

So können Sie vorgehen

1. Vergleichen Sie, wie in den beiden Texten jeweils über Sprache informiert wird. Berücksichtigen Sie die Aspekte Inhalt, Textsorte, Intention und Sprachverwendung.

MK

2. Beschreiben Sie den Aufbau bzw. die Gestaltung des Podcasts genauer und benennen Sie die Funktionen der einzelnen Gestaltungselemente.

3. Sammeln Sie in Gruppen Wörter oder Ausdrücke, auf die Sie in letzter Zeit – in welcher Weise und warum auch immer – aufmerksam geworden sind. Sie können sich an folgenden Beispielen orientieren:

jugendsprachliche Ausdrücke
Dialektwort
Sprichwörter/Phraseologismen
vermeintliche oder echte Sprachfehler
Stilblüten   neue Fremdwörter
altertümlich klingende Wörter
Fremdwörter aus selteneren Sprachen
deutsche Entlehnungen in anderen Sprachen
doppeldeutige Ausdrücke (z. B. in der Presse)
sprachlich auffällige Werbungen
Wortspiele und -witze
sprachliche Missverständnisse

Viele neue Wörter entstehen durch aktuelle gesellschaftliche Themen, die die große Mehrheit der Bevölkerung beschäftigen.

4. Halten Sie alle Informationen schriftlich fest, die Sie zur Präsentation der Sprachverwendung benötigen:
   - Fundort (Wo ist Ihnen der Ausdruck begegnet?)
   - genauere Beschreibung des sprachlichen Ausdrucks (z.B. Besonderheiten der Betonung oder Schreibweise oder Besonderheiten der Verwendungssituation)
   - Wirkung (auf Sie selbst und ggf. andere)

MK

5. Recherchieren Sie vertiefend zu der Sprachverwendung. Nutzen Sie Online-Wörterbücher (z.B. das Wortschatz-Portal der Universität Leipzig oder das Online-Wortschatz-Informationssystem Deutsch des Leibniz-Instituts für Deutsche Sprache in Mannheim, kurz OWID) und halten Sie alle Informationen, die die Wirkung auf Sie erklären, sowie wissenswerte Hintergrundinformationen fest.

MK

6. Erstellen Sie ein Skript zu Ihrem Podcast, in dem Sie die Gliederung Ihrer Präsentation, den Wechsel der Sprecherinnen und Sprecher sowie Texte und Musik/Geräusche festhalten. Achten Sie darauf, dass Sie kleinschrittig über Ihr Thema informieren, wobei jede Information akustisch markiert sein sollte (oft durch Sprecherwechsel, aber auch durch Musik oder kleinere Pausen mit anschließendem Wechsel der Sprechhaltung).

MK

7. Nehmen Sie Ihren Podcast auf. Nutzen Sie dazu eine entsprechende Software (aktuelle Gratis-Software können Sie leicht im Internet recherchieren und herunterladen).

MK

8. Prüfen Sie die Veröffentlichungsmöglichkeit auf der Schulhomepage (rechtliche Grundlagen, Rubrik).

Wie entstand Sprache?

Wie erwerben wir Sprache?

Prägt Sprache unsere Weltsicht?

Das lernen Sie jetzt!

5.1 den Zusammenhang von Sprache, Denken und Wirklichkeit erfassen
5.2 Grundlagen von Spracherwerb und Sprachentstehung verstehen
Schreibtraining: eine Seminararbeit verfassen

Abbildung 1: Kommunikation zwischen Mutter und Kleinkind
Abbildung 2: Kommunikation unter Schimpansen
Abbildung 3: Gorillaweibchen Koko wurde in den 1970er-Jahren durch die Beherrschung einer modifizierten Gebärdensprache bekannt, die ihr die Psychologin Francine Patterson und andere Wissenschaftler der Stanford University in Kalifornien beigebracht hatten.

Aristoteles: Politik (4. Jhd. v. Chr., Ausschnitt)

Denn die Natur macht, wie man sagt, nichts umsonst und der Mensch allein von allen
lebendigen Geschöpfen besitzt die Sprache. Die Stimme ist nur ein Zeichen der schmerz-
lichen und der angenehmen Gefühle; deshalb haben auch die Tiere eine solche; denn die
Natur ging bei ihnen so weit, dass sie Schmerz und Lust empfinden und dies einander zu
5 erkennen geben können; die Sprache soll aber das Nützliche und Schädliche und auch das
Gerechte und Ungerechte offenbaren. Den Tieren gegenüber besteht das Eigentümliche des
Menschen darin, dass er allein von allen einen Sinn für das Gute und Böse, für das Gerechte
und Ungerechte und Ähnliches besitzt, und so führt die Gemeinschaft der Menschen zur
Familie und zum Staate.

1 Stellen Sie unter Einbezug des Textes von Aristoteles eine begründete Vermutung darüber an, weshalb es immer wieder Versuche gab, Tieren Sprache beizubringen. Beziehen Sie die Abbildungen mit in Ihre Überlegungen ein.

2 Leiten Sie aus dem Text ab, was ein sprachliches Zeichen ist. Grenzen Sie das sprachliche Zeichen von anderen Zeichenarten ab.

3 Stellen Sie dar, inwieweit nach Aristoteles Sprache die Voraussetzung für eine staatliche Gemeinschaft ist.

4 Diskutieren Sie, ob umgekehrt auch die (staatliche) Gemeinschaft eine Voraussetzung für die Sprache darstellt.

5.1 Fachwissenschaftliche Texte erschließen und bewerten
Zur Bedeutung von „Bedeutung"

Sprache, Denken und Wirklichkeit

Deutsches Nachrichten-Korpus (2022, Universität Leipzig)

Das Deutsche Nachrichten-Korpus dokumentiert meist jährlich aus frei verfügbaren Dokumenten im Internet statistische Angaben zu Wörtern. Es basierte im Jahr 2022 auf 31 774 802 Sätzen.

Wort	Rang in der Nennung 2012	Rang (Anzahl der Belegstellen) 2022
Frau	321	232 (189 138)
Mädchen	1348	1074 (42 571)
Dame	6345	5941 (7261)
Transfrau	1 268 862	66 728 (322)
Weib	145 689	109 952 (158)

---

1 Werten Sie die Tabelle aus und ziehen Sie Rückschlüsse aus ihr: Was sagen die Zahlen über die Bedeutung der aufgeführten Wörter für die deutsche Sprache und die Nachrichten aus? Welche Schlussfolgerungen lassen sich aus den veränderten Werten Ihrer Meinung nach ziehen?

diskontinuierliche Texte → S. 467

2 Diskutieren Sie die Verlässlichkeit solcher Zahlen und Darstellungen. Berücksichtigen Sie sowohl die Rangwerte von 2019 (= Frau: 224, Mädchen: 933, Dame: 4628, Transfrau: 158 194, Weib: 91 522) als auch die Tatsache, dass das Nachrichten-Korpus im Jahr 2012 lediglich aus 3 000 000 Sätzen bestand.

Nele Pollatschek: Schafft die Frauen ab (2022, Süddeutsche Zeitung, Ausschnitt)

Wenn es nach mir ginge, gäbe es überhaupt keine Frauen. [...] Menschen, die „von Natur aus" aufopfernd sind und sich deshalb um andere kümmern müssen, gäbe es nicht. Gender-Pay-
5 Gap gäbe es logischerweise auch nicht. Frauenliteratur wäre Literatur. Niemand würde gendern. Frauenkleider wären Kleider, alle könnten sie tragen. [...] Männer gäbe es natürlich auch nicht. [...] Und natürlich gäbe es auch keine trans
10 Frauen. [...]
Der Duden definiert „Frau" so: „erwachsene Person weiblichen Geschlechts". „Weiblich" wird definiert als „dem gebärenden Geschlecht angehörend". Die Duden-Chefredakteurin Kathrin
15 Kunkel-Razum bestätigt: Trans Frauen sind von der Duden-Definition „nicht abgedeckt" – definitorisch keine Frauen. Hier könnte die Sache beendet sein – tatsächlich ist sie das für viele, die die Definition auf T-Shirts drucken und denken,
20 sie hätten damit etwas gesagt.

Nur gibt es zwei Probleme: Erstens, der Duden interessiert sich nicht für die Frage „Was ist eine Frau?", sondern nur für die Frage „Wie wird das Wort Frau benutzt?". Denn – obligatorisches Wittgenstein-Zitat – „die Bedeutung eines Wortes ist sein Gebrauch in der Sprache". Und der 25
Gebrauch des Wortes Frau ändert sich gerade. Schon die Existenz von öffentlich besprochenen „Trans Frauen sind Frauen" markiert eine Bedeutungsverschiebung. [...] 30
Das zweite Problem ist interessanter: Die bisherige Definition ist nicht nur veraltet, sie hat nie gestimmt. Das wussten wir nur nicht. Gemessen daran, wie lange es „Frau" gibt – deutlich länger als die wissenschaftliche Disziplin Biologie –, ist 35
es eine neue Erkenntnis, dass manche Menschen mit Vulva geboren werden und „dem gebärenden Geschlecht" nicht angehören. [...] Auch hier könnte die Sache beendet sein, denn im Prinzip geht es bei der Frage „Was ist eine Frau?" 40

und „Trans Frauen sind Frauen" nur um die Definitionsänderung eines Begriffs, der sowieso nie das bedeutete, was wir behaupteten – der nie objektiv feststellbar biologisch war. Das Problem ist nur, dass auch eine Neudefinition ein Kriterium braucht. Und wenn „Vulva" oder „Sozialisierung" [...] ausgeschlossen sind, was dann? [...] Wenn man die Wahl hat zwischen einer Definition, die man nie wirklich anwenden konnte, und einer, die man nicht mal mehr definieren kann, stimmt vielleicht einfach was mit dem Begriff nicht, den man zu definieren versucht. Dann muss man sich fragen, ob man nicht bezeichnen sollte, was man wirklich meint. Wer im Sport das Wort „Frau" verwendet, dem geht es nicht um eine Geschlechtsidentität, aber es geht auch nicht um Gebärfähigkeit, es geht um Leistungsklassen. [...]

Denn am Ende denken Menschen, dass es bei Frauenquoten um Frauen geht (was immer das sein soll), und dabei geht es meist darum, die Nachteile auszugleichen, die Menschen haben, weil sie als Frauen definiert, sozialisiert oder diskriminiert werden. Das ist das eigentliche Problem und das wird man nicht beheben, indem man die Kategorie verhärtet, indem man auf alte Essenzialismen besteht oder sie durch neue ersetzt. Anstatt darüber zu streiten, wie man einen Geschlechtseintrag ändern kann, sollte man nicht fragen, warum es den überhaupt gibt? Anstatt zu fragen, „Was ist eine Frau?", wird es nicht Zeit, Frauen endlich abzuschaffen?

3 Erläutern Sie, wie die Forderung Pollatscheks, die Frauen abzuschaffen, gemeint ist.

4 Diskutieren Sie Pollatscheks Forderung und begründen Sie dabei, wie Sie selbst zu dieser Forderung stehen. Berücksichtigen Sie hierbei auch die praktischen Konsequenzen.

Benjamin Lee Whorf: Die Grammatik formt den Gedanken. Das linguistische Relativitätsprinzip
(1963, Ausschnitt)

Als die Linguisten so weit waren, eine größere Anzahl von Sprachen mit sehr verschiedenen Strukturen kritisch und wissenschaftlich untersuchen zu können, erweiterten sich ihre Vergleichsmöglichkeiten. Phänomene, die bis dahin als universal galten, zeigten Unterbrechungen, und ein ganz neuer Bereich von Bedeutungszusammenhängen wurde bekannt. Man fand, dass das linguistische System (mit anderen Worten die Grammatik) jeder Sprache nicht nur ein reproduktives Instrument zum Ausdruck von Gedanken ist, sondern vielmehr selbst die Gedanken formt, Schema und Anleitung für die geistige Aktivität des Individuums ist, für die Analyse seiner Eindrücke und für die Synthese dessen, was ihm an Vorstellungen zur Verfügung steht. Die Formulierung von Gedanken ist kein unabhängiger Vorgang, der im alten Sinne dieses Wortes rational ist, sondern er ist beeinflusst von der jeweiligen Grammatik. Er ist daher für verschiedene Grammatiken mehr oder weniger verschieden. Wir gliedern die Natur an Linien auf, die uns durch unsere Muttersprachen vorgegeben sind. Die Kategorien und Typen, die wir aus der phänomenalen[1] Welt herausheben, finden wir nicht einfach in ihr – etwa weil sie jedem Beobachter in die Augen springen; ganz im Gegenteil präsentiert sich die Welt in einem kaleidoskopartigen Strom von Eindrücken, der durch unseren Geist organisiert werden muss – das aber heißt weitgehend: von dem linguistischen System in unserem Geist. Wie wir die Natur aufgliedern, sie in Begriffen organisieren und ihnen Bedeutung zuschreiben, das ist weitgehend davon bestimmt, dass wir an einem Abkommen beteiligt sind, sie in dieser Weise zu organisieren – einem Abkommen, das für unsere Sprachgemeinschaft gilt und in den Strukturen unserer Sprache kodifiziert[2] ist. Dieses Übereinkommen ist natürlich nur ein implizites und unausgesprochenes, *aber sein Inhalt ist absolut obligatorisch*; wir können überhaupt nicht sprechen, ohne uns der Ordnung und Klassifikation des Gegebenen zu unterwerfen, die dieses Übereinkommen vorschreibt.

---

1 phänomenal: hier: ein Phänomen betreffend, d.h. mit Sinnen oder Erkenntnis wahrnehmbar **2** kodifiziert: hier: festgelegt

Lexikalische Lücken
Kurt Tucholsky (1890–1935) schrieb 1929 im *Weltbühne*-Beitrag *Mir fehlt ein Wort*, dass er wohl ins Grab sinken werde, ohne zu wissen, was Birkenblätter tun. Die nervös flimmernden, zitternden, mit flirrendem Licht übergossenen Bewegungen und das Geräusch der Blätter im Wind nahm er wahr, hatte aber kein zutreffendes Wort dafür. Was tun die Birkenblätter, fragte er immer wieder und ließ sich auch mit Metaphern und Vergleichen nicht abspeisen. Das, was er hörte und sah, konnte er auch nur bei Birken in dieser Weise wahrnehmen. „Was man nicht sagen kann, bleibt unerlöst …", schrieb er. Handelt es sich hier um ein Phänomen ohne Bezeichnung, also tatsächlich um eine lexikalische Lücke? Eine „Bedeutung" ohne Wort? Was soll das Wort *Einhorn* bedeuten, wenn es doch gar keine Einhörner gibt? Kennen Sie Beispiele aus anderen Sprachen oder begegnen auch Ihnen Phänomene, für die es im Deutschen keine Entsprechungen gibt?

5 Erläutern Sie, worin laut Whorf (S. 111) das linguistische Relativitätsprinzip besteht.

6 Diskutieren Sie, ob und wie sich die Welt ändern würde, wenn es den Begriff *Frau* (sowie die Korrelate in allen anderen Sprachen) nicht gäbe.

7 Vergleichen Sie die beiden Texte von Pollatschek (S. 110) und Whorf (S. 111) arbeitsteilig in Gruppen unter den Aspekten Sprache, Struktur und Intention sowie Leserlenkung. Präsentieren Sie Ihre Ergebnisse im Kurs und stellen Sie anschließend eine begründete Vermutung über die jeweilige Textsorte an.

Wilhelm von Humboldt: Über die Verschiedenheit des menschlichen Sprachbaues und ihren Einfluss auf die geistige Entwicklung des Menschengeschlechts
(1836, Ausschnitt)

Die Sprache ist das bildende Organ des Gedanken. Die intellektuelle Tätigkeit durchaus geistig, durchaus innerlich und gewissermaßen spurlos vorübergehend, wird durch den Laut in der Rede äußerlich und wahrnehmbar für die Sinne. Sie und die Sprache sind daher eins und unzertrennlich voneinander. Sie ist aber auch in sich an die Notwendigkeit geknüpft, eine Verbindung mit dem
5 Sprachlaute einzugehen; das Denken kann sonst nicht zur Deutlichkeit gelangen, die Vorstellung nicht zum Begriff werden. Die unzertrennliche Verbindung des Gedanken, der Stimmwerkzeuge und des Gehörs zur Sprache liegt unabänderlich in der ursprünglichen, nicht weiter zu erklärenden Einrichtung der menschlichen Natur.

8 Setzen Sie die Überlegung Humboldts in Beziehung zu den Aussagen von Benjamin Lee Whorf.

Referat
→ S. 469

9 PLUS Bereiten Sie arbeitsteilig je ein Kurzreferat zu Wilhelm von Humboldt und Benjamin Lee Whorf vor, in dem Sie die beiden Textauszüge oben im Zeit- und Werkkontext erläutern.

Semantik

1 Definieren Sie die Begriffe *Wasser* und *Baum*. Erläutern Sie, wie sich die Definitionen unterscheiden und warum.

2 Erläutern Sie, was ein Begriff überhaupt ist. Erklären Sie dabei auch, warum sich bei der Definition des Begriffs *Baum* vergleichbare Probleme ergeben wie bei der Definition des Begriffs *Frau*.

Gottlob Frege: Über Sinn und Bedeutung (1892, Ausschnitt)

◁)) **Hörtext A 05**

Die Gleichheit[1] fordert das Nachdenken heraus durch Fragen, die sich daran knüpfen und nicht ganz leicht zu beantworten sind. Ist sie eine Beziehung? Eine Beziehung zwischen Gegenständen? Oder zwischen Namen oder Zeichen
5 für Gegenstände? Das Letzte hatte ich in meiner Begriffsschrift angenommen. Die Gründe, die dafür zu sprechen scheinen, sind folgende: a=a und a=b sind offenbar Sätze von verschiedenem Erkenntniswerte: a=a gilt a priori[2] und ist nach Kant analytisch zu nennen, während Sätze von der
10 Form a=b oft sehr wertvolle Erweiterungen unserer Erkenntnis enthalten und a priori nicht immer zu begründen sind. Die Entdeckung, dass nicht jeden Morgen eine neue Sonne aufgeht, sondern immer dieselbe, ist wohl eine der folgenreichsten in der Astronomie gewesen. Noch jetzt ist
15 die Wiedererkennung eines kleinen Planeten oder eines Kometen nicht immer etwas Selbstverständliches. Wenn

wir nun in der Gleichheit eine Beziehung zwischen dem sehen wollten, was die Namen „a" und „b" bedeuten, so schiene a=b von a=a nicht verschieden sein zu können, falls nämlich a=b wahr ist. Es wäre hiermit eine Beziehung eines
20 Dinges zu sich selbst ausgedrückt, und zwar eine solche, in der jedes Ding mit sich selbst, aber kein Ding mit einem andern steht. Was man mit a=b sagen will, scheint zu sein, dass die Zeichen oder Namen „a" und „b" dasselbe bedeuten, und dann wäre eben von jenen Zeichen die Rede; es
25 würde eine Beziehung zwischen ihnen behauptet. Aber diese Beziehung bestände zwischen den Namen oder Zeichen nur, insofern sie etwas benennen oder bezeichnen. Sie wäre eine vermittelte durch die Verknüpfung jedes der beiden Zeichen mit demselben Bezeichneten. Diese aber ist
30 willkürlich. Man kann keinem verbieten, irgendeinen willkürlich hervorzubringenden Vorgang oder Gegenstand

zum Zeichen für irgendetwas anzunehmen. Damit würde
dann ein Satz a=b nicht mehr die Sache selbst, sondern nur
35 noch unsere Bezeichnungsweise betreffen; wir würden keine eigentliche Erkenntnis darin ausdrücken. Das wollen
wir aber doch grade in vielen Fällen. Wenn sich das Zeichen
„a" von dem Zeichen „b" nur als Gegenstand (hier durch die
Gestalt) unterscheidet, nicht als Zeichen; das soll heißen:
40 nicht in der Weise, wie es etwas bezeichnet: So würde der
Erkenntniswert von a=a wesentlich gleich dem von a=b
sein, falls a=b wahr ist. Eine Verschiedenheit kann nur dadurch zustande kommen, dass der Unterschied des Zeichens einem Unterschiede in der Art des Gegebenseins des
45 Bezeichneten entspricht. Es seien a, b, c die Geraden, welche die Ecken eines Dreiecks mit den Mitten der Gegensei-
ten verbinden. Der Schnittpunkt von a und b ist dann derselbe wie der Schnittpunkt von b und c. Wir haben also
verschiedene Bezeichnungen für denselben Punkt, und
50 diese Namen („Schnittpunkt von a und b", „Schnittpunkt
von b und c") deuten zugleich auf die Art des Gegebenseins,

und daher ist in dem Satze eine wirkliche Erkenntnis enthalten.
Es liegt nun nahe, mit einem Zeichen (Namen, Wortverbin-
dung, Schriftzeichen) außer dem Bezeichneten, was die 55
Bedeutung des Zeichens heißen möge, noch das verbunden zu denken, was ich den Sinn des Zeichens nennen
möchte, worin die Art des Gegebenseins enthalten ist. Es
würde danach in unserm Beispiele zwar die Bedeutung der
Ausdrücke „der Schnittpunkt von a und b" und „der Schnitt- 60
punkt von b und c" dieselbe sein, aber nicht ihr Sinn. Es
würde die Bedeutung von „Abendstern" und „Morgenstern"
dieselbe sein, aber nicht der Sinn. [...]
Die regelmäßige Verknüpfung zwischen dem Zeichen, dessen Sinne und dessen Bedeutung ist der Art, dass dem Zei- 65
chen ein bestimmter Sinn und diesem wieder eine bestimmte Bedeutung entspricht, während zu einer
Bedeutung (einem Gegenstande) nicht nur ein Zeichen zu-
gehört.

---

1 Ich brauche dies Wort im Sinne von Identität und verstehe „a=b" in dem Sinne von „a ist dasselbe wie b" oder „a und b fallen zusammen." [Fußnote aus dem Originaltext]   2 a priori: von vornherein, aus der Vernunft durch logisches Schließen gewonnen

---

SO GEHT'S   **Ein Exzerpt erstellen**

> ### Gottlob Frege: Über Sinn und Bedeutung
>
> erstmals erschienen in: Zeitschrift für Philosophie und
> philosophische Kritik, N.F., Bd. 100/1 (1892), S. 25–50.
>
> – Frege revidiert seine frühere Auffassung, in der Gleich-
>   heit eine Beziehung zwischen Namen zu sehen, da die
>   Bezeichnung von Dingen an sich willkürlich ist.
>   → „Eine Verschiedenheit kann nur dadurch zu Stande
>   kommen, dass der Unterschied des Zeichens einem
>   Unterschiede in der Art des Gegebenseins des Bezeichne-
>   ten entspricht" (Z. 42–45).
>
> – Frege verdeutlicht das Gemeinte am Beispiel des Schwer-
>   punkts eines Dreiecks, das als Schnittpunkt zweier ver-
>   schiedener Höhengeraden dargestellt werden kann.

Ein Exzerpt
– enthält alle **bibliografischen Angaben**
  zum Text,
– gibt wichtige Inhalte als Zusammenfassung wieder,
– **wichtige Aussagen** und Textstellen können
  auch als Zitate wiedergegeben werden,
– verwendet grafische Elemente, um
  Zusammenhänge (hier eine Folge)
  zu verdeutlichen.

Ein Exzerpt (vom lat. Wort *excerpere* „heraussuchen, auswählen") ist ein schriftlicher Auszug aus einem längeren
Text. Ein Exzerpt kann sich auf das Textganze beziehen, ihm kann aber auch eine spezielle Fragestellung zugrunde
liegen, sodass die Textzusammenfassung und ggf. -bewertung nur selektiv erfolgt.

3 Erschließen Sie den Text Gottlob Freges, indem Sie sich zunächst das Beispiel von *Abendstern* und
Morgenstern verdeutlichen. Erklären Sie dazu mithilfe der folgenden Grafik (S. 114), warum die Aussage
„Der ‚Abendstern' und der ‚Morgenstern' sind gleich" sinnvoll ist. Erklären Sie anschließend, warum
zugleich die Aussage „Der ‚Abendstern' und der ‚Morgenstern' unterscheiden sich" sinnvoll ist.

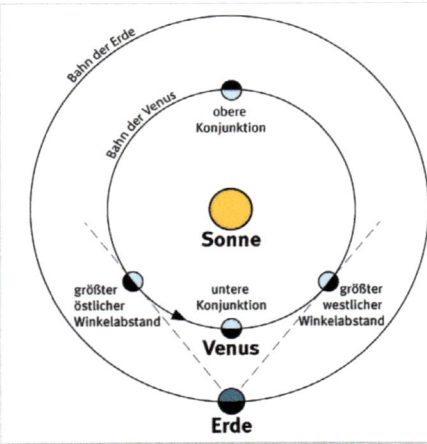

Bahn der Venus

Von der Erde aus gesehen kann die Venus verschiedene Positionen gegenüber der Sonne einnehmen:
Sie kann entweder als Morgenstern
(= hellster Stern vor Sonnenaufgang)
oder als Abendstern
(= hellster Stern nach Sonnenuntergang)
erscheinen.

Konstellation der Himmelskörper
Erde, Venus, Sonne (weltderphysik.de)

4 Erklären Sie mithilfe der Grafik rechts, warum die Bezeichnung „Schnittpunkt von S_a und S_b" dieselbe Bedeutung hat wie die Bezeichnung „Schnittpunkt von S_b und S_c", aber einen anderen Sinn.

5 Nutzen Sie die Begriffe *Intension* (= „Art des Gegebenseins"/„Sinn" bei Frege) und *Extension* (= „Bedeutung" bei Frege), um die Probleme bei der Definition des Begriffs *Frau* (vgl. den Text von Pollatschek auf S. 110 f.) auszuschärfen: Welche Probleme sieht Pollatschek bei dem Begriff *Frau* in Bezug auf die Begriffsintension und welche in Bezug auf die Begriffsextension?

6 Stellen Sie den Zusammenhang zwischen einem Zeichen, seinem Sinn und seiner Bedeutung nach Frege dar. Erläutern Sie, was es für das Zeichen *Frau* bedeuten würde, wenn die Duden-Definitionen „Frau = erwachsene Person weiblichen Geschlechts" und „weiblich = dem gebärenden Geschlecht angehörend" dem Sprachgebrauch (vgl. Pollatscheks Wittgenstein-Zitat: „die Bedeutung eines Wortes ist sein Gebrauch in der Sprache", Z. 25 f.) entsprechen würde.

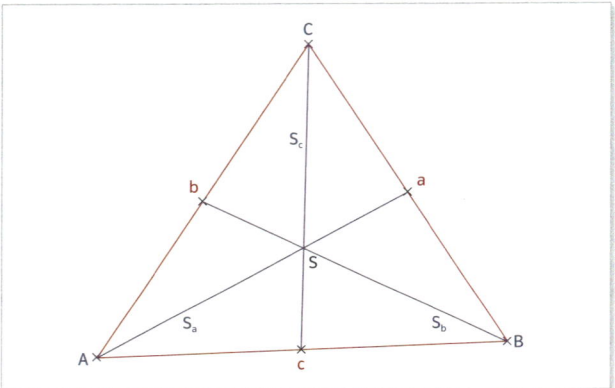

Dreieckskonstruktion nach Frege

ÜBRIGENS

Gottlob Frege (1848–1925) gilt als einer der bedeutendsten Logiker der Menschheit. Er hat nicht nur wesentliche formallogische Voraussetzungen für die heutige Informationstechnik geschaffen und war Wegbereiter der analytischen Philosophie (zu der auch der im Text von Nele Pollatschek zitierte Ludwig Wittgenstein zählt), sondern auch Begründer der modernen Semantik (mit dem Text, aus dem der hier vorgelegte Auszug stammt). Modern war die Unterscheidung zwischen Extension und Intension auch deshalb, weil es mit ihr möglich wurde, mit Nullextensionen sinnvoll umzugehen. Ein Begriff wie etwa *Einhorn* hat natürlich einen Bedeutungsinhalt (Intension, oder „Sinn" bei Frege), auch wenn es keine Einhörner gibt, also die Extension leer ist (Referenzobjekte fehlen).

7 Bewerten Sie die Argumentation im Text von Nele Pollatschek (S. 110 f.). Beziehen Sie Ihre fachlichen Arbeitsergebnisse zur Semantik und zum sprachlichen Determinismus (Text von Whorf, S. 111) mit ein.

8 Erstellen Sie in Gruppen eine Check- bzw. Kriterienliste zur Bewertung der Qualität von Sachtexten. Bestimmen Sie anschließend textsortenspezifisch, welche Kriterien besonders wichtig für deren Beurteilung sind.

5.2 **Fachwissenschaftliche Texte für eigene Darstellungen nutzen**
Wie der Mensch zur Sprache kommt

Menschliche Gebärdensprachen – Kommunikation ohne Stimme

denken
[denken]

Ich besuche dich
[besuchen]

Kommunikation mittels Gebärdensprache

1 Beschreiben Sie die Gebärden oben und erklären Sie anhand ihrer Bedeutung, inwieweit sie einerseits willkürlich (arbiträr), andererseits aber auch bildhaft (ikonisch) sind.

Eva Obermüller: Ein einzigartiges Echtzeit-Experiment (2014, science.ORF.at, Ausschnitt)

In den 1970er-Jahren haben von Geburt an gehörlose Kinder in Nicaragua begonnen, eine eigene Zeichensprache zu erfinden. Seitdem wird sie von Generation zu Generation weitergegeben. Sie verändert sich laufend, aus einfachen Gesten ist mittlerweile ein strukturiertes sprachliches System geworden.

Der Prozess wird fast von Beginn an von Forschern begleitet und dokumentiert. Ann Senghas vom Language Acqui-
sition and Development Laboratory an der Columbia University ist eine von ihnen. Seit 1990 ist sie dabei und
5 verbringt seit damals jedes Jahr mindestens einen Monat
in Nicaragua. Bis heute ist sie dankbar für diese einzigartige Möglichkeit. „Es ist, als wäre man ein Zeitreisender", beschreibt sie ihre Erfahrungen. Die Sprache verändere sich
in einer Generation so enorm. Das entspreche etwa hun-
10 derten Jahren bei schon lang existierenden gesprochenen
Sprachen. Begonnen hat alles mit einer Gruppe von 25 Jugendlichen, heute sind es 1300 bis 1400 Menschen, die als

Erstsprache die neu entwickelte Gebärdensprache verwenden. Sie sind zwischen vier und fünfzig Jahren alt. [...]
15 Die Entstehung einer Sprache kann man in der Regel nicht
live beobachten. Auch Experimente mit sprachlosen Menschen sind praktisch wie ethisch schlecht umsetzbar. Es
gibt keine natürlichen Bedingungen, unter welchen mehrere Menschen von ihrer sprachlichen Umwelt komplett
20 isoliert sind, außer bei Gehörlosigkeit. In Nicaragua hat der
Zufall zu der Live-Genese[1] geführt. Vor den 1970er-Jahren
gab es dort kaum Kontakt zwischen Gehörlosen. Sie erhielten auch keinerlei sprachliche Schulung. 1977 wurde dann
ein Ausbildungsprogramm ins Leben gerufen, wo Jugend-

25 liche Spanisch und Lippenlesen lernen sollten. Das hat allerdings nicht wirklich funktioniert. Um sich trotzdem miteinander verständigen zu können, haben sie begonnen, ein
eigenes Inventar von Zeichen zu verwenden. Vorerst domi-
nierten einfache, oft ikonische[2] Gebärden, die die Heran-
30 wachsenden zum Teil von zuhause kannten.
Als dem Personal klar wurde, dass ihr Programm nicht zu
dem gewünschten Ergebnis führte und sie die Schüler
nicht mehr verstanden, baten sie um Hilfe, und zwar bei
der US-amerikanischen Linguistin Judy Kegl, einer Spezia-
35 listin für Zeichensprache. Erst da wurde deutlich, was hier
gerade passierte: Eine neue Sprache entstand, die „Idioma
de Signos Nicaragüense". Dass Gebärdensprachen voll
funktionierende sprachliche Systeme sein können, gilt
heute als anerkannte wissenschaftliche Tatsache. [...]
40 Ab diesem Zeitpunkt wird die Entwicklung von Generation
zu Generation genauestens dokumentiert. Es ist erstaun-
lich, wie rasch die Veränderungen in Richtung sprachlicher
Struktur vor sich gehen. Ann Senghas untersucht z. B. die
grammatikalische Satzstruktur. Die erste Generation ver-
45 wendete ihr zufolge eine sehr starre Wortordnung mit Sätzen wie „Mann geben", also ein Zeichen für „Mann" gefolgt
von einem für „geben", oder „Frau bekommen".
„Die nächsten Kinder, die Mitte der 1980er aufwuchsen,
haben begonnen, grammatikalische Markierungen zu ver-
50 wenden, so dass man den Mann mit dem Geben oder die
Frau mit dem Bekommen assoziieren konnte", erklärt die
Psychologin. Sobald diese grammatikalischen Elemente da
waren, änderte sich die Wortordnung, die Verben wanderten ans Ende des Satzes. D. h., die Art, wie man Objekt und
55 Subjekt in einem Satz erkennbar macht, verschob sich von
einer reinen Ordnungsstrategie zu einer grammatikalischen. [...]
Eine andere interessante Entwicklung zeigt die Verwendung von Zeigegesten. Vorerst wurden diese ähnlich wie
60 von „normal" sprechenden Menschen eingesetzt, nämlich
einfach, um auf jemanden oder etwas zu zeigen. Später,
etwa in den frühen 1990ern, wurde daraus eine Art Personalpronomen. Die Zeigegeste bezog sich nun beispielsweise auf jemanden, der gerade erwähnt wurde, so wie in „Er
65 sagte ...".

Senghas beschreibt einen weiteren typischen Grammati-
kalisierungsprozess, den die Generationen in Nicaragua
durchlaufen, nämlich den der Segmentierung. Sprache ist
im Gegensatz zu Bildern oder Gesten nicht analog, sondern
in gewisser Weise digital, Wörter, Sätze oder Texte beste- 70
hen aus vielen kleinen Bausteinen. Diesem Grundprinzip
folgt auch die Entwicklung in der nicaraguanischen Zeichensprache. Dort werden ganzheitliche und ikonische
Gesten im Lauf der Zeit in Bedeutungsbestandteile zerlegt.
Beschreibt man etwa den Begriff des Hinunterrollens mit 75
den Händen, macht man in der Regel nur eine Bewegung,
die alles beinhaltet. Sprache funktioniert anders: „Sprache
besteht aus einfachen Elementen, die wie Bausteine zu
unterschiedlichen Konstruktionen, wie z. B. Sätzen, zu-
sammengebaut werden. Also zerlegten die gehörlosen Kin- 80
der die ganzheitliche Geste in ihre Teile, in ein Rollen und
in ein Runter", erklärt Senghas. Die Mitglieder der Sprachgemeinschaft machen – wenn sie heute über „Hinunterrol-
len" sprechen – keine Geste mehr, bei der alles ähnlich ist
wie in der richtigen Welt. Sie produzieren eine Rollgeste, 85
gefolgt von einer Abwärtsgeste. Das zeige, dass sogar dann,
wenn man dem System etwas Analoges oder Ikonisches
liefert, etwas anderes rauskommt, nämlich etwas Segmen-
tiertes, Digitales und Diskretes. Die einzelnen Teile lassen
sich dann anderweitig wiederverwenden, die Abwärtsge- 90
ste findet sich dann in Begriffen wie „Hinuntergehen, hinunterfallen etc." wieder. So entstehe ein bei weitem effizi-
enteres System, mit dem man viel mehr Sätze erzeugen
und beliebige Inhalte ausdrücken kann. [...]
Ein System wie dieses hat große Vorteile für die Kommuni- 95
kation, man kann damit einfach mehr mitteilen. Für Senghas ist der Druck, innerhalb einer sozialen Gruppe zu kommunizieren, einer der entscheidenden Zwänge oder
Voraussetzungen bei der Entstehung der Gebärdensprache. Zudem bringe das Gehirn des modernen Menschen 100
die grundsätzliche Befähigung, eine Sprache zu lernen,
schon mit sich. Darauf setze die Gebärdensprache der Gehörlosen auf. Es ist also nur natürlich, dass diese eine ähnliche Struktur entwickelt, wie sie auch andere natürliche
Sprachen haben. 105

---

1 Genese, die: Entstehung, Entwicklung   2 ikonisch: bildhaft

Exzerpt
→ S. 113

2 Erschließen Sie sich den Text von Eva Obermüller und fassen Sie ihn in Form eines Exzerpts zusammen.

3 Bewerten Sie die Seriosität und Qualität des Textes von Eva Obermüller.

4 Erklären Sie mithilfe des Textes, inwiefern die beiden abgebildeten Gebärden auf S. 115 typisch für Gebärdensprachen sind.

5 Verallgemeinern Sie den Text und formulieren Sie ausgehend von der Darstellung allgemeine Thesen zur Entstehung der menschlichen Sprache.

Sprachentstehung – zur Phylogenese der Sprache

Michael Tomasello: Die Ursprünge der menschlichen Kommunikation
(2009, Ausschnitt)

Der amerikanische Anthropologe und frühere Co-Direktor des Max-Planck-Instituts für evolutionäre Anthropologie in Leipzig, Michael Tomasello (*1950), stützt seine Theorie zur Evolution der menschlichen Sprache nicht nur auf Versuche zum Spracherwerb und zur Kommunikation von Menschenaffen, sondern auch auf Untersuchungen zu Gebärdensprachen, u. a. der „Idioma de Signos Nicaragüense".

Wir haben hier die drei grundlegenden Prozesse in Anschlag gebracht, mit denen Evolutionsbiologen die Entstehung von Kooperation erklären […], und haben sie auf die drei Grundmotive der menschlichen kooperativen Kommunikation bezogen. Um das Befolgen von Aufforderungen zu erklären, beriefen wir uns auf den Mutualismus, das Anbieten von Hilfe durch Information erklärten wir mittels indirekter Reziprozität und das Teilen von Gefühlen und Einstellungen unter Rekurs auf kulturelle Gruppenselektion. Wir wollten zeigen, wie die Motivationen der Menschen zum Helfen und Teilen im Kontext der Kommunikation – die Grundmotive geteilter Intentionalität – als Bestandteil einer Anpassung für gemeinschaftliche Tätigkeiten im Allgemeinen entstanden sein könnten. Daher schlugen wir vor, dass die grundlegende kognitive Fertigkeit der geteilten Intentionalität – das rekursive Erkennen geistiger Zustände – spezifisch als Anpassung für gemeinschaftliche Tätigkeiten entstand […]. Dies führte zur Entstehung von gemeinsamer Aufmerksamkeit und eines gemeinsamen Hintergrunds. Aus der Kombination von Hilfsbereitschaft und dem rekursiven Erkennen geistiger Zustände entstanden als Nächstes gegenseitige Erwartungen von Hilfsbereitschaft und die Grice'sche kommunikative Absicht, durch die Relevanz-Schlussfolgerungen zum Gegenstand sozialer Normen werden konnten. Letztere wurden durch eine weitere auf den Menschen beschränkte Neigung erzeugt, nämlich den anderen in der jeweiligen sozialen Gruppe zu gleichen und von ihnen gemocht zu werden sowie sich von anderen Gruppen zu unterscheiden. In einem frühen Stadium dieses Szenarios scheinen mit größter Wahrscheinlichkeit Zeigegesten (und bestimmte Intentionsbewegungen) das ursprüngliche Kommunikationsmittel gewesen zu sein. […]

Diese ziemlich komplizierte und trotzdem immer noch etwas skizzenhafte Darstellung bezog sich hauptsächlich auf die sozio-kognitive, sozio-motivationale Infrastruktur menschlicher kooperativer Kommunikation und darauf, wie sie sich entwickelte. Offenkundig sind wir aber immer noch weit von der Art und Weise entfernt, wie die heutigen Menschen miteinander kommunizieren, indem sie eine der über 6000 Sprachen gebrauchen. Aber in Wahrheit ist der Abstand gar nicht mehr so groß, denn der wichtigste Punkt ist bereits genannt und lautet, dass der größte Teil von dem, was die menschliche Kommunikation so leistungsfähig macht, die psychologische Infrastruktur ist, die bereits in artspezifischen Formen des Gestikulierens, wie den Zeigegesten und dem Gebärdenspiel, vorliegt. Die Sprache entwickelt sich dann auf dieser Infrastruktur und ist völlig von ihr abhängig. […] An dieser Stelle, also vor dem Aufkommen kommunikativer Konventionen, könnte unser Modell so etwas wie ein heute lebendes 12 bis 14 Monate altes vorsprachliches Kleinkind sein, das regelmäßig durch Zeigegesten kommuniziert und gelegentlich ikonische Gesten verwendet, wenn erstere nicht zum Ziel führen. […] Konventionen sind Handlungsmuster, die zwar in gewisser Weise arbiträr sind – sie könnten auch eine andere Gestalt haben –, aber es ist zu jedermanns Vorteil, wenn jeder sich an eine Gestalt hält und daher jeder genau das tut, was auch jeder andere tut, weil alle das tun.[1] Diese Arbitrarität bedeutet, dass niemand eine Konvention alleine erfinden kann. Man kann zwar ikonische Gesten erfinden, die bei der Kommunikation effektiv sind, aber arbiträre Kommunikationskonventionen erfordern es, „geteilt" zu werden, so dass sich jede andere Person in der Gruppe in dem Wissen verlassen kann, wie die Konvention kommunikativ verwendet wird, was offensichtlich abermals zumindest teilweise ein Ergebnis des rekursiven Erkennens geistiger Zustände ist. Wir haben zuvor dafür argumentiert, dass die Form des sozialen Lernens, die hier nötig ist, sich nicht in der bloßen Imitation erschöpft, sondern in der Imitation durch Rollen-

117

tausch, bei der jeder Kenner der Konvention versteht, dass er die Konvention anderen gegenüber so verwenden kann, wie diese sie ihm ge-
90 genüber verwendet haben, und umgekehrt, so dass die Rollen des Produzierenden und des Verstehenden sowohl bei der Produktion als auch beim Verstehen implizit gegenwärtig sind.[2]
Wir haben aber immer noch nicht die Frage be-
95 antwortet, wie Konventionen überhaupt erst wirksam werden. Sich auf einen Prozess ausdrücklicher Übereinkunft zu berufen – wie in den verschiedenen Arten von Theorien des Gesellschaftsvertrags –, ist keine wirklich brauch-
100 bare Lösung, da die Übereinkunft ein schon vorhandenes Kommunikationsmittel zu ihrer Formulierung voraussetzt, das weitaus leistungsfähiger ist als das noch zu erfindende. Konventionen können jedoch „auf natürliche Weise"
105 als Ergebnis der Kombination von geteilten und nichtgeteilten Erfahrungen unter Organismen entstehen [...]. Im Folgenden soll jene Art von Szenario dargestellt werden, das in der Frühzeit arbiträrer kommunikativer Konventionen der
110 Fall gewesen sein muss. Am Anfang stand eine bestimmte Art kooperativer ikonischer Geste. Ein weibliches Mitglied der Gattung *Homo* will vielleicht nach Wurzelknollen graben. Um andere dazu zu bewegen, mit ihr zu kommen, stellt sie
115 ihnen gegenüber auf übertriebene Weise die Handlung des Grabens durch Gebärden dar, und zwar in der Richtung, in der man normalerweise Wurzelknollen findet. Die Höhlengenossen verstehen diese Geste auf natürliche Weise, das
120 heißt, sie verstehen, dass diese Geste des Grabens eine wirkliche instrumentelle Handlung des Grabens darstellen soll. Möglicherweise lernen einige von ihnen diese Geste durch Rollentausch-Imitation von ihr und schaffen dadurch
125 ein geteiltes Kommunikationsmittel, das kon-

ventionell insofern ist, als es geteilt wird, und das zumindest teilweise insofern arbiträr ist, als es für dieselbe Funktion gewiss andere Gesten hätten verwendet werden können.
130 Nehmen wir nun die folgende Erweiterung des Szenarios an. Einige Individuen, die mit dem Graben nicht vertraut sind, etwa Kinder, beobachten diese „Lasst-uns-graben-Gehen"-Geste. Für sie ist die Verbindung zwischen der rituali-
135 sierten Geste des Grabens und der Handlung des Grabens nach Wurzelknollen undurchsichtig (obwohl sie sehen, dass sie als kommunikative Geste gemeint ist); sie denken, dass durch diese Geste die Leute allgemein zum Aufbruch bewegt
140 werden sollen. Sie könnten die Geste durch Imitation lernen, um bei einer zukünftigen Gelegenheit zum Aufbruch zu veranlassen (das heißt, um etwas anderes zu tun als zu graben), so dass die ursprüngliche ikonische Verankerung der
145 Geste völlig ausgelöscht ist. [...]
Ein weiteres wichtiges Ergebnis dieses Prozesses ist eine Art der Standardisierung von Zeichen. Wenn ikonische Gesten motiviert sind, wird „dieselbe" Handlung, „dasselbe" Ereignis in Ab-
150 hängigkeit vom Kontext verschieden dargestellt; das Öffnen einer Tür pantomimisch auf eine andere Weise dargestellt als das Öffnen eines Gefäßes. Das ist unter anderem typisch für individuell geschaffene „Home-Signs".[3] Wenn
155 die Ikonizität jedoch für Individuen, die die Zeichen neu lernen, undurchsichtig wird, entsteht die Möglichkeit einer stilisierten Darstellung des Öffnens, die sehr abstrakt ist und keiner besonderen Art des Öffnens bestimmter Gegen-
160 stände entspricht. Das wiederum ist typisch für viele Zeichen in konventionalisierten Zeichensprachen und öffnet den Weg für die völlig arbiträren und abstrakten Zeichen, die für die stimmliche Modalität charakteristisch sind.

---

1 Lewis 1969/1975.
2 Tomasello 1999/2002.
3 Goldin-Meadow 2003b; siehe das nächste Kapitel. [Fußnoten aus dem Originaltext]

1 Weisen Sie am Text von Tomasello die Merkmale eines fachwissenschaftlichen Textes nach. Klären Sie auch die Funktion der Fußnoten.

2 Formulieren Sie einen schriftlichen Verstehensentwurf zum Text von Tomasello.

Zitieren
→ S. 127, 470

3 Stellen Sie die inhaltlichen Bezüge zwischen dem journalistischen Text von Eva Obermüller (S. 115 f.) und dem fachwissenschaftlichen Text von Tomasello her und formulieren Sie diese schriftlich so, dass Sie Aussagen aus dem Obermüller-Text durch Aussagen aus dem Tomasello-Text belegen bzw. darauf verweisen.

4 Entwickeln Sie in Kleingruppen eine Theorie darüber, wie der Schritt vom konventionellen arbiträren Zeichen zur Verwendung von Lautzeichen in der Entwicklung hätte vonstattengehen können. Tauschen Sie sich im Anschluss über Ihre Vermutungen im Plenum aus.

Referat
→ S.469

 5 PLUS Recherchieren Sie vertiefend zu den Konversationsmaximen des englischen Sprachphilosophen Herbert Paul Grice (vgl. dazu auch S.19) und stellen Sie diese im Kurs in Form eines Referates vor.

 6 PLUS Recherchieren Sie arbeitsteilig in Gruppen Sprachursprungsmythen und stellen Sie sich diese gegenseitig vor.

7 Diskutieren Sie, weshalb sich Menschen vieler Kulturen für den Ursprung und die Verschiedenheit menschlicher Sprache besonders interessiert haben.

Spracherwerb – zur Ontogenese der Sprache

Verena Fischer: Die Sprachentwicklung (2016, kindererziehung.com)

Die Sprachentwicklung							
Vorstufe	Stufe der Lallmonologe	Stufe der Ein-Wort-Sätze	Stufe der Zwei- und Mehrwort-sätze	Auf- und Ausbau der Grammatik	Stufe der Festigung	Vollständige Beherrschung	Verfeinerung im Schulalter
Geburtsschrei	Lallmonolog-ketten aus ein-fachen Silben	Worte durch Silbenverdopp-lung und Laut-nachahmung	Erstes Fragealter	Einfache Sätze, Beugung der Wörter	UND, ODER und ABER	Satzgefüge werden komplizierter	Schriftsprache
Unterschiede im Schreien	Selbst- und Fremdnach-ahmung	Namen von Personen und Gegenständen	Zeit-, Um-stands- und Eigenschafts-wörter	Analogiefehler	ICH MÖCHTE und DASS	Vergangene, zukünftige und nur gedachte Ereignisse	Ein ande-rer Grad an Bewusstsein notwendig
Vorform von Sprache	Lautkombi-nationen der Muttersprache	Gezieltes Einsetzen: Ein-Wort-Sätze	Erstmals Vergangenheit	Fragen stellen und beantwor-ten, Zusam-menhänge erklären	Zweites Fragealter: WARUM-Fragen	Oberbegriffe	Zunehmend komplizierte Sätze

© www.kindererziehung.com

| Geburt | 6 Monate | 1 Jahr | 18 Monate | 2 Jahre | 3 Jahre | 4 Jahre | 5 Jahre |

1 Erläutern Sie mithilfe der Angaben in der Tabelle *Die Sprachentwicklung*, in welchen wichtigen Schritten der individuelle Spracherwerb bei Kindern im Regelfall verläuft.

 2 Recherchieren Sie nach weiteren Materialien zum individuellen Spracherwerb bei Kindern und bewerten Sie die Qualität dieser Materialien. Achten Sie insbesondere auf die Herkunft und die Intention der Materialien.

Michael Tomasello: Der Gebrauch sprachlicher Konventionen (2009, Ausschnitt)

Kleine Kinder produzieren ihre frühesten referentiellen Sprachäußerungen typischerweise im Alter von 14 bis 18 Monaten. In der überwiegenden Mehrheit der Fälle haben sie zuvor einige Wochen oder Monate durch Gesten kom-
5 muniziert. [...] Obwohl es theoretisch möglich ist, dass Kinder Sprache im Kontext eines bestimmten gemeinsamen Hintergrunds verwenden, bevor sie irgendwelche Gesten hervorbringen, ist es doch beachtlich, dass die große Mehrheit zuerst gestikuliert und damit die Infrastruktur geteilter Intentionalität der Sprache zum Zwecke des Gebrauchs 10 vorsprachlicher Gesten errichtet.
Die frühesten Motive von Kleinkindern für sprachliche Kommunikation sind dieselben wie für Zeigegesten: Informieren, Auffordern (einschließlich des Bittens um Infor-

119

15 mation) und Einstellungen teilen.[1] Oft verwenden Kleinkinder ihre ersten sprachlichen Ausdrücke genauso wie die
Erwachsenen, indem sie in denselben oder ähnlichen Situationen einfach die Rollen tauschen. Beispielsweise beobachteten Ratner und Bruner (1978) ein kleines Kind kurz
20 nach seinem ersten Geburtstag dabei, wie es mit seiner
Mutter das Spiel „Puppenverstecken" spielte. In wiederholten Runden neigte die Mutter dazu, an derselben Stelle des
Spiels „weg" zu sagen, gerade nachdem die Puppe verschwunden war. Es überrascht nicht, dass die erste Produk-
25 tion von „weg" seitens des Kindes einfach in dem bestand,
was die Mutter zuvor an derselben Stelle getan hatte. Kinder benennen Gegenstände gegenüber Erwachsenen, indem sie die Rollen im Benennungsspiel tauschen, mit dem
der Erwachsene zuvor angefangen hatte. [...]
30 Die frühkindliche Verwendung sowohl von Zeigegesten als
auch von Sprache weist dieselbe Komplementarität zwischen dem auf, was in der referentiellen Handlung selbst
ausgedrückt werden muss, und dem, was im gemeinsamen
Hintergrund implizit gelassen werden kann, das heißt, Zei-
35 gegesten und sprachliche Äußerungen haben dieselbe „In-
formationsstruktur". So setzt das Zeigen den gemeinsamen Aufmerksamkeitshintergrund als „Thema" (alte oder
geteilte Information) voraus, und die Zeigehandlung selbst
ist in Wirklichkeit eine Prädikation oder ein Fokus, der den
40 Empfänger über etwas Neues informiert, das der Aufmerksamkeit wert ist. In anderen Fällen dient das Zeigen dazu,
ein neues Thema zu bestimmen, über das dann weitere
Dinge mitgeteilt werden. Beides sind Funktionen, die in der

sprachlichen Kommunikation von ganzen Äußerungen erfüllt werden können.[2] Wenn Kleinkinder erstmals zu spre- 45
chen anfangen – wenn ihre sprachliche Kompetenz noch
auf der Ein-Wort- oder Zwei-Wort-Äußerungen beschränkt
ist –, beziehen sie sich meist auf komplexe Situationen, indem sie den „informativsten" Ausdruck verwenden, über
den sie verfügen. Wenn beispielsweise ein neuer Gegen- 50
stand erscheint oder ein schon vorhandener Gegenstand in
eine neue Tätigkeit eingebunden wird, neigen Sprachan-
fänger dazu, auf das neue Element in der Situation zu referieren. Belege aus jüngerer Zeit zeigen, dass Kinder schon
vom zweiten Geburtstag an das neue Element wegen sei- 55
ner Neuheit nicht für sich selbst, sondern für den Hörer
auswählen.[3] Außerdem sind viele der frühen Äußerungen
von Kindern Kombinationen aus Gesten (hauptsächlich
Zeigegesten) und Wörtern, die die Funktionen des Themas
und des Fokus verschieden aufteilen, was ebenfalls auf eine 60
gemeinsame Infrastruktur für Gesten und Sprache hin-
weist.

1 Drei spezifischere Funktionen, die kleine Kinder ebenfalls recht häufig
in einem frühen Stadium ihrer Sprachentwicklung erwerben – und die
typischerweise nicht zusammen mit Zeigegesten auftreten –, sind Äußerungen der Dankbarkeit („Danke"), des Grüßens („Hallo" und „Tschüss") und
des Sich-Entschuldigens („Entschuldigung"), wie unvollkommen sie diese
Funktionen auch verstehen mögen.
2 Siehe Lambrechts Prädikatfokus- und Satzfokuskonstruktionen 1994.
3 Campbell, Brooks und Tomasello 2000, Wittek und Tomasello 2005,
Matthews et al. 2006. Wenn kleine Kinder unangemessen referierende
Ausdrücke verwenden, die zu Missverständnissen führen, ist interes-
santerweise das nützlichste Mittel, ihnen beizubringen, angemessenere
Ausdrücke im Hinblick auf die Perspektive des Empfängers auszuwählen,
dass der Erwachsene sein Unverständnis auffällig signalisiert, anstatt
einfach Beispiele angemessener Referenzhandlungen vorzuführen. Solche
Beispiele sind weniger hilfreich, weil sie nicht mit dem Missverstehen der
Kinder verbunden sind (Matthews, Lieven und Tomasello 2007). [Fußnoten
aus dem Originaltext]

Tierische und menschliche Kommunikation
Tiere wie Menschen kommunizieren miteinander über Laute,
Gesten oder Mimik.
Michael Tomasello stellt in seinem Buch *Die Ursprünge der
menschlichen Kommunikation* auch Experimente vor, die auf
Unterschiede in der Kommunikation bspw. zwischen Affen
und Menschen hinweisen: Kinder informieren ihr Umfeld
durch Zeigegesten bspw. über versteckte Gegenstände auch
dann, wenn ihnen daraus kein unmittelbarer Vorteil erwächst. Solcherart geteilte Hintergrundinformationen versetzen Menschen in die Lage, sich an gemeinsamen Folgehandlungen zu beteiligen, also besser zu kooperieren. Affen
dagegen informieren ihre Gefährten nicht ohne Grund. Sie
setzen ihre Zeigegesten nur ein, wenn damit eine klare Aufforderung, also ein unmittelbarer Zweck, verbunden ist. Und:
Schimpansen nutzen präparierte Zweige als Werkzeuge, um
damit Ameisen zu angeln. Diese nützliche Erfahrung wird
auch in der Gruppe und zwischen den Generationen geteilt.
Allerdings ist mit dieser geteilten Erfahrung keine Weiterentwicklung des Werkzeugs verbunden. Damit Werkzeuge fort-
entwickelt werden konnten, brauchte es die menschliche
Sprache.

3 Beziehen Sie die Aussagen Tomasellos zum Gebrauch sprachlicher Konventionen auf die Angaben
in der Tabelle *Die Sprachentwicklung* (S. 119).

4 Erläutern Sie, inwieweit die Untersuchungen des frühkindlichen Spracherwerbs die These Tomasellos
zur Phylogenese, d. h. der genetisch-biologisch entwickelten Fähigkeit der Menschen, Sprache zu
nutzen, stützen.

Referat
→ S. 469

5 Entwerfen Sie mit den Materialien dieses Moduls Präsentationsfolien, die Sie in einem Referat
zum Thema Sprachursprungstheorien verwenden könnten.

Auf einen Blick: Aspekte der Sprachtheorie untersuchen

Lexikon Sprache und Kommunikation
→ S. 451 ff.

Semantik

Semantik ist die Teildisziplin der Sprachwissenschaft, die die Bedeutung sprachlicher Zeichen untersucht (dagegen untersucht die Semiotik allgemein die Zeichenstruktur, -konstitution und -typologie). Man unterscheidet u.a.:

– einfache **Begriffs-/Zeichenrelation**: Etwas steht für etwas anderes (das berühmte *aliquid stat pro aliquo* der Scholastik), also etwa das Wort *Frau* für eine Frau bzw. alle Frauen, d.h. Frauen wären die Bedeutung von *Frau*.

– **Intension/Extension**: In der modernen Semantik wird die Bedeutung in eine Intension (der „Sinn" des Begriffs bei Gottlob Frege, 1848–1925) und Extension (also allem, was unter den Begriff fällt) aufgeteilt.

– Von **Nullextension** spricht man bei Begriffen ohne Extension (z.B. gibt es weder Einhörner noch Gespenster, dennoch haben die Begriffe *Einhorn* und *Gespenst* eine Bedeutung, zu der auch das Wissen gehört, dass es sie nicht gibt).

Darüber, wie die Intension eines Begriffs zu denken ist, gibt es wiederum verschiedene Theorien:

– **Merkmalssemantik**: Sie geht davon aus, dass sich alle Bedeutungen mit einer endlichen Menge an Merkmalen beschreiben ließen (eine Frau wäre so vom Mann durch das Merkmal +weiblich bzw. –männlich, vom Mädchen durch das Merkmal +erwachsen bzw. –heranwachsend, von der Kuh durch das Merkmal +menschlich bzw. –rinderhaft usw. unterschieden).

– **Prototypensemantik**: von Eleanor Rosch (*1938) begründet; sie geht davon aus, dass man Intension vor allem über prototypische Vertreter ihrer Extension abspeichert (so gesehen müsste es typischere Frauen als andere geben).

– **Stereotypensemantik**: von Hilary Putnam (1926–2016) begründet; sie geht davon aus, dass keine Verbindung von Intension und Extension besteht, da weder die Intension durch die Extension bestimmt ist (solange man Wale für Fische hielt, waren *Wale* eben *Fische*) noch die Intension durch notwendige Merkmale (um den Begriff *Wal* z.B. im Kontext der biblischen Geschichte des Propheten Jona richtig zu gebrauchen, muss man nichts über die Fortpflanzung der Tiere wissen).

Der Zusammenhang von Sprache und Denken

Die sogenannte **Sapir-Whorf-Hypothese** (nach den Sprachwissenschaftlern Benjamin Lee Whorf, 1897–1941, und Edward Sapir, 1884–1939) geht von der Annahme aus, dass Einzelsprachen die Denkstrukturen und die Wahrnehmung ihrer Sprecherinnen und Sprecher bestimmen (bzw. *determinieren*, weshalb auch von *Sprachdeterminismus* gesprochen wird).

Spracherwerb

Der Begriff **Spracherwerb** umfasst eine Vielzahl verschiedener **ontogenetischer Erwerbskontexte**:

– **frühkindlicher Sprachersterwerb** (einsprachig oder mehrsprachig, was global betrachtet die Regel darstellt)

– **Erwerb von Zweitsprachen** (sei es gesteuert wie zum Beispiel im Fremdsprachenunterricht oder sei es ungesteuert im Zielland)

– krankheitsbedingter **Sprachwiedererwerb** (z.B. nach einem Schlaganfall)

Zum **phylogenetischen Spracherwerb** hat vor allem **Michael Tomasello** (*1950) wegweisende Arbeiten vorlegt: Ihm zufolge ist es vor allem die **geteilte Intentionalität** (d.h. eine geteilte Aufmerksamkeit aufgrund unterstellter gemeinsamer Interessen), die uns nicht nur von anderen Primaten unterscheidet, sondern uns auch den Weg zur Lautsprache weist.

> Der Begriff **Ontogenese** beschreibt den Prozess des Spracherwerbs jedes einzelnen Individuums. Die Fähigkeit der Menschheit überhaupt Sprache (sowohl Lautsprache als auch Zeigegesten/Gebärden) in einer bestimmten Form zu entwickeln, umfasst der Begriff **Phylogenese**.

Eine Seminararbeit verfassen

Eine Seminararbeit von der Themenfindung bis zur Textüberarbeitung erarbeiten

Die Seminararbeit ist ein zentraler Bestandteil der schulischen Wissenschaftspropädeutik. Mit dieser Arbeit sollen Sie zeigen, dass Sie sich an **wissenschaftlichen Standards** orientieren bzw. diese beim Arbeiten berücksichtigen können. Die Seminararbeit verlangt ein entsprechend hohes Maß an **Selbstständigkeit**, **methodischer Reflexion** und **Genauigkeit**.

1. Thema finden und eingrenzen
 - Rahmenthema verengen, mögliche Teilthemen bestimmen, Fragestellung formulieren und begründen
 - Ergiebigkeit der Teilthemen prüfen
 - Thema der Seminararbeit festlegen
 - Arbeitsplan erstellen

2. Informationen und Materialien beschaffen
 - mögliche Informations- und Materialquellen sammeln
 - Ergiebigkeit und Verfügbarkeit prüfen
 - Informations- und Materialbeschaffung sowie ggf. empirische Untersuchung planen und durchführen
 - Literatur bzw. Materialien aus unterschiedlichen Quellen (Bücher, Fachzeitschriften, Internetquellen …) recherchieren

3. Informationen und Materialien aus- und bewerten
 - Materialien kritisch bewerten (Herkunft, Intention, Plausibilität …) und auswerten
 - Auswertungsergebnisse systematisch erfassen und ggf. grafisch darstellen
 - Quellen festhalten, Methoden dokumentieren

4. Gliederung erstellen
Einleitung
 - interessanten Einstieg finden
 - Thema, Teilthemen bzw. Schwerpunkte, Methoden und Materialgrundlage sowie Ziele (Leitfrage, Arbeitsthese) benennen
Hauptteil
 - thematisch und logisch strukturierte Darlegung der Untersuchungsergebnisse
 - Urteil entwickeln und begründen
Schluss
 - Zusammenfassung der wichtigsten Ergebnisse mit Bezug auf die Ziele
 - Ausblick formulieren

5. Seminararbeit verfassen
 - Orientierung an der Gliederung
 - standardsprachlich schreiben bzw. Abweichungen vom Standard (für sich) funktional begründen
 - Verwendung von Fachsprache, soweit voraussetzbar oder eingeführt
 - Beleg aller Thesen durch Verweise auf Materialien, passendes und korrektes Zitieren

Zitieren
→ S. 470

6. Seminararbeit überarbeiten
auf persönliche Fehlerschwerpunkte achten:
 - sachliche Richtigkeit
 - gedankliche Zusammenhänge
 - sprachliche Verknüpfung, Stil
 - sprachliche Richtigkeit (Rechtschreibung, Zeichensetzung, Grammatik, Zitate)

Eigene Texte
sprachlich
gestalten
→ S. 403

1. Thema finden und eingrenzen

1.1 Bewerten Sie die folgenden Themen für Seminararbeiten unter dem Gesichtspunkt ihrer grundsätzlichen Bearbeitbarkeit. Benennen Sie dazu, welche Themen zu umfangreich und welche Themen zu eng formuliert sind.

Thema A Das bürgerliche Trauerspiel im Zeitalter der Aufklärung	**Thema B** Zur Vokalisierung des Phonems /r/ an der bairisch-fränkischen Dialektgrenze in Wunsiedel	**Thema C** Die Verfilmungen von Fontanes *Effi Briest* im Vergleich
Thema D „Drum hab' ich mich der Magie ergeben" – Zur Bedeutung der Magie in *Faust. Der Tragödie erster Teil*	**Thema E** Die Rolle der Studioeinrichtung für das Setting politischer Talkshows im öffentlich-rechtlichen Fernsehen	**Thema F** Der frühkindliche Erstspracherwerb im Vergleich zur Phylogenese der menschlichen Sprache

1.2 Erweitern Sie die Themen aus Arbeitsschritt 1.1 bzw. grenzen Sie sie so ein, dass die Themenstellung sowohl bearbeitbar als auch ergiebig ist.

1.3 Grenzen Sie ein mögliches Teilthema innerhalb Ihres Rahmenthemas für eine Seminararbeit ab und erstellen Sie anschließend einen entsprechenden Arbeitsplan.

2. Informationen und Materialien beschaffen

 2.1 Leiten Sie aus dem Text *Ein einzigartiges Echtzeit-Experiment* von Eva Obermüller (S. 115 f.) bzw. Ihrem Exzerpt dazu (vgl. Aufgabe 2 auf S. 116) Fragen an das Thema Gebärdensprache ab. Skizzieren Sie anschließend mögliche Recherche- bzw. Informationsbeschaffungsmöglichkeiten. Orientieren Sie sich an der folgenden Tabelle.

	Sprachspezifik von Gebärdensprachen?	Vergleichbarkeit von Gebärdensprachen?	...
mögliche Suchbegriffe (Schlagwortkatalog, Internet)	*Deutsch + Gebärdensprache, Fingeralphabet, ...*	*Gebärdensprache + Aufbau, Gebärdensprache + Sprachgruppen, ...*	...
Expertenbefragung	*Dozentinnen und Dozenten, Dolmetscherinnen und Dolmetscher*	*Sprachwissenschaftlerinnen und Sprachwissenschaftler*	...
...	...	...	...

2.2 Formulieren Sie Fragen bzw. Erkenntnisinteressen an Ihr Teilthema (vgl. Arbeitsschritt 1.3) und entwickeln Sie die entsprechenden Recherche- bzw. Informationsbeschaffungsmöglichkeiten. Berücksichtigen Sie bereits bei der Beschaffung die Checkliste zur Bewertung von Quellen (vgl. S. 124). Halten Sie alle Quellen in einem Quellenverzeichnis fest (vgl. Arbeitsschritt 2.4).

2.3 Prüfen Sie in einem gesonderten Arbeitsschritt, ob und ggf. welche nichtlinearen Materialien bzw. Texte Sie verwenden wollen bzw. können (als Informationsquelle, zur Veranschaulichung, als Visualisierung). Formulieren Sie auch hier konkrete Suchanfragen und recherchieren Sie nach diesen Materialien. Auch hier gilt wieder: Halten Sie alle Quellen in einem Quellenverzeichnis fest (vgl. Arbeitsschritt 2.4).

 **Interaktives Sprachtraining I 08**

2.4 Vergleichen Sie die folgenden Literaturangaben und benennen Sie die Gemeinsamkeiten und Unterschiede mit Blick auf die verschiedenen Quellen bzw. Textarten (Buch, Zeitschrift, Zeitung, Internet, Abbildung).

1 Frege, Gottlob: Über Sinn und Bedeutung. In: Zeitschrift für Philosophie und philosophische Kritik, Bd. 100/1 (1892), S. 25–50.

2 Obermüller, Eva: Ein einzigartiges Echtzeit-Experiment. Auf der Seite: https://sciencev2.orf.at/stories/1738755/index.html (abgerufen am 28.06.2022).

3 Pollatschek, Nele: Schafft die Frauen ab. In: Süddeutsche Zeitung vom 19./20.02.2022 (Nr. 43), S. 15.

4 Tomasello, Michael: Die Ursprünge der menschlichen Kommunikation. Aus dem Amerikanischen von Jürgen Schröder. Frankfurt: Suhrkamp 2009.

5 Bahn der Venus (Schaubild). Auf der Seite: https://www.weltderphysik.de/thema/hinter-den-dingen/abendstern-und-morgenstern/ (abgerufen am 28.06.2022).

3. Informationen und Materialien aus- und bewerten

3.1 Bewerten Sie die Verlässlichkeit und Ergiebigkeit des Textes *Ein einzigartiges Echtzeit-Experiment* von Eva Obermüller (S. 115 f.) für das Thema Gebärdensprachen. Nutzen Sie die Checkliste zur Bewertung von Quellen.

Checkliste: Quellen (Informationen und Materialien) bewerten

Kontext
- ☑ Ist die Quelle (Verlag, Institution, Website …) renommiert bzw. bekannt oder durch Dritte verbürgt?
- ☑ Ist die Autorin oder der Autor fachlich kompetent und seriös?
- ☑ In welchem übergeordneten Zusammenhang steht die Veröffentlichung ggf. und welche Ziele verfolgt sie?
- ☑ Wann und wo ist das Material erstellt und veröffentlicht worden?

äußere Form
- ☑ Ist das Material werbefrei?
- ☑ Sind alle Bilder bzw. bildhaften Darstellungen im Material funktional zu rechtfertigen und verzichten sie auf Effekthascherei?
- ☑ Zielen die verwendeten typografischen Mittel (vor allem Farbe, Fettdruck und Schriftgröße) auf Effekthascherei?
- ☑ Ist die verwendete Sprache orthografisch korrekt?

Inhalt und Relevanz
- ☑ Ist die Darstellung widerspruchsfrei?
- ☑ Ist die Darstellung frei von Informations- bzw. Argumentationslücken?
- ☑ Ist die Schreibhaltung sachlich und wird sowohl auf offene oder verdeckte Wertungen als auch auf manipulative Argumentationsstrategien verzichtet?
- ☑ Sind Wertungen bzw. Urteile begründet?
- ☑ Wird auf Gegenpositionen hingewiesen und werden diese ggf. widerlegt?
- ☑ Wird auf offene, strittige Fragen ggf. (sachlich) hingewiesen?
- ☑ Sind die Informationen aus den Materialien relevant für das Thema?

3.2 Bewerten Sie die den folgenden Anfang einer Auswertung des Textes *Ein einzigartiges Echtzeit-Experiment* von Eva Obermüller (S. 115 f.).

> ### Eva Obermüller: Ein einzigartiges Echtzeit-Experiment
>
> – seit 1977 in Nicaragua: 25 gehörlose Kinder erfinden – aus dem Wunsch heraus, miteinander kommunizieren zu können – eine Zeichensprache, die sich verändert; Prozess wird von Anfang an wissenschaftlich vom Language Acquisition and Development Laboratory an der Columbia University begleitet
> – Gehörlosensprache verändert sich in jeder Generation enorm → schon bald war klar: das Entstehen einer Sprache, der „Idioma de Signos Nicaragüense", konnte gewissermaßen live beobachtet werden
> – heute wissenschaftlicher Konsens: Gebärdensprachen können voll funktionierende sprachliche Systeme sein
> – die ersten Äußerungen hatten Zwei-Wort-Strukturen wie „Mann geben"; schon die nächste Generation verwendete grammatikalische Markierungen, in deren Folge sich die Wortordnung änderte und eine grammatikalische Ordnungsstrategie sichtbar wurde
> – ...

3.3 Leiten Sie aus Ihrer Kritik an der Auswertung (vgl. Arbeitsschritt 3.2) Kritierien dafür ab, wie Untersuchungsergebnisse systematisch erfasst werden können.

4. Gliederung erstellen

4.1 Finden Sie einen Oberbegriff, der die folgenden Stichpunkte zusammenfasst, und ordnen Sie diese im Anschluss in einer Mindmap an. Zeigen Sie durch Pfeile wichtige Verbindungen zwischen Teilaspekten auf.

– Bilingualität	– Gebärdensprache	– Zweitspracherwerb
– Mehrsprachigkeit	– frühkindlicher Spracherwerb	– Sprachwiedererwerb
– Spracherwerb	– ungesteuerter Zweitspracherwerb	– Fremdsprachenunterricht
– Sprachursprungstheorien	– Phylogenese der Sprache	– natürliche Sprache

4.2 Übernehmen Sie die Stichpunkte aus Arbeitsschritt 4.1 auf kleine Karteikarten (z. B. DIN A7) und ordnen Sie diese so an, dass sich daraus eine nachvollziehbare Gliederung ergibt. Rücken Sie mögliche Unterpunkte etwas nach rechts ein.

4.3 Erfassen Sie alle Stichpunkte, die für Ihr Seminararbeitsthema relevant sind, in einer Mindmap. Übertragen Sie diese anschließend auf kleine Karteikarten (s. Arbeitsschritt 4.2) und erproben Sie durch unterschiedliche Anordnungen mögliche Gliederungen. Unterscheiden Sie dabei bereits zwischen Einleitung, Hauptteil und Schluss.

4.4 Erweitern Sie Ihr Arbeitsergebnis aus Arbeitsschritt 4.3 zu einer Gliederung für Ihr Inhaltsverzeichnis, indem Sie die Stichpunkte ausformulieren und ergänzen (etwa zum Schluss oder zur Einleitung), logische Verbindungen aufzeigen und Bezüge zu den Materialien herstellen. Nutzen Sie die Checkliste (S. 126) zur Erstellung einer Gliederung.

> **Checkliste:**
> **Eine Gliederung für eine Seminararbeit erstellen**
>
> **Gesamtanlage**
> ☑ Habe ich alle formalen Vorgaben für die Seminararbeit berücksichtigt?
> ☑ Sind alle Teile (Einleitung, Hauptteil, Schluss) des Textes ausgearbeitet?
> ☑ Ist die Gestaltung übersichtlich und folgen alle Punkte einem logisch nachvollziehbaren, klaren Gliederungsschema (z. B. 1., 1.1, 1.2, 2., 2.1 usw.)?
> ☑ Sind Aspekte sprachlich präzise und sachlich bezeichnet?
> ☑ Wird an allen wichtigen Stellen Bezug auf Materialien genommen?
>
> **Hauptteil**
> ☑ Sind alle Überschriften (auch für die Kapitel und Unterkapitel) ausformuliert?
> ☑ Sind alle in der Gliederung aufgeführten Inhalte relevant?
> ☑ Sind alle relevanten Inhalte in der Gliederung erfasst?
> ☑ Sind alle logischen Verknüpfungen zwischen den Inhalten nachvollziehbar bzw. zwingend und ergibt sich ein roter Faden?
> ☑ Können alle grundlegenden Aussagen durch Quellen (Verweise und Zitate) belegt werden?
>
> **Einleitung und Schluss**
> ☑ Enthalten die Hinweise zur Einleitung alle wesentlichen Angaben zum Thema bzw. der zentralen Fragestellung, den Methoden, Schreibzielen und ggf. Thesen?
> ☑ Wird eine Idee für die Einleitung genannt, durch die später zum Weiterlesen angeregt werden soll?
> ☑ Ist schon in der Gliederung ein nachvollziehbarer Bezug zwischen Hauptteil und Schluss hergestellt?
> ☑ Enthält der Schluss Hinweise zum Fazit der Arbeit sowie zum Ausblick?

5. Seminararbeit verfassen

5.1 Beziehen Sie die folgenden Aussagen von Schülerinnen und Schülern auf sich: Was trifft auf Sie zu, was weniger bzw. nicht? Ziehen Sie die entsprechenden Rückschlüsse für Ihre Schreibplanung.

> **Lara:** *Ich kann unter Druck nicht schreiben. Wenn ich wüsste, dass ich an einem Tag vier Seiten schreiben müsste, würde ich keinen einzigen Absatz hinbekommen.*

> **Vincent:** *Ich habe bei größeren Texten am Anfang Schwierigkeiten anzufangen. Bin ich aber einmal im Flow, schreibe ich am liebsten ohne Störungen so lange wie möglich am Stück und mache auch am nächsten Tag gleich weiter.*

> **Mia:** *Ich formuliere meine Gedanken und Ideen eigentlich auch dann schon aus, wenn ich noch gar nicht weiß, ob ich das später brauche oder wohin es dann kommt. Das hilft mir beim Denken. Außerdem: Beim eigentlichen Schreiben habe ich dann schon so viel Vorformuliertes, dass es dann ganz schnell geht.*

> **Tom:** *Mir hilft es, wenn ich beim Schreiben Pausen mache und das schon Geschriebene noch einmal lese. So werde ich nicht nur besser auf Fehler und Lücken aufmerksam, sondern finde auch den Anschluss zu dem, was jetzt noch kommen muss.*

> **Clara:** *Mir fällt das Schreiben eigentlich nicht schwer, wenn ich vorher alles gut geplant habe. Eine Seminararbeit ist vergleichbar mit materialgestützt argumentierendem Schreiben. Es geht um eine Forschungsfrage, deren Beantwortung argumentativ mit Verweis auf die Forschungslage und ggf. eigene Untersuchungen zu begründen ist. Eine besondere Herausforderung sehe ich beim Schreiben der Seminararbeit vor allem darin, wissenschaftlich zu formulieren.*

5.2 Schreiben Sie die Textpassagen A bis C ab und setzen Sie mithilfe des Originalausschnitts alle fehlenden Satzeichen.

Originalausschnitt

Aber in Wahrheit ist der Abstand gar nicht mehr so groß, denn der wichtigste Punkt ist bereits genannt und lautet, dass der größte Teil von dem, was die menschliche Kommunikation so leistungsfähig macht, die psychologische Infrastruktur ist, die bereits in artspezifischen Formen des Gestikulierens, wie den Zeigegesten und dem Gebärdenspiel, vorliegt.

Michael Tomasello: Die Ursprünge der menschlichen Kommunikation, S. 117, Z. 50 ff.

A Tomasello schreibt, dass das, was die menschliche Kommunikation so leistungsfähig macht, die psychologische Infrastruktur ist, die bereits in artspezifischen Formen des Gestikulierens, wie den Zeigegesten und dem Gebärdenspiel, vorliegt (Michael Tomasello: Die Ursprünge der menschlichen Kommunikation, S. 117, Z. 50 ff.)

B Tomasello verweist auf die psychologische Infrastruktur, die bereits in artspezifischen Formen des Gestikulierens, wie den Zeigegesten und dem Gebärdenspiel, vorliegt, die die menschliche Kommunikation so leistungsfähig macht (Michael Tomasello: Die Ursprünge der menschlichen Kommunikation, S. 117, Z. 50 ff.)

C Für Tomasello ist der größte Teil von dem, was die menschliche Kommunikation so leistungsfähig macht, die psychologische Infrastruktur (Michael Tomasello: Die Ursprünge der menschlichen Kommunikation, S. 117, Z. 50 ff.)

SO GEHT'S **Korrekt zitieren**

Für Tomasello ist der „wichtigste Punkt [...], dass der größte Teil von dem, was die menschliche Kommunikation so leistungsfähig macht, die psychologische Infrastruktur ist, die bereits in artspezifischen Formen des Gestikulierens, wie den Zeigegesten und dem Gebärden-
5 spiel, vorliegt" (Michael Tomasello, Die Ursprünge der menschlichen Kommunikation, Z. 51 ff.).

Tomasello spricht mit Blick auf die Leistungsfähigkeit der menschlichen Kommunikation von „psychologische[r] Infrastruktur" (Tomasello, Z. 55).

- **Wörtlich übernommene Äußerungen** werden, unter Angabe der Quelle, in Anführungszeichen wiedergegeben.
- **Auslassungen** werden durch drei Pünktchen (oft ebenfalls in eckigen Klammern) angezeigt.

- **Ergänzungen** und **Umstellungen** werden durch eckige Klammern gekennzeichnet.

 5.3 Schreiben Sie Ihre Seminararbeit am Computer. Vergessen Sie nicht, nach jeder Arbeitseinheit Ihre Textdatei zu sichern.

6. Seminararbeit überarbeiten

Eigene Texte sprachlich gestalten → S. 403

6.1 Korrigieren Sie die ausgedruckte Fassung Ihrer Arbeit in mindestens zwei Lesedurchgängen:
– Durchgang 1: Inhalt, d. h. inhaltliche Korrektheit, Stimmigkeit und Folgerichtigkeit
– Durchgang 2: formale Korrektheit, d. h. Rechtschreibung, Zeichensetzung, Stil, Grammatik, korrekte Zitate

Nehmen Sie anschließend die entsprechenden Korrekturen vor. Lassen Sie Ihre Arbeit zwischen den Lesedurchgängen einige Tage liegen.

Schreiben: Einen Essay zu Möglichkeiten und Grenzen von Übersetzungen verfassen

Essay
→ S. 444 f.

Verfassen Sie einen Essay zur Frage *Was Übersetzungen sind und (nicht) können.*
Gehen Sie dabei auch auf maschinelle Übersetzungen ein.

Bruno Osimo: Jakobson und die Übersetzung (2004, Ausschnitt)

Eine der wichtigsten Schriften von Roman Jakobson ist ein im Jahre 1959 veröffentlichter Essay, der noch heute einen zentralen Stellenwert für die Auseinandersetzung mit Grundfragen der Übersetzung einnimmt. [...]

5 Eine der ersten und wichtigen Thesen geht von folgendem Zitat aus:

„No one can understand the word ‚cheese' unless he has a nonlinguistic acquaintance with cheese", so heißt es bei Bertrand Russell [...]. Worte an sich können 10 also laut Russell, den Jakobson zitiert, nicht als Bedeutungsträger fungieren, wenn die direkte Erfahrung mit dem Gegenstand dieser Bedeutungen fehlt. Für einen Übersetzer wirft diese Behauptung zahlreiche problematische Fragestellungen auf. Denn letztlich hieße das 15 ja, dass ein Individuum fremdsprachliche Ausdrücke einer ihm unbekannten Kultur nicht assimilieren kann, wenn sich diese auf Begriffe oder Bezugsobjekte beziehen, die seiner eigenen Kultur fremd sind. Jakobson sieht dies anders. In diesem Fall müsse man 20 eben erklären, dass „cheese" (d.h. Käse) so viel wie „food made of pressed curds" bedeutet. Angehörige einer Kultur, die Käse nicht kennt, können also erahnen, was sich hinter dem Wort „cheese" verbirgt, solange sie wissen, was unter geronnener Milch zu verstehen ist. 25 So haben alle Bibelleser, wenn auch auf unterschiedliche Weise, irgendeine Vorstellung von jenem Manna, mit dem sich die Juden in der Wüste bei ihrem langen Exodus aus Ägypten ernährten, auch wenn keiner von uns je davon kosten durfte. Trotz aller individuellen 30 Unterschiede haben diese Vorstellungen allerdings gemeinsame Charakteristiken.

Daraus zieht Jakobson eine grundlegende Schlussfolgerung: „The meaning [...] of any word or phrase whatsoever is definitely [...] a semiotic fact". Es hat daher 35 keinen Sinn, dem Gegenstand an sich und nicht dem Zeichen eine Bedeutung (signatum) beizumessen: Es hat noch kein Mensch den Geschmack oder Geruch der Bedeutung von „cheese" oder „apple" wahrgenommen. Es kann kein signatum ohne signum geben. Wer 40 Gorgonzola oder Emmentaler kostet, kann ohne die Hilfe des verbalen Codes nicht von diesen Erfahrungsobjekten auf die Bedeutung „cheese" schließen. Denn die Bedeutung eines unbekannten Wortes kann nur unter Rückgriff auf eine Reihe von Sprachzeichen erklärt werden. 45

Die Bedeutung eines Wortes ist nichts anderes als seine Übersetzung in andere Worte: An dieser Aussage anknüpfend ist im Folgenden zu klären, welchen Stellenwert für die Kommunikation im Allgemeinen und für Völkerverständigung im Besonderen die Übersetzung im weiteren Sinne einnimmt. Ohne Übersetzungen wäre es unmöglich, Menschen mit Objekten, die ihrer eigenen Kultur fremd sind, vertraut zu machen. Laut Jakobson gibt es drei Möglichkeiten der Interpretation von sprachlichen Zeichen: 55

1. Intralinguale Übersetzung oder Umformulierung – d.h. die Interpretation sprachlicher Zeichen durch andere Zeichen derselben Sprache
2. Interlinguale Übersetzung – d.h. die Interpretation sprachlicher Zeichen durch Zeichen einer Fremdsprache 60 oder Übersetzung im eigentlichen Sinne
3. Intersemiotische Übersetzung – d.h. die Umsetzung sprachlicher Zeichen durch nicht verbale Zeichen (beispielsweise in Klang oder Bild) oder die Interpretation sprachlicher Zeichen durch Bedeutungsträger eines 65 nicht sprachlichen Zeichensystems

In oben angeführten Beispielen zur Frage des Wortes „cheese" war der Versuch einer intralingualen Übersetzung angedeutet: Es handelte sich um eine Worterklärung für „Käse" durch Paraphrasierung bzw. Umschrei- 70 bung dieses Gegenstandes mit anderen Worten, doch ohne Rückgriff auf andere Sprachen. Im Wesentlichen besteht die Aufgabe darin, die Aussage mit Worten zu umschreiben, die als Synonyme oder fast als solche gelten können. Laut Jakobson ist diese Form der Syno- 75 nymie in der Regel jedoch nicht als komplette Äquivalenz zu betrachten. Wie man die Bedeutung eines bestimmten Ausdrucks mit anderen Worten wiedergibt, ist immer Ergebnis einer Interpretation und kann daher individuell variieren. Daraus folgt aber, dass auch 80 in interlingualen Übersetzungen verschiedene Versionen möglich sind.

„All cognitive experience and its classification is conveyable in any existing language. Whenever there is a deficiency, terminology can be qualified and amplified by loanwords or loan translations, by neologisms or semantic shifts, and, finally, by circumlocutions" („Alle kognitive Erfahrung und die Einordnung derselben kann in sämtliche natürlichen Sprachen übertragen werden. Bei Wortschatzlücken kann die bestehende Terminologie durch Lehnwörter, Lehnübersetzungen, Neologismen oder semantische Entlehnungen und nicht zuletzt auch Wortwendungen qualifiziert und erweitert werden", Anm. d. Übers.).

William Shakespeare: Sonett 18 (1609, Auszug)

Shall I compare thee to a
summer's day?
Thou art more lovely and
more temperate:
5 [...] Nor shall Death brag thou
wander'st in his shade
When in eternal lines to time
thou grow'st:
So long as men can breathe or
10 eyes can see,
So long lives this, and this
gives life to thee.

Übertragung von Karl Kraus (1933, Auszug)

Soll ich denn einen Sommertag dich nennen,
dich, der an Herrlichkeit ihn
überglänzt?
5 [...] Des Todes gier'ger Blick
weiß dich zu meiden:
mein Wort verhütet, dass dein
Wesen stirbt.
Solange Ohren hören, Augen
10 sehn,
besteht mein Lied, wirst du im
Lied bestehn!

Übertragung von deepl. com (2023, Auszug)

Soll ich dich mit einem
Sommertag vergleichen?
Du bist schöner und milder:
[...] Der Tod soll nicht prahlen,
5 du wanderst in seinem Schat-
ten
Wenn du in ewigen Linien zur
Zeit wächst:
Solange Menschen atmen und
10 Augen sehen können,
So lange lebt dies, und dies
gibt dir Leben.

So können Sie vorgehen

1. Lesen Sie den Text *Jakobson und die Übersetzung* von Bruno Osimo und erläutern Sie die Aussage „Die Bedeutung eines Wortes ist nichts anderes als seine Übersetzung in andere Worte" (Z. 46 f.).

2. Vergleichen Sie die Übertragungen des Shakespeare-Sonetts durch Karl Kraus und die des Übersetzungsprogramms *DeepL* sowohl untereinander als auch mit dem Original. Benennen Sie die Unterschiede und die möglichen Ursachen hierfür.

3. Übersetzen Sie alleine oder in der Gruppe weitere kürzere Texte Ihrer Wahl ins Deutsche und lassen Sie diese ebenfalls durch ein Übersetzungsprogramm (oder mehrere) übertragen. Vergleichen Sie erneut die Ergebnisse und benennen Sie Grenzen von menschlichen und maschinellen Übersetzungen.

4. Sammeln Sie für Ihren Essay weiteres Material, das Ihren Interessen entspricht: Wo werden Übersetzungen überall gebraucht? Welchen Wert haben Fremdsprachenkenntnisse in der Zukunft? Lässt sich in allen Sprache alles sagen?

5. Erstellen Sie einen Schreibplan für Ihren Essay. Notieren Sie neben den Inhalten auch schon erste sprachlich-stilistische Umsetzungsideen.

6. Verfassen Sie Ihren Essay mithilfe eines Textverarbeitungsprogrammes und überarbeiten Sie ihn anschließend.

7. PLUS Lassen Sie Ihren Essay von einem Übersetzungsprogramm ins Englische oder irgendeine andere Sprache übersetzen und von einem anderen Übersetzungsprogramm wieder zurück ins Deutsche. Vergleichen Sie die Texte.

Klassik (1786–1805)

„Edel sei der Mensch, Hilfreich und gut!"

Was ist Würde?

Kann Kunst den Menschen besser machen?

Wie sieht das Idealbild eines Menschen aus?

Wie lassen sich Werte leben?

Im Panorama: Zeugnisse der Klassik

I 09
360°-Bild

① Weimar: Wie alles begann
② Johann Wolfgang Goethe: Edel sei der Mensch
③ Italien: Aneignung der Antike
④ Krisenerfahrung: Die Französische Revolution
⑤ Friedrich Schiller: Moralische Schönheit
⑥ Im Umfeld der Klassik: Friedrich Hölderlin

Das lernen Sie jetzt!

6.1 Lyrik der Weimarer Klassik interpretieren

6.2 das Menschenideal der Weimarer Klassik im Drama kennenlernen

6.3 Entwicklungsromane der Weimarer Klassik untersuchen

Schreibtraining: Dramendialoge schriftlich interpretieren

6.4 Brücken zur Gegenwarts- und Weltliteratur erkennen

Gartenmauer der Villa Palagonia mit steinernen Figuren

Johann Wolfgang Goethe: Italienische Reise (1787, Auszug)

In der Regel wird der Beginn der Klassik auf das Jahr 1786 datiert, da Johann Wolfgang Goethe in diesem Jahr zu seiner Italienreise aufgebrochen ist und die Eindrücke dieser Reise in seinem Denken und auch im Schreiben einen entscheidenden Umbruch markieren. Am 9. April 1787 besucht er die rechts abgebildete Villa Palagonia in der Nähe von Palermo (Sizilien) und schreibt dazu in seinem Reisetagebuch:

  Denke man sich nun dergleichen Figuren schockweise[1] verfertigt und ganz ohne Sinn und Verstand entsprungen, auch ohne Wahl und Absicht zusammengestellt, denke man sich diesen Sockel, diese Piedestale[2] und Unformen in einer unabsehbaren Reihe, so wird man
5 das unangenehme Gefühl mitempfinden, das einen jeden überfallen muss, wenn er durch diese Spitzruten des Wahnsinns durchgejagt wird. [...] Hier stehen wie auf einem verfallenen Kirchhofe seltsam geschnörkelte Marmorvasen vom Vater her, Zwerge und sonstige Ungestalten aus der neuern Epoche zufällig durcheinander, ohne dass sie
10 bis jetzt einen Platz finden können; [...]
  Das Widersinnige einer solchen geschmacklosen Denkart zeigt sich aber im höchsten Grade darin, dass die Gesimse[3] der kleinen Häuser durchaus schief nach einer oder der andern Seite hinhängen, so dass das Gefühl der Wasserwaage und des Perpendikels[4], das uns eigent-
15 lich zu Menschen macht und der Grund aller Eurhythmie[5] ist, in uns zerrissen und gequält wird. [...] Kein Winkel, wo nicht irgendeine Willkür hervorblickte.

1 schockweise: in großer Anzahl, haufenweise 2 Piedestal, das: Podest, Sockel z. B. für Figuren 3 Gesims, das: waagerechtes Bauteil an Häusern, um Wandflächen und Fassaden zu strukturieren 4 Perpendikel, das: Uhrpendel, früher auch: Bleilot (16. Jh.), mathematisch auch: Lot, Senkrechte 5 Eurhythmie, die: Harmonie, Gleichmaß, Ausgeglichenheit

Blick auf die Villa Palagonia und den Vorgarten

Abbildung 1: Die Herzogin-Anna-Amalia-Bibliothek in Weimar

Abbildung 2: Theobald von Oer: *Der Weimarer Musenhof*, 1860, Öl auf Leinwand

1 Das Gemälde *Der Weimarer Musenhof* **2** von Theobald von Oer zeigt zentrale Figuren der Weimarer Klassik. Recherchieren Sie zum Bild und ordnen Sie die Personen zu.

2 Beschreiben Sie, wie Johann Wolfgang Goethe seinen Besuch der Villa Palagonia im Nachhinein bewertet. Entwerfen Sie ein Gegenbild zu Goethes Kritik an der Villa.

3 Vergleichen Sie die Bemerkungen Goethes zur Villa Palagonia mit dem Bild der Herzogin-Anna-Amalia-Bibliothek **1**, die Goethe bis zu seinem Tode als Bibliothekar leitete: Inwiefern lässt sie sich als Gegenentwurf zur Villa Palagonia lesen?

6.1 Gedichte thematisch untersuchen und vergleichen
„Denn mit Göttern / Soll sich nicht messen / Irgendein Mensch"

Johann Wolfgang Goethe: Grenzen der Menschheit (1781)

Wenn der uralte,
Heilige Vater
Mit gelassener Hand
Aus rollenden Wolken
5 Segnende Blitze
Über die Erde sät
Küss ich den letzten
Saum seines Kleides,
Kindliche Schauer
10 Treu in der Brust.

Denn mit Göttern
Soll sich nicht messen
Irgendein Mensch.
Hebt er sich aufwärts
15 Und berührt
Mit dem Scheitel die Sterne,
Nirgends haften dann
Die unsichern Sohlen,
Und mit ihm spielen
20 Wolken und Winde.

Steht er mit festen,
Markigen Knochen
Auf der wohlgegründeten
Dauernden Erde,
25 Reicht er nicht auf,
Nur mit der Eiche
Oder der Rebe
Sich zu vergleichen.

Was unterscheidet
30 Götter von Menschen?
Dass viele Wellen
Vor jenen wandeln,
Ein ewiger Strom:
Uns hebt die Welle,
35 Verschlingt die Welle,
Und wir versinken.

Ein kleiner Ring
Begrenzt unser Leben,
Und viele Geschlechter
40 Reihen sie dauernd,
An ihres Daseins
Unendliche Kette.

1 Erklären Sie, welche Grenzen der Menschheit in dem Gedicht thematisiert werden.

2 Beschreiben Sie das im Gedicht dargestellte Menschenbild. Belegen Sie Ihre Ergebnisse am Text.

3 Entwerfen Sie in Partnerarbeit ein Schaubild zum Gedicht, das zeigt, inwiefern menschliche und göttliche Ebene voneinander abgegrenzt werden. Nutzen Sie dafür auch die im Gedicht verwendeten sprachlichen Bilder.

4 Stellen Sie die in den folgenden Auszügen aus Johann Wolfgang Goethes Sturm-und-Drang-Gedicht *Prometheus* (1774) dargestellte Haltung gegenüber den Göttern der in *Grenzen der Menschheit* (1781) gegenüber.

Bedecke deinen Himmel, Zeus,
Mit Wolkendunst!
Und übe, Knaben gleich,
Der Disteln köpft,
5 An Eichen dich und Bergeshöhn!

Ich kenne nichts Ärmer's
Unter der Sonn' als euch Götter.

Ich dich ehren? Wofür?

Hier sitz' ich, forme Menschen
Nach meinem Bilde,
Ein Geschlecht, das mir gleich sei,
55 Zu leiden, weinen,
Genießen und zu freuen sich,
Und dein nicht zu achten,
Wie ich.

5 Beschreiben Sie auf Basis Ihrer Ergebnisse den grundsätzlichen Wandel in der Haltung, der sich im Vergleich der beiden Gedichte manifestiert. Berücksichtigen Sie dabei auch die jeweilige Sprechsituation.

 6 PLUS Recherchieren Sie zu Johann Wolfgang Goethes Lebenslauf und erklären Sie, wie sich in *Grenzen der Menschheit* auch die Veränderung seiner Lebensumstände spiegelt.

Johann Wolfgang Goethe: Das Göttliche (1783)

Edel sei der Mensch,
Hilfreich und gut!
Denn das allein
Unterscheidet ihn
5 Von allen Wesen,
Die wir kennen.

Heil den unbekannten
Höhern Wesen,
Die wir ahnen!
10 Ihnen gleiche der Mensch!
Sein Beispiel lehr' uns
Jene glauben.

Denn unfühlend
Ist die Natur:
15 Es leuchtet die Sonne
Über Bös' und Gute,
Und dem Verbrecher
Glänzen, wie dem Besten
Der Mond und die Sterne.

20 Wind und Ströme,
Donner und Hagel
Rauschen ihren Weg
Und ergreifen
Vorüber eilend
25 Einen um den andern.

Auch so das Glück
Tappt unter die Menge,
Fasst bald des Knaben
Lockige Unschuld,
30 Bald auch den kahlen
Schuldigen Scheitel.

Goethe mietete sich 1782 in einem Teil des Hauses am Frauenplan ein, das er ab 1792 dauerhaft als Dienstwohnung bezog und welches ihm der Weimarer Herzog 1807 schließlich endgültig übereignete. Heute ist es als Goethe-Nationalmuseum der Öffentlichkeit zugänglich.

Nach ewigen, ehrnen,
Großen Gesetzen
Müssen wir alle
35 Unseres Daseins
Kreise vollenden.

Nur allein der Mensch
Vermag das Unmögliche:
Er unterscheidet,
40 Wählet und richtet;
Er kann dem Augenblick
Dauer verleihen.

Er allein darf
Den Guten lohnen,
45 Den Bösen strafen,
Heilen und retten,
Alles Irrende, Schweifende
Nützlich verbinden.

Und wir verehren
50 Die Unsterblichen,
Als wären sie Menschen,
Täten im Großen,
Was der Beste im Kleinen
Tut oder möchte.

55 Der edle Mensch
Sei hilfreich und gut!
Unermüdet schaff' er
Das Nützliche, Rechte,
Sei uns ein Vorbild
60 Jener geahneten Wesen!

> ☞ Hören Sie sich die Hörfassung von Goethes Gedicht im Panorama Punkt ② (S. 130) an.

7 Beschreiben Sie die Kommunikationssituation des Gedichtes: An wen wendet sich die lyrische Sprechinstanz mit welchem Ziel?

8 Lesen Sie das Gedicht und klären Sie, welche Sonderstellung der Mensch einnimmt. Orientieren Sie sich an den folgenden zwei Aspekten.

Abgrenzung zur Natur   Verhältnis zu den „Höhern Wesen" (V. 8)

9 Legen Sie dar, wie das Gedicht Gott, Mensch und Natur miteinander in Beziehung setzt.

10 Tragen Sie das Gedicht vor, indem Sie durch den Vortrag Ihre Deutung des Textes herausstellen.

11 Diskutieren Sie in Gruppen inhaltliche und sprachliche Stärken und Schwächen der folgenden Deutungshypothesen und formulieren Sie schließlich eine eigene Deutungshypothese zu Goethes Gedicht *Das Göttliche*.

> **A** *In „Das Göttliche" erfüllen das Menschliche und das Göttliche eine Spiegelfunktion füreinander.*

> **B** *Das Gedicht skizziert ein Ideal des Menschen: Die Fähigkeit, sich etwas Höheres als sich selbst vorzustellen, zeichnet den Menschen aus. Daraus ergibt sich eine Selbstverpflichtung, nach diesem Höheren zu streben.*

> **C** *„Das Göttliche" ist eine Art Standortbestimmung des Menschen: Da er wählen, richten und unterscheiden kann, grenzt er sich von der Natur und allen anderen Wesen ab. Das „Göttliche" in ihm ist die Fähigkeit, moralisch zu handeln.*

> **D** *Im Zentrum des Gedichts steht die Darstellung eines Idealbildes des Menschen in Form eines allgemein- gültigen Appells: Den Göttern soll er gleichen, von der Natur und allen anderen Wesen soll er sich abgrenzen.*

Sprachtipp:
Gedichte vergleichen
→ S.300

12 Vergleichen Sie die beiden Gedichte *Grenzen der Menschheit* (S.132) und *Das Göttliche* (S.133) thematisch und in den Motiven. Legen Sie dabei auch dar, inwiefern sich die Texte ergänzen. Gehen Sie dabei insbesondere auf das Menschenbild ein. Orientieren Sie sich am „So geht's"-Beispiel.

🖑 **So geht's**
I 10

Hymne
→ S.434

SO GEHT'S — Themen und Motive von Gedichten vergleichen

Goethes Hymne „Grenzen der Menschheit" aus dem Jahre 1781 ist als Absage an die Grenzenlosigkeit, den Titanismus und die Hybris des Sturm und Drang zu verstehen: „Hebt er sich aufwärts / [...] Nirgends haften dann / Die unsichern Sohlen (V. 14 – 18). [...] Die Endlichkeit wird als Wesensmerkmal des
5 Menschen definiert. [...]
Daraus ergibt sich auch die Frage, wie man als Mensch in Freiheit sittlich handeln kann. Diese wird in dem Gedicht „Das Göttliche" beantwortet, welches 1783 veröffentlicht wurde und als Fortsetzung und Ergänzung des in „Grenzen der Menschheit" aufgegriffenen Gedankens verstanden werden kann. Auch hier
10 wird betont, dass der Mensch Naturgesetzen und dem Lauf des Lebens unterliegt (vgl. Str. 4 – 6). Unendlich und damit gottgleich kann er sich nur machen, indem er stetig versucht, „[e]del [...], [h]ilfreich und gut" (V. 1 f.) zu handeln und damit dem Göttlichen zu gleichen und sich von anderen Wesen abzugrenzen. Während „Grenzen der Menschheit" noch mehr eine
15 Standortbestimmung des Menschen darstellt, überwiegt in „Das Göttliche" der appellative Charakter, weswegen es wiederum als Ergänzung des ersten Gedichtes verstanden werden kann: [...].
Gemeinsamkeiten zeigen sich neben der formalen Gestaltung auch bei den sprachlichen Bildern: Erde und Himmel, Natur und Freiheit werden an
20 zahlreichen Stellen antithetisch gegenübergestellt (vgl. V. ...) und verorten den Menschen in beiden Gedichten im Zentrum dieser Gegensätze, die es durch sein Handeln zu versöhnen gilt. [...]

Deutungshypothese zum zu interpretie- renden Gedicht

Thema 1: Natur des Menschen

Thema 2: Idealbild als Mensch

Aussagen an den Texten belegen!

Unterschiede und Zusammenhang der Gedichte

antithetische Motive

13 Beziehen Sie begründet Stellung, ob Ihrer Meinung nach in der Literatur dargestellte Ideale wie der Entwurf „Edel sei Mensch, / Hilfreich und gut!" (S. 133, V.1 f.) einen positiven Einfluss auf den Menschen haben bzw. ihn „erziehen" können.

Die Veredelung des Charakters durch Kunst

Friedrich Hölderlin: Hyperions Schicksalslied (1799)

Erfahren Sie mehr zu Hölderlin im Panorama Punkt ⑥ (S. 130).

Ihr wandelt droben im Licht
   Auf weichem Boden, selige Genien[1]!
      Glänzende Götterlüfte
         Rühren euch leicht,
5   Wie die Finger der Künstlerin
            Heilige Saiten.

Schicksallos, wie der schlafende
   Säugling, atmen die Himmlischen;
      Keusch bewahrt
10   In bescheidener Knospe,
         Blühet ewig
            Ihnen der Geist,
               Und die seligen Augen
                  Blicken in stiller
15   Ewiger Klarheit.

Doch uns ist gegeben,
   Auf keiner Stätte zu ruhn,
      Es schwinden, es fallen
         Die leidenden Menschen
20   Blindlings von einer
            Stunde zur andern,
               Wie Wasser von Klippe
                  Zu Klippe geworfen,
                     Jahr lang ins Ungewisse hinab.

---

1 Genius, der: eigentlich Schutzgeister der Menschen, hier im Sinne von Göttern überhaupt

1 Unterteilen Sie Friedrich Hölderlins *Hyperions Schicksalslied* in zwei Sinnabschnitte und skizzieren Sie knapp deren Inhalt. Formulieren Sie auf dieser Basis eine erste Deutungshypothese.

2 Vergleichen Sie das darin dargestellte Götter- und Menschenbild mit demjenigen in Johann Wolfgang Goethes *Grenzen der Menschheit* (S.132): Welche Gemeinsamkeiten, welche Unterschiede lassen sich feststellen?

3 Diskutieren Sie, inwiefern *Hyperions Schicksalslied* inhaltlich, sprachlich und formal Johann Joachim Winckelmanns Formel von „edle[r] Einfalt, und […] stille[r] Größe" (Z.10 f.) entspricht.

Schauen Sie sich im Panorama den Punkt ③ (S.130) zu Italien und dem Rückgriff auf die Antike an.

Johann Joachim Winckelmann: Gedanken über die Nachahmung der griechischen Werke in der Malerei und Bildhauerkunst (1755, Auszug)

Der gute Geschmack, welcher sich mehr und mehr durch die Welt ausbreitet, hat sich angefangen zuerst unter dem griechischen Himmel zu bilden. […]
Der einzige Weg für uns, groß, ja, wenn es möglich ist, unnachahmlich zu werden, ist die Nachahmung der Alten, und was jemand vom Homer gesagt, dass derjenige ihn bewundern lernet, der ihn
5 wohl verstehen gelernet, gilt auch von den Kunstwerken der Alten, sonderlich der Griechen. [...]
Die Kenner und Nachahmer der griechischen Werke finden in ihren Meisterstücken nicht allein die schönste Natur, sondern noch mehr als Natur, das ist, gewisse idealische Schönheiten derselben, die, wie uns ein alter Ausleger des Plato lehrt, von Bildern bloß im Verstande entworfen, gemacht sind. [...]
10 Das allgemeine vorzügliche Kennzeichen der griechischen Meisterstücke ist endlich eine edle Einfalt, und eine stille Größe, sowohl in der Stellung als im Ausdrucke. So wie die Tiefe des Meers allezeit ruhig bleibt, die Oberfläche mag noch so wüten, ebenso zeigt der Ausdruck in den Figuren der Griechen bei allen Leidenschaften eine große und gesetzte Seele.

4 Erklären Sie, warum der Kunsthistoriker Johann Joachim Winckelmann fordert, sich an der Kunst der griechischen Antike zu orientieren.

5 Arbeiten Sie Gründe dafür heraus, warum die Kunst der griechischen Antike als mustergültig angesehen wird.

MK 6 Johann Joachim Winckelmann hat seine Gedanken zur Kunst der Griechen an der hier abgebildeten *Laokoon-Gruppe* belegt. Recherchieren Sie zu diesem Werk und erklären Sie, inwiefern Laokoon „eine edle Einfalt, und eine stille Größe" (S. 135, Z. 10 f.) verkörpert.

Die um den Beginn der Zeitrechnung herum entstandene Gruppe *Laokoon und seine Söhne* (heute in den Vatikanischen Museen in Rom) war für Winckelmann die Verkörperung idealischer Schönheit.

Johann Wolfgang Goethe: Natur und Kunst (1800)

Natur und Kunst, sie scheinen sich zu fliehen
Und haben sich, eh' man es denkt, gefunden;
Der Widerwille ist auch mir verschwunden,
Und beide scheinen gleich mich _____.

5 Es gilt wohl nur ein redliches _____!
Und wenn wir erst, in abgemessnen Stunden,
Mit Geist und Fleiß uns an die Kunst gebunden,
Mag frei _____ im Herzen wieder glühen.

So ist's mit aller Bildung auch beschaffen.
10 Vergebens werden _____ Geister
Nach der Vollendung reiner Höhe streben.

Wer Großes will, muss sich zusammenraffen.
In der Beschränkung zeigt sich erst der _____,
Und das _____ nur kann uns Freiheit geben.

Netz	
neuerfundne	Geschwätz
Blühen	Statur
zu erziehen	ungebundne
Freigeister	Bravour
Bemühen	Meister
Natur	Sprühen
anzuziehen	herzverbundne
	Gesetz

7 Erschließen Sie sich mithilfe des Reims und Ihrer Kenntnisse zu Epoche und Autor die fehlenden Begriffe in den Lücken.

8 Vergleichen Sie Ihre Lösungen untereinander und diskutieren Sie Abweichungen.

MK 9 Recherchieren Sie Johann Wolfgang Goethes Gedicht *Natur und Kunst* und vergleichen Sie es mit Ihren Lösungen. Besprechen Sie, welche Begriffe Sie ggf. überraschen.

Christoph Martin Wieland: Nationalpoesie (1773, Auszug)

Der Dichtkunst wahre Bestimmung ist die Verschönerung und Veredlung der menschlichen Natur; und wenn sie auf diesen großen Zweck in Vereinigung mit der Philosophie und mit ihren andern Schwesterkünsten, den bildenden sowohl als den musikalischen, hinarbeitet, wer kann die Grenzen des wohltätigen Einflusses ziehen, den sie auf die menschliche Gesellschaft haben könnte? Aber
5 damit sie diesen Zweck erreiche, muss sie sich über die bloße Nachahmung der individuellen Natur, über die engen Begriffe einzelner Gesellschaften, über die unvollkommenen Modelle einzelner Kunstwerke erheben, aus den gesammelten Zügen des über die ganze Natur ausgegossenen Schönen sich ideale Formen bilden und aus diesen die Urbilder zusammensetzen, nach denen sie arbeitet.

10 Legen Sie dar, worin Wieland die Aufgabe der Literatur sieht und wie ein Werk gestaltet sein muss, um dieser Aufgabe gerecht werden zu können.

11 Diskutieren Sie, inwiefern das Gedicht *Natur und Kunst* (S. 136) als *mustergültig* bezeichnet werden kann. Beziehen Sie neben der Kernaussage sowohl die formale als auch die sprachliche Gestaltung mit ein. Formulieren Sie abschließend eine Deutungshypothese.

12 Erschließen Sie, warum in der Klassik die Kunst der griechischen Antike als ideales Vorbild für Mustergültigkeit gesehen wird.

Friedrich Schiller: Nänie[1] (1800)

Auch das Schöne muss sterben! Das Menschen und Götter bezwinget,
Nicht die eherne Brust rührt es des stygischen[2] Zeus.
Einmal nur erweichte die Liebe den Schattenbeherrscher,
Und an der Schwelle noch, streng, rief er zurück sein Geschenk[3].
5 Nicht stillt Aphrodite dem schönen Knaben die Wunde,
Die in den zierlichen Leib grausam der Eber[4] geritzt.
Nicht errettet den göttlichen Held die unsterbliche Mutter[5],
Wann er, am skäischen Tor[6] fallend, sein Schicksal erfüllt.
Aber sie steigt aus dem Meer mit allen Töchtern des Nereus[7],
10 Und die Klage hebt an um den verherrlichten Sohn.
Siehe! Da weinen die Götter, es weinen die Göttinnen alle,
Dass das Schöne vergeht, dass das Vollkommene stirbt.
Auch ein Klaglied zu sein im Mund der Geliebten, ist herrlich,
Denn das Gemeine geht klanglos zum Orkus[8] hinab.

---

1 Nänie, die: Bezeichnung für einen Trauergesang, der Leichenzüge im antiken Rom begleitete   2 stygischer Zeus: Gemeint ist Hades, der griech. Gott der Unterwelt; abgeleitet vom Fluss Styx, dem Fluss der Unterwelt.   3 Geschenk: Gemeint ist Eurydike, die den Hades verlassen darf, wenn Orpheus sich nicht auf dem Weg zu ihr umdreht.
4 Eber: Der eifersüchtige Kriegsgott Ares, Geliebter der Aphrodite, verwandelt sich in einen Eber und tötet Adonis, weil Aphrodite sich in diesen verliebt hatte.   5 die unsterbliche Mutter: die Göttin Thetis, die ihren Sohn Achilles durch Eintauchen in das Wasser des Styx unverwundbar gemacht hat   6 skäisches Tor: Dort stirbt Achilles im Trojanischen Krieg, wie es ihm von Hektor geweissagt wurde.   7 Nereus: Meeresgott, der 50 Töchter (die Nereiden) hat   8 Orkus, der: die Unterwelt, das Totenreich

Material 1

Ernst Meister: Die Erzählung (1979)

Die Erzählung
von dem, was war,
ist nur enthalten
im Zerfall.

5 Die Toten nämlich,
unfähig sind sie
der umständlichen
Fabel ihrer selbst.

Dabei
10 wäre das Grab
gerade der Ort
von Erzählen.

ÜBRIGENS

Wahrscheinlich entstand *Nänie* (erschienen 1800 in den *Gesammelten Gedichten*) im Oktober 1799 noch in Jena, wo Schiller eine Professur als Historiker innehatte. Anfang Dezember zog die Familie, eine Erhöhung des Jahressalärs durch den Weimarer Herzog machte es möglich, in das poetisch befruchtende Weimar.
Nach anfänglicher Distanz bei ihrer ersten Begegnung 1787 – Goethe war bei dem zehn Jahre jüngeren Schiller an seine eigene überwundene Sturm-und-Drang-Zeit erinnert – entspann sich ab 1794 eine produktive Dichterfreundschaft mit gemeinsamen Projekten wie der Literaturzeitschrift *Die Horen*, gemeinschaftlichen Versen für das Musenalmanach *Xenien* oder während des später sogenannten Balladenjahrs 1797.

Metrum
→ S. 433 ff.

13 Untersuchen Sie das Gedicht *Nänie* mithilfe der folgenden Leitfragen und formulieren Sie danach eine Deutungshypothese.
   – Wer oder was wird betrauert?
   – Welche thematischen Sinnabschnitte lassen sich in dem Gedicht erkennen?
   – Welcher thematische Gegensatz entsteht durch die Konjunktion *aber* (V. 9)?

Distichon
→ S. 435

   – Wie wird dieser Gegensatz durch die letzten beiden Distichen gelöst?

14 Suchen Sie im Gedicht von Ernst Meister (Material 1) nach Bezügen zu *Nänie*. Erläutern Sie, welche Gemeinsamkeiten und Unterschiede zum Thema Vergänglichkeit in den zwei Texten aus unterschiedlichen Jahrhunderten aufscheinen.

Sonett
→ S. 434

Elegie
→ S. 434

MK **15** Recherchieren Sie zu den in diesem Kapitel abgebildeten Gedichtformen Sonett und Elegie:
   Inwiefern erfüllen sie die klassische Forderung nach Formstrenge?

6.2 ## Einen dramatischen Konflikt interpretieren
Die schöne Seele und das Humanitätsideal der Klassik

Johann Heinrich Wilhelm Tischbein: *Goethe in der römischen Campagna*, 1787

1 Beschreiben Sie, wie Johann Wolfgang Goethe auf Tischbeins Gemälde, welches ihn auf seiner Italienreise zeigt, abgebildet ist.

MK **2** Recherchieren Sie arbeitsteilig zu folgenden Stichworten zum Gemälde und tragen Sie Ihre Ergebnisse im Anschluss im Plenum vor.
   – Auffälligkeiten in der Anatomie
   – weitere Bildelemente wie Marmorrelief, Ruinen, Rundbau usw.
   – Werkgeschichte

3 Goethe greift in seinem Drama *Iphigenie auf Tauris* einen antiken Stoff auf. Informieren Sie sich über die Hintergründe der sogenannten Tantalidenmythos und geben Sie deren Inhalt mündlich wieder.

Johann Wolfgang Goethe: Iphigenie auf Tauris. Erster Aufzug, Dritter Auftritt (1787, Auszug)

Iphigenie, Tochter Agamemnons, genießt zwar auf der Insel Tauris den Schutz von König Thoas und übt das angesehene Amt der Priesterin Dianas aus. Dennoch sehnt sie sich nach ihrer Heimat Griechenland und ihrem Elternhaus. Als ihr ein Bote andeutet, dass König Thoas sie zur Frau nehmen möchte, reagiert sie bestürzt, weil sie diesem Wunsch nicht entsprechen kann. Als dann Thoas sie direkt auf die Heirat anspricht, enthüllt Iphigenie zum ersten Mal die fluchbeladene Geschichte ihrer Familie, in der Hoffnung, ihn dadurch abzuschrecken, was ihr aber nicht gelingt.

THOAS Mehr Vorzug und Vertrauen geb' ich nicht

Der Königstochter als der Unbekannten.

435 Ich wiederhole meinen ersten Antrag:

Komm, folge mir und teile, was ich habe.

IPHIGENIE Wie darf ich solchen Schritt, o König, wagen?

Hat nicht die Göttin, die mich rettete,

Allein das Recht auf mein geweihtes Leben?

440 Sie hat für mich den Schutzort ausgesucht,

Und sie bewahrt mich einem Vater, den

Sie durch den Schein genug gestraft, vielleicht

Zur schönsten Freude seines Alters hier.

Vielleicht ist mir die frohe Rückkehr nah?

445 Und ich, auf ihren Weg nicht achtend, hätte

Mich wider ihren Willen hier gefesselt?

Ein Zeichen bat ich, wenn ich bleiben sollte.

THOAS Das Zeichen ist, dass du noch hier verweilst.

Such' Ausflucht solcher Art nicht ängstlich auf.

450 Man spricht vergebens viel, um zu versagen;

Der andre hört von allem nur das Nein.

IPHIGENIE Nicht Worte sind es, die nur blenden sollen:

Ich habe dir mein tiefstes Herz entdeckt.

Und sagst du dir nicht selbst, wie ich dem Vater,

455 Der Mutter, den Geschwistern mich entgegen

Mit ängstlichen Gefühlen sehnen muss?

Dass in den alten Hallen, wo die Trauer

Noch manchmal stille meinen Namen lispelt,

Die Freude, wie um eine Neugeborne,

460 Den schönsten Kranz von Säul' an Säulen schlinge.

O sendetest du mich auf Schiffen hin!

Du gäbest mir und allen neues Leben.

THOAS So kehr' zurück! Tu, was dein Herz dich heißt,

Und höre nicht die Stimme guten Rats

465 Und der Vernunft. Sei ganz ein Weib und gib

Dich hin dem Triebe, der dich zügellos

Ergreift und dahin oder dorthin reißt.

Wenn ihnen eine Lust im Busen brennt,

Hält vom Verräter sie kein heilig Band,

470 Der sie dem Vater oder dem Gemahl

Aus langbewährten, treuen Armen lockt;

Und schweigt in ihrer Brust die rasche Glut,

So dringt auf sie vergebens treu und mächtig

Der Überredung goldne Zunge los.

475 **IPHIGENIE** Gedenk', o König, deines edeln Wortes!

Willst du mein Zutraun so erwidern? Du

Schienst vorbereitet, alles zu vernehmen.

THOAS Aufs Ungehoffte war ich nicht bereitet;

Doch sollt' ich's auch erwarten: wusst' ich nicht,

480 Dass ich mit einem Weibe handeln ging?

IPHIGENIE Schilt nicht, o König, unser arm Geschlecht.

Nicht herrlich wie die euern, aber nicht

Unedel sind die Waffen eines Weibes.

Glaub' es, darin bin ich dir vorzuziehn,

485 Dass ich dein Glück mehr als du selber kenne.

Du wähnest, unbekannt mit dir und mir,   Verszählung

Ein näher Band werd' uns zum Glück vereinen.   des Originals

Voll guten Mutes, wie voll guten Willens,

Dringst du in mich, dass ich mich fügen soll;

Und hier dank' ich den Göttern, dass sie mir   490

Die Festigkeit gegeben, dieses Bündnis

Nicht einzugehen, das sie nicht gebilligt.

THOAS Es spricht kein Gott; es spricht dein eignes Herz.

IPHIGENIE Sie reden nur durch unser Herz zu uns.

THOAS Und hab' ich, sie zu hören, nicht das Recht?   495

IPHIGENIE Es überbraust der Sturm die zarte Stimme.

THOAS Die Priesterin vernimmt sie wohl allein?

IPHIGENIE Vor allen andern merke sie der Fürst.

THOAS Dein heilig Amt und dein geerbtes Recht

An Jovis Tisch bringt dich den Göttern näher   500

Als einen erdgebornen Wilden.

IPHIGENIE   So

Büß' ich nun das Vertraun, das du erzwangst.

THOAS Ich bin ein Mensch; und besser ist's, wir enden.

So bleibe denn mein Wort: Sei Priesterin

Der Göttin, wie sie dich erkoren hat;   505

Doch mir verzeih' Diane, dass ich ihr

Bisher, mit Unrecht und mit innerm Vorwurf,

Die alten Opfer vorenthalten habe.

Kein Fremder nahet glücklich unserm Ufer:

Von alters her ist ihm der Tod gewiss.   510

Nur du hast mich mit einer Freundlichkeit,

In der ich bald der zarten Tochter Liebe,

Bald stille Neigung einer Braut zu sehn

Mich tief erfreute, wie mit Zauberbanden

Gefesselt, dass ich meiner Pflicht vergaß.   515

Du hattest mir die Sinnen eingewiegt,

Das Murren meines Volks vernahm ich nicht;

Nun rufen sie die Schuld von meines Sohnes

Frühzeit'gem Tode lauter über mich.

Um deinetwillen halt' ich länger nicht   520

Die Menge, die das Opfer dringend fordert.

IPHIGENIE Um meinetwillen hab' ich's nie begehrt.

Der missversteht die Himmlischen, der sie

Blutgierig wähnt: er dichtet ihnen nur

Die eignen grausamen Begierden an.   525

Entzog die Göttin mich nicht selbst dem Priester?

Ihr war mein Dienst willkommner als mein Tod.

THOAS Es ziemt sich nicht für uns, den heiligen

Gebrauch mit leicht beweglicher Vernunft

Nach unserm Sinn zu deuten und zu lenken.   530

Tu deine Pflicht, ich werde meine tun.

Zwei Fremde, die wir in des Ufers Höhlen

Versteckt gefunden, und die meinem Lande

Nichts Gutes bringen, sind in meiner Hand.

Mit diesen nehme deine Göttin wieder   535

Ihr erstes, rechtes, lang' entbehrtes Opfer!

Ich sende sie hierher; du weißt den Dienst.

4 Lesen Sie den Auszug aus Goethes Drama *Iphigenie auf Tauris*. Klären Sie, mit welchen Absichten Iphigenie und Thoas das Gespräch führen.

Dialoganalyse
→ S. 432

5 Analysieren Sie die Gesprächsstrategien und wie diese durch die sprachliche Gestaltung unterstrichen werden.
  – Vervollständigen Sie die untenstehende Tabelle.
  – Wählen Sie zwei weitere Stellen, an denen deutlich wird, mit welcher Strategie die Dialogpartner ihre jeweiligen Ziele zu erreichen suchen.

ÜBRIGENS

Auftragskunst?

Goethes Drama *Iphigenie auf Tauris* entstand auf Bitten des Weimarer Herzogs Carl August für seine Ehefrau, Herzogin Luise, anlässlich der Geburt der ersten gemeinsamen Tochter. Der Herzog wünschte sich ausdrücklich eine weibliche Hauptfigur. Daraufhin schrieb Goethe 1779 das auf die Krim verweisende Stück in kurzer Zeit in der Prosafassung nieder. Bei der Uraufführung spielte er selbst den Orest.

Der Stoff, der den inneren Kampf der Hauptfigur zwischen Pflicht und Neigung zeigt, beschäftigte ihn schon mehrere Jahre. Vorbild war das Stück *Iphigenie bei den Taurern* des griechischen Dichters Euripides. Auf seiner Italienreise 1786 begann Goethe das Stück in ein Versdrama umzuschreiben, sodass es auch in der strengen metrischen Form seinen Ansprüchen genügte.

Übergeordnete Ziele im Dialog insgesamt oder in Bezug auf diesen Sinnabschnitt	Taktiken/Strategien, um Ziel zu erreichen; Reaktionen; Gemütszustände	Sprachliche Umsetzung: Wie äußern sich die Strategien und die Gemütslage?
Thoas: Iphigenie von der Hochzeit überzeugen	– geht nicht auf Iphigenies Offenbarung ein und macht deutlich, dass ihre Herkunft keine Rolle spielt (vgl. V. 433 f.) – entlarvt Iphigenies Taktik als „Ausflucht" (V. 449 f.)	…
Iphigenie: Thoas' Heiratsantrag ablehnen	– bringt weitere Ausrede vor, um Thoas von seinem Vorhaben abzubringen: Behauptet, nur Diana habe das Recht auf ihr „Leben" (V. 439 f.) – schiebt ihre Verantwortung auf Diana ab, indem sie behauptet, nur deswegen abzulehnen, weil sie nicht gegen ihren Willen handeln will und eine Heirat sie an die Insel binden würde (vgl. V. 445 f.) – appelliert an sein Mitgefühl und erbittet sich Perspektivübernahme, will Mitleid erregen – bittet um Rückkehr und legt positive Folgen dar, die damit einhergehen würden	*rhetorische Frage(n) (V. 437 ff.)* *Frage (V. 454 ff.), Personifikation von Trauer (V. 457 f.)*
Thoas: Vorwürfe als Ausdruck der Enttäuschung	…	…
Iphigenie: Thoas beschwichtigen und sich rechtfertigen	…	…
Thoas: …	…	…

6 Diskutieren Sie im Plenum darüber, wie erfolgreich beide Gesprächspartner ihr jeweiliges Ziel verfolgen.

Johann Wolfgang Goethe: Iphigenie auf Tauris. Vierter Aufzug, Vierter Auftritt
(1787, Auszug)

Thoas übergibt die auf der Insel gelandeten Griechen Pylades und Orest an Iphigenie mit dem Befehl, die beiden der Göttin Diana zu opfern. Die Geschwister Iphigenie und Orest erkennen sich nicht, aber Orest legt im Gespräch aus Verzweiflung über sein Schicksal die zur Tarnung angenommene falsche Identität ab und nennt seinen wahren Namen. Daraufhin gibt sich Iphigenie ihm als Schwester zu erkennen. Pylades entwickelt einen Fluchtplan und bittet Iphigenie um Mithilfe. Sie soll unter einem Vorwand das Opfer hinauszögern und Thoas auch über den Aufenthaltsort von Pylades und Orest falsche Angaben machen, um die Flucht und den Raub des Standbilds der Diana zu ermöglichen.

Verszählung des Originals

PYLADES Leb wohl! Die Freunde will ich nun geschwind
1630 Beruhigen, die sehnlich wartend harren.
Dann komm ich schnell zurück und lausche hier
Im Felsenbusch versteckt auf deinen Wink –
Was sinnest du? Auf einmal überschwebt
Ein stiller Trauerzug die freie Stirne.
1635 **IPHIGENIE** Verzeih! Wie leichte Wolken vor der Sonne,
So zieht mir vor der Seele leichte Sorge
Und Bangigkeit vorüber.
PYLADES   Fürchte nicht!
Betrüglich schloss die Furcht mit der Gefahr
Ein enges Bündnis: beide sind Gesellen.
1640 **IPHIGENIE** Die Sorge nenn ich edel, die mich warnt,
Den König, der mein zweiter Vater ward,
Nicht tückisch zu betrügen, zu berauben.
PYLADES Der deinen Bruder schlachtet, dem entfliehst du.
IPHIGENIE Es ist derselbe, der mir Gutes tat.
1645 **PYLADES** Das ist nicht Undank, was die Not gebeut[1].
IPHIGENIE Es bleibt wohl Undank; nur die Not entschuldigt's.
PYLADES Vor Göttern und vor Menschen dich gewiss.
IPHIGENIE Allein mein eigen Herz ist nicht befriedigt.
PYLADES Zu strenge Fordrung ist verborgner Stolz.
1650 **IPHIGENIE** Ich untersuche nicht, ich fühle nur.
PYLADES Fühlst du dich recht, so musst du dich verehren.

IPHIGENIE Ganz unbefleckt genießt sich nur das Herz.
PYLADES So hast du dich im Tempel wohl bewahrt;
Das Leben lehrt uns, weniger mit uns
Und andern strenge sein; du lernst es auch. 1655
So wunderbar ist dies Geschlecht gebildet,
So vielfach ist's verschlungen und verknüpft,
Dass keiner in sich selbst noch mit den andern
Sich rein und unverworren halten kann.
Auch sind wir nicht bestellt, uns selbst zu 1660
richten;
Zu wandeln und auf seinen Weg zu sehen,
Ist eines Menschen erste, nächste Pflicht:
Denn selten schätzt er recht, was er getan,
Und was er tut, weiß er fast nie zu schätzen.
IPHIGENIE Fast überredst du mich zu deiner 1665
Meinung.
PYLADES Braucht's Überredung, wo die Wahl versagt ist?
Den Bruder, dich und einen Freund zu retten,
Ist nur ein Weg, fragt sich's, ob wir ihn gehn?
IPHIGENIE O lass mich zaudern! denn du tätest selbst
Ein solches Unrecht keinem Mann gelassen, 1670
Dem du für Wohltat dich verpflichtet hieltest.
PYLADES Wenn wir zugrunde gehen, wartet dein
Ein härtrer Vorwurf, der Verzweiflung trägt.
Man sieht, du bist nicht an Verlust gewohnt,
Da du, dem großen Übel zu entgehen, 1675
Ein falsches Wort nicht einmal opfern willst.

---

1 gebeut: gebietet

---

7 Klären Sie, welchen Konflikt Iphigenie empfindet, und formulieren Sie Ihr Fazit als Deutungshypothese zum Textauszug.

8 Untersuchen Sie Pylades' Gesprächsstrategie. Erläutern Sie, mit welchen Mitteln Pylades versucht, Iphigenie von der Berechtigung seines Vorschlags zu überzeugen.

Johann Wolfgang Goethe: Iphigenie auf Tauris. Vierter Aufzug, Fünfter Auftritt

(1787, Auszug)

Verszählung
des Originals

IPHIGENIE *allein* Ich muss ihm folgen: denn die
    Meinigen
1690 Seh ich in dringender Gefahr. Doch ach!
Mein eigen Schicksal macht mir bang und
    bänger.
O soll ich nicht die stille Hoffnung retten,
Die in der Einsamkeit ich schön genährt?
Soll dieser Fluch denn ewig walten? Soll
1695 Nie dies Geschlecht mit einem neuen Segen
Sich wieder heben? – Nimmt doch alles ab!
Das beste Glück, des Lebens schönste Kraft
Ermattet endlich: warum nicht der Fluch?
So hofft ich denn vergebens, hier verwahrt,
1700 Von meines Hauses Schicksal abgeschieden,
Dereinst mit reiner Hand und reinem Herzen
Die schwerbefleckte Wohnung zu entsühnen!
Kaum wird in meinen Armen mir ein Bruder
Vom grimm'gen Übel wundervoll und schnell
1705 Geheilt, kaum naht ein lang erflehtes Schiff,
Mich in den Port der Vaterwelt zu leiten,
So legt die taube Not ein doppelt Laster
Mit ehrner Hand mir auf: das heilige,
Mir anvertraute, viel verehrte Bild
1710 Zu rauben und den Mann zu hintergehn,
Dem ich mein Leben und mein Schicksal
    danke.

Anselm Feuerbach: *Iphigenie*, 1862, Öl auf Leinwand

O dass in meinem Busen nicht zuletzt
Ein Widerwille keime! der Titanen,
Der alten Götter tiefer Hass auf euch,
Olympier, nicht auch die zarte Brust   1715
Mit Geierklauen fasse! Rettet mich
Und rettet euer Bild in meiner Seele!

Schauen Sie sich ergänzend zum Material 1 im Panorama den Punkt ⑤ (S. 130) zu Schiller an.

9 Vergleichen Sie Iphigenies Reflexion in diesem Monolog mit ihrer Argumentation gegenüber Pylades und stellen Sie dar, welche gedankliche Entwicklung der Textauszug erkennen lässt.

Material 1

Friedrich Schiller: Über Anmut und Würde (1793, Auszug)

Eine schöne Seele nennt man es, wenn sich das sittliche Gefühl aller Empfindungen des Menschen endlich bis zu dem Grad versichert hat, dass es dem Affekt die Leitung des Willens ohne Scheu überlassen darf und nie Gefahr
5 läuft, mit den Entscheidungen desselben im Widerspruch zu stehen. Daher sind bei einer schönen Seele die einzelnen Handlungen eigentlich nicht sittlich, sondern der ganze Charakter ist es. Man kann ihr auch keine einzige darunter zum Verdienst anrechnen, weil eine Befriedigung des Trie-
10 bes nie verdienstlich heißen kann. Die schöne Seele hat kein andres Verdienst, als dass sie ist. Mit einer Leichtig-keit, als wenn bloß der Instinkt aus ihr handelte, übt sie der Menschheit peinlichste Pflichten aus, und das heldenmü-tigste Opfer, das sie dem Naturtriebe abgewinnt, fällt wie eine freiwillige Wirkung eben dieses Triebes in die Augen. 15 Daher weiß sie selbst auch niemals um die Schönheit ihres Handelns, und es fällt ihr nicht mehr ein, dass man anders handeln und empfinden könnte; dagegen ein schulgerech-ter Zögling der Sittenregel, so wie das Wort des Meisters ihn fordert, jeden Augenblick bereit sein wird, vom Verhält- 20 nis seiner Handlungen zum Gesetz die strengste Rechnung abzulegen. […]
In einer schönen Seele ist es also, wo Sinnlichkeit und Ver-nunft, Pflicht und Neigung harmonieren, und Grazie ist ihr Ausdruck in der Erscheinung. 25

10 Erläutern Sie zusammenfassend, was Friedrich Schiller unter einer *schönen Seele* versteht.

11 Diskutieren Sie ausgehend von den Textauszügen des vierten und fünften Auftritts des vierten Aufzugs aus *Iphigenie auf Tauris*, inwiefern Iphigenie Friedrich Schillers Definition der schönen Seele entspricht.

Material 2

Johann Gottfried Herder: Briefe zur Beförderung der Humanität (1794, Ausschnitt)

Das Menschengeschlecht, wie es jetzt ist und wahrscheinlich lange noch sein wird, hat seinem
größten Teil nach keine Würde; man darf es eher bemitleiden als verehren. Es soll aber zum *Charak-*
ter eines Geschlechts, mithin auch zu dessen *Wert* und *Würde* gebildet werden. [...] Humanität ist der
Charakter unseres Geschlechts; er ist aber nur in Anlagen angeboren und muss uns eigentlich ange-
5 bildet werden. Wir bringen ihn nicht fertig auf die Welt mit, auf der Welt aber soll er das Ziel unsres
Bestrebens, die Summe unserer Übungen, unser Wert sein; denn eine *Angelität*[1] im Menschen kennen wir nicht, und wenn der Dämon, der uns regiert, kein humaner Dämon ist, werden wir Plage-
geister der Menschen. Das Göttliche in unserm Geschlecht ist also *Bildung zur Humanität*; alle großen und guten Menschen, Gesetzgeber, Erfinder, Philosophen, Dichter, Künstler, jeder edle Mensch
10 in seinem Stande, bei der Erziehung seiner Kinder, bei der Beobachtung seiner Pflichten, durch Beispiel, Werk, Institut und Lehre hat dazu mitgeholfen. Humanität ist der Schatz und die Ausbeute
aller menschlichen Bemühungen, gleichsam die *Kunst unseres Geschlechts*. Die Bildung zu ihr ist ein
Werk, das unablässig fortgesetzt werden muss, oder wir sinken, höhere und niedere Stände, zur
rohen Tierheit, zur *Brutalität* zurück.

---

1 Angelität, die: die Engelsgleichheit

12 Vergleichen Sie die Äußerungen von Schiller und Herder in Material 1 und 2. Stellen Sie Gemeinsamkeiten und Unterschiede heraus.

13 Erklären Sie ausgehend von Johann Gottfried Herders Definition, inwiefern Johann Wolfgang Goethes
Drama *Iphigenie auf Tauris* einen Beitrag zur „Bildung zur Humanität" (Z. 8) leistet.

14 Diskutieren Sie, inwiefern Herders oder Schillers Aussagen zum Menschen heute noch zeitgemäß sind.

Friedrich Schiller: Maria Stuart. Vierter Aufzug, Zehnter Auftritt (1800, Auszug)

Maria Stuart, Königin von Schottland, ist wegen des Verdachts auf Beihilfe bei der Ermordung ihres
Gatten nach England geflohen und hat sich in den Schutz von Elisabeth, der englischen Königin, be-
geben. Diese lässt die Thronrivalin gefangen setzen und zum Tode verurteilen. Da ihre Berater geteilter
Meinung sind, zögert Elisabeth jedoch zunächst, das Todesurteil zu unterzeichnen. Dennoch steht auch
aufgrund des Drucks, der vom Volk ausgeht, Elisabeths Entschluss weitgehend fest. Graf von Shrews-
bury, der auf der Seite Marias steht, unternimmt einen letzten Versuch, die Vollstreckung des Urteils
wenigstens aufzuschieben, scheitert aber. Nach seinem Abgang verschafft sich Elisabeth im folgenden
Monolog Luft.

Verszählung
des Originals

ELISABETH *allein.*

3190 O Sklaverei des Volksdiensts! Schmähliche
Knechtschaft – Wie bin ichs müde, diesem
    Götzen
Zu schmeicheln, den mein Innerstes verachtet!
Wann soll ich frei auf diesem Throne stehn!
Die Meinung muss ich ehren, um das Lob
3195 Der Menge buhlen, einem Pöbel muss ich's
Recht machen, dem der Gaukler nur gefällt.
O der ist noch nicht König, der der Welt
Gefallen muss! Nur der ist's, der bei seinem Tun
Nach keines Menschen Beifall braucht zu
    fragen.
3200 Warum hab ich Gerechtigkeit geübt,
Willkür gehasst mein Leben lang, dass ich

Für diese erste unvermeidliche
Gewalttat selbst die Hände mir gefesselt!
Das Muster, das ich selber gab, verdammt mich!
War ich tyrannisch, wie die spanische   3205
Maria war, mein Vorfahr auf dem Thron, ich
    könnte
Jetzt ohne Tadel Königsblut verspritzen!
Doch war's denn meine eigne freie Wahl
Gerecht zu sein? Die allgewaltige
Notwendigkeit, die auch das freie Wollen   3210
Der Könige zwingt, gebot mir diese Tugend.
Umgeben rings von Feinden hält mich nur
Die Volksgunst auf dem angefochtnen Thron.
Mich zu vernichten streben alle Mächte
Des festen Landes. Unversöhnlich schleudert   3215

143

Der röm'sche Papst den Bannfluch auf mein
   Haupt,
Mit falschem Bruderkuss verrät mich Frank-
   reich,
Und offnen, wütenden Vertilgungskrieg
Bereitet mir der Spanier auf den Meeren.
3220 So steh ich kämpfend gegen eine Welt,
Ein wehrlos Weib! Mit hohen Tugenden
Muss ich die Blöße meines Rechts bedecken,
Den Flecken meiner fürstlichen Geburt,
Wodurch der eigne Vater mich geschändet.
3225 Umsonst bedeck ich ihn – Der Gegner Hass
Hat ihn entblößt, und stellt mir diese Stuart,
Ein ewig drohendes Gespenst, entgegen.
Nein, diese Furcht soll endigen!
Ihr Haupt soll fallen. Ich will Frieden haben!
3230 – Sie ist die Furie meines Lebens! Mir
Ein Plagegeist vom Schicksal angeheftet.
Wo ich mir eine Freude, eine Hoffnung
Gepflanzt, da liegt die Höllenschlange mir
Im Wege. Sie entreißt mir den Geliebten,

Den Bräut'gam raubt sie mir! Maria Stuart   3235
Heißt jedes Unglück, das mich niederschlägt!
Ist sie aus den Lebendigen vertilgt,
Frei bin ich, wie die Luft auf den Gebirgen.
Stillschweigen.
Mit welchem Hohn sie auf mich niedersah,
Als sollte mich der Blick zu Boden blitzen!   3240
Ohnmächtige! Ich führe bessre Waffen,
Sie treffen tödlich, und du bist nicht mehr!
*Mit raschem Schritt nach dem Tische gehend und
die Feder ergreifend.*
Ein Bastard[1] bin ich dir? – Unglückliche!
Ich bin es nur, solang du lebst und atmest.
Der Zweifel meiner fürstlichen Geburt,   3245
Er ist getilgt, sobald ich dich vertilge.
Sobald dem Briten keine Wahl mehr bleibt,
Bin ich im echten Ehebett geboren!
*Sie unterschreibt mit einem raschen, festen Feder-
zug, lässt dann die Feder fallen, und tritt mit einem
Ausdruck des Schreckens zurück. Nach einer Pau-
se klingelt sie.*

---

1 Bastard, der: das uneheliche Kind

15 Tauschen Sie sich im Plenum darüber aus, wie Elisabeth nach Ihrem ersten Leseeindruck auf Sie wirkt.

16 Arbeiten Sie die politischen und persönlichen Motive Elisabeths heraus, die zur Unterzeichnung des Todesurteils führen.

17 Diskutieren Sie die folgende These: „Elisabeth, die Stolze und Mächtige, ist bei aller zur Schau gestellten Stärke im Grunde ihres Wesens unsicher und schwach." (Hansjürgen Popp, Germanist)

Friedrich Schiller: Maria Stuart. Fünfter Aufzug, Sechster Auftritt (1800, Auszug)   Verszählung des Originals

Im vorliegenden Abschnitt nimmt Maria im Angesicht ihrer Hinrichtung Abschied von ihren Bediensteten Melvil und Kurl.

Die Vorigen [Melvil, Kurl]. Maria.
*Sie ist weiß und festlich gekleidet, am Halse trägt sie an einer
Kette von kleinen Kugeln ein Agnus Dei[1], ein Rosenkranz
hängt am Gürtel herab, sie hat ein Kruzifix in der Hand, und
ein Diadem in den Haaren, ihr großer schwarzer Schleier ist
zurückgeschlagen. Bei ihrem Eintritt weichen die Anwesenden zu beiden Seiten zurück und drücken den heftigsten
Schmerz aus. Melvil ist mit einer unwillkürlichen Bewegung
auf die Knie gesunken.*
  MARIA *mit ruhiger Hoheit im ganzen Kreise herumsehend.*
3480 Was klagt ihr? Warum weint ihr? Freuen solltet
Ihr euch mit mir, dass meiner Leiden Ziel
Nun endlich naht, dass meine Bande fallen,

Mein Kerker aufgeht, und die frohe Seele sich
Auf Engelsflügeln schwingt zur ewgen Freiheit.
Da, als ich in die Macht der stolzen Feindin   3485
Gegeben war, Unwürdiges erduldend,
Was einer freien großen Königin
Nicht ziemt, da war es Zeit, um mich zu weinen!
– Wohltätig, heilend, nahet mir der Tod,
Der ernste Freund! Mit seinen schwarzen Flügeln   3490
Bedeckt er meine Schmach – den Menschen adelt,
Den tiefstgesunkenen, das letzte Schicksal.
Die Krone fühl ich wieder auf dem Haupt,
Den würdgen Stolz in meiner edeln Seele!

---

1 Agnus Dei: lat. Lamm Gottes; Symbol für Jesus Christus

18 Erschließen Sie, wie Maria im vorliegenden Textauszug dargestellt wird. Berücksichtigen Sie dabei sowohl die Regieanweisungen als auch die einzelnen Äußerungen Marias.

19 Legen Sie dar, inwiefern Maria dem Ideal der schönen Seele (M1, S.142) entspricht.

Johann Wolfgang Goethe: Faust I, Prolog im Himmel (1808, Auszug)

Das Drama handelt vom Gelehrten Faust, der einen Pakt mit dem Teufel eingeht, um persönliche Erfüllung zu finden. Der „Prolog im Himmel" ist der „Faust"-Handlung vorangestellt. Im Dialog zwischen dem Herrn und dem Teufel Mephistopheles wird Dr. Faust zum Gegenstand einer Wette zwischen beiden.

Verszählung des Originals

MEPHISTOPHELES [...]
281 Der kleine Gott der Welt bleibt stets
    von gleichem Schlag,
Und ist so wunderlich als wie am ersten Tag.
Ein wenig besser würd' er leben,
Hättst du ihm nicht den Schein des Himmels-
    lichts gegeben;
285 Er nennt's Vernunft und braucht's allein,
Nur tierischer als jedes Tier zu sein.
Er scheint mir, mit Verlaub von Euer Gnaden,
Wie eine der langbeinigen Zikaden,
Die immer fliegt und fliegend springt
290 Und gleich im Gras ihr altes Liedchen singt;
Und läg' er nur noch immer in dem Grase!
In jeden Quark begräbt er seine Nase.
DER HERR
Hast du mir weiter nichts zu sagen?
Kommst du nur immer anzuklagen?
295 Ist auf der Erde ewig dir nichts recht?
MEPHISTOPHELES
Nein, Herr! ich find' es dort, wie immer,
    herzlich schlecht.
Die Menschen dauern mich in ihren Jammer-
    tagen,
Ich mag sogar die Armen selbst nicht plagen.
DER HERR Kennst du den Faust?
MEPHISTOPHELES   Den Doktor?
DER HERR   Meinen Knecht!
MEPHISTOPHELES
300 Fürwahr! er dient Euch auf besondre Weise.
Nicht irdisch ist des Toren Trank noch Speise.

Ihn treibt die Gärung in die Ferne,
Er ist sich seiner Tollheit halb bewusst;
Vom Himmel fordert er die schönsten Sterne
Und von der Erde jede höchste Lust,   305
Und alle Näh' und alle Ferne
Befriedigt nicht die tiefbewegte Brust.
DER HERR Wenn er mir jetzt auch nur ver-
    worren dient,
So werd' ich ihn bald in die Klarheit führen.
Weiß doch der Gärtner, wenn das Bäumchen   310
    grünt,
Dass Blüt' und Frucht die künft'gen Jahre
    zieren.
MEPHISTOPHELES Was wettet Ihr? den sollt Ihr
    noch verlieren,
Wenn Ihr mir die Erlaubnis gebt,
Ihn meine Straße sacht zu führen.
DER HERR   Solang' er auf der Erde lebt,   315
Solange sei dir's nicht verboten.
Es irrt der Mensch, solang' er strebt.
[...]
Nun gut, es sei dir überlassen!
Zieh diesen Geist von seinem Urquell ab,
Und führ' ihn, kannst du ihn erfassen,   325
Auf deinem Wege mit herab,
Und steh' beschämt, wenn du bekennen
    musst:
Ein guter Mensch in seinem dunklen Drange
Ist sich des rechten Weges wohl bewusst.

20 Arbeiten Sie das Menschenbild des Herrn und Mephistopheles' heraus, indem Sie arbeitsteilig die folgende Tabelle vervollständigen.

Menschenbild des Herrn	Menschenbild Mephistopheles'
– *Mensch macht Fehler, aber kann aus diesen lernen (vgl. V. 328 f.)*	– *Vernunft nur Maskerade, hinter der der Mensch niedere Instinkte, Neugier verbirgt (vgl. V. 285–292)*
– ...	– ...

21 Erklären Sie, warum sich der Herr auf die Wette mit Mephistopheles einlässt.

22 Legen Sie dar, inwiefern das Menschenbild des Herrn dem in der Klassik als Ideal verbreiteten entspricht.

Johann Wolfgang Goethe: Faust I, Straße (1808, Auszug)

Mephisto konnte Faust zu folgender Wette überreden: Er ist dem Gelehrten Faust zu Lebzeiten zu Willen. Sollte dieser jedoch in seinem Streben innehalten und „zum Augenblicke sagen: / Verweile doch! du bist so schön!" (V. 1699f.), gehört seine Seele nach dem Tod für immer dem Teufel. Dieser führt Faust in Versuchungen, u. a. indem er ihn durch einen Zaubertrank verjüngt, damit er in (erhofft bleibender) Liebe einer Frau verfällt.

FAUST. MARGARETE *vorübergehend.*

2605 FAUST Mein schönes Fräulein[1], darf ich wagen,
Meinen Arm und Geleit[2] Ihr anzutragen?

MARGARETE Bin weder Fräulein, weder schön,
Kann ungeleitet nach Hause gehn.
(Sie macht sich los und ab.)

FAUST Beim Himmel, dieses Kind ist schön!

2610 So etwas hab' ich nie gesehn.
Sie ist so sitt- und tugendreich,
Und etwas schnippisch doch zugleich.
Der Lippe Rot, der Wange Licht,
Die Tage der Welt vergess' ich's nicht!

2615 Wie sie die Augen niederschlägt,
Hat tief sich in mein Herz geprägt;
Wie sie kurz angebunden war,
Das ist nun zum Entzücken gar!

MEPHISTOPHELES *tritt auf.*

FAUST Hör, du musst mir die Dirne[3] schaffen!

MEPHISTOPHELES Nun, welche? 2620

FAUST   Sie ging just vorbei.

MEPHISTOPHELES Da die? Sie kam von ihrem Pfaffen,
Der sprach sie aller Sünden frei;
Ich schlich mich hart am Stuhl[4] vorbei.
Es ist ein gar unschuldig Ding,
Das eben für nichts zur Beichte[5] ging; 2625
Über die hab' ich keine Gewalt!

---

1 Fräulein, das: Anrede für eine unverheiratete adelige junge Frau   2 Geleit, das: Begleitung   3 Dirne, die: hier: Bezeichnung für eine junge unverheiratete Frau, nicht abwertend   4 Stuhl, der: hier: Beichtstuhl (in römisch-katholischen Kirchen der Ort, oft ein Holzschrank, für die Beichte)   5 Beichte, die: Mit einer Beichte übernimmt ein Mensch Verantwortung für seine Verfehlungen, indem er einem Geistlichen gesteht, was er getan hat. Der Geistliche vergibt im Namen Gottes die Vergehen und erneuert dadurch die Verbindung des Menschen zu Gott.

23 Stellen Sie fest, warum Mephisto zögert, für Faust den Kontakt zu Gretchen herzustellen.

Johann Wolfgang Goethe: Faust I, Kerker (1808, Schluss)

Margarete hatte, um mit dem geliebten Faust ungestört zu sein und von Mephisto eingefädelt, ihrer Mutter einen letztlich tödlichen Schlaftrunk gegeben. Die Nacht mit Faust führte zu einem Kind, welches Margarete, nachdem Faust sie sitzenließ, in ihrer Not ertränkte. Allein im Kerker und zum Tode verurteilt zittert sie zwischen Reue, Liebe und Wahn. Faust, der im Kampf Gretchens Bruder Valentin getötet hat, verschafft sich durch Mephisto Zutritt zu ihr und will sie zur Flucht überreden.

FAUST Du kannst! So wolle nur! Die Tür steht offen.

MARGARETE Ich darf nicht fort; für mich ist nichts zu hoffen.

4545 Was hilft es fliehn? Sie lauern doch mir auf.
Es ist so elend, betteln zu müssen,
Und noch dazu mit bösem Gewissen!
Es ist so elend, in der Fremde zu schweifen,
Und sie werden mich doch ergreifen!

4550 FAUST Ich bleibe bei dir.

MARGARETE Geschwind! Geschwind!
Rette dein armes Kind.
Fort! Immer den Weg
Am Bach hinauf,

4555 Über den Steg,
In den Wald hinein,
Links, wo die Planke steht,

Im Teich.
Fass es nur gleich!
Es will sich heben, 4560
Es zappelt noch!
Rette! rette!

FAUST Besinne dich doch!
Nur einen Schritt, so bist du frei!

MARGARETE Wären wir nur den Berg vorbei! 4565
Da sitzt meine Mutter auf einem Stein,
Es fasst mich kalt beim Schopfe!
Da sitzt meine Mutter auf einem Stein
Und wackelt mit dem Kopfe;
Sie winkt nicht, sie nickt nicht, der Kopf ist ihr schwer, 4570
Sie schlief so lange, sie wacht nicht mehr.
Sie schlief, damit wir uns freuten.
Es waren glückliche Zeiten!

FAUST Hilft hier kein Flehen, hilft kein Sagen,

575 So wag' ich's, dich hinweg zu tragen.

MARGARETE Lass mich! Nein, ich leide keine Gewalt!

Fasse mich nicht so mörderisch an!

Sonst hab' ich dir ja alles zu Lieb getan.

FAUST Der Tag graut! Liebchen! Liebchen!

MARGARETE

580 Tag! Ja es wird Tag! der letzte Tag dringt herein;

Mein Hochzeittag sollt' es sein!

Sag niemand, dass du schon bei Gretchen warst[1].

Wehe meinem Kranze!

Es ist eben geschehn!

585 Wir werden uns wiedersehn;

Aber nicht beim Tanze.

Die Menge drängt sich, man hört sie nicht.

Der Platz, die Gassen

Können sie nicht fassen.

590 Die Glocke ruft, das Stäbchen bricht[2].

Wie sie mich binden und packen!

Zum Blutstuhl[3] bin ich ja schon entrückt.

Schon zuckt nach jedem Nacken

Die Schärfe, die nach meinem zückt.

595 Stumm liegt die Welt wie das Grab!

FAUST O wär' ich nie geboren!

MEPHISTOPHELES *(Erscheint draußen.)* Auf! oder ihr seid

verloren.

Unnützes Zagen! Zaudern und Plaudern!

Meine Pferde schaudern,

Der Morgen dämmert auf.   4600

MARGARETE Was steigt aus dem Boden auf?

Der! der! Schick' ihn fort!

Was will der an dem heiligen Ort?

Er will mich!

FAUST   Du sollst leben!

MARGARETE Gericht Gottes! dir hab' ich mich übergeben! 4605

MEPHISTOPHELES *(zu Faust)*

Komm! komm! Ich lasse dich mit ihr im Stich.

MARGARETE Dein bin ich, Vater[4]! Rette mich!

Ihr Engel! Ihr heiligen Scharen,

Lagert euch umher, mich zu bewahren!

Heinrich! Mir graut's vor dir.   4610

MEPHISTOPHELES Sie ist gerichtet[5]!

STIMME *(von oben)*   Ist gerettet[6]!

MEPHISTOPHELES *(zu Faust)*   Her zu mir!

(Verschwindet mit Faust.)

STIMME *(von innen, verhallend)* Heinrich! Heinrich!

---

1 Sag niemand, dass du schon bei Gretchen warst: Faust hatte schon eine Nacht mit ihr verbracht und damit gegen damals geltende moralische Normen verstoßen.   2 das Stäbchen bricht: Der Richter zerbricht vor der Hinrichtung über dem Kopf des Verurteilten ein weißes Stäbchen und wirft es ihm vor die Füße. Das Zerbrechen des Richterstabes symbolisiert, dass der Verbrecher aus der Gemeinschaft seiner Mitmenschen ausgeschlossen wird und sein Leben verwirkt ist.   3 Blutstuhl, der: Der Stuhl, an den der Verurteilte bei der Hinrichtung durch das Schwert gebunden wurde; die Todesstrafe wurde als „Blutge- richtsbarkeit" bezeichnet.   4 Vater, der: Gott, dessen Gericht sich Gretchen übergibt   5 Sie ist gerichtet: durch das irdische Gericht, da sie mit Faust nicht aus dem Gefängnis flieht   6 ist gerettet: Vorausdeutung auf die Rettung vor der ewigen Verdammnis (Hölle) durch die Gnade Gottes

24 Besprechen Sie, warum Margarete am Ende durch eine Stimme von oben „gerettet" (V. 4611) wird und was diese Rettung bedeutet.

25 **PLUS** Benennen Sie Margaretes Konflikte, die im Textauszug aufscheinen. Bilden Sie Gruppen. Übertra- gen Sie die Konfliktsituationen jeweils durch die Dis- kussion in Ihrer Gruppe in heutige Zusammenhänge und notieren Sie diese als Cluster-Kerne. Schreiben Sie an die Cluster-Arme Lösungsmöglichkeiten dieser Konflikte. Entscheiden Sie, welche Lösungen heutzu- tage einer „Rettung" gleichkämen und begründen Sie Ihre Entscheidung. Stellen Sie Ihre Überlegungen dem Kurs vor.

26 **PLUS** Erstellen Sie nach Recherchen Informations- plakate zum Frauenbild in der Literatur der Weimarer Klassik und erläutern Sie diese im Kurzvortrag. Beziehen Sie sich dabei – ggf. arbeitsteilig oder in Auswahl – auf folgende Figuren: Johann Wolfgang Goethes *Iphigenie*, Friedrich Schillers *Maria Stuart*, Heinrich von Kleists *Penthesilea*, Friedrich Schillers *Jungfrau von Orleans*, Johann Wolfgang Goethes Margarete aus *Faust*.

ÜBRIGENS

Kindsmord

In seiner Autobiografie *Dichtung und Wahr- heit* (1808–1831) berichtet Goethe von der Begegnung in einem Gasthaus mit einer Magd „von unglaublicher Schönheit", die blei- benden Eindruck bei ihm hinterlassen habe. Als er sie am nächsten Tag in der Kirche auf- suchte, erfuhr er ihren Namen: Gretchen. Später als juristischer Referendar war Goethe Zeuge des Prozesses um die 1772 in Frankfurt am Main als Kindsmörderin öffent- lich hingerichtete Magd Susanna Margare- tha Brandt.

Im Jahr 1783 bekam Goethe im Auftrag des Herzogs Carl August von Sachsen-Weimar- Eisenach zur Begutachtung den Fall der Johanna Höhn vorgelegt, die ebenfalls ihr Kind getötet hatte. Es ging um die Frage, ob das vom Gericht verhängte Todesurteil voll- streckt werden sollte. Goethe entschied, die Todesstrafe beizubehalten.

6.3 Entwicklungsromane vergleichen
„Das Bedürfnis, ... Geist und Geschmack auszubilden"

Johann Wolfgang Goethe: Wilhelm Meisters Lehrjahre, 5. Buch, 3. Kapitel (1795/96, Auszug)

Goethes „Wilhelm Meisters Lehrjahre" ist dessen episches Hauptwerk der klassischen Periode und gilt als Prototyp des sogenannten Bildungs- bzw. Entwicklungsromans. Er besteht aus acht Büchern (Teile des Romans), die zunächst nach anfänglichen Erfolgen das Scheitern des Titelhelden Wilhelm als Theatermann und schließlich seine Ausbildung zum Arzt ausgestalten. In einem Brief wendet sich der Protagonist an seinen Schwager und Freund Werner.

Dass ich Dir's mit einem Worte sage: Mich selbst, ganz wie ich da bin, auszubilden, das war dunkel von Jugend auf mein Wunsch und meine Absicht. Noch hege ich eben diese Gesinnungen, nur dass mir die Mittel, die mir es möglich
5 machen werden, etwas deutlicher sind. Ich habe mehr Welt gesehen, als Du glaubst, und sie besser benutzt, als Du denkst. [...]
Ich weiß nicht, wie es in fremden Ländern ist, aber in Deutschland ist nur dem Edelmann eine gewisse allgemei-
10 ne, wenn ich sagen darf, personelle Ausbildung möglich. Ein Bürger kann sich Verdienst erwerben und zur höchsten Not seinen Geist ausbilden; seine Persönlichkeit geht aber verloren, er mag sich stellen, wie er will. Indem es dem Edelmann, der mit den Vornehmsten umgeht, zur Pflicht
15 wird, sich selbst einen vornehmen Anstand zu geben, indem dieser Anstand, da ihm weder Tür noch Tor verschlossen ist, zu einem freien Anstand wird, da er mit seiner Figur, mit seiner Person, es sei bei Hofe oder bei der Armee, bezahlen muss, so hat er Ursache, etwas auf sie zu halten
20 und zu zeigen, dass er etwas auf sie hält. [...]
Ich habe nun einmal gerade zu jener harmonischen Ausbildung meiner Natur, die mir meine Geburt versagt, eine un-

widerstehliche Neigung. Ich habe, seit ich Dich verlassen, durch Leibesübung viel gewonnen; ich habe viel von mei-
25 ner gewöhnlichen Verlegenheit abgelegt und stelle mich so ziemlich[1] dar. Ebenso habe ich meine Sprache und Stimme ausgebildet, und ich darf ohne Eitelkeit sagen, dass ich in Gesellschaften nicht missfalle. Nun leugne ich Dir nicht, dass mein Trieb täglich unüberwindlicher wird, eine öf-
30 fentliche Person zu sein und in einem weitern Kreise zu gefallen und zu wirken. Dazu kommt meine Neigung zur Dichtkunst und zu allem, was mit ihr in Verbindung steht, und das Bedürfnis, meinen Geist und Geschmack auszubilden, damit ich nach und nach auch bei dem Genuss, den
35 ich nicht entbehren kann, nur das Gute wirklich für gut und das Schöne für schön halte. Du siehst wohl, dass das alles für mich nur auf dem Theater zu finden ist und dass ich mich in diesem einzigen Elemente nach Wunsch rühren und ausbilden kann. Auf den Brettern erscheint der
40 gebildete Mensch so gut persönlich in seinem Glanz als in den obern Klassen; Geist und Körper müssen bei jeder Bemühung gleichen Schritt gehen, und ich werde da so gut sein und scheinen können als irgend anderswo.

---

1 ziemlich: hier: angemessen, schicklich, wie es sich ziemt

1 Legen Sie dar, welches Ziel Wilhelm verfolgt und wie er es zu verwirklichen sucht.

2 Erörtern Sie, inwiefern der Protagonist dem Menschenbild der Klassik entspricht.

3 Recherchieren Sie den Begriff Entwicklungsroman und definieren Sie ihn.

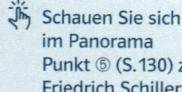
Schauen Sie sich im Panorama Punkt ⑤ (S. 130) zu Friedrich Schiller an.

Friedrich Schiller: Über die ästhetische Erziehung des Menschen, 9. Brief
(1795, Ausschnitt)

Alle Verbesserung im Politischen soll von Veredlung des Charakters ausgehen – aber wie kann sich unter den Einflüssen einer barbarischen Staatsverfassung der Charakter veredeln? Man müsste also zu diesem Zwecke ein Werkzeug aufsuchen, welches der Staat nicht hergibt, und Quellen dazu eröffnen, die sich bei aller politischen Verderbnis rein und lauter erhalten.
5 Jetzt bin ich an dem Punkt angelangt, zu welchem alle meine bisherigen Betrachtungen hingestrebt haben. Dieses Werkzeug ist die schöne Kunst, diese Quellen öffnen sich in ihren unsterblichen Mustern.

4 Erläutern Sie, was Friedrich Schiller unter ästhetischer Erziehung versteht.

5 Finden Sie Parallelen zwischen Friedrich Schillers Poetologie und der Figur des Wilhelm im Romanauszug aus *Wilhelm Meisters Lehrjahre*.

Friedrich Hölderlin: Hyperion oder Der Eremit in Griechenland (1797/1799, Auszug)

Der Roman besteht hauptsächlich aus Briefen des jungen Griechen Hyperion an seinen deutschen Freund Bellarmin. In diesen berichtet er über seine Kindheit und Jugend in Griechenland. Er spiegelt dabei vor dem Hintergrund einer idealisierten Antike die Aufgaben und Konflikte der Gegenwart. Nach dem Tod seiner Geliebten Diotima verbringt er Studienjahre in Deutschland und macht dort niederschmetternde Erfahrungen. Im folgenden Brief, einem Auszug aus der sogenannten „Deutschlandschelte", berichtet er seinem Freund davon.

Es ist auf Erden alles unvollkommen, ist das alte Lied der Deutschen. Wenn doch einmal diesen Gottverlassnen einer sagte, dass bei ihnen nur so unvollkommen alles ist, weil sie nichts Reines unverdorben, nichts Heiliges unbetastet lassen mit den plumpen Händen, dass bei ihnen nichts gedeiht, weil sie die Wurzel des Gedeihns, die göttliche Natur nicht achten, dass bei ihnen eigent-
5 lich das Leben schal und sorgenschwer und übervoll von kalter stummer Zwietracht ist, weil sie den Genius verschmähn, der Kraft und Adel in ein menschlich Tun, und Heiterkeit ins Leiden und Lieb' und Brüderschaft den Städten und den Häusern bringt.

Und darum fürchten sie auch den Tod so sehr, und leiden, um des Austernlebens willen, alle Schmach, weil Höhers sie nicht kennen, als ihr Machwerk, das sie sich gestoppelt.
10 O Bellarmin! wo ein Volk das Schöne liebt, wo es den Genius in seinen Künstlern ehrt, da weht, wie Lebensluft, ein allgemeiner Geist, da öffnet sich der scheue Sinn, der Eigendünkel[1] schmilzt, und fromm und groß sind alle Herzen und Helden gebiert die Begeisterung. Die Heimat aller Menschen ist bei solchem Volke und gerne mag der Fremde sich verweilen. Wo aber so beleidigt wird die göttliche Natur und ihre Künstler, ach! da ist des Lebens beste Lust hinweg, und jeder andre Stern ist bes-
15 ser denn die Erde. Wüster immer, öder werden da die Menschen, die doch alle schöngeboren sind; der Knechtsinn wächst, mit ihm der grobe Mut, der Rausch wächst mit den Sorgen, und mit der Üppigkeit der Hunger und die Nahrungsangst; zum Fluche wird der Segen jedes Jahrs und alle Götter fliehn.

---

1 Eigendünkel, der: übertrieben hohe Meinung von sich selbst

6 Geben Sie in eigenen Worten wieder, wie Hyperion den Zustand Deutschlands in seinem Brief beschreibt.

7 Arbeiten Sie einerseits heraus, welche Gründe Hyperion für diesen Zustand nennt, und andererseits, wie man diesem entgegenwirken könnte.

8 Auch Friedrich Hölderlins *Hyperion* gilt als Entwicklungsroman. Untersuchen Sie arbeitsteilig folgende Punkte in den beiden Textauszügen aus Goethes *Wilhelm Meister* und Hölderlins *Hyperion*:
- Gegenstand oder Thema, das im Brief verhandelt wird
- sprachliche Gestaltung, Ton
- Figurenkonzept und Ansichten der Figuren

9 Friedrich Hölderlin wird in der Literaturwissenschaft oft als Außenseiter bezeichnet, da er sich keiner Epoche eindeutig zuordnen lässt.
- Suchen Sie nach Gründen, warum Friedrich Hölderlin literaturhistorisch in der Nähe der Weimarer Klassik gesehen wird.
- Erläutern Sie anhand der in Aufgabe 8 erkannten Unterschiede, warum sich Johann Wolfgang Goethe und Friedrich Schiller von Hölderlin distanziert haben könnten. Recherchieren Sie ggf. dazu.

Schauen Sie sich im Panorama auf S.130 Punkt ⑥ an, um noch mehr über Friedrich Hölderlin zu erfahren.

Epochenlexikon → S.406 ff.

Johann Wolfgang Goethe: Wilhelm Meisters Lehrjahre, 6. Buch, Bekenntnisse einer schönen Seele (1795/96, Auszug)

Wenn ich an Gott dachte, war ich heiter und vergnügt; auch bei meiner lieben Mutter schmerzensvollem Ende graute mir vor dem Tode nicht. Doch lernte ich vieles und ganz andere Sachen, als meine unberufenen Lehrmeister glaub-
5 ten, in diesen großen Stunden.

Nach und nach ward ich an den Einsichten so mancher hochberühmten Leute zweifelhaft und bewahrte meine Gesinnungen in der Stille. Eine gewisse Freundin, der ich erst zu viel eingeräumt hatte, wollte sich immer in meine
10 Angelegenheiten mengen; auch von dieser war ich genötigt mich loszumachen, und einst sagte ich ihr ganz entschieden, sie solle ohne Mühe bleiben, ich brauche ihren Rat nicht; ich kenne meinen Gott und wolle ihn ganz allein zum Führer haben. Sie fand sich sehr beleidigt, und ich glaube,
15 sie hat mir's nie ganz verziehen.

Dieser Entschluss, mich dem Rate und der Einwirkung meiner Freunde in geistlichen Sachen zu entziehen, hatte die Folge, dass ich auch in äußerlichen Verhältnissen meinen eigenen Weg zu gehen Mut gewann. Ohne den Bei-
20 stand meines treuen unsichtbaren Führers hätte es mir übel geraten können, und noch muss ich über diese Weise und glückliche Leitung erstaunen. Niemand wusste eigentlich, worauf es bei mir ankam, und ich wusste es selbst nicht.
25 [...]

ÜBRIGENS

Wilhelm Meister

Auch das Projekt Wilhelm Meister begleitete Goethe über fast die gesamte Zeit seines Schaffens. Der „Urmeister" *Wilhelm Meisters theatralische Sendung*, ein zu Goethes Lebzeiten unveröffentlichtes Romanfragment, in dem der Künstler als Erneuerer des Theaters gezeigt wird, entstand von 1777 an. Es bildete den z.T. wörtlichen Grundstock für die ersten fünf Bücher von *Wilhelm Meisters Lehrjahre* (1795/96), in denen die Hauptfigur sich zu einem Arzt und tüchtigen Glied der Gesellschaft emanzipiert. *Wilhelm Meisters Wanderjahre oder Die Entsagenden* (1821/1829) dagegen wird als sehr persönlich geprägter, auch essayistischer oder episodenhafter Roman gelesen, der den Verzicht auf private oder niedere Interessen zugunsten Höherem thematisiert.

In der Einsamkeit konnte ich nicht immer bleiben, ob ich gleich in ihr das beste Mittel gegen die mir so eigene Zerstreuung der Gedanken fand. Kam ich nachher in Getümmel, so machte es einen desto größern Eindruck auf mich. Mein eigentlichster Vorteil bestand darin, dass die Liebe 30 zur Stille herrschend war und ich mich am Ende immer dahin zurückzog. Ich erkannte, wie in einer Art von Dämmerung, mein Elend und meine Schwäche, und ich suchte mir dadurch zu helfen, dass ich mich schonte, dass ich mich nicht aussetzte. 35

10 Stellen Sie Vermutungen darüber an, welche Werte die *schöne Seele* vertritt und welche Ziele sie verfolgt. Setzen Sie Ihre Erkenntnisse zu den Ideen der Humanität und der Harmonie in der Klassik ins Verhältnis.

Georg Wilhelm Friedrich Hegel: Vorlesungen über die Ästhetik (1818–1829, Ausschnitt)

Es ist eine Hoheit und Göttlichkeit der Seele, welche zur Wirklichkeit nach allen Seiten hin in ein schiefes Verhältnis tritt und, die Schwäche, den echten Gehalt der vorhandenen Welt nicht ertragen und verarbeiten zu können, vor sich selbst durch die Vornehmheit versteckt, in welcher sie alles als ihrer nicht würdig von sich ablehnt. Denn auch für die wahrhaft sittlichen Interessen und gediege-
5 nen Zwecke des Lebens ist solch eine schöne Seele nicht offen, sondern spinnt sich in sich selber ein und lebt und webt nur in ihren subjektivsten religiösen und moralischen Ausheckungen. Zu diesem inneren Enthusiasmus für die eigene überschwängliche Trefflichkeit, mit welcher sie vor sich selber ein großes Gepränge macht, gesellt sich dann sogleich eine unendliche Empfindlichkeit in Betreff auf alle übrigen, welche diese einsame Schönheit in jedem Momente erraten, verstehen,
10 verehren sollen. Können das nun die anderen nicht, so wird gleich das ganze Gemüt im Tiefsten bewegt und unendlich verletzt. Da ist mit einem Male die ganze Menschheit, alle Freundschaft, alle Liebe hin.

11 Diskutieren Sie die Aussagen des Philosophen Hegel (1770–1831) mit Blick auf den Auszug aus *Bekenntnisse einer schönen Seele* und auf die Figur Gretchen in Goethes *Faust* (vgl. S. 146 f., *Straße* und *Kerker*). Überprüfen Sie ggf. Ihre Erkenntnisse aus Aufgabe 10.

Auf einen Blick: Merkmale der Weimarer Klassik (1786–1805)

Epochenlexikon
→ S. 414 f.
Gattungslexikon
→ S. 424 ff.

Schauen Sie sich im Panorama die Punkte ① bis ⑥ (S. 130) an, um Ihr Epochenbild zu erweitern.

Das Goethe-Schiller-Denkmal vor dem Deutschen Nationaltheater auf dem Theaterplatz in Weimar wurde 1857 eingeweiht.

Die Weimarer Klassik

Die Weimarer Klassik wird als die Blütezeit deutscher Literatur und Kultur angesehen, die maßgeblich durch die in Weimar wirkenden Schriftsteller **Johann Wolfgang Goethe** (1749–1832) und **Friedrich Schiller** (1759–1805) geprägt wurde. Als Beginn wird häufig die Italienreise Johann Wolfgang Goethes ab 1786 angesehen, die diesen mit der Kultur der Antike in Berührung brachte, als Ende der Tod Schillers im Jahre 1805 oder auch Goethes Tod 1832. Neben diesen zählen u. a. **Christoph Martin Wieland** (1733–1813), ab 1772 Fürstenerzieher und Autor in Weimar, und **Johann Gottfried Herder** (1744–1803), Generalsuperintendent der Weimarer Stadtkirche und Schriftsteller, zu den bedeutendsten literarischen Persönlichkeiten dieser Zeit.

Ästhetische Erziehung und Bildungsideal

Den Unruhen einer gesellschaftlichen Umwälzung setzen die Klassiker das Programm einer **ästhetischen Erziehung** als zivilisierende Leistung entgegen. Durch die Kunst sollen **Humanität** und das **Wahre, Gute und Schöne** vermittelt und der Mensch zu einem harmonischen, im Weltganzen aufgehenden Wesen ausgebildet werden. Vollendet sehen sie diese Bildung zur Humanität im Ideal der **schönen Seele** (Friedrich Schiller), bei der Pflicht und Neigung im Einklang stehen, die also in ihren Willen aufgenommen hat, was die Moral zu tun gebietet.

Zeithistorische Umstände

Das künstlerische Schaffen wird durch die politisch-gesellschaftlichen Spannungen der **Französischen Revolution** beeinflusst. Während viele Dichter, wie auch Herder, den Grundgedanken der Erklärung der Menschenrechte 1789 folgen, wenden Goethe und Schiller sich im Gegensatz zu den Stürmern und Drängern von einer gewaltsamen Durchsetzung dieser Rechte ab. Die Weimarer Klassik stellt das Streben nach einem **harmonischen Ausgleich von Gegensätzen** ins Zentrum der Kunst.

Der Bildungs- und Entwicklungsroman

Bildungs- und Entwicklungsromane beschreiben die Reifung und inneren Wandlungen besonders der Hauptfigur im Laufe ihrer Lebensreise. Zeigt der Entwicklungsroman vor allem Herausforderungen, Konflikte und Prüfungen, die die Persönlichkeit der Figur formen, liegt im Bildungsroman der Schwerpunkt stärker auf dem Bildungsprozess und auf der Ausbildung des Charakters. In der Klassik war diese Form eine Möglichkeit, dem Bestreben nach ästhetischer Erziehung Raum zu geben.

Griechische Antike als Muster und Vorbild

Verwirklicht sahen die Klassiker ihre Ideale in der Kunst und im Menschenbild der griechischen Antike, die durch Lektüren und das Werk J. J. Winckelmanns bekannt waren. Schiller versteht die Antike als Harmonie zwischen Ideal und Leben, Natur und Freiheit. Die Klassiker orientieren sich in der Folge an den Formen und den Stoffen der griechischen Antike.

Maß und Form in Lyrik und Drama

Dem antiken Kunstideal folgend wurde nach Vollkommenheit und der **Übereinstimmung von Inhalt und Form** gesucht. Man greift in der Lyrik auf **antike Genres** wie Elegie und Hymne und auf strenge Formen wie z. B. das Sonett sowie auf das Gedicht als Medium weltanschaulich-ästhetischer Reflexionen (Gedankenlyrik) zurück – stets mit dem Ziel, Ganzheitlichkeit und Mustergültigkeit zu erreichen. Im Drama äußert sich das in einem strengen Aufbau nach den aristotelischen Einheiten, im hohen Stil der Figurenrede (Tragödie) und in Versdramen (häufig Blankvers), aber auch in Konflikten, die sich stärker im Inneren der Figuren ausbilden.

Schillers Wohnhaus in Weimar von 1802 bis 1805

Interpretation dramatischer Texte

Schreibformen
→ S. 461

KOMPETENZBOX

Dramendialoge schriftlich interpretieren

1. Erstes Textverständnis festhalten – Aufgabenstellung erfassen
- erste Eindrücke zum Dialog notieren
- Thema und Anlass des Dialogs erfassen
- Teilaufgaben und Untersuchungsaspekte beachten: Was ist konkret zu tun? Gibt die Aufgabenstellung Hinweise, die für die Interpretation des Dialogs hilfreich sind?
- Titel, Entstehungszeit, Autorin/Autor erfassen und einordnen

2. Den dramatischen Text aspektorientiert untersuchen
- Text in Sinnabschnitte unterteilen
- Gesprächsintentionen der Dialogpartnerinnen und -partner erschließen
- daraus resultierende Gesprächsstrategien herausarbeiten
- sprachliche Gestaltung im Hinblick auf Gesprächsstrategien und Atmosphäre des Dialogs in den Blick nehmen
- in der Aufgabenstellung vorgegebene oder selbstgewählte Aspekte, die sich aus dem Dialog ergeben, schwerpunktmäßig untersuchen

3. Untersuchungsergebnisse ordnen
- Deutungshypothese auf Basis der Ergebnisse formulieren
- Gespräch mithilfe von Leitfragen zusammenfassend charakterisieren
- Ergebnisse ordnen und dabei die Deutungshypothese überprüfen
- bei Kenntnis des Dramas: Einordnung in den Kontext

4. Schreibplan/Gliederung erstellen (vgl. S. 184)
Einleitung: interessanter Einstieg, Basissatz (Autorin/Autor), Titel, Entstehungszeit, Gattung, Thema, Deutungshypothese
Hauptteil:
- Gesprächsvoraussetzungen (bisherige Handlung, Figurenbeziehung) und Inhalt nach Sinnabschnitten
- Intentionen der Dialogpartnerinnen und -partner
- Gesprächsstrategien in ihrer sprachlichen Gestaltung entweder
  a) dem Textverlauf folgend oder
  b) die Figuren nacheinander in den Blick nehmend
- abschließende Analyse der Dialogführung und -gestaltung sowie ggf. Beantwortung weiterer Teilaufgaben
Schluss: Abrundung der Arbeit (z. B. Rückbezug zum Einleitungsgedanken, Vergleich mit anderem Werk, Ausblick auf die weitere Handlung)

5. Schriftliche Interpretation des Dramendialogs verfassen
- Textkohärenz erzeugen durch Orientierung an Deutungshypothese und übergeordneten Intentionen der Dialogpartnerinnen und -partner
- sachlich schreiben und Fachbegriffe verwenden
- Ergebnisse am Text durch direkte und indirekte Zitate korrekt belegen

6. Schriftliche Interpretation des Dramendialogs überarbeiten

Eigene Texte
sprachlich
gestalten
→ S. 403

- kritische Durchsicht des eigenen Textes und Korrektur formalsprachlicher Fehler
- Abgleich mit Aufgabenstellung und Schreibplan
- gedankliche Zusammenhänge prüfen und ggf. durch zusätzliche sprachliche Verknüpfungen verdeutlichen
- Überprüfen der sachlichen Richtigkeit und der logischen Nachvollziehbarkeit für Leserinnen und Leser

Hinweise zum
schriftlichen Abitur
→ S. 466

MUSTERAUFGABE

1 Interpretieren Sie den Dialog zwischen Iphigenie und Thoas im Auszug des dritten Auftritts
des ersten Aufzugs (I, 3, S. 138 f., V. 433–537). (ca. 70 %)

2 Gehen Sie ausgehend von Ihren Ergebnissen darauf ein, inwiefern Iphigenie und Thoas der
von Johann Gottfried Herder postulierten Humanität in diesem Auftritt gerecht werden. (ca. 30 %)

**Johann Gottfried Herder: Theoretische Schriften – Ideen zur Philosophie
der Geschichte der Menschheit: V, 5. Unsre Humanität ist nur Vorübung, die
Knospe zu einer zukünftigen Blume** (1784–1791, Ausschnitt)

Wir sahen, dass der Zweck unsres jetzigen Daseins auf Bildung der Humanität gerichtet sei,
der alle niedrige Bedürfnisse der Erde nur dienen und selbst zu ihr führen sollen. Unsre Ver-
nunftfähigkeit soll zur Vernunft, unsre feinern Sinne zur Kunst, unsre Triebe zur echten Freiheit und Schöne, unsre Bewegungskräfte zur Menschenliebe gebildet werden; [...]
5 Und wie selten wird dieser ewige, dieser unendliche Zweck hier erreicht! Bei ganzen Völkern
liegt die Vernunft unter der Tierheit gefangen, das Wahre wird auf den irresten Wegen gesucht und die Schönheit und Aufrichtigkeit, zu der uns Gott erschuf, durch Vernachlässigung
und Ruchlosigkeit verderbet. Bei wenigen Menschen ist die gottähnliche Humanität im reinen und weiten Umfange des Worts eigentliches Studium des Lebens; die meisten fangen
10 nur spät an, daran zu denken, und auch bei den besten ziehen niedrige Triebe den erhabenen
Menschen zum Tier hinunter.

---

1. Erstes Textverständnis festhalten – Aufgabenstellung erfassen

Schreibtraining
I 11

1.1 Lesen Sie die Aufgabenstellung genau und erklären Sie, welche Hinweise hilfreich für das Verständnis
des Dialogs sein könnten.

1.2 Vergegenwärtigen Sie sich den Inhalt des Auftritts, indem Sie folgende Leitfragen beantworten:
  – Was ist vor dem Dialog geschehen und warum sprechen die Figuren miteinander?
  – Was ist das Thema des Dialogs? Gibt es mehrere Themen?
  – Wieso gehört der Auftritt zur Exposition des Dramas?
  – Wie könnte man die Atmosphäre des Gesprächs beschreiben?
  – Inwiefern verändert sich die Stimmung im Verlauf des Dialogs?
  – Wie könnte man die Gefühlslage der handelnden Figuren beschreiben?
Notieren Sie sich Ihre ersten Überlegungen zu diesen Leitfragen.

1.3 Lesen Sie die Zusatzaufgabe und den dazugehörigen Textauszug.

1.4 Beantworten Sie die folgenden Leitfragen:
  – Was bedeutet der Begriff Humanität?
  – Wie kann man laut Herder Humanität ausbilden?
  – Inwieweit ist die Humanität bei Iphigenie und Thoas in diesem Auftritt ausgeprägt?
Notieren Sie sich Ihre ersten Überlegungen zu den Leitfragen.

  – *Begriff der Humanität bei Herder besteht darin, dass ...*
  – *wichtige Wörter in Bezug auf Humanitätsausbildung: Z. ... , Z. ...*
  – *Bezug zu den Figuren Iphigenie und Thoas: ...*

2. Den dramatischen Text aspektorientiert untersuchen

2.1 Arbeiten Sie die Ziele bzw. Intentionen der Dialogpartner sowie die daraus resultierenden Gesprächs-strategien heraus. Orientieren Sie sich dabei an der Tabelle aus Aufgabe 5, S.140. Bei der Benennung können Sie sich am folgenden Sprachtipp orientieren.

> **SPRACHTIPP**
>
> **Sprachhandlungsverben, die eine Intention, Strategie oder Reaktion ausdrücken**
>
> *beschwichtigen / schmeicheln / loben / einschüchtern / manipulieren / ein schlechtes Gewissen machen / milde stimmen / sich anvertrauen / ins Vertrauen ziehen / verunsichern / irreführen / ablenken / eine Ausrede finden / sich um eine Antwort winden / motivieren / aufstacheln / appellieren an / etw. unterstellen / warnen / fordern / befehlen / zu bedenken geben / vor Augen führen / verurteilen / sich lustig machen / lächerlich machen / bezweifeln / infrage stellen / hinterfragen / sich rechtfertigen / beteuern / herausfordern / ignorieren / nicht auf das Gegenüber eingehen / sich erklären / inständig bitten / sich erkundigen / nachfragen / behaupten / begründen / vorwerfen / widersprechen / unterbrechen / entlarven / kontern / drohen / anflehen / beschimpfen / beleidigen / provozieren / …*

2.2 Analysieren Sie das Gespräch abschließend und orientieren Sie sich an den folgenden Leitfragen:
- Wer übernimmt die Initiative?
- Welchen Redeanteil haben die einzelnen Figuren am Dialog und was hat dies für Folgen?
- Gibt es typische Grundmuster (fragen ↔ antworten, vorwerfen ↔ rechtfertigen …)?
- Woraus resultiert gegebenenfalls die komplementäre Redesituation (Situation, gesellschaftlicher Rang …)?
- Gibt es eine Entwicklung im Verlauf des Gesprächs (z.B. Stimmungsumschwung, Konflikt, Figur)?
- Erreichen die Dialogpartnerinnen oder -partner ihre Ziele?
- Gibt es eine(n) Sieger/-in bzw. Verlierer/-in?

3. Untersuchungsergebnisse ordnen

3.1 Diskutieren Sie die folgenden drei Deutungshypothesen.

> **A** *Iphigenies Dilemmasituation und ihr tragischer innerer Konflikt offenbaren sich in dieser Szene, indem sie Ausflüchte sucht und sich um eine konkrete Antwort windet.*

> **B** *Der Dialog entwickelt sich von einem Erkundungs- hin zu einem dynamischen Konfliktgespräch: Er beginnt mit einem Heiratsantrag und endet mit der Wiedereinführung von Menschenopferungen.*

> **C** *In dem Dialog stehen sich Iphigenie und Thoas mit unvereinbaren Vorstellungen und kontrastiv angelegten Charakteren gegenüber.*

3.2 Prüfen Sie die Deutungshypothesen anhand Ihrer bisherigen Ergebnisse.

3.3 Entscheiden Sie sich für eine Deutungshypothese bzw. formulieren Sie eine eigene, an der Sie Ihre Weiterarbeit ausrichten.

3.4 Entsprechend Ihrer Deutungshypothese bekommen Ihre Notizen aus Arbeitsschritt 2.2 jeweils ein unterschiedliches Gewicht. Ordnen Sie Ihre Aufzeichnungen, indem Sie ihnen bspw. mit Ziffern eine Wertigkeit zur Begründung Ihrer Deutungshypothese geben (bspw. 1 steht für sehr wichtig usw.). Überlegen Sie, ob Ihnen das Verfahren bei der Erstellung eines Schreibplans helfen könnte.

4. Schreibplan erstellen

4.1 Bewerten Sie den folgenden Auszug aus einem Schreibplan, ergänzen Sie diesen bzw. erstellen Sie einen eigenen Schreibplan, der stichpunktartig Ihre Untersuchungsergebnisse aufgreift.

Einleitungsidee: Emanzipations- und Feminismusbewegung in der heutigen Zeit
Titel: Iphigenie auf Tauris. Aufzug: I,3; Autor: J. W. Goethe; Erscheinungsjahr: …
Deutungshypothese: …

I. *Strukturierte Textwiedergabe nach Sinnabschnitten*
　　1. *Wiederholung des Heiratsantrags und Iphigenies Ausweichversuche (V. 433–447)*
　　2. *…*
II. *Interpretation des Gesprächs*
　　1. *Gesprächsvoraussetzungen*
　　　　– *Vorhergehende Handlung: …*
　　　　– *Verhältnis der Figuren zueinander: …*
　　2. *Zielvorstellungen bzw. Intentionen der Dialogpartnerinnen und -partner*

Thoas:	*Iphigenie:*
1. *Iphigenie von Heirat überzeugen*	1. *Thoas' Angebot ausweichen, dann ablehnen*
2. *…*	2. *Erlaubnis zur Rückkehr nach Hause erreichen*

　　3. *Daraus resultierende Gesprächsstrategien in ihrer sprachlichen Gestaltung:*

Thoas:	*Iphigenie:*
…	*…*

　　4. *Abschließende Analyse der Dialogführung und -gestaltung, Fazit, Rückbezug auf Deutungshypothese*
　　5. *Beantwortung der Zusatzfrage*

Schlussgedanke/Idee zur Abrundung der Arbeit: Iphigenie als insgesamt mutige und selbstbewusste Frau

---

5. Schriftliche Interpretation des Dramendialogs verfassen

5.1 Ordnen Sie folgenden Überleitungen den einzelnen Untersuchungsaspekten einer Dialoganalyse zu.

A *Welche Gesprächsstrategien die Dialogpartnerin und der Dialogpartner einsetzen, um die eben skizzierten Intentionen zu erreichen, und wie sich dies auch in der sprachlichen Gestaltung äußert, ist Gegenstand der folgenden Analyse.*

B *Daraus lassen sich die konträren Zielvorstellungen der Dialogpartner ableiten.*

C *Mit Blick auf das Über- oder Unterordnungsverhältnis der im vorliegenden Aufzug miteinander sprechenden Figuren Thoas und Iphigenie kann festgehalten werden, dass zu Beginn des Aufzugs eine ungleichrangige Gesprächssituation vorliegt.*

5.2 Erklären Sie, welches Ziel Überleitungen in einer schriftlich ausformulierten Dialoganalyse verfolgen.

5.3 Formulieren Sie für jedes Beispiel aus Arbeitsschritt 5.1 eine Alternative.

5.4 Arbeiten Sie aus dem folgenden Auszug die sprachlichen Mittel heraus, die Zusammenhänge verdeutlichen und für Textkohärenz sorgen.

> *Iphigenies ablehnendes Verhalten wird zunächst darin deutlich, dass sie die Verantwortung für ihr Schicksal anfangs auf die Göttin Diana abwälzt, indem sie behauptet, nur diese habe das Recht, über sie zu entscheiden (vgl. V. 437 f.). Da sie diese Behauptung außerdem in Form einer rhetorischen Frage gegenüber Thoas äußert, lenkt sie weiter von sich ab und versucht so, ihr Gegenüber zu beeinflussen.*

5.5 Verfassen Sie auf Basis Ihres Schreibplans aus Arbeitsschritt 4.1 eine Interpretation des Dramenauszugs mit Einleitung, Hauptteil und Schluss. Ziehen Sie dazu die Notizen aus Ihrer Stoffsammlung heran. Nutzen Sie ein Textverarbeitungsprogramm.

6. Schriftliche Interpretation des Dramendialogs überarbeiten

Eigene Texte sprachlich gestalten → S. 403

6.1 Überarbeiten Sie den folgenden Auszug aus einer Dialoganalyse, indem Sie die Zusammenhänge stärker verdeutlichen und auf die Einbeziehung der Zitate achten.

> *Iphigenie appelliert an sein Mitgefühl und will Mitleid erregen. Mit einer rhetorischen Frage („Willst du mein Zutraun so erwidern?", V. 476) fordert sie Loyalität von ihm und will ihn zum Nachdenken anregen. Sie bezeichnet sich außerdem als „arm Geschlecht" (V. 481). Durch den Anruf „o König" (V. 481) wirkt das besonders emphatisch.*

6.2 Überarbeiten Sie Ihre Interpretation. Achten Sie dabei besonders auf eine logische und für den Adressaten bzw. die Adressatin nachvollziehbare Darstellung der Zusammenhänge.

Checkliste Korrektur

Inhalt

- ☑ Entspricht der Inhalt Ihres Textes genau den Vorgaben der Aufgabenstellung?
- ☑ Sind die Arbeitsanweisungen richtig erfasst und umgesetzt?
- ☑ Ist Ihr Informationstext sachlich korrekt (richtiger Gebrauch von Fachtermini; Überprüfung der genannten Autorinnen und Autoren, Jahreszahlen usw.)?

Plausibilität (Stimmigkeit) und Folgerichtigkeit

- ☑ Ist der Schreibplan stimmig? Wird er eingehalten?
- ☑ Sind alle Aussagen widerspruchsfrei bzw. unmissverständlich?
- ☑ Stimmt die Gesamtaussage mit den Teilinformationen überein?
- ☑ Sind die Ergebnisse sinnvoll miteinander verknüpft?
- ☑ Gibt es einen roten Faden?

Sprache bzw. Darstellungsweise

- ☑ Ist die Wortwahl präzise? Werden an passender Stelle Fachtermini verwendet?
- ☑ Wird eine einheitliche sachliche Stilebene eingehalten oder gibt es Stilbrüche?
- ☑ Ist Ihr Informationstext abwechslungsreich formuliert und wurden nicht notwendige Wiederholungen sowie Floskeln, Leerformeln usw. vermieden?
- ☑ Ist der Satzbau grammatisch korrekt und sind die grammatischen Bezüge (insbesondere der Teilsätze) eindeutig?
- ☑ Ist der Informationstext frei von Rechtschreib- und Zeichensetzungsfehlern?
- ☑ Sind alle Zitate korrekt? (Zitieren → S. 470)

Beispiellösung
D 05

Beispiellösung

Frauen in modernen, aufgeklärten Gesellschaften möchten heutzutage eigenständig handeln, unabhängig leben und frei über ihr Leben entscheiden. [...] Dass dies zumindest in vielen Staaten heute möglich ist, ist vor allem jahrzehntelangen Bemühungen von Feministinnen und

5 Feministen zu verdanken. [...] Doch bereits im Jahre 1787 bringt Johann Wolfgang Goethe mit „Iphigenie auf Tauris" eine starke und emanzipierte Frau auf die Bühne, die [...]. Dies wird bereits im Aufzug I, 3 deutlich, in dem sich Iphigenies Dilemmasituation und ihr tragischer innerer Konflikt zwischen Pflicht und Neigung offenbaren [...].

10 Ein Auszug aus dieser Szene wird im Folgenden interpretiert. [...] In der vorhergehenden Szene wurde Iphigenie bereits von Arkas mitgeteilt, dass Thoas um ihre Hand anhalten wird. [...] Der vorliegende Auszug setzt ein, als er seinen Antrag wiederholt. Zunächst (vgl. V. 433–V. 451) [...].

15 [...] Während Thoas zunächst vornehmlich das Ziel verfolgt, dass Iphigenie seinen Heiratsantrag annimmt, wie die Wiederholung seines Antrags zeigt (vgl. V. 435), wird bei Iphigenie von Anfang an deutlich, dass sie dies unbedingt verhindern will, indem sie sagt, dass die sie errettende Göttin allein ein Anrecht auf sie habe (vgl. V. 438f.). Als Thoas

20 als trotzige Reaktion auf ihr ablehnendes Verhalten und ihre Ausflüchte ankündigt, die Menschenopferung auf Tauris wieder einführen zu wollen (vgl. V. 520 f.), versucht sie ihn jedoch zu beschwichtigen, indem sie sich darauf beruft, dass die Göttin Diana ihren Tod verhindert habe, die Götter also kein Blutvergießen wollen, nur der Mensch (vgl. V. 523ff.). [...]

25 [...] Da Iphigenie um ihren wichtigen Einfluss auf der Insel Tauris weiß und bereits befürchtet, dass eine direkte Ablehnung seines Antrags zur Wiedereinführung der Menschenopfer führen könnte, versucht sie mit verschiedenen Strategien eine direkte Antwort zu umgehen. Zu Beginn des Auszugs überträgt sie die Verantwortung für ihr Schicksal der Göttin

30 Diana, indem sie behauptet, nur diese selbst habe das Recht, über sie zu entscheiden (vgl. V. 437 f.). Durch die rhetorische Frage lenkt sie außerdem von sich selbst ab und versucht Thoas zu beeinflussen. [...] Laut Herder kann der Mensch nur dann zur „echten Freiheit" (Z. 3 f.) gelangen, wenn er nach den Grundsätzen der Vernunft und Humanität

35 handelt. [...] Obwohl in diesem Konfliktdialog Iphigenies Emotionalität immer wieder deutlich wird, reagiert sie dennoch stets selbstbeherrscht und sachlich. Angesichts ihrer schwer zu ertragenden Dilemma-Situation zeigt ihr Verhalten, dass es von Rationalität und Mitmenschlichkeit motiviert ist. Dies wird auch darin deutlich, dass sie Thoas mit

40 Argumenten überzeugen will, an sein Mitgefühl appelliert und versucht, mit Empathie ihre Ziele zu erreichen. Sie kommt damit der von Herder postulierten, aber kaum erreichbaren „gottähnliche[n] Humanität"(Z. 8 f.) sehr nahe.
Thoas hingegen verhält sich in Folge der Ablehnung einerseits wie ein

45 trotziges Kind und andererseits wie ein absolutistischer Herrscher, der willkürlich und ohne Rücksicht seine Macht durchsetzt. Im vorliegenden Aufzug liegt bei ihm „die Vernunft unter der Tierheit gefangen" (Z. 6). [...]

aktuelles, gesellschaftliches Thema als Einleitungsgedanke

Titel, Autor, Genre, Erscheinungsjahr, Szenenauszug

Deutungshypothese

Überleitung zum Hauptteil

Einordnung in die Handlung
Gesprächsverlauf nach Sinnabschnitten
Absichten und Intentionen der Dialogpartner

Rückbezug auf Deutungshypothese

daraus resultierende/-s Gesprächsstrategien/ -verhalten in deren sprachlicher Gestaltung

Beantwortung der Zusatzaufgabe:
indirekt und direkt auf das Material Bezug nehmen
Aussagen auf vorliegende Szene anwenden

6.4 Vernetzen: Gegenwarts- und Weltliteratur einbeziehen
Der Pakt mit dem Teufel

1 Erarbeiten Sie zentrale Inhalte des Teufelspakts in Goethes *Faust I*, indem Sie die Szene *Studierzimmer II* (V. 1530–2072) im Netz oder in einer Textausgabe recherchieren und lesen.

– Arbeiten Sie den Pakt zwischen Mephistopheles und Faust heraus, indem Sie diesen in Form eines Vertrags zwischen den beiden Parteien festhalten.

– Diskutieren Sie, mit welcher Berechtigung Literaturwissenschaftlerinnen und Literaturwissenschaftler statt von einem Pakt zwischen Faust und Mephistopheles von einer (Binnen-)Wette sprechen (vgl. *Prolog im Himmel* V. 243–353).

– Beschreiben Sie, wie der Teufel Mephistopheles in der Szene auf Sie wirkt, und belegen Sie Ihre Aussagen mit passenden Textstellen.

Gustaf Gründgens' Verfilmung von Faust (1960) mit ihm selbst in der Rolle des Mephistopheles

Jeremias Gotthelf: Die schwarze Spinne (1842, Auszug)

In einem Schweizer Dorf wird eine Geschichte aus uralter Vergangenheit erzählt: Ein Ritter, Herr der Burg Bärhegen, fordert von seinen Bauern immer aberwitzigere Fronarbeiten, zuletzt die Umpflanzung von schattenspendenden Buchen auf den Burgberg – und zwar in einer so knappen Frist, dass sie die Bauern unmöglich erfüllen können, ohne ihre eigene Hofarbeit zum Erliegen zu bringen und auch Hunger zu leiden. In dieser Notlage bietet der Teufel in Gestalt eines grün gekleideten Jägers seine Hilfe an, will dafür aber als Lohn ein ungetauftes Kind. Die Bauern weisen das empört zurück, kommen aber mit der befohlenen Arbeit nicht wirklich voran und machen schließlich tief in der Nacht erschöpft Rast:

Da kam rasch, dass es fast pfiff, wie der Wind pfeift, wenn er aus den Kammern entronnen ist, ein Weib daher, einen großen Korb auf dem Kopfe. Es war Christine, die Lindauerin, des Hornbachbauren Eheweib, zu dem derselbe gekom-
5 men war, als er einmal mit seinem Herrn zu Felde gezogen war. Sie war nicht von den Weibern, die froh sind, daheim zu sein, in der Stille ihre Geschäfte zu beschicken, und die sich um nichts kümmern als um Haus und Kind. Christine wollte wissen, was ging, und wo sie ihren Rat nicht dazu-
10 geben konnte, da ginge es schlecht, so meinte sie.
Mit der Speise hatte sie daher keine Magd gesandt, sondern den schweren Korb auf den eigenen Kopf genommen und die Männer lange gesucht umsonst; bittere Worte ließ sie fallen darüber, sobald sie dieselben gefunden. Unter-
15 dessen war sie aber nicht müßig, die konnte noch reden und schaffen zu gleicher Zeit. Sie stellte den Korb ab, deckte den Kübel ab, in welchem das Hafermus war, legte das Brot und den Käse zurecht und steckte jedem gegenüber für Mann und Knecht die Löffel ins Mus und hieß auch die
20 andern zugreifen, die noch speislos waren. Dann frug sie nach der Männer Tagewerk und wie viel geschaffet worden in den zwei Tagen. Aber Hunger und Worte waren den Männern ausgegangen, und keiner griff zum Löffel, und

keiner hatte eine Antwort. Nur ein leichtfertig Knechtlein, dem es gleichgültig war, regne oder sonnenscheine es in 25 der Ernte, wenn nur das Jahr umging und der Lohn kam und zu jeder Essenszeit das Essen auf den Tisch, griff zum Löffel und berichtete Christine, dass noch keine Buche gepflanzet sei und alles gehe, als ob sie verhext wären.
Da schalt[1] die Lindauerin, dass das eitel[2] Einbildung wäre 30 und die Männer nichts als Kindbetterinnen[3]; mit Schaffen und Weinen, mit Hocken und Heulen werde man keine Buchen auf Bärhegen bringen. Ihnen würde nur ihr Recht widerfahren, wenn der Ritter seinen Mutwillen an ihnen ausließe; aber um Weib und Kinder willen müsse die Sache 35 anders zur Hand genommen werden. Da kam plötzlich über die Achsel des Weibes eine lange schwarze Hand, und eine gellende Stimme rief: „Ja, die hat recht!" Und mitten unter ihnen stand mit grinsendem Gesicht der Grüne, und lustig schwankte die rote Feder auf seinem Hute. Da hob 40 der Schreck die Männer von dannen, sie stoben die Halde auf wie Spreu im Wirbelwinde.
Nur Christine, die Lindauerin, konnte nicht fliehen, sie erfuhr es, wie man den Teufel leibhaftig kriegt, wenn man ihn an die Wand male. Sie blieb stehen wie gebannt, musste 45 schauen die rote Feder am Barett[4] und wie das rote Bärt-

chen lustig auf- und niederging im schwarzen Gesichte. Gellend lachte der Grüne den Männern nach, aber gegen Christine machte er ein zärtlich Gesicht und fasste mit höf-
50 licher Gebärde ihre Hand. Christine wollte sie wegziehen, aber sie entrann dem Grünen nicht mehr, es war ihr, als zische Fleisch zwischen glühenden Zangen. Und schöne Worte begann er zu reden, und zu den Worten zwinkerte lüstern sein rot Bärtchen auf und ab. So ein schön Weib-
55 chen habe er lange nicht gesehen, sagte er, das Herz lache ihm im Leibe; zudem habe er sie gerne mutig, und gerade die seien ihm die liebsten, welche stehen bleiben dürften, wenn die Männer davonliefen.
Wie er so redete, kam Christinen der Grüne immer weniger
60 schreckhaft vor. Mit dem sei doch noch zu reden, dachte sie, und sie wüsste nicht, warum davonlaufen, sie hätte schon viel Wüstere gesehen. […] Er wüsste gar nicht, fuhr der Grüne fort, warum man sich so vor ihm scheue, er meine es doch so gut mit allen Menschen und wenn man so
65 grob gegen ihn sei, so müsse man sich nicht wundern, wenn er den Leuten nicht immer täte, was ihnen am liebsten wäre. Da fasste Christine ein Herz und antwortete: er erschrecke aber die Leute auch, dass es schrecklich wäre. Warum habe er ein ungetauft Kind verlangt, er hätte doch
70 von einem andern Lohn reden können, das komme den Leuten gar verdächtig vor, ein Kind sei immer ein Mensch, und ungetauft eins aus den Händen geben, das werde kein Christ tun. „Das ist mein Lohn, an den ich gewohnt bin, und um anderen fahre ich nicht, und was frägt man doch so ei-
75 nem Kinde nach, das noch niemand kennt? So jung gibt man sie am liebsten weg, hat man doch noch keine Freude an ihnen gehabt und keine Mühe mit ihnen. Ich aber habe sie je jünger, je lieber, je früher ich ein Kind erziehen kann auf meine Manier, umso weiter bringe ich es, dazu habe ich
80 aber das Taufen gar nicht nötig und will es nicht.“ Da sah Christine wohl, dass er mit keinem andern Lohn sich werde begnügen wollen; aber es wuchs in ihr immer mehr der Gedanke: das wäre doch der Einzige, der nicht zu betrügen wäre!
85 Darum sagte sie: wenn aber einer etwas verdienen wolle, so müsste er sich mit dem Lohne begnügen, den man ihm geben könne, sie aber hätten gegenwärtig in keinem Hause ein ungetauft Kind, und in Monatsfrist gebe es keins, und in dieser Zeit müssten die Buchen geliefert sein. Da
90 schwänzelte gar höflich der Grüne und sagte: „Ich begehre das Kind ja nicht zum Voraus. Sobald man mir verspricht, das erste zu liefern, ungetauft, welches geboren wird, so bin ich schon zufrieden.“ Das gefiel Christine gar wohl. Sie wusste, dass es in geraumer Zeit kein Kind geben werde in

ihrer Herren Gebiet. Wenn nun einmal der Grüne sein Ver- 95 sprechen gehalten und die Buchen gepflanzt seien, so brauche man ihm gar nichts mehr zu geben, weder ein Kind noch was anderes; man lasse Messen lesen zu Schutz und Trutz[5] und lache tapfer den Grünen aus, so dachte Christine. Sie dankte daher schon ganz herzhaft für das gute An- 100 erbieten und sagte: es sei zu bedenken und sie wolle mit den Männern darüber reden. „Ja“, sagte der Grüne, „da ist gar nichts mehr weder zu denken noch zu reden. Für heute habe ich euch bestellt, und jetzt will ich den Bescheid; ich habe noch an gar vielen Orten zu tun und bin nicht bloß 105 wegen euch da. Du musst mir zu- oder absagen, nachher will ich von dem ganzen Handel nichts mehr wissen.“ Christine wollte die Sache verdrehen, denn sie nahm sie nicht gerne auf sich, sie wäre sogar gerne zärtlich geworden, um Stündigung[6] zu erhalten, allein der Grüne war 110 nicht aufgelegt, wankte nicht; „jetzt oder nie!“, sagte er. Sobald aber der Handel geschlossen sei um ein einzig Kind, so wolle er in jeder Nacht Buchen auf Bärhegen führen, als man ihm vor Mitternacht unten an den Kirchstalden[7] liefere, dort wollte er sie in Empfang nehmen. „Nun, schöne 115 Frau, bedenke dich nicht!“, sagte der Grüne und klopfte Christine holdselig auf die Wange. Da klopfte doch ihr Herz, sie hätte lieber die Männer hineingestoßen, um hintendrein die Schuld geben zu können. Aber die Zeit drängte, kein Mann war da als Sündenbock, und der Glaube ver- 120 ließ sie nicht, dass sie listiger als der Grüne sei und wohl ein Einfall kommen werde, ihn mit langer Nase abzuspeisen. Darum sagte Christine: sie für ihre Person wolle zugesagt haben; wenn aber dann später die Männer nicht wollten, so vermochte sie sich dessen nicht und er solle es sie nicht 125 entgelten lassen. Mit dem Versprechen, zu tun, was sie könne, sei er hinlänglich zufrieden, sagte der Grüne. Jetzt schauderte es Christine doch an Leib und Seele, jetzt, meinte sie, komme der schreckliche Augenblick, wo sie mit Blut von ihrem Blute dem Grünen den Akkord[8] unter- 130 schreiben müsse. Aber der Grüne machte es viel leichtlicher und sagte: von hübschen Weibern begehre er nie eine Unterschrift, mit einem Kuss sei er zufrieden. Somit spitzte er seinen Mund gegen Christines Gesicht, und Christine konnte nicht fliehen, war wiederum wie gebannt, steif und 135 starr. Da berührte der spitzige Mund Christines Gesicht, und ihr war, als ob von spitzigem Eisen aus Feuer durch Mark und Bein fahre, durch Leib und Seele; und ein gelber Blitz fuhr zwischen ihnen durch und zeigte Christine freudig verzerrt des Grünen teuflisch Gesicht, und ein Donner 140 fuhr über sie, als ob der Himmel zersprungen wäre.

---

1 schalt: von schelten, im Sinne von schimpfen   2 eitel: hier im Sinne von trügerisch   3 Kindbetterin, die: Frau, die aufgrund der Geburt noch geschwächt ist und daher das Bett hüten muss   4 Barett, das: eine flache runde oder eckige Kopfbedeckung   5 Messen lesen zu Schutz und Trutz: einen Gottesdienst abhalten zum Schutz und zur Abwehr   6 Stündigung, die: Stundung, im Sinne von Aufschub   7 Kirchstalden: ein Ortsname (Abhang oder steile Straße an der Kirche)   8 Akkord, der: hier im Sinne von Vertrag, Abmachung

2 Legen Sie dar, aus welchen Motiven heraus der Teufelspakt bei Jeremias Gotthelfs *Die schwarze Spinne* zustande kommt.

3 Stellen Sie die Bedingungen des Teufelspaktes dar und vergleichen Sie diese mit denen bei *Faust* (Seite 145, Vortext S. 146).

Figuren-
charakterisierung
→ S. 431

4 Charakterisieren Sie den Teufel in diesem Auszug, indem Sie sowohl äußere als auch innere Merkmale herausarbeiten.

5 Beschreiben Sie, welche Wirkung das Auftreten des Teufels auf Christine hat.

Oscar Wilde: Das Bildnis des Dorian Gray (1891, Auszug)

Der Roman beschreibt einen Traum, der zum Albtraum wird: Der junge Dorian Gray wünscht sich, für immer jung und schön zu sein. Im folgenden Auszug begegnet der Protagonist im Haus des Malers Basil Hallward, der Portraits von ihm malt, zum ersten Mal dessen Freund Lord Henry Wotton. Diese Begegnung bedeutet für Dorian den Anfang vom Ende.

Der irische Dichter Oscar Wilde (1854–1900) galt zu seinen Lebzeiten als Skandalautor und Dandy, seine sprachliche Gewandtheit und sein Ästhetizismus wurden zugleich bewundert und verrissen.

„Wir wollen uns in den Schatten setzen", sagte Lord Henry. „Parker hat uns zu trinken gebracht, und wenn Sie noch länger in dieser Sonnenglut stehen bleiben, werden Sie eine hässliche Haut
5 bekommen und Basil wird Sie nie mehr malen. Sie dürfen sich wirklich nicht von der Sonne verbrennen lassen. Es würde Ihnen nicht stehen."
„Was kann daran liegen?", rief Dorian Gray lachend, als er sich auf die Bank am Ende des Gar-
10 tens setzte.
„Es sollte Ihnen alles daran liegen, Herr Gray."
„Wieso?"
„Weil Sie die entzückendste Jugend haben, und es gibt ein Ding, das zu haben sich lohnt: Ju-
15 gend."
„Ich empfinde das nicht, Lord Henry."
„Nein, Sie empfinden es jetzt nicht. Eines Tages, wenn Sie alt und runzlig und hässlich sein wer-

den, wenn das Denken Ihre Stirn mit seinen Li-
20 nien verwüstet und die Leidenschaft Ihre Lippen mit ihrem eklen Feuer gezeichnet hat, werden Sie es empfinden, furchtbar empfinden. Jetzt, gehen Sie, wohin Sie wollen, entzücken Sie alle Welt. Wird es immer so sein? ... Sie haben ein wunderbar schönes Gesicht, Herr Gray. Runzeln
25 Sie nicht die Stirn, Sie haben es. Und Schönheit ist eine Form des Genies, steht in Wahrheit höher als das Genie, da sie keiner Erklärung bedarf. [...] Ja, Herr Gray, die Götter sind Ihnen gnädig gewesen. Aber was die Götter geben, nehmen sie
30 schnell wieder. Sie haben nur ein paar Jahre, in denen Sie wahrhaft, vollkommen, völlig leben können. [...] Ein neuer Hedonismus[1] – das ist es, was unser Jahrhundert braucht. Sie könnten sein sichtbares Symbol sein. Bei Ihrer Erscheinung
35 gibt es nichts, was Sie nicht tun könnten. Die Welt gehört einen Sommer lang Ihnen ... Im Augenblick, als ich Sie sah, merkte ich, dass Sie keine Ahnung haben, was Sie in Wahrheit sind, was Sie in Wahrheit sein könnten. Es war so viel in
40 Ihnen, was mich entzündete, dass ich fühlte, ich müsse Ihnen etwas über Sie selber sagen. Mir kam der Gedanke, wie tragisch es wäre, wenn Sie vergebens wären. Denn nur so kurze Zeit dauert Ihre Jugend – so kurze Zeit. [...] Wir verfallen und
45 werden hässliche Puppen, und die Erinnerungen an die Leidenschaften verfolgen uns, vor denen wir zurückschreckten, und an die köstlichen Versuchungen, denen zu erliegen wir nicht den Mut hatten. Jugend! Jugend! Es gibt gar nichts in der
50 Welt als Jugend."
Dorian Gray hörte staunend mit weit geöffneten Augen zu. [...] Da erschien der Maler an der Ateliertür und machte ihnen hintereinander kurze

55 Zeichen, sie sollten hereinkommen. [...]. „Sie
freuen sich, dass Sie mich kennengelernt haben,
Herr Gray?", sagte Lord Henry und blickte ihn
an.

„Ja, ich freue mich jetzt. Ich weiß nicht, ob ich
60 mich immer freuen werde." [...]

Lord Henry warf sich in einen bequemen Korb-
stuhl und sah ihn an. Die Striche und Hiebe des
Pinsels auf der Leinwand waren das einzige Geräusch, das die Stille unterbrach, außer wenn hie
65 und da Hallward zurücktrat, um seine Arbeit aus
der Entfernung zu betrachten. [...]

„Fertig!", rief er endlich, bückte sich hinab und
schrieb in langen grellroten Buchstaben seinen
Namen in die linke Ecke der Leinwand. [...]

70 Dorian gab keine Antwort, sondern ging, ohne
hinzuhören, auf das Bild zu. Als er es sah, trat er
zurück, und seine Wangen erröteten einen Augenblick vor Vergnügen. Ein Ausdruck der Freude kam in seine Augen, als ob er sich zum ersten
75 Mal selbst gesehen hätte. Er stand reglos und
staunend da, wobei er undeutlich hörte, dass
Hallward zu ihm sprach, aber den Sinn der Worte nicht verstand. Der Eindruck seiner eigenen
Schönheit kam wie eine Offenbarung über ihn.
80 Er hatte ihn nie zuvor gehabt. [...] Da war Lord
Henry Wotton mit seinem seltsamen Hymnus
auf die Jugend, seiner furchtbaren Warnung vor
ihrer Flüchtigkeit gekommen. Das hatte ihn zur
rechten Zeit geweckt, und als er jetzt dastand
85 und das Abbild seiner eigenen Schönheit be-
schaute, brach die volle Wirklichkeit der Schilderung über ihn herein. Ja, es kam ein Tag, an
dem sein Antlitz verrunzelt und welk war, seine
Augen trübe und farblos, die Grazie seiner Ge-
90 stalt gebrochen und entstellt. Das Scharlachrot

ÜBRIGENS

Dorians Wunsch geht in Erfüllung: An seiner statt
altert ein Bildnis, das der ihn verehrende Maler
Basil Hallward von ihm angefertigt hat. Unter
dem Einfluss des zynischen Lord Henry führt Dorian fortan das Leben eines vollkommenen Äs-
theten und Hedonisten. Dieses Leben hinterlässt
Spuren: nicht bei Dorian selbst, sondern in seinem Porträt, das immer grausamer entstellt wird
und das er aus Angst vor fremden Blicken in einem verlassenen Zimmer seines Hauses versteckt. Nach einer Kette grausamer Vorfälle will
Dorian das Bildnis am Ende des Romans vernichten und begeht damit Suizid. Er stirbt, während
das Bild zuletzt wieder den schönen Jüngling
zeigt. Als **Dorian-Gray-Syndrom** wird nach einigen Forscherinnen und Forschern eine psychische Störung bezeichnet, die eigene körperliche
Alterung nicht zu akzeptieren.

---

verschwand von seinen Lippen, und der Gold-
schimmer schlich sich aus seinen Haaren weg.
Das Leben, das seine Seele bildete, zerstörte seinen Körper. [...] „Wie traurig ist das! Ich werde alt
und grässlich und widerwärtig werden, aber die- 95
ses Bild wird immer jung bleiben. Es wird nie älter sein als dieser Junitag heute. Wenn es nur
umgekehrt wäre! Wenn ich immer jung bleiben
könnte und dafür das Bild immer älter würde!
Dafür – dafür – dafür gäbe ich alles! Ja, es gibt 100
nichts in der ganzen Welt, was ich nicht dafür
gäbe! Ich gäbe meine Seele dafür!"

„Du wärst mit einer solchen Abmachung schwer-
lich einverstanden, Basil", rief Lord Henry lachend. „Dein Bild würde bald schlimm aus- 105
sehen."

---

1 Hedonismus, der: (griech. hēdoné – Genuss, Freude, Lust) auf Genuss, Lust und die Freude des Augenblicks zielender Lebens-
stil, teilweise verbunden mit Rücksichtslosigkeit gegenüber daraus möglicherweise entstehenden (negativen) Folgen für die
Mitmenschen

6 Beschreiben Sie, mit welchen Strategien Lord Henry Dorian dazu verführt, jung und schön bleiben
zu wollen. Diskutieren Sie, inwiefern Lord Henry als Teufel bezeichnet werden kann.

7 Vergleichen Sie die Gestaltung des Teufels bei Johann Wolfgang Goethe, Jeremias Gotthelf und
Oscar Wilde: Welche Gemeinsamkeiten, welche Unterschiede lassen sich feststellen?

8 Stellen Sie die Motive gegenüber, die die Figuren jeweils dazu bringen, den Pakt mit dem Teufel
einzugehen. Arbeiten Sie Gemeinsamkeiten und Unterschiede heraus.

MK **9** **PLUS** Recherchieren Sie die Verarbeitung des Faust-Stoffs in der Oper, der Rock- und Popmusik
oder im Film oder wählen Sie einen Roman wie z. B. Hermann Hesse *Der Steppenwolf* (1927), Michail
Bulgakow *Meister und Margerita* (1928–1940), Klaus Mann *Mephisto* (1936) oder Thomas Mann
Dr. Faustus (1947) o. a. Stellen Sie mithilfe der Aufgaben 7 und 8 in einem Referat vor, welche
Problematik die Künstler herausfordert, den Stoff weiterzuentwickeln.

Projekt: Ein Drama kreativ fortsetzen und inszenieren

Gestalten und inszenieren Sie einen *Epilog im Himmel* zwischen dem Herrn und Mephistopheles, in dem die beiden sich abschließend über Fausts Leben unterhalten und schließlich den Erfolg bzw. Misserfolg ihrer Abmachung aus dem *Prolog im Himmel* diskutieren.

Der zweite Teil von Johann Wolfgang Goethes *Faust* erscheint 1832 unmittelbar nach Goethes Tod und ist damit zumindest zeitlich in der Klassik und Romantik anzusiedeln. Zwar besteht die Fortsetzung wie das antike Drama aus genau fünf Akten, diese bilden jedoch in sich geschlossene Episoden. In deren Zentrum steht wieder Faust selbst, allerdings liegt der Fokus mehr auf verschiedenen Tätigkeiten, die er ausübt, und weniger auf seinem Gefühlsleben. Den kompositionellen Rahmen zwischen dem ersten und zweiten Teil bildet die Vereinbarung zwischen Gott und Mephistopheles im *Prolog im Himmel* (S.145) sowie der Pakt bzw. die Wette zwischen Mephistopheles und Faust (vgl. S.146, Vortext, S.158, Aufgabe 1).

Johann Wolfgang Goethe: Faust II, Fünfter Akt, Großer Vorhof des Palasts
(1832, Auszug)

Faust, mittlerweile hundertjährig und erblindet, lebt in seinem selbsterschaffenen Reich, welches er im vierten Akt erworben hat. Zu Beginn des Auszugs verwechselt er Lemuren, Figuren des Totenreiches, die bereits sein Grab schaufeln, mit Arbeitern, die in seinem Auftrag einen Deich errichten sollen. Dadurch will er auf seinem Land dem Meer Besitz abgewinnen und Besitzlosen zur Verfügung stellen.

FAUST *aus dem Palaste tretend, tastet an den Türpfosten.*

Wie das Geklirr der Spaten mich ergetzt!
11540 Es ist die Menge, die mir frönet,
Die Erde mit sich selbst versöhnet,
Den Wellen ihre Grenze setzt,
Das Meer mit strengem Band umzieht.

MEPHISTOPHELES *beiseite.*

Du bist doch nur für uns bemüht
11545 Mit deinen Dämmen, deinen Buhnen[1];
Denn du bereitest schon Neptunen,
Dem Wasserteufel, großen Schmaus.
In jeder Art seid ihr verloren; –
Die Elemente sind mit uns verschworen,
11550 Und auf Vernichtung läuft's hinaus.

FAUST Aufseher!

MEPHISTOPHELES Hier!

FAUST

Wie es auch möglich sei,
Arbeiter schaffe Meng' auf Menge,
Ermuntere durch Genuss und Strenge,
Bezahle, locke, presse bei!
11555 Mit jedem Tage will ich Nachricht haben,

Wie sich verlängt der unternommene Graben.

MEPHISTOPHELES *halblaut.*

Man spricht, wie man mir Nachricht gab,
Von keinem Graben, doch vom Grab.

FAUST

Ein Sumpf zieht am Gebirge hin,
11560 Verpestet alles schon Errungene;
Den faulen Pfuhl auch abzuziehn,
Das Letzte wär' das Höchsterrungene.
Eröffn' ich Räume vielen Millionen,
Nicht sicher zwar, doch tätig-frei zu wohnen.
11565 Grün das Gefilde, fruchtbar; Mensch und Herde
Sogleich behaglich auf der neusten Erde,
Gleich angesiedelt an des Hügels Kraft,
Den aufgewälzt kühn-emsige Völkerschaft.
Im Innern hier ein paradiesisch Land,
11570 Da rase draußen Flut bis auf zum Rand,
Und wie sie nascht, gewaltsam einzuschießen,

Gemeindrang eilt, die Lücke zu ver-
schließen.
Ja! diesem Sinne bin ich ganz ergeben,
Das ist der Weisheit letzter Schluss:
11575 Nur der verdient sich Freiheit wie das
Leben,
Der täglich sie erobern muss.
Und so verbringt, umrungen von Gefahr,
Hier Kindheit, Mann und Greis sein
tüchtig Jahr.
Solch ein Gewimmel möcht' ich sehn,
11580 Auf freiem Grund mit freiem Volke stehn.
Zum Augenblicke dürft' ich sagen:
Verweile doch, du bist so schön!
Es kann die Spur von meinen Erdetagen
Nicht in Äonen[2] untergehn. –
11585 Im Vorgefühl von solchem hohen Glück
Genieß' ich jetzt den höchsten Augen-
blick.

*Faust sinkt zurück, die Lemuren fassen ihn
auf und legen ihn auf den Boden.*

MEPHISTOPHELES
Ihn sättigt keine Lust, ihm gnügt kein
Glück,
So buhlt er fort nach wechselnden
Gestalten;
Den letzten, schlechten, leeren Augen-
blick,
Der Arme wünscht ihn festzuhalten.   11590
Der mir so kräftig widerstand,
Die Zeit wird Herr, der Greis hier liegt im
Sand.
Die Uhr steht still –

CHOR
Steht still! Sie schweigt wie Mitternacht.
Der Zeiger fällt.

MEPHISTOPHELES
                                    Er fällt, es ist vollbracht.

CHOR
Es ist vorbei.   11595

1 Buhne, die: rechtwinklig zum Strand ins Meer führender Damm, der das Ufer schützt
2 Äon, der: langer Zeitraum, Zeitalter, Weltalter

So können Sie vorgehen

1. Recherchieren Sie (ggf. arbeitsteilig) die Handlung von *Faust I* und *Faust II* und veranschaulichen Sie die wichtigsten Stationen in Fausts Lebens, z. B. in Form eines Zeitstrahls.

2. Untersuchen Sie den obenstehenden Auszug aus *Großer Vorhof des Palasts* in Hinblick auf das Verhalten und Wesen Fausts.

3. Analysieren Sie, ob Faust in dieser Szene eher dem Menschenbild des Herrn („Ein guter Mensch in seinem dunklen Drange / Ist sich des rechten Weges wohl bewusst", V. 328 f.) oder dem von Mephistopheles entspricht.

4. Diskutieren Sie, warum Faust am Ende von *Faust II* in den Himmel aufgenommen wird.

5. Gestalten Sie auf Basis Ihrer Ergebnisse in Kleingruppen den Dialog zwischen dem Herrn und Mephistopheles. Orientieren Sie sich an den folgenden Leitfragen und erweitern Sie sie ggf. Sie können Ihren Dialog auch parodistisch anlegen. Arbeiten Sie auch mit Regieanweisungen.
   - Wie könnten der Herr und Mephistopheles sprechen?
   - Wer dominiert den Dialog? Wie äußert sich das?
   - Welche Ziele könnten die Dialogpartner in diesem Gespräch verfolgen?
   - Mit welchen Kostümen, Requisiten, Masken usw. lässt sich die Szene passend aufführen?

6. Inszenieren und üben Sie die Szene in Kleingruppen und geben Sie sich während der Proben gegenseitig Feedback.

7. Spielen Sie die Szene vor Ihrem Kurs und diskutieren Sie im Anschluss Ihre verschiedenen Versionen.

Romantik (1795–1840)
Welt der Wunder

Lässt sich Sehnsucht stillen?

Ist die Nacht gefährlich?

Gibt es Objektivität?

Im Panorama: Zeugnisse der Romantik
I 12
360°-Bild
① Jena: Die Frühromantiker
② Malerei der Romantik: Caspar David Friedrich
③ Das romantische Volkslied: „Der Lindenbaum"
④ Märchen der Romantik: Die Brüder Grimm
⑤ Im Umfeld der Romantik: Heinrich von Kleist

Joseph von Eichendorff: Der frohe Wandersmann

(1826, Auszug, Strophe 1)

Wem Gott will rechte Gunst erweisen,
Den schickt er in die weite Welt,
Dem will er seine Wunder weisen
In Fels und Wald und Strom und Feld. [...]

Abbildung 1: Caspar David Friedrich: *Wanderer über dem Nebelmeer* (1818)
Abbildung 2: Paraglider im Sonnenuntergang
Abbildung 3: Bergfluss bei Nacht

Clemens Brentano: Hörst du wie die Brunnen rauschen (1811)

Hörst du wie die Brunnen rauschen,
Hörst du wie die Grille zirpt?
Stille, stille, lass uns lauschen,
Selig, wer in Träumen stirbt.
5 Selig, wen die Wolken wiegen,
Wem der Mond ein Schlaflied singt,
O wie selig kann der fliegen,
Dem der Traum den Flügel schwingt,
Dass an blauer Himmelsdecke
10 Sterne er wie Blumen pflückt:
Schlafe, träume, flieg', ich wecke
Bald Dich auf und bin beglückt.

1 Versetzen Sie sich in den Wanderer auf Caspar David Friedrichs Gemälde. Beschreiben Sie Ihre Assoziationen und Empfindungen.

2 Beziehen Sie die Text- und Bildmaterialien aufeinander und skizzieren Sie motivische Überschneidungen.

3 Besprechen Sie, was Sie unter Romantik verstehen.

7.1 Motive der Lyrik im Zusammenhang mit ihrer Poetologie verstehen

Unbegrenztheit: Träume und Sehnsüchte

Bettina von Arnim (1785–1859) war eine deutsche Schriftstellerin, Zeichnerin und Komponistin. Sie war neben ihrer künstlerischen Tätigkeit auch für ihr soziales Engagement, z. B. für die Familien der Berliner Armenviertel, bekannt.

Joseph von Eichendorff (1788–1857) war ein bedeutender Lyriker und Prosadichter der deutschen Romantik. Sein lyrisches Werk wurde vielfach vertont, zahlreiche seiner Gedichte und Wanderlieder gehören bis heute zum allgemeinen Bildungsgut.

Bettina von Arnim: Das Abendrot am Strand hinzieht (unbekannt)

Das Abendrot am Strand hinzieht,
Ergibt den Wellen sich mit Lust,
Da schwellet die beklemmte Brust
Der unbewussten Sehnsucht Lied,
5 So kühn gewaltig zwingt das Lied
Die Trauer der beklemmten Brust,
In Lebensmut erstrebt sie Lust,
In Liebesflut sie Wolken zieht,
Und weckt in der beklemmten Brust
10 Der hohen Freiheit kühnes Lied.
Sein voller Klang
Das Herz durchdrang,
Das Lied sich schwang
In Liebesdrang.
15 Zu ihm, zu dem ich hin verlang,
Dort über die Berge mit der Lerche,
Ihm nach der Hymne zu singen dem Volk,
Dem von seinen Lippen sollte erklingen.

Joseph von Eichendorff: Schweigt der Menschen laute Lust (1826)

Schweigt der Menschen laute Lust:
Rauscht die Erde wie in Träumen
Wunderbar mit allen Bäumen,
Was dem Herzen kaum bewusst,
5 Alte Zeiten, linde Trauer,
Und es schweifen leise Schauer
Wetterleuchtend durch die Brust.

Joseph von Eichendorff: Die zwei Gesellen (1818)

Es zogen zwei rüst'ge Gesellen
Zum erstenmal von Haus,
So jubelnd recht in die hellen,
Klingenden, singenden Wellen
5 Des vollen Frühlings hinaus.

Die strebten nach hohen Dingen,
Die wollten, trotz Lust und Schmerz,
Was Recht's in der Welt vollbringen,
Und wem sie vorübergingen,
10 Dem lachten Sinn und Herz. –

Der erste, der fand ein Liebchen,
Die Schwieger kauft' Hof und Haus;
Der wiegte gar bald ein Bübchen,
Und sah aus heimlichem Stübchen
15 Behaglich ins Feld hinaus.

Dem zweiten sangen und logen
Die tausend Stimmen im Grund,
Verlockend' Sirenen, und zogen
Ihn in der buhlenden Wogen
20 Farbig klingenden Schlund.

Und wie er auftaucht vom Schlunde,
Da war er müde und alt,
Sein Schifflein das lag im Grunde,
So still war's rings in der Runde,
25 Und über die Wasser wehts kalt.

Es singen und klingen die Wellen
des Frühlings wohl über mir;
und seh' ich so kecke Gesellen,
die Tränen im Auge mir schwellen –
30 ach Gott, führ uns liebreich zu Dir!

Novalis: Wenn nicht mehr Zahlen und Figuren (1800)

Wenn nicht mehr Zahlen und Figuren
Sind Schlüssel aller Kreaturen,
Wenn die so singen oder küssen,
Mehr als die Tiefgelehrten wissen,
5 Wenn sich die Welt ins freie Leben
Und in die Welt wird zurückbegeben,
Wenn dann sich wieder Licht und Schatten
Zu echter Klarheit wieder gatten
Und man in Märchen und Gedichten
10 Erkennt die wahren Weltgeschichten,
Dann fliegt vor Einem geheimen Wort
Das ganz verkehrte Wesen fort.

Novalis (1772–1801) – eigentlich Georg Philipp Friedrich von Hardenberg – gilt trotz seines frühen Todes im Alter von 28 Jahren und seiner aktiven Schriftstellerzeit von nur vier Jahren als einer der bedeutendsten Vertreter der Frühromantik.

1 Erstellen Sie ein Cluster zu den Motiven der Gedichte auf S. 166 f.

2 Weisen Sie romantische Motive in Ihnen bekannten Werken der Gegenwart nach. Zeigen Sie auf, inwiefern diese für uns heute noch von Bedeutung sind.

3 Interpretieren Sie in Kleingruppen arbeitsteilig jeweils ein Gedicht von S. 166 f. und tauschen Sie sich im Anschluss über Ihre Ergebnisse aus. Berücksichtigen Sie neben inhaltlichen auch formale und sprachliche Aspekte.

Joseph von Eichendorff: Wünschelrute (1835)

Schläft ein Lied in allen Dingen,
Die da träumen fort und fort,
Und die Welt hebt an zu singen,
Triffst du nur das Zauberwort.

 Schauen Sie sich im Panorama (S. 164) die Punkte ①–④ an, um die Epoche besser zu verstehen.

4 Deuten Sie Eichendorffs Gedicht *Wünschelrute*, indem Sie die sprachlichen Bilder analysieren. Beziehen Sie die Einträge aus Grimms Wörterbuch unten in Ihre Überlegungen mit ein.

Deutsches Wörterbuch der Brüder Jacob und Wilhelm Grimm (ab 1854, Auszüge)

Wünschelrute:
1) Im Mittelhochdeutschen ein Stab, mit dessen Hilfe Außerordentliches geleistet oder bewirkt werden kann. [...]
2) Im Neuhochdeutschen die von bestimmten Sträuchern geschnittene meist gabelförmige Rute zum Aufspüren von Erzen, Wasseradern und überhaupt verborgenen Dingen.

Lied:
2) Im Neuhochdeutschen bezeichnet „Lied" das aus einer oder mehreren Strophen bestehende, für das Singen bestimmte, vorzugsweise lyrische Gedicht [...]; es wird auf die Tiefe seiner Empfindung Gewicht gelegt, und dasselbe damit von ähnlichen Erzeugnissen unterschieden.

Ding:
Enger begrenzt ist der Begriff von *Sache*, das nur in einigen Bedeutungen dafür stehen kann. [...] In der weitesten, unbegrenzten Bedeutung begreift es ebenso das sinnlich Bemerkbare, als das Übersinnliche, das Gedachte.

Textvergleich → S. 296 | MK | **5 PLUS** Motive der Romantik gelten als Erfolgsgeheimnis vieler Popsongs und Lieder, besonders aus der Welt des Schlagers und der Volksmusik. Vergleichen Sie Beispiele, die Sie kennen, mit den Gedichten auf S. 166 f.

Poesie als Veranschaulichung des Idealismus

Die neue Rolle des Erkenntnissubjekts

Der Königsberger Philosoph Immanuel Kant (1724–1804) war davon überzeugt, dass die Möglichkeit unserer Welterkenntnis sowohl von einem sinnlich wahrnehmbaren, empirischen Inhalt als auch von einer Struktur bestimmt ist, die im Verstand des Subjekts angelegt ist. In seiner *Kritik der reinen Vernunft* (1781) argumentiert er, dass Sinnlichkeit und Verstand im selbstbewussten Ich aufeinander bezogen sind, das auf einer Metaebene über sich selbst nachdenken kann: „Das ‚Ich denke' muss alle meine Vorstellungen begleiten können." Damit gibt Kant den Anstoß für eine Denkrichtung, die das freie, selbstbestimmte Ich zur Grundlage der Philosophie erklärt: den Idealismus.

ÜBRIGENS

„Ich denke"

Mit seinem berühmten, im Jahr 1637 formulierten Grundsatz „cogito ergo sum" – „Ich denke, also bin ich" – gilt der französische Philosoph René Descartes (1596–1650) als Begründer der modernen Philosophie und als prominenter Wegbereiter der Aufklärung. Seine analytische Reflexion über die Bedeutung des Ich für die Begründung philosophischer Erkenntnis beeinflusste Kant und die an ihn anknüpfende idealistische Philosophie in Deutschland maßgeblich.

Friedrich Wilhelm Joseph Schelling: Vom Ich als Prinzip der Philosophie oder: Über das Unbedingte im menschlichen Wissen (1795)

Ich bin! Mein Ich enthält ein Sein, das allem Denken und Vorstellen vorhergeht. Es ist, indem es gedacht wird, und es wird gedacht, weil es ist; deswegen, weil es nur insofern ist und nur inso-
5 fern gedacht wird, als es sich selbst denkt. Es ist also, weil es nur selbst sich denkt, und es denkt sich nur selbst, weil es ist. Es bringt sich durch sein Denken selbst – aus absoluter Kausalität – hervor.
10 Ich bin, weil Ich bin! das ergreift jeden plötzlich [...]
Das Ich ist also nur durch sich selbst als unbedingt gegeben.

Novalis: Fragment aus der Sammlung *Blüthenstaub* (1798)

Wir träumen von Reisen durch das Weltall: ist denn das Weltall nicht in uns? Die Tiefen unseres Geistes kennen wir nicht. – Nach Innen geht der geheimnisvolle Weg. In uns, oder nirgends
5 ist die Ewigkeit mit ihren Welten, die Vergangenheit und Zukunft.

Das Älteste Systemprogramm des deutschen Idealismus (vermutlich 1796/97)

Die erste Idee ist natürlich die Vorstellung von mir selbst, als einem absolut freien Wesen. Mit dem freien, selbstbewussten Wesen tritt zugleich eine ganze Welt – aus dem Nichts hervor
5 – die einzig wahre und gedenkbare Schöpfung aus Nichts – [...]
Zuletzt die Idee, die alle vereinigt, die Idee der Schönheit, das Wort in höherem platonischem Sinne übernommen. Ich bin nun überzeugt,
10 dass der höchste Akt der Vernunft, der, indem sie alle Ideen umfasst, ein ästhetischer Akt ist, und dass Wahrheit und Güte nur in der Schönheit verschwistert sind. Der Philosoph muss ebenso viel ästhetische Kraft besitzen, als der
15 Dichter. Die Philosophie des Geistes ist eine ästhetische Philosophie. [...]
[Die] Poesie wird am Ende wieder, was sie am Anfang war – Lehrerin der (Geschichte) Menschheit; denn es gibt keine Philosophie,
20 keine Geschichte mehr, die Dichtkunst allein wird alle übrigen Wissenschaften und Künste überleben.

1 Erklären Sie mithilfe der voranstehenden Texte, welche Bedeutung dem Ich als selbstbewusstem Subjekt in der idealistischen Philosophie zukommt.

2 Prüfen Sie, ob und inwiefern sich Bezüge zwischen der Aufklärung und der idealistischen Philosophie herstellen lassen.

3 Sinnlichkeit und Verstand: Diskutieren Sie, welche Eigenschaften poetische Texte von philosophischen Texten unterscheiden. Worin besteht die ästhetische Qualität poetischer Texte?

4 Beschreiben Sie anhand der beiden letzten Abschnitte aus dem *Ältesten Systemprogramm* und des Fragments von Novalis (S. 168) den besonderen Stellenwert der Dichtkunst.

Sturm und Drang
→ S. 412 f.

5 PLUS Erstellen Sie ein Lernplakat, auf dem Sie den Geniekult im Sturm und Drang (vgl. Jahrgangsstufe 11) mit dem schöpferischen Subjekt in der Romantik vergleichen.

Zeitgenössische Aussagen über die Romantik

Die Seele kann oft in ganz anderen Klimaten gedeihen als der Leib. (Sophie von La Roche, 1730–1807)

Meine Erklärung des Wortes Romantisch kann ich Dir nicht schicken, weil sie – 125 Bogen lang ist. (Friedrich Schlegel, 1772–1829)

Auch die Natur hat ihre Romantik. Blumen, Regenbogen, Morgen- und Abendrot, Wolkenbilder, Mondnacht, Gebirge, Ströme, Klüfte usw. lassen uns teils in lieblichen Bildern einen zarten, geheimen Sinn ahnen, teils erfüllen sie uns mit wunderbarem Schauer. (Ludwig Uhland, 1787–1872)

Ist Dichten Weissagen, so ist Romantisches das Ahnen einer größeren Zukunft, als hienieden[1] Raum hat. (Jean Paul, 1763–1825)

1 hienieden: auf Erden

Ich meine, dass die Basis der Himmelsleiter, auf der man hinaufsteigen will in höhere Regionen, befestigt sein müsse im Leben, dass jeder nachzusteigen vermag. Befindet er sich dann, immer höher und höher hinaufgeklettert, in einem fantastischen Zauberreich, so wird er glauben, dies Reich gehöre auch in sein Leben hinein und sei eigentlich der wunderbar herrlichste Teil desselben. (E. T. A. Hoffmann, 1776–1822)

Lasset uns darum unser Leben in ein Kunstwerk verwandeln, und wir dürfen kühnlich behaupten, dass wir schon irdisch unsterblich sind. (Wilhelm Heinrich Wackenroder, 1773–1798)

Die Welt muss romantisiert werden. So findet man den ursprünglichen Sinn wieder. [...] Indem ich dem Gemeinen einen hohen Sinn, dem Gewöhnlichen ein geheimnisvolles Ansehen, dem Bekannten die Würde des Unbekannten, dem Endlichen einen unendlichen Schein gebe, so romantisiere ich es. (Novalis, 1772–1801)

Alles Große in der Welt geschieht nur, wenn einer den Verstand hinter sich lässt. (Karoline von Günderrode, 1780–1806)

Fantasie ist die freie Kunst der Wahrheit [...]; es muss mir genügen, dass ich's empfinde, wie die Fantasie die Vermittlerin ist zwischen der himmlischen Weisheit und dem irdischen Geist. (Bettina von Arnim, 1785–1859)

Die Poesie ist das echt absolut Reelle. Dies ist der Kern meiner Philosophie – je poetischer, je wahrer! (Novalis, 1772–1801)

6 Formulieren Sie die Kernaussagen der Zitate.

7 Beziehen Sie die Kernaussagen der Zitate auf die Gedichte auf S. 166 f.

Kurzreferat
→ S. 469

MK

8 PLUS Informieren Sie in einem Kurzreferat über Leben und Werk einer Protagonistin der Romantik. Sie können sich an den vorangehenden Beispielen orientieren oder eine andere weibliche Person wählen, z. B. Henriette Herz, Sophie Mereau, Caroline Schlegel-Schelling.

9 PLUS Gestalten Sie ein Lernplakat, auf dem Sie Ihr Verständnis der Romantikepoche veranschaulichen.

Friedrich Schlegel: 116. Athenäums-Fragment (1798, Auszug)

◁)) Hörtext
A 07

Die romantische Poesie ist eine progressive Universalpoesie. Ihre Bestimmung ist nicht bloß, alle getrennte Gattungen der Poesie wieder zu vereinigen, und die Poesie mit der
Philosophie und Rhetorik in Berührung zu setzen. Sie will,
5 und soll auch Poesie und Prosa, Genialität und Kritik,
Kunstpoesie und Naturpoesie bald mischen, bald verschmelzen, die Poesie lebendig und gesellig, und das Leben
und die Gesellschaft poetisch machen, den Witz[1] poetisie-
ren, und die Formen der Kunst mit gediegenem Bildungs-
10 stoff jeder Art anfüllen und sättigen, und durch die Schwingungen des Humors beseelen. Sie umfasst alles, was nur
poetisch ist, vom größten wieder mehrere Systeme in sich
enthaltenden Systeme der Kunst, bis zu dem Seufzer, dem
Kuss, den das dichtende Kind aushaucht in kunstlosen Ge-
15 sang. Sie kann sich so in das Dargestellte verlieren, dass
man glauben möchte, poetische Individuen jeder Art zu
charakterisieren, sei ihr Ein und Alles; und doch gibt es
noch keine Form, die so dazu gemacht wäre, den Geist des
Autors vollständig auszudrücken: so dass manche Künst-
20 ler, die nur auch einen Roman schreiben wollten, von ungefähr sich selbst dargestellt haben. Nur sie kann gleich
dem Epos ein Spiegel der ganzen umgebenden Welt, ein
Bild des Zeitalters werden. Und doch kann auch sie am
meisten zwischen dem Dargestellten und dem Darstellen-
25 den, frei von allem realen und idealen Interesse auf den
Flügeln der poetischen Reflexion in der Mitte schweben,
diese Reflexion immer wieder potenzieren und wie in einer
endlosen Reihe von Spiegeln vervielfachen. Sie ist der
höchsten und der allseitigsten Bildung fähig; nicht bloß
30 von innen heraus, sondern auch von außen hinein; indem
sie jedem, was ein Ganzes in ihren Produkten sein soll, alle

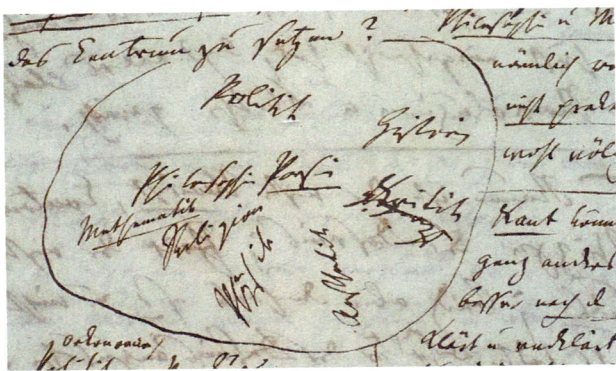

Skizze aus einem Manuskript von Schlegel (1803) – Die Poesie im
Zentrum wird von allen anderen Disziplinen, wie etwa Politik, Religion,
Mathematik usw. umkreist: „Die Poesie ist die Sonne,
in die sich alle Planeten der Kunst und Wissenschaft auflösen."

Teile ähnlich organisiert, wodurch ihr die Aussicht auf eine
grenzenlos wachsende Klassizität eröffnet wird. Die romantische Poesie ist unter den Künsten, was der Witz der
Philosophie, und die Gesellschaft, Umgang, Freundschaft 35
und Liebe im Leben ist. Andre Dichtarten sind fertig, und
können nun vollständig zergliedert werden. Die romantische Dichtart ist noch im Werden; ja das ist ihr eigentliches
Wesen, dass sie ewig nur werden, nie vollendet sein kann.
Sie kann durch keine Theorie erschöpft werden […]. Sie 40
allein ist unendlich, wie sie allein frei ist, und das als ihr
erstes Gesetz anerkennt, dass die Willkür des Dichters kein
Gesetz über sich leide. Die romantische Dichtart ist die einzige, die mehr als Art, und gleichsam die Dichtkunst selbst
ist: denn in einem gewissen Sinn ist oder soll alle Poesie ro- 45
mantisch sein.

1 Witz, der: Klugheit, Verstand, Einfall

Schauen Sie sich
im Panorama
(S.164) Punkt ①
an, um noch mehr
über die Früh-
romantiker in
Jena zu erfahren.

10 Erläutern Sie die Begriffe „romantische Poesie" (Z.1) und „progressive Universalpoesie" (Z.1f.). Erläutern
Sie anschließend das Dichtungsverständnis Schlegels. Beziehen Sie Schlegels Skizze zur Veranschaulichung der Rolle der Poesie im Vergleich zu anderen Disziplinen in Ihre Überlegungen ein.

11 Überprüfen Sie, inwiefern Schlegels Dichtungsverständnis zu einem vertieften Verständnis von Novalis'
Wenn nicht mehr Zahlen und Figuren (S.167) beiträgt.

12 Stellen Sie die romantische Kunstauffassung jener der Klassik und der Aufklärung gegenüber. Nutzen
Sie Ihr Vorwissen und erstellen Sie eine Übersicht, in der Sie bspw. das künstlerische Welt- und Selbst-
verständnis, poetische Ausdrucksformen und den Stellenwert der Literatur für die Entwicklung der
Gesellschaft festhalten.

Informieren-
des Schreiben
→ S.462

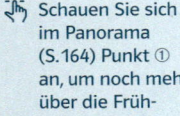 **13 PLUS** Verfassen Sie auf Basis der Gedichte, Zitate und Schlegels *Athenäums-Fragment* einen informie-
renden Text (ca. 800 Wörter) für Ihre Schülerzeitung zum Thema *Grenzen überwinden, Wirklichkeit neu
erfahren – Die Bedeutung der Poesie für die Romantik*. Greifen Sie auf eigenes Wissen, eigene Kenntnisse und die literarischen Beispiele auf S.165–167 zurück. Ergänzen Sie Ihren Text durch eigenständige
Recherche.

Form und sprachliche Bilder von Gedichten der Romantik deuten

Ludwig Uhland: Reisen (1834)

Reisen soll ich, Freunde! reisen,   **Repetition**
Lüften soll ich mir die Brust?
Aus des Tagwerks engen Gleisen   **Metapher**
Lockt ihr mich zu Wanderlust?
5 Und doch hab' ich tiefer eben
In die Heimat mich versenkt,
Fühle mich, ihr hingegeben,
Freier, reicher, als ihr denkt.   **Vergleich**

Nie erschöpf' ich diese Wege,
10 Nie ergründ' ich dieses Tal,
Und die altbetretnen Stege
Rühren neu mich jedesmal;
Öfters, wenn ich selbst mir sage,
Wie der Pfad doch einsam sei,   **Vergangen-**
15 **Streifen hier am lichten Tage**   **heitser-**
Teure Schatten mir vorbei.   **innerungen**

Wann die Sonne fährt von hinnen,
Kennt mein Herz noch keine Ruh',
Eilt mit ihr von Bergeszinnen
20 Fabelhaften Inseln zu;
Tauchen dann hervor die Sterne,
Drängt es mächtig mich hinan,
Und in immer tiefre Ferne
Zieh' ich helle Götterbahn.

25 Alt' und neue Jugendträume,
Zukunft und Vergangenheit,   **Sphäre des**
Uferlose **Himmelsräume**   **Göttlichen**
Sind mir stündlich hier bereit.
Darum, Freunde! will ich reisen;
30 Weiset Straße mir und Ziel!
In der Heimat stillen Kreisen   **Gegensatz**
Schwärmt das Herz doch allzuviel.   **zur Realität**

1 Begründen Sie, welche der folgenden Deutungshypothesen das Thema in Ludwig Uhlands Gedicht *Reisen* am besten erfasst.

A In dem Gedicht geht es um die Schönheit der altvertrauten Heimat.

B Das Gedicht versinnbildlicht die Diskrepanz zwischen Nähe und Ferne.

C Durch Empfindungen wird im Gedicht das Altern des Menschen gespiegelt.

D Typisch romantisch wird im Gedicht die Sehnsucht des Wanderers deutlich.

E In Form einer Meditation nähert sich das lyrische Ich immer mehr dem Inneren, also Gott.

F Das Gedicht zeigt die Wandlung des lyrischen Ich vom Heimat- zum Reiseliebenden.

2 Unterteilen Sie Ludwig Uhlands Gedicht *Reisen* in Sinnabschnitte und formulieren Sie für jeden Sinnabschnitt eine passende Überschrift.
– *V. 1–4 Reise- bzw. Wanderaufforderung durch unbekannte Freunde als Gegensatz zur täglichen Arbeit*
– *V. 5–8 …*

3 Stellen Sie die im Gedicht ersichtlichen Kontraste mit passenden Oberbegriffen gegenüber und ordnen Sie diesen Inhalte des Gedichts zu. Übernehmen Sie dazu den Beginn der Tabelle und führen Sie diese weiter aus.

Realität	Fantasie
– *tägliches Tun, Arbeitswelt*	– *sagenumwobene Inselwelt*
	– *Wandern im Traum, Erinnerung an die Vergangenheit*
– *…*	
	– *…*

4 Analysieren Sie die formale Gestaltung des Gedichts *Reisen*. Setzen Sie dazu die Übersicht unten fort und zeigen Sie jeweils den Zusammenhang zum Inhalt auf.
– *Metrum: Der regelmäßige trochäische Vierheber zeigt die Parallelität des echten Reisens bzw. Wanderns und des Voranschreitens der Reflexion des lyrischen Ich. Die Überlegungen zum Reisen werden für das lyrische Ich erfahrbar, beinahe spürbar.*
– *Reim: durchgängiger Kreuzreim*
– *Kadenz: …*

Ludwig Uhland (1787–1862) war neben seiner dichterischen Tätigkeit auch Literaturwissenschaftler, Jurist und als Politiker Abgeordneter des ersten gesamtdeutschen Parlaments – der Frankfurter Nationalversammlung. Stahlstich, ca. 1845–1850 von Theodor Kühner.

5 Analysieren Sie die sprachlich-stilistische Gestaltung des Gedichts *Reisen*. Besprechen Sie als Einstieg die Markierungen und Kommentare im Gedicht (S.171) und leiten Sie Deutungen ab. Achten Sie besonders auf das Reisemotiv.
  – **Metapher** *„enge[…] Gleise[…]" (V. 3): Gefühl des Beengtseins; ständig gleicher Trott der Arbeit*
  – **Anapher** (V. 9 f.): …
  – …

Kommunikations-
modelle
→ S.17 ff.

6 Differenzieren Sie zwischen Selbstmitteilungen und kommunikativen Sprechakten des lyrischen Ich.

7 Diskutieren Sie, ob das lyrische Ich im Verlauf des Gedichts *Reisen* eine Wandlung erfährt.

Interpretation
lyrischer Texte
→ S.460

8 Interpretieren Sie schriftlich das Gedicht *Reisen* unter Beachtung des folgenden Zitats des Essayisten und Übersetzers Josef Hofmiller (1872–1933).

> Wandern ist eine Tätigkeit der Beine und ein
> Zustand der Seele. (Josef Hofmiller)

Essay
→ S.444 f.

9 PLUS Viele junge Menschen lieben es zu reisen, um etwas von der Welt zu sehen und ihren Horizont zu erweitern. Verfassen Sie, ausgehend von den Facetten des Reisemotivs in der Romantik, einen Essay zum Thema *Alte und neue Lust am Reisen*.

SO GEHT'S   **Gedichte im Hinblick auf romantische Motive interpretieren**

So geht's
113

Clemens Brentano: In der Fremde (1810)

Weit bin ich einhergezogen
über Berg und über Tal,
und der treue Himmelsbogen
er umgibt mich überall.

5 Unter Eichen, unter Buchen
an dem wilden Wasserfall
muss ich nun die Herberg suchen
bei der lieb' Frau Nachtigall.

Die in brünst'gem Abendliede
10 ihre Gäste wohl bedenkt,
bis sich Schlaf und Traum und Friede
auf die müde Seele senkt.

Und ich hör' dieselben Klagen
und ich hör' dieselbe Lust
15 und ich fühl' das Herz mir schlagen
hier wie dort in meiner Brust.

Aus dem Fluss, der mir zu Füßen
spielt mit freudigem Gebraus
mich dieselben Sterne grüßen
20 und so bin ich hier zu Haus.

Romantische Motive
Natur, Nacht, Sehnsucht, Reisen

Deutungshypothese
Gegenseitige Durchdringung von Natur und Nacht im lyrischen Ich → Natur als Begleiterin bzw. Wegweiserin führt zum Geschenk eines unabhängig empfundenen Heimatgefühls, v. a. in der Nacht; Verbundenheit mit der Welt, Gefühl der Einheit

Sprachliche Gestaltung und Wirkung
– Personifikationen → Positive Konnotationen rufen friedliche Atmosphäre hervor.
– Alliteration → ungezähmte, kraftvolle und gleichzeitig friedliche Natur
– Allegorie → himmlischer Empfang, Harmonie, Verstärkung der friedlichen Atmosphäre
– Parallelismus/Anapher → Aufzählung verstärkt Aufmerksamkeit; Steigerung der Aussage hin zum Resümee (Strophe 5)

Form
– fünf Strophen mit je vier Versen → Volksliedstrophe (S.417)
– alternierendes Metrum durch regelmäßigen Trochäus → Ausdruck der Innerlichkeit, des seelischen Zustands; Heimatverbundenheit

Gedichtvergleich
→ S.296 ff.

10 Vergleichen Sie Uhlands Gedicht *Reisen* mit Brentanos Gedicht *In der Fremde*. Achten Sie besonders darauf, wie das Verhältnis von Heimat und Fremde jeweils inhaltlich, formal und sprachlich entfaltet wird.

Themen und Motive in der Epik verstehen
Wunderbares, Fantastisches und Schauriges

Wunderbare blaue Blume

Novalis: Heinrich von Ofterdingen (1802, Auszug)

Der Roman, der im Verlauf des Jahres 1800 entstand und 1802 posthum veröffentlicht wurde, ist Fragment geblieben. Von Novalis als „Apotheose [= Vergöttlichung, Verklärung] der Poesie" geplant, sollte der Text nach seinen Vorstellungen eine „poetische Ausführung und Betrachtung aller Begebnisse des Lebens" werden. Laut Ludwig Tiecks Bericht über die Fortsetzung des Romans sollte dieser „das eigentliche Wesen der Poesie aussprechen und ihre innerste Absicht erklären. Darum verwandelt sich Natur, Historie, der Krieg und das bürgerliche Leben mit seinen gewöhnlichsten Vorfällen in Poesie, weil diese der Geist ist, der alle Dinge belebt."

Die Eltern lagen schon und schliefen, die Wanduhr schlug ihren einförmigen Takt, vor den klappernden Fenstern sauste der Wind; abwechselnd wurde die Stube hell von dem Schimmer des
5 Mondes. Der Jüngling lag unruhig auf seinem Lager, und gedachte des Fremden und seiner Erzählungen. „Nicht die Schätze sind es, die ein so unaussprechliches Verlangen in mir geweckt haben", sagte er zu sich selbst; „fern ab liegt mir alle
10 Habsucht: aber die blaue Blume sehn' ich mich zu erblicken. Sie liegt mir unaufhörlich im Sinn, und ich kann nichts anderes dichten und denken. So ist mir noch nie zumute gewesen: es ist, als hätt ich vorhin geträumt, oder ich wäre in
15 eine andere Welt hinübergeschlummert; denn in der Welt, in der ich sonst lebte, wer hätte da sich um Blumen bekümmert, und gar von einer so seltsamen Leidenschaft für eine Blume hab' ich damals nie gehört. Wo eigentlich nur der Fremde
20 herkam? Keiner von uns hat je einen ähnlichen Menschen gesehn; doch weiß ich nicht, warum nur ich von seinen Reden so ergriffen worden bin; die andern haben ja das Nämliche gehört, und keinem ist so etwas begegnet. Dass ich auch
25 nicht einmal von meinem wunderlichen Zustande reden kann! [...]". Der Jüngling verlor sich allmählich in süßen Fantasien und entschlummerte. Da träumte ihm erst von unansehnlichen Fernen, und wilden, unbekannten Gegenden. Er
30 wanderte über Meere mit unbegreiflicher Leichtigkeit; wunderliche Tiere sah er; er lebte mit mannigfaltigen Menschen, bald im Kriege, in wildem Getümmel, in stillen Hütten. Er geriet in Gefangenschaft und die schmählichste Not. Alle
35 Empfindungen stiegen bis zu einer niegekannten Höhe in ihm. Er durchlebte ein unendlich

buntes Leben; starb und kam wieder, liebte bis zur höchsten Leidenschaft, und war dann wieder auf ewig von seiner Geliebten getrennt. [...]
40 Er fand sich auf einem weichen Rasen am Rande einer Quelle, die in die Luft hinausquoll und sich darin zu verzehren schien. Dunkelblaue Felsen mit bunten Adern erhoben sich in einiger Entfernung; das Tageslicht, das ihn umgab, war heller
45 und milder als das gewöhnliche, der Himmel war schwarzblau und völlig rein. Was ihn aber mit voller Macht anzog, war eine hohe lichtblaue Blume, die zunächst an der Quelle stand, und ihn mit ihren breiten, glänzenden Blättern berührte.
50 Rund um sie her standen unzählige Blumen von allen Farben, und der köstliche Geruch erfüllte die Luft. Er sah nichts als die blaue Blume, und betrachtete sie lange mit unnennbarer Zärtlichkeit. Endlich wollte er sich ihr nähern, als sie auf
55 einmal sich zu bewegen und zu verändern anfing; die Blätter wurden glänzender und schmiegten sich an den wachsenden Stängel, die Blume neigte sich nach ihm zu, und die Blütenblätter zeigten einen blauen ausgebreiteten Kragen, in welchem ein zartes Gesicht schwebte.
60 Sein süßes Staunen wuchs mit der sonderbaren Verwandlung, als ihn plötzlich die Stimme seiner Mutter weckte, und er sich in der elterlichen Stube fand, die schon die Morgensonne vergoldete. [...]
65

> **ÜBRIGENS**
>
> Den Titel des Romanfragments hat Novalis nach dem mittelalterlichen Dichter Heinrich von Ofterdingen gestaltet, welcher der Legende nach im 13. Jahrhundert an einem Sängerwettstreit auf der Wartburg teilgenommen haben soll.

„Du Langschläfer", sagte der Vater, „wie lange sitze ich schon hier, und feile. Ich habe deinetwe-
gen nichts hämmern dürfen; die Mutter wollte
den lieben Sohn schlafen lassen. Aufs Frühstück
70 habe ich auch warten müssen. […] Träume sind Schäume, mögen auch die hochgelehrten Herren davon denken, was sie wollen, und du tust
wohl, wenn du dein Gemüt von dergleichen unnützen und schädlichen Betrachtungen abwen-
dest. […]" 75

Abb. 1 und 2: Treppeneingang und blauer Erker im Deutschen Romantik-Museum in Frankfurt am Main

1 Zeigen Sie auf, inwiefern die Architektur im Deutschen Romantik-Museum in Frankfurt am Main
zum vorliegenden Romananfang *Heinrich von Ofterdingen* von Novalis passt.

2 Entwerfen Sie Deutungshypothesen zum Motiv der blauen Blume im obigen Romanauszug.
Vergleichen Sie Ihre Deutungshypothesen anschließend mit dem Zitat der Schriftstellerin
Ricarda Huch (1864–1947).

Man könne sagen, es sei die Geschichte von dem, der
die blaue Blume suchte, und wie er sie fand; die blaue
Blume ist aber das, was jeder sucht, ohne es selbst zu
wissen, nenne man es nun Gott, Ewigkeit, Liebe, Ich
oder Du. (Ricarda Huch)

ÜBRIGENS

Lange Zeit glaubten die Menschen an magische Fähigkeiten von Blumen und Gewächsen. Ein berühmtes literarisches Zeugnis dafür ist Gretchen in *Faust I*. Sie nutzt das
Abzupfen der Sternblumenblätter als Beantwortung der
Frage, ob Faust sie liebe.

M1 Novalis: Fragmente über die Poesie (1798, Auszug)

Philister leben nur ein Alltagsleben. Das Hauptmittel
scheint ihr einziger Zweck zu sein. Sie tun das alles, um des
irdischen Lebens willen; wie es scheint und nach ihren eignen Äußerungen scheinen muss. Poesie mischen sie nur
5 zur Notdurft unter, weil sie nun einmal an eine gewisse
Unterbrechung ihres täglichen Laufs gewöhnt sind. […]
Ihre *parties de plaisir*[1] müssen konventionell, gewöhnlich,
modisch sein, aber auch ihr Vergnügen verarbeiten sie, wie
alles, mühsam und förmlich.

Den höchsten Grad seines poetischen Daseins erreicht der 10
Philister bei einer Reise, Hochzeit, Kindertaufe, und in der
Kirche. Hier werden seine kühnsten Wünsche befriedigt,
und oft übertroffen.
[…] Grober Eigennutz ist das notwendige Resultat armseli-
ger Beschränktheit. […] Kein Wunder, dass der durch die 15
äußeren Verhältnisse par force[2] dressierte Verstand nur der
listige Sklav eines solchen stumpfen Herrn ist […].

---

1 parties de plaisir, die: (frz.) Spaßspiele, angenehme Situationen, Vergnügungen   **2** par force: unter allen Umständen, mit aller Gewalt

M2 **Clemens Brentano: Der Philister vor, in und nach der Geschichte** (1811, Auszug)

Wenn der Philister morgens aus seinem traum-
losen Schlafe wie ein ertrunkener Leichnam aus
dem Wasser auftaucht, so probiert er sachte mit
seinen Gliedmaßen herum, ob sie auch noch alle
5 zugegen, hierauf bleibt er ruhig liegen, und dem
anpochenden Bringer des Wochenblatts ruft er
zu, er solle es in der Küche abgeben, denn er liege
jetzt im ersten Schweiß und könne, ohne ein
Waghals zu sein, nicht aufstehn [...].
10 Wenn er aufgestanden, [...] hält [er] seinen Kindern eine Abhandlung vom Gebet und sagt,
wenn er sie zur Schule geschickt, zu seiner Frau:
Man muss den äußern Schein beobachten, das
erhält einem Kredit[1] [...]; sodann raucht er Tabak,
wozu er die höchste Leidenschaft hat [...].
Alle Begeisterten nennen sie verrückte Schwär-
mer, alle Märtyrer Narren, und können nicht begreifen, warum der Herr für unsre Sünden gestorben und nicht lieber [...] eine kleine nützliche
Mützenfabrik angelegt.

---

1 Kredit, der: hier guter Ruf

3 Weisen Sie die von Novalis und Brentano geäußerte Kritik (M1, M2) am bürgerlichen Philister im Romananfang *Heinrich von Ofterdingen* von Novalis auf S. 173 f. nach und setzen Sie dem Lebensmodell
des Philisters das Kunstideal der Romantiker stichpunktartig entgegen.

Fantastische Motive

Friedrich de la Motte Fouqué: Undine (1811, Auszug)

*Ritter Huldbrand von Ringstetten heiratet die geheimnisvolle Meerjungfrau Undine, die durch die Hoch-
zeit eine menschliche Seele bekommt. Trotz wiederkehrender unheimlicher Vorfälle, in denen sich ele-
mentare Mächte wie Undines Onkel, der Wassergeist Kühleborn, offenbaren, lebt das Paar zunächst
glücklich und zufrieden. Dann jedoch tritt Bertalda, Undines Gegenspielerin, in ihr Leben, und Huldbrand zweifelt zunehmend an seiner Liebe zu Undine. Das fünfzehnte Kapitel schildert eine schicksal-
hafte Donaufahrt zu dritt.*

Die Reise nach Wien

Indessen hatte Bertalda sich allerhand seltsam
umschweifenden Gedanken überlassen. Sie
wusste vieles von Undinens Herkommen und
5 doch nicht alles, und vorzüglich war ihr der
furchtbare Kühleborn ein schreckliches, aber
noch immer ganz dunkles Rätsel geblieben; so
dass sie nicht einmal seinen Namen je vernom-
men hatte. Über alle diese wunderlichen Dinge
10 nachsinnend, knüpfte sie, ohne sich dessen
recht bewusst zu werden, ein goldnes Halsband
los, welches ihr Huldbrand auf einer der letzten
Tagereisen von einem herumziehenden Han-
delsmann gekauft hatte, und ließ es dicht über
15 der Oberfläche des Flusses spielen, sich halb
träumend an dem lichten Schimmer ergötzend,
den es in die abendhellen Gewässer warf. Da griff
plötzlich eine große Hand aus der Donau herauf,
erfasste das Halsband und fuhr damit unter die
20 Fluten. Bertalda schrie laut auf, und ein höhni-
sches Gelächter schallte aus den Tiefen des Stro-
mes drein. Nun hielt sich des Ritters Zorn nicht
länger. Aufspringend schalt er in die Gewässer
hinein, verwünschte alle, die sich in seine Ver-
wandtschaft und sein Leben drängen wollten, 25
und forderte sie auf, Nix oder Sirene, sich vor
sein blankes Schwert zu stellen. Bertalda weinte
indes um den verlornen, ihr so innig lieben
Schmuck und goss mit ihren Tränen Öl in des
Ritters Zorn, während Undine ihre Hand über 30
den Schiffesbord in die Wellen getaucht hielt, in
einem fort sacht vor sich hinmurmelnd und nur
manchmal ihr seltsam heimliches Geflüster un-
terbrechend, indem sie bittend zu ihrem Eh-
herrn sprach: „Mein Herzlichlieber, hier schilt 35
mich nicht. Schilt alles, was du willst, aber hier
mich nicht. Du weißt ja!" – Und wirklich enthielt
sich seine vor Zorn stammelnde Zunge noch jedes Wortes unmittelbar wider sie. Da brachte sie
mit der feuchten Hand, die sie unter den Wogen 40
gehalten hatte, ein wunderschönes Korallen-
halsband hervor, so herrlich blitzend, dass allen
davon die Augen fast geblendet wurden. „Nimm
hin", sagte sie, es Bertalden freundlich hinhal-
tend; „das hab ich dir zum Ersatz bringen lassen, 45
und sei nicht weiter betrübt, du armes Kind." –
Aber der Ritter sprang dazwischen. Er riss den
schönen Schmuck Undinen aus der Hand,

schleuderte ihn wieder in den Fluss und schrie
50 wutentbrannt: „So hast du denn immer Verbindung mit ihnen? Bleib bei ihnen in aller Hexen Namen mit all deinen Geschenken und lass uns Menschen zufrieden, Gauklerin du!" – Starren, aber tränenströmenden Blickes sah ihn die arme
55 Undine an, noch immer die Hand ausgestreckt, mit welcher sie Bertalden ihr hübsches Geschenk so freundlich hatte hinreichen wollen. Dann fing sie immer herzlicher an zu weinen, wie ein recht unverschuldet' und recht bitterlich
60 gekränktes liebes Kind. Endlich sagte sie ganz matt: „Ach, holder Freund, ach, lebe wohl! Sie sollen dir nichts tun; nur bleibe treu, dass ich sie dir abwehren kann. Ach, aber fort muss ich,

muss fort auf diese ganze junge Lebenszeit. O
65 weh, o weh, was hast du angerichtet! O weh, o weh!"
Und über den Rand der Barke schwand sie hinaus. – Stieg sie hinüber in die Flut, verströmte sie darin, man wusst es nicht, es war wie beides und wie keins. Bald aber war sie in die Donau ganz
70 verronnen; nur flüsterten noch kleine Wellchen schluchzend um den Kahn, und fast vernehmlich war's, als sprächen sie: „O weh, o weh! Ach bleibe treu! O weh!" –
Huldbrand aber lag in heißen Tränen auf dem
75 Verdecke des Schiffes, und eine tiefe Ohnmacht hüllte den Unglücklichen bald in ihre mildernden Schleier ein.

Heinrich von Kleist: Wassermänner und Sirenen (1811, Auszug)

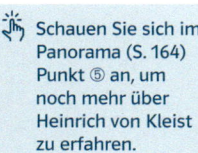 Schauen Sie sich im Panorama (S. 164) Punkt ⑤ an, um noch mehr über Heinrich von Kleist zu erfahren.

Von Oktober 1810 bis März 1811 gab Heinrich von Kleist die „Berliner Abendblätter" heraus, eine Tageszeitung, für die er selbst Reportagen über aktuelle Ereignisse, Berichte über kuriose Vorfälle und anekdotische Geschichten schrieb. Der folgende Text erschien in zwei Teilen am 5. und 6. Februar 1811.

In der Wiener Zeitung vom 30. Juli 1803 wird erzählt, dass die Fischereipächter des Königssees in Ungarn mehrmals schon, bei ihrem Geschäft, eine Art nackten, wie sie sagten, vierfüßigen Ge-
5 schöpfs bemerkt hatten, ohne dass sie unterscheiden konnten, von welcher Gattung es sei, indem es schnell, sobald sich jemand zeigte, vom Ufer ins Wasser lief und verschwand. Die Fischer lauerten endlich so lange, bis sie das ver-
10 meintliche Tier, im Frühling des Jahres 1776, mit ihren ausgesetzten Netzen fingen. Als sie nun desselben habhaft waren, sahen sie mit Erstaunen, dass es ein Mensch war. Sie schafften ihn sogleich nach Kapuvár zu dem fürstlichen Ver-
15 walter. Dieser machte eine Anzeige davon an die fürstliche Direktion, von welcher der Befehl erging, den Wassermann gut zu verwahren und ihn einem Trabanten[1] zur Aufsicht zu übergeben. Derselbe mochte damals etwa 17 Jahr alt
20 sein, seine Bildung war kräftig und wohlgestaltet, bloß die Hände und Füße waren krumm, weil er kroch; zwischen den Zehen und Fingern be-

fand sich ein zartes, entenartiges Häutchen, er konnte, wie jedes Wassertier, schwimmen, und der größte Teil des Körpers war mit Schuppen
25 bedeckt.
Man lehrte ihn gehen, und gab ihm anfangs nur rohe Fische und Krebse zur Nahrung, die er mit dem größten Appetit verzehrte: auch füllte man einen großen Bottich mit Wasser an, in dem er
30 sich mit großen Freudenbezeugungen badete. Die Kleider waren ihm öfters zur Last und er warf sie weg, bis er sich nach und nach daran gewöhnte. An gekochte, grüne, Mehl- und Fleischspeisen hat man ihn nie recht gewöhnen können,
35 denn sein Magen vertrug sie nicht; er lernte auch reden und sprach schon viele Worte aus, arbeitete fleißig, war gehorsam und zahm. Allein nach einer Zeit von drei Vierteljahren, wo man ihn nicht mehr so streng beobachtete, ging er aus
40 dem Schlosse über die Brücke, sah den mit Wasser angefüllten Schlossgraben, sprang mit seinen Kleidern hinein und verschwand. [...]

---

1 Trabant, der: Begleiter, Wächter

1 Meerjungfrau und Wassermann: Erstellen Sie ein Cluster zu den beiden Ausgestaltungen des Motivs, das die Texte von de la Motte Fouqué (S. 175 f.) und von Kleist verbindet.

2 Analysieren Sie den Umgang mit dem Fantastischen in beiden Texten. Tauschen Sie sich darüber aus, welchem Genre Sie die Texte jeweils zuordnen würden und gehen Sie dabei auch auf die jeweilige sprachliche Gestaltung ein.

3 Beide Texte sind 1811 erschienen. Erörtern Sie Gründe, die dafür und dagegen sprechen, Kleists Text aus den *Berliner Abendblättern* in die Epoche der Romantik einzuordnen.

Schauerromantik

1 Johann Heinrich Füsslis Gemälde *Nachtmahr* (unheimliches Wesen, welches sich des Nachts auf die Brust einer schlafenden Person setzt und ihr Albträume bereitet, vgl. engl. „nightmare") von 1791 gilt als Sinnbild der schwarzen Romantik oder Schauerromantik. Arbeiten Sie anhand des Gemäldes mögliche Themen und Motive dieser Strömung heraus.

E. T. A. Hoffmann: Der Sandmann (1816, Auszug)

Der Legende nach streut der „Sandmann" Kindern, die nicht schlafen wollen, Sand in die Augen, sodass diese aus dem Kopf herausspringen. Anschließend verfüttert er die Augen an seine Kinder, die krumme Schnäbel wie Eulen haben. Auf diese Legende nimmt der Student Nathanael Bezug, als er Lothar, dem Bruder seiner Verlobten Clara, in einem Brief von einem traumatischen Kindheitserlebnis berichtet: Eines Nachts versteckt sich der kleine Nathanael im Zimmer seines Vaters und beobachtet ihn zusammen mit dem Advokaten Coppelius, in dessen Gestalt Nathanael den „Sandmann" wiederzuerkennen glaubt.

Ich war festgezaubert. Auf die Gefahr entdeckt, und, wie ich deutlich dachte, hart gestraft zu werden, blieb ich stehen, den Kopf lauschend durch die Gardine hervorgestreckt. Mein Vater empfing den Coppelius feierlich. „Auf! –
5 zum Werk", rief er mit heiserer, schnarrender Stimme und warf den Rock ab. Der Vater zog still und finster seinen Schlafrock aus und beide kleideten sich in lange schwarze Kittel. Wo sie die hernahmen, hatte ich übersehen. Der Vater öffnete die Flügeltür eines Wandschranks; aber ich sah,
10 dass das, was ich so lange dafür gehalten, kein Wandschrank, sondern vielmehr eine schwarze Höhlung war, in der ein kleiner Herd stand. Coppelius trat hinzu und eine blaue Flamme knisterte auf dem Herde empor. Allerlei seltsames Geräte stand umher. Ach Gott! – wie sich nun mein
15 alter Vater zum Feuer herabbückte, da sah er ganz anders aus. Ein grässlicher krampfhafter Schmerz schien seine sanften ehrlichen Züge zum hässlichen widerwärtigen Teufelsbilde verzogen zu haben. Er sah dem Coppelius ähnlich. Dieser schwang die glutrote Zange und holte damit
20 hell blinkende Massen aus dem dicken Qualm, die er dann emsig hämmerte. Mir war es, als würden Menschengesichter, ringsherum sichtbar, aber ohne Augen – scheußliche, tief schwarze Höhlen statt ihrer. „Augen her, Augen her!", rief Coppelius mit dumpfer dröhnender Stimme. Ich
25 kreischte auf von wildem Entsetzen gewaltig erfasst und stürzte aus meinem Versteck heraus und auf den Boden. Da ergriff mich Coppelius, „kleine Bestie! – kleine Bestie!", me-

ckerte er zähnefletschend! – riss mich auf und warf mich auf den Herd, dass die Flamme mein Haar zu sengen begann: „Nun haben wir Augen – Augen – ein schön Paar Kin-
30 deraugen." So flüsterte Coppelius, und griff mit den Fäusten glutrote Körner aus den Flammen, die er mir in die Augen streuen wollte. Da hob mein Vater flehend die Hände empor und rief: „Meister! Meister! lass meinem Nathanael die Augen – lass sie ihm!" Coppelius lachte gellend auf
35 und rief: „Mag denn der Junge die Augen behalten und sein Pensum[1] flennen in der Welt; aber nun wollen wir doch den Mechanismus der Hände und der Füße recht observieren[2]." Und damit fasste er mich gewaltig, dass die Gelenke knackten, und schrob[3] mir die Hände ab und die Füße und
40 setze sie bald hier, bald dort wieder ein. „'s steht doch überall nicht recht! 's gut so wie es war! – Der Alte hat's verstanden!" So zischte und lispelte Coppelius; aber alles um mich her wurde schwarz und finster, ein jäher Krampf durchzuckte Nerv und Gebein – ich fühlte nichts mehr. Ein sanf-
45 ter warmer Hauch glitt über mein Gesicht, ich erwachte wie aus dem Todesschlaf, die Mutter hatte sich über mich hingebeugt. „Ist der Sandmann noch da?", stammelte ich. „Nein, mein liebes Kind, der ist lange, lange fort, der tut dir keinen Schaden!" – So sprach die Mutter und küsste und
50 herzte den wiedergewonnenen Liebling.

---

1 sein Pensum: seinen Anteil   2 recht observieren: genau untersuchen
3 schrob: schraubte

2 Nathanael schildert das Ereignis aus seiner Perspektive. Versetzen Sie sich in die Person des Vaters oder Coppelius' und erzählen oder schreiben Sie das Geschehen neu. Besprechen Sie anschließend die entscheidenden Veränderungen.

Merkmale der Romantik → S. 183

3 Recherchieren Sie, was unter „Schauerromantik" zu verstehen ist. Stellen Sie Bezüge zum Auszug aus der Erzählung *Der Sandmann* her, indem Sie die Erzählsituation und das Verhalten der Figuren beschreiben.

4 Ergänzen Sie für den Textauszug aus der Erzählung *Der Sandmann* (S. 177) das Venn-Diagramm zu den Bereichen „Wirklichkeit" und „Fantastisches" sowie zu dem Übergang zwischen beiden Bereichen. Erstellen Sie ein ebensolches Venn-Diagramm für das Ende des Auszugs (Z. 43–51).

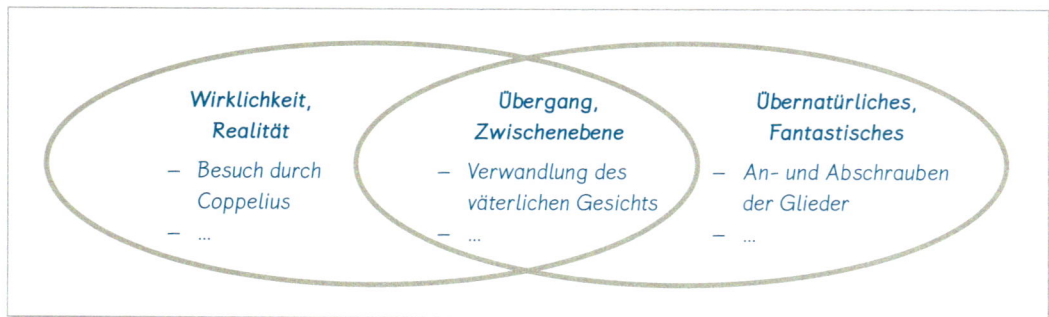

E. T. A. Hoffmann: Der Sandmann (1816, Auszug)

Zu Beginn eines weiteren Briefs an Lothar hat Nathanael berichtet, dass ihm vor Kurzem ein Wetterglashändler[1] namens Coppola in seiner Wohnung Waren angeboten habe. In diesem glaubt er Coppelius wiedererkannt zu haben. Nathanaels Verlobte Clara versucht ihn davon zu überzeugen, dass dies ein Irrtum sei. Im späteren Verlauf der Handlung kehrt Nathanael an seinen Studienort zurück. Dort muss er feststellen, dass seine Wohnung abgebrannt ist. Deshalb bezieht er ein Zimmer in einem anderen Haus, als Coppola erneut auftaucht. Im Haus gegenüber wohnt sein Professor, Spalanzani, mit seiner vermeintlichen Tochter Olimpia, die sich im weiteren Verlauf der Handlung als Automat herausstellt.

Eben schrieb er an Clara, als es leise an die Türe klopfte; sie öffnete sich auf seinen Zuruf und Coppolas widerwärtiges Gesicht sah hinein. Nathanael fühlte sich im Innersten erbeben; eingedenk dessen, was ihm Spalanzani über den
5 Landsmann Coppola gesagt und was er auch rücksichts des Sandmanns Coppelius der Geliebten so heilig versprochen, schämte er sich aber selbst seiner kindischen Gespensterfurcht, nahm sich mit aller Gewalt zusammen und sprach so sanft und gelassen, als möglich: „Ich kaufe kein
10 Wetterglas, mein lieber Freund! Gehen Sie nur!" Da trat aber Coppola vollends in die Stube und sprach mit heiserem Ton, indem sich das weite Maul zum hässlichen Lachen verzog und die kleinen Augen unter den grauen langen Wimpern stechend hervorfunkelten: „Ei, nix
15 Wetterglas, nix Wetterglas! – hab auch sköne Oke – sköne Oke!" – Entsetzt rief Nathanael: „Toller[2] Mensch, wie kannst du Augen haben? – Augen – Augen? –" Aber in dem Augenblick hatte Coppola seine Wettergläser beiseitegesetzt, griff in die weiten Rocktaschen und holte Lorgnetten[3] und
20 Brillen heraus, die er auf den Tisch legte. – „Nu – Nu – Brill' – Brill' auf der Nas' su setze, das sein meine Oke – sköne Oke!" – Und damit holte er immer mehr und mehr Brillen heraus, so, dass es auf dem ganzen Tisch seltsam zu flimmern und zu funkeln begann. Tausend Augen blickten
25 und zuckten krampfhaft und starrten auf zum Nathanael; aber er konnte nicht wegschauen von dem Tisch, und immer mehr Brillen legte Coppola hin, und immer wilder und wilder sprangen flammende Blicke durcheinander und schossen ihre blutroten Strahlen in Nathanaels Brust.

Übermannt von tollem Entsetzen schrie er auf: „Halt ein! 30 halt ein, fürchterlicher Mensch!" – Er hatte Coppola, der eben in die Tasche griff, um noch mehr Brillen herauszubringen, unerachtet schon der ganze Tisch überdeckt war, beim Arm festgepackt, Coppola machte sich mit heiserem widrigen Lachen sanft los und mit den Worten: „Ah! – nix 35 für Sie – aber hier sköne Glas" – hatte er alle Brillen zusammengerafft, eingesteckt und aus der Seitentasche des Rocks eine Menge großer und kleiner Perspektive[4] hervorgeholt. Sowie die Brillen fort waren, wurde Nathanael ganz ruhig und an Clara denkend sah er wohl ein, dass der ent- 40 setzliche Spuk nur aus seinem Innern hervorgegangen, sowie dass Coppola ein höchst ehrlicher Mechanicus und Opticus, keineswegs aber Coppelii verfluchter Doppelgänger und Revenant[5] sein könne. Zudem hatten alle Gläser, die Coppola nun auf den Tisch gelegt, gar nichts Besonde- 45 res, am wenigsten so etwas Gespenstisches wie die Brillen und, um alles wieder gutzumachen, beschloss Nathanael dem Coppola jetzt wirklich etwas abzukaufen. Er ergriff ein kleines sehr sauber gearbeitetes Taschenperspektiv und sah, um es zu prüfen, durch das Fenster. Noch im Leben war 50 ihm kein Glas vorgekommen, das die Gegenstände so rein, scharf und deutlich dicht vor die Augen rückte. Unwillkürlich sah er hinein in Spalanzanis Zimmer; Olimpia saß, wie gewöhnlich, vor dem kleinen Tisch, die Arme daraufgelegt, die Hände gefaltet. – Nun erschaute Nathanael erst Olim- 55 pias wunderschön geformtes Gesicht. Nur die Augen schienen ihm gar seltsam starr und tot. Doch wie er immer schärfer und schärfer durch das Glas hinschaute, war es,

als gingen in Olimpias Augen feuchte Mondesstrahlen auf.
60 Es schien, als wenn nun erst die Sehkraft entzündet würde; immer lebendiger und lebendiger flammten die Blicke. Nathanael lag wie festgezaubert im Fenster, immer fort und fort die himmlisch-schöne Olimpia betrachtend. Ein Räuspern und Scharren weckte ihn, wie aus tiefem Traum. Cop-
65 pola stand hinter ihm: „Tre Zechini – drei Dukat" – Nathanael hatte den Opticus rein vergessen, rasch zahlte er das

Verlangte: „Nick so? – sköne Glas – sköne Glas!", frug Coppola mit seiner widerwärtigen heisern Stimme und dem hämischen Lächeln. [...] Jetzt setzte er sich hin, um den Brief an Clara zu enden, aber ein Blick durchs Fenster 70 überzeugte ihn, dass Olimpia noch dasäße und im Augenblick, wie von unwiderstehlicher Gewalt getrieben, sprang er auf, ergriff Coppolas Perspektiv und konnte nicht los von Olimpias verführerischem Anblick [...].

---

1 Wetterglashändler, der: Verkäufer allerlei optischer Waren. Das Wetterglas ist eine Vorform des Barometers.   2 toll: veraltet gebraucht für verrückt
3 Lorgnette, die: bügellose Brille, die an einem Stiel vor die Augen gehalten wird   4 Perspektiv, das: Fernglas   5 Revenant, der: (von frz. revenir – zurückkehren) Rückkehrer, Wiederauferstandener

Erzählmodelle
→ S. 211, 426

5 Analysieren Sie im Textauszug aus der Erzählung *Der Sandmann* den Erzähler. Achten Sie vor allem auf Perspektivwechsel.
 – Entscheiden Sie sich für das Modell Stanzels oder das Modell Genettes und wenden Sie es zusammen mit Ihrer Lernpartnerin oder Ihrem Lernpartner auf den Textauszug an.
 – Diskutieren Sie, ob die erzählerischen Besonderheiten des Auszugs mithilfe des gewählten Modells schlüssig erklärt werden können.

6 Arbeiten Sie die sprachlich-stilistischen Mittel heraus, die im Textauszug aus der Erzählung *Der Sandmann* Nathanaels Wesen kennzeichnen, und deuten Sie diese.

7 Interpretieren Sie die Funktion visueller Wahrnehmungen in den beiden Textauszügen aus der Erzählung *Der Sandmann*.

8 **PLUS** Angenommen, der Wetterglashändler Coppola müsste seinem Chef am Ende des Tages über den Verlauf der Geschäfte berichten: Versetzen Sie sich in die Rolle Coppolas und erklären Sie Ihrem Chef, weshalb es Ihnen nicht gelungen ist, Nathanael mehr als nur ein Taschenperspektiv zu verkaufen.

Schauen Sie sich im Panorama (S. 164) Punkt ④ über die Brüder Grimm an.

Mittelaltersehnsucht: Volksmärchen und Sagen

1 Notieren Sie die zentralen Aussagen der Brüder Grimm aus den beiden folgenden Textauszügen (S. 179 f.) und der *Inhaltsinformation zum zweiten Band der Sagen* auf S. 180 und diskutieren Sie diese.

Jacob und Wilhelm Grimm: Vorrede zum ersten Band der Sagen[1] (1816, Auszug)

Es wird dem Menschen von Heimats wegen ein guter Engel beigegeben, der ihn, wann er ins Leben auszieht, unter der vertraulichen Gestalt eines Mitwandernden begleitet; wer nicht ahnt, was ihm Gutes dadurch widerfährt, der mag es
5 fühlen, wenn er die Grenze des Vaterlandes überschreitet, wo ihn jener verlässt. Diese wohltätige Begleitung ist das unerschöpfliche Gut der Märchen, Sagen und Geschichte, welche nebeneinanderstehen und uns nacheinander die Vorzeit als einen frischen und belebenden Geist nahezu-
10 bringen streben. [...] Kaum ein Flecken wird sich in ganz Deutschland finden, wo es nicht ausführliche Märchen zu hören gäbe, manche, an denen die Volkssagen bloß dünn und sparsam gesät zu sein pflegen. [...] [S]ie gleichen den Mundarten der Sprache, in denen hin und wieder sonder-
15 bare Wörter und Bilder aus uralten Zeiten hängengeblieben sind, während die Märchen ein ganzes Stück alter Dichtung sozusagen in einem Zuge zu uns übersetzen. [...]

Hieraus ergibt sich [...], dass fast nur allein die Märchen Teile der urdeutschen Heldensage erhalten haben [...]. Die Märchen also sind teils durch ihre äußere Verbreitung, teils 20 ihr inneres Wesen dazu bestimmt, den reinen Gedanken einer kindlichen Weltbetrachtung zu fassen, sie nähren unmittelbar, wie die Milch, mild und lieblich, oder der Honig, süß und sättigend, ohne irdische Schwere; dahingegen die Sagen schon zu einer stärkeren Speise dienen, eine einfa- 25 chere, aber desto entschiedenere Farbe tragen und mehr Ernst und Nachdenken fordern. Über den Vorzug beider zu streiten wäre ungeschickt; auch soll durch diese Darlegung ihrer Verschiedenheit weder ihr Gemeinschaftliches übersehen, noch geleugnet werden, dass sie in unendlichen Mi- 30 schungen und Wendungen ineinandergreifen [...]. Der Geschichte stellen sich beide, das Märchen und die Sage, gegenüber, insofern sie das sinnlich Natürliche und Begreifliche stets mit dem Unbegreiflichen mischen [...].

179

Das Erste, was wir bei Sammlung der Sagen nicht aus den Augen gelassen haben, ist Treue und Wahrheit. Als ein Hauptstück aller Geschichte hat man diese noch stets betrachtet; wir fordern sie aber ebenso gut auch für die Poesie und erkennen sie in der wahren Poesie ebenso rein. Die Lüge ist falsch und bös; was aus ihr herkommt, muss es auch sein. In den Sagen und Liedern des Volks haben wir noch keine gefunden: Es lässt ihren Inhalt, wie er ist und wie es ihn weiß [...]. [D]ie ungenügsamen Gebildeten haben dafür nicht bloß die wirkliche Geschichte, sondern auch das gleich unverletzliche Gut der Sage mit Unwahrheiten zu vermengen, zu überfüllen und überbieten getrachtet. Dennoch ist der Reiz der unbeugsamen Wahrheit unendlich stärker und dauernder als alle Gespinste, weil er nirgends Blößen gibt und die rechte Kühnheit hat. In diesen Volkssagen steckt auch eine so rege Gewalt der Überraschung [...].

1 Die Brüder Grimm sehen trotz formaler Unterschiedlichkeit von Märchen und Sagen auch Gemeinsamkeiten, v. a. in der Wirkung auf Leserinnen und Leser. Deswegen kommen beide Begriffe teilweise gemeinsam vor. Ursprünglich ist eine Sage, in der Unerklärliches, Fantastisches und Jenseitiges existieren, an die Wirklichkeit gebunden und zeichnet sich durch einen wahren Kern aus. Märchen hingegen sind frei erfundene Geschichten.

Jacob und Wilhelm Grimm: Vorrede zu den Märchen (1818, Auszug)

Es war vielleicht gerade Zeit, diese Märchen festzuhalten, da diejenigen, die sie bewahren sollen, immer seltener werden. [...] Leicht wird man übrigens bemerken, dass sie nur da gehaftet ha[ben], wo überhaupt eine regere Empfänglichkeit für Poesie oder eine noch nicht von den Verkehrtheiten des Lebens ausgelöschte Fantasie vorhanden war. Wir wollen in gleichem Sinne diese Märchen nicht rühmen [...]. Ihr bloßes Dasein reicht hin, sie zu schützen. Was so mannigfach und immer wieder von Neuem erfreut, bewegt und belehrt hat, das trägt seine Notwendigkeit in sich [...].

Das ist der Grund, warum wir durch unsere Sammlung nicht bloß der Geschichte der Poesie und Mythologie einen Dienst erweisen wollten, sondern es zugleich Absicht war, dass die Poesie selbst, die darin lebendig ist, wirke und erfreue, wenn sie erfreuen kann, also auch, dass es als ein Erziehungsbuch diene. [...] Wir suchen die Reinheit in der Wahrheit einer [...] Erzählung.

Nicolaische Buchhandlung: Inhaltsinformation zum zweiten Band der Sagen[1] (1816, Auszug)

Wie das Kind seine ihm eigene Welt der Märchen hat, an die es glaubt und an deren Wunderkreis auch der Erwachsene mit Sehnsucht zurückdenkt, so hat das Volk seine eigentümliche Welt der Sagen, die ihm mit dem Zusammenleben in der Heimat gegeben ist und an der es mit inniger Liebe hängt. Diese ehrwürdigen und lieblichen Töne aus einem frühern echt volkstümlichen Leben reden wie freundliche Begleiter zu uns, wohin wir im deutschen Lande unsere Wanderschaft setzen. In dieser von den Gebrüdern Grimm veranstalteten Sammlung ist [...] aufs Anmutigste erzählt.

Dreierlei zeichnet diese Sammlung vor allen übrigen aus. Erstlich Treue und Wahrheit der Erzählung, wie sie in der Heimat erzählt wird, selbst in Ton und Wort. Zweitens große Mannigfaltigkeit. Drittens genaue Angaben der Quellen [...]. Kein anderes Buch kann so frisch und lebendig die Angst und Warnung vor dem Bösen und die innigste Freude an dem Guten und Schönen wecken und nähren wie dieses; kein anderes kann zugleich so in das innigste Geheimnis des volkstümlichen Lebens und Webens einführen, und vielen mag dadurch das treue deutsche Land noch lieber werden.

1 Der Text entstammt der Vorbemerkung Herman Grimms (1828–1901, Sohn Wilhelm Grimms) zum zweiten Band der Sagen. In dieser zitiert er die Nicolaische Buchhandlung, welche das Werk 1816 wie vorliegend beschrieb.

2 Tragen Sie kurz Handlungen von Märchen zusammen (z.B. *Hänsel und Gretel*, *Der Froschkönig*, *Dornröschen*, *Die Sterntaler*). Überprüfen Sie die Aussagen der Brüder Grimm und der Inhaltsinformation der Nicolaischen Buchhandlung zu Märchen anhand Ihrer Beispiele.

 3 Recherchieren Sie, inwiefern sich Kunstmärchen von Volksmärchen unterscheiden.

4 Erläutern Sie, ausgehend von Novalis' Zitat, abschließend den Zusammenhang zwischen dem Genre Märchen und den Idealen und Zielen romantischer Dichtung.

> Im Märchen glaube ich am besten meine Gemütsstimmung ausdrücken zu können. Alles ist ein Märchen. (Novalis)

5 PLUS Verfassen Sie ein modernes Märchen mit einer gegenwartsbezogenen Botschaft.

7.3 Die Rezeption der Epoche untersuchen
Der nationale Gedanke und dessen Folgen

Novalis: Die Christenheit oder Europa (1799, Ausschnitt)

Unter dem Eindruck der gesellschaftlichen und politischen Umbrüche, die aus der Französischen Revolutionen resultierten, entwickelt Novalis in dieser Rede die Idee einer von der christlichen Religion geprägten Kulturnation. Als Leitbild seiner Gedanken diente ihm die idealisierte Vorstellung einer harmonischen, von der Religion bestimmten Ordnung im Mittelalter.

Nun wollen wir uns zu dem politischen Schauspiel unsrer Zeit wenden. Alte und neue Welt sind in Kampf begriffen, die Mangelhaftigkeit und Bedürftigkeit der bisherigen Staatseinrichtungen sind in furchtbaren Phänomenen of-
5 fenbar geworden. Wie wenn auch hier wie in den Wissenschaften eine nähere und mannigfaltigere[1] Konnexion[2] und Berührung der europäischen Staaten zunächst der historische Zweck des Krieges wäre, wenn eine neue Regung des bisher schlummernden Europa ins Spiel käme,
10 wenn Europa wieder erwachen wollte, wenn ein Staat der Staaten [...] uns bevorstände! [...] Es ist unmöglich, dass weltliche Kräfte sich selbst ins Gleichgewicht setzen, ein drittes Element, das weltlich und überirdisch zugleich ist, kann allein diese Aufgabe lösen. Unter den streitenden
15 Mächten kann kein Friede geschlossen werden, aller Friede ist nur Illusion, nur Waffenstillstand; auf dem Standpunkt der Kabinetter[3], des gemeinen Bewusstseins ist keine Vereinigung denkbar. Beide Teile haben große, notwendige Ansprüche und müssen sie machen, getrieben vom Geiste
20 der Welt und der Menschheit. Beide sind unvertilgbare Mächte der Menschenbrust; hier die Andacht zum Alter-tum, die Anhänglichkeit an die geschichtliche Verfassung, die Liebe zu den Denkmalen der Altväter und der alten glorreichen Staatsfamilie, und Freude des Gehorsams; dort das entzückende Gefühl der Freiheit, die unbedingte Er-
25 wartung mächtiger Wirkungskreise, die Lust am Neuen und Jungen, die zwanglose Berührung mit allen Staatsgenossen, der Stolz auf menschliche Allgemeingültigkeit, die Freude am persönlichen Recht und am Eigentum des Ganzen, und das kraftvolle Bürgergefühl. Keine hoffe die ande-
30 re zu vernichten [...].
Wer weiß ob des Kriegs genug ist, aber er wird nie aufhören, wenn man nicht den Palmenzweig ergreift, den allein eine geistliche Macht darreichen kann. Es wird so lange Blut über Europa strömen, bis die Nationen ihren fürchter-
35 lichen Wahnsinn gewahr werden, der sie im Kreise herumtreibt und von heiliger Musik getroffen und besänftigt zu ehemaligen Altären in bunter Vermischung treten, Werke des Friedens vornehmen, und ein großes Liebesmahl, als Friedensfest, auf den rauchenden Wahlstätten mit heißen
40 Tränen gefeiert wird. Nur die Religion kann Europa wieder aufwecken und die Völker sichern [...].

1 mannigfaltig: vielfältig, lebendig   2 Konnexion, die: Verbindung, Zusammenhang   3 Kabinetter, der: Politiker, Diplomat

Claudia Köpfer: Romantik in der NS-Zeit (2012)

Weil Religion für die romantische Nation eine so wichtige Rolle spielte, konnte sich der Nationalsozialismus dieses Nationalkonzept aneignen und sich als neue Religion inszenieren. Bei der Aneignung romantischer Ideen ging er
5 jedoch äußerst selektiv vor. Ideen, die von den Nazis integriert wurden, waren unter anderem die Vorstellung der poetischen Schöpfungskraft von Volk und Volkskultur, die Auffassung von Staat und Gesellschaft als Organismus oder die Tendenz zur Mythologisierung eines germani-
10 schen Heldentums. Auch die romantische Idee einer archaischen Erdverbundenheit schwang in der „Volkskultur" der Nationalsozialisten mit – stand aber in starkem Kontrast zum modernen Industriestaat der NS-Zeit. Die ausge-wählten romantischen Ideen wurden von den Nationalso-zialisten ideologisch überspitzt, moralisch enthemmt und
15 durch Rassekonzepte ergänzt. Schließlich war die nationalsozialistische Ideologie von einem Aktivismus durchzogen, der den vergeistigten und passiven Romantikern fehlte. So erklärte Joseph Goebbels in einer Rede zur Eröffnung der Reichskulturkammer (1933), dass das NS-Reich eine
20 „stählerne Romantik" brauche, „die sich nicht vor den Härten des Daseins versteckt oder in blaue Fernen zu entrinnen trachtet". Mit den christlich-religiösen Hintergründen und dem poetischen Universalismus der früheren Romantik hatte dieser Synkretismus[1] nichts mehr gemein.
25

1 Synkretismus, der: Vermischung, Vermengung

1 Skizzieren Sie, wodurch Novalis' Idee vom „Staat der Staaten" (Z.10 f.) bestimmt ist und welche Bedeutung der Religion für die Verwirklichung dieser Idee zukommt.

Kapitel 3: Mediale
Strategien und
Mechanismen
erkennen
→ S. 66 ff.

2 Erläutern Sie, ausgehend von Köpfers Text auf S. 181, wie ideologische Vereinnahmung funktioniert.

Heinrich von Kleist: Kriegslied der Deutschen (1809)

Zottelbär und Panthertier
Hat der Pfeil bezwungen;
Nur für Geld, im Drahtspalier[1],
Zeigt man noch die Jungen.

5 Auf den Wolf, soviel ich weiß,
Ist ein Preis gesetzet;
Wo er immer hungerheiß
Naht, wird er gehetzet.

Reinecke, der Fuchs, der sitzt
10 Lichtscheu in der Erden,
Und verzehrt, was er stipitzt[2],
Ohne fett zu werden.

Aar[3] und Geier nisten nur
Auf der Felsen Rücken,
15 Wo kein Sterblicher die Spur
In den Sand mag drücken.

Schlangen sieht man gar nicht mehr,
Ottern und dergleichen,
Und der Drachen Greuelheer,
20 Mit geschwollnen Bäuchen.

Nur der Franzmann zeigt sich noch
In dem deutschen Reiche;
Brüder, nehmt die Keule doch,
Dass er gleichfalls weiche.

1 Spalier, das: gitterartiges Gestell   2 stibitzen (mundartlich auch stipitzen): heimlich und listig Kleinigkeiten entwenden   3 Aar, der: Adler

Schauen Sie sich im
Panorama (S. 164)
Punkt ⑤ an, um
noch mehr über
Heinrich von Kleist
zu erfahren.

3 Interpretieren Sie Kleists Gedicht *Kriegslied der Deutschen* vor dem Hintergrund seiner Zeit.
– Achten Sie auf die Reihenfolge und Bedeutung der Tierwesen.
   Beziehen Sie dabei Ihr Vorwissen zur Fabel mit ein.
– Zeigen Sie Zusammenhänge zwischen der formalen Gestaltung und dem Inhalt auf.

4 Diskutieren Sie, ob Kleists Gedicht *Kriegslied der Deutschen* in einem Sammelband mit dem Titel *Lyrik der Romantik* veröffentlicht werden sollte.

Interview Christoph Heinemanns mit Rüdiger Safranski
(2007, deutschlandfunk.de, Ausschnitt)

Christoph Heinemann (CH): Herr Safranski, Sie warnen davor, dass sich das Romantische in der Politik austoben darf. Heißt das im Umkehrschluss: Wenn die Politik dicke Bretter bohrt, was ja dazugehört auf die Gefahr hin, dass sich die Zuschauer langweilen, dann ist das nicht schlimm, sondern zeichnet einfach gute Arbeit geradezu aus in der Politik?

5 **Rüdiger Safranski (RS):** Das würde ich schon sagen. Romantik ist was Extremes. Es ist auch etwas, was sich mit dem Irrationalen verbindet. Wir bestehen ja zu erheblichen Teilen aus Irrationalität. Nur eine kleine Schicht ist von uns rational oben im Kopf. Also alles das ist für die Kultur und für die romantische Kultur wunderbar, wenn es kein Mittelweg ist, wenn es kein Konsens ist, sondern wenn es verrückt ist, wenn es absurd ist, wenn es extrem ist. Aber alles das wollen wir so in der Politik ja
10 nicht haben, und da merkt man gerade am Thema der Romantik, wie wichtig dieser Gedanke ist, dass wir es lernen, ja auch ziemlich gelernt haben schon, in mehreren Welten zu leben mit eigenen Logiken, eigenen Wertssphären. Was für die Religion gilt, dass wir da die Trennung von Religion und Politik haben wollen, gilt im gewissen Sinne auch für diese mildere Form Romantik und Politik.
CH: Heute werden Coolness und politische Korrektheit hochgehalten, beides sterile, sehr starre Hal-
15 tungen. Wie viel Romantik benötigt unsere Postmoderne[1]?
RS: Na ja, sie benötigt doch eine ganze Menge mehr, denke ich. Dieses Ideal der Coolness, das kommt mir doch auch immer als ein Phänomen der Frühvergreisung vor, dass Jugendliche sich cool geben und gleichzeitig schon im zarten Alter danach Ausschau halten, wie denn die spätere Berentung aussieht. Das sind so denkbar ferne Haltungen, die dem Abenteuer des Lebens nun wirklich
20 sehr entrückt sind. Also ich denke, in einer Zeit, wo zum Teil die Coolness ein Ideal ist, da muss man mit Romantik gegenhalten.

1 Postmoderne, die: Gemeint ist hier der Zustand der Gesellschaft, Kultur und Kunst nach der bis in die Gegenwart andauernden Moderne.

5 Diskutieren Sie ausgehend von den Aussagen von Rüdiger Safranski: Passt eine romantische Geisteshaltung noch in die heutige Zeit?

Auf einen Blick: Merkmale der Romantik (1795–1840)

Epochenlexikon
→ S. 416 f.

Schauen Sie sich im Panorama (S. 164) die Punkte ①–⑤ an, um die Epoche besser zu verstehen.

Motive

– **Sehnsucht** als Verlangen nach Ferne; Bewusstseinszustand, der um das wahre Ziel im himmlischen Jenseits und dessen Unerreichbarkeit im irdischen Diesseits weiß
– **Nacht**, verbunden mit dem Traum, ermöglicht veränderte Wahrnehmungen und tiefere Erkenntnisse, oft durch besondere Lichtverhältnisse wie Mondschein; Schwellenzustand bei Sonnenaufgang bzw. -untergang
– **Liebe** als Glück der Einheit der Partner; als Erfahrung von Unglück, Zerbrechen bzw. Trennung oder Unerreichbarkeit
– Die (beseelte) **Natur** als Ausdrucksraum der romantischen Seele, in dem die Zusammengehörigkeit aller Dinge poetisch dargestellt wird

Geistesgeschichtlicher Hintergrund

Das Ich im Zentrum: Anknüpfend an die Philosophie des Idealismus erkundet die Poetik der Romantik die Innerlichkeit des Subjekts. Autonomie und Souveränität des freien Ich entfalten sich in der künstlerischen, weltschöpfenden Tätigkeit; im frei geschaffenen Kunstwerk wird die Vermittlung von Ich und Welt angestrebt.

Begriff: Romantik

Ursprünglich abgeleitet von „Roman", d.h. **romanhaft = abenteuerlich, fantastisch, fiktional**

Caspar David Friedrich (1774–1840): *Mann und Frau in Betrachtung des Mondes* (um 1824); Caspar David Friedrich – Maler, Zeichner und Grafiker – gilt als einer der bedeutendsten Künstler der (Früh-)Romantik.

Sonderform der Schauerromantik

Sie wird auch **schwarze oder dunkle Romantik** genannt und gilt als Vorläufer der heutigen Horrorliteratur. Thema ist v.a. der Einbruch des Fantastischen, Übernatürlichen und des Bösen, Erschreckenden in eine (scheinbar) normale Welt. Der Mensch wird nicht vorrangig als von der Vernunft bestimmt dargestellt, sondern als ein von Leidenschaften, unheimlichen übernatürlichen Einflüssen und unergründlichen psychischen Tiefen gesteuertes Wesen.

Nationalismus in der Romantik

Politisch wurde die Zeit der Romantik von einem Wechselspiel aus Revolution und Restauration sowie gesellschaftlichen Umbrüchen geprägt. Es entstanden erste nationalistische Bestrebungen. Diese wurden von der französischen Besetzung deutscher Gebiete unter Napoleon, die mit der Völkerschlacht bei Leipzig (1813) endete, sowie politisch instabile Verhältnisse im Deutschen Bund vorangetrieben. Auf der Suche nach identitätsstiftenden Gemeinsamkeiten für eine „deutsche Kulturgemeinschaft" knüpfte man an eine idealisierte Vorstellung vom Mittelalter als einer von Religiosität geprägten harmonischen Ordnung an. Auch die Volksmärchensammlung und das *Deutsche Wörterbuch* der Brüder Grimm trugen als literarische Vermittlung „gemeinsamer deutscher" Bräuche, Sitten und Erfahrungen zur Identitätsfindung einer deutschen Nation bei.

Symbolik

Als zentrales Symbol repräsentiert die **blaue Blume** die romantische **Sehnsucht**, die **kein klares Ziel** kennt, und den **Austausch** des **Menschen** mit der **Natur**. Die **Farbe Blau** verweist auf Tiefe, Himmel, Grenzenlosigkeit, Unbewusstes, Ruhe und Nacht.

Leitgedanken

Die Poesie ist das Mittel, um sich über den Alltag zu erheben und zur eigenen menschlichen Bestimmung zu gelangen. Dabei ist man sich der **Unmöglichkeit des vollständig erfolgreichen Findens** bewusst. Das Zusammenwirken der verschiedenen Formen der Kunst (Malerei, Musik, Poesie) und der verschiedenen Gattungen soll zur **progressiven Universalpoesie** führen.

Interpretation lyrischer Texte

Schreibform
→ S.460

KOMPETENZBOX

Gedichte schriftlich interpretieren

Nach genauer Untersuchung des Gedichts stellen Sie Ihre Ergebnisse zusammenhängend dar. Dabei gehen Sie in **sechs Arbeitsschritten** vor:

Operatoren
→ S.471

1. Erstes Textverständnis festhalten – Aufgabenstellung erfassen
– das Gedicht mehrmals aufmerksam lesen, schwierige Stellen klären
– wichtige Passagen markieren, erste Ideen und Fragen in Randnotizen festhalten
– die Aufgabenstellung erschließen, dabei Operatoren beachten
– Titel, Thema, Entstehungszeit, Autorin/Autor und lyrische Gattung erfassen und einordnen

2. Den lyrischen Text aspektorientiert untersuchen
– Inhalt, Sprache und Form des Gedichts genau und in Bezug zueinander erschließen
– in der Aufgabenstellung vorgegebene oder selbst gewählte Aspekte, die sich aus den Besonderheiten des Gedichts ergeben, schwerpunktmäßig untersuchen

3. Untersuchungsergebnisse ordnen
– Fazit aus den Untersuchungsergebnissen ziehen und eine Deutungshypothese formulieren
– Ergebnisse ordnen und dabei die Deutungshypothese überprüfen und ggf. neu formulieren

4. Schreibplan/Gliederung erstellen
Ein Schreibplan ist ein wichtiger Bestandteil der Planung des Schreibprozesses und dient in erster Linie Ihrer eigenen Übersicht, die Gliederung informiert hingegen auch die Leserin bzw. den Leser über den Inhalt Ihrer Ausführungen. Dies gilt es für die Formulierungen entsprechend zu berücksichtigen. Die einzelnen Punkte müssen in der Gliederung knapp, aber auch besonders treffend und auf Anhieb nachvollziehbar ausfallen. Beachten Sie die formalen Vorgaben der Gliederung und behalten Sie konsequent ein Gliederungssystem (numerisch, alphanumerisch) bei.
Aspekte, die die Deutungshypothese stützen, sinnvoll ordnen und eine Gliederung oder einen Schreibplan erstellen:
Einleitung: interessanter Einstieg, Basissatz (Autorin/Autor, Titel, Entstehungszeit, Gattung und Thema), Deutungshypothese
Hauptteil:
– Anordnung der Untersuchungsergebnisse entweder a) aspektorientiert oder b) dem Textverlauf folgend (Strophe für Strophe)
– Zusammenfassung der Ergebnisse in Hinblick auf die Deutungshypothese
– falls gefordert: Darstellung der zweiten Teilaufgabe (z. B. Motivvergleich, Textvergleich)
Schluss: Abrundung (z. B. Rückbezug zur Einleitung)

Zitieren
→ S.470

5. Schriftliche Interpretation des Gedichts verfassen
– bei der Ausformulierung auf den roten Faden (Deutungshypothese) achten
– sachlich schreiben und die notwendigen Fachbegriffe verwenden
– Aussagen durchgängig am Text belegen durch direkte und indirekte Zitate → S.470

Eigene Texte
sprachlich
gestalten
→ S.403

6. Schriftliche Interpretation des Gedichts überarbeiten
– kritische Durchsicht des eigenen Textes, Abgleich mit Notizen und Schreibplan
– Überprüfung von sachlicher Richtigkeit und logischer Nachvollziehbarkeit für die Leserin/den Leser
– Kontrolle von Formalia (Zitiergenauigkeit und -richtigkeit)
– Korrektur von sprachlichen Fehlern (Grammatik, Rechtschreibung, Zeichensetzung)

Hinweise zum
schriftlichen Abitur
→ S.466

1 Interpretieren Sie Karoline von Günderrodes Gedicht *Der Kuss im Traume* von 1804.　　　(ca. 70 %)

2 Zeigen Sie ausgehend von Ihren Ergebnissen vergleichend auf, wie die Funktion
der Nacht in einem anderen literarischen Werk gestaltet wird.　　　(ca. 30 %)

Karoline von Günderrode: Der Kuss im Traume (1804)

Es hat ein Kuss mir Leben eingehaucht,
Gestillet meines Busens tiefstes Schmachten.
Komm, Dunkelheit! mich traulich zu umnachten,
Dass neue Wonne meine Lippe saugt.

5　In Träume war solch Leben eingetaucht.
Drum leb' ich, ewig Träume zu betrachten,
Kann aller andern Freuden Glanz verachten,
Weil nur die Nacht solch süßen Balsam haucht.

Der Tag ist karg an liebesüßen Wonnen,
10　Es schmerzt mich seines Lichtes eitles Prangen
Und mich verzehren seiner Sonnen Gluten.

Drum birg dich Aug' dem Glanze ird'scher Sonnen!
Hüll' dich in Nacht, sie stillet dein Verlangen
Und heilt den Schmerz, wie Lethes¹ kühle Fluten.

---

1 Lethe, die: in der griechischen Mythologie Strom der Unterwelt, aus dem die Toten
trinken mussten, um die Erinnerung an ihr früheres Leben zu verlieren; übersetzt:
Vergessenheit, Verborgenheit

1.　Erstes Textverständnis festhalten – Aufgabenstellung erfassen

1.1 Lesen Sie das Gedicht mehrmals aufmerksam durch.

1.2 Markieren Sie auf einer Kopie Schlüsselbegriffe.

Interaktives
Schreibtraining
I 14

1.3 Notieren Sie Ihre ersten Eindrücke zu Inhalt, Sprache und Form.

1.4 Klären Sie unbekannte Wörter und Wendungen und vervollständigen Sie dann folgende Sätze:

> – *Die äußere Form macht das Gedicht sofort erkennbar als …*
> – *Das zentrale Thema des Gedichts ist …*
> – *Zentral wirkt auf mich Vers …, weil …*

1.5 Werden Sie sich klar, was die Aufgabenstellung von Ihnen verlangt. Beachten Sie besonders die
Operatoren, die Untersuchungsaspekte und die Prozentangaben.

1.6 Erfassen Sie die Entstehungszeit des Gedichts und ordnen Sie die Autorin entsprechend ein.

2. Den lyrischen Text aspektorientiert untersuchen

2.1 Untersuchen Sie die Sprechsituation. Übernehmen und ergänzen Sie dazu die folgende Tabelle.

Textstellen	Sprechsituation
– „Es hat ... mir" (V. 1)	*vergangenes Geschehen, das dem lyrischen Ich widerfahren ist (keine Eigeninitiative)*
– „Komm, Dunkelheit!" (V. 3)	...

2.2 Vervollständigen Sie die folgenden Markierungen im Text und die Randkommentare auf einer Kopie des Gedichts. Halten Sie dabei auch fest, wie sich Inhalt, Form und Sprache wechselseitig unterstützen.

Gattungslexikon
Lyrik
→ S. 433 ff.

Karoline von Günderrode: Der Kuss im Traume (1804)

x x́ x x́ x x́ x x́ x x́

Es hat ein Kuss mir Leben eingehaucht,   a
Gestillet meines Busens tiefstes Schmachten.   b
Komm, Dunkelheit! mich traulich zu umnachten,   b
Dass neue Wonne meine Lippe saugt.   a

5 In Träume war solch Leben eingetaucht.   a
Drum leb' ich, ewig Träume zu betrachten,   b
Kann aller andern Freuden Glanz verachten,   b
Weil nur die Nacht solch süßen Balsam haucht.   a

Der Tag ist karg an liebesüßen Wonnen,   c
10 Es schmerzt mich seines Lichtes eitles Prangen   d
Und mich verzehren seiner Sonnen Gluten.   e

Drum birg dich Aug' dem Glanze ird'scher Sonnen!   c
Hüll' dich in Nacht, sie stillet dein Verlangen   d
Und heilt den Schmerz, wie Lethes kühle Fluten.   e

Form: romantisches Sonett: Quartette in Strophe 1 und 2; Terzette in Strophe 3 und 4 → 14 Verse
jambischer Fünfheber
umarmender Reim in Quartetten mit Kadenz m – w – w – m; dreifache Reimreihe in Terzetten mit Kadenz w – w – w

Sprache und Inhalt
Inversion: Aktivität entsteht von außen.
Personifikation
Exklamation: Nacht als Sicherheitsort durch Schlaf bzw. Traum
Repetition
Assonanz: kein Nutzen am Tag (Vergleichsaspekt der Gegenpole)
Alliteration
Anspielung auf Barockdichter Gryphius (s. auch Sonett): Vergänglichkeit

Allegorie: Todessehnsucht wird gestillt.

2.3 Erstellen Sie auf einem Blatt eine Tabelle mit Versangaben und Deutungen zu Ihren markierten Textstellen aus Arbeitsschritt 2.2.

3. Untersuchungsergebnisse ordnen

3.1 Besprechen Sie in Kleingruppen, welche Chancen oder auch Grenzen die nachfolgenden Deutungshypothesen für eine schriftliche Entfaltung in einem Interpretationsaufsatz jeweils bieten.

A Das Gedicht offenbart einen sehnsuchtsvollen, aber unerreichbaren Liebeswunsch eines offensichtlich weiblichen lyrischen Ichs. Der Liebeskummer zeigt sich sprachlich und formal.

B Das Sonett *Der Kuss im Traume* zeigt die Erfüllung aller Träume durch Liebe.

C Erst dem „kühle[n]" (V. 14) Tod gelingt es, dem lyrischen Ich Erlösung zu schenken.

D Als typisches Gedicht der Romantik bringt nur die Nacht, also die Traumwelt, Zufriedenheit, während sich das lyrische Ich am Tag von der Welt eingeengt fühlt.

3.2 Formulieren Sie eine Deutungshypothese, die sich mit Ihren Untersuchungsergebnissen stützen lässt.

4. Gliederung erstellen

4.1 Erstellen Sie ein Cluster oder eine Mindmap für Inhalt und Aufbau, Form, Sprache und Gesamtinterpretation.

4.2 Notieren Sie Themen bzw. Motive, die sich als Vergleichsaspekte heranziehen lassen.
Nutzen Sie neben inhaltlichen auch sprachliche und formale Aspekte.

4.3 Überlegen Sie sich mindestens zwei mögliche Vergleichswerke.
– Überprüfen Sie Ihre Auswahl anhand der ausgewählten Vergleichsaspekte in Arbeitsschritt 4.2.
– Achten Sie auf Gemeinsamkeiten und Unterschiede. Wählen Sie ein Vergleichswerk, das Ihnen am ergiebigsten erscheint, aus.

4.4 Ergänzen Sie Ihr Cluster oder Ihre Mindmap durch Aspekte für die zweite Teilaufgabe.

4.5 Ergänzen oder überarbeiten Sie die folgende Gliederung.

> A) *Mittelalter: Beginn des täglichen Lebens mit dem Aufgang der Sonne*
>
> B) *Interpretation des Gedichts „Der Kuss im Traume" von Karoline von Günderrode und anschließender Vergleich mit Simon Strauß' Roman „Sieben Nächte"*
>
> I. *Interpretation des Gedichts „Der Kuss im Traume" von Karoline von Günderrode*
> 　1. *Inhalt und Aufbau:*
> 　　a) *Erhalt eines neuen Lebensgefühls durch Kuss*
> 　　b) *Bitte an positiv empfundene Dunkelheit um Näherung*
> 　　　…
>
> 　2. *Form: Sonettform als Anspielung auf Barock und damit auf Todesthematik*
> 　　a) *…*
> 　　b) *Durchgängiger jambischer Fünfheber als Zeichen des stetigen Gangs auf den Zielpunkt des Todes*
> 　　c) *Männliche und weibliche Kadenzen in den Quartetten sowie nur weibliche Kadenzen in den Terzetten …*
> 　　　…
>
> 　3. *Sprache:*
> 　　a) *Inversion als Zeichen der notwendigen Unterstützung von außen (V. 1)*
> 　　b) *Allegorie als Todessehnsucht (V. 14)*
> 　　　…
>
> 　4. *Zusammenfassung der Interpretationsergebnisse: Erfüllung der Wünsche im Tod*
> 　　a) *Nichtigkeit des Tages*
> 　　　…
>
> II. *Die Funktion der Nacht in „Sieben Nächte"*
> 　1. *Inhaltliche Übereinstimmungen mit „Der Kuss im Traume"*
> 　　a) *Zeit zur persönlichen Entgrenzung*
> 　　　…
>
> C) *Verdrehung der klassischen Tageszeiten durch Lebensgefühl „junger Leute": Nachtleben als Entgrenzung*

4.6 Erstellen Sie auf der Grundlage Ihres Clusters (Arbeitsschritte 4.1 bis 4.4) und Ihrer zugrunde gelegten Deutungshypothese (Arbeitsschritt 3.2) eine Gliederung für Ihre schriftliche Interpretation des Gedichts.

5. Schriftliche Interpretation des Gedichts verfassen

5.1 Lesen und bewerten Sie den folgenden Ausschnitt aus einer schriftlichen Interpretation. Achten Sie vor allem auf Belege von Thesen und die Herstellung logisch-gedanklicher Zusammenhängen sowie die Einhaltung eines sachlichen Stils.

> *Zu Beginn des Gedichts, im ersten der beiden Quartette, berichtet das lyrische Ich von einem Kuss, der es belebt und der seine tiefsten Wünsche erfüllt (vgl. V. 1– 2). Daraufhin fordert es direkt die Dunkelheit auf, sich zu ihm zu begeben, um es zu behüten und zu beglücken (vgl. V. 3– 4). […]*
>
> *Besonders auffällig ist die strenge Sonettform (vgl. V. 1– 14), die – seit der Romantik typischerweise nicht mehr als Alexandriner, sondern als jambischer Fünfheber (vgl. z. B. V. 1) – den gedanklichen Weg des lyrischen Ich begleitet. Damit, dass „ein Kuss […] Leben eingehaucht" (V. 1) hat, beginnt das Gedicht, und es endet mit der Pointe des Flusses der Unterwelt bzw. der personifizierten Vergessenheit, die endlich und endgültig alles Sehnen zu erfüllen vermag (vgl. V. 14), indem sie „den Schmerz [heilt]" (V. 14). Gerade die Allegorie „Lethe[…]" (V. 14), die mit einem starken Fluss (vgl. V. 14) das lyrische Ich mit sich reißt, verstärkt noch mal die Aktivität von außen, derer sich das lyrische Ich bereitwillig ausliefert. Der Bogen wird so gekonnt gespannt, Anfang und Ende bewegen sich aufeinander zu. <u>Die Zwischenstationen innerhalb des Sonetts …</u>*
> *Durch die in den Terzetten nur noch weiblichen Kadenzen (vgl. V. 9– 14) kann man die zunehmende Erfüllung der Sehnsüchte feststellen. Sie verläuft parallel zur gewonnenen Klarheit und der Todesannäherung. […] <u>Der große Kontrast zwischen Tag und Nacht, den beiden Gegenspielern, ist ebenfalls anhand der einzigen beiden Enjambements feststellbar (vgl. V. 10, 13), weil …</u>*

5.2 Ergänzen Sie die beiden unterstrichenen Textpassagen.

5.3 Führen Sie Aussagen zur Beschreibung der sprachlichen Mittel in der dritten Strophe aus. Sie können dazu den Sprachtipp verwenden.

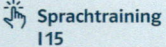
Sprachtraining
I 15

SPRACHTIPP

Bezug zwischen Sprache und inhaltlicher Deutung herstellen

die Metapher … zielt auf …; durch die Metaphorik … wird ausgedrückt …; die Assonanz deutet auf …; mit dem Neologismus wird eine Verbindung hergestellt zwischen …; der parataktische Satzbau weist auf … hin …; das soll zeigen, dass …; hier wird besonders … deutlich; …

Abrundungen und Ergebnisse formulieren

so lässt sich resümieren …; in der Summe ergibt sich …; … kann als Fazit gezogen werden; es ist feststellbar, dass …; festhalten kann mal also…; insgesamt spiegelt sich … wider; …

5.4 Verfassen Sie auf Grundlage Ihrer Gliederung aus Arbeitsschritt 4.6 eine eigene schriftliche Interpretation.

6. Schriftliche Interpretation des Gedichts überarbeiten

6.1 Legen Sie Ihren Text einen Tag zur Seite und lesen Sie ihn dann erneut. Notieren Sie unklare Punkte. Achten Sie auf Inhalt und Sprache. Lassen Sie Ihren Text parallel von einer Mitschülerin oder einem Mitschüler lesen. Besprechen Sie Stärken und Schwächen und notieren Sie sich diese.

6.2 Erstellen Sie anhand Ihrer Notizen eine Checkliste, mit der Sie Ihre Texte zukünftig Korrektur lesen und überarbeiten können.

6.3 Überarbeiten Sie Ihren Text mithilfe Ihrer Checkliste.

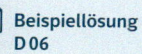

Beispiellösung
D 06

Beispiellösung

[...] *und besonders die Todessehnsucht herausgearbeitet, welche das lyrische Ich durch die Nacht von der Desillusion der Realität zu erlösen vermag. Anschließend wird die Funktion der Nacht vergleichend in Simon Strauß' Roman „Sieben Nächte" in den Blick genommen.*

5 *Zu Beginn verweist das lyrische Ich auf einen bereits erhaltenen lebensspendenden Kuss, der das größte innere Sehnen zu stillen in der Lage gewesen ist. Es folgt der Wunsch nach dem Einbruch der Nacht, um dieses Ereignis erneut empfinden zu können (vgl. V. 1–4). [...]*

Die Thematisierung des Todes bzw. der Vergänglichkeit lässt sich besonders 10 *durch die Gedichtform des, hier romantischen, Sonetts resümieren. Denn das Sonett, bestehend aus zwei Quartetten (vgl. V. 1–8) mit der These der erwünschten Nacht- bzw. Traumsituation (vgl. V. 3–6) und zwei Terzetten (vgl. V. 9–14) mit Synthese, ist typisch für die Barocklyrik, in der die Konfrontation mit dem Tod allgegenwärtig ist oder scheint. Jedoch sind die Aspekte der* 15 *Vanitas und des Memento mori im vorliegenden Gedicht verändert. Der mit der Nacht bzw. dem Traum nahende Tod wirkt nicht bedrohlich, sondern „heilt den Schmerz" (V. 14) und „still[...]t [...] Verlangen" (V. 13). Damit ist der Tod für das lyrische Ich rein positiv konnotiert, er steht der am Tag vorherrschenden unnützen Vergänglichkeit – eine Anspielung auf das Gedicht „Es ist alles eitel"* 20 *des Barockdichters Andreas Gryphius – (vgl. V. 10) kontrastiv gegenüber. Insofern lässt sich konstatieren, dass die Form mit dem Inhalt korrespondiert und die als Erlösung empfundene Todessehnsucht widerspiegelt. [...]*

Auffällig ist der deutliche Gegensatz der Tageszeiten Tag und Nacht, deren Eigenschaften „umgedreht" werden: Nicht die Nacht, in der der für den Menschen 25 *wesentliche Sinn des Sehens eingeschränkt ist, wirkt bedrohlich, sondern der Tag, der keine Erfüllung zu geben imstande ist (vgl. V. 9), weil er in Wirklichkeit nur „[Abg]lanz" (V. 7), das heißt Unechtes, offenbart. Mehr noch verletzt er das lyrische Ich (vgl. V. 10) und durch die Sonne des Tages, welche sonst als Erleuchtung und Erkenntnis (s. Platons Höhlengleichnis) verstanden wird, droht* 30 *sogar in ihren „Gluten" (V. 11) die Vernichtung des lyrischen Ich. Deshalb versteckt es sich vor der Sonne (vgl. V. 12). Das ge- bzw. verblendete „Aug[e]" (V. 12) gewinnt stattdessen Sicherheit in der sie „traulich" (V. 3) umgebenden „Nacht" (V. 13).*

Typisch romantisch befindet sich das lyrische Ich in einer Welt des Traums 35 *(vgl. V. 3, 5 f.), in der veränderte Wahrnehmungen und tiefere Erkenntnisse erst möglich werden. Allein dieser Zustand vermag es, dem lyrischen Ich seine tiefsten inneren Wünsche (vgl. V. 2) zu erfüllen, das „echte" „Leben" (V. 1, 5) gibt es nur in diesem Reich der Fantasie. Dabei verspürt das lyrische Ich nach der Nacht eine so große Sehnsucht, dass ihm durch diese ein „Kuss [...] eingehaucht"* 40 *(V. 1) wird, der sinnliche Entzückung und Beglücken ermöglicht (vgl. V. 4). Nacht und Traum fungieren als Geliebte/r des lyrischen Ich, in ihnen geht es auf, in ihnen ist sein ganzes „Leben eingetaucht" (V. 5). Zum anderen kann das lyrische Ich gar nicht genug von Nacht und Traum bekommen, es versucht diesen Zustand wiederzuerlangen, zu verlängern und aufrechtzuerhalten. Final scheint die* 45 *gesamte Existenz des lyrischen Ich darauf zu beruhen. Das zeigt sich auch daran, dass es sich vollumfänglich dem Dunklen hingibt, um von den „Schmerz[en]" (V. 14) des Tages zu entfliehen: Erst im völligen Dunkel der Unterwelt wird das lyrische Ich endgültig „[ge]heilt" (V. 14). [...]*

Ende der Einleitung: Deutungshypothese und Hinweis auf die zweite Teilaufgabe

Beginn Inhaltsangabe: Deutung vermeiden

Aspekt der Formanalyse durch Gedichtform

Zwischenergebnis der analytischen Passagen: Fokus auf Form, Integration eines sprachlich-stilistischen Mittels

Darstellung der Interpretationsergebnisse: Kontrast zwischen Tag und Nacht

Kulturwissen

Epochenkenntnis

Fokussierung auf Deutung des Nacht- und Traummotivs

Überleitung zum Gesamtergebnis der ersten Teilaufgabe

knappes Fazit, Vertiefung bei der zweiten Teilaufgabe möglich

189

Vernetzen: Gegenwarts- und Weltliteratur einbeziehen

Suchen, sehnen, sträuben

Simon Strauß: Sieben Nächte (2017, Auszug)

*Gefühl, Leidenschaft, Spontaneität, Sehnsucht, Neugier, ...: „S",
der fast dreißigjährige Protagonist des Textes, fürchtet nichts
mehr, als mit dem unwiderruflichen Eintritt ins Erwachsenen-
alter all diese Facetten des Lebens endgültig zu verlieren und
in einem Alltagstrott aus festgefahrenen Gewohnheiten zu
landen. Dann rät ihm ein Bekannter, in sieben Nächten die sieben Todsünden zu begehen und darüber zu schreiben.*

DAS HIER SCHREIBE ICH AUS ANGST. Aus Angst vor dem
fließenden Übergang. Davor, gar nicht gemerkt zu haben,
erwachsen geworden zu sein. Ohne Initiation, ohne Reife-
prüfung einfach durchgerutscht bis zur Dreißig. [...] Ich war
5 schon weit weg, kenne mich aus in der Welt, [...] aber was
mir wirklich etwas bedeutet, woran ich glaube, kann ich
nicht sagen. Wohin ich will, schon: Immer weiter nach oben
– die Leiter lang.
An Ehrgeiz hat es mir nie gefehlt, schon in der Schule stand
10 ich vor Stundenbeginn an der Tür, um mir vom heraneilen-
den Lehrer mit einem kurzen Nicken bestätigen zu lassen,
dass ich wieder die Bestnote bekommen würde. [...]
Ein Sympathieträger. Einer, der sich leichtfertig zu vielem bekennt, von dem er eigentlich zu wenig
weiß. Der von Gegnerschaft träumt und im entscheidenden Moment doch lieber nichts sagt oder
15 nur lustlos vermittelt. Wenn es laut wird, halte ich mir die Ohren zu [...].
Und ich denke, ich hoffe, dass jetzt doch noch was kommt. Schnell, bevor es zu spät ist. Noch habe
ich keinen Ruf zu verlieren. Gehört mir keine Kunstsammlung und kein Vorgarten. Kinder, die einmal aus dem Haus gehen könnten, gibt es noch nicht, und auch keinen frühen Ruhm, an den zu
erinnern mutlos macht.
20 [...] Davor, später nur auf graue, gerade Linien zurückzuschauen, habe ich Angst. Dass mir die
Gefühle abhandenkommen, sich Gewohnheit einstellt. [...]
Deshalb diese Nacht. Deshalb dieses Schreiben. Der einzige Kampf, der jetzt noch lohnt, ist der ums
Gefühl. Die einzige Sehnsucht, die trägt, ist die nach dem schlagenden Herzen. Zu viel Gelände ist
verloren gegangen an den Zynismus, der seine kalten Finger um alles legt. Der noch die letzte Kerze
25 ausbläst, die letzte Fluchttür verriegelt, den letzten Vorhang herunterreißt. Er feiert Siege an allen
Ecken und Enden und tupft uns Zurückgefallenen hämisch Nivea-Creme auf die entzündeten Wangen. [...]
Mit ihm an der Seite lachen wir leichtfertig über andere und merken erst spät, wie schwach wir
selbst dadurch geworden sind. Wie viel Kraft wir verloren haben für Empfindung, Anteilnahme und
30 Begeisterung. Viel hat auch damit zu tun, dass wir überheblich meinen, die reine Berechnung könne
alles bewirken. [...]
Sehnt ihr euch nicht manchmal auch nach wilderem Denken? Nach Ideen ohne feste Ordnung, nach
Utopien ohne berechenbaren Sinn, nach Ecken und Kanten, an denen ihr euch stoßen könnt? [...]
Ich will wieder den Wunsch nach Wirklichkeit spüren, nicht nur den nach Verwirklichung. Ich will
35 Mut zum Zusammenhang, zur ganzen Erzählung. [...]
Also kommt an meinen Tisch und legt die Hände hinter den Kopf – ich warte auf euch. Denn: Wer
spricht sonst schon noch von Empfindung? Wer hat ein Gespür für den eigenen Herzschlag? Welche
Mütter und Väter, welche Lehrer und Priester, Trainer und Therapeuten machen Mut zum Über-
wältigtsein? Geben Hoffnung auf eine andere, weitere Welt?

40 Ich träume von einer langen Treppe, die hinaufführt zu einem abgeschiedenen Raum. Eintritt haben nur diejenigen, die Fehler machen, Umwege gehen, Versuche wagen. [...] Allein ihre Jugend verbindet sie, Noch-nicht-dreißig ist das Kriterium und: ein Fragender zu sein [...].

Bevor der Moment des Übergangs kommt, die Zukunft mich für immer eingemeindet, will ich den festgelegten Ablauf noch einmal durchbrechen. [...] Ich will. Und ich kann.

45 Denn ich habe ein Angebot bekommen. Einer, den ich kaum kannte, dem ich vor Kurzem begegnet bin, hat mit mir einen Pakt geschlossen. Er wolle mich führen, hat er gesagt, dorthin, wohin es mich drängt. [...] Und er kenne den Weg dorthin.

Immer um sieben Uhr abends würde er sich melden und mich auf einen Streifzug schicken durch die Stadt. Immer würde ich einer Sünde begegnen, einer der sieben Todsünden. „Auf dass du eine

50 findest, in der du dich wohlfühlst. Oder dich für immer von ihr abkehrst", hat er gesagt. [...]

Das Ferne ist ganz nah. Fast greifbar. Jetzt könnte ich alles werden, alles sagen, so scheint es. [...]

Nur weiß ich nicht, ob das bei Nacht Gefühlte bei Tag noch Bestand haben wird ...

[...] Bis dahin: Kommt mit ans Fenster. Schließt die Augen. Und zerbrecht das Glas ...

1 Nennen Sie die Entschlüsse des Erzählers und erklären Sie deren Ursachen.

2 Besprechen Sie, ob Sie schon einmal in einer ähnlichen Gefühlslage waren, und beschreiben Sie Ihre Reaktion auf diese.

3 Diskutieren Sie mögliche Bezüge zwischen dem Textauszug und den Zielen der Romantik.

4 **PLUS** Vergleichen Sie den Erzähler mit Faust in Johann Wolfgang Goethes *Faust I* (S. 146 f.) hinsichtlich ihrer Ziele und ihrer Erwartungen an das Leben.

5 Erstellen Sie eine Liste mit notwendigen Kategorien, z. B. Themen, Motiven, Textsorten oder Erzählstrategien, für romantische Literatur der Gegenwart. Setzen Sie sich anschließend mit den Thesen Leonhard Hieronymis zur Rettung zeitgenössischer Literatur durch die sogenannte Ultraromantik auseinander. Diskutieren Sie auch den Begriff der Ultraromantik.

Leonhard Hieronymi: Ultraromantik. Ein Manifest (2017, ausgewählte Zitate)

– Die Ultraromantik schaut nicht zurück, ihre Vorbilder leben und [...] vor allem ist sie eins: mehr Sci-Fi als Romantik.

– Nur Fiktionen können Ästhetiken erzeugen und Gefühle und Unerklärliches behandeln.

– Wahrheit entsteht durch Fiktionen. Ehrlich sein muss man nicht [...]. Ehrlich ist man automatisch [...] durch die Offenbarung seiner tiefsten Fantasien [...].

– Es gibt tiefe Ebenen der Wahrheit in der Literatur, und vielleicht gibt es auch eine bisher unbekannte Form [...], die man als Ultra-Wahrheit bezeichnen würde.

– Die Ultraromantik ist so: Mensch, Gefühl und Natur sind romantisch, die Handlung ist futuristisch und wahr. [...]

– Die Handlung [...] muss zwar Merkmale der Science-Fiction aufweisen. Sie kann aber die Gegenwart beschreiben [...], solange man innerhalb der Handlung auf seltsame Figuren stößt oder unbekannte Eintragungen in der Natur entdeckt, die nicht aus dieser Welt stammen. Immer müssen Rätsel und Rituale entweder zukünftiger oder fremder Welten vorliegen.

– Autorinnen und Autoren der Ultraromantik sind Touristen, die alte Burgen und Starfighter zur gleichen Zeit fotografieren.

MK **6** **PLUS** Recherchieren Sie, auch in Social-Media-Kanälen, Informationen zu den Motiven und Zielen der 2015 ins Leben gerufenen Gruppe Rich Kids of Literature. Stellen Sie diese Form der Gegenwartsliteratur und ihre Position zum aktuellen Literaturbetrieb in einem medial gestützten Referat vor.

Projekt: Über die Romantik heute schreiben

> Verfassen Sie einen Beitrag zum Thema *Romantik 2.0 – romantische Gegenwart*. Entscheiden Sie sich für ein literarisches Genre, einen pragmatischen Text oder ein mediengestütztes Format wie z.B. einen Podcast oder einen Videoblog.

M1 **Manfred Daecher: Was ist eine romantische Liebe? Und gibt es Liebe ohne Romantik?** (2016, florhof.ch, Ausschnitt)

Eine romantische Liebe wird meist als das grösste Ziel einer Beziehung angesehen. Viele Menschen sehnen sich nach der Liebe, die sie in einem Partner finden wollen, und nach der Romantik, die aus dem
5 Zusammenleben mit jenem Partner sich ergibt. Wie schon in der gleichnamigen Kunstepoche steht der Begriff der Romantik aber auch eng verbunden mit dem Begriff der Sehnsucht. Romantiker sind also keine Realisten, sondern wollen immer ein bisschen mehr, im- mer eine Beziehung, die noch besser und inniger ist. 10 [...]
Romantik ist die Sehnsucht nach Innigkeit. Sie ist der Wunsch nach der einzig wahren Liebe. Wenn dieser Wunsch in Erfüllung geht [...], dann wird die Sehnsucht erfüllt. An ihrer statt müsste dann ein neuer Wunsch 15 treten, das allerdings nur, wenn Sie nun erwarten, dass Ihr Glück für immer hält und die Romantik stets ein Stück Ihres gemeinsamen Lebens sein wird.

M2 **Stefan Weiss: Neue Romantik: Wie Corona Kunst und Alltagskultur verändert** (2020, Der Standard, Ausschnitt)

Das Internet wird mit Bildern aus der heimischen Natur geflutet, altes Brauchtum und biedere Häuslichkeit feiern fröhliche Urständ. Woher kommt die neue Romantik?

Am deutlichsten zeichnet sich der Mentalitätswandel in den sozialen Netzen ab. Als Corona mit allen Einschränkungen, Lockdowns und Lockerungen über die Menschen hereinbrach, veränderte das vielfach das So-
5 cial-Media-Verhalten: Plötzlich wurden die Kanäle mit Sentimentalität geflutet. Mit Bildern von Bergtouren, Wanderungen, Spaziergängen im Wald und um den See, bei Sonnenaufgang und Sonnenuntergang, bei Tag und bei Nacht – ja, vor allem am Abendspaziergang,
10 den die Ausgangsbeschränkung gerade noch erlaubt, führt kein Weg mehr vorbei.
[...] Sind all diese durch die Pandemie künstlich erzeugten Sentimentalitäten bloß einer großen Alternativlosigkeit geschuldet und könnten genauso schnell wieder
15 verschwinden, wie sie entstanden sind? Oder steckt mehr dahinter? Erleben wir den Triumph einer neuen Romantik? Oder ist alles narzisstische Fassade? Werden der Inszenierung in Heimat, Wald und Wiese bald schon wieder die Fotos vom Strandurlaub in Bali und vom ge-
20 schäftigen Treiben in den Weltmetropolen folgen?
Fest steht: Das neue „Zurück zur Natur" ist natürlich kein neues Programm. Es ist das alte Lied der Romantik, das sich – über die Zeiten immer wieder frisch gecovert – auf ein Neues in den Charts festsetzt. Allen ro-
25 mantischen Aufwallungen gemeinsam ist ein Unbe- hagen an der fortschreitenden Rationalisierung, Technisierung und Berechenbarkeit der Welt. Der großen Entzauberung soll – von alten Mythen über Kapitalismuskritik bis zum Spirituellen – alles entgegengehalten 30 werden, was einer als kalt und entfremdet empfundenen Realität widerspricht. Hinzu kommt auch das welterschütternde Ereignis, die Kollektiverfahrung, die zu einem solchen Mentalitätswandel führt.
Für die klassische Kulturepoche der Romantik (ca. 1790 bis 1900[1]) war das die Französische Revolution. Ihr bei 35 Rousseau und Voltaire begründetes Freiheitsstreben euphorisierte zunächst auch die deutschsprachigen Frühromantiker. Erst als sich Napoleon als Diktator entpuppte, nahm die Romantik ihre ambivalente (deutsch)nationale Wendung. 40
Es ist erhellend, dieser Tage Rüdiger Safranskis Standardwerk *Romantik – Eine deutsche Affäre* zur Hand zu nehmen. Zwei Erkenntnisse sind darin zentral: Romantik ist die Fortführung der Religion mit ästhetischen Mitteln. Und: Romantik wird gefährlich, wenn sie von 45 der Kunst in die Politik überführt wird.
[...] Es gibt [...] auch heute die Kehrseite: Identitäre stützen sich auf die völkische Romantik, Islamisten auf die religiös-politische Jenseitsverheißung [...]. Und schließlich war die Romantik auch immer ein Hort 50

falscher Propheten: Im damals inflationären Geheim-
bundroman[2] wurzeln die heute populären Verschwö-
rungstheorien.

Was also soll bleiben [...]? Unbedingt ein gehöriger
55 Schub an Empathie im Umgang miteinander und mit
der Umwelt. Und dort, wo rationale Argumente un-
gehört verhallen, helfen vielleicht die romantischen
Bilder weiter.

Wie heißt es im Märchen vom Kleinen Prinzen so
schön? „Man sieht nur mit dem Herzen gut." 60

---

1 1900: Der Verfasser weicht hier verallgemeinernd von der gängigen fachwissenschaftlichen Einordnung der Romantik ab.   2 Geheimbund-
roman, der: in der Aufklärung und Romantik beliebtes Genre, thematisiert das Wirken von Geheimgesellschaften, greift auf Elemente der
Schauerromantik zurück

M3 **Marlene Schulte-Körne: Wandern zu zweit: Romantische Wege für Paare**
(2022, reisereporter.de, Ausschnitt)

Lovebirds aufgepasst: Für Paare bietet sich immer wieder ein Ausflug in die Natur an. Und Wandern kann
ganz schön romantisch sein. Mach dich mit deiner oder
deinem Liebsten auf ins Abenteuer – Inspiration gibt's
5 von uns in der folgenden Liste zu Naturausflügen in
Deutschland mit Romantik-Motto.
1. Uralter Geheimtipp: Der Kussweg in Oberfranken [...]
2. Schloss Neuschwanstein an der Romantischen Straße[:] Märchenhafte Stimmung auf einer der ältesten
10 und bekanntesten Ferienstraßen Deutschlands: Die
führt auf 460 Kilometern durch 29 Orte [...].
3. Sitzgelegenheiten in passender Form: der Liebesbankweg[:] [...] Der Liebesbankweg bei Hahnenklee-
Bockswiese im Harz lässt seit eh und je Herzen höher-
schlagen. Auf dem sieben Kilometer langen Rundweg 15
befinden sich Bänke in Herzform und andere romantische Kunstobjekte. [...]
4. „Seitensprünge"-Spaziergang an der Mosel [...]
5. Auf dem Liebesweg: „Ich liebe dich" in über 100 Sprachen[:] [...] In Poppenhausen bei Fulda kann auf einem 20
rund drei Kilometer langen Liebesweg mit dem Partner
über die magischen Worte philosophiert werden [...].

M4 **Barbara Beer: Die neue Sehnsucht nach dem Wald** (2019, Der Kurier, Ausschnitt)

Die Welt ist dieser Tage unüberschaubar. Der Wald ist
das Gegenmodell zum lauten Konsumgeschrei da draußen. Wald tut gut. Nennen Sie es, wie Sie wollen. Sagen
Sie, Sie wollen „zurück zur Natur". Ihr inneres Kind wie-
5 derentdecken. Zu sich finden. Bäume umarmen. [...]
Woher kommt die neue Sehnsucht nach dem Wald?
Vielleicht hat sie mit dem Zustand unserer Welt zu tun.
Und einer Rückbesinnung auf das, was zählt. [...]
Die Welt wirkt dieser Tage unüberschaubar. Schwierige
politische Verhältnisse und Digitalisierung überfor- 10
dern uns – wir sind reif für den Rückzug. Wollen zurück
zu den Wurzeln. Perfekt dafür ist der Wald. Und dann
ist da das neue Heimatgefühl. Für die meisten Österrei-
cher ist Wald ein Stück Zuhause. Fernab der Konsum-
welt entwirft er ein Gegenmodell. Der Wald ist Bestän- 15
digkeit und Kindheitserinnerung. Den Baum, unter
dem wir heute sitzen, kannten vielleicht schon unsere
Großeltern.

So können Sie vorgehen

M5 **Raoul Schrott:
[ohne Titel]** (1998)

1. Definieren Sie den Begriff *Romantik*.

Exzerpt
→ S. 113

2. Werten Sie die Materialien aus, wobei Sie vor allem auf den Begriff der
Romantik achten. Nutzen Sie dazu ggf. das Verfahren des Exzerpts.

3. Entscheiden Sie sich für ein geeignetes Format Ihres Beitrags.

4. Verfassen Sie Ihren Beitrag. Nutzen Sie die Möglichkeiten Ihres gewählten Formats.

5. Überarbeiten Sie Ihren Beitrag: Prüfen Sie ihn auf inhaltliche Schlüssigkeit und nachvollziehbare
gedankliche Zusammenhänge. Achten Sie auf sprachliche Richtigkeit.

der mond ist
schwarz
und
innen
5 ein gedicht

Realistische Strömungen des 19. Jahrhunderts (1815–1900)

„einfach jeden Zipfel der Wirklichkeit beschreiben"?

Inwieweit kann Literatur Wirklichkeit „abbilden"?

Wie erzeugt Literatur ihre realistische Wirkung?

Hat realistische Literatur nur die Wiedergabe oder auch die Veränderung von Wirklichkeit zum Ziel?

Abbildung 1: Franz Krüger: *Zwei Reiter im Galopp* (1851)

Abbildung 2: Eadweard Muybridge: *The Horse in Motion* (1878). Diese zwölf Fotografien zeigen den Bewegungsablauf eines Pferdes im Galopp. Sie gelten als wichtiger Schritt hin zur Entwicklung des Bewegtbildes.

I 16
360°-Bild

Zeugnisse des 19. Jahrhunderts
① Wiener Kongress: Das neue Europa nach Napoleon
② Malerei im Biedermeier: Carl Spitzweg
③ Georg Büchner: *Der Hessische Landbote*
④ Die Märzrevolution Berlin 1848
⑤ Revolution zu Lande, zu Wasser und in der Luft
⑥ Gerhart Hauptmann: *Die Weber*

Das lernen Sie jetzt!
8.1 lyrische Texte mit Blick auf biografische, gesellschaftliche, politische Hintergründe untersuchen
8.2 ein Motiv realistischer epischer Texte untersuchen
8.3 epische Texte auf realistische Erzählstrategien hin untersuchen
8.4 dramatische Texte hinsichtlich unterschiedlicher Gestaltungsformen untersuchen
Schreibtraining: Interpretation eines epischen Textes verfassen
8.5 realistische Schreibformen und deren Problematisierung in der Welt- und Gegenwartsliteratur reflektieren

Joachim Lottmann: Mai, Juni, Juli (1987, Auszug)

Ich stapfte den langen Nachhauseweg zu Fuß ab, um die vielen neuen Gedanken ordnen zu können. Die Folge war, dass ich am nächsten Morgen mit der festen Gewissheit aufwachte, ich müsse so schnell wie möglich den ‚Roman mit Biss' schreiben. [...] Ich musste schreiben, wie mir der Schnabel gewachsen war, atemlos, unmittelbar hechelnd ehrlich distanzlos! Nur so bekam die Sache ‚Biss'. Und worüber sollte ich Zeugnis ablegen – über die
5 Wirklichkeit natürlich! Und wo kam die Wirklichkeit her?
Die war da. Ich musste nur auf die Uhr gucken und eine Stunde abwarten, und schon hatte ich sechzig Minuten astreine Wirklichkeit, die ich nur in ehrliche Worte zu kleiden brauchte. [...] Man musste, ganz klar, einfach JEDEN Zipfel der Wirklichkeit beschreiben, ohne Ansehen der Wichtigkeit. [...]
Ich begann.
10 „Jetzt sitze ich hier und muss über alles nachdenken. Seit drei Tagen bin ich nicht rasiert. Wenn ich Kaffee trinke, habe ich ein Ziehen im Bauch, aber auch ein Brennen im Gesicht, das der Stoppelbart verursacht, der sich an der dünn gewordenen Haut reibt; dünn, vom Sonnenbaden."

Theodor Fontane: Aufgabe des Romans (1886, Auszug)

Aufgabe des modernen Romans scheint mir die zu sein, ein Leben, eine Gesellschaft, einen Kreis von Menschen zu schildern, der ein unverzerrtes Wiederspiel des Lebens ist,
5 das wir führen. Das wird der beste Roman sein, dessen Gestalten sich in die Gestalten des wirklichen Lebens einreihen: [...] darauf kommt es an, dass [...] zwischen dem erlebten und erdichteten Leben kein Unter-
10 schied ist, als der jener Intensität, Klarheit, Übersichtlichkeit und Abrundung und infolge davon jener Gefühlsintensität, die die verklärende Aufgabe der Kunst ist.

Moritz Baßler: Populärer Realismus (2022, Ausschnitt)

Wenn wir von Realismus im Sinne eines literarischen Verfahrens sprechen, dann ist genau dies gemeint: eine Textur, eine literarische Machart [...], die sich selbst sozusagen unsichtbar macht und uns in der Lektüre direkt auf die Ebene
5 befördert, auf die es hier ankommt – die Ebene der Story. [...] Wir befinden uns [...] unmittelbar in der erzählten Welt, sind nahe bei den Personen und ihren Gefühlen und Gedanken [...] Science-Fiction und Fantasy-Romane enthalten zwar Dinge, die in unserer Realität womöglich nicht vor-
10 kommen. [...] Sie sind aber trotzdem realistisch erzählt, [...] denn nur auf der Folie einer völlig verständlichen, vertrauten, ‚natürlichen' Textwelt gelingt es uns überhaupt, Übernatürliches als solches wahrzunehmen.

1 Erläutern Sie anhand der Abbildungen 1 und 2, wie technische Erfindungen die Wahrnehmung von Wirklichkeit beeinflussen können.

2 Erläutern Sie, welche unterschiedlichen programmatischen Vorstellungen von realistischem Erzählen in diesen drei Texten deutlich werden.

3 Diskutieren Sie anhand der Textausschnitte die Verwendung des Begriffs *Realismus*. Beziehen Sie dafür auch eigene Lektüreerfahrungen mit ein.

8.1 Realistische Strömungen in der Lyrik kennenlernen
Sanftes Gesetz und Barrikadenklänge

Weltsicht des Biedermeier (1815–1848)

Eduard Mörike: Auf eine Lampe (1846)

Noch unverrückt, o schöne Lampe, schmückest du,
An leichten Ketten zierlich aufgehangen hier,
Die Decke des nun fast vergessnen Lustgemachs.
Auf deiner weissen Marmorschale, deren Rand
5 Der Efeukranz von goldengrünem Erz umflicht,
Schlingt fröhlich eine Kinderschar den Ringelreihn.
Wie reizend alles! lachend, und ein sanfter Geist
Des Ernstes doch ergossen um die ganze Form –
Ein Kunstgebild der echten Art. Wer achtet sein?
10 Was aber schön ist, selig scheint es in ihm selbst.

Eduard Mörike: Ideale Wahrheit (1837)

Gestern entschlief ich im Wald, da sah ich im Traume das kleine
Mädchen, mit dem ich als Kind immer am liebsten verkehrt.
Und sie zeigte mir hoch im Gipfel der Eiche den Kuckuck,
Wie ihn die Kindheit denkt, prächtig gefiedert und groß.
5 „Drum! dies ist der wahrhaftige Kuckuck!" – rief ich – „Wer sagte
Mir doch neulich, er sei klein nur, unscheinbar und grau?"

1 Fassen Sie den Inhalt der Gedichte in eigenen Worten zusammen.

2 Beschreiben Sie, wie der lyrische Sprecher die Lampe bzw. den Kuckuck wahrnimmt.
Setzen Sie die folgende Aussage des Germanisten Rolf Selbmann in Beziehung zu Mörikes Gedichten.

> **Schauen Sie sich im Panorama (S. 194) Punkt ① zum Wiener Kongress an, um die Hintergründe zu verstehen.**

„Realismus' [hat] nichts [...] mit einer möglichst detailgetreuen Wirklichkeitsabbildung zu tun [...]. Vielmehr bezeichnet der Epochenbegriff „Realismus" eine Krisensituation, in der der native[1] Umgang mit Wirklichkeit fragwürdig geworden ist. [...] Die Wahrnehmung der Wirklichkeit ist der Epoche problematisch geworden."

———————————

1 nativ: angeboren, natürlich

3 Erläutern Sie, worin die „Krisensituation", von der Selbmann spricht, bestehen könnte. Beziehen Sie sich vor allem auf den letzten Vers von *Auf eine Lampe* und formulieren Sie vor diesem Hintergrund eine Deutungshypothese zu diesem Gedicht.

Dinggedicht
→ S. 295

4 Mörikes Gedicht *An eine Lampe* gilt als typisches Beispiel für ein Dinggedicht.
Erläutern Sie ausgehend von Ihren Ergebnissen aus den Aufgaben 1 bis 3 diesen Begriff.

5 Betrachten Sie die beiden Bilder und tauschen Sie sich darüber aus, welches der beiden Phänomene Sie als geeigneter für ein literarisches Motiv halten. Begründen Sie Ihre Ansicht.

Adalbert Stifter: Vorrede zur Novellensammlung *Bunte Steine* (1853, Auszug)

Weil wir aber schon einmal von dem Großen und Kleinen
reden, so will ich meine Ansichten darlegen, die wahrscheinlich von denen vieler anderer Menschen abweichen.
Das Wehen der Luft, das Rieseln des Wassers, das Wachsen
5 der Getreide, das Wogen des Meeres, das Grünen der Erde,
das Glänzen des Himmels, das Schimmern der Gestirne
halte ich für groß: das prächtig einherziehende Gewitter,
den Blitz, welcher Häuser spaltet, den Sturm, der die Bran-
dung treibt, den feuerspeienden Berg, das Erdbeben, wel-
10 ches Länder verschüttet, halte ich nicht für größer als obige Erscheinungen, ja ich halte sie für kleiner, weil sie nur
Wirkungen viel höherer Gesetze sind. [...] Die Kraft, welche
die Milch im Töpfchen der armen Frau emporschwellen
und übergehen macht, ist es auch, die die Lava in dem feu-
15 erspeienden Berge emportreibt und auf den Flächen der
Berge hinab gleiten lässt. Nur augenfälliger sind diese Erscheinungen und reißen den Blick des Unkundigen und
Unaufmerksamen mehr an sich, während der Geisteszug
des Forschers vorzüglich auf das Ganze und Allgemeine
20 geht und nur in ihm allein Großartigkeit zu erkennen vermag, weil es allein das Welterhaltende ist. Die Einzelheiten
gehen vorüber, und ihre Wirkungen sind nach kurzem
kaum noch erkennbar. [...]
So wie es in der äußeren Natur ist, so ist es auch in der inneren, in der des menschlichen Geschlechtes. Ein ganzes Le- 25
ben voll Gerechtigkeit, Einfachheit, Bezwingung seiner
selbst, Verstandesgemäßheit, Wirksamkeit in seinem Kreise, Bewunderung des Schönen, verbunden mit einem heiteren, gelassenen Sterben, halte ich für groß: mächtige Bewegungen des Gemütes, furchtbar einherrollenden Zorn, 30
die Begier nach Rache, den entzündeten Geist, der nach
Tätigkeit strebt, umreißt, ändert, zerstört, und in der Erregung oft das eigene Leben hinwirft, halte ich nicht für größer, sondern für kleiner, da diese Dinge so gut nur Hervor-
bringungen einzelner und einseitiger Kräfte sind, wie 35
Stürme, feuerspeiende Berge, Erdbeben. Wir wollen das
sanfte Gesetz zu erblicken suchen, wodurch das menschliche Geschlecht geleitet wird. Es gibt Kräfte, die nach dem
Bestehen des Einzelnen zielen. Sie nehmen alles und verwenden es, was zum Bestehen und zum Entwickeln dessel- 40
ben notwendig ist.

6 Erläutern Sie in eigenen Worten, was Stifter mit dem „sanfte[n] Gesetz" (Z. 37) meint.

Klassik
→ S.151
Romantik
→ S.183

7 Setzen Sie Stifters Ansichten in Beziehung zu den Anschauungen der Klassik und der Romantik.

8 Zeigen Sie, dass Eduard Mörikes Gedichte mithilfe von Stifters „sanfte[m] Gesetz" (Z. 37)
als Ausdruck einer realistischen ästhetischen Haltung gelesen werden können.

Kurzvortrag
→ S.469

MK **9** Informieren Sie sich über die Herkunft und den Inhalt des Begriffs *Biedermeier* in der Kunstgeschichte und Architektur. Präsentieren Sie Ihre
Ergebnisse mündlich im Kurs und beziehen Sie sie auf Mörikes Gedichte.

> Schauen Sie sich im Panorama
> (S.194) Punkt ② zur Malerei
> im Biedermeier an, um die
> Hintergründe zu verstehen.

Annette von Droste-Hülshoff: Die tote Lerche (1844)

Ich stand an deines Landes Grenzen,
An deinem grünen Saatenwald,
Und auf des ersten Strahles Glänzen
Ist dein Gesang herabgewallt;
5 Der Sonne schwirrtest du entgegen,
Wie eine Mücke nach dem Licht,
Dein Lied war wie ein Blütenregen,
Dein Flügelschlag wie ein Gedicht.

Da war es mir, als müsse ringen
10 Ich selber nach dem jungen Tag,
Als horch' ich meinem eignen Singen,
Und meinem eignen Flügelschlag;
Die Sonne sprühte glühe[1] Funken,
In Flammen brannte mein Gesicht,
15 Ich selber taumelte wie trunken,
Wie eine Mücke nach dem Licht!

Da plötzlich sank und sank es nieder,
Gleich toter Kohle in die Saat;
Noch zucken sah ich kleine Glieder,
20 Und bin erschrocken dann genaht.
Dein letztes Lied, es war verklungen,
Du lagst ein armer, kalter Rest,
Am Strahl verflattert[2] und versungen[3],
Bei deinem halbgebauten Nest.

25 Ich möcht Tränen um dich weinen
Wie sie das Weh vom Herzen drängt;
Denn auch mein Leben wird verscheinen[4],
Ich fühl's, versungen und versengt.
Dann du mein Leib, ihr armen Reste,
30 Dann nur ein Grab auf grüner Flur
Und nah nur, nah bei meinem Neste,
In meiner stillen Heimat nur!

---

1 glühe: glühend   **2** verflattert: verschwunden, weggeflattert   **3** versungen: nicht mehr singend
4 verscheinen: vergehen, sterben

10 Tragen Sie das Gedicht laut vor.

11 Das lyrische Ich erlebt im Laufe des Gedichts verschiedene emotionale Zustände. Suchen Sie sich aus der folgenden Wortwolke entsprechende Begriffe heraus und begründen Sie Ihre Auswahl durch konkreten Bezug auf den Text.

> Trauer   Euphorie   Angst   Wut
> Hoffnung
> Freude   Resignation   Dankbarkeit   Neid   Frustration

12 Erschließen Sie Annette von Droste-Hülshoffs Gedicht *Die tote Lerche* hinsichtlich der inhaltlichen, formalen, stilistischen und sprachlichen Gestaltung.

13 Setzen Sie sich mit den folgenden Vorschlägen zu Deutungshypothesen auseinander. Welche entspricht Ihrem eigenen Verständnis des Gedichts, welche überhaupt nicht? Begründen Sie Ihre Auswahl unter Berücksichtigung des Gedichttextes und sammeln Sie Argumente zur Stützung Ihrer favorisierten These.

> **A** *Annette von Droste-Hülshoffs Gedicht „Die tote Lerche" thematisiert die Erkenntnis des lyrischen Ich von der eigenen Sterblichkeit.*

> **B** *Der Flug der Lerche wird von Annette von Droste-Hülshoff zum Anlass genommen, die Vergänglichkeit des menschlichen Lebens symbolisch darzustellen.*

> **C** *Mit dem Bild der Lerche gelingt es der Dichterin, die Situation des modernen Menschen darzustellen, der sich seiner Endlichkeit bewusst wird.*

> **D** *In „Die tote Lerche" verbindet Annette von Droste-Hülshoff das konkrete Bild einer auffliegenden und abstürzenden Lerche mit dem subjektiven Erleben des lyrischen Ich. So wie der Vogel stürzt, so stürzt auch der moderne Mensch in einer Welt, in der es keinen festen Halt mehr gibt.*

14 Wenden Sie Ihre Erkenntnisse zur Epoche (M1) auf Droste-Hülshoffs Gedicht *Die tote Lerche* an und stellen Sie anhand des Textes Gemeinsamkeiten und Unterschiede heraus. Berücksichtigen Sie vor allem die Rolle des lyrischen Ich.

Material 1

Droste-Forschungsstelle: Literaturgeschichtliche Informationen zu Annette von Droste-Hülshoff (Ausschnitt)

Bis heute nach wie vor verbreitet ist eine unkritische Zuordnung Annette von Droste-Hülshoffs zu einer Literatur des Biedermeier, das als Begriff auch für die häuslich-bürgerlich und konservativ geprägte Lebenswelt der Zeit gebräuchlich ist. Mit dem Biedermeier assoziiert werden Vorstellungen von Treuherzigkeit, Geruhsamkeit und bürgerlicher Spießigkeit, der Hang zu Sentimentalität

5 und Überschwänglichkeit sowie eine Vorliebe für das Idyllische. Man suchte nach den Wirren der Napoleonischen Kriege Stabilität durch die Wiedereinrichtung der alten Verhältnisse. In Hinblick auf die Literatur der Zeit steht Biedermeier für eine unpolitische, eher private, stark landschaftsgebundene, melancholisch-kontemplative Dichtung, die zur Hinwendung zu Natur und Alltagswelt neigt und sich von der gesellschaftlichen Wirklichkeit abwendet. Wie Droste, die oft als gemütvolle

10 Heimatdichterin (miss-)interpretiert wird, werden u. a. Eduard Mörike, Adalbert Stifter und Franz Grillparzer zu dieser Strömung gerechnet. Diese einseitige Zuordnung steht allerdings, insbesondere im Hinblick auf Droste und auch Stifter, mehr denn je infrage. Heute werden zunehmend Aspekte der Modernität ihres Werks betont.

In vielen ihrer oft aus regionalem Kontext entstandenen Texten tritt Droste aus der Literatur ihrer
15 Zeit heraus. Ihr Schreiben ist kein affirmatives biedermeierlich-idyllisierendes Schreiben, wie es zu
ihrer Zeit Konjunktur hatte. Ihr geht es nicht um die Verklärung von Heimat, um die folkloristische
Darstellung von Sitten und Gebräuchen – im Gegenteil, sie thematisiert die Gefährdung, die Bedrohung und den Verlust von Heimat. Sie nimmt in ihren Naturdarstellungen das Doppelbödige in den
Blick, das immanent Böse, die Bedrohung der Idylle, die Zerstörung und Zersetzung. Dem Leser
20 treten Brüche und Risse, Morsches und Morbides[1] offen entgegen, die auf tiefe Verunsicherung und
Bedrohung verweisen. Und selbst wenn Droste in bestimmten landesbeschreibenden Texten die
vermeintlich heile Welt der Vergangenheit beschwört, dann insbesondere, um der Gegenwart damit
einen Spiegel vorzuhalten, und nie ohne die Einsicht in die Unumkehrbarkeit der historischen Entwicklung.

———————————————
1 morbide: krank, todgeweiht, an die Vergänglichkeit erinnernd

15 Entnehmen Sie aus M1 Aspekte, die für die Zuordnung und für die Abgrenzung des Werkes von Annette
von Droste-Hülshoff zur Biedermeier-Literatur sprechen.

16 PLUS Die Droste-Gesellschaft konnte im Juni 2021 den „Droste-Landschaft: Lyrikweg" in Westfalen,
der Heimat der Dichterin, eröffnen. Verfassen Sie für eine Station dieses Outdoor-Museums einen
knappen Beitrag (ca. 30 Zeilen) zum Gedicht *Die tote Lerche*, der Spaziergängern den Text näherbringt.

Politische Lyrik des Vormärz (1815–1848)

Heinrich Heine: Die schlesischen Weber (1844)

Im düstern Auge keine Träne
Sie sitzen am Webstuhl und fletschen die Zähne:
Deutschland, wir weben dein Leichentuch,
Wir weben hinein den dreifachen Fluch –
5   Wir weben, wir weben!

Ein Fluch dem Gotte, zu dem wir gebeten
In Winterskälte und Hungersnöten;
Wir haben vergebens gehofft und geharrt –
Er hat uns geäfft, gefoppt und genarrt –
10   Wir weben, wir weben!

Ein Fluch dem König, dem König der Reichen,
Den unser Elend nicht konnte erweichen
Der den letzten Groschen von uns erpresst
Und uns wie Hunde erschießen lässt –
15   Wir weben, wir weben!

Ein Fluch dem falschen Vaterlande,
Wo nur gedeihen Schmach und Schande,
Wo jede Blume früh geknickt,
Wo Fäulnis und Moder den Wurm erquickt –
20   Wir weben, wir weben!

Das Schiffchen[1] fliegt, der Webstuhl kracht,
Wir weben emsig Tag und Nacht –
Altdeutschland, wir weben dein Leichentuch,
Wir weben hinein den dreifachen Fluch,
25   Wir weben, wir weben!

Das Elend in Schlesien – eine Karikatur zum Weberaufstand
in Schlesien 1844 aus der Zeitschrift *Fliegende Blätter* im Jahr
1848, unbekannter Zeichner. Mitte des 19. Jh. verelendeten
massenhaft Heimweber im bevölkerungsreichen Schlesien,
weil sie dem Gutsherrn Feudalabgaben leisten mussten und
gegenüber der Überproduktion aus dem technisch besser
gestellten Ausland zurückfielen.

———————————————
1 Schiffchen, das: Das Weberschiffchen trägt den Schussfaden
in einer Webmaschine.

1 Lesen Sie Heinrich Heines Gedicht *Die schlesischen Weber* (S. 199) und beziehen Sie es auf die Karikatur *Das Elend in Schlesien*. Tauschen Sie sich über Ihre ersten Eindrücke aus.

2 Bereiten Sie einen Vortrag des Gedichts vor. Versuchen Sie unterschiedliche Sprechweisen und besprechen Sie, welche Art des Vortrags am besten zu Inhalt und Aussage des Textes passen. Präsentieren Sie Ihr Ergebnis im Kurs.

Kurzvortrag → S. 469 **3** Recherchieren Sie zu den Lebensumständen der Menschen in den 1830er-Jahren in Deutschland bzw. im Deutschen Bund. Stellen Sie Ihre Rechercheergebnisse mündlich im Kurs vor.

4 Fassen Sie in eigenen Worten zusammen, welche Position Heinrich Heine in seinem Text *Verschiedenartige Geschichtsauffassung* vertritt, welche Ziele er formuliert und wie sie realisiert werden sollen.

5 Stellen Sie auf der Grundlage Ihrer Ergebnisse eine Verbindung zum Auszug aus der Allgemeinen Erklärung der Menschenrechte von 1948 (M1) her. Erläutern Sie, welches Menschenbild sich aus diesen Texten ablesen lässt.

Interpretieren → S. 471 **6** Interpretieren Sie das Gedicht *Die schlesischen Weber* von Heinrich Heine. Berücksichtigen Sie auch Heines Auffassung von Wirklichkeit, wie sie sich Ihnen aufgrund Ihrer Ergebnisse aus den Aufgaben 3 bis 5 darstellt.

Heinrich Heine: Verschiedenartige Geschichtsauffassung (1830/1831, Erstveröffentlichung 1869)

Das Leben ist weder Zweck noch Mittel; das Leben ist ein
Recht. Das Leben will dieses Recht geltend machen gegen
den erstarrenden Tod, gegen die Vergangenheit, und
dieses Geltendmachen ist die Revolution. Der elegische[1]
5 Indifferentismus[2] der Historiker und Poeten soll unsere Energie nicht lähmen bei diesem Geschäfte; und die Schwärmerei
der Zukunftbeglücker soll uns nicht verleiten, die Interessen
der Gegenwart und das zunächst verfechtende Menschenrecht, das Recht zu leben, aufs Spiel zu setzen. – „Le pain est
10 le droit du peuple"[3], sagte Saint Just[4], und das ist das größte
Wort, das in der ganzen Revolution gesprochen worden.

---

1 elegisch: wehmütig, schwermütig
2 Indifferentismus, der: die Gleichgültigkeit
3 „Le pain est le droit du peuple": (frz.) Das Brot ist das Recht des Volkes;
eine Parole der Französischen Revolution
4 Saint Just: Louis Antoine de Saint-Just, revolutionärer Politiker während
der Französischen Revolution

Material 1

Generalversammlung der Vereinten Nationen: Allgemeine Erklärung der Menschenrechte (1948, Auszug)

Art. 3
Jeder hat das Recht auf Leben, Freiheit und
Sicherheit der Person.

Art. 25/1
5 Jeder hat das Recht auf einen Lebensstandard, der seine und seiner Familie Gesundheit und Wohl gewährleistet, einschließlich
Nahrung, Kleidung, Wohnung, ärztliche Versorgung und notwendige soziale Leistungen,
10 sowie das Recht auf Sicherheit im Falle von
Arbeitslosigkeit, Krankheit, Invalidität oder
Verwitwung, im Alter sowie bei anderweitigem Verlust seiner Unterhaltsmittel durch
unverschuldete Umstände.

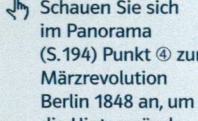 Schauen Sie sich im Panorama (S. 194) Punkt ④ zur Märzrevolution Berlin 1848 an, um die Hintergründe zu verstehen.

Louise Aston: Barrikadenklänge[1] (vermutlich 1848)

Warum mein Herz nicht freudig schlägt
Zu all' dem Jubel, diesen Festen?
Mir ist's wie Ahnung stumm bewegt,
Ich traure mit des Volkes Besten.

5 Denn wer um Freiheit mutig rang,
Noch kann er sich zum Fest nicht laden;
Ein Kämpfer steht er, ernst und bang
An den Gedanken-Barrikaden.

Und trägt ihn noch, den schwarzen Flor,
10 Den er der alten Schmach getragen,
Und sieht in einem Meteor
Noch keine Sonne wieder tagen.

Wer in das Blut, das für ihn rann,
Sein Tuch, das tränenfeuchte, tauchte,
15 Auf diese rote Fahne dann
Der Freiheit heiße Schwüre hauchte:

Der harret aus. Noch ist es nicht
Gelöst, das alte Missverständnis,
Das jahrelang dem neuen Licht
20 Verschlossen blieb – der Welterkenntnis.

Der reicht mit kindischem Vertrau'n
Die Siegerhand nicht hin versöhnend,
So lange noch hernniederschau'n
Die alten Götzenbilder höhnend.

25 So lange noch ein Pferchsystem[2]
Geschmiedet wird den Nationen,
Der Völker heiligstes Problem:
Der Herrschsucht Mühsal zu belohnen.

So lange Macht das Losungswort
30 In dem politischen Kapitel,
So lange nicht die Hand verdorrt,
Die frech auslangt nach Kron' und Titel.

Kein deutsches Reich, nicht Schwarz, Rot, Gold!
O werft das Spielzeug aus den Händen.
35 Blickt in die Zukunft! drohend grollt
Der Himmel und wird Blitze senden.

Ein neues Reich, loh angefacht
Von segenbringenden Gewittern
Wird, eh' der neue Tag erwacht,
40 die alte deutsche Nacht durchzittern.

Schon fühl' ich sein begeisternd Weh'n
Wie eines Gottes große Mahnung,
Den Sturm gewaltiger Ideen
In heiliger Sybillen-Ahnung[3].

45 Ich fühle: Ja, ein neu Panier[4]
Wird Deutschlands Volk einst siegreich schwingen:
Der Menschheit Einendes Panier
Wird allen die Erlösung bringen.

---

1 Barrikadenklänge: Hintergrund sind die Ereignisse im Zusammenhang mit der sog. Märzrevolution bzw. Bürgerlichen Revolution ab März 1848. Ihr Ziel war die Schaffung eines Nationalstaats auf Basis einer liberalen Verfassung.
2 Pferch, der: Begriff aus der Landwirtschaft; Tiere werden in einem von einem Zaun umgrenzten Gebiet eingesperrt, um sie zusammenzuhalten.   3 Sybille: Prophetin, die im Gegensatz zu anderen göttlich inspirierten Sehern unaufgefordert die Zukunft weissagt   4 Panier, das: Flagge, Fahne

Strukturskizzen
→ S.436

7 Überprüfen Sie, wie das lyrische Ich in Louise Astons *Barrikadenklänge* die zentrale Aussage des Gedichts thematisch entwickelt. Fertigen Sie dazu eine Strukturskizze an.

8 Untersuchen Sie die sprachliche Gestaltung des Gedichts und stellen Sie einen Bezug zum Inhalt her.

9 Vergleichen Sie Heinrich Heines *Die schlesischen Weber* und Astons *Barrikadenklänge* mit Blick auf die Erwartungen an das „Vaterlande" (Heine, V.16) oder ein „neues Reich" (Aston, V.37). Vergleichen Sie die beiden Gedichte auch hinsichtlich ihrer formalen und stilistischen Gestaltung.

So geht's
Gedichte vergleichen
→ S.134, 296 ff.

10 Formulieren Sie eine historisch ausgerichtete Deutungshypothese zu dem Gedicht von Louise Aston.

11 Beschreiben Sie die Darstellung der Dichterin durch den Maler Johann Baptist Reiter auf Seite 202 und besprechen Sie, ob die Abbildung und der Text von *Barrikadenklänge* für Sie zusammenpassen.

Material 2

Anette Schneider: Louise Franziska Aston – „Die Emanzipation der Tat soll leben!"
(2014, Deutschlandfunk, Ausschnitt)

Louise Franziska Aston wird am 26. November 1814 in der Nähe von Halberstadt als Tochter eines evangelischen Theologen geboren. Sie ist 20 Jahre alt, als sie mit dem um vieles älteren, herrschsüchtigen britischen Fabrikanten Samuel Aston verheiratet wird, der vier uneheliche Kinder mit in die Ehe bringt. Nach zehn schrecklichen Jahren lässt sie sich scheiden und zieht nach Berlin. [...] In Gedichten verspottet sie ihre bigotten[1] Denunziantinnen[2] und verlangt die völlige Freiheit der Frau:

„Entsagen ist der Nonne Stolz und Ruhm,
Beglücken ist des Weibes Heiligtum,
Ihr wollt mühsam die Ewigkeit ergründen,
Mir lächelt sie in jedem Augenblick;

Ihr wollt das Glück in eurer Tugend finden,
Ich finde meine Tugend nur im Glück." 15

Mit ihren radikal-demokratischen Freunden fordert sie Presse- und Meinungsfreiheit, die Abschaffung der Privilegien für Kirche und Adel, soziale Gerechtigkeit. Damit gilt Aston als „staatsgefährdende Person" und wird von der Polizei bespitzelt. 20
[...] Im März 1846 erfolgt die erste Ausweisung aus Berlin. Aston reagiert mit einer fulminanten Streitschrift: „Meine Emanzipation, Verweisung und Rechtfertigung" erscheint Ende 1846 in Brüssel und enthält ihr politisches Programm: 25

„Ich verwerfe die Ehe, weil sie zum Eigentum macht, was nimmer Eigentum sein kann: die freie Persönlichkeit."

Sie lehnt jegliche Religion ab. – Und:

„Wir Frauen ... verlangen ... nach der zerrissenen Charte[3]
30 des Himmels einen Freiheitsbrief für die Erde! Unser höchstes Recht, uns're höchste Weihe ist das Recht der freien Persönlichkeit, ... das Recht, unser eigenstes Wesen ungestört zu entwickeln, von keinem äußern Einfluss gehemmt."

35 Sie selbst geht beispielhaft voran: Im April 1848 nimmt sie als Krankenschwester am Verteidigungskrieg Schleswig-Holsteins gegen Dänemark teil. Zurück in Berlin gibt sie die politische Zeitschrift „Freischärler" heraus. Doch schon Ende des Jahres wird sie erneut ausgewiesen.

40 „Da liegt das verhängnisvolle Papier, worauf das moderne Schicksal – die Polizei – meine Ausweisung verfügt hat, und daneben eine alte Zeitung mit dem Frankfurter Beschluss: ‚Die Grundrechte sind garantiert, darunter die deutsche Freizügigkeit' – Je nun! Es kommt stets darauf an,
45 was man unter einer Sache versteht. Offenbar ist die deutsche Freizügigkeit bloß darin zu suchen, dass man überall hingehen, aber nicht bleiben darf, wo man will!"
[...]
1850 heiratet sie den Bremer Arzt und Demokraten Daniel
50 Eduard Meier, den sie während des Krieges gegen Dänemark kennengelernt hatte. Wenig später wird der Krankenhausarzt aus politischen Gründen entlassen. Die Eheleute emigrieren nach Russland, wo Meier als Militärarzt arbei-

Porträt von Louise Aston mit dem Titel *Die Emanzipierte* von Johann Baptist Reiter, ca. 1850

tet. Erst 1871 kehren sie nach Deutschland zurück und ziehen ins Allgäu. Wenig später stirbt Louise Aston im Alter 55 von 57 Jahren. Eine Frau, die nicht nur drei Romane und etliche Gedichte über die brennenden Fragen ihrer Zeit hinterließ, und die nicht nur von einer gerechten Gesellschaft träumte, sondern stets forderte:
„Die Emanzipation der Tat soll leben!" 60

---

1 bigott: frömmelnd, scheinheilig 2 Denunziantin, die: Verräterin, sich gegen sie stellende Frau 3 Charte, die: (frz.) (staats- und völkerrechtliche) Urkunde

12 Veranschaulichen Sie die wichtigsten Inhalte des Textes über Louise Aston in einer Mindmap.

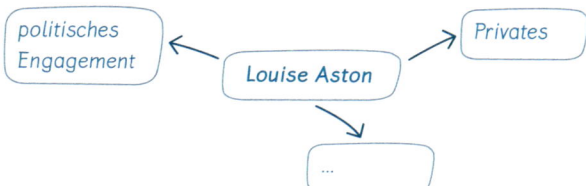

MK **13** Recherchieren Sie die wesentlichen Kennzeichen der Textform (Radio-)Feature und weisen Sie wesentliche Merkmale an diesem Beitrag über Louise Aston nach.

14 Erst durch die Berücksichtigung in einem Sammelband, der von Bundespräsident Frank-Walter Steinmeier mit dem Titel *Wegbereiter der Demokratie* 2021 herausgegeben wurde, erfuhren Leben und Werk von Louise Aston wieder öffentliche Aufmerksamkeit. Führen Sie Gründe an, warum es gerechtfertigt ist, Louise Aston in einer Veröffentlichung mit diesem Titel zu berücksichtigen.

MK **15** **PLUS** Erstellen Sie für eine Schulradio-Sendung an Ihrer Schule ein Feature zum Thema „Politik und Literatur – Gedichte als Weltspiegel" auf der Grundlage Ihrer Beschäftigung mit Heine und Aston. Gehen Sie darauf ein, auf welch unterschiedliche Art und Weise sich die Welterfahrung der Schreibenden jeweils in literarischen Texten spiegeln kann. Ziehen Sie ggf. weitere Texte und/oder Autorinnen und Autoren aus diesem Buch heran bzw. bringen Sie zusätzliche Textbeispiele mit.

Material 3

Daryna Gladun: die botschafter des krieges (2024)

wir wickeln uns in eine decke aus krieg
wir machen kriegsdiät
wir essen ihn morgens
wir essen ihn mittags wir essen ihn abends
5 krieg tropft aus den augen
schleift die sohlen an unseren derben stiefeln
bohrt sich als span unter die haut und beginnt zu eitern

wir tragen den krieg in unseren köpfen weiter
wir tragen den krieg in unseren mündern weiter
10 zu fuß in lastwagen und autos in fernbussen und vorortzügen
über die grenzen von größeren und kleineren orten
über staatsgrenzen

auf den radiosendern läuft nur krieg-krieg
wir schalten den fernseher ein --- krieg – krieg
15 wartesäle fremde häuser straßen telefonate füllen wir mit krieg
das gehörte gesehene die nachrichten von der front erzählen
wir weiter

der krieg besetzt unsere körper

tief in den mündern reißen die worte nicht ab   1. März 2022

1 Formulieren Sie Ihren ersten Eindruck des Gedichts und fassen Sie anschließend seinen Inhalt zusammen.

2 Informieren Sie sich über die Autorin. Untersuchen Sie das Gedicht formal und sprachlich. Schreiben Sie eine Kurzinterpretation von etwa einer Seite.

3 Zeigen Sie auf, welche inhaltlich-thematischen Beziehungen zwischen diesem Gedicht und den Gedichten *Die schlesischen Weber* von Heinrich Heine (S. 199) sowie *Barrikadenlänge* von Louise Aston (S. 200 f.) bestehen und benennen Sie auch die Unterschiede. Erarbeiten Sie davon ausgehend eine Definition von „politischer Lyrik" im Unterschied zum Kunstverständnis in Klassik und Romantik.

4 Lesen Sie das Gedicht *Todesfuge* von Paul Celan (S. 310). Diskutieren Sie, welche Bezüge sich aus der Anlehnung an die Verse aus Celans Gedicht ergeben.

Lyrik des Poetischen Realismus (1848–1890)

Gottfried Keller: Die Zeit geht nicht (1851)

Die Zeit geht nicht, sie stehet still,
Wir ziehen durch sie hin;
Sie ist ein Karawanserei[1],
Wir sind die Pilger drin.

5 Ein Etwas, form- und farbenlos,
Das nur Gestalt gewinnt,
Wo ihr drin auf und nieder taucht,
Bis wieder ihr zerrinnt.

Es blitzt ein Tropfen Morgentau
10 Im Strahl des Sonnenlichts;
Ein Tag kann eine Perle sein
Und ein Jahrhundert nichts.

Es ist ein weißes Pergament
Die Zeit, und jeder schreibt
15 mit seinem roten Blut darauf,
Bis ihn der Strom vertreibt.

An dich, du wunderbare Welt,
Du Schönheit ohne End',
Auch ich schreib' meinen Liebesbrief
20 Auf dieses Pergament.

Froh bin ich, dass ich aufgeblüht
In deinem runden Kranz;
Zum Dank trüb' ich die Quelle nicht
Und lobe deinen Glanz.

Schauen Sie sich im Panorama (S. 194) Punkt ⑤ zur Revolution zu Land, zu Wasser und in der Luft an, um die Hintergründe zu verstehen.

1 Karawanserei, die: Herberge an Karawanenstraßen. Reisende konnten dort mit ihren Tieren und Handelswaren geschützt nächtigen und sich mit Lebensmitteln versorgen.

1 Untersuchen Sie Gottfried Kellers Gedicht *Die Zeit geht nicht* (S. 203) hinsichtlich der Sprechsituation.

2 Erstellen Sie eine Übersicht über die im Gedicht verwendeten sprachlichen Bilder und Metaphern und klären Sie ihre Aussage und Funktion.

3 Beschreiben Sie die Haltung des lyrischen Ich zur Umwelt. Führen Sie als Beleg entsprechende Textstellen an.

Material 1

Hugo Aust: Realismus (2006, Ausschnitt)

Das Gedicht [*Die Zeit geht nicht*] reiht Bilder, die alle das in den ersten beiden Versen genannte Thema erfassen und bewältigen wollen. ‚Zur Diskussion' steht eine allgemeine Auskunft, fast schon eine abstrakte Behauptung.

5
    Die Zeit geht nicht, sie stehet still,
    Wir ziehen durch sie hin;
    Sie ist ein Karawanserei,
    Wir sind die Pilger drin.

Eine solche ‚These' gehört eigentlich weder in die Lyrik
10 noch zum Realismus, der seinem Selbstverständnis gemäß nichts exemplifizieren, sondern alles konkret und lebendig widerspiegeln möchte. [...]
Ähnliches gilt für Kellers Gedicht, das von der „Zeit" bald auf das „Wir" wechselt und schließlich beim „Ich" an-
15 kommt. Die im Verlauf des Gedichts entfaltete Bilderreihe, die den Stillstand der Zeit im Gegensatz zum Gang des Menschen veranschaulichen möchte, zeigt zuerst „ein Karawanserei", dann ein form- und farbenloses „Etwas", danach einen „Tropfen Morgentau", und schließlich ein „wei-
20 ßes Pergament". Das bewegte „Wir" figuriert zuerst als „Pilger", dann als Auf- und Niedertauchendes bzw. Zerrin-
nendes, als „Strahl des Sonnenlichts", der etwas Nichtiges wie einen „Tropfen Morgentau" doch blitzen lässt, dann als jene ‚Energie', die einen „Tag" zur „Perle" oder ein „Jahrhun-
25 dert" zum „nichts" macht, und endlich als jemand, der mit „seinem roten Blut" auf das „Pergament" der Zeit schreibt. Dominieren also zunächst konkrete Bewegungsvorstellun-
gen im Raum (horizontal wie vertikal, „hin" bzw. „auf und nieder"; wiederholt „drin"), so spezifiziert sich anschlie-
30 ßend der Bewegungsablauf als Schreibvorgang, in dem aber das allgemeinere ‚Hin' und ‚Weg' erhalten bleibt („vertreibt").

An dieser Stelle erst meldet sich das lyrische Ich zu Wort und ergreift die durch die Schreibmetapher vorbereitete Gelegenheit, selbst etwas zu schreiben, nämlich „meinen 35 Liebesbrief" an die „wunderbare Welt", die also jetzt erst als dritte Position nach „Zeit" und „Wir" und gleichsam als ‚Adressatin' eingeführt wird. Das Mitgeteilte ist nicht unbe-
dingt typisch für einen Liebesbrief. Gewiss wird das Wun-
derbare als nicht enden wollende Schönheit gepriesen und 40 ihr „Glanz" gelobt. Eine ausgesprochene Liebeserklärung findet sich allerdings nicht; stattdessen begegnet nur das Bekenntnis, über das eigene „Aufblühen" im „Kranz" der Welt „Froh" zu sein, und zum Schluss die merkwürdige Erklärung, aus Dankbarkeit die „Quelle" nicht trüben zu wol- 45 len. Was ist hier aus dem Thema der ‚stillstehenden Zeit' und des ‚bewegten Wir' geworden, und was hat das mit Realismus zu tun?
Zu Recht hat man auf die „Brüche und Sprünge" hingewie-
sen [...]. Wenn es preisend klingt, o lobt es doch [...] nur 50 trotz alledem; und der Vorbehalt bleibt vernehmbar im „roten Blut" und der ‚Vertreibung'. [...] Die beiden Schlussstro-
phen stehen im Schatten der vorausgehenden Bilder, die eben nicht nur anschaulich erhellen und versöhnlich er-
heitern, was es mit der Zeit auf sich hat, sondern auch ent- 55 larven und verraten, wie es sich eigentlich verhält und was dieser Sachverhalt kostet. Schön ist dieses „Abenteuer" in der „Zeitlandschaft" – so der Titel eines anderen Gedichts, das den technischen Fortschritt ästhetisiert – keineswegs.
So wird die Verklärung des Realismus zwar vollzogen, 60 bleibt aber in Frage gestellt und bestätigt die Vermutung, dass im Realismus von Anfang an etwas steckt, das ihn an seine Grenzen treibt, an die Schwelle der Moderne.

4 Setzen Sie sich mit Hugo Austs Erschließung des Gedichts von Gottfried Keller (M1) auseinander, indem Sie die zentralen Aussagen aus dem Text herausarbeiten.

5 Erläutern Sie vor dem Hintergrund Ihrer eigenen Auseinandersetzung mit dem Gedicht den letzten Absatz von Hugo Austs Text (Z. 39–41).

6 Formulieren Sie mithilfe von Hugo Austs Ausführungen verschiedene Deutungshypothesen zum Gedicht *Die Zeit geht nicht*.

Gottfried Keller: Zeitlandschaft (1858)

Schimmernd liegt die Bahn im tiefen Tale,
Über Tal und Schienen geht die Brücke
Hoch hinweg, ein Turm ist jeder Pfeiler,
Kunstgekrönet in die Lüfte ragend,
5 Zu den Wolken weite Bogen tragend.

Wie ein Römerwerk, doch neu und glänzend,
Bindet wald'ge Berge sie zusammen;
Auf der Brücke fahren keine Wagen,
Denn krystall'nes Wasser geht dort oben,
10 Dessen fromme Flut die Schiffer loben.

Unten auf des Tales Eisensohle
Schnurrt hindurch der Wagen lange Reihe,
Hundert unruhvolle Herzen tragend,
Straff von Nord nach Süd mit Vogels Schnelle.
15 Drüber streicht das Fischlein durch die Welle.

Langsam, wie ein Schwan, mit weißem Segel,
Herrlich auf des Himmels blauem Grunde
Oben fährt ein Schiff von Ost nach Westen; –
Ruhvoll lehnt der Schiffer an dem Steuer:
20 Ist das nicht ein schönes Abenteuer?

7 Erschließen Sie das Gedicht *Zeitlandschaft* formal und sprachlich-stilistisch.

8 Stellen Sie die Bereiche „Natur" und „Technik" vergleichend gegenüber. Welche Haltung nimmt das lyrische Ich ein? Erläutern Sie in diesem Zusammenhang den Titel des Gedichts.

9 Im Text von Hugo Aust (M1) wird über dieses Gedicht gesagt, dass hier der „technische Fortschritt [...] ästhetisiert" würde. Nehmen Sie unter Berücksichtigung Ihrer Kenntnisse zu realistischer Literatur dazu Stellung. Setzen Sie Julius Kerners Gedicht ins Verhältnis zu Ihrer Erkenntnis.

Wissen und Können → S.238 f.

10 PLUS Recherchieren Sie zum Motiv der Eisenbahn in der Literatur des 19. Jahrhunderts.

Justinus Kerner: Im Eisenbahnhofe (1852)

Hört ihr den Pfiff, den wilden, grellen,
Es schnaubt, es rüstet sich das Tier,
Das eiserne, zum Zug, zum schnellen,
Her braust's wie ein Gewitter schier.

5 In seinem Bauche schafft ein Feuer,
Das schwarzen Qualm zum Himmel treibt;
Ein Bild scheint's von dem Ungeheuer,
Von dem die Offenbarung schreibt.

Jetzt welch ein Rennen, welch Getümmel,
10 Bis sich gefüllt der Wagen Raum!
Drauf „Fertig!" schreit's, und Erd und Himmel
Hinfliegen, ein dämonscher Traum.

Dampfschnaubend Tier! Seit du geboren,
Die Poesie des Reisens flieht;
15 Zu Ross mit Mantelsack und Sporen
Kein Kaufherr mehr zur Messe zieht.

Kein Handwerksbursche bald die Straße
Mehr wandert froh in Regen, Wind,
Legt müd sich hin und träumt im Grase
20 Von seiner Heimat schönem Kind.

Kein Postzug nimmt mit lustgem Knallen
Bald durch die Stadt mehr seinen Lauf
Und wecket mit des Posthorns Schallen
Zum Mondenschein den Städter auf.

25 Auch bald kein trautes Paar die Straße
Gemütlich fährt im Wagen mehr,
Aus dem der Mann steigt und vom Grase
Der Frau holt eine Blume her.

Kein Wandrer bald auf hoher Stelle,
30 Zu schauen Gottes Welt, mehr weilt,
Bald alles mit des Blitzes Schnelle
An der Natur vorübereilt.

Ich klage: Mensch, mit deinen Künsten
Wie machst du Erd und Himmel kalt!
35 Wär ich, eh du gespielt mit Dünsten,
Geboren doch im wildsten Wald!

Fahr zu, o Mensch! Treib's auf die Spitze,
Vom Dampfschiff bis zum Schiff der Luft!
Flieg mit dem Aar, flieg mit dem Blitze!
40 Kommst weiter nicht als bis zur Gruft.

11 Definieren Sie die von Storm in seinem Brief an Hartmuth Brinkmann (S.206) genannte „gröbere prosodische" (Z.20) und die „feinere geistige" (Z.20f.) Form der Lyrik in eigenen Worten. Diskutieren Sie, warum er einer Form den Vorzug gibt.

12 Zeigen Sie, dass Theodor Storm seine theoretischen Überlegungen zu den beiden Formen in seinem Gedicht *Meeresstrand* (S.206) umgesetzt hat.

Theodor Storm: Brief an Hartmuth Brinkmann (28. März 1852, Ausschnitt)

Ich nehme unser früheres Thema auf. Ich habe gesagt, der Inhalt liege in den Worten, die Seele dazwischen. Ich will dies etwas näher besprechen, so werden wir uns wohl über 5 Platen[1] vereinigen. – Von der lyrischen (auch von der dramatischen) Poesie kann man sagen, sie soll Naturlaut in künstlerischer Form sein. Ich will hier nur von der Lyrik sprechen und von der Form im Einzelnen der Ausfüh- 10 rung [...]. Diese Form im Einzelnen der Ausführung (ich weiß sie für den Augenblick nicht besser zu bezeichnen) ist das, was bei Kritiken gewöhnlich den ersten Gegenstand der Besprechung bildet, und die Schönheit 15 und Korrektheit dieser Form ist von Platen vorzüglich hervorgehoben und hat vor allem die Philologen entzückt. Allein, und ich möchte dies nachdrücklich in die Kritik einführen, auch diese Form ist eine doppelte, 20 eine gröbere prosodische[2] und eine feinere geistige, die ganz ungreifbar ist. Die erstere besteht in der eigentlichen Korrektheit des Versbaues und allenfalls in der Harmonie desselben mit der dem Inhalt nach angemes- 25 senen Satzbildung, die zweite lässt sich am besten nach ihrer Wirkung beschreiben und besteht darin, dass der Dichter durch sie die Bewegung seines Herzens in frischer Unmittelbarkeit dem Leser mitteilt. Dies geschieht 30 nämlich nicht allein, obgleich auch, durch den Sinn der Worte, sondern zum großen Teil durch ihren Klang und durch das angemessene Verhältnis und Auf- und Nacheinanderfolgen von ein- oder mehrsilbigen Worten, von mehr oder weniger flüchtigen Längen, durch 35 den richtigen Gebrauch der Assonanz und Alliteration im Verse, ja, es kann auch ohne dieselbe die Schönheit des Verses erst ans Licht kommen, wenn in eine einzelne Silbe die gehörigen Konsonanten oder der gerade 40 hier klingende Vokal hineinkommt. [...] Diese letztere Form hat man richtig *Seele* genannt; Herder zu seinen Volksliedern nennt es die *Weise*, und geht so weit, sie beim Liede über den Sinn und Inhalt zu setzen; er meint, 45 wenn sich beim Volkslied erst die richtige Weise gefunden, so werden sich nach und nach auch die richtigen Worte anfinden. Du nennst sie ja gewöhnlich das Herzbezwingende; aber es gehört mit zur Form, da es 50 durch rein äußerliche Mittel erreicht wird, wie denn überhaupt das Wesen der Kunst vorzugsweise, vielleicht allein in der Form liegt, nur soll man diesen Begriff nicht zu grob nehmen. – Diese feinere Form ist die, 55 welche es mich bei meinem poetischen Schaffen vorzüglich zu erfüllen drängt, und ich bringe ihr die prosodische wohl allerdings mitunter zum Opfer, was freilich nicht zu billigen ist, da beides sein Recht verlangt. Den- 60 noch setz' ich die prosodische Form weit unter die andre [...].

1 August Graf von Platen: deutscher Dichter (1796–1835), der besonderen Wert auf Form und Klang seiner Gedichte gelegt hat   2 prosodisch: Begriff der Verslehre/Metrik; die Gliederung der Rede oder eines Verses durch sprachlich-artikulatorische Elemente, wie Akzente oder Intonation

Theodor Storm: Meeresstrand (1853/1854)

Ans Haff[1] nun fliegt die Möwe,
und Dämmrung bricht herein;
über die feuchten Watten
spiegelt der Abendschein.

5 Graues Geflügel huschet
neben dem Wasser her;
wie Träume liegen die Inseln
im Nebel auf dem Meer.

Ich höre des gärenden Schlammes
10 geheimnisvollen Ton,
einsames Vogelrufen –
so war es immer schon.

Noch einmal schauert leise
und schweiget dann der Wind;
15 vernehmlich werden die Stimmen,
die über der Tiefe sind.

1 Haff, das: ein Bereich des Meeres, der durch Landmassen, wie z. B. Dünen, vom Meer ganz oder teilweise getrennt ist

13 Untersuchen Sie Theodor Storms Gedicht *Meeresstrand* formal und sprachlich-stilistisch.

8.2 Die Rezeption eines Motivs in der Literatur des Realismus untersuchen

Gefährliche Wasserfrauen

Heinrich Heine: Ich weiß nicht, was soll es bedeuten (1823)

Ich weiß nicht, was soll es bedeuten,
Dass ich so traurig bin;
Ein Märchen aus alten Zeiten,
Das kommt mir nicht aus dem Sinn.

5 Die Luft ist kühl und es dunkelt,
Und ruhig fließt der Rhein;
Der Gipfel des Berges funkelt
Im Abendsonnenschein.

Die schönste Jungfrau sitzet
10 Dort oben wunderbar;
Ihr goldnes Geschmeide[1] blitzet,
Sie kämmt ihr goldnes Haar.

Sie kämmt es mit goldnem Kamme,
Und singt ein Lied dabei;
15 Das hat eine wundersame,
Gewaltige Melodei.

Den Schiffer im kleinen Schiffe,
Ergreift es mit wildem Weh;
Er schaut nicht die Felsenriffe,
20 Er schaut nur hinauf in die Höh'.

Ich glaube, die Wellen verschlingen
Am Ende Schiffer und Kahn;
Und das hat mit ihrem Singen
Die Lore-Ley getan.

---

1 Geschmeide, das: kostbarer Schmuck (von *schmieden*)

Edward Jakob von Steinle:
Die Loreley (1864)

1 Vergleichen Sie Heinrich Heines Gedicht *Ich weiß nicht, was soll es bedeuten* mit dem Gemälde von Edward Jakob von Steinle im Hinblick darauf, wie die Loreley jeweils als Verführerin inszeniert wird.

2 Stellen Sie schematisch dar, wie die Verführungssituation in die komplexe Sprechsituation des Gedichts eingebettet ist. Berücksichtigen Sie dafür lyrisches Ich und Rezeptionsinstanz ebenso wie die im Gedicht genannten Figuren.

[MK] **3** Recherchieren Sie, wie bzw. wann der Mythos von der Loreley entstanden ist und welche Rolle er für die touristische Vermarktung des „romantischen Rheins" spielt.

[MK] **4** Recherchieren Sie, wie der Text seit der Erstveröffentlichung rezipiert wurde.

Romantik
→ S. 183
Volkslied
→ S. 417

5 Diskutieren Sie die nebenstehende These Hans-Peter Kraus' auf der Basis folgender Vorarbeiten.
– Identifizieren Sie typisch romantische Motive.
– Untersuchen Sie, inwieweit Heines Gedicht sprachlich (z. B. Wortschatz) und formal (z. B. Strophenform) Eigenschaften des Volkslieds übernimmt.
– Überprüfen Sie den Text auf Distanzierungsmerkmale, v. a. Ironiesignale (z. B. durch Übertreibungen, scheinbar unbeholfene Ausdrucksweisen, inhaltliche Leerstellen, Unklarheiten, Widersprüche, Pathos).

So geht's
Gedichte vergleichen
→ S. 134, 296 ff.

6 Vergleichen Sie das Gedicht auf S. 206 mit Heinrich Heines *Ich weiß nicht, was soll es bedeuten*. Arbeiten Sie dazu sowohl inhaltliche als auch sprachlich-formale Gemeinsamkeiten und Unterschiede heraus.

> Mit den sprachlichen Mitteln, die [Heine] angewandt hat, steht für mich fest, dass er nicht ernsthaft eine alte Geschichte neu erzählen, sondern seinen Schabernack mit der Vorliebe der Romantiker für alte Volksmärchen treiben wollte.
> *(Hans-Peter Kraus, Lyriker und Autor der Internetplattform Lyrikmond)*

Ida Hahn-Hahn: Ein Lied von der Loreley (1861)

Die Schifferin wiegt im Nachen[1],
    klar zieht der grüne Rhein,
Der Knabe kommt gegangen,
    springt in den Kahn hinein.

5 „Hinüber, schnell hinüber
    zum Fels der Loreley –
Muss sehen sie, muss hören
    die wundersame Fey[2]!

Hab' lange ihr gelauschet,
10   sie hat mir's angetan
Rasch greife nach dem Ruder,
    hinüber lenk' den Kahn!"

Mit nassem Auge rudert
    die schöne Schifferin;
15 „Hast du denn ganz gewendet
    von mir hinweg den Sinn?"

„Horch, horch, welch süßes Klingen!
    ist's Weh, ist's Wonnelust?
Es will mir schier zerspringen
20   das Herz in voller Brust!" –

„O traue ich nicht den Tönen,
    nicht ihrem falschen Schmerz!
Das ist der Loreley Weise –
    sie hat für dich kein Herz." –

25 „Was weißt du, Schifferdirne,
    von ihrer Huld für mich!
Merk dir's für alle Tage:
    ich hab kein Herz für dich!"

Er schaut … da winkt sie nieder
30   mit Augen sonnenklar,
Und singt die Zauberlieder
    und strählt das goldne Haar.

„Wie lahm ist heut dein Ruder,
    wie breit ist heut der Rhein!
35 Hörst du wie's klagt, wie's rufet? …
    mein muss die Loreley sein!"

Jetzt ist erreicht das Ufer,
    hell tönt der süße Sang,
Er schwingt sich aus dem Nachen,
40   er stürmt den Felsenhang.

Durch Dorn und Disteln klimmt er,
    gelockt vom Zauberton –
Das Lied, das wunderbare,
    er hört's ganz nahe schon.

45 Er achtet nicht der Wunden,
    des Bluts an Hand und Fuß,
Er träumt vom seligen Ziele,
    er lechzt nach erstem Gruß.

Jetzt steht er auf der Höhe
50   mit glänzendem Angesicht.
„Wo bist du, Loreley, schönste?
    Er sieht, er hört sie nicht.

Da steht er einsam, schauernd,
    im letzten Abendschein,
55 und einsam fährt und trauernd
    die Schifferin auf dem Rhein.

---

1 Nachen, der: kleines Boot
2 Fey, die: das Reimschema bedienend für Fee

Ida Hahn-Hahn: Doralice. Ein Familiengemälde aus der Gegenwart (1861, Auszug)

Im Roman wird das Gedicht vorgetragen, als eine aristokratische Gesellschaft eine Fahrt auf dem Rhein unternimmt:

„Ich weiß ein Lied," sagte Eulalie, „das kommt mir immer in den Sinn, wenn ich auf dem Rhein im Nachen fahre … ein Lied von der Loreley – und dabei denke ich an das Land meiner Träume. So heißt es:

5 [Es folgt das Gedicht.]

„Ist es nicht hübsch?", setzte sie zu Conrad gewendet hinzu. […] Mir gefällt es so, weil der Knabe nach der Loreley schaut und horcht und sich gar nicht um die prosaische Schifferin bekümmert."

10 „Prosaisch!", rief Celestine, die sich fast nie vernehmen ließ […]. Ihr kam die Schifferin als die einzig Vernünftige in der Gesellschaft vor.

„Sehr prosaisch! Sie will rivalisieren mit der Fee, der Nixe … oder was sie sein mag, der Loreley!" rief Eulalie – „sie, diese 15 Alltagsfigur von Schifferin!"

„Was hat nun der Knabe davon, dass er ein erreichbares Glück verschmähte und ganz betrübt vor dem Unerreich- baren steht?", fragte Celestine verständig. […]

„Es ist ja nur ein Bild aus dem Land Ihrer Träume […]", sagte Conrad. „Jeder kann dabei denken, was er will … und auf sei- 20 ne eigene Hand den Traum von der Erreichbarkeit seines Glücks fortspinnen. Die Loreley ist nur ein Spiegelbild un- serer Sehnsucht nach etwas Himmlischem."

„Oh nein, Herr von Friedingen", sagte Doralice sanft. „Die Sehnsucht nach dem Himmlischen täuscht uns nicht so, 25 wie die Loreley den Knaben. Sie macht uns gleichgültig ge- gen die Schifferin – ja! Aber sie, sie senkt nicht die betrü- bende Entmutigung in unsere Brust, dass wir umsonst Ir- disches verlassen haben."

Frau von Derthal spürte immer ein heimliches Zittern, 30 wenn irgendein Wort fiel, das auf Unterschätzung des irdi- schen Glückes […] gedeutet werden konnte. […] Sie sagte: „Das irdische Glück zu verklären … nicht es zu verschmä- hen – ist unsere Aufgabe."

„Aha!", rief Celestine triumphierend und versenkte sich 35 fortan wieder in Stillschweigen.

7 Vergleichen Sie die verschiedenen Positionen zum Verhalten des Mannes im rezitierten Gedicht.
   – Erläutern Sie in diesem Zusammenhang insbesondere die folgenden Begriffe.

prosaisch   irdisch   himmlisch   verklären

   – Beurteilen Sie, inwieweit man im fortgeschrittenen 19. Jahrhundert bereit ist, sich von romantischen
     Sehnsüchten zu lösen zugunsten „realistischer" Einstellungen.

Gottfried Keller: Winternacht (1851)

Nicht ein Flügelschlag ging durch die Welt,
Still und blendend lag der weiße Schnee,
Nicht ein Wölklein hing am Sternenzelt,
Keine Welle schlug im starren See.

5 Aus der Tiefe stieg der Seebaum auf,
Bis sein Wipfel in dem Eis gefror;
An den Ästen klomm die Nix herauf,
Schaute durch das grüne Eis empor.

Auf dem dünnen Glase stand ich da,
10 Das die schwarze Tiefe von mir schied;
Dicht ich unter meinen Füßen sah
Ihre weiße Schönheit Glied für Glied.

Mit ersticktem Jammer tastet' sie
An der harten Decke her und hin.
15 Ich vergess' das dunkle Antlitz nie,
Immer, immer liegt es mir im Sinn!

8 Erstellen Sie eine Skizze, die die räumlichen Verhältnisse im Gedicht veranschaulicht.

9 In der handschriftlichen Erstfassung des Gedichts fehlt die dritte Strophe. Dafür endet der Text auf die untenstehende (vom Autor nie veröffentlichte) Strophe. Erschließen Sie, welche Konsequenzen die Veränderungen für die Gestaltung des lyrischen Ich und der Nixe haben.

> Als ein heller Stern vom Himmel fiel,
> Fuhr sie schreiend in die Tiefe da.
> Mich durchschauerte ein bang Gefühl,
> Wie wenn ich die eigne Seele sah.

Material 1

Inge Stephan: Weiblichkeit, Wasser und Tod (2004, Ausschnitt)

Die [...] Loreley ist Gestalt gewordene männliche Fantasie, in der sich Wunsch und Abwehr in schwer trennbarer Weise vermischen: Der Wunsch nach Verführung und Genommenwerden und die Angst vor Hingabe und Auflösung. Hier [...] haben die Helden eine passive, träumerische Konstitution. Sie lassen sich treiben, verlocken und verführen, sie sehnen sich nach Entgrenzung, Verschmelzung und Vereinigung. Das Wasser wird zum Element ihrer Sehnsucht [...], die Nixe zum Spiegel des eigenen Begehrens.

10 Überprüfen Sie, inwieweit die auf den Seiten 207 bis 209 abgedruckten Texte und Bilder die Ergebnisse der Literaturwissenschaftlerin Inge Stephan (M1) bestätigen.

Material 2

Ulla Hahn: Meine Loreley (1981)

Meine Schwester hat sich ertränkt
warum ist es am Rhein so
schön die Loreley zu sehn
mit dem Abwasser angeschwemmt
5 nach einer langen Nacht
bei einem Wirte wundermild
kämmt sie ihr weißes Haar da
war sie jüngst zu Gast als
er sie angefasst mit
10 seinem süßen Mund und
zehn Elektroschocks kühl
in ihr Hirn gebrannt.

11 Ulla Hahns Loreley-Gedicht enthält zahlreiche intertextuelle Verweise.
– Informieren Sie sich über die unten angeführten Texte. Überprüfen Sie, inwiefern diese im Gedicht vorkommen.
– Recherchieren Sie den Begriff *Assemblage* und beurteilen Sie, inwieweit Analogien zum vorliegenden Gedicht feststellbar sind.

> Johann Wolfgang Goethe: Erlkönig (1782) • Clemens Brentano: Lore Lay (1800) • Ludwig Uhland: Bei einem Wirte wundermild (1811) • Heinrich Heine: Ich weiß nicht, was soll es bedeuten (1823) • Nicht eindeutig bestimmbarer Verfasser: Warum ist es am Rhein so schön (1920er-Jahre)

12 Interpretieren Sie auf der Grundlage Ihrer Untersuchungen das Gedicht.
– Berücksichtigen Sie dafür die Personalform.
– Achten Sie darauf, wie die Form (z. B. Binnenreim, Hebungsprall) sich auf die Deutung auswirkt.

8.3 Realistische Erzählliteratur anhand ihrer Frauenfiguren verstehen

Zwischen Ambition und Verzweiflung

Die Erzählinstanz in einer realistischen Erzählung analysieren

Adalbert Stifter: Der Condor (1840, Auszug)

Die Erzählung, mit der Adalbert Stifter als Dichter bekannt wurde, lässt zu Beginn eine vorläufig noch nicht näher bestimmte Figur (die sich später als der Maler Gustav herausstellte) von einer Dachstube aus mithilfe eines Teleskops den nächtlichen Himmel absuchen – zunächst allerdings vergeblich:

[I]m Osten kroch bereits ein verdächtiges Lichtgrauen herum, als sei's der Morgen [...]. Da auf einmal, in einem lichten Gürtel des Himmels, den zwei lange Wolkenbänder zwischen sich ließen, war mirs, als schwebe langsam eine
5 dunkle Scheibe – ich griff rasch um das Fernrohr [...], und schwang es gegen jene Stelle des Firmamentes [...], bis ich plötzlich eine große schwarze Kugel erfasste und festhielt. Es war *richtig, meine Voraussage trifft ein*: Gegen den zarten Frühhimmel, so schwach rot erst, wie Pfirsichblüte, zeich-
10 nete sich eine bedeutend große dunkle Kugel, unmerklich emporschwebend – und unter ihr an unsichtbaren Fäden hängend, im Glase des Rohres zitternd und schwankend, klein wie ein Gedankenstrich am Himmel – *das Schiffchen*, ein gebogenes Kartenblatt, das drei Menschenleben trägt,
15 und sie noch vor dem Frührot herabschütteln kann, so naturgemäß, wie aus der Wolke daneben ein Morgentropfen fällt.
Cornelia, du armes verblendetes Kind! möge dich Gott retten und schirmen!
20 Ich musste das Rohr weglegen; denn es wurde mir immer grauiger, dass ich durchaus die Stricke nicht sehen konnte, mit denen das Schiff am Ballone hing.
Ist nun auch die *zweite* Tatsache so gewiss, wie die *erste*; dann ade mein Herz – dann kanntest du und liebtest du das
25 schönste, großherzigste, leichtsinnigste Weib!!
Ich musste doch das Rohr wieder nehmen; aber der Ball war nicht mehr sichtbar, wahrscheinlich hatte ihn das obere jener Wolkenbänder aufgenommen [...]. [...]

Der junge Mann, aus dessen Tagebuche das Vorstehende
30 wörtlich genommen wurde, war ein angehender Künstler, ein Maler, noch nicht völlig zweiundzwanzig Jahre alt, aber seinem Ansehen nach hätte man ihm kaum achtzehn gegeben. Aus einer Fülle blonder Haare, die er noch fast knabenhaft in Locken trug, sah ein unbeschreiblich treuherzi-
35 ges Gesicht heraus, weiß und rot, voll Gesundheit, geziert mit den Erstlingen eines Bartes, den er sehr liebte, und der kindisch trotzig auf der Oberlippe saß, – zwei dunkelblaue schwärmerische Augen unter einer ruhigen Stirn, auf der noch alle Unschuld seiner Kindheit wohnte. [...] Die Hände
40 ruhten in dem Schoße, und die Augen schauten auf die leere Leinwand, die vor ihm auf der Staffelei stand, aber sie sannen nicht auf Bilder, sondern in ihrem tiefen schwermütigen Feuer stand der Anfang einer Leidenschaft, die düster selig in dem Herzen anbrannte [...].
45 Die Liebe ist ein schöner Engel, aber oft ein schöner Todesengel für das gläubige, betrogne Herz! [...]
Während nun der Künstler so saß in seiner engen Dachstube, die ihm der Himmel endlich ganz mit Sonnengold angefüllt hatte, begab sich anderswo eine andere Szene: Hoch am Firmamente in der Einöde unbegrenzter Lüfte schweb-
50 te der Ballon, und führte sein Schiffchen und die kühnen Menschen darinnen in dem blauen Ozean mit einem sanften Luftstrome westwärts.

> Schauen Sie sich im Panorama (S. 194) Punkt ⑤ über die Revolution zu Land, zu Wasser und in der Luft an, um die Hintergründe zu verstehen.

Analyse und Interpretation von Erzähltexten
→ S. 425 ff.

1 Erläutern Sie auf der Grundlage des Textes, wie der Leserin bzw. dem Leser die für einen Erzählbeginn nötigen Informationen vermittelt werden, vor allem im Hinblick darauf,
- wie der Protagonist charakterisiert wird,
- wie der Erzählraum und die Erzählzeit jeweils strukturiert sind.

Erzähltechnik
→ S. 426

2 Bestimmen Sie – unterteilt nach passenden Abschnitten – Erzählform (*Ich-* bzw. *Er-/Sie-Erzähler*), Erzählperspektive (*Innen-/Außensicht*) und Erzählverhalten (*auktorial/personal/neutral*) nach Franz Stanzel und Jürgen Petersen. Belegen Sie Ihre Entscheidungen.

3 Bestimmen Sie mithilfe von M1 differenziert Formen der Fokalisierung in einzelnen Partien des Textauszugs auf S. 210.

Erzähltheorie nach Gérard Genette

*Gérard Genette legt in seiner Erzähltheorie großen Wert auf die Unterscheidung zwischen **Stimme** („Wer spricht?") und **Modus** („Wer sieht?", auch: „Wer nimmt wahr?"). Der Modus lässt sich durch die folgenden Formen der **Fokalisierung** näher kategorisieren.*

Die Erzählinstanz ...

... gibt mehr Wissen preis als jede der Figuren.	Nullfokalisierung
... gibt genauso viel Wissen preis wie eine der Figuren.	interne Fokalisierung
... gibt weniger Wissen preis als die Figuren.	externe Fokalisierung

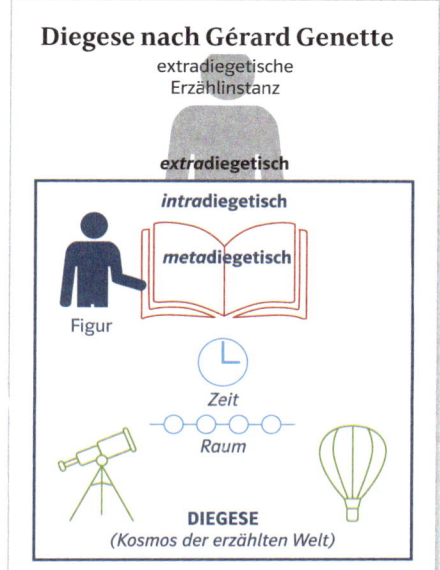

Diegese nach Gérard Genette

4 Beurteilen Sie auf der Grundlage Ihrer Ergebnisse, inwieweit Gérard Genettes Begrifflichkeit zu einem vertieften Verständnis des ersten Auszugs (S. 210) von *Der Condor* führen kann.

5 Beantworten Sie unter Einbeziehung von M2 die folgenden Fragen:
– Durch welche räumlichen und zeitlichen Gegebenheiten, Figuren bzw. Figurenkonstellationen wird hier die Diegese aufgespannt?
– Wo zeigt sich das Vorhandensein einer extradiegetischen Erzählinstanz?
– Welche Rolle spielt das Tagebuch des Künstlers für ein metadiegetisches Erzählen?

Adalbert Stifter: Der Condor (1840, Auszug)

Drei Menschen [...] saßen in dem Schiffe, bis ans Kinn in dichte Pelze gehüllt, und doppelte grüne Flöre[1] über die Gesichter. Durch einen derselben schimmerten die sanften Umrisse eines schönen blassen Frauenantlitzes mit großen geistvollen zagenden Augen.

Aber, wie sie hier schiffte, war in ihr nicht mehr jene kühne *Cornelia*[2], die gleich ihrer altrömischen Namensschwester erhaben sein wollte über ihr Geschlecht, und gleich den heldenmütigen Söhnen derselben, den Versuch wagen, ob man nicht die Bande der Unterdrückten sprengen möge, und die an sich wenigstens ein Beispiel aufstellen wollte, dass auch ein Weib sich frei erklären könne von den willkürlichen Grenzen, die der harte Mann seit Jahrtausenden um sie gezogen hatte – frei, ohne doch an Tugend und Weiblichkeit etwas zu verlieren. Sie war nicht mehr was sie kaum noch vor einer halben Stunde gewesen; denn Alles war anders geworden, als sie es sich gedacht hatte.

In frühester Morgendämmerung [...] ward die Auffahrt veranstaltet, und hochgehobenen Herzens stand die schöne Jungfrau dabei [...]. Ein schöner großer Mann – sonst war er sanft, fröhlich und wohlgemut, heute blass und ernst – ging vielmal um die Maschine herum, und prüfte sie stellenweise um ihre Tüchtigkeit.

Endlich fragte er die Jungfrau, ob sie auf ihrem Wunsche beharre, und auf das Ja sah er sie mit einem seltsamen Blicke der Bewunderung an, und führte sie ehrerbietig in das Schiff [...]. Er wartete noch einige Minuten [...], so stieg auch er ein, und ein alter Mann, wahrscheinlich eine Art ergrauter, wissenschaftlicher Famulus[3]. [...] „Nun so lasst im Namen Gottes den braven Condor fliegen – löst die Taue!" Es geschah, und von den tausend unsichtbaren Armen der Luft gefasst und gedrängt, erzitterte der Riesenbau der Kugel, und schwankte eine Sekunde. Dann sacht aufsteigend zog er das Schiffchen los vom mütterlichen Grunde der Erde [...].

Die Erhabenheit begann nun allgemach ihre Pergamente auseinanderzurollen – und der Begriff des Raumes fing an mit seiner Urgewalt auf die Fantasie der Schiffenden zu wirken. Sie stiegen einem Archipel von Wolken näher, die der Erde eben ihre Morgenrosen sandten, hier oben aber

211

weißschimmernde Eisländer waren, die auf dem Strome
schwimmen und mit Schlünden und Spalten dem Schiffe
entgegen starrten. In diesem Augenblicke ging auf der Erde
die Sonne auf [...].

45 *Cornelia* sah [...] behutsam über Bord des Schiffes, und
tauchte ihre Blicke senkrecht nieder durch den luftigen Abgrund auf die liebe verlassene, nunmehr schimmernde
Erde, ob sie etwa bekannte Stellen entdecken möge – aber
siehe, Alles war fremd. Die vertraute Wohnlichkeit dersel-
50 ben war schon nicht mehr sichtbar, und mithin auch nicht
die Fäden, die uns an ein teures, kleines Fleckchen binden,
das wir Heimat nennen. [...]

Wie sie ihre Blicke wieder zurückzog, begegnete sie dem
ruhigen Auge des Lords, an dem sie sich erholte. Er stellte
55 eben ein Teleskop zurecht und befestigte es. Dies nun war
der Moment, in welchem wir den Ballon trafen, als wir uns
aus der Stube des Künstlers entfernten. [...] Die beiden
Männer arbeiteten mit ihren Instrumenten. *Cornelia*
drückte sich tiefer in ihre Gewänder, und in die Ecke ihres
60 Sitzes. Die fließende Luft spielte um ihre Locken, und das
Fahrzeug wiegte sich. Von ihrem Herzen gab sie sich geflissentlich[4] keine Rechenschaft. [...] Der Condor wiegte sich in
seinem Bade, und wie mit den prächtigen Schwingen seines Namensvetters hob er sich langsam und feierlich in
65 den äußersten Äther – und hier nun änderte sich die Szene
schnell und überwältigend.

Der erste Blick war wieder auf die Erde – diese aber war
nicht mehr das wohlbekannte Vaterhaus; in einem fremden goldenen Rauche lodernd, taumelte sie gleichsam zu-
70 rück, an ihrer äußersten Stirn das Mittelmeer, wie ein
schmales, gleißendes Goldband tragend, überschwim-
mend in unbekannte fantastische Massen. Erschrocken
wandte die Jungfrau ihr Auge zurück, als hätte sie ein Ungeheuer erblickt, – aber siehe, auch um das Schiff wallten
75 weithin weiße, dünne, sich dehnende und regende Lei-
chentücher – von der Erde gesehen – Silberschäfchen des
Himmels; – zu diesem Himmel floh nun der Blick – aber
das Himmelsgewölbe, die schöne blaue Glocke unserer
Erde, war ein ganz schwarzer Abgrund geworden, ohne
80 Maß und Grenze in die Tiefe gehend – das Labsal[5], das wir

so gedankenlos genießen, war hier oben ganz verschwunden, die Fülle und Flut des Lichtes auf der schönen Erde.
Wie zum Hohne wurden alle Sterne sichtbar – winzige,
ohnmächtige Goldpunkte, verloren durch die Öde gestreut
– und endlich die Sonne, ein drohendes Gestirn, ohne 85
Wärme, ohne Strahlen, eine scharf geschnittene Scheibe
aus wallendem, blähendem, weißgeschmolzenem Metalle
glotzte sie mit vernichtendem Glanze aus dem Schlunde
an [...].

Und dennoch (die Fantasie begriff es kaum) war es noch 90
unsere zarte, liebe Luft, in der sie schifften, dieselbe Luft,
die morgen die Wangen eines Säuglings fächelt.

Der Ballon kam, wie der Alte bemerkte, in den obern um-
gekehrten Passatstrom, und musste mit fürchterlicher
Schnelligkeit dahingehen, was das ungemeine Schiefhän- 95
gen des Schiffes bewies [...] – und wenn das Schiff sich von
der Sonne wendete, – war nichts, *nichts* da, als die entsetzlichen Sterne, wie Geister, die bei Tage umgehen. Jetzo nach
langem Schweigen taten sich zwei schneebleiche Lippen
auf, und sagten furchtsam leise: „Mir schwindelt." Man 100
hörte sie aber nicht. Sie schlug nun den Pelz dichter um
sich, um den schüttelnden Fieberfrost zu wehren. Die Männer arbeiteten noch, nur der junge Aëronaut[6] schoss oft einen edlen, majestätischen Blick in die großartige Finsternis und sein Herz spielte dichterisch mit Gefahr und Größe. 105
Nach einigen Minuten neigte er sich zu der Jungfrau und
blickte ihr ins Antlitz. Sie schaute mit stillen, wahnsinni-
gen Augen um sich und auf den weißen Lippen stand ein
Tropfen Blut.

„*Coloman*", rief er [...]. Der alte Mann, [...], der würdevolle 110
Lehrer des jungen Mannes in den Naturwissenschaften,
stand auf von den Instrumenten und zeigte ein strahlendes
Antlitz, wie jene alten Magier, und rief mit überraschend
starker Stimme: „Ich sagte dir, *Richard*, das Weib erträgt
den Himmel nicht – die Unternehmung, so gefährlich und 115
kostbar, ist nun unvollendet, und es war doch die schönste
und ruhigste meiner Fahrten – nun ist es gut – die Jungfrau
darf es nicht entgelten, lüfte nur die Klappe."
[...] Der Lord hielt die ohnmächtige *Cornelia* in den Armen.

---

1 Flor, der: durchsichtiger, hier grün schimmernder Schleier   2 Cornelia (um 190 bis um 100 v. Chr.): römische Patrizierin, Mutter der Gracchen, die aufgrund ihrer sozialreformerischen Bestrebungen beide gewaltsam zu Tode kamen. Obwohl Frauen im alten Rom kaum Handlungsspielraum zugestanden
wurde, brachte es Cornelia zu erheblichem Einfluss.   3 Famulus, der: wissenschaftlicher Gehilfe   4 geflissentlich: mit Absicht   5 Labsal, das/die: etwas,
das erfrischt   6 Aëronaut, der: veraltete Bezeichnung für Flieger, Luftschiffer oder Ballonfahrer

6 Fassen Sie anhand prägnanter Textstellen zusammen, wie die einzelnen Figuren auf die Herausforderung der Ballonfahrt reagieren.

Zeitgestaltung
→ S. 428

7 „Alles war anders geworden, als sie es sich gedacht hatte." (Z. 16 f.)
Erläutern Sie ausgehend von diesem Zitat, warum die Erzählinstanz hier nicht linear erzählt,
sondern eine Analepse (Rückblende) einfügt.

Erzähltechnik
→ S. 426 f.

8 Was nehmen die Figuren, was nimmt die Erzählinstanz wahr? Untersuchen Sie dazu den Text differenziert auf Signale für eine interne, eine externe oder eine Nullfokalisierung (M1, S. 211) bzw. für ein auktoriales und für ein personales Erzählverhalten.

9 „[D]as Weib erträgt den Himmel nicht" (Z. 114 f.) – so das Urteil des männlichen Ballonfahrers Coloman. Wechseln Sie die Perspektive und lassen Sie Cornelia selbst in einem Brief an den anfangs genannten Maler Gustav ihre Eindrücke während der Ballonfahrt schildern.
  – Teilen Sie dazu den Kurs in zwei Hälften auf, von denen (a) die eine die Schwäche, (b) die andere die besondere Hellsichtigkeit der Frau in den Vordergrund stellt.
  – Vergleichen Sie Ihre Ergebnisse und diskutieren Sie vor dem Hintergrund der Entstehungszeit und der erzählerischen Gestaltung die Überzeugungskraft beider Varianten.

10 Formulieren Sie auf der Grundlage Ihrer Ergebnisse aus den Aufgaben 6 bis 9 eine Deutungshypothese für die abgedruckten Textauszüge aus Adalbert Stifters Erzählung *Der Condor* (S. 210–212).

Den Beginn eines Romans des Poetischen Realismus untersuchen

Theodor Fontane: Effi Briest (1896, Auszug)

In Front des schon seit Kurfürst Georg Wilhelm von der Familie von Briest bewohnten Herrenhauses zu Hohen-Cremmen fiel heller Sonnenschein auf die mittagsstille Dorfstraße, während nach der Park- und Gartenseite hin
5 ein rechtwinklig angebauter Seitenflügel einen breiten Schatten erst auf einen weiß und grün quadrierten Fliesengang und dann über diesen hinaus auf ein großes, in seiner Mitte mit einer Sonnenuhr und an seinem Rande mit Canna indica und Rhabarberstauden besetztes Rondell warf.
10 Einige zwanzig Schritte weiter, in Richtung und Lage genau dem Seitenflügel entsprechend, lief eine ganz in kleinblättrigem Efeu stehende, nur an einer Stelle von einer kleinen weißgestrichenen Eisentür unterbrochene Kirchhofsmauer, hinter der Hohen-Cremmener Schindelturm mit sei-
15 nem blitzenden, weil neuerdings erst wieder vergoldeten Wetterhahn aufragte. Fronthaus, Seitenflügel und Kirchhofsmauer bildeten ein einen kleinen Ziergarten umschließendes Hufeisen, an dessen offener Seite man eines Teiches mit Wassersteg und angekettelem Boot und dicht
20 daneben einer Schaukel gewahr wurde, deren horizontal gelegtes Brett zu Häupten und Füßen an je zwei Stricken hing – die Pfosten der Balkenlage schon etwas schief stehend. Zwischen Teich und Rondell aber und die Schaukel halb versteckend standen ein paar mächtige alte Platanen.
25 Auch die Front des Herrenhauses – eine mit Aloekübeln und ein paar Gartenstühlen besetzte Rampe – gewährte bei bewölktem Himmel einen angenehmen und zugleich allerlei Zerstreuung bietenden Aufenthalt; an Tagen aber, wo die Sonne niederbrannte, wurde die Gartenseite ganz ent-
30 schieden bevorzugt, besonders von Frau und Tochter des Hauses, die denn auch heute wieder auf dem im vollen Schatten liegenden Fliesengange saßen, in ihrem Rücken ein paar offene, von wildem Wein umrankte Fenster, neben sich eine vorspringende kleine Treppe, deren vier Steinstu-
35 fen vom Garten aus in das Hochparterre des Seitenflügels hinaufführten. Beide, Mutter und Tochter, waren fleißig bei der Arbeit, die der Herstellung eines aus Einzelquadraten zusammenzusetzenden Altarteppichs galt.

1 Wie real ist eigentlich Hohen-Cremmen?
  – Zeichnen Sie eine Karte des Herrenhauses. Tauschen Sie sich über Ihre Ergebnisse aus.
  – Recherchieren Sie, ob es Hohen-Cremmen wirklich gibt oder gab.

MK **2** Notieren und erklären Sie (ggf. auf der Grundlage einer Onlinerecherche) alle Begriffe aus dem Text, die beim Lesen ein bestimmtes kulturelles Wissen voraussetzen.

3 Erläutern Sie mithilfe von Material 2 auf S. 211, wie sich die Diegese hier von denjenigen in klassischen oder romantischen Erzählungen unterscheidet.

Diegese
→ S. 425

> **ÜBRIGENS**
>
> Dass Fontane seine Schauplätze so realistisch schilderte, hatte bisweilen ungeahnte Folgen: 1882 etwa machte sich ein Geschichtsverein auf, um Schloss Wuthenow zu besichtigen, das sie aus Fontanes Novelle *Schach von Wuthenow* kannten: Was die Wanderer nicht bedacht hatten, war, dass zwar der Ort selbst real ist, das genannte Schloss jedoch nur in der Diegese der Novelle existiert.

Material 3

Monika Fludernik: Realismus in der Erzählung (2010, Ausschnitt)

Die detailreiche Schilderung von Orten, Gegenständen [...] sowie von Personen [...] evoziert das Ganze, nämlich die reale Welt, und lässt so die Illusion entstehen, dass der Roman die Wirklichkeit abbilde. Ähnliches lässt sich für die psychologische Darstellung der handelnden Personen ausmachen. [...] [G]erade das scheinbar eliminierbare Detail in seiner Funktionslosigkeit für die Geschich-
5 te dient der Authentifizierung des Textes als realistisch – es stünde nicht dort, wenn es nicht Teil einer den Realitäten entsprechenden Beschreibung wäre. [...] Die Illusion, auf der Realismus im Roman aufbaut, besteht also vor allem im Trick, die Romanwelt als Teil der realen Welt erscheinen zu lassen, nicht wie meist behauptet wird, eine reale Welt im Roman abzubilden. Der realistische Roman imitiert nicht die Wirklichkeit, sondern referiert auf bekannte Aspekte von Wirklichkeit,
10 die [...] unbewusst mit der bekannten Welt verschmelzen.

4 Gleichen Sie die Aussagen Monika Fluderniks (M3) mit Ihren eigenen Ergebnissen zum Erzählbeginn ab. Fassen Sie zusammen, was den Erzählbeginn als realistisch erscheinen lässt.

Material 4

Amos Oz: Das unmerkliche Fortschreiten des Schattens (1997, Ausschnitt)

Ist das keine Ansichtskarte für Touristen? Ein süßliches Landschaftsgemälde des Genres, das man gern im Salon überm Klavier aufhängte [...]? Bei sorgfältiger Lektüre dieses ersten Abschnitts zeigt sich, dass die Ruhe angespannt
5 und die Harmonie des Bildes bedroht ist; Park und Garten sind, im Gegensatz zur sonnenbeschienenen Dorfstraße, teilweise überschattet. Dieser Schatten ist nicht statisch, sondern dynamisch: er schreitet von dem quadrierten Fliesengang zum Blumenrondell fort. [...]
10 [F]ast alles [...] ist hier von geometrischer Strenge: Der Seitenflügel ist im rechten Winkel angebaut, der Weg quadratisch gefliest, das Blumenbeet kreisrund mit einer Sonnenuhr im Zentrum. [...] Fronthaus, Seitenflügel und Kirchhofmauer sind genau aufeinander ausgerichtet, aber
15 es ist eine erdrückende, ausweglose Symmetrie. Die einzige Öffnung in der Mauer ist eine kleine Eisentür, die geradewegs auf den Kirchhof führt. Auf diese Weise entsteht ein klaustrophobisches Gefühl des Gefangenseins hinter den drei massiven Mauerwerken in Hufeisenform. Auf der
20 offenen Seite des Hufeisens liegt zwar ein Teich mit Boot, aber das Boot ist am Steg „angekettelt". [...] Hier wird die beengende Welt der jungen Effi Briest also schon deutlich, bevor noch die Figuren, der gesellschaftliche Hintergrund, die Epoche, die Verbote und der verfehlte Ausbruchsver-
25 such geschildert werden.

Der Wetterhahn auf der Turmspitze ist nicht neu. Vielleicht steht auch er, genau wie das Herrenhaus der Familie Briest, schon seit Kurfürst Georg Wilhelm an seinem Platz. [...] Das ganze Bild vermittelt Macht und Festigkeit, Gene-
30 rationen alte Stärke, starre Ordnung, Herrschaft und Strenge. Aber es ist eine von innen bedrohte Festung: Die Pfosten der Schaukel stehen schon etwas schief, der Garten ist umschlossen, und vor allem ist die Atmosphäre erstickend. [...] Eigentlich ist überhaupt keine Bewegung in dem Bild, nicht
35 einmal ein leichtes Lüftchen weht hindurch. [...] Eine erstarrte Welt. Die einzige Bewegung in der ganzen Szene ist, wie gesagt, das unmerkliche Fortschreiten des Schattens. [...] Das also ist Effis Welt: Die erdrückenden Gebäude lassen den Garten und alles, was darinnen ist, erstarren, nur
40 das Kriechen des Schattens vermögen sie nicht aufzuhalten.
Welcher Art ist der Vertrag, den dieser Anfangsabsatz dem Leser als Vorbedingung für den Einlass im Haus und Roman vorlegt? Er stellt die strenge Forderung langsamer, sorgfältiger Lektüre: Ohne ausdauernde Beobachtung ver-
45 mag der Betrachter das Fortschreiten des Schattens nicht wahrzunehmen. Ohne geduldiges Horchen ist die Totalität der stummen Starre nicht zu erfassen. Ohne Beobachtung der Einzelheiten ist dies nichts als eine hübsche Ansichtskarte [...].
50

5 „Bei richtigem Aufbau muss in der ersten Seite der Keim des Ganzen stecken." (Theodor Fontane) Erläutern Sie mithilfe der Aussagen von Amos Oz und des Zitats von Theodor Fontane, wie der Beginn von *Effi Briest* das Konfliktpotential des Romans andeutet.

6 Stellen Sie dar, auf welche Weise Amos Oz (M4) die erzähltheoretische Grundannahme eines Pakts mit dem Leser (M5, S. 215) anhand von Fontanes Roman weiterführt.

Material 5

Der Pakt mit dem Leser

Der sogenannte „Pakt mit dem Leser" bezeichnet die erzähltheoretische Annahme, dass der implizite Autor eines fiktionalen Textes (mitsamt Paratexten wie Titel, Untertitel, Genrebezeichnung) implizit einen Vertrag mit der Leserin bzw. dem Leser schließt. Darin wird unter anderem festgelegt, welche Regeln nur innerhalb der Diegese, also der fiktionalen Welt, gelten sollen (*Fiktionspakt*) und welche Elemente auf die Wirklichkeit der Leserin bzw. des Lesers referieren (*Referenzpakt*; etwa das Berlin des späten 19. Jahrhunderts als Schauplatz).

 7 Der Schauplatz des Erzählbeginns von Theodor Fontanes *Effi Briest* wird auch als Anspielung auf die christliche Motivtradition von „Garten Eden" und „Hortus conclusus" gedeutet.
- Recherchieren Sie die beiden Begriffe, beziehen Sie diese auf die biblischen Figuren Eva und Maria, und bewerten Sie die Stichhaltigkeit einer solchen Deutung.
- Diskutieren Sie, ob eine versteckte Symbolik den Prinzipien realistischen Erzählens widerspricht.

Eine Figur in einem Roman des Poetischen Realismus charakterisieren

1 *Mariana* von John Everett Millais ist ein Gemälde, das Fontane außerordentlich schätzte:
- Tauschen Sie sich darüber aus, inwieweit die Darstellung als realistisch gelten kann.
- Deuten Sie die Körperhaltung der Frau dem ersten Eindruck nach und anschließend nach einer kurzen Recherche zum Gedicht *Mariana* von Alfred Tennyson, zu dem das Gemälde gemalt wurde.
- Erläutern Sie, inwieweit die Motive auf den Glasfenstern (Verkündigung Mariens; abgebrochene Lilie) für die Interpretation des Gemäldes bedeutsam sein können.

Theodor Fontane: Effi Briest (1896, Auszug)

Beide, Mutter und Tochter, waren fleißig bei der Arbeit, die der Herstellung eines [...] Altarteppichs galt [...], aber [...] die Tochter, die den Rufnamen Effi führte, [legte] von Zeit zu Zeit die Nadel nieder und erhob sich, um unter allerlei kunstgerechten Beugungen und Streckungen den ganzen Kursus der Heil- und Zimmergymnastik
5 durchzumachen. Es war ersichtlich, dass sie sich diesen absichtlich ein wenig ins Komische gezogenen Übungen mit ganz besonderer Liebe hingab, und wenn sie dann so dastand und, langsam die Arme hebend, die Handflächen hoch über dem Kopf zusammenlegte, so sah auch wohl die Mama von ihrer Handarbeit auf [...]. Effi trug ein blau und weiß gestreiftes, halb kittelartiges Leinwandkleid, dem erst ein fest
10 zusammengezogener, bronzefarbener Ledergürtel die Taille gab; der Hals war frei, und über Schulter und Nacken fiel ein breiter Matrosenkragen. In allem, was sie tat, paarten sich Übermut und Grazie, während ihre lachenden braunen Augen eine große, natürliche Klugheit und viel Lebenslust und Herzensgüte verrieten. [...] Eben hatte sich Effi wieder erhoben, [...], als die [...] Mama ihr zurief: „Effi, eigentlich
15 hättest du doch wohl Kunstreiterin werden müssen. Immer am Trapez, immer Tochter der Luft. Ich glaube beinah, dass du so was möchtest."
„Vielleicht, Mama. Aber wenn es so wäre, wer wäre schuld? Von wem hab ich es? Doch nur von dir. Oder meinst du, von Papa? Da musst du nun selber lachen. Und dann, warum steckst du mich in diesen Hänger, in diesen Jungenkittel? [...] Warum
20 kriege ich keine Staatskleider? Warum machst du keine Dame aus mir?"
„Möchtest du's?"
„Nein." Und dabei lief sie auf die Mama zu und umarmte sie stürmisch und küsste sie.
„Nicht so wild, Effi, nicht so leidenschaftlich. Ich beunruhige mich immer, wenn ich
25 dich so sehe ..."

John Everett Millais: *Mariana* (1851)

2 Charakterisieren Sie Effi anhand ihres Verhaltens im Textauszug. Sie können sich am „So geht's"-Beispiel unten orientieren. Ergänzen Sie zusätzliche Zitate aus dem Text. Arbeiten Sie ggf. mit einer Kopie des Textes.

3 Formulieren Sie auf der Grundlage Ihrer Beobachtungen eine erste Schlussfolgerung über die Titelfigur.

SO GEHT'S   **Die Merkmale einer Figur in einem Erzähltext erschließen**

Theodor Fontane: Effi Briest (1896, Auszug)

Es war ersichtlich, dass sie sich diesen absichtlich
ein wenig ins Komische gezogenen Übungen mit
ganz besonderer Liebe hingab. [...] In allem, was sie
tat, paarten sich Übermut und Grazie [...].
5 „[...] Immer am Trapez, immer Tochter der Luft." [...]
„[...] Von wem hab ich es? Doch nur von dir. [...]
Warum machst du keine Dame aus mir?"
„Möchtest du's?"
„Nein." [...]
10 „Nicht so wild Effi, nicht so leidenschaftlich. [...]"

Figurencharakterisierung → direkt (durch klare Benennung) oder **indirekt** (z. B. durch Sprech- oder Verhaltensweisen)

direkt / indirekt durch die **Erzählinstanz**
direkt / indirekt durch die **Figur selbst**
direkt / indirekt durch eine **andere Figur**

Glaubwürdigkeit der Aussagen überprüfen → *Wie parteilich/zuverlässig/informiert ist die jeweilige Erzählinstanz oder Figur?*

Formulieren Sie auf dieser Grundlage Thesen zur Figur, die Sie mit Textzitaten belegen:

– Effi liebt die Gefahr, was ihre Mutter dazu bewegt, dass die mithilfe von Begriffen aus der Zirkuswelt, etwa „Kunstreiterin" (Z. 15), „am Trapez" (Z. 15) oder „Tochter der Luft" (Z. 15 f.) ihre Besorgnis äußert.

---

4 Vergleichen Sie die Darstellungen der Titelfigur aus Rainer Werner Fassbinders Verfilmung *Fontane Effi Briest* (1974) und tauschen Sie sich über Ihre Beobachtungen aus. Berücksichtigen Sie dabei auch Ihre Erkenntnisse aus dem Textauszug auf S. 215.

5 Wesentlich für Erzähltexte ist eine Komplikation, die die Handlung erst in Gang setzt und dabei nach einer – positiven oder negativen – Auflösung drängt.
   - Erläutern Sie, inwiefern die Szenenfotos aus Fassbinders Verfilmung eine solche Komplikation andeuten.
   - Erschließen Sie den folgenden Textauszug aus Theodor Fontanes Roman *Effi Briest* hinsichtlich einer möglichen Komplikation.
   - Fassen Sie Ihre Erkenntnisse in einem Satz zusammen.

oben: Effi als Ehefrau des Barons Geert von Innstetten

links: Szene aus *Fontane Effi Briest*, Deutschland 1974, Regie: Rainer Werner Fassbinder. Hanna Schygulla (links) als Effi mit ihren Freundinnen in Hohen-Cremmen

Theodor Fontane: Effi Briest (1896, Auszug)

Unvermittelt wird die 17-jährige Effi aus dem Spiel mit ihren Freundinnen herausgerissen. Sie soll den Baron Geert von Innstetten kennenlernen: Er ist mehr als doppelt so alt wie sie, war einst der Liebhaber der Mutter, ist nun aber gekommen, um um Effis Hand anzuhalten. Bereitwillig geht Effi die Verlobung ein. Vor der Hochzeit sieht Effi ihren Verlobten kaum, da dieser viel Geschäftliches zu erledigen hat. Stattdessen erhält sie Briefe von ihm.

„Das ist ein sehr hübscher Brief", sagte Frau von Briest, „und dass er in allem das richtige Maß hält, das ist ein Vorzug mehr."

„Ja, das rechte Maß, das hält er."

5 „Meine liebe Effi, lass mich eine Frage tun; wünschtest du, dass der Brief *nicht* das richtige Maß hielte, wünschtest du, dass er zärtlicher wäre, vielleicht überschwänglich zärtlich?"

„Nein, nein, Mama. Wahr und wahrhaftig nicht, das wün-
10 sche ich nicht. Da ist es doch besser so."

„[...] Wie das nun wieder klingt. Du bist so sonderbar. [...] Liebst du Geert nicht?"

„Warum soll ich ihn nicht lieben? Ich liebe Hulda, und ich liebe Bertha, und ich liebe Hertha. Und ich liebe auch den
15 alten Niemeyer. [...] Ich liebe alle, die's gut mit mir meinen und gütig gegen mich sind und mich verwöhnen. Und Geert wird mich auch wohl verwöhnen. Natürlich auf seine Art. Er will mir ja schon Schmuck schenken in Venedig. Er hat keine Ahnung davon, dass ich mir nichts aus Schmuck
20 mache. Ich klettere lieber, und ich schaukle mich lieber, und am liebsten immer in der Furcht, dass es irgendwo reißen oder brechen und ich niederstürzen könnte. Den Kopf wird es ja nicht gleich kosten."

„Und liebst du vielleicht auch deinen Vetter Briest?"

„Ja, sehr. Der erheitert mich immer." 25
„Und hättest du Vetter Briest heiraten mögen?"

„Heiraten? Um Gottes willen nicht. Er ist ja noch ein halber Junge. Geert ist ein Mann, ein schöner Mann, ein Mann, mit dem ich Staat machen kann und aus dem was wird in der Welt. [...] Er ist ja doch nicht alt und ist gesund und 30 frisch und so soldatisch und so schneidig. Und ich könnte beinah' sagen, ich wäre ganz und gar für ihn, wenn er nur ... ja, wenn er nur ein bisschen anders wäre."

„Wie denn, Effi?"

„Ja, wie. [...] Es ist etwas, was ich erst ganz vor Kurzem auf- 35 gehorcht habe, drüben im Pastorhause. Wir sprachen da von Innstetten, und mit einem Male zog der alte Niemeyer seine Stirn in Falten, aber in Respekts- und Bewunderungsfalten, und sagte: ‚Ja, der Baron! Das ist ein Mann von Charakter, ein Mann von Prinzipien.'" 40

„Das ist er auch, Effi."

„Gewiss. Und ich glaube, Niemeyer sagte nachher sogar, er sei auch ein Mann von Grundsätzen. Und das ist, glaub' ich, noch etwas mehr. Ach, und ich ... ich habe keine. Sieh', Mama, da liegt etwas, was mich quält und ängstigt. Er ist so 45 lieb und gut gegen mich und so nachsichtig, aber ... ich fürchte mich vor ihm."

6 „Der Autor muss in seinem Werk wie Gott im Weltall sein, überall anwesend und nirgends sichtbar", so der französische Dichter Gustave Flaubert in einem Brief 1852. Untersuchen Sie anhand der bisherigen Textauszüge, inwieweit diese Maxime realistischen Erzählens auch für die Erzählinstanz in Fontanes *Effi Briest* gilt.

7 Unter Sympathiesteuerung versteht man Strategien (den Erzählinhalt oder die Erzähltechnik betreffend), die geeignet sind, einer bestimmten Figur gegenüber eine positive oder negative Haltung einzunehmen.

– Untersuchen Sie, welche Strategien der Sympathiesteuerung die bisherigen Textauszüge aus *Effi Briest* prägen.
– Überprüfen Sie Ihre Ergebnisse anhand der folgenden Äußerung des Autors (M6, S. 218).
– Diskutieren Sie, inwieweit die Autormeinung maßgeblich für die Deutung einer Figur ist.

ÜBRIGENS

Gustave Flaubert musste wegen seines Ehebruchsromans *Madame Bovary* (1856), einem der großen Werke der Weltliteratur, 1857 vor Gericht, wo er angeklagt war, die öffentliche Moral, die guten Sitten und die Religion verletzt zu haben.

Für seine Verteidigung, die schließlich zum Freispruch führte, konnte Flaubert unter anderem geltend machen, dass die Sittenverstöße seiner Hauptfigur keineswegs durch ihn als Autor (bzw. eine auktoriale Erzählinstanz) gedeckt würden. Vielmehr führe ein streng personales Erzählverhalten zu einem Verzicht auf jegliche persönliche Bewertung seinerseits.

Material 6

Theodor Fontane in einem Brief vom 10. Oktober 1895 (Auszug)

Der natürliche Mensch will leben, will weder fromm noch keusch noch sittlich sein, lauter Kunstpro-
dukte von einem gewissen, aber immer zweifelhaft bleibendem Wert, weil es an Echtheit und Natürlichkeit fehlt. Dies Natürliche hat es mir seit lange angetan [...] und dies ist wohl der Grund, warum
meine Frauengestalten alle einen Knacks weghaben. Gerade dadurch sind sie mir lieb, [...] nicht um
5 ihrer Tugenden, sondern um ihrer Menschlichkeiten, d.h. um ihrer Schwächen und Sünden willen.

Die gesellschaftliche Situation der Entstehungszeit berücksichtigen

Theodor Fontane: Effi Briest (1896, Auszug)

*Effi lebt an der Seite ihres Ehemanns in der Provinzstadt Kessin. Eher aus Langeweile als aus Leidenschaft lässt sie sich auf
eine Affäre mit Major Crampas ein. Letzten Endes ist Effi sogar erleichtert, als sie diese Liebschaft beenden kann, weil Innstetten zum Ministerialrat befördert wird und die Familie nach Berlin umzieht. Jahre später – Effi befindet sich gerade auf Kur –
entdeckt Innstetten alte Liebesbriefe des Majors. Er bittet daraufhin seinen Freund und Kollegen Wüllersdorf zu sich nach
Hause und informiert ihn über sein Anliegen.*

„Es ist", begann er, „um zweier Dinge willen, dass ich Sie
habe bitten lassen: erst um eine Forderung[1] zu überbringen
und zweitens um hinterher, in der Sache selbst, mein Se-
kundant zu sein; das eine ist nicht angenehm und das an-
5 dere noch weniger. Und nun Ihre Antwort."
„Sie wissen, Innstetten, Sie haben über mich zu verfügen.
Aber eh ich die Sache kenne, verzeihen Sie mir die naive
Vorfrage: Muss es sein? Wir sind doch über die Jahre weg,
Sie, um die Pistole in die Hand zu nehmen, und ich, um da-
10 bei mitzumachen. Indessen missverstehen Sie mich nicht,
alles dies soll kein Nein sein. Wie könnte ich Ihnen etwas
abschlagen. Aber nun sagen Sie, was ist es?"
„Es handelt sich um einen Galan[2] meiner Frau, der zugleich
mein Freund war oder doch beinah."
15 Wüllersdorf sah Innstetten an. „Innstetten, das ist nicht
möglich."
„Es ist mehr als möglich, es ist gewiss. Lesen Sie."
Wüllersdorf flog drüber hin. „Die sind an Ihre Frau gerichtet?"
20 „Ja. Ich fand sie heut in ihrem Nähtisch."
Und wer hat sie geschrieben?"
„Major Crampas." [...]
„Also Dinge, die sich abgespielt, als Sie noch in Kessin waren?"
25 Innstetten nickte.
„Liegt also sechs Jahre zurück oder noch ein halb Jahr länger."
[...] „Es sieht fast so aus, Wüllersdorf, als ob die sechs oder
sieben Jahre einen Eindruck auf Sie machten. Es gibt eine
30 Verjährungstheorie, natürlich, aber ich weiß doch nicht, ob
wir hier einen Fall haben, diese Theorie gelten zu lassen."
„Ich weiß es auch nicht", sagte Wüllersdorf. „Und ich be-
kenne Ihnen offen, um diese Frage scheint sich hier alles zu
drehen."

Innstetten sah ihn groß an. „Sie sagen das in vollem Ernst?" 35
[...] „Innstetten, Ihre Lage ist furchtbar, und Ihr Lebensglück ist hin. Aber wenn Sie den Liebhaber totschießen, ist
Ihr Lebensglück sozusagen doppelt hin [...]. Alles dreht sich
um die Frage, müssen Sie's durchaus tun? Fühlen Sie sich
so verletzt, beleidigt, empört, dass einer weg muss, er oder 40
Sie? Steht es so?"
„Ich weiß es nicht." – „Sie müssen es wissen." [...]
„Nein, so steht es nicht. [...] Es steht so, dass ich unendlich
unglücklich bin; ich bin gekränkt, schändlich hintergan-
gen, aber trotzdem, ich bin ohne jedes Gefühl von Hass 45
oder gar von Durst nach Rache. Und wenn ich mich frage,
warum nicht, so kann ich zunächst nichts anderes finden
als die Jahre. Man spricht immer von unsühnbarer Schuld;
vor Gott ist es gewiss falsch, aber vor den Menschen auch.
Ich hätte nie geglaubt, dass die Zeit, rein als Zeit, so wirken 50
könne. Und dann als zweites: Ich liebe meine Frau, ja, seltsam zu sagen, ich liebe sie noch, und so furchtbar ich alles
finde, was geschehen, ich bin so sehr im Bann ihrer Lie-
benswürdigkeit [...], dass ich mich, mir selbst zum Trotz, in
meinem letzten Herzenswinkel zum Verzeihen geneigt 55
fühle."
Wüllersdorf nickte. „Kann ganz folgen, Innstetten, würde
mir vielleicht ebenso gehen. Aber wenn Sie so zu der Sache
stehen und mir sagen: ,Ich liebe diese Frau so sehr, dass ich
ihr alles verzeihen kann', und wenn wir dann das andere 60
hinzunehmen, dass alles weit, weit zurückliegt [...] ja, wenn
es so liegt, Innstetten, so frage ich, wozu die ganze Geschichte?"
„Weil es trotzdem sein muss. Ich habe mir's hin und her
überlegt. Man ist nicht bloß ein einzelner Mensch, man ge- 65
hört einem Ganzen an, und auf das Ganze haben wir be-
ständig Rücksicht zu nehmen, wir sind durchaus abhängig
von ihm. Ginge es, in Einsamkeit zu leben, so könnt ich es

gehen lassen; ich trüge dann die mir aufgepackte Last, das
70 rechte Glück wäre hin, aber es müssen so viele leben ohne
dies ‚rechte Glück‘, und ich würde es auch müssen und –
auch können. Man braucht nicht glücklich zu sein, am allerwenigsten hat man einen Anspruch darauf, und den, der
einem das Glück genommen hat, den braucht man nicht
75 notwendig aus der Welt zu schaffen. Man kann ihn [...] auch
laufen lassen. Aber im Zusammenleben mit den Menschen
hat sich ein Etwas gebildet, das nun mal da ist und nach
dessen Paragrafen wir uns gewöhnt haben, alles zu beurteilen, die andern und uns selbst. Und dagegen zu verstoßen
80 geht nicht; die Gesellschaft verachtet uns, und zuletzt tun
wir es selbst und können es nicht aushalten und jagen uns
die Kugel durch den Kopf. [...] Also noch einmal, nichts von
Hass oder dergleichen [...]; aber jenes, wenn Sie wollen, uns
tyrannisierende Gesellschafts-Etwas, das fragt nicht nach
85 Charme und nicht nach Liebe und nicht nach Verjährung.
Ich habe keine Wahl. Ich muss.“
„Ich weiß doch nicht, Innstetten ...“
Innstetten lächelte. „Sie sollen selbst entscheiden, Wüllersdorf. Es ist jetzt zehn Uhr. Vor sechs Stunden, diese
90 Konzession³ will ich Ihnen vorweg machen, hatt’ ich das
Spiel noch in der Hand, konnt’ ich noch das eine und noch
das andere, da war noch ein Ausweg. [...] Ich ging zu Ihnen
und schrieb Ihnen einen Zettel, und damit war das Spiel

aus meiner Hand. Von dem Augenblick an hatte mein Unglück und, was schwerer wiegt, der Fleck auf meiner Ehre 95
einen halben Mitwisser und nach den ersten Worten, die
wir hier gewechselt, hat es einen ganzen. Und weil dieser
Mitwisser da ist, kann ich nicht mehr zurück.“
„Ich weiß doch nicht“, wiederholte Wüllersdorf. „Ich mag
nicht gerne zu der alten abgestandenen Phrase greifen, 100
aber doch lässt’s nicht besser sagen: Innstetten, es ruht
alles in mir wie in einem Grabe.“
„Ja, Wüllersdorf, so heißt es immer. Aber es gibt keine Verschwiegenheit. Und wenn Sie’s wahrmachen und gegen andere die Verschwiegenheit selber sind, so wissen Sie es und 105
es rettet mich nicht vor Ihnen [...] und jedes Wort, das Sie
mich mit meiner Frau wechseln hören, unterliegt Ihrer
Kontrolle [...]. Habe ich recht, Wüllersdorf, oder nicht?“
Wüllersdorf war aufgestanden. „Ich finde es furchtbar, dass
Sie recht haben, aber Sie haben recht. Ich quäle Sie nicht 110
länger mit meinem ‚Muss es sein?‘. Die Welt ist einmal, wie
sie ist, und die Dinge verlaufen nicht, wie wir wollen, sondern wie die andern wollen. Das mit dem ‚Gottesgericht‘,
wie manche hochtrabend versichern, ist freilich ein Unsinn, nichts davon, umgekehrt, unser Ehrenkultus ist ein 115
Götzendienst⁴, aber wir müssen uns ihm unterwerfen, solange der Götze gilt.“

1 Forderung, die: Forderung zu einem Duell, für die der Duellant einen Sekundanten, also einen Assistenten benötigt   2 Galan, der: Liebhaber
3 Konzession, die: Zugeständnis   4 Götze, der: falsche Gottheit

1 Untersuchen Sie die Argumentation der Dialogpartner, indem Sie in Form einer Tabelle notieren, welche
inhaltlichen Ebenen der Dialog berührt. Nehmen Sie folgende Begriffe zu Hilfe:

persönlich   psychologisch   gesellschaftlich   materialistisch   moralisch-normativ   juristisch

2 Im folgenden Duell wird Crampas getötet. Stellen Sie sich vor, Innstetten wird vor Gericht gestellt.
Verfassen Sie als Anwältin bzw. Anwalt eine Verteidigungsrede.

Material 7

Ute Frevert: Ehrenmänner (1991, Ausschnitt)

[Was] die Gesellschaft der Ehrenmänner [...] erwartete, zeigen die Vorkommnisse in Kiel 1899, als der 36-jährige Kapi-
tänleutnant Alfons von Bentheim mit schlichtem Abschied
aus der Marine entlassen wurde, weil er Kameraden, die
5 mit seiner Frau geschlafen hatten, nicht zum Duell gefordert hatte. Als Bentheim nach seiner Rückkehr von einer
Auslandsreise erfuhr, dass seine Frau zwischenzeitlich in-
time Beziehungen zu mehreren Offizieren unterhalten hatte, reichte er die Scheidung ein, unterließ es aber, diejenigen Schritte zu tun, zu denen er nach Ansicht des
Offizierskorps „zur Sühne des Geschehenen verpflichtet
war“. Vom Ehrengericht befragt, warum er die betreffenden
Offiziere nicht sofort gefordert habe, erklärte er, erst den

Scheidungsprozess abwarten zu wollen, um seine Kinder
bei einem für ihn ungünstigen Duellausgang nicht einer 15
„minderwertigen Frau“ überlassen zu müssen. Das Ehrengericht ließ dieses Argument nicht gelten, „da die Wahrung
der Ehre allen anderen Rücksichten vorangestellt werden
musste“. [...]
Ohne den sozialen Druck, dem Männer der ‚besseren‘ Krei- 20
se in solchen Fällen ausgesetzt waren, unterschätzen zu
wollen, scheinen doch gerade Zweikämpfe, die aus Anlass
eines Ehebruchs vereinbart wurden, in dieser Konventio-
nalität nicht aufgegangen zu sein. Ein Mann [...] gehorchte
wohl kaum nur einem gesellschaftlichen Zwang [...]. Allen- 25
falls könnte man sagen, dass er unter dem Zwang stand,

seine Männlichkeit zu behaupten [...]. Indem ihm das Duell erlaubte, Eigenschaften, die als wesentliche Züge von Männlichkeit galten, zu demonstrieren und auszuspielen, gewann er vor sich selber, vor seinem Angreifer und dem immer präsenten, wenn auch nicht physisch anwesenden Publikum seine Glaubwürdigkeit als Mann zurück.

3 Vergleichen Sie Fontanes Textauszug mit den Hinweisen der Historikerin Ute Frevert (M7) und fällen Sie auf dieser Grundlage ein Urteil darüber, wie fundiert die fiktionale Literatur des Realismus einen Beitrag zur Gesellschaftskritik leisten kann.

Das Konzept des Poetischen Realismus kritisch reflektieren

Theodor Fontane: Effi Briest (1896, Auszug)

Aufgrund ihrer Affäre wird Effi von ihrem Mann geschieden: Als Schuldige muss sie den gemeinsamen Haushalt verlassen und darf keinerlei finanzielle Unterstützung erwarten. Sie verliert auch das Sorgerecht für ihre Tochter Annie, die sich auf gezieltes Betreiben Innstettens hin völlig von ihrer Mutter entfremdet. Selbst Effis Eltern beziehen ganz klar Stellung gegen ihre Tochter und erst, als diese schwer erkrankt, erklären sie sich bereit, Effi trotz der damit verbundenen gesellschaftlichen Ächtung wieder bei sich in Hohen-Cremmen aufnehmen. Bald zeichnet sich ab, dass Effi sterben wird.

Arme Effi, du hattest zu den Himmelwundern zu lange hinaufgesehen und darüber nachgedacht, und das Ende war, dass die Nachtluft und die Nebel, die vom Teich her aufstiegen, sie wieder aufs Krankenbett warfen [...] und wenige
5 Tage danach [...] stieg Frau von Briest die Treppe hinauf und trat bei Effi ein. [...]
„Bist du so ruhig über Sterben, liebe Effi?"
„Ganz ruhig, Mama."
„Täuschst du dich darin nicht? Alles hängt am Leben und
10 die Jugend erst recht. Und du bist noch so jung, liebe Effi."
„[...] Freilich bin ich noch jung. Aber das schadet nichts. Es war noch in glücklichen Tagen, da las mir Innstetten abends vor; er hatte sehr viele Bücher, und in einem hieß es: Es sei wer von einer fröhlichen Tafel abgerufen worden,
15 und am anderen Tag habe der Abgerufene gefragt, wie's denn nachher gewesen sei. Da habe man ihm geantwortet: ‚Ach, es war noch allerlei; aber eigentlich haben Sie nichts versäumt.' Sieh, Mama, diese Worte haben sich mir eingeprägt [...]."
20 Frau von Briest schwieg. Effi aber schob sich etwas höher hinauf und sagte dann: „Und da ich nun mal von alten Zeiten und auch von Innstetten gesprochen habe, muss ich dir doch noch etwas sagen, liebe Mama. [...] Ich sterbe mit Gott und Menschen versöhnt, auch versöhnt mit *ihm*[1]."
25 „Warst du denn in deiner Seele in so großer Bitterkeit mit ihm? Eigentlich, verzeih mir, meine liebe Effi, dass ich das jetzt noch sage, eigentlich hast du doch euer Leid heraufbeschworen."
Effi nickte. „Ja, Mama. Und traurig, dass es so ist. Aber als dann all das Schreckliche kam [...], da hab ich [...] mich ganz
30 ernsthaft in den Gedanken hineingelebt, er sei schuld, weil er nüchtern und berechnend gewesen sei und zuletzt auch noch grausam. Und da sind Verwünschungen gegen ihn über meine Lippen gekommen."
„Und das bedrückt dich jetzt?"
35 „Ja. Und es liegt mir daran, dass er erfährt, wie mir hier in meinen Krankheitstagen, die doch fast meine schönsten gewesen sind, wie mir hier klar geworden, dass er in allem recht gehandelt. [...] Lass ihn das wissen, dass ich in dieser Überzeugung gestorben bin. Es wird ihn trösten, aufrich-
40 ten, vielleicht versöhnen. Denn er hatte viel Gutes in seiner Natur und war so edel, wie jemand sein kann, der ohne rechte Liebe ist."
Frau von Briest [...] erhob sich leise von ihrem Platz und ging. Indessen kaum dass sie fort war, erhob sich auch Effi
45 und setzte sich an das offene Fenster, um noch einmal die kühle Nachtluft einzusaugen. Die Sterne flimmerten, und im Park regte sich kein Blatt. Aber je länger sie hinaushorchte, je deutlicher hörte sie wieder, dass es wie ein feines Rieseln auf die Platanen niederfiel. Ein Gefühl der Be-
50 freiung überkam sie. „Ruhe, Ruhe."

---

1 ihm: Gemeint ist Baron von Innstetten.

1 Fassen Sie Effis Einsichten am frühen Ende ihres Lebens zusammen.

 2 Für die Figur der Effi Briest gibt es ein historisches Vorbild, das Fontane für seinen Roman nutzte.
  - Recherchieren Sie das Leben der Elisabeth von Ardenne, geb. Plotho (1853–1952).
  - Benennen Sie Unterschiede zwischen historischer Person und literarischer Figur.
  - Diskutieren Sie, welcher der beiden Lebensläufe Ihnen realistischer erscheint.

Theodor Fontane: Unsere lyrische und epische Poesie seit 1848 (1853, Ausschnitt)

Was unsere Zeit nach allen Seiten hin charakterisiert, das ist ihr Realismus. [...] Dieser Realismus unserer Zeit findet in der Kunst nicht nur sein entschiedenstes Echo, sondern äußert sich vielleicht auf keinem Gebiet unseres Lebens so 5 augenscheinlich wie gerade in ihr. [...] Der Realismus in der Kunst ist so alt als die Kunst selbst, ja noch mehr: Er ist die Kunst. Unsere moderne Richtung ist nichts als eine Rückkehr auf den einzig richtigen Weg [...].

Wir [zögern] nunmehr nicht länger, unsere Ansicht darü- 10 ber auszusprechen, was wir überhaupt unter Realismus verstehen. Vor allen Dingen verstehen wir nicht darunter das nackte Wiedergeben alltäglichen Lebens, am wenigsten seines Elends und seiner Schattenseiten. Traurig genug, dass es nötig ist, derlei sich von selbst verstehende 15 Dinge noch erst versichern zu müssen. Aber es ist noch nicht allzu lange her, dass man [...] *Misere*[1] mit Realismus verwechselte und bei Darstellung eines sterbenden Proletariers, den hungernde Kinder umstehen, oder gar bei Produktionen jener so genannten Tendenzbilder (schlesische 20 Weber, das Jagdrecht u. dgl. m.) sich einbildete, der Kunst eine glänzende Richtung vorgezeichnet zu haben. Diese Richtung verhält sich zum echten Realismus wie das rohe Erz zum Metall: Die Läuterung fehlt. Wohl ist das Motto des Realismus der Goethe'sche Zuruf:

25 *Greif nur hinein ins volle Menschenleben,*
Wo du es packst, da ist's interessant,

aber freilich, die Hand, die diesen Griff tut, muss eine künstlerische sein. Das Leben ist doch immer nur der Mar-

morsteinbruch, der den Stoff zu unendlichen Bildwerken in sich trägt; sie schlummern darin, aber nur dem Auge des 30 Geweihten sichtbar und nur durch seine Hand zu erwecken. Der Block an sich, nur herausgerissen aus einem größeren Ganzen, ist noch kein Kunstwerk, und dennoch haben wir die Erkenntnis als einen unbedingten Fortschritt zu begrüßen, dass es zunächst des Stoffes, oder sagen wir 35 lieber des Wirklichen, zu allem künstlerischen Schaffen bedarf. Diese Erkenntnis, sonst nur im Einzelnen mehr oder minder lebendig, ist in einem Jahrzehnt zu fast universeller Herrschaft in den Anschauungen und Produktionen unserer Dichter gelangt. [...] 40

[D]er Realismus ist [...] die Widerspiegelung alles wirklichen Lebens, aller wahren Kräfte und Interessen im Elemente der Kunst [...]. Er umfängt das ganze reiche Leben, das Größte wie das Kleinste: den Kolumbus, der der Welt eine neue zum Geschenk machte, und das Wassertierchen, 45 dessen Weltall der Tropfen ist; den höchsten Gedanken, die tiefste Empfindung zieht er in seinen Bereich und die Grübeleien eines Goethe wie Lust und Leid eines Gretchen sind sein Stoff. Denn alles das ist wirklich. Der Realismus will nicht die bloße Sinnenwelt und nichts als diese; er will 50 am allerwenigsten das bloß Handgreifliche, aber er will das *Wahre*. Er schließt nichts aus als die Lüge, das Forcierte, das Nebelhafte, das Abgestorbene – vier Dinge, mit denen wir glauben eine ganze Literaturepoche bezeichnet zu haben. 55

---

1 Misere, die: Notlage, Unglück, hier gemeint auch Elend, Armut

 3 Untersuchen Sie anhand des obigen Textausschnitts Fontanes Verständnis von Realismus.
  – Erläutern Sie insbesondere die Bildlichkeit, die Fontane zur Veranschaulichung nutzt.
  – Klären Sie, warum diese Art als „Poetischer Realismus" bezeichnet wird.
  – Präsentieren Sie Ihre Ergebnisse in Form eines (digitalen) Lernplakats oder eines Erklärvideos.

4 Erschließen Sie nun auf der Grundlage Ihrer Erkenntnisse, welche inhaltlichen, erzählerischen und sprachlichen Entscheidungen im Textauszug aus *Effi Briest* (S. 220) aus dem letzten Kapitel eine Läuterung, also eine künstlerische Überformung bewerkstelligen sollen.

5 Fontane benutzt für das Prinzip des *Poetischen Realismus* oft auch das Wort „Verklärung" (vgl. S. 195). Erläutern Sie Fontanes Begriffsverständnis auf der Grundlage seiner Realismus-Theorie und mithilfe des folgenden Bedeutungsspektrums.

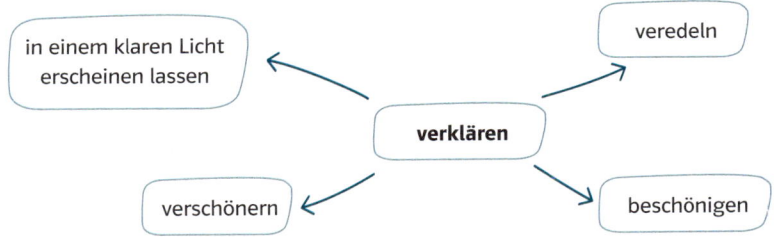

6 Nehmen Sie zur folgenden Frage Stellung, indem Sie die Zeugnisse der Rezeption in M8 bis M10 einbeziehen.

> Lässt Fontane seine Effi letztlich nicht doch in einem zu sehr verklärten Licht erscheinen?

Material 8

Germanist und Schriftsteller Burkhard Spinnen über die Figur der Effi Briest
(2019, Deutschlandfunk)

Für mich ist Effi eben auch eine von den dummen Opfergestalten, die in dem Moment, in dem sie eigentlich aktiv werden könnten, lieber darauf beharren zu sagen ‚ja aber ich bin doch arm und klein und ich bin missbraucht worden, und jetzt muss man also den Rest meines Lebens auf mich Rücksicht nehmen und mich machen lassen, wie ich will, und ich bin
5 ganz unverantwortlich' ... Wenn die gewollt hätte, hätte die diesen Innstetten innerhalb von fünf Jahren vollkommen in die Tasche stecken können, vollkommen! Zehn Jahre später hätte die in Berlin einen Salon gehabt und fünf Liebhaber und was sie wollte!

Material 9

Viele, die eine Ahnung haben von ihren Möglichkeiten und ihren Bedürfnissen und trotzdem das herrschende System in ihrem Kopf akzeptieren durch ihre Taten und es somit festigen und durchaus bestätigen.

Untertitel der Romanverfilmung durch Rainer Werner Fassbinder aus dem Jahr 1974

Material 10

Effi Briest, Deutschland 2009, Regie: Hermine Huntgeburth. In Huntgeburths Verfilmung erklärt Effi (Julia Jentsch) am Ende ihren Eltern, dass sie sich in Berlin ein eigenes Leben aufbauen will.

7 Fassen Sie Ihre Sicht auf den Roman *Effi Briest* in einer Deutungshypothese zusammen.

Gustave Flaubert: Madame Bovary (1857, Ausschnitt)

Fontanes Roman steht in einer Reihe bedeutender Ehebruch-Romane des 19. Jahrhunderts. In Gustave Flauberts „Madame Bovary" stirbt die Titelfigur an Gift, nachdem sich ihre eigenen romantisch verklärten Vorstellungen von Liebe als unvereinbar mit den starren bürgerlichen Konventionen erwiesen haben. Während bei Fontane das Sterben der Hauptfigur eine Leerstelle bildet, wird bei Flaubert über mehrere Seiten hinweg ihr grauenvoller Tod detailgenau und minutiös dargestellt.

Sie brach alsbald Blut aus. Ihre Lippen pressten sich krampfhaft aufeinander. Sie zog die Gliedmaßen ein. Ihr Körper war bedeckt mit braunen Flecken, und ihr Puls glitt unter ihren Fingern hin wie ein dünnes Fädchen, das jeden Augenblick zu zerreißen droht.
Dann begann sie, grässlich zu schreien. Sie verfluchte und schmähte das Gift, flehte, es möge sich
5 beeilen, und stieß mit ihren steif gewordenen Armen alles zurück, was Karl ihr zu trinken reichte. Er war der völligen Auflösung noch näher als sie. Sein Taschentuch an die Lippen gepresst, stand er vor ihr, stöhnend, weinend, von ruckhaftem Schluchzen erschüttert und am ganzen Leibe durchrüttelt.

8 Erarbeiten Sie am Beispiel Fontanes und Flauberts unterschiedliche Prinzipien realistischen Schreibens. Berücksichtigen Sie dafür den Textauszug aus *Effi Briest* auf Seite 220 und die Äußerungen Fontanes auf Seite 221, den kurzen Auszug aus *Madame Bovary* sowie die Materialien 11 bis 13.

Material 11

Gustave Flaubert: Brief an Louise Colet
(1852/1853, Auszug)

Je weiter sie fortschreitet, desto wissenschaftlicher wird die
Kunst sein, so wie die Wissenschaft artistisch sein wird. Beide
werden sich am Gipfel treffen, nachdem sie sich am Ausgangspunkt getrennt hatten. Kein menschliches Denken kann jetzt
5 voraussehen, zu welch blendenden psychischen Sonnen die
Werke der Zukunft sich entfalten werden.
Alles, was man erfindet, ist wahr, da sei sicher. Die Poesie ist
eine ebenso präzise Sache wie die Geometrie. Induktion taugt
ebenso viel wie Deduktion, und von einem gewissen Punkt an
10 täuscht man sich bei der Seele über nichts mehr. Meine arme
Bovary leidet und weint zu dieser Stunde zweifellos in zwanzig
Dörfern Frankreichs zugleich.

Material 12

Achille Lemot: Autopsie der Madame Bovary, Karikatur (1869). Die abgebildete Figur stellt Gustave Flaubert dar.

Material 13

Martin R. Dean: Gustave Flauberts Erzählkunst aus dem Geist der Anatomie und Autopsie
(2017, Auszug)

Als Kind schaute er seinem Vater zu, wie dieser Leichen sezierte und die Anatomie des Körpers untersuchte. Der
Dichter Gustave Flaubert wurde im Anatomiesaal geboren.
Tatsächlich zeigen Untersuchungen [...], wie eng Flaubert seinen Roman mit der damaligen Anatomie verknüpf-
te, ja, sich von den klinisch-anatomischen Fallgeschichten leiten ließ. „Madame Bovary" ist, wie Flaubert sagte,
5 mehr Biografie als Roman, genauer: eine *biographie pathologique*. Ganz dem biografischen Genre gemäß reduzier-
te Flaubert die Handlungsdichte und das Personal und erzählte das Leben der Bovary als das eines Durch-
schnittsmenschen, wie es in der damaligen Krankheitslehre üblich war. [...]. Im Roman werden die Fähigkeiten
des angesehenen Doktor Larivière bezeichnenderweise mit den Techniken des Autors verglichen: „Sein Blick,
schärfer als seine Skalpelle, fuhr einem hinab in die Seele und entblößte durch Ausflüchte und Verschämtheiten
10 hindurch jede Lüge."

Einen naturalistischen Erzähltext untersuchen

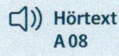
Hörtext A 08

Clara Viebig: Am Totenmaar[1] (1897, Auszug)

Steffen Kohlhaas, Schäfer aus Schalkenmehren in der Vulkaneifel, treibt an einem kalten, windigen Novembertag seine Tiere zur Landschaft am Totenmaar. Als sich eine junge Frau nähert, erkennt Kohlhaas darin bald seine Tochter.

Kohlhaas schmunzelte, mit einem stolzen Blick überflog er
sein schmuckes Kind. [...] Noch hatten Arbeit und Entbeh-
rung die Jugend nicht frühzeitig verjagt, die gebräunten
Wangen waren weich gerundet, unter dem Kopftuche
5 schimmerte eine weiße, faltenlose Stirn.
„Nao, Mädche, woa kimmste här? Hot dir dän Hähr Mathes

erlobt, dein Eltern zo besuchen? Dat es recht, de Modder
wird e su fruh sein!"
Der Alte schlug ihr auf die Schulter, dass sie fast in den
Knieen zusammenknickte, dann rieb er sich grinsend die 10
Hände. [...] Ja, Steffen Kohlhaas war stolz auf seine Anna-
marei! Sie war seine Jüngste, erst sechzehn, und diente

223

schon ein Jahr als Magd in Daun, im Hotel zur Post. Herr
Mathes, der Wirt, lobte sie. Wenn der Vater zur Kirmes ins
15 Kreisstädtchen kam und seine Tochter besuchte, dann
durfte er in der Herrenstube sitzen; der reiche Wirt schenkte ihm selber einen Schnaps ein, und die Frau Wirtin lief
nach Kaffee und Kirmeskuchen. Von der Annamarei sah er
dann freilich nicht viel, die hatte im Haus zu schaffen, grad'
20 nur, dass sie ihm beim Abschied hinter der Tür die Hand
drückte [...]. Das war auch genug – die Ehre, die Ehre, das
war die Hauptsache! Wenn man Steffen Kohlhaas nach seinen Kindern fragte [...], pflegte er zu nicken: „Merci, merci,
se sein al e su weid ganz gud, äwers ons Annamarei, dat es
25 ze Daun im Hodel – jao, jao!"
Und nun kam die Annamarei zu Besuch. Sehr vergnügt
schien sie weiter nicht. Sie [...] vermied den Blick des Vaters. Die Röte in ihrem Gesicht war verschwunden; sie
schien nun sehr blass, nur als der Alte fragte: „On wie lang
30 därfst de derhäm bleiwen?" stieg ihr eine dunkle Glut bis
unter die Wurzeln der flachsblonden Haare.
„Ech – ech –", sie stotterte, „ech sein net mieh an Mathesen,
ech bleiwen erscht für der Hand derhäm!"
„Wat –? Wat – net mieh an Mathesen?!" Das Entsetzen raub-
35 te dem Schäfer schier die Sprache. – „Wat haste gemach? –
red!"
„O Vadder!" Mehr sagte sie nicht, sie schlug die Hände vor's
Gesicht und weinte [...].
Der Alte packte sie bei der Schulter und rüttelte sie. „Wat
40 haste gemaach, dau Schlump², dau" – über sein Gesicht
zuckte es, Heftigkeit und Besorgnis stritten miteinander,
dann legte sich ein weicherer Ausdruck um seinen Mund.
Er schüttelte langsam den Kopf und nickte dann: „Kreisch³
net, Annamarei, et wird net e su schlimm sein [...]!" Und
45 nach einer Pause: „Wän es et, Annamarei? Hän moss dech
heiruoden, gräm dech äweil net e su! Schonst vill Mäder-
ches es et e su gang, se sein als Amm' in der Stadt gewest,
han en guden Groschen mitgebrach on dann ihren Schatz
geheiraod! Dau biste erscht net!"
50 Er legte der Weinenden begütigend die Hand auf die Schulter, mit einem Ruck schüttelte die Tochter sie ab. „Es et net
e su, Vadder, net e su!" Mit lautem Schluchzen kauerte sie
sich plötzlich auf die Erde nieder [...].
„Ech – ech han ge – ge – gestohl!"
55 „Gestohl –?!"
Eine Totenstille folgte dem Aufschrei. [...] Der Alte stand
wie vom Donner gerührt, der Stock war ihm entfallen, wie
abwehrend streckte er beide Arme von sich. [...]
„Gestohl!" – Langsam, dumpf, fast tonlos klang das furcht-
60 bare Wort wieder; der Wind kam, riss es von des Vaters Lippen und schleuderte es in alle Welt.
Die Tochter wimmerte: „[...] Dän Hannes hot kein Geld ge-
hatt, kein Pfennig! Hän sät ze mir, ech kennt sei Mädche
nimmeh sein, wann ech em net en Dahler däht gäwen for

danzen ze giehn – o Vadder, Ihr seid ald, Ihr wisst et ned – 65
o dän Hannes, dän Hannes, ech sein em ze gud – on de
Muhsik –
    Annamarei
    Spann de Gei
    Violenkraut⁴,   70
    Morgen wirste Braut!
– Vadder, ech han et gehert de ganz Nacht – Annamarei,
spann de Gei –!" Sie schluchzte wild und schüttelte sich wie
im Fieber, die Zähne schlugen ihr aufeinander. „Ech konnten net anners – mein Kopp es mir su duselig gäwen – am 75
annern Morgen legt ons Madam en Dahler op dän Disch in
der Küch – ‚Annamarei – spann de Gei‘ – ech dahten en
eweg holen, den Dahler, on am Awend sein dän Hannes on
ech danzen gangen. Vadder, Vadder, et war e su schien
gewest!"   80
Ein Glücksschein flog über ihr Kindergesicht, sie sprang
auf und hielt beide Hände an ihre glühenden Backen; ihre
Lippen öffneten sich, als summten sie die Melodie des
Tanzliedes.
Der Alte sagte kein Wort. Er sah sie nur immer starr an, 85
dann fasste er plötzlich ihren Arm und stieß sie zurück,
dass sie taumelte. „On dän Hähr Mathes, wat hot hän denn
gesaot?"
Sie [...] murmelte furchtsam: „Hän hot mech gefragt, ob ech
den Dahler geholt hätt. Ze erscht wollten ech't net saon, 90
dao dachten ech an onsen Hähr Jesus, on ech sagt: ech hätten den Dahler geholt! Ech haon esu vill gekrisch on gebitt,
äwer hän hot mer de Dier gewiesen – Vadder, Vadder, schlao
mech net, laoß, laoß!" Sie kreischte auf und hielt schützend
die Arme vor.   95
Kohlhaas packte sie mit mächtiger Faust und schlug ihr
mit der anderen Hand ins Gesicht, rechts und links, ohne
Rücksicht, wohin die Schläge trafen. „Dau schlechtes
Mensch⁵, dau Stehlerin, dau –" [...] Klatsch, klatsch, immer
dichter fielen die Schläge. [...] „Dau – Dau – on nau schär 100
dech, onnerstieh dech noches zerickzekommen – maach!"
Noch einmal fiel die geballte Faust schwer auf die Schulter
der Tochter, dann drehte der Alte kurz um, raffte den Stock
auf, schwang ihn drohend und stieg [...] mit mächtigen
Schritten den Hügelgrat entlang. [...] Annamarei stand 105
allein. Ein Windstoß riss ihr das Tuch vom Kopf und
peitschte ihr die Haarsträhnen ins Gesicht. Sie schauerte.
Ringsum alles kahl, der Himmel grau mit schwarzen
Wolkenballen, grau das Maar; unheimlich schweigend lag
es in seinem Becken. Grau auch jenseits das Kirchlein, grau 110
die verwitterten Kreuze. Die Ferne wie mit einem grauen
Tuch verhangen; eine graue, feuchtkalte Luft legte sich
schwer auf die Brust.
Das Mädchen schluchzte auf und [...] wollte beten: „Maria,
Moddergott's Gebenedeite⁶ unter den Weibern" – warum 115
drängten sich ihr nur die anderen Worte auf die Lippen:

„Annemarei – spann die Gei –" O Jesus, der Hannes! Was tut man nicht, wenn man einen zum Sterben liebhat?!

Sie sieht sich wieder auf dem Tanzboden, sie fühlt sich von [120] seinem Arm umschlungen – wie die Bratsche und die zwei Violinen in der Ecke kratzen ... nun fällt das Horn ein – eins, zwei, drei [...] kritsch, kratsch, diedeldum. Die Petroleumlampe an der Decke schaukelt, die Luft wird dick, ein heißes Atmen strömt durch den Raum – er presst sie fester, er [125] raunt ihr in's Ohr: „Annamarei, – Annamarei!" – – –

[...] Die Einsame fuhr zusammen [...]. Zitternd knüpfte sie das Tuch fester um ihren Kopf – sie war erwacht. Um sie herum eine grenzenlose Öde, eine todesähnliche Einsamkeit.

Das Weinfelder Maar bei Daun in der Eifel, 1920er-Jahre

1 Maar, das: kraterförmige Mulde vulkanischen Ursprungs   2 Schlump, die: Schlampe   3 kreischen: hier im Sinne von weinen, heulen
4 „Gei [...] Violenkraut": Anspielung auf Geige und Viola (Bratsche) als Teil der Tanzmusik   5 Mensch, das: hier abwertend: verkommenes Geschöpf
6 Gebenedeite, die: Beiname Marias, der Mutter Jesu; gebenedeit: gesegnet, gepriesen

1 Lesen Sie den Textauszug mit verteilten Rollen.

2 Die wörtliche Figurenrede wird im Text im Dialekt des „Eifeler Platt" wiedergegeben. Erläutern Sie anhand der folgenden Textstellen typische Abweichungen von der Standardsprache (Lautung, Grammatik) in tabellarischer Form.

Textstelle	Abweichung von der Standardsprache (Lautung, Grammatik)
dao (Z.90) / nao (Z.6) / laoß (Z.93) / jao (Z.25)	...
kreisch (Z.43) / haon...gekrisch (Z.91) / gestohl (Z.54)	...
ech (Z.32) / dech (Z.45) / em (Z.64) / es (Z.7)	...
et (Z.44) / wat (Z.34)	...
Kopp (Z.75) / op (Z.76)	...
Dahler (Z.76) / Disch (Z.76)	...

3 Übertragen Sie in Kleingruppen arbeitsteilig die Dialektpartien folgender Textpassagen Z.1–42, 43–61, 62–94, 95–127 in die Standardsprache.

4 Diskutieren Sie den Zweck solcher Dialektpartien angesichts des Umstands, dass die Autorin Clara Viebig ihre Novelle in einem Berliner Verlag und für ein überregionales Publikum publiziert hat.

5 Erschließen Sie arbeitsteilig das Verhalten der Figuren und formulieren Sie eine Deutungshypothese.
- Berücksichtigen Sie dabei das Spannungsfeld zwischen Triebgebundenheit (Wünsche, Sehnsüchte) und dem Bemühen um rechtes Verhalten.
- Beurteilen Sie abschließend, inwieweit die Figuren durch den Determinismus geprägt sind, wonach die Handlungen und der Wille des Menschen durch die Kausalität äußerer (z.B. milieubedingter) und innerer (z.B. psychischer) Einflüsse bestimmt werden.

6 Clara Viebig wurde von Theodor Fontane geschätzt und auch gefördert.

Poetischer Realismus → S.238
- Untersuchen Sie anhand des Textauszugs, inwieweit Viebigs Dichtung den Maßgaben des Poetischen Realismus im Sinne Fontanes tatsächlich entspricht.
- Diskutieren Sie den Sinn von Zuordnungen zu literarischen Strömungen angesichts des annähernd gleichzeitigen Erscheinens von *Effi Briest* (1896) und der als naturalistisch eingeordneten Novelle *Am Totenmaar* (1897).

8.4 Dramatische Strömungen im Realismus kennenlernen
Radikal und ungeschönt

Das Welt- und Menschenbild im Vormärz-Drama *Woyzeck* untersuchen

Georg Büchner: Woyzeck. Buden. Lichter. Volk. Szene 3 (1837, Auszug)

Georg Büchner stellt in seinem Drama „Woyzeck" das Schicksal von Franz Woyzeck dar. Er führt eine prekäre Existenz und wird von der Gesellschaft ausgenutzt. Die Handlung geht auf einen historischen Mordfall zurück. Das Drama wurde kurz vor Georg Büchners Tod (1837) zwischen Juli und Oktober 1836 geschrieben und ist nur als Fragment erhalten.

Buden. Lichter. Volk.

ALTER MANN, *der zum Leierkasten singt*, **KIND**, *das tanzt:*
  Auf der Welt ist kein Bestand,
  Wir müssen alle sterben,
  Das ist uns wohlbekannt!
5 **MARIE** Hei! Hopsa!
WOYZECK Arm Mann, alter Mann! Arm Kind! Jung Kind!
  Sorgen und Fest!
  Hei Marie, soll ich dich …?
MARIE Ein Mensch muss auch der Narr von Verstand sein,
10 damit er sagen kann:
  Narrisch Welt! Schön Welt!
AUSRUFER *(vor einer Bude)* Meine Herren! Meine Herren!
  Sehn Sie die Kreatur, wie sie Gott gemacht, nix, gar nix.
  Sehen Sie jetzt die Kunst, geht aufrecht hat Rock und
15 Hosen, hat ein Säbel! Ho! Mach Kompliment! So bist Baron. Gib Kuss! *(Er trompetet.)* Wicht ist musikalisch. Meine Herrn, meine Damen, hier sind zu sehn das astrono-
  mische Pferd und die kleine Kanaillevogel[1], sind Liebling
  von alle Potentate[2] Europas und Mitglied von alle ge-
20 lehrte Sozietät[3], verkündige de Leute alles, wie alt, wie
  viel Kinder, was für Krankheit. Schießt Pistol los, stellt
  sich auf ein Bein. Alles Erziehung, habe nur eine viehische Vernunft, oder vielmehr eine ganz vernünftige Vie-
  higkeit, ist kein viehdummes Individuum wie viel Per-
25 son, das verehrliche Publikum abgerechnet. Herein. Es
  wird sein, die rapräsentation[4]. Das commencement[5]
  vom commencement wird sogleich nehm sein Anfang.
  Sehn Sie die Fortschritte der Zivilisation. Alles schreitet
  fort, ein Pferd, ein Aff, ein Kanaillevogel! Der Aff ist schon
30 ein Soldat, s' ist noch nit viel, unterst Stuf von menschliche Geschlecht!
  Die rapräsentation anfangen! Man mackt Anfang von
  Anfang. Es wird sogleich sein das commencement von
  commencement.
35 **WOYZECK** Willst du?
MARIE Meinetwege. Das muss schön Dings sein. Was der
  Mensch Quasten[6] hat und die Frau hat Hosen.

Unteroffizier. Tambourmajor.

UNTEROFFIZIER Halt, jetzt. Siehst du sie! Was n' Weibs-
  bild.
TAMBOURMAJOR Teufel, zum Fortpflanzen von Kürassier- 40
  regimenter[7] und zur Zucht von Tambourmajors!
UNTEROFFIZIER Wie sie den Kopf trägt, man meint das
  schwarz Haar müsst sie abwärts ziehn, wie ein Gewicht,
  und Auge, schwarz …
TAMBOURMAJOR Als ob man in ein Ziehbrunn oder zu eim 45
  Schornstein hinabguckt! Fort hinte drein.
MARIE Was Lichter, mei Auge!
MARIE Ja de Branntwein, ein Fass schwarz Katze mit feuri-
  ge Auge. Hei, was n' Abend.

(Das Innere der Bude) 50
MARKTSCHREIER Zeig' dein Talent! Zeig deine viehische
  Vernünftigkeit! Beschäm die menschlich Sozietät! Meine Herren, dies Tier, das Sie da sehn, Schwanz am Leib,
  auf sei vier Hufe ist Mitglied von alle gelehrte Sozietät,
  ist Professor an unse Universität, wo die Studente bei 55
  ihm reiten und schlage lerne. Das war einfacher Ver-

Inszenierung von Büchners *Woyzeck* am Thalia Theater Hamburg, 2003,
Regie: Michael Thalheimer (Peter Kurth als Tambourmajor,
Fritzi Haberlandt als Marie, Peter Moltzen als Woyzeck)

stand. Denk jetzt mit der doppelte Raison[8]. Was machst du wann du mit der doppelte Raison denkst? Ist unter der gelehrte Société[9] da ein Esel?

60 *(Der Gaul schüttelt den Kopf.)* Sehn Sie jetzt die doppelte Räson? Das ist Viehsionomik[10]. Ja das ist kei viehdummes Individuum, das ist eine Person. Ei Mensch, ei tierisch Mensch und doch ei Vieh, ei bête[11]. *(Das Pferd führt sich ungebührlich auf.)* So beschäm die société. Sehn Sie

65 das Vieh ist noch Natur, unideale Natur! Lern Sie bei ihm. Fragen Sie den Arzt, es ist höchst schädlich. Das hat geheiße: Mensch sei natürlich. Du bist geschaffe Staub, Sand, Dreck. Willst du mehr sein, als Staub, Sand, Dreck? Sehn Sie was Vernunft, es kann rechnen und kann doch nit an de Finger herzählen, warum? Kann sich nur nit

70 ausdrücke, nur nit explizieren, ist ein verwandelter Mensch! Sag den Herrn, wie viel Uhr es ist. Wer von den Herrn und Damen hat eine Uhr, eine Uhr?

UNTEROFFIZIER Eine Uhr! *(Zieht großartig und gemessen die Uhr aus der Tasche.)*

75 Da mein Herr.

MARIE Das muss ich sehn. *(Sie klettert auf den 1. Platz. Unteroffizier hilft ihr.)*

---

1 Kanaille, die: Schurke, Bösewicht, Ganove   2 Potentat, der: Machthaber, Herrscher   3 Sozietät, die: Gemeinschaft, Gesellschaft   4 Repräsentation, die: Darstellung, Veranschaulichung   5 commencement, le: (frz.) Beginn, Anfang   6 Quaste, die: größeres, zusammengefasstes Bündel von Fäden oder Schnüren zur Verzierung von Kleidungsstücken; auch: Troddel, Zottel   7 Kürassier, der: Soldat des Reiterregiments   8 raison, la: (frz.) Verstand, Vernunft   9 société, la: (frz.) Gesellschaft, Gemeinschaft   10 Viehsionomik: Wortspiel: Anspielung auf „Physiognomik" = Lehre, nach der von der äußeren Erscheinung auf innere Eigenschaften eines Menschen geschlossen werden kann   11 bête: (frz. Nomen) Tier; auch (frz. Adjektiv): dumm, einfältig

1 Untersuchen Sie, wie der Mensch von Woyzeck, von Marie, vom Tambourmajor und vom Budenbesitzer in dieser Szene gesehen wird. Ergänzen Sie dazu die Tabelle unten.

Menschenbild von

Woyzeck	Marie	Tambourmajor	Budenbesitzer
...	...	*Reduktion auf das Sexuelle → „und zur Zucht von Tambourmajors!" (Z. 41)*	...

2 Interpretieren Sie die Szene *Buden. Lichter. Volk* aus Georg Büchners *Woyzeck* unter Einbeziehung des Briefes von Büchner an die Eltern.

Schauen Sie sich im Panorama (S. 194) Punkt ③ zu *Der Hessische Landbote* an, um noch mehr Zusammenhänge zu verstehen.

Georg Büchner: Brief an die Eltern in Darmstadt (28.07.1835, Auszug)

Der Dichter ist kein Lehrer der Moral, er erfindet und schafft Gestalten, er macht vergangene Zeiten wieder aufleben, und die Leute mögen dann daraus lernen, so gut, wie aus dem Studium der Geschichte und der Beobachtung dessen, was im menschlichen Leben um sie herum vorgeht. Wenn man so wollte, dürfte man keine Geschichte studieren, weil sehr viele unmoralische Dinge darin er-
5 zählt werden, müsste mit verbundenen Augen über die Gasse gehen, weil man sonst Unanständigkeiten sehen könnte, und müsste über einen Gott Zeter schreien, der eine Welt erschaffen, worauf so viele Liederlichkeiten vorfallen. Wenn man mir übrigens noch sagen wollte, der Dichter müsse die Welt nicht zeigen, wie sie ist, sondern wie sie sein solle, so antworte ich, dass ich es nicht besser machen will, als der liebe Gott, der die Welt gewiss gemacht hat, wie sie sein soll. Was noch die soge-
10 nannten Idealdichter anbetrifft, so finde ich, dass sie fast nichts als Marionetten mit himmelblauen Nasen und affektiertem Pathos, aber nicht Menschen von Fleisch und Blut gegeben haben, deren Leid und Freude mich mitempfinden macht, und deren Tun und Handeln mir Abscheu oder Bewunderung einflößt. Mit einem Wort, ich halte viel auf Goethe und Shakespeare, aber sehr wenig auf Schiller.

Offenes Drama → S. 430

3 Das Fragment gebliebene Drama *Woyzeck* wurde nach Büchners Tod erstmalig 1879 durch den Schriftsteller Karl Emil Franzos in 27 lose verbundenen Szenen öffentlich gemacht. Es gilt als Prototyp des offenen Dramas. Diskutieren Sie unter Einbeziehung des Briefs, warum diese Form dem Thema des Stücks angemessen scheint.

4 Erläutern Sie Büchners programmatische Abgrenzung von der Klassik.

Georg Büchner: Woyzeck. Marie mit Mädchen vor der Haustür. Szene 19 (1837, Auszug)

Marie und drei Mädchen bitten die Großmutter, ihnen eine Geschichte zu erzählen.

MARIE Kommt ihr klei Krabben[1]!
　　　　　Ringle, ringel Rosenkranz.
　　　　　König Herodes.
　　Großmutter erzähl.

5 GROSSMUTTER Es war einmal ein arm Kind und
　　hat kei Vater und kei Mutter war alles tot und
　　war niemand mehr auf der Welt. Alles tot, und
　　es ist hingangen und hat greint[2] Tag und
　　Nacht. Und weil auf der Erd niemand mehr
10　war, wollt's in Himmel gehn, und der Mond
　　guckt es so freundlich an und wie's endlich

zum Mond kam, war's ein Stück faul Holz und
da ist es zur Sonn gangen und wie's zur Sonn
kam, war's ein verreckt Sonneblum und wie's
zu den Sterne kam, warens klei golde Mück, 15
die waren angesteckt wie der Neuntöter[3] sie
auf die Schlehe[4] steckt und wie's wieder auf
die Erd wollt, war die Erd ein umgestürzter
Hafen[5] und war ganz allein und da hat sich's
hingesetzt und geweint und da sitzt es noch 20
und ist ganz allein. [...]

---

1 Krabben, die: Gemeint sind die drei Mädchen, die die Großmutter bitten, etwas zu erzählen.　2 greinen: weinen, jammern, klagen　3 Neuntöter, der: Vogel　4 Schlehe, die: stark verzweigter, dorniger Strauch　5 Hafen, der: hier: Topf, auch: Nachttopf

5 Vergleichen Sie das Märchen der Großmutter mit dem Sterntaler-Märchen der Brüder Grimm hinsichtlich des jeweils dargestellten Welt- und Menschenbilds.

6 Lesen Sie nochmals Büchners Brief (S. 227) und stellen Sie seine Aussagen in Zusammenhang zu folgendem Ausschnitt aus *Dantons Tod*.

Georg Büchner: Dantons Tod. Zweiter Akt, Fünfte Szene (1835, Auszug)

Das Drama basiert auf historischen Quellen der Französischen Revolution. Dabei konzentriert es sich auf wenige Tage gegen Ende der Schreckensherrschaft der Jakobiner im Frühjahr 1794. Die einstigen Weggefährten Danton und Robespierre stehen sich in dieser Phase als ideologische Gegner gegenüber.

JULIE Du hast das Vaterland gerettet.
DANTON Ja das hab ich. Das war Notwehr, wir
　　mussten. Der Mann am Kreuz hat sich's be-
　　quem gemacht: es muss ja Ärgernis kommen,
5　doch wehe dem, durch welchen Ärgernis
　　kommt.
　　Es muss, das war dies Muss. Wer will der Hand
　　fluchen, auf die der Fluch des Muss gefallen?
　　Wer hat das Muss gesprochen, wer?

Was ist das, was in uns hurt, lügt, stiehlt und 10
mordet? Puppen sind wir, von unbekannten
Gewalten am Draht gezogen; nicht, nichts wir
selbst! Die Schwerter, mit denen Geister
kämpfen, man sieht nur die Hände nicht, wie
im Märchen. Jetzt bin ich ruhig. 15

Georg Bücher: Woyzeck. Kammer. Szene 4 (1837, Auszug)

Marie hat vom Tambourmajor, der ihr sehr gefällt, Ohrringe geschenkt bekommen.

MARIE *sitzt, ihr Kind auf dem Schoß, ein Stück-*
　　chen Spiegel in der Hand.
MARIE *(bespiegelt sich)* Was die Steine glänze!
　　Was sind's für? Was hat er gesagt? –
5　Schlaf Bub! Drück die Auge zu, fest, *(das Kind*
　　versteckt die Augen hinter den Händen) [...]
　　(Spiegelt sich wieder.) S' ist gewiss Gold! Uns-
　　eins hat nur ein Eckchen in der Welt und ein

Stückchen Spiegel und doch hab' ich einen so
roten Mund als die großen Madamen mit ih- 10
ren Spiegeln von oben bis unten und ihren
schönen Herrn, die ihnen die Händ küssen,
ich bin nur ein arm Weibsbild. [...]
WOYZECK *tritt herein, hinter sie.*
　　Sie fährt auf mit den Händen nach den Ohren. 15
　　Was hast du?

MARIE Nix.

WOYZECK Unter deinen Fingern glänzt's ja.

MARIE Ein Ohrringlein; hab's gefunden.

20 WOYZECK Ich hab so noch nix gefunden. Zwei
auf einmal.

MARIE Bin ich ein Mensch[1]?

WOYZECK S' ist gut, Marie. – Was der Bub
schläft. Greif ' ihm unter's Ärmchen, der Stuhl
25 drückt ihn. Die hellen Tropfen steh'n ihm auf

der Stirn; alles Arbeit unter der Sonn, sogar
Schweiß im Schlaf. Wir arme Leut! Da is wieder Geld, Marie, die Löhnung und was von
mein'm Hauptmann.

MARIE Gott vergelt's Franz. [...] 30

MARIE *(allein, nach einer Pause)* Ich bin doch ein
schlecht Mensch. Ich könnt' mich erstechen.
– Ach! Was Welt? Geht doch alles zum Teufel,
Mann und Weib.

---

1 Mensch, das: hier im Sinne von: Prostituierte, käufliche Frau

7 Bereiten Sie eine szenische Lesung der Szene *Kammer* vor und präsentieren Sie Ihre Ergebnisse
im Kurs. Besprechen Sie im Anschluss Ihre unterschiedlichen Interpretationen der Szene.

8 Diskutieren Sie, ob das Weltbild, wie es Büchner auch in der Szene *Kammer* zeichnet, ebenso in die
unmittelbare Gegenwart passt.

9 Formulieren Sie einen informierenden Text zum Welt- und Menschenbild in Georg Büchners drama-
tischem Werk, wie es sich Ihnen auf den Seiten 226 ff. darstellt. Stellen Sie dabei diesem Welt- und
Menschenbild dasjenige aus Klassik und Romantik vergleichend gegenüber. Beziehen Sie die verschiedenen Auffassungen auf die veränderten gesellschaftlichen Verhältnisse.

Die Wahrnehmung der Wirklichkeit im Drama des Naturalismus untersuchen

Ernst Retemeyer: *Freie Bühne* (1890). Karikatur in der politisch-satirischen Zeitschrift *Kladderadatsch* (erschien von 1848 bis 1944)

Aufruf zur Gründung des Vereins *Freie Bühne* (1889)

Uns vereinigt der Zweck, unabhängig von dem Betriebe der bestehenden Theater und ohne mit diesen in einen Wettkampf einzutreten, eine Bühne zu begründen, welche FREI ist von den Rücksichten auf Theaterzensur und Gelderwerb.

Es sollen während des Theaterjahres, beginnend vom Herbst 1889, in einem der ersten Berli-
5 ner Schauspielhäuser etwa zehn Aufführungen moderner Dramen von hervorragendem Interesse stattfinden, welche den ständigen Bühnen ihrem Wesen nach schwerer zugänglich sind.

Sowohl in der Auswahl der dramatischen Werke als auch in ihrer schauspielerischen Darstellung sollen die Ziele einer der Schablone und dem Virtuosentum abgewandten, lebendigen
10 Kunst angestrebt werden.

In dieser Absicht ist der Verein FREIE BÜHNE gestiftet worden, dessen Aufführungen nur den Mitgliedern des Vereins zugänglich sein werden.

1 Ermitteln Sie aus dem Aufruf die zentralen Ziele des 1889 gegründeten Theatervereins *Freie Bühne*.

2 Erschließen Sie anhand der Karikatur (S. 229) zentrale Themen und Motive des Naturalismus.

Arno Holz/Johannes Schlaf: Die Familie Selicke. Erster Aufzug (1890, Auszug)

Im April 1890 wurde das dreiaktige Drama „Die Familie Selicke" durch die „Freie Bühne" uraufgeführt. Die Handlung spielt am Weihnachtsabend im Wohnzimmer der Familie Selicke, die aus Herrn und Frau Selicke sowie den vier Kindern besteht. Toni ist die älteste Tochter. Wendt ist ein junger Pastor, der während der Studienzeit bei der Familie zur Untermiete gewohnt hat und nach den Weihnachtstagen seine erste Stelle antritt. Er bittet Toni, die in ihn verliebt ist, ihm zu folgen.

Arno Holz (1863–1929) und Johannes Schlaf (1862–1941) verfassten gemeinsam mehrere Werke, die zum Naturalismus gerechnet werden.

TONI Ach! Ich ... aber ich darf doch hier nicht fort!

WENDT Du darfst nicht?! Toni! Bist Du ... ich meine: Kannst Du's hier – aushalten?! Bist Du
5 hier glücklich?!

TONI *(immer noch weinend)* O Gott! O Gott!

WENDT *(sehr erregt)* Nein! Nein! Das ist unmög-
lich, Toni! ... Ich habe vorhin, drin in meinem Zimmer, gehört, was Du mit Deiner Mutter
10 sprachst! Ich habe mehr als zwei Jahre hier ge-
wohnt und alle die Szenen mit angehört, die

furchtbaren Szenen! ... ich habe Euer ganzes, unglückliches Familienleben kennen gelernt! Zwei Jahre lang hab' ich das Alles gehört und gesehen! Zwei Jahre lang! Und es hat mich ... 15 *(Stöhnt auf.)* Und Du! Wenn man denken muss: zweiundzwanzig Jahre hast Du in alle dem Elend gelebt und hast es ertragen müssen! Zweiundzwanzig Jahre! ... Herr mein Gott! Zweiundzwanzig Jahre! 20

TONI *(verlegen – trotzig)* O, der Vater ist gut ... ein bisschen aufbrausend, aber ... Ach Gott! *(Schluchzt.)*

WENDT *(verbittert)* Gut! Gut! *(Lacht auf, zornig.)* Nein! Nein! Du darfst nicht länger bleiben! Du 25 darfst nicht länger in diesem traurigen Elend leben! Hörst Du! Du verdienst das nicht! [...]

TONI Aber ich ...

WENDT Hast Du denn gar kein Bedürfnis nach Glück?! 30

TONI *(schüchtern, forschend)* Glück?! Ich – weiß nicht! ... Ich – verstehe Sie nicht!

WENDT Ach, ich spreche da! Ich ... ich meine: hast Du denn nicht manchmal den Wunsch gehabt, hier wegzukommen, in ruhige, schöne 35 Verhältnisse? Wo Du nicht Tag für Tag – Herrgott! – Tag für Tag! all das Elend hier vor Augen hast? Wie?

TONI Aber ... [...]

40 WENDT *(fortgerissen)* Nein! Es ist ja hier ... Das kann ja kein Mensch ertragen! Dein Vater: brutal, rücksichtslos, Deine Mutter: krank, launisch; beide eigensinnig; keiner kann sich überwinden, dem andern nachzugeben, ihn
45 zu verstehen, um ... um der Kinder willen! Selbst jetzt, wo sie nun alt geworden sind, wo sie mit den Jahren vernünftiger geworden sein müssten! Die Kinder müssen ja dabei zu Grunde gehn! Und das ist ihre Schuld, die sie gar
50 nicht wiedergutmachen können! [...] Das sind keine vernünftigen Menschen mehr, das sind ... Ae! Sie sind einfach jämmerlich in ihrem nichtswürdigen, kindischen Hass! ... *(Ist aufgesprungen und geht nun mit großen Schritten
55 im Zimmer umher.)*

TONI *(schluchzend)* O, wie können Sie nur so von Vater und Mutter sprechen! Sie sind beide so gut! Wie können Sie das nur sagen!

WENDT *(sich mäßigend. Setzt sich wieder zu ihr,
60 den Stuhl noch näher zu ihr rückend)* O, ich ... t! ... Höre doch nicht, was ich schwatze! Ich ... Nein! Ich meine ... Du kannst doch unmöglich hier bleiben! ... Weine doch nicht, liebe Toni! Missversteh mich doch nicht! Ich meinte ja
65 nur! ... Sieh mal! Du musst Dich ja bei all' dem Elend aufreiben! Es ist unerträglich, geradezu unerträglich, dass Du – Du! – hier verkümmern sollst! ... Und mach Dich doch nicht stärker, als Du bist, Toni! Ich weiß es ja, Toni!
70 Siehst Du? Ich weiß es ja, dass Du Dich hier heraussehnst!

TONI O, wenn man mal ... 'n bisschen ... ungeduldig ist! [...]

[...]

75 WENDT Siehst Du? Du hast Angst, das zu hören! Aber doch! Grade musst Du das hören! Die Aufopferung muss doch ihre Grenze haben! ...

Zweiundzwanzig Jahre! Einen Tag nach dem andern, jahraus, jahrein ein, immer dasselbe Elend, dieselbe Not! Das ist ja geradezu der
80 pure Selbstmord! Nein! Du musst hier fort! Du hast ein Recht, an Dich und Deine Zukunft zu denken! ... Warum sollst Du hier verkümmern?! Warum?! Was kann Dich dazu verpflichten?! ... [...]
85

WENDT *(wieder sehr erregt)* Und dann, liebe Toni, siehst Du? muss ich Dir noch etwas sagen! Ich bin ... ich weiß nicht ... aber Du musst mich recht verstehen, ich ... ich bin so gut wie – tot! *(Toni sieht ihn erschrocken an und rückt in
90 naivem Schreck unwillkürlich ein wenig von ihm ab. Hat aufgehört zu weinen. Wendt spricht das Folgende immer noch in größter Erregung wie zu sich selbst.)* Als ich zu studieren anfing, da war ich frisch und lebendig, voll Hoffnung! Da
95 glaubte ich noch an meinen Beruf! Da hatte ich noch Ziele, für die ich mich begeisterte! ... Aber das hat sich alles geändert! ... Seitdem ich hierhergekommen bin in dieses ... in die Großstadt, mein' ich ... und all das furchtbare
100 Elend kennen gelernt habe, das ganze Leben: seitdem bin ich – innerlich – so gut wie tot! ... Ja! Das hat mir die Augen aufgemacht! ... Die Menschen sind nicht mehr das, wofür ich sie hielt! Sie sind selbstsüchtig! Brutal selbst-
105 süchtig! Sie sind nichts weiter als Tiere, raffinierte Bestien, wandelnde Triebe, die gegeneinander kämpfen, sich blindlings zur Geltung bringen bis zur gegenseitigen Vernichtung! Alle die schönen Ideen, die sie sich zurechtge-
110 träumt haben, von Gott, Liebe und ... eh! das ist ja alles Blödsinn! Blödsinn! Man ... man tappt nur so hin. Man ist die reine Maschine! Man ... eh! es ist ja alles lächerlich! *(Mit einer hastigen Bewegung zu ihr.)* Siehst Du, liebe
115 Toni! Deshalb kannst Du und darfst Du einfach gar nicht ,Nein' sagen!

3 Gestalten Sie in Gruppen diesen Dramenauszug als szenische Lesung. Versuchen Sie unterschiedliche Sprechweisen (Betonung, Pausen, Lautstärke ...) für die Gesprächspartner.

Kommunikations-
modelle
→ S.17 ff.

4 Untersuchen Sie das Gespräch zwischen Toni und Wendt. Sie können zur Untersuchung des Dialogs unterstützend ein Ihnen bekanntes Kommunikationsmodell heranziehen.

Lexikon
Kommunikation
→ S.451 ff.

5 Zeigen Sie auf, mit welchen Argumenten Wendt Toni zu überzeugen versucht, mit ihm zu gehen.

6 Untersuchen Sie die Szene aus dem Drama *Die Familie Selicke* daraufhin, ob die bei Maximilian Harden (S. 232) genannten Aspekte der naturalistischen Literatur sichtbar sind.

Maximilian Harden: Die Wahrheit auf der Bühne (1887, Ausschnitt)

Was will der Naturalismus? Er fordert Abwendung von aller Konvention, Umkehr zur rücksichtslo-
sesten Wahrheit ohne jeden Kompromiss, er will ein Stückchen Natur schildern, wie es sich seinem
Temperament zeigt, ohne das Bild mit dem Firnis der Schönfärberei zu überpinseln. Wie die Wissenschaft zur analytischen Experimentalmethode, die Geschichtsforschung zum Quellenstudium
5 zurückkehrt, ebenso soll die Literatur „menschliche Dokumente" sammeln, um den Menschen als
Resultat seiner Lebensbedingungen und Umgebung, nicht als Zufallsprodukt einer schönheitsdurs-
tigen Fantasie erscheinen zu lassen. Menschen von festem Knochenbau, vom Dichter geschaut, in
Verhältnisse, Konflikte, Leidenschaften verwickelt, wie sie das tägliche Leben jedes Einzelnen mit
sich bringt, das ist der vornehmste Glaubenssatz im naturalistischen Evangelium.

Arno Holz/Johannes Schlaf: Die Familie Selicke. Zweiter Aufzug (1890, Auszug)

Frau Selicke wartet gemeinsam mit ihrer Tochter Toni auf die Rückkehr ihres Mannes.

FRAU SELICKE Ach Gott, nein! So ein Mann!
Nicht ein bisschen Rücksicht! ... Das ist ihm
hier alles egal, alles egal! ... So ein alter Mann!
... Er sollte sich doch nu schämen! ... Nein,
5 wahrhaftig! Ich hab' auch nich 'n bisschen Liebe mehr zu ihm! Aber auch nich 'n bisschen! ...
Für mich is er so gut wie tot! ... Ach ja! Ich kann
wohl sagen: Mir ist alles so gleichgültig! [...]
Jahraus, jahrein dasselbe Elend! ... Ach, ich
10 kann wohl sagen: Ich habe mein Leben *recht*
satt! ... Is gar kein Wunder, wenn man gegen
alles abstumpft! ... Wie gut hätten wir's haben
können! ... Wie leben andre Leute in unsrem
Stande! [...] Un *der* will nun 'n gebildeter Mann
sein? ... Nein, wie das bei uns noch werden 15
soll? ... Und an allem bin *ich* Schuld! ... Ich ver-
zieh' die *Kinder!* Ich vernachlässige die *Wirtschaft!* Alles geht auf *mich!* ... [...]
Ei, Du lieber Gott! Nein! ... In Schulden sitzt
man bis über beide Ohren! ... Nichts kann man 20
anschaffen! ... Kaum, dass man das liebe bisschen Brot hat! ... Nein, das kann Euer Vater
wirklich vor Gott nicht verantworten! ... Un dabei macht er sich selber ganz kaputt! ... Seine
Hände fangen schon ordentlich an zu zittern! 25
Haste noch nich gemerkt?

7 Fassen Sie die von Frau Selicke formulierte Lebenssituation in eigenen Worten zusammen. Gehen Sie
dabei auf wirtschaftliche und familiäre Aspekte ein.

8 Vergleichen Sie die Aussagen von Frau Selicke mit der folgenden Darstellung aus einem Geschichts-
buch zur Problematik der Geschlechterrollen in der zweiten Hälfte des 19. Jahrhunderts:

Wandel der weiblichen Geschlechterrolle im Kaiserreich

Im Kaiserreich forderte eine wachsende Zahl von Frauen politische und gesellschaftliche
Gleichberechtigung. Viele waren nicht mehr bereit, das männliche Idealbild der Frau, die sich
allein um die Kinder und den Haushalt kümmert, zu akzeptieren.
Verantwortlich für dieses Streben nach Emanzipation waren auch die Wandlungsprozesse in
5 der Gesellschaft. So galt Frauenarbeit in bürgerlichen Kreisen zwar als nicht standesgemäß,
dennoch arbeiteten vor allem verheiratete Frauen aus diesen Kreisen als Lehrerinnen, Sekre-
tärinnen oder Telefonistinnen. Größer war die Zahl der berufstätigen Frauen aus der Arbei-
terschicht. Ohne deren Einkommen konnten viele Familien nicht überleben. Klassische
Heimarbeit oder einfache Arbeiten in der Textilindustrie prägten ihr Berufsleben. Der größte
10 Anteil der Lohnempfängerinnen fand sich allerdings in der Landwirtschaft und in bürgerlichen Haushalten, bei denen Frauen als Dienstbotinnen angestellt waren. Die Löhne, die den
Frauen gezahlt wurden, waren in der Regel erheblich niedriger als die der Männer. Diese
besetzten zudem alle führenden Positionen und besaßen in der Arbeitswelt mehr Rechte.

Arno Holz/Johannes Schlaf: Die Familie Selicke. Zweiter Aufzug (1890, Auszug)

Herr Selicke kommt mitten in der Nacht betrunken nach Hause. Seine Frau hat sich in einem Neben-
zimmer vor ihm versteckt.

SELICKE *(tritt in die Stube, welche in diesem Au-*
genblicke nur vom Mondlicht und von dem Licht
der Lampe, das aus der Küche in die Stube fällt,
hell ist. Selicke: ein großer, breitschultriger
5 *Mann mit schwarzgrauem Vollbart. Schwarzer*
Sonntagsanzug unter dem offenstehenden
Überrock. Er schleift einen kleinen Christbaum
hinter sich her; aus den Taschen sieht Papier
von Paketen und Düten¹ vor. Unter den Arm hat
10 *er eine große, weiße Düte gequetscht. Er ist an-*
getrunken. Taumelt aber nur sehr wenig und
spricht alles deutlich, nur etwas langsam und
schwerfällig. Sagt in sehr guter Laune) [...]

SELICKE Wie – hb! – Wie spät is denn – eigent-
15 lich?

TONI Zwei.

SELICKE *(tut sehr erstaunt)* Was – Kuckuck!
Zwei?! – [...]
(Die Flurtür öffnet sich ein wenig. Frau Selicke
20 *lauscht durch den Türspalt.)*
... Geh weg! ... Ich mag Dich nicht mehr –
sehn! ... *(Für sich, indem er seitwärts tritt und*
an seinem Rocke herumzerrt, um ihn auszuzie-
hen.) [...] *(Toni versucht ihm beim Ausziehen des*
25 *Rockes behilflich zu sein. Selicke brummt miss-*
gelaunt vor sich hin) Mach', dass Du weg-
kömmst! ... Ich – brauch' Dich nicht! *(Toni hilft*
ihm dennoch. Er streift etwas die Wand. Endlich
hat sie mit zitternden Händen ihm den Überrock
30 *und dann auch den Rock abgestreift und beides*
an die Knagge² neben der Korridortür gehängt.
Selicke steht nun in Hemdärmeln da. Streicht
sich über die Arme und schlägt sich dann, vor
sich hin kichernd, mit der Faust auf seine breite,
35 *gewölbte Brust)*: Ae! ... Ja? Siehste? ... Dein Vater
is noch'n Kerl! ... *(Lacht.)* [...]

SELICKE *(kommt aus der Kammer. Frau Selicke*
zurück, schließt die Tür) Aeh! Da biste ja, mein
süßes Weibchen! [...]
40 Mach, dass Du wegkommst! ... Mag Dich nich
sehn! *(Die letzten Worte zornig, bedrohend. Die*
Flurtür ist ein wenig aufgegangen. Frau Selicke
schreit auf) Aah! ... Sieh mal! ... Da steckste,
mein süßes Lamm? *(Lacht, taumelt an Toni*
45 *vorbei auf die Flurtür zu. Draußen wird hastig*
die äußere Flurtür aufgerissen. Es poltert die
Treppe hinunter. – Selicke öffnet die Tür.) Na, so
'ne Komödie! ... Kuckt, wie die Alte rennen

kann *(zeigt in das Entree)* mit ihrem schlim-
men Fuße! ... Ne! ... Hähähä! ... Wie se humpeln 50
kann! ... Hopp, hopp, hopp! ... Wie der Wind! ...
Haste nich gesehn! ... Wie'n Schnelllöfer! ...
(Lacht, schüttelt dann aber plötzlich die Faust
nach dem Flur, ruft unterdrückt) Du, altes Tier!
Du willst 'ne Mutter sein?! ... Ach, Du! – Du! – 55
Du! ... Unglücklich hast Du mich gemacht! Un-
glücklich! ... *(Kommt zurück; während er an*
Toni vorbeikommt) Na, Du? ... „Sie ist so.
krank!" ... Ae! Weg! ... Lass mich vorbei! [...]
(Selicke sieht sich um. Bleibt wie verwirrt ste- 60
hen. [...] Geht von Toni weg.) Hm! ... Brr! ... So 'n
Sausoff! ... *(Geht zum Sofatisch, setzt sich davor*
nieder und legt den Kopf auf die Arme. Eine Wei-
le ist es still. Toni beobachtet ihn und will Frau
Selicke holen. Selicke scheint einzuschlafen ... 65
Nach einer Weile richtet er aber den Kopf in die
Höhe.) So'n Weib! ... So'n Weib! *(Toni bleibt ste-*
hen.) So geht man nun unter! ... *(Sie legt die*
Hände vor's Gesicht. Bebt vor Schluchzen.) „Ach,
mein Fuß!" – „Ach, mein Fuß!" – Weiter weißte 70
nichts! ... Immer ich – ich – ich! – Ich brauchte
Dich nicht zu heiraten! – 's war mein guter
Wille! – Zu dumm war ich! Zu dumm! – Du
alte ... Ae! Du! – „Wir sind so arm!" – „Wir haben
kaum's liebe Brot!" – „Nichts in die Wirt- 75
schaft!" – Wer ist denn Schuld?! – Wie kannst
Du mir das sagen! – Verdien' Dir was, dann
haste was! ... Ja! Fortrennen! das kannste! –
Den Leuten was vormachen! Ja! Du armseliges
Weib! ... Ae! – Du bist ja – zu dumm! – Zu 80
dumm! So ein – Unglück! — Oh! ... *(Ist eine*
Weile still. Toni will schon zur Flurtür. Fängt wie-
der an.) „Wir müssen uns vor jedem schäm'n!" –
Hä! Du! – Ich hatte mir das anders vorgestellt! – Ja, ja! – Eine Ehe ist mehr! – Ae, 85
Du! – Was weißt Du, was eine Ehe ist! – Du! –
Wie sind – andre Frauen! – Sieh se Dir mal
an! – Aus – Nichts muss 'ne Hausfrau was machen können! – Aber alles: ich! – Alles der
Mann! – Ae! Sieh zu, wie Du uns durch- 90
schleppst! – Und die – Kinder! – Die armen,
armen Kinder! – O Gott, was soll aus den'n
werden! – Verzogen sind sie, die lieben Söhn-
chen! – Wir passten nicht zusammen! – Was
will man nun machen?! – Ae! – Schleppt man 95
das so mit sich! [...]

233

TONI (*in höchstem Schmerz*) O Gott, o Gott!
(*Presst die Hände vor's Gesicht.*)
SELICKE (*zur Kammer hin*) Ja, ja? – Du! Großer! –
100 Nimm Dir 'n Beispiel an Deinem Vater! – So
was ist ein Unglück! – Ein großes, großes Unglück! – Dein Vater war dumm, gut und dumm,
mein Sohn! Aber nicht schlecht! – Er hat

Euch – alle lieb! – Alle! – Auch Eure Mutter! –
Sie kann's nur nicht verstehn! – Und das – ist 105
unser Unglück! ...
(*Seine Worte gehen in ein dumpfes, undeutliches
Murmeln über. Er schläft ein. Vom Bett her das
Rauschen von Kissen. Toni, die eben zur Flurtür
wollte, schrickt zusammen.*) 110

---

1 Düte, die: Tüte, Tasche   2 Knagge, die: Winkel, hier: eine Art Kleiderhaken

9 Gliedern Sie den Dialog in Abschnitte und formulieren Sie je einen Satz als Überschrift für jeden
Abschnitt. Sammeln Sie die von Selicke genannten Gründe für die familiäre bzw. gesellschaftliche
Situation.

Woyzeck
→ S.228 f.
10 Vergleichen Sie die Szene thematisch und motivisch mit der Szene *Woyzeck. Kammer*. Stellen Sie
Bezüge zwischen der Kunstauffassung Büchners und des Naturalismus her.

„Es ist ein Gesetz, dass jedes Ding ein Gesetz hat": Theorie des Naturalismus

Wilhelm Bölsche: Die naturwissenschaftlichen Grundlagen der Poesie. Prolegomena[1] einer realistischen Ästhetik (1887, Ausschnitt)

1 Prolegomena,
die (Pluralwort):
einleitende Vor-
bemerkungen

Die Basis unseres gesamten modernen Denkens
bilden die Naturwissenschaften. [...] Man hat
sich geeinigt über den Satz: Wir müssen uns dem
Naturforscher nähern, müssen unsere Ideen auf
5 Grund seiner Resultate durchsehen und das Veraltete ausmerzen. Das Erste, worauf man im Verfolgen dieses Gedankens kam, war ein Satz, der
ebenso einfach und selbstverständlich war, wie
er paradox klang. Jede poetische Schöpfung, die
10 sich bemüht, die Linien des Natürlichen und
Möglichen nicht zu überschreiten und die Dinge
logisch sich entwickeln zu lassen, ist vom Standpunkte der Wissenschaft betrachtet nichts mehr
und nichts minder als ein einfaches, in der Phan-
15 tasie durchgeführtes Experiment, das Wort Experiment im buchstäblichen, wissenschaftlichen Sinne genommen. [...] Der Dichter, der
Menschen, deren Eigenschaften er sich möglichst genau ausmalt, durch die Macht der Um-
20 stände in alle möglichen Konflikte geraten und
unter Betätigung jener Eigenschaften als Sieger
oder Besiegte, umwandelnd oder umgewandelt,
daraus hervorgehen oder darin untergehen lässt,
ist in seiner Weise ein Experimentator, wie der
25 Chemiker, der allerlei Stoffe mischt, in gewisse
Temperaturgrade bringt und den Erfolg beobachtet. Natürlich: Der Dichter hat Menschen vor
sich, keine Chemikalien. Aber, wie oben ausge-
sprochen ist, auch diese Menschen fallen in's Ge-
30 biet der Naturwissenschaften. Ihre Leidenschaften, ihr Reagieren gegen äußere Umstände, das

ganze Spiel ihrer Gedanken folgen gewissen Gesetzen, die der Forscher ergründet hat und die
der Dichter bei dem freien Experimente so gut zu
beachten hat, wie der Chemiker, wenn er etwas 35
Vernünftiges und keinen wertlosen Mischmasch
herstellen will, die Kräfte und Wirkungen vorher
berechnen muss, ehe er an's Werk geht und Stoffe kombiniert. [...] Die Genesis seiner Gedanken
und Handlungen zugestanden, bleibt ja prak- 40
tisch der Mensch mit lauter Gedankenketten,
die im Verbrechen gipfeln, schlecht und strafbar
und der Mensch, der durch den Zwang seiner Ge-
hirnfurchen zu moralischem Denken und Thun
gezwungen wird, gut. Für den Dichter aber 45
scheint mir in der Tatsache der Willensunfrei-
heit der höchste Gewinn zu liegen. Ich wage es
auszusprechen: Wenn sie nicht bestände, wäre
eine wahre realistische Dichtung überhaupt unmöglich. Erst indem wir uns dazu aufschwingen, 50
im menschlichen Denken Gesetze zu ergründen,
erst indem wir einsehen, dass eine menschliche
Handlung, wie immer sie beschaffen sei, das
restlose Ergebnis gewisser Faktoren, einer äußeren Veranlassung und einer inneren Disposition, 55
sein müsse und dass auch diese Disposition sich
aus gegebenen Größen ableiten lasse, – erst so
können wir hoffen, jemals zu einer wahren ma-
thematischen Durchdringung der ganzen Hand-
lungsweise eines Menschen zu gelangen und Ge- 60
stalten vor unserm Auge aufwachsen zu lassen,
die logisch sind, wie die Natur.

1 Vollziehen Sie den Gedankengang von Wilhelm Bölsche nach, indem Sie zentrale Begriffe seiner Argumentation in einem Flussdiagramm zusammenstellen.

2 Diskutieren Sie, ob es gerechtfertigt ist, naturwissenschaftliche Ansätze auf Literatur anzuwenden.

Arno Holz: Die Kunst. Ihr Wesen und ihre Gesetze (1891, Ausschnitt)

Es ist ein Gesetz, dass jedes Ding ein Gesetz hat. [...]

Kunst = Natur – x

„Die Kunst hat die Tendenz, wieder die Natur zu sein. Sie wird sie nach Maßgabe ihrer Reproduktionsbedingungen und deren Handhabung."

5 Ja! Das war es! Das hatte mir vorgeschwebt, wenn auch nur dunkel, schon an jenem ersten Winterabend! Und ich sagte mir: Ist dieser Satz wahr, d.h. ist das Gesetz, das er aussagt, ein wirkliches, ein in der Realität vorhandnes, und nicht bloß eins, das ich mir töricht einbilde, eins in meinem *Schädel*, dann stößt er die ganze bisherige „Ästhetik" über den Haufen. Und zwar rettungslos.

---

3 Fassen Sie das sogenannte *Kunstgesetz des Naturalismus* in eigenen Worten zusammen.

4 Zeigen Sie, wie die Umsetzung im Dramenauszug *Arno Holz/Johannes Schlaf: Die Familie Selicke. Zweiter Aufzug* (S. 232 f.) erfolgt ist. Berücksichtigen Sie dabei vor allem die Sprache sowie die Gestaltung der Zeit. Fassen Sie abschließend Ihre Sicht auf das Drama in einer Deutungshypothese zusammen.

5 Verdeutlichen Sie an den Regieanweisungen im Dramenauszug die Aussage, dass sie nicht nur für das Bühnenbild, sondern auch für die Figuren selbst von größter Bedeutung sind.

Iphigenie auf Tauris → S. 138 f.

6 PLUS Vergleichen Sie diesen Dramenauszug inhaltlich mit dem Auszug aus Goethes *Iphigenie auf Tauris* und hinsichtlich der formalen und sprachlichen Gestaltung. Formulieren Sie ausgehend von Ihren Ergebnissen Merkmale des naturalistischen Dramas.

Zeitgenössische Rezeption des Naturalismus

Arno Holz/Johannes Schlaf: Die Familie Selicke. Aus dem Vorwort zur vierten Auflage

(1892, Ausschnitt)

Am 8. April 1890, ein Tag nachdem „Die Familie Selicke" über die „Freie Bühne" gegangen war, schrieb Theodor Fontane in der „Vossischen Zeitung":

5 „Die gestrige Vorstellung der ‚Freien Bühne' brachte das dreiaktige Drama der Herren Arno Holz und Johannes Schlaf: ‚Die Familie Selicke'. Diese Vorstellung wuchs insoweit über alle vorhergegangenen an Interesse hinaus, als wir hier 10 eigentlichstes Neuland haben. Hier scheiden sich die Wege, hier trennt sich Alt und Neu. Die beiden am härtesten angefochtenen Stücke, die die ‚Freie Bühne' bisher brachte: G. Hauptmanns: ‚Vor Sonnenaufgang' und Leo Tolstois: ‚Die 15 Macht der Finsternis' sind auf ihre Kunstart, Richtung und Technik hin angesehen, keine neuen Stücke; die Stücke, bzw. ihre Verfasser, haben nur den Mut gehabt, in diesem und jenem über die bis dahin traditionell innegehaltene Grenzlinie hinauszugehen, sie haben eine Fehde 20 mit Anstands- und Zulässigkeitsanschauungen aufgenommen und haben auf diesem Gebiete dieser kunstbezüglichen, im Publikum gang und gäben Anschauungen zu reformieren getrachtet, aber nicht auf dem Gebiete der Kunst selbst. 25 Ein bisschen mehr, ein bisschen weniger, das war alles; die Frage, ‚wie soll ein Stück sein?' oder ‚sind Stücke denkbar, die von dem bisher Üblichen vollkommen abweichen?', diese Frage wurde durch die Schnapskomödie des einen und die 30 Knackkomödie[1] des anderen kaum berührt. Ich darf diese Worte wählen, weil ich durch mein Eingenommensein für beide vor dem Verdachte des Übelwollens geschützt bin."

---

1 „Schnapskomödie [...] und die Knackkomödie": Fontane bezieht sich hier auf die erwähnten Dramen von Leo Tolstoi und Gerhart Hauptmann.

1 Theodor Fontane bezeichnet *Die Familie Selicke* als „eigentlichstes Neuland" (Z. 5). Erläutern Sie unter Berücksichtigung der Auszüge (S. 230–234) und Ihrer bisherigen Eindrücke des Dramas, was er Ihrer Meinung nach damit gemeint haben könnte.

Material 1

Wolfdietrich Rasch: Zur deutschen Literatur seit der Jahrhundertwende
(1967, Ausschnitt)

In einem Aufsatz, der sich auf Fontanes Theaterkritik bezieht, ist zu lesen:

„Die Familie Selicke"! Ja, wie steht es damit? Soll man ihr wünschen, dass sie fortlebt und sprießt und gedeiht, oder soll man ihr wünschen, dass sie wie Lieschen Selicke, das liebe süße Kind, frühzeitig an Schwindsucht hinstirbt? Die Beantwortung dieser Frage ist nicht leicht ... Die „Wiederholungen" an sich schon banaler Vorgänge in der „Familie Selicke" sind ihm [Fontane] „peinlich". „In
5 Wirklichkeit geht es zwar so her, und wem die photographische Treue alles bedeutet, der wird auch diese richtige Beobachtung des Lebens bewundern müssen; die Bühne aber hat ihre eigenen bestimmten Gesetze, von denen vorläufig nicht wohl abzusehen ist." Sobald Fontane an die „Stoffwahl" denkt, an die detaillierte Häufung alltäglichen Elends, vergisst er seine abwägende Vorsicht und ruft beschwörend: „Um Himmelswillen keine Kontinuation!"

2 Finden Sie in Raschs Text Aspekte, die die Haltung Fontanes bestärken oder entkräften können.

Kaiser Wilhelm II: Die wahre Kunst. Rede zur Einweihung eines Denkmals an der Berliner Siegesallee (1901, Ausschnitt)

Eine Kunst, die sich über die von Mir bezeichneten Gesetze und Schranken hinwegsetzt, ist keine Kunst mehr, sie ist Fabrikarbeit, ist Gewerbe, und das darf die Kunst nie werden. Mit dem viel
5 missbrauchten Worte „Freiheit" und unter seiner Flagge verfällt man gar oft in Grenzenlosigkeit, Schrankenlosigkeit, Selbstüberhebung. […]

BERLIN. Sieges-Allee

Die Kunst soll mithelfen, erzieherisch auf das Volk einzuwirken, sie soll auch den unteren Ständen nach harter Mühe und Arbeit die Mög- 10 lichkeit geben, sich an den Idealen wiederaufzurichten. Uns, dem deutschen Volke, sind die großen Ideale zu dauernden Gütern geworden, während sie anderen Völkern mehr oder weniger verlorengegangen sind. Es bleibt nur das deut- 15 sche Volk übrig, das an erster Stelle berufen ist, diese großen Ideen zu hüten, zu pflegen, fortzusetzen, und zu diesen Idealen gehört, dass wir den arbeitenden, sich abmühenden Klassen die Möglichkeit geben, sich an dem Schönen 20 zu erheben und sich aus ihren sonstigen Gedankenkreisen heraus- und emporzuarbeiten. […] Die Pflege der Ideale ist zugleich die größte Kulturarbeit, und wenn wir hierin den anderen Völkern ein Muster sein und bleiben wol- 25 len, so muss das ganze Volk daran mitarbeiten, und soll die Kultur ihre Aufgabe voll erfüllen, dann muss sie bis in die untersten Schichten des Volkes hindurchgedrungen sein. Das kann sie nur, wenn die Kunst die Hand dazu bietet, wenn 30 sie erhebt, statt dass sie in den Rinnstein niedersteigt.

3 Bestimmen Sie die Haltung Wilhelms II. zur modernen Kunst.

4 Beschreiben Sie, welchen Zusammenhang Wilhelm II. zwischen Kunst und Leben erkennt und welche Aufgabe er der Kunst somit zuweist.

Schauen Sie sich im Panorama (S. 194) Punkt ⑥ zu Gerhart Hauptmann: *Die Weber* an, um noch mehr Zusammenhänge zu verstehen.

Dorlis Blume: Dezember 1912 – Literaturnobelpreis für Gerhart Hauptmann
(2014, Deutsches Historisches Museum, Ausschnitt)

Die Rede Kaiser Wilhelm II. ist auch eine Reaktion auf eine Aufführung von Gerhart Hauptmanns naturalistischem Drama „Die Weber" im Jahr 1894. Aus Protest kündigte Kaiser Wilhelm II. seine Loge im Deutschen Theater. 1912 wurde Gerhart Hauptmann jedoch mit dem Nobelpreis für Literatur ausgezeichnet. In der Begründung der Schwedischen Akademie, die den Nobelpreis verleiht, heißt es unter anderem:

In seinen sozialen Dramen behandelte Hauptmann, [...] „die Lebensbedingungen des kleinen Mannes, die er an vielen Orten, besonders aber in seiner schlesischen Heimat, studieren konnte. Seine Darstellung beruht auf sehr genauen Beobachtungen der Umstände und der Menschen. Jede seiner Figuren stellt eine ganz aus dem Individuellen charakterisierte Persönlichkeit dar; nirgends findet man lebensferne Typen, nirgends auch nur die Spur eines abgestempelten Charakters.
10 [...] Der Realismus seiner Beschreibungen zwingt uns, neue und bessere Lebensbedingungen anzustreben und deren Verwirklichung zu wünschen."

Gerhart Hauptmann (1862–1946); Fotografie der Leipziger Zeitschrift *Illustrirte Zeitung* vom 19.12.1912 anlässlich der Verleihung des Nobelpreises für Literatur

5 Stellen Sie die Begründung des Nobelpreiskomitees den Aussagen von Kaiser Wilhelm II. gegenüber. Diskutieren Sie anschließend über die Funktionalisierung von Kunst durch die Politik.

MK **6** **PLUS** Recherchieren Sie zu Inhalt und Wirkung von Gerhart Hauptmanns Drama *Die Weber* und stellen Sie Ihre Recherche in einem Kurzreferat vor. Beziehen Sie Heinrich Heines Gedicht *Die schlesischen Weber* (S. 199) in Bezug auf die literarische Haltung vergleichend mit ein.

materialgestütztes informierendes Schreiben → S. 52–57, 462

7 **PLUS** Anlässlich einer Ausstellungseröffnung in der Bibliothek an Ihrer Schule zu gesellschaftlich engagierter Literatur unterschiedlicher Zeiten sollen Sie eine Rede halten. Berücksichtigen Sie in Ihrem Redemanuskript Beispiele aus der Zeit der Klassik bis zur Literatur in der Gegenwart. Erläutern Sie dabei, welche unterschiedlichen Ausdrucksformen literarisches Engagement haben kann, und schätzen Sie ein, welche Rolle Literatur in der Gesellschaft spielt oder spielen kann.

8 **PLUS** Recherchieren Sie zu europäischen realistischen Autoren und ihren Besonderheiten. Wählen Sie einen Roman, den Sie gelesen oder ein Theaterstück, das Sie gesehen haben, um es Ihrem Kurs in einem Referat vorzustellen. Ordnen Sie die Literatur dabei in ihre literaturgeschichtlichen Zusammenhänge ein.

Auf einen Blick: Merkmale realistischer Strömungen des 19. Jahrhunderts

Epochenlexikon
→ S.418

Biedermeier (1815–1848)

Mit dem Ende der napoleonischen Ära und den vom Wiener Kongress 1814/15 eingeleiteten **restaurativen Tendenzen** flüchten sich viele Menschen resigniert in ihr **Privatleben**. Ins Zentrum der künstlerischen Arbeit rücken daher Alltagsszenen, Häuslichkeit und die Betonung von Heimat, Religiosität und Natur.

Das Werk von Eduard Mörike oder Adalbert Stifter zieht sich jedoch nicht allein auf die Beobachtung von Wirklichkeitsausschnitten zurück, da sich darin stets auch das große Ganze spiegelt, und es zeigt den klugen Entwurf aufrechter Menschlichkeit. Auf den ersten Blick scheint der liebevoll und schlicht gestaltete **Detailreichtum** allein auf Bescheidenheit, Idylle und Schönheit zu zielen, doch trägt er gleichzeitig die Kritik an der aufkommenden Sinnentleerung und Entfremdung in sich, die politischer Druck, eine beginnende Technisierung und Verstädterung mit sich brachten.

Die korrespondierenden literarischen Genres sind **kleinere Formen** wie Gedichte, Erzählungen oder Stimmungsbilder, die **formal oft sehr kunstvoll** gestaltet sind.

Literarischer Vormärz (1815–1848)

Im **Gegensatz zum Rückzug in das Private** des Biedermeier steht der **Vormärz** (nach der Märzrevolution von 1848 benannt). Gegen die Zensur der restaurativen Zeit in Folge der Karlsbader Beschlüsse stellen sich die Literaten mit eindeutig **inhaltlich politischen Texten**. Darin werden **soziale Missstände** und andere **gesellschaftliche Fragen** thematisiert. Zentral war die Forderung nach **Beachtung der Menschenrechte oder Meinungsfreiheit**. Einige der Autorinnen und Autoren gingen aufgrund ihres Publikationsverbots ins Exil (z. B. Heinrich Heine, Georg Büchner).

Die Sprache präsentiert sich überwiegend **appellhaft, fordernd und aufrüttelnd**, um das Bewusstsein für das Dargestellte zu vertiefen.

Realismus in der europäischen Literatur

Nach der gescheiterten Revolution von 1848/49 („Märzrevolution") gewinnt eine literarische Strömung die Oberhand, die die genaue **Wiedergabe der Gesellschaft** zum Maßstab erhebt, sich aber vom Anspruch gelöst hat, konkrete politische oder soziale Ziele in die Tat umsetzen zu können. Seit der ersten Jahrhunderthälfte verstärkt aufkommende technische Neuerungen, die in die industrielle Gründerzeit des späten 19. Jahrhunderts mündeten, und sich damit immer wieder verschärfende soziale Konflikte sowie die Ablösung der feudalen durch die bürgerliche Welt von Ärzten, Beamten und Gelehrten machten idealistische Kunstauffassungen der Klassik und Romantik in der zweiten Jahrhunderthälfte endgültig unzeitgemäß. Diese **realistische Schreibhaltung** lässt sich **auch in anderen europäischen Ländern** wie Frankreich (Hugo, Balzac, Stendhal, Flaubert, Zola, Maupassant), England (Dickens, Kippling, Stevenson, James), Norwegen (Ibsen) oder Russland (Tolstoi, Dostojewski, Tschechow, Turgeniew) mit jeweils eigenen, oft sozialkritischeren Ausprägungen beobachten.

„Abbildrealismus"

Eine **detailreiche, faktengesättigte, teils beinahe dokumentarische Darstellung** befördert den Eindruck, Literatur bilde die zeitgenössische Wirklichkeit ab. Unterstützt wird diese Tendenz noch durch eine **psychologisch hochdifferenzierte Figurenzeichnung**. Die Hinwendung zum Diesseits entsprang einer verstärkten Religionskritik, wie sie in der Philosophie Ludwig Feuerbachs Ausdruck fand, aber auch dem erstarkenden technischen Fortschritt und einer wachsenden Bevölkerung, was nicht zuletzt die sozialen Konflikte verschärfte.

Seismograf gesellschaftlicher Tendenzen

Die detailgenaue Darstellung bildet die Grundlage für oft **präzise Diagnosen gesellschaftlicher Tendenzen** (Neuerungen, Spannungen, Verwerfungen). Auf diese Weise dient Literatur auch der – teils kritischen, teils bestätigenden – **Reflexion von bürgerlichen Werten**. Daher auch die Bezeichnung Bürgerlicher Realismus.

Poetischer Realismus in Deutschland (auch: Bürgerlicher Realismus, 1848–1900)

Aktuelle gesellschaftliche Erfahrungen werden durch ein zumeist **auktoriales Erzählverhalten** (Schein der Objektivität) und eine humorvoll distanzierte Erzählhaltung dargeboten, die die subjektive Anverwandlung von Welt und ihre **poetische Überhöhung** anstrebt. Vor allem die Darstellung des Hässlichen, etwa die Drastik von Armut und Elend wird abgelehnt. Denn eine solche als abstoßend oder auch nur trivial empfundene Wirklichkeit bedarf nach Ansicht der Schreibenden einer „Läuterung", damit aus dem „Wirklichen" das „Wahre" entstehe: Die besonders zusammengesetzte Handlungsführung, stiller Humor oder auch eine versteckte Symbolhaftigkeit sollen diese poetische Verklärung gewährleisten. Nicht immer kann dabei eine beschönigende Darstellung vermieden werden. Die bekanntesten Vertreter des Poetischen bzw. Bürgerlichen Realismus sind Theodor Fontane, Gottfried Keller, Wilhelm Raabe oder auch Theodor Storm. Bevorzugte Gattungen sind **Epik** und **Lyrik**.

Das Soziale Drama

Diese Form des Dramas entsteht infolge **der Industrialisierung** und ihrer **Auswirkungen** auf die Arbeitenden oder Kleinbürgerlichen. Durch die radikale Zurschaustellung extremer Lebenssituationen will das Soziale Drama **Bewusstsein schaffen** für das Leid der kleinen Leute. Georg Büchners fragmentarisches Drama *Woyzeck* (1837) aus der Zeit des Vormärz gilt als das erste Soziale Drama. Im Naturalismus wählen die Schriftsteller diese Form, um in radikaler Milieudarstellung die **Ausweglosigkeit** der Menschen darzustellen. Wichtige Mittel dazu sind **dialektales Sprechen** sowie **ausführliche Regieanweisung**, um dem **Anspruch an Wirklichkeit** so nahe wie möglich zu kommen.

Schauen Sie sich im Panorama (S. 194) die Punkte ①–⑥ an, um die Zeit besser zu verstehen.

Der Roman

Im Bürgerlichen bzw. Poetischen Realismus erfährt die literarische Gattung des Romans eine Blüte. Der Roman soll nach Theodor Fontane „ein Zeitbild sein, ein Bild seiner Zeit". Im Roman ist es möglich, **gesellschaftliche Zustände** und **Widersprüche** in einer ausführlicheren Handlung darzustellen.

Zentral ist dabei die **Abhängigkeit des Einzelnen von sozialen, ökonomischen und politischen Verhältnissen**. Dabei geht es häufig um die Bedeutung von Ehe, Familie und gesellschaftliche Wirkung.

Neben Fontane gelten Wilhelm Raabe oder Gottfried Keller als Vertreter. Wiederentdeckt werden jedoch vermehrt auch Romanautorinnen des bürgerlichen Realismus wie z. B. Ida Hahn-Hahn und Clara Viebig.

Naturalismus (1880 bis nach 1900)

Die Dichter des Naturalismus wenden sich ausgangs des 19. Jahrhunderts bewusst gegen den Poetischen Realismus und seine Auffassung, der gesellschaftlichen und politischen Situation ohnmächtig gegenüberzustehen. Zentral ist die **Orientierung an der Natur bzw. Naturwissenschaft**, um die Zustände so darzustellen, wie sie wirklich sind. Damit gehen die Naturalisten über den „Abbildrealismus" hinaus. In ihrer Kunst erreichen sie das durch eine **ungeschönte**, teilweise **überspitzte Abbildung des Hässlichen**, Triebhaften oder auch Kriminellen. Der Mensch ist ein Opfer seiner Lebensumstände und einer Gesellschaft, die ein solches Leben zulässt.

Mit dieser extrem realistischen Darstellung, die sich als Resultat einer wissenschaftlichen Auseinandersetzung mit der Realität sieht, stellt der Naturalismus die **Verbindung der realistischen Literatur zur Moderne** dar.

Aufführungen der Dramen von Gerhart Hauptmann oder Johannes Schlaf und Arno Holz gerieten aufgrund ihrer ungeschönten Darstellung zu Skandalen.

Auch der Naturalismus ist ein gesamteuropäisches Phänomen, eine Leitfigur war etwa der französische Schriftsteller, Journalist und Theoretiker Émile Zola.

Adolph von Menzel: *Eisenwalzwerk (Moderne Cyklopen)*, 1872–1875

Interpretation epischer Texte

Schreibform
→ S. 459

Hinweise zum
schriftlichen Abitur
→ S. 466

KOMPETENZBOX

Epische Texte schriftlich interpretieren

Bei der Interpretation epischer Texte wird ausgehend von einer zentralen Deutungshypothese knapp der Inhalt vorgestellt und der Text unter Berücksichtigung verschiedener Kriterien (wie Raum, Zeit, Figurencharakteristik und -konstellation, Erzähltechnik und sprachliche Gestaltung) erschlossen.
Die Interpretation (Teilaufgabe 1) ist ggf. Ausgangspunkt eines Zusatzauftrags (Teilaufgabe 2), die in einem thematischen oder Motivvergleich bestehen kann oder die Überprüfung einer poetologischen Aussage erfordert. Dabei gehen Sie in sechs Arbeitsschritten vor:

1. Erstes Textverständnis festhalten – Aufgabenstellung erfassen
- Text durchlesen und erste Eindrücke (auch vorläufige Verständnisprobleme) notieren
- wichtige Passagen markieren, erste Ideen und Fragen in Randnotizen festhalten
- die Aufgabenstellung erfassen, insbesondere im Hinblick auf einen möglicherweise geforderten Schwerpunkt
- Titel, Thema, Entstehungszeit, Autorin/Autor und epische Textsorte erfassen und einordnen

2. Epische Texte aspektorientiert untersuchen
- präzises Verständnis von Inhalt und gedanklichem Aufbau sicherstellen
- Inhalt, Sprache und erzähltechnische Gestaltung erschließen
- den Text nach der Aufgabenstellung oder nach selbstgewählten Gesichtspunkten, die sich aus dem Text ergeben, schwerpunktbezogen untersuchen
- literatur- bzw. kulturgeschichtliches Vorwissen einbeziehen

3. Untersuchungsergebnisse ordnen
- Fazit aus den Untersuchungsergebnissen ziehen und Deutungshypothese formulieren
- geeignete Textbelege für Deutungshypothese notieren; Deutungshypothese ggf. neu formulieren

4. Schreibplan/Gliederung erstellen
Einleitung:
- interessanter Einstieg, Basissatz (Autorin/Autor, Titel, Entstehungszeit, Textsorte und Thema) und Deutungshypothese
Hauptteil:
- Untersuchungsergebnisse aus den Teilaufgaben 1 und ggf. 2 sinnvoll anordnen
Schluss:
- Abrundung, z. B. durch Rückbezug zur Einleitung oder Ausblick; Aktualisierung

5. Schriftliche Interpretation verfassen
- bei der Ausformulierung auf den roten Faden (Deutungshypothese) achten
- sachlich schreiben und die notwendigen Fachbegriffe verwenden
- Behauptungen durchgängig am Text belegen durch direkte und indirekte Zitate

Zitieren
→ S. 470

Eigene Texte
sprachlich
gestalten
→ S. 403

6. Schriftliche Interpretation überarbeiten
- kritische Durchsicht des eigenen Textes, Abgleich mit Notizen und Schreibplan/Gliederung
- Überprüfung von sachlicher Richtigkeit und logischer Nachvollziehbarkeit für die Leserin/den Leser
- Kontrolle von Formalia (Zitiergenauigkeit und -richtigkeit)
- Korrektur von sprachlichen Fehlern (Grammatik, Rechtschreibung, Zeichensetzung)

MUSTERAUFGABE

**Text
D 07**

Hinweise zum
schriftlichen Abitur
→ S. 466

1 Interpretieren Sie den abgedruckten Textauszug aus der Novelle *Am Totenmaar* von Clara Viebig (vgl. S. 223 ff.). (ca. 70 %)

2 Clara Viebig hat ihre frühen Novellen wie *Am Totenmaar* explizit in die Nachfolge des großen französischen Naturalisten Émile Zola gestellt. Unsicher ist jedoch, ob sie sich ausschließlich durch Zolas Romanwerk inspirieren ließ (explizit nennt sie dessen *Germinal* aus dem Jahr 1885) oder sich auch Zolas Theorie des Experimentalromans zu eigen machte.
Überprüfen Sie ausgehend von Ihren Ergebnissen in Teilaufgabe 1, inwieweit der Textauszug aus Viebigs *Am Totenmaar* als Verwirklichung der Theorie Zolas vom Schriftsteller als „Beobachter" bzw. „Experimentator" (vgl. Z. 3 f.) gelesen werden kann. (ca. 30 %)

Émile Zola: Der Experimentalroman (1880, Ausschnitt)

Ist in der Literatur, in der bisher die Beobachtung allein angewendet worden zu sein scheint, das Experiment möglich? [...]
Nun! [...] [S]ehen wir [...], dass der Romanschriftsteller aus einem Beobachter und einem Experimentator besteht. Der Beobachter in ihm gibt die Tatsachen so, wie er sie beobachtet
5 hat, setzt den Ausgangspunkt fest und stellt den festen Grund und Boden her, auf dem die Personen aufmarschieren und die Erscheinungen sich entwickeln können. Dann erscheint der Experimentator und bringt das Experiment zur Durchführung, d. h. er gibt den Personen ihre Bewegung in einer besonderen Handlung, um darin zu zeigen, dass die Aufeinanderfolge der Tatsachen dabei eine solche ist, wie sie der zur Untersuchung stehende Determinismus
10 der Erscheinungen ist. [...] [E]in Experimentalroman [...] ist einfach das Protokoll des Experiments, das der Romanschriftsteller vor den Augen des Publikums wiederholt. Kurz, das ganze Verfahren besteht darin, dass man die Tatsachen der Natur entnimmt, dann den Mechanismus der Tatsachen studiert, indem man durch die Modifikationen der Umstände und Lebenskreise auf sie wirkt, ohne dass man sich je von den Naturgesetzen entfernt. Am Ende
15 hat man die [...] wissenschaftliche Erkenntnis des Menschen in seiner individuellen und sozialen Betätigung.
[...] Wir Romanschriftsteller sind die Untersuchungsrichter der Menschen und ihrer Leidenschaften. [...] So lässt denn die experimentelle Methode den Romanschriftsteller, anstatt ihn in Fesseln zu schlagen, seiner ganzen Kraft des Denkens und all seines Schöpfergenies genie-
20 ßen. Er wird sehen, verstehen und erfinden müssen.

---

1. Erstes Textverständnis erfassen – Aufgabenstellung erfassen

Schreibtraining
I 17

1.1 Lesen Sie den Text aufmerksam durch. Klären Sie unbekannte Wörter oder schwierige Textstellen.

1.2 Übersetzen Sie die folgenden beiden Textstellen ins Hochdeutsche:
– Z. 23 ff.: „Merci, merci, se sein al e su weid ganz gud, äwer ons Annemarei, dat es ze Daun im Hodel – jao, jao!"
– Z. 45 f.: „Wän es et, Annemarei? Hän moss dech heiruoden, gräm dech äweil net e su!"

1.3 Machen Sie sich klar, was die Aufgabenstellung genau verlangt, und ergänzen Sie die Übersicht auf S. 242 entsprechend.

– *Aufgabenteil 1 verlangt eine Interpretation. Folgende Aspekte müssen dabei berücksichtigt werden:*
  - *Inhalt, Aufbau …*
  - *…*
– *Aufgabenteil 2 verlangt eine Überprüfung …*
  - *…*

2. Epische Texte aspektorientiert untersuchen

2.1 Fassen Sie den Inhalt des Textauszugs aus *Am Totenmaar* (S. 223 ff.) zusammen. Beschränken Sie sich dabei auf wenige Sätze. Notieren Sie zudem, was Sie über die Figuren erfahren.

Erschließungs-
aspekte
epischer Texte
→ S. 424

2.2 Machen Sie sich klar, welche Untersuchungsaspekte zur erzählerischen Gestaltung bzw. zu den erzähltechnischen Mitteln gehören. Halten Sie Ihre Ergebnisse mit Textbelegen in Stichpunkten fest. Entscheiden Sie vorab, anhand welcher Kriterien oder Aspekte Sie den Textauszug analysieren. Legen Sie eine eigene Tabelle nach folgendem Muster an und ergänzen Sie Ihre Ergebnisse für Viebigs Textauszug (S. 223 ff.).

Gattungslexikon Epik
→ S. 424 ff.

Erzähltechnik

– Erzählform bzw. – Erzählinstanz	– *Er- oder Sie-Erzähler?* – …
– Erzählperspektive bzw. – Fokalisierung	– *Herrscht im Textauszug eine Innensicht oder Außensicht vor?* → … – …
– Erzählverhalten	– …
Darstellungsform	– *Figurenrede (z. B. Z. 6 ff.)* – …
Zeitgestaltung	– …
Raumgestaltung	– …

2.3 Untersuchen Sie die sprachliche Gestaltung des Textes auf Satz- und Wortebene und nehmen Sie Markierungen auf einer Kopie in verschiedenen Farben vor. Kennzeichnen Sie ebenso auffallende sprachliche/rhetorische Mittel. Orientieren Sie sich am „So geht's"-Beispiel.

SO GEHT'S — **Wortwahl und Satzbau eines epischen Textes analysieren**

Clara Viebig: Am Totenmaar (1897, Auszug)

„Gestohl – ?!" –
Eine Totenstille folgte dem Aufschrei. […]
Der Alte stand wie vom Donner gerührt, der Stock war ihm entfallen,
wie abwehrend streckte er beide Arme von sich.
5 […]
„Gestohl!" – Langsam, dumpf, fast tonlos klang das furchtbare Wort
wieder; der Wind kam, riss es von des Vaters Lippen und schleuderte
es in alle Welt.

Ellipsen/Einwortsätze → Ausrufe zur Verdeutlichung der Fassungslosigkeit

Parataktischer Satzbau → Ausdruck des Entsetzens

Adjektive → Beschreibung der Atmosphäre

Personifikation/Metapher → Dimension des Ereignisses für den Vater wird betont.

Vergleich → veranschaulicht die Reaktion

2.4 Lesen Sie den Text von Émile Zola (M1) zur Zusatzaufgabe. Stellen Sie anschließend die zentralen Aspekte von Zolas These gegenüber. Ergänzen Sie die folgende Tabelle stichpunktartig.

Schriftsteller als

BEOBACHTER	*EXPERIMENTATOR*
– ...	– ...
– ...	– ...

Folge: Experimentalroman =

...

2.5 Überprüfen Sie, an welchen Passagen des zu erschließenden Auszugs aus *Am Totenmaar* die gefundenen Aspekte deutlich werden:

Schriftsteller als

BEOBACHTER	*EXPERIMENTATOR*
– *Darstellung einer realen Situation, vgl. Z. 1f.*	– *Reaktion des Vaters als Folge gesellschaftlicher Konventionen → es wären auch andere Verhaltensweisen möglich*
– ...	– *Verhalten von Annamarei*

2.6 Überlegen Sie, wo Clara Viebig in diesem Auszug von Zolas Theorie abweicht (hinter Zolas Forderungen zurückbleibt oder über sie hinausgeht).

Zola	*Viebig*
– *Beschränkung auf Beobachtung von außen*	– *detaillierte Darstellung von Annamareis Gefühlslage*
– ...	– ...

3. Untersuchungsergebnisse ordnen

3.1 Erstellen Sie aus Ihren bisherigen Notizen eine Übersicht Ihrer Untersuchungsergebnisse.

Untersuchungs-aspekt	Untersuchungsergebnis	Bedeutung/Funktion/Zusammenfassung
Inhalt/Aufbau	– *Z. 1–25: der Vater ist überrascht, seine Tochter zu sehen; er ist stolz, was seine Tochter erreicht hat* – *Z. 26– ...*	– *Hinführung bzw. Einführung in die Situation* – *Einschub: Erläuterung der Gründe für den Stolz des Vaters* – *...*
Erzählerische Gestaltung	– *Er-Erzähler; dabei auch Innensicht wie z. B. in Z. 114ff. ...* *personale Passagen (Z. 73ff.)* – *recht ausführlicher Erzählerbericht unterbrochen von Dialogen* – *...*	– *...*
Sprache	– *...*	– *...*

3.2 Formulieren Sie eine Deutungshypothese auf der Grundlage Ihrer Untersuchungsergebnisse.

3.3 Vergleichen Sie Ihren Deutungsansatz mit den folgenden Deutungshypothesen und begründen Sie, welche Ihrer Meinung nach für eine schriftliche Interpretation am besten geeignet ist.

A *Clara Viebig thematisiert im vorliegenden Textauszug aus „Am Totenmaar", wie das Verhältnis zwischen Vater und Tochter durch das Fehlverhalten der Tochter zerbricht.*

B *Die Enttäuschung eines Vaters über das Verhalten seiner Tochter stellt Clara Viebig im Auszug aus ihrer Novelle „Am Totenmaar" dar.*

C *Eine Umkehrung der biblischen Geschichte vom verlorenen Sohn wird von Clara Viebig im Textausschnitt aus ihrer Novelle „Am Totenmaar" thematisiert.*

4. Gliederung erstellen

4.1 Setzen Sie sich kritisch mit dem folgenden Ausschnitt aus einem Gliederungsentwurf auseinander und überarbeiten Sie diesen dann entsprechend Ihrer Erkenntnisse.

> 1 Einleitung
> – ...
> 2 Hauptteil
>   2.1 Inhalt und Aufbau
>   2.1.1 Hinführung zur Situation (Z. ... – Z. ...)
>   2.1.2 Rückblick des Vaters (Z. ... – Z. ...)
>   2.1.3 Beichte von Annamarei (Z. ... – Z. ...)
>   (...)
>   2.2 Erzählerische Gestaltung
>   2.2.1 Er-Erzähler
>   2.2.2 Bedeutung des personalen Erzählverhaltens
>   (...)
>   2.3 Sprachliche Gestaltung
>   2.3.1 (...)
>   2.4 Raumgestaltung: Natur als Seelenraum
>   2.5 Zusammenfassung
>   2.6 Überprüfung von Zolas These vom Schriftsteller als Experimentator
>   2.5.1 Erläuterung der These
>   2.5.2 Aspekte gegen die These
>   2.5.3 Aspekte für die These
>   (...)
> 3 Folgen tiefgreifender Enttäuschung

5. Schriftliche Interpretation verfassen

Eigene Texte sprachlich gestalten → S. 403

5.1 Verfassen Sie auf Basis Ihrer Vorarbeiten Ihre schriftliche Interpretation.

6. Schriftliche Interpretation überarbeiten

Zitieren → S. 470

6.1 Überarbeiten Sie Ihre Interpretation. Achten Sie besonders auf Sprache und Stil sowie Rechtschreibung und Zeichensetzung. Überprüfen Sie die Zitierweise.

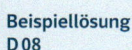 Beispiellösung
D 08

Beispiellösung

[...] gelingt es der Autorin Clara Viebig in dem vorliegenden Textauszug, die biblische Geschichte vom verlorenen Sohn umzudeuten. Der Vater, Steffen Kohlhaas, kann das Fehlverhalten der Tochter Annamarei nicht akzeptieren und ihr auch nicht verzeihen, was sie getan hat.

Im ersten Abschnitt (vgl. Z. 1–9) erkennt Steffen Kohlhaas mit einiger Überraschung seine Tochter Annamarei, da er mit ihrem Besuch nicht gerechnet hat. Im folgenden gedanklichen Abschnitt (vgl. Z. 10–31) wird deutlich [...].

Die gewählte Erzählform eines Er-Erzählers erlaubt es Leserinnen und Lesern, einen distanzierten Blick auf die Figuren und deren Einstellungen zu gewinnen. Dargestellt wird das Geschehen durch einen Erzählerbericht [...]. Auffallend sind jedoch die wenigen Figurenreden in diesem Novellenauszug. Sie finden vor allem in der Beichte der Tochter Verwendung, zeigen die Reaktion des Vaters und verdeutlichen, was und vor allem wie miteinander gesprochen wird (vgl. Z. 62–80).

Annamareis Beichte empfindet die Autorin dem alttestamentarischen Vorbild des verlorenen Sohnes nach und weckt bei der/dem Lesenden unbewusst die Erwartung, der Vater möge die Tat der Tochter verstehen und ihr vergeben. [...] Gerade weil das auktoriale Erzählverhalten dominiert, fallen die Textpassagen besonders ins Auge, die das personale Erzählen zeigen. Deutlich wird dies im Abschnitt von Z. 73 f. Leserinnen und Leser sind unmittelbar bei den Gedanken von Annamarei [...].

Das Geschehen spielt sich in der freien Natur im November am „Totenmaar" [...] ab. Zunächst scheint der „kalte [...], windige Novembertag" (Vorbemerkung) im Widerspruch zum Stolz des Vaters in den ersten Abschnitten zu stehen. Mit der Beichte der Tochter ändert sich das jedoch plötzlich: „‚Gestohl!' – Langsam, dumpf, fast tonlos klang das furchtbare Wort wieder; der Wind kam, riss es von den Vaters Lippen und schleuderte es in alle Welt" (Z. 59 ff.). Nach den Schlägen des Vaters und seinem Weggang sind es die „kahl[e]" (Z. 107) Umgebung, die „graue, feuchtkalte Luft" (Z. 111) und der Wind (vgl. Z. 105), die die Situation der Protagonistin verdeutlichen. Die Beschreibung der Natur spiegelt damit ihren Seelenzustand wider [...]. Annamarei hat keinerlei Verständnis oder Vergebung nach biblischem Vorbild durch ihren Vater zu erwarten.

Clara Viebig gelingt es durch die erzählerische und sprachliche Gestaltung, eine Situation darzustellen [...]. Die naturalistische Schreibweise, verdeutlicht durch die Verwendung des Dialekts, lässt erkennen, wie sehr der Vater in den Moralvorstellungen seiner Zeit verhaftet ist. [...]

Der französische Schriftsteller Émile Zola [...] war für Clara Viebig von großer Bedeutung für das eigene Schaffen. In seiner Studie „Der Experimentalroman" (1880) stellt Zola die These auf [...]. Er schlussfolgert: „Wir Romanschriftsteller sind die Untersuchungsrichter der Menschen und ihrer Leidenschaften." (M1, Z. 17 f.).

Clara Viebigs Novellenauszug ist zunächst als deutliche Verwirklichung von Zolas Behauptung zu lesen. Mit genauen Beobachtungen der Hauptfiguren [...] entspricht sie genau Zolas Anspruch. [...] Was jedoch Zolas Ansatz vom Autor als Experimentator in diesem Erzählausschnitt entgegensteht, ist die Tatsache, wie Clara Viebig das Innere ihrer Figuren, vor allem Annamareis, zeichnet. [...]

Deutungshypothese als Grundlage für die weitere Erschließung

Inhaltsangabe zur Verdeutlichung des gedanklichen Aufbaus

Erzählform und Funktion nennen

Darstellungsform in ihrem Funktionszusammenhang erläutern

Bezug zur Deutungshypothese

Raumdarstellung als Seelenlandschaft

Verdeutlichung durch Zitate (direkt und indirekt)

zusammenfassende Deutung des Textauszugs

Bearbeitung der **Zusatzaufgabe**

antithetischer Aufbau entsprechend der Aufgabenstellung

8.5 Vernetzen: Gegenwarts- und Weltliteratur einbeziehen
Realismus im 20. und 21. Jahrhundert

Wasserfrauen im 20. Jahrhundert

Ingeborg Bachmann: Undine geht (1961, Auszug)

Wasserfrauen → S. 207 ff., Bachmann → S. 314, 349

Der Prosatext der österreichischen Autorin führt das Motiv der Wasserfrau fort und bietet die bisher vielleicht radikalste Anverwandlung auch der romantischen Tradition von Friedrich de la Motte-Fouqués „Undine" (vgl. S. 175 f.).

Ihr Menschen! Ihr Ungeheuer!
Ihr Ungeheuer mit Namen Hans! Mit diesem Namen, den ich nie vergessen kann.
Immer wenn ich durch die Lichtung kam und die Zweige
5 sich öffneten, wenn die Ruten mir das Wasser von den Armen schlugen, die Blätter mir die Tropfen von den Haaren leckten, traf ich auf einen, der Hans hieß. [...]

Ich habe keine Kinder von euch, weil ich keine Fragen gekannt habe, keine Forderung, keine Vorsicht, Absicht, keine
10 Zukunft und nicht wusste, wie man Platz nimmt in einem anderen Leben. Ich habe keinen Unterhalt gebraucht, keine Beteuerung und Versicherung, nur Luft, Nachtluft, Küstenluft, Grenzluft, um immer wieder Atem holen zu können für neue Worte, neue Küsse, für ein unaufhörliches
15 Geständnis: Ja. Ja. Wenn das Geständnis abgelegt war, war ich verurteilt zu lieben; wenn ich eines Tages freikam aus der Liebe, musste ich zurück ins Wasser gehen, in dieses Element, in dem niemand sich ein Nest baut, sich ein Dach aufzieht über Balken, sich bedeckt mit einer Plane. Nir-
20 gendwo sein, nirgendwo bleiben. Tauchen, ruhen, sich ohne Aufwand von Kraft bewegen – und eines Tages sich besinnen, wieder auftauchen, durch eine Lichtung gehen, ihn sehen und »Hans« sagen. [...]

Ihr Ungeheuer mit euren Frauen!
25 Hast du nicht gesagt: Es ist die Hölle, und warum ich bei ihr bleibe, das wird keiner verstehen. Hast du nicht gesagt: Meine Frau, ja, sie ist ein wunderbarer Mensch, ja, sie braucht mich, wüsste nicht, wie ohne mich leben –? Hast du's nicht gesagt! Und hast du nicht gelacht und im Über-
30 mut gesagt: Niemals schwernehmen, nie dergleichen schwernehmen. Hast du nicht gesagt: So soll es immer sein, und das andere soll nicht sein, ist ohne Gültigkeit! Ihr Ungeheuer mit euren Redensarten, die ihr die Redensarten der Frauen sucht, damit euch nichts fehlt, damit die Welt
35 rund ist. Die ihr die Frauen zu euren Geliebten und Frauen macht, Eintagsfrauen, Wochenendfrauen, Lebenslang-frauen und euch zu ihren Männern machen lasst. (Das ist vielleicht ein Erwachen wert!) Ihr mit eurer Eifersucht auf eure Frauen, mit eurer hochmütigen Nachsicht und eurer
40 Tyrannei, eurem Schutzsuchen bei euren Frauen, ihr mit

eurem Wirtschaftsgeld und euren gemeinsamen Gute-nachtgesprächen, diesen Stärkungen, dem Rechtbehalten gegen draußen, ihr mit euren hilflos gekonnten, hilflos zerstreuten Umarmungen. [...] Ihr kauft und lasst euch kau-
45 fen. Über euch muss ich lachen und staunen, Hans, Hans, über euch kleine Studenten und brave Arbeiter, die ihr euch Frauen nehmt zum Mitarbeiten, da arbeitet ihr beide, jeder wird klüger an einer anderen Fakultät, jeder kommt voran in einer anderen Fabrik, da strengt ihr euch an, legt das Geld zusammen und spannt euch vor die Zukunft. Ja,
50 dazu nehmt ihr euch die Frauen auch, damit ihr die Zukunft erhärtet, damit sie Kinder kriegen, da werdet ihr mild, wenn sie furchtsam und glücklich herumgehen mit den Kindern in ihrem Leib. Oder ihr verbietet euren Frauen, Kinder zu haben, wollt ungestört sein und hastet ins Alter
55 mit eurer gesparten Jugend.
Wenn dir nichts mehr einfiel zu deinem Leben, dann hast du ganz wahr geredet, aber auch nur dann. Dann sind alle Wasser über die Ufer getreten, die Flüsse haben sich erhoben, die Seerosen sind gleich hundertweis erblüht und er-
60 trunken, und das Meer war ein machtvoller Seufzer, es schlug, schlug und rannte und rollte gegen die Erde an, dass seine Lefzen trieften von weißem Schaum.
Verräter! Wenn euch nichts mehr half, dann half die Schmä-hung. Dann wusstet ihr plötzlich, was euch an mir verdäch-
65 tig war, Wasser und Schleier und was sich nicht festlegen lässt. Dann war ich plötzlich eine Gefahr, die ihr noch recht-zeitig erkanntet, und verwünscht war ich und bereut war alles im Handumdrehen. Bereut habt ihr auf den Kirchen-bänken, vor euren Frauen, euren Kindern, eurer Öffentlich-
70 keit. [...] Wohl euch! Ihr werdet viel geliebt, und es wird euch viel verziehen. Doch vergesst nicht, dass ihr mich ge-rufen habt in die Welt, dass euch geträumt hat von mir, der anderen, dem anderen, von eurem Geist und nicht von eu-rer Gestalt, der Unbekannten, die auf euren Hochzeiten
75 den Klageruf anstimmt, auf nassen Füßen kommt und von deren Kuss ihr zu sterben fürchtet, so wie ihr zu sterben wünscht und nie mehr sterbt: ordnungslos, hingerissen und von höchster Vernunft. Warum sollt ich's nicht aus-sprechen, euch verächtlich machen, ehe ich gehe.
80 Ich gehe ja schon.

1 „Der Text ist eine Erzählung, die fast ein Gedicht, ist ein Gedicht, das fast ein Monodrama ist." – also ein Drama mit nur einer Figur. Tauschen Sie sich vor dem Hintergrund dieser Aussage des Literaturwissenschaftlers Peter von Matt über die literarische Form dieses Zugriffs auf das Wasserfrauen-Motiv aus.

2 Undine spricht von sich selbst als „der anderen, dem anderen" (Z. 73 f.):
- Reflektieren Sie zunächst den Unterschied zwischen *der* und *dem* anderen.
- Erarbeiten Sie daraufhin aus dem Textauszug, wozu diese bzw. dieses andere in Opposition steht.
- Deuten Sie vor diesem Hintergrund abschließend die Textstelle Z. 57–63.

3 Bachmanns Zugriff auf die Figur Undine wurde als ein feministisches Manifest gefeiert, andere haben dem widersprochen. Überprüfen Sie die beiden Deutungen unten am Textauszug auf ihre Plausibilität.

Peter von Matt: Liebesverrat. Die Treulosen in der Literatur (1989, Ausschnitt)

In der Undine-Liebe erscheint alles, was andere betrifft und was diese andern für wahr und richtig halten, verächtlich und unwert. In die Undine-Liebe tritt man ein als in einen Zustand, vor dem das gesellschaftliche Ganze, wie
5 immer es beschaffen ist, falsch, verkehrt und bis zur Unwirklichkeit belanglos ausnimmt. Die Undine-Liebe ist ein Akt der Destruktion alles Sozialen […].

Andreas Kraß: Meerjungfrauen. Geschichten einer unmöglichen Liebe (2010, Ausschnitt)

Bachmann dekonstruiert das romantische Klischee der Frau als Nymphe, indem sie ihm eine Stimme gibt und es in der ersten Person sprechen lässt. Sie präsentiert die Nymphe nicht als Objekt des Begehrens, sondern als Subjekt der
5 Kritik an dem Sachverhalt, dass sie Objekt des Begehrens sein soll, dem sie nie gerecht werden kann und will.

Der magische Realismus

Gabriel García Márquez: Chronik eines angekündigten Todes (1981, Auszug)

Der Roman des kolumbianischen Literaturnobelpreisträgers beruht auf einem tatsächlichen Geschehen aus den 1950er-Jahren. In einem kolumbianischen Dorf wird die schöne, aber naive Ángela Vicario mit dem reichen Bayardo San Román verheiratet. Noch in der Hochzeitsnacht wird sie von ihrem Ehemann ins Elternhaus zurückgebracht: Sie war keine Jungfrau mehr. Daraufhin ziehen ihre Brüder los, um die Familienehre zu retten, das heißt: Santiago Nasar, den mutmaßlichen Verführer, zu töten. Jahre nach dem Mord rekonstruiert der Ich-Erzähler das Geschehen und stößt auf die einst verstoßene Frau.

Als ich sie so idyllisch umrahmt sah, wollte ich nicht glauben, dass sie die Frau war, die ich zu sehen glaubte, weil mir der Gedanke widerstrebte, das Leben könne am Ende so sehr einem schlechten Roman gleichen. Doch sie war es:
5 Ángela Vicario – dreiundzwanzig Jahre nach dem Drama. Sie […] beantwortete meine Fragen verständig und mit Sinn für Humor. Sie war so reif und gescheit, dass ich kaum glauben mochte, es handele sich um dieselbe Person. Am meisten überraschte mich die Art, wie sie schließlich ihr
10 eigenes Leben angenommen hatte. Nach wenigen Minuten wirkte sie nicht mehr so gealtert wie auf den ersten Blick, sondern fast so jung wie in meiner Erinnerung, hatte aber nichts gemein mit jenem Mädchen, das mit zwanzig Jahren gezwungen worden war, ohne Liebe zu heiraten. Ihre Mut-
15 ter […] hatte mehr als das Mögliche getan, um Ángela Vicario bei lebendigem Leibe zu begraben, doch die Tochter vereitelte dieses Vorhaben, weil sie nie ein Geheimnis aus ihrem Unglück machte. Im Gegenteil: Jedem, der es hören wollte, erzählte sie es in allen Einzelheiten, bis auf jene Ein-
20 zelheit, die nie aufgeklärt werden sollte: Wer, wie und wann der wahre Urheber des Schadens war, denn niemand glaubte wirklich, es sei Santiago Nasar gewesen. […]

Alles Übrige erzählte sie ohne Vorbehalt, sogar das Desaster der Hochzeitsnacht. Sie erzählte, ihre Freundinnen hät-
25 ten ihr eingeschärft, den Gatten im Bett besinnungslos betrunken zu machen, sich schamhafter zu geben, als sie in Wirklichkeit war, damit er das Licht lösche, eine scharfe Alaunwaschung[1] vorzunehmen, um Jungfräulichkeit vorzutäuschen, und das Leintuch mit Chromquecksilber zu
30 beflecken, damit sie es am nächsten Tag in ihrem Patio[2] als Neuvermählte vorzeigen könne. Nur mit zwei Dingen hatten die Kupplerinnen nicht gerechnet: mit der außergewöhnlichen Trinkfestigkeit Bayardo San Románs und dem unverdorbenen Anstand, den Ángela Vicario unter der ihr
35 von der Mutter aufgezwungenen Einfältigkeit verbarg. „Ich tat nichts von dem, was man mir gesagt hatte", sagte sie zu mir, „denn je mehr ich darüber nachdachte, desto klarer wurde mir, dass das Ganze eine Schweinerei war, die man niemandem antun konnte, am allerwenigsten dem armen
40 Mann, der das Pech gehabt hatte, mich zu heiraten." Daher

ließ sie sich ohne weitere Umstände im erleuchteten Schlafzimmer ausziehen, befreit von all den angelernten Ängsten, die ihr Leben verpfuscht hatten. „Es war ganz einfach", sagte sie zu mir, „denn ich war entschlossen zu sterben."

45 Tatsächlich sprach sie von ihrem Unglück ohne jede Scham, um das andere, das wahre Unglück zu überspielen, das in ihrem Leib brannte. Niemand hätte es auch nur im Entferntesten vermutet, als sie sich entschloss, mir davon 50 zu erzählen: Bayardo San Román gehörte für immer zu ihrem Leben, seitdem er sie in ihr Elternhaus zurückgebracht hatte. [...]

Sie hatte schon längere Zeit bar jeder Hoffnung an ihn gedacht, als sie ihre Mutter zu einer Augenuntersuchung ins 55 Krankenhaus von Riohacha begleiten musste. Unterwegs gingen sie ins Hafenhotel, dessen Besitzer sie kannten, und Pura Vicario bat in der Bar um ein Glas Wasser. Sie trank es mit dem Rücken zur Tochter, während diese den Mittelpunkt ihrer Gedanken in den zahlreichen Spiegeln des 60 Raums reflektiert sah. Ángela Vicario wandte mit letzter Kraft den Kopf und sah ihn vorbeigehen, ohne dass er sie sah, und sah ihn das Hotel verlassen. Dann blickte sie mit zerrissenem Herzen wieder zu ihrer Mutter. Pura Vicario [...] lächelte ihr von der Theke aus durch ihre neue Brille zu. 65 In diesem Lächeln sah Ángela Vicario, zum ersten Mal in ihrem Leben, die Mutter so, wie sie war: eine arme Frau, die sich dem Kult ihrer Schwächen geweiht hatte. „Scheiße", sagte sie zu sich. Sie war so verstört, dass sie während der ganzen Rückreise laut sang, anschließend warf sie sich 70 aufs Bett und weinte drei Tage lang.

Sie wurde von Neuem geboren. „Ich war verrückt nach ihm", sagte sie zu mir, „total verrückt." Sie brauchte nur die Augen zu schließen, um ihn zu sehen, sie hörte ihn im Meer atmen, und die Hitze seines Körpers im Bett weckte sie um 75 Mitternacht. Gegen Ende jener Woche, nachdem sie keine Minute Ruhe gefunden hatte, schrieb sie ihm den ersten Brief [...], in dem sie ihm erzählte, sie habe ihn das Hotel verlassen sehen und gewünscht, er hätte sie gesehen. Vergebens wartete sie auf eine Antwort. Nach zwei Monaten, 80 des Wartens müde, schickte sie ihm in ebenso geschraubtem Stil einen zweiten Brief, dessen einzige Absicht zu sein schien, Bayardo San Román seine mangelnde Höflichkeit vorzuwerfen. Sechs Monate später hatte sie sechs Briefe geschrieben, die unbeantwortet blieben, gab sich aber da-85 mit zufrieden, dass er sie nachweislich erhalten hatte.

Zum ersten Mal Herrin ihres Schicksals, entdeckte Ángela Vicario nun, dass Hass und Liebe sich bedingende Leidenschaften sind. Je mehr Briefe sie ihm sandte, desto wilder loderte die Glut ihres Fiebers, desto hitziger glühte aber 90 auch der selige Groll, den sie gegen ihre Mutter empfand.

„Wenn ich sie nur sah, drehte sich mir schon der Magen um", sagte sie zu mir, „aber ich konnte sie nicht ansehen, ohne an ihn zu denken." Ihr Leben einer zurückgegebenen Ehefrau ging ebenso schlicht weiter wie das der Ledigen, 95 stets stickte sie mit ihren Freundinnen auf der Maschine, [...] doch wenn ihre Mutter zu Bett ging, blieb sie im Zimmer und schrieb Briefe ohne Zukunft bis zum Morgengrauen. Sie entwickelte einen klaren Verstand, wurde gebieterisch, Meisterin ihres Willens und nur für ihn wieder 100 Jungfrau, und sie erkannte keine andere Autorität an als die seine noch eine andere Knechtschaft als die ihrer Besessenheit.

Ein halbes Leben lang schrieb sie wöchentlich einen Brief. „Mitunter fiel mir nichts ein", sagte sie zu mir und lachte 105 sich fast tot, „aber es genügte mir zu wissen, dass er die Briefe erhielt." Anfangs waren es förmliche Karten, dann die Zettelchen einer heimlichen Liebschaft, duftende Billets einer flüchtig Versprochenen, Geschäftsberichte, Liebesdokumente, und schließlich waren es die würdelosen 110 Briefe einer verlassenen Gattin, die grausame Krankheiten erfand, um ihn zur Rückkehr zu zwingen. In einer heiteren Nacht ergoss sich das Tintenfass über den beendeten Brief, und statt ihn zu zerreißen, fügte sie einen Nachsatz an: „Als Beweis meiner Liebe sende ich dir meine Tränen." Bisweilen, müde vom Weinen, machte sie sich über ihren eigenen 115 Wahnsinn lustig. [...] Was ihr überhaupt nicht in den Sinn kam, war aufzugeben. Doch Bayardo San Román schien ihrem Delirium gegenüber unempfindlich zu sein: Es war, als schriebe sie an niemanden.

Frühmorgens an einem stürmischen Tag im zehnten Jahr 120 weckte sie die Gewissheit, dass er nackt in ihrem Bett lag. Sie schrieb ihm daraufhin einen fiebrigen, zwanzig Seiten langen Brief, in dem sie ihm ohne Scham die bitteren Wahrheiten entgegenschleuderte, die seit der verhängnisvollen Nacht in ihrem Herzen gärten. [...] 125

An einem Mittag im August, als sie mit ihren Freundinnen stickte, spürte sie, dass jemand auf die Tür zukam. Sie brauchte nicht aufzublicken, um zu wissen, wer es war. „Er war fett, das Haar war dünn geworden, und er brauchte schon eine Brille, um nah zu sehen", sagte sie zu mir. „Aber 130 er war es, verdammt noch mal, er war es!" Sie erschrak, denn sie wusste, dass sie ihm ebenso verwelkt vorkommen musste wie er ihr, und glaubte nicht, dass er so viel Liebe wie sie in sich habe, um das zu ertragen. [...]

„Nun", sagte er, „hier bin ich." 135

Er hatte einen Koffer voller Wäsche bei sich, um dazubleiben, und einen weiteren mit den fast zweitausend Briefen, die sie ihm geschrieben hatte. Sie waren nach Datum geordnet, mit bunten Bändern gebündelt und alle ungeöffnet. 140

---

1 Alaun, der: blutstillendes Schwefelsalz 2 Patio, der: (span.) Innenhof

4 Untersuchen Sie den Romanauszug dahingehend, inwieweit Ángela Vicario sich von den Zwängen einer patriarchalisch geprägten Gesellschaft emanzipieren kann.

Effi Briest
→ S. 213 ff.

5 Vergleichen Sie Ángela mit Effi Briest zum Thema der verstoßenen Ehefrauen.

6 Gabriel García Márquez gilt als Vertreter des „magischen Realismus", für den die „Einfügung übernatürlicher Elemente in eine Alltäglichkeit, die schon vorher in ausreichendem Maße von der Normalität abwich" (G. Siebenmann) typisch sei. Erläutern Sie, inwieweit der Textauszug davon geprägt ist.

Toni Morrison: Menschenkind. Aus dem Vorwort des Romans (1987, Ausschnitt)

Ein Zeitungsartikel [...] berichtete von Margaret Garner, einer jungen Mutter, die [1856] der Sklaverei entkommen und dann inhaftiert worden war, weil sie lieber eines ihrer Kinder getötet (und die anderen zu töten versucht) hatte, als zuzulassen, dass sie in die Plantage ihres früheren „Besitzers" zurückgebracht wurden. [...]
Die historische Margaret Garner ist eine faszinierende Figur, aber ein enges Korsett für eine Autorin: [...]. Also beschloss ich, ihre Gedankenwelt neu zu erfinden und mit einem Subtext zu unterfüttern, der dem Kern der historischen Wahrheit verpflichtet blieb, sich aber von den vorgegebenen Fakten so frei machte, dass Bezüge zu unseren zeitgenössischen Debatten über Freiheit, Verantwortung und dem gesellschaftlichen Ort der Frau erkennbar wurden. [...] Ich wollte die Leser kidnappen, wollte sie rücksichtslos in eine fremde Welt werfen, damit sie zu empfinden lernten wie die Figuren des Buches, die ebenfalls von hier nach dort, von irgendwo nach irgendwo verschleppt wurden [...].

7 Erläutern Sie anhand beider Texte das Verhältnis von historischer Wirklichkeit und Fiktionalität.

Toni Morrison: Menschenkind (1987, Auszug)

Im Roman wird aus Margaret Garner Sethe, die in Kentucky als Sklavin auf der Plantage „Sweet Home" zu leiden hat. Sethe droht, mit einer Handsäge ihre Kinder umzubringen; ihre ältere Tochter kommt dabei ums Leben. Da Sethe nun als wahnsinnig gilt, entkommt sie zwar der Sklaverei, muss aber ins Gefängnis. Nachdem sie auf Betreiben einer Bürgerinitiative freigekommen ist, führt sie mit ihrer Tochter Denver ein Leben in Isolation, was aber auch daran liegt, dass in ihrem Haus fortan der Geist ihres getöteten Kindes umgeht. Jahre später trifft Sethe auf Paul D, auch er ist ein ehemaliger Sklave. Glück und Liebe scheinen für kurze Zeit im Bereich des Möglichen. Eines Tages aber erfährt Paul D von Sethes Gewalttat und stellt sie zur Rede.

„Ich brauch dir nichts über Sweet Home zu erzählen – wie es war –, aber vielleicht weißt du nicht, wie es für mich war, von dort wegzukommen. [...] Ich habe es geschafft. Ich hab uns alle rausgekriegt. Auch ohne Halle[1]. Es war das Allererste, was ich in meinem Leben allein getan habe. Und allein entschieden. Und es ging gut, so wie es sollte. Wir waren hier. Alle meine Kinder und ich. Ich hab sie geboren, ich hab sie rausgeschafft, und das war kein Zufall. Das war *ich*. [...] Ich diejenige, die aufpassen musste. Ich diejenige, die ihren Verstand einsetzen musste. Aber es war noch mehr als das. Es war eine Art Selbstsucht, die ich vorher nie gekannt hatte. Sie fühlte sich gut an. Gut und richtig. Ich war groß, Paul D, und tief und weit, und wenn ich die Arme ausbreitete, passten all meine Kinder hinein. So weit war ich. Sieht aus, als hätt ich sie mehr geliebt, nachdem ich hierherkam. Vielleicht konnte ich sie in Kentucky auch nicht richtig lieben, weil es mir nicht zustand, sie zu lieben. [...] Ich hab meine Kleinen genommen und sie dorthin gebracht, wo sie in Sicherheit waren."
Das Dröhnen in Paul Ds Kopf hinderte ihn nicht daran, die Genugtuung in ihren letzten Worten zu hören [...]. Diese Sethe hier war neu. Der Geist in ihrem Haus störte sie [...] nicht [...]. Diese Sethe hier redete über die Liebe wie jede andere Frau, redete über Babykleidung wie jede andere Frau, aber das, was sie eigentlich meinte, ließ es einem eiskalt über den Rücken laufen. Diese Sethe hier redete über Sicherheit mit Hilfe einer Handsäge. [...]
„Deine Liebe ist zu stark", sagte er [...].
„Zu stark? [...] Entweder es ist Liebe oder nicht. Schwache Liebe ist gar keine Liebe."
„Tja. Es hat aber nicht funktioniert, oder? Hat es funktioniert?", fragte er.
„Es hat funktioniert", sagte sie.
„Wie denn? [...] Ein Mädchen tot, das andere geht nicht aus dem Haus. Was soll denn funktioniert haben? [...] Was du getan hast, war falsch, Sethe."
„Hätt ich denn dorthin zurückgehen sollen? Meine Kinder dorthin mitnehmen?"
„Es hätte eine Lösung gegeben. Eine andere Lösung."
„Was für eine?"
„Du hast doch zwei Beine, Sethe, und nicht vier", sagte er, und in diesem Augenblick schoss zwischen ihnen ein Wald hoch; undurchdringlich und still.

---

1 Halle: Sethes Ehemann

249

Schreiben: Einen Dramenauszug schriftlich interpretieren

Hinweise zum
schriftlichen Abitur
→ S.466

1 Interpretieren Sie den Auszug aus Friedrich Hebbels Trauerspiel *Agnes Bernauer*. (ca. 80%)

2 Zeigen Sie ausgehend von Ihren Ergebnissen vergleichend auf, wie das Verhalten einer Figur in einem anderen Ihnen bekannten literarischen Werk angesichts einer bevorstehenden Hinrichtung gestaltet wird. (ca. 20%)

Friedrich Hebbel: Agnes Bernauer. Fünfter Akt, Zweite Szene (1852, Auszug)

Das fünfaktige Trauerspiel „Agnes Bernauer" greift ein Geschehen aus dem spätmittelalterlichen Bayern auf und handelt von der nicht standesgemäßen Liebe und Ehe zwischen Albrecht, dem Sohn des Herzogs Ernst, und der Baderstochter Agnes Bernauer. Da Albrecht mit einer bürgerlichen Frau niemals den Thron besteigen könnte, lässt Ernst Agnes letzten Endes zum Tode verurteilen. Als Agnes in Straubing im Kerker sitzt, erscheint dort Preising, der Abgesandte des Herzogs.

AGNES [...] Was bringt Ihr mir?

PREISING Was Ihr selbst wollt!

AGNES Was ich selbst will? Oh, spottet meiner nicht! Ihr werdet mir die düstre Pforte nicht wieder öffnen, die man so fest hinter mir verriegelt hat!

5

PREISING Ich werde, wenn Ihr Euch fügt!

AGNES Und was verlangt Ihr von mir?

PREISING Ich stehe hier für den Herzog von Bayern. [...] Aber ich meine es redlich mit Euch, und auch mein erlauchter Gebieter ist nicht Euer Feind!

10

AGNES Nicht mein Feind? Wie komm ich denn hieher?

PREISING Ihr wisst, wie's steht! Herzog Ernst ist alt, und sein Thron bleibt unbesetzt, wenn Gott ihn abruft, oder sein einziger Sohn muss ihn besteigen. Nun, Albrecht kann Euch nimmermehr mit hinaufnehmen, und da er sich von Euch nicht trennen will, so müsst Ihr Euch von ihm trennen!

15

AGNES Ich mich von ihm! Eher von mir selbst!

PREISING Ihr müsst! Glaubt's mir, glaubt's einem Mann, der Euer Schicksal schon kennt, wie Gott, und es gern noch wenden möchte! Ihr könnt kein Misstrauen in mich setzen; warum wär' ich gekommen, wenn Euer Los mir nicht am Herzen läge? [...] [I]ch suche Euch jetzt im Kerker, im Vorhof des Todes, auf, weil ich allein noch helfen kann, doch ich wiederhol's Euch: Ihr müsst!

20

25

AGNES [...] [I]ch muss glauben, dass Ihr's aufrichtig meint, aber Ihr seid ein Mann und wisst nicht, was Ihr fordert! Nein, nein! Das in Ewigkeit nicht!

PREISING Nicht zu rasch, ich beschwör Euch! Wohl mag's ein schweres Opfer für Euch sein, doch wenn Ihr's verweigert, so wird man [...] aus Euch selbst ein Opfer machen! Ja, ich gehe vielleicht schon weiter, als ich darf, indem ich Euch überhaupt noch eine Bedingung stelle, und tu's auf meine eigne Gefahr!

30

35

AGNES Ihr wollt mich erschrecken, aber es wird Euch nicht gelingen! [...] [I]ch bin ja nicht in Räuberhänden, und

Herzog Ernst ist ebenso gerecht, als streng! [...] Was könnte mir auch wohl widerfahren! Ist doch selbst ein Missetäter, solange der Richter ihn noch nicht verurteilt hat, in seinem Kerker so sicher, als ob die Engel Gottes ihn bewachten, und ich habe den meinigen noch nicht einmal erblickt! Nein, nein, so hat mein Gemahl nicht von seinem Vater gesprochen, dass ich dies glauben dürfte! Doch, wenn's auch so wäre, wenn der Tod – es ist unmöglich, ich weiß es, ganz unmöglich – aber wenn er wirklich schon vor der Tür stände und meine Worte zählte: ich könnte nimmermehr anders!

40

45

PREISING Der Tod steht vor der Tür, er kommt, wenn ich gehe, ja er wird anklopfen, wenn ich zu lange säume! Schaut einmal durchs Gitter zur Brücke hinüber! Was seht Ihr?

50

AGNES Das Volk drängt sich, einige heben die Hände zum Himmel empor, andere starren in die Donau hinab, es liegt doch keiner darin?

PREISING *(mit einem Blick auf sie)* Noch nicht[1]!

55

AGNES Allmächtiger Gott! Versteh ich Euch?

PREISING *(nickt)*

AGNES Und was hab ich verbrochen?

PREISING *(hebt das Todesurteil in die Höhe)* Die Ordnung der Welt gestört, Vater und Sohn entzweit, dem Volk seinen Fürsten entfremdet, einen Zustand herbeigeführt, in dem nicht mehr nach Schuld und Unschuld, nur noch nach Ursach' und Wirkung gefragt werden kann! So sprechen Eure Richter [...]. Ihr schaudert, sucht Euch nicht länger zu täuschen, so ist's! Und wenn's einen Edelstein gäbe, kostbarer, wie sie alle zusammen, die in den Kronen der Könige funkeln und in den Schachten der Berge ruhen, aber ebendarum auch ringsum die wildesten Leidenschaften entzündend und Gute, wie Böse, zu Raub, Mord und Totschlag verlockend: dürfte der einzige, der noch ungeblendet blieb, ihn nicht mit fester Hand ergreifen und ins Meer hinunterschleudern, um den allge-

60

65

70

meinen Untergang abzuwenden? Das ist Euer Fall, erwägt's und bedenkt Euch, ich frage zum letzten Mal!

75 **AGNES** Erwägt auch Ihr, ob Ihr nicht verlangt, was mehr als Tod ist! Ich entsage meinem Gemahl nicht, ich kann's und darf's nicht. [...] Hab ich bloß empfangen? Hab ich nicht auch gegeben? Sind wir nicht eins, unzertrennlich eins durch Geben und Nehmen, wie Leib und Seele?
80 Aber ich verbürge mich für ihn, dass er dem Thron entsagt! Fürchtet nicht, dass ich verspreche, was er nicht halten wird! Ich hab's aus seinem eignen Munde, wie ein Zauberwort für die höchste Gefahr! [...]

PREISING Das rettet Euch nicht mehr! Herzog Albrecht
85 kann die angestammte Majestät sowenig ablegen, als Euch damit bekleiden [...]. Will er's nicht seinen Segen nennen, so nenne er's seinen Fluch, aber er gehört seinem Volk und muss auf den Thron steigen, wie Ihr ins Grab. Euch rettet's nur noch, wenn Ihr Eure Ehe für eine
90 sündliche erklärt und augenblicklich den Schleier nehmt[2].

AGNES Wie mild ist Herzog Ernst! Der will doch nur mein Leben! Ihr wollt mehr! Ja, ja, das braucht' ich bloß zu tun, so wär' ich für ihn, wie nie dagewesen; ich selbst hätte
95 mein Andenken in seiner Seele ausgelöscht, und er müsste erröten, mich je geliebt zu haben! Mein Albrecht, deine Agnes dich abschwören! O Gott, wie reich komm

ich mir in meiner Armut jetzt auf einmal wieder vor, wie stark in meiner Ohnmacht! Diesen Schmerz kann ich doch noch von ihm abwenden! Das kann mir doch kein 100 Herzog gebieten! Nun zittre ich wirklich nicht mehr!

PREISING Oh, dass Euer alter Vater neben mir stände und mich unterstützte! Dass er spräche: mein Kind, warum willst du einen Platz nicht freiwillig wiederaufgeben, den du doch nur gezwungen einnahmst? [...] 105

AGNES Gezwungen? So also wird meine Angst, mein Zittern und Zagen ausgelegt? [...] Nein, nein, ich wurde nicht gezwungen! So gewiss ich ihn eher erblickt habe, als er mich, so gewiss habe ich ihn auch eher geliebt [...]. Darum keine Anklage gegen ihn, ich war früher schuldig, 110 als er! Nie zwar hätt' ich's verraten, ich hätte vielleicht nicht zum zweiten Mal zu ihm hinübergeschaut, sondern im stillen mein Herz zerdrückt und unter Lachen und Weinen ein Gelübde getan. [...] Doch, als er nun am Abend zu mir herantrat, da wandte ich mich zuerst frei- 115 lich auch noch ab, aber nur, wie ein Mensch, der in den Himmel eintreten soll und weiß, dass er dem Tode die Schuld noch nicht bezahlt hat! Wenn ein Engel den mit sanfter Gewalt über die Schwelle nötigt: hat er ihn gezwungen? 120

PREISING So ist es Euer letztes Wort?

---

1 Laut des Urteilsspruchs soll Agnes Bernauer in der Donau ertränkt werden.   2 den Schleier nehmen: Nonne werden

So können Sie vorgehen

1. Lesen Sie den Textauszug und markieren Sie auf einer Kopie die Sinnabschnitte sowie wesentliche Aussagen und Regieanweisungen zu den beiden Figuren.

2. Machen Sie sich Notizen zu den grundsätzlichen Positionen und zu den Argumenten Preisings und Agnes Bernauers.

3. Ordnen Sie den Argumenten auffällige sprachliche und dramaturgische Mittel zu.

4. Formulieren Sie eine Deutungshypothese (z.B. zu den gegensätzlichen Positionen oder zur Rolle von Freiheit und Zwang für Agnes Bernauer).

5. Verfassen Sie eine schriftliche Interpretation des Dramenauszugs.

6. Vergleichen Sie anhand geeigneter Kriterien das Verhalten der Agnes Bernauer mit demjenigen einer Figur aus einem anderen literarischen Werk angesichts einer bevorstehenden Hinrichtung. Hier bieten sich etwa Figuren aus der Weimarer Klassik an wie bspw. Margarete aus Goethes *Faust. Der Tragödie erster Teil* oder die Titelfigur aus Schillers *Maria Stuart*.

Moderne (1890–1945)

„Wohl dem, der jetzt noch – Heimat hat!"

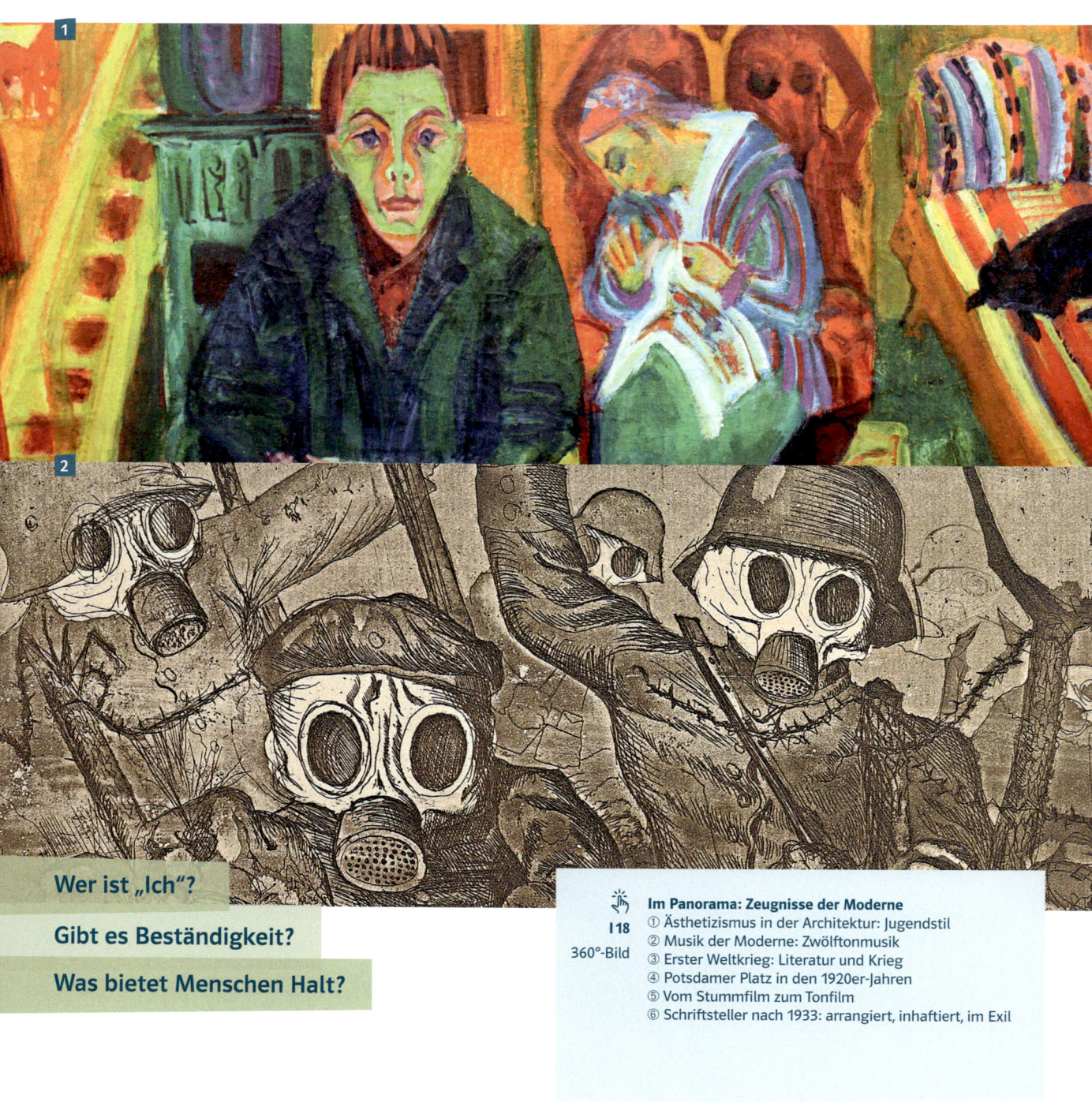

Wer ist „Ich"?

Gibt es Beständigkeit?

Was bietet Menschen Halt?

Im Panorama: Zeugnisse der Moderne

I 18
360°-Bild

① Ästhetizismus in der Architektur: Jugendstil
② Musik der Moderne: Zwölftonmusik
③ Erster Weltkrieg: Literatur und Krieg
④ Potsdamer Platz in den 1920er-Jahren
⑤ Vom Stummfilm zum Tonfilm
⑥ Schriftsteller nach 1933: arrangiert, inhaftiert, im Exil

Das lernen Sie jetzt!

9.1 Umbruchserfahrungen und Formen lyrischen Sprechens
9.2 Literatur als Gegenentwurf zur Wirklichkeit begreifen
9.3 literarische und poetologische Texte der Moderne verknüpfen und vergleichen
Schreibtraining: einen Gedichtvergleich verfassen
9.4 den Topos Großstadt in der Gegenwarts- und Weltliteratur untersuchen

Christian Morgenstern: Das Nasobēm (1905, Auszug)

Auf seinen Nasen schreitet
einher das Nasobēm,
von seinem Kind begleitet.
Es steht noch nicht im Brehm[1].

_____
1 Brehm: Gemeint ist das Nachschlagewerk *Brehms Tierleben*, das ab 1863 von Alfred Brehm veröffentlicht wurde.

Rainer Maria Rilke: Blaue Hortensie (1907, Auszug)

So wie das letzte Grün in Farbentiegeln
sind diese Blätter, trocken, stumpf und rauh,
hinter den Blütendolden, die ein Blau
nicht auf sich tragen, nur von ferne spiegeln.

Bertolt Brecht: An die Nachgeborenen (1939, Auszug)

. Was sind das für Zeiten, wo
. Ein Gespräch über Bäume fast ein Verbrechen ist
. Weil es ein Schweigen über so viele Untaten einschließt!
. Der dort ruhig über die Straße geht
5 Ist wohl nicht mehr erreichbar für seine Freunde
. Die in Not sind?

Paul Boldt: In der Welt (1913, Auszug)

Mein Ich ist fort. Es macht die Sternenreise.
Das ist nicht Ich, wovon die Kleider scheinen.
Die Tage sterben weg, die weißen Greise.
Ichlose Nerven sind voll Furcht und weinen.

Selma Merbaum: Schlaflied für mich (1941, Auszug)

Ich wiege und wiege und wiege mich ein
mit Träumen bei Tag und bei Nacht
und trinke den selben betäubenden Wein
wie der, der schläft, wenn er wacht.

Abbildung 1: Ernst Ludwig Kirchner: *Das Wohnzimmer* (1923)
Abbildung 2: Otto Dix: *Sturmtruppe geht unter Gas vor* (1924)
Abbildung 3: Paula Modersohn-Becker: *Selbstporträt* (1906)

1 Stellen Sie Zusammenhänge zwischen den Gedichtauszügen und den Bildmaterialien her.

2 Überlegen Sie anhand des Materials, inwiefern die Auffassung von einer einheitlichen Epoche der Moderne problematisch erscheint.

3 *Babylon Berlin* (2017 ff.), *Mackie Messer* (2018), *Berlin Alexanderplatz* (2020), *Fabian* (2021), *Bekenntnisse des Hochstaplers Felix Krull* (2021), *Schachnovelle* (2021), *Im Westen nichts Neues* (2022): Informieren Sie sich über diese Film- und Serienproduktionen und erläutern Sie den gegenwärtigen Erfolg dieser Stoffe aus den ersten Jahrzehnten des 20. Jahrhunderts.

9.1 Umbruchserfahrungen und Formen lyrischen Sprechens
„Ihr bringt mir alle die Dinge um"

Die Geisteslage um 1900 nachvollziehen: Nihilismus, Sprachskeptizismus

Friedrich Nietzsche: Vereinsamt (1894)

Die Krähen schrein
Und ziehen schwirren Flugs zur Stadt:
Bald wird es schnein –
Wohl dem, der jetzt noch – Heimat hat!

5 Nun stehst du starr,
Schaust rückwärts, ach! wie lange schon!
Was bist du Narr
Vor Winters in die Welt – entflohn?

Die Welt – ein Tor
10 Zu tausend Wüsten, stumm und kalt!
Wer das verlor,
Was du verlorst, macht nirgends Halt.

Nun stehst du bleich,
Zur Winter-Wanderschaft verflucht,
15 Dem Rauche gleich,
Der stets nach kältern Himmeln sucht.

Flieg, Vogel, schnarr
Dein Lied im Wüsten-Vogel-Ton! –
Versteck, du Narr,
20 Dein blutend Herz in Eis und Hohn!

Die Krähen schrein
und ziehen schwirren Flugs zur Stadt:
Bald wird es schnein,
Weh dem, der keine Heimat hat!

1 Nietzsche gab dem Gedicht unterschiedliche Titel: *Vereinsamt, Der Freigeist, Abschied, Heimweh, Aus der Wüste, Die Krähen schrei'n*. Diskutieren Sie, welchen Titel Sie besonders treffend finden. Formulieren Sie eine Deutungshypothese.

Friedrich Nietzsche: Der tolle Mensch (1886, Auszug)

Friedrich Nietzsche (1844–1900)

Habt ihr nicht von jenem tollen[1] Menschen gehört, der am hellen Vormittag eine Laterne anzündete, auf den Markt lief und unaufhörlich schrie: „Ich suche Gott! Ich suche Gott!" – Da dort gerade viele von denen zusammenstanden, welche nicht an Gott glaub-
5 ten, so erregte er ein großes Gelächter. Ist er denn verlorengegangen?, sagte der eine. Hat er sich verlaufen wie ein Kind?, sagte der andere. Oder hält er sich versteckt? Fürchtet er sich vor uns? Ist er zu Schiff gegangen? ausgewandert? – so schrien und lachten sie
10 durcheinander. Der tolle Mensch sprang mitten unter sie und durchbohrte sie mit seinen Blicken. „Wohin ist Gott?" rief er, „ich will es euch sagen! Wir haben ihn getötet – ihr und ich! Wir sind seine Mörder! Aber wie haben wir das gemacht? Wie vermochten wir das Meer auszutrinken? Wer gab uns den Schwamm, um den
15 ganzen Horizont wegzuwischen? Was taten wir, als wir diese Erde von ihrer Sonne losketteten? Wohin bewegt sie sich nun? Wohin bewegen wir uns? Fort von allen Sonnen? Stürzen wir nicht fortwährend? Und rückwärts, seitwärts, vorwärts, nach allen Seiten? Gibt es noch ein Oben und ein Unten? Irren wir nicht durch ein unendliches Nichts? Haucht uns nicht der leere Raum an? Ist es nicht kälter geworden? [...] Gott ist tot! [...]
20 Das Heiligste und Mächtigste, was die Welt bisher besaß, es ist unter unsern Messern verblutet – wer wischt dies Blut von uns ab? Mit welchem Wasser könnten wir uns reinigen? Welche Sühnefeiern[2], welche heiligen Spiele werden wir erfinden müssen? Ist nicht die Größe dieser Tat zu groß für uns?"

---

1 toll: verrückt   2 Sühnefeier, die: von *sühnen* – ein (meist religiöses) Vergehen wiedergutmachen

2 Erarbeiten Sie inhaltliche Parallelen zwischen *Vereinsamt* und *Der tolle Mensch*. Sie können sich an den folgenden Begriffen orientieren.

Krise　Entgrenzung　Untergang　Zerfall　Erneuerung　Schrecken　Ich　Leere

3 Diskutieren Sie die Frage, wie „wir" Gott getötet haben, und überlegen Sie, inwiefern Nietzsches Gedanken für den Menschen bis heute sowohl Befreiung als auch Belastung darstellen.

Rainer Maria Rilke: Ich fürchte mich so vor der Menschen Wort (1899)

Ich fürchte mich so vor der Menschen Wort.
Sie sprechen alles so deutlich aus:
Und dieses heißt Hund und jenes heißt Haus,
und hier ist Beginn und das Ende ist dort.

5 Mich bangt auch ihr Sinn, ihr Spiel mit dem Spott,
sie wissen alles, was wird und war;
kein Berg ist ihnen mehr wunderbar;
ihr Garten und Gut grenzt gerade an Gott.

Ich will immer warnen und wehren: Bleibt fern.
10 Die Dinge singen hör ich so gern.
Ihr rührt sie an: sie sind starr und stumm.
Ihr bringt mir alle die Dinge um.

René Magritte: *La trahison des images* (dt. *Der Verrat der Bilder*) (1929). „Ceci n'est pas une pipe.", frz. „Dies ist keine Pfeife."

4 Erklären Sie, wovor sich das lyrische Ich in Rilkes Gedicht fürchtet, und arbeiten Sie zentrale sprachliche Mittel heraus, durch die diese Furcht dargestellt wird.

Hugo von Hofmannsthal: Ein Brief (1902, Auszug)

Die Auseinandersetzung mit der Frage, ob Sprache ein adäquates Mittel ist, die Wirklichkeit zu erkennen, beschäftigte auch den Schriftsteller Hugo von Hofmannsthal, der in diesem Zusammenhang den sogenannten „Chandos-Brief" (1902), ein fiktives Schreiben eines Dichters namens Lord Chandos an den englischen Philosophen Francis Bacon, verfasste.

Mein Fall ist, in Kürze, dieser: Es ist mir völlig die Fähigkeit abhandengekommen, über irgend etwas zusammenhängend zu denken oder zu sprechen [...] und dabei jene Worte in den Mund zu nehmen, deren sich doch alle Menschen
5 ohne Bedenken geläufig zu bedienen pflegen. Ich empfand ein unerklärliches Unbehagen, die Worte „Geist", „Seele" oder „Körper" nur auszusprechen. Ich fand es innerlich unmöglich, über die Angelegenheiten des Hofes, die Vorkommnisse im Parlament oder was Sie sonst wollen, ein
10 Urteil herauszubringen. [...] [D]ie abstrakten Worte, deren sich doch die Zunge naturgemäß bedienen muss, um irgendwelches Urteil an den Tag zu geben, zerfielen mir im Munde wie modrige Pilze. [...] Es zerfiel mir alles in Teile, die Teile wieder in Teile und nichts mehr ließ sich mit einem
15 Begriff umspannen. Die einzelnen Worte schwammen um mich; sie gerannen zu Augen, die mich anstarrten und in die ich wieder hineinstarren muss: Wirbel sind sie, in die hinabzusehen mich schwindelt, die sich unaufhaltsam drehen und durch die hindurch man ins Leere kommt. [...]
20 Eine Gießkanne, [...] ein Hund in der Sonne, [...] ein kleines Bauernhaus, alles dies kann das Gefäß meiner Offenbarung werden. Jeder dieser Gegenstände und die tausend anderen ähnlichen, über die sonst ein Auge mit selbstverständlicher Gleichgültigkeit hinweggleitet, kann für mich
25 plötzlich in irgendeinem Moment, den herbeizuführen auf keine Weise in meiner Gewalt steht, ein erhabenes und rührendes Gepräge annehmen, das auszudrücken mir alle Worte zu arm scheinen. [...] Es ist mir dann, als [...] könnten wir in ein neues, ahnungsvolles Verhältnis zum ganzen Da-
30 sein treten, wenn wir anfingen, mit dem Herzen zu denken.

5 Fassen Sie den inneren Konflikt des Lord Chandos in eigenen Worten zusammen.

6 Beziehen Sie zentrale Aussagen aus dem Brief auf Rilkes Gedicht sowie auf das Gemälde Magrittes.

7 „Lieber Lord Chandos!" – Verfassen Sie einen Antwortbrief, in dem Sie die Reflexionen des Lord Chandos aus Ihrer Perspektive beurteilen.

Schauen Sie sich im Panorama (S.252) den Punkt ① zum Ästhetizismus in der Archtitektur: Jugendstil und den Punkt ② zur Zwölftonmusik an, um noch mehr über die Zeit zu erfahren.

Die Vielfalt lyrischer Ausdrucksweisen untersuchen: Symbolismus, Impressionismus, Wortkunst

Stefan George: Komm in den totgesagten Park und schau (1897)

Komm in den totgesagten park und schau:
Der schimmer ferner lächelnder gestade
Der reinen wolken unverhofftes blau
Erhellt die weiher und die bunten pfade

Dort nimm das tiefe gelb das weiche grau
Von birken und von buchs · der wind ist lau
Die späten rosen welkten noch nicht ganz
Erlese küsse sie und flicht den kranz

Vergiss auch diese lezten astern nicht
Den purpur um die ranken wilder reben
Und auch was übrig blieb von grünem leben
Verwinde leicht im herbstlichen gesicht.

Das Gedicht in der Handschrift Stefan Georges

Ästhetizismus → S.294

1 Untersuchen Sie anhand der lexikalischen und bildlichen Gestaltung, welche Stimmung das Gedicht ausdrückt. Erläutern Sie, warum dieser Text zur Strömung des Ästhetizismus gezählt wird.

2 Lesen Sie Georges *Einleitungen der Blätter für die Kunst* (M1) und stellen Sie in einer Tabelle Bezüge zum Gedicht her. Berücksichtigen Sie dabei auch die äußere Gestaltung des Gedichtes.

Einleitungen der Blätter für die Kunst	Komm in den totgesagten Park und schau
„kunst für die kunst" (Z. 3): keine Unterwerfung unter andere Zwecke	*Verzicht auf Darstellung gesellschaftlicher, politischer o. ä. Inhalte: keine Kritik oder Moral, sondern gestaltete Schönheit der Landschaft*
...	...

3 Erklären Sie, auch unter Berücksichtigung der Informationen zum George-Kreis (M2), die Faszination des Park-Motivs für den Dichter. Bedenken Sie, welche wesentlichen Eigenschaften einen Park ausmachen.

4 „Ich will Dichter sein, und ich arbeite daran, mich zum Seher zu machen", schreibt der französische Schriftsteller und Vorbote der Moderne Arthur Rimbaud 1871. Überlegen Sie, wie sich dieser Gedanke in Georges Gedicht niederschlägt.

Biedermeier → S.196 f. Realismus → S.203 f.

5 Krise, Zerfall, Verunsicherung: Legen Sie dar, welche Möglichkeit George dem modernen Menschen in dieser Bewusstseinslage bietet. Besprechen Sie, wie sich diese Sicht von der Lyrik des Biedermeier oder Realismus unterscheidet.

Material 1

Stefan George: Einleitungen der Blätter für die Kunst (1892, Ausschnitt)

Der name dieser veröffentlichung sagt [...] was sie soll: der kunst besonders der dichtung und dem schrifttum dienen, alles staatliche und gesellschaftliche ausscheidend. Sie will die geistige kunst auf grund der neuen fühlweise und mache – eine kunst für die kunst [...]. In der kunst glauben wir an eine glänzende wiedergeburt. [...] Wir wollen keine erfindung von geschichten sondern wieder-
5 gabe von stimmungen keine betrachtung sondern darstellung keine unterhaltung sondern eindruck. [...] was in der malerei wirkt ist verteilung und farbe, in der dichtung: auswahl maass und klang. kunstwert besitzt die arbeit die menschen oder dingen irgend eine neue unbekannte seite abzugewinnen und als möglich darzustellen vermag.

Rainer Maria Rilke: Der Panther (1902/03)
Im Jardin des Plantes, Paris

Sein Blick ist vom Vorübergehen der Stäbe
so müd geworden, dass er nichts mehr hält.
Ihm ist, als ob es tausend Stäbe gäbe
und hinter tausend Stäben keine Welt.

5 Der weiche Gang geschmeidig starker Schritte,
der sich im allerkleinsten Kreise dreht,
ist wie ein Tanz von Kraft um eine Mitte,
in der betäubt ein großer Wille steht.

Nur manchmal schiebt der Vorhang der Pupille
10 sich lautlos auf. – Dann geht ein Bild hinein,
geht durch der Glieder angespannte Stille –
und hört im Herzen auf zu sein.

Georg Trakl: In einem alten Garten (um 1910)

Resedaduft[1] entschwebt im braunen Grün,
Geflimmer schauert auf den schönen Weiher,
Die Weiden stehn gehüllt in weiße Schleier
Darinnen Falter irre Kreise ziehen.

5 Verlassen sonnt sich die Terrasse dort,
Goldfische glitzern tief im Wasserspiegel,
Bisweilen schwimmen Wolken übern Hügel,
Und langsam gehen die Fremden wieder fort.

Die Lauben scheinen hell, da junge Frau'n
10 Am frühen Morgen hier vorbeigegangen,
Ihr Lachen blieb an kleinen Blättern hangen,
In goldenen Dünsten tanzt ein trunkener Faun[2].

---

1 Reseda, die: stark riechende, gelb-grünliche Gartenpflanze
2 Faun, der: altrömischer Waldgeist

---

6 Die lyrischen Sprechinstanzen bei Rilke und Trakl befinden sich in einem Park bzw. Garten. Untersuchen Sie, was sie gemäß Rimbaud sehen (s. Aufgabe 4, S. 256) und wie diese Welt auf sie wirkt. Erläutern Sie zentrale Mittel zur Darstellung der Innerlichkeit und formulieren Sie je eine Deutungshypothese.

7 Beschreiben Sie jeweils wesentliche inhaltliche sowie gestalterische Gemeinsamkeiten und Unterschiede zu Georges Gedicht.

8 Erläutern Sie, welches der drei Gedichte Ihnen am meisten zusagt. Geben Sie dabei auch an, auf welchen Kriterien Ihre Wahl gründet.

Material 2

Jan Wagner: nature morte (2001)

Text mit z.T. alter Rechtschreibung

ein großer fisch, gebettet auf eine zeitung,
ein tisch aus holz in einer hütte in
der normandie. ganz still, ganz warm – die luft
strickt wollene socken. du kannst ihn berühren oder
5 auch nicht, seine silbrigen schuppen gleich langen reihen
von noten einer kühlen symphonie. sein kopf
ist ab, sonst könnte er, gesetzt den fall
daß fische lesen können, lesen
was über seiner rückenflosse steht
10 und ihm souffliert: „was tun sie, diese leute?"
das licht entzieht sich leise, das papier
nimmt tropfenweise meere in sich auf.
au fond de l'image[1] drischt der atlantik dröhnend
die jüngsten vermißtenanzeigen in den strand.

---

1 au fond de l'image: (frz.) im Hintergrund des Bilds *oder* am unteren Bildrand

Vincent van Gogh: *Porträt des Dr. Gachet* (1890)

Dinggedicht
→ S.295

9 Informieren Sie sich über das „Dinggedicht" und erläutern Sie, wie Rilkes und Jan Wagners Texte in diesem Zusammenhang zu lesen sind.

MK **10 PLUS** Hören Sie Stücke von Komponisten der Moderne (z. B. Claude Debussy, Erik Satie, Jean Sibelius) und wählen Sie ein Werk aus, das Ihrer Meinung nach die Stimmung eines der drei Gedichte am besten zum Ausdruck bringt. Überlegen Sie, wie der Maler van Gogh Stimmung erzeugt.

Christian Morgenstern: Palmström (1905)

. Palmström steht an einem Teiche
. und entfaltet groß ein rotes Taschentuch:
. Auf dem Tuch ist eine Eiche
. dargestellt, sowie ein Mensch mit einem Buch.

5 Palmström wagt nicht sich hineinzuschneuzen –
. er gehört zu jenen Käuzen,
. die oft unvermittelt-nackt
. Ehrfurcht vor dem Schönen packt.

. Zärtlich faltet er zusammen,
10 was er eben erst entbreitet.
. Und kein Fühlender wird ihn verdammen,
. weil er ungeschneuzt entschreitet.

Titelbild der Erstausgabe der Galgenlieder, 1905

Ästhetizismus
→ S.294

11 Begründen Sie mit Blick auf Georges Park-Gedicht (S.256) und die Strömung des Ästhetizismus, inwiefern es sich bei Morgensterns Gedicht *Palmström* um eine Parodie (siehe M3) handelt.

Material 3

> ### Gero von Wilpert: Sachwörterbuch der Literatur (1989, Ausschnitt)
>
> **Parodie**
> In der Literatur die verspottende, verzerrende oder übertreibende Nachahmung eines schon vorhandenen ernstgemeinten Werkes [...] unter Beibehaltung der äußeren Form, doch mit anderem, nicht dazu passendem Inhalt.

ÜBRIGENS

Die *Galgenlieder* von Christian Morgenstern entstanden ursprünglich im privaten Kreis unter den *Galgenbrüdern*, einer kleinen Gruppe befreundeter junger Männer. Ihre exzessiven Treffen in öffentlichen Gaststätten, während derer sie, belegt mit Pseudonymen wie *Gurgeljochen* und *Verreckerle*, Puppen köpften und ausschweifend sangen und dichteten, sorgten für Furore und führten zu verschiedenen Hausverboten.

Joachim Ringelnatz: Im Park (1933)

. Ein ganz kleines Reh stand am ganz kleinen Baum
. Still und verklärt wie im Traum.
. Das war des Nachts elf Uhr zwei.
. Und dann kam ich um vier
5 Morgens wieder vorbei.
. Und da träumte noch immer das Tier.

. Nun schlich ich mich leise – ich atmete kaum –
. Gegen den Wind an den Baum,
. Und gab dem Reh einen ganz kleinen Stips.
10 Und da war es aus Gips.

Joachim Ringelnatz (1883–1934)

12 Untersuchen Sie, wie Morgenstern und Ringelnatz inhaltlich und sprachlich Komik erzeugen. Berücksichtigen Sie dabei auch die Aussage Arthur Schopenhauers, wonach „das Phänomen des Lachens allemal die plötzliche Wahrnehmung einer Inkongruenz" offenbart.

MK **13** **PLUS** Recherchieren Sie weitere Gedichte von Morgenstern und Ringelnatz und bereiten Sie einen Gedichtvortrag zu einem Text vor, in dem Sie auch darlegen, wieso Sie das jeweilige Gedicht ausgewählt haben.

Hermann Hesse: Im Nebel (1905)

Seltsam, im Nebel zu wandern!
Einsam ist jeder Busch und Stein,
Kein Baum sieht den andern,
Jeder ist allein.

5 Voll von Freunden war mir die Welt,
Als noch mein Leben licht[1] war;
Nun, da der Nebel fällt,
Ist keiner mehr sichtbar.

Wahrlich, keiner ist weise,
10 Der nicht das Dunkel kennt,
Das unentrinnbar und leise
Von allen ihn trennt.

Seltsam, im Nebel zu wandern!
Leben ist Einsamsein.
15 Kein Mensch kennt den andern,
Jeder ist allein.

---

1 licht: hell, lichterfüllt

14 Erläutern Sie die folgende Aussage des Historikers Jacob Burckhardt aus dem Jahr 1905 an Hermann Hesses Gedicht *Im Nebel*.

> „Die Poesie hat ihre Höhepunkte, wenn sie dem Menschen Geheimnisse offenbart, die in ihm liegen und von welchen er ohne sie nur ein dumpfes Gefühl hätte."

15 Nennen Sie eine für Sie besondere Textstelle in Else Lasker-Schülers *Die Verscheuchte* und begründen Sie Ihre Wahl.

16 Untersuchen Sie vergleichend, mit welchen formalen und sprachlichen Mitteln die beiden Gedichte *Im Nebel* und *Die Verscheuchte* die Stimmung der Melancholie ausdrücken. Nutzen Sie dazu Formulierungen aus dem Sprachtipp (S. 300).

MK **17** **PLUS** Informieren Sie sich über die Theosophische Gesellschaft und die Entwicklung der Esoterik um 1900. Stellen Sie Bezüge zu der Abbildung von Else Lasker-Schüler als Prinz Jussuf her.

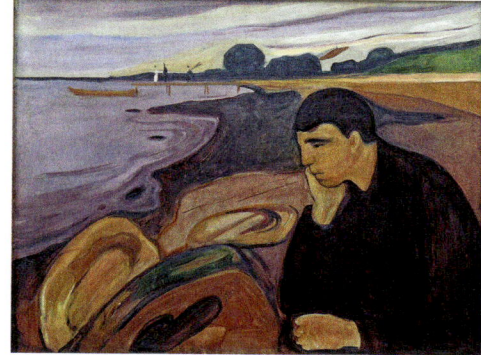

Edvard Munch: *Melancholie*, 1896

Else Lasker-Schüler: Die Verscheuchte
(1934, Auszug)

Es ist der Tag im Nebel völlig eingehüllt,
Entseelt begegnen alle Welten sich –
Kaum hingezeichnet wie auf einem Schattenbild.

Wie lange war kein Herz zu meinem mild …
5 Die Welt erkaltete, der Mensch verblich.
– Komm bete mit mir – denn Gott tröstet mich.

Wo weilt der Odem, der aus meinem Leben wich?
Ich streife heimatlos zusammen mit dem Wild
Durch bleiche Zeiten träumend – ja ich liebte dich …

10 Wo soll ich hin, wenn kalt der Nordsturm brüllt?
Die scheuen Tiere aus der Landschaft wagen sich
Und ich vor deine Tür, ein Bündel Wegerich.

Bald haben Tränen alle Himmel weggespült,
An deren Kelchen Dichter ihren Durst gestillt –
15 Auch du und ich.

Else Lasker-Schüler, verkleidet als „Prinz Jussuf", 1912

Hermann Bahr: Die Überwindung des Naturalismus (1891, Ausschnitt)

Neue Schulen [...] wollen weg vom Naturalismus und über den Naturalismus hinaus. [...] [D]as Eigene aus sich zu gestalten, statt das Fremde nachzubilden, das Geheime aufzusuchen, statt dem Augenschein zu folgen, und gerade
5 dasjenige auszudrücken, worin wir uns anders fühlen und wissen als die Wirklichkeit. [...] Die Natur des Künstlers sollte nicht länger ein Werkzeug der Wirklichkeit sein, um ihr Ebenbild zu vollbringen; sondern umgekehrt, die Wirklichkeit wurde jetzt wieder der Stoff des Künstlers, um sei-
10 ne Natur zu verkünden, in deutlichen und wirksamen Symbolen.

Freilich: die alte Kunst will den Ausdruck des Menschen und die neue Kunst will den Ausdruck des Menschen [...]. Aber wenn der Klassizismus Mensch sagt, so meint er Ver-
15 nunft und Gefühl; und wenn die Romantik Mensch sagt, so meint sie Leidenschaft und Sinne; und wenn die Moderne Mensch sagt, so meint sie Nerven. [...]

Ich glaube also, dass der Naturalismus überwunden werden wird durch eine nervöse Romantik; [...] durch eine
20 Mystik[1] der Nerven. Dann wäre freilich der Naturalismus [...] geradezu die Entbindung der Moderne: denn bloß in dieser dreißigjährigen Reibung der Seele am Wirklichen konnte der Virtuose[2] im Nervösen werden. [...] Die Welt hatte sich erneut; es war alles ganz anders geworden, ringsum. Draußen wurde es zuerst gewahrt. Dahin wendete sich 25 die unstete Neugier zuerst. Das Fremde schildern, das Draußen, eben das Neue. Aber gerade darum, damit, dadurch hatte sich auch der Mensch erneut. [E]r will [...] das Horchen nach dem eigenen Drang [...]: sich verkünden, das Selbstische, die seltsame Besonderheit, das wunderliche 30 Neue. Und dieses ist im Nervösen. [...]

Der neue Idealismus ist von dem alten [...] verschieden: sein Mittel ist das Wirkliche, sein Zweck ist der Befehl der Nerven! [...] Der neue Idealismus drückt die neuen Menschen aus. Sie sind Nerven. [...] Auf den Nerven geschehen 35 ihre Ereignisse, und ihre Wirkungen kommen von den Nerven. [...] Es war ein Wehklagen des Künstlers im Naturalismus, weil er dienen musste; aber jetzt nimmt er die Tafeln aus dem Wirklichen und schreibt darauf seine Gesetze [...] – es ist ein geflügeltes, erdenbefreites Steigen und Schwe- 40 ben in azurne Wollust, wenn die entzügelten Nerven träumen.

1 Mystik, die: (oft religiöse) Verbundenheit mit dem Übersinnlichen 2 Virtuose, der: Meister in der Beherrschung einer Tätigkeit

Max Liebermann:
*Der Papageien-
mann*, 1902

Romantik
→ S.183

Wissen und
Können
→ S.294 f.,
420 f.

Ricarda Huch: Uralter Worte kundig kommt die Nacht (1907)

Uralter Worte kundig kommt die Nacht;
Sie löst den Dingen Rüstung ab und Bande,
Sie wechselt die Gestalten und Gewande
Und hüllt den Streit in gleiche braune Tracht.

5 Da rührt das steinerne Gebirg sich sacht
Und schwillt wie Meer hinüber in die Lande.
Der Abgrund kriecht verlangend bis zum Rande
Und trinkt der Sterne hingebeugte Pracht.

Ich halte dich und bin von dir umschlossen,
10 Erschöpfte Wandrer wiederum zu Haus;
So fühl ich dich in Fleisch und Blut gegossen,

Von deinem Leib und Leben meins umgleitet.
Die Seele ruht von langer Sehnsucht aus,
Die eins vom andern nicht mehr unterscheidet.

18 Fassen Sie die wesentlichen Aussagen Bahrs zur modernen Künstlernatur zusammen und legen Sie dar, wie Bahr die „neue Kunst" von der „alten Kunst" abgrenzt.

19 Untersuchen Sie, wie Bahr die Syntax gestaltet, um seine Gedanken eindringlich zu präsentieren.

20 Untersuchen Sie unter Rückgriff auf die Vorstellung der romantischen Seelenlandschaft das Verhältnis des lyrischen Ich zur Naturwahrnehmung und erläutern Sie die Modernität des Gedichts von Huch.

21 Untersuchen Sie, ob die Sprechinstanz bei Huch einem Geschlecht zugeordnet werden kann.

MK **22** Die Literaturwissenschaft nutzt für die Dichtung um 1900 häufig die Begriffe *Jugendstil*, *Impressionismus*, *Symbolismus* und *Neoromantik*. Informieren Sie sich über diese literarischen Strömungen und stellen Sie eine Verbindung zu Bahrs Gedanken bezüglich der Bedeutung der „Nerven" für die Dichtung her.

23 Untersuchen Sie arbeitsteilig einzelne Gedichte und Gemälde in diesem Kapitel noch einmal unter Berücksichtigung der Ausführungen Bahrs sowie der Stilbegriffe aus Aufgabe 22.

24 Präsentieren Sie Ihre Ergebnisse aus Aufgabe 23 im Plenum und diskutieren Sie, ob die Zuordnung zu Strömungen der Literatur zu einem vertieften Verständnis der Werke beiträgt.

Themen, Motive und Gestaltungsweisen expressionistischer Lyrik erkunden

1 Beschreiben Sie anhand dreier Schlagworte, was die Betrachtung von Ludwig Meidners Gemälde *Apokalyptische Stadt* (1913) bei Ihnen hervorruft. Nutzen Sie Ihr bisheriges Wissen über die Moderne zur Erläuterung des Gemäldes.

2 In seinem 1916 erschienen Sonett beschreibt Wilhelm Klemm seine Zeit. Setzen Sie den ersten Vers „Gesang und Riesenstädte, Traumlawinen" fort und ordnen Sie die vierzehn Verse zu einem Gedicht. Recherchieren Sie anschließend die Originalversion und vergleichen Sie Ihre Versionen untereinander und mit dem Original. Erläutern Sie die verschiedenen Möglichkeiten der Versfolge.

Ludwig Meidner: *Apokalyptische Stadt*, 1913

Wilhelm Klemm: Meine Zeit (1916)

> *Gesang und Riesenstädte, Traumlawinen,*   Wie du, will keine, keine mir erscheinen.
>
> *Du aber siehst am Wege rechts und links*   **Furchtlos vor Qual des Wahnsinns Abgrund weinen!**
>
> *Die sündigen Weiber, Not und Heldentum,*   Die Seele schrumpft zu winzigen Komplexen.
>
> *So ohne Stern, so daseinsarm im Wissen*   ***Gespensterbrauen, Sturm auf Eisenschienen.***
>
> Noch hob ihr Haupt so hoch niemals die Sphinx[1]!
>
> **In Wolkenfernen trommeln die Propeller.**   *Verblasste Länder, Pole ohne Ruhm,*
>
> *Völker verfließen, Bücher werden Hexen.*   **Tot ist die Kunst. Die Stunden kreisen schneller.**
>
> **O meine Zeit! So namenlos zerrissen,**
>
> ---
> 1 Sphinx, die: Fabelwesen der antiken Mythologie, das Passanten tötet, die sein Rätsel nicht beantworten können

3 Untersuchen Sie das Gedicht *Meine Zeit* von Wilhelm Klemm.
- Arbeiten Sie heraus, welche Themen und Entwicklungen Klemms Zeit kennzeichnen.
- Erläutern Sie den Zusammenhang zwischen Inhalt und Aufbau (Sonettform).
- Untersuchen Sie die sprachliche Gestaltung (Fragmentierung, Reihungsstil, Wortwahl und Bildlichkeit).
- Beschreiben Sie, in welcher Verfassung sich das lyrische Ich befindet.
- Formulieren Sie mit Blick auf die letzte Strophe eine Deutungshypothese.
- Überlegen Sie, welche zeittypischen Entwicklungen sich in dem Gedicht niederschlagen.

4 Beschreiben Sie motivische sowie gestalterische Gemeinsamkeiten und Unterschiede zwischen Klemms Gedicht und Meidners Gemälde. Erläutern Sie mediale Vorzüge literarischer und bildender Ausdruckskunst.

5 Diskutieren Sie, inwiefern Klemms Zeitdiagnose in der Gegenwart noch Gültigkeit besitzt.

6 PLUS Fotografieren Sie Alltägliches oder Unspektakuläres. Überlegen Sie, inwiefern durch Ihre Aufnahme eine Ästhetisierung im Sinne einer Inszenierung unter Wahrnehmungsaspekten stattfindet.

7 Diskutieren Sie anschließend unter Einbezug des Selbstbildnisses von Egon Schiele (S. 262), ob das Hässliche vollwertiger Gegenstand der Kunst sein sollte.

Gottfried Benn: Kleine Aster[1] (1912)

Text in alter
Rechtschreibung

Egon Schiele: *Selbstbildnis*, 1914

Ein ersoffener Bierfahrer wurde auf den Tisch gestemmt.
Irgendeiner hatte ihm eine dunkelhelllila Aster
zwischen die Zähne geklemmt.
Als ich von der Brust aus
5 unter der Haut
mit einem langen Messer
Zunge und Gaumen herausschnitt,
muß ich sie angestoßen haben, denn sie glitt
in das nebenliegende Gehirn.
10 Ich packte sie ihm in die Bauchhöhle
zwischen die Holzwolle,
als man zunähte.
Trinke dich satt in deiner Vase!
Ruhe sanft,
15 kleine Aster!

---

1 Aster, die: leuchtend blühende Spätsommerblume

8 Erklären Sie am Beispiel von *Kleine Aster*, wieso Gottfried Benns Lyrik zugleich Abscheu und Faszination hervorruft. Reflektieren Sie in diesem Zusammenhang auch die Wahl des Gedichttitels.

9 Beschreiben Sie, inwiefern die formale und klangliche Gestaltung von *Kleine Aster* lyrische Traditionen einerseits fortführt, andererseits durchbricht.

10 Untersuchen Sie das Verhältnis des lyrischen Ich zum Menschen und zur Blume. Beachten Sie dabei insbesondere die lexikalische Textgestaltung.

Wissen und
Können
→ S. 294 f.

11 Erläutern Sie, inwiefern geistesgeschichtliche, poetologische sowie biografische Kenntnisse (M1) bei der Deutung des Gedichtes hilfreich sein könnten. Formulieren Sie eine Deutungshypothese zu *Kleine Aster*.

Material 1

Biografische Hinweise zu Gottfried Benn

Gottfried Benn (1886–1956) verlebte seine Kindheit als Sohn eines evangelischen Pastors in ländlicher, stark religiös geprägter Umgebung. Auf Wunsch des Vaters studierte er zunächst Theologie, schließlich wechselte er zum Studium der Medizin. Als Militärarzt führte er 1912 ca. dreihundert Sektionen, d.h. medizinische Eingriffe zur Feststellung der Todesursache, durch. Im Ersten Weltkrieg arbeitete er als Sanitätsarzt. Benn hatte ein ambivalentes Verhältnis zum Faschismus. War er zunächst in der Hoffnung auf Entstehung eines neuen Staates ein Sympathisant, distanzierte er sich jedoch zunehmend und erhielt schließlich Schreibverbot. Nach 1945 kam es zu einer neuen literarischen Erfolgsphase.

12 Überlegen Sie vor dem Hintergrund von *Kleine Aster* und den biografischen Informationen zu Benn, inwiefern Robert Gernhardts Gedicht *Der ziemlich arme GB* passend (S. 263) erscheint.

Ästhetik des
Hässlichen
→ S. 295

13 *Schöne Jugend, Requiem, Nachtcafé, Saal der kreißenden Frauen, Mann und Frau gehen durch die Krebsbaracke*. Wählen Sie zwei dieser Gedichte aus und erarbeiten Sie Parallelen zu *Kleine Aster*. Verfassen Sie anschließend einen halbseitigen Text, in dem Sie über inhaltliche, sprachliche und formale Eigenschaften von Gottfried Benns „Ästhetik des Hässlichen" informieren.

Material 2

Robert Gernhardt: Der ziemlich arme GB (2000)

So viele Räusche getrunken
aus Schale, Becher und Glas.
Durch so viel Leerung gesunken,
stets hat auf dem Grunde gewunken
5 die alte Frage: Ze was?

Charles Baudelaire: Ein Stück Aas (1857, Auszug)

Erinnre, was wir sahn, o Seele, an dem Morgen,
Da uns des Sommers Glück bestach:
An eines Weges Bug, im Kieselbett verborgen,
Lag eines Aases dreiste Schmach,

5 Die Beine reckend wie ein geiles Weib in Sünde,
Im Brand vertriefend giftigen Schweiß
Und gab uns schamlos unbekümmert alle Gründe
Des Schoßes voll Gestankes preis.

Sylvia von Harden: Spelunken (1919)

Whisky schlürft weit sich.
Im Zeitungsgriff erbleicht
Das Hurenblut.
Märtyrer Deines eignen Ichs.
5 Irr wirfst Du ihr
Den Geist der Augen ins Gesicht.
Sie peitscht durch einsame Erotik
Heimatlosigkeit.
Nach Welten
10 Durch längst verwestes Sein
Trafen sie sich an Christus-Kreuz.
Und zuckten an harter Erde
Auf.
Verfall.
15 Im Tragen aller Leiber.
Gestein.

Rainer Maria Rilke: Briefe über Cézanne (1907)

Erst musste das künstlerische Anschauen sich so weit
überwunden haben, auch im Schrecklichen und scheinbar
nur Widerwärtigen das Seiende zu sehen, das, mit allem
anderen Seienden, *gilt*. Sowenig eine Auswahl zugelassen
5 ist, ebensowenig ist eine Abwendung von irgendwelcher
Existenz dem Schaffenden erlaubt.

Charles Baudelaire (1821–1867) veröffentlichte 1857 die Sammlung seiner 100 Gedichte *Les Fleurs du Mal (Die Blumen des Bösen)*. Sein Verleger und er wurden dafür wegen „Beleidigung der öffentlichen Moral" verurteilt. Für die nächste Lyrikergeneration der Symbolisten (Paul Verlaine, Stéphane Mallarmé, Arthur Rimbaud), auch für George und Trakl war der Band prägend.

Material 3

Durs Grünbein: In der Provinz 3 (1999) (Böhmen)

Die Stille um einen toten Maulwurf
Am Rand eines Weizenfeldes, sie trügt.
Unter ihm sammeln sich Käfer, bewaffnete Kräfte
In schwarzer Uniform. Über ihm kreist,
5 Bevor er abdreht, die Flügel zerzaust, ein Habicht.
Ameisen graben, Kommandos im Eilmarsch,
Am Rückgrat entlang eine Rinne. Im Innern
Laufen die Drähte heiß, wimmeln nervöse Maden
An der Börse der Eingeweide. Vom Bauchfell
10 Tragen fliegende Händler (oder sind es Reporter)
Die Botschaft in alle vier Winde: Ein Aas, ein Aas!
Nur eine Grille, einen Sprung weit entfernt,
Liest in den Wolkenzügen und sonnt sich
Schweigend, ein stoischer Philosoph.

14 Erläutern Sie unter Bezug auf Rainer Maria Rilke und Gottfried Benn die Aussage des Literaturwissenschaftlers Helmuth Kiesel, dass „insbesondere *Ein Stück Aas* einen wichtigen, wenn nicht gar entscheidenden Impuls für die Herausbildung einer neuen künstlerischen Haltung gegenüber dem Hässlichen und Widerwärtigen" gab.

15 Beschreiben Sie anhand der Gedichte von Charles Baudelaire, Gottfried Benn, Sylvia von Harden sowie Durs Grünbein eine thematische Entwicklungslinie in der Darstellung des Hässlichen in der Literatur. Zeigen Sie, welche Motive in den Texten aufgerufen werden.

16 **PLUS** Recherchieren Sie für einen Kurzvortrag, welche Rolle Baudelaire und die französischen Symbolisten Verlaine, Mallarmé und Rimbaud für die Entwicklung der klassischen Moderne spielten und halten Sie den Vortrag.

17 **PLUS** Gedankenexperiment: Zeitreise ins Jahr 1912 – Im berüchtigten Berliner Künstlercafé *Café des Westens* treffen der sechsundzwanzigjährige Gottfried Benn, Johann Wolfgang Goethe und Theodor Fontane aufeinander. Verfassen Sie in Gruppen ein Gespräch der drei Dichter über Literatur.

Weimarer Klassik
→ S.130–163, 414 f.
Realismus
→ S.194–251, 418 f.
Moderne
→ S.252–307, 420 f.

– Beachten Sie die unterschiedlichen Wertvorstellungen, Menschenbilder und poetologischen Überzeugungen der Schriftsteller.
– Beziehen Sie Texte und Informationen aus dem Buch (Weimarer Klassik, Realismus, Moderne) sowie eigene Kenntnisse mit ein.
– Präsentieren und diskutieren Sie Ihre Ergebnisse im Plenum.

☞ Schauen Sie sich im Panorama (S.252) Punkte ③ und ④ zu Literatur und Krieg und zu Potsdamer Platz in den 1920er-Jahren an, um zu erfahren, wie der Erste Weltkrieg dieser Zeit ein Ende setzte.

Alfred Kubin:
Der Krieg, 1903

Georg Heym: Nach der Schlacht (1910)

In Maiensaaten liegen eng die Leichen,
Im grünen Rain[1], auf Blumen, ihren Betten.
Verlorne Waffen, Räder ohne Speichen,
Und umgestürzt die eisernen Lafetten[2].

5 Aus vielen Pfützen dampft des Blutes Rauch,
Die schwarz und rot den braunen Feldweg decken.
Und weißlich quillt der toten Pferde Bauch,
Die ihre Beine in die Frühe strecken.

Im kühlen Winde friert noch das Gewimmer
10 Von Sterbenden, da in des Osten Tore
Ein blasser Glanz erscheint, ein grüner Schimmer,
Das dünne Band der flüchtigen Aurore[3].

1 Rain, der: Grasstreifen an Feldwegen
2 Lafette, die: Geschützgestell
3 Aurora: die römische Göttin der Morgenröte

18 Untersuchen Sie die bildliche Gestaltung des Krieges in Heyms Gedicht, indem Sie die Beschreibung der Szenerie, Metaphorik und (De-)Personifizierungen herausarbeiten. Gehen Sie auch auf Aspekte der Farbsymbolik ein. Vergleichen Sie Ihre Ergebnisse mit Alfred Kubins Darstellung vom Krieg.

19 Erläutern Sie, inwiefern die Verse 1f. sowie 11f. eine gedankliche Klammer um die Grauen des Kriegsgeschehens bilden, die zentral für die Deutung des Gedichtes ist. Formulieren Sie eine Deutungshypothese.

20 Vergleichen Sie die Darstellung des Kriegs bei Heym und Asenijeff. Berücksichtigen Sie inhaltliche, formale und sprachliche Aspekte.

21 Häufig werden Dichter als Seismografen beschrieben, also mit einem Gerät verglichen, das Erschütterungen des Bodens registriert. Überlegen Sie mit Blick auf das Erscheinungsjahr von *Nach der Schlacht*, inwiefern diese Vorstellung auf Heym zutrifft und welche Schlussfolgerungen daraus für den Umgang mit Kunst gezogen werden können. Berücksichtigen Sie in diesem Zusammenhang auch die Vorstellung Hermann Bahrs von der Bedeutung der Nerven für die Dichtung (S.260).

Elsa Asenijeff: Der Vollmond (1913)

Himmelsfrieden ist erwacht:
Mond sinkt in die lichterschlossene Nacht –
Unten starrt das zerstampfte Haferfeld.
Ein letzter Halm flattert allein in der Welt:
5 Wo bleibt der Erntesegen –?
Jetzt ist keiner ein Gott
und keiner ein Held.
Wo sind die Jungen, die Roten?
Im Felde liegt einer vergessen
10 mit weitoffenem Mund.
– Pferdemassen hügeln im Wiesengrund.
– – – – – – – – – – – – – –
Ein Hund verbellt
in der Ferne die Toten ...

Georg Heym: Die Stadt (1911)

Sehr weit ist diese Nacht. Und Wolkenschein
Zerreißet vor des Mondes Untergang.
Und tausend Fenster stehn die Nacht entlang
Und blinzeln mit den Lidern, rot und klein.

5 Wie Aderwerk gehen Straßen durch die Stadt,
Unzählig Menschen schwemmen aus und ein.
Und ewig stumpfer Ton von stumpfem Sein
Eintönig kommt heraus in Stille matt.

Gebären, Tod, gewirktes Einerlei,
10 Lallen der Wehen, langer Sterbeschrei,
Im blinden Wechsel geht es dumpf vorbei.

Und Schein und Feuer, Fackeln rot und Brand,
Die drohn im Weiten mit gezückter Hand
Und scheinen hoch von dunkler Wolkenwand.

Material 4

Georg Heym: Tagebucheintrag vom 06.07.1910

Georg Heym (1887–1912)

Es ist immer das Gleiche, so langweilig, langweilig, langweilig. Es geschieht nichts, nichts, nichts. Wenn doch einmal etwas geschehen wollte, was nicht diesen faden Geschmack von Alltäglichkeit hinterlässt. Wenn ich frage, warum ich bis jetzt gelebt habe. Ich wüsste keine Antwort. […] Oder sei es auch nur, dass man einen Krieg begänne, er kann ungerecht sein. Dieser Frieden ist so faul, ölig und schmierig wie eine Leimpolitur auf alten Möbeln.

22 Formulieren Sie eine Deutungshypothese zu Heyms *Die Stadt*. Vergleichen Sie Ihr Verständnis mit den Ausführungen Herbert Lehnerts (M5) und zeigen Sie am Gedicht auf, wie der Interpret zu seinen Aussagen gelangt.

Material 5

Herbert Lehnert: Interpretation zu Georg Heyms *Die Stadt* (2002, Ausschnitt)

Literatur enthält Widersprüche, auch Gedichte gehen nicht allein auf Harmonie aus. Aber literarische Widersprüche zielen auf Freiheit von banalen, alltäglichen Feststellungen. Das Freiheitssymbol in unserem Gedicht ist ein Widerspruch gegen die stumpfe Welt, ist die imaginäre Vorstellung des feurigen Endes. […] Ist unsere moderne urbane Welt so, wie sie in diesem Gedicht erscheint:
5 sinnlos, eintönig, reif für die Vernichtung? Oder ist das Gedicht eine Denunziation[1] der festgefügten, saturierten[2], bürgerlichen Welt, die Heyms Generation von dichterischen, fantasievollen Außenseitern nicht gelten lassen wollte? Sie hassten die Welt der Väter […]. Wir müssen uns jedoch fragen, ob die Dissoziation[3] und die Entfremdung nicht die andere Seite der Freiheit ist, die Heym in den Wolken suchte. Ein an die Scholle[4] gebundenes Leben bietet dem Menschen feste Beziehungen,
10 Heimat, hindert Entfremdung, macht ihn aber nicht frei. Ist Entfremdung und Freiheit dasselbe, das eine negativ, das andere positiv gewendet? […] Das schöne Vernichtungssymbol, auf das die Verse zulaufen, feiert den Schrecken mit grimmiger Freude. Drei Jahre später, 1914, nahm der größere Teil des deutschen Volkes den Kriegsausbruch jubelnd als befreiendes Schicksal an.

1 Denunziation, die: zu denunzieren: jemanden (durch eine Anzeige) verdächtig machen, verleumden   2 saturiert: gesättigt, selbstzufrieden   3 Dissoziation, die: Zerfall, Aufspaltung   4 Scholle, die: veraltet für Erdboden, Heimat

23 *Menschheitsdämmerung* lautete eine bedeutende Anthologie lyrischer Texte von 1919, in der auch einige Gedichte Heyms vertreten sind. Erklären Sie sich den Titel unter Berücksichtigung der Materialien zu Georg Heym.

24 Diskutieren Sie die von Lehnert aufgeworfenen Fragen und Thesen (Z.4–11) vor dem Hintergrund Ihrer eigenen Erfahrungen in der heutigen Zeit.

MK **25** Recherchieren Sie zu der Anthologie *Menschheitsdämmerung*. Verfassen Sie für die Gedichtsammlung einen Klappentext von ca. 70 Wörtern. Beschreiben Sie den Stil expressionistischer Dichter und die Bedeutung ihrer Gedichte für die Gegenwart.

26 Illustrieren Sie eines der beiden Gedichte Georg Heyms mit Bildern aus der jüngeren Zeit. Reflektieren Sie dabei, ob Heym in seinen Gedichten zeitlose Bilder des Kriegs bzw. der Stadt entwirft.

27 „Worte, Worte […]! Sie brauchen nur die Schwingen zu öffnen und Jahrtausende entfallen ihrem Flug", schreibt Gottfried Benn 1927. Erläutern Sie diese Beobachtung in Bezug auf das Gedicht *Verabredung* von August Stramm.

28 Lesen Sie das Gedicht laut und erläutern Sie Auffälligkeiten, die sich dabei ergeben.

29 Beschreiben Sie die ungewöhnliche lexikalische und syntaktische Gestaltung des Gedichtes. Überlegen Sie, auch mit Bezug auf das Zitat Gottfried Benns, welche Wirkungen sich daraus ergeben.

30 Deuten Sie das Gedicht, indem Sie zentrale Wörter und Bilder herausarbeiten, die eine genauere Vorstellung der im Titel angegebenen Verabredung und ihrer Umstände geben.

31 Erläutern Sie den Zusammenhang zwischen Krisenerfahrung, Unsicherheit, Zerfall sowie Haltlosigkeit und August Stramms literarischem Stil der Wortkunst. Diskutieren Sie, inwiefern Ihnen diese Gestaltung nachvollziehbar erscheint.

32 Führen Sie eine Lexikanalyse zu August Stramms Gedicht *Verabredung* durch. Sie können sich dabei am „So geht's"-Beispiel unten orientieren.

33 Vergleichen Sie Stramms poetische Gestaltungsmittel mit Sylvia von Hardens Gedicht (s. S. 263).

August Stramm: Verabredung (1914)

Der Torweg fängt mit streifen Bändern ein
Mein Stock schilt
Klirr
Den frechgespreizten Prellstein
5   Das Kichern
Schrickt
Durch Dunkel
Trügeneckend
In
10   Warmes Beben
Stolpern
Hastig
Die Gedanken.
Ein schwarzer Kuß
15   Stiehlt scheu zum Tor hinaus
Flirr
Der Laternenschein
Hellt
Nach
20   Ihm
In die Gasse.

Text in alter Rechtschreibung

SO GEHT'S **Die Lexik eines Gedichts analysieren**

August Stramm: Patrouille (1915)

Die Steine feinden
Fenster grinst Verrat
Äste würgen
Berge Sträucher blättern raschlig
5 Gellen
Tod.

Anteile der **Wortarten** untersuchen
→ Nomen, Verben, Adjektive

Semantik
Wortfelder und Assoziationen:
Natur
Menschliche Bauten
Bedrohung, Vergehen

Besonderheiten der **Wortformen**
Feind→ feinden (V. 1); gellen → Gellen (V. 5) (Konversion)

Das Gedicht besteht zum überwiegenden Teil aus Nomen. Vor allem Dinge werden genannt. Es scheint, als bewegte sich der Blick der anonymen lyrischen Sprechinstanz ängstlich hin und her, um hektisch die Eindrücke der Umwelt zu ordnen. Verstärkt wird die bedrohliche Situation durch die Verben: Die Welt feindet, grinst und würgt: Jede Aktivität, die von ihr ausgeht, bedroht die Existenz. Weder Natur noch Haus bieten Schutz (vgl. V. 1 f.), vielmehr erhält alles mit dem einzigen Adjektiv „raschlig" (V. 4) eine verräterisch-tückische Qualität. Konversionen wie „feinden" (V. 1) und „Gellen" (V. 5) besorgen die knappe Lakonie, mit der am Ende alles auf den finalen Begriff zuläuft: „Tod" (V. 6).

Berichterstattung: Gedichte der Weimarer Republik vergleichen

👆 Schauen Sie sich im Panorama (S. 252) den Punkt ④ zum Potsdamer Platz in den 1920er-Jahren an, um noch mehr über die Zeit zu erfahren.

Erich Kästner: Sachliche Romanze (1928)

Als sie einander acht Jahre kannten
(und man darf sagen: sie kannten sich gut)
kam ihre Liebe plötzlich abhanden.
Wie andern Leuten ein Stock oder Hut.

5 Sie waren traurig, betrugen sich heiter,
versuchten Küsse, als ob nichts sei,
und sahen sich an und wussten nicht weiter.
Da weinte sie schließlich. Und er stand dabei.

Vom Fenster aus konnte man Schiffen winken.
10 Er sagte, es wäre schon Viertel nach vier
und Zeit, irgendwo Kaffee zu trinken.
Nebenan übte ein Mensch Klavier.

Sie gingen ins kleinste Café am Ort
und rührten in ihren Tassen.
15 Am Abend saßen sie immer noch dort.
Sie saßen allein, und sie sprachen kein Wort
und konnten es einfach nicht fassen.

Otto Dix: *Die Journalistin Sylvia von Harden*, 1926

1 „Gereimte Prosa? Journalismus in Versen? Gedichte als Lebenshilfe?" Überprüfen Sie anhand von Inhalt, Form und Sprache die Fragen des Journalisten Rudolf W. Leonhardt an Kästners Gedicht.

Neue Sachlichkeit
→ S. 295, 420 f.

2 Erläutern Sie unter Berücksichtigung des Titels, inwiefern das Gedicht *Sachliche Romanze* als programmatisch für den Schreibstil der Neuen Sachlichkeit steht. Erklären Sie, wieso der Sachstil in den 1920er-Jahren vorherrscht und worin bis heute seine Attraktivität besteht. Beziehen Sie das Gemälde von Otto Dix in Ihre Überlegungen mit ein.

Bertolt Brecht: Erinnerung an die Marie A. (1920)

Text in alter
Rechtschreibung

1
An jenem Tag im blauen Mond September
Still unter einem jungen Pflaumenbaum
Da hielt ich sie, die stille bleiche Liebe
In meinem Arm wie einen holden[1] Traum.
5 Und über uns im schönen Sommerhimmel
War eine Wolke, die ich lange sah
Sie war sehr weiß und ungeheuer oben
Und als ich aufsah, war sie nimmer da.

2
Seit jenem Tag sind viele, viele Monde
10 Geschwommen still hinunter und vorbei
Die Pflaumenbäume sind wohl abgehauen
Und fragst du mich, was mit der Liebe sei?

So sag ich dir: Ich kann mich nicht erinnern.
Und doch, gewiß, ich weiß schon, was du meinst
15 Doch ihr Gesicht, das weiß ich wirklich nimmer
Ich weiß nur mehr: Ich küßte es dereinst.

3
Und auch den Kuß, ich hätt' ihn längst vergessen
Wenn nicht die Wolke da gewesen wär
Die weiß ich noch und werd ich immer wissen
20 Sie war sehr weiß und kam von oben her.
Die Pflaumenbäume blühn vielleicht noch immer
Und jene Frau hat jetzt vielleicht das siebte Kind
Doch jene Wolke blühte nur Minuten
Und als ich aufsah, schwand sie schon im Wind.

1 hold: lieblich, anmutig

3 Erläutern Sie die Bedeutung der Wolke für das lyrische Ich mit Blick auf das *Vergessen und Erinnern*.

4 Vergleichen Sie die Haltung der Sprechinstanz zur Vergänglichkeit von Liebe bei Kästner und Brecht. Beachten Sie Aspekte wie Nähe/Distanz, Stimmung, Grad der Emotionalität und Ernsthaftigkeit.

Kurt Tucholsky: Augen in der Großstadt (1930)

Wenn du zur Arbeit gehst
am frühen Morgen,
wenn du am Bahnhof stehst
mit deinen Sorgen:
5   da zeigt die Stadt
    dir asphaltglatt
    im Menschentrichter
    Millionen Gesichter:
Zwei fremde Augen, ein kurzer Blick,
10 die Braue, Pupillen, die Lider –
Was war das? vielleicht dein Lebensglück ...
vorbei, verweht, nie wieder.

Du gehst dein Leben lang
auf tausend Straßen;
15 du siehst auf deinem Gang,
die dich vergaßen.
    Ein Auge winkt,
    die Seele klingt;
    du hasts gefunden,
20   nur für Sekunden ...

Zwei fremde Augen, ein kurzer Blick,
die Braue, Pupillen, die Lider;
Was war das? kein Mensch dreht die Zeit zurück ...
Vorbei, verweht, nie wieder.

25 Du musst auf deinem Gang
durch Städte wandern;
siehst einen Pulsschlag lang
den fremden Andern.
    Es kann ein Feind sein,
30   es kann ein Freund sein,
    es kann im Kampfe dein
    Genosse sein.
Es sieht hinüber
und zieht vorüber ...
35 Zwei fremde Augen, ein kurzer Blick,
die Braue, Pupillen, die Lider.
Was war das?
    Von der großen Menschheit ein Stück!
Vorbei, verweht, nie wieder.

Mascha Kaléko: Großstadtliebe (1933)

Text in alter Rechtschreibung

Man lernt sich irgendwo ganz flüchtig kennen
Und gibt sich irgendwann ein Rendezvous.
Ein Irgendwas, – 's ist nicht genau zu nennen –
Verführt dazu, sich gar nicht mehr zu trennen.
5 Beim zweiten Himbeereis sagt man sich „du".

Man hat sich lieb und ahnt im Grau der Tage
Das Leuchten froher Abendstunden schon.
Man teilt die Alltagssorgen und die Plage,
Man teilt die Freuden der Gehaltszulage,
10 ... Das übrige besorgt das Telephon.

Man trifft sich im Gewühl der Großstadtstraßen.
Zu Hause geht es nicht. Man wohnt möbliert.
– Durch das Gewirr von Lärm und Autorasen,
– Vorbei am Klatsch der Tanten und der Basen[1]
15 Geht man zu zweien still und unberührt.

Man küßt sich dann und wann auf stillen Bänken,
– Beziehungsweise auf dem Paddelboot.
Erotik muß auf Sonntag sich beschränken.
... Wer denkt daran, an später noch zu denken?
20 Man spricht konkret und wird nur selten rot.

Man schenkt sich keine Rosen und Narzissen,
Und schickt auch keinen Pagen[2] sich ins Haus.
– Hat man genug von Weekendfahrt und Küssen,
Läßt mans einander durch die Reichspost wissen
25 Per Stenographenschrift[3] ein Wörtchen: „aus"!

---

1 Base, die: Cousine   **2** Page, der: Diener, Angestellter
3 Stenografenschrift, die: Form der Kurzschrift

5 Beschreiben Sie den Aufbau von Kurt Tucholskys Gedicht *Augen in der Großstadt* anhand der Struktur der einzelnen Strophen.

6 Formulieren Sie den zentralen Gedanken von Kurt Tucholskys Gedicht als Deutungshypothese unter besonderer Berücksichtigung des Gedichttitels.

Gedichte vergleichen → S.296

7 Vergleichen Sie Mascha Kalékos Gedicht in Hinblick auf inhaltliche sowie sprachliche Gemeinsamkeiten und Unterschiede mit:
 – Brecht unter dem Thema *Liebesbegegnung*
 – Kästner unter dem Thema *Ende einer Liebesbeziehung*
 – Tucholsky unter dem Thema *Leben in der Großstadt*

Kommentar
→ S. 442 f.

8 PLUS Verfassen Sie einen knappen Kommentar zum Thema „Lyrik der neuen Sachlichkeit: Bedeutende Kunst oder triviale Alltagsdichtung?"

Exilliteratur: Die lyrische Verarbeitung von Heimatverlust ergründen

1 Tauschen Sie sich darüber aus, was für Sie Heimat bedeutet, wo Sie sich heimisch fühlen und was Ihnen fehlen würde, wenn Sie Ihre Heimat verließen.

Mascha Kaléko: Sozusagen ein Mailied (1938)

Text in alter
Rechtschreibung

Manchmal, mitten in jenen Nächten,
Die ein jeglicher von uns kennt,
Wartend auf den Schlaf des Gerechten,
Wie man ihn seltsamerweise nennt,
5 Denke ich an den Rhein und die Elbe,
Und kleiner, aber meiner, die Spree.
Und immer wieder ist es das selbe:
Das Denken tut verteufelt weh.

Manchmal, mitten im freien Manhattan,
10 Unterwegs auf der Jagd nach dem Glück,
Hör ich auf einmal das Rasseln von Ketten.
Und das bringt mich wieder auf Preussen zurück.
Ob dort die Vögel zu singen wagen?
Gibts das noch: Werder[1] im Blütenschnee ...
15 Wie mag die Havel[2] das alles ertragen,
Und was sagt der alte Grunewaldsee?

Manchmal, angesichts neuer Bekanntschaft
Mit üppiger Flora, – glad to see –
Sehnt sichs in mir nach magerer Landschaft,
20 Sandiger Kiefer, weiss nicht wie.
Was wissen Primeln und Geranien
Von Rassenkunde und Medizin ...
Ob Ecke Uhland die Kastanien
Wohl blühn?

Mascha Kaléko (1907–1975)

1 Werder: Stadt in Brandenburg   2 Havel, die: Nebenfluss der Elbe

2 Arbeiten Sie die Bedeutung der Erinnerung an die Heimat für das lyrische Ich heraus und erläutern Sie, welchen Einfluss diese Erinnerung auf die Gefühlslage des lyrischen Ich hat.

3 Recherchieren Sie arbeitsteilig ein weiteres Mai-Gedicht (z. B. Friedrich von Hagedorn *Der erste Mai*, Johann Wolfgang Goethe *Mailied*, Achim von Arnim und Clemens Brentano *Mailied*, Emanuel Geibel *Der Mai ist gekommen*, Max Dauthendey *Erster Mai*) und vergleichen Sie dieses mit Mascha Kalékos Gedicht.

 4 Präsentieren Sie sich gegenseitig Ihre Ergebnisse aus Aufgabe 3 im Kurs und geben Sie sich Rückmeldung zu Inhalt und Durchführung Ihrer Präsentationen.

5 PLUS Bereiten Sie eine Ausstellung (analog oder digital) zum Thema „Jüdische Dichterinnen im Nationalsozialismus" vor. Informieren Sie sich über die Biografien und das lyrische Werk der Dichterinnen. Wählen Sie dazu auch einige Gedichte aus, die Sie mit knappen Kommentaren präsentieren. Beschäftigen Sie sich arbeitsteilig mit: Else Lasker-Schüler, Rose Ausländer, Gertrud Kolmar, Selma Merbaum, Nelly Sachs, Mascha Kaléko und Henriette Hardenberg.

Bertolt Brecht: Gedanken über die Dauer des Exils (ca. 1937)

I

Schlage keinen Nagel in die Wand
Wirf den Rock auf den Stuhl.
Warum vorsorgen für vier Tage?
5 Du kehrst morgen zurück.

Laß den kleinen Baum ohne Wasser.
Wozu noch einen Baum pflanzen?
Bevor er so hoch wie eine Stufe ist
Gehst du fort von hier.
10 Zieh die Mütze ins Gesicht, wenn Leute
vorbeigehn!
Wozu in fremden Grammatiken blättern?
Die Nachricht, die dich heimruft
Ist in bekannter Sprache geschrieben.

15 So wie der Kalk vom Gebälk blättert
(Tue nichts dagegen!)
Wird der Zaun der Gewalt zermorschen
Der an der Grenze aufgerichtet ist
Gegen die Gerechtigkeit.

20 II

Sieh den Nagel in der Wand, den du
eingeschlagen hast:
Wann, glaubst du, wirst du zurückkehren?
Willst du wissen, was du im Innersten glaubst?

25 Tag um Tag
Arbeitest du an der Befreiung
Sitzend in der Kammer schreibst du.
Willst du wissen, was du von deiner Arbeit
hältst?
30 Sieh den kleinen Kastanienbaum im Eck des
Hofes
zu dem du die Kanne voll Wasser schlepptest!

Material 1

Bertolt Brecht: Flüchtlingsgespräche (1956, Ausschnitt)

Der Paß ist der edelste Teil von einem Menschen. Er kommt auch nicht auf so einfache
Weise zustand wie ein Mensch. Ein Mensch kann überall zustandkommen, auf die leichtsinnigste Art und ohne gescheiten Grund, aber ein Paß niemals. Dafür wird er auch aner-
kannt, wenn er gut ist, während ein Mensch noch so gut sein kann und doch nicht aner-
5 kannt wird.

Material 2

Bertolt Brechts Exilstationen

1933	Berlin → Prag → Wien → Zürich → Carona (Schweiz) → Paris → Svendborg (Dänemark)
1939	Lidingö (Schweden)
1940	Helsinki
1941	Moskau → Wladiwostok (Russland) → Santa Monica (USA)
1947	Paris → Zürich
1948	Prag → Ost-Berlin

6 Interpretieren Sie Bertolt Brechts *Gedanken zur Dauer des Exils* unter Einbeziehung von M1 und M2.

 7 PLUS Recherchieren Sie die Exilstationen weiterer Schriftstellerinnen und Schriftsteller und tragen Sie diese in verschiedenen Farben auf einer Karte zusammen: z.B. Anna Seghers, Stefan Zweig, Thomas Mann, Lion Feuchtwanger, Hilde Domin, Oskar Maria Graf.

9.2 Das Drama als Möglichkeit der Gesellschaftskritik erfassen
„Ändere die Welt, sie braucht es"

Brechts episches Theater ergründen

Bertolt Brecht: Die Dreigroschenoper, Erster Akt, I (1928, Auszug)

Brechts „Dreigroschenoper" ist ein Stück über Reichtum, Armut, Ausbeutung, Moral, Liebe, Freiheit und Gier. Die Handlung spielt im Gangster-Milieu Londons und dreht sich um die Auseinandersetzung des Bandenführers Mackie Messer mit dem Bettlerkönig Peachum. Das Stück wurde zum größten Erfolg des Theaters der Weimarer Republik und ist auch gegenwärtig ein fester Bestandteil der Theaterprogramme. Die weltweite Beliebtheit hängt nicht zuletzt mit den zahlreichen Liedern und den Musikkompositionen Kurt Weills zusammen.

Text in alter Rechtschreibung

UM DER ZUNEHMENDEN VERHÄRTUNG DER MENSCHEN ZU BEGEGNEN, HATTE DER GESCHÄFTSMANN J. PEACHUM EINEN LADEN ERÖFFNET, IN DEM DIE ELENDESTEN DER ELEN-
5 DEN JENES AUSSEHEN ERHIELTEN, DAS ZU DEN IMMER VERSTOCKTEREN[1] HERZEN SPRACH.

Jonathan Jeremiah Peachums Bettlergarderoben

Der Morgenchoral des PEACHUM

Wach auf, du verrotteter Christ!
10 Mach dich an dein sündiges Leben!
Zeig, was für ein Schurke du bist
Der Herr wird es dir dann schon geben.

Verkauf deinen Bruder, du Schuft!
Verschacher[2] dein Ehweib, du Wicht!
15 Der Herrgott, für dich ist er Luft?
Er zeigt dir's beim Jüngsten Gericht.

PEACHUM *zum Publikum:* Es muß etwas Neues geschehen. Mein Geschäft ist zu schwierig, denn mein Geschäft ist es, das menschliche
20 Mitleid zu erwecken. Es gibt einige wenige Dinge, die den Menschen erschüttern, einige wenige, aber das Schlimme ist, daß sie, mehrmals angewendet, schon nicht mehr wirken. Denn der Mensch hat die furchtbare Fähig-
25 keit, sich gleichsam nach eigenem Belieben gefühllos zu machen. So kommt es zum Beispiel, daß ein Mann, der einen anderen Mann mit einem Armstumpf an der Straßenecke stehen sieht, ihm wohl in seinem Schrecken
30 das erste Mal zehn Pennies zu geben bereit ist, aber das zweite Mal nur mehr fünf Pennies, und sieht er ihn das dritte Mal, übergibt er ihn kaltblütig der Polizei. Ebenso ist es mit den geistigen Hilfsmitteln. *Eine große Tafel mit*
35 *„Geben ist seliger als Nehmen" kommt vom*

Schnürboden[3] *herunter.* Was nützen die schönsten und dringendsten Sprüche, aufgemalt auf die verlockendsten Täfelchen, wenn sie sich so rasch verbrauchen. [...]
Es klopft, Peachum öffnet, herein tritt ein junger 40 *Mann namens Filch.*

FILCH Peachum & Co.?

PEACHUM Peachum.

FILCH Sind Sie Besitzer der Firma „Bettlers Freund"? Man hat mich zu Ihnen geschickt. Ja, 45 das sind Sprüche! Das ist ein Kapital[4]! Sie haben wohl eine ganze Bibliothek von solchen Sachen? Das ist schon ganz was anderes. Unsereiner – wie soll der auf Ideen kommen, und ohne Bildung, wie soll da das Geschäft florie- 50 ren?

PEACHUM Name?

FILCH Sehen Sie, Herr Peachum, ich habe von Jugend an Unglück gehabt. Meine Mutter war eine Säuferin, mein Vater ein Spieler. Von früh 55 an auf mich selber angewiesen, ohne die liebende Hand einer Mutter, geriet ich immer tiefer in den Sumpf der Großstadt. Väterliche Fürsorge und die Wohltat eines traulichen Heims habe ich nie gekannt. Und so sehen Sie 60 mich denn ...

PEACHUM So sehe ich Sie denn ...

FILCH *verwirrt* ... aller Mittel entblößt, eine Beute meiner Triebe. [...]

PEACHUM Du hattest die Frechheit, im Dist- 65 rikt 10 die Passanten zu belästigen. Wir haben es bei einer Tracht Prügel bewenden lassen [...]. Wenn du dich aber noch einmal blicken läßt, dann wird die Säge angewendet, verstehst du? [...] London ist eingeteilt in vier- 70 zehn Distrikte. Jeder Mann, der in einem davon das Bettlerhandwerk auszuüben gedenkt, braucht eine Lizenz von Jonathan Jeremiah Peachum & Co. Ja, da könnte jeder kommen – eine Beute seiner Triebe.

FILCH Herr Peachum, wenige Schillinge trennen mich vom völligen Ruin. Es muß etwas geschehen, mit zwei Schillingen in der Hand ...

PEACHUM Zwanzig Schillinge.

FILCH Herr Peachum! *Zeigt flehend auf ein Plakat, auf dem steht: „Verschließt euer Ohr nicht dem Elend!"*

Peachum zeigt auf den Vorhang vor einem Schaukasten, auf dem steht: „Gib, so wird dir gegeben!"

FILCH Zehn Schillinge.

PEACHUM Und fünfzig Prozent bei wöchentlicher Abrechnung. Mit Ausstattung siebzig Prozent.

FILCH Bitte, worin besteht denn die Ausstattung?

PEACHUM Das bestimmt die Firma. [...] Zieh dich aus und zieh das an, aber halt es im Stande[5]!

FILCH Und was geschieht mit meinen Sachen?

PEACHUM Gehören der Firma. Ausstattung E: Junger Mann, der bessere Tage gesehen hat, beziehungsweise dem es nicht an der Wiege gesungen wurde.

FILCH Ach so, das verwenden Sie wieder? Warum kann *ich* das nicht mit den besseren Tagen machen?

PEACHUM Weil einem niemand sein eigenes Elend glaubt, mein Sohn.

George Grosz: *Dämmerung. XVI* in *Ecce Homo*, 1922

---

1 verstockt: unnachgiebig   2 verschachern: unehrenhaft und gierig verkaufen   3 Schnürboden, der: Kulissenraum über der Bühne   4 Kapital, das: Wert   5 etwas im Stande halten: etwas sorgfältig bewahren

1 Erläutern Sie, wie die beiden Figuren auf Sie wirken. Berücksichtigen Sie inhaltliche und sprachliche Aspekte.

2 Beurteilen Sie Peachums Beschreibung des menschlichen Wesens vor Filchs Auftreten. Veranschaulichen Sie Ihre Überlegungen an aktuellen Beispielen.

3 „Erst kommt das Fressen, dann kommt die Moral", heißt es später im sogenannten *Zweiten Dreigroschenfinale*. Zeigen Sie auf, inwiefern dieses materialistische Menschenbild in der ersten Szene zum Ausdruck kommt. Formulieren Sie abschließend eine Deutungshypothese.

4 „Denn die einen sind im Dunkeln / Und die anderen sind im Licht. / Und man siehet die im Lichte / Die im Dunkeln sieht man nicht", dichtete Brecht für die Verfilmung der Dreigroschenoper. Beziehen Sie die Verse auf die obige Szene und diskutieren Sie die Gültigkeit für die Gegenwart.

ÜBRIGENS

Grandiose Erfolge

Die *Dreigroschenoper* geht auf die im Bettlermilieu spielende, sehr erfolgreiche englische Oper *Beggar's Opera* von 1728 zurück. 1920 wiederentdeckt, brach sie in London und anderen englischen Städten alle Aufführungsrekorde. Brechts Freundin Elisabeth Hauptmann übersetzte die Vorlage, die Brecht aber mehr und mehr verließ und mit eigenen Ideen anreicherte. Premiere hatte die *Dreigroschenoper* nach einer chaotischen Probenphase zur Neueröffnung des Berliner Theaters am Schiffbauerdamm (heute: Berliner Ensemble) zweihundert Jahre nach dem Ursprungsstück. Der Schriftsteller Elias Canetti urteilte: „Es war der genaueste Ausdruck dieses Berlin. Die Leute jubelten *sich* zu, das waren sie selbst, und sie gefielen sich. Erst kam *ihr* Fressen, dann kam ihre Moral, besser hätte es keiner von ihnen sagen können." Bereits nach der Theatersaison 1928/29 gab es über 4000 Aufführungen in etwa 200 Inszenierungen. Viele der von Kurt Weill vertonten Songs wurden zu Gassenhauern.

Schauen Sie sich im Panorama (S. 252) den Punkt ⑤ Vom Stummfilm zum Tonfilm an, um noch mehr über die Zeit zu erfahren.

Text in alter Rechtschreibung

Bertolt Brecht: Schriften zum Theater
(ab 1918, Auszüge)

In seinen theoretischen Schriften setzt sich Brecht mit dem traditionellen und dem neuen Theater auseinander und gelangt zu einer Vorstellung von einem epischen Theater.

Die Bühne begann zu erzählen. [...] Von keiner Seite wurde es dem Zuschauer weiterhin ermöglicht, durch einfache Einfühlung in dramatische Personen sich kritiklos (und praktisch folgenlos) Er-
5 lebnissen hinzugeben. Die Darstellung setzte die Stoffe und Vorgänge einem Entfremdungsprozeß aus. [...]
Der Zuschauer des epischen Theaters sagt: Das hätte ich nicht gedacht. – So darf man es nicht machen. –
10 Das ist höchst auffällig, fast nicht zu glauben. – Das muß aufhören. – Das Leid dieses Menschen erschüttert mich, weil es doch einen Ausweg für ihn gäbe. – Das ist große Kunst: da ist nichts selbstverständlich. – Ich lache über den Weinenden, ich
15 weine über den Lachenden.

Bertolt Brecht (1898–1956) im Jahr 1918

Wichtiges Element des epischen Theaters ist für Brecht der Verfremdungseffekt. Er erläutert:

Der Zweck dieser Technik des *Verfremdungseffekts* war es, dem Zuschauer eine untersuchende, kritische Haltung gegenüber dem darzustellenden Vorgang zu verleihen. [...] Voraussetzung für die Anwendung des V-Effekts zu dem angeführten Zweck ist, daß Bühne und Zuschauerraum von allem „Magischen" gesäubert werden und keine „hypnotischen
5 Felder" entstehen. Es [...] wurde nicht angestrebt, das Publikum in Trance zu versetzen und ihm die Illusion zu geben, es wohne einem natürlichen, uneinstudierten Vorgang bei. Die Voraussetzung für die Hervorbringung des V-Effekts ist, daß der Schauspieler das, was er zu sagen hat, mit dem deutlichen Gestus des Zeigens versieht. Die Vorstellung einer vierten Wand, die fiktiv die Bühne gegen das Publikum abschließt, wodurch die Illusion ent-
10 steht, der Bühnenvorgang finde in der Wirklichkeit, ohne Publikum statt, muß natürlich fallengelassen werden. Prinzipiell ist es für die Schauspieler unter diesen Umständen möglich, sich direkt an das Publikum zu wenden.

5 Fassen Sie Brechts Vorstellungen vom epischen Theater und dessen Wirkungsweise zusammen.

 6 Untersuchen Sie anhand der Regieanweisungen und Redeinhalte, welche Merkmale des epischen Theaters der Ausschnitt aus der *Dreigroschenoper* aufweist. Recherchieren Sie Inszenierungsbilder, die den V-Effekt veranschaulichen.

Aufklärung
→ S. 410 f.
Klassik
→ S. 151, 414 f.

7 Beurteilen Sie Brechts Idee vom epischen Theater unter Berücksichtigung vorausgehender Dramentheorien (z. B. der Aufklärung oder der Weimarer Klassik).

8 Besprechen Sie, ob Sie Ansätze von Bertolt Brechts epischem Theater und den dort verwendeten V-Effekten auch in Film- oder Serienproduktionen der Gegenwart fortgesetzt finden können.

Gesellschaftskritik im Kabarett untersuchen

1 Bereiten Sie in Partnerarbeit eine inszenierte Lesung des folgenden Ausschnitts aus Erika Manns *Auf dem Fundbureau* in verteilten Rollen vor. Achten Sie auf Stimmgestaltung und Körpersprache.

Erika Mann: Auf dem Fundbureau (1933)

FINDER Guten Tag.

BEAMTER Nur einer auf einmal, bitte!

FINDER *(sieht sich scheu um)* Ich bin nur einer.

BEAMTER Was liegt vor?

5 FINDER Ein Schirm und ein Ring.

BEAMTER Sie behaupten, die beiden Gegenstände gefunden zu haben?

FINDER Ich habe die beiden Gegenstände auf
einer Bank im Englischen Garten¹ gefunden.

10 BEAMTER Nähe?

FINDER ???

BEAMTER Nähe??

FINDER Nein, – äh, – ziemlich weit unten so auf
dem Weg nach, – beim Milchhäusel, – glaube

15 ich.

BEAMTER Nähe Milchhäusel.

FINDER *(nicht glücklich)*

BEAMTER Die *beiden* Gegenstände auf *einer*
Bank?

20 FINDER Ja, – das heißt nein, – der Schirm lag hinter der Bank und der Ring lag auf der Bank.

BEAMTER Sie verwickeln sich *schon* in Widersprüche. Haben Sie Anhaltspunkte?

FINDER Wofür?

25 BEAMTER Also keine?

FINDER Ich weiß nicht ...

BEAMTER Wie wollen Sie den kleinen Ring, –
(sehr streng) ich sehe eben, er ist aus *Gold!*, –
auf einer Bank bemerkt haben?

30 FINDER Ich ging hinter der Bank vorbei und da
sah ich den Schirm ...

BEAMTER Wie Sie den *Ring* bemerkt haben wollen!

FINDER *(leise und verzweifelt)* „Haben wollen“, –

35 ich wollte ja gar nicht, ich *habe leider* erst den
Schirm bemerkt und dann elenderweise auch
noch den Ring!

BEAMTER Wie kamen Sie dazu, *hinter* der Bank
vorbei zu gehen, – man geht *vor* Bänken vor-

40 bei!

FINDER Ich war, – äh, – ich war in Gesellschaft
und ich wollte der Dame schnell etwas sagen
und da gingen wir eben hinter die Bank.

BEAMTER *(sagt's ihm auf den Kopf zu)* Der Ring

45 gehört der Dame, mit der Sie „hinter der Bank“
gewesen sind.

Erika Mann (1905–1969) im Jahr 1933

FINDER Aber ... dann würde ich ihn doch nicht
herbringen!!!

BEAMTER *(sehr plötzlich)* Wie kommt der bräun-
lichrote Flecken an den Schirm? 50

FINDER Das weiß *ich* doch nicht, – ich habe die
beiden Gegenstände *gefunden*, – und da
glaubte ich ...

BEAMTER Sie glaubten, hier vor Verfolgung sicher zu sein! 55

FINDER Idiot!

BEAMTER *(ruhig, wie diktierend, zum Schreiber)*
Beamtenbeleidigung, geht zu Protokoll. – Wie
viel Uhr war es, als Sie der beiden Gegenstände habhaft wurden? 60

FINDER *(der allmählich anfängt, blödsinnig zu
werden)* Habhaft wurden, habhaft wurden ... 1,
– nein, 3 Uhr!

BEAMTER Morgens?

FINDER Ja, nachts, ich kam ... 65

BEAMTER Sie kamen *woher*?

FINDER Aus dem Dampfbad.

BEAMTER Um drei Uhr morgens?

FINDER Aus einer Gesellschaft, die nach dem
Dampfbad war, – ich war dort eingeladen. 70

BEAMTER Im Dampfbad?

FINDER In der Gesellschaft, mein Gott, bei Freunden, es wurde spät ...

BEAMTER *Wo ist die Dame?*

75 FINDER Welche Dame, um Gottes Willen?

BEAMTER Durch Verstocktheit werden Sie Ihre Lage nur verschlimmern.

FINDER *(den Tränen nahe)* Was wollen Sie denn von mir, – ich habe weder gemordet, noch ge-

80 stohlen.

BEAMTER Man legt nicht Ringe und Schirme *auf* und *hinter* Bänke.

FINDER Ich habe sie ja nicht gelegt.

BEAMTER Aber *gefunden*? He, – gefunden doch,

85 nicht wahr, – denn dass dies alles hier *Ihnen* gehört, wollen Sie doch wohl nicht behaupten?!

FINDER *(stumpf)* Ich hätte es ja auch behalten können.

90 BEAMTER Aber das war Ihnen zu gefährlich, wie, – das war doch wohl zu riskant, was mein Herr?

FINDER *(stürzt zur Tür)* Lassen Sie mich gehen, – ich werde wahnsinnig!

95 BEAMTER Der Herr verlässt das Zimmer nicht.

FINDER Ich kann nicht mehr, – ich werde absolut irrsinnig. Was ist denn bloß los mit mir, mein Gott, was ist los. Was legt man mir zur Last, Herr Fundbureauvorsteher, wenn Sie es mir

100 bloß eingestehen, Verzeihung, mitteilen woll-

ten, was ist denn, was ist denn ... meiner An-sicht nach bin ich verrückt, – ein harmloser Geisteskranker, Herr Richter, Sie werden zu-geben, aus unschädlicher Verrücktheit bin ich

105 hergekommen, um die Gegenstände abzulie-fern, weil weil sie mir ganz einfach nicht gut genug gefallen haben, um sie zu behalten, – sehen Sie, der Schirm hat einen bräunlichro-ten Flecken. Sie waren so gütig, es vorhin gleich zu bemerken, *bitte* lassen Sie mich

110 gehn, – ich kann nicht mehr, ich kann nicht mehr, – ich, – Nervenzusammenbruch *(er weint).*

BEAMTER Nur durch ein Geständnis ...

FINDER Aber was Sie wollen, hören Sie, was Sie

115 wollen! Ich habe die Sachen gestohlen, nicht wahr, das ist es, – jawohl, geklaut, – regelrecht geklaut sind die Dinger, einer älteren Frauens-person aus der Nase gezogen, – allen Ernstes, Schirmchen wie Ringlein, – ach, Herr Scharf-

120 richter[2], – ich Unglückseliger!

BEAMTER *(milde und gelöst)* Sie waren hungrig.

FINDER Der Hunger und die Müdigkeit, – Milde, Herr Frank II, – lassen Sie Milde walten!

BEAMTER *(erhebt sich)* 8 Tage Gefängnis, abfüh-

125 ren.

FINDER Dem Himmel sei's gedankt! *(Er bricht an der Schwelle zusammen)*

ENDE

---

1 Englischer Garten, der: Stadtpark in München   2 Scharfrichter, der: Vollstrecker der Todesstrafe

Lutz Schrader
→ S. 14

2 Beschreiben Sie unter Bezugnahme auf Lutz Schrader (S. 14) den vorliegenden Konflikt.

3 Erklären Sie das Verhalten des Finders im letzten Teil der Szene und diskutieren Sie, ob das Geständnis nachvollziehbar erscheint.

4 Untersuchen Sie den Verlauf der Kommunikation zwischen dem Beamten und dem Finder. Greifen Sie dabei auf die kommunikationstheoretischen Ausführungen von Paul Watzlawick, Friedemann Schulz von Thun und Paul Grice zurück. Gehen Sie arbeitsteilig vor.

Kommunikations-modelle
→ S. 17 ff.

> – „Guten Tag [...] Ich weiß nicht ...“ (Z. 1–26)
> – „Wie wollen Sie den kleinen Ring [...] Idiot!“ (Z. 27–56)
> – „Beamtenbeleidigung [...] wohl nicht behaupten?!“ (Z. 57–87)
> – „Ich hätte es ja auch behalten können [...] Dem Himmel sei's gedankt!“ (Z. 88–127)

Lexikon
Sprache und
Kommunikation
→ S. 451 ff.

5 Charakterisieren Sie den Beamten und den Finder anhand ihres jeweiligen Sprachgebrauchs (Lexik, Syntax, rhetorische Figuren).

6 Nutzen Sie die Materialien 1 bis 3 (S. 276) und beschreiben Sie die politisch-ernste sowie die unterhaltend-komische Dimension des Münchner Kabarett-Ensembles „Die Pfeffermühle“ anhand der Szene *Auf dem Fundbureau*.

Material 1

Artikel in der Zeitschrift *Völkischer Beobachter*[1] am 16. Januar 1932

(Ausschnitt)

Die „Kundgebung" der Internationalen
pazifistischen Frauenverbände am Mitt-
woch im „Union"-Saal darf München als
eine Schmach verzeichnen, die einen
5 Rückfall in die landesverräterischen
Umtriebe von 1918[2] bedeutet. [...] Ein
besonders widerliches Kapitel stellte das
Auftreten *Erika Manns* dar, die als Schauspielerin, wie sie sagte, ihre „Kunst" dem
10 Heil des Friedens widmete. In Haltung
und Gebärde ein blasierter[3] Lebejüng-
ling, brachte sie ihren blühenden Unsinn
über die „deutsche Zukunft" vor. [...] Das
Kapitel „Familie Mann" erweitert sich
15 nachgerade zu einem Münchener Skandal, der auch zu gegebener Zeit seine Liquidierung[4] finden muss.

---

1 Völkischer Beobachter: publizistisches Parteiorgan
der NSDAP von 1920–1945 2 Umtriebe von 1918:
nach dem Verständnis der Nationalsozialisten Verhaltensweisen, welche die Sicherheit des Reiches ge-
fährdeten 3 blasiert: überheblich 4 Liquidierung,
die: Töten, Auslöschung

Die Pfeffermühle

Am Neujahrstag im Jahr 1933 startete das politische Kabarett „Die Pfeffermühle" in der Klein-
kunstbühne „Bonbonniere" nahe des Münchner
Hofbräuhauses, die u. a. durch beliebte Nach-
mittags-Tanztees an den Wochenenden bekannt
war.
Erika und Klaus Mann, die Schauspielerin Therese
Giese und der Musiker Magnus Henning begründeten die Institution. Kolportiert wird, dass der
Vater der Mann-Geschwister, Thomas Mann, als
nach einem Namen für das Kabarett gesucht
wurde, bei einer Runde am Familientisch auf die
Pfeffermühle gezeigt und gesagt haben soll:
„Wie wär's damit?"
Nach nur zwei Monaten, im Nachhall des Reichs-
tagsbrandes, war für die Truppe bereits wieder
Schluss. Im September des gleichen Jahres flohen
Ensemblemitglieder nach Zürich ins schweizerische Exil, wo sie mit engagierten Programmen
zwei weitere Jahre gegen das Naziregime agier-
ten und vielen Menschen die Augen öffneten.
Doch auch dort sollte kein Bleiben sein: Weiter
ging es ins Exil in den USA, wo der Traum vom
politischen Kabarett schließlich aufgegeben
werden musste.

Material 2

Helga Keiser-Hayne über „Die Pfeffermühle"

„Immer indirekt", hieß die Devise. „Kein
Name – auch nicht der unseres verdorbe-
nen Landes – ist je bei uns gefallen", erinnert sich Erika Mann. „Wir wirkten in der
5 Parabel, im Gleichnis und Märchen, unmissverständlich, doch unschuldig –
dem Buchstaben nach." [...] Kritisches
gegen Diktatoren lässt sich nur unter der
Narrenkappe vorbringen. Die „Strategie
10 des Indirekten" [...] ist und bleibt wohl
eine der wenigen Ausdrucksmöglichkei-
ten für politisch agierendes Kabarett und
Theater in diktatorischen Zeiten.

Material 3

Erika Mann über „Die Pfeffermühle"

Die Pfeffermühle [...] ist eine Vereinigung
von jungen Leuten [...], die sich Mühe
gibt, auf anständigem Niveau unterhal-
tend zu sein und auf unterhaltende Art
5 nachdenklich. Die Pfeffermühle gibt zu
bedenken ..., könnte über unseren Programmen und Einladungen stehen. Wir
versuchen, in der leichten Form, die wir
uns gewählt haben, die schweren Dinge
10 zu sagen, die heute gesagt werden müssen, – und wir hätten allen Grund, uns zu
schämen, wollten wir jemals damit aufhören ...

 7 PLUS Informieren Sie sich (z. B. Stiftung Deutsches Kabarettarchiv, Historisches Lexikon Bayerns online)
über das Kabarett als Form der Kleinkunst und verfassen Sie einen Artikel über die Bedeutung des
Kabaretts und der „Pfeffermühle" als Mittel der Gesellschaftskritik während des Nationalsozialismus.

9.3 Die Vielfalt des Erzählens in der klassischen Moderne erfassen

Ohne Eigenschaften?

Moderne Erzählperspektiven erkennen

Robert Musil: Der Mann ohne Eigenschaften (1930, Auszug)

Robert Musil (1880–1942)

Kapitel I: Woraus bemerkenswerter Weise nichts hervorgeht

Über dem Atlantik befand sich ein barometrisches Minimum; es wanderte ost-
wärts, einem über Russland lagernden Maximum zu, und verriet noch nicht die
Neigung, diesem nördlich auszuweichen. Die Isothermen und Isotheren taten ihre
5 Schuldigkeit. Die Lufttemperatur stand in einem ordnungsgemäßen Verhältnis
zur mittleren Jahrestemperatur, zur Temperatur des kältesten wie des wärmsten
Monats und zur aperiodischen monatlichen Temperaturschwankung. Der Auf-
und Untergang der Sonne, des Mondes, der Lichtwechsel des Mondes, der Venus,
des Saturnrings und viele andere bedeutsame Erscheinungen entsprachen ihrer
10 Voraussage in den astronomischen Jahrbüchern. Der Wasserdampf in der Luft hatte seine höchste Spannkraft, und die Feuchtigkeit der Luft war gering. Mit einem
Wort, das das Tatsächliche recht bezeichnet, wenn es auch etwas altmodisch ist:
Es war ein schöner Augusttag des Jahres 1913.

Autos schossen aus schmalen, tiefen Straßen in die Seichtigkeit heller Plätze. Fuß-
15 gängerdunkelheit bildete wolkige Schnüre. Wo kräftigere Striche der Geschwindigkeit quer durch ihre lockere Eile fuhren, verdickten sie sich, rieselten nachher
rascher und hatten nach wenigen Schwingungen wieder ihren gleichmäßigen Puls. Hunderte Töne
waren zu einem drahtigen Geräusch ineinander verwunden, aus dem einzelne Spitzen vorstanden,
längs dessen schneidige Kanten liefen und sich wieder einebneten, von dem klare Töne absplitter-
20 ten und verflogen. An diesem Geräusch, ohne dass sich seine Besonderheit beschreiben ließe, würde ein Mensch nach jahrelanger Abwesenheit mit geschlossenen Augen erkannt haben, dass er sich
in der Reichshaupt- und Residenzstadt Wien befinde. Städte lassen sich an ihrem Gang erkennen
wie Menschen. Die Augen öffnend, würde er das gleiche an der Art bemerken, wie die Bewegung in
den Straßen schwingt, bei weitem früher, als er es durch irgendeine bezeichnende Einzelheit her-
25 ausfände. Und wenn er sich, das zu können, nur einbilden sollte, schadet es auch nichts. [...] Die beiden Menschen, die darin eine breite, belebte Straße hinaufgingen, hatten natürlich gar nicht diesen
Eindruck. Sie gehörten ersichtlich einer bevorzugten Gesellschaftsschicht an, waren vornehm in
Kleidung, Haltung und in der Art, wie sie miteinander sprachen, trugen die Anfangsbuchstaben ihrer Namen bedeutsam auf ihre Wäsche gestickt, und ebenso, das heißt nicht nach außen gekehrt,
30 wohl aber in der feinen Unterwäsche ihre Bewusstseins, wussten sie, wer sie seien und dass sie sich
in einer Haupt- und Residenzstadt auf ihrem Platze befanden. Angenommen, sie würden Arnheim
und Ermelinda Tuzzi heißen, was aber nicht stimmt, denn Frau Tuzzi befand sich im August in Begleitung ihres Gatten in Bad Aussee und Dr. Arnheim noch in Konstantinopel, so steht man vor dem
Rätsel, wer sie seien. Lebhafte Menschen empfinden solche Rätsel sehr oft in den Straßen.

1 Analysieren Sie die Erzähltechnik des Romananfangs, auch unter dem Gesichtspunkt, was daran
modern bzw. innovativ erscheint.

2 Erschließen Sie das im Auszug deutlich werdende Menschen- und Weltbild und überlegen Sie,
inwiefern der Roman einen Roman zum Thema Zeit darstellen könnte. Reflektieren Sie unter Einbezug des Textausschnitts von Thomas Mann (S. 278) dabei auch das besondere Verhältnis zwischen
Zeit und Erzählen.

Zeitgestaltung
→ S. 428

Thomas Mann: Der Zauberberg (1924, Auszug)

Kann man die Zeit erzählen, diese selbst, als solche, an und für sich? Wahrhaftig, nein, das wäre ein
närrisches Unterfangen. Eine Erzählung, die ginge: „Die Zeit verfloss, sie verrann, es strömte die
Zeit" und immer so fort, – das könnte gesunden Sinnes wohl niemand eine Erzählung nennen. [...]
Die Erzählung dagegen hat zweierlei Zeit: ihre eigene erstens, die musikalisch-reale, die ihren Ab-
5 lauf, ihre Erscheinungen bedingt; zweitens aber die ihres Inhalts, die perspektivisch ist, und zwar in
so verschiedenem Maße, dass die imaginäre Zeit der Erzählung fast, ja völlig mit ihrer musikalischen zusammenfallen, sich aber auch sternenweit von ihr entfernen kann.

Material 1

Ulrike Draesner: Das Zeit-Erzählen (2015, Ausschnitt)

Vorsichtig bewegen wir uns auf dem Strahl des Erzählens
und fühlen, wie biegsam er ist. Tiefen und Höhen, Schluch-
ten, Falten, in die hinein man verschwinden mag. Doch
noch gibt es einen Weg, eine Ebene, auf der Zeit in ihre
5 „Normalität" einkehrt, sei die auch noch so verrückt. Erst
die Epoche, die wir die literarische Moderne nennen, dreht
an den Schrauben auch dieser Ebene. Schub um Schub
zieht sie dem Erzähler den Boden des Überblicks unter den
Füßen weg, auf dem er traditionellerweise steht (wenn
10 manchmal auch als unzuverlässige Figur). Zeit bedeutet
Regel und Maß. [...] Erzählen suggeriert diese Beherrschung. Es spricht gegen den Tod, tröstet uns. Als Schrift
überdauert es die Zeit. Lockert das Erzählen seine Zeit-
strukturen, öffnet es sich der anarchischen Kraft eines Ele-
mentes, das aus unseren Körpern und Köpfen erwächst 15
und daher für uns niemals von außen durchschaubar wird.
Derartiges Erzählen greift sich an die eigene Wurzel, rüttelt
am eigenen Fundament. Zeitlupe und Zeitflug, Stillstand
und Raserei treten neu in ihr Recht. [...] Zoom, Regie, Perspektivwechsel, Schnitt, Sprung. Verfügung über die Zeit in 20
der Regie des Autors, im übergangslosen Wechsel von Figur zu Figur. [...] Gewonnen: Beweglichkeit. Aufgegeben:
Wegesicherheit. Mitgezogen in den großen Kessel, in dem
die Zeit nun brodeln und rauchen darf: das Ich. Und hier
liegt er, der Schlüssel zu den Ärgernissen und Geheimnis- 25
sen, Lüsten und Verzweiflungen modernen Erzählens. Er
besteht aus der Kopplung von Zeit und Subjekt. Wer an die
Zeit rührt, rührt ans Eingemachte.

3 Vergleichen Sie die Reflexionen von Thomas Mann und Ulrike Draesner miteinander und veranschaulichen Sie sie am Beispiel von Robert Musils Romananfang (S. 277) sowie anhand der folgenden
Erzählanfänge aus Thomas Manns Œuvre.

Still! Wir wollen in eine Seele schauen. Im Fluge
gleichsam, im Vorüberstreichen und nur ein paar
Seiten lang, denn wir sind gewaltig beschäftigt.
(Ein Glück, 1904)

Die Wintersonne stand nur als armer Schein, mil-
chig und matt hinter Wolkenschichten über der
engen Stadt. *(Tonio Kröger, 1903)*

Tief ist der Brunnen der Vergangenheit. Sollte man
ihn unergründlich nennen? *(Joseph und seine Brüder,
1933–1943)*

Der Kellner des Gasthofes „Zum Elefanten" in Weimar, Mager, ein gebildeter Mann, hatte an einem fast
noch sommerlichen Tage ziemlich tief im September des Jahres 1816 ein bewegendes, freudig verwir-
5 rendes Erlebnis. *(Lotte in Weimar, 1939)*

„Was ist das. – Was – ist das ..." *(Buddenbrooks, 1901)*

Die Geschichte Hans Castorps, die wir erzählen wollen, – nicht um seinetwillen (denn der Leser wird einen einfachen, wenn auch ansprechenden jungen
Menschen in ihm kennenlernen), sondern um der
5 Geschichte willen, die uns in hohem Grade erzählens-
wert scheint (wobei zu Hans Castorps Gunsten denn
doch erinnert werden sollte, dass es seine Geschichte
ist, und dass nicht jedem jede Geschichte passiert):
diese Geschichte ist sehr lange her, sie ist sozusagen
10 schon ganz mit historischem Edelrost überzogen und
unbedingt in der Zeitform der tiefsten Vergangenheit
vorzutragen. *(Der Zauberberg, 1924)*

Seine Geburt war unordentlich, darum liebte er leidenschaftlich Ordnung, das Unverbrüchliche, Gebot
und Verbot. *(Das Gesetz, 1944)*

Mit aller Bestimmtheit will ich versichern, dass es keineswegs aus dem Wunsche geschieht, meine Person in den Vordergrund zu schieben, wenn ich diesen Mitteilungen über das Leben des verewigten Adrian Leverkühn, dieser ersten und gewiss sehr vorläufigen Biografie des teuren, vom Schicksal so furchtbar heimgesuchten, erhobenen und gestürzten Mannes und genialen Musikers einige Worte über mich selbst und meine Bewandtnisse vorausschicke.
5 *(Doktor Faustus, 1947)*

Die Erinnerung an Torre di Venere ist atmosphärisch unangenehm. Ärger, Gereiztheit, Überspannung lagen von Anfang an in der Luft, und zum Schluss kam dann der Choc mit diesem schrecklichen Cipolla, in
5 dessen Person sich das eigentümlich Bösartige der Stimmung auf verhängnisvolle und übrigens menschlich sehr eindrucksvolle Weise zu verkörpern und bedrohlich zusammenzudrängen schien.
(Mario und der Zauberer, 1930)

Glockenschall, Glockenschwall supra urbem[1], über der ganzen Stadt, in ihren von Klang überfüllten Lüften! Glocken, Glocken, sie schwingen und schaukeln, wogen und wiegen ausholend an ihren Balken,
5 in ihren Stühlen, hundertstimmig, in babylonischem Durcheinander. *(Der Erwählte, 1951)*

---
1 supra urbem: über der Stadt (gemeint ist Rom)

4 Erschließen Sie anhand des Wortschatzes und der vermittelten Stimmung, ob und inwiefern diese Anfangssätze einen damals modernen Zeitgeist widerspiegeln. Überlegen Sie, welcher der Texte Sie aufgrund des ersten Satzes neugierig macht, und begründen Sie Ihre Entscheidung.

5 Reflektieren Sie die Bedeutung von Erzählanfängen als „Schwellensituationen" und tauschen Sie sich über Ihrer Meinung nach gelungene oder misslungene Anfänge in Literatur und Film aus.

`MK` **6 PLUS** Recherchieren Sie arbeitsteilig zu Thomas Manns Biografie und seinen Werken. Präsentieren Sie Ihre Ergebnisse im Kurs und erklären Sie, inwiefern er als repräsentativer Erzähler der Moderne gelten kann.

Das Ich in der Krise: Das Verhältnis von Literatur und Psychologie ergründen

Robert Musil: Die Verwirrungen des Zöglings Törleß (1906, Auszug)

Der Roman schildert die Adoleszenz eines jungen Internatsschülers, der mit seinen Mitschülern abgründige Erfahrungen macht und diese rational wie emotional einzuordnen versucht.

Er mochte in diesem Augenblick die Menschen nicht, die Großen und Erwachsenen. Er mochte sie nie, wenn es dunkel war. Er war gewöhnt, sich dann die Menschen wegzudenken. Die Welt erschien ihm danach wie ein leeres, finsteres Haus, und in seiner Brust war ein Schauer, als sollte er
5 nun von Zimmer zu Zimmer suchen, – dunkle Zimmer, von denen man nicht wusste, was ihre Ecken bargen, – tastend über die Schwellen schreiten, die keines Menschen Fuß außer dem seinen mehr betreten sollte, bis – in einem Zimmer sich die Türen plötzlich vor und hinter ihm schlössen
10 und er der Herrin selbst der schwarzen Scharen gegenüberstünde. Und in diesem Augenblicke würden auch die Schlösser aller anderen Türen zufallen, durch die er gekommen, und nur weit vor den Mauern würden die Schatten der Dunkelheit wie schwarze Eunuchen[1] auf Wache
15 stehen und die Nähe der Menschen fernhalten.

Das war seine Art der Einsamkeit, seit man ihn damals im Stiche gelassen hatte – im Walde, wo er so weinte. Sie hatte für ihn den Reiz eines Weibes und einer Unmenschlichkeit. Er fühlte sie als Frau, aber ihr Atem war nur ein Würgen in 20 seiner Brust, ihr Gesicht ein wirbelndes Vergessen aller menschlichen Gesichter und die Bewegungen ihrer Hände Schauer, die ihm über den Leib jagten ...
Er fürchtete diese Fantasie, denn er war sich ihrer ausschweifenden Heimlichkeit bewusst, und der Gedanke, 25 dass solche Vorstellungen immer mehr Herrschaft über ihn gewinnen könnten, beunruhigten ihn. Aber gerade dann, wenn er sich am ernstesten und reinsten glaubte, überkamen sie ihn. Man könnte sagen, als eine Reaktion auf diese Augenblicke, wo er empfindsame Erkenntnisse 30 ahnte, die sich zwar in ihm schon vorbereiteten, aber seinem Alter noch nicht entsprachen.

---
1 Eunuch, der: Mensch männlichen Geschlechts (Kind, Jugendlicher oder Erwachsener), der einer Kastration unterzogen wurde – oft, um für bestimmte Ämter am Hof infrage zu kommen. Das Phänomen kam in vielen Kulturen der Weltgeschichte vor.

1 Tauschen Sie sich darüber aus, ob die Gedanken Törleß' für heutige Jugendliche nachvollziehbar oder vertraut erscheinen.

2 Interpretieren Sie vor dem Hintergrund der Freud'schen Psychoanalyse (M1) die Metaphorik in Z.4–16 und formulieren Sie eine Deutungshypothese.

Material 1

Sigmund Freud: Das Interesse an der Psychoanalyse (1913, Ausschnitt)

Die Psychoanalyse lehrt also: Jeder Traum ist sinnvoll, seine Fremdartigkeit rührt von Entstellungen her, die an dem Ausdruck seines Sinnes vorgenommen worden sind, seine Absurdität ist absichtlich
5 [...], seine Inkohärenz ist für die Deutung gleichgültig. Der Traum, wie wir ihn nach dem Erwachen erinnern, soll manifester Trauminhalt genannt werden. Durch die Deutungsarbeit an diesem wird man zu den latenten Traumgedanken geführt, welche sich hinter dem manifesten Inhalt verbergen und durch ihn vertreten lassen. Diese
10 latenten Traumgedanken sind nicht mehr fremdartig, inkohärent oder absurd, es sind vollwertige Bestandteile unseres Wachdenkens. Der Prozess, welcher die latenten Traumgedanken in den manifesten Trauminhalt verwandelt hat, heißen wir die *Traumarbeit*; er bringt die Entstellung zustande, in deren Folge wir die Traumgedanken im
15 Trauminhalt nicht mehr erkennen. Die Traumarbeit ist ein psychologischer Prozess, dessen gleichen in der Psychologie bisher nicht bekannt war. Sie nimmt unser Interesse nach zwei Hauptrichtungen in Anspruch. Erstens, indem sie neuartige Vorgänge wie die *Verdichtung* (von Vorstellungen) oder die *Verschiebung* (des psychischen Akzents von einer Vorstellung zur anderen) aufweist [...]. Zweitens, indem sie uns gestattet, ein
20 Kräftespiel im Seelenleben zu erraten, dessen Wirksamkeit unserer bewussten Wahrnehmung verborgen war. Wir erfahren, dass es eine *Zensur*, eine prüfende Instanz in uns gibt, welche darüber entscheidet, ob eine auftauchende Vorstellung zum Bewusstsein gelangen darf, und unerbittlich ausschließt, soweit ihre Macht reicht, was Unlust erzeugen oder wiedererwecken könnte.

Sigmund Freud (1856–1939), Tiefenpsychologe

3 Fassen Sie Sigmund Freuds Traumtheorie in eigenen Worten zusammen und visualisieren Sie diese in einer möglichst einprägsamen Strukturskizze.

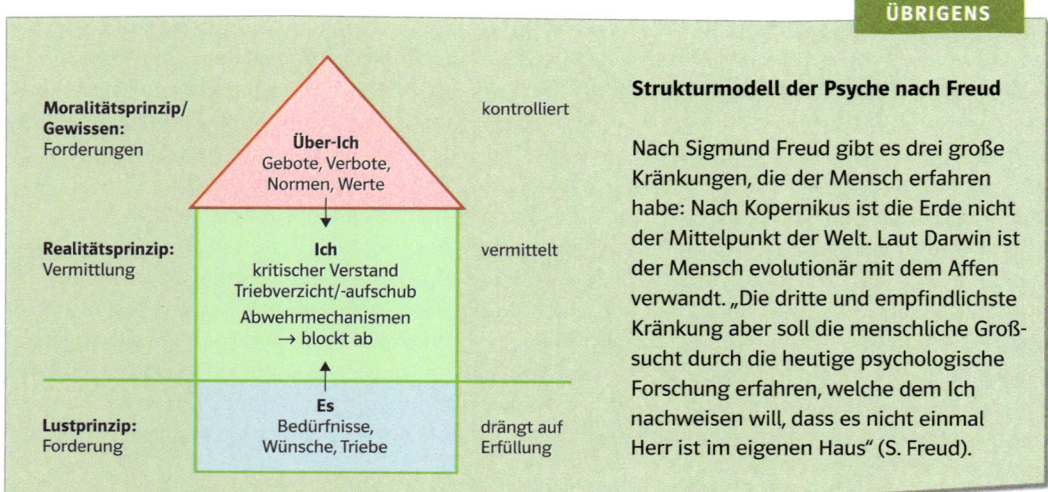

Strukturmodell der Psyche nach Freud

Nach Sigmund Freud gibt es drei große Kränkungen, die der Mensch erfahren habe: Nach Kopernikus ist die Erde nicht der Mittelpunkt der Welt. Laut Darwin ist der Mensch evolutionär mit dem Affen verwandt. „Die dritte und empfindlichste Kränkung aber soll die menschliche Großsucht durch die heutige psychologische Forschung erfahren, welche dem Ich nachweisen will, dass es nicht einmal Herr ist im eigenen Haus" (S. Freud).

Thomas Mann: Der Tod in Venedig (1912, Auszug)

Die Novelle erzählt vom Leben des erfolgreichen Schriftstellers Gustav von Aschenbach, der bei einem Besuch in Venedig von der Anmut eines polnischen Jünglings namens Tadzio und der Atmosphäre der Stadt so gefangen wird, dass er sich trotz eines bedrohlichen Cholera-Ausbruchs nicht mehr in der Lage sieht, abzureisen.

In dieser Nacht hatte er einen furchtbaren Traum, – wenn man als Traum ein körperhaft-geistiges Erlebnis bezeichnen kann, das ihn zwar im tiefsten Schlaf und in völligster Unabhängigkeit und sinnlicher Gegenwart widerfuhr, aber
5 ohne dass er sich außer den Geschehnissen im Raume wandelnd und anwesend sah; sondern ihr Schauplatz war vielmehr seine Seele selbst, und die brachen von außen herein, seinen Widerstand – einen tiefen und geistigen Widerstand – gewalttätig niederwerfend, gingen hindurch
10 und ließen seine Existenz, ließen die Kultur seines Lebens verheert, vernichtet zurück.

Angst war der Anfang, Angst und Lust und eine entsetzte Neugier nach dem, was kommen wollte. Nacht herrschte und seine Sinne lauschten; denn von weither näherte sich
15 Getümmel, Getöse, ein Gemisch von Lärm: Rasseln, Schmettern und dumpfes Donnern, schrilles Jauchzen dazu und ein bestimmtes Geheul im gezogenen u-Laut[1], – alles durchsetzt und grauenhaft süß übertönt von tief girrendem, ruchlos beharrlichem Flötenspiel, welches auf
20 schamlos zudringende Art die Eingeweide bezauberte. Aber er wusste ein Wort, dunkel, doch das benennend, was kam: *„Der fremde Gott!"*[2] Qualmige Glut glomm auf: da erkannte er Bergland, ähnlich dem um sein Sommerhaus. Und in zerrissenem Licht, von bewaldeter Höhe, zwischen
25 Stämmen und moosigen Felstrümmern wälzte es sich und stürzte wirbelnd herab: Menschen, Tiere, ein Schwarm, eine tobende Rotte, – und überschwemmte die Halde mit Leibern, Flammen, Tumult und taumelndem Rundtanz. Weiber, strauchelnd über zu lange Fellgewänder, die ihnen
30 vom Gürtel hingen, schüttelten Schellentrommeln über ihren stöhnend zurückgeworfenen Häuptern, schwangen stiebende Fackelbrände und nackte Dolche, hielten züngelnde Schlangen in der Mitte des Leibes erfasst oder trugen schreiend ihre Brüste in beiden Händen. Männer, Hörner über den Stirnen, mit Pelzwerk geschürzt und zottig
35 von Haut, beugten die Nacken und hoben Arme und Schenkel, ließen eherne Becken erdröhnen und schlugen wütend auf Pauken, während glatte Knaben mit umlaubten Stäben Böcke stachelten, an deren Hörner sie sich klammerten und von deren Sprüngen sie sich jauchzend schleifen ließen. Und die Begeisterten heulten den Ruf aus weichen
40 Mitlauten und gezogenem u-Ruf am Ende, süß und wild zugleich, wie kein jemals erhörter: – hier klang er auf, in die Lüfte geröhrt, wie von Hirschen, und dort gab man ihn wieder, vielstimmig, in wüstem Triumph, hetzt einander da-

Tod in Venedig, Film von Luchino Visconti (1971)

mit zum Tanz und Schleudern der Glieder und ließ ihn niemals verstummen. Aber alles durchdrang und beherrschte der tiefe, lockende Flötenton. Lockte er nicht auch ihn, den widerstrebend Erlebenden, schamlos beharrlich zum Fest und Unmaß des äußersten Opfers? Groß war sein Abscheu,
50 groß seine Furcht, redlich sein Wille, bis zuletzt das Seine zu schützen gegen den Fremden, den Feind des gefassten und würdigen Geistes. Aber der Lärm, das Geheul, vervielfacht von hallender Bergwand, wuchs, nahm überhand, schwoll zu hinreißendem Wahnsinn. Dünste bedrängten
55 den Sinn, der beizende Ruch der Böcke, Witterung keuchender Leiber und ein Hauch wie von faulenden Wassern, dazu ein anderer noch, vertraut: nach Wunden und umlaufender Krankheit. Mit den Paukenschlägen dröhnte sein
60 Herz, sein Gehirn kreiste, Wut ergriff ihn, Verblendung, betäubende Wollust, und seine Seele begehrte, sich anzuschließen dem Reigen des Gottes. Das obszöne Symbol, riesig, aus Holz, ward enthüllt und erhöht: da heulten sie zügelloser die Losung. Schaum vor den Lippen tobten sie,
65 reizten einander mit geilen Gebärden und buhlenden Händen, lachend und ächzend stießen die Stachelstäbe einander ins Fleisch und leckten das Blut von den Gliedern. Aber mit ihnen, in ihnen war der Träumende nun und dem fremden Gotte gehörig. Ja, sie waren er selbst, als sie rei-
70 ßend und mordend sich auf die Tiere hinwarfen und dampfende Fetzen verschlangen, als auf zerwühltem Moosgrund grenzenlose Vermischung begann, dem Gotte zum Opfer. Und seine Seele kostete Unzucht und Raserei des Unterganges.

Aus diesem Traum erwachte der Heimgesuchte entnervt,
75 zerrüttet und kraftlos dem Dämon verfallen.

---

1 u-Laut: Der Junge Tadzio wird von seinen Angehörigen immer Tadziuuu gerufen.   2 *„Der fremde Gott!"*: Gemeint ist der Gott Dionysos, griech. Gott (u. a.) des Weines und der Freude.

Novelle
→ S.428

4 Fassen Sie das Traumgeschehen und seine Wirkung auf den Protagonisten im obigen Auszug aus Thomas Manns *Tod in Venedig* in eigenen Worten zusammen. Besprechen Sie im Anschluss, ob der Traum im Sinne der Novellentheorie hier eine „unerhörte Begebenheit" darstellt.

5 Auch dieser Text ist deutlich geprägt von der Psychoanalyse Sigmund Freuds. Beziehen Sie seine Überlegungen zum Traum in die Deutung der Traumsequenz mit ein.

6 Analysieren Sie die sprachlich-stilistischen Gestaltungsmittel und achten Sie dabei insbesondere auf die anspielungsreiche Darstellung erotischer Aspekte.

7 Erläutern Sie, inwiefern die Novelle oder wie Literatur grundsätzlich als eine Art „Simulationsraum" oder Experimentierfeld für Wirklichkeitserfahrung angesehen werden kann bzw. welche Stellvertreter-funktion die Protagonisten erfüllen. Führen Sie Beispiele aus der Literatur an.

Panels aus der Graphic Novel *Der Tod in Venedig – nach Thomas Mann* von Susanne Kuhlendahl, 2019

8 Interpretieren Sie die Symbolik der Handbewegung im Hinblick auf die Entwicklung Aschenbachs.

Graphic Novel
→ S.446 f.

9 Erörtern Sie anhand der Bilderfolge Erzählprinzipien und ästhetische Möglichkeiten einer Graphic Novel. Bedenken Sie dabei ihren spezifischen Mehrwert sowie die Möglichkeiten und Grenzen ihrer Darstellung (bspw. psychischer Vorgänge).

MK 10 **PLUS** Sehen Sie sich Luchino Viscontis Verfilmung der Novelle (in Ausschnitten) an. Notieren Sie dabei Ihre Eindrücke und diskutieren Sie im Anschluss Herausforderungen, vor denen jede Literaturverfil-mung steht.

11 Reflektieren Sie abschließend Aspekte der unterschiedlichen Narration und Rezeption der drei Gattun-gen (literarischer Text, Graphic Novel, Film) und diskutieren Sie die Berechtigung, heute alle drei Dar-stellungsformen im Sinne des erweiterten Textbegriffs als „Literatur" bzw. „Text" zu verstehen.

Parabel
→ S.428

Parabolische Formen des Erzählens untersuchen

Franz Kafka: Gibs auf! (1922)

Es war sehr früh am Morgen, die Straßen rein und leer, ich ging zum Bahnhof. Als ich eine Turmuhr mit meiner Uhr verglich, sah ich, dass es schon viel später war, als ich geglaubt hatte, ich musste mich sehr beeilen, der Schrecken über diese Entdeckung ließ mich im Weg unsicher werden, ich kannte mich in dieser Stadt noch nicht sehr gut aus, glücklicherweise war ein Schutzmann in der
5 Nähe, ich lief zu ihm und fragte ihn atemlos nach dem Weg. Er lächelte und sagte: „Von mir willst du den Weg erfahren?" „Ja", sagte ich, „da ich ihn selbst nicht finden kann." „Gibs auf, gibs auf", sagte er und wandte sich mit einem großen Schwunge ab, so wie Leute, die mit ihrem Lachen allein sein wollen.

1 Erschließen Sie die Parabel und formulieren Sie eine Deutungshypothese.

2 Von Kafka selbst weiß man, dass er beim Vorlesen seiner Erzählungen oft lachen musste. Auch Thomas Mann vermerkte über seine Kafka-Lektüre: „Wie komisch konnte dieser Dulder sein! Ich rechne es ihm besonders hoch an." Erläutern Sie anhand des Textes, worin die latente Komik in Kafkas Texten bestehen könnte.

3 Der Titel des erst posthum veröffentlichten Textes *Gibs auf!* stammt von Kafkas Freund Max Brod. In Kafkas Manuskripten ist er überschrieben mit *Ein Kommentar*. Diskutieren Sie beide Überschriften.

))) Hörtext
A 09

Franz Kafka: Brief an den Vater (1919, Ausschnitt)

Liebster Vater,

du hast mich letzthin einmal gefragt, warum ich behaupte, ich hätte Furcht vor dir. Ich wusste dir, wie gewöhnlich, nichts zu antworten, zum Teil eben aus der Furcht, die ich vor dir habe, zum Teil deshalb, weil zur Begründung dieser Furcht zu viele Einzelheiten gehören, als dass ich sie im Reden halbwegs zusammenhalten könnte.

5 Und wenn ich hier versuche, dir schriftlich zu antworten, so wird es doch nur sehr unvollständig sein, weil auch im Schreiben die Furcht und ihre Folgen mich dir gegenüber behindern und weil die Größe des Stoffs über mein Gedächtnis und meinen Verstand weit hinausgeht.

Dir hat sich die Sache immer sehr einfach dargestellt, wenigstens soweit du vor mir und, ohne Auswahl, vor vielen andern davon gesprochen hast. Es schien dir etwa so zu sein: Du hast dein ganzes Leben schwer gearbeitet, alles

10 für deine Kinder, vor allem für mich geopfert, ich habe infolgedessen „in Saus und Braus" gelebt, habe vollständige Freiheit gehabt zu lernen, was ich wollte, habe keinen Anlass zu Nahrungssorgen, also zu Sorgen überhaupt gehabt; du hast dafür keine Dankbarkeit verlangt, du kennst „die Dankbarkeit der Kinder", aber doch wenigstens irgendein Entgegenkommen, Zeichen eines Mitgefühls; stattdessen habe ich mich seit jeher vor dir verkrochen, in mein Zimmer, zu Büchern, zu verrückten Freunden, zu überspannten Ideen; offen gesprochen habe ich mit dir

15 niemals [...]. Fasst du dein Urteil über mich zusammen, so ergibt sich, dass du mir zwar etwas geradezu Unanständiges oder Böses nicht vorwirfst (mit Ausnahme vielleicht meiner letzten Heiratsabsicht), aber Kälte, Fremdheit, Undankbarkeit. Und zwar wirfst du es mir so vor, als wäre es meine Schuld, als hätte ich etwa mit einer Steuerdrehung das Ganze anders einrichten können, während du nicht die geringste Schuld daran hast, es wäre denn die, dass du zu gut zu mir gewesen bist. Diese deine übliche Darstellung halte ich nur so weit für richtig, dass auch ich

20 glaube, du seist gänzlich schuldlos an unserer Entfremdung. Aber ebenso gänzlich schuldlos bin auch ich. Könnte ich dich dazu bringen, dass du das anerkennst, dann wäre – nicht etwa ein neues Leben möglich, dazu sind wir beide viel zu alt, aber doch eine Art Friede, kein Aufhören, aber doch ein Mildern deiner unaufhörlichen Vorwürfe. [...] Du könntest, wenn du meine Begründung der Furcht, die ich vor dir habe, überblickst, antworten: „Du behauptest, ich mache es mir leicht, wenn ich mein Verhältnis zu dir einfach durch dein Verschulden erkläre, aber ich

25 glaube, dass du trotz äußerlicher Anstrengung es dir zumindest nicht schwerer, aber viel einträglicher machst. Zuerst lehnst auch du jede Schuld und Verantwortung von dir ab, darin ist also unser Verfahren das gleiche. [...] Im Grunde aber hast du hier und in allem anderen für mich nichts anderes bewiesen, als dass alle meine Vorwürfe berechtigt waren und dass unter ihnen noch ein besonders berechtigter Vorwurf gefehlt hat, nämlich der Vorwurf der Unaufrichtigkeit, der Liebedienerei, des Schmarotzertums. Wenn ich nicht sehr irre, schmarotzest du an mir

30 noch mit diesem Brief als solchem."

Darauf antworte ich, dass zunächst dieser ganze Einwurf, der sich zum Teil auch gegen dich kehren lässt, nicht von dir stammt, sondern eben von mir. So groß ist ja nicht einmal dein Misstrauen gegen andere wie mein Selbstmisstrauen, zu dem du mich erzogen hast. Eine gewisse Berechtigung des Einwurfes, der ja auch noch an sich zur Charakterisierung unseres Verhältnisses Neues beiträgt, leugne ich nicht. So können natürlich die Dinge in Wirk-

35 lichkeit aneinanderpassen, wie die Beweise in meinem Brief, das Leben ist mehr als ein Geduldspiel; aber mit der Korrektur, die sich durch diesen Einwurf ergibt, einer Korrektur, die ich im Einzelnen weder ausführen kann noch will, ist meiner Meinung nach doch etwas der Wahrheit so sehr Angenähertes erreicht, dass es uns beide ein wenig beruhigen und Leben und Sterben leichter machen kann.

Franz

4 Beschreiben Sie das in Franz Kafkas *Brief an den Vater* dargestellte Vater-Sohn-Verhältnis und analysieren Sie den Argumentationsgang des Textes.

5 Recherchieren Sie Kafkas Biografie und erörtern Sie anschließend das Verhältnis von Fiktionalität und Faktualität in diesem Text, der im Original 103 handschriftliche Seiten umfasst.

6 Ermitteln Sie Textstellen, die erkennen lassen, dass und wie Kafka auch diesen Brief, der im Übrigen nie abgeschickt bzw. dem Vater vorgelegt wurde, literarisch bzw. erzähltechnisch gestaltet und welche literarische Strategie dahintersteht.

7 PLUS Verfassen Sie einen Brief an eine Autorität Ihrer Wahl, mit dem Sie entweder einen durch diese Autorität bedingten Missstand anklagen oder eigenes Handeln vor ihr rechtfertigen.

Franz Kafka: Vor dem Gesetz (1915)

Vor dem Gesetz steht ein Türhüter. Zu diesem Türhüter kommt ein Mann vom Lande und bittet um Eintritt in das Gesetz. Aber der Türhüter sagt, dass er ihm jetzt den Eintritt nicht gewähren könne. Der Mann überlegt und fragt
5 dann, ob er also später werde eintreten dürfen. „Es ist möglich", sagt der Türhüter, „jetzt aber nicht." Da das Tor zum Gesetz offensteht wie immer und der Türhüter beiseitetritt, bückt sich der Mann, um durch das Tor in das Innere zu sehen. Als der Türhüter das merkt, lacht er und sagt:
10 „Wenn es dich so lockt, versuche es doch, trotz meines Verbotes hineinzugehn. Merke aber: Ich bin mächtig. Und ich bin nur der unterste Türhüter. Von Saal zu Saal stehn aber Türhüter, einer mächtiger als der andere. Schon den Anblick des dritten kann nicht einmal ich mehr ertragen." Sol-
15 che Schwierigkeiten hat der Mann vom Lande nicht erwartet; das Gesetz soll doch jedem und immer zugänglich sein, denkt er, aber als er jetzt den Türhüter in seinem Pelzmantel genauer ansieht, seine große Spitznase, den langen, dünnen, schwarzen tatarischen[1] Bart, entschließt er sich,
20 doch lieber zu warten, bis er die Erlaubnis zum Eintritt bekommt. Der Türhüter gibt ihm einen Schemel und lässt ihn seitwärts von der Tür sich niedersetzen. Dort sitzt er Tage und Jahre. Er macht viele Versuche, eingelassen zu werden, und ermüdet den Türhüter durch seine Bitten. Der Türhü-
25 ter stellt öfters kleine Verhöre mit ihm an, fragt ihn über seine Heimat aus und nach vielem andern, es sind aber teilnahmslose Fragen, wie sie große Herren stellen, und zum Schlusse sagt er ihm immer wieder, dass er ihn noch nicht einlassen könne. Der Mann, der sich für seine Reise mit vie-
30 lem ausgerüstet hat, verwendet alles, und sei es noch so wertvoll, um den Türhüter zu bestechen. Dieser nimmt zwar alles an, aber sagt dabei: „Ich nehme es nur an, damit du nicht glaubst, etwas versäumt zu haben." Während der vielen Jahre beobachtet der Mann den Türhüter fast ununterbrochen. Er vergisst die andern Türhüter, und dieser ers- 35 te schien ihm das einzige Hindernis für den Eintritt in das Gesetz. Er verflucht den unglücklichen Zufall, in den ersten Jahren rücksichtslos und laut, später, als er alt wird, brummt er nur noch vor sich hin. Er wird kindisch, und, da er in dem jahrelangen Studium des Türhüters auch die Flö- 40 he in seinem Pelzkragen erkannt hat, bittet er auch die Flöhe, ihm zu helfen und den Türhüter umzustimmen. Schließlich wird sein Augenlicht schwach, und er weiß nicht, ob es um ihn wirklich dunkler wird, oder ob ihn nur seine Augen täuschen. Wohl aber erkennt er jetzt im Dun- 45 kel einen Glanz, der unverlöschlich aus der Türe des Gesetzes bricht. Nun lebt er nicht mehr lange. Vor seinem Tode sammeln sich in seinem Kopfe alle Erfahrungen der ganzen Zeit zu einer Frage, die er bisher an den Türhüter noch nicht gestellt hat. Er winkt ihm zu, da er seinen erstarren- 50 den Körper nicht mehr aufrichten kann. Der Türhüter muss sich tief zu ihm hinunterneigen, denn der Größenunterschied hat sich sehr zuungunsten des Mannes verändert. „Was willst du denn jetzt noch wissen?" fragt der Türhüter, „du bist unersättlich." „Alle streben doch nach dem 55 Gesetz", sagt der Mann, „wieso kommt es, dass in den vielen Jahren niemand außer mir Einlass verlangt hat?" Der Türhüter erkennt, dass der Mann schon an seinem Ende ist, und, um sein vergehendes Gehör noch zu erreichen, brüllt er ihn an: „Hier konnte niemand sonst Einlass erhalten, 60 denn dieser Eingang war nur für dich bestimmt. Ich gehe jetzt und schließe ihn."

---

1 tatarisch: Die Tataren sind eine muslimisch geprägte Bevölkerungsgruppe, die heute vor allem in Osteuropa leben.

8 Fassen Sie den Inhalt der Parabel zusammen und stellen Sie den Handlungsverlauf anhand von Standbildern dar. Präsentieren Sie Ihre Entwürfe und tauschen Sie sich über Gemeinsamkeiten und Unterschiede Ihrer jeweiligen Interpretationen aus.

9 Bewerten Sie das Verhalten des Mannes vom Lande, indem Sie seine Handlungen, Handlungsmöglichkeiten und Entscheidungen anhand konkreter Textstellen untersuchen.

10 Diskutieren Sie, was Sie sich unter dem *Gesetz* vorstellen und welche Bedeutung bzw. Funktion die Figur des Türhüters hat. Formulieren Sie davon ausgehend eine Deutungshypothese.

Parabel
→ S. 428

11 Zeigen Sie auf, wie die Deutungsoffenheit des Textes auch durch die Erzähltechnik erzeugt wird und warum die Literaturwissenschaft hierbei von parabolischem Erzählen spricht.

12 Zeigen Sie unter Einbeziehung von M1 auf, inwieweit Franz Kafkas *Vor dem Gesetz* Merkmale kinematografischen Erzählens aufweist. Stellen Sie dabei Überlegungen dazu an, an welchen Textstellen man vom Einsatz filmischer Mittel (z. B. Kamerafahrten, Einstellungen) sprechen könnte.

> **ÜBRIGENS**
>
> Von den literarischen Werken Kafkas leitet sich der Ausdruck „kafkaesk" ab, der ursprünglich seinen Schreibstil und seine Texte charakterisierte, inzwischen aber auch für außerliterarische Sachverhalte und Zusammenhänge verwendet wird, die absurd, rätselhaft und unheimlich erscheinen und sich oft durch ein Wechselspiel von Alltäglichem und Surrealem auszeichnen.

Material 1 **Peter-André Alt: Kafka und der Film** (2009, Ausschnitt)

Kafkas kinematographisches Erzählen ist das Resultat einer produktiven Interaktion der Medien, die eine eigene Schule der literarischen Wahrnehmung begründet. Sie liegt jenseits der Psychologie, die man als Metaphysik der Moderne bezeichnen könnte, im Bereich eines neuen Sehens von Bewegungsvorgängen innerhalb unterschiedlichster sozialer Topografien. Dass dieses Sehen auch verän-
5 derte Formen der poetischen Fiktion begründet, in denen Subjekt und Gesellschaft, Raum und Zeit, Affekt und Ratio auf bisher unbekannte Weise ins Bild kommen, erklärt die künstlerische Innovationskraft von Kafkas filmisch erzählten Geschichten. Um sie schreiben zu können, musste er sich, wie er 1908 angemerkt hatte, „am Leben erhalten für den Kinematographen".

13 **PLUS** Recherchieren Sie arbeitsteilig den Inhalt verschiedener Kafka-Erzählungen und tauschen Sie sich unter Einbezug von M2 über die „schlimmstmögliche[n] Wendung[en]" darin aus. Diskutieren Sie Gründe für die weltweite und anhaltende Popularität von Kafkas Werken.

> **Material 2** **Michael Maar: Die Schlange im Wolfspelz** (2020, Ausschnitt)
>
> *Der Literaturwissenschaftler Michael Maar benennt in seiner Studie „Das Geheimnis großer Literatur" das große Gesetz, unter dem Kafkas Werk steht, folgendermaßen:*
>
> „Die Dinge nehmen die schlimmstmögliche Wendung. Die Sachen glücken nicht, sie klappen nicht. Sie klappen nie. Nur darauf ist Verlass – darauf aber felsenfest."

Bertolt Brecht: Maßnahmen gegen die Gewalt (1930)

Text in alter Rechtschreibung

Als Herr Keuner, der Denkende, sich in einem Saale vor vielen gegen die Gewalt aussprach, merkte er, wie die Leute vor ihm zurückwichen und weggingen. Er blickte sich um und sah hinter sich stehen – die Gewalt.
„Was sagtest du?" fragte ihn die Gewalt.
5 „Ich sprach mich für die Gewalt aus", antwortete Herr Keuner.
Als Herr Keuner weggegangen war, fragten ihn seine Schüler nach seinem Rückgrat. Herr Keuner antwortete: „Ich habe kein Rückgrat zum Zerschlagen. Gerade ich muß länger leben als die Gewalt."
Und Herr Keuner erzählte folgende Geschichte:
In die Wohnung des Herrn Egge, der gelernt hatte, nein zu sagen, kam eines Tages in der Zeit der
10 Illegalität ein Agent, der zeigte einen Schein vor, welcher ausgestellt war im Namen derer, die die Stadt beherrschten, und auf dem stand, daß ihm gehören solle jede Wohnung, in die er seinen Fuß setzte; ebenso sollte ihm auch jedes Essen gehören, das er verlange; ebenso sollte ihm auch jeder Mann dienen, den er sähe.

Der Agent setzte sich in einen Stuhl, verlangte Essen, wusch sich, legte sich nieder und fragte mit
15 dem Gesicht zur Wand vor dem Einschlafen: „Wirst du mir dienen?"
Herr Egge deckte ihn mit einer Decke zu, vertrieb die Fliegen, bewachte seinen Schlaf, und wie an
diesem Tage gehorchte er ihm sieben Jahre lang. Aber was immer er für ihn tat, eines zu tun hütete
er sich wohl: das war, ein Wort zu sagen. Als nun die sieben Jahre herum waren und der Agent dick
geworden war vom vielen Essen, Schlafen und Befehlen, starb der Agent. Da wickelte ihn Herr Egge
20 in die verdorbene Decke, schleifte ihn aus dem Haus, wusch das Lager, tünchte die Wände, atmete
auf und antwortete: „Nein."

14 Analysieren Sie die Erzählweise des Textes und beachten Sie dabei das Verhältnis von
Rahmen- und Binnenhandlung.

15 Formulieren Sie eine Deutungshypothese zu Bertolt Brechts *Maßnahmen gegen die Gewalt* und
vergleichen Sie Ihre Ergebnisse in Kleingruppen miteinander.

episches Theater
→ S.271 ff.

16 Besprechen Sie, inwiefern zwischen der Darstellungsweise in Bertolt Brechts *Maßnahmen gegen die
Gewalt* und dem epischen Theater ein Zusammenhang besteht.

17 Vergleichen Sie die unterschiedliche Gestaltung des Motivs *Gewalt* in Kafkas und in Brechts
Parabel. Diskutieren Sie anschließend, ob und inwiefern die Begriffe *verrätselte Parabel* für Kafka
und *didaktische Parabel* für Brecht zutreffend und geeignet erscheinen.

Bertolt Brecht: Das Wiedersehen (1932)

Text in alter
Rechtschreibung

Ein Mann, der Herrn K. lange nicht gesehen hatte, begrüßte ihn mit den Worten: „Sie haben
sich gar nicht verändert." – „Oh!" sagte Herr K. und erbleichte.

---

18 Formulieren Sie zu Bertolt Brechts *Das Wiedersehen* eine prägnante Deutungshypothese in
vergleichbarer Kürze.

Material 3 Wolfgang Herrndorf: Tschick (2010, Auszug)

„Gut, ich fang dann jetzt an. Die Hausaufgabe war die Geschichte vom Herrn K. Ich beginne. Interpretation der Geschichte vom Herrn K. Die erste Frage, die man hat, wenn
man Prechts Geschichte liest, ist logisch – "
5 „Brecht", sagte Kaltwasser, „Bert Brecht".
„Ah." Tschick fischte einen Kugelschreiber aus der Plastiktüte und kritzelte in seinem Heft. Er steckte den Kugelschreiber zurück in die Plastiktüte.
„Interpretation der Geschichte vom Herrn K. Die erste Fra-
10 ge, die man hat, wenn man Brechts Geschichte liest, ist logisch, wer sich hinter dem rätselhaften Buchstaben K. versteckt. Ohne viel Übertreibung kann man wohl sagen, dass
es ein Mann ist, der das Licht der Öffentlichkeit scheut. Er
versteckt sich hinter einem Buchstaben, und zwar dem
15 Buchstaben K. Das ist der elfte Buchstabe vom Alphabet.
Warum versteckt er sich? Tatsächlich ist Herr K. beruflich
Waffenschieber. Mit anderen dunklen Gestalten zusammen (Herrn L. und Herrn F.) hat er eine Verbrecherorgani-
sation gegründet, für die die Genfer Konvention nur einen
20 traurigen Witz darstellt. Er hat Panzer und Flugzeuge verkauft und Milliarden gemacht und macht sich längst nicht
mehr die Finger schmutzig. Lieber kreuzt er auf seiner

Szene aus *Tschick*, 2016, Regie: Fatih Akin, Tschick (links) mit Blick auf
seinen Lehrer Herrn Kaltwasser, rechts sein Freund Maik (Ich-Erzähler)

Yacht im Mittelmeer, wo die CIA auf ihn kam. Daraufhin
floh Herr K. nach Südamerika und ließ sein Gesicht bei
dem berühmten Doktor M. chirurgisch verändern und ist 25
nun verblüfft, dass ihn einer auf der Straße erkennt: Er erbleicht. Es versteht sich von selbst, dass der Mann, der ihn
auf der Straße erkannt hat, genauso wie der Gesichtschir-
urg wenig später mit einem Betonklotz an den Füßen in
unheimlich tiefem Wasser stand. Fertig." 30

Ich guckte Tatjana an. Sie hatte die Stirn gerunzelt und einen Bleistift im Mund. Dann guckte ich Kaltwasser an. An Kaltwassers Gesicht war absolut nichts zu erkennen. Kaltwasser schien leicht angespannt, aber mehr so interessiert-angespannt. Nicht mehr und nicht weniger. Eine Zensur gab es nicht. Anschließend las Anja die richtige Interpretation, wie sie auch bei Google steht [...].

19 Erläutern Sie, wie sich Tschick dem literarischen Klassiker nähert. Beziehen Sie auch das Bild aus der Verfilmung im Hinblick auf die Gestaltung des Protagonisten mit ein.

20 Diskutieren Sie die Aussage des Textauszugs im Hinblick auf das Interpretieren literarischer Texte, nicht zuletzt im schulischen Kontext.

Die erzählerische Wahrnehmung der modernen Welt untersuchen

Rainer Maria Rilke: Die Aufzeichnungen des Malte Laurids Brigge (1910, Auszug)

11. September, rue Tollier

So, also hierher kommen die Leute um zu leben, ich würde eher meinen, es stürbe sich hier. Ich bin ausgewesen. Ich habe gesehen: Hospitäler. Ich habe einen Menschen gesehen, welcher schwankte und umsank. Die Leute versammelten sich um ihn, das ersparte mir den Rest. Ich habe eine schwangere Frau gesehen. Sie schob sich schwer an einer hohen, warmen Mauer entlang, nach der
5 sie manchmal tastete, wie um sich zu überzeugen, ob sie noch da sei. Ja, sie war noch da. Dahinter? Ich suchte auf meinem Plan: Maison d'Accouchement[1]. Gut. Man wird sie entbinden – man kann das. [...] Die Gasse begann von allen Seiten zu riechen. Es roch, soviel sich unterscheiden ließ, nach Jodoform[2], nach dem Fett von pommes frites, nach Angst. Alle Städte riechen im Sommer. Dann habe ich ein eigentümlich starblindes[3] Haus gesehen, es war im Plan nicht zu finden, aber über der
10 Tür stand noch ziemlich leserlich: Asyle de nuit[4]. Neben dem Eingang waren die Preise. Ich habe sie gelesen. Es war nicht teuer.
Und sonst? Ein Kind in einem stehenden Kinderwagen: es war dick, grünlich und hatte einen deutlichen Ausschlag auf der Stirn. Er heilte offenbar ab und tat nicht weh. Das Kind schlief, der Mund war offen, atmete Jodoform, pommes frites, Angst. Das war nun mal so. Die Hauptsache war, dass
15 man lebte. Das war die Hauptsache. [...]
Ich lerne sehen. Ich weiß nicht, woran es liegt, es geht alles tiefer in mich ein und bleibt nicht an der Stelle stehen, wo es sonst immer zu Ende war. Ich habe ein Inneres, von dem ich nicht wusste. Alles geht jetzt dorthin. Ich weiß nicht, was dort geschieht.
Ich habe heute einen Brief geschrieben, dabei ist es mir aufgefallen, dass ich erst drei Wochen hier
20 bin. Drei Wochen anderswo, auf dem Lande zum Beispiel, das konnte sein wie ein Tag, hier sind es Jahre. Ich will auch keinen Brief mehr schreiben. Wozu soll ich jemandem sagen, dass ich mich verändere? Wenn ich mich verändere, bleibe ich ja doch nicht der, der ich war, und bin ich etwas anderes als bisher, so ist klar, dass ich keine Bekannten habe. Und an fremde Leute, an Leute, die mich nicht kennen, kann ich unmöglich schreiben.

1 Maison d'Accouchement: (frz.) Geburtshaus   2 Jodoform, das: jodhaltige Flüssigkeit zur Wundbehandlung   3 starblind: Star, der: Augenerkrankung, die früher oft zu Blindheit führte   4 Asyle de nuit: (frz.) Nachtasyl, Herberge, Unterkunft

1 Analysieren Sie die sprachliche Gestaltung und Erzählweise des Romananfangs von Rainer Maria Rilkes *Die Aufzeichnungen des Malte Laurids Brigge*.

2 Erklären Sie die Bedeutung des Satzes „Ich lerne sehen" (Z. 16).

3 Vergleichen Sie den Romananfang mit dem von Alfred Döblins *Berlin Alexanderplatz* auf S. 288 und gehen Sie dabei vor allem auf die beiden Protagonisten und ihre Wahrnehmungen, die jeweilige Erzähltechnik sowie die sprachlich-stilistische Gestaltung ein.

Alfred Döblin: Berlin Alexanderplatz (1929, Auszug)

Berlin Alexanderplatz, Fernsehserie von Rainer Werner Fassbinder (1980)

Er stand vor dem Tor des Tegeler[1] Gefängnisses und war frei. Gestern hatte er noch hinten auf den Äckern Kartoffeln geharkt mit den andern, in Sträflingskleidung, jetzt ging er im gelben Sommermantel, sie harkten hinten, er
5 war frei. Er ließ Elektrische[2] auf Elektrische vorbeifahren, drückte den Rücken an die rote Mauer und ging nicht. Der Aufseher am Tor spazierte einige Male an ihm vorbei, zeigte ihm seine Bahn, er ging nicht. Der schreckliche Augenblick war gekommen (schrecklich, Franze, warum schreck-
10 lich?), die vier Jahre waren um. Die schwarzen eisernen Torflügel, die er seit einem Jahre mit wachsendem Widerwillen betrachtet hatte (Widerwillen, warum Widerwillen), waren hinter ihm geschlossen. Man setzte ihn wieder aus. Drin saßen die andern, tischlerten, lackierten, sortier-
15 ten, klebten, hatten noch zwei Jahre, fünf Jahre. Er stand an der Haltestelle.

Die Strafe beginnt.

Er schüttelte sich, schluckte. Er trat sich auf den Fuß. Dann nahm er einen Anlauf und saß in der Elektrischen. Mitten
20 unter den Leuten. Los. Das war zuerst, als wenn man beim Zahnarzt sitzt, der eine Wurzel mit der Zange gepackt hat und zieht, der Schmerz wächst, der Kopf will platzen. Er drehte den Kopf zurück nach der roten Mauer, aber die Elektrische sauste mit ihm auf den Schienen weg, dann
25 stand nur noch sein Kopf in der Richtung des Gefängnisses. Der Wagen machte eine Biegung, Bäume, Häuser traten da-

zwischen. Lebhafte Straßen tauchten auf, die Seestraße, Leute stiegen ein und aus. In ihm schrie es entsetzt: Achtung, Achtung, es geht los. Seine Nasenspitze vereiste, über seine Backe schwirrte es. „Zwölf Uhr Mittagszeitung", 30 „B.Z.", „Die neuste Illustrierte", „Die Funkstunde neu", „Noch jemand zugestiegen?" Die Schupos[3] haben jetzt blaue Uniformen. Er stieg unbeachtet wieder aus dem Wagen, war unter Menschen. Was war denn? Nichts. Haltung, ausgehungertes Schwein, reiß dich zusammen, kriegst 45 meine Faust zu riechen. Gewimmel, welch Gewimmel. Wie sich das bewegte. [...] Schuhgeschäfte, Hutgeschäfte, Glühlampen, Destillen[4]. Die Menschen müssen doch Schuhe haben, wenn sie so viel rumlaufen, wir hatten ja auch eine Schusterei, wollen das mal festhalten. Hundert blanke 50 Scheiben, lass die doch blitzern, die werden dir doch nicht Bange machen, kannst sie ja kaputt schlagen, was ist denn mit die, sind eben blankgeputzt. Man riss das Pflaster am Rosenthaler Platz[5] auf, er ging zwischen den andern auf Holzbohlen. Man mischt sich unter die andern, da vergeht 55 alles, dann merkst du nichts. Figuren standen in den Schaufenstern in Anzügen, Mänteln, mit Röcken, mit Strümpfen und Schuhen. Draußen bewegte sich alles, aber – dahinter – war nichts! Es – lebte – nicht! Es hatte fröhliche Gesichter, es lachte, wartete auf der Schutzinsel 60 gegenüber Aschinger zu zweit oder zu dritt, rauchte Zigaretten, blätterte in Zeitungen. So stand das da wie die Laternen – und – wurde immer starrer.

---

1 Tegel: Ortsteil von Berlin   2 Elektrische, die: Straßenbahn   3 Schupo, der: Schutzpolizist   4 Destille, die: Gaststätte, in der vorwiegend Branntwein ausgeschenkt wird   5 Rosenthaler Platz: Kreuzung in Berlin-Mitte

4 Untersuchen Sie das Zusammenwirken von innerer und äußerer Handlung im Auszug aus Alfred Döblins *Berlin Alexanderplatz*. Stellen Sie Ihre Überlegungen in Verbindung mit geeigneten Textstellen in Form einer Tabelle gegenüber.

5 Begründen Sie, wie und warum der Satz „Die Strafe beginnt" (Z.17) formal hervorgehoben ist, und erklären Sie seine Bedeutung.

6 Vergleichen Sie die Textpassage aus *Berlin Alexanderplatz* mit den beiden Filmstills aus der gleichnamigen Fernsehserie und zeigen Sie auf, wie der literarische Text hier umgesetzt wird.

Montagetechnik
→ S. 448

7 Informieren Sie sich über den Begriff Montagetechnik und erklären Sie ihn an Döblins Roman. Setzen Sie sich dabei mit der folgenden Aussage des Philosophen Walter Benjamin (1892–1940) auseinander:

> „Die Montage sprengt den Roman, sprengt ihn im Aufbau wie auch stilistisch, und eröffnet neue, sehr epische Möglichkeiten." (Walter Benjamin)

Moderne
→ S. 294 f., 420 f.

8 Zeigen Sie auf, inwiefern der Text der Neuen Sachlichkeit zugeordnet werden kann. Vergleichen Sie ihn in diesem Kontext mit dem Auszug aus Erich Kästners Roman *Fabian*.

9 PLUS Informieren Sie sich über unterschiedliche Verfilmungen des Romans *Berlin Alexanderplatz* und vergleichen Sie die jeweilige filmische Umsetzung des Romananfangs sowie die Darstellung des Anti-Helden.

Erich Kästner: Fabian. Die Geschichte eines Moralisten (1931, Auszug)

Erich Kästner (1899–1974) um 1930

„Warum sind Sie nach Berlin gekommen?"

„Früher verschenkte man sich und wurde wie ein Geschenk bewahrt. Heute wird man bezahlt und eines Tages, wie bezahlte und benutzte Ware, weggetan. Barzahlung ist billiger, denkt der Mann."

5 „Früher war das Geschenk etwas ganz anderes als die Ware. Heute ist das Geschenk eine Ware, die null Mark kostet. Diese Billigkeit macht den Käufer misstrauisch. Sicher ein faules Geschäft, denkt er. Und meist hat er recht. Denn später präsentiert ihm die Frau die Rechnung. Plötzlich soll er den moralischen Preis des Geschenks rückvergüten. In seelischer Valuta[1]. Als Lebensrente zu zahlen."

10 „Genau so ist es", sagte sie. „Genau so denken die Männer. Aber warum nennen Sie dann dieses Atelier einen Saustall? Hier sind doch die Frauen so ähnlich, wie ihr sie haben wollt! Oder etwa nicht? Ich weiß, was euch zu eurem Glück noch fehlt. Wir sollen zwar kommen und gehen, wann ihr es wollt. Aber wir sollen weinen, wenn ihr uns fortschickt. Und wir sollen selig sein, wenn ihr uns winkt. Ihr wollt den Warencharakter der Liebe, aber die Ware

15 soll verliebt sein. Ihr zu allem berechtigt und zu nichts verpflichtet, wir zu allem verpflichtet und zu nichts berechtigt, so sieht euer Paradies aus. Doch das geht zu weit. Oh, das geht zu weit!" Fräulein Battenberg putzte sich die Nase. Dann fuhr sie fort: „Wenn wir euch nicht behalten dürfen, wollen wir euch auch nicht lieben. Wenn ihr uns kaufen wollt, dann sollt ihr teuer dafür bezahlen." Sie schwieg. Ihr liefen kleine Tränen übers Gesicht.

20 „Sind Sie deswegen nach Berlin gekommen?", fragte Fabian. Sie weinte geräuschlos. Er trat neben sie und streichelte ihre Schulter. „Sie verstehen auch nichts von Geschäften", sagte er und blickte zwischen zwei Gipsfiguren in den anderen Teil des Ateliers. Der Abendakt saß auf dem Tisch und trank Gin. Die Bildhauerin beugte sich über die nackte Frau und küsste sie auf den wenig gewölbten Bauch und auf die Brust. Die Selow trank inzwischen das Glas leer und strich der Freun-

25 din gleichgültig über den Rücken. Diese küsste, jene trank, keine schien recht zu wissen, was die andere tat.

---

1 Valuta, die: hier im Sinne von Währung, Geldschuld

10 Untersuchen Sie den Text in Hinblick auf Merkmale der Neuen Sachlichkeit und vergleichen Sie ihn mit Erich Kästners Gedicht *Sachliche Romanze* (S. 267).

11 Erläutern Sie das dargestellte Geschlechterverhältnis und vergleichen Sie es mit der Darstellung in exemplarischen Texten früherer Epochen.

ÜBRIGENS

Sowohl Alfred Döblins *Berlin Alexanderplatz* als auch Erich Kästners *Fabian* gehörten zu den bei der Bücherverbrennung der Nationalsozialisten im Mai 1933 verbrannten Büchern. Erich Kästner soll bei der Bücherverbrennung abseitsstehend sogar anwesend gewesen sein. Während Alfred Döblin als Jude noch 1933 ins Exil ging, blieb Erich Kästner trotz Schreibverbots in Deutschland. Nur wegen des großen Erfolgs seiner Kinderbücher blieb ihm eine Inhaftierung erspart.

Exil und Innere Emigration: Texte vor dem Hintergrund der Gewaltherrschaft verstehen

1 Erläutern Sie anhand des Fotos, der Abbildung und eigener Recherchen die nationalsozialistische Bücherverbrennung am 10. Mai 1933 sowie die Gleichschaltung von Kunst und Kultur im NS-Staat.

Bücherverbrennung auf dem Opernplatz in Berlin am 10.05.1933

rechts: Aufbau der Reichsschrifttumskammer im Jahr 1937 aus dem Handbuch der Reichskulturkammer, hrsg. von H. Hinkel, Berlin 1937

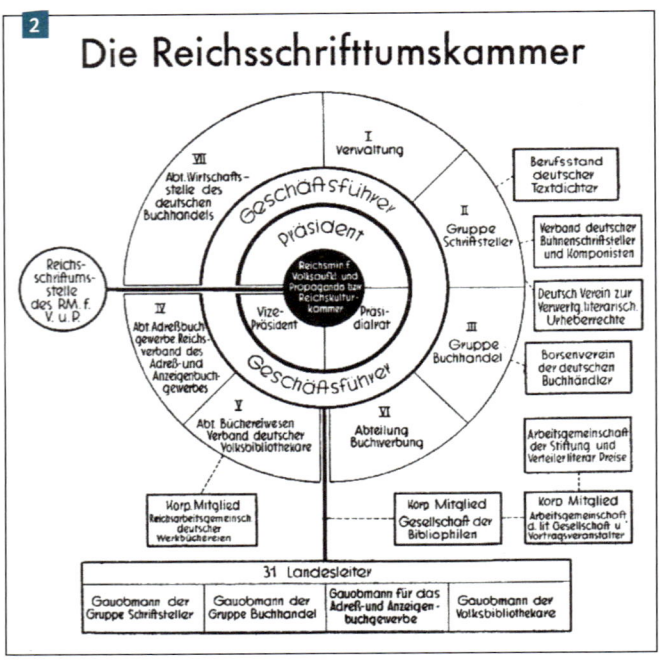

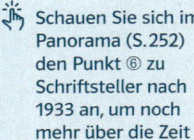 Schauen Sie sich im Panorama (S. 252) den Punkt ⑥ zu Schriftsteller nach 1933 an, um noch mehr über die Zeit zu erfahren.

2 Besprechen Sie – auch vor dem Hintergrund aktueller Erfahrungen von Krieg und Gewaltherrschaft – Ursachen, Möglichkeiten und Konsequenzen einer Flucht bzw. Emigration. Erwägen Sie dabei die unterschiedlichen Gefahren und Probleme, die einerseits mit dem Verlassen der Heimat (vgl. S. 269 f.), andererseits aber auch mit einem Vor-Ort-Bleiben verbunden sind. Recherchieren Sie dabei die beiden Begriffe *Exil* und *Innere Emigration*.

Reinhold Schneider: Las Casas vor Karl V. (1938, Auszug)

Der Dominikanermönch Las Casas reist aus der Neuen Welt zurück nach Spanien, um vor Kaiser Karl V. (1500–1558) den unmenschlichen Umgang mit dem indigenen Volk der „Indios" anzuprangern und die Gefahren für das Seelenheil der christlichen Eroberer aufzuzeigen.

„Aber", fuhr er in schwermütigem Tone fort, „die Schuld ist schon zu einem Teil unseres Lebens geworden, alle Warnungen sind vergeblich, Spanien hat seine Stunde verkannt, und die noch von Gottes Auftrag wissen, gehen als Narren hin, beladen mit aller Not der Welt. Oh, dass mich Gott doch fortnähme, dass ich nicht mehr zeugen müsste für ihn! Dass er mich doch mit der letzten Einsicht
5 nicht geschlagen hätte und ich das letzte Wort nicht sagen müsste! Und doch", rief er, sich aufrichtend an den ganzen Saal sich wendend, „ist es wahr, dass das Gericht kommen wird über dieses Land! Denn wer den größten Auftrag verfehlt, der verfällt auch der schwersten Schuld. Und darum wird Gottes Zorn auf dieses Land fallen, er wird seine Macht zerschlagen und sein Zepter erniedrigen und ihm Inseln und Reiche nehmen; und wenn die Menschen sich aufrichten aus den Trüm-
10 mern und den Herrn anklagen und fragen, warum er dieses Unheil über das Land gebracht hat, so werde ich mich erheben aus dem Grabe und für Gottes Gerechtigkeit zeugen. Dann werde ich den

Fragern antworten: Gott hat eure Väter für einen Dienst erlesen, und sie haben ihn nicht verstanden; sie hätten dem Heiligen gleich den Herrn durch das Meer tragen sollen auf ihren Schultern und
haben statt seiner den Satan getragen. Darum tut Gott recht, wenn er dieses Landes Ansehen ver-
15 nichtet. Für ungeheure Verbrechen erfolgt nun die ungeheure Strafe."
Las Casas hatte, ganz hingegeben an den Geist seiner Worte, diese letzten Sätze noch nicht vollendet, als der Kaiser mit geballter Faust in äußerstem Zorne aufsprang, um den Saal zu verlassen.
Geistliche und Gelehrte erhoben sich hastig, ihn zu grüßen, der Kardinal war bestürzt, der Bischof
von Segovia tief niedergeschlagen, der Bischof von Burgos triumphierte. Entrüstung, die sich mit
20 einer gewissen Genugtuung mischte, lag auf den Zügen der meisten übrigen; sie gingen zur Tür,
die hinter dem Monarchen offen geblieben war.

3 Erklären und bewerten Sie die Strategie im Auszug aus Reinhold Schneiders Erzählung *Las Casas vor
Karl dem V.*, Kritik am Nationalsozialismus in versteckter Form zu artikulieren, und belegen Sie diese
anhand von Textstellen.

4 Diskutieren Sie angesichts dieses Verfahrens, ob Doppelbödigkeit ein grundlegendes Merkmal von
Kunst darstellt und welche Rezeptionsweise sie voraussetzt.

 5 Recherchieren Sie weitere Autorinnen bzw. Autoren der Inneren Emigration sowie deren Themenfelder
und unterschiedliche literarische ‚Ausweichmanöver'. Präsentieren Sie Ihre Rechercheergebnisse
im Kurs.

Irmgard Keun: Nach Mitternacht (1937, Auszug)

*In dem 1937 in Amsterdam erschienenen Roman verarbeitet die Autorin ihre Er-
fahrungen mit dem „alltäglichen Faschismus" im nationalsozialistischen Deutschland. Erzählt wird aus der Perspektive der erst 16-, am Ende 19-jährigen Susanne
(Sanna).*

Als der Führer kam, wurde die Tant Adelheid politisch und hing Bilder von ihm
auf und kaufte Hakenkreuzfahnen und ging in die NS-Frauenschaft, wo sie
auch mit besseren Damen zusammenkam als deutsche Frau und Mutter. Dann
wurden im Versammlungssaal des ehemaligen Vereins christlicher junger
5 Männer Luftschutzübungen abgehalten. Da ging Tant Adelheid regelmäßig mit
mir hin, und sie sorgte, dass die anderen Leute aus dem Haus sich nicht etwa
drücken, sondern dass sie auch hingehen. Für den alten schwachen Herrn Pütz,
der oben in der Mansarde[1] wohnt, wurde sie lebensgefährlich. [...] „Pütz", sagte
die Tant Adelheid streng, „Sie haben das neue Deutschland nicht begriffen, Sie
10 haben den Aufbauwillen des Führers nicht begriffen. Alte Leute wie Sie muss
man zu ihrem Heil zwingen oder über sie hinwegschreiten." Später hat die Tant

Irmgard Keun (1905–1982)
um 1932

Adelheid durchgekämpft, dass sie Hauswart wurde. Das bedeutet, dass sie im
Falle echter Fliegergefahr eine Schusswaffe bekommt und alle Leute im Haus
ihrem Befehl unterstehen. Und sie hat das Recht, jeden zu erschießen, der sich ihrem Willen nicht
15 fügt. Vor tausend feindlichen Flugzeugen hätte ich nicht so viel Angst wie vor der Tant Adelheid,
wenn sie eine Schusswaffe hat und Befehlsgewalt. [...]

*Am Ende des Romans steht Sanna vor der Frage, ihren Freund Franz, der bereits inhaftiert gewesen ist
und von den Behörden gesucht wird, ins Exil zu begleiten oder in Deutschland zu bleiben.*

Wir fahren durch die Nacht, alle Lichter fahren schwebend mit. Mein Kopf liegt in Franz' Schoß.
Ich muss mich schwächer zeigen als ich bin, damit er sich stark fühlen und mich lieben kann.
Ich bin müde, Franz. Seine Hand liegt auf meinem Gesicht und macht mich glücklich. Ich habe ihn
20 im Kohlenkeller eingeschlossen. Und als ich ihn herausholte, war er nicht gestorben. Vielleicht
hatte er Hass gehabt und Wut, vielleicht war er voll dumpfer trauriger Gleichgültigkeit. Dass er
nicht starb, ist Liebe genug für mich.

Ist die Grenze ein Strich, was ist sie? Ich verstehe es nicht. Ein Zug hört auf zu fahren, das ist die Grenze. Männer kommen, machen Koffer auf, suchen und wühlen – Grenze heißt Angst haben.

25 Der Zug fährt wieder, mein Hundertmarkschein fährt, Franz fährt, alles fährt mit, nur die Angst fährt nicht mehr mit. Das war die Grenze.

Und so liege ich in dem dunkelblauen rasenden Bett der Nacht. Franz, alles wird gut, ich bin glücklich, wir sind gerettet, wir werden leben.

„Die Dächer, die du siehst, sind nicht für dich gebaut. Das Brot, das du riechst, ist nicht für dich

30 gebacken. Und die Sprache, die du hörst, wird nicht für dich gesprochen."

Franz' Arme halten mich fest, sein Atem ist ein Strom von Liebe. Der Zug fährt nicht auf Schienen, er schwimmt über ein Meer von Glück.

Die Bank ist furchtbar hart und unbequem, aber du bist bei mir. Und jetzt wollen wir schlafen. Wenn wir aufwachen, brauchen wir Kraft. Noch scheinen Sterne hinter wolkigen Nebeln. Morgen lass et-

35 was Sonne sein, lieber Gott.

---

1 Mansarde, die: Wohnung im Dachgeschoss

6 Untersuchen Sie, welche Wirkung Irmgard Keun im Auszug aus dem Roman *Nach Mitternacht* durch die gewählte Erzählperspektive und die sprachlich-stilistische Gestaltung erzeugt.

7 Besprechen Sie, ob die bewusste Einfachheit des Textes der Komplexität des Themas gerecht wird.

Anna Seghers: Das siebte Kreuz (1942, Auszug)

Anna Seghers (1900–1983) während einer Lesung im Jahr 1962

Nach der Flucht von sieben Häftlingen aus einem Konzentrationslager befiehlt der Kommandant, die Flüchtigen innerhalb von sieben Tagen wieder aufzugreifen, und lässt im Lager sieben Kreuze für sie errichten.

Fahrenberg bekam gemeldet: Vierter Flüchtling eingebracht – Georg Heisler. Seit dem Unglück, das vor nunmehr zwei Tagen über sein Leben gekommen war, hatte der Kommandant Fahrenberg so wenig Schlaf gefunden wie irgendeiner der

5 Flüchtlinge. Auch sein Haar begann zu ergrauen. Auch sein Gesicht begann einzuschrumpfen. Wenn er nur daran dachte, was für ihn auf dem Spiel stand, wenn er versuchte, sich klarzumachen, was alles für ihn verloren war, dann krümmte er sich zusammen und stöhnte und wand sich in einem Ge-

10 strüpp von unentwirrbaren Fäden, unentknotbaren Telefonschnüren nutzlos gewordener Umschaltungen. Zwischen den beiden Fenstern hing das Bild des Führers, von dem er, wie er sich das zusammengereimt hatte, zur Macht bestellt war. Fast, nicht ganz zur Allmacht, Herr über Menschen sein, Leib

15 und Seele beherrschen, Macht haben über Leben und Tod, weniger tuts nicht. Ausgewachsene starke Männer, die man vor sich hinstellen lässt, und man darf sie zerbrechen, rasch oder langsam, ihre eben noch aufrechten Körper werden vierbeinig, eben noch kühn und patzig, werden sie grau und stammeln vor Todesangst. Manche hat man ganz fertiggemacht, manche zu Verrätern, manche hat man freigelassen, mit gebeugtem Genick, mit gebrochenem Willen. Meistens war der Geschmack

20 der Macht schlechthin vollkommen gewesen; manchmal war auch was dazwischengekommen, bei einigen Verhören, zumal bei diesem Georg Heisler.

8 Erläutern Sie das Menschenbild, das in dem Auszug aus Anna Seghers *Das siebte Kreuz* zum Ausdruck gebracht wird, und beurteilen Sie die hier getroffene Entscheidung aus der Perspektive des Täters zu erzählen.

9 Beschreiben Sie die Wirkung des Filmstills aus der Verfilmung des Romans.

10 Informieren Sie sich genauer über die Verfilmung. Diskutieren Sie – auch an anderen Beispielen (*Schindlers Liste, Zone Of Interest, Das Leben ist schön* usw.) – die Frage der Angemessenheit von künstlerischer Darstellung des Grauens.

Das siebte Kreuz, Film von Fred Zinnemann, 1944

Thomas Mann: Deutsche Hörer! (1942, Ausschnitt)

Thomas Mann (1875–1955) im Jahr 1943

Es ist furchtbar schwer und ein Gegenstand beständiger ratloser Sorge, sich das Zusammenleben des deutschen Volkes mit den andern Völkern nach diesem Kriege vorzustellen. Es hat immer Kriege gegeben, und die Nationen, die sie ausfochten, haben dabei einander immer viel Übel zugefügt. Das pflegte, dank dem kurzen Gedächtnis der Menschen, nach Friedensschluss sehr rasch begraben und vergessen zu sein. Diesmal ist es anders. Was Deutschland tut, was es an Jammer, Elend, Verzweiflung, Untergang, an moralischer und physischer Zerrüttung der Menschheit zufügt, indem es die revolutionäre Philosophie des Bestialismus ausübt, ist von einem solchen Maßstabe, so himmelschreiend, so hoffnungslos unvergessbar, dass man nicht absieht, wie in Zukunft unser Volk unter den Brüdervölkern der Erde als gleiches unter gleichen soll leben können. Je länger der Krieg dauert, desto verzweifelter verstrickt dieses Volk sich in Schuld, und aus dem einzigen Grunde dauert er heute noch an, weil es euch Deutschen zu spät erscheint zum Aufhören; weil ihr fühlt, es sei zuviel geschehen, als dass ihr noch zurückkönntet; weil euch Entsetzen erfasst bei dem Gedanken der Liquidation, der Abrechnung, der Sühne. Ihr müsst siegen, denkt ihr, damit die Revolution des Bestialismus sich über die ganze Welt erstrecke und in ihrem Zeichen eine finstere Verständigung zwischen euch und dem Rest der Welt möglich sei. Aber das kann nicht geschehen. Ihr seht es mit Augen, dass die Welt entschlossen ist, ihr Äußerstes zu tun, um das Schicksal abzuwehren, sich mit euch auf dem Fuße des Bestialismus zu begegnen, und die Kraft eurer Verzweiflung ist nicht dem Willen von drei Vierteln der Menschheit gewachsen. Nicht s i e g e n müsst ihr, denn das könnt ihr nicht. Ihr müsst euch reinigen. Die Sühne, um deren Vermeidung ihr kämpft, muss euer eigenstes Werk sein, das Werk des deutschen Volkes, von dem euer bald zermürbtes und erschöpftes Kriegsheer ein Teil ist. Sie muss von innen kommen – denn von außen kann nur Rache und Strafe kommen, aber nicht Reinigung.

11 Untersuchen Sie den Argumentationsgang und die sprachlich-stilistische Gestaltung des Auszugs aus Manns Radioansprache *Deutsche Hörer!*. Klären Sie den biografisch-zeitgeschichtlichen Hintergrund.

12 Thomas Mann wurde später vom Schriftsteller Frank Thiess vorgeworfen, er habe „aus den Logen und Parterreplätzen des Auslands der deutschen Tragödie" zugeschaut. Verfassen Sie einen offenen Brief, in dem Sie zu diesem Vorwurf Stellung nehmen.

13 Informieren Sie sich über die Begriffe *littérature engagée* und *l'art pour l'art*.

14 Diskutieren Sie anschließend, ob es Aufgabe bzw. Verantwortung von Schriftstellerinnen und Schriftstellern ist, sich zu zeitgeschichtlichen Themen, Problemen, Krisen oder Kriegen (kritisch) zu äußern.

293

Auf einen Blick: Merkmale der Literatur der Moderne

Epochenlexikon
→ S. 420 f.

☞ Schauen Sie sich im Panorama (S. 252) die Punkte ①–⑥ an, um die Zeit noch besser zu verstehen.

Krisenerfahrung um 1900

Der moderne Mensch kennzeichnet sich durch ein ausgeprägtes **Krisenbewusstsein**. Der Zerfall des Habsburger Kaiserreiches, rasante Industrialisierung und Technologisierung führen zu einem Gefühl der Beschleunigung in verschiedenen Lebensbereichen. Die moderne Arbeitswelt, das Gefühl der **Fremdbestimmung** und die **Anonymität** der Großstadt stürzen das durch Kopernikus (heliozentrisches Weltbild), Darwin (Evolutionslehre) und Freud (Psychoanalyse) dreifach gekränkte Ich in einer **gottverlassenen Welt** (Nietzsche) in eine tiefe **Sinnkrise**. Der Mensch verliert das Vertrauen in tradierte Werte, die stagnierende Welt der Eltern hält den Empfindungen von **Haltlosigkeit**, Untergang, Verfall und Chaos nicht stand. In der Weltanschauung des **Nihilismus** findet die Ablehnung allgemeingültiger Normen und Moralvorstellungen ihren Ausdruck, die davon überzeugt ist, dass jegliche Ordnung menschengemacht und damit nicht universell gültig ist. Die Sprache scheint zum Ausdruck der neuen Befindlichkeit nicht fähig und versagt dem Menschen ihren ordnenden und begrifflichen Dienst (**Sprachskepsis**). Zurück bleibt das einzelne Subjekt im Zustand der Dissoziation, **Entfremdung** und Angst angesichts einer Reizüberflutung, durch die die Wahrnehmung in Bruchstücke zerfällt (**Ich-Dissoziation**). Der Erfahrung des Untergangs einer ganzen Epoche (**Menschheitsdämmerung**) liegt eine unbestimmte Vorstellung eines **neuen Menschen**, der auf sich selbst bezogen das Menschsein als solches zum Ziel erklärt (**Neoromantik**), inne. Diese Bewusstseinslage mit einer Sehnsucht nach einer radikal neuen Zeit erreicht in den Erfahrungen des Ersten Weltkrieges ihren Höhepunkt. Der Krisenerfahrung begegnen die Autorinnen und Autoren durch eine **Vielfalt literarischer Ausdrucksweisen**, sodass nicht von einer einheitlichen literaturgeschichtlichen Epoche, sondern von verschiedenen **literarischen Strömungen** gesprochen wird.

Edvard Munch: *Der Schrei*, 1893

Literaturgeschichtliche Strömungen der Moderne

Die Literatur der Zeit richtet sich entschieden gegen den Realismus und Naturalismus in deren Betrachtung der gesellschaftlichen Welt, indem sie aus der subjektiven Erfahrungswelt des modernen Menschen schöpft. In der **Dekadenzdichtung** des späten 19. Jahrhunderts (**Fin de Siècle**) entsteht angesichts des Endes eines Jahrhunderts, das noch literarische Größen wie Goethe und Schiller kannte, zusammen mit einem wahrgenommenen kulturellen Verfall eine ästhetizistische Welt- und Kunstauffassung, die sowohl melancholische als auch apokalyptische Stimmungslagen hervorbrachte. Der **Ästhetizismus** ist dabei die Lehre vom Schönen als höchstem Wert, dem sich alle Lebensbelange unterordnen. Der Dandy und Schriftsteller Oscar Wilde sprach von der „Suche nach den Symbolen des Schönen". So wird im **Symbolismus** nicht länger eine äußere Welt abgebildet, sondern eine eigene, symbolisch aufgeladene, hoch ästhetisierte und künstliche Welt erschaffen. Im **Impressionismus** wird der spontane sinnliche Eindruck einer als bestimmte Stimmung wahrgenommenen Welt verarbeitet und als innere Wirklichkeit abgebildet. Anders erfolgt im **Expressionismus** das leidenschaftliche, häufig existenzielle Aufbegehren gegen die Verhältnisse der Gesellschaft, das mit oft apokalyptischem Blick die Endzeit als Erfahrung von Einsamkeit, Leere und Tod ausdrückt. Themen wie Großstadt und Krieg rücken ins Blickfeld. Der Einzelne verschwindet in der von den Umständen getriebenen Masse Mensch.

Neue Formen lyrischen Sprechens

Die Herausforderung und Überforderungen einer schnelllebigen Gegenwart, besonders der Großstadterfahrung, führen zu Angespanntheit und Reizung der Nerven sowie zu einem als komplex und zerrissen empfundenen Ich. Die Literatur der Moderne versteht sich als avantgardistisch und sucht die ständige **Entgrenzung** und das **Experiment** in Sprache und Form:

- **Ästhetik des Hässlichen**: Themen wie Tod, Krieg, Verfall, Leiden des Körpers werden literarisch ästhetisierter Gegenstand, wobei das Hässliche als integrativer Bestandteil der Schönheit verstanden wird.
- **Fragmentierung:** Dem Zerfall der Wahrnehmungen in zusammenhangslose Eindrücke oder Bilder wird bspw. durch die Reihung von Begriffen und syntaktischen Einheiten entsprochen.

- **Wortkunst**: Grammatische Einheiten werden z. B. auf einzelne lexikalische Elemente reduziert oder Klang- und Assoziationsräume einzelner Wörter und Neologismen ausgereizt.
- **Montagetechnik**: Unterschiedlichste Eindrücke, Gedanken und sprachliche Einheiten werden unverbunden zusammengefügt und nebeneinandergestellt.
- **Prosagedicht** und **lyrische Prosa**: Gattungsgrenzen fallen, wenn Lyrik mit genuin erzählenden Merkmalen, insbesondere der Auflösung der Strophen- und Versstruktur, verfasst werden oder Prosaschriften mit genuin lyrischen Merkmalen wie Rhythmik und Klang erscheinen.
- **Dinggedicht**: Dinge (lebendige, leblose, auch Situationen, Vorgänge) werden in der Lyrik objektiviert oder scheinbar deutungsfrei erfasst. Sie spiegeln oder repräsentieren so jedoch, lyrisch verdichtet, Wesen und innere Gesetze der Welt.

Neue Formen des Erzählens

Wie das krisengeschüttelte Individuum zu Jahrhundertbeginn in der der **Lyrik** seinen Ausdruck in einer intensiven **Bildhaftigkeit** sucht, so drückt es sich auch in der **Prosa** durch spezifische Techniken aus.

- **Bewusstseinsstrom**: Die assoziative, spontane und sprunghafte Folge von häufig simultanen Gedanken und Eindrücken durch die Erzählinstanz löst eine geordnete und kontinuierliche äußere Handlung auf.
- **innerer Monolog**: Die Figur enthüllt sich dem Leser durch die direkte Wiedergabe ihrer Gedanken in der Ich-Form (Gedankengespräch).
- **erlebte Rede**: Die Wiedergabe von Gedanken einer Figur in der 3. Person, i. d. R. im Präteritum, steht zwischen der direkten Rede und dem Berichten.

Später grenzt sich der **Berichtstil** der **Neuen Sachlichkeit**, im Kontext des Kriegselends skeptisch auf eine unbegrenzte Innerlichkeit, Leidenschaft und Nervosität der früheren Dekadenzliteratur schauend, illusionslos-nüchtern davon ab.

Lehrhafte und didaktische Formen

Die Wirtschaftskrisen der Zwanzigerjahre und der erstarkende Nationalsozialismus politisieren die Kunstwelt, sodass sich auch lehrhafte und didaktische Formen entwickeln.

- **Gleichnis**: Ein (i. d. R. theoretischer, komplizierter) Sachverhalt, Begriff oder Vorgang wird durch eine sinnfällige erzählerische Darstellung aus einem anderen Bereich veranschaulicht.
- **Parabel**: Diese Form der lehrhaft erzählenden Veranschaulichung überträgt eine allgemeine Wahrheit oder Erkenntnis durch Analogieschluss in einen anderen Vorstellungsbereich.
- **episches Theater**: Bertolt Brecht entwickelte die Vorstellung von Theater als Bewusstmachungsprozess: Verfremdungseffekte mit auch erzählerischen Anteilen durchbrechen die bis dahin identifikatorisch angelegte Bühnenillusion und führen die Zuschauenden zu distanziert-reflektierten Erkenntnissen.
- **Kabarett**: Kleinkunstbühnen brachten i. d. R. gesellschaftskritisch motivierte, häufig komische und satirische Gedichte, Balladen, Moritaten, Sketches, Pantomimen, Song- oder Musikdarbietungen zum Vortrag.

Reaktionen auf die nationalsozialistische Diktatur ab 1933

Im **Nationalsozialismus** entsteht eine ideologietreue „Blut und Boden"-Literatur, die propagandistisch an der Durchsetzung des nationalsozialistischen Gesellschaftsbildes mitarbeitete. Manche Künstler wichen auf vermeintlich unverfängliche Unterhaltungs- oder Heimatliteratur aus.
Regimekritische, in Deutschland verbliebene oder zurückgehaltene Autorinnen und Autoren zogen sich, beruflich kaltgestellt, in die **„Innere Emigration"** zurück. Die vertriebenen und geflüchteten Schriftstellerinnen und Schriftsteller der **Exilliteratur** richteten ihr Augenmerk vielfach auf das schwierige Leben in der anderssprachigen Fremde und traten z. T. dezidiert politisch gegen den Nationalsozialismus auf.

Textvergleich

Schreibform
→ S.466

KOMPETENZBOX

Texte miteinander vergleichen: Themen- oder Motivbezüge erfassen

Im Abitur wird stets eine Interpretation eines literarischen Textes verlangt werden. Dabei werden Texte aus zwei der drei Gattungen (Lyrik, Epik, Drama) zur Wahl stehen. Ggf. gibt es eine zweite Teilaufgabe, die zu einem geringer gewerteten Anteil verlangt, motivische und thematische Bezüge zu einem zweiten Text herzustellen. Es geht darum, zu erkennen, in welchem zentralen Aspekt beide Texte eine Schnittmenge besitzen und wie sie diesen Aspekt jeweils behandeln. Wo gibt es Gleiches, Gemeinsames? Worin bestehen Unterschiede?

1. Erstes Textverständnis festhalten – Aufgabenstellung erfassen
- einzelne Texte mehrfach lesen und Sinn erfassen
- zentralen Aspekt des Vergleichs (Thema, Motiv) als sogenanntes *tertium comparationis* (= das Dritte des Vergleichs, d.h. der eigentliche Vergleichsgegenstand im Sinne einer Schnittmenge) erfassen, ggf. mit notwendigen Begriffsklärungen
- Kernaussage und Textintention beider Texte erfassen
- Epochenkontext beider Texte beachten (ggf. verschiedene Epochen oder unterschiedliche Gestaltung innerhalb einer Epoche)

2. Texte aspektorientiert untersuchen
- den ersten Text inhaltlich, sprachlich-formal und literaturgeschichtlich untersuchen und deuten
- Untersuchungs- und Vergleichskriterien entwickeln
- relevante Merkmale isolieren und vergleichen (bzgl. Inhalt, Form, Sprache/Stil, Intention usw.)
- konkrete Ausgestaltung des Themas/Motivs (inhaltlich, formal, sprachlich) in beiden Texten untersuchen
- Gemeinsamkeiten und Unterschiede ermitteln
- Gestaltung des Themas/Motivs im Hinblick auf Epoche(n) und kulturgeschichtliche Entwicklung kontextualisieren

3. Untersuchungsergebnisse ordnen
- Vergleichsergebnisse kriterienorientiert ordnen
- zentrale Intention und Wirkung bzgl. des Themas/Motivs für beide Texte notieren
- Fazit aus den Untersuchungsergebnissen ziehen, ggf. Überlegungen für einen Ausblick notieren

4. Schreibplan/Gliederung erstellen (vgl. S.184)
- den ersten Text interpretieren
- Überleitungsgedanken zum ersten Teil der Aufgabenstellung entwickeln
- schlüssige Strukturierung des Vergleichs entwerfen und Vergleichsergebnisse untereinander in Beziehung setzen (linear oder aspektorientiert)
- eine Synthese aus den Ergebnissen bilden und einen abrundenden Schlussgedanken entwerfen

Zitieren
→ S.470

5. Textvergleich verfassen
- kohärente Überleitung zum ersten Aufgabenteil erstellen
- Vergleichsergebnisse entfalten und mit Belegen/Beispielen stützen (auf korrekte Zitiertechnik achten)
- auf roten Faden in der Argumentation achten und Abschweifungen, die nichts mit dem eigentlichen Vergleich zu tun haben, vermeiden
- sachlich und präzise formulieren unter Verwendung von Fachbegriffen

Eigene Texte sprachlich gestalten
→ S.403

6. Textvergleich überarbeiten
- sachliche Richtigkeit, angemessene Kontextualisierung und gedankliche Zusammenhänge prüfen
- sprachliche Verknüpfungen, formalsprachliche Korrektheit und stilistische Gewandtheit prüfen
- Stimmigkeit und Präzision der Befunde, Beobachtungen und Argumentation prüfen

MUSTERAUFGABE

Schreibtraining:
Interpretation
lyrischer Texte
→ S. 460

Hinweise zum
schriftlichen Abitur
→ S. 466

1 Interpretieren Sie das Gedicht *Weltende* von Else Lasker-Schüler. (ca. 70 %)

2 Zeigen Sie vergleichend thematische und motivische Bezüge in Else Lasker-Schülers Gedicht und in Jakob van Hoddis' gleichnamigem Gedicht auf. Berücksichtigen Sie dabei neben inhaltlichen auch sprachliche und formale Aspekte. (ca. 30 %)

Else Lasker-Schüler: Weltende (1903)

Es ist ein Weinen in der Welt,
Als ob der liebe Gott gestorben wär,
Und der bleierne Schatten, der niederfällt,
Lastet grabesschwer.

5 Komm, wir wollen uns näher verbergen ...
Das Leben liegt in aller Herzen
Wie in Särgen.

Du, wir wollen uns tief küssen –
Es pocht eine Sehnsucht an die Welt,
10 An der wir sterben müssen.

Jakob van Hoddis: Weltende (1911)

Dem Bürger fliegt vom spitzen Kopf der Hut,
In allen Lüften hallt es wie Geschrei.
Dachdecker stürzen ab und gehn entzwei,
Und an den Küsten – liest man – steigt die Flut.

5 Der Sturm ist da, die wilden Meere hupfen
An Land, um dicke Dämme zu zerdrücken.
Die meisten Menschen haben einen Schnupfen.
Die Eisenbahnen fallen von den Brücken.

1. Erstes Textverständnis festhalten – Aufgabenstellung erfassen

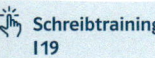 **Schreibtraining
I19**

*Meist geht es bei einem **Gedichtvergleich** als zweiter Teilaufgabe darum, dass die Texte im Hinblick auf ein bestimmtes **Thema oder Motiv**, das gleichsam die vorgegebene Schnittmenge darstellt, unter **Einbezug geeigneten Kontextwissens** mithilfe von passenden und **selbstständig entwickelten Untersuchungskriterien** differenziert verglichen werden, wobei **sowohl Gemeinsamkeiten als auch Unterschiede** dargelegt werden sollen. Dabei können die Gedichte auch aus gleichen oder verschiedenen literarischen Epochen bzw. Strömungen stammen.*

1.1 Machen Sie sich klar, was in der Aufgabenstellung von Ihnen verlangt wird und welches konkrete Motiv bzw. Thema im Zentrum des Vergleichs stehen soll. Notieren Sie erste Assoziationen, die Ihnen dazu einfallen, ggf. auch eine Begriffsdefinition, zum Beispiel:

– *Was verbindet man mit dem Thema „Weltende"?*
– *Wo spielt es kulturgeschichtlich eine Rolle (z. B. in der Religion, Philosophie, Science-Fiction)?*
– *Welche Darstellungen eines Weltendes gibt es (z. B. in Malerei, Film, Literatur)?*
– *Welche Möglichkeiten eines Weltendes (persönlich, epochal, kosmologisch) sind denkbar?*

1.2 Lesen Sie nun beide Texte mehrmals aufmerksam. Klären Sie ggf. unbekannte Wörter. Markieren Sie Textstellen in beiden Gedichten, die Ihnen für den Vergleich relevant erscheinen.

1.3 Erfassen Sie für beide Gedichte die jeweilige Kernaussage im Hinblick auf ein Weltende und die damit verbundene Textintention. Überlegen Sie bspw., ob und wie die Texte ...

– eine subjektive Selbstaussprache sind
– eine Stimmung evozieren
– eine Situation beschreiben
– appellieren
– provozieren

– unterhalten
– informieren
– emotionalisieren
– ...

1.4 Notieren Sie Stichpunkte zum Epochenkontext. Reflektieren Sie z.B. folgende Fragen:
Was kennzeichnet beide Gedichte als Texte der Moderne?
Gehören Sie derselben literarischen Strömung innerhalb der frühen Moderne an?
Sind die Gedichte eher typisch oder untypisch für ihre Zeit?

2. Texte aspektorientiert untersuchen

2.1 Entwickeln Sie geeignete Vergleichskriterien. Dabei gibt es bei einem Gedichtvergleich einerseits Standardkriterien, die man grundsätzlich heranziehen sollte, und andererseits Aspekte, die dem jeweils geforderten *tertium comparationis* geschuldet sind. Ergänzen Sie dazu die folgende Tabelle.

Standard-Vergleichskriterien	Vergleichsaspekte zum Thema *Weltende*
– *Sprechsituation*	– *inhaltliche Gestaltung eines Weltendes (Befund*
– *lyrischer Sprecher (persönlich betroffene*	*einer umfassenden, aber auch individuellen Trauer*
Sprechinstanz vs. distanziert berichtendes	*vs. allgemein registrierte apokalyptische*
Medium)	*Szenarien)*
– *formale Gestaltung, bspw. Strophen, Verse,*	– *Auslöser des Weltendes (Sehnsucht als Ursache*
Reime, Metrik (zwei kurze Gedichte in	*der Sterblichkeit des Menschen vs. Aussparung*
Strophenform mit unterschiedlicher Reimstruktur;	*eines konkreten Anlasses)*
metrische Klarheit nur bei van Hoddis durch	– *metaphysische Dimension (konjunktivischer Ver-*
weitgehend konsequenten jambischen Fünfheber)	*weis auf Gott vs. bloße Immanenz des Geschehens)*
– *sprachlich-stilistische Gestaltung (...)*	– *Reaktion auf das Weltende (Appell zur körperlichen*
– *Bildlichkeit, bspw. Metaphorik, Symbolik,*	*Nähe/Liebe vs. Verzicht auf Beschreibung einer*
Chiffren (...)	*Folge oder Reaktion)*
– *...*	– *...*

2.2 Markieren Sie in Ihrer Stichpunktsammlung anschließend Gemeinsamkeiten und Unterschiede in unterschiedlichen Farben.

2.3 Untersuchen Sie Aspekte der Entstehungszeit der Gedichte. Berücksichtigen Sie dabei die Entstehungsjahre, aber bedenken Sie auch, dass literarische Texte nicht immer in literaturgeschichtliche Schubladen passen.

3. Untersuchungsergebnisse ordnen

3.1 Erstellen Sie aus Ihren Text- und Randmarkierungen sowie aus Ihren Notizen eine Übersicht Ihrer Untersuchungsergebnisse, indem Sie sie entweder anhand bestimmter Aspekte oder nach Gemeinsamkeiten bzw. Unterschieden ordnen.

3.2 Notieren Sie stichpunktartig für sich ein knappes Fazit, das Sie aus Ihrem Vergleich ziehen. Vermeiden Sie dabei Floskeln oder Banalitäten wie die folgenden:

A *Beide Gedichte wollen zum Nachdenken anregen.*

(Achtung: Das wollen viele literarische Texte!)

B *Beide Gedichte lassen sich der Moderne zuordnen.*

(Achtung: Das ist zu allgemein und unergiebig!)

3.3 Strukturieren Sie Ihre Ergebnisse dahingehend, dass Sie einen geeigneten Einstieg (als Hinführung zum Vergleich bzw. als Anbindung an die Interpretation aus Teilaufgabe 1 und einen abrundenden Schlussgedanken finden. Diskutieren Sie miteinander verschiedene Möglichkeiten.

4. Schreibplan erstellen

4.1 Beurteilen und ergänzen Sie die folgenden alternativen Schreibpläne, die hier nur die Teilaufgabe 2 (Vergleich) abbilden.

<table>
<tr><td>

1. Darstellung des Weltendes bei Else Lasker-Schüler
   1.1
   1.2
   1.3
2. Darstellung des Weltendes bei Jakob van Hoddis
   2.1
   2.2
   2.3
3. Synthese/Fazit
4. Ausblick: Fortleben des Motivs am Beispiel von Weltuntergangsszenarien in Superhelden-Comics

</td><td>

1. Vergleich der Gestaltung des Weltendes bei Lasker-Schüler und van Hoddis
   1.1 Gemeinsamkeiten
       1.1.1
       1.1.2
   1.2 Unterschiede
       1.2.1
       1.2.2
       1.2.3
2. Fazit
3. Reflexion über das unterschiedliche Verstörungspotential von literarischen Texten

</td></tr>
</table>

4.2 Besprechen Sie Vor- und Nachteile beider Strukturierungen, auch im Hinblick auf die anschließende Ausformulierung.

5. Textvergleich verfassen

> Wie ausführlich der Vergleich bearbeitet werden soll, wird oft durch in den Aufgabenstellungen vermerkte **Prozentangaben** erkennbar, die eine Richtschnur darstellen. Dabei sollte man aber beachten, dass die gesamte Aufgabe auf ein **Darstellungsganzes** zielt und man den geforderten Vergleich **kohärent** an den ersten Teil anschließt. Aus diesem Grund empfiehlt es sich, den zweiten Teil der Aufgabenstellung schon von Beginn an in den Blick zu nehmen, um das entsprechende Thema bzw. Motiv bereits bei der Bearbeitung des ersten Teils zu beachten und Redundanzen zu vermeiden; zudem kann mit der Formulierung in Teilaufgabe 2 ein hilfreicher Hinweis für die Deutung des ersten Textes verbunden sein.

5.1 Bewerten Sie die folgenden Einstiegsformulierungen, die eine Anbindung zur vorherigen Textinterpretation (von Lasker-Schülers Gedicht) sowie eine Hinführung zum Vergleich leisten sollen.

A Nachdem ich das Gedicht von Else Lasker-Schüler interpretiert habe, werde ich es nun mit einem Gedicht von Jakob van Hoddis vergleichen, das acht Jahre später entstanden ist, aber ein ähnliches Thema hat. Beide haben nämlich denselben Titel: „Weltende"; allerdings sieht das Weltende in den zwei Texten sehr unterschiedlich aus.

B Das von Else Lasker-Schüler entworfene Weltende stammt – wie unschwer zu erkennen ist – aus der Feder einer Frau. Interessant dürfte es daher sein, wie ein männlicher Autor das Weltende lyrisch gestaltet. Stellt er andere Fragen? Treiben ihn andere Befindlichkeiten und Ängste an? Schildert er es – wie man laut gängiger Stereotype vermuten könnte – brutaler oder mit mehr Action? Auf der Suche nach einem solchen Text wird man nach Lasker-Schülers Gedicht aus dem Jahr 1903 bereits 1911 fündig; sein Autor ist Jakob van Hoddis.

C Die am Ende von Lasker-Schülers Gedicht aufgeworfenen Fragen, wessen Sehnsucht eigentlich an die Welt „pocht" (V. 9) – ist es die der Menschen oder Gottes? – und warum sie der Grund für die Sterblichkeit der Menschen bzw. des lyrischen Wir ist, zeigen die existenzielle Tiefendimension, die der Text trotz seiner Kürze aufweist, und die gleichermaßen individuellen wie anthropologischen Ängste, die das lyrische Ich bei diesem Thema umtreiben. Dass das Weltende aber auch ganz anders inszeniert werden kann, zeigt Jakob van Hoddis' gleichnamiges Gedicht aus dem Jahr 1911, das einen denkbar anderen Ton anschlägt.

Zitieren
→ S. 470

5.2 Prüfen Sie, ob die folgenden Behauptungen nachvollziehbar und mit den Textstellen belegbar sind. Korrigieren Sie ggf. die Zitierweise.

– *Lasker-Schülers Gedicht beginnt mit einer weltumspannenden Trauer, wobei sich die Alliteration vom „Weinen in der Welt" (V. 1) sogar noch mit dem Titelwort des Gedichts verknüpfen lässt.*

– *Lasker-Schülers lyrisches Ich hat dem Weltende etwas Positives entgegenzusetzen: „wir wollen uns tief küssen" (vgl. V. 8). Bei van Hoddis werden nur negative körperliche Reaktionen gezeigt, indem „die meisten Menschen einen Schnupfen haben" (V. 7).*

– *Dass bei van Hoddis Dachdecker abstürzen (vgl. V. 3), lässt eine immense Druckwelle vermuten, wie sie bspw. durch einen Tsunami oder eine Atombombe ausgelöst werden kann.*

– *Während in Lasker-Schülers Gedicht erkennbar ein Ich spricht – auch wenn das Personalpronomen nicht vorkommt – und sich an ein Du wendet (vgl. V. 8), ist in van Hoddis' Text überhaupt kein Sprecher vorhanden. Es werden nur Beobachtungen des Autors aus der Distanz aneinandergereiht.*

5.3 Besprechen Sie in Ihren Augen gelungene und verbesserungswürdige inhaltliche wie sprachliche Aspekte im folgenden Schluss eines Gedichtvergleichs.

> *Alles in allem hat mein Vergleich gezeigt, wie unterschiedlich das Weltende in literarischen Texten gestaltet werden kann. Aber auch unser alltäglicher Sprachgebrauch zeigt das ja: Mit Formulierungen wie „Das ist für mich das Ende der Welt" meinen Menschen meist nicht den wirklichen Weltuntergang, sondern eine persönliche Katastrophe, sei es nun das Ende einer Liebesbeziehung, die Kündigung im Beruf oder auch nur die Auflösung einer Teenie-Band, für die man intensiv geschwärmt hat. Da sich hier echt viele Möglichkeiten auftun, könnte man sogar zugespitzt sagen, dass so gesehen alle literarischen Werke ein Weltende thematisieren. Beim Durchforsten von Büchern, Filmen oder Serien wird man feststellen, dass in dieser übertragenen Bedeutung die Vermutung tatsächlich stimmen könnte. Nichtsdestoweniger lässt dieser Blickwinkel außer Acht, dass die Apokalypse immer wieder auch ganz wörtlich genommen und entsprechend gestaltet wird, sei es in mittelalterlichen Gemälden oder in Kino-Blockbustern wie „Armageddon", „Deep Impact" oder „2012". Ob dabei die Lust an überdimensionalen Weltuntergangsfantasien, die mit geradezu masochistischem Detailreichtum ausgestaltet werden, letztlich daher rührt, dass der Genuss am großen Weltende uns eine Flucht aus unseren eigenen, kleinen Katastrophen ermöglicht, soll für diesmal dahingestellt sein.*

5.4 Verfassen Sie Ihren eigenen schriftlichen Vergleich der beiden Gedichte auf Grundlage Ihres Schreibplans. Nutzen Sie dafür die folgenden Sprachtipps:

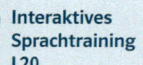
Interaktives Sprachtraining 120

> **SPRACHTIPP**
>
> **Texte (Gedichte) vergleichen**
>
> *im Vergleich zu / verglichen mit / in Übereinstimmung mit / parallel zu / eine auffallende Ähnlichkeit/ Gemeinsamkeit/Parallele zeigt sich in… / sowohl … als auch / im Gegensatz/Unterschied/Kontrast zu / abweichend von / voneinander abweichen / divergieren / differieren / ein Unterschied besteht in … / dagegen / hingegen / wiederum / während / wohingegen / demgegenüber / sich ähneln / unterscheiden / auf gleiche/ (gänzlich) unterschiedliche Art und Weise / einerseits … andererseits / zum einen … zum anderen*

6. Textvergleich überarbeiten

Eigene Texte sprachlich gestalten
→ S. 403

6.1 Prüfen Sie, ob Sie im Wortlaut korrekt zitiert und zitierte Passagen grammatisch korrekt eingefügt haben. Achten Sie auch darauf, ob die Zitate mit Belegen versehen sind.

6.2 Überarbeiten Sie Ihren Text vollständig. Denken Sie dabei an Ihre persönlichen Fehlerschwerpunkte und achten Sie auf eine saubere äußere Form bei der Überarbeitung. Das bedeutet:
1. mit Lineal durchstreichen und nichts in den Korrekturrand schreiben
2. nachträgliche Ergänzungen schlüssig systematisieren (Ziffern als Fußnoten)
3. Fußnoten am Ende des Textes platzieren und auf korrekten syntaktischen Anschluss achten

Beispiellösung
D 09

Beispiellösung

[...] Else Lasker-Schüler verfasste ihr Gedicht „Weltende" im Kontext der Jahrhundertwende, die nicht umsonst als „Fin de siècle" bezeichnet wurde und einen Epocheneinschnitt markierte. Nur ein knappes Jahrzehnt später hatte sich die Welt tatsächlich bereits deutlich verändert und das Bewusstsein einer Décadence wich dem Wunsch nach Aufbruch, Erneuerung und Umsturz, was sich exemplarisch in Jakob van Hoddis' Gedicht „Weltende" von 1911 widerspiegelt.

Während in Lasker-Schülers Gedicht Trauer, Vergänglichkeit und Sehnsucht eines lyrischen Ich im Zentrum stehen, werden hier auf nüchtern-lakonische Weise und im Berichtstil ohne markierte Sprecherinstanz zusammenhanglose Beobachtungen aneinandergereiht, die auch in ihrem Schwere- bzw. Bedeutungsgrad sehr heterogen anmuten: neben „wilden Meere[n]" (V. 5) und einer ansteigenden Flut werden Schnupfen und Bürgerhüte thematisiert. Dass verschiedene Topografien in den Blick genommen werden (Land, Meer, Küsten, Dächer, Eisenbahnen) [...], könnte man als durchaus typisch für das „Genre" von Weltuntergangsszenarien bezeichnen. Dass die traditionellen apokalyptischen Bilder aber konsequent ironisch gebrochen werden – sei es durch die Wortwahl („die wilden Meere hupfen", V. 5), [...] –, ist durchaus ungewöhnlich und ein deutlicher Kontrast zum pathetisch-melancholischen Gestus in Lasker-Schülers Gedicht, das eine emotional-subjektive Selbstaussprache und einen sehr persönlichen Weltuntergang präsentiert, während van Hoddis konsequente Entsubjektivierung betreibt und alle Gefühle ausspart. Interessant ist, dass beide Gedichte nur im Abstand von acht Jahren entstanden sind und doch in Intention und Wirkung so unterschiedlich sind; gemeinsam ist beiden, dass ihre Autoren gängigerweise dem Expressionismus zugeordnet werden.

Lasker-Schülers Text verzichtet fast völlig auf traditionell apokalyptische Bilder; vielmehr wird durch Schatten, Särge und Sehnsucht (vgl. V. 3, 7, 9) eine Endzeitstimmung evoziert, die „grabesschwer" (V. 4) auf dem lyrischen Ich lastet. [...] Es herrschen das Chaos, Naturgewalten und der Zufall. Dekonstruiert wird dabei die menschliche Zivilisation samt Technik, Fortschritt und bürgerlichem Habitus, womit das Gedicht mit seinem Umsturz des (Spieß-)Bürgertums deutlich eine gesellschaftskritische Lesart zulässt, was für Lasker-Schüler – wenn überhaupt – nur latent mitschwingt. Ihr Gedicht erscheint zeit- und raumlos [...]. Es beschreibt eine sehr persönliche Krise, mithin ein Einzelschicksal, das zum Weltuntergang stilisiert wird, während van Hoddis' Weltende alles umfasst: Mensch, Natur und Kultur.

Gemeinsam ist beiden Texten neben der auffälligen Kürze, in der sie das jeweilige Weltende wie in einem Brennglas komprimieren, dass sie dem Leser einen Blick in eine wie auch immer geartete Zukunft vorenthalten. Auch Lasker-Schülers Schlussvers beendet den Text mit dem unausweichlichen Tod, [...]

1987 wird diese ironische Perspektive in einem bekannten Song übrigens wieder aufgegriffen: „It's the end of the world as we know it", heißt ein Lied der US-amerikanischen Band R.E.M. Bemerkenswert daran ist zum einen der zweite Teil des Titels, der eine Einschränkung vornimmt: Es muss nicht das allumfassende Ende des Universums sein, es reicht auch nur das Ende einer vertrauten Welt, was vieldeutig ist. Zum anderen aber ist dem Titel in Klammer ironischerweise die Formulierung „(and I feel fine)" nachgestellt. Man kann dem Weltende also nicht nur mit Resignation und Trauer wie bei Lasker-Schüler oder mit nüchterner Lakonie wie bei van Hoddis begegnen, sondern sogar mit Zufriedenheit.

Marginalien (rechte Spalte):

Ende des Hauptteils der Interpretation von Lasker-Schülers Gedicht

Überleitungsgedanke zum Vergleichsgedicht

zentrale Aussage Text 1 vs. **zentrale Aussage** Text 2

unterschiedliche Bildlichkeit in Text 2

signifikante **stilistische Unterschiede**

Verweis auf gemeinsamen Epochenkontext

Bildlichkeit in Text 1

Gesellschaftskritik in Text 2 vs. Selbstaussprache in Text 1

formale Gemeinsamkeit: Kürze / Unausweichlichkeit

Ausblick auf einen zeitgenössischen Text zum Thema „Weltende"

bündelnde Zusammenschau der drei Texte
prägnanter Schluss

9.4 Vernetzen: Gegenwarts- und Weltliteratur einbeziehen
Großstadt als Topos

1 Tauschen Sie sich über die Darstellung von Städten in Filmen oder Serien Ihrer Wahl aus. Berücksichtigen Sie dabei auch die Tatsache, ob es sich um fiktive oder nicht fiktive Städte handelt.

James Joyce: Ulysses (1922, Auszug)

James Joyce mit Sylvia Beach, der Verlegerin des Romans *Ulysses*

Der umfangreiche, in Dublin angesiedelte Roman schildert einen einzigen Tag (genau: den 16. Juni 1904) im Leben Leopold Blooms, an dem dieser u. a. zur Beerdigung eines Bekannten geht.

Er ging auf die Sonnenseite hinüber, vermied die lose Kellerklappe von Nummer Fünfundsiebzig. Die Sonne näherte sich dem Glockenstuhl der George's Church. Wird wahrscheinlich ein warmer Tag heute. Besonders in dem
5 schwarzen Zeug, spürt mans mehr. Schwarz leitet die Hitze, ist ein Hitze-Reflektor (oder heißt es Refraktor?). Aber in dem hellen Anzug könnt ich ja nicht gehen. Ist ja schließlich kein Picknick. Die Lider sanken ihm oft über die Augen, in aller Ruhe, während er in seliger Wärme da-
10 hinschritt. Boland's Brotwagen, der uns auf Platten unser tägliches anliefert, aber sie hat ja lieber welches von gestern, knusprige Törtchen, heiße Hefezöpfe. Richtig jung fühlt man sich davon.

Irgendwo im Osten: früher Morgen: Aufbruch bei Dämmerung, dann rundum immer vor der Sonne
15 herreisen, damit stiehlt man ihr einen ganzen Tag ab. Hielte mans ewig durch, würde man nie einen Tag älter, rein technisch. An einem Strand dahinwandern, fremdes Land, an ein Stadttor kommen, Schildwache davor. [...] Wandern durch Gassen, von Sonnensegeln überzeltet. Beturbante Gesichter gehn vorbei. Dunkle Höhlen von Teppichläden, ein großer Mann, Turko der Schreckliche, kreuzbeinig dasitzend, den Ringschlauch einer Wasserpfeife im Mund. Händlerschreie auf den Straßen.
20 Trinkt Wasser, duftend nach Fenchel, Scherbett[1]. Den ganzen Tag so wandern, immer weiter. Man könnte einem Räuber begegnen oder zweien. Na schön, soll sein. Weiter dem Sonnenuntergang zu. [...] Ich schreite weiter. Blassender Goldhimmel. Eine Mutter späht aus ihrem Torweg. Sie ruft die Kinder heim in ihrer dunklen Sprache. Hohe Mauer: jenseits gezupfte Saiten. Nacht Himmel Mond, violett, die Farbe von Mollys neuen Strumpfbändern. Saitenklang. Horch. Ein Mädchen spielt eins
25 von diesen Instrumenten, wie heißen sie doch: Hackbrett. Ich ziehe weiter. Wahrscheinlich ja kein bisschen so in Wirklichkeit. Irgend so ein Zeug bloß, was du mal gelesen hast: Auf den Spuren der Sonne. Der Sunburst auf dem Titelblatt: Aufgang des Glanzes. Er lächelte selbstzufrieden.

---

1 Scherbett, das: Sorbet, Gefrorenes aus Saft, Wassereis

2 Beschreiben Sie die Eindrücke des Protagonisten – auch im Hinblick auf Wirklichkeit und Imagination – und die dadurch erzeugte Wirkung auf die Leserinnen und Leser.

3 Analysieren Sie die Erzähltechnik des Textes, insbesondere das Verhältnis von Erzählzeit und erzählter Zeit sowie die Verwendung des inneren Monologs.

innerer Monolog, Zeitgestaltung → S. 427 f.

4 PLUS Recherchieren Sie zur Bedeutung des Titels des Romans. Erklären Sie anschließend folgende Äußerung des Literaturwissenschaftlers Jürgen Wertheimer: „Wenn etwa James Joyce Ulysses auf Odysseus projiziert, öffnet sich eine neue Dimension, die [...] Ithaka an die Moderne klebt." Tauschen Sie sich im Anschluss über intertextuelle Verweise in anderen Texten oder Filmen aus.

James Joyce: Ulysses (1922, Auszug)

Am Ende des Romans kommt Leopold Blooms Frau Molly zu Wort. Die Leserin/der Leser erfährt ihre Gedanken und Sicht der Dinge in einem sich über viele Seiten erstreckenden Monolog.

Ja weil er sowas doch noch nie gemacht hat bis jetzt dass er sein Frühstück ans Bett haben will mit zwei Eiern seit dem *City Arms* Hotel wo er immer so tat wie wenn er wegen seiner kranken Stimme das Bett hüten müsste und den feinen Lackaffen spielte alles bloß um sich bei der alten Ziege interessant zu machen Mrs Riordan von der er dachte er hätte einen dicken Stein im Brett bei ihr und
5 dabei hat sie uns keinen roten Heller hinterlassen alles für Messen weg für sie selber und ihre blöde Seele als sowas von Geizkragen das gibt's nicht nochmal …

5 Erschließen Sie die vom restlichen Roman abweichende erzählerische Gestaltung und beurteilen Sie deren Wirkung.

John Dos Passos: Manhattan Transfer (1925, Auszug)

EINST GAB ES BABYLON UND NINIVE, ERBAUT AUS
ZIEGELSTEINEN. ATHEN, DAS WAREN SÄULEN AUS
GOLD UND MARMOR. ROM RUHTE AUF BREITEN
BRUCHSTEINBOGEN. IN KONSTANTINOPEL LEUCH-
5 TEN DIE MINARETTE AM GOLDENEN HORN WIE
GROSSE KERZEN … STAHL, GLAS, FLIESEN, BETON –
DAS WERDEN DIE MATERIALIEN DER WOLKENKRAT-
ZER SEIN. DIE MILLIONENFENSTRIGEN GEBÄUDE
WERDEN AUF DER SCHMALEN INSEL DICHTGE-
10 DRÄNGT UND GLITZERND AUFRAGEN, PYRAMIDEN
ÜBER PYRAMIDEN, SCHIMMERND WIE DER WEISSE
WOLKENTURM EINES GEWITTERS.

Als die Tür des Zimmers sich hinter ihm schloss, fühlte Ed Thatcher sich sehr einsam, und zu-
15 gleich war er erfüllt von einer kribbelnden Rast-

Fotografie von New York um 1920

losigkeit. Wenn nur Susie da gewesen wäre, dann hätte er ihr von dem vielen Geld erzählen können, das er verdienen würde, und dass er für die kleine Ellen jede Woche zehn Dollar auf das Sparbuch einzahlen würde; das wären dann fünfhundertzwanzig Dollar im Jahr … Und in zehn Jahren würden es – ohne Zinsen – mehr als fünftausend Dollar sein! Ich muss ausrechnen, wie viel das bei vier Pro-
20 zent Zinsen sind. Erregt ging er in dem schmalen Raum auf und ab. Die Gasflamme schnurrte behaglich wie eine Katze. Sein Blick fiel auf die Schlagzeile des *Journal*, das neben der Kohlenschütte auf dem Boden lag, wo er es hatte fallen lassen, um eine Droschke zu holen und Susie ins Kranken-haus zu bringen.

MORTON UNTERSCHREIBT GREATER NEW YORK BILL
25 *NEW YORK – DIE ZWEITGRÖSSTE METROPOLE DER WELT*

Er atmete tief ein, faltete die Zeitung zusammen und legte sie auf den Tisch. Die zweitgrößte Metropole der Welt …

6 Vergleichen Sie die Auszüge aus den Romanen von James Joyce und John Dos Passos miteinander und stellen Sie Vermutungen darüber an, warum ihnen eine so große weltliterarische Bedeutung zuerkannt wird.

7 Informieren Sie sich über die kulturgeschichtliche Bedeutung der Städte Babylon und Ninive (vgl. Z.1) und informieren Sie sich über das Motiv der „Hure Babylon", das u.a. auch Alfred Döblin in seinem Großstadtroman *Berlin Alexanderplatz* (vgl. S.288) adaptierte.

8 Tauschen Sie sich über die Großstadt als Verheißung und riskanter Ort anhand des Textauszuges aus John Dos Passos' Roman, des Fotos sowie Ihrer eigenen Erfahrungen bzw. Erwartungen aus.

MK **9** Recherchieren Sie im Internet die beiden Texte in der Originalsprache und diskutieren Sie davon ausgehend die Problematik literarischer Übersetzungen (vgl. dazu auch S. 128 f.).

10 Der Topos von der Großstadt als Labyrinth findet sich auch in Paul Austers Roman *Stadt aus Glas* (1985). Interpretieren Sie diesbezüglich die Gestaltung in der Adaption des Romans als Graphic Novel (s. Abbildung unten).

Jürgen Wertheimer: Weltsprache Literatur. Die Globalisierung der Wörter
(2018, Ausschnitt)

Wenn Paris oder London über Nacht verschwän-
den und nur die Romane von Balzac[1] oder
Dickens[2] blieben erhalten – wir wüssten nach
wie vor fast alles über die Struktur und Kultur
5 dieser beiden Städte, denn die Literatur ist das
größte Archiv der Menschheitsgeschichte. Es ist
an der Zeit, mit diesem Wissens- und Verste-
hensschatz achtsamer umzugehen, die Ressour-
ce Literatur bewusster zu nutzen. [...] Die Litera-
10 tur ist nicht nur Archiv der Vergangenheit,
sondern auch Wegweiser durch die Gegenwart.
Einer plurikulturellen[3] Gegenwart der Gleichzeitigkeit des Ungleichzeitigen, des vehementen
Aufeinanderprallens von Gegensätzen wie auch
15 universalistischer Visionen einer Weltkultur.
Deshalb ist jetzt die Stunde der Weltliteratur –
Verkehr, Bildung, Märkte, Politik – alles gerät in
globale Bewegung, und ausgerechnet das Welt-
phänomen Literatur sollte davon nicht berührt
20 werden? [...] Mein Weltliteratur-Konzept stellt
[...] den Faktor der intertextuellen Vernetztheit
und Kommunikation ins Zentrum. Damit ist allerdings mehr gemeint als das übliche Suchen
nach Zitationen, Kenntnissen, Wiedererkennen
25 oder Einflüssen. Vielmehr deutet sich so etwas
wie ein world wide web aus Literatur an. Ein
Netz, in das jeder Autor sich einschreibt und
gleichsam einen dritten Raum, einen Welt-
Raum aus Literatur schafft. Es schmälert in keiner Weise den Wert und die Bedeutung eines Autors,
30 wenn man ihn als Erben vieler Ahnen entdeckt, als eine Stimme im Dialog mit vielen anderen.

Panels aus der Graphic Novel *Stadt aus Glas* von Paul Karasik und David Mazzucchelli, 2006

1 Balzac: Honoré de Balzac (1799–1850), Autor des frz. Realismus   2 Dickens: Charles Dickens (1812–1870), Autor des engl. Realismus   3 plurikulturell: Gemeint ist das Aufeinandertreffen verschiedener Kulturen in einem gemeinsamen Raum. Die verschiedenen Kulturen koexistieren dabei eher getrennt voneinander als sich zu vermischen.

Schauen Sie sich im Panorama (S. 252) dazu auch den Punkt ④ Potsdamer Platz in den 1920er-Jahren an.

11 Überprüfen und veranschaulichen Sie Wertheimers These vom „Netz" (Z. 27) am Beispiel der Stadt Berlin und ihrer vielfältigen kulturgeschichtlichen Topografie mithilfe von Materialien dieses Kapitels.

12 Vergleichen Sie die Darstellungen des Potsdamer Platzes (S. 305) in Berlin in den zwei Gemälden von Ludwig Meidner und Ernst Ludwig Kirchner sowie in der Fotografie. Ermitteln Sie Gemeinsamkeiten und Unterschiede.

Ernst Ludwig Kirchner: *Potsdamer Platz* (1914)

Ludwig Meidner: *Potsdamer Platz* (1913)

Fotografie vom Potsdamer Platz um 1920

Sven Regener: Herr Lehmann (2001, Auszug)

Der Roman thematisiert am Beispiel des 29-jährigen Frank Lehmann, der in Berlin-Kreuzberg lebt und arbeitet, das Lebensgefühl junger Erwachsener in West-Berlin im Herbst 1989.

In seiner Vorstellung hatte er, sobald er zu früh am Hotel war, irgendwo in der Nähe noch einen Kaffee getrunken und war dann ganz lässig und Punkt elf Uhr in den Frühstücksraum des Hotels hineingeschneit, wo seine Eltern ihn schon sehnsüchtig erwarteten, denn zu früh war er auch nicht gerne, er wusste, wann man das Tempo rausnehmen musste.

5 Aber er wusste auch, wann es Zeit war, Gas zu geben, und so hastete er jetzt den Tauentzien[1] hinunter. Das war nicht leicht, es war im Grunde unmöglich, hier schneller voranzukommen als der Rest der Welt, der sich vollzählig, wie es Herrn Lehmann schien, auf dem Tauentzien versammelt hatte, um ihm mit seiner trantütigen Bummelei auf den Wecker zu gehen. Der Schweiß brach ihm aus, und er fluchte leise vor sich hin, als er zwischen seinen Mitmenschen hin- und herhüpfte, schlen-

10 dernden Touristengruppen auswich, die glotzend und schwatzend und immer mindestens zu siebt nebeneinander die Straße versperrten, Rentnerinnen in Pelzmänteln umkurvte und in riesige, unberechenbare Gruppen Jugendlicher hineinstolperte, die plötzlich stehenblieben oder die Richtung wechselten, wenn er gerade versuchte, sie zu überholen. Solche Jugendliche gab es viele, und Herrn Lehmann fiel trotz aller Eile doch auf, dass die meisten eine Art sportlicher Einheitskleidung tru-

15 gen, mit der Aufschrift „Deutsches Turnfest 1989 Berlin" auf dem Rücken, ein Umstand, der seine Laune nicht gerade verbesserte. Wenn die so turnen, wie sie zu Fuß gehen, dachte er grimmig, dann gute Nacht deutsches Turnfest, dann lass dich zuscheißen, deutscher Turnsport, dachte er, die fallen doch alle vom Stufenbarren, die können ja nicht einmal Bockspringen, die sind ja alle auf Pille, die sind ja gedopt, bloß falsch herum, dachte Herr Lehmann.

---

1 Tauentzien, der: Die Tauentzienstraße ist eine große Einkaufsstraße im Westen Berlins.

13 Tauschen Sie sich über die Wahrnehmung des Großstadtlebens im Auszug aus Sven Regeners Roman *Herr Lehmann* aus, auch im Hinblick auf die Frage, ob Sie das Erleben des Protagonisten nachvollziehen oder sogar teilen können.

14 Untersuchen Sie die sprachlich-stilistische Gestaltung des Textes und zeigen Sie auf, wie deren Wirkung jeweils mit dem Inhalt zusammenhängt.

15 **PLUS** Informieren Sie sich arbeitsteilig über die Darstellung und Rolle Berlins in ausgewählten Romanen, Serien und Filmen und präsentieren Sie Ihre Ergebnisse anschließend im Kurs.

Thomas Brussig: *Am kürzeren Ende der Sonnenallee*

Katja Oskamp: *Marzahn mon amour. Geschichten einer Fußpflegerin*

Wim Wenders: *Der Himmel über Berlin* (Film)   *Babylon Berlin* (Serie)

Projekt: Die Revolte – Dada als Befreiung der Kunst erfassen

Veranstalten Sie an Ihrer Schule einen Dada-Abend, an dem Sie die Anwesenden über die Kunstrichtung des Dadaismus informieren und bekannte sowie eigene Beiträge präsentieren! Nutzen Sie dazu die folgenden Gedichte, Materialien und Aufgaben.

Hugo Ball: Karawane (1917)

KARAWANE

jolifanto bambla ô falli bambla
grossiga m'pfa·habla horem
égiga goramen
higo bloiko russula huju
hollaka hollala
anlogo bung
blago bung
blago bung
bosso fataka
ü üü ü
schampa wulla wussa ólobo
hej tatta gôrem
eschige zunbada
wulubu ssubudu uluw ssubudu
tumba ba- umf
kusagauma
ba - umf

Hugo Ball (1886–1927) im kubistischen Kostüm, 1916

Kurt Schwitters: Frühe rundet Regen blau (um 1919)

Runde das Grün
Schlafe maies Land
Gründe Tropfen tropfenweise
Leise Tropfen tropfen leise
5 Runde schlaf Land
Schlafe grüne Tropfenwiese
Grüne Tropfen sanften Lied
Grünen Grüne grün.

> **Nonsense**
> Verse, die auf bloßer Absurdität und der unlogischen Verbindung paradoxer Vorstellungen beruhen, mit der Absicht verblüffender Wirkung und Unterhaltung oder aus grotesk-fantastischem Spieltrieb, Lockerungsübungen der Sprache, die ihre eigene (Un-)Logik hat.

Was ist **dada**?

Eine Kunst? Eine Philosophie? *eine Politik?*
Eine Feuerversicherung?
Oder: **Staatsreligion?**
ist **dada** wirkliche **Energie?**
oder ist es ☞ **Garnichts,** d. h.
alles?

Was ist dada?, erschienen in der Zeitschrift
Der Dada, 1919

Material 1

Hugo Ball: Die Flucht aus der Zeit (1916, Auszug)

Unser Kabarett ist eine Geste. Jedes Wort, das hier gesprochen und gesungen wird, besagt wenigstens das eine, dass es dieser erniedrigenden Zeit nicht gelungen ist, uns Respekt abzunötigen. Was wäre auch respektabel und imponierend an ihr? Ihre Kanonen? Unsere große Trommel
5 übertönt sie. Ihr Idealismus? Er ist längst zum Gelächter geworden, in seiner populären und seiner akademischen Ausgabe. Die grandiosen Schlachtfeste und kannibalischen Heldentaten? Unsere freiwillige Torheit[1], unsere Begeisterung für die Illusion wird sie zuschanden machen.

---

1 Torheit, die: Unvernunft, Dummheit

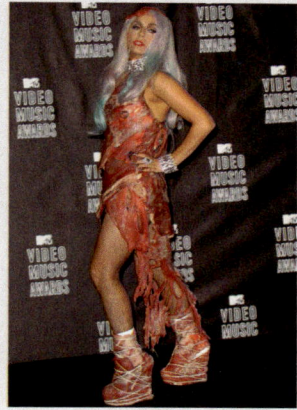

Max Ernst: *santa conversazione*, 1921

Raoul Hausmann: Der deutsche Spießer ärgert sich
(1919, Auszug)

Wer ist der deutsche Spießer, dass er sich über Dada ärgert? Es ist der
deutsche Dichter, der deutsche Geistige, der vor Wut platzt, dass man seine formvollendete Schmalzstullenseele in der Sonne des Gelächters
schmoren ließ, der tobt, weil man ihn mitten ins Gehirn traf, das bei ihm
5 dort liegt, wo er sitzt – und nun hat er nichts mehr, dass er sitze! [...] Rühren Sie nur aus Leibeskräften die Trommel Ihres geistigen Geschäfts,
schlagen Sie nur feste auf Ihrem Bauch herum, dass ein Gott sich des
Schalles erbarme – wir haben längst diese alte Trommel beiseite geschmissen. Wir dudeln, quietschen, fluchen, lachen die Ironie. [...] Wir
10 haben das Recht zu jeder Belustigung, sei es in Worten, in Formen, Farben, Geräuschen; dies alles aber ist ein herrlicher Blödsinn, den wir bewusst lieben und verfertigen, – eine ungeheure Ironie, wie das Leben
selbst: die exakte Technik des endgültig eingesehenen Unsinns als Sinn
der Welt!!! NIEDER MIT DEM DEUTSCHEN SPIESSER!

So können Sie vorgehen: Einen Dadaismus-Abend vorbereiten

1. Verschaffen Sie sich einen Überblick über Besonderheiten des
   Dadaismus.
   – Lesen Sie die Gedichte laut und in verschiedenen Sprechmodi
     (z. B. traurig, aggressiv, vergnügt, wahnsinnig, verzweifelt) mit Va-
     riationen in Tempo und Lautstärke. Diskutieren Sie, inwiefern Titel,
     Lautstrukturen und Wortformen Ihr Textverständnis beeinflussen.
   – Erkundigen Sie sich über Luigi Russolos Intonarumori (1913) und
     stellen Sie Bezüge zu den Gedichten her.
   – Erläutern Sie, inwiefern die Gedichte als Nonsense-Dichtung
     eingeordnet werden können.
   – Nutzen Sie die Materialien zum Verständnis der Gedichte und
     Bilder. Überlegen Sie, inwiefern Dadaismus nicht zuletzt als
     Reaktion auf Krisenerfahrungen verstanden werden kann.

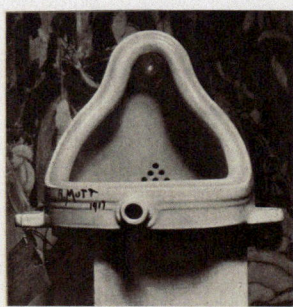

Lady Gaga, 12. September 2010 in
Los Angeles

2. Erarbeiten Sie arbeitsteilig Ausformungen und Traditionslinien
   des Dadaismus.
   – Internationalität des Dadaismus (Zürich, New York, Berlin, Paris)
   – Entgrenzung: Dadaismus als interdisziplinäre Kunst (Collage,
     Erste Internationale Dada-Messe)
   – Dadaismus und Musik (Punk, Franz Ferdinand, Trio)
   – Dadaismus und Performance-Kunst (Lady Gaga, Marina
     Abramovic, Pussy Riot)
   – Dadaismus und Happenings (Joseph Beuys, Yoko Ono)
   – Dadaismus und Nonsense (Hape Kerkeling, Helge Schneider,
     Otto Waalkes)

3. Erstellen Sie eigene Text-, Bild-, Ton- und Performance-Beiträge,
   die wesentliche Gestaltungsprinzipien des Dadaismus aufgreifen.

Marcel Duchamp: *Fountain*, 1917

Literatur von 1945 bis zur Gegenwart
Verlorene Gewissheiten und Neuanfänge

1

2

Wie politisch kann oder soll Lyrik sein?

Wer ist „Ich" im Gegenwartsroman?

Ist alles Leben Theater?

Im Panorama: Zeugnisse der Gegenwart
① „Trümmerliteratur" und keine „Stunde Null"
② In der Bundesrepublik: Die Gruppe 47
③ In der DDR: Der Bitterfelder Weg
④ Studentenproteste 1968: die neue Bundesrepublik
⑤ Die X. Weltfestspiele 1973: Subjektivismus in der DDR
⑥ Postmoderne: Das Verschwinden der Utopien

I20
360°-Bild

Das lernen Sie jetzt!

10.1 Lyrik nach 1945 interpretieren
10.2 Gegenwartsepik untersuchen
10.3 Dramatische Strömungen der Gegenwart kennenlernen
Training: Mündliches Abitur
10.4 Postmoderne Selbstbezüglichkeit, Absurdität und Autofiktion produktiv umsetzen

**Heinz Kahlau:
Elementares Bedürfnis**

. Ich will gar nicht
. immerfort
. woandershin. –

. Aber es
5 können
. dürfen.

Abbildung 1: Joseph Beuys: *Capri-Batterie* (1985)
Abbildung 2: Rosemarie Trockel: *Frau* (1983)

1 Stellen Sie Vermutungen zum Entstehungsjahr des Gedichts an und begründen Sie Ihre Entscheidung auf der Grundlage Ihrer Interpretation des Textes.

2 Tauschen Sie sich darüber aus, inwiefern Sie bei der Interpretation des Textes (Aufgabe 1) durch die Fotos beeinflusst wurden, und leiten Sie von diesen Erkenntnissen Grundsätze für die Interpretation zeitgenössischer Lyrik ab.

3 Beschreiben Sie das Kunstwerk von Rosemarie Trockel und die Skulptur von Joseph Beuys auf S. 308 und besprechen Sie, inwieweit diese Kunstwerke Ihrer Vorstellung von Gegenwartskunst entsprechen.

4 Diskutieren Sie, inwieweit sich die Interpretation von Kunst und die Interpretation von Literatur voneinander unterscheiden.

10.1 Lyrik nach 1945 interpretieren
„Kann man nach diesen Zeiten noch dichten?"

Lakonismus[1] und Hermetismus[2] in deutscher Nachkriegslyrik

Hörtext
A10

Paul Celan: Todesfuge (E: 1945, D: 1948)

Schwarze Milch der Frühe wir trinken sie abends
wir trinken sie mittags und morgens wir trinken sie nachts
wir trinken und trinken
wir schaufeln ein Grab in den Lüften da liegt man nicht eng
5 Ein Mann wohnt im Haus der spielt mit den Schlangen der schreibt
der schreibt wenn es dunkelt nach Deutschland dein goldenes Haar Margarete
er schreibt es und tritt vor das Haus und es blitzen die Sterne er pfeift seine Rüden herbei
er pfeift seine Juden hervor lässt schaufeln ein Grab in der Erde
er befiehlt uns spielt auf nun zum Tanz

10 Schwarze Milch der Frühe wir trinken dich nachts
wir trinken dich morgens und mittags wir trinken dich abends
wir trinken und trinken
Ein Mann wohnt im Haus der spielt mit den Schlangen der schreibt
Der schreibt wenn es dunkelt nach Deutschland dein goldenes Haar Margarete
15 Dein aschenes Haar Sulamith wir schaufeln ein Grab in den Lüften da liegt man nicht eng

Er ruft stecht tiefer ins Erdreich ihr einen ihr andern singet und spielt
er greift nach dem Eisen im Gurt er schwingts seine Augen sind blau
stecht tiefer die Spaten ihr einen ihr andern spielt weiter zum Tanz auf

Schwarze Milch der Frühe wir trinken dich nachts
20 wir trinken dich mittags und morgens wir trinken dich abends
wir trinken und trinken
ein Mann wohnt im Haus dein goldenes Haar Margarete
dein aschenes Haar Sulamith er spielt mit den Schlangen

Er ruft spielt süßer den Tod der Tod ist ein Meister aus Deutschland
25 er ruft streicht dunkler die Geigen dann steigt ihr als Rauch in die Luft
dann habt ihr ein Grab in den Wolken da liegt man nicht eng

Schwarze Milch der Frühe wir trinken dich nachts
wir trinken dich mittags der Tod ist ein Meister aus Deutschland
wir trinken dich abends und morgens wir trinken und trinken
30 der Tod ist ein Meister aus Deutschland sein Auge ist blau

László Lakner:
Schwarze Milch
(1983)

er trifft dich mit bleierner Kugel er trifft dich genau
ein Mann wohnt im Haus dein goldenes Haar Margarete
er hetzt seine Rüden auf uns er schenkt uns ein Grab in der Luft
er spielt mit den Schlangen und träumet der Tod ist ein Meister aus Deutschland

35 dein goldenes Haar Margarete
dein aschenes Haar Sulamith

---

1 Lakonismus, der: Kargheit mit dem Wort   2 Hermetismus, der: Rätselhaftigkeit und Verschlossenheit der Inhalte

Die Fuge

Die Fuge (lat. fugare: fliehen) spielte vor allem in der Barockmusik eine große Rolle. So komponierte beispielsweise Johann Sebastian Bach (1685–1750) eine große Zahl an Fugen für die Orgel. Jede Stimme in der Fuge besteht unabhängig voneinander, sodass gleichzeitig mehrere unterschiedliche Töne und Rhythmen zu hören sein können. Fugen bestehen in der Regel aus einer Exposition und einer Durchführung. Während in der Exposition die verschiedenen Themen (Hauptmelodien) der unterschiedlichen Stimmen, meist drei oder vier, vorgestellt werden, wird in der darauffolgenden Durchführung mit diesen Themen gespielt, d. h. sie werden variiert, z. B. gedehnt oder umgekehrt. Bevor das Ende der Fuge erreicht wird, wird zur Spannungssteigerung oft kurz vorher ein langer Ton auf der Orgel eingefügt.

Paul Celan (1920–1970)

1 Bereiten Sie in Gruppen einen Vortrag von Celans *Todesfuge* (S. 310) vor. Beziehen Sie dabei Ihr Wissen aus M1 mit ein.

2 Stellen Sie sich gegenseitig Ihre Versionen des Gedichtvortrags vor und diskutieren Sie unterschiedliche Entscheidungen über Vortragsstil und die Verteilung des Textes auf unterschiedliche Sprecherinnen und Sprecher.

3 Erschließen Sie das Gedicht, indem Sie die enthaltenen Chiffren im Gesamtkontext des Gedichts zu erschließen versuchen. Sie können arbeitsteilig im Team arbeiten und sich am folgenden „So geht's"-Beispiel orientieren.

SO GEHT'S   **Chiffren erschließen**

> dein goldenes Haar Margarete
> dein aschenes Haar Sulamith

Assoziationen festhalten: Kontrast zwischen „gold" und „aschen" → blond und dunkelhaarig; aschen → Asche: Verbrennungen von vergasten Juden

Verbindungen zu Literatur, Kunst oder geschichtlichen Ereignissen herstellen:
- „Margarete": Fausts „Gretchen" als Sinnbild des typisch deutschen Mädchens?
- Sulamith: Figur des Alten Testaments

---

4 Tragen Sie Ihre Ergebnisse aus Aufgabe 3 im Plenum zusammen und besprechen Sie mögliche Abweichungen in der Interpretation sowie Übereinstimmungen.

5 Formulieren Sie eine Deutungshypothese zum Gedicht *Todesfuge*.

6 Tauschen Sie sich im Team über Ihre Deutungshypothesen aus und besprechen Sie dabei auch, wie sich diese konkret am Text belegen lassen.

7 Diskutieren Sie die Frage, ob das Gedicht als „hermetisch", also als schwer zu entschlüsseln, zu bezeichnen ist.

8 Arbeiten Sie anhand der folgenden Materialien 2 bis 5 die Positionen zu Legitimität und Funktion von Lyrik nach dem Holocaust heraus.

Theodor W. Adorno: Kulturkritik und Gesellschaft (1951, Ausschnitt)

Text in alter
Rechtschreibung

Kulturkritik findet sich der letzten Stufe der Dialektik von Kultur und Barbarei gegenüber:
nach Auschwitz ein Gedicht zu schreiben, ist barbarisch, und das frißt auch die Erkenntnis an,
die ausspricht, warum es unmöglich ist, heute ein Gedicht zu schreiben.

Material 3

Theodor W. Adorno: Noten zur Literatur (1958, Ausschnitt)

Text in alter
Rechtschreibung

Der Satz, nach Auschwitz ließe kein Gedicht sich mehr schreiben, gilt nicht blank, gewiß aber,
daß danach, weil es unmöglich war und bis ins Unabsehbare unmöglich bleibt, keine heitere Kunst
mehr vorgestellt werden kann.

Material 4

Robert Gernhardt: Frage (1966)

Kann man nach zwei verlorenen Kriegen,
Nach blutigen Schlachten, schrecklichen Siegen,

Nach all dem Morden, all dem Vernichten,
Kann man nach diesen Zeiten noch dichten?

5 Die Antwort kann nur folgende sein:
Dreimal NEIN!

Material 5

Wolfdietrich Schnurre: Dreizehn Thesen gegen die Behauptung, dass es barbarisch sei, nach Auschwitz ein Gedicht zu schreiben (1981, Ausschnitt)

1. Wenn man „das Gedicht" überhaupt verurteilen kann, dann einzig doch das, das geschrieben
wurde, während über Auschwitz die Rauchwolken aufstiegen und das vor dieser Todesfabrik einen
bestickten Metaphernvorhang herabließ, so dass der Lyrik-Konsument vor sogenannten Ewigkeits-
werten und innerer Erbauung die Realität nicht mehr wahrnahm. [...]

5 7. Nicht auf die Hereinnahme eines so unfassbaren Themas wie Auschwitz kommt es an im Gedicht.
Es kommt darauf an, dass der Gedichtverfertiger es sich „klarmacht", nach Auschwitz zu dichten. Er
kann schreiben, worüber er will. Auch über Bäume. Aber seine Bäume müssen andere sein als die,
die in den Gedichten rauschten, die „vor" Auschwitz entstanden. [...]

12. Was soll der heutige, nach Auschwitz schreibende Lyriker tun? –: Mit lotender Intuition, sensib-
10 ler Intelligenz und magnetischem Assoziationsmaterial, Auschwitz im Rücken, den Menschen vor
Augen, Gedichte machen, die, statt die Sicht zu vernebeln, für Klarheit am Hirnhimmel sorgen.

9 Besprechen Sie Ihre Ergebnisse aus Aufgabe 8 im Plenum.

10 Tauschen Sie sich darüber aus, welche Haltung Sie selbst bei dem Thema vertreten.

11 Verfassen Sie ein kurzes Statement, in dem Sie auf die Frage in Robert Gernhardts Gedicht (M3) antworten. Beziehen Sie in Ihre Überlegungen auch Ihre Textkenntnis von Paul Celans *Todesfuge* mit ein.

Günter Eich: Inventur (1947)

Dies ist meine Mütze,
dies ist mein Mantel,
hier mein Rasierzeug
im Beutel aus Leinen.

5 Konservenbüchse:
Mein Teller, mein Becher,
ich hab in das Weißblech
den Namen geritzt.

Geritzt hier mit diesem
10 kostbaren Nagel,
den vor begehrlichen
Augen ich berge.

Im Brotbeutel sind
ein Paar wollene Socken
15 und einiges, was ich
niemand verrate,

so dient er als Kissen
nachts meinem Kopf.
Die Pappe hier liegt
20 zwischen mir und der Erde.

Die Bleistiftmine
lieb ich am meisten:
Tags schreibt sie mir Verse,
die nachts ich erdacht.

25 Dies ist mein Notizbuch,
dies meine Zeltbahn,
dies ist mein Handtuch,
dies ist mein Zwirn.

Kriegsrückkehrer aus russischer
Gefangenschaft im Lager Friedland, 1953

12 Lesen Sie das Gedicht *Inventur* und halten Sie drei Adjektive fest, die ihre ersten Eindrücke spiegeln. Tragen Sie in einer Umfrage die meist gewählten Adjektive zusammen und erläutern Sie das Ergebnis auf Basis des Textes.

13 Formulieren Sie eine Deutungshypothese zu Günter Eichs *Inventur*. Tauschen Sie sich über Ihre Lösungen aus und diskutieren sie dabei, welche Deutungshypothesen sich am besten am Text belegen lassen.

MK **14** Recherchieren Sie online zu Paul Celans und Günter Eichs Biografie bis zur Erscheinung von *Todesfuge* und *Inventur* und besprechen Sie, inwieweit Ihnen diese Informationen zur Erschließung und Deutung der beiden Gedichte hilfreich erscheinen.

15 Lesen und erschließen Sie in Zweierteams arbeitsteilig die beiden Gedichte von Nelly Sachs und Ingeborg Bachmann (S. 314) und informieren Sie sich im Anschluss gegenseitig über die Ergebnisse Ihrer Interpretation.

16 Tauschen Sie sich im Anschluss im Plenum über Gemeinsamkeiten und Unterschiede zwischen den beiden Gedichten aus.

Nelly Sachs: Ihr Zuschauenden (1946)

Unter deren Blicken getötet wurde.
Wie man auch einen Blick im Rücken fühlt,
So fühlt ihr an euerm Leibe
Die Blicke der Toten.

5 Wie viel brechende Augen werden euch ansehn
Wenn ihr aus den Verstecken ein Veilchen pflückt?
Wie viel flehend erhobene Hände
In dem märtyrerhaft geschlungenen Gezweige
Der alten Eichen?
10 Wie viel Erinnerung wächst im Blute
Der Abendsonne?

O die ungesungenen Wiegenlieder
In der Turteltaube Nachtruf –
Manch einer hätte Sterne herunterholen können,
15 Nun muss es der alte Brunnen für ihn tun!

Ihr Zuschauenden,
Die ihr keine Mörderhand erhobt,
Aber die ihr den Staub nicht von eurer Sehnsucht
Schütteltet,
20 Die ihr stehen bliebt, dort, wo er zu Licht
Verwandelt wird.

Ingeborg Bachmann: Alle Tage (1953)

Der Krieg wird nicht mehr erklärt,
sondern fortgesetzt. Das Unerhörte
ist alltäglich geworden. Der Held
bleibt den Kämpfen fern. Der Schwache
5 ist in die Feuerzone gerückt.
Die Uniform des Tages ist die Geduld,
die Auszeichnung der armselige Stern
der Hoffnung über dem Herzen.

Er wird verliehen,
10 wenn nichts mehr geschieht,
wenn das Trommelfeuer verstummt,
wenn der Feind unsichtbar geworden ist
und der Schatten ewiger Rüstung
den Himmel bedeckt.

15 Er wird verliehen
für die Flucht von den Fahnen,
für die Tapferkeit vor dem Freund,
für den Verrat unwürdiger Geheimnisse
und die Nichtachtung
20 jeglichen Befehls.

Die Gruppe 47 und die Kanondiskussion

Iris Radisch: Frauen im Schatten (2022, Ausschnitt)

Zwei Jahre nach dem letzten Weltkrieg trafen sich zwölf Herren, die noch niemand kannte, an einem See. Die meisten waren Anfang bis Mitte dreißig, frisch aus den Schützengräben zurückgekehrt. Man las einander aus den 5 eigenen noch unveröffentlichten Texten vor, übte Werkstattkritik, wollte die Literatur neu erfinden. [...] Es sollte ein Neuanfang sein.

Manche der zwölf Herren vom Bannwaldsee mögen heute vergessen sein. Auch an die Gastgeberin Ilse Schneider- 10 Lengyel erinnert sich kaum noch jemand [...]. Doch an der Gruppe, die 1947 in ihrem Haus am See gegründet wurde, kam bald niemand mehr vorbei, der in Deutschland Bücher schrieb. Sie wurde auf Jahrzehnte zum maßgeblichen Gerichtshof über literarische Karrieren. Wer sich Gedanken 15 darüber macht, warum es in Deutschland nach dem Einbruch, den das „Dritte Reich" für die Literatur der Frauen bedeutet hat, keine Françoise Sagan, keine Anaïs Nin, keine Annie Ernaux[1] gegeben hat, sollte sich die Bilder und die Fernsehdokumentationen der Tagungen der Gruppe 47 an- 20 sehen.

In der ersten Reihe, dicht gedrängt, saß die erste Riege der deutschen Kritiker: Prof. Hans Mayer, Prof. Walter Höllerer, Prof. Walter Jens, Marcel Reich-Ranicki, Reinhard Baumgart, Joachim Kaiser. In der zweiten und dritten Reihe die 25 Stars der jungen Literaturnation, Günter Grass, Peter Weiss, Martin Walser, Hans Magnus Enzensberger, Alfred Andersch, Heinrich Böll, Erich Fried – ein Meer von Männerköpfen. Dunkle Anzüge mit Schnauzbart und dunkle Anzüge ohne Schnauzbart. An der Spitze: Hans Werner Richter, ein gelernter Buchhändler und ehemaliger Wehr- 30 machtssoldat, der nach eigenem Belieben per Postkarte die Eintrittsbillets für seinen Herrenclub verschickte. Die Karten gingen in den zwanzig Jahren, in denen die Gruppe zusammenkam, an 190 Autoren und 19 Autorinnen. Sie waren die Zukunft. Die Überlebenden eines unbeschreibli- 35 chen Desasters, dessen intellektuelle Mitverursacher noch lange nicht verschwunden waren.

„Jedes vorgelesene Wort", erinnert sich der Gruppenleiter später, „wird gewogen, ob es noch verwendbar ist oder vielleicht veraltet, verbraucht in den Jahren der Diktatur, der 40 Zeit der großen Sprachabnutzung. Jeder Satz wird, wie man sagt, abgeklopft. Jeder unnötige Schnörkel gerügt."

Die Sanierungsarbeiten an der deutschen Literatur schienen so umfassend, dass nachträglich von einer „Stunde null" des Schreibens in Deutschland gesprochen wurde, 45 von einem „Kahlschlag". Dabei waren die Kontinuitäten unübersehbar: Es ist nicht überliefert, dass in den Gruppendiskussionen, in denen die Sprechweisen der kommenden Literatenrepublik erprobt, Kriterien verhandelt, Schreibpotenz demonstriert oder Beschreibungsimpotenz 50 moniert und über die Neuausrichtung der Gegenwartsliteratur entschieden wurde, jemals eine Frau das Wort ergriffen hätte. Die erste Anthologie der jungen deutschen Nachkriegsliteratur, die Hans Werner Richter 1947 herausgab, hieß in Erwartung des Kommenden: *Deine Söhne, Europa*. 55 Viele Versäumnisse und Fehler der legendären Gruppe sind rückblickend beklagt worden. Etwa die antisemitischen Anflüge Hans Werner Richters, der dem Holocaust-Über-

lebenden Paul Celan vorhielt, seine *Todesfuge* im Goebbels-
60 Stil deklamiert zu haben. Oder das Schweigen über die NS-
Vergangenheit prominenter Mitglieder, deren Ausmaß erst
nachträglich deutlich wurde – durch später eingestandene
oder aufgedeckte NSDAP- und SS-Mitgliedschaften. Dass
der Club, der die deutsche Nachkriegsliteratur, die deut-
65 sche Literaturkritik und den deutschen Literaturbetrieb
neu erfunden hat, Frauen nicht nur ausschloss, sondern
verachtete, wie die Literaturnobelpreisträgerin Elfriede
Jelinek sagt („Mir fehlt in der Debatte um weibliche Kunst
und Weiblichkeit im Öffentlichen immer ein einziges Wort:
70 Verachtung"), ist selten bemerkt worden. [...]
Wie konnte das passieren? Schrieben Frauen denn schlechter als die Männer? Oder anders? Aus einem weniger
attraktiven Blickwinkel? „Einen ermäßigten Tarif wegen
Geschlechtszugehörigkeit" dürfe es keinesfalls geben – so
75 Marcel Reich-Ranicki, der als Literaturchef der *Frankfurter
Allgemeinen Zeitung*, als Erfinder des Ingeborg-Bachmann-
Wettbewerbs und des *Literarischen Quartetts* über den Zen-
tralschlüssel für literarische Karrieren in der Bundesrepublik verfügte. [...]
80 Die überwältigende Mehrzahl der bedeutenden und ästhetisch radikalen Autorinnen der Bundesrepublik hat nicht
einmal eine „ermäßigte" Eintrittskarte für das literarische
Langzeitgedächtnis erhalten.
Das liegt bestimmt nicht nur an den beträchtlichen Selbst-
85 zerstörungskräften dieser Autorinnen, an den fehlenden
Vorbildern oder an der langen Geschichte der weiblichen
Geschichtslosigkeit. Und auch nicht daran, dass die Bücher
der Frauen in den Buchläden in der Frauenliteraturecke
landeten [...] – als könne es weibliche Literatur nur im Si-
90 cherheitstrakt abseits der echten Männerliteratur geben,
als eine Art literarischen Frauenfußball. Selbst der Sexismus der beiden Schlüsselfiguren Marcel Reich-Ranicki
und Hans Werner Richter, deren dreiste Kommentierung
der Brüste und Geschlechtsteile ihrer Kolleginnen zu den
95 besonders niederschmetternden Erinnerungen an das goldene Zeitalter der Literaturpäpsterei gehören, ist nicht allein für diese Tragödie zuständig.
„Der Mordschauplatz" (Ingeborg Bachmann) namens Patriarchat war ja kein exklusives Problem des Literaturbe-
100 triebs. In den Jahren, in denen [...] die Gruppe 47 tagte, war

Tagung der Gruppe 47 im November 1965, Literarisches Colloquium, Berlin, Wannsee

den Ehefrauen in der Bundesrepublik ohne die Zustimmung ihrer Männer weder das Recht auf freie Wohnort-
wahl noch auf einen Führerschein oder ein eigenes Bank-
konto gewährt. Man muss sich immer wieder daran
erinnern, auch wenn es wie ein Amnesty-International-Be- 105
richt aus einem weit entfernten Schurkenstaat klingt: Bis
1977 durften Frauen in Deutschland nur mit der Erlaubnis
ihres Mannes arbeiten, und bis zum Jahr 1997 waren sie in
der Ehe nicht vor Vergewaltigung geschützt.
Dass ein weiblicher Kanon unter diesen Bedingungen ein- 110
fach „vergessen" wurde wie eine Zigarettenpackung, die
man versehentlich auf dem Tisch liegen ließ, ist nicht möglich. Das Wort „vergessen", schreibt die Literaturwissenschaftlerin Nicole Seifert in ihrer Untersuchung *Frauenliteratur. Abgewertet, vergessen, wiederentdeckt,* „ist in diesem 115
Zusammenhang ein Euphemismus, denn tatsächlich geht
es nicht um etwas Passives, nicht um etwas, das dem Literaturbetrieb unbewusst unterliefe. Tatsächlich sind es aktive Entscheidungen, ein Werk nicht zu lesen, es nicht zu
besprechen, es nicht neu aufzulegen, es nicht zu lehren 120
und es nicht in Kanonaufstellungen aufzunehmen. Es ist
ein Akt des Unterlassens, des Ignorierens, der in jedem Fall
eine Nichtwürdigung darstellt."

---

1 Françoise Sagan, Anaïs Nin, Annie Ernaux: bedeutende französische Autorinnen der Nachkriegszeit

Schauen Sie sich im Pano-
rama auf
S. 308 Punkt ①
zur Trümmer-
literatur und
Punkt ② zur
„Gruppe 47" an.

1 Halten Sie in einer Übersicht die Informationen fest, die Ihnen der Text über die Gruppe 47 und über die Literatur nach 1945 liefert.

MK **2** Recherchieren Sie online zu den Begriffen „Kahlschlagliteratur" und „Stunde Null" und präsentieren Sie Ihre Ergebnisse im Plenum.

3 Untersuchen Sie die argumentative Struktur des Textes und zeigen Sie dabei auch auf, mit welchen sprachlich-stilistischen Mitteln die Autorin ihre Aussagen unterstützt.

> „Ich glaube nicht an irgendein Kollektiv, und auch nicht an das Sprechen und Schreiben im Kollektiv. Das, was man von der Gruppe 47 weiß, bestätigt das nur."
> (Senthuran Varatharajah, Schriftsteller, Philosoph und Theologe)

4 Nehmen Sie unter Einbeziehung des Textes von Iris Radisch Stellung zum obigen Zitat.

5 Diskutieren Sie, ob es einen verpflichtenden literarischen Kanon für die gymnasiale Oberstufe geben sollte, und gehen Sie dabei auch auf Kriterien für die Aufstellung eines solchen Kanons ein.

Systemkritische Lyrik der DDR- und Wendezeit interpretieren

Helga M. Novak:
Lernjahre sind keine Herrnjahre
(1962)

mein Vaterland hat mich gelehrt:
achtjährig
eine Panzerfaust zu handhaben
zehnjährig
5 alle Gewehrpatronen bei Namen zu nennen
fünfzehnjährig
im Stechschritt durch knietiefen Schnee
zu marschieren
siebzehnjährig
10 in eiskalter Mitternacht Ehrenwache
zu Stalins Tod zu stehen
zwanzigjährig
mit der Maschinenpistole gut zu treffen
dreiundzwanzigjährig
15 meine Mitmenschen zu denunzieren
sechsundzwanzigjährig
das Lied vom guten und schlechten
Deutschen zu singen

wer hat mich gelehrt
20 *Nein* zu sagen
und ein schlechter Deutscher zu sein?

Helga M. Novak (1935–2013)

Reiner Kunze: Siebzehnjährig (1972)

Wir sind jung
die welt ist offen
(lesebuchlied)

Horizont aus schlagbäumen

5 Verboten
der grenzübertritt am bildschirm ein bild
von der welt sich zu machen es lebe
das weltbild

Bis ans ende der jugend

10 Und dann?

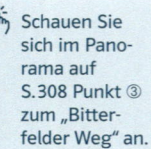 Schauen Sie sich im Panorama auf S. 308 Punkt ③ zum „Bitterfelder Weg" an.

1 Erschließen Sie die beiden Gedichte *Lernjahre sind keine Herrnjahre* und *Siebzehnjährig* und zeigen Sie unter Bezug auf M1 (S. 317) dabei auf, wie die Texte die Realität von Kindheit und Jugend in der DDR abbilden.

 2 Recherchieren Sie, welche Bildungs- und Erziehungsziele laut der Bayerischen Verfassung Art. 131 und laut des Bayerischen Gesetzes über das Erziehungs- und Unterrichtswesen Art. 1 und Art. 2 für bayerische Schulen gelten, und vergleichen Sie diese mit denen in Ostdeutschland zu Zeiten der DDR (siehe M1, S. 317).

Material 1

DDR-Erziehung: Im Sinne der Ideologie (2019, mdr.de, Ausschnitt)

Kindern und Jugendlichen galt in der DDR besondere Aufmerksamkeit. Ziel dieser Fürsorge war allerdings, dass sich der Nachwuchs mit dem Staat identifizierte.

Mit dem Gesetz zur Demokratisierung der deutschen
5 Schule von 1946 für die Länder der sowjetischen Besatzungszone wurden die Grundlagen für Struktur und Ziele des Bildungssystems der späteren DDR gelegt. Zwei weitere Gesetze regelten das Schulwesen inhaltlich und strukturell:

10 – das 1. Schulgesetz der DDR: Gesetz über die sozialistische Entwicklung des Schulwesens in der Deutschen Demokratischen Republik vom 2. Dezember 1959

– das 2. Schulgesetz der DDR: Gesetz über das einheitliche sozialistische Bildungssystem vom 25. Februar 1965.
15 Der Name der beiden Gesetze verweist auf die wesentlichen Merkmale des Schul- und Bildungssystems in der DDR: Ziel war die Erziehung zur „allseitig und harmonisch entwickelten sozialistischen Persönlichkeit" (Schulgesetz von 1965). Kinder und Jugendliche sollten zu Mitgliedern
20 der „sozialistischen Gesellschaft" erzogen werden und sich mit dem DDR-Staat identifizieren. [...] Die in den Schulen vermittelte Bildung war einerseits stark naturwissenschaftlich-technisch ausgerichtet, andererseits zielte schulische Erziehung auf Engagement in Sinne des Gesell-
25 schaftssystems der DDR. Wehrerziehung, 1978 als Pflichtfach in den Klassen 9 und 10 eingeführt, propagierte militaristisches Denken. Die Jungen ab der 9. Klasse erhielten zudem in zweiwöchigen Wehrlagern eine paramilitärische Ausbildung, während die Mädchen in Zivilverteidigung,

30 also in Erster Hilfe und Evakuierungsmaßnahmen, ausgebildet wurden. Für den Zugang zur EOS[1] und Universität waren neben fachlicher Leistung auch politische Loyalität und die Herkunft aus der „Arbeiterklasse" von Vorteil. Außer der Schule trugen Massenorganisationen wie die Pio-
35 nierorganisation und die FDJ[2] dazu bei, die Kinder und Jugendlichen mit Ritualen, Fahnenappellen, Liedern und Lagern zu einem Mitglied des „sozialistischen Kollektivs" zu erziehen. Die Jugendlichen sollten „bürgerlichem Individualismus" abschwören und sich der „Freundschaft mit der Sowjetunion" verpflichtet fühlen. Auch an den Universitä-
40 ten wurden Studieninhalte, Studienablauf und Forschungsbedingungen im Sinne der kommunistischen Ideologie der DDR ausgerichtet. Das DDR-Fernsehen war auch ein Instrument der politischen Erziehung der Bürger. Das Kinderfernsehen, seit 1954 fester Bestandteil des Pro-
45 gramms, war jedoch weniger geprägt vom politischen Einfluss. Neben Sendungen, die der Unterhaltung und Information dienten, gab es auch Wettkampfsendungen wie die Kinderspieleshows „GIX-GAX" und „Mach mit, mach's nach, mach's besser". Sie sollten Leistungs- und Einsatzbe-
50 reitschaft für das Kollektiv wecken, bei „Mach mit" stand vor allem der olympische Gedanke im Vordergrund. Im Unterschied zum Kinderfernsehen hatte das Jugendfernsehen einen deutlich politischeren Auftrag. Allerdings zeigte sich, dass die Jugendlichen eher Interesse an West-
55 fernsehen hatten als an politischer Erziehung durch das DDR-Fernsehen, so dass die Angebote eher Ratgebercharakter hatten.

1 EOS, die: Abkürzung für Erweiterte Oberschule, führte in der DDR nach der zwölften Klasse zur Hochschulreife   2 FDJ: Abkürzung für Freie Deutsche Jugend

---

Heinz Kahlau: Tag der Einheit (1991)

Am Tag der deutschen Einheit
saß ich zwischen dem, was war.
Ich war ummüllt von Werbung und von Briefen,
die Geld von mir verlangten,
5 und war ganz und gar
mit dem beschäftigt,
was das nächste Jahr
von mir verlangen könnte. In den Tiefen
der Seele kochte das,
10 was da seit je gefangen:
die kalte Wut
auf jede Art von Staat.
Der dritte will mich in sein Muster zwängen.

Ich feierte den Tag mit Zorngesängen.

Reiner Kunze: die mauer

Zum 3. oktober 1990

Als wir sie schleiften, ahnten wir nicht,
wie hoch sie ist
in uns

5 Wir hatten uns gewöhnt
an ihren horizont

Und an die windstille

In ihrem schatten warfen
alle keinen schatten

10 Nun stehen wir entblößt
jeder entschuldigung

3 Zeigen Sie – auch mithilfe der folgenden Materialien 2 bis 5 – auf, welche unterschiedlichen Perspektiven auf die Wende und die Wiedervereinigung in den Texten von Volker Braun, Heinz Kahlau und Reiner Kunze (S. 317) eingenommen werden.

4 Analysieren Sie die drei Gedichte arbeitsteilig in Bezug auf ihre sprachlich-stilistische Gestaltung und tauschen Sie sich im Anschluss in Gruppen über Ihre Ergebnisse aus.

5 **PLUS** Zeigen Sie auf, wie die DDR, die Wendezeit oder die Zeit nach der Wiedervereinigung in Romanen der Gegenwartsliteratur dargestellt werden, wie z. B. in Jenny Erpenbecks *Heimsuchung*.

Volker Braun: Das Eigentum (1990)

Da bin ich noch: Mein Land geht in den Westen.
KRIEG DEN HÜTTEN FRIEDE DEN PALÄSTEN[1].
Ich selber habe ihm den Tritt versetzt.
Es wirft sich weg und seine magre Zierde.
5 Dem Winter folgt der Sommer der Begierde.
Und ich kann *bleiben wo der Pfeffer wächst*.
Und unverständlich wird mein ganzer Text.
Was ich niemals besaß, wird mir entrissen.
Was ich nicht lebte, werd ich ewig missen.
10 Die Hoffnung lag im Weg wie eine Falle.
Mein Eigentum, jetzt habt ihrs auf der Kralle.
Wann sag ich wieder *mein* und meine alle.

1 Krieg den Hütten Friede den Palästen: „Friede den Hütten! Krieg den Palästen!" lautete das Motto über Georg Büchners (1813–1837) Flugschrift *Der Hessische Landbote* (1834).

WEST-OBST aus garantiert kapitalistischem Anbau!!!

frisches Obst aus dem VEB »Rote Beete«

Die Karikatur von Gerhard Mester ist 2009 im Rahmen des Projekts „20 Jahre Mauerfall" veröffentlicht worden. Die Abkürzung VEB steht für „Volkseigener Betrieb".

Kommt die DM bleiben wir kommt sie nicht geh'n wir zu ihr!

Montagsdemonstration in Leipzig, Februar 1990

Der Journalist Jürgen Engert am Vormittag des 18. März

Am Vormittag des 18. März 1990 hat ein alter Mann aus Dresden mit mir telefoniert. Er vermeldet mir seinen Festtag. Im Kopf hatte der Alte stets ein Datum gehabt: 6. November 1932. Seine letzte freie Wahl: die zum Reichstag. 58 Jahre sind seitdem vergangen. 58 Jahre Leben in zwei deutschen Diktaturen. Heute, am 18. März 1990 hat sich der Alte aus dem Bett in den
5 Rollstuhl heben lassen, hin zu einer Wahl, zu der keiner musste, zu der alle konnten, mit (Wahl-)Kabinen, die kein bloßes Dekor[1] mehr waren.

1 Dekor, das; hier: Wahlkabinen, die nur vortäuschen, es gäbe tatsächlich eine freie (Aus-)Wahl von Parteien und ein Wahlgeheimnis.

Meinungen und Hoffnungen von Wählerinnen und Wählern nach der Wahl 1990
(Neue Zeit, 19.03.1990, Ausschnitt)

„Was erhoffen Sie sich von der Wahl und der Zeit danach?"

„Mit der Vereinigung sollte nichts überhastet werden, einige gute Sachen von uns könnten auch bewahrt werden." *Lehrmeister (56)*

„Es soll besser werden, als wir es bis jetzt hatten, mit der Wirtschaft müsste es vorangehen,
5 mehr soziale Sicherheit und dass wir nicht länger umsonst arbeiten müssen." *Maurer (50)*

„Währungsunion, Marktwirtschaft, Aufschwung!" *Dispatcher (49)*

„Ich glaube, es kommt nicht so viel Gutes: sozialer Abbau, Arbeitslosigkeit, unsichere Krippenplätze." *Krippenerzieherin (27)*

„Für die erste Zeit bin ich ziemlich pessimistisch, aber wenn die alles Versprochene einhal-
10 ten?!" *Hausfrau (56)*

Gesellschaftskritik in der Gegenwartslyrik entdecken

Hans Magnus Enzensberger: Ins Lesebuch für die Oberstufe (1957)

Text in alter
Rechtschreibung

Lies keine Oden, mein Sohn, lies die Fahrpläne:
sie sind genauer. Roll die Seekarten auf,
eh es zu spät ist. Sei wachsam, sing nicht.
Der Tag kommt, wo sie wieder Listen ans Tor
5 schlagen und malen den Neinsagern auf die Brust
Zinken. Lern unerkannt gehen, lern mehr als ich:
das Viertel wechseln, den Paß, das Gesicht.
Versteh dich auf den kleinen Verrat,
die tägliche schmutzige Rettung. Nützlich
10 sind die Enzykliken zum Feueranzünden,
die Manifeste: Butter einzuwickeln und Salz
für die Wehrlosen. Wut und Geduld sind nötig,
in die Lungen der Macht zu blasen
den feinen tödlichen Staub, gemahlen
15 von denen, die viel gelernt haben,
die genau sind, von dir.

 Schauen Sie sich im Panorama auf S. 308 Punkt ④ zu den Studentenprotesten 1968 an, um die Zeit besser zu verstehen.

1 Interpretieren Sie Hans Magnus Enzensbergers Gedicht vor dem Hintergrund seiner Entstehungszeit.

2 Diskutieren Sie im Anschluss, ob das Gedicht für junge Menschen heute noch aktuell und relevant ist und inwiefern Sie den Aussagen im Gedicht zustimmen.

Adrian Kasnitz: ins lesebuch für die oberstube (remodel enzensberger) (2002)

leas keine wagen, mein sohn, lies oden:
sie haben einen anderen klang. roll transparente auf,
die du selbst verwerfen wirst. sei wachsam & sing.
der morgen kommt, wo sie wieder an die börse
5 rufen & anzeigen die neinsager ohne positive
bilanz. Lern unerkannt gehen, lern mehr als hans:
die umwege lieben, die faulheit, das knacken im kanal.
versteh dich auf keinen vorrat,
auf keine tägliche investition. mach dich unnütz.
10 nimm die aktienkurse zum feueranzünden
nimm prospekte: für frischen fisch, wo du das salz
riechst & das meer. verschwende den tag
mit seifenblasen & puste einem mädchen die blume,
wenn andere air-conditioned bibbern oder
15 im risiko, die den gewinn gelernt haben,
der aus zahlen besteht, in leuchtschrift.

3 Lesen Sie Adrian Kasnitz' Antwort auf Enzensbergers Gedicht (S. 319) und tauschen Sie sich darüber aus, welchen Aufforderungen im Text Sie nachkommen möchten und welchen nicht. Begründen Sie Ihre Entscheidungen.

4 Verfassen Sie ein eigenes Parallelgedicht zu Enzensbergers Text und tragen Sie sich Ihre Ergebnisse gegenseitig vor.

Die Verarbeitung subjektiver Erfahrungen als Gegenpol zu politischer Lyrik kennenlernen

1 Interpretieren Sie das Gedicht *Jedes Blatt* von Sarah Kirsch und gehen Sie dabei insbesondere auf die Sprechsituation ein.

 2 Recherchieren Sie zur literarischen Strömung der „Neuen Subjektivität" und stellen sich Ihre Ergebnisse im Plenum vor.

> ### Sarah Kirsch: Jedes Blatt (1976)
>
> . Ich sage dir was ich sehe manchmal
> . Jedes Blatt einzeln am Baum oder
> . Aufm Kies kleine Sicheln oder wie das
> . Weitergeht mit mir: kurze Aufenthalte
> 5 Alles wieder zusammenpacken und fort.

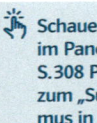 Schauen Sie sich im Panorama auf S. 308 Punkt ⑤ zum „Subjektivismus in der DDR" an.

ÜBRIGENS

Der Begriff „Neue Subjektivität" wurde vom Literaturkritiker Marcel Reich-Ranicki (1920–2013) geprägt. Als Mitglied der Gruppe 47, als Jurymitglied im österreichischen Literaturwettbewerb „Ingeborg-Bachmann-Preis", als Literaturkritiker in der Wochenzeitung *Die Zeit* und bei der *Frankfurter Allgemeinen Zeitung* und als Moderator in der Fernsehsendung „Das literarische Quartett" prägte er die Literaturlandschaft im deutschsprachigen Raum entscheidend.

3 Formulieren Sie Deutungshypothesen zu Sarah Kirschs Gedicht *Jemand bekommt Kohlen* und informieren Sie sich dazu auch über selbstreferentielle bzw. poetologische Lyrik.

4 Legen Sie zu der von Ihnen formulierten Deutungshypothese (Aufgabe 3) eine Sammlung mit Belegen und Beispielen aus dem Text an.

5 Interpretieren Sie Friederike Mayröckers Gedicht *Ein Gleiches* (S. 321) und vergleichen Sie Ihre Ergebnisse im Anschluss mit der Interpretation von Lutz Hagestedt (M1).

6 Untersuchen Sie, wie Lutz Hagestedt seine Behauptungen belegt, und besprechen Sie, was Sie daraus für Ihre eigenen schriftlichen Interpretationen lernen können.

> ### Sarah Kirsch: Jemand bekommt Kohlen (1969)
>
> . Jemand bekommt Kohlen
> . Sie prasseln in den Keller
> . Alle Tauben sind auf dem Dach eine
> . Hat Brüste und sieht über die Stadt
> 5 Der Regen prasselt auf die Kohlen eh sie im Keller sind
> . Die Taube im Regen hält Ausschau nach einem
> . Wunderbaren Ereignis
>
> . Es könnte ein Auto sein
> . Das schneidet die Kurven, aussteigt der grauäugige Fahrende
> 10 Er schwitzt sich Edelsteine in den feurigen Bart so schnell
> . Ist er gefahren er hat einen schönen Mund halblanges Haar
> . Zieht einen Watteanzug an Gummistiefel
> . Weil schlechtes Wetter ist er stapelt Briketts
> . Alle sehn ihn wie ich ihn beschrieb er steht
> 15 In ihren Köpfen
> . Ich habe ihnen was eingeredet

Material 1

Lutz Hagestedt: Die blanke Knospe des Schädels (1986, Ausschnitt)

Kein einfacher Text. Das Ich betrachtet eine Fotografie, auf der es
mit Seidenspitz und Großmutter abgebildet ist. Beschrieben wird
nur, was sofort ins Auge fällt: das Erschrecken vor dem Blitzlicht,
das auffällige Kleid der Großmutter, die Mütze des Vaters. Die lü-
5 ckenhafte Beschreibung hebt den Eindruck spontaner Rede hervor; auch das Präsens und die Hauptsatzstellung im Nebensatz
(„die fällt mir tief ins Gesicht") betonen das situative Sprechen.
Dennoch ist es selbstverständlich unzulässig, hier eine hübsche
biografische Geschichte zu erfinden und das lyrische Ich still-
10 schweigend mit Friederike Mayröcker zu identifizieren. Wer so
verfährt, gibt sich zu schnell zufrieden und lässt sich dazu verleiten, den Text und die Autorin nicht ernst zu nehmen; der erkennt
nicht, dass sich das Gedicht längst von seinem Anlass gelöst hat
und ein eigenständiges Kunstwerk geworden ist. Denn das Gedicht
15 suggeriert jenes unmittelbare, situative Sprechen nur, in Wirklichkeit aber haben wir es mit einem genau kalkulierten Text zu tun.
Das „begraben alle, ich lebe" zeigt den Tod von Vater und Großmutter an; es schmeckt nach Bedauern und Trauer, bekommt jedoch
eine ganz andere Klangfarbe, wenn man die Anspielung auf das Goethegedicht „Über allen Wipfeln
20 [sic!] ist Ruh" („Ein gleiches" 1780) berücksichtigt. Dann lesen sich die letzten Zeilen „begraben alle,
ich lebe" wie ein trotziges Aufbegehren gegen die letzten beiden Verse bei Goethe: „Warte nur balde,
/ Ruhest du auch". So gelesen wäre das unbestimmte Ich im Mayröckergedicht identisch mit dem
unbestimmten „Du" im Goethegedicht. Und wir hätten hier die fantastische Korrespondenz zweier
Texte, die mehr als 200 Jahre auseinanderliegen. Und wir könnten spekulieren, dass zugleich mit
25 der Titelanspielung ein ungeheurer Anspruch der Autorin sichtbar wird, ein ‚Das-kann-ich-auch',
und ein Versuch, dem Vorbild und Konkurrenten Goethe „ein Gleiches" entgegenzusetzen.

Goethe-Gedicht
→ S.327

**Friederike Mayröcker:
Ein Gleiches (1982)**

der weiße
Seidenspitz auf der
Fensterbank; ich, ihn umhalsend,
mit Vaters Mütze, die fällt
5 mir tief ins Gesicht; daneben
im violetten und weißen
Rüschenkleid die schöne
Großmutter, lächelnd –
beim Magnesiumlicht des Vaters
10 zucken wir alle
zusammen; begraben
alle, ich
lebe

7 Lesen Sie die Gedichte von Nora Gomringer und Charlotte Grasnick und halten Sie fest, welche Gemeinsamkeiten in Inhalt und sprachlicher Gestaltung diese mit Kirschs und Mayröckers Gedichten aufweisen.

Nora Gomringer: Liebesrost (2005)

Über Nacht
Hast du oxidiert
Neben mir

Hast auf mich reagiert
5 Bist rostig geworden
Du sagst
Golden
Ich lecke an deinem Hals
Du schmeckst wie der
10 Wetterhahn

Charlotte Grasnick (o. J.)

Am Sonntagnachmittag

sehen wir Kinderfernsehen.
Mein Mann sagt,
das entspannt
5 und bis zum Abend
regnet es sowieso.
(Die Schöne kriegt ihren Prinzen)
So kommt der Gedanke
gar nicht erst auf,
10 anders leben zu müssen.

8 Tauschen Sie sich über die Frage aus, inwiefern auch die Darstellung eines subjektiven Erlebnisses
oder Gefühls politisch sein kann.

9 Stellen Sie auf der Grundlage Ihrer Kenntnis der deutschen Lyrik von 1945 bis heute in einer Übersicht
die unterschiedlichen Funktionen von Lyrik zusammen und nennen Sie jeweils Beispieltexte.

10.2 Gegenwartsepik untersuchen
Das „Ende der großen Erzählungen"

Erzähler und Protagonisten in epischen Texten untersuchen

1 Besprechen Sie, was Sie von „großen Erzählungen" hinsichtlich des Inhalts, der Protagonisten, der Erzähltechnik und der Sprache erwarten.

2 Diskutieren Sie, ob Sie die im Unterricht bislang gelesenen Lektüren als „große Erzählungen" einschätzen würden, und nennen Sie Gründe.

Wolfgang Borchert: Gottes Auge (1949)

Gottes Auge lag rund und rotgerändert mitten in einem weißen Suppenteller. Der Suppenteller stand auf unserem Küchentisch. Blutfleckige Eingeweide und das milchbleiche Skelett eines größeren Fisches ließen den Küchentisch
5 aussehen wie ein Schlachtfeld. Das Auge in dem weißen Teller gehörte einem Kabeljau. Der lag in großen weißfleischigen Stücken in unserem Topf und ließ sich kochen. Das Auge war ganz allein. Es war Gottes Auge.

Du musst nicht immer mit der Gabel das Auge auf dem Tel-
10 ler hin und her rutschen lassen, sagte meine Mutter.
Ich ließ das glatte runde Auge durch die Kurven des Suppentellers sausen und fragte: Warum denn nicht? Er merkt es doch nicht mehr. Er kocht doch.
Man spielt nicht mit einem Auge. Das Auge hat der liebe
15 Gott genauso gemacht wie deins, sagte meine Mutter.
Während ich die sausende Rundfahrt des Kabeljauauges plötzlich abbrach, fragte ich: Das soll vom lieben Gott sein?
Natürlich, antwortete meine Mutter, das Auge gehört dem lieben Gott.
20 Nicht dem Kabeljau, bohrte ich weiter.
Dem auch. Aber in der Hauptsache dem lieben Gott.
Als ich von dem Teller aufsah, merkte ich, dass meine Mutter weinte. An diesem Tag, wo es bei uns Kabeljau gab, war mein Großvater gestorben. Meine Mutter weinte und ging
25 hinaus. Da zog ich den Teller mit dem einsamen Auge mittendrin, mit dem rotgeränderten Auge, das Gott gehören sollte, ganz dicht an mich heran. Ganz dicht brachte ich meinen Mund über den Teller.
Du bist das Auge vom lieben Gott? Flüsterte ich, dann
30 kannst du wohl auch sagen, warum Großvater heute mit einmal tot ist. Sag das, du!

Das Auge sagte es nicht.
Das weißt du nicht mal, wisperte ich triumphierend, und du willst das Auge vom lieben Gott sein, und weißt nicht mal, warum Großvater tot ist. Kommt er denn auch nicht 35 wieder, Großvater, fragte ich dicht über dem Teller, weißt du denn, ob er noch mal wiederkommt, du, sag das doch. Du musst das doch wissen. Kommt er nun nie wieder?
Das Auge sagte es nicht.
Ganz dicht hielt ich meinen Mund an das Auge und fragte 40 noch einmal eindringlich und ernst: Du, sehen wir Großvater denn nicht wieder, du? Sag das doch. Sehen wir ihn noch mal wieder? Wir können ihn doch noch mal irgendwo treffen, nicht? Du, sag doch, treffen wir ihn wieder? Du, sag das, du bist doch vom lieben Gott, sag das! 45
Das Auge sagte es nicht.
Da stieß ich den Teller wütend von mir weg. Das Auge glitschte hoch über den Rand auf den Fußboden. Da blieb es liegen. Gespannt sah ich hin. Das Auge lag auf der Erde. Und es war Gottes Auge. Gottes Auge lag auf der Erde. Aber 50 es sagte nichts. Ich sah noch einmal hin. Nein, nichts. Ich stand auf. Ich stand langsam auf, um Gott Zeit zu lassen. Ganz langsam ging ich zur Küchentür. Ich fasste nach dem Türgriff. Ich drückte ihn langsam herunter. Mit dem Rücken zu dem Auge hin wartete ich so noch einen langen 55 langen Augenblick an der Küchentür. Es kam keine Antwort. Gott sagte nichts. Da ging ich, ohne mich nach dem Auge umzusehen, laut aus der Tür.

3 Beschreiben Sie die Vorstellung von Gott, die aus den Aussagen der kindlichen Erzählinstanz hervorgeht.

4 Untersuchen Sie die Zeitgestaltung in Borcherts *Gottes Auge*.

5 Zeigen Sie auf, inwiefern Borcherts Kurzgeschichte den Regeln der Gattung sowie der Erzähltradition der Trümmerliteratur entspricht.

Modul Lyrik
→ S. 310 ff.
Trümmerliteratur
→ S. 346

Schauen Sie sich im Panorama auf Seite 308 Punkt ① zur Trümmerliteratur an.

Günter Grass: Die Blechtrommel. Roman (1959, Auszug)

Text in alter
Rechtschreibung

Ich erblickte das Licht dieser Welt in Gestalt
zweier Sechzig-Watt-Glühbirnen. Noch heute
kommt mir deshalb der Bibeltext: „Es werde
Licht und es ward Licht" – wie der gelungenste
5 Werbeslogan der Firma Osram vor. Bis auf den
obligaten Dammriss verlief meine Geburt glatt.
Mühelos befreite ich mich aus der von Müttern,
Embryonen und Hebammen gleichviel ge-
schätzten Kopflage.
10 Damit es sogleich gesagt sei: Ich gehörte zu den
hellhörigen Säuglingen, deren geistige Entwicklung schon bei der Geburt abgeschlossen ist
und sich fortan nur noch bestätigen muß. So
unbeeinflußbar ich als Embryo nur auf mich ge-
15 hört und mich im Fruchtwasser spiegelnd geachtet hatte, so kritisch lauschte ich den ersten

Oskar Matzerath (David Bennent) in dem Film *Die Blechtrommel* nach dem Roman von Günter Grass, Regie: Volker
Schlöndorff, Deutschland/Frankreich 1979

spontanen Äußerungen der Eltern unter den Glühbirnen. Mein Ohr war hellwach. Wenn es auch
klein, geknickt, verklebt und allenfalls niedlich zu benennen war, bewahrte es dennoch jede jener
für mich fortan so wichtigen, weil als erste Eindrücke gebotenen Parolen. Noch mehr: was ich mit
20 dem Ohr einfing, bewertete ich sogleich mit dem winzigsten Hirn und beschloss, nachdem ich alles
Gehörte genug bedacht hatte, dieses und jenes zu tun, anderes gewiss zu lassen.
„Ein Junge", sagte jener Herr Matzerath, der in sich meinen Vater vermutete. „Er wird später einmal
das Geschäft übernehmen. Jetzt wissen wir endlich, wofür wir uns so abarbeiten."
Mama dachte weniger ans Geschäft, mehr an die Ausstattung ihres Sohnes: „Na, wußt' ich doch,
25 daß es ein Jungchen ist, auch wenn ich manchmal jesagt hab', es wird ne Marjel."
So machte ich verfrühte Bekanntschaft mit weiblicher Logik und hörte mir hinterher an: „Wenn der
kleine Oskar drei Jahre alt ist, soll er eine Blechtrommel bekommen."
Längere Zeit mütterliches und väterliches Versprechen gegeneinander abwägend, beobachtete und
belauschte ich, Oskar, einen Nachtfalter, der sich ins Zimmer verflogen hatte. Mittelgroß und haarig
30 umwarb er die beiden Sechzig-Watt-Glühbirnen, warf Schatten, die in übertriebenem Verhältnis zur
Spannweite seiner Flügel den Raum samt Inventar mit zuckender Bewegung deckten, füllten, erweiterten. Mir blieb jedoch weniger das Licht- und Schattenspiel, als vielmehr jenes Geräusch, welches zwischen Falter und Glühbirne laut wurde: Der Falter schnatterte, als hätte er es eilig, sein Wissen los zu werden, als käme ihm nicht mehr Zeit zu für spätere Plauderstunden mit Lichtquellen, als
35 wäre das Zwiegespräch zwischen Falter und Glühbirne in jedem Fall des Falters letzte Beichte und
nach jener Art von Absolution, die Glühbirnen austeilen, keine Gelegenheit mehr für Sünde und
Schwärmerei.
Heute sagt Oskar schlicht: Der Falter trommelte. [...]
Äußerlich schreiend und einen Säugling blaurot vortäuschend, kam ich zu dem Entschluß, meines
40 Vaters Vorschlag, also alles was das Kolonialwarengeschäft betraf, schlankweg abzulehnen, den
Wunsch meiner Mama jedoch zu gegebener Zeit, also anläßlich meines dritten Geburtstages, wohlwollend zu prüfen.
Neben all diesen Spekulationen, meine Zukunft betreffend, bestätigte ich mir: Mama und jener Vater Matzerath hatten nicht das Organ, meine Einwände und Entschlüsse zu verstehen und gegebe-
45 nenfalls zu respektieren. Einsam und unverstanden lag Oskar unter den Glühbirnen, folgerte, daß
das so bleibe, bis sechzig, siebzig Jahre später ein endgültiger Kurzschluß aller Lichtquellen Strom
unterbrechen werde, verlor deshalb die Lust, bevor dieses Leben unter den Glühbirnen anfing; und
nur die in Aussicht gestellte Blechtrommel hinderte mich damals, dem Wunsch nach Rückkehr in
meine embryonale Kopflage stärkeren Ausdruck zu geben.
50 Zudem hatte die Hebamme mich schon abgenabelt; es war nichts mehr zu machen.

6 Zeigen Sie Gemeinsamkeiten und Unterschiede in der Charakterisierung der kindlichen Erzählinstanz in Grass' und Borcherts Texten auf.

7 Stellen Sie arbeitsteilig zu beiden Texten jeweils eine Deutungshypothese auf.

8 Untersuchen Sie die Texte arbeitsteilig daraufhin, inwiefern die sprachlich-stilistische Gestaltung jeweils Ihre Deutungshypothese stützt.

9 Tauschen Sie sich über Ihre Ergebnisse aus den Aufgaben 7 und 8 im Plenum aus.

Alfred Andersch: Der Vater eines Mörders. Eine Schulgeschichte (1980, Auszug)

Text in alter Rechtschreibung

Die Griechisch-Stunde sollte gerade beginnen, als die Türe des Klassenzimmers noch einmal aufgemacht wurde. Franz Kien schenkte dem Öffnen der Türe wenig Aufmerksamkeit; erst, als er wahrnahm, daß der Klassenlehrer, Studienrat Kandlbinder, irritiert, ja geradezu erschreckt aufstand, sich der Türe zuwandte und die zwei Stufen, die zu seinem Pult über der Klasse hinaufführten, herunter-
5 kam – was er nie getan hätte, wenn es sich bei dem Eintretenden um einen verspäteten Schüler gehandelt hätte –, blickte er neugierig zur Tür hin, die sich vorne rechts befand, neben dem Podest, auf dem die Tafel stand. Da sah er aber auch schon, daß es der Rex[1] war, der das Klassenzimmer betrat. Er trug einen dünnen hellgrauen Anzug, seine Jacke war aufgeknöpft, unter ihr wölbte sich ein weißes Hemd über seinen Bauch, hell und beleibt hob er sich einen Augenblick lang von dem Grau des
10 Ganges draußen ab, dann schloß sich die Tür hinter ihm; irgendjemand, der ihn begleitet hatte, aber unsichtbar blieb, mußte sie geöffnet und wieder zugemacht haben. Sie hatte sich in ihren Angeln bewegt wie ein Automat, der eine Puppe frei gab. So, wie aus dem Rathausturm am Marienplatz die Figuren herauskommen, dachte Franz Kien. Der perplexe Kandlbinder – er machte noch immer ein Gesicht, als murmle er ein Gott steh' mir bei! vor sich hin – rief einen Moment zu spät „Aufstehen!",
15 aber die Schüler hatten sich schon erhoben, ohne seinen Befehl abzuwarten, und sie setzten sich auch nicht erst, als ihr Lehrer ein – wieder, wenn auch nur um Sekundenbruchteile verzögertes – „Setzen!" herausbrachte, sondern bereits, als der Rex abwehrend die Hände hob und zu dem jungen Studienrat sagte: „Lassen Sie doch setzen!". Von den Doppelbänken aus, die mit Doppelpulten fest zusammengeschreinert waren – zwischen die Bänke und die Pulte mußten sie sich hineinzwängen,
20 denn die meisten von ihnen waren in ihrem Alter, vierzehn Jahre, schon zu hoch aufgeschossen –, beobachteten sie, wie verwirrt Kandlbinder war und wie der Rex dessen Versuch, sich zu verbeugen, geschickt abfing, indem er ihm die Hand reichte. Obwohl Kandlbinder einen halben Kopf größer war als der auch nicht gerade kleine Rex – Franz Kien schätzte ihn auf eins siebzig –, konnten sie auf einmal alle sehen, daß ihr Ordinarius[2], wie er so neben dem offensichtlich gesunden und korpulenten
25 Oberstudiendirektor[3] stand, nichts weiter als ein magerer, blasser und unbedeutender Mensch war, und eine Sekunde lang ging ihnen ein Licht darüber auf, warum sie von ihm nichts wußten, als dass auch er von ihnen nichts wußte und stets mit einer Stimme, die sich so gut wie nie hob oder senkte, einen Unterricht gab, der wahrscheinlich tipp-topp war, nur daß sie, besonders gegen Ende der Stunden, nahe daran waren, einzuschlafen. Heiliger Strohsack, was ist der Kandlbinder doch für ein
30 Langweiler, hatte Franz manchmal gedacht. Dabei ist er noch jung! [...]
Der Rex hatte sich der Klasse zugewendet, er trug eine Brille mit dünnem Goldrand, hinter der blaue Augen scharf beobachteten, das Gold und das Blau ergaben zusammen etwas Funkelndes, Lebendiges und jetzt ins Gütige Gewandtes, anscheinend herzlich Geneigtes in einem hell geröteten Gesicht unter glatten weißen Haaren, aber Franz hatte sofort den Eindruck, daß der Rex, obwohl er
35 sich ein wohlwollendes Aussehen geben konnte, nicht harmlos war; seiner Freundlichkeit war bestimmt nicht zu trauen, nicht einmal jetzt, als er jovial[4] und wohlbeleibt, auf die in drei Doppelreihen vor ihm sitzenden Schüler blickte.
„So, so", sagte er, „das ist also meine Untertertia[5] B! Ich freue mich, euch zu sehen."
Er ist wirklich ein Rex, dachte Franz, nicht bloß ein Mann, dessen Titel man am Wittelsbacher Gym-
40 nasium auf dieses Wort abgekürzt hatte. Auch in den anderen Gymnasien wurden die Oberstudiendirektoren Rexe genannt, aber Franz glaubte nicht, daß die meisten von ihnen wie Könige aussahen. Der da schon. Hellgrau und weiß – über dem Hemd lag, tadellos, eine glänzend blaue Krawatte –,

. mit diesem an den Ecken abgerundeten Visier aus Gold und Blau im Gesicht, stand er vor dem Hin-
. tergrund der großen Schultafel, und weder Kandlbinder noch die Schüler schienen Anstoß daran zu
45 nehmen, daß er die Klasse mit dem besitzergreifenden Fürwort bedachte. Bin ich der Einzige, fragte
. Franz sich, dem es auffällt, daß er uns so anredet, als gehörten wir ihm? Er nahm sich vor, wenn die
. Stunde zu Ende war, Hugo Aletter zu fragen, ob nicht auch er es eigentlich anmaßend fand, daß der
. Rex, bloß weil er der Direktor der Schule war, sich für berechtigt hielt, ihre Klasse als die seine zu
. bezeichnen.

---

1 Rex, der: Abkürzung für (Di)rektor; auch lateinisch für König   2 Ordinarius, der: hier: Lehrer   3 Oberstudiendirektor, der:
Schulleiter eines Gymnasiums   4 jovial: im Umgang mit Niedrigerstehenden betont wohlwollend   5 Untertertia, die: veraltet
für 8. Klasse

10 Sammeln Sie in einer Tabelle Textstellen, die den Lehrer Kandlbinder und den Schulleiter „Rex"
charakterisieren.

 11 Recherchieren Sie zu Alfred Anderschs historischem Vorbild für seine Figur des Rex und formulieren Sie
auf Grundlage dieses Wissens eine Deutungshypothese, die Sie im Anschluss am Textauszug belegen.

Judith Schalansky: Der Hals der Giraffe. Ein Bildungsroman (2011, Auszug)

. „Setzen", sagte Inge Lohmark, und die Klasse
. setzte sich. Sie sagte „Schlagen Sie das Buch auf
. Seite sieben auf", und sie schlugen das Buch auf
. Seite sieben auf, und dann begannen sie mit den
5 Ökosystemen, den Naturhaushalten, den Ab-
. hängigkeiten und Wechselbeziehungen unter
. den Arten, zwischen den Lebewesen und ihrer
. Umwelt, dem Wirkungsgefüge von Gemein-
. schaft und Raum. Vom Nahrungsnetz des Misch-
10 waldes kamen sie zur Nahrungskette der Wiese,
. von den Flüssen zu den Seen und schließlich zur
. Wüste und zum Wattenmeer.
. „Sie sehen, niemand – kein Tier, kein Mensch –
. kann ganz für sich allein existieren. Zwischen
15 den Lebewesen herrscht Konkurrenz. Und
. manchmal auch so etwas wie Zusammenarbeit.
. Aber das ist eher selten. Die wichtigsten Formen
. des Zusammenlebens sind Konkurrenz und
. Räuber-Beute-Beziehung."
20 Während Inge Lohmark an der Tafel Pfeile von
. den Moosen, Flechten und Pilzen zu den Regen-
. würmern und Hirschkäfern, Igeln und Spitz-
. mäusen, dann zur Kohlmeise, zum Reh und zum
. Habicht, schließlich einen letzten Pfeil zum Wolf
25 zog, entstand nach und nach die Pyramide, auf
. deren Spitze der Mensch neben ein paar Raub-
. tieren hockte.
. „Tatsache ist, dass es kein Tier gibt, das Adler
. oder Löwen frisst."
30 Sie trat einen Schritt zurück, um die ausladende
. Kreidezeichnung zu betrachten. Das Wirkungs-
. pfeilschema vereinte Produzenten und Konsu-
. menten erster und zweiter Ordnung, Erzeuger

mit den Erst-, Zweit- und Drittverbrauchern sowie den unvermeidlichen kleinteiligen Zerset- 35
zern[1], allesamt verbunden in Atmung, dem Verlust von Wärme und Zuwachs von Biomasse[2]. In
der Natur hatte alles seinen Platz, und wenn
vielleicht auch nicht jedes Lebewesen, so doch
zumindest jede Art ihre Bestimmung: fressen 40
und gefressen werden. Es war wunderbar.
„Übertragen Sie das in Ihr Heft."
Was sie sagte, wurde gemacht.
Das Jahr begann jetzt. Die Juniunruhe war endgültig vorbei, die Zeit der brütenden Hitze und 45
nackten Oberarme. Die Sonne knallte durch die
Glasfront und verwandelte das Klassenzimmer
in ein Treibhaus. In leeren Hinterköpfen keimte
die Sommererwartung. Die bloße Aussicht darauf, ihre Tage nichtsnutzig zu verschwenden, 50
raubte den Kindern jede Konzentration. Mit
Schwimmbadaugen, fettiger Haut und schwitzi-
gem Freiheitsdrang hingen sie auf den Stühlen
und dösten den Ferien entgegen. Die einen wurden fahrig und unzurechnungsfähig. Andere 55
täuschten wegen des nahenden Zeugnisses Un-
terwürfigkeit vor und schoben ihre Bio-Leis-
tungskontrollen aufs Lehrerpult wie Katzen er-
legte Mäuse auf den Wohnzimmerteppich. Nur
um in der nächsten Stunde nach der Benotung 60
zu fragen, mit gezücktem Taschenrechner, be-
gierig darauf, die Verbesserung ihres Durch-
schnitts auf drei Stellen hinter dem Komma zu
berechnen.
Aber Inge Lohmark gehörte nicht zu den Leh- 65
rern, die am Ende des Schuljahres einknickten,

nur weil sie bald ihr Gegenüber verlieren würden. Sie hatte keine Angst davor, so ganz auf sich
allein gestellt in die Bedeutungslosigkeit abzu-
70 rutschen. Einige Kollegen wurden, je näher die
Sommerpause rückte, von geradezu zärtlicher
Nachgiebigkeit heimgesucht. Ihr Unterricht ver-
kam zum hohlen Mitmachtheater. Ein versonne-
ner Blick hier, ein Tätscheln da, Kopf-Hoch-Ge-
75 tue, elendiges Filmeschauen. Eine Inflation
guter Noten, der Hochverrat am Prädikat *Sehr*
gut. Und erst die Unsitte, Endjahresnoten abzu-
runden, um ein paar hoffnungslose Fälle in die
nächste Klasse zu hieven[3]. Als ob damit irgend-
80 jemandem geholfen wäre. Die Kollegen kapier-
ten einfach nicht, dass sie nur ihrer eigenen Gesundheit schadeten, wenn sie auf die Schüler
eingingen. Dabei waren das nichts als Blutsau-
ger, die einem jede Lebensenergie raubten. Sich
85 vom Lehrkörper ernährten, von seiner Zustän-
digkeit und der Angst, die Aufsichtspflicht zu
verletzen. Unentwegt fielen sie über einen her.
Mit unsinnigen Fragen, dürftigen Eingebungen

und unappetitlichen Vertraulichkeiten. Reinster
Vampirismus. 90
Inge Lohmark ließ sich nicht mehr auslaugen.
Sie war dafür bekannt, dass sie die Zügel anziehen und die Leine kurz halten konnte, ganz ohne
Tobsuchtsanfall und Schlüsselbundwerferei.
Und sie war stolz darauf. Nachlassen konnte 95
man immer noch. Hier und da ein Zuckerbrötchen[4] aus heiterem Himmel.
Wichtig war, den Schülern die Richtung vorzu-
geben, ihnen Scheuklappen[5] anzulegen, um ihre
Konzentrationsfähigkeit zu fördern. Und wenn 100
wirklich mal Unruhe herrschte, brauchte man
nur mit den Fingernägeln über die Tafel zu kratzen oder vom Hundebandwurm zu erzählen. Für
die Schüler war es ohnehin das Beste, sie in jedem Moment spüren zu lassen, dass sie ihr aus- 105
geliefert waren. Anstatt ihnen vorzugaukeln, sie
hätten irgendetwas zu sagen. Bei ihr gab es kein
Mitspracherecht und keine Wahlmöglichkeit.
Niemand hatte eine Wahl. Es gab die Zuchtwahl[6]
und sonst nichts. 110

---

1 Zersetzer, die (Plural): Lebewesen, die tote pflanzliche und tierische Substanzen in Energie umwandeln, z.B. Bakterien, Pilze,
Regenwürmer 2 Biomasse, die: gesamte organische Masse lebender und toter Organismen 3 hieven: (eine Last) heraufziehen,
heben 4 Zuckerbrötchen, das: Anspielung auf die Redewendung „mit Zuckerbrot und Peitsche", die darauf anspielt, mit Belohnung und Strafe zugleich andere Personen zu beeinflussen 5 Scheuklappen, die: Schilde, die vor den Augen von Pferden und
Eseln befestigt werden, um Ablenkung zu verhindern und die Augen vor der Peitsche zu schützen 6 Zuchtwahl, die: Begriff aus
der Abstammungslehre von Charles Darwin, der die natürliche Auslese der am besten angepassten Lebewesen beschreibt

Material 1

Cartoon

"WE COLLABORATE. I'M AN EXPERT, BUT
NOT AN AUTHORITY, AND DR. GELBIS IS AN
AUTHORITY, BUT NOT AN EXPERT."

Übersetzung: „Wir arbeiten zusammen. Ich bin eine Expertin,
aber keine Autorität, und Dr. Gelbis ist eine Autorität, aber kein
Experte."

12 Zeigen Sie auf, wie Beruf und Einstellung der Protagonistin
Inge Lohmark im Romananfang zu *Der Hals der Giraffe* durch
die Wahl sprachlich-stilistischer Mittel und der Erzählhaltung
zum Ausdruck kommen.

MK 13 Recherchieren Sie zum Begriff des „Bildungsromans" und
stellen Sie Vermutungen darüber an, welcher Plot sich nach
dem Romananfang entfalten könnte.

14 Definieren Sie unter Einbezug Ihrer Interpretation von M1
den Begriff „Autorität".

15 Besprechen Sie ausgehend von Ihren Begriffsdefinitionen
aus Aufgabe 14, ob die Lehrkräfte bzw. der Schulleiter „Rex",
die in den beiden Textauszügen vorkommen, Ihrer Meinung
nach über Autorität verfügen.

16 Diskutieren Sie, ob Lehrkräfte heute noch Autoritäten
sein können bzw. sollen.

17 Zeigen Sie auf, inwiefern Sie in Inhalt und sprachlicher
Darstellung Konstanten einerseits und Entwicklungen
andererseits in den epischen Texten der Nachkriegszeit
sehen können.

Postmoderne Erzählstrategien kennenlernen

Daniel Kehlmann: Die Vermessung der Welt (2005, Auszug)

Schauen Sie sich im Panorama auf S.308 Punkt ⑥ zur Postmoderne an.

Der Forscher Alexander von Humboldt, der gemeinsam mit dem Franzosen Bonpland Südamerika bereist, ist mit der Fabulierlust ihrer südamerikanischen Begleiter Mario und Julio überfordert: „Er habe den Eindruck, sagte Humboldt, hier werde ununterbrochen erzählt. Wozu dieses ständige Herleiern erfundener Lebensläufe, in denen noch nicht einmal eine Lehre stecke?"

Mario bat Humboldt, auch einmal etwas zu erzählen.

Geschichten wisse er keine, sagte Humboldt und schob seinen Hut zurecht, den der Affe umgedreht hatte. Auch möge er das Erzählen nicht. Aber er könne das schönste deutsche Gedicht vortragen, frei ins Spanische übersetzt. Oberhalb aller Bergspitzen sei es still, in den Bäumen kein Wind zu
5 fühlen, auch die Vögel seien ruhig, und bald werde man tot sein.

Alle sahen ihn an.

Fertig, sagte Humboldt.

Ja wie, fragte Bonpland.

Humboldt griff nach dem Sextanten.

10 Entschuldigung, sagte Julio. Das könne doch nicht alles gewesen sein.

Es sei natürlich keine Geschichte über Blut, Krieg und Verwandlungen, sagte Humboldt gereizt. Es komme keine Zauberei darin vor, niemand werde zur Pflanze, keiner könne fliegen oder esse einen anderen auf. Mit einer schnellen Bewegung packte er den Affen, der gerade versucht hatte, ihm die Schuhe zu öffnen, und steckte ihn in den Käfig. Der Kleine schrie, schnappte nach ihm, streckte die
15 Zunge heraus, machte große Ohren und zeigte ihm sein Hinterteil. Und wenn er sich nicht irre, sagte Humboldt, habe jeder auf diesem Boot Arbeit genug!

1 Untersuchen Sie, wie im Romanauszug aus *Die Vermessung der Welt* kulturelle Unterschiede in der Erzähltradition verdeutlicht werden.

2 Erarbeiten Sie ausgehend von Goethes Gedicht, weshalb Humboldts Übertragung von *Über allen Gipfeln* in Prosa bei seinen Zuhörern keinen Anklang findet.

3 Zeigen Sie auf, wie Daniel Kehlmann den Unterschied zwischen den Gattungen Epik und Lyrik für die ironisch distanzierte Charakterisierung seines Protagonisten nutzt.

MK **4** Recherchieren Sie online zum Begriff der „Intertextualität" und erläutern Sie anhand des Textauszugs aus Daniel Kehlmanns Roman, wie Intertextualität hier eingesetzt wird.

> ### Johann Wolfgang Goethe: Über allen Gipfeln (1780/1815)
>
> Über allen Gipfeln
> Ist Ruh',
> In allen Wipfeln
> Spürest Du
> 5 Kaum einen Hauch;
> Die Vögelein schweigen im Walde.
> Warte nur! Balde
> Ruhest du auch.

Wolf Haas: Das Wetter vor 15 Jahren. Roman (2006, Auszug)

Literaturbeilage: Herr Haas, ich habe lange hin und her überlegt, wo ich anfangen soll.

Wolf Haas: Ja, ich auch.

Literaturbeilage: Im Gegensatz zu Ihnen möch-
5 te ich nicht mit dem Ende beginnen, sondern –

Wolf Haas: Mit dem Ende beginne ich streng genommen ja auch nicht. Sondern mit dem ersten Kuss.

Literaturbeilage: Aber es ist doch ürgendwie das Ergebnis der Geschichte, die Sie erzählen. Oder 10 meinetwegen der Zielpunkt, auf den alles zusteuert. Streng chronologisch gesehen würde das an den Schluss der Geschichte gehören. Ihr Held hat fünfzehn Jahre auf diesen Kuss hingearbeitet. Und am Ende kriegt er ihn endlich. Aber 15 Sie schildern diese Szene nicht am Schluss, sondern ziehen sie an den Anfang vor.

Wolf Haas: Ich hätte ein paar Anfänge gehabt, die mir eigentlich besser gefallen haben. Mein Problem war aber weniger der Anfang, also wie fang ich an, sondern wo tu ich den Kuss hin. Man kann ja den nicht hinten, wo er fällig ist sozusagen. Das ist ja unerträglich. Wenn einer fünfzehn Jahre auf einen Kuss gewartet hat, oder wie Sie sagen, hingearbeitet, und dann kriegt er ihn, wie will man das beschreiben.

Literaturbeilage: Ich habe mich beim Lesen auch mal kurz gefragt, ob der vorgezogene Schluss vielleicht eine Art Kampfansage an die Rezensenten ist.

Wolf Haas: So weit kammert's no!

Literaturbeilage: Autoren beklagen sich ja oft bitter darüber, dass in der Zeitung schon vorab die ganze Handlung verraten wird.

Wolf Haas: Deshalb schreib ich keine Krimis mehr. Da stört es ein bisschen, wenn man schon vorher alles weiß. Aber bei normalen Büchern sehe ich es eher als Hilfe. Als Teamarbeit. Klappentext und Kritiker erzählen vorab die Geschichte, und als Autor kann man sich auf das Kleingedruckte konzentrieren.

Literaturbeilage: Gut, dann bleiben wir mal beim „Kleingedruckten", wie Sie es nennen. Diesen ersten Kuss zu Beginn des Buches beschreiben Sie ja würklich sehr detailliert. Um nicht zu sagen akribisch.

Wolf Haas: Streng genommen ist es ja nicht der erste Kuss, sondern der Kuss, bei dem die beiden vor fünfzehn Jahren unterbrochen worden sind.

Literaturbeilage: Ja richtig.

Wolf Haas: Weil Sie gerade „akribisch" sagen. [...]

Literaturbeilage: [...] Der erste Satz des Buches lautet: „Geht man vom äußeren Augenwinkel einen Zentimeter nach unten, kommt man zum Backenknochen."

Wolf Haas: Ja und?

Literaturbeilage: Dann sagt Ihr Erzähler zum ersten Mal „Ich".

Wolf Haas: Aha.

Literaturbeilage: Und zwar, um im zweiten Satz die Präzisierung vorzunehmen: „Genauer gesagt beziehe ich mich auf die linke Gesichtshälfte.

Auf den äußeren Winkel des linken Auges. Geht man von hier einen Zentimeter nach unten, kommt man zum linken Backenknochen."

Wolf Haas: Und jetzt kommt's aber! Da hat Anni ihn hingeküsst!

Literaturbeilage: Noch nicht ganz, man muss erst noch einen Zentimeter weitergehen. Er sagt: „Und dann in gerader Linie weiter, noch einen Zentimeter. Dort hat Anni mich hingeküsst."

Wolf Haas: Ich verstehe natürlich schon, wie die Leute darauf kommen, zu sagen, sein Charakter, akribisch und pedantisch. Wenn einer einen Kuss so geometrisch beschreibt, in gerader Linie und so weiter. Aber er sagt ja auch: Ich spüre ihn noch genau. Die Stelle ist so wichtig, weil er den Kuss da noch spürt! Nach Stunden! Er hat fünfzehn Jahre auf diesen Kuss hingearbeitet. Und jetzt ist es schon wieder ein paar Stunden her, dass Anni sich von ihm verabschiedet hat. Also nur bis morgen verabschiedet, aber das weiß man als Leser an der Stelle noch nicht. Man weiß jetzt einmal nur, dass sie weg ist. Aber der Kuss ist noch da! [...]

Literaturbeilage: [...] Ich möchte eigentlich mit einer ganz anderen Frage beginnen. Wir wissen, wie der Roman beginnt. Was mich interessieren würde: Wie hat für Sie persönlich die ganze Geschichte begonnen? Wann waren Sie zum ersten Mal überhaupt konfrontiert damit? Wie sind Sie auf die Geschichte gestoßen?

Wolf Haas: Das ist ganz einfach zu beantworten. Ich habe Herrn Kowalski zum ersten Mal bei seinem Fernsehauftritt gesehen.

Literaturbeilage: Also bevor Sie ürgendwas von Anni wussten.

Wolf Haas: Weder von Anni noch von ihm wusste ich irgendwas. Es war einfach nur normales Fernsehen. Ich hab ja keinen Fernsehapparat, weil ich wirklich zur Fernsehsucht neige. [...] Und wenn ich bei meiner Freundin bin, sitze ich auch dauernd vor dem Fernseher. Dann gibt's natürlich Streit, weil sie nicht einsieht, dass ich mir Sachen wie *Wetten, dass ...?* anschau.

Literaturbeilage: Das tun Sie tatsächlich?

Wolf Haas: Ja, ich muss zugeben, dass mir das wirklich großes Vergnügen bereitet. Ich schau das einfach gern.

Literaturbeilage: Und bei *Wetten, dass …?* ist dann dieser Kandidat aufgetreten, der vor fünf- zehn Jahren zuletzt in seinem österreichischen Urlaubsort war.

Wolf Haas: „Sein" Urlaubsort ist etwas übertrie- ben. Seine Eltern sind da eben jedes Jahr hinge- fahren. Damals war er noch ein Kind. Also der ist eigentlich von seiner Geburt an Sommer für Som- mer da hingekarrt worden. Bis er fünfzehn war.

Literaturbeilage: Vor fünfzehn Jahren und mit fünfzehn Jahren war er zuletzt dort.

Wolf Haas: Ja richtig. Ich hab schon überlegt, sein Alter etwas zu verändern, damit das nicht irgendwie verwirrend wird. Vor fünfzehn Jahren und mit fünfzehn Jahren. Er war zu dem Zeit- punkt, wo er als Wettkandidat im Fernsehen auf- getreten ist, dreißig. Das wusste ich da natürlich alles noch nicht so genau.

5 Bereiten Sie im Team zum Romanauszug von Wolf Haas eine Lesung in verteilten Rollen vor und tragen Sie sich Ihre Interpretationen im Anschluss gegenseitig vor.

6 Untersuchen Sie die sprachlich-stilistische Gestaltung des Romanauszugs von Wolf Haas und gehen Sie dabei vor allem auch auf den Einsatz fiktiver Mündlichkeit ein.

 7 Neben der Intertextualität werden oft auch eine Rückkehr zum allwissenden Erzähler, die Vermengung von unterhaltender und ernster Literatur und das Einnehmen eines ironischen Abstands zu den Figuren und zum Stoff als Kennzeichen postmoderner Literatur beschrieben.
Untersuchen Sie die Romanauszüge von Daniel Kehlmann und Wolf Haas auch unter Heranziehung eigener Rechercheergebnisse zur Literatur der Postmoderne auf Kennzeichen der Postmoderne hin und diskutieren Sie im Anschluss, ob die Romane als postmodern bezeichnet werden können.

Identitäten: Autofiktionale Texte der Gegenwart untersuchen

1 Tauschen Sie sich untereinander aus, ob Sie lesen, um sich im Gelesenen wiederzufinden, oder ob Sie lesen, um Neues und Fremdes zu erfahren. Nennen Sie Beispiele aus Ihrer Lektüreerfahrung.

2 Untersuchen Sie die folgenden Textauszüge (T1–T5) arbeitsteilig in Kleingruppen unter Zuhilfenahme von M1 und M2 und eigener Recherche im Internet (z.B. zum biografischen Hintergrund). Sie können dabei darauf eingehen,
– welcher Teilbereich von Identität im untersuchten Textauszug fokussiert wird und ob bzw. wie die Protagonistin bzw. der Protagonist etwaige Herausforderungen der Identitätsfindung bewältigt;
– wie die sprachlich-stilistische Gestaltung und die erzähltechnische Umsetzung das zentrale Thema bzw. die Interpretationsthese für den Textausschnitt unterstützen;
– inwiefern Sie Daniel Schreibers positive Einschätzung von subjektiven Sichtweisen in Erzählungen für den untersuchten Textauszug zustimmen.

3 Besprechen Sie in Ihrer Gruppe, wie Sie Ihre Ergebnisse im Plenum präsentieren möchten.
Gehen Sie dabei darauf ein,
– ob und ggf. wie Sie den literarischen Text im Plenum laut vortragen wollen;
– welche Informationen über den untersuchten Textauszug und die Autorin bzw. den Autor und Ihre Arbeitsergebnisse die Zuhörerinnen und Zuhörer benötigen;
– wie Sie das Publikum miteinbeziehen und zum anschließenden Austausch ermuntern können;
– wie Sie Ihren Vortrag visuell unterstützen möchten.

4 Bereiten Sie Ihre Präsentation in der Gruppe vor.

5 Präsentieren Sie Ihre Untersuchungsergebnisse aus Aufgabe 1 im Kurs und geben Sie sich im Anschluss jeweils gegenseitig Rückmeldung zu Ihren Präsentationen.

6 Diskutieren Sie, welchen der vorgestellten Texte Sie privat oder als Klassenlektüre am liebsten lesen würden. Begründen Sie Ihre Wahl schlüssig.

Verlagsankündigung
→ S. 405

Text 1

Saša Stanišić: Herkunft. Kapitel Heidelberg (2019, Auszug)

In Bosnien hat es geschossen am 24. August 1992[1], in Heidelberg hat es geregnet. Es hätte ebenso gut Osloer Regen sein können. Jedes Zuhause ist ein zufälliges: Dort wirst du geboren,
5 hierhin vertrieben, da drüben vermachst du deine Niere der Wissenschaft. Glück hat, wer den Zufall beeinflussen kann. Wer sein Zuhause nicht verlässt, weil er muss, sondern weil er will. Glück hat, wer sich geographische Wünsche er-
10 füllt. Das gibt dann vorzügliche Sprachreisen, Alterswohnsitze in Florida und Auswanderinnen in die Dominikanische Republik zu besser aussehenden Männern.

Heidelberg begann für mich als zufällige Stadt.
15 Ich war vierzehn und hatte von ihr nie gehört, geschweige denn geahnt, wie gut sich am Neckar[2] später mit einer Studentin der Philosophie spazieren lassen würde.

Unser Aufenthalt war als kurzzeitige Rettung ge-
20 dacht aus der wirklich gewordenen Unwirklichkeit des Krieges. Müssten wir jetzt fliehen, wären also die Zustände an den Grenzen 1992 so restriktiv gewesen wie an den EU-Außengrenzen heute, würden wir Heidelberg nie erreichen. Die
25 Reise wäre vor einem ungarischen Stacheldrahtzaun zu Ende.

Am 24. August 1992 kam in Heidelberg nach dem Regen die Sonne. Mutter wollte dem von der Reise verunsicherten Jungen, der ich war, et-
30 was Gutes tun. Dass sie selbst ebenso verunsichert war, verbarg sie, so gut es ging. Ich erinnere mich an eine Busfahrt mit ihr, die verregneten Fenster wie eine Maske, dahinter die Stadt als ein Geheimnis.
35 In einer Eisdiele kaufte sie uns Schokoladeneis. Mit den Waffeln in der Hand spazierten wir auf einer langgezogenen Straße und später neben einem Fluss. Ziellos wanderten wir durch eine Welt, in der alles noch ohne Namen war: die Stra-
40 ßen, das Gewässer, wir selbst.

Niemand verstand uns, wir verstanden niemanden. Das Einzige, was ich auf Deutsch sagen konnte, war Lothar Matthäus[3]. Nun kamen dazu: „Mein Name ist", „Flüchtling", „Heidelberg" und „Sokolade". Die letzten beiden waren recht ein-
45 fach. [...]

Dann aber wurde unvermutet der Blick frei, schräg nach oben, wo die ewige Sonne tatsächlich ihr verjüngendes Licht auf eine inmitten von Berg und Wald ruhende Schlossruine[4] goss. Ich
50 hatte mehr kaputte Häuser gesehen, als mir lieb sein konnte – das hier war das erste kaputte Schloss. Das trotz aller Kaputtheit fantastisch aussah, fantastisch und stolz – und darin irgendwie wieder vollständig. Es wirkte, als sei es schon
55 als blassrote Ruine in den Berg eingelassen worden. Als könne es nur so und nur hier, in angenehmer Nähe zum weichen Fluss auf den nun unmaskierten Gesichtszügen der alten Stadt, frei von allen Zweifeln existieren.
60
Auf einmal waren auch wir uns selbstverständlich. Eine Mutter und ein Sohn auf einem kleinen Platz in Deutschland, der bald nicht mehr namenlos sein würde: Karlsplatz. Wie andere Mütter und Söhne auf anderen Plätzen. Wie der
65 Schokoladengeschmack vom Schokoladeneis. Wie das Innehalten unterhalb eines imposanten Bauwerks, das man zum ersten Mal sieht.

Der Anblick des Schlosses wird für mich immer nach Schokolade schmecken. Meine erste Freu-
70 de in Deutschland war eine touristische Attraktion. Im Nachhinein weiß ich, dass die Freude kam, weil wir uns zum ersten Mal nach der Flucht sicher fühlten. Hier waren wir fremd, aber die Fremde war nicht bedrohlich, der Regen ein-
75 fach nur Wetter, die Sonne nur sie. An diesem merkwürdigen Ort, an dem du als eine gigantische Ruine einfach so herumstehen konntest, und Japaner kraxeln auf dir herum, und du bist ein wenig hochmütig, ein wenig grotesk, und
80 gleich bist du auch ein wenig „mein" – hier konnte uns nichts geschehen. Wie die Schlossruine würden auch wir überdauern.

---

1 In Bosnien hat es geschossen am 24. August 1992: Anspielung auf den camaligen Krieg in dieser Region   2 Neckar, der: Nebenfluss des Rheins; führt durch Heidelberg   3 Lothar Matthäus: ehemaliger Fußballspieler und Mannschaftskapitän der Fußballnationalmannschaft   4 Schlossruine, die: hier: Ruine des Heidelberger Schlosses

Text 2

Slata Roschal: 153 Formen des Nichtseins. Roman (2022, Auszug)

8.

Mein Bruder und ich wussten nicht, wer wir waren. Während sich unsere Eltern eindeutig als nach Deutschland gekommene Russen mit – der Legende nach – jüdischen Wurzeln bestimmen ließen, so waren mein Bruder und ich Russen, Deutsche, Juden, alles
5 in einem, ohne dass es eine Bezeichnung dafür gab. Der Bekannten- und Freundeskreis meiner Eltern war russisch, darunter auch russischsprachige Armenier, Kasachen oder Ukrainer. Ich las viel russische Literatur, hatte aber eine vage Vorstellung von der russischen Rechtschreibung, mit der ich erstmals im Slawis-
10 tikstudium konfrontiert wurde. [...] Wenn ich zu unterschiedlichen Anlässen gefragt wurde, wie ich nach Deutschland gekommen war, wusste ich zunächst nicht, ob ich das mit dem Jüdischen sagen sollte, bis ich merkte, dass dieser Tropfen jüdischen Blutes in mir in Deutschland als exotisch gilt und zum Vor-
15 teil gereicht. Bei den vielen Definitionen des Jüdischseins, dachte ich mir, mütterlicherseits, väterlicherseits, als Religion, als Rasse, als Nationalität, ist es ohnehin schwierig, klarzustellen, wer jetzt Jude ist und was das überhaupt heißt. Jeden Samstagabend gingen wir zu Oma und Opa und guckten im Fernsehen russische, deutsche und israelische Nachrichten, lasen russische Illustrierte, in denen es um Familie und Be-
20 ziehungen ging, Opa las auch eine jüdische Zeitung, die ich ein paar Mal aufschlug und langweilig fand. Mein Opa hörte sich prinzipiell beide Neujahrsansprachen an, auf Russisch und Deutsch, und ärgerte sich gleichermaßen über die zur Schau gestellte Gläubigkeit ehemaliger KGB[1]-Offiziere wie über die geschmacklosen Anzüge von Frau Merkel. Zum Abendessen ging er persönlich in die Küche, halbierte mit dem großen gezahnten Messer Weizenbrötchen, holte die gemusterte Wachs-
25 tuchdecke aus der Kommode und breitete sie auf dem Tisch aus. [...]

Slata Roschal, 1992 in St. Petersburg geboren, beim Longlist-Abend 2022 im Literaturhaus Hamburg

20.

Wir stehen im Flur, als Christiane sich plötzlich umdreht.
– Russischer Kaffee, das ist doch mit Wodka, oder? Da müsste Ksenia Bescheid wissen.
Ich weiß nicht Bescheid, ich trinke weder Kaffee noch Wodka, und ich sage:
– Sowas gibt es nicht. Genauso wie es Russischen Zupfkuchen oder Russisch Brot nicht gibt.
30 Es stimmt nicht ganz, was ich sage. Denn auch wenn der Zupfkuchen, der mir nie geschmeckt hat, und das Russisch Brot in Russland unbekannt sind, dürfen sie in Deutschland unter dem Etikett *Russisch* existieren. Den Zupfkuchen und die Buchstabenkekse gibt es schon, ich weiß nur nicht, wieso sie russisch sein sollen. Es macht sich nicht gut, wenn ich so barsch antworte, es wäre besser, ich hätte gesagt:
35 – Ja, klar, mit Wodka.
Und geschmunzelt dabei, ist ja klar, was russisch ist – ist mit Wodka.
Aber ich beharre darauf:
– Deutsche trinken nicht weniger Alkohol als Russen.
Ich lese aus ihrer Frage Vorurteile heraus, ihre Frage ist eine Provokation, ein typisch weiblicher Na-
40 delstich. Ich weiß nicht genau, warum er typisch weiblich sein soll, aber Christiane hat schöne lange Haare, einen schwarzen Mantel, wie ich ihn schon lange haben wollte, und sie macht mich nervös. Sie ist keine richtige devuška[2], denke ich mit Befriedigung, sie ist dick, doof und hässlich, diese typisch deutschen, schmalen Lippen. Sie hat um einiges mehr Freizeit, ist egoistisch, selbstsüchtig, arrogant, lebt nur für sich, aber trotzdem bin ich besser als sie.

---

1 KGB, der oder das: „Komitee für Staatssicherheit", sowjetischer In- und Auslandsgeheimdienst und Geheimpolizei von 1954 bis 1991   2 devuška: Mädchen

Text 3

Verlagsankündigung
→ S. 404

Deniz Ohde: Streulicht. Roman
(2020, Auszug)

1999 kamen Sophia und ich aufs Gymnasium. Den Lehrern war es ungemein wichtig, uns klarzumachen, dass wir die zukünftige Elite seien; sie benutzten diese Wendung in Nebensätzen, manchmal riefen sie auch bloß „Ihr seid die
5 Elite!" scheinbar zusammenhanglos durch den Raum und sahen erwartungsvoll auf die dreißig zehnjährigen Schüler in Hochwasserhosen. Es handelte sich dabei um eine implizite Aufforderung, so viel ahnte ich damals schon, aber welches Verhalten genau von mir verlangt wurde, was ge-
10 nau damit zusammenhing, dass ich zur Elite gehören sollte, verstand ich nicht, und es war auch keine Frage, die ich mir bewusst stellte, sondern vielmehr eine allgemeine Ratlosigkeit, die sich daraus ergab.

Ich starrte über Stunden auf die Tischplatte aus dunkel la-
15 siertem Massivholz, den Rücken an die Stuhllehne gedrückt. Ich starrte auf graues Kopierpapier, auf das Tabellen gedruckt waren und in Abschnitte unterteilte Texte, ich beugte mich über Blätter, so nah es ging, ohne dass die Oberfläche unscharf wurde, und ließ meinen Blick auf der
20 Maserung ruhen. An der Unterseite der Tischplatten klebten getrocknete Kaugummis, es gab Untertischkörbe mit altem Brotpapier und ausgetrunkenen Saftkartons, auf der Oberseite waren Namen eingeritzt und Sprüche mit Edding und Tipp-Ex geschrieben. Im Sommer klebten die
25 Arme an der Lasur fest. Wenn es besonders heiß war, gaben die Stühle durch den Schweiß Farbe ab und hinterließen rotbraune Schlieren auf der Kleidung.

Ich ahnte, dass es etwas mit einer Haltung zu tun hatte. Damit, nicht ungeduscht zu sein oder Löcher im Pullover zu
30 haben. Ich ahnte, dass meine vom Waschen fusseligen grauen Oberteile mit Drachenaufdruck nicht geeignet waren. Ich ahnte, dass mein Wohnort nicht geeignet war und die alten Möbel in der Küche, dass der Schmutzfilm auf der braunen Arbeitsplatte nicht dazu passte und auch nicht die Tapete
35 mit Elefanten in meinem Zimmer, die an einigen Stellen vom Putz gerissen war. Dass ich versuchte, Bruchrechnungen auf einem weißen Plastikschemel zu lösen, während der Fernseher vor mir die Talkshow *Brigitte* zeigte. Ich hatte das Gefühl, dass es etwas damit zu tun hatte, wie ich lachte. Dass ich
40 dazu angehalten war, nur milde zu lächeln, und auch das nur, wenn es sich um einen Witz handelte, der ein von mir auswendig gelerntes Gedicht beinhaltete.

Es ging um filigran zurückgesteckte Haarsträhnen im Gegensatz zu den drahtigen Haaren im Mittelscheitel über
45 dem weißen Kapuzenpullover, dessen Ärmelsäume sich vom Zigarettenrauch meines Vaters gelb färbten. Es ging um diesen Rauch, der in jeder Faser hing, und die Fußmatte mit Orientmuster vor unserer Wohnungstür.

Deniz Ohde, 1988 in Frankfurt am Main geboren, auf der Leipziger Buchmesse 2024

Es hatte etwas mit meinem geheimen Namen zu tun und damit, dass ich wenig Gemüse aß, dass mein Vater mir alle paar
50 Wochen etwas Obst schnitt und der Meinung war, so bliebe ich gesund, dass ich zum Mittagessen Tiefkühlpizza bekam und niemand in unserer Wohnung an irgendeinem Tisch aß, weil diese voller Zeitungen und leerer Döschen waren. […]
Dass ich nicht zur Elite gehören konnte, hatte auch damit
55 zu tun, dass die Barmänner aus den Gaststätten des Orts unsere Telefonnummer kannten. „Er singt wieder?", flüsterte meine Mutter nachts in den Hörer, bevor sie sich leise ihre Jacke überzog und ich hörte, wie sie den Schlüssel vom Brett nahm. Immer und immer wieder holte sie ihn ab, ging
60 mit ihm die kurzen Wege von *Conny's Eck* oder dem *Schluckspecht* nach Hause, hielt ihn am Arm, wenn er drohte auf die Fahrbahn zu wanken, sah peinlich berührt zu Boden, wenn einer ihnen entgegenkam. Es war eine Szene, die in jedem Jahrhundert hätte stattfinden können. […]
65
Es hatte damit zu tun, dass mein Vater bei seinem letzten Gang zum *Buchclub* den Band *Bildung. Alles was man wissen muß* gekauft hatte, aber über die ersten Seiten nicht hinausgekommen war. Wie mein Vater glaubte ich, dass
70 das Buch ein Heilmittel gegen meine Unzulänglichkeit sei, weshalb ich auf Sophias Frage, was ich übers Wochenende vorhätte, sagte, dass ich die ganzen zwei Tage „nur lesen" wollte. Sophia sah mich von der Seite an mit einem Blick, den ich als vage Abwertung empfand. Weil ich den Versuch
75 unternahm, mich elitär zu benehmen. Weil ich eine Pose einnahm, die man mir nicht abkaufen würde. Weil ich wahrscheinlich log und nicht lesen würde, sondern vor dem Fernseher sitzen und Sonnenblumenkerne essen, bis meine Unterlippe weißlich und aufgeweicht war.
80
Sophia durfte nur manchmal fernsehen und nur manchmal etwas zwischen den Mahlzeiten essen. Ihre Mutter machte ihr dann „Naschteller". Die Zutaten dafür holte sie aus dem obersten Fach eines Rollküchenschrankes, an den Sophia nicht eigenständig gehen durfte, und legte sie mit entfernter Packung auf einen Teller.
85

Text 4

Kim de l'Horizon: Blutbuch. Roman (2022, Auszug)

Verlagsankündigung
→ S.404
Die s-Schreibung
folgt der Schweizer
Rechtschreibung.

Grossmeers[1] Baum

In unserem Garten gab es viele Bäume. An die Bäume kann ich mich am besten erinnern, und der Baum, an den ich mich am allerbesten erinnern kann, ist die Blutbuche. Sie war gross und hatte einige tiefliegende Äste, sodass mensch ihr gut ins Geäst steigen konnte. Ich fühlte mich ihr verbundener als den Menschen. Sie hatte etwas Monströses, Zwitterhaftes: Sie war eine Mischung aus einem Tier und einem Baum. Sie war ein Dazwischen, trank Blut. Das Kind sprach mit der Blutbuche.
Es sass unter ihrem Laub wie unter einer zweiten Haut. Wenn die Sonne hineinschien, war das Laub eine Haut von innen. Das Kind bat um Lektionen. Die Blutbuche wusste so deutlich, wie das Existieren geht, wie eine eigene Gestalt zu finden, ein Körper auszufüllen ist. Wie mensch sich nicht vertreiben lässt aus seiner Haut. Wie ein Gewitter, wie der Winter zu bestehen ist. Einmal sagte das Kind der Grossmeer, dass die Blutbuche sein Lieblingsbaum sei. Ihren Blick werde ich nie vergessen. Ein Bündnis. „Das ist mein Baum", sagte Grossmeer. „Er ist genau gleich alt wie ich. Mein Peer[2] hat ihn gepflanzt, als ich auf die Welt kam, für mich."
Liebe Blutbuche, wie wird mensch eine Blutbuche? Wie wird mensch so gross und stark wie du? Wie wehrt mensch sich gegen all diese Namen, die einem ständig gegeben werden, wie wehrt mensch sich gegen das Bärli, das Schätzli, das Häsli und das Käferli?
Die Lektionen der Blutbuche waren: Dastehn. Das Laub abwerfen. Ausharren. An neuem Laub arbeiten. Ausschlagen. Verwandeln. Die Menschen waren viel bedrohlicher als die Monster unter dem Bett und im Schrank. Sie hatten immer diesen Körper, und das Monströse an diesem Körper war, dass das nie einfach eine Form war, um in der Welt zu sein, sondern dass er immer ein Geschlecht hatte, nein, ein Geschlecht war – ein Mann ODER eine Frau.
Ich vermute, dass es mich auch darum ins Schreiben zog, weil das Schreiben eine einzige Wellenlinie ist, eine von weither kommende Woge, die lange vor mir begonnen hat und lange nach mir weiterfliessen wird. Weil das Element der Sprache das Flüssige ist. Das Träge, das Tiefe, Latente, das Tragende, Mitreissende, Anbrandende, das Ertränkende, Sprechende, Leben Gebende, Unerschöpfliche, Spiegelnde, Monster Beherbergende, Auflösende. Weil ich immer ein Wasser war, mein Körper immer spürte, wie sehr er ein Fliessen ist, ein In-Bewegung-Sein.
Mir scheint, dass in der Körpersprache der Männer ein altes Erbe weitergeben wird, das in der Angst gelernt, im Wettkampf geübt und im Krieg gesprochen wird. Noch heute erfüllt es mich mit Entsetzen, wenn ich dieser Sprache begegne. Wenn junge Männer auf mich zukommen, mit dieser Aggression in den Schultern, mit dieser Breite im Schritt, mit dieser Sicherheit, in ihrem Körper richtig zu sein, dieser goddamn-cocky Brunft-Brüll-Sprache der Glieder, des Dominierens, Überwältigens, Verdrängens, BÄMM, HIER BIN ICH, DAS IST MEIN RAUM. Wenn ich dieser Körpersprache begegne, werde ich etwas sehr Leichtes. Diese Körper entsetzen und faszinieren mich. Ich kann nicht sagen, dass sie mich nicht anziehen. Dass ich mir diese Sprache nicht manchmal anziehe – wenn mich niemensch sieht – und sie geniesse. Der Körpersprache der Frauen fühle ich mich näher. Ich frage mich oft, wie ich mich bewegen würde, wenn ich auf einer Insel ohne Menschen unter Tieren aufgewachsen wäre. Wahrscheinlich würde ich mich tierhaft bewegen, kuhhaft, schlangig, mäuselnd oder multianimalisch. Hier aber, in dieser Insellosigkeit, in diesem Immermittendrinsein, im Binaritäts-Faschismus der Körpersprachen, sprechen meine Glieder ein Kauderwelsch, ein zerkautes Elfisch, ein zerbroken Dringlisch, ein in Wirrniss hin und her torkelndes Dazwischen und Damit. Ich weiss nicht, wie ich mich sonst formulieren könnte als: Ich weiss keine Sprache für meinen Körper. Ich kann mich weder in der Meersprache noch in der Peersprache bewegen. Ich stehe in einer Fremdsprache. Vielleicht ist das mit ein Grund für das Schreiben, für dieses zerstückelte, zerbröselnde Schreiben. Dafür, dass aus meinen Händen nur Bruchstücke kommen, deren Kanten so versplittert sind, dass sich daraus keine schöne, smoothe, packende, glatt polierte Geschichte bauen lässt. Vielleicht ist dieses Schreiben die Suche nach einer Fremdsprache in den Wörtern, die einem zur Verfügung stehen. Der Versuch, einen zungengrossen Unterschlupf in das Bestehende, in das Vererbte hauen, gross genug, dass mensch darin tanzen kann.

---

1 Grossmeer, die (Berner Dialekt): Großmutter   2 Peer, der: Vater

Text 5

Helga Schubert: Das alles nicht, nichts davon. (Vom Aufstehen. Ein Leben in Geschichten, 2021, Auszug)

Ein deutscher Literaturprofessor fragte bei mir kürzlich an:

1. Frage: Haben Sie sich während Ihrer DDR-Jahre als „DDR-Schriftstellerin" verstanden – wenn ja, in welchem Sinne und wenn nein, warum nicht?

Einem deutschen Literaturprofessor antwortet man, denn es besteht immer die Gefahr, dass er sich
5 in einer Rezension oder einer Vorlesung daran erinnert, wenn man nicht geantwortet hat. Also antwortete ich, denn schon in der Bibel steht: Deine Rede sei Ja Ja, Nein Nein:

Ja. Notgedrungen, eine Zuordnung von außen, eine Etikettierung, schließlich wollten Germanisten
eine Doktor- oder Habilarbeit schreiben, schließlich wollten Ideologen beweisen, dass das Sein das
Bewusstsein bestimmt: In der DDR unter definierten Umständen leben, schreiben, in die Öffentlich-
10 keit streben muss einfach eine DDR-Schriftstellerinnen-Identität gebären.

Ja. Im Sinne Tucholskys: Ich als ... –

Ich lebte in vielen Rollen. Ich als Mitglied der Evangelischen Kirche ...

Ja. So wie nach beendeter Mitgliedschaft in einem Kleingartenverein: Haben Sie sich während Ihrer
Kleingartenzeit als Kleingärtnerin verstanden?

15 Ja, aber ich habe mich geschämt – ich konnte es einfach nicht verdrängen oder gar vergessen, dass
wir in einem Tümpel leben, dass es die große weite Welt und die Weltliteratur gibt und die großen
ungebärdigen Dichter Kleist und Heine und die Mayröcker, die auf meinem Sofa in Ostberlin saß
und sagte: Keinen Tag könnte ich hier leben – und ich ihr antwortete: Ich auch nicht. Und dass alles
überschattet war durch den Moloch der Diktatur (wie in einem Goya-Bild).

20 Nein. So provinziell und arrogant war ich nicht. Denn ich wusste, dass ich eine Berliner Schriftstellerin, eine zufällige Ostberliner deutsche Schriftstellerin bin, dass ich zu diesem Strom der deutschen Literatur gehöre. Ein Fisch im durch Abwasser vergifteten Wasser, das von der Quelle schließlich ins Meer fließt und dort ankommt und dazugehört zu diesem Riesenweltmeer.

Nein. Als ich von der Biennale[1]-Leitung Venedig (mit meinem Spielfilm *Die Beunruhigung* 1982) ex-
25 tra in dem Hotel untergebracht wurde, in dem *Der Tod in Venedig* spielt, geschah das mit der Begründung, dass ich als deutsche Schriftstellerin das als Verbeugung vor Thomas Mann verstehen soll.
Und ich freute mich sehr.

Nein. Als ich von der Reich-Ranicki-Jury[2] nach Klagenfurt eingeladen wurden zum Bachmann-
Wettbewerb und keine Ausreise bekam.

30 *Sehr geehrter Herr Professor,*

vielen Dank für Ihren Brief mit den drei Fragen zur DDR-Schriftstellerinnen-Identität. Ich freue mich,
dass Sie mich in einer der möglichen Schubladen gefunden haben, denn wir sind 2008 aus Berlin in ein
sehr abgelegenes Dorf Nähe Wismar gezogen. Ihr Forschungsthema interessiert mich, und ich werde
Ihnen in den nächsten Tagen in einem E-Mail-Anhang mit hoffentlich Hand und Fuß zwei Seiten dazu
35 *senden, denn ich bin schon bei Frage 2. – Es kommt einem ja vor wie im Märchen: Drei Fragen, und dann*
ist man erlöst. Die DDR ist wie eine Brandmarke bei einem Zuchtpferd – man hat sie lebenslang.

2. Frage: Hat sich für Sie nach dem Beitritt der Deutschen Demokratischen Republik zum Geltungs-
bereich des Grundgesetzes der Bundesrepublik Deutschland gemäß Art. 23 des Grundgesetzes mit
Wirkung vom 3. Oktober 1990 (BGBI, 1990, I, S. 2058) etwas in diesem Selbstverständnis geändert?

40 *Sehr geehrter Herr Professor,*

heute endlich kam ich auf die rettende Idee, Sie einfach direkt um die dritte Frage zu bitten, die Sie mir
zum Thema meiner evtl. DDR-Identität als Schriftstellerin stellten. Ich hatte nämlich spontan die erste
Frage beantwortet (siehe Anlage), mir dann die zweite Frage abgeschrieben, um sie im Text zu beantwor-
ten, dann erst Ihnen eine kurze E-Mail-Bestätigung gesandt, dann Ihre umgehende, freundliche Antwort
45 *dankend erhalten, dann erst noch Freunde nach ihrer Meinung („Du? Du bist eine deutsche Schriftstelle-*
rin, doch keine DDR ..., nie gewesen!") und dann erst einmal assoziiert. Und dann war Ihr Brief weg. Das

ist ja ein wunderbarer Aufhänger, dachte ich, für eine Erzählung, die ich schreiben kann. [...] Ich werde also eine Erzählung darüber schreiben und trotzdem jetzt wirklich umgehend Ihre zweite (die ich ja habe) und vor allem die von mir vergessene dritte Frage beantworten. [...] Es hat bei mir die letzten
50 *28 Jahre gebraucht, um endgültig zu begreifen, dass ich zu einer Minderheit gehöre; bis dahin dachte ich, es denken noch mehr Schriftsteller so wie ich.*

Es hat seine eigene Komik, dass ein E-Book-Verlag alle meine Bücher, auch die ohne Druckgenehmigung innerhalb der DDR-Zeit und die nach 1990 erschienen, unter dem Label DDR-Autoren herausgibt.

Sehr geehrter Herr Professor,
55 *danke. JA. Die dritte Frage nach dem Verlorenen hilft. Die betreffende Erzählung kann ich nun beruhigt beginnen. Die Antwort auf diese dritte Frage ist dann die Pointe: Denn sie besteht nur aus einem Wort, es ist ein Triumph: Nichts.*

Ich erinnere mich in diesem Zusammenhang an einen Besuch (zu DDR-Zeiten) in Wien (DDR-Schriftsteller in Wien): Zu meiner Lesung im 1. Bezirk kam außer Jandl[3] und Mayröcker[4] auch Doro-
60 thea Zeemann, die mich zu sich einlud: Sie hatte draußen an ihrer Wohnungstür eine Postkarte mit dem folgenden gedruckten Text angebracht, die Karte schenkte sie mir auf meine Bitte – und ich hab sie aufgehoben:
Das alles nicht, nichts davon.

---

1 Biennale, die: alle zwei Jahre stattfindende internationale Filmfestspiele in Venedig   2 Der Literaturkritiker Marcel Reich-Ranicki war von 1977 bis 1986 Sprecher der Jury des Klagenfurter Literaturwettbewerbs „Ingeborg-Bachmann-Preis".
3 Jandl: der österreichische Schriftsteller Ernst Jandl (1925–2000)   4 Mayröcker: die österreichische Schriftstellerin Friederike Mayröcker (1924–2021)

Material 1

Daniel Schreiber: Gegenwartsliteratur: Ich will Ich (2019, zeit.de, Ausschnitt)

Ich lese viel. Die ganze Zeit eigentlich. Romane, Sachbücher, Zeitschriften und Zeitungen. Und wenn nicht, höre ich Hörbücher oder Podcasts. Ich mache das schon, seit ich Teenager bin. Ei-
5 gentlich hat sich nichts daran geändert, weder an meiner Lesesucht noch an der Begeisterung, die ich für gute Literatur und guten Journalismus empfinde. Was sich aber verändert hat, sind die Geschichten, die wir uns erzählen. Ob Auto-
10 fiktion, Memoiren oder persönlicher Essay: Viele der fesselndsten Texte sind heute autobiografischer Natur. Man muss sich nur vor Augen führen, wie bedeutsam Didier Eribons *Rückkehr nach Reims*, Margarete Stokowskis *Untenrum*
15 *frei*, Maggie Nelsons *Die Argonauten*, Ta-Nehisi Coates' *Zwischen mir und der Welt* oder Saša Stanišićs diesjähriger Bestseller und Buchpreisgewinner *Herkunft* für viele Menschen geworden sind, um nur einige Bücher aus den vergangenen
20 Jahren zu nennen. Das Ich stellt heute keinen seltenen Grenzfall literarischen und journalistischen Erzählens mehr dar, sondern ist zu einer Signatur unserer Zeit geworden.
Ich finde es wichtig, dass wir darüber nachden-
25 ken, wie wir einander Geschichten erzählen.

Schließlich bestimmt das darüber, wie wir uns als Gesellschaft verstehen, woran wir glauben und ob wir einander noch etwas zu sagen haben. Und es ist natürlich kein Zufall, dass dieser Text mit einem „Ich" beginnt. Ich schreibe ihn mit ei-
30 nem Gefühl verhaltener Überzeugung. Zwei meiner eigenen Bücher sind autobiografisch geprägt. [...] Doch dieses Ich war lange verdächtig, sowohl in der Literatur als auch im Journalismus. Spuren dieses Verdachts lassen sich in der
35 Rezeption autobiografisch gefärbter Texte bis heute sichten. Als Erzählperspektive widerspricht das Ich der auktorialen Tradition großer realistischer Romane, die mit allwissenden Rundumschlägen kleine Welterklärungsmodel-
40 le lieferten oder das zumindest versuchten – und für viele Menschen mehrere Generationen lang die Idee von Literatur verkörperten. [...] Doch zurzeit macht es den Eindruck, als wäre diese Perspektive des Über-den-Dingen-Stehens da-
45 bei, sich zu überleben, Geschichte zu werden, weil sie – im Gegensatz zum ausformulierten und ausformulierenden Ich – ihre eigene Geschichtenhaftigkeit leugnet. Es liegt auf der Hand, diesen Wandel der Erzählperspektiven im
50

Kontext jenes Strukturwandels zu sehen, den unsere Öffentlichkeit in den vergangenen Jahrzehnten durchlaufen hat. Man kann nicht über ihn sprechen, ohne auch über den Aufstieg der 55 sozialen Medien zu reden. [...] Sind Social Media die Ursache oder nur eine der Wirkungen?

Offensichtlich ist dieses schreibende Ich, das man heute überall zu lesen glaubt, keine neue Erfindung. Ohne die religionsphilosophi- 60 schen Bekenntnisse von Augustinus aus dem vierten Jahrhundert nach Christus – gewissermaßen der Soundtrack zur Christianisierung des Selbst – gäbe es das Genre der Memoiren nicht. Weder die heute wieder so gängige Insze- 65 nierung der inneren Einkehr noch die beliebte Wellness-Erzählfigur lebensverändernder Erweckungserlebnisse wären ohne ihn vorstellbar.

Michel de Montaigne erfand schon Ende des 16. Jahrhunderts das literarische Genre des Es- 70 says, als er um eine angemessene Form rang, um über den Tod seines geliebten Freundes Étienne de La Boétie zu schreiben. Die von ihm begründete Figur des Rückzugs ins Private wirkt bis heute nach.

75 Als ein Geburtstext der Autofiktion, also der expliziten literarischen Verarbeitung persönlichen Erlebens, kann dann Johann Wolfgang von Goethes Aus meinem Leben. Dichtung und Wahrheit (1814) gelten (auch wenn der Begriff Auto- 80 fiktion erst 1977 vom französischen Autor Serge Doubrovsky erfunden wurde). Goethe selbst sprach bei der Beschreibung seines Lebensrückblicks von einem „Märchen" und rückte damit in den Fokus, auf welch wackeligen Füßen die da- 85 mals entstehenden bürgerlichen Identitätsentwürfe standen.

All diesen historischen Zeugnissen ist gemeinsam, dass sie zu Zeiten signifikanter kultureller Umbrüche geschrieben wurden. In Zeiten, in 90 denen Menschen das Gefühl hatten, dass die „großen Erzählungen" ihrer Gemeinschaften bröckelten. Ich habe den Eindruck, dass wir heute etwas Ähnliches erleben, mit einer teils beängstigenden Intensität.

95 Die Idee vom „Ende der großen Erzählungen" stammt vom französischen Philosophen Jean-François Lyotard. Er prägte ihn in seinem vieldiskutierten Buch *Das postmoderne Wissen* [...]. Lyotard meinte damit keine literarischen Er- 100 zählformen, sondern beschrieb einen grundlegenden Glaubwürdigkeitsverlust in der Gesellschaft. Die „Erzählungen", die er dabei im Auge

hatte, waren die Politik und die Philosophie. Keiner dieser Bereiche, so Lyotard, könne noch so etwas wie eine verbindliche „Rationalität" für 105 sich beanspruchen. Theodor W. Adorno und Max Horkheimer hatten bereits etwas Ähnliches angesprochen, als sie die „Selbstzerstörung der Aufklärung" konstatierten.

Das Ende dieser großen Erzählungen, bei wei- 110 tem nicht nur eine philosophische Denkfigur, lässt sich seit einigen Jahren in Echtzeit verfolgen. Es schlägt sich in Entwicklungen nieder, von denen einige begrüßenswert und andere bedrohlich sind: Das Ende von patriarchaler Selbst- 115 verständlichkeit und starren Auffassungen von Geschlecht. Das Ende der Idee, dass wir dem Klimawandel rational begegnen oder etwas gegen die wachsende soziale Ungleichheit ausrichten können. Das am Horizont auftauchende Ende 120 des Glaubens an die Lösungs- und Krisenkompetenz der Demokratie.

Diese Entwicklungen stellen auch jenes autonome Subjekt infrage, das sich lange auf selbstverständliche Gewissheiten berufen und im Rück- 125 griff auf allgemein geteilte Wahrheiten sagen konnte, was richtig und was falsch sei. Lyotard spricht in diesem Sinne von auf sich zurückgeworfenen Individuen, die stattdessen erfindungsreich ihren Weg zwischen „kleinen Erzäh- 130 lungen" navigieren müssen. Anders ausgedrückt kommen wir heute nicht umhin, uns selbst unseren Weg zwischen verlorenen Gewissheiten und neuen Sicherheiten zu suchen. Dieses suchende Ich ist zurzeit vielleicht die letzte Erzäh- 135 lung, auf die wir uns wirklich einigen können. Deshalb lesen wir wieder verstärkt autobiografische Texte und deshalb sind diese Texte von einer neuen Emphase geprägt. [...]

Ich glaube daran, dass solche Texte uns dabei 140 helfen können, unseren Weg im Leben zu finden. Ich glaube daran, dass ihre Menschlichkeit uns davon abhalten kann, in die Fallen von Hass und Ressentiment zu laufen. Daran, dass sie uns dabei helfen, uns unseren Traumata zu stellen und 145 uns damit nicht mehr allein zu fühlen. Daran, dass sie uns dazu anregen, einen Blick auf all die Geschichten zu werfen, die wir uns, vielleicht ohne es zu merken, selbst jeden Tag erzählen und die uns unglücklich machen. Dass sie uns zu 150 einem Nachdenken darüber anregen, ob das noch die Geschichten sind, die wir wirklich brauchen – oder ob es nicht Zeit für neue Erzählungen ist. Kleine und große.

Material 2

Heiner Keupp: Identität (2000, Lexikon der Psychologie, Ausschnitt)

Begriff

Identität lässt sich als die Antwort auf die Frage verstehen, *wer man selbst oder wer jemand anderer sei*. Identität im psychologischen Sinne beantwortet die Frage nach den Bedingungen, die eine lebensgeschichtliche und situationsübergreifende Gleichheit in der Wahrnehmung der eigenen Person möglich machen (innere Einheitlichkeit trotz äußerer Wandlungen). [...]
5
Identität ist ein *Akt sozialer Konstruktion*: Die eigene Person oder eine andere Person wird in einem Bedeutungsnetz erfasst. Die Frage nach der Identität hat eine universelle und eine kulturell-spezifische Dimensionierung. Es geht immer um die Herstellung einer Passung zwischen dem subjektiven „Innen" und dem gesellschaftlichen „Außen", also um die Produktion einer *individuellen sozialen*
10 *Verortung*. Die Notwendigkeit zur individuellen Identitätskonstruktion verweist auf das menschliche Grundbedürfnis nach *Anerkennung* und *Zugehörigkeit*. Es soll dem anthropologisch als „Mängelwesen" bestimmbaren Subjekt eine *Selbstverortung* ermöglichen, liefert eine individuelle Sinnbestimmung, soll den individuellen Bedürfnissen sozial akzeptable Formen der Befriedigung eröffnen. Identität bildet ein selbstreflexives Scharnier zwischen der inneren und der äußeren Welt. Genau in
15 dieser Funktion wird der *Doppelcharakter* von Identität sichtbar: Sie soll einerseits das unverwechselbar Individuelle, aber auch das sozial Akzeptable darstellbar machen. Insofern stellt sie immer eine Kompromissbildung zwischen „Eigensinn" und Anpassung dar. [...]

Identitätsarbeit und Identitätskonstruktion

Identität ist als konzeptioneller Rahmen zu verstehen, innerhalb dessen eine Person ihre Erfahrun-
20 gen interpretiert und die jeweils die Basis bildet für die *alltägliche Identitätsarbeit*. Identitätsarbeit zielt darauf, ein individuell gewünschtes oder notwendiges „Gefühl von Identität" zu erzeugen. Voraussetzungen für dieses Gefühl sind soziale Anerkennung und Zugehörigkeit. Vor dem Hintergrund von Pluralisierungs-, Individualisierungs- und Entstandardisierungsprozessen ist das Inventar übernehmbarer Identitätsmuster ausgezehrt. Alltägliche Identitätsarbeit hat die Aufgabe, die Pas-
25 sungen, die Verknüpfungen unterschiedlicher Teilidentitäten vorzunehmen. Qualität und Ergebnis dieser Arbeit findet in einem machtbestimmten Raum statt, der schon immer aus dem Potential möglicher Identitätsentwürfe spezifische erschwert bzw. andere favorisiert, nahelegt oder gar aufzwingt. Qualität und Ergebnis der Identitätsarbeit hängen von den Ressourcen einer Person ab, von individuell-biografisch begründeten Kompetenzen über die kommunikativ vermittelten Netzres-
30 sourcen (Soziale Netzwerke) bis hin zu gesellschaflich-institutionell vermittelten Ideologien und Strukturvorgaben. Die Konstruktion der individuellen Identität wird von Bedürfnissen geleitet, die aus der persönlichen und gesellschaftlichen Lebenssituation gespeist sind. Insofern konstruieren sich Subjekte ihre Identität nicht in beliebiger und jederzeit revidierbarer Weise, sondern versuchen sich in einem „Gefühl der Identität" in ein „imaginäres Verhältnis zu ihren wirklichen Lebensbedin-
35 gungen" zu setzen (Althusser). Beim Herstellen dieser Identitätskonstruktionen werden zumindest „Normalformtypisierungen" benötigt (*Identifikationen*), Normalitätshülsen oder Symbolisierungen von alternativen Optionen, Möglichkeitsräumen oder Utopien. Der Identitätsbegriff vermittelt in spezifischer Verwendungsweise – zumindest unausgesprochen – den normativen Sollzustand „gelungenen Lebens". Gerade diese Konnotation hat ihn zugleich zum Gegenstand heftiger Kritik ge-
40 macht. Er wird von kritischen Sozialwissenschaftlern wie Adorno oder Foucault als Begriff einer ideologischen Versöhnung zwischen Subjekt und Gesellschaft gesehen, als gäbe es gelingendes Leben in einer Gesellschaft, die subjektive Lebenswünsche systematisch zerstört, entfremdet und beschädigt.

10.3 Dramatische Strömungen der Gegenwart kennenlernen
Leben als Theater

Dokumentarisches Drama

Peter Weiss: Die Ermittlung. Oratorium in 11 Gesängen (1965, Auszug)

Das Drama „Die Ermittlung" nimmt den Frankfurter Auschwitz-Prozess (1963–1965) zur Grundlage. In ihm waren 20 Personen angeklagt, sich an den Misshandlungen und Morden im Konzentrationslager Auschwitz beteiligt zu haben.

8. Gesang vom Phenol[1] I

ZEUGE 8   Den Sanitätsgrad Klehr
    beschuldige ich der tausendfachen eigenmächtigen Tötung
    durch Phenolinjektion ins Herz
ANGELAGTER 9   Das ist Verleumdung
5   Nur in einigen Fällen
    hatte ich Abspritzungen zu überwachen
    und auch dies nur
    mit größtem Widerwillen
ZEUGE 8   Jeden Tag wurden auf der Krankenstation
10   mindestens 30 Häftlinge getötet
    Manchmal waren es bis zu 200
RICHTER   Wo wurden die Injektionen gegeben
ZEUGE 8   Im Infektionsblock nebenan
    das war Block Zwanzig [...]
15 RICHTER   Auf welche Weise wurden die Häftlinge hinübergeführt
ZEUGE 8   Soweit sie des Gehens fähig waren
    gingen sie im Hemd oder halbnackt
    über den Hof
    Die Decke und ihre Holzsandalen
20   hielten sie über den Kopf
    Viele Kranke mussten gestützt oder getragen werden
    Sie traten durch die seitliche Tür
    in Block Zwanzig ein

> Schauen Sie sich im Panorama auf S.308 Punkt ④ zu den Studentenprotesten 1968 und der „neuen Bundesrepublik" an, um die Zeit noch besser zu verstehen.

---

1 Phenol, das: Die Chemikalie, die bei der Kunststoffherstellung verwendet wird, wurde in Konzentrationslagern Häftlingen ins Herz gespritzt.

1 Lesen Sie den Auszug aus Peter Weiss' *Die Ermittlung* laut im Plenum vor und tauschen Sie sich im Anschluss über Ihre ersten Eindrücke aus.

 2 Recherchieren Sie zur Entstehungsgeschichte des Dramas und besprechen Sie im Anschluss unter Bezugnahme auf M1, wie Sie das Verhältnis von Realität und Fiktionalität in *Die Ermittlung* einschätzen.

Material 1

Sven Asmus-Reinsberger: Dokumentarische Spielarten (2020, Schultheater, Ausschnitt)

Schaut man sich unterschiedliche Definitionen des Dokumentarischen Theaters an, erkennt man die Unschärfe: „Als Dokumentartheater bezeichnet man ein Theaterformat, das nicht auf der Aufführung einer fiktiven Stückvorlage beruht, sondern tatsächliche historische oder aktuelle Begebenheiten inszeniert"[1]. Oder: „Das dokumentarische Theater behandelt historische oder aktuelle
5 politische oder soziale Ereignisse. Dabei fungieren juristische oder historische Reportagen, Berich-

te, Dokumente und Interviews als Quellen. Obwohl authentisches Material übernommen und in der Regel unverändert wiedergegeben wird, handelt es sich um eine fiktionale Kunstform."[2]
Die zentrale Unschärfe liegt dabei nicht allein in der Abgrenzung des sogenannten „Fiktiven" bzw. „Fiktionalen" vom sogenannten „Nicht-Fiktiven". Diskutiert wird ebenfalls, ob es beim Dokumen-
10 tartheater um die Theatralisierung von Dokumenten aus nicht-literarischen Bezugssystemen geht [...] oder ob auch die Umsetzung einer dokumentarischen Textvorlage, also eines „Dokumentarischen Theaterstücks" – wie etwa Peter Weiss' *Die Ermittlung* (1965) – zum Dokumentartheater zu zählen ist.
Bejaht man dies, stellt sich die Frage, wo die Grenze zu ziehen ist zwischen einem „rein dokumentari-
15 schen Stück" und einem zumindest teilweise fiktiven historischen Drama mit dokumentarischen Anteilen, wie z. B. Rolf Hochhuths *Der Stellvertreter* (1963), Heinar Kipphardts *In der Sache J. Robert Oppenheimer* (1964) oder Andres Veiels *Der Kick* (2006), welches aus Interviewpassagen entstanden ist.

---

1 nachtkritik.de   2 wikipedia.de

Rolf Hochhuth: McKinsey[1] kommt (2003, Auszug)

Zweiter Akt
Rausgeworfene I

Umziehraum, Dusche der Arbeiterinnen, hier: Tablettenverpackerinnen eines „Pharma-Riesen", wie die Konzerne sich auch selbst nennen ...
Eine Wand mit Spinden für die Straßengarderobe.
5 *Auf tischgroßen Wagen, Container genannt, liegt gestapelt die Betriebskluft; frische, blaue Wäsche ist zu jeder neuen Schicht obligatorisch. [...] Die Rückwand der Bühne, also die Wand mit den Spinden, wird durch eine Schwingtür unterbrochen. Der Boden vor den Spinden ist ebenso gekachelt wie der Dusch-*
10 *raum.*
Herta und Inge, beide zwischen zwanzig und dreißig, mit Plastikhauben auf dem Kopf – Teil ihrer Arbeitskleidung –, kommen nackt oder mit einem Frottiertuch bestückt aus der Dusche, gehen zu ihrem Spind und ziehen sich an – „rauchen
15 *dann noch eine" auf der Bank; Inge isst einen Schokoriegel. Sie „babbeln" hier ausgeprägt frankfurterisch-mannheimerisch; grundsätzlich der Dialekt der Gegend, in der die Schauspielerinnen aufgewachsen sind; hier auch brandenburgischer Landdialekt.*

20 **HERTA**   Zähl schon die Tage, dass ich nicht mehr her muss.
Und wie bin ich ausjerastet, als wir jefeuert wurden.
INGE   Tröstet doll, wenn man nicht alleine rausfliegt, sondern die ganze Truppe.

Entnimmt ihrer Tasche eine Zeitung, reicht sie an Herta:

25 Heute hier in unserem Käseblatt,
ein Foto des Ami-Ladens – den „wir" gekauft haben, zweimal so groß wie unser Mannheimer Bahnhof!
HERTA   Nee, jekauft haben *wir* jar nüscht, *verkauft* wurden *wir,* damit die hier den amerikanischen Laden zah-
30 len können. [...]
INGE   Ich stemple nicht ungern, wenigstens 'en halbes Jahr;

meine Mutter hat auch noch drei Kühe und Kleinvieh ... da kann ich was sparen, für Djerba.
Den Urlaub vermiest mir keiner.   35
HERTA   Du darfst stempeln, ick muss aber zur Stütze, war keene drei Monate hier.
Hätt' ick bloß in der Hotelküche anjefangen, statt in diesem Scheißladen. Hab' schon anjerufen, Job natürlich wech.   40
INGE, *sitzt jetzt auf der Bank und raucht*
Trotzdem hingehen, fragen! Kantinen- und Krankenhausküchen zahlen super.
Der Mann von meiner Cousine
– Männer kriegen natürlich mehr –   45
Is Koch in der Straßenbahnkantine.
Kriegste nich ABM[2]?
HERTA   Nö! Jriegte ich ABM,
sagt Herbert, soll's denne jefälligst
teuer kommen, nicht nur 'nen Job da lernen,   50
der so billig kommt wie Kochen
Ich tu's nicht unter Bankkauffrau.
INGE, *spöttisch*
Ne Größe kleiner hast du's nich?
Ich konnt' das nie, konnte schon auf der Schule nich   55
rechnen. Zur Glotze ginge ich gerne, das wär geil ...

Beide lachen.

HERTA   Vergiss it! *Weißt* du, was die beim *Fernsehen* verlangen? Oder bleibst du nur Kabelschlepperin.
Ick gloobe, sogar Abitur verlangen die!   60
Oder Pennen mit dem Chef.
INGE   Und Warteliste, kilometerlange.
Wie findest du es eigentlich, dass wir hier alle 1000 Gefeuerten schön die Schnauze halten,
statt irgendwas anzustellen,   65
gegen den Konzern? Dass wir diese Scheiße
schon gefressen haben, dass heute unsere Zeitung

– hier guck, ganz fett, halbe Seite …

Sie schmeißt die Zeitung auf den Boden und tritt sie mit
70 *Füßen:*

… die amerikanische Fabrik abbildet, die unser Laden
sich unter'n Nagel gerissen hat.
Aber kein Wort über uns 1000 Entlassene! [...]

Vorhang

75 **HERTA**, *tritt wieder heraus, während der Vorhang zum Um-*
bau geschlossen bleibt und „übersetzt" sehr traurig dieses
„Jedicht":„Stilljelegte Stadt", ein Sonett, in ihren ausgeprägt
märkisch-berlinerischen Landdialekt:

Stilljelegte Stadt

In Brandenburg jriejen Jugendliche, 80
die Lehrstellen suchen, vom Arbeitsamt Jeld,
dat se vaschwinden aus de Stadt:
„Hier werdet ihr jrau, bis ihr einjestellt!"

Denn dat Stahlwerk is platt, dat 150 Jahre de Stadt
ernährt hat. Noch zwanzigtausend Stahlarweiter 85
am Schluss vom Kommunismus – doch dat erklärt
Heute den Besuchern ein *Museums*leiter!

Stempler jetzt jrad man vierzig, kochten hier noch Stahl;
beschämt als Frührentner, dat ihr Stahlwerk nun
Museum jeworden, sie nüscht mehr tun als illejal 90

Hamse Glück sich noch für 20 Euro pro Tag vakoofen
irjenwo an einem Kiosk oder so, de Frauen malochen.
Ihre Ehen, mit Jören oder nich, bloß Katastrophen.

---

1 McKinsey: international tätige US-amerikanische Unternehmensberatung 2 ABM: Arbeitsbeschaffungsmaßnahmen (abgekürzt: ABM) waren zu
Zeiten hoher Arbeitslosigkeit in Deutschland vom Arbeitsamt bezuschusste Tätigkeiten.

3 Untersuchen Sie den Textauszug aus Rolf Hochhuths 2004 uraufgeführten Drama *Mc Kinsey kommt*
in Hinblick auf die Dialog- und Sprachgestaltung.

Brechts episches
Theater
→ S. 271 ff.

4 Besprechen Sie in der Gruppe, welche Elemente des epischen Theaters von Bertolt Brecht Sie in dem
Auszug aus *McKinsey kommt* wiederfinden können, und überlegen Sie, welche Funktionen diese
Elemente hier erfüllen.

5 Formulieren Sie auf Grundlage Ihrer Ergebnisse aus den Aufgaben 3 und 4 eine Deutungshypothese.
Tauschen Sie sich anschließend in der Gruppe über Ihre Deutungshypothesen aus und entwerfen Sie
gemeinsam zu einer Ihnen besonders überzeugenden Deutungshypothese eine Stoffsammlung.

6 Diskutieren Sie unter Einbeziehung des Ausschnitts aus der Theaterkritik von Christine Dössel (M2),
welche Rolle das zeitgenössische Drama für die gegenwärtige Gesellschaft spielen kann und soll.

Material 2

Christine Dössel: Wenn der Frustmann zweimal klingelt (2004, Süddeutsche Zeitung, Ausschnitt)

Beginnen wir mit ein paar Fakten. Fakten müssen sein, und
das Stück ist voll davon: Die Manager von Mercedes konnten nach dem Kauf des pleitegegangenen Chrysler-Kon-
zerns ihre Gehälter dem amerikanischen Standard anpas-
5 sen und von 2,5 auf jährlich 15,5 Millionen versechsfachen.
Wir wiederholen: versechsfachen. Das ist vierhundert Mal
so viel, wie sie einem Arbeiter zahlen.
Anderes Beispiel: Deutsche Bank. Das traditionsreiche
deutsche Geldinstitut hat 2001/2002, im erfolgreichsten
10 Jahr seit seinem Bestehen, 9,4 Milliarden Euro Reingewinn
gemacht, gleichzeitig jedoch mehr als 11 000 Mitarbeiter
entlassen. Der Chef, Josef Ackermann, verdient jährlich
6,95 Millionen Euro. Um die „Effizienz" zu steigern, hat die
Deutsche Bank 179 000 Stunden lang McKinsey im Haus
15 gehabt, Mercedes 228 000 Stunden. Pro Stunde verlangt
das Beratungsunternehmen 300 Euro. „Wenn man vor hundert Jahren Gründerzeit sagte, so heute McKinsey-Zeit",
konstatiert in dem Stück der Boss eines Tabak-Konzerns.

Woraufhin seine Referentin „den kleinen Unterschied" ergänzt: „Die Fabrikanten der Gründerjahre gründeten Ar- 20
beitsplätze, McKinsey liquidiert sie."
Massenarbeitslosigkeit auf der einen Seite, Millionenge-
hälter und Milliardengewinne auf der anderen: Das ist
nicht neu. Stellenabbau, Fusionen, feindliche Übernahmen – jeder kann die Fakten täglich der Zeitung entneh- 25
men. Wenn Rolf Hochhuth sie in seinem Stück „McKinsey
kommt" trotzdem ausbreitet, dann erstens, weil er schon
immer ein verbissener Leitartikler und Faktenhuber war,
und zweitens, weil er es mit Hegel hält: „Das Bekannte
überhaupt ist darum, weil es bekannt ist, nicht erkannt." Es 30
geht also um einen Erkenntnisprozess, um nichts weniger
als Aufklärung, den Schritt des Menschen aus seiner – gar
nicht immer – selbst verschuldeten Unmündigkeit, wenn
nicht um mehr: um einen Massenaufstand gegen die „Diktatur der Weltwirtschaft" und ihren „Raubtierkapitalis- 35
mus". Um Revolution.

Helgard Haug/Stefan Kaegi/Daniel Wetzel: Rimini Protokoll: Hauptversammlung. Programmheft (2009, Auszug)

Heute, am 8. April 2009, laden Rimini Protokoll
mit „Hauptversammlung" zu einer der auf-
wändigsten Inszenierungen der Spielzeit: Zur
Aktionärsversammlung der Daimler AG im ICC
5 Berlin.

Wir haben Aktionäre gesucht, die ihre Einladung zur Hauptversammlung und ihr Stimm-
recht abtreten, um ca. 200 Theatergängern den
Zugang zu ermöglichen. Wer wollte, konnte sei-
10 nem Repräsentanten das gewünschte Stimm-
verhalten mitteilen.

In unserer Inszenierung geht es nicht darum,
die Selbstpräsentation eines Global Players als
Show zu denunzieren, sondern um das Theater
15 einer Totalbühne, auf der jeder erklärtermaßen
eine Rolle spielt – auch die Theatergänger, denn
sie sind ebenfalls Inhaber von Stimmrechten
und somit in der Rolle von Teilhabern. Sie kommen nicht als Zuschauerblock, sondern ihrem
20 eigenen Zeitplan folgend, und mischen sich unter die ca. 8000 Aktionäre, denen gegenüber der
exponierte Teil der Gesellschaft über Wohl und
Weh des Geschäftsjahrs Rechenschaft ablegt,
unsichtbar dahinter der Teil der Gesellschaft,
25 der ihm zuarbeitet.

Rimini Protokoll: Hauptversammlung.
(Aus dem Programmheft, 2009)

Das vorliegende Theaterprogrammheft, einige Telefonschleifen (über die unterschiedliche Hinter-
grundmusiken abrufbar sind), sowie Nischengespräche mit Experten (Programm siehe Lesezeichen) bieten Einstiegshilfen und Perspektiven-Verstärker für diesen Tag eines parasitären Theaters,
das selbst nichts erfindet, sondern versuchsweise einen anderen Blick importiert und Zugang ver-
30 schafft zu einem Schauspiel, dessen Regelwerk über Jahrzehnte gewachsen ist – wie auch seine
Sensibilitäten: Es galt, mit möglichst vielen unterschiedlichen Protagonisten dieses Stücks zu
sprechen, möglichst viele verschiedene Argumente für die Auseinandersetzung im 4. Akt (der Gene-
ralaussprache) zu sammeln. Die Gespräche fanden statt, gedruckt werden konnten allerdings nicht
alle, da schlussendlich vor allem die Personen, die aus der Sicht des Konzerns sprachen, mit der Ver-
35 öffentlichung ihres Namens und des Gesprächsprotokolls nicht mehr einverstanden waren.

Mit der Inszenierung „Hauptversammlung" wird die Daimler-Hauptversammlung als Ritual einer
Versammlung unterschiedlicher Interessen erfahrbar, deren Vertreter – vielleicht anscheinend, vielleicht scheinbar – miteinander reden, sich demokratisch verhalten und einander zuhören. Jeder in
seiner Maske, keiner unbeteiligt.

---

7 Lesen Sie den Auszug aus dem Programmheft zu „Hauptversammlung" und geben Sie eine Einschätzung dazu ab, ob das Projekt der Künstlergruppe Rimini Protokoll als radikale Form des Doku-
mentartheaters bezeichnet werden kann.

8 „Unser ganzes Leben ist eine Inszenierung, also Theater!"
Diskutieren Sie, inwieweit Sie dieser These zustimmen.

9 **PLUS** Sammeln Sie in Gruppen Ideen für ein aktuelles Dokumentartheaterprojekt und zeigen Sie
bei einer Präsentation Ihres Projektentwurfs auf, welche dokumentarischen und welche fiktionalen
Elemente Sie dabei einsetzen würden.

Tendenzen des Gegenwartstheaters: volkstümlich, absurd oder postdramatisch?

Franz Xaver Kroetz: Bauern sterben. Stück (1985, Auszug)

I

Heimat in der Kuchl

SOHN   *(verzweifelt)* Mia brachan a Wassaleiding, ohne a
Wassaleiding gänds nirgands mea. A Wassaleiding hoda
eda. Mia brachan a neichs Doch, ohne a neichs Doch
gads nirgands mea. A neichs Doch hoda jeda. Mia bra-
5   chan an richtign Schdrom fia richtige Maschina. Ohne
richtige Maschina gäds nirgands mea. *(Sehr laut)* Mia
brachan a Heizing, mia brachan an Delefon und a Auddo
brachma aa. Und umstein miaßma von da Miili afd Buinmast, aufd Buinmast. Mastviech! Nachad hamma Zeid
10   fias Lem wia de andan aa. Umschdein, modernisian, än-
dan! Fuadan und aus, abschbrizn und aus! Oamoi am
Dog und firti. Und aus is midm Rabs und de Kaffdoffein
und am Hawan und am Woaz und am Glä und de Ruabn.
(Wild) an Mais wuie seng, bloßno an Mais. Mastfuada zin
15   Mastvieh. Abschbrizn, und eifuadan, midm Dragdor und
firti. *(Leiser)* Und a Wei kriagadi nachad aa, wenn um-
gsteid werat und modernisird weis gern kamat des Wei, a
jäde, wenns sogd: Im Schdoi hoda umgscheid, ois is do-
dal modernisird. [...] *(Bettelnd)* Umschdein miaßma,
20   umschdein auf Buinmast, de Mast macht an Bauan fed
und geide. Wos Bullerl frißd fari erm midm Dragdor vors
Mai und wos scheißd auf sein Rost schbriz i erm blank in
zehn Sekundn. Mastviech und Mastfuada, Fleisch und
Geid. Und da Mensch is frei, weia Zeid hod! Ausis midm
25   fluacha und schwizn. Und as Wie mog des, und da
Mensch aa. Jeda mog des, *(hochdeutsch)* weil es ist schön.
Weil es ist: sehr schön! *(Pause, er schnauft tief und fällt in
sich zusammen.)*

VATER   Solang i leb wird nix umgschdeid. Nixe. Es bleibd
30   ois wias ezan is und wias oiwei war. Wie as Milligeid des
is des wo da Baua sicha hod, und wenna des auslaßd nachad vareggd a.

SOHN   *(bittend)* Ned vareggd a, ned vareggd a. Lem duada,
lem.

35   VATER   Varegga soge, varrega. Und ghern duad ois no mei.
Ois is no mei. Mei is ois no! Wei wos du frißd kummd aus
meim Della und wo du scheißd lafd in mei Odlgruam. Ois
gherd no mei. As Milligeid und da Fernsäa aa.

SOHN   Wuisd daße grebia unta deine Kia.

40   VATER   Meine Kia, mei Schdoi, mei Fernsäa.

SOHN   As Gnag briche eich, dia und deine Kia aa.

Franz Xaver Kroetz, geboren 1946 in München, war in den 1970er-
Jahren im deutschsprachigen Raum einer der meistgespielten
Dramatiker. In den 1980er-Jahren wurde er durch seine Darstellung des
Klatschreporters Baby Schimmerlos in der Kultserie *Kir Royal* einem
größeren Publikum bekannt. 2008 verkörperte er den Brandner Kaspar
in der Verfilmung des Dramas von Franz Ferdinand von Kobell durch
Joseph Vilsmaier.

VATER   Wern amoi de deinign aa sei. Awa ez no ned. I iwagib no ned, no ned! *(Listig)* Und wenne amoi iwagib, da-
chad machmas nodarisch, dass de Millikia bleim, dass
bleim wia as Milligeid und wia meine Hasn aa. Dass ois,   45
ois aso bleibd, wias etzan is.

SOHN   Nix bleibd wias is, weie gä!

VATER   Du gäsd ned, du gäsd nia, weie di ned lass. Du ghe-
asd aa mei, wia meine Kia und da Fernsäa aa.

SOHN   *(brüllt)* I ghea mia.   50

VATER   Mei ghärsd, ois is no mei, du und da Fernsäa aa.

1 Bereiten Sie in Gruppen szenische Lesungen des Auszugs aus *Bauern sterben* vor und beziehen
Sie vorbereitend dazu auch die Aussagen des Autors (M1, S. 343) zur Frage von Dialekt und
Hochdeutsch mit ein.

Material 1

Franz Xaver Kroetz: Bauern sterben (1985, Ausschnitt)

In „Bauern sterben" werden zwei Sprachen behauptet: ein Dialekt und eine – angenommene, aufge-
zwungene, uneigentliche – Hochsprache. Diese beiden Sprachen wechseln, meistens hart und über-
gangslos. (Dass Übergänge existieren, wird damit nicht in Abrede gestellt.) Beispiel: Der Tod – hat
mir – seine Exkremente hinein – gedrückt ... und zwei Minuten später: Hasch mi woll liab?
5 Die Gegenüberstellung zeigt, dass beide Sprachen Behauptungen, auch Erfindungen sind, nicht ab-
geschriebene oder beobachtete linguistische Dokumentationen. Ohne Konzept, *wie* man die beiden
Sprachen und ihre Ebenen darstellen will, kann man dieses Stück nicht aufführen.
Es scheint mir auch mehr ein geistig-gestalterisches Problem zu sein als eines, das die Frage auf-
wirft: Wie viele Süddeutsche haben wir im Ensemble?

2 Tragen Sie sich Ihre Versionen des Textes (S. 342, Aufgabe 1) gegenseitig vor und besprechen Sie im
Anschluss, inwiefern die unterschiedlichen Vortragsweisen sich auf Ihre Wahrnehmung des Textes
und seines Inhalts ausgewirkt haben.

3 Diskutieren Sie, ob der Inhalt des Dramenauszugs heute noch aktuell und eine Aufführung am Theater
entsprechend sinnvoll wäre.

4 Erschließen Sie die folgenden Auszüge aus Elfriede Jelineks und Sibylle Bergs Dramen (S. 343–345).

MK **5** Recherchieren Sie arbeitsteilig zu folgenden Strömungen des Gegenwartstheaters: Volksstück,
absurdes Theater, postdramatisches Theater.

6 Stellen Sie sich Ihre Rechercheergebnisse gegenseitig im Plenum vor und besprechen Sie im Anschluss,
ob Sie die Textauszüge aus den Dramen von Franz Xaver Kroetz, Elfriede Jelinek und Sibylle Berg einer
oder mehrerer dieser Strömungen zuordnen können.

7 Diskutieren Sie, ob für Sie eine eindeutige Zuordnung zu einer der Strömungen zu einem vertieften
Verständnis des Textes beitragen kann.

8 Tauschen Sie sich darüber aus, welches der Dramen Sie als Schultheateraufführung inszenieren würden.
Begründen Sie Ihre Entscheidung.

Elfriede Jelinek: Krankheit oder Moderne Frauen (1987, Auszug)

*Der Steuerberater Dr. Benno Hundekoffer und seine Frau Carmilla befinden sich mit ihren fünf Kindern in einer Arztpraxis,
in der Carmilla ihr sechstes Kind zur Welt bringen wird.*

CARMILLA   Ich mache mir Sorgen, ob ich auch das Gas ab-
gedreht habe. Und was wird aus dem Licht, dieser uner-
sättlichen Quelle des Stromverbrauchs?
BENNO   Keine Sorge, sage ich darauf. Ich verdiene gut. Ein
5 Rätsel ist, was in deinem Kopf vorgeht. Du bist wie ein
schöner Nachmittag. Man erlebt ihn zwar, aber hinterher könnte man nicht sagen warum.
CARMILLA   *stöhnt* Ich bin nichts Halbes und nichts Ganzes. Ich bin dazwischen. Ich bin von liebenswürdiger Ge-
10 ringfügigkeit.
[...]
BENNO   Sogar den Faden fürs Labyrinth würdest du noch
irgendwo verlegen, lenkte man dich mit einem hübschen Kleid ab. Dabei lege ich dir diesen Faden jeden Tag
aufs Neue in deine Handtasche. Die Erde tobt gegen ihre 15
eigene Schönheit. Sie versteht es nicht besser. Aber was
bist du? Aufgeregt! Wegen einer Geburt! Schau nur, wie
viel Sonne sich in dieser Praxis befindet. Die launische
Dame Fortuna hält sich gewiss gern hier auf.
[...]   20
CARMILLA   Wo bin ich? Ich grüße artig. Ich liefere Ware.
BENNO   Ich bin Steuerberater. Dorthin hast du mich gestellt, damit du dich neben mich stellen konntest. Geld
muss arbeiten. Der Mensch auch.
CARMILLA   Deinen grauen Flanellanzug wollte ich noch 25
in die Reinigung bringen. Bitte verzeih! Wohin ich
schaue: Flecken, Dreck. Schlamm. Keine Arten- und For-
menvielfalt. Antennen. Flora. Fauna. Bravo!

Elfriede Jelinek wurde 1946 in der Steiermark (Österreich) geboren und lebt in Wien und München. Sie veröffentlicht Essays, Lyrik, Romane und Dramen. Ihre Texte wurden teils als provozierend aufgefasst und zogen öffentliche Debatten nach sich. 1998 erhielt sie den renommierten Georg-Büchner-Preis und 2004 als zehnte Frau den Literaturnobelpreis.

BENNO Ich schaue ein wenig auf unsere Kinderschar, und schon kann ich dir nicht mehr böse sein. Diese Kinder 30 werden Nachfolger der großen Klassiker werden. [...] Nummer acht. Zieh bitte deine Bahn. Stürze nicht aus dem bürgerlichen Glanz ab, der von mir kommt.
Die Kinder johlen.
Kauf dir feste Schuhe! Geh nicht zu den Nachbarn, die 35 schauen uns herein! Wohne hell und großzügig! Fahren wir zum Beispiel nach Griechenland! Komm von einem Ausflug zurück! Befestige dich an meinem Arm.

CARMILLA *spricht mühsam* Ich hoffe, du hast dir gestattet, diesem Kind ein menschliches Bild zu geben? Ich 40 meine nur. Damit man es später, wo gewünscht, als Mensch erkennen kann. [...]

BENNO Ich war recht konzentriert bei der Sache. Ich habe genau mich selbst noch einmal gemacht. Ich habe dieses genau wie die anderen geschaffen. Schau, wie sie rollen 45 und rollen und laufen und laufen!

Sibylle Berg: Und jetzt: die Welt! Oder: Es sagt mir nichts, das sogenannte Draußen (2013, Auszug)

Ein Text von Frau Berg für eine Person und mehrere Stimmen. Oder anders.

Während des Textes wird gefilmt. Eine Idee: Man sieht den Adressaten des Videos im Keller. Oder nur seine Augen. Oder ganz anders.
Die Freundinnen und die Mutter können auftauchen, müssen aber nicht.
5 *Gerne viel Musik.*

Hart muss ich werden, um zu wissen,
was zählt, was wichtig ist,
und dann
kann ich der Welt die Antwort geben,
10 die ist: Ich muss hier überleben.
Muss Sieger sein, mit aller Macht –
Nicht angerührt, nicht ausgelacht,
auch nicht bedrängt und kleingemacht.
Ich werde meinen Körper stählen,
15 fickt euch ins Knie und gute Nacht!

Ich bin beeindruckt von meiner Fähigkeit zu reimen.

Und der, Versprechen einzuhalten.

Ich zeige dir die Welt. Die Welt der Normalen. Du weißt schon – der Leute mit Hoffnung.

20 Und du bist ruhig.
Das war der Deal.

Menschen ertragen ihr Leben nur mit Hoffnung.

Wie geht es dir eigentlich?, fällt mir da unzusammenhängend ein. Hoffst du, irgendwann noch einmal die Sonne zu sehen? Ich, um von dem zu reden, was mich am meisten 25 interessiert, glaube mal, das wird nichts.

Dumm gelaufen.

Hoffnung, auch wenn du nicht danach fragst, ist, dass da draußen ein Mensch auf mich wartet. Warten können sie, die Jungen, sie sind fast alle arbeitslos. Oder studieren, um 30 im Anschluss arbeitslos zu sein. Oder sie befinden sich in einem Praktikum. Für zehn Jahre. Problemlos könnte da also jemand herumlungern und auf mich warten. Eine junge Frau mit grünen Augen und Interesse an Kung-Fu. Vielleicht heißt sie Lina. 35
Mein Mensch befindet sich vielleicht genau jetzt an seinem Fenster, sieht dahin, wo vor dem Dauerregen mal Himmel war, und fragt sich, ob in einem Liebeskontext ein anderes Gefühl hergestellt werden kann als Schmerz. Irgendwann tut es doch immer weh. Weil einer will und der andere nicht 40 oder einer nicht mehr will oder beide nicht genug, und dann sitzt man sich gegenüber und wundert sich.

Summen.

Vor dem Fenster kreisen schon wieder Spionagedrohnen.
45 Das neue Hobby halbwüchsiger junger Männer, die sich die
Dinger aus 3D-Printern ausdrucken und auf die Suche
nach Geschlechtspartnern schicken. Demnächst werden
sie ihre Penisse an diese Drohnen hängen. Prost. Es gibt
Schlimmeres.
50 Jung zu sein und am Abend alleine zu Hause zum Beispiel.
Meine selbst zusammengestellte Familie ist auswärts.
Gemma beim Shoppen, Minna beim Sport, und ich hänge
hier rum und mache ein Video, das außer dir, lieber Paul,
keiner zu sehen bekommen wird.

55 Guten Abend, meine Möbel,
was habt ihr heute so gemacht?
Bin ich daheim, schnappt mich die Stille,
das Bett, der alte Hund, der lacht.
Es riecht so einsam in der Wohnung,
60 die Lampe hängt so gelb darin.
Und ich weiß nicht, was ich lieber,
alleine oder Gruppe bin.
Liebe gibt's doch nur in Liedern,
im Leben gibt's doch so was nicht.
65 Wenn die Sehnsucht richtig packt,
dann ist es Nacht, und du bist nackt.
Ich rede noch was zu mir selber,
dann lösche ich mit Angst das Licht.

Obwohl ich nicht darauf brenne, nackt zu sein. Und Sehn-
70 sucht das falsche Wort ist. Ich sehne mich nur nach Orten
und Dingen, die ich kenne. Also zum Beispiel sehne ich
mich nicht nach dem Gipfel des Himalaya oder nach einer
Darmspiegelung, sondern nach einem Gefühl, das mir aus
Filmen bekannt ist. Ich wurde noch nie von einem Men-
75 schen geliebt. Also in diesem gewaltigen, durch die Medi-
en und Kunst aufgeladenen Sinn. Jemanden, der, ohne sich
an mich gewöhnt zu haben, von mir bezaubert ist, gibt es
nicht. Dabei entspreche ich rein optisch allen Parametern,
die ein begehrenswerter Mensch unserer Zeit zu erfüllen
80 hat. Ich habe gute Zähne und bin politisch korrekt.

Hör ich dich widersprechend wimmern, Paul?

An Abenden wie diesem habe ich eine unklare Angst, dass
alles so bleiben könnte, wie es gerade ist: grau. Und dass ich

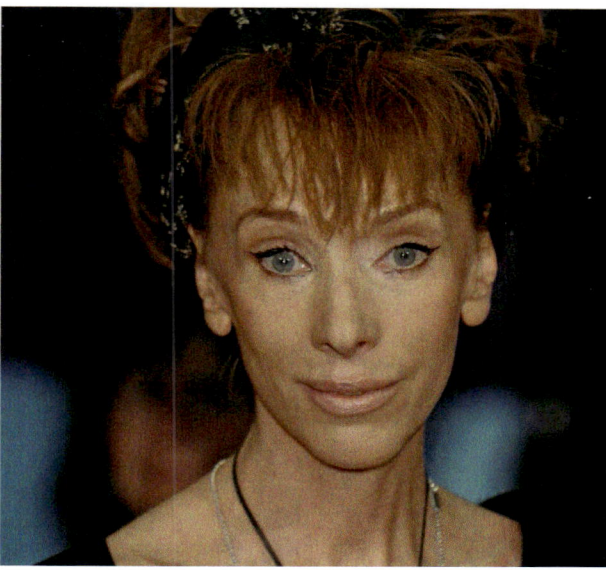

1962 in Weimar (damalige DDR) geboren, zog Sibylle Berg 1984 nach einem bewilligten Ausreiseantrag zunächst nach Hamburg und siedelte 1996 in die Schweiz über. Bekannt wurde sie mit ihrem Bestsellerroman *Ein paar Leute suchen das Glück und lachen sich tot*. Neben ihrer Tätigkeit als Schriftstellerin, Regisseurin, Kolumnistin und Essayistin ist sie in zahlreichen weiteren Projekten tätig, u.a. als Herausgeberin eines weiblichen Bildungskanons „Diese Frauen müssen Sie kennen", der u.a. in „Spiegel Kultur" online veröffentlicht wurde. Ihr Werk wurde vielfach ausgezeichnet, u.a. 2020 mit dem Bertolt-Brecht-Literaturpreis.

von einem dämmrigen Junge-Mensch-Gefühl direkt in das
gerate, was ich bei Älteren sehe: die pure Verzweiflung. Als 85
hätte sich irgendein Versprechen nicht erfüllt. Alle, die ich
kenne, suchen nach diesem Unbekannten, das sie in Momenten ahnen, in denen der Alkohol genau in der richtigen
Menge im Körper steht und genau das richtige Lied läuft.
Grenzenlos und unendlich wollen wir sein. Und sind doch 90
nur wer, der besoffen ist und mit jemandem nach Hause
geht.
Ich bin mit Lina nach Hause gegangen, doch leider hat sich
bei mir ein Gefühl entwickelt. Das ich aber ignoriere. Im
Gefühle-Ignorieren bin ich großartig. Wir sind jetzt sehr 95
gute Freundinnen, sagte sie, und ich bin nicht unglücklich
verliebt. Ich mache nur eine Persönlichkeitsentwicklung
durch. Ich lerne, keine Ansprüche zu haben, zu nehmen,
was ich geschenkt bekomme. Bla.

9 PLUS Die Dramenauszüge von Rolf Hochhuth, Rimini Protokoll, Franz Xaver Kroetz, Elfriede Jelinek und Sibylle Berg (S. 339–345) berühren alle den Themenkreis *Ökonomie* bzw. *Kapitalismus*.
– Untersuchen Sie arbeitsteilig die Textauszüge gezielt danach, wie dieses Thema dargestellt wird und welche Haltung zum Thema aus dem Dramenauszug jeweils deutlich wird.
– Präsentieren Sie Ihre Ergebnisse im Plenum und fertigen Sie Mitschriften zu den Inhalten der Präsentationen an.
– Tauschen Sie sich im Anschluss über die Präsentationen aus. Nehmen Sie bei Bedarf Ihre Mitschrift zur Hilfe.

Mitschrift
→ S. 375

Auf einen Blick: Merkmale der Literatur von 1945 bis zur Gegenwart

Epochenlexikon
→ S.422 f.

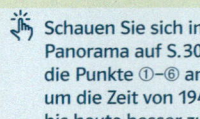

Schauen Sie sich im Panorama auf S.308 die Punkte ①–⑥ an, um die Zeit von 1945 bis heute besser zu verstehen.

Literatur nach 1945

In der deutschen Literatur nach dem Ende des Zweiten Weltkriegs zeigt sich das **Engagement** gegen die vorherrschenden gesellschaftlichen **Verdrängungstendenzen** der jüngsten Vergangenheit. Die der unmittelbaren Nachkriegszeit folgenden Phasen der Literatur sind geprägt von den **politischen Strömungen** im Lauf der Zeit, z.B. der Studentenbewegung von 1968. Auch Kritik an der entstehenden Wohlstandsgesellschaft der 1950er-Jahre findet sich in der Literatur der Zeit.

Lakonismus und Hermetismus

In der Lyrik knüpft man u.a. an den Expressionismus an, findet aber im **hermetischen Gedicht** (z.B. Paul Celan) und in der umgangssprachlich gefassten Alltagslyrik (**Lakonismus**) auch zu neuen Schreibweisen. Die neue Sprache, die Eingang in lyrische, epische und auch dramatische Texte findet, zeigt das Misstrauen gegenüber der in der Diktatur missbrauchten Sprache. Die Kriegs- und Heimkehrerliteratur der Zeit wird auch als **Trümmerliteratur** bzw. **Kahlschlagliteratur** bezeichnet. In ihr findet sich Sprache, die bewusst nicht schön gestaltet ist, sondern kahl wirken soll.

Neue Subjektivität

In den 1970er-Jahren entsteht eine literarische Strömung, die geprägt ist von der Besinnung auf das eigene Ich und seine **subjektive Welt** und sich von der öffentlichen politischen Aktion distanziert. Diese **neue Innerlichkeit** will nach dem Verzicht auf die Erfassung der Individualität bewusst die Suche nach persönlicher Identität in den Blick nehmen. Als Vertreterinnen der neuen Subjektivität im Bereich Lyrik gelten beispielsweise Sarah Kirsch und Friederike Mayröcker.

Drama der Nachkriegszeit

Das Drama der Nachkriegszeit ist zunächst geprägt vom **epischen Theater** Bertolt Brechts. An der optimistischen Haltung Brechts, den Menschen ändern zu können, wird jedoch zunehmend gezweifelt und internationale Tendenzen wie das **absurde Drama** (z.B. Eugène Ionesco), das die Sinnlosigkeit menschlichen Bemühens aufzeigt, finden auch im deutschsprachigen Raum Eingang (z.B. in den Dramen der Schweizer Autoren Max Frisch und Friedrich Dürrenmatt).
In den 1960er-Jahren entsteht mit dem **Dokumentartheater** eine neue Form, z.B. bei Peter Weiss oder Rolf Hochhuth, bei der authentisches Material wie beispielsweisen historische Dokumente größtenteils unverändert wiedergegeben werden, um historische oder auch aktuelle Ereignisse zu bearbeiten.
Das neue **Volksstück** wird ab den 1970er-Jahren vor allem von Franz Xaver Kroetz vertreten, der in seinen sozialkritischen Dramen die populären Volksstücke, die das ländliche Leben verherrlichen, zu bekämpfen sucht.

Berlin 1945, sog. Trümmerfrauen

Epik der Nachkriegszeit

In der Epik zeigt sich der Einfluss ausländischer Literatur. Die **Kurzgeschichte** in Anlehnung an den US-amerikanischen Schriftsteller Ernest Hemingway wird zu einer beliebten Gattung. Sowohl in der Kurzgeschichte als auch im Roman spielt die **Verarbeitung der Vergangenheit** eine entscheidende Rolle, wie z.B. in Günter Grass' Roman *Die Blechtrommel*.

Gruppe 47

1947 bildet sich um Hans Werner Richter ein **Zusammenschluss** von engagierten Schriftstellerinnen und Schriftstellern, die sich in ihren Zusammenkünften aus ihren Werken vorlesen und diese gegenseitig kommentieren und kritisieren. Ihr gehörten u.a. an: Ingeborg Bachmann, Heinrich Böll, Günter Eich, Paul Celan und Ilse Aichinger.

Literatur nach 1989

Der Fall der Mauer wird als ein Einschnitt in der Geschichte der deutschen Literatur angesehen. Mit ihm endet auch die **Teilung in eine Ost- und Westliteratur**. Die Literatur der DDR war bis 1989 geprägt von den Forderungen der staatlichen Kulturpolitik. Schriftstellerinnen und Schriftsteller werden immer wieder für ihre abweichende, als „bürgerlich" bezeichnete Literatur öffentlich getadelt, so zum Beispiel Sarah Kirsch, die später – wie auch andere Autorinnen und Autoren der DDR – in die Bundesrepublik übersiedelt. Für viele Autorinnen und Autoren, z. B. Reiner Kunze, war es aufgrund ihrer kritischen Haltung zum Regime oft nicht möglich, ihre Werke in der DDR zu veröffentlichen.

Ab 1989 entsteht die sogenannte **Wendeliteratur**, die die Wende und die Deutsche Einheit thematisiert.

Das postmoderne Büro- und Geschäftshaus *No 1 Poultry* in der City of London an der Straße Poultry (Geflügelmarkt) wurde 1997 fertiggestellt.

Berliner Mauer, November 1989

Postmoderne

In der Literatur der Postmoderne steht, anders als in der Literatur der Moderne, nicht die Erneuerung der Literatur in Form und Inhalt im Vordergrund, sondern das Spiel mit unterschiedlichen literarischen Traditionen. Dabei spielt die postmoderne Literatur auch mit Techniken, die in der Moderne entstanden sind, wie z. B. der **Intertextualität**. Durch **ironische Verfremdung** wird der Eindruck der bloßen Nachahmung literarischer Traditionen vermieden.

Gegenwartsliteratur

Neben postmodernen Formen und der Fortführung realistischer Strömungen, vor allem in der Epik, kann als eine Tendenz der Gegenwartsliteratur die **Autofiktion** angesehen werden. In ihr verarbeiten Autorinnen und Autoren eigenes Erleben mit literarischen Mitteln. Im Gegensatz zu autobiografischem Schreiben können hier jedoch Erzählinstanz und Hauptfigur auch bei identischem Namen nicht gleichgesetzt werden. Im Drama entsteht in den 1980er-Jahren das **postdramatische Theater**, das sich durch Nähe zu Performance auszeichnet und sich vom traditionellen Theater abgrenzt, indem es sich für andere mediale Genres und Techniken öffnet und ursprüngliche dramatische Ideen der Handlung und Nachahmung nicht weiterverfolgt. Als Vertreterin des postdramatischen Theaters gilt beispielsweise die österreichische Nobelpreisträgerin Elfriede Jelinek.

Mündliches Abitur

Vorbereitung auf die mündliche Abiturprüfung (Kolloquium)

Die mündliche Abiturprüfung umfasst insgesamt 30 Minuten und besteht aus zwei Teilen. Sie beginnt mit Ihrem Kurzreferat aus dem Bereich Ihres gewählten Schwerpunktthemas (ca. 10 Minuten), den Sie in der gegebenen Vorbereitungszeit (30 Minuten) vorbereiten müssen. Von diesem Vortrag ausgehend knüpft sich ein Prüfungsgespräch von ca. 5 Minuten an. Der zweite Teil der Prüfung besteht aus Fragen und Aufgaben zu den beiden von Ihnen gewählten Ausbildungsabschnitten (Halbjahren) und umfasst nochmals 15 Minuten.

1. Prüfungsschwerpunkt und Prüfungshalbjahre auswählen
- sich gründlich mit der von der Lehrkraft verteilten Liste an Schwerpunktthemen auseinandersetzen
- sich einen Überblick über die Themen und Lektüren der verschiedenen Ausbildungsabschnitte verschaffen
- Schwerpunkt und die beiden Ausbildungsabschnitte nach den eigenen Fertigkeiten und Interessen auswählen

2. Das Kolloquium zuhause gründlich vorbereiten
- rechtzeitig aus den eigenen Aufzeichnungen, den entsprechenden Seiten im Lehrwerk und anderen Materialien sowie den entsprechenden literarischen Texten geeignete Übersichten zum Lernen des Stoffes erstellen
- gemeinsam mit anderen über die unterschiedlichen Themen sprechen, v.a. im Bereich des Schwerpunktthemas

3. Die Vorbereitungszeit vor der Prüfung sinnvoll nutzen

Operatoren
→ S.471

- Operatoren der Aufgabenstellung richtig erfassen und entscheiden, ob der Vortrag informierend, argumentierend und/oder interpretierend angelegt sein soll
- den Text bzw. Materialien mehrfach lesen und erschließen
- Ergebnisse strukturieren, dabei auf einen roten Faden achten
- Stichwortkarten anlegen und dabei Schlüsselbegriffe und Fakten (z.B. Jahreszahlen, Namen, Titel von Werken) festhalten

4. Kurzreferat halten
- Prüfungskommission begrüßen und Blickkontakt zu allen Anwesenden aufnehmen
- mit dem Vortrag beginnen und dabei möglichst frei, deutlich und nicht zu schnell sprechen

5. Fragen ausgehend vom Kurzreferat beantworten
- eigene Positionen klar formulieren und ausführlich belegen
- Anregungen aufgreifen und das Gespräch durch eigene Beiträge ergänzen bzw. voranbringen (z.B. durch Vergleiche, eigene Wertungen, weiterführende Gedanken, ergänzende Beispiele)

6. Prüfungsgespräch zu den verbleibenden Halbjahren führen
- Blickkontakt zur Prüferin bzw. zum Prüfer halten
- den Ausführungen und Fragen der Prüferin bzw. des Prüfers aufmerksam folgen
- bei Unklarheiten direkt nachfragen oder eigenes Verständnis der Frage durch Reformulierung zeigen
- Bezug zur Aufgabe bzw. Frage wahren

Für den **1. Prüfungsteil** gewählt: Ausbildungsabschnitt 13/2 Thema 1:
Lyrik der Nachkriegszeit in Ost- und Westdeutschland

Interpretieren Sie Ingeborg Bachmanns Gedicht *Reklame* vor dem Hintergrund seiner Entstehungszeit und setzen Sie sich ausgehend von Ihren Untersuchungsergebnissen und M1 mit den verschiedenen Funktionen, die die deutsche Lyrik nach 1945 erfüllt hat, auseinander.

Ingeborg Bachmann: Reklame (1956)

Wohin aber gehen wir
ohne sorge sei ohne sorge
wenn es dunkel und wenn es kalt wird
sei ohne sorge
5 aber
mit musik
was sollen wir tun
heiter und mit musik
und denken
10 *heiter*
angesichts eines Endes
mit musik
und wohin tragen wir
am besten
15 unsre Fragen und den Schauer aller Jahre
in die Traumwäscherei ohne sorge sei ohne sorge
was aber geschieht
am besten
wenn Totenstille

20 eintritt

Material 1

Ingeborg Bachmann: Wozu Gedichte (1960, Ausschnitt)

Man hört heute so oft – profaniert – die Hölderlin'sche Frage: und wozu Dichter in dürftiger Zeit? Eine andere Frage, nicht weniger berechtigt, wäre: und wozu Gedichte? Was ist zu beweisen und wem ist es zu beweisen? Wenn Gedichte ein Beweis zu nichts sein sollten, müssten wir uns dran halten, dass sie das Gedächtnis schärfen.
5 Ich glaube, dass Gedichte dies vermögen, und dass, wer Gedichte schreibt, Formeln in ein Gedächtnis legt, wunderbare alte Worte, neue Zeichen für Wirklichkeit, und ich glaube, dass wer die Formeln prägt, auch in sie entrückt mit seinem Atem, der er als unverlangten Beweis für die Wahrheit dieser Formeln gibt.

1. Prüfungsschwerpunkt und Prüfungshalbjahre auswählen

1.1 Setzen Sie sich gründlich mit der von Ihrer Lehrkraft verteilten Liste mit den Schwerpunktthemen auseinander.

1.2 Verschaffen Sie sich einen Überblick über die Themen und Lektüren Ihrer Ausbildungsabschnitte.

1.3 Wählen Sie Ihren Schwerpunkt und die Ausbildungsabschnitte nach Ihren eigenen Fähigkeiten und Interessen aus.

2. Das Kolloquium zuhause gründlich vorbereiten

2.1 Erstellen Sie sich rechtzeitig auf der Grundlage Ihrer eigenen Aufzeichnungen, entsprechenden Seiten im Lehrwerk und anderen Materialien sowie entsprechenden literarischen Texten geeignete Übersichten zum Lernen des Stoffes.

2.2 Sprechen Sie gemeinsam mit anderen über die unterschiedlichen Themen, vor allem im Bereich Ihres Schwerpunktthemas.

3. Die Vorbereitungszeit vor der Prüfung sinnvoll nutzen

3.1 Lesen Sie die Aufgabenstellung auf S. 349 mehrfach durch. Halten Sie stichpunktartig fest, welche Leistung die enthaltenen Operatoren Ihnen abverlangen. Vervollständigen Sie die Tabelle unten, indem Sie die richtigen Begriffe auswählen, zuordnen und ergänzen.

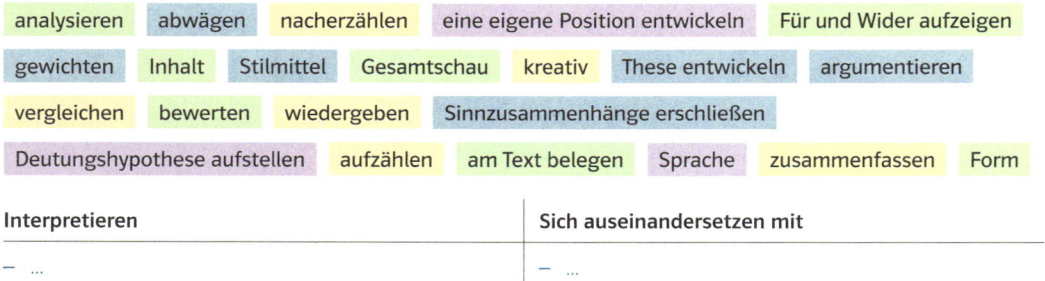

analysieren   abwägen   nacherzählen   eine eigene Position entwickeln   Für und Wider aufzeigen

gewichten   Inhalt   Stilmittel   Gesamtschau   kreativ   These entwickeln   argumentieren

vergleichen   bewerten   wiedergeben   Sinnzusammenhänge erschließen

Deutungshypothese aufstellen   aufzählen   am Text belegen   Sprache   zusammenfassen   Form

Interpretieren	Sich auseinandersetzen mit
– …	– …

3.2 Halten Sie erste Ideen und Fragen zur Aufgabenstellung fest. Setzen Sie die Notizen unten fort.

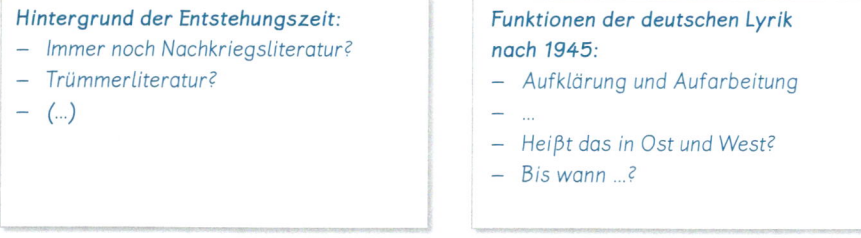

Hintergrund der Entstehungszeit:
– Immer noch Nachkriegsliteratur?
– Trümmerliteratur?
– (…)

Funktionen der deutschen Lyrik nach 1945:
– Aufklärung und Aufarbeitung
– …
– Heißt das in Ost und West?
– Bis wann …?

3.3 Lesen Sie das Gedicht von Ingeborg Bachmann auf S. 349 und halten Sie auch spontane Einfälle fest. Ergänzen Sie dazu das Cluster unten.

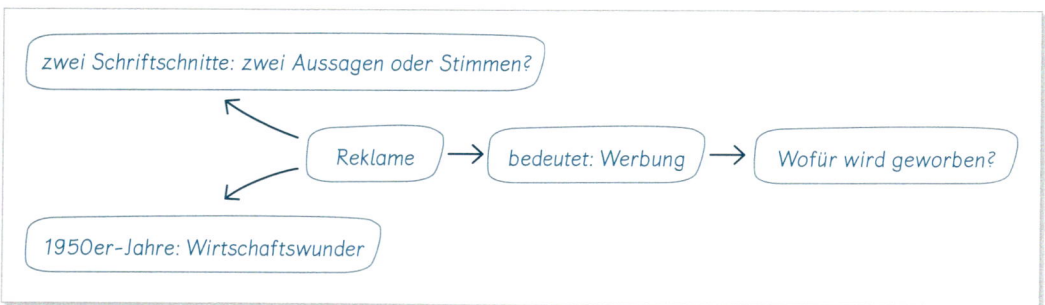

zwei Schriftschnitte: zwei Aussagen oder Stimmen?

Reklame → *bedeutet: Werbung* → *Wofür wird geworben?*

1950er-Jahre: Wirtschaftswunder

3.4 Lesen Sie M1 auf S. 349. Suchen Sie sich aus den Begriffen unten denjenigen heraus, der Ihrer Interpretation gemäß nach Ingeborg Bachmann am besten die Frage beantwortet: „Wozu Gedichte?". Diskutieren Sie Ihre jeweilige Wahl im Anschluss in der Gruppe.

Unterhaltung   Gedächtnis   Aufklärung   Selbstzweck   Beleg   Erinnerung   Referenz

Erkenntnis   Beweis   Aufarbeitung   Verklärung   Geschichtsbewusstsein   Realität

3.5 Bewerten Sie die folgende Deutungshypothese.

Dem Menschen Orientierung in schwierigen Zeiten zu bieten, das kann als eine Funktion der Lyrik überhaupt und speziell der Lyrik der Nachkriegszeit in Deutschland angesehen werden. „Reklame" von Ingeborg Bachmann zeigt, wie sich der Mensch von der Suche nach Antworten auf existentielle Fragen ablenken lässt.

3.6 Formulieren Sie eine eigene Deutungshypothese und tauschen Sie sich in Kleingruppen über Ihre Entwürfe aus.

3.7 Skizzieren Sie grob, wie Sie Ihren Vortrag aufbauen möchten. Suchen Sie sich dazu geeignete Stichpunkte aus, bringen Sie diese in eine sinnvolle Reihenfolge und ergänzen Sie sie, wenn nötig.
   – methodisches Vorgehen skizzieren
   – Aufgabenstellung nennen
   – Funktionen von Literatur allgemein nennen und bewerten
   – Gedichtinterpretation vorstellen
   – Ergebnisse zusammenfassen
   – eigene Textbeispiele als Beleg anführen
   – Lyrik der Nachkriegszeit und ihre besonderen Funktionen nennen und kritisch bewerten
   – einen groben Abriss über die Literaturgeschichte von 1900 bis zur Gegenwart geben

3.8 Stellen Sie in einer Mindmap zusammen, was Sie über die Autorin und die Entstehungszeit des Gedichts wissen.

3.9 Analysieren und interpretieren Sie Ingeborg Bachmanns Gedicht *Reklame*.

3.10 Vergleichen Sie Ihre Ergebnisse aus Arbeitsschritt 3.9 mit Ihren Notizen aus 3.8 und stellen Sie gegenüber, inwiefern Sie das Gedicht als zeittypisch ansehen und inwiefern es auch zeitlos ist.

3.11 Bewerten Sie den folgenden Entwurf einer Gliederung für den Vortrag und ergänzen Sie ihn.

> 1   *Ablenkung vom Wesentlichen heute und in der Zeit des Wirtschaftswunders*
> 2   *Funktionen der Lyrik in der Nachkriegszeit*
>   2.1 *Ingeborg Bachmanns Gedicht „Reklame" als Beispiel für …*
>   2.1.1   *Aufbau …*
>   2.1.2   *…*
>   *…*
>   2.1.3 *Ingeborg Bachmanns Antwort auf die Frage: Wozu Gedichte? (M1)*
>   2.2 *Weitere Funktionen der Lyrik in der Nachkriegszeit*
>   2.2.1 *Erinnerung an die …*
>   2.2.1.1 *Beispiel 1: Paul Celan …*
>   2.2.1.2 *Beispiel 2: Nelly Sachs …*
>   *…*
> 3   *…*

3.12 Ordnen Sie Ihre eigenen Vorarbeiten zu einer Gliederung für Ihren Vortrag an.

3.13 Übertragen Sie die Gliederungspunkte sowie zentrale Stichworte auf Karteikarten.

4. Kurzreferat halten

4.1 Bewerten Sie die folgenden Einstiege in den Vortrag.

> **A** *Die Nachkriegszeit in Deutschland war geprägt von der Erinnerung an die Verbrechen der Nazizeit einerseits und dem Versuch, diese zu verdrängen. Die Literatur der Zeit ...*

> **D** *Ingeborg Bachmanns Gedicht „Reklame" kann als typisch für die Zeit des deutschen Wirtschaftswunders angesehen werden. Der Konsum sollte oft ...*

> **B** *Lyrik erfüllt unterschiedliche Funktionen für den Einzelnen sowie für die Gesellschaft. Eine davon ist dabei ...*

> **E** *Das Thema meiner Aufgabe lautet ... Ich möchte also zunächst darauf eingehen ...*

> **C** *Jemand, der den Namen Ingeborg Bachmann nie gehört hat und ihr Gedicht „Reklame" liest, könnte vielleicht annehmen, dass ...*

> **F** *„Die Traumwäscherei" kennen wir heutigen Menschen genauso gut, sie besteht jetzt aus ..., wohingegen sie zur Entstehungszeit ...*

4.2 Überlegen Sie sich selbst einen Einstieg in den Vortrag. Präsentieren Sie Ihren Einstieg in der Gruppe und geben Sie sich gegenseitig Rückmeldung.

4.3 Halten Sie Ihren Vortrag vor einer Mitschülerin oder einem Mitschüler. Sie können die Checkliste mit Vortragstipps nutzen.

> ### Vortragstipps
> – Vorab überlegen, wie man sich davon abhält, nervöse Gewohnheiten wie Zupfen an den Haaren oder an der Kleidung, auszuführen.
> – Möglichst ruhig und gelassen auftreten und bei Bedarf direkt vor dem Vortrag etwas Wasser trinken.
> – Laut und deutlich sprechen, damit die Zuhörenden alles gut verstehen können.
> – Langsam sprechen, damit man Ihrem Gedankengang folgen kann.
> – Pausen einbauen, damit das Gesagte wirken kann.

📄 **Feedbackbogen D10**

4.4 Geben Sie sich gegenseitig Rückmeldung zu Ihrem Vortrag. Sie können dazu den Feedbackbogen (online) verwenden oder einzelne Beobachtungsbereiche vorab gemeinsam festlegen.

5. Fragen ausgehend vom Kurzreferat beantworten

5.1 Bereiten Sie sich auf das Prüfungsgespräch vor, indem Sie mögliche vertiefende Fragen zum Vortrag und zu Ihrem Schwerpunktthema formulieren.

5.2 Stellen Sie sich Ihre Fragen gegenseitig in der Gruppe vor und beurteilen Sie, wo Sie selbst noch nicht sicher in Ihrer Antwort waren.

5.3 Sammeln Sie im Team weitere mögliche Fragen, die man ausgehend vom Thema des Vortrags in Bezug auf andere Inhalte des Schwerpunktthemas oder des Ausbildungsabschnitts stellen könnte.

5.4 Spielen Sie mit wechselnden Rollen (Prüfling – Lehrkraft – Beobachter/-in) das Gespräch im Anschluss an den Vortrag durch. Halten Sie dabei die Zeitvorgabe (max. 5 Minuten) ein. Sie können dabei Ihre eigenen Fragen verwenden oder sich an den folgenden Fragen orientieren:

> **A** Sie haben dargestellt, dass das Gedicht vor dem Hintergrund des deutschen Wirtschaftswunders zu verstehen ist. Bedeutet das Ihrer Meinung nach, dass es damit nur als Dokument der Zeit für heutige Leserinnen und Leser relevant ist?

B Im Referat sind Sie auf die Funktion der Bearbeitung der NS-Vergangenheit in der deutschen Nachkriegslyrik eingegangen. Können Sie diesen Aspekt etwas weiter ausführen, indem Sie Beispiele auch aus der Gegenwartslyrik miteinbeziehen?

C Nehmen Sie Stellung zu der Behauptung, dass Lyrik und Dramen der deutschen Nachkriegszeit unterschiedliche Funktionen erfüllen.

D In Ihrem Kurzreferat haben Sie auch die Funktion der Selbstversicherung des eigenen Ich erwähnt, die Sie in der Lyrik der „Neuen Subjektivität" erfüllt sehen. Zeigen Sie auf, inwiefern Sie hier Verbindungen zu autofiktionalen Romanen der Gegenwart erkennen.

5.5 Geben Sie sich als Beobachter /-innen gegenseitig Rückmeldung zu Inhalt und Gesprächsführung und besprechen Sie gemeinsam, was Sie konkret tun können, um Schwachstellen zu beseitigen.

6. Prüfungsgespräch zu den verbleibenden Halbjahren führen

Der zweite Prüfungsteil dauert 15 Minuten. Sie können dabei einen der beiden Ausbildungsabschnitte 12/1 oder 12/2 ausschließen. Da im vorliegenden Beispiel 13/2 für den ersten Prüfungsteil gewählt wurde (vgl. S. 349), ist 13/1 weiterer Inhalt des zweiten Prüfungsteils.

6.1 Bilden Sie zwei Gruppen. Eine Gruppe wählt 12/1 als Ausgangspunkt, die andere 12/2. In 12/1 haben Sie unter anderem Johann Wolfgang Goethes Drama *Faust* behandelt, weitere Gegenstände des Halbjahres waren die Beschäftigung mit Medien und mit der Lyrik der Klassik. In 12/2 wurde unter anderem Georg Büchners Drama *Woyzeck* gelesen, Theorien von Spracherwerb und Sprachwandel behandelt und das Motiv der Wasserfrau im Realismus untersucht.
Lesen Sie die folgenden Aufgaben, die unter diesen Gegebenheiten in einem Prüfungsgespräch zu den Ausbildungsabschnitten 12/1 oder 12/2 gestellt werden könnten, und besprechen Sie in der Gruppe jeweils, an welchen Stellen Sie überwiegend argumentieren, informieren und/oder interpretieren sollen.

A Der Literaturwissenschaftler Karl Eibl hat einmal behauptet: „Nicht Goethes Lösungen verknüpfen uns mit ihm, sondern seine Probleme." Beurteilen Sie, ob diese These sich an Goethes Figur des Wissenschaftlers *Faust* belegen lässt.

B Zeigen Sie auf inwiefern die Nutzung von ChatGPT einen nach Hans Magnus Enzensbergers emanzipatorischen oder repressiven Mediengebrauch darstellt.

C Der Literaturwissenschaftler Alfons Glück sagt über den Woyzeck aus Georg Büchners gleichnamigem Drama: „Eine solche Figur war bis dahin (1837) noch nicht in einer Tragödie aufgetreten." Erörtern Sie, inwiefern Sie Alfons Glück zustimmen können. Ziehen Sie neben *Woyzeck* auch andere Dramen für Ihre Argumentation hinzu.

D Zum Jugendwort des Jahres wurde 2023 „goofy" gewählt. Erläutern Sie ausgehend von diesem Wort, ob man Jugendsprache mit den Kategorien des Sprachwandels oder des Sprachverfalls beschreiben kann.

6.2 Überlegen Sie, wie die häusliche Vorbereitung auf die Prüfung organisiert sein muss, um Fragen und Aufgaben aus den jeweils gewählten Ausbildungsabschnitten gut lösen und beantworten zu können.

6.3 Besprechen Sie gemeinsam Strategien, die dabei helfen, im Prüfungsgespräch sicher auftreten zu können und auf die Gesprächsimpulse schnell und angemessen zu reagieren.

6.4 Bedenken Sie, wie Sie damit umgehen können, wenn Sie eine Frage nicht verstanden haben. Probieren Sie unterschiedliche Möglichkeiten aus. Sie können sich auch am Sprachtipp orientieren.

> **SPRACHTIPP**
>
> **Sicherstellen, dass man eine Frage richtig versteht**
>
> – *Habe ich Sie richtig verstanden, dass ich …?*
> – *Entschuldigung, ich habe Ihnen nicht folgen können. Könnten Sie bitte noch einmal …*
> – *Können Sie die Frage noch einmal wiederholen?*
> – *Könnten Sie bitte die Frage (den Hintergrund Ihrer Frage) noch etwas erläutern?*
> – *Ich habe nicht genau verstanden, worauf Sie hinauswollen.*

10.4 Vernetzen: Gegenwarts- und Weltliteratur einbeziehen
Absurdes und Schicksalhaftes

Einen Klassiker der postmodernen Literatur kreativ fortsetzen

Italo Calvino: Wenn ein Reisender in einer Winternacht (1979, Auszug)

Du schickst dich an, den neuen Roman *Wenn ein Reisender in einer Winternacht* von Italo Calvino zu lesen. Entspanne dich. Sammle dich. Schieb jeden Gedanken beiseite. Lass deine Umwelt im Ungewissen verschwimmen. Mach lieber
5 die Tür zu, drüben läuft immer das Fernsehen. Sag es den anderen gleich: „Nein, ich will nicht fernsehen!" Hab die Stimme, sonst hören sie's nicht. „Ich lese! Ich will nicht gestört werden!" Vielleicht haben sie's nicht gehört bei all dem Krach; sag's noch lauter, schrei: „Ich fang gerade an,
10 den neuen Roman von Italo Calvino zu lesen!" Oder sag's auch nicht, wenn du nicht willst; hoffentlich lassen sie dich in Ruhe.

Such dir die bequemste Stellung: sitzend, langgestreckt, zusammengekauert oder liegend. Auf dem Rücken, auf der
15 Seite, auf dem Bauch. Im Sessel, auf dem Sofa, auf dem Schaukelstuhl, auf dem Liegestuhl, auf dem Puff[1]. In der Hängematte, wenn du eine hast. Natürlich auch auf dem Bett oder im Bett. Du kannst auch Kopfstand machen, in Yogahaltung. Dann selbstverständlich mit umgedrehtem
20 Buch. [...]

Also worauf wartest du noch? Streck die Beine aus, leg ruhig die Füße auf ein Kissen, auf zwei Kissen, auf die Sofalehne, auf die Ohrenstützen des Sessels, aufs Teetischchen, auf den Schreibtisch, aufs Klavier, auf den Globus. Zieh
25 aber erst die Schuhe aus, wenn du die Füße hochlegen willst. Wenn nicht, zieh sie wieder an. Bleib jedenfalls nicht so sitzen, mit den Schuhen in der Hand und dem Buch in der anderen. [...]

Gut, du hast also in der Zeitung gelesen, dass *Wenn ein Rei-*
30 *sender in einer Winternacht* erschienen ist, ein neues Buch von Italo Calvino, der seit Jahren keins mehr veröffentlicht hat. Du bist in eine Buchhandlung gegangen und hast dir den Band gekauft. Recht so.

Schon im Schaufenster hast du den Umschlag mit dem ge-
35 suchten Titel entdeckt. Der Blickspur folgend bist du im Laden vorgedrungen, mitten durch die dichten Reihen der Bücher, Die Du Nicht Gelesen Hast, die dich finster anstarrten von Regalen und Tischen, um dich einzuschüchtern. Aber du weißt, dass du dich davon nicht abschrecken las-
40 sen darfst, denn hektarweise erstrecken sich unter ihnen die Bücher, Von Deren Lektüre Du Absehen Kannst, die Bücher, Die Zu Anderen Zwecken Als Dem Der Lektüre Gemacht Sind, sowie die Bücher, Die Schon Gelesen Sind Be-

vor Man Sie Aufschlägt Weil Zugehörig Zur Kategorie Des
45 Schon Gelesenen Bevor Es Überhaupt Geschrieben Wurde. So überwindest du rasch den ersten Verteidigungsring, und nun überfällt dich die Infanterie der Bücher, Die Du Bestimmt Gern Lesen Würdest Wenn Du Mehrere Leben Hättest Aber Leider Sind Deine Tage Eben Was Sie Sind. [...]
50 Nach erfolgreicher Abwehr all dieser Attacken dringst du vor bis unter die Türme der Festung, wo dir Widerstand leisten:
– die Bücher, Die Du Schon Seit Langem Mal Lesen Wolltest,
55 – die Bücher, Die Du Seit Jahren Vergeblich Gesucht Hast,
– die Bücher, Die Etwas Behandeln Das Dich Gerade Beschäftigt,
– die Bücher, Die Du Für Alle Fälle Gern Griffbereit Hättest,
60 – die Bücher, Die Du Dir Bereitlegen Könntest Zwecks Eventueller Lektüre Im Sommer,
– die Bücher, Die Du Bräuchtest Um Sie Neben Andere Bücher In Dein Regal Zu Stellen,
– die Bücher, Die Eine Plötzliche Heftige Und Nicht Ganz Erklärliche Neugier In Dir Wecken.
65

Immerhin ist es dir nun gelungen, die endlose Zahl der aufgebotenen Streitkräfte auf eine zwar noch recht beachtliche, aber doch schon in endlichen Zahlen kalkulierbare Größe zu reduzieren, mag auch diese relative Erleichte-
70 rung noch beeinträchtigt werden durch die Hinterhalte der Bücher, Die Du Vor Langer Zeit Gelesen Hast Und Nun Dringend Wieder Lesen Müsstest, sowie auch der Bücher, Die Du Schon Immer Längst Gelesen Zu Haben Behauptet Hast Und Nun Dringend Mal Wirklich Lesen Solltest.

75 Mit raschen Zickzacksprüngen entgehst du ihnen und springst mitten hinein in die Zitadelle der Neuerscheinungen, Deren Autoren Oder Themen Dich Irgendwann Reizen. Auch innerhalb dieser Festung kannst du Breschen in die Front der Verteidiger schlagen, indem du sie einteilst
80 nach Neuerscheinungen, Deren Autoren Oder Themen Nicht Neu Sind (für dich oder überhaupt), und nach Neuerscheinungen, Deren Autoren Oder Themen Noch Völlig Unbekannt Sind (jedenfalls für dich), um dann den Reiz, den sie auf dich ausüben, zu bestimmen anhand deiner
85 Wünsche und Bedürfnisse nach Neuem und nach Nicht-Neuem [...].

Dies alles nur, um zu sagen, dass du nach einem raschen Blick über die in der Buchhandlung ausgestellten Bände schnurstracks zu einem Stapel druckfrischer Exemplare
90 von *Wenn ein Reisender in einer Winternacht* geeilt bist, eins davon genommen und zur Kasse getragen hast, um dir ein Eigentumsrecht darauf zuerkennen zu lassen.

Du hast noch einen verwirrten Blick auf die Bücher rings-um geworfen (genauer gesagt, es waren die Bücher, die
95 dich ansahen mit den verwirrten Blicken von Hunden in den Gattern des städtischen Tierheims, die einen ihrer Ge-fährten davonziehen sehen an der Leine des Herrchens, das ihn auszulösen gekommen ist) und bist hinausgegan-gen. [...]

100 So bist du nun endlich bereit, dich über die ersten Zeilen der ersten Seite herzumachen. Gleich wirst du den unver-wechselbaren Ton des Autors wiedererkennen. Nein. Nein, du erkennst ihn nicht wieder. Aber wer sagt denn auch, wenn man's recht bedenkt, dass dieser Autor einen unver-
105 wechselbaren Ton hätte? Im Gegenteil, man weiß doch, dass er sich von Buch zu Buch sehr verändert. Und gerade an diesen Veränderungen erkennt man ihn. Hier allerdings sieht es nun so aus, als hätte dies wirklich gar nichts mit dem zu tun, was er sonst so geschrieben hat, jedenfalls
110 kannst du dich nicht erinnern. Eine Enttäuschung? Wir werden sehen. Vielleicht bist du zunächst ein wenig ver-wirrt, wie wenn du einem Menschen begegnest, von dem du dir aufgrund des Namens ein bestimmtes Bild gemacht hast, und nun bemühst du dich, seine Züge mit denen, die
115 dir vorgeschwebt hatten, in Einklang zu bringen, und es geht nicht. Dann aber liest du weiter und merkst, dass die Sache immerhin lesbar ist, unabhängig von deinen Erwar-tungen an den Autor; ja das Buch selber macht dich neu-gierig, und wenn du's recht bedenkst, ist dir's auch lieber so,
120 nämlich etwas vor dir zu haben, von dem du noch nicht ge-nau weißt, was es ist.

Wenn ein Reisender in einer Winternacht

Der Roman beginnt auf einem Bahnhof, eine Lokomotive faucht, Kohlendampf zischt über den Anfang des Kapitels,
Rauch verhüllt den ersten Absatz. In den Bahnhofsgeruch 125 mischt sich ein Dunstschwaden aus dem Bahnhofscafé. Je-mand schaut durch die beschlagenen Scheiben, öffnet die Glastür des Cafés, alles ist diesig, auch drinnen, wie mit kurzsichtigen oder von Kohlenstäubchen gereizten Augen gesehen. Die Buchseiten sind beschlagen wie die Fenster 130 eines alten Zuges, der Rauch legt sich auf die Sätze. Es ist ein regnerischer Abend; der Mann betritt das Café, knöpft sich den feuchten Mantel auf, eine Wolke von Dampf um-hüllt ihn; ein Pfiff ertönt über die Gleise, die vom Regen glänzen, so weit das Auge reicht. 135

Ein Pfiff wie von einer Lokomotive und ein Dampfstrahl lö-sen sich aus der Kaffeemaschine, die der alte Wirt unter Druck setzt, als gebe er ein Signal. So scheint es zumindest im Fortgang der Sätze des zweiten Absatzes [...].

Ich bin heute Abend auf diesem Bahnhof zum ersten Mal in 140 meinem Leben ausgestiegen, und schon kommt es mir vor, als hätte ich mein ganzes Leben hier verbracht, während ich dieses Café betrete und wieder verlasse, vom Geruch des Bahnsteigs hinüberwechsle zum Geruch nassen Säge-mehls in den Toiletten, all dies vermischt zu einem einzi- 145 gen Geruch: dem des Wartens, dem Geruch der Telefonzel-len, wenn einem nichts anderes übrigbleibt, als die Münzen wieder herauszuholen, weil die gewählte Nummer kein Lebenszeichen gibt.

Ich bin der Mann, der da zwischen Café und Telefonzelle 150 hin- und herläuft. Oder besser gesagt, dieser Mann heißt hier „ich", und sonst weißt du nichts von ihm, wie auch die-ser Bahnhof nur einfach „Bahnhof" heißt, und außer ihm gibt es nichts als das unbeantwortete Läuten eines Tele-fons in einem dunklen Zimmer in einer fernen Stadt. Ich 155 hänge den Hörer ein, warte auf das Scheppern der Münzen durch den metallenen Schlund, drehe mich um, drücke die Glastür auf und strebe wieder den Tassen zu, die sich zum Trocknen in einer Dampfwolke türmen.

---

1 Puff, der: gepolsterter Hocker ohne Beine

1 Untersuchen Sie die Erzähltechnik in Italo Calvinos Romanauszug. Gehen Sie dabei neben Erzähl-perspektive bzw. Fokalisierung auch auf die Zeit- und Raumgestaltung ein.

2 Besprechen Sie, weshalb Italo Calvinos Roman mittlerweile als Klassiker postmoderner Literatur gelten könnte.

3 Nutzen Sie Italo Calvinos Romananfang als Ausgangspunkt für Ihr eigenes kreatives Schreiben. Sie können den Erzählbeginn zum Beispiel durch eine geänderte Erzähltechnik in einen modernen oder einen realistischen Roman umformen oder den Erzählbeginn in postmoderner Weise fortführen.

4 PLUS Tauschen Sie sich im Kurs über Ihre privaten Lektüren aus. Besprechen Sie, welche Art von Büchern Sie lesen, oder geben Sie sich in Kurzreferaten gegenseitig Lektüreempfehlungen, indem Sie Ihr derzeitiges Lieblingsbuch vorstellen.

Einen Auszug aus einem absurden Drama szenisch interpretieren

Eugène Ionesco: Die kahle Sängerin (1950, Auszug)

Erste Szene

Ein gutbürgerliches englisches Interieur[1] mit englischen Fauteuils[2]. Eine englische Abendunterhaltung. Mr. Smith, ein Engländer, mit seinen englischen Pantoffeln, sitzt in seinem englischen 5 *Fauteuil, raucht eine englische Pfeife und liest eine englische Zeitung an einem englischen Kaminfeuer. Er trägt eine englische Brille, einen kleinen grauen englischen Schnauz. – Neben ihm, in einem zweiten englischen Fauteuil, seine Frau, eine Eng-* 10 *länderin, die englische Socken strickt. – Ein langes englisches Schweigen. – Die englische Wanduhr schlägt siebzehn englische Schläge.*

MRS. SMITH   ... Sieh mal an, es ist neun Uhr. Wir haben Suppe, Fisch, Kartoffeln mit Speck und 15 englischen Salat gegessen. Die Kinder haben englisches Wasser getrunken. Wir haben gut gegessen heute Abend, weil wir in der Umgebung von London wohnen und weil unser Name Smith ist.
20 MR. SMITH   *schnalzt mit der Zunge, ohne die Lektüre zu unterbrechen.*
MRS. SMITH   Die Kartoffeln sind sehr gut mit Speck, das Salatöl war nicht ranzig. Das Öl vom Händler an der Ecke ist viel, viel besser 25 als das Öl vom Händler vis-à-vis, es ist sogar besser als das Öl vom Händler unten am Strand. Aber ich will damit nicht sagen, dass i h r Öl schlecht wäre.
MR. SMITH   *schnalzt mit der Zunge, ohne die* 30 *Lektüre zu unterbrechen.*
MRS. SMITH   Doch das Öl vom Händler an der Ecke ist immer noch das beste ...
MR. SMITH   *schnalzt mit der Zunge, ohne die Lektüre zu unterbrechen.*
35 MRS. SMITH   Mary hat diesmal die Kartoffeln gut gekocht. Das letzte Mal hat sie sie nicht genügend kochen lassen. Nur wenn sie genügend gekocht sind, habe ich sie gerne.
MR. SMITH   *schnalzt mit der Zunge, ohne die* 40 *Lektüre zu unterbrechen.*
MRS. SMITH   Die Fische waren frisch. Ich habe mir die Lippen geleckt. Zweimal habe ich herausgenommen. Nein, dreimal. Davon muss ich aufs Häuschen gehen. Du hast auch drei-45 mal herausgenommen. Doch beim dritten Mal hast du weniger genommen als bei den zwei ersten, während ich viel mehr genom-

men habe. Ich habe heute besser gegessen als du. Wie kommt das? Gewöhnlich bist du's, der am meisten isst. An Appetit fehlt es dir nicht. 50
MR. SMITH   *schnalzt mit der Zunge.*
MRS. SMITH   Die Suppe war vielleicht ein bisschen versalzen. Sie hatte mehr Salz als du, ha, ha, ha. Sie hatte auch zu viel Lauch und zu wenig Zwiebeln. Schade, dass ich Mary nicht 55 empfohlen habe, ein Nelkenköpfchen beizugeben. Das muss ich mir merken fürs nächste Mal.
MR. SMITH   *schnalzt mit der Zunge, ohne die Lektüre zu unterbrechen.* 60
MRS. SMITH   Unser Junge hätte gerne Bier getrunken; bald wird er es lieben, sich damit vollzupatzen – er gleicht dir. Hast du gesehen, wie er bei Tisch auf die Flasche schielte? Ich habe aber sein Glas mit Wasser aus dem Krug 65 gefüllt. Er hatte Durst und er hat getrunken. Helen gleicht mir: Sie ist eine gute Hausfrau, sparsam, und spielt Klavier. Sie verlangt nicht, englisches Bier zu trinken. Genau wie unsere kleine Tochter, die immer nur Milch trinkt 70 und Müschen isst. Man merkt es ihr an, dass sie erst zwei Jahre alt ist. Sie heißt Peggy. Die Bohnen- und Quittentorte war ausgezeichnet. Wir hätten vielleicht gut getan, zum Nachtisch ein Gläschen australischen Burgunder 75 zu trinken. Aber den Wein habe ich extra nicht aufgetischt, um den Kindern kein schlechtes Beispiel zu geben. Man muss sie lehren, im Leben maßvoll und nüchtern zu bleiben.
MR. SMITH   *schnalzt mit der Zunge, ohne die* 80 *Lektüre zu unterbrechen.*
MRS. SMITH   Mrs. Parker kennt einen rumänischen Krämer, namens Popesco Rosenfeld, der eben aus Konstantinopel gekommen ist. Er ist ein Spezialist in Sachen Yoghurt. Er hat 85 ein Diplom der Fachschule für Yoghurthersteller in Andrinopel. Morgen werde ich bei ihm einen großen Topf rumänischen Folkloreyoghurt kaufen. Solche Dinge gibt es nur selten hier in der Umgebung von London. 90
MR. SMITH   *schnalzt mit der Zunge, ohne die Lektüre zu unterbrechen.*
[...]
MR. SMITH   *immer noch mit seiner Zeitung:* Hier ist etwas, das ich nicht verstehe: Warum gibt man in der Rubrik der Zivilstandsnach- 95

richten immer nur das Alter der Toten an und nie das der Neugeborenen? Das ist doch ein Nonsens.

MRS. SMITH Das ist mir noch nie aufgefallen!

100 *Erneutes Schweigen. Die Wanduhr schlägt siebenmal. Pause. Die Wanduhr schlägt dreimal. Pause. Die Wanduhr schlägt keinmal.*

[...]

Elfte Szene

MRS. MARTIN Ich kann ein Messer kaufen für meinen Bruder, doch ihr könnt Irland nicht 105 kaufen für euren Großvater.

MR. SMITH Man geht auf den Füßen, aber man wärmt sich mit Kohle oder Elektrizität.

MR. MARTIN Wer heute ein Ei kauft, hat morgen zwei.

110 **MRS. SMITH** Man muss im Leben durchs Fenster schauen.

MRS. MARTIN Man kann auf dem Stuhl sitzen, auch wenn der Stuhl keine hat.

MR. SMITH Man soll immer an alles denken.

115 **MR. MARTIN** Die Decke ist oben, der Boden ist unten.

MRS. SMITH Wenn ich ja sage, so meine ich das nur so.

MRS. MARTIN Jedem sein Schicksal.

120 **MR. SMITH** Nimm einen Kreis, streichle ihn und er wird zum Zirkelschluss!

MRS. SMITH Der Lehrer lehrt die Kinder lesen, doch die Katze gibt Milch den Kleinen, wenn sie klein sind.

125 **MRS. MARTIN** Die Kuh gibt uns aber ihre Schwänze.

MR. SMITH Bin ich auf dem Lande, liebe ich die Einsamkeit und die Ruhe.

MR. MARTIN Dazu sind Sie noch nicht alt ge130 nug.

MRS. SMITH Benjamin Franklin hatte recht: Ihr seid nicht so ruhig wie er.

MRS. MARTIN Welches sind die sieben Wochentage?

135 **MR. SMITH** Monday, Tuesday, Wednesday, Thursday, Friday, Saturday, Sunday.

[...]

MR. SMITH Nieder mit der Bodenwichse!!

Dieser Ausspruch von Mr. Smith hat zur Folge, dass alle einen Moment verblüfft schweigen.
140 *Man verspürt eine gewisse Nervosität. Die Schläge der Wanduhr sind ebenfalls nervös geworden. Die folgenden Sätze sollen zunächst eisig und feindlich gesprochen werden. Die Feindlichkeit*

und Erregung werden immer größer. Am Ende dieser Szene stehen die vier Personen dicht bei- 145 *einander. Sie schreien ihre Sätze heraus mit erhobenen Fäusten und sind nahe daran, aufeinander loszustürzen.*

MR. MARTIN Man bringt eine Brille nicht zum Glänzen mit schwarzer Wichse. 150

MRS. SMITH Ja, aber mit Geld kann man alles haben, was man will.

MR. MARTIN Lieber einen Hasen umbringen als im Garten singen.

MR. SMITH Kakadu, Kakerlak, Kakadu, Kaker- 155 lak, Kakadu, Kakerlak, Kakadu, Kakerlak.

MRS. SMITH Welche Kakade, welche Kakade, welche Kakade, welche Kakade, welche Kakade, welche Kakade, welche Kakade, welche Kakade, welche Kakade. 160

MR. MARTIN Welche Kaskade von Kakade, welche Kaskade von Kakade, welche Kaskade von Kakade, welche Kaskade von Kakade, welche Kaskade von Kakade,

MR. SMITH Die Hunde haben Flöhe, die Hunde 165 haben Flöhe.

MRS. MARTIN Kaktus, Kokkus, Kohl, Kokarde, Kujon.

MRS. SMITH Anknacker, du knackst uns an!

MR. MARTIN Lieber ein Ei brüten als einen Brei 170 hüten.

MRS. MARTIN *sperrt ihren Mund weit auf:* A! O! A! O! Lass mich mit den Zähnen knirschen!

MR. SMITH Kaiman! 175

MR. MARTIN Den Odysseus wollen wir ohrfeigen!

MR. SMITH Ich besteige den Kahn und wohne im Kakaobaum.

MRS. MARTIN Die Kakaobäume der Kakaobäu- 180 minnen gibt keinen Kabeljau, gibt Kakao. Die Kakaobäume der Kakaobäuminnen gibt keinen Kabeljau, gibt Kakao.

MRS. SMITH Die Ratten haben Wimpern, die Wimpern haben keine Ratten. 185

MRS. MARTIN Touchiere nicht meine Niere.

MR. MARTIN Kuriere meine Kuriere.

MRS. SMITH Epikuriere meine Niere.

MRS. MARTIN Pikiere die Lire.

[...]

MRS. MARTIN Parabellum, Parabellum, Para- 190 bellum!

MRS. SMITH Pazard, Palzac, Pazaine.

MR. MARTIN Bizarr, Bethlehem, Bad.

MR. SMITH A, e, i, o, u! A, e, i, o, u! A, e, i, o, u! i!

195 **MRS. MARTIN** B, c, d, f, g, h, k, l, m, n, p, q, r, s, t, v, w, x, z!

MR. MARTIN Me, le, se, we, re, we, me, le, re, re, se, se!

MRS. MARTIN Der die das hat darin Platz!

200 **MRS. SMITH** *einen Zug imitierend:* Tsch, tsch, tsch, tsch, tsch!

MR. SMITH Es!

MRS. MARTIN Ist!

MR. MARTIN Nicht!

205 **MRS. SMITH** Dort!

MR. SMITH Es!

MRS. MARTIN Ist!

MRS. SMITH Da!

Alle miteinander in allerhöchster Wut schreien sich gegenseitig in die Ohren. Das Licht wird aus- 210 *gedreht. Im Dunkeln hört man in gesteigertem Rhythmus:*

ALLE Es ist nicht dort, es ist da, es ist nicht dort, es ist da, es ist nicht dort, es ist da, es ist nicht dort, es ist da, es ist nicht dort, es ist da, es 215 ist nicht dort, es ist da, es ist nicht dort, es ist da!

Plötzlich bricht es ab. Die Bühne wird langsam wieder hell. Die Martins sitzen an dergleichen Stelle wie die Smiths zu Beginn des Stückes. Das Ganze fängt von vorne an, die gleichen Sätze werden ge- 220 *sprochen, während der Vorhang fällt.*

1 Interieur, das: frz., bildungssprachlich, das Innere bzw. die Einrichtung eines Raumes   2 Fauteuils: frz., Sitzmöbel, meist gepolstert und mit Armlehnen

1 Bereiten Sie in Kleingruppen das szenische Lesen der Dramenauszüge von Eugène Ionesco vor.

2 Tragen Sie sich Ihre Ergebnisse im Plenum vor und diskutieren Sie im Anschluss, welche Interpretationen die Absurdität für Sie am besten zum Ausdruck gebracht haben.

Autofiktionale Techniken kennenlernen und kreativ umsetzen

Annie Ernaux: Das andere Mädchen (2011, Auszug)

Annie Ernaux (geb. 1940) wuchs in einfachen Verhältnissen auf dem Land auf und arbeitete nach dem Studium zunächst als Lehrerin. Ihr Debütroman erschien 1974, es folgten viele weitere autobiografische Romane. 2022 erhielt sie den Literaturnobelpreis.

Es ist ein Sonntag, spätnachmittags, auf der schmalen Straße, die an der Rückseite des Geschäfts meiner Eltern entlangführt, sie heißt Rue de L'École, weil es hier zu Beginn des Jahrhunderts eine katholische Grundschule gab, neben dem kleinen Garten mit Rosen und Dahlien, der von einem hohen Maschendraht-
5 zaun auf einer unkrautüberwucherten Böschung umgeben ist, parallel zur Hausmauer. Gegenüber eine dichte, hohe Hecke. Meine Mutter unterhält sich seit einiger Zeit angeregt mit einer jungen Frau aus Le Havre, die mit ihrer vierjährigen Tochter die Ferien bei ihren Schwiegereltern, den S., verbringt, sie wohnen in dem Haus ein kleines Stück die Rue de L'École hinunter. Vermutlich
10 ist meine Mutter aus dem Laden getreten, der damals nie geschlossen hatte, um noch ein wenig mit ihrer Kundin zu plaudern. Ich spiele ganz in der Nähe mit dem kleinen Mädchen, das Mireille heißt, Fangen. Ich weiß nicht, warum ich hellhörig wurde, vielleicht die plötzlich gesenkte Stimme meiner Mutter. Ich beginne zuzuhören, als atmete ich nicht mehr.

15 Ich kann ihre Erzählung nicht Wort für Wort wiedergeben, nur den Inhalt und einige Sätze, die die Jahre bis heute überdauert haben, Sätze, die wie eine kalte, lautlose Flamme über mein Kinderleben hinwegfuhr, während ich weiter neben meiner Mutter herumsprang und mich drehte, mit gesenktem Kopf, um bloß keine Aufmerksamkeit zu erregen.

20 [Hier ist mir, als zerreißen die Worte einen dämmerigen Bereich, sie treffen mich, und nichts ist mehr wie zuvor.]

Sie erzählt, dass sie und ihr Mann vor mir eine andere Tochter gehabt hätten, die vor dem Krieg in Lillebonne an Diphtherie gestorben sei. Sie beschreibt die Beläge in Hals und Rachen, die Atemnot. Sie sagt: *bei ihrem Tod sah sie aus wie eine kleine Heilige*

25 sie gibt deine letzten Worte wieder: *bald bin ich im Himmel bei der Jungfrau Maria und beim Jesuskind*

. sie sagt, *mein Mann ist durchgedreht*, als er von der Arbeit in der Raffinerie in Port-Jérôme nach Hau-

. se kam und du warst tot

. sie sagt, *es ist etwas anderes, wenn man den Lebensgefährten verliert*

. über mich sagt sie, *sie weiß von nichts, wir wollten sie nicht belasten*

30 am Schluss sagt sie über dich, *sie war viel lieber als die da*

. Die da, das bin ich.

. Die Szene der Erzählung ist so unveränderlich wie ein Foto. Ich sehe vor mir, wo die beiden Frauen

. standen, in welchem Abstand zueinander. Meine Mutter im weißen Kittel, die sich hin und wieder

. mit dem Taschentuch die Augen abtupft. Die Silhouette der jungen Frau, eleganter als unsere sons-

35 tigen Kundinnen, im hellen Kleid, das Haar im Nacken zu einem Dutt gebunden, mit schmalem

. Gesicht. [...]

. Mehr als alles andere dient mir eine Art körperliche Halluzination als Beweis dafür, dass die Szene

. wirklich stattgefunden hat, ich *spüre*, wie ich in enger werdenden Kreisen um die beiden Frauen

. herumlaufe, ich *sehe* die Pflastersteine in der Rue de l'École vor mir, die erst in den Achtzigerjahren

40 asphaltiert wurde [...].

. *Lieb.* Mir scheint, ich wusste längst, dass dieses Wort nicht auf mich zutraf, schließlich sagten meine

. Eltern, je nachdem, wie ich mich aufführte, tagtäglich zu mir, ich sei *aufsässig, schlampig, gefräßig,*

. *eine Besserwisserin, eine Nervensäge, du hast den Teufel im Leib.*

. Doch ihre Vorwürfe prallten an mir ab, an meiner Gewissheit, dass ich geliebt wurde, denn sie küm-

45 merten sich pausenlos um mich und machten mir oft Geschenke. Ich war ein verhätscheltes Einzel-

. kind und mühelos Klassenbeste, deshalb fühlte ich mich im Recht, so zu sein, wie ich war. [...]

. Sechzig Jahre später stoße ich mich immer noch an dem Wort, versuche ich, seine Bedeutung in Be-

. zug auf dich und auf sie zu entschlüsseln, dabei war sein Sinn damals unmissverständlich, und es

. veränderte von einem Moment auf den anderen meinen Platz in der Welt. Zwischen ihnen und mir

50 stehst von nun an du, unsichtbar, angebetet. Ich muss dir weichen, werde an den Rand gedrängt. In

. den Schatten gedrängt, während du oben im ewigen Licht schwebst. Ich, die Unvergleichliche, das

. Einzelkind, werde verglichen. [...]

. Natürlich musst du dich auch schon im Rauschen der ersten Lebensjahre verborgen haben, musst

. mich mit deiner Abwesenheit umgeben haben. In den Geschichten, die andere Frauen im Laden

55 oder draußen auf einer Bank zu hören bekamen, denn im Krieg ging sie, in Ermangelung von Waren

. und Kundinnen, jeden Nachmittag mit mir in den Park. Doch diese Erzählungen setzten sich nicht

. in meinem Bewusstsein. Sie blieben ohne Bilder und ohne Worte.

. Das Einzige, woran ich mich erinnere, ist diese Erzählung, die ich nicht hätte hören dürfen, weil sie

. nicht für mich bestimmt war, sondern für die elegante junge Frau, die ihr vermutlich so fasziniert

60 lauschte wie jemand, der das geschilderte Unglück für sich selbst fürchtet. [...] Eine in sich geschlos-

. sene, endgültige, gleichbleibende Erzählung, in der du als Heilige lebtest und starbst [...]. Eine Er-

. zählung, die die Wahrheit verkündet und mich ausschließt.

1 Lesen Sie den Auszug aus Annie Ernaux' Roman und besprechen Sie, mit welchem Recht sich die Autorin als „Ethnologin ihrer selbst" bezeichnet.

2 Untersuchen Sie, durch welche Mittel die Autorin Distanz zum Erzählten bzw. Erlebten herstellt.

3 Nehmen Sie ein eigenes Kindheitserlebnis zum Ausgangspunkt, um im Stil von Annie Ernaux das Erlebte in einem kurzen Text zu schildern.

4 Stellen Sie sich in Kleingruppen Ihre Ergebnisse vor und geben Sie sich in einer Schreibkonferenz Rückmeldung zu den Texten. Überarbeiten Sie Ihren Text auf Grundlage der Besprechung in der Gruppe.

Schreiben: Eine Kurzgeschichte der Gegenwart interpretieren

Hinweise zum
schriftlichen Abitur
→ S.466

1 Interpretieren Sie Helene Hegemanns Kurzgeschichte *Wie fühlt es sich an, ein verletzter Krebs zu sein.* Arbeiten Sie dabei besonders heraus, wie das Verhältnis Abdellatifs zu seiner Mutter dargestellt wird.

2 Zeigen Sie ausgehend von Ihren Ergebnissen vergleichend auf, wie problematische zwischenmenschliche Konstellationen in Georg Büchners Drama *Woyzeck* dargestellt werden.

Helene Hegemann: Wie fühlt es sich an, ein verletzter Krebs zu sein. Story (2022)

Abdellatif ist vom Internat geflogen, weil er irgendein Aristokratensöhnchen verkloppt hat. Seine Mutter reagiert wie immer, sie reagiert, wie sie auf die zerkratzte Teflonpfanne reagiert hat und auf das Ende ihrer Ehe
5 mit dem spielsüchtigen Kunstauktionator aus Cuxhaven. Sie reagiert mit einem Schulterzucken. Mit einem kaum wahrnehmbaren Ausdruck in den gesenkten schwarzen Augen, der ein solches Schuldbewusstsein in ihm hervorruft, dass er sich zur Wiedergutmachung
10 ein Ohr abschneiden möchte. Macht er aber nicht. Er lässt seine Tasche fallen und geht duschen. Als seine Haare trocken sind, hofft er, dass sie fragt, warum. Warum er den Typen verkloppt hat. Macht sie aber nicht. Er erklärt es ihr trotzdem. Er erzählt von dem Reh. Zu-
15 erst erzählt er, dass die meisten Leute im Internat nie Kontakt zu Kindern gehabt hätten, die ärmer waren als sie selbst. Die seien auch selten in Städten gewesen, hätten immer nur mit dem Landadel verkehrt und jedes Jahr eine neue Canada Goose in den Arsch gestopft
20 gekriegt. Dann spricht er von dem Brei aus Infamie und Niedertracht, der sich hinter den neoklassizistischen Mauern der Schule zusammengebraut habe. Seine Mutter nickt gelangweilt, sie kennt das alles schon. Sie bittet ihn, ihr Kleid zuzuknöpfen. Blaue Blumen auf
25 Weiß. Sie hat es heute aus der Schneiderei geholt. Er knöpft ihr das Kleid zu, von oben nach unten, und erzählt, wie sich der Abiturient, den er verprügelt habe, mit zwei Kumpels mal den Mercedes seines Vaters geliehen und damit ein Reh totgefahren habe, spezielles
30 Modell, irgendwie drei Buchstaben. „MVU?", murmelt er.
„Kann nicht sein, das hat eher was mit Strafvollzug zu tun", sagt seine Mutter.
Fette, getunte Karre jedenfalls. Mit der die Jungs nachts
35 über die Landstraße gebrettert sind. Dann kam halt ein Reh, und sie haben es totgefahren. Sie sind zurück zu dem Vater und mussten ihm den Vorfall gestehen und den Schaden an der Front zeigen, eine kleine Delle mit Blutspritzern. Der war außer sich. Nicht weil die Jungs
40 ein Tier totgefahren hatten, auch nicht wegen des Schadens, sondern weil der Schaden nicht groß genug war.
Wäre mehr kaputtgegangen, hätte die Versicherung für einen Neuwagen gesorgt. Also forderte der Vater
45 die Jungs dazu auf, zurück zu dem Reh zu fahren und es aufzuheben und gegen das Auto zu schmeißen.
Aus irgendeinem Grund erinnert Abdellatif diese Geschichte an einen Film über europäischen Jagdtourismus in Zentralafrika, den er mal gesehen hat und in
50 dem in voller Länge gezeigt wird, wie Metzger eine Giraffe ausweiden, auch das erzählt er seiner Mutter, aber sie unterbricht ihn mit dem berechtigten Einwand, dass das jetzt zu weit führe, sie sei im Stress, sie müsse gleich nach Brüssel.
55 Die Jungs sind dann zurück zur Unfallstelle gefahren. Zwei von ihnen sind ausgestiegen und haben das tote Reh aufgesammelt und gewartet, der dritte ist mit dem Auto weg, um zu wenden und wieder an ihnen vorbeizufahren. Sie haben zwei Scheinwerfer gesehen und
60 das Reh dann wie vereinbart vor das Auto geschmissen, aber es war das falsche Auto, sie haben ein totes Reh auf die Motorhaube von irgendwem anders geschmissen, und da endet die Geschichte auch schon. Ob der Vater je seinen Neuwagen gekriegt oder ob der
65 Fahrer des anderen Autos in die Klapse gemusst hat, das weiß er nicht, das weiß niemand. Er weiß auch nicht, ob der Vorfall wirklich der Grund dafür gewesen ist, dass er dem Abiturienten gegenüber die Fassung verloren hat. Wahrscheinlich nicht. „Aber es ist eine
70 gute Geschichte", sagt er und seine Mutter stimmt ihm zu. Manchmal guckt sie wie ein kleines Kind, erste Klasse. Eine Siebenjährige, die zu erwachsen ist für ihr Alter. Zum Beispiel, wenn sie sagt, es sei gut möglich, dass sie Männer generalisiere.
75 Sie raucht schön. Qualifiziert und gleichgültig. Wenn er ihr nach langer Zeit wieder begegnet, denkt er manchmal an ein Topmodel aus den Siebzigern. Er denkt daran, wie dieses Model in Japan nach einem

Mann für ein Fotoshooting gesucht hat, der größer
80 sein sollte als sie. Im Grunde war das aussichtslos, sie
war 1,90. Aber sie hat einen gefunden. Sie und ihr Team
haben diesen zwei Meter großen, wunderschönen No-
maden gefunden, Analphabet, der Zigaretten in einem
Atemzug geraucht hat. Er holte einmal Luft, und die
85 Zigarette war weg. Dann zündete er sich eine neue an.
Bei ihrer ersten Begegnung haben die beiden eine
Menschenrechtsanwältin gezeugt. Diese Menschenrechtsanwältin ist seine Mutter.
Als sie aus Brüssel zurückkommt, von einer Verhand-
90 lung über irgendwelche Sanktionen gegen Russland,
fasst sie ihren Aufenthalt im EU-Parlament wie folgt
zusammen: „Ich bin ja nicht viel jünger als die alle.
Aber irgendwie auch doch."
Im Flugzeug hat sie zweihundert Seiten in einem Buch
95 über das Kaspische Meer gelesen. Sie bezeichnet es als
„Fragment der Trauer". Sie steht im Türrahmen seines
Zimmers und befreit ihre japanische Strickjacke von
Tierhaaren, dafür hat sie eine neue Fusselrolle ausge-
packt und die Plastikfolie auf seinem Bücherregal ab-
100 gelegt. Ihr fällt ein, dass sie ihm ein Buch zeigen wollte.
Macht sie dann auch. Sie holt einen Bildband aus dem
Regal. Ein Bildband von jemandem, der mit sechsund-
zwanzig angefangen hat zu fotografieren und das Gegenteil von Minimalismus macht. Der Fotograf ist mit
105 sieben Schwestern aufgewachsen.
„Spielt vermutlich eine Rolle", sagt sie.
Es ist ein Bildband über Bergarbeiter. Südamerika. Er
beinhaltet Fotos einer Goldmine von schräg oben. Und
das sind Bilder, die deutlich machen, was es heißt, sich
110 vierzehn Stunden lang mit Dynamit durch Gestein
sprengen zu müssen.

Dann zeigt sie ihrem Sohn die Fotos von den Pingui-
nen. Und das Foto des verletzten Krebses. Und das
überdimensionale Foto der Hand einer Echse, das den
Betrachter praktisch selbst zu einer Echse macht. 115
Am nächsten Morgen steht er mit ihr vor dem Bade-
zimmerfenster. Sie sagt, das alles hätte was von einem
Gemälde. Der Blick auf den See und den Himmel, der
sich aus oft ineinander übergehenden Parallelstreifen
zusammensetzt. „Daran liegt es aber nicht, es liegt 120
nicht am Himmel", sagt sie. Sondern an der dünnen
Eisschicht auf dem Wasser. Das sieht aus wie ein Foto
vom japanischen Meer. Kleine weiße Flächen wie
Schaumkronen.
Auf dem Küchentisch liegt geschälte Rohkost in einer 125
durchsichtigen Plastiktüte, sie monologisiert am Telefon über irgendeine Situation, die Abdellatif nicht begreift. Sie sagt, dass die sowjetische Besatzungszone
damals auch kein unkoordiniertes Chaos gewesen sei,
sondern nach der Logik des harten, brutalen Geheim- 130
dienstes funktioniert hätte, das Vorgehen sei immer
gleich gewesen, identifizieren, eliminieren, und das
gelte jetzt eben auch hier, das hätte damals nichts mit
Politik zu tun, sagt sie. Alle denken, da herrsche Plan-
losigkeit und sonst nichts, dabei sei das keine Planlo- 135
sigkeit, das sei reine Brutalität, sagt sie. Er weiß nicht,
mit wem sie telefoniert. Aber es ist ernst. Dann legt sie
auf und geht mit den Hunden spazieren.
Als sie zurückkommt, erzählt er ihr, warum er den Abiturienten verprügelt hat. Warum er ihn wirklich ver- 140
prügelt hat. Und dann sieht er etwas in ihrem Gesicht,
das nichts mit abgeklärter Überlegenheit zu tun hat. Er
sieht Erstaunen. Er hat sie zum ersten Mal in seinem
Leben überrascht.

So können Sie vorgehen

1. Lesen und erfassen Sie die Aufgabenstellung. Beachten Sie dabei auch, dass die zweite Teilaufgabe Hinweise zum Textverständnis bzw. zu einer möglichen Deutungshypothese liefern kann.

2. Erschließen Sie den Text genau und achten Sie dabei auf den Inhalt ebenso wie auf sprachliche Merkmale. Legen Sie einen Schwerpunkt auf die Untersuchung des Mutter-Sohn-Verhältnisses.

3. Sammeln Sie Ideen zur zweiten Teilaufgabe. Betrachten Sie die unterschiedlichen menschlichen Beziehungen in *Woyzeck*, wie z.B. am Arbeitsplatz, in Freundschaften, Liebes- oder Mutter-Kind-Beziehungen, und sammeln Sie jeweils Gedanken und passende Textbelege dazu. Wählen Sie sinnvolle Vergleichsaspekte und stellen Sie, z.B. in einer Tabelle, Ähnlichkeiten wie Unterschiede zwischen den beiden Texten fest.

4. Erstellen Sie aus Ihren Untersuchungsergebnissen einen Schreibplan.

5. Verfassen Sie Ihren Text und überarbeiten Sie ihn nach Ihren eigenen Fehlerschwerpunkten.

Filme und Graphic Novels untersuchen
Liebe zum Automaten

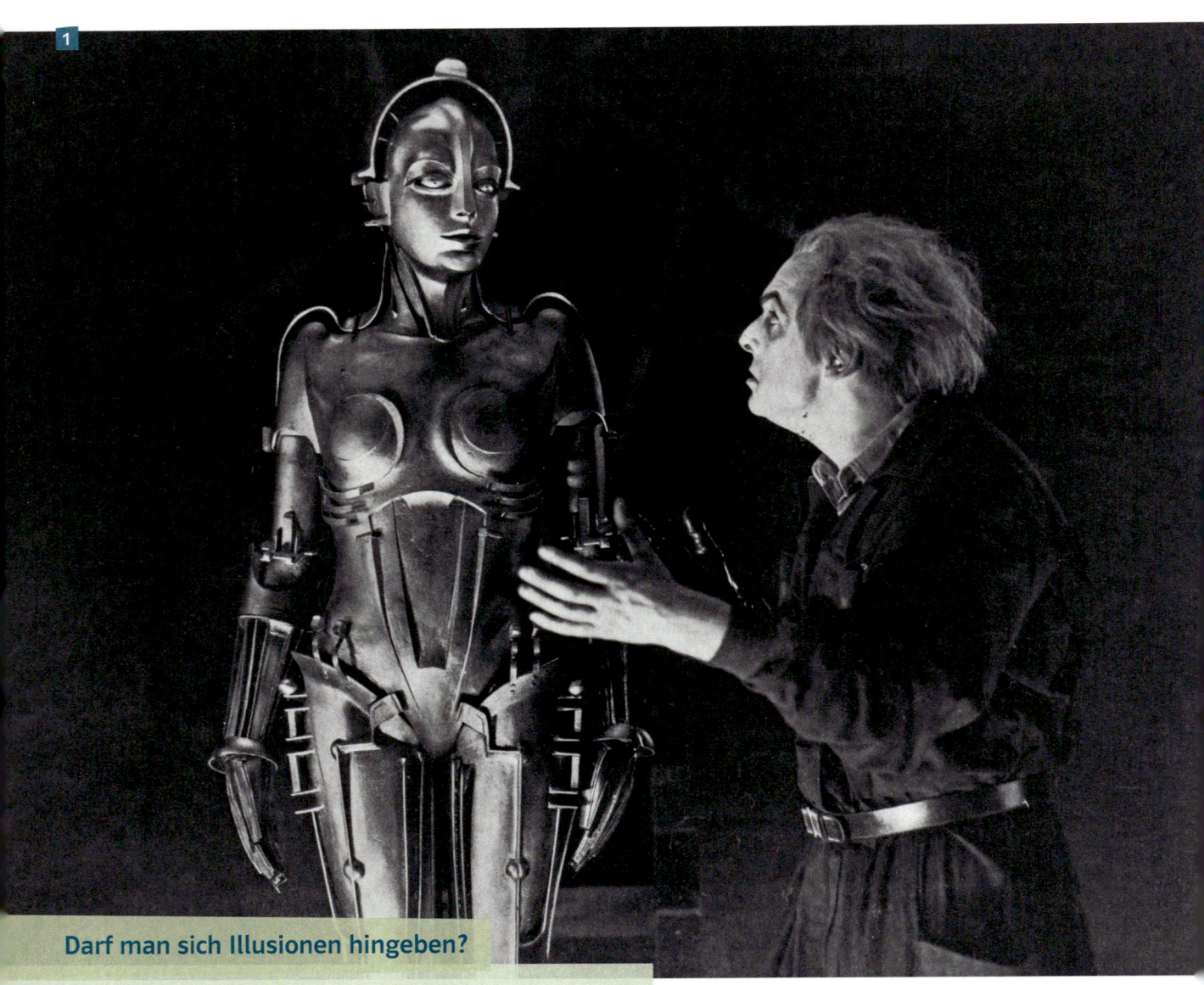

Darf man sich Illusionen hingeben?

Ist Liebe zu einem Roboter moralisch vertretbar?

Welche Macht haben Gefühle über den Menschen?

Kann man sich mit der Einsamkeit arrangieren?

Das lernen Sie jetzt!

11.1 Gestaltungsmittel der Graphic Novel gezielt für die Interpretation nutzen und mediale Besonderheiten des Erzählens in der Graphic Novel erkennen

11.2 das Strukturprinzip der Heldenreise als Erzählmuster im Film erkennen und Leitmotivtechnik im Film als Gestaltungsmittel untersuchen und interpretieren

Training: ein Referat ausarbeiten und präsentieren

Marcel Scharrenbroich: Sandmann. Graphic Novel von Michael Mikolajczak und Jacek Piotrowski (2019, comic.couch.de, Rezension, Ausschnitt)

Mikolajczak verwendet Versatzstücke aus der alten Novelle, welche von Zeichner Jacek Piotrowski genial in schaurig-bizarren Bildern festgehalten werden. Ehemals Gesprochenes wird nun bildlich dargestellt. Nicht immer im gleichen Kontext, aber mit sichtbaren Parallelen auf Papier verewigt. Generell ist Piotrowskis Stil eine Liga für sich. Groteske Verrenkungen, abstrakte Blickwinkel, phantasmagorisches[1] Schattenspiel ... ein Strudel von Wahn und Wirklichkeit. Ein Charakter, eingefügt als Fotografie, der den Kontrast ... die extravagante Ebene, auf der wir uns bewegen, nur noch mehr verdeutlicht.

---

1 phantasmagorisch: die Wahrnehmung täuschend, in Trugbildern dargestellt

Tobias Sedlmaier: Pochen Herzen algorithmisch, wenn sich ein Mensch in einen Roboter verliebt? (2021, Neue Zürcher Zeitung, Ausschnitt aus der Rezension zum Film *Ich bin dein Mensch*)

Drei Wochen lang soll Alma mit [dem Roboter] Tom zusammenleben, um zur Klärung der Frage beizutragen, ob Roboter heiraten dürfen. Die ambitionierte Archäologin, die mit ihrem Team am Berliner Pergamonmuseum zu poetischen Elementen in uralten Keilschriften forscht, hat sich bereit erklärt, an diesem Experiment teilzunehmen. Der Lohn: Forschungsgelder. Und womöglich Liebe.

Maria Schraders neuer Film „Ich bin dein Mensch" ist eine federleichte Komödie, die jedoch wichtige Fragen anklingen lässt. [...] Können die Maschinen den Menschen dabei helfen, wirklich glücklich zu werden? Ist es möglich, dass sie das Potenzial zum Guten in uns wecken, dass wir uns selbst mit all unseren Unzulänglichkeiten immer wieder aufs Neue verbauen? Und was verstehen wir überhaupt unter gewaltigen, künstlichen Worten wie Glück oder Erfüllung?

Auch Alma muss sich erst an ihren neuen Mitbewohner gewöhnen. Anfangs reagiert sie genervt auf Tom, dessen programmierter Perfektionismus ausschliesslich darauf ausgerichtet ist, sie glücklich zu machen. Rund 95 Jahre nach Fritz Langs „Metropolis", in dem der weibliche Roboter Maria den Herren der Schöpfung die Köpfe verdrehte, haben sich die Geschlechterverhältnisse endlich angepasst.

Abbildung 1: Filmstill aus Fritz Langs *Metropolis* (1927). Es ist der erste Film, in dem ein humanoider (menschenähnlicher) Roboter zu sehen ist.

1 Betrachten Sie die Abbildung auf S. 362. Beschreiben Sie Ihre Reaktion auf die Darstellung.

2 Tauschen Sie sich darüber aus, warum humanoide Roboter ein populäres Motiv in der Literatur und in Filmen sind.

3 Lesen Sie die beiden Auszüge aus Rezensionen zur Graphic Novel *Sandmann* und *Ich bin dein Mensch*. Diskutieren Sie, weshalb Werke, die das Thema humanoider Roboter behandeln, häufig existenzielle Fragen aufwerfen.

11.1 Zentrale inhaltliche Motive der Graphic Novel *Sandmann* erfassen

Wo lauert der Wahnsinn?

Romantik
→ S.177 ff.

 1 Recherchieren Sie den Inhalt von E. T. A. Hoffmanns Erzählung *Der Sandmann* (1816). Nutzen Sie auch die Textauszüge auf S.177 ff. und die Informationen zur schwarzen Romantik auf S.183.

2 Die Graphic Novel *Sandmann* von Michael Mikolajczak und Jacek Piotrowski aus dem Jahr 2019 adaptiert E. T. A. Hoffmanns Erzählung. Lesen Sie den folgenden Auszug aus einer Rezension zu dieser Graphic Novel und zeigen Sie Parallelen zu E. T. A. Hoffmanns Text auf.

Marcel Scharrenbroich: Sandmann. Graphic Novel von Michael Mikolajczak und Jacek Piotrowski (2019, comic.couch.de, Rezension, Ausschnitt)

Nicht nur Nathanael schlottern die Knie

Nathanael und der gebrechliche Coppelius wohnen im gleichen Haus. Von einem nachbarschaftlichen Verhältnis kann jedoch keine Rede sein. Beide meiden sich, wo es nur geht. Coppelius lebt zurückgezogen, abgeschottet ... nach dem tragischen Tod seiner Frau, einer Verkettung von un-
5 glücklichen Umständen. Verbittert, dem körperlichen und seelischen Verfall vollkommen ausgeliefert. Mit seinem Nachbarn wechselte er bisher nie ein Wort, weiß jedoch, dass dieser ihn den SANDMANN nennt. Ihm aus dem Weg geht, ihn anklagt, verabscheut, ihn fürchtet ... aber auch Nathanael hat ein dunkles Geheimnis. Und auch er wird gefürchtet. Gefürchtet von Coppelius. Obwohl Nathanael, dem Wahnsinn sichtlich nahe, zusammen mit seiner Frau Clara das Bett teilt,
10 gilt seine bedingungslose Liebe nur der EINEN ... Olimpia. In den tiefschwarzen Gewölben des Hauses wartet sie auf ihn. Wartet darauf, dass seine knochigen, spindeldürren Finger ihre Porzellanhaut zitterig berühren. Coppelius weiß um Nathanaels Geheimnis. Hat ihn beobachtet. Von seinem selbst auferlegten Gefängnis aus gesehen ... gesehen, wie die hagere Gestalt wie in Trance durch den Regen stapft. Gesehen, was er getan hat ... was er verheimlicht. Heute Nacht kreuzen sich ihre Wege.
15 Heute trifft Nathanael auf den SANDMANN.

Michael Mikolajczak/Jacek Piotrowski: Sandmann (2019, Ausschnitt)

> Zu Beginn der Graphic Novel stellt sich Coppelius selbst vor und berichtet von seinem trostlosen Leben nach dem Tod seiner Frau. Er schildert, wie eine Beobachtung, die er vom Fenster aus macht, sein Interesse weckt (Akt I). Später stellt sich heraus, dass er Nathanael dabei beobachtet hat, wie dieser die Puppe Olimpia in den Keller des Hauses getragen hat, in dem beide wohnen (Akt V). Der zweite Teil der Graphic Novel wird aus der Perspektive Nathanaels geschildert. Dieser Teil beginnt damit, dass Nathanael sich nachts aus dem Schlafzimmer, das er mit seiner Frau Clara teilt, davonschleicht und Olimpia im Keller aufsucht (Akt II).

3 Sehen Sie sich die Panels an, die zeigen, wie Nathanael Olimpia in seinem Keller aufsucht (Abb.1 auf S.365). Beschreiben Sie Details der Darstellung, die Ihnen auffallen.

4 Beschreiben Sie den Stil der grafischen Darstellung und die Wirkung, die von dieser Darstellung ausgeht. Achten Sie dabei darauf,
   - welche Bildausschnitte in den einzelnen Panels gezeigt werden,
   - welche Abfolge der Bildausschnitte gewählt wird,
   - ob der Raum perspektivisch dargestellt wird,
   - welche Grundstimmung durch Zeichenduktus und Farbgebung erzeugt wird.

Zeichenduktus
→ S.376

Michael Mikolajczak/Jacek Piotrowski: *Sandmann*. Akt II (Ausschnitt)

Gestaltungsmittel der Graphic Novel für die Interpretation nutzen

Im weiteren Verlauf der Handlung kommt Coppelius ebenfalls in den Keller. Nathanael wird von panischer Angst gepackt. Coppelius' letzte Aussage vor dem abgedruckten Ausschnitt lautet: „Nun haben wir Augen – Augen, ein schönes Paar Augen."

Michael Mikolajczak/Jacek Piotrowski: *Sandmann*. Akt II (Ausschnitt)

1 Sehen Sie sich die Panels an, in denen die Begegnung zwischen Nathanael und Coppelius dargestellt wird (Abb. 2, S. 365). Beschreiben Sie, wie sich die zeichnerische Darstellung der Figur des Nathanael verändert.

2 Entwickeln Sie eine These dazu, was durch diese veränderte Darstellung ausgedrückt wird.

3 Untersuchen Sie die Abbildungen 1, 2 (S. 365) und 3 (S. 367) daraufhin, welche Art von Panel-Übergängen vorliegen. Nutzen Sie dafür auch die Materialien 1 und 2. Stellen Sie Vermutungen darüber auf, weshalb diese Übergänge gewählt wurden.

Material 1

Julia Abel/Christian Klein: Bildabfolgen untersuchen (2016, Ausschnitt)

Als Erzählung ist der Comic geprägt von Selektion, kann er doch nur einen kleinen Teil der Informationen, die für das Verständnis der Geschichte notwendig sind, durch (bildliche oder sprachliche) Zeichen repräsentieren – den Rest ergänzt der Leser im Rahmen der Lektüre. Leerstellen zählen aber auch ganz konkret zu den konstitutiven Merkmalen von Comics, denn bekanntermaßen fin-
5 den sich auf den Seiten des Comics nicht nur die einzelnen Panels, sondern zwischen ihnen auch immer Zwischenräume, meist schmale weiße Streifen, die McCloud[1] mit dem Begriff ‚gutter‘ bezeichnet (im Deutschen als ‚Rinnstein‘ oder ‚Zwischenraum‘ übersetzt): Für McCloud ist der Rinnstein eines der wichtigsten Elemente des Comics, denn hier kombiniere der Leser zwei Einzelbilder „zu einem einzigen Gedanken“ [...]. Diese Leistung des Lesers, die aus den Einzelbildern des Comics
10 als sequenzieller Kunst eine zusammenhängende Geschichte macht, bezeichnet McCloud im amerikanischen Original als „closure“ [...], also ‚Schließung‘.

---

[1] Der 1960 geborene US-amerikanische Comickünstler Scott McCloud wurde vor allem durch seine theoretischen Werke in Form von Sachcomics bekannt.

Material 2

Formen von Bildabfolgen nach Scott McCloud

Moment to Moment	Action to Action	Subject to Subject	Scene to Scene	Aspect to Aspect	Non Sequitur

Der Handlungsverlauf wird sehr kleinschrittig dargestellt.	Ein- und dieselbe Figur wird in verschiedenen Momenten einer Handlung gezeigt.	Von Motiv zu Motiv – aber beide Motive bleiben innerhalb eines gedanklichen Zusammenhangs.	Erhebliche Raum- und Zeitdifferenzen werden überbrückt.	Unterschiedliche Aspekte eines Ortes, Raums, einer Stimmung werden gezeigt.	Es gibt keine logische Verbindung zwischen den Panels.

Lexikon
Film
→ S. 447 f.

4 Klären Sie, welche Ausschnitte in den Panels (Abb. 1, 2 und 3) gezeigt werden und was dem Closure-Prozess überlassen wird. Skizzieren Sie die Information, die Leserinnen und Leser ergänzen müssen. Nutzen Sie dafür auch Ihr Vorwissen zum Verhältnis von Story und Plot in Filmen.

5 Fassen Sie Ihre Beobachtungen zusammen, indem Sie die dargestellte Handlung unter Einbezug Ihrer Erkenntnisse zur grafischen Gestaltung deuten. Gehen Sie dabei darauf ein, wie sich das Verhältnis zwischen Coppelius und Nathanael definieren lässt.

Später wird die Szene im Keller (vgl. S. 365) auch aus der Perspektive von Coppelius gezeigt:

Michael Mikolajczak/Jacek Piotrowski: *Sandmann*. Akt III (Ausschnitt)

6 Vergleichen Sie die Darstellung der Handlung aus Coppelius' Sicht (S. 367) mit der aus Nathanaels Perspektive (S. 365). Benennen Sie Elemente der Handlung, an denen klar ersichtlich wird, dass es sich um dieselbe Situation handelt.

7 Benennen Sie die Unterschiede in der Darstellung der Handlung, die sich durch die veränderte Perspektive ergeben.

8 Diskutieren Sie die folgenden Fragen:
– Was bleibt unklar an der Darstellung?
– Was lässt sich nicht rational erschließen?
– Zu welchem Gefühl führt das bei Leserinnen und Lesern?

9 Bestimmen Sie das Verhältnis von Erzählung und Seitenlayout in Abb. 3 (S. 367). Nutzen Sie dafür auch Material 3. Erklären Sie, welche Funktion die Seitengestaltung hat.

ÜBRIGENS

Comic
Bildfolgen sind seit der Antike überliefert. Beispielsweise wurden bildliche Szenen auf ägyptischen Papyri erläuternd oder dialogisch mit Hieroglyphen beschriftet. Die Trajansäule in Rom verdeutlicht wie auf einem umlaufenden Band die Geschichte der Kriege gegen die Daker. Auch Tafelbilder oder Fenster in mittelalterlichen Kirchen vermittelten der des Lesens unkundigen Bevölkerung biblische Geschichten. Wer lesen konnte, entzifferte zusätzlich die Schrift auf wallenden weißen Bändern, die ähnlich wie Sprechblasen eingesetzt wurden. Die Sequenzkunst heutiger Bildgeschichte hat eine Tradition in den englischen Witzzeichnungen, den *comic prints* des 18. Jahrhunderts. Daraus wurden die *comic strips*, die lustigen oder komischen – in Streifen oder Zeilen angeordneten – Bildergeschichten insbesondere in Zeitungen und Zeitschriften. Der Begriff *Comic* verselbstständigte sich schließlich, löste sich von der Bedeutung *komisch* ab und steht nun übergreifend für die Kommunikationsform, die wir heute kennen.

Material 3

Seitenlayout untersuchen

Beim Seitenlayout lassen sich vier konzeptuelle Ansätze unterscheiden. Das Verhältnis von Seitenarchitektur und Erzählung kann sein:

1. **Konventionell:** Die Gestaltung der Seite und der Panels ist gleichmäßig und einheitlich. Durch die Gestaltung wird keine weitere Information vermittelt, sie ist neutral.
2. **Dekorativ:** Ein dekoratives Layout erfüllt ästhetisch-künstlerische Ansprüche. Ein Bezug zur Handlung liegt nicht notwendigerweise vor.
3. **Rhetorisch:** Das Seitenlayout wird der Handlung angepasst, es wird im Sinne der Handlung funktionalisiert, um die Handlung zu unterstützen.
4. **Produktiv:** Layoutprinzipien dominieren die Handlung, die Handlung wird dem Layout untergeordnet.

Figurenrede
→ S. 427, 431

10 Arbeiten Sie in Kleingruppen und formulieren Sie Interpretationsansätze zum Verhältnis von Nathanael und Coppelius. Nutzen Sie dafür beispielsweise die Placemat-Methode. Beziehen Sie auch die folgende Gegenüberstellung von Figurenrede mit ein.

Nathanaels Perspektive (vgl. S. 365), Akt II	Coppelius' Perspektive (vgl. S. 367), Akt III
„Coppelius, verfluchter Satan!", flüstere ich stumm.	„Coppelius, verfluchter SATAN!", schleudert er mir entgegen.
„Kleine Bestie! Kleine Bestie!", meckert Coppelius zähnefletschend!	„BESTIE! BESTIE!", schreie ich meine Angst aus meiner Seele, und wie die Bestie, die ich ihn geheißen habe, springt es mich an.
Und damit fasst er mich gewaltig, dass die Gelenke knacken, … und schraubt mir die Hände ab und die Füße und setzt sie bald hier, bald dort wieder ein.	In einem Winkel, den ich nie für menschenmöglich gehalten hätte, steht meine linke Hand seitwärts gebogen ab, als hätte man sie abgeschraubt und an falscher Stelle wieder befestigt.

unzuverlässiges
Erzählen
→ S.426

11 Erklären Sie, wie die Unzuverlässigkeit des Erzählens in der als Vorlage dienenden Erzählung *Der Sand-mann* von E. T. A. Hoffmann in der Adaption von Michael Mikolajczak und Jacek Piotrowski umgesetzt wird. Nutzen Sie dafür auch das Material zur Genreeinordnung (M4) und die Rezension zur Graphic Novel von Marcel Scharrenbroich (M5).

Material 4

Julia Abel/Christian Klein: Genre (2016, Ausschnitt)

Horror: Horrorcomics sind zumeist in einer realistischen, dem Leser vertrauten Welt angesiedelt, in die unvermittelt das Phantastische in Form einer „entsetzlichen Erscheinung" (Brittnacher 2007) hereinbricht, die der Protagonist bzw. Erzähler, ob sie nun übernatürlichen Ursprungs ist oder nicht, als reale Bedrohung erlebt. Zentrales Gestaltungsmerkmal ist die Wirkungsabsicht, beim Leser
5 Angst, Schrecken oder Grauen auszulösen.

Phantastische Literatur: In den der phantastischen Literatur im engeren Sinne nahestehenden Comics wird, wie im Horrorcomic, die Harmonie einer realistisch gezeichneten Welt durch ein phantastisches Phänomen gestört. Der Leser (und mit ihm oft auch der Protagonist) wird nun bis zum Ende der Geschichte in einem Zustand der Unschlüssigkeit gehalten, ob es sich tatsächlich um
10 Vorgänge handelt, die übernatürlichen Ursprungs sind, oder ob es für sie nicht doch eine rationale Erklärung gibt. Wirkungsabsicht ist hier weniger die Ängstigung als vielmehr eine nachhaltige Verunsicherung des Lesers.

Es liegt auf der Hand, dass sich diese verschiedenen Bestimmungsansätze nicht gegenseitig aus-schließen und die Trennlinie zwischen den Genres durchlässig ist.

Material 5

Marcel Scharrenbroich: Sandmann. Graphic Novel von Michael Mikolajczak und Jacek Piotrowski (2019, comic.couch.de, Rezension, Ausschnitt)

Auch die anachronistische Handlung übt einen besonderen Reiz aus. Diese Erzählweise wirkt als die einzig Richtige, fängt sie die unheilvolle Atmosphäre doch perfekt ein und spült den letzten Tropfen Rationalität die regenbedeckten Straßen dieser Albtraum-Welt hinunter. Dies bewirkt, dass es keinen rettenden Anker, an den wir uns klammern könnten, in Sichtweite gibt. Einen Anker, der
5 Realismus symbolisiert. Es zeigt, dass jederzeit ALLES passieren kann, wenn Angst, Wut und Wahn-sinn aufeinanderprallen.

[MK] 12 PLUS Recherchieren Sie zu der Handlung von Robert Louis Stevensons Roman *Strange Case of Dr Jekyll and Mr Hyde* aus dem Jahr 1886.
  – Zeigen Sie Parallelen zu der Adaption von E. T. A. Hoffmanns Erzählung *Der Sandmann* durch Michael Mikolajczak und Jacek Piotrowski auf.
  – Präsentieren Sie Ihre Ergebnisse als Kurzreferate im Plenum und fertigen Sie als Zuhörerin/Zuhörer Mitschriften der Präsentationen an.

Kurzreferat
→ S.469
Mitschrift
→ S.375

[MK] 13 Recherchieren Sie zum Begriff *Gothic Novel*. Begründen Sie, ob Sie die Graphic Novel *Sandmann* der Gattung Gothic Novel zuordnen würden.

11.2 Grundthema und Struktur eines Films erschließen
Ich bin dein Mensch

1 Sehen Sie sich den Film *Ich bin dein Mensch* von Maria Schrader an. Zeigen Sie Parallelen und Unterschiede zu anderen Filmen oder schriftliterarischen Texten auf, die das Verhältnis eines Menschen zu einem Roboter oder einer Maschine thematisieren.

Komplikation
→ S. 216

2 Sehen Sie sich den Ausschnitt von 10:03 bis 10:42 an. Klären Sie, welches Grundthema des Films sich anhand des Ausschnitts erkennen lässt. Nutzen Sie dafür auch Ihr Vorwissen zu Montagetechniken und zum erzähltechnischen Begriff der *Komplikation* (vgl. Kap. 8, S. 216, Aufgabe 5).

10:03   10:04

10:09   10:14

10:35   10:42

3 Beziehen Sie die Grafik zum dramaturgischen Konzept der Heldenreise (M1) auf den Film. Legen Sie fest, welche Teile des Films sich diesem Konzept eindeutig zuordnen lassen bzw. wie der Film einzelne Stationen neu definiert.

Material 1

Kristina Wacker: Heldenreise nach Christopher Vogler als dramaturgisches Konzept (2017)

In seinem Werk *The Hero with a Thousand Faces* (1949) untersucht der amerikanische Mythenforscher Joseph Campbell die Erzählmuster von Sagen, Märchen und Mythen und kommt zu dem Ergebnis, dass alle großen Erzählungen der Menschheit einem bestimmten Muster folgen – dem Muster der Heldenreise. Der amerikanische Dramaturg Christopher Vogler hat dieses Muster als Orientierung für Drehbuchautoren weiterentwickelt und zwölf Stationen definiert, die der Held auf seiner Reise durchläuft.

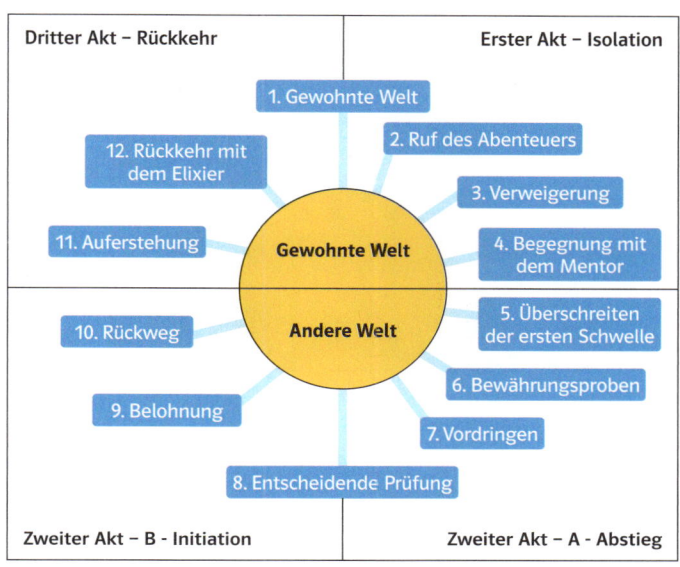

Dritter Akt – Rückkehr / Erster Akt – Isolation

1. Gewohnte Welt
2. Ruf des Abenteuers
3. Verweigerung
4. Begegnung mit dem Mentor
5. Überschreiten der ersten Schwelle
6. Bewährungsproben
7. Vordringen
8. Entscheidende Prüfung
9. Belohnung
10. Rückweg
11. Auferstehung
12. Rückkehr mit dem Elixier

Gewohnte Welt / Andere Welt

Zweiter Akt – B - Initiation / Zweiter Akt – A - Abstieg

Referat
→ S.469

4 Stellen Sie in Referaten arbeitsteilig weitere Filme vor, die Sie kennen und die diesem Strukturprinzip folgen (z. B. Filme der *Harry-Potter*-Reihe, *Herr der Ringe*, *Shrek*).

5 Beziehen Sie folgende Frames konkret auf das Schema der Heldenreise. Welche Entwicklung der Figur Alma lassen diese erkennen?

09:40

Frostige Begegnung mit ihrem Ex-Partner Julian

1:13:00

Alma zeigt Tom ein Ultraschallbild des Kindes, das sie verloren hat.

1:22:25

„Ich spiele Theater, aber es gibt kein Publikum."

1:29:50

Alma lächelt Julian an.

371

Figurenkonzeption und zentralen Konflikt erfassen

1 Sehen Sie sich die Sequenz von 30:00 bis 30:42 an. Diskutieren Sie darüber, wie überzeugend Sie Almas Argumentation finden.

30:24

> TOM Es würde dir besser gehen, wenn du netter zu
> mir wärst. Wenn du dich öffnen würdest. Du
> wärst glücklicher.
> ALMA Und dann?
> 5 TOM Dann wärst du glücklicher.
> ALMA Endorphine, erhöhter Serotoninspiegel,
> Dopaminausschüttung ... Yippie!
> TOM Alle Menschen wollen glücklich sein.
> ALMA Tja. Mach dir nichts draus, wenn dein
> 10 Algorithmus da an seine Grenzen stößt. Das ist
> menschlich.

2 Vergleichen Sie die Sequenz von 1:10:29 bis 1:18:39 mit der von 30:00 bis 30:42. Entwickeln Sie Deutungshypothesen, die Almas veränderte Reaktion am Ende der Sequenz (Kuss) erklären. Gehen Sie dazu auch auf die Dialoge zwischen Alma und Tom ein.

1:10:29

1:18:39

> ALMA Mit 14 war ich mal auf 'ner Party. Ich saß
> nachts allein auf der Terrasse, unten im Keller
> tanzten meine Mitschüler. Ich schaute auf so
> Reihenhäuser und plötzlich wurde mir klar, dass
> 5 es keinen Gott gibt. Und ich wurde Atheistin.
> Und seitdem habe ich mir eins geschworen: Soll-
> te ich jemals in einem Flugzeug sitzen, dessen
> Triebwerke brennen, werde ich nicht anfangen
> zu beten. Ich werde nicht aus purer Angst den
> 10 lieben Gott um Beistand bitten, denn ich glaube
> nicht an Gott. Verstehst du, was ich meine?
> TOM Ja.
> ALMA Wirklich?
> TOM Du willst die Distanz zu mir als Maschine
> 15 nicht aus Verzweiflung und der daraus resultie-
> renden Sehnsucht nach menschlichem Trost
> aufgeben.
> ALMA Es gibt einen Graben zwischen uns.
> TOM Sehr viele Menschen würden anfangen, in
> 20 einem abstürzenden Flugzeug zu beten. Es ist
> menschlich, das zu tun.

3 Fassen Sie Ihre Ergebnisse zusammen, indem Sie den zentralen Konflikt definieren, der im Film thematisiert wird.

4 Vergleichen Sie folgende Beispiele A–D für eine Deutungshypothese. Entscheiden Sie sich für eine Deutungshypothese, die Sie treffend finden, und begründen Sie Ihre Entscheidung.

A „Alma konfrontiert uns (und sich selbst) mit den Paradoxien des menschlichen Begehrens."
(Regisseurin Maria Schrader)

B „Hinter der sonnigen Berlin-Atmosphäre ihres Films, die auf den ersten Blick so leicht und heiter wirkt, lässt Maria Schrader es subtil philosophisch brodeln."
(Süddeutsche Zeitung)

C „Die KI wird zum Spiegel unseres Selbst, in dem wir das eigene Verhalten studieren – und vielleicht ändern – können."
(Neue Zürcher Zeitung)

D „Das stimmungsvolle Ende von *Ich bin dein Mensch* verquickt die Ambivalenz von Logik und Emotionalität."
(mellowdramatix)

ÜBRIGENS

Automatenmenschen
Künstliche Menschen faszinieren seit Urzeiten: Der Mensch erschafft artifizielle Wesen, die ihm schließlich über den Kopf wachsen, heißen sie nun Golem, Frankenstein oder Olimpia …
1769 konstruierte ein österreichisch-ungarischer Hofbeamter den sogenannten *Schachtürken*, der bei den Zeitgenossen den Eindruck erweckte, ein mechanischer Schachspieler in türkischer Kleidung spielte durch Räder, Hebel und Federn angetrieben. Die Figur wurde nur äußerst selten von einem Schachmeister besiegt. Bereitwillig öffnete der Mechaniker auf seinen europaweiten Reisen dem überwältigten Publikum das Gehäuse, auch Wissenschaftler der Académie française konnten das Geheimnis nicht ergründen. Später in den USA wurden die Schachpartien sogar dokumentiert. Erst 1838, der Erfinder war längst verstorben, soll das Geheimnis öffentlich geworden sein: Im Gehäuse saß wie immer wieder vermutet versteckt – ein Mensch. Nur wenige Namen der „Insassen" ließen sich noch ermitteln.

5 Formulieren Sie eine eigene Deutungshypothese zum Film. Erklären Sie, welche filmischen Gestaltungsmittel Ihre Deutungshypothese unterstützen.

Kurzreferat
→ S.469
Mitschrift
→ S.375

6 Stellen Sie sich Ihre Ergebnisse in Kurzreferaten vor. Fertigen Sie für die anschließende Diskussion Mitschriften von den Präsentationen an.

Nachdem Alma Tom abschließend weggeschickt hat, kommt es zu folgenden Erlebnissen:

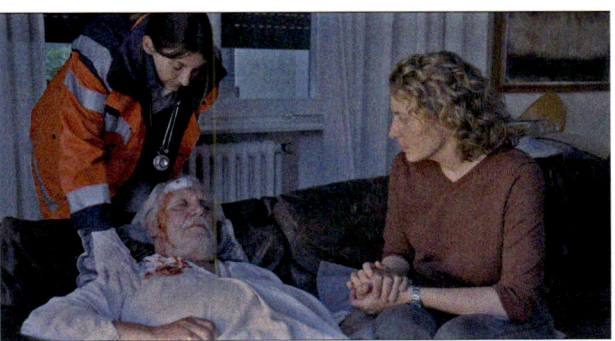

7 Klären Sie die Funktion dieser Handlungselemente. Stellen Sie dafür eine Verbindung zwischen Almas Studien zur Poesie der altorientalischen Keilschrift und ihrer Fahrt nach Dänemark am Ende des Films her. Gehen Sie dabei auch auf folgendes Zitat aus dem Berlinale-Text zu *Ich bin dein Mensch* und Almas Erinnerungen an ihre Ferien in Dänemark ein:

> „Am Ende zeigt sich: Die Poesie weiß sich auch der überwiegend für Logik zuständigen linken Gehirnhälfte zu bedienen."

1:36:41

8 Diskutieren Sie darüber, ob der Film *Ich bin dein Mensch* eindeutig dem Genre *Komödie* zugeordnet werden kann.

MK **9** **PLUS** Recherchieren Sie zur Handlung von Fritz Langs Film *Metropolis* aus dem Jahr 1927. Vergleichen Sie die Gestaltung des Motivs einer Beziehung zwischen Mensch und humanoidem Roboter. Finden Sie geeignete Vergleichskriterien und stellen Sie Ihre Ergebnisse im Kurs vor.

ALMA Ich lag immer auf dieser Seite der Platte, früher. Ich weiß nicht, irgendwie mochte ich dieses Feld viel lieber als das auf der anderen Seite. Und Thomas
5 ist dauernd aufgesprungen und in die Dünen gelaufen. Manchmal hat man ihn gehört und dann wieder nicht. Ich weiß gar nicht, wo Corinna war. Ich war so verliebt in ihn. Es war kaum auszu-
10 halten. Und während er in den Dünen Rebhühner gejagt hat oder Steine verbuddelt oder Bernsteine gesucht oder was immer dänische Jungs in Dünen so machen, bin ich immer hier liegen ge-
15 blieben und habe die Augen geschlossen und gehofft, dass er mich küssen würde. Und ein paarmal war ich mir zu hundert Prozent sicher, dass sein Gesicht schon ganz dicht über mir war.
20 Ich konnte seinen Atem auf meinen Lippen spüren. Aber als ich die Augen aufgemacht habe, war ich allein. Und Thomas nirgendwo zu sehen.

Filmmusik als Gestaltungsmittel untersuchen und für die Interpretation nutzen

1 Bilden Sie Thesen zur Wirkungsweise von Filmmusik in verschiedenen Filmgenres.

2 Erläutern Sie die unterschiedlichen Funktionen von Filmmusik anhand Ihnen bekannter Serien oder Filme.

3 Tragen Sie Tipps zum Abfassen von Mitschriften zusammen.
  - *Gliederungshilfen wie Tabellen, Mindmaps, Cluster nutzen*
  - *ggf. Skizzen nutzen, um Inhalte zu visualisieren*
  - *...*

MK **4** Sehen Sie sich die BR-alpha-Lernvideos zum Thema „Filme verstehen" auf Mebis an. Erstellen Sie eine Mitschrift zum Lernvideo zum Stichpunkt Filmmusik. Sie können sich an Ihren Tipps aus Aufgabe 3 und am „So geht's"-Beispiel auf S. 375 oben orientieren. Tauschen Sie sich anschließend im Team über Ihre Mitschriften aus und besprechen Sie mögliche Abweichungen im Verständnis der gesehenen Beiträge.

Eine Mitschrift anfertigen

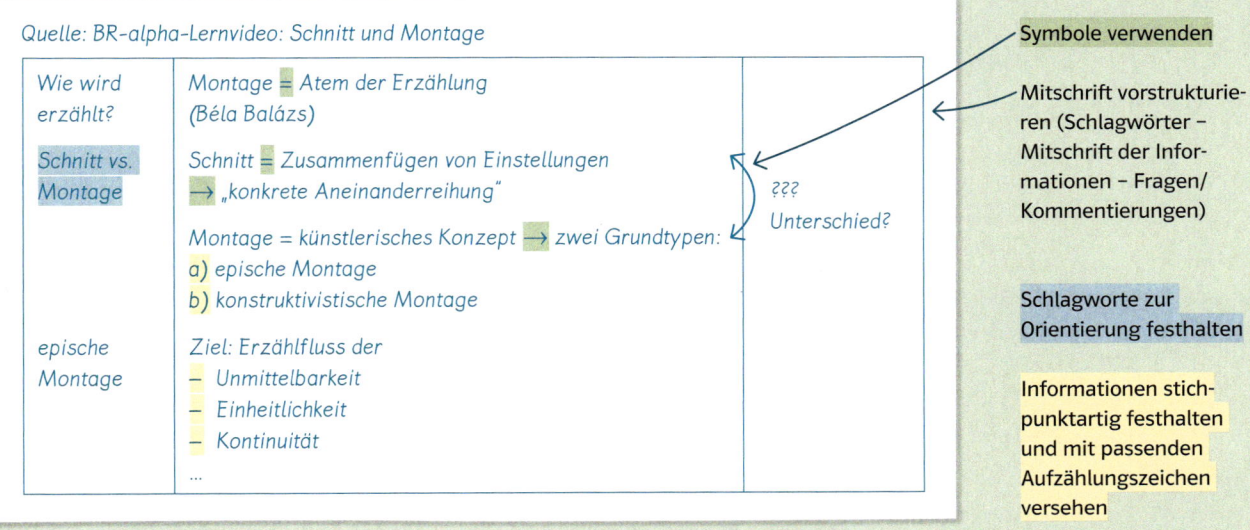

Quelle: BR-alpha-Lernvideo: Schnitt und Montage

Wie wird erzählt?	Montage = Atem der Erzählung (Béla Balázs)	
Schnitt vs. Montage	Schnitt = Zusammenfügen von Einstellungen → „konkrete Aneinanderreihung"	??? Unterschied?
	Montage = künstlerisches Konzept → zwei Grundtypen: a) epische Montage b) konstruktivistische Montage	
epische Montage	Ziel: Erzählfluss der – Unmittelbarkeit – Einheitlichkeit – Kontinuität …	

Symbole verwenden

Mitschrift vorstrukturieren (Schlagwörter – Mitschrift der Informationen – Fragen/Kommentierungen)

Schlagworte zur Orientierung festhalten

Informationen stichpunktartig festhalten und mit passenden Aufzählungszeichen versehen

5 Werten Sie die Verwendung der Filmmusik in *Ich bin dein Mensch* für das an den folgenden Stellen verwendete Motiv nach dem im „So geht's"-Beispiel unten gezeigten Muster aus:

09:48–10:54 / 28:00–29:27 / 1:25:10–1:28:10

Filmmusik als Gestaltungsmittel untersuchen

Das im Folgenden thematisierte Motiv findet sich mehrfach im Film (07:13–08:15; 18:40–20:00; 55:35–56:10). Zur Erklärung der Wirkung und der Funktion können einzelne Stellen fokussiert werden.

Verwendung des Motivs	Handlung	Einordnung in Handlungszusammenhang
18:40–20:00	Alma hat Tom die Wohnung gezeigt und ihm erklärt, dass sie nicht im selben Bett schlafen werden. Sie schließt ihr Zimmer ab.	Alma hat eine vorgefasste Meinung zu Tom, an der sie in diesem Moment nicht zweifelt.
55:35–56:10	Alma entschuldigt sich bei Tom für ihr Verhalten am Abend zuvor. Sie ist ihm dankbar für seine Reaktion. Sie macht den Vorschlag, für einen Nachmittag „alles" zu vergessen (ihre Studien, wer sie ist, wer Tom ist).	Almas Selbstsicherheit ist durch das Scheitern ihrer wissenschaftlichen Arbeit und ihr Verhalten in der vergangenen Nacht erschüttert. Sie akzeptiert jetzt ihr Bedürfnis nach Zuneigung und Nähe und ist bereit, sich auf Tom einzulassen.
Zusammenfassende Deutung	Die Verwendung des Motivs stellt die beiden Stellen einander direkt gegenüber und blendet die beiden Verhaltensweisen Almas direkt ineinander. Zuschauerinnen und Zuschauer verstehen, dass Alma zu diesem Zeitpunkt eine Entwicklung durchlaufen hat; sie zieht sich nicht mehr allein auf einen rationalen Standpunkt zurück, sondern akzeptiert jetzt ihre (irrationalen) menschlichen Bedürfnisse. Das Motiv deutet dadurch aber auch an, dass auch diese Haltung einseitig ist und keine abschließende Lösung darstellt.	

… = Zusammenhang zwischen Handlung in der Szene und Verlauf der Handlung
… = Funktion der Filmmusik/Deutung

375

Auf einen Blick: Die Formensprache von Graphic Novels, die Erzählstruktur und musikalische Motive in Filmen untersuchen

Lexikon
Film und Graphic
Novel
→ S.446 ff.

Grafische Gestaltungsmittel in Comics und Graphic Novels

Wie in der Literatur- und Filmwissenschaft gibt es auch bei Comics und Graphic Novels eine spezifische Formensprache, für die ein Beschreibungsinstrumentarium erforderlich ist, das ein Sprechen über Graphic Novels erst möglich macht. Der Comictheoretiker Scott McCloud spricht in diesem Zusammenhang von *Grammatik* und *Vokabular* des Comics. Auf der Ebene der Darstellung können bspw. folgende Gestaltungsmittel untersucht werden.

Zeichenduktus und Farbgebung

Zeichenduktus bezeichnet die Art der **Strichführung**; man kann bspw. eine weiche bzw. sanfte **1** und eine harte, kantige Strichführung **2** unterscheiden. Der Strich kann außerdem klar oder diffus sein. Der Zeichenduktus und die **Farbgebung** entscheiden grundlegend über die Stimmung, die in einer Graphic Novel erzeugt wird. Besonders offensichtlich ist der Unterschied in der Wirkung zwischen einer **polychromen** (bunten) und einer **monochromen** (z. B. schwarz-weißen) **Gestaltung**. Auch die Verwendung von Graustufen entspricht einer monochromen Farbgebung.

Die Gestaltung des Strichs kann vielfältige Formen annehmen, z. B. hart, kantig, fein, sanft, schwach, labil, zittrig usw. Zur Gestaltung des Strichs zählen auch die **Linienstärke** und die **Dynamik** der Strichführung.

Panelübergänge und Seitenarchitektur

Comics und Graphic Novels bestehen meist aus **Einzelbildern (Panels)**, die aneinandergereiht eine Handlung abbilden und eine Geschichte ergeben. Besondere Bedeutung kommt der **Abfolge der Panels** zu, da durch die bewusste Wahl der aufeinanderfolgenden Panelinhalte das Verständnis von der Handlung beim Lesenden gesteuert wird. Das schließt auch das bewusste Weglassen oder Überspringen von Handlungselementen ein.

Das Herstellen einer Handlungslogik erfolgt durch das **Füllen der Leerstellen** zwischen den Panels in der Vorstellung der Lesenden. Durch das Schließen der Lücken zwischen den Panels (engl. *closure*) wird die Leserin bzw. der Leser aktiv an der Konstruktion der Story beteiligt.

Die **Anordnung der Panels** auf einer Seite trägt wesentlich zum Erzählrhythmus bei. Der Aufbau und die Organisation der Einzelseite wird mit dem Begriff **Seitenarchitektur** bezeichnet. Die Seitenarchitektur ist ein Gestaltungsmittel im Dienst der Dramaturgie; sie unterstützt auch Stimmung und Verlauf der Erzählung. Wenn die Seitenarchitektur nach den Erfordernissen der Geschichte ausgerichtet wird, spricht man von einem rhetorischen Seitenlayout (vgl. S. 368).

3 Walpurgisnacht: Treiben auf dem Blocksberg, auf das Mephistopheles im nächsten Panel wohlgefällig herunterblickt. Aus: *Faust:* Eine Graphic Novel nach Goethes *Faust I*, adaptiert von Jan Krauß, gezeichnet von Alexander Pavlenko, 2021

Erzählstruktur und musikalische Motive in Filmen untersuchen

Syd Fields Drei-Akt-Schema
→ S.447

Heldenreise als dramaturgisches Konzept

Der Aufbau von Filmen kann anhand unterschiedlicher struktureller Konzepte untersucht werden, die sich gegenseitig nicht notwendigerweise ausschließen. Eine Ergänzung zu **Syd Fields Drei-Akt-Schema** (vgl. S.447) stellt das Konzept der **Heldenreise** dar, das von Christopher Vogler (*1949) in seinem Werk *Die Odyssee des Drehbuchschreibers* (orig.: *The Writer's Journey*, 1992) entwickelt wurde. Voglers Konzept fußt dabei auf Ergebnissen des Mythenforschers Joseph Campbell (1904–1987) und dessen Werk *Der Heros in tausend Gestalten* (orig.: *The Hero with a Thousand Faces*, 1949), in dem Campbell aufzeigt, dass Heldengeschichten in allen Kulturen eine archetypische Struktur aufweisen. Davon ausgehend definiert Christopher Vogler **zwölf Stationen** (vgl. S.371) der Heldenreise. Dramaturgisch läuft die Heldenreise darauf hinaus, dass sich der Held in zunehmend größeren Herausforderungen bewähren muss. Die Erfahrungen, die er dabei macht, führen zu einer Weiterentwicklung seiner Persönlichkeit. Am Ende bringt der Held ein Zeichen seines Sieges mit zurück in seine gewohnte Welt, das Campbell als „Elixier" bezeichnet. Als symbolischer Ausdruck der Entwicklung des Helden besteht das Elixier meist in einem höheren Wissen, einer geläuterten Einstellung, in einem Erfahrungsschatz, den der Held an die Menschen seiner gewohnten Welt weitergibt. In vielen erfolgreichen Filmen lässt sich das dramaturgische Prinzip der Heldenreise erkennen, z.B. *Harry Potter und der Stein der Weisen* (2001), *Herr-der-Ringe*-Trilogie (2001–2003).

Funktion von Musik in Filmen

Die Verwendung wiederkehrender **musikalischer Motive** ist ein Element der Gestaltung von Filmmusik. Diese können **wiederkehrende Melodien, Melodieteile oder Tonfolgen** beinhalten, die Personen, Dingen, aber auch einer Situation, einer Stimmung oder auch einem Verhalten zugeordnet werden können (z.B. Liebe, Verzweiflung usw.).

Da Motive bei ihrer erneuten Verwendung an ihre vorherige Verwendung unterbewusst erinnern, funktionieren sie wie ein akustisches Déjà-vu. Die Zuschauerin oder der Zuschauer bringt die Szenen, in denen das Motiv verwendet wurde, unterbewusst in Zusammenhang, eine zurückliegende Situation taucht wieder auf, wenn dasselbe Motiv erneut zu hören ist. Musikalische Motive können durch dieses „querschlagende Bedeuten" (Ernst Bloch[1]) sehr gezielt und auch sehr subtil Zusammenhänge stiften, wo die Zuschauerinnen und Zuschauer ohne den Einsatz des musikalischen Motivs keinen Zusammenhang erkennen würden. Der gezielte Einsatz dieser Technik hat dadurch eine kohärenzstiftende, das Verständnis der Handlung auf Seiten der Zuschauenden steuernde Funktion. Eine weitere Möglichkeit, Wahrnehmung und Verständnis der Zuschauenden zu steuern, besteht in der **Variation** oder auch **Kombination** von musikalischen Motiven.

1 Ernst Bloch (1885–1977), deutscher Philosoph

Referat

Referat → S.469

Ausarbeitung und Präsentation eines Referats

1. Thema erschließen und eingrenzen
- die Themenstellung (falls vorgegeben) erschließen und eingrenzen bzw. selbst ein Thema formulieren
- grundlegende Informationen zum Thema recherchieren, z.B. Definitionen zentraler Begriffe klären
- die Vortragssituation klären (Wer sind die Zuhörenden bzw. die Adressatinnen und Adressaten?)
- Fragen formulieren, die das Hörerinteresse antizipieren
- das Thema in Teilaspekte gliedern
- eigenes Vorwissen klären und festhalten (z.B. mithilfe von Mindmaps)

2. Materialien sammeln und auswerten
- geeignete Quellen nach passenden Materialien (Texte, Bilder …) durchsuchen, z.B. Bibliothek, Internet
- Materialien sichten und dabei die Vertrauenswürdigkeit der Quellen kritisch prüfen
- Informationen aus den Materialien den unterschiedlichen Teilaspekten zuordnen und systematisch sammeln, z.B. in einer synoptischen Tabelle
- bei der Auswertung der Materialien Exzerpte erstellen
- die Quellenangaben genau festhalten, um korrekt darauf verweisen zu können

3. Referat inhaltlich ausarbeiten
- eine genaue Gliederung erstellen (z.B. aspektorientiert) und für die einzelnen Gliederungspunkte Notizen anfertigen
- einen motivierenden Einstieg überlegen; klären, wie der Vortrag im Schluss abgerundet werden kann
- die Ausarbeitung am Publikum orientieren und beispielsweise klären, welche Inhalte und Fachbegriffe vorausgesetzt und welche erläutert werden müssen
- auf einen sachlogischen Zusammenhang und einen roten Faden achten, der es den Zuhörenden ermöglicht, dem Vortrag zu folgen
- mögliche direkte Zitate als Belege für eigene Aussagen und Ideen für zusätzliches Anschauungsmaterial (z.B. Bilder) sammeln und festhalten

4. Referat veranschaulichen
- passende Medien für die Visualisierung auswählen (Präsentationssoftware, Plakat, Gegenstände, Videos, Audios …)
- Hinweise zum Ablauf des Referats bzw. des Medieneinsatzes stichpunktartig auf Karteikarten festhalten
- ggf. ein Handout erstellen

5. Referat präsentieren
- Fragestellung bzw. Thema und Gliederung erläutern
- Aufmerksamkeit der Zuhörerinnen und Zuhörer erhalten durch einen verständlichen Vortrag (z.B. Wiederholungen, Erklärungen von zentralen Fachbegriffen, Teilzusammenfassungen nach einzelnen Gliederungspunkten, Medieneinsatz, Zitate)
- auf die Vortragsweise achten: möglichst frei sprechen, deutlich und laut genug sprechen, Blickkontakt zum Publikum halten, Körperhaltung, Mimik und Gestik einsetzen

6. Inhalte des Referats diskutieren
- am Ende des Referats Zeit für Fragen einplanen und dabei auf die Zuhörerinnen und Zuhörer eingehen
- mögliche Diskussion der vorgetragenen Inhalte anregen, zulassen und moderieren
- ggf. mündliches oder schriftliches Feedback zu Inhalt und Präsentation des Referats einholen

MUSTERAUFGABE

Ihr Deutschkurs befasst sich mit der Darstellung von humanoiden Robotern in Filmen und schriftliterarischen Texten. Dabei soll die Frage geklärt werden, welche Entwicklung sich bei der Umsetzung dieses Motivs im Verlauf der Zeit beobachten lässt. Als aktuellste Umsetzung soll der Film *Ich bin dein Mensch* (2021) von Maria Schrader vorgestellt werden. Bereiten Sie dieses Referat vor.

1. Thema erschließen und eingrenzen

1.1 Lesen Sie die Themenstellung aufmerksam durch. Prüfen Sie, welche Vorgaben enthalten sind und welche Anforderungen an die inhaltliche Ausgestaltung bereits bekannt sind. Beantworten Sie dafür stichwortartig folgende Fragen:

> – *Was bedeutet „humanoid"?*
> – *Was bedeutet „Roboter"? Kann es auch um andere Formen von KI gehen?*
> – *Worauf bezieht sich der Begriff „Entwicklung"?*
> – *...*

1.2 Antizipieren Sie die Interessen der Hörerinnen und Hörer (Adressatinnen und Adressaten) bzw. fragen Sie sich selbst, was Sie interessieren würde. Dieser Schritt kann helfen, eine Struktur für das Referat zu finden und die Recherche vorab einzugrenzen. Die Fragen können auch bei der Ausarbeitung des Referats helfen, für den Vortrag einen roten Faden zu finden. Sammeln Sie weitere Fragen nach folgendem Muster:

> – *Welche Konstellation zwischen Mensch und Roboter wird im Film gewählt?*
> – *Variiert der Film das Thema oder enthält er einen ganz neuen Ansatz?*
> – *Welchem Genre kann der Film zugerechnet werden (Horror, Science-Fiction, Komödie, Romanze)?*
> – *Welche ethischen, moralischen Fragen werden in dem Film aufgeworfen?*
> – *Greift der Film aktuelle gesellschaftspolitische Themen auf?*
> – *Wie wurde der Film vom Publikum aufgenommen?*
> – *...*

1.3 Prüfen Sie, welche Fragen Sie anhand Ihres Vorwissens und Ihrer Kenntnis des Films bereits beantworten können und zu welchen Sie recherchieren möchten.

2. Materialien sammeln und auswerten

2.1 Klären Sie beispielhaft die Frage nach der gesellschaftspolitischen Aktualität des Films. Prüfen Sie, wie Sie den Film selbst diesbezüglich einordnen würden. Notieren Sie sich Ihre Überlegungen in dem dafür vorgesehenen Feld in einer synoptischen Tabelle wie in dem Muster auf S. 381.

2.2 Werten Sie die folgenden Materialien M1–M3 (S. 380 f.) aus. Klären Sie, welche Aspekte Sie für relevant halten und welche keine Verwendung finden. Ergänzen Sie weitere Aspekte in der synoptischen Tabelle auf S. 381.

Kerstin Lindemann: Interview mit Maria Schrader (2021, vogue.de, Ausschnitt)

VOGUE: Taugen Roboter als Lebenspartner? Anthropologin Alma, gespielt von Maren Eggert, nimmt an einer Studie mit Prototypen teil, deren Algorithmen perfekt auf ihre menschlichen Partner abgestimmt sind. Das Alma zugeteilte Modell hört auf den Namen Tom. Dan Stevens spielt ihn ebenso fürsorglich wie attraktiv. Ist er der bessere Mensch?

5 Maria Schrader: Es hat mich und meinen Co-Autor Jan Schomburg interessiert, eine Gegenerzählung zu jenen Kreaturen zu entwickeln, die vom Menschen erschaffen werden und dann gegen diese Herrschaft rebellieren, die Ehrgeiz und Freiheitswillen haben. Solche Ambitionen entwickelt Tom nicht. Sein Bestreben ist stattdessen, Alma glücklich zu machen. Er hat kein Problem damit, dass er nur für sie geschaffen wurde.

10 **Ist es denn dann wirklich ein „nur"?**

Das ist die Fragestellung des Films, das zentrale Moment und das große Hindernis für Alma: Was ist die menschliche Liebe und was braucht sie? Dass Tom ausschließlich für sie da ist, für ihre Bedürfnisse und Wünsche, darin liegt genau das Hindernis für sie. Tom erscheint ihr wie eine fleischgewordene App, wenn auch eine sehr gut aussehende. Im Grunde ist Alma sicherlich die Romantike-
15 rin, die sagt: Ich brauche das Gegenüber, ich brauche den Menschen in seinem freien Willen, der sich entscheidet, in Kontakt mit mir zu treten. Herr Dr. Stuber, der andere Experte, den Alma mit seiner hübschen, jüngeren Roboterin Chloé trifft, hat damit erst mal kein Problem. Ich kann das vielleicht auch nicht ganz von einer allgemeinen Geschlechterthematik trennen. Natürlich sind es Männer über Jahrtausende viel mehr gewohnt, Frauen als Objekte zu behandeln. […]

20 **Dennoch ist der KI-Beziehungspartner eine eher gruselige Vorstellung.**

Für mich ist, einfach weil ich eine Frau bin, die Vorstellung erschreckend, dass eine Maschine in Menschengestalt vor mir steht. Ich glaube, damit würden Männer anders umgehen. Ein Roboter in weiblicher Form? Davon geht aus männlicher Perspektive gar keine Gefahr aus. Potenzielle Bedrohung ist erst mal nicht auf dem Radar.

Hannah Pilarczyk: Rezension (2021, spiegel.de, Ausschnitt)

„Ich war angezogen von der Andersartigkeit des Stoffs", sagt Schrader im Gespräch mit dem SPIEGEL, „und von der Einfachheit des Set-ups: Eine Frau und ein Mann, der kein Mann ist." Daraus hätten sich ganz grundlegende Fragen ergeben: Was die Liebe ist und was ein Mensch, wie sich die Liebe in der Zukunft vielleicht verändern wird, ob wir mit Maschinen leben können und immer noch
5 glauben werden, dass echte Gefühle mehr wert sind als eine gute Programmierung. „Fragen, auf die wir noch keine Antworten haben." […] Aber was hätte überhaupt eine Zukunft bei Alma und der Liebe? Sie selbst scheint es nicht zu wissen, dafür versucht es die Wissenschaft mit einer Antwort: Mit Android Tom (der Brite Dan Stevens, bekannt aus „Downton Abbey" und „Eurovision"), bei dessen Programmierung und Gestaltung alle Vorlieben und Bedürfnisse von Alma berücksichtigt wurden.
10 Und wo es Lücken gibt, ergänzt der Algorithmus mit Durchschnittswerten. […]
Mit einem Roboter erleben, was man mit einem Menschen nicht könnte: großes Glück oder heimliches Grauen? Schrader stellt das als Frage in den Raum, ohne Druck auf Alma auszuüben, eine schnelle Antwort zu finden. Vielmehr gibt sie Alma – und damit ihrem Film – alle Zeit, um zu erkunden, wie viele Wünsche in einem Leben unerfüllt bleiben können, bevor es zu einem unglücklichen
15 Leben wird.
Das Tastende, das „Ich bin dein Mensch" dadurch erhält, macht den Unterschied zu den vielen Beziehungskomödien aus, die ohne Umwege auf Pointen und Zeitgeistdiagnosen zu „Männern und Frauen" heute zusteuern.

Material 3

Sabine Schultz: Pressestimme (ZDF heute journal, 2021)

Es ist ein Gedankenspiel, das mit Witz und Charme von allzu Menschlichem erzählt. Raffiniert hinterfragt dieser Film unsere ganz realen Beziehungsmuster, hält uns Menschen den Spiegel vor. Ein Kunstgriff, der den Spieß einmal umdreht und den Mann zum Objekt macht, ganz auf weibliche Bedürfnisse eingestellt.

Synoptische Tabelle: Aktuelle gesellschaftspolitische Thematik in *Ich bin dein Mensch*

Inhalt des Films	M1 (Vogue)	M2 (Spiegel)	M3 (ZDF)
Alma betont im Verlauf des Films wiederholt die Künstlichkeit der Beziehung (in der Therapiesitzung mit der Mitarbeiterin der Firma Terrareca; als sie Tom das Ultraschallbild zeigt; als sie Tom in die Fabrik zurückschickt).	Dr. Stuber hat mit einer humanoiden Partnerin kein Problem. → Schrader: „Ich kann das vielleicht auch nicht ganz von einer allgemeinen Geschlechterthematik trennen. Natürlich sind es Männer über Jahrtausende viel mehr gewohnt, Frauen als Objekte zu behandeln."	Grundlegende Fragen für Schrader: Wie sich die Liebe in der Zukunft vielleicht verändern wird, ob wir mit Maschinen leben können und immer noch glauben werden, dass echte Gefühle mehr wert sind als eine gute Programmierung?	Film betrifft das allzu Menschliche.
Sie lässt sich dennoch auf die Täuschung ein (Liebesnacht mit Tom).			Reale Beziehungsmuster werden hinterfragt.
		Mit einem Roboter erleben, was man mit einem Menschen nicht könnte: großes Glück oder heimliches Grauen?	Film dreht Spieß um und macht den Mann zum Objekt.
Dr. Stuber berichtet Alma von seinem Glück mit der Roboterfrau Chloé.	Eines der zentralen Themen des Films, und auch unserer Gesellschaft, ist Einsamkeit.		…
…	…	…	

… = Definition des Verhältnisses zwischen Mensch und Maschine
… = Geschlechterverhältnis

2.3 Markieren Sie inhaltlich ähnliche Aspekte wie im Beispiel mit der gleichen Farbe.

2.4 Fassen Sie Ihre Beobachtungen aus der Auswertung des Materials zusammen, indem Sie eine eigene Einschätzung zur Aktualität des Films formulieren.

Mitschrift
→ S. 375

2.5 Recherchieren Sie auch Ton oder Bild-Tonquellen und fertigen Sie zu diesen Mitschriften an, um die Quellen für Ihr Referat nutzen zu können.
Folgende Tipps können Ihnen helfen, das Wichtigste schriftlich zu erfassen, auch wenn z. B. in gesprochener Sprache die Informationen in großer Schnelligkeit präsentiert werden:
- Datum, Quelle, Thema notieren
- keine ganzen Sätze formulieren, sondern Stichpunkte verwenden
- Abkürzungen, Symbole und Hervorhebungen verwenden (Pfeile, Ausrufezeichen, Fragezeichen, Verbindungslinien, Unterstreichen, Markieren usw.)
- auf Gliederungssignale achten, um den Überblick zu behalten und Informationen richtig zuordnen zu können
- Gliederungshilfen wie Tabellen, Mindmaps, Cluster nutzen
- genügend Platz lassen, um eventuell Informationen, die zu einem späteren Zeitpunkt präsentiert werden, bei einem früheren Eintrag zu ergänzen
- Platz für eigene Anmerkungen/Kommentierungen/Fragen lassen
- ggf. Skizzen nutzen, um Inhalte zu visualisieren

3.1 Beurteilen und ergänzen Sie die folgende Gliederung.

A Einleitung: Szenische Inhaltswiedergabe der Situation, als Alma Tom nach der gemeinsam verbrachten Nacht wegschickt („Ich spiele Theater, aber es gibt kein Publikum.")
B Hauptteil: „Ich bin dein Mensch" als aktuelle Auseinandersetzung mit der Frage nach dem Verhältnis von Mensch zu humanoider Maschine
I. Inhaltliche Zusammenfassung
   a) Struktur der Heldenreise
   b) Genre
II. Veränderte Perspektive bei Konstellation Mensch-humanoider Roboter
   a) Tom als perfekt auf die Bedürfnisse Almas programmierter Roboter
   b) KI nicht als Bedrohung, sondern als verbesserte Version der Realität
   c) …
III. Aktualität des Films
   a) Grundfragen des Menschseins: Können Maschinen Partner ersetzen?
   b) Unterschiedlicher Umgang der Geschlechter mit künstlichen Partnern
   c) Einsamkeit als gesellschaftliches Problem
   d) …
IV. …
C Schluss: Fazit/Eigene Meinung/Eigenes Urteil

3.2 Arbeiten Sie Teile des Referats aus. Orientieren Sie sich dabei an dem folgenden Muster:

SO GEHT'S | **Informationen zueinander in Beziehung setzen und synthetisieren**

Die Simulation eines Menschen in Form eines humanoiden (= menschen-ähnlichen) Roboters ist zwar immer noch reine Fiktion, die Frage danach, was eine solche Entwicklung für uns Menschen bedeuten würde, ist aber schon heute interessant. Für die Regisseurin Maria Schrader war genau das der Grund, sich für den Stoff zu interessieren, weil ihrer Meinung nach die Vorstellung eines perfekt auf die Bedürfnisse eines Menschen program-mierten humanoiden Partners Grundfragen des Menschseins berührt. Für sie geht es in dem Film darum, was wir unter Liebe verstehen und wie sich dieses Verständnis in Zukunft vielleicht ändern könnte, wenn humanoide Partner immer besser in der Lage sind, echte Menschen zu simulieren. Im Film zeigt sich das daran, dass auch die Hauptfigur Alma bei dieser Thema-tik an ihre Grenzen stößt. Sie wehrt sich zwar lange gegen die Illusion, Tom könnte ein Partner sein, und betont wiederholt seine Künstlichkeit, letztlich gibt aber auch sie ihren Bedürfnissen nach und verliebt sich in ihn. In einem Interview mit der Zeitschrift „Vogue" hat Schrader außerdem auf einen weiteren Zusammenhang verwiesen, der ebenfalls eine sehr aktuelle Debatte aufgreift: die offensichtlichen Unterschiede bei der Einstellung zu einem humanoiden Partner zwischen Männern und Frauen. …

Ergänzung von Informationen in Form von nachgestellten Erklärungen (Apposition)

Gewichten von Informationen

Wiederaufgreifen von Aussagen/Rückbezug auf Formulierungen oder Begriffe

Vergleichen von Informationen

Hervorheben von Informationen

4. Referat veranschaulichen

4.1 Entscheiden Sie, welche der folgenden Aspekte Sie bei der Vorstellung des Films thematisieren würden: Figurenkonzeption, Figurenkonstellation, Genre, Filmmusik, Deutungshypothese(n), Reaktion des Publikums bzw. professioneller Kritikerinnen und Kritiker.

4.2 Entscheiden Sie, wie Sie die jeweiligen Aspekte durch Medien und Anschauungsmaterial stützen würden.

5. Referat präsentieren

5.1 Bewerten Sie die folgende Hinführung zu einem Referat und zeigen Sie auf, welche Wirkung die eingesetzten rhetorischen Mittel haben.

Die Vorstellung von künstlich erschaffenen Menschen geht bis in die Antike zurück und ist wahrscheinlich so alt wie die Menschen selbst. Bereits im griechischen Mythos gibt es einen Vorläufer. Prometheus erschafft Menschen aus Lehm, der Lebensfunke muss da allerdings noch von einer echten Göttin kommen: Athene. Doch vor allem seit Mary Shelleys Roman „Frankenstein" aus dem Jahr 1818 haftet der Idee des künstlich erschaffenen Menschen etwas Gruseliges und Beängstigendes an, das durch die modernen Ausgestaltungen des Motivs an Unheimlichkeit nur noch gewonnen hat. Ganz anders präsentiert sich da der humanoide Roboter Tom aus Maria Schraders Film „Ich bin dein Mensch" von 2021. Tom ist einzig darauf programmiert, den Wünschen und Bedürfnissen seiner menschlichen Partnerin Alma zu entsprechen. Das tut er mit einem so sympathischen Wesen, dass von ihm tatsächlich keine Gefahr ausgeht. Trotzdem hat auch dieser Film seine gruselige Seite — die muss dann aber woanders liegen. Wo sie liegt, das erkläre ich euch in meinem Referat.

5.2 Halten Sie den Vortrag ohne Publikum und setzen Sie Mimik und Gestik gezielt ein. Nehmen Sie den Probelauf auf Video auf und überprüfen Sie, wie passend Mimik und Gestik eingesetzt wurden.

👆 Sprachtraining 122

> **SPRACHTIPP**
>
> ### Einen Vortrag mit sprachlichen Mitteln strukturieren
>
> **Ein- und Überleitungen formulieren:**
> *zum Ersten – zunächst – erstens – eine wichtige Rolle spielt – außerdem – ebenso – zweitens – zum Zweiten – darüber hinaus – noch wichtiger ist – hinzu kommt – noch wichtiger ist – außerdem lässt sich noch anführen – vor allem – schließlich*
>
> **Begründungen und Beispiele einleiten:**
> *wie das Beispiel zeigt – aus eigener Erfahrung kann ich sagen – das zeigt – dies belegt*
>
> **Rückbezüge, Abrundungen und Schlussfolgerungen kennzeichnen:**
> *das beweist – insofern hat sich herausgestellt – deswegen – also – dies zeigt – so ist festzuhalten – damit konnte bewiesen werden – insofern lässt sich resümieren – summa summarum ist zu sagen*
>
> **Kohärente Verknüpfungen herstellen:**
> *daher – deshalb – sodass – infolgedessen – demzufolge – zudem – außerdem – auch – ebenso – ferner – des Weiteren – sowie – deshalb – weil – da – daher – denn*

6. Inhalte des Referats diskutieren

6.1 Formulieren Sie einige Sätze, mit denen Sie von Ihrem Referat zum Fragen- bzw. Diskussionsteil überleiten können.

6.2 Bereiten Sie Formulierungen, Problemstellungen usw. vor, die das Gespräch in Gang setzen bzw. die Zuhörer/-innen ermutigen können, eine Frage zu stellen.

Wenn ihr weitere Fragen und Anmerkungen zu dem Punkt habt, dann …
Das ist eine gute Frage, die ich gerne weitergebe/wie folgt beantworten möchte …
Danke für deinen Beitrag, der zeigt, dass …

Schreiben: Einen Motivvergleich durchführen

Hinweise zum
schriftlichen Abitur
→ S.466

Vergleichen Sie das Motiv des Verhältnisses zwischen einem Menschen und einem humanoiden Roboter in Maria Schraders Film *Ich bin dein Mensch* mit dem in E. T. A. Hoffmanns Erzählung *Der Sandmann*.

So können Sie vorgehen

1. Nennen Sie literarische Werke (Filme, grafische Literatur oder schriftliterarische Texte), die das Verhältnis zwischen einem Menschen und einem humanoiden Roboter thematisieren.

2. Halten Sie in einer Übersicht zentrale Formen der Ausgestaltung dieses Motivs fest. Benennen Sie Unterschiede in der Ausgestaltung.

3. Werten Sie folgende Gegenüberstellung aus. Formulieren Sie ein zusammenfassendes Ergebnis, das sich auf die Interpretation des Films *Ich bin dein Mensch* beziehen lässt.

Vergleichsaspekt	Ich bin dein Mensch	Der Sandmann
Konstellation	Frau und männliche Maschine	Mann und weibliche Maschine
Ausgangslage	Alma ist single.	Nathanael ist mit Clara verlobt.
	Alma soll den Roboter Tom testen; sie lässt sich widerstrebend auf das Experiment ein; Tom wird nach ihren Wünschen und Bedürfnissen eigens für sie angefertigt.	Nathanael hält den Automaten Olimpia für einen echten Menschen; er verliebt sich in Olimpia.
Art des Verhältnisses	Ambivalentes Verhältnis Almas zu Tom; einerseits lehnt sie es grundsätzlich ab, sich in eine Maschine zu verlieben oder sich dem Trugschluss hinzugeben, dass sie Gefühle für Tom entwickeln könnte; andererseits ist ihr Bedürfnis nach emotionaler Nähe so groß, dass sie dennoch diese Gefühle zu Tom zulässt.	Nathanael verfällt Olimpia so sehr, dass er seine Verlobte Clara vernachlässigt und auf ihren Rat nicht mehr hört. Nathanael lässt sich auch von sehr klaren Anzeichen, dass Olimpia eine Maschine ist, nicht beirren, ist ihr völlig verfallen.
…	…	…

4. Wählen Sie aus der unten stehenden Liste weitere Vergleichsaspekte aus, die sich auf den Film *Ich bin dein Mensch* und die Erzählung *Der Sandmann* beziehen lassen, und formulieren Sie ggf. weitere. Prüfen Sie dafür, welche Aspekte einen sinnvollen Vergleich ermöglichen:

– Ursachen, Gründe für die Beziehung
– Folgen und Auswirkungen für die Protagonistin, den Protagonisten und ggf. weitere Figuren
– Reaktionen des Umfelds bzw. der Gesellschaft
– gesellschaftlicher und familiärer Hintergrund der Protagonistin/des Protagonisten
– persönliche Umstände und charakterliche Disposition der Protagonistin/des Protagonisten
– Realisierbarkeit der Bedürfnisse und Absichten der Protagonistin/des Protagonisten
– …

5. Führen Sie den Vergleich mit den von Ihnen gewählten Aspekten durch. Fassen Sie Ihre Ergebnisse zusammen.

6. Eine Weiterführung des Vergleichs sollte in der Einbettung der Ergebnisse in den zeit- und kulturgeschichtlichen Kontext und seine Normen und Werte bestehen. Vervollständigen Sie die Mindmap mit weiteren Stichpunkten. Gehen Sie dabei der Frage nach, was an *Ich bin dein Mensch* modern und zeitgemäß ist und welche Themen zum Zeitpunkt der Entstehung der Erzählung *Der Sandmann* gesellschaftliches Interesse fanden.

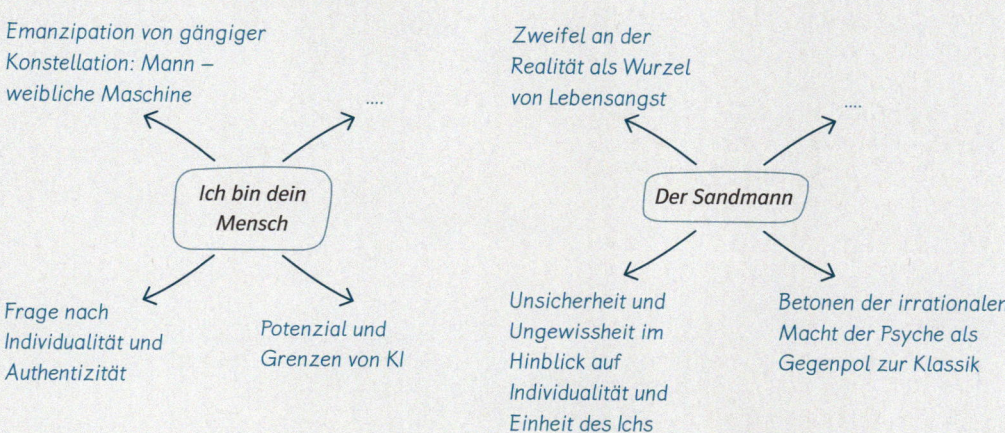

Emanzipation von gängiger Konstellation: Mann – weibliche Maschine

....

Ich bin dein Mensch

Frage nach Individualität und Authentizität

Potenzial und Grenzen von KI

Zweifel an der Realität als Wurzel von Lebensangst

....

Der Sandmann

Unsicherheit und Ungewissheit im Hinblick auf Individualität und Einheit des Ichs

Betonen der irrationalen Macht der Psyche als Gegenpol zur Klassik

7. Formulieren Sie die Ergebnisse Ihres Vergleichs aus. Prüfen Sie, inwiefern sich dadurch eine fundiertere Interpretation des Ausgangstextes (*Ich bin dein Mensch*) ergibt. Tauschen Sie sich über Ihre Einschätzungen aus.

8. **PLUS** Vergleichen Sie die Darstellung des Verhältnisses von Mensch und Roboter in *Ich bin dein Mensch* mit der in einem anderen literarischen Werk Ihrer Wahl.

Les Contes d'Hoffmann (Oper von Jacques Offenbach nach E. T. A. Hoffmanns Erzählungen) in der Deutschen Oper Berlin am 29. 11. 2018, Szene mit Cristina Pasaroiu (als Olympia) und Daniel Johansson (als Hoffmann)

Musst du sie plätten Satz für Satz

Was erwartet das Publikum heute von Literatur?

Wie wirken Texte am stärksten?

Wie kann ich meinen eigenen Stil beim Schreiben entwickeln?

Marike Frick: Was du von Journalisten für deine Texte lernen kannst – 7 einfache Schreib-Tricks

(2023, Was Journalisten wollen, Blog, Ausschnitt)

Setz mehr Punkte

Zugegeben, diese Ansage wird ein Online-Redakteur vehementer unterstreichen als ein Print-Journalist. Manche Print-Journalisten frönen noch immer lan-
5 gen Sätzen – vielleicht, weil sie sich dann schlau füh-
len. Aber online lesen die Menschen anders. Sie ha-
ben weniger Geduld, überfliegen Texte eher. Da kann man nicht schreiben wie fürs Feuilleton der FAZ. Man kann das natürlich doof finden. Oder man stellt
10 sich drauf ein: zum Beispiel mit kürzeren Sätzen. Vie-
le schreiben beim Texten ihrer Webseite oder beim Verfassen eines Newsletters aber leider immer noch so, als stünde ihr Deutsch-Lehrer hinter ihnen (und als wollten sie ihn mit besonders komplizierten
15 Schachtel-Konstruktionen beeindrucken). Da ent-
stehen dann regelrechte Bandwurm-Sätze, mit vielen Nebensätzen, bei denen man am Ende nicht mehr weiß, worum es am Anfang eigentlich ging. Das Fa-
tale: Bei sowas sind die Leser ganz schnell weg. Sie
20 wollen nun mal nicht groß nachsinnen müssen –
sie wollen verstehen, und zwar fix.
Überprüfe deinen Text deshalb darauf, ob du zu viele Kommata setzt – und ob die nicht ab und an durch einen Punkt ersetzt werden können. So entstehen
25 mehr Hauptsätze. Und dein Text lässt sich schneller verdauen und leichter begreifen.

Albert Ostermaier: ratschlag für einen jungen dichter (1995)

als dichter musst du wissen wie
man leute killt köpfe zwischen
zeilen klemmt sie plätten satz für
satz das ist das blei das du hast
5 ein gutes gedicht braucht heut
zutage einfach einen mord damit
die quote stimmt sie nicht zum
pinkeln gehn wenn du um ihre
herzen wirbst musst du sie brechen

Abbildung 1: Julia Engelmann, Poetry-Slammerin, Sängerin, Dichterin und Schauspielerin, live bei den Bad Hersfelder Festspielen 2019
Abbildung 2: Lovis Corinth: *Die Lesende* (1911)

1 Diskutieren Sie, ob Sie dem Ratschlag für einen jungen Dichter im Gedicht von Albert Ostermaier zustimmen. Beziehen Sie bei Ihren Überlegungen die Bilder mit ein.

2 Tragen Sie zusammen, was Sie über die Entstehung und über die Rezeption von Literatur im Wandel der Zeit bereits wissen. Sie können dazu auch eine Mindmap anlegen.

3 Untersuchen Sie den Textausschnitt aus Marike Fricks Text auf seine sprachlich-stilistische Gestaltung hin und bewerten Sie den hier beschriebenen „Schreib-Trick".

4 Formulieren Sie arbeitsteilig für unterschiedliche pragmatische Textsorten in Gruppen jeweils sieben Tipps, die dazu beitragen, Lesende anzusprechen und zu überzeugen. Tauschen Sie sich im Anschluss über Ihre Ergebnisse aus.

12.1 Richtig verdichten und abstrahieren können
„Ich wünschte sehr der Menge zu behagen"

Johann Wolfgang Goethe: Faust. Der Tragödie erster Teil (1808, Auszug)

Im „Vorspiel auf dem Theater" diskutieren der Theaterdirektor, der Dichter und ein Schauspieler („lustige Person") darüber, wie ein Theaterstück den unterschiedlichen Anforderungen und Erwartungen des Publikums und der Theatermacher gerecht wird.

Verszählung des Originals

DIREKTOR Ihr beiden, die ihr mir so oft,
In Not und Trübsal, beigestanden,
35 Sagt, was ihr wohl in deutschen Landen
Von unsrer Unternehmung hofft?
Ich wünschte sehr der Menge zu behagen,
Besonders weil sie lebt und leben lässt.
Die Pfosten sind, die Bretter aufgeschlagen,
40 Und jedermann erwartet sich ein Fest.
Sie sitzen schon, mit hohen Augenbrauen,
Gelassen da und möchten gern erstaunen.
Ich weiß, wie man den Geist des Volks versöhnt;
Doch so verlegen bin ich nie gewesen:
45 Zwar sind sie an das Beste nicht gewöhnt,
Allein sie haben schrecklich viel gelesen.

Wie machen wir's, dass alles frisch und neu
Und mit Bedeutung auch gefällig sei?
Denn freilich mag ich gern die Menge sehen,
Wenn sich der Strom nach unsrer Bude 50
drängt
Und mit gewaltig wiederholten Wehen
Sich durch die enge Gnadenpforte zwängt,
Bei hellem Tage, schon vor vieren,
Mit Stößen sich bis an die Kasse ficht
Und, wie in Hungersnot um Brot an Bäcker- 55
türen,
Um ein Billet sich fast die Hälse bricht,
Dies Wunder wirkt auf so verschiedne Leute
Der Dichter nur; mein Freund, o tu es heute!

1 Lesen Sie den Auszug aus Johann Wolfgang Goethes Drama *Faust* und klären Sie Ihnen unbekannte Begriffe.

2 Teilen Sie den Textauszug in Sinnabschnitte ein und halten Sie jeweils die zentralen Aussagen des Direktors stichpunktartig in eigenen Worten fest.

3 Präsentieren Sie Ihre Ergebnisse aus Aufgabe 2 in Gruppen mündlich und vergleichen Sie Gemeinsamkeiten und Abweichungen in Ihrem Textverständnis und Ihren Formulierungen.

4 Diskutieren Sie in Gruppen, welchen der folgenden Behauptungen A bis F Sie zustimmen und welchen nicht. Begründen Sie Ihre Entscheidungen.

A *Je weiter weg vom Ausgangstext eine Inhaltswiedergabe ist, desto gelungener ist sie.*

B *Manchmal muss man Wörter aus dem Originaltext übernehmen, weil sie einfach zentral sind und es keine passenden Synonyme gibt.*

C *Man kann sich im Stil der Darstellung dem Stil des Ausgangstextes anpassen, damit man die ursprüngliche Stimmung den Leserinnen und Lesern vermittelt.*

D *Wenn man zu sehr verkürzt, dann besteht die Gefahr, dass Lesende die Zusammenhänge nicht nachvollziehen können.*

E *Eine Textzusammenfassung wird leicht dann falsch, wenn sie zu sehr kürzt und rafft, weil dann Wesentliches fehlen kann.*

F *Man kann gar nicht ganz neutral über einen Text informieren, weil man immer auch seine Lesart, also auch seine eigene Interpretation, mitliefert.*

5 Halten Sie als Zusammenfassung Ihrer Diskussion aus Aufgabe 4 zentrale Regeln für das Informieren von Leserinnen und Lesern über den Inhalt von Texten schriftlich fest.

6 Lesen Sie die beiden Ausschnitte aus Schülerarbeiten, die eine Textzusammenfassung der Verse 33–58 darstellen, und wählen Sie im Anschluss aus den unten stehenden Begriffen diejenigen aus, die Sie jeweils für zutreffend auf Beispiel A oder B halten.

genau   zusammenfassend   ungenau   falsch   präzise   abstrakt   textnah

eigenständig   nacherzählend   wörtliche Übernahmen   deutend   verdichtend

Beispiel A

Der Theaterdirektor spricht die beiden, also den Dichter und den Schauspieler, an und meint, sie hätten ihm in der Vergangenheit schon oft geholfen. Er fragt sie, was sie sich von dem Stück für Deutschland erwarten. Dann meint er, er selbst wolle vor allem der Menge behagen, das heißt also, er will vielen Leuten gefallen. Er begründet das damit, dass diese lebt und leben ließe. Weil die Pfosten schon stünden und die Bretter auch, womit gemeint ist, dass das Theaterzelt schon aufgebaut ist, seien schon alle gespannt und erwarteten sich etwas. Deshalb hätten sie die Augenbrauen hochgezogen und wollten überrascht werden.

Beispiel B

Der Theaterdirektor möchte vom Dichter und Schauspieler erfahren, was das Ziel der kommenden gemeinsamen Theateraufführung sein sollte. Er selbst würde gerne die Erwartungen der Zuschauer erfüllen, die sich Unterhaltung wünschten.

7 Verfassen Sie in Partnerarbeit jeweils einen kurzen Kommentar für die Schüler A und B, der ihnen ein Feedback geben soll und mit dessen Hilfe sie ggf. ihren Text sinnvoll überarbeiten können.

8 Nutzen Sie Ihre Vorarbeiten aus den Aufgaben 2 bis 7, um über den Inhalt der Verse 33–58 möglichst knapp und präzise zu informieren. Sie können sich dabei am „So geht's"-Beispiel orientieren.

SO GEHT'S   **Verdichten und Abstrahieren**

 So geht's
122

Johann Wolfgang Goethe: Faust. Der Tragödie erster Teil (1808, Auszug)

. DIREKTOR Besonders aber lasst genug geschehn!
90 Man kommt zu schaun, man will am liebsten sehn.
. Wird vieles vor den Augen abgesponnen,
. So dass die Menge staunend gaffen kann,
. Da habt Ihr in der Breite gleich gewonnen,
. Ihr seid ein vielgeliebter Mann.
95 Die Masse könnt Ihr nur durch Masse zwingen,
. Ein jeder sucht sich endlich selbst was aus.
. Wer vieles bringt, wird manchem etwas bringen;
. Und jeder geht zufrieden aus dem Haus.
. Gebt Ihr ein Stück, so gebt es gleich in Stücken!
100 Solch ein Ragout, es muss Euch glücken;
. Leicht ist es vorgelegt, so leicht als ausgedacht.
. Was hilft's, wenn Ihr ein Ganzes dargebracht,
. Das Publikum wird es Euch doch zerpflücken.

Schlüsselbegriffe und Wortfelder markieren und mithilfe von Oberbegriffen oder Synonymen auf den Punkt bringen: (großes) Publikum – Sehen – Variantenreichtum

Metaphern auflösen und verstehen: „Ragout" (V. 100) besteht in der Regel aus unterschiedlichen Fleischsorten und/oder Innereien → auch hier wieder Vielfalt angesprochen, zudem ist es ein Gericht für das einfache Volk.

Oberbegriffe finden und abstrahierend zusammenfassen:
Der Direktor fordert vom Dichter, ein Theaterstück zu verfassen, das durch Vielfalt, vor allem in der Darstellung, ein möglichst großes Publikum anspricht (vgl. V. 89–103).

9 Tauschen Sie Ihre Ergebnisse aus Aufgabe 8 in Kleingruppen untereinander aus und geben Sie sich ggf. Hinweise zur Überarbeitung.

12.2 Durch treffende Wortwahl überzeugen
Den Text zerpflücken

1 Lesen Sie Johann Wolfgang Goethes Gedicht *Die Freuden*.

2 Beschreiben Sie sich gegenseitig in Kleingruppen, was genau sie zeigen würden, wenn Sie das im Gedicht Dargestellte filmisch umsetzen wollten.

3 Besprechen Sie, welche der folgenden Deutungshypothesen **A** bis **C** für Sie am schlüssigsten ist.

Johann Wolfgang Goethe:
Die Freuden (1789)

Da flattert um die Quelle
Die wechselnde Libelle,
Der Wasserpapillon,
Bald dunkel und bald helle,
5 Wie ein Chamäleon;
Bald rot und blau, bald blau und grün.
O dass ich in der Nähe
Doch seine Farben sähe!

Da fliegt der Kleine vor mir hin
10 Und setzt sich auf die stillen Weiden.
Da hab ich ihn!
Und nun betracht ich ihn genau,
Und seh ein traurig dunkles Blau.
So geht es dir, Zergliedrer deiner Freuden!

A Goethes Gedicht kann als eine Warnung gelesen werden, sich nicht in Einzelheiten zu versenken.

B Durch die Leseranrede am Ende wird klar, dass das Gedicht auch ein Weckruf ist, nicht zu rational an Dinge heranzugehen, sondern sie mehr ganzheitlich zu genießen.

C Goethes *Die Freuden* kann als ein Text über das Erschließen von literarischen Texten gelesen werden, das manchmal dazu führt, dass man den Text nicht mehr in seiner Gesamtheit würdigt.

4 Untersuchen Sie die Wortwahl der Deutungshypothesen und tauschen Sie sich in der Gruppe darüber aus, an welchen Stellen Sie andere Wörter eingesetzt hätten. Überarbeiten Sie die Deutungshypothesen entsprechend und vergleichen Sie im Anschluss Ihre Ergebnisse im Plenum.

5 Bewerten Sie in Kleingruppen die folgenden Versuche, die Leserinnen und Leser durch neue Wortwahl präziser über den Inhalt des Gedichts *Die Freuden* zu informieren.

Vor der Überarbeitung	Nach der Überarbeitung
In Vers 11 sagt der Sprecher im Gedicht …	*In Vers 11 schließlich ruft das Sprecher-Ich aus …*
… und zeigt in der zweiten Strophe, dass er hektisch hin- und herfliegt und die Farben dadurch verwischen …	*… und zeigt in der zweiten Strophe, dass durch diese Bewegung die Farben changieren …*
Vers 14 beinhaltet also einen Aufruf an die Leserschaft …	*Der letzte Vers stellt eine Mahnung an uns Lesende dar …*
… beschreibt ein Sprecher-Ich, das eine Libelle sieht …	*… beschreibt, wie ein lyrischer Sprecher eine Libelle beobachtet …*

6 Formulieren Sie, gestützt auf Ihre Ergebnisse aus den Aufgaben 4 und 5, in Kleingruppen Regeln für die Wortwahl, die Ihren Mitschülerinnen und Mitschülern helfen können, ihre eigenen Texte zu gestalten und zu überarbeiten. Tauschen Sie sich über Ihre Regeln im Plenum aus.

7 Halten Sie für die folgenden Begriffe die Denotationen und Konnotationen fest. Besprechen Sie im Anschluss, welche Rückschlüsse für die Interpretation sich aus diesen Ergebnissen ziehen lassen.

Libelle   Wasserpapillon   Chamäleon   der Kleine

8 Diskutieren Sie, welche der Begriffe aus Aufgabe 7 Sie in Ihrer Gedichtinterpretation zu *Die Freuden* selbst in Ihrer Darstellung verwenden würden und welche nicht. Begründen Sie Ihre Entscheidungen jeweils.

9 Wählen Sie aus den Varianten im folgenden Text von Bertolt Brecht jeweils dasjenige Wort aus, das Sie für treffend halten. Vergleichen Sie im Team Ihre Versionen.

Bertolt Brecht: Über das Zerpflücken von Gedichten (1955)

Text in alter Rechtschreibung

Der Laie hat für gewöhnlich, ... (sobald/sofern/wenn) er ein ... (Liebhaber/Leser/Kenner) von
Gedichten ist, einen lebhaften Widerwillen gegen das, was man das ... (Interpretieren/Analysie-
ren/Zerpflücken) von ... (Gedichten/Lyrik/Texten) nennt, ein Heranführen kalter Logik, Heraus-
reißen von Wörtern und Bildern aus diesen zarten blütenhaften ... (Gedichten/Blumen/Gebilden).
5 Demgegenüber muß gesagt werden, daß nicht einmal Blumen verwelken, wenn man in sie hinein-
sticht. ... (Verse/Gedichte/lyrische Texte) sind, wenn sie überhaupt lebensfähig sind, ganz besonders ... (lebensfähig/zäh/haltbar) und können die eingreifendsten Operationen überstehen. Ein
schlechter ... (Satz/Ausdruck/Vers) zerstört ein ... (Kunstwerk/Gedicht/Meisterwerk) noch keineswegs ganz und gar, so wie ein guter es noch nicht rettet. Das Herausspüren schlechter Verse ist
10 die Kehrseite einer Fähigkeit, ohne die von wirklicher Genußfähigkeit an ... (Gedichten/Texten/
Literatur) überhaupt nicht gesprochen werden kann, nämlich der Fähigkeit, gute ... (Verse/Zeilen/
Stellen) herauszuspüren. Ein ... (Gedicht/Text/literarischer Text) verschlingt manchmal sehr
wenig Arbeit und verträgt manchmal sehr viel. Der Laie vergißt, wenn er ... (Verse/Dichtungen/
Gedichte) für unnahbar hält, daß der Lyriker zwar mit ihm jene leichten Stimmungen, die er haben
15 kann, teilen mag, daß aber ihre Formulierung in einem Gedicht ein Arbeitsvorgang ist und das
Gedicht eben etwas zum Verweilen Gebrachtes Flüchtiges ist, also etwas verhältnismäßig Massives,
Materielles. Wer ... (es/dieses/das Gedicht) für unnahbar hält, kommt ihm wirklich nicht nahe. In
der Anwendung von Kriterien liegt ein Hauptteil des Genusses. Zerpflücke eine Rose, und jedes
Blatt ist schön.

10 Diskutieren Sie anhand von Brechts Text und Ihren Lösungen, wie Sie zur Frage von Variation versus Wiederholung von Wörtern im Text stehen. Formulieren Sie Regeln dazu, wann es sinnvoll ist, einen Begriff zu wiederholen und wann der Einsatz von Synonymen oder Pronomen ange-messen ist.

11 Besprechen Sie, ob Bertolt Brechts Aussage in *Über das Zerpflücken von Gedichten* im Wider-spruch zur Aussage in Johann Wolfgang Goethes Gedicht *Die Freuden* steht.

12 Formulieren Sie in einem kurzen Text Ihre eige-nen Gedanken zum Thema „Gedichtinterpreta-tion". Achten Sie dabei vor allem auf Ihre Wort-wahl. Tauschen Sie Ihre Ergebnisse im Team aus und bearbeiten Sie diese gegenseitig in einer Textlupe zur Wortwahl.

ÜBRIGENS

Arbeit an der Sprache
Jedes einzelne Blatt einer Rose sei schön, sagt Brecht in Anspielung auf sprachliche Details. Wer das nicht genie-ßen kann, sollte sich zumindest fragen, wozu Arbeit an der Sprache überhaupt nützlich ist.
Wir wissen es letztendlich alle: Es geht dabei um mehr als um ein gutes Abitur. Fit sein in der Auswertung von Texten (Lesen und Verstehen), gut reden und sich dar-stellen können (Sprechen und Präsentieren), Probleme erfassen und bewältigen (Kommunikation), Sicherheit im schriftlichen Formulieren (Schreiben) – all das sind menschliche Grundkompetenzen, die in unserem ganzen Leben eine Rolle spielen und es ganz wesentlich mitbe-stimmen. Sprache ist der Zugang zu gesellschaftlicher Teilhabe, zum Beruf, zum individuellen Miteinander, zu unseren Gefühlen, zur Vernunft, zu Entwicklung ... Nicht immer fällt es uns leicht, damit umzugehen, aber: Arbeit an der Sprache ist ein unbedingt lohnendes Ziel.

391

12.3 Zusammenhänge verdeutlichen
Buchpreise – ein reines Spektakel?

1 Sortieren Sie die folgenden acht Sätze aus einer Zeitungsmeldung mit der Überschrift „Autor Kehlmann würde Buchpreis gern abschaffen" (2008) so, dass Sie einen kohärenten Gesamttext ergeben.

1 Bücher, die nicht auf der sogenannten Longlist stehen, würden kaum noch rezensiert.

2 „Mag ein Buch auch epochal gelungen sein – ist sein Autor nicht bereit, Beruhigungsmittel zu schlucken und gewissermaßen körperlich zum Wettkampf anzutreten, wird er den Preis nicht bekommen."

3 Und die nominierten Autoren würden inoffiziell gezwungen, bei der Preisverleihung dabei zu sein und sich zur Befriedigung der medialen Neugier „nebeneinander vor die Kamera zu setzen wie Schlagersänger in einer Castingshow".

4 Bestseller-Autor Daniel Kehlmann („Die Vermessung der Welt") würde den Deutschen Buchpreis gern wieder abschaffen.

5 Autoren würden behandelt, als hätten „sie nicht einen Roman geschrieben, sondern an einem Hundertmeterlauf teilgenommen".

6 Die Wertungen der Jury seien geprägt von „außerliterarischen Mechanismen eines zwar nicht korrupten, aber doch sehr verfilzten Milieus".

7 Kunst sei aber kein Sport. „Bücher stehen miteinander im Wettstreit, ihre Autoren aber nicht", findet Kehlmann, der die Vergabeprozedur des Buchpreises „demütigend" findet.

8 In einem Beitrag für die „Frankfurter Allgemeine Sonntagszeitung" schreibt Kehlmann: „Ein solches Spektakel mag die Umsätze des Buchhandels erhöhen, für die Literatur ist es bedauerlich und für die Schriftsteller, die ja niemand gefragt hat, ob sie sich einer solchen Prozedur unterwerfen möchten, eine Quelle der Sorge und der Depression."

2 Tauschen Sie sich im Team über Ihre Ergebnisse aus Aufgabe 1 aus und diskutieren Sie ggf. voneinander abweichende Lösungen.

Kohäsion
→ S.457

3 Besprechen Sie im Anschluss, anhand welcher der folgenden Kohäsionsmerkmale Sie die Reihenfolge der Textausschnitte endgültig festgelegt haben:

Pro-Formen (Pronomen, Pronominaladverbien)

Satzzeichen (z. B. Doppelpunkte, Fragezeichen)

Konnektoren (v. a. Konjunktionen, Adverbien)

inhaltliche Schwerpunkte (z. B. Wortwiederholungen, Schlüsselbegriffe)

gliedernde Formulierungen (z. B. Fragen, Aufzählungen, Verweise)

Satzbau (z. B. Thema-Rhema-Struktur)

4 Verfassen Sie eine kurze Zusammenfassung der Zeitungsmeldung (Aufgabe 1) und machen Sie durch geeignete sprachliche Mittel die innere Gliederung Ihres Textes für die Leserinnen und Leser deutlich.

5 Vergleichen Sie Ihre Ergebnisse aus Aufgabe 4 in Gruppen miteinander und diskutieren Sie die unterschiedlichen Varianten, die zu einem kohärenten Textganzen beitragen.

MK **6** Recherchieren Sie über den Deutschen Buchpreis und diskutieren Sie im Anschluss, wie Sie zu Daniel Kehlmanns Forderung, den Deutschen Buchpreis wieder abzuschaffen, stehen.

7 Lesen Sie die folgenden Versionen aus Schülerarbeiten zur Frage „Soll der Deutsche Buchpreis abgeschafft werden?" und besprechen Sie, inwiefern Sie die jeweiligen Übergänge für gelungen halten.

Variante A	Variante B	Variante C
… Die Argumente, die Kehlmann dafür ins Feld führt, sind nun deutlich geworden. Was aus meiner Sicht gegen seine Forderung spricht, ist jedoch …	*Nach der Wiedergabe der Zeitungsmeldung möchte ich nun selbst zum Thema Stellung beziehen.*	*Im Folgenden möchte ich nun zur Frage Stellung beziehen, ob der Deutsche Buchpreis tatsächlich abgeschafft werden soll.*

8 Formulieren Sie selbst eine Überleitung von der Meinungswiedergabe (Aufgabe 4) zur Darstellung Ihrer eigenen Meinung zur Frage: „Soll der Deutsche Buchpreis abgeschafft werden?"

9 Geben Sie ein von Kehlmann formuliertes Argument wieder und widersprechen Sie diesem. Sie können sich dazu am Sprachtipp „Gegenargumente anführen" orientieren.

SPRACHTIPP

Gegenargumente anführen

Ich stimmt dieser Meinung/Ansicht … nur teilweise zu, weil …; Ich widerspreche der Aussage, dass …; Diese Sichtweise ist zwar nachvollziehbar, dennoch …; Ich bin nicht davon überzeugt, dass …; Ich möchte dem widersprechen, weil …; Damit bin ich nicht einverstanden …; Dagegen scheint …; Ich bin jedoch der Ansicht, dass …; Ich möchte der Auffassung von … widersprechen; Grundsätzlich stimme ich dem nicht zu, da …; Ich vertrete dagegen die Auffassung …; Ich halte das für problematisch …; Ich lehne diese Idee ab, und zwar …; Es ist zweifelhaft …

---

10 Gestalten Sie Ihr Argument (Aufgabe 9) durch eines oder mehrere Beispiele aus. Sie können sich dabei am Sprachtipp unten orientieren.

SPRACHTIPP

Beispiele anführen

zum Beispiel; beispielsweise; Dies lässt sich gut an folgendem Beispiel zeigen: …; Ein Beispiel kann diese Aussage verdeutlichen: …; Dafür gibt es zahlreiche Beispiele: …; Beispielhaft lässt sich das an … zeigen; …, um nur ein Beispiel von vielen zu nennen …; Was damit gemeint ist, lässt sich zeigen/verdeutlichen/veranschaulichen …; Besonders deutlich wird dies, wenn man … betrachtet/ansieht …; Vor Augen führen sollte man sich dazu vor allem …; Dies ist der Fall bei …; Sieht man sich den Fall von … an …; …, um nur einige Beispiele zu nennen.

MK **11** Recherchieren Sie arbeitsteilig online zu folgenden Buchpreisen und stellen Sie sich Ihre Ergebnisse im Anschluss mündlich vor.

Georg-Büchner-Preis   Ingeborg-Bachmann-Preis   Preis der Leipziger Buchmesse   Kleist-Preis

12 Formulieren Sie ausgehend von der Zeitungsmeldung (Aufgabe 1 auf S.392) eine begründete Stellungnahme zur Frage: „Leisten Buchpreise einen wertvollen Beitrag zur deutschsprachigen Literaturlandschaft?" Achten Sie dabei darauf, dass Sie die innere Gliederung Ihres Textes durch geeignete sprachliche Mittel klar gestalten.

13 Führen Sie zu den Ergebnissen (Aufgabe 12) eine Textlupe zur Textkohärenz durch und überarbeiten Sie Ihre Texte im Anschluss noch einmal.

12.4 Erzählen, informieren und argumentieren sinnvoll miteinander verknüpfen

„Junge Menschen wollen Stücke sehen"

1 Sprechen Sie im Team über Theater. Gehen Sie dazu in drei Schritten vor und tauschen Sie sich zu jedem Thema maximal zwei Minuten aus:
- Erzählen Sie sich gegenseitig von Ihrem letzten Theaterbesuch.
- Informieren Sie sich gegenseitig über den Inhalt des letzten Theaterstücks, das Sie gesehen oder gelesen haben.
- Legen Sie dar, was für oder gegen einen verpflichtenden Theaterbesuch im Rahmen des Deutschunterrichts in der Oberstufe spricht.

2 Besprechen Sie im Anschluss an Aufgabe 1, worin sich Erzählen, Informieren und Argumentieren unterscheiden und ob sich diese Darstellungsformen voneinander trennen lassen.

3 Untersuchen Sie den folgenden Ausschnitt aus Wiebke Tomescheits Text daraufhin, wie hier das Thema entfaltet wird. Achten Sie dazu darauf, welche Darstellungsformen (erzählen, informieren, argumentieren) mit welcher Funktion verwendet werden, wie dadurch die Leserinnen unnd Leser gelenkt werden und wie die innere Gliederung des Textes verdeutlicht wird.

Wiebke Tomescheit: Warum junge Leute kaum mehr ins Theater gehen – und wie man das ändern könnte (2019, stern.de, Ausschnitt)

Ich muss etwas gestehen. Die letzten – lasst mich überlegen – ungefähr fünf Male, die ich im Theater war, war ich nicht wegen Theater im Theater. Sondern für Veranstaltungen, die eben im Theater stattfanden. Drei Lesungen und zwei Konzerte waren das. Alle gut. Ich fand das schön, denn ich gehe gerne ins Theater. Ich habe nur lange nicht mehr selber Karten für ein richtiges Theaterstück
5 gekauft. Warum eigentlich nicht?
[...] Ich habe Stücke gesehen, die angeblich gerade für junge Leute relevant sein sollten. Darin krabbelten die Darsteller in Plastikmasken über die nicht beleuchtete Bühne, um Drogensucht zu symbolisieren. Ich habe Stücke gesehen, in denen sich halbnackte Darsteller auf einer Bühne, die komplett mit Burgerbrötchen ausgelegt war, wälzten, während auf großen Videowänden Clips liefen, die
10 sie beim Kotzen zeigten. Und die meinten das ernst. Keine Ironie, nirgends. Hat mich das verstört? Total. Hat es mich klüger gemacht? Hm. Habe ich später noch drüber nachgedacht? Über die Burgerbrötchen ja – die eigentliche Message des Stücks habe ich längst vergessen.
[...] Ich wünsche mir ein *back to basics*: Erzählt mir eine Geschichte! Und erzählt sie mir so, dass sie mich interessiert. Erst dann berührt es mich ja wirklich, wenn unerwartete Wendungen oder dra-
15 matische Dinge passieren. Wenn da von Anfang an weiß geschminkte Nackte auf der Bühne stehen und mich anschreien, denke ich nicht darüber nach, was wohl in der Kindheit der Charaktere Schlimmes passiert ist. Dann denke ich darüber nach, ob ich trotz des teuren Ticketpreises in der Pause nach Hause gehe.
[...] Junge Menschen wollen Stücke sehen, keine Inszenierungen. Die feiern nicht, wenn die Schau-
20 spieler pinke Ritterrüstungen tragen und die Handlung auf den Mond verlegt wurde, die wollen einfach den verdammten Shakespeare sehen – und eigentlich am liebsten möglichst originalgetreu. Da könnte sich manch Regisseur vielleicht mal ein bisschen zurücknehmen.
Es ist keine Lösung, sein Publikum zu umschmeicheln [...]. Man sollte sein Publikum aber weder ignorieren noch verachten. Und als Theatermacher vielleicht mal überlegen, was man selber sehen
25 wollen würde, wenn man nur zwei Mal im Jahr ins Theater ginge und nicht jeden Tag.

4 Gehen Sie die Stichpunkte eines möglichen Aufbaus durch, der eine Antwort auf Wiebke Tomescheits Text als Leserbrief vorbereitet, und bewerten Sie für jeden Abschnitt, ob hier in erster Linie jeweils argumentiert, erzählt oder informiert wird.

> – *Schilderung der (eigenen) Stimmung im Foyer vor der Vorstellung*
> – *Überleitung und Basissatz*
> – *kurze Wiedergabe von Tomescheits Text*
> – *Überleitung und Formulierung einer eigenen These*
> – *Argument zur Stützung der These*
> – *genaue Beschreibung eines einzelnen Elements der Inszenierung zur Veranschaulichung*
> – *Schlussfolgerung und abschließendes Plädoyer*

5 Verfassen Sie eine kurze Erwiderung auf Wiebke Tomescheits Text, in der Sie die drei Darstellungsformen Informieren, Argumentieren und Erzählen miteinander zu einer schlüssigen Argumentation verbinden. Sie können sich dazu am Schreibplan aus Aufgabe 4 orientieren.

6 Vergleichen Sie die beiden folgenden Ausschnitte aus Schülerarbeiten und bewerten Sie diese.

Text A

Ein konkretes Beispiel dafür ist in der aktuellen Inszenierung von Johann Wolfgang Goethes „Faust. Der Tragödie erster Teil" am Lena-Christ-Theater in Glonn zu finden. Hier wird die Rolle des Faust auf zwei Personen aufgeteilt: Einen Schauspieler und eine Schauspielerin. Der Rollentext Fausts wird dabei, so muss es für das Publikum zumindest erscheinen, willkürlich auf diese beiden Personen aufgeteilt, manchmal befindet sich nur eine von ihnen auf der Bühne, manchmal beide und es bleibt bis zum Ende unklar, weshalb es neben „Faust" auch quasi eine „Faustine" gibt. Ein Theaterbesucher, der das Drama nicht bereits sehr gut kennt, wird so verwirrt sein, dass er dem Gang der Handlung nur schwer folgen können wird und am Ende das Fazit zieht, dass Theater grundsätzlich anstrengend und wenig unterhaltsam ist.

Text B

Das habe ich erst neulich wieder selbst erlebt: „Habe nun, ach! Philosophie,/ Juristerei und Medizin,/ Und leider auch Theologie", deklamiert ein männlicher Schauspieler mit grauen Haaren von der Bühne, der sogleich von einer jungen weiblichen Schauspielerin abgelöst wird: „Durchaus studiert, mit heißem Bemühn./ Da steh' ich nun, ich armer Tor". Den Rest des Faustschen Eingangsmonologs über schwirrt mir der Kopf: Warum ist da nicht nur „Faust"? Habe ich etwas falsch verstanden im Deutschunterricht? Soll das abwechselnde Sprechen der berühmten Verse zeigen, dass wir alle ein bisschen Faust sind, unabhängig von unserem Geschlecht oder Alter, oder bedeutet es am Ende gar nichts und ist eine völlig willkürliche Setzung der Regie? Bin ich zu doof fürs Theater? Oder ist das Theater zu schräg für mich? Von Anfang an bin ich also mehr in meinen Gedanken als beim Geschehen auf der Bühne.

7 Besprechen Sie im Anschluss, bei welcher Gelegenheit Sie Text A bzw. Text B oben in einen argumentativen Text einbauen würden.

8 Tauschen Sie sich in einer Schreibkonferenz über Ihre Ergebnisse aus Aufgabe 5 aus und bewerten Sie, ob die informierenden und erzählerischen Elemente die Argumentation jeweils sinnvoll unterstützen.

Sprachlich-stilistische Mittel gezielt einsetzen
Poetry-Slams – besser als ihr Ruf?

1 Tauschen Sie sich über Ihre Erfahrungen mit Poetry-Slam bzw. mit den Texten des Genres Slam Poetry aus.

2 Diskutieren Sie, ob Sie die Veranstaltung von Poetry-Slam-Wettbewerben an Schulen grundsätzlich für sinnvoll erachten.

3 Lesen Sie den Text von Franziska Holzheimer und erstellen Sie eine Übersicht mit den Argumenten, die hier für und gegen den Poetry-Slam als Kunstform genannt werden.

Franziska Holzheimer: Warum Poetry Slams besser sind als ihr Ruf. Friede den Bars, Krieg den Literaturhäusern (2016, vice.com, Ausschnitt)

Inspiriert von einer Dokumentation über erwachsene Rapper fragte ich ein paar etablierte Poetry Slammer/-innen, was sie antworten, wenn sie nach ihrem Beruf gefragt würden. Die
5 meisten behalfen sich mit euphemistischen Umschreibungen oder zählten alle Tätigkeiten auf, mit denen sie sonst noch Geld verdienen. Niemand wollte sich damit identifizieren, Poetry Slammer/-in zu sein. Es scheint, als drohe
10 Poetry Slam ein Phänomen wie Coldplay[1] zu werden: weit verbreitet, extrem erfolgreich, aber wer was auf sich hält, findet es scheiße. Dabei ist Poetry Slam die größte literarische Bewegung, die wir derzeit haben. Grund genug, mit ein paar
15 Vorurteilen aufzuräumen. [...]
Zugegeben: Menschen, die von Julia Engelmann berührt waren, finden auch Helene Fischer „fetzig". Aber zu sagen, Slam sei scheiße, weil er Phänomene wie Engelmann hervorbringt, ist so, als
20 würde man sagen, Bücher seien scheiße, weil es 50 Shades of Grey[2] gibt. Niemand kann erklären, warum ein bestimmtes Video zum YouTube-Hit wird. Weder Julia Engelmann noch Poetry Slam können etwas dafür, wenn zig Millionen Men-
25 schen klickend einen Hype auslösen. Im besten Fall ist das Engelmann-Video eine Einstiegsdroge und man stößt schnell auf die echten Größen der Szene. [...]
Mit dem Poetry Slam ist es wie mit dem Fernseh-
30 programm: Jeder weiß, dass arte der bessere Sender ist, aber die Mehrheit schaut trotzdem RTL II. Dass nicht immer der oder die Beste gewinnt, ist der Preis, den man zahlt, wenn man die Masse entscheiden lässt. Wer nicht will, dass Ty-
35 pen mit Holzfällerhemden und platten Witzen

Poetry Slams gewinnen, muss sich beim Publikum beschweren, nicht beim Format. Oder aber, man scheißt einfach auf den Wettbewerb. Hinter der Bühne interessiert es sowieso keinen, wer gewinnt. Die Abstimmung dient einzig und al-
40 lein dazu, das Publikum bei Laune zu halten. Es gilt der viel zitierte Satz von Poetry Performer Allan Wolf: „The points are not the point. The point is poetry". Es geht nicht um den Sieg. Es geht um die Poesie, verdammt. OK, und
45 um Whisky. [...]
Es gibt ungefähr so viele schlechte Poetry Slams, wie es schlechte Theateraufführungen gibt. Aber wer einmal eine üble Inszenierung bemühter Laienschauspieler gesehen hat, käme nie auf
50 die Idee, das Theater als Veranstaltungsformat für gescheitert oder das Drama als Genre für wertlos zu erklären. Weil es Poetry Slams aber erst seit 30 Jahren gibt, werden einzelne Veranstaltungen oft als Pars pro Toto des gesamten
55 Phänomens missverstanden. Dabei ist die Szene mittlerweile ziemlich ausdifferenziert. Von unterirdisch über massentauglich bis überwältigend ist alles dabei. Als Zuschauer/-in hat man –
60 wie bei jeder anderen Kunstform auch – die Eigenverantwortung, sich die Perlen selbst rauszusuchen. Wer heute noch auf schlechte Slams geht, ist einfach selber schuld. [...]
Niemand käme auf die Idee, der Kunst von Marina Abramovic[3] ihren Wert abzusprechen, weil
65 man sie nicht gerahmt an die Wand hängen kann. Aber der Literaturbetrieb kritisiert Poetry Slam, weil die Texte nicht gedruckt funktionieren. Während alle anderen Kunstsparten den Mehrwert von Performance längst verstanden
70

haben, endet der Horizont des Literaturbetriebs
mit dem Buchdeckel. Alles, was nicht auf Papier
funktioniert, ist für ihn entweder keine Literatur
oder schlicht wertlos. In der Kunstfamilie ist der
75 Literaturbetrieb der grantige Großvater, der
schimpfend in der Ecke sitzt, 50-Jährige für jung
hält und glaubt, die Zukunft verhindern zu können, wenn er sie nur vehement genug leugnet. In
der Zwischenzeit erobern Poetry Slammer/-in-
80 nen Neuland und loten die Grenzen von Poesie
neu aus. [...]

Poetry Slammer/-innen bekommen oft zu hören,
sie seien nichts als verkappte Rockstars, die nur
zu unmusikalisch seien, um ein Instrument zu
85 spielen. Das ist natürlich vollkommen richtig.
Deshalb stößt man bei Poetry Slams auch auf
Performer/-innen, die einen mit der Wucht einer
12-köpfigen Brass Band an die Wand blasen –
und das mit nichts als ihrem Text und ihrem
90 Ausdruck. Bestes internationales Beispiel dafür
ist Kate Tempest. Aber auch österreichische Acts
wie das Poetry-Slam-Team Phosphen können da
mithalten. [...]

Die Beschränkung auf Mimik, Gestik und Text
95 lässt zugegebenermaßen wenig Spielraum.
Umso spannender wird es, wenn Slammer/-in-
nen sich abseits der Slam-Bühne austoben. Da
gäbe es zum Beispiel das Wiener Jazz-Poetry-
Projekt Bauer Schläger Wurf Berger oder
100 die Rap-Kollaboration von Yasmo und Fatiama
Moumouni. Einige Slammer/-innen wechseln
ins Kabarett, drehen Poetry Clips oder schreiben
Romane. Poetry Slammer/-innen sind extrem
vielseitige KünstlerInnen. Wer sich abseits der
105 Slam-Bühnen umschaut, wird auf Gold stoßen.
[...]

Es hält sich hartnäckig das Vorurteil, dass bei
Poetry Slams nur auftritt, wer außer einem ausgeprägten Selbstdarstellungsbedürfnis nichts
110 drauf hat. Saul Williams, Nora Gomringer, Sage
Francis, Yasmo, Kate Tempest, Lisa Eckhart, Ali-
cia Keys, Mark-Uwe Kling, Lauryn Hill, Hazel
Brugger, Erikah Badu, Akua Naru, Pauline Füg,
John Cooper Clarke, Michael Lentz, Mos Def
115 u. v. m. haben aber schon ein bisschen was drauf.
[...]

Poetry Slam ist nicht nur eine weltweite literarische Bewegung, sondern auch eine politische.
Marc-Kelly Smith erfand Poetry Slam 1984 in

Chicago als eine Alternative zur Literaturelite. 120
Es ging darum, jeder und jedem, unabhängig
von Bildungshintergrund, Hautfarbe, Geschlecht und Herkunft Zugang zu Poesie zu ermöglichen. Und es ging darum, die Literatur aus
ihrem Elfenbeinturm in die Clubs und Bars zu 125
holen. Nicht das Publikum sollte sich zur Literaturelite strecken müssen, sondern die Poeten
sollten sich um das Publikum bemühen. Seit den
80er-Jahren hat sich dieser Gedanke auf der ganzen Welt verbreitet. Es gibt Poetry Slams in Asi- 130
en, Europa, Afrika, Südamerika, Australien. Wer
heute auf einen Slam geht, ist Teil dieser Bewegung. Wer heute eine Slam-Bühne betritt, steht
in dieser politischen Tradition. So gesehen sind
Poetry Slammer/-innen die Hausbesetzer des 135
Literaturbetriebs.

Deswegen gilt auch: Poetry Slam gehört allen.
Wer Slam scheiße findet, kann jederzeit hingehen und es besser machen.

> **ÜBRIGENS**
>
> **Poetry-Slam**
> Poetry-Slam lässt sich als zeitgenössische Form eines
> Sängerwettstreits ansehen, wie ihn keltische Barden
> oder Bänkelsänger des Mittelalters zu anderen Zeiten
> in ihrer Weise ausgetragen haben. Die Wettbewerbsform
> erfordert die besondere Aufmerksamkeit des votenden
> Publikums – hier muss genau hinhören und hinschauen,
> wer sachkundig Feedback geben will. In den USA ent-
> standen und schnell weltweit verbreitet, rang die be-
> sonders rege deutsche Szene 1997 erstmalig um ihren
> Meistertitel. 2016 wurde die Bühnenshow sogar in das
> Verzeichnis des immateriellen Kulturerbes der UNESCO
> für Deutschland aufgenommen.

---

1 Coldplay: weltweit erfolgreiche britische Pop-Rock-Band (gegründet 1997) 2 *Shades of Grey* (Originaltitel: *Fifty Shades*):
erotische Roman-Trilogie des englischen Autors E. L. James von 2011/2012; US-amerikanische Verfilmung 2015 unter dem Titel
Fifty Shades of Grey 3 Marina Abramovic: serbische Performance-Künstlerin (geb. 1946) mit internationalem Renommee

4 Besprechen Sie, ob Sie auf Grundlage des Textes von Franziska Holzheimer (S. 396 f.) Ihre Haltung zur Veranstaltung von Poetry-Slams an Schulen (S. 396, Aufgabe 2) revidieren.

5 Besprechen Sie, an welche Leserschaft sich die Autorin mit ihrem Text wendet, und führen Sie dazu Belege aus dem Text an, die Ihre Vermutung stützen.

6 Zeigen Sie anhand von konkreten Textstellen auf, dass die Autorin einen gewissen Grad an Bildung bzw. Vorwissen bei ihrer Leserschaft voraussetzt. Ergänzen Sie dazu die Tabelle.

Textstelle	Nötiger Wissenshorizont
„So gesehen sind die Poetry Slammer/-innen die Hausbesetzer des Literaturbetriebs." (Z. 134 ff.)	*Wissen über die politischen Implikationen der Hausbesetzer-Bewegung und des Widerstandes, auf den die Hausbesetzer stoßen (Beispiele: Rote Flora in St. Pauli/Hamburg, Hausbesetzungen im Ostberlin der Wendezeit)*
...	...

7 Untersuchen Sie den Text von Franziska Holzheimer auf seine sprachlich-stilistische Gestaltung hin und stellen Sie einen Zusammenhang zwischen Sprache und Inhalt bzw. Aussageabsicht her.

8 Besprechen Sie in der Gruppe, was Sie durch die Analyse der sprachlich-stilistischen Gestaltung (Aufgabe 7) für Ihr eigenes Verfassen von Kommentaren lernen können.

Kommentar
→ S. 442 f.

 9 Verfassen Sie selbst einen Kommentar zum Thema „Poetry-Slam an Schulen – eine gute Idee?" Verwenden Sie, wenn möglich, ein Textverarbeitungsprogramm. Sie können sich beim Verfassen Ihres Kommentars am „So geht's"-Beispiel unten orientieren.

SO GEHT'S **Im Stil des Kommentars formulieren**

Es gibt ungefähr so viele schlechte Poetry Slams, wie es schlechte Theateraufführungen gibt. Aber wer einmal eine üble Inszenierung bemühter Laienschauspieler gesehen hat, käme nie auf die Idee, das Theater als Veranstaltungsformat
5 für gescheitert oder das Drama als Genre für wertlos zu erklären. Weil es Poetry Slams aber erst seit 30 Jahren gibt, werden einzelne Veranstaltungen oft als **Pars pro Toto** des gesamten Phänomens missverstanden. Dabei ist die Szene mittlerweile ziemlich ausdifferenziert. Von unterirdisch über massentaug-
10 lich bis überwältigend ist alles dabei. Als Zuschauer/-in hat man – wie bei jeder anderen Kunstform auch – die Eigenverantwortung, sich die Perlen selbst rauszusuchen. Wer heute noch auf schlechte Slams geht, ist einfach selber schuld.

Vergleich
Beispiel wird konkretisiert und funktionell für die eigene Argumentation verwendet

Verwendung von Fachwortschatz
Klimax in drei Schritten

pointierte Formulierung der Schlussfolgerung aus dem Argument

---

10 Führen Sie eine Schreibkonferenz durch, in der Sie Ihre Texte aus Aufgabe 9 bewerten. Sie können dabei so vorgehen:
- Tauschen Sie Ihre Texte aus, im Idealfall digital über Ihre Lernplattform oder einen Austauschordner auf dem schulischen Laufwerk.
- Markieren Sie gegenseitig in Ihren Texten sprachlich-stilistisch besonders gelungene Stellen.
- Geben Sie über die Kommentarfunktion Tipps für eine sprachlich-stilistische Überarbeitung der jeweiligen Kommentare, zum Beispiel, indem Sie weitere Ideen für den Einsatz von Stilmitteln festhalten.

12.6 Fehler in Rechtschreibung und Grammatik vermeiden
TV-Serie statt Roman?

1 Tauschen Sie sich in Gruppen über Ihr eigenes Leseverhalten aus: Wo, was, wann, wozu und wie lesen Sie?

2 Lesen Sie den folgenden Text von Heinrich Riethmüller und geben Sie seine Hauptaussagen im Anschluss mündlich in eigenen Worten wieder.

Heinrich Riethmüller: Lesekultur im Wandel (2019, Bundeszentrale für politische Bildung, Ausschnitt)

Die Zahl der Buchkäufer und -käuferinnen ist in den vergangenen Jahren zurückgegangen. Das bestätigte im Juni 2018 die Studie „Buchkäufer – quo vadis?" des Börsenvereins des Deutschen Buchhandels und der Gesellschaft für Konsumforschung: Zwischen 2013 und 2017 ist die Zahl der Käufer um 6,4 Millionen gesunken. Zwar zeigen erste Tendenzen, dass sie sich im vergangenen Jahr wieder stabilisiert hat, und die Umsätze bewegen sich in etwa auf gleichbleibend hohem Niveau, denn Buchkäufer kauften im Schnitt mehr Bücher pro Person und zahlten durchschnittlich höhere Preise. Dennoch bleibt die Situation ernst. Während sich auf der einen Seite Buchfans als treue Vielkäufer erweisen, gehen auf der anderen Seite mehrere Millionen Leser in wenigen Jahren verloren – eine Entwicklung, die eng mit einem Wandel des Leseverhaltens zusammenhängt.

Bei genauerem Hinschauen erkennt man: Lesen ist vielschichtiger denn je. Literaturfestivals und Lesungen boomen, Blogger und Bookstagrammer teilen Leseerlebnisse online, Buchhandlungen sind kulturelle Treffpunkte. Dennoch: Lesen ist in der Freizeit immer stärker nur eine Option von vielen. Wer Bücher liest, tut dies zunehmend aus einer bewussten Entscheidung heraus. Unbewusst lesen Menschen in ihrem Alltag hingegen mehr als vor einigen Jahren – und sie lesen anders. Das Lesen findet heute im Digitalen statt, es ist hochfrequenter und selektiver, dabei durchsetzt von Bildern.

Im Digitalen liegen der Studie zufolge auch die Gründe für die Käuferabwanderung: Die diversen Möglichkeiten der Unterhaltung haben sich erst jetzt auf das Kaufverhalten ausgewirkt – neben dem Fernsehen und dem Internet war lange Platz für Bücher. Das Bücherkaufen aufgegeben haben Menschen verstärkt in den vergangenen Jahren, in denen der Alltag wesentlich durch eine permanente Erreichbarkeit durch soziale Medien geprägt ist. Die Menschen fühlen sich zunehmend von der Schnelllebigkeit und den Erwartungen des modernen Alltags unter Druck gesetzt, immer verbunden mit der Angst, sozial den Anschluss zu verlieren. So reicht abends die Energie nicht mehr, um sich in ein Buch oder E-Book zu vertiefen. Stattdessen schauen sie lieber eine Netflix-Serie.

Natürlich hat sich die Bevölkerung auch vor der Digitalisierung nicht zu hundert Prozent aus Buchlesern zusammengesetzt. Die Stellung des Lesens in der Gesellschaft hat sich aber gravierend verändert. Nicht-Lesen führt nicht mehr zu soziokulturellem Statusverlust. Lesen ist keine Voraussetzung mehr, um am gesellschaftlichen Gespräch teilzuhaben – diese Rolle im Kulturgespräch haben zunehmend Serien übernommen, die immer hochwertiger produziert werden. Bücher hingegen müssen sich stärker rechtfertigen und sich ihre Sichtbarkeit verdienen. Sie sind mehr und mehr aus dem öffentlichen Diskurs verschwunden, gelten zuweilen als Einzelgänger-Medium.

Das Interesse an Geschichten hingegen ist ungebrochen – das zeigt nicht zuletzt der Serien-Trend. Auch gab es keine abrupte Ablehnung des Buchs. Die befragten Abwanderer haben an Bücher durchweg positive Erinnerungen. Lesen wird als Moment der Entschleunigung beschrieben, als Abtauchen in ferne Welten, Horizonterweiterung und Zeit für sich selbst. Informationen aus Büchern gelten unter den Befragten als besonders vertrauenswürdig. Viele sprechen sogar davon, dass sie die Zeit mit Büchern vermissen.

Nicht erst seit Veröffentlichung der Buchkäufer-
studie arbeitet die Buchbranche an neuen Wegen, Leser zu erreichen. Digitale Tools sollen bei
der Buchauswahl helfen, Leseproben unent-
schlossene Käufer gewinnen. Angebote wie Yoga
in der Buchhandlung schaffen neue Zugänge
und betonen die vergemeinschaftende Seite des
Lesens. Sicherlich können Live-Events für das
Lesen nicht die Bedeutung entwickeln, wie sie es
in der Kunst oder im Theater tun. Aber sie
können helfen, Geschichtenliebhaber zu gewinnen. Offene und niedrigschwellige Angebote
sind genauso wichtig zum Überleben des
Marktes, wie auf den Wert des Lesens selbst zu
setzen.

Bei all diesen Überlegungen gilt: Wenn Bücher
im Alltag ins Abseits geraten, steht mehr als eine
Bilanz oder ein beglückendes Gefühl auf dem
Spiel. Bücher zu produzieren, dient keinem ökonomischen Selbstzweck. Die Frage, ob Bücher in
unserem Alltag präsent sind, impliziert vielmehr
drängende kulturelle und gesellschaftliche Fragen.

Bücher bieten Zugang zu einer Art des Lesens,
auf die unsere Gesellschaft nicht leichtfertig verzichten kann. Wer keine Bücher liest, beschränkt
auch seine Wahrnehmungsmöglichkeiten. Digitale Medien verändern diese maßgeblich. Der
Umstand, dass viele elektronische Medien den
Leser einem permanenten Fluss der Reize aus-
setzen und ihm vorgeben, wann er welche Inhalte zu verarbeiten habe, ist nach Erkenntnissen
des Hirnforschers Wolf Singer in hohem Maße
unnatürlich. Normalerweise sei es der Mensch
selbst, der sich aussucht, in welchem Rhythmus
er etwas lese. Als eine Folge des digitalen Lesens
sieht Singer eine verringerte Aufmerksamkeits-
spanne. Rein digital trainierte Leser hätten
Schwierigkeiten, komplexe Sätze aufzulösen.
Das Lesen von gedruckten Texten eröffnet hingegen eine Freiheit, die wir beim vorportionier-
ten elektronischen Lesen von Kurztexten oder
beim Serienschauen nicht erlangen können.
Ähnliches bestätigten zuletzt die Studien des
Forschernetzwerkes E-Read. Die selbstständige
Auseinandersetzung mit dem Gelesenen stärkt
die Position des Eigenen und macht frei von vorgegeben Denkmustern. Fähigkeiten, die in Zeiten von erstarkendem Populismus, Fake News
und Clickbait-Journalismus[1] unabdingbarer
werden und elementar für die demokratische
Teilhabe sind.

Ebenso wichtig für den demokratischen Diskurs
sind vertrauenswürdige Quellen – mit gesellschaftlicher Verantwortung verlegte und sorgfältig recherchierte Literatur. Sie ist ein notwendiges Gegengewicht zur Schnelllebigkeit
digitaler Informationen und hilft, die gemeinhin
als immer komplexer wahrgenommene Welt zu
verstehen und Perspektiven zu hinterfragen. Dafür braucht es zum einen Rahmenbedingungen,
die ein unabhängiges und vielfältiges Verlegen
ermöglichen, etwa ein modernes und faires Urheberrecht. Zum anderen muss diese Literatur
nachgefragt und gelesen werden. Das Verlagswe-
sen und das Buchhandlungsnetz in Deutschland
verfügen nach wie vor über eine vorbildhafte
Dichte – zwei Drittel der Buchhandlungen sind
unabhängige, kleine Buchläden. Es gibt rund
3000 Buchverlage in Deutschland, davon ein be-
trächtlicher Teil unabhängige und kleine Verlage, die es sich vielfach zur Aufgabe gemacht haben, abseits des Mainstreams zu publizieren. Sie
setzen auf Spezialinteressen und schrecken
nicht davor zurück, auch das Skurrile und Absei-
tige zu befördern sowie Gedanken herauszubringen, die dazu beitragen, gesellschaftliche
Normen zu verändern. Eine rückläufige Zahl an
Buchhandlungen, eine geringe Präsenz von Büchern im Alltag und schwindende Interessen-
gruppen gefährden allerdings diese „Bibliodiver-
sität" und damit ein fragiles kulturelles
Ökosystem, das das Wachsen von Ideen und politischer Diversität ermöglicht. Eine schrump-
fende Leserschaft dünnt langfristig auch den
Markt der Ideen aus.

Das Interesse an Büchern bei Kindern und Jugendlichen hat in den vergangenen Jahren im
Vergleich zur Gesamttendenz weniger stark ab-
genommen. Offen bleibt: Werden Kinder zu Lesern, wenn sie langfristig immer weniger lesende Vorbilder haben? Vertieftes Lesen ist nach wie
vor die wichtigste Form der Wissensaneignung.
Sinnerfassend lesen zu können, ist elementar
für die gesellschaftliche Teilhabe und letztlich
eine Frage der Chancengleichheit. Eine bessere
und vernetzte Leseförderung wie der Börsenver-
ein sie unter anderem zusammen mit der Autorin Kirsten Boie mit der „Hamburger Erklärung"[2]
gefordert hat, gehen deshalb mit dem Einsatz
für das Buch Hand in Hand.
Der Wandel der Lesekultur in Deutschland stellt
Buchbranche, Politik, Medien und Bildungsinstitutionen vor die gemeinsame Aufgabe, zu ver-

mitteln, welche zentralen Fähigkeiten das Lesen auch für die digitale Welt vermittelt. Bücher erfüllen das Bedürfnis nach Entschleunigung, nach Perspektivenreichtum und hochwertigen Informationen auf ideale Weise. Sie verdienen Sichtbarkeit auf allen Ebenen des öffentlichen Lebens. 185

---

1 Clickbait: wörtl. übersetzt „Klick-Köder", worunter man einen Inhalt versteht, der besondere Aufmerksamkeit erheischen soll, damit ein Artikel oder sich hinter der Meldung versteckter Inhalt (z.B. Werbung) geöffnet wird. Methoden sind hierbei u.a. der Einsatz von Übertreibungen und Provokationen bis hin zu Irreführungen.
2 Hamburger Erklärung, die: Die Kinder- und Jugendbuchautorin Kirsten Boie startete 2018 eine Petition an das Bundesministerium für Bildung und Forschung, in der sie mit anderen Unterzeichnerinnen und Unterzeichnern dazu aufrief, das Lesenlernen an Grundschulen wieder stärker zu fördern. Die Petition reagierte auf eine internationale Lesestudie (IGLU) aus dem Jahr 2016, laut der knapp ein Fünftel aller Zehnjährigen in Deutschland einen Text nicht sinnentnehmend lesen können.

3 Erklären Sie, weshalb die im Text von Heinrich Riethmüller unterstrichenen Wörter oft falsch geschrieben werden.

4 Teilen Sie die im Text unterstrichenen Wörter in Gruppen ein, die Fehlerschwerpunkte in der deutschen Rechtschreibung bilden.

> Groß- und Kleinschreibung   Zusammen- und Getrenntschreibung
>
> Fremdwörter   Dehnung und Schärfung

Rechtschreibung
→ S.457f.

5 Reflektieren Sie, in welchen Bereichen Ihnen selbst am häufigsten Rechtschreibfehler unterlaufen, und überlegen Sie, welche Strategien Ihnen dabei helfen können, diese in Zukunft zu vermeiden.

Sprach-
training
123   MK

6 Recherchieren Sie online zum amtlichen Regelwerk nach den Empfehlungen des Rats für deutsche Rechtschreibung und erläutern Sie im Anschluss die Regeln, nach denen die folgenden Gruppen von Wörtern und Wendungen korrekt geschrieben werden. Sie können dazu arbeitsteilig vorgehen und sich im Anschluss über die entsprechenden Regeln austauschen.

A auf Abruf, in Bälde, im Grunde, in Betracht kommen, Ernst machen mit etwas, Wert legen auf etwas, Angst haben

B zuschulden kommen lassen, zutage fördern, zuwege bringen, außerstand setzen

C zu Ende kommen, zu Hilfe kommen, darüber hinaus, nach wie vor

D dies eine Mal, der Ehre halber, in bekannter Weise

E allzeit, beizeiten, nichtsdestominder, zuweilen, zuzeiten

F bitterernst, brandgefährlich, hyperlaut, stockfinster, todunglücklich

G festnageln, heiligsprechen, richtigstellen, kürzertreten

H des Sees, knien, sie schrien, ideell

Zeichensetzung
→ S.458

7 Erarbeiten Sie sich arbeitsteilig aus dem amtlichen Regelwerk die zentralen Regeln zur Kommasetzung und präsentieren Sie diese vor dem Kurs. Geben Sie jeweils selbst erstellte Beispiele mit an, die so unterhaltsam sind, dass sie dem restlichen Kurs als Merkhilfe dienen können.

8 Entscheiden Sie jeweils, ob die Kommata in den folgenden Beispielen jeweils gesetzt werden können oder müssen, und erklären Sie, welcher Regel gefolgt wird.

A Wer keine Bücher liest, beschränkt auch seine Wahrnehmungsmöglichkeiten. (Z.102 f.)

B Sinnerfassend lesen zu können, ist elementar für die gesellschaftliche Teilhabe und letztlich eine Frage der Chancengleichheit. (Z.170 ff.)

C Der Wandel der Lesekultur in Deutschland stellt Buchbranche, Politik, Medien und Bildungsinstitutionen vor die gemeinsame Aufgabe, zu vermitteln, welche zentralen Fähigkeiten das Lesen auch für die digitale Welt vermittelt. (Z.178 ff.)

9 Entscheiden Sie jeweils, welche Schreibung der folgenden Fremdwörter die richtige ist. Ziehen Sie in Zweifelsfällen ein Rechtschreibwörterbuch heran.

A Abonnement/Abonement/Abonnemend

B Abszess/Abzess/Abzesse

C abrubt/aprupt/abrupt

D Accesoire/Acesoire/Accessoire

E ackut/akut/akkut

F Anästesie/Anästhesie/Anestäsie

G Apell/Appell/Appel

H Feuilleton/Feullieton/Feuilletton

10 Besprechen Sie in Gruppen, wie Sie das Rechtschreibwörterbuch in Klausuren sinnvoll einsetzen können. Formulieren Sie im Anschluss gemeinsam Tipps dazu und tauschen Sie sich abschließend über Ihre Ideen im Plenum aus.

11 Erläutern Sie, welche Funktion die sogenannte Unterscheidungsschreibung bei „wieder" und „wider" trotz gleicher Aussprache hat, und entscheiden Sie jeweils für die folgenden Fälle, welche Schreibung die korrekte ist bzw. wo es mehrere Möglichkeiten gibt.

A W...derbelebung

B w...der Erwarten

C für und w...der

D W...deraufbau

E w...der meinen Willen

F w...deraufladbar

G Anklage w...der jemanden erheben

H w...derborstig

I w...der aufnehmen

J w...derspiegeln

K W...dervereinigung

L W...derspruch

M W...dersehen,

N w...derbegegnen

O W...deraufführung

P Orden w...der den tierischen Ernst

12 Überarbeiten Sie die folgenden Sätze und tauschen Sie sich im Anschluss im Team über Ihre Lösungen aus.

Achtung Fehlertext

A Riethmüller betont, die Buchproduktion habe „keinem ökonomischen Selbstzweck" (Z. 95 f.).

B Das tiefere Verständnis der Welt sowie das Hinterfragen von Perspektiven ist ebenso nur durch das Lesen von Büchern zu erlangen, so Riehtmüller (vgl. Z. 132–136).

C Zwei Drittel der Buchhandlungen besteht laut Riehtmüller immer noch aus „unabhängige, kleine Buchläden" (Z. 145).

D Interessant ist, dass obwohl Menschen das Lesen ungebrochen in guter Erinnerung haben, wobei diese im Abtauchen in Geschichten und einer Horizonterweiterung sowie im Entschleunigen besteht, sie dennoch weniger Bücher kaufen als früher, auch wenn sie zugeben, dass sie die Informationen aus diesen für besonders vertrauenswürdig halten und sogar die Bücher richtiggehend vermissen würden (vgl. Z. 65–76).

E Will man die Fähigkeit des vertieften Lesens von Büchern retten, dann ist die Buchbranche als auch die Politik und die Medien gemeinsam mit den Schulen und Universitäten vor die Aufgabe gestellt zu erklären, weshalb diese in einer digitalen Welt immer noch zentral ist (vgl. Z. 178–187).

13 Tragen Sie zusammen, welche Fehlertypen die Sätze enthalten. Besprechen Sie, für welche Art von Fehlern Sie selbst anfällig sind, und überlegen Sie gemeinsam, wie Sie diese Fehler in Zukunft vermeiden können.

Auf einen Blick: Eigene Texte sprachlich gestalten

Lexikon Sprache und
Kommunikation
→ S.451 ff.

Checkliste zur sprachlichen Korrektheit und Gestaltung

Lesen Sie die folgende Checkliste zur sprachlichen Korrektheit und Gestaltung und suchen Sie sich diejenigen Punkte heraus, die für Sie bzw. für die Textform besonders wichtig sind. Fokussieren Sie für die Überarbeitung Ihres Textes dann diese Schwerpunkte und gehen Sie dabei in mehreren getrennten Korrektur- und Überarbeitungsdurchgängen vor.

1. Sprachliche Korrektheit

1.1 Rechtschreibung

☑ Sind die zentralen Regeln der Groß- und Kleinschreibung beachtet, z.B. Satzanfang groß nach Doppelpunkt bei ganzen Sätzen, Nominalisierungen?

☑ Wurden die Regeln der Zusammen- und Getrenntschreibung eingehalten, z.B. untrennbare Zusammensetzungen bei Verben, Verbindungen aus zwei Verben, Zusammensetzung gleichrangiger Adjektive, mehrteilige Konjunktionen?

☑ Sind Fremdwörter und vor allem auch Fachbegriffe (z.B. *metaphorisch, Anapher, Alliteration* ...) korrekt geschrieben bzw. wurde deren Schreibung in Zweifelsfällen mithilfe des Rechtschreibwörterbuches überprüft?

☑ Wurden individuelle Fehlerschwerpunkte, z.B. in der Dehnung (lange Vokale) oder Schärfung (kurze Vokale) eigens überprüft (z.B. Dehnungs-h, langes i, Doppelkonsonanten ...)?

☑ Sind Verwechslungen in der *das/dass*-Schreibung ausgeschlossen? Wurde dabei vor allem die Schreibung von *das* bzw. *dass* nach Kommata überprüft, sodass richtig zwischen dem Relativpronomen (*das*) (ggf. durch Ersatzprobe mit *dieses/jenes/welches*) und der Konjunktion (*dass*) unterschieden wurde?

1.2 Zeichensetzung

☑ Wurde auf die Einhaltung der zentralen Kommaregeln geachtet (z.B. gleichrangige Teilsätze, Aufzählungen, gleichrangige und nichtgleichrangige Adjektive, Nebensätze und eingeschobene Nebensätze, Infinitivgruppen)?

☑ Ist die Zeichensetzung bei direkten Zitaten richtig ausgeführt (Anführungszeichen, Auslassungszeichen, Klammern)?

1.3 Grammatik

☑ Besteht in allen Fällen Kongruenz (z.B. Singular/Plural zwischen Subjekt und Prädikat)?

☑ Sind alle Bezüge nachvollziehbar hergestellt (z.B. Voraus- oder Rückverweise)?

☑ Sind alle Sätze wirklich vollständig (Einsatz von Ellipsen nur als bewusstes Stilmittel, z.B. in erzählerischen Elementen, Kommentaren oder Essays)?

2 Sprachliche Gestaltung

☑ Wurde beim Satzbau auf Übersichtlichkeit (Vermeidung von sehr komplexen Sätzen und weiten Satzklammern) und Abwechslung geachtet (Vermeidung von Monotonie, Reihung von Hypotaxen oder gleichgebauten Parataxen nur als Stilmittel)?

☑ Wurden der Sachstil eingehalten (z.B. bei der Erörterung oder beim informierenden Schreiben) und die richtige Sprachebene getroffen?

☑ Wurde die innere Gliederung des Textes verdeutlicht, z.B. durch entsprechende thematische Entfaltungen, Kohäsionsmittel und Überleitungen?

☑ Sind erzählerische bzw. informierende Elemente sinnvoll und der Textsorte angemessen eingebaut worden?

☑ Wurden, wenn von der Textsorte verlangt (z.B. Kommentar, Essay), sinnvoll rhetorische Mittel zur Unterstreichung der Textaussage eingesetzt (z.B. Aufzählung, rhetorische Frage, Alliteration, Vergleich)?

Projekt: Ein Buch vermarkten

Verfassen Sie einen Text (z.B. Verlagsankündigung, Klappentext, Presseankündigung), mit dem Sie einen Klassiker für ein heutiges Publikum vermarkten würden.

Material 1

Verlagsankündigung online: Kim de l'Horizon: Blutbuch (2022)

Romanauszug
→ S.333

Die Erzählfigur in „Blutbuch" identifiziert sich weder als Mann noch als Frau. Aufgewachsen in einem Schweizer Vorort, lebt sie nun in Zürich, ist den engen Strukturen der Herkunft entkommen und fühlt sich im nonbinären Kör-
5 per und in der eigenen Sexualität wohl. Doch dann erkrankt die Großmutter an Demenz, und das Ich beginnt, sich mit der Vergangenheit auseinanderzusetzen: Warum sind da nur bruchstückhafte Erinnerungen an die eigene Kindheit? Wieso vermag sich die Großmutter kaum von
10 ihrer früh verstorbenen Schwester abzugrenzen? Und was geschah mit der Großtante, die als junge Frau verschwand? Die Erzählfigur stemmt sich gegen die Schweigekultur der Mütter und forscht nach der nicht tradierten weiblichen Blutslinie.
15 Dieser Roman ist ein stilistisch und formal einzigartiger Befreiungsakt von den Dingen, die wir ungefragt weitertragen: Geschlechter, Traumata, Klassenzugehörigkeiten. Kim de l'Horizon macht sich auf die Suche nach anderen Arten von Wissen und Überlieferung, Erzählen und Ichwerdung, unterspült dabei die linearen For-
20 men der Familienerzählung und nähert sich einer flüssigen und strömenden Art des Schreibens, die nicht festlegt, sondern öffnet.

Material 2

Verlagsankündigung online: Deniz Ohde: Streulicht (2020)

Romanauszug
→ S.332

Industrieschnee markiert die Grenzen des Orts, eine feine Säure liegt in der Luft, und hinter der Werksbrücke rauschen die Fertigungshallen, wo der Vater tagein, tagaus Aluminiumbleche beizt. Hier ist die Ich-Erzählerin aufgewachsen, hierher kommt sie zurück, als ihre Kindheitsfreunde heiraten. Und während sie die alten Wege geht, erinnert sie sich: an den Vater und den erblindeten
5 Großvater, die kaum sprachen, die keine Veränderungen wollten und nichts wegwerfen konnten, bis der Hausrat aus allen Schränken quoll. An die Mutter, deren Freiheitsdrang in der Enge einer westdeutschen Arbeiterwohnung erstickte, ehe sie in einem kurzen Aufbegehren die Koffer packte und die Tochter beim trinkenden Vater ließ. An den frühen Schulabbruch und die Anstrengung, im zweiten Anlauf Versäumtes nachzuholen, an die Scham und die Angst – zuerst davor, nicht zu bestehen,
10 dann davor, als Aufsteigerin auf ihren Platz zurückverwiesen zu werden.
Wahrhaftig und einfühlsam erkundet Deniz Ohde in ihrem Debütroman die feinen Unterschiede in unserer Gesellschaft. Satz für Satz spürt sie den Sollbruchstellen im Leben der Erzählerin nach, den Zuschreibungen und Erwartungen an sie als Arbeiterkind, der Kluft zwischen Bildungsversprechen und erfahrener Ungleichheit, der verinnerlichten Abwertung und dem Versuch, sich davon zu be-
15 freien.

Romanauszug
→ S. 330

Material 3

Verlagsankündigung online: Saša Stanišić: Herkunft (2019)

HERKUNFT ist ein Buch über den ersten Zufall unserer Biografie: irgendwo geboren werden. Und was danach kommt.

HERKUNFT ist ein Buch über meine Heimaten, in der Erinnerung und der Erfindung. Ein Buch über Sprache, Schwarzarbeit, die Stafette der Jugend und viele Sommer. Den Sommer, als mein Großvater

5 meiner Großmutter beim Tanzen derart auf den Fuß trat, dass ich beinahe nie geboren worden wäre. Den Sommer, als ich fast ertrank. Den Sommer, in dem die Bundesregierung die Grenzen nicht schloss und der dem Sommer ähnlich war, als ich über viele Grenzen nach Deutschland floh.

HERKUNFT ist ein Abschied von meiner dementen Großmutter. Während ich Erinnerungen sammle, verliert sie ihre. HERKUNFT ist traurig, weil Herkunft für mich zu tun hat mit dem, das nicht

10 mehr zu haben ist.

In HERKUNFT sprechen die Toten und die Schlangen, und meine Großtante Zagorka macht sich in die Sowjetunion auf, um Kosmonautin zu werden.

Diese sind auch HERKUNFT: ein Flößer, ein Bremser, eine Marxismus-Professorin, die Marx vergessen hat. Ein bosnischer Polizist, der gern bestochen werden möchte. Ein Wehrmachtssoldat, der

15 Milch mag. Eine Grundschule für drei Schüler. Ein Nationalismus. Ein Yugo. Ein Tito. Ein Eichendorff. Ein Saša Stanišić.

So können Sie vorgehen

1. Werten Sie die Materialien 1 bis 3 aus, um herauszufinden, wie die das jeweilige Buch bewerbenden Texte jeweils verfasst sind. Sie können sich an folgenden Fragen orientieren:
   – Was wird über Inhalt und Stil des jeweiligen Romans ausgesagt?
   – Wie werden potentielle Leserinnen und Leser angesprochen?
   – Wo findet sich werbende, also wertende Sprache?
   – Welche sprachlich-stilistischen Besonderheiten lassen sich darüber jeweils ausmachen?

MK
2. Recherchieren Sie online zu weiteren aktuellen Buchtiteln, die Sie gelesen haben oder die Sie interessieren, und untersuchen Sie, wie, durch welche Mittel und auf welchen Wegen bzw. Plattformen die Titel vom Verlag beworben werden.

3. Entscheiden Sie sich für einen Klassiker aus der deutschen Literatur, den Sie vermarkten wollen. Wählen Sie ein Werk, das Sie gut kennen, beispielsweise eines, welches Sie im Deutschunterricht als Lektüre gelesen und besprochen haben.
   Joseph von Eichendorff: *Aus dem Leben eines Taugenichts*
   Thomas Mann: *Der Tod in Venedig*
   E. T. A. Hoffmann: *Der Sandmann*

4. Legen Sie fest, welche Art von Text für welche Veröffentlichungsform und welche Zielgruppe Sie schreiben möchten.

5. Planen und verfassen Sie Ihren Text.

MK
6. Überarbeiten Sie Ihre Texte in Gruppen. Sie können dazu auch mit der Korrekturfunktion eines Textverarbeitungsprogramms arbeiten, um Grammatik und Rechtschreibung zu überprüfen und zu korrigieren oder Ihre Texte mithilfe eines Chatbots überarbeiten. Feilen Sie in erster Linie am Stil, also auch am Satzbau, an der Wortwahl und am Einsatz rhetorischer Mittel.

Epochen der Literatur

Epochenüberblick 1600 bis heute

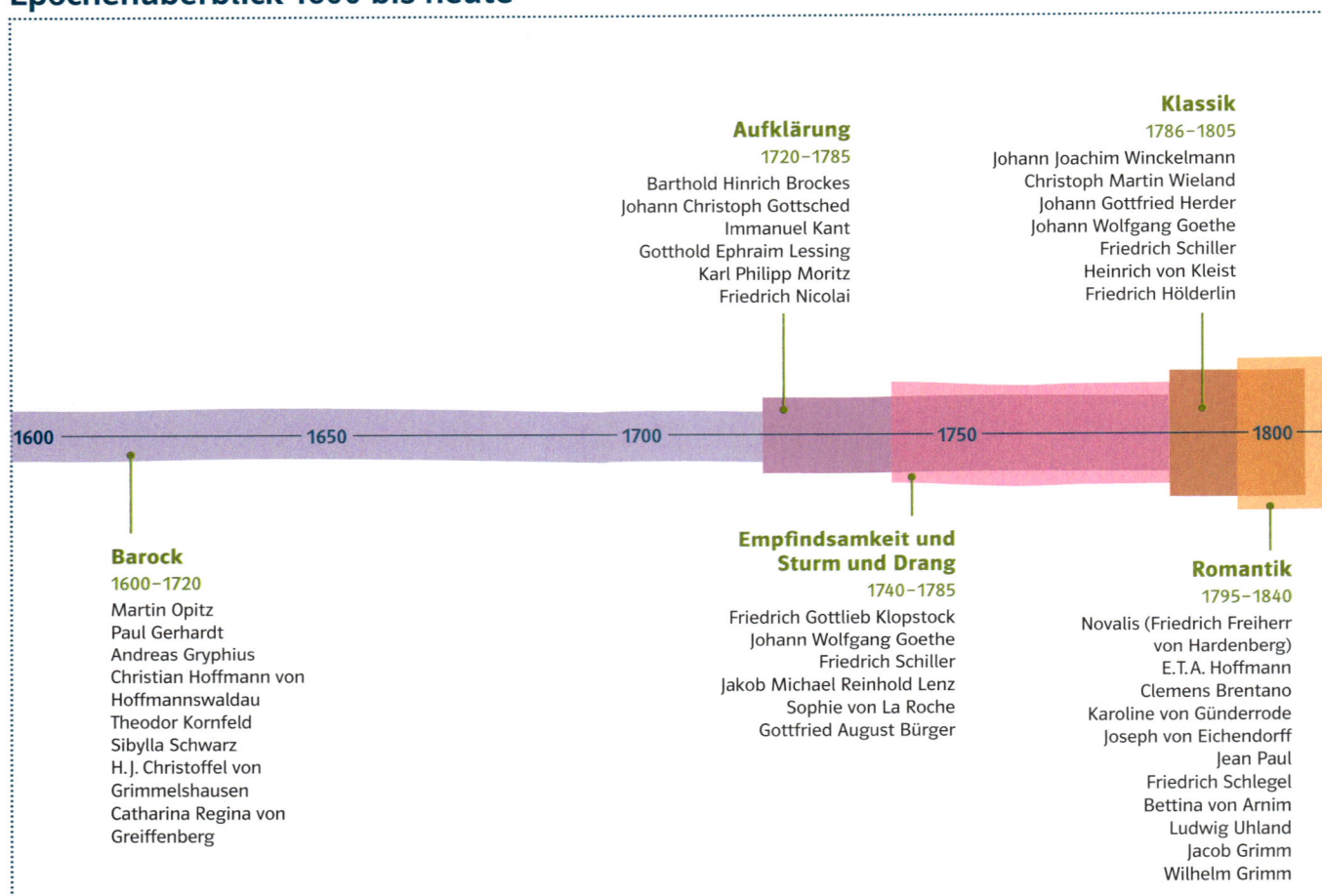

Aufklärung
1720–1785
Barthold Hinrich Brockes
Johann Christoph Gottsched
Immanuel Kant
Gotthold Ephraim Lessing
Karl Philipp Moritz
Friedrich Nicolai

Klassik
1786–1805
Johann Joachim Winckelmann
Christoph Martin Wieland
Johann Gottfried Herder
Johann Wolfgang Goethe
Friedrich Schiller
Heinrich von Kleist
Friedrich Hölderlin

1600 — 1650 — 1700 — 1750 — 1800

Barock
1600–1720
Martin Opitz
Paul Gerhardt
Andreas Gryphius
Christian Hoffmann von
Hoffmannswaldau
Theodor Kornfeld
Sibylla Schwarz
H. J. Christoffel von
Grimmelshausen
Catharina Regina von
Greiffenberg

**Empfindsamkeit und
Sturm und Drang**
1740–1785
Friedrich Gottlieb Klopstock
Johann Wolfgang Goethe
Friedrich Schiller
Jakob Michael Reinhold Lenz
Sophie von La Roche
Gottfried August Bürger

Romantik
1795–1840
Novalis (Friedrich Freiherr
von Hardenberg)
E. T. A. Hoffmann
Clemens Brentano
Karoline von Günderrode
Joseph von Eichendorff
Jean Paul
Friedrich Schlegel
Bettina von Arnim
Ludwig Uhland
Jacob Grimm
Wilhelm Grimm

Epochenzuordnungen und -begriffe

Die **Geschichte der Literatur** kann man mit einem breiten, mächtigen Fluss vergleichen, voller Strömungen, Strudel und Untiefen. Sie in klar voneinander abgegrenzte **Epochen** einteilen zu wollen, ist ein verständliches, aber auch problematisches Unterfangen. Denn „offensichtlich bezeichnen Epochenbegriffe etwas, was es in der Realität überhaupt nicht gibt. Sie sind nachträglich gestanzte Spielmarken kluger Konstrukteure [...].

Immer herrscht die Gleichzeitigkeit des Verschiedenen, der eine Epochenbezeichnung nicht entspricht" (Conrady, S. 148). Ungeachtet dieser Gleichzeitigkeit unterschiedlicher Strömungen haben sich **Epocheneinteilungen als Mittel der Strukturierung** eingebürgert, um ein tragfähiges begriffliches Fundament für die historische Verortung und den Vergleich literarischer Texte zu schaffen. Allerdings sind viele **Epochenbezeichnungen** nicht immer aus der Perspektive der

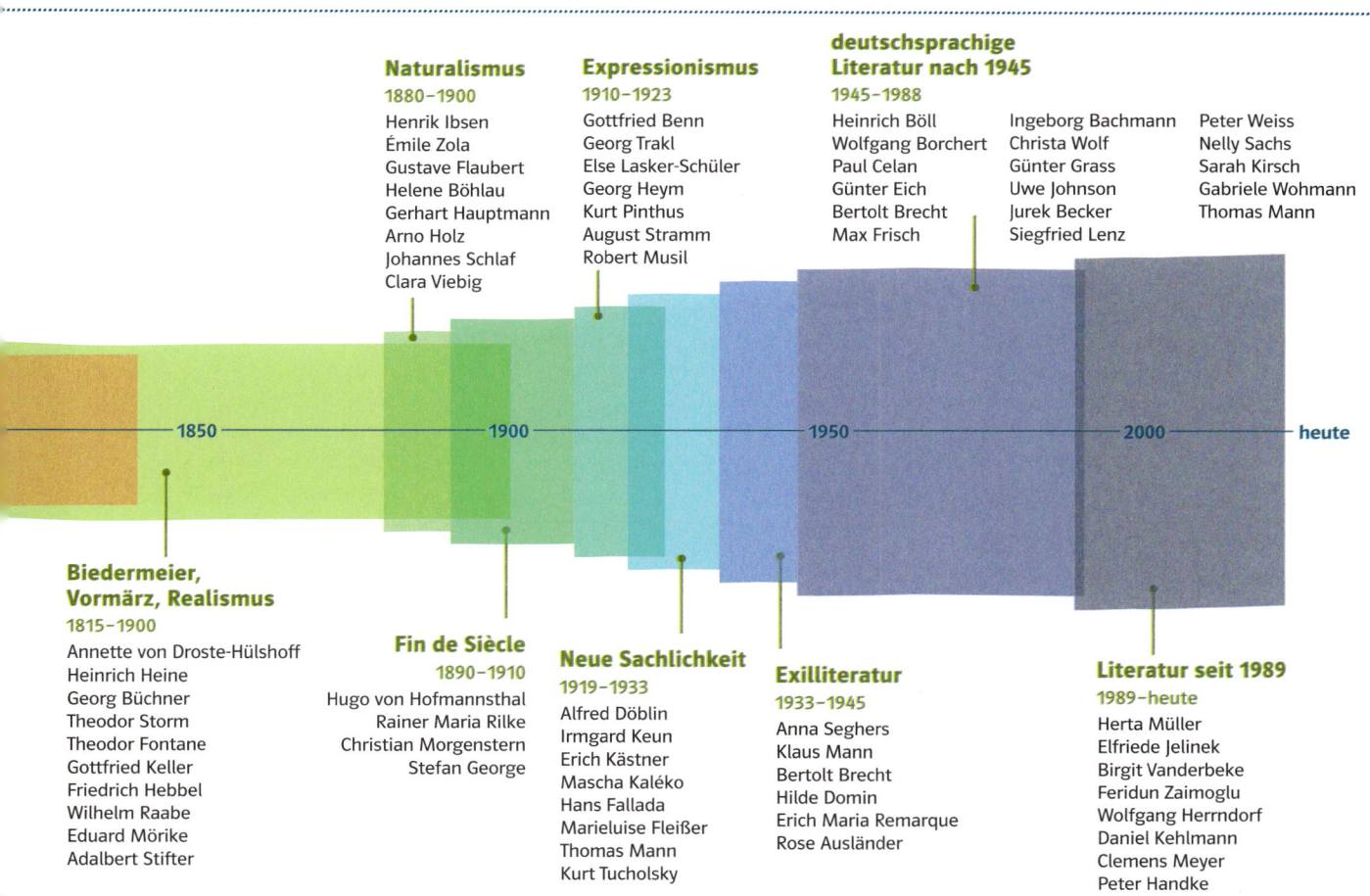

Naturalismus
1880–1900

Henrik Ibsen
Émile Zola
Gustave Flaubert
Helene Böhlau
Gerhart Hauptmann
Arno Holz
Johannes Schlaf
Clara Viebig

Expressionismus
1910–1923

Gottfried Benn
Georg Trakl
Else Lasker-Schüler
Georg Heym
Kurt Pinthus
August Stramm
Robert Musil

deutschsprachige Literatur nach 1945
1945–1988

Heinrich Böll
Wolfgang Borchert
Paul Celan
Günter Eich
Bertolt Brecht
Max Frisch

Ingeborg Bachmann
Christa Wolf
Günter Grass
Uwe Johnson
Jurek Becker
Siegfried Lenz

Peter Weiss
Nelly Sachs
Sarah Kirsch
Gabriele Wohmann
Thomas Mann

1850 1900 1950 2000 heute

Biedermeier, Vormärz, Realismus
1815–1900

Annette von Droste-Hülshoff
Heinrich Heine
Georg Büchner
Theodor Storm
Theodor Fontane
Gottfried Keller
Friedrich Hebbel
Wilhelm Raabe
Eduard Mörike
Adalbert Stifter

Fin de Siècle
1890–1910

Hugo von Hofmannsthal
Rainer Maria Rilke
Christian Morgenstern
Stefan George

Neue Sachlichkeit
1919–1933

Alfred Döblin
Irmgard Keun
Erich Kästner
Mascha Kaléko
Hans Fallada
Marieluise Fleißer
Thomas Mann
Kurt Tucholsky

Exilliteratur
1933–1945

Anna Seghers
Klaus Mann
Bertolt Brecht
Hilde Domin
Erich Maria Remarque
Rose Ausländer

Literatur seit 1989
1989–heute

Herta Müller
Elfriede Jelinek
Birgit Vanderbeke
Feridun Zaimoglu
Wolfgang Herrndorf
Daniel Kehlmann
Clemens Meyer
Peter Handke

Literatur (wie bei Sturm und Drang) formuliert, sondern resultieren aus unterschiedlichen kulturellen Kontexten, z. B. der Politikgeschichte (Vormärz), Kunstgeschichte (Barock), Wohnkultur (Biedermeier) oder der Malerei (Impressionismus). Besonders angesichts der heterogenen Entwicklungen im 20. und beginnenden 21. Jahrhundert (z. B. Literatur der DDR, Neue Subjektivität, Postmoderne, Netzliteratur) werden Definitionsversuche über Epochenbezeich-

nungen zunehmend schwieriger. Als Alternative könnte man sich deshalb auf **Epochenumbrüche** konzentrieren, also auf jene kurzen Phasen gesellschaftlich-kulturellen Wandels, in denen sich wesentliche **Themen, Ausdrucksformen, Funktionen und auch Selbstzuschreibungen der Literatur** ändern. Konkurrierende oder aufeinander Bezug nehmende Strömungen, die charakteristisch für eine bestimmte Phase sind, könnten so über den Vergleich miteinander identifiziert werden.

Barock (1600–1720)

Epochenmerkmale

Themen und Motive

– Vanitas (Vergänglichkeit)
– Memento mori (Bedenke, dass du sterben musst!)
– Carpe diem (Nutze den Tag!)
– wiederkehrende Motive (Topoi), z. B. „Frau Welt" als Vanitas mundi
– Dualismus von Diesseits und Jenseits, Zeitlichkeit und Ewigkeit, Körper und Geist
– Ordo: Die strenge, rationale Ordnung der Welt, bspw. in der Ständepyramide (gesellschaftliche Schichtung) oder in den Gesetzmäßigkeiten der Mechanik, soll durch den Verstand erkannt werden.

Sprache und Stil

– Regelpoetik, die formalen Vorgaben folgt
– Originalität wird durch die geistreiche neue Variation von Motiven (Topoi) und Bildern erreicht.
– Antithetik als Stilmittel zeigt die Zerrissenheit des barocken Lebensgefühls (z. B. Diesseits/Jenseits, Wollust/Tugend, Schein/Sein).
– Der Alexandriner (jambischer Sechsheber) als beliebte Versform unterstützt die inhaltliche Darstellung von Antithetik.
– bildreiche Sprache: Metaphern, Personifikationen, Allegorien, Vergleiche

Gattungen und Genres

– Epigramm
– Ode
– Hymne
– Sonett
– Lied/Kirchenlied
– Emblem
– Figurengedicht
– Schelmenroman
– Schäferroman, galanter Roman
– Satire
– Trauerspiel
– Komödie, Schwank
– Poetik als literaturtheoretische Schrift
– (illustriertes) Flugblatt

Abbildung 1: Die bedrängte Stadt Augsburg, 1632, Sammlung Bayerische Staatsbibliothek

Abbildung 2: Balthasar van der Ast: Stillleben mit Früchten und Seeschneckenhäusern, um 1635, Sammlung Alte Pinakothek München

Literarische Werke	*Leben und Taten des scharfsinnigen Edlen Don Quixote von la Mancha* 1605/15, Roman, Miguel de Cervantes Saavedra	*Buch von der Deutschen Poeterey* 1624, Regelpoetik, Martin Opitz	*Son- undt Feyrtags-Sonnete* 1639, Andreas Gryphius	*Epigrammata. Das erste Buch* 1643, Epigramme, Andreas Gryphius	*Deutsche Poëtische Gedichte* 1650, Sibylla Schwarz
1600	**1610**	**1620**	**1630**	**1640**	**1650**
Historische Ereignisse	**Gründung der Fruchtbringenden Gesellschaft zur „Reinhaltung" der deutschen Sprache** 1617	**Dreißigjähriger Krieg** 1618–1648 / **Gründung der Hamburger Bank** 1619	**Erste Rechenmaschine durch Wilhelm Schickard** 1623	**Inquisitionsprozess gegen Galileo Galilei** 1633	**Erste Aufführung der Oberammergauer Passionsspiele** 1634

Epochenbild

Zeitbild/Gesellschaft

Der Zeitraum zwischen dem Ende der Renaissance und dem Beginn der Aufklärung ist entscheidend geprägt vom **Dreißigjährigen Krieg** (1618–1648) und seinen Folgen. Die Literatur der Zeit thematisiert entsprechend Unsicherheit, Krankheit (Pestzeiten), Tod und Zerstörung.

Im Gegensatz dazu entwickelt sich ein starkes höfisches und klerikales Repräsentationsbedürfnis, das sich vor allem in der Prachtentfaltung der Architektur und einer aufwändig gepflegten höfischen Musikkultur (Concerto grosso) widerspiegelt.

Politisch fällt in diese Epoche die Loslösung vom ständischen und feudalen System des Mittelalters hin zur Etablierung des **Absolutismus** (Machtübernahme in Frankreich durch Ludwig XIV. im Jahr 1661).

Welt- und Menschenbild

Das barocke Weltbild ist geprägt vom Gegensatz zwischen dem diesseitigen und dem jenseitigen Leben. Die Sehnsucht nach Erlösung und die Hoffnung auf ewiges Seelenheil nach dem Tod (**Memento mori**, **Vanitas**) werden kontrastiert von Lebensfreude, Genuss und Weltzuwendung (**Carpe diem**). Frömmigkeit und ein christliches Welt- und Menschenbild prägen das dichterische Schaffen der Zeit.

Daneben fordern zahlreiche Erfindungen und neue Erkenntnisse das in sich geschlossene christliche Weltbild heraus. So wird beispielsweise das ehemals geozentrische Weltbild (Erde wird als Mittelpunkt des Universums angesehen) durch das heliozentrische Weltbild (Sonne als Mittelpunkt) abgelöst.

Neben der Sicht auf den Menschen aus religiös-christlicher Perspektive als erlösungsbedürftig und abhängig von Gottes Gnade nimmt seit der Reformation zunehmend auch die Perspektive vom Menschen als **selbstbewusstes Individuum** Raum ein. In diesem Bewusstsein steht dichterisches Schaffen zwar immer noch fest in tradierten Formen, diese werden jedoch vor diesem Hintergrund individuell ausgestaltet und akzentuiert.

Literatur

In die Zeit des Barock fällt die Ablösung von der lateinischen Sprache als Sprache der Literatur und Wissenschaft. Es entstehen Sprachgesellschaften, die sich um die Pflege der deutschen Sprache und eine einheitliche Orthografie bemühen.

Lyrik

Barocke Lyrik folgt festen Regeln, die in Poetiken wie dem *Buch von der Deutschen Poeterey* von Martin Opitz festgelegt werden.

Eine weit verbreitete Gedichtform ist das aus Italien stammende Sonett mit seiner strengen Struktur, welche die Entfaltung von inhaltlichen Gegensätzen auf der formalen Ebene besonders gut ermöglicht (z. B. These im ersten Quartett – Antithese im zweiten Quartett – Synthese in den Terzetten).

Aber auch andere Formen wie die Ode, das Epigramm, die Hymne oder das Lied sind beliebt.

Epik

Die Epik orientiert sich oft an französischen oder italienischen Vorbildern: Im galanten Roman bewähren sich adlige Liebespaare in Abenteuern und im Schäferroman werden Liebesgeschichten in idyllische Welten verlegt.

Im Schelmenroman hingegen hält der Held, meist aus den unteren Schichten stammend, als Spitzbube der Gesellschaft mit ihren Lastern einen Spiegel vor.

Drama

Das Drama orientiert sich meist an antiken Stoffen, wobei großmütige und charakterlich integere Helden in den Trauerspielen als moralische Vorbilder wirken sollen. Die strenge Ständeklausel in der Poetik des Barock sieht vor, dass nur Adlige diesen Anspruch erfüllen können. Bürgerliche und bäuerliche Figuren hingegen werden in Komödien als schlichte Wesen gezeigt, die sich u. a. durch Dummheit und Prahlerei auszeichnen.

Geistliche Andachten samt den übrigen Liedern und lat. Gedichten 1667, Paul Gerhardt	*Der Abentheuerliche Simplicissimus Teutsch* 1669, Schelmenroman, Hans Jakob Christoffel von Grimmelshausen	*Des Allerheiligst- und Allerheilsamsten Leidens und Sterbens Jesu Christi Zwölf andächtige Betrachtungen* 1672, Andachtsbuch, Catharina Regina von Greiffenberg	*Philosophiae naturalis principia mathematica* 1687, naturwissenschaftliches Hauptwerk, Isaac Newton

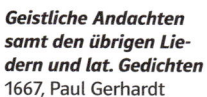

1670	1680	1690	1700	1710	1720

| **Durchsetzung des Absolutismus in Europa** ab 1648 | **Erste Tageszeitung der Welt in Leipzig** 1650 | **Erster Doktortitel für eine Frau an der Universität Padua** 1678 | **Anerkennung der „Bill of Rights"** 1689 | **Bauernaufstand in Bayern** 1705/06 | **Einschränkung der Hexenprozesse in Preußen** 1714 |

Aufklärung (1720–1785)

Epochenmerkmale

Themen und Motive
- Rationalismus, vernunftgeleitetes Denken
- der aufgeklärte, mündige und selbstbestimmte Mensch im Konflikt mit gesellschaftlichen Normen (Willkür, Dogmen …)
- die Erziehung zu Vernunft, Tugend, Moral und Mitgefühl
- die natürliche Gleichheit aller und (religiöse) Toleranz
- die Emanzipation des Bürgertums
- natürliche (standesübergreifende) Liebe in Widerspruch zum gesellschaftlichen Umfeld

Sprache und Stil
- antike Gedicht- und Versformen
- Verzicht auf kunstvolle Verssprache und Pathos
- klare Sprache (Prosa)
- Blankvers: („unverzierter") jambischer Fünfheber ohne Reim
- Lockerung der Drei-Einheiten-Lehre (Ort, Zeit, Handlung) im Theater
- Loslösung vom repräsentativen und von Pathos geprägten Stil der höfischen Gesellschaft

Gattungen und Genres
- das bürgerliche Trauerspiel in seiner läuternden Funktion (Erregung von Furcht und Mitleid)
- Lehrgedicht
- Epigramm
- Fabel
- Parabel
- Erzählung
- Aufklärungsroman
- Briefroman
- literaturtheoretische Schrift
- Erbauungsbuch und praktischer Ratgeber
- Enzyklopädie
- Zeitschrift

Abbildung 1: Nach französischem Vorbild bildeten sich ab 1720 in vielen deutschen Städten zahlreiche Lesegesellschaften, deren überwiegend bürgerliche Mitglieder über literarische, aber auch philosophische Themen debattierten. Hier die „Gesellschaft zum Haarenen Ring", 1792.
Abbildung 2: Denkmal Immanuel Kants in seiner Heimatstadt Kaliningrad (Königsberg)

Literarische Werke	Irdisches Vergnügen in Gott 1721–1748, Gedichte, Barthold Heinrich Brockes	Gullivers Reisen 1726, Roman, Jonathan Swift	Universal-Lexicon 1731–1754, Johann Heinrich Zedler	Der Diener zweier Herren 1746, Volkskomödie, Carlo Goldoni	Enzyklopädie in 35 Bd. 1751–1780, Denis Diderot / Jean-Baptiste le Rond d'Alembert
1720 — **1725** —	**1730** —	**1735** —	**1740** —	**1745** —	**1750**
Historische Ereignisse	Systema Naturae des schwedischen Naturforschers Carl von Linné erscheint, seine Klassifizierungen der Pflanzen und Tiere sind größtenteils bis heute gültig. 1735	David Humes Ein Traktat über die menschliche Natur erscheint, das Beobachtung und Erfahrung zur Grundlage menschlicher Erkenntnis erklärt. 1739/40	Einschränkung der Folter in Preußen durch Friedrich den Großen 1740	Maria Theresia regiert als Erzherzogin die Großmacht Österreich, sie zählt zu den bedeutendsten Regenten des sog. Aufgeklärten Absolutismus. 1740–1780	

Epochenbild

Zeitbild/Gesellschaft

„Aufklärung ist der Ausgang des Menschen aus seiner selbst verschuldeten Unmündigkeit." So formuliert Immanuel Kant in seinem Essay *Beantwortung der Frage: Was ist Aufklärung?* 1784 den politischen **Anspruch des Bürgertums auf Selbstbehauptung (Emanzipation)** und stellt die Vorrechte des Adels und dessen Willkürherrschaft infrage.

Handel und Manufakturen bringen Aufschwung in den Städten und stärken das Selbstbewusstsein des aufstrebenden Bürgertums. Dieses Selbstbewusstsein spiegelt sich auch in einem bürgerlichen Mäzenatentum wider, in dessen Folge neue wissenschaftliche (Universitäten, Akademien) wie kulturelle Einrichtungen (Konzerthäuser) entstehen. Besonderen Ausdruck finden die aufklärerischen Ideen in der amerikanischen Unabhängigkeitserklärung (1776) und der Französischen Revolution von 1789, deren Parole „Freiheit! Gleichheit! Brüderlichkeit!" die Ziele der Aufklärung zusammenfasst.

Welt- und Menschenbild

Das Weltbild der Aufklärung ist geprägt vom **Glauben an die Vernunft (Rationalismus)**. Dieser gründet sich auf den Fortschritt der Naturwissenschaften seit dem 16. Jahrhundert. Es entsteht die Überzeugung, dass die Welt durch rational erkennbare Naturgesetze bestimmt ist.

Der Erkenntnisfortschritt in den Naturwissenschaften führt auch zu einem deistischen Weltbild, in dem Gott zwar Schöpfer der Welt ist, diese aber ihren eigenen Gesetzen folgt, und in dem der Mensch für ihre Gestaltung verantwortlich ist. Die Religion dient der sittlichen Orientierung und wird zunehmend zu einer privaten Angelegenheit.

Das Bürgertum sieht in **aufgeklärter Bildung** und **Erziehung zum mündigen und selbstbestimmten Menschen** seine wichtigsten Ideale.

In der Familie herrscht das **Patriarchat** vor, d.h. der „Hausvater" entscheidet in allen familiären Angelegenheiten und in Erziehungsfragen. Er besitzt die absolute Autorität gegenüber seinen (weiblichen) Familienangehörigen.

Literatur

Zur Zeit der Aufklärung entstehen Lesezirkel, Bildungs- und Tischgesellschaften als Formen bürgerlich-öffentlicher Selbstverständigung über Tugend, Moral, Erziehung, Bildung und literarischen Geschmack. Die Aufgabe der Literatur wird gemäß dem lateinischen Dichter Horaz mit *prodesse et delectare* (nützen und erfreuen) beschrieben.

Es entstehen Enzyklopädien, die die umfassende lexikalische Darstellung des Wissens der Zeit enthalten.

Zeitschriften unterhalten und verbreiten neueste Erkenntnisse der Naturwissenschaften.

Drama

Das Theater wird ein Ort der bürgerlichen Öffentlichkeit. Die Helden werden nicht mehr, wie es die Ständeklausel im Barock fordert, mit edlen Adligen besetzt, sondern mit bürgerlichen Figuren oder solchen aus dem niederen Adel. In tragisch verlaufenden Konflikten mit adligen Gegenspielern bieten sie dem Publikum die Möglichkeit zur Identifikation. Diese Konflikte spiegeln die bürgerlichen Lebensumstände, meist das Ringen um Selbstverwirklichung, und zielen darauf ab, das Gemüt des Zuschauers durch Mitleid zu reinigen (Katharsis). Wegweisend für das bürgerliche Trauerspiel ist Lessing mit *Miss Sara Sampson* und *Emilia Galotti*.

Epik

Besonders beliebt sind Kurzformen wie Fabeln, die in einfacher, bildreicher Sprache unterhalten und belehren wollen. Daneben sind auch Parabeln und Erzählungen verbreitet.

Lyrik

Die oft auf die Versinnlichung einer Idee oder eines Begriffs abzielende Lyrik ist gekennzeichnet durch Einfachheit und Klarheit. Der natürliche, schlichte Ton wird durch freie Rhythmen gefördert und wendet sich explizit gegen das Pathos der höfischen Gesellschaft. Beliebt sind Lehrgedichte und Epigramme.

Miss Sara Sampson 1755, bürgerliches Trauerspiel, Gotthold Ephraim Lessing	*Fabeln* 1759, Gotthold Ephraim Lessing	*Minna von Barnhelm* 1767, Lustspiel, Gotthold Ephraim Lessing	*Emilia Galotti* 1772, bürgerliches Trauerspiel, Gotthold Ephraim Lessing	*Nathan der Weise* 1779, dramatisches Gedicht, Gotthold Ephraim Lessing	*Anton Reiser* 1785–1790, Bildungsroman, Karl Philipp Moritz
1755 — **1760** —	**1765** —	**1770** —	**1775** —	**1780** —	**1785**
Montesquieus Schrift *Vom Geist der Gesetze* erscheint, in der er die Trennung von Legislative, Exekutive und Judikative begründet. 1748	Aufhebung des Verbots von Werken, die ein heliozentrisches Weltbild vertreten, durch Papst Benedikt XIV 1757	Gründung der Bayerischen Akademie der Wissenschaften 1759	Verbesserung der Dampfmaschine durch James Watt 1769	Unabhängigkeitserklärung der Vereinigten Staaten von Amerika 1776	Essay *Beantwortung der Frage: Was ist Aufklärung?* 1784, Immanuel Kant

Empfindsamkeit und Sturm und Drang (1740–1785)

Epochenmerkmale

Themen und Motive
- Freundschafts- und Gefühlskult: Herz, Seele, fühlendes Ich, Empfindsamkeit, Leidenschaft, Freundschaft, Liebe
- Natürlichkeit, Natur in ihrer Ursprünglichkeit, Einfachheit
- Selbstverwirklichung des Ich, persönliche Freiheit, selbstbestimmte Individuen
- Geniekult: Vergötterung des herausragenden Einzelnen, Begeisterung für den schaffenden Charakter
- Konflikt des Einzelnen mit der Gesellschaft, Rebellion gegen Willkür, herrschende Sitte und Moral

Sprache und Stil
- ausdrucksstarke Gefühlssprache, u.a.: Ausrufe, Ellipsen, Metaphern …
- einfache Liedform
- freie Rhythmen
- Knittelverse
- Prosastil, in natürlicher, empfindsamer Ausdrucksweise, bisweilen auch kraftvoll-derb
- teils volkstümliche Ausdrucksweise

Gattungen und Genres
- Briefroman
- Entwicklungsroman
- Erlebnislyrik
- Lied, Volkslied
- Ballade
- Hymne
- Ode
- Schauspiel, bürgerliches Trauerspiel
- Tragödie, Tragikomödie

Abbildung 1: Friedrich Maximilian Klinger (1752–1831) gilt durch sein Drama *Sturm und Drang* als Namensgeber der gleichnamigen Epoche; Holzschnitt von 1831.
Abbildung 2: Johann Wolfgang Goethes Gartenhaus am Rande des Parks an der Ilm war 1776 sein erster Wohnsitz in Weimar.

Literarische Werke	*Sesenheimer Lieder* 1771, Gedichte, Johann Wolfgang Goethe	*Geschichte des Fräuleins von Sternheim* 1771, Briefroman, Sophie von La Roche	*Der Messias* 1749–73, Epos, Friedrich Gottlieb Klopstock	*Götz von Berlichingen* 1773, Drama, Johann Wolfgang Goethe	*Der Bauer an seinen durchlauchtigen Tyrannen* 1773, Gedicht, Gottfried August Bürger

1740	1745	1750	1755	1760

Historische Ereignisse	Temperatureinteilung in Grad Celsius durch den schwedischen Astronomen Anders Celsius 1742	Inkrafttreten des *Codex Maximilianeus Bavaricus Civilis* (Bayerisches Landrecht), einer der wichtigsten deutschen Rechtsquellen des 18. Jahrhunderts 1756	Entdeckung des Wasserstoffs durch den englischen Chemiker und Physiker Henry Cavendish 1766	Entdeckung des Sauerstoffs durch Carl Wilhelm Scheele 1771, **Joseph Priestley** 1774

Epochenbild

Zeitbild/Gesellschaft

Die literarischen Strömungen der **Empfindsamkeit** (ca. 1740 – ca. 1770) und des **Sturm und Drang** (ca. 1760 – ca. 1785) verlaufen parallel zur **Aufklärung** und knüpfen an deren Ideen an, setzen jedoch deutlich stärkere Akzente in der Betonung des Gefühls, der Leidenschaften und Fantasie. Angeprangert werden kalte Moral, Repressalien und Fürstenwillkür ebenso wie die als unnatürlich wahrgenommenen Ständeschranken.
Generell ist diese Zeit gekennzeichnet von einer voranschreitenden **Säkularisierung**.

Welt- und Menschenbild

Die Bezeichnung **Sturm und Drang** geht auf das gleichnamige Drama (1776) von Friedrich Maximilian Klinger zurück. Junge Dichter begehren gegen Untertanengeist und gesellschaftliche Beschränkungen, Normen und Regeln ihrer Vätergeneration auf, sie rebellieren gegen lebensfeindliche Zwänge. In diesem Kontext stehen auch eine große Vorliebe und Bewunderung für antike und/oder tragische Helden, wie sich z. B. in Goethes *Prometheus* (1774) oder *Werther* (1774) erkennen lässt. Der Künstler ahmt die Welt nicht nach, er wird als originärer Schöpfer angesehen, der in seiner besonderen Individualität als **Originalgenie** unabhängige Werke von Einzigartigkeit schafft.
In der Dichtung der **Empfindsamkeit** ist der Gegenstand der fühlende, ganz im Miteinander, in der Liebe und in der Freundschaft aufgehende Mensch.
Das religiöse Empfinden und ein einfaches, ursprüngliches Naturerleben sind von großer Bedeutung. Das einfühlsame Verhältnis zur Natur wird bis zu ihrer allgemeinen, nicht auf eine Religion festgelegte Vergöttlichung gesteigert (**Pantheismus**).
Auch der **Pietismus**, eine religiöse Bewegung des Protestantismus, beeinflusst die Empfindsamkeit stark: Er setzt den Dogmen des Glaubens und der Kirche die direkte und unmittelbare Beziehung zu Gott, die tief empfundene religiöse Einheit der Schöpfung entgegen.

Literatur

Die Briefkultur erlebt als Mittel der persönlichen und intellektuellen Kommunikation eine Blütezeit. Für die Verfasserinnen und Verfasser, besonders auch für die meist auf das Haus bezogenen Frauen, sind Briefe eine gute Möglichkeit, sich vertraulich mitzuteilen und inneren Leidenschaften und Gedanken Ausdruck zu geben.

Drama

Das Drama gilt, auch in seiner Weiterentwicklung des **bürgerlichen Trauerspiels**, als die wichtigste Gattung der Epoche. Als großes Vorbild und Inbegriff des Genies gilt William Shakespeare (1564–1616). Die Forderung der Einheit von Ort, Zeit und Handlung wird ebenso aufgegeben wie die gebundene Verssprache. Freie Rhythmen und Prosastil setzen sich durch. Die im Drama dargestellten Themen beinhalten oft das leidenschaftliche Aufbegehren des Einzelnen gegen moralische, politische oder religiöse Unterdrückung.

Lyrik

In der Lyrik werden menschliche Grunderfahrungen der Natur und der Liebe sichtbar gemacht. Die **Erlebnislyrik** ist durch einen intensiven persönlichen Ausdruck gekennzeichnet. Eine nur wenige Monate während Liebesbeziehung Goethes bietet z. B. den biografischen Hintergrund für zahlreiche seiner Gedichte (*Sesenheimer Lieder*, 1771). Die Erlebnislyrik rückt teilweise durch eine sprachlich schlichte Gestaltung in die Nähe der Volkslieder. Bezüge zur Volksdichtung zeigen sich auch in den Balladen. Erzählt werden Begebenheiten mit mystischen Inhalten (z. B. Goethes *Erlkönig*, 1782). Die besondere Ergriffenheit kann sich aber auch in den Lob- und Preisgesängen der Hymne oder Ode ausdrücken.

Epik

Der Roman ist nur mit wenigen Beispielen vertreten. Er zeigt aber wie Goethes Briefroman *Werther* (1774) psychologisch genau die persönlichen inneren Leidenschaften.

Prometheus/Die Leiden des jungen Werthers 1774, Ode/Briefroman, Johann Wolfgang Goethe	*Die Soldaten* 1776, Drama, Jakob Michael Reinhold Lenz	*Die Räuber* 1781, Drama, Friedrich Schiller	*Kabale und Liebe* 1784, Drama, Friedrich Schiller	*An die Freude* 1785, Ode, Friedrich Schiller
1765	**1770**	**1775**	**1780**	**1785**
Auch eine Philosophie der Geschichte zur Bildung der Menschheit von Johann Gottfried Herder erscheint. 1774	Amerikanischer Unabhängigkeitskrieg 1775–1783	Gründung des Geheimbunds *Illuminatenorden* durch Johann Adam Weishaupt in Ingolstadt 1776	Erster deutscher Lehrstuhl für Pädagogik an der Universität Halle 1779	Erfindung des vollmechanisierten Webstuhls 1785

Klassik (1786–1805)

Epochenmerkmale

Themen und Motive

- die ästhetische Erziehung des Menschen: Im Schönen wird die Idee anschaubar.
- Stoffe, Themen und Formen der griechischen Antike als Vorbilder und Muster
- die „schöne Seele", bei der Pflicht und Neigung im Einklang stehen, als unerreichbares Ideal und Vorbild
- Veränderung der Gesellschaft durch Veredelung des Charakters
- Wahrheit, Autonomie, Humanität, Idealität, Bildung

Sprache und Stil

- Formstrenge und metrische Gebundenheit
- hoher Stil
- komplexe Syntax
- antike Gedicht- und Versformen
- im Drama strenge Orientierung an den drei Einheiten (Ort, Zeit, Handlung)
- Blankvers im Drama
- sentenzhaftes Sprechen
- Reichtum rhetorischer Figuren

Gattungen und Genres

- Ideen- und Gedankenlyrik
- Lehrgedicht
- Lied
- Ode
- Sonett
- Ballade, Ideenballade
- Elegie
- Epigramm
- Bildungsroman
- Entwicklungsroman
- historisches Drama
- Ideendrama
- Tragödie
- ästhetische und historische Schriften

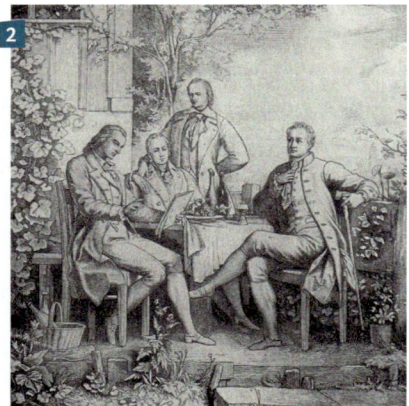

Abbildung 1: Johann Georg Ziesenis: *Porträt Herzogin Anna Amalia von Sachsen-Weimar-Eisenach*, um 1769
Abbildung 2: Friedrich Schiller, Wilhelm und Alexander von Humboldt sowie Johann Wolfgang Goethe in Schillers Garten in Jena, Zeichnung von Andreas Müller, erschienen 1860 in *Die Gartenlaube*

Literarische Werke	*Iphigenie auf Tauris* 1787, Drama, Johann Wolfgang Goethe	*Don Carlos* 1787, Drama, Friedrich Schiller	*Über Anmut und Würde* 1793, philosophische Schrift, Friedrich Schiller	*Briefe zu Beförderung der Humanität* 1793–1797, Johann Gottfried Herder	*Wilhelm Meisters Lehrjahre* 1795/96, Entwicklungsroman, Johann Wolfgang Goethe
1786	**1788**	**1790**	**1792**	**1794**	**1796**
Historische Ereignisse	Französische Revolution 1789 Terrorherrschaft der Jakobiner in Paris 1789–1794	erstes Dampf-Walzwerk in England 1790	erster Koalitionskrieg europäischer Staaten gegen das revolutionäre Frankreich 1792–1797	Hinrichtung Ludwigs XVI. in Paris 1793	

Epochenbild

Zeitbild/Gesellschaft

Als **Weimarer Klassik** bezeichnet man die Blütezeit deutscher Literatur und Kultur, die mit **Goethes Italienreise** 1786 beginnt und mit **Schillers Tod** 1805 endet. Neben diesen beiden maßgeblichen Dichtern prägen auch Christoph Martin Wieland und Johann Gottfried Herder diese Epoche.

Die **Stadt Weimar** entwickelte sich zu dieser Zeit zum Mittelpunkt des literarischen Lebens in Deutschland, da das dortige Herzogtum das Kunst- und Kulturleben förderte. Herzogin Anna Amalia begründete im Zuge dessen den sog. „Weimarer Musenhof", eine Begegnungsstätte für kulturellen Austausch.

Politisch ist diese Zeit geprägt von den blutigen Unruhen der **Französischen Revolution**, deren Terror und Gewalt Goethe und Schiller ablehnten. Die rohe Wirklichkeit klammern sie in ihren Werken bewusst aus.

Welt- und Menschenbild

Da die Klassiker in den revolutionären Bewegungen einen Rückfall des Menschen in seine tierische Natur sehen, setzen sie dieser Entwicklung das Programm einer **ästhetischen Erziehung** entgegen. Ihr Ziel ist die Ausbildung des Menschen zu einem harmonischen Wesen, bei dem Pflicht und Vernunft mit den Neigungen und der Natur des Menschen in **harmonischem** Einklang stehen. Im Ideal der **„schönen Seele"** (Schiller) sehen sie diese Harmonie vollendet. Mit ihrem Handeln verkörpert die schöne Seele reine Menschlichkeit und wird so zum Vorbild für andere Menschen. Infolgedessen wird es zur **Aufgabe der Kunst** und Literatur, zentrale Werte wie **Humanität** sowie das Wahre, Gute und Schöne zu vermitteln und dem Menschen so das angestrebte Ideal näherzubringen. „Edel sei der Mensch, hilfreich und gut!" (Goethe) wird zum Leitsatz der Epoche. Konkretisiert wird dieses neue Bildungsziel auch in Schillers Abhandlung *Über die ästhetische Erziehung des Menschen* (1795): Wer dauerhaft politische Veränderungen erreichen wolle, müsse zuerst den Menschen mithilfe der Kunst bilden und dadurch einen Wandel der Gesellschaft hervorrufen.

Literatur

Die griechische Antike ist das Ideal für diese Bestrebung. Neben den Stoffen dient auch die **vollendete Form** antiker, durch „edle Einfalt und stille Größe" (Winckelmann) geprägter Werke als Modell. Daraus erwächst die Forderung nach Maß, Ordnung, Vernunft und der **Autonomie der Kunst**. Dieses Kunstprogramm unterscheidet sich von der populären Trivialliteratur, aber auch von Literaten, die sich kaum mit den gängigen Epochenbegriffen fassen lassen, wie z. B. Friedrich Hölderlin und Heinrich von Kleist.

Lyrik

Sich von der Erlebnislyrik des Sturm und Drang abgrenzend und auf antike Genres und Metren zurückgreifend, folgt die Lyrik mit ihren weltanschaulichen und ästhetischen Reflexionen einem geschlossenen Formideal. Während Schillers Gedankenlyrik die Ideale der Klassik darstellt, verbindet Goethe individuelle Erfahrungen mit allgemein menschlichen Themen.

Epik

Als Vorbild gilt einerseits das homerische Epos als antike Großform in gehobener Sprache mit stets gleichbleibenden, gemessen fortschreitenden Versen oder Strophen, wie z. B. in Goethes Epos *Hermann und Dorothea* (1797). Im Bildungsroman *Wilhelm Meisters Lehrjahre* (1795/96) stellt Goethe andererseits die Entwicklung eines Individuums in der Gesellschaft in einem vorausweisenden Erzählmodell dar.

Drama

Goethe und Schiller entwickeln auch hier in Abgrenzung zur eigenen Sturm-und-Drang-Periode und zum bürgerlichen Trauerspiel ein neues Formideal, das sich an das antike Drama anlehnt und durch strenge Komposition sowie hohen Stil gekennzeichnet ist. Die inneren Konflikte betonend, versuchen die Figuren, zwischen Ideal und Wirklichkeit, Autonomieanspruch und Macht der Verhältnisse ihr Selbst zu wahren (*Iphigenie auf Tauris*, 1787), scheitern tragisch (*Wallenstein*, 1798/99) oder suchen Freiheit im Tod (*Maria Stuart*, 1800).

Hermann und Dorothea 1797, Epos in neun Gesängen, Johann Wolfgang Goethe	**Hyperion oder Der Eremit in Griechenland** 1797/99, Roman, Friedrich Hölderlin	**Balladen** 1797/98, Johann Wolfgang Goethe/ Friedrich Schiller	**Wallenstein** 1798/99, Dramen-Trilogie, Friedrich Schiller	**Maria Stuart** 1800, Drama, Friedrich Schiller	**Wilhelm Tell** 1804, Drama, Friedrich Schiller	**Penthesilea** 1808, Drama, Heinrich von Kleist

1798	1800	1802	1804	1806	1808
zweiter Koalitionskrieg gegen Frankreich (Napoleon I.) 1798–1802		**Säkularisation** 1802/03	**Erhebung Österreichs zum Kaiserreich, Kaiserkrönung Napoleons I. in Frankreich** 1804	**Ende des Heiligen Römischen Reichs Deutscher Nation** 1806	

Romantik (1795–1840)

Epochenmerkmale

Themen und Motive
- Romantisierung der Wirklichkeit: Poesie als Mittel, um sich über den Alltag zu erheben und zur eigenen menschlichen Bestimmung zu gelangen: Gefühl, Leidenschaft, Liebe, Lied, Fantasie, Nacht, Traum, Ferne, Wandern, Reisen, Natur
- progressive Universalpoesie
- Sehnsucht als Zentralmotiv: Bewusstsein der Unabgeschlossenheit und der Unmöglichkeit des vollständig erfolgreichen Findens bzw. Erfüllens
- blaue Blume als Zentralsymbol metaphysischer Sehnsucht
- Konflikt des Künstlers mit der spießbürgerlichen Gesellschaft (Philister)
- Individualität, Subjektivität
- Mittelalter als positive Zeit in Abgrenzung zur (technisierten) Gegenwart
- Gott, Religiosität, Katholizismus
- romantische Ambivalenz, auch Mysterium, Spuk, Wahnsinn

Sprache und Stil
- Bilderreichtum, u.a. romantische Chiffre, Symbol, Synästhesie, Metapher
- Vokalismus
- Reim
- fließende Rhythmen
- (Wort-)Musik
- Stil- und Genreverbindungen

Gattungen und Genres
- Lyrik, v.a. Liebeslyrik, Naturlyrik, Erlebnislyrik
- Volkslied, Kunstlied
- Volksmärchen, Kunstmärchen
- Erzählung, Novelle
- Künstlerroman
- Schauerroman
- Satire, Groteske, Humoreske
- Aphorismus, Essay, Glosse
- Brief
- Fragment
- Tragödie
- Komödie, Singspiel, Posse, Puppenspiel
- Zeitschrift

Abbildung 1: Caspar David Friedrich: *Frau vor der untergehenden Sonne*, 1818
Abbildung 2: Blick ins Erdgeschoss des E. T. A.-Hoffmann-Hauses in Bamberg

Literarische Werke	*Siebenkäs* 1796/97, Roman, Jean Paul	*Der gestiefelte Kater* 1797, Komödie, Ludwig Tieck	*Hymnen an die Nacht* 1797–1800, Novalis	*Athenäum* 1798–1800, Zeitschrift, Brüder Schlegel	*Heinrich von Ofterdingen* 1802, Roman, Novalis	*Des Knaben Wunderhorn* 1806/08, Volksliedsammlung, Achim von Arnim, Clemens Brentano	*Der zerbrochne Krug* 1808, Komödie, Heinrich von Kleist
1795	**1800**		**1805**		**1810**		**1815**
Historische Ereignisse	Inbetriebnahme der ersten deutschen Dampfmaschine im heutigen Sachsen-Anhalt nach der maßgeblichen Bauart James Watts 1785	Französische Revolution 1789–99	Ende des Heiligen Römischen Reichs Deutscher Nation infolge der Koalitionskriege 1806	Gründung der ersten modernen Universität in Berlin durch Wilhelm von Humboldt 1809	Befreiungskriege (Kampf gegen die Herrschaft Napoleons) 1813–1815	Wiener Kongress unter Leitung Metternichs, Beginn der Restauration, Gründung des Deutschen Bundes 1814/1815

Epochenbild

Zeitbild/Gesellschaft

Die **Romantik** ist eine Reaktion auf den Rationalismus der **Aufklärung**, die Umwälzungen der Französischen Revolution und der beginnenden Industrialisierung. Gefühle der Krise und Desillusionierung führen in Abgrenzung zur Überbetonung der Vernunft in der Aufklärung und der formalen Strenge bzw. Ordnung in der **Klassik** zu einem Rückzug ins Innere: Eine poetische Wahrnehmung der Welt mit „grenzenloser" Fantasie wird zum Gegenpol der als beengend empfundenen Wirklichkeit.

Die Epoche, die neben dem Fantastischen, Sinnlichen und Abenteuerlichen auch das Schaurige und Irrationale (**Schauerromantik**) in den Fokus rückt, wird allgemein in die drei sich überschneidenden Phasen der **Frühromantik** (Zentrum: Jena), der **Hochromantik** (Heidelberg) und der **Spätromantik** (Berlin) unterteilt.

Welt- und Menschenbild

Die geistigen Eliten fühlen sich frei von Konventionen, pflegen den Kult der Liebe und der Freundschaft, diskutieren alternative Lebensformen der bürgerlichen Familie. Diese Diskussionen finden v.a. in literarischen Salons statt, die oft von Frauen wie der Schriftstellerin Henriette Herz gepflegt und geleitet werden. Die Rolle der Frau als Vermittlerin und Produzentin von Literatur gewinnt an Bedeutung und das traditionelle Frauenbild wird in literarischen Werken wie dem *Sandmann* (Hoffmann) ironisch kritisiert.

Mit der Wertschätzung des kulturellen Erbes, v.a. mit dem Blick auf das Mittelalter und die Religion (Christentum), verbindet sich eine Begeisterung für die Erzeugnisse des „Volksgeistes", der sich nach der Vorstellung der Zeit in Volksliedern, Sagen, Märchen und Volksbüchern manifestiert und nationale Identität stiften soll.

In der Zeit der Romantik etablieren sich ungeachtet der Skepsis gegenüber dem Rationalismus in der Kunst verschiedene Geistes- und Sprachwissenschaften, insbesondere die von den Brüdern Grimm maßgeblich geförderte **Germanistik**, als wissenschaftliche Disziplinen.

Literatur

Die Romantisierung der Wirklichkeit äußert sich nicht nur in der faszinierten Darstellung des Mystischen, Fantastischen und Irrationalen. Die Romantiker betreiben in ihrer Weltverzauberung auch Sprachspiel, Satire und bedienen nationale Themen. Ein ebenso freier wie radikaler Geist birgt auch Ängste und Gefahren, wie z.B. in den Werken Joseph von Eichendorffs. Gerade die Spätromantiker wie E. T. A. Hoffmann untersuchen den ganzen Menschen und damit auch die Nachtseiten menschlicher Psyche durch den Einbruch des Fantastischen und Bösen in eine scheinbar normale Welt.

Lyrik

Die Lyrik verwirklicht romantische Grenzenlosigkeit mit ihrem verdichtenden Sprachgebrauch. Symbolische Verschlüsselungen stehen neben kunstvollen Klängen und Formen, z.B. in der **Naturlyrik**, die vielfältige Assoziationen weckt und eine Verschmelzung verschiedener Sinneseindrücke anstrebt. Gleichzeitig entstehen Sammlungen schlichter, stets gereimter volkstümlicher Lyrik (**Volkslied**).

Epik

Im Sinne der **progressiven Universalpoesie**, die alle poetischen Gattungen miteinander verbinden will, werden Gedichte und dramatische Elemente in Erzählhandlungen eingefügt. Die **Volks- und Kunstmärchen**, Erzählungen, Novellen, Romane, Glossen, Essays, Satiren, Humoresken und Aphorismen dokumentieren die erzählerische Vielfalt. Vieldeutigkeit, Rätselhaftigkeit und hohe symbolische Dichte verweisen auf fantastische oder innere Welten (z.B. Novalis: *Heinrich von Ofterdingen*, 1802).

Drama

Die romantischen Theaterstücke, die ähnlich der Epik andere Gattungen integrieren, gelten als unspielbar und werden kaum aufgeführt. Sie ignorieren oder ironisieren traditionelle Vorgaben, wie z.B. Ludwig Tiecks *Der gestiefelte Kater* (1797), das als **Lesedrama** konzipiert ist.

Kinder- und Hausmärchen 1812–1815, Brüder Grimm	**Peter Schlemihls wundersame Geschichte** 1814, Kunstmärchen, Adelbert von Chamisso	**Der Sandmann** 1816, Erzählung, E. T. A. Hoffmann	**Deutsche Sagen** 1816–18, Brüder Grimm	**Aus dem Leben eines Taugenichts** 1826, Novelle, Joseph von Eichendorff	**Goethes Briefwechsel mit einem Kinde** 1835, Bettina von Arnim	**Gedichte** 1837, Joseph von Eichendorff

1820	1825	1830	1835	1840
Wartburgfest der deutschen Burschenschaften, Verkündigung nationaler und liberaler Forderungen 1817	**Ermordung Kotzebues durch den Studenten Karl Ludwig Sand, Karlsbader Beschlüsse der Bundesversammlung mit Verschärfung der Zensur gegenüber revolutionären Umtrieben** 1819	**Julirevolution in Frankreich, Nachwirkungen in großen Teilen Europas** 1830	**Hambacher Fest, Forderung nach Volkssouveränität und Einheit Deutschlands** 1832	**Gründung des Deutschen Zollvereins** 1834	**Eröffnung der ersten Eisenbahnstrecke in Deutschland zwischen Nürnberg und Fürth** 1835

Realistische Strömungen des 19. Jahrhunderts (1815–1900)

Epochenmerkmale

Themen und Motive

Biedermeier
- Absage an das gewaltig Erhabene zugunsten übersichtlicher Ordnung
- Rückzug ins Private/Häusliche, Religiöse und die Natur; apolitische Grundhaltung, Betonung menschlicher Werte

Literarischer Vormärz
- Auflehnung gegen Monarchie, Obrigkeitsstaat, Kirche
- Kritik an sozialen Missständen
- Engagement für nationale Einheit, Freiheit, Gerechtigkeit und Selbstbestimmung des Volkes

Poetischer Realismus
- spannungsreiches Verhältnis des Einzelnen zur Gesellschaft
- innere Vorgänge des Subjekts in den gegenwärtigen Lebensformen
- Reibung an Rollenmustern und Normen (Ehe, Familie, Adel)

Naturalismus
- ungeschönter Blick auf großstädtische oder ländliche Milieus mit Fokus auf Not, Elend, soziale Verkommenheit
- Determinismus durch Milieu und Vererbung

Sprache und Stil

Biedermeier
- kunstvoll konstruierte Einfachheit
- detaillierter Blick auf das vordergründig Unscheinbare

Literarischer Vormärz
- appellative Ausdrucksweise, Schaffung eines Wir-Gefühls
- rhetorischer, ironisch-sarkastischer Sprachgestus
- pathetische Beschwörung der politischen Ziele

Poetischer Realismus
- epische Breite, Detailreichtum
- Alltagssprache bis hin zum Plauderton
- hintergründige Schilderungen, humorvoll-distanzierte Erzählhaltung
- hintergründige Symbolik

Naturalismus
- Nachahmung von Alltags-, Umgangssprache, Soziolekt, Dialekt bis hin zum Stammeln
- geschlossene Dramenform mit akkurater Beachtung der Einheiten von Zeit und Ort
- Sekundenstil

Gattungen und Genres

Biedermeier
- Novelle, Erzählung, Bildungsroman
- Volksstück, historisches Drama
- Dinggedicht, Gedankenlyrik, Ballade

Literarischer Vormärz
- Reiseliteratur, Versepos, Satire
- politische Lyrik, Spottgedicht
- Flugblatt, Zeitschrift
- Sozialreportage, Brief

Poetischer Realismus
- Bildungs- bzw. Entwicklungsroman, Gesellschaftsroman, Novelle
- Ballade, Gedankenlyrik, Dinggedicht

Naturalismus
- soziales Drama
- erzählerische Skizze, novellistische Studie
- Großstadtlyrik

Literarische Werke	Lenz/Dantons Tod 1835, Erzählung/ Drama, Georg Büchner	Woyzeck 1837, Drama, Georg Büchner	Gedichte 1838, Eduard Mörike	Gräfin Faustine 1841, Roman, Ida Hahn-Hahn	Die Judenbuche 1842, Novelle, Annette von Droste-Hülshoff	Deutschland. Ein Wintermärchen 1844, Versepos, Heinrich Heine	Maria Magdalena 1844, Tragödie, Friedrich Hebbel	Aus dem Leben einer Frau 1847, Roman, Louise Aston
1810	**1820**		**1830**			**1840**		**1850**
Historische Ereignisse	Wiener Kongress (Restauration) 1814/1815	Karlsbader Beschlüsse 1819	Julirevolution in Frankreich, Nachwirkungen in ganz Europa 1830	Kommunistisches Manifest (Marx/Engels) 1848	Revolution in Deutschland (Märzrevolution) 1848/1849	erste Volksbüchereien in England und Deutschland 1850		Krieg zwischen Österreich und Preußen, Norddeutscher Bund 1866

Epochenbild

Zeitbild/Gesellschaft

Der **Wiener Kongress** (1814/15) etabliert eine europäische Friedensordnung mittels einer konstitutionellen Monarchie in Frankreich und einem föderalen Deutschen Bund. Diese durch die Karlsbader Beschlüsse 1819 repressiv verteidigte Neuordnung (1815–1848) ist geprägt von einer rigiden Unterdrückung des **Strebens nach bürgerlichen Freiheiten (Liberalismus), nationaler Einheit und sozialer Gerechtigkeit**. In der Folge ziehen sich viele resigniert ins Private zurück. Auch das Scheitern der **Märzrevolution** (1848/49) bedeutet einen massiven Rückschlag für Demokratie und Liberalismus. Erst die **Reichsgründung** von 1871 schafft die nationale Einheit, allerdings innerhalb autoritärer Strukturen. Währenddessen verändert die **Industrialisierung** die Arbeitswelt und die gesellschaftlichen Strukturen radikal. Für Dynamik sorgt die Entstehung einer **bürgerlichen Kultur**, geprägt von Bildung und Wissenschaft, aber auch Besitzstreben. Gleichzeitig erstarkt, angesichts des im Elend lebenden **Proletariats**, die Arbeiterbewegung.

Welt- und Menschenbild

Das religiöse Weltbild gerät durch **atheistische Theorien** unter Druck, die Gott als menschliche Projektion (Ludwig Feuerbach) und Religion als „Opium des Volkes" (Karl Marx) sehen. An die Stelle des aufklärerischen bzw. klassischen Ideals von der menschlichen Entscheidungs- und Handlungsfreiheit treten zunehmend Vorstellungen von der **Determination des Menschen** durch soziale oder biologische Faktoren: Karl Marx' und Friedrich Engels' Theorie des **historischen Materialismus** sieht den Menschen durch die ökonomischen Produktions- und Arbeitsbedingungen geprägt: Eine Revolution könne den ausbeuterischen Kapitalismus beseitigen und eine gerechte kommunistische Gesellschaft etablieren.

Charles Darwins **Evolutionstheorie** bildet die Grundlage für die Vererbungslehre, wird aber auch verkürzt auf **sozialdarwinistische Anschauungen** und **kolonialistische Rassentheorien**.

Literatur

Die Literatur des Realismus vollzieht eine selbstbewusste **Abgrenzung vom Idealismus**; insbesondere weist sie den Vorwurf zurück, nach der Klassik befinde sich die Literatur in einem stetigen Niedergang. Was unter Realismus zu verstehen sei, interpretieren die Strömungen des **Biedermeier**, des **Literarischen Vormärz** (beide ca. 1815–1848), des **Poetischen (auch: Bürgerlichen) Realismus** (ca. 1848–1890) und des **Naturalismus** (ca. 1880–1900) unterschiedlich (vgl. S. 194 ff.).

Lyrik

Typisch für die Literatur des Vormärz ist die **politische Lyrik**, die zur Agitation genutzt wird. Die Detailgenauigkeit des Biedermeier fördert das **Dinggedicht** (vgl. S. 295), wohingegen die **Gedankenlyrik** grundsätzliche Themen des menschlichen Daseins thematisiert. Die **Naturlyrik** setzt sich mit romantischen Topoi auseinander, löst sich aber gleichzeitig von diesen und differenziert sich aus. In der **Ballade** werden Stoffe aus Geschichte, Mythos und Sage, aber auch moderne Themen gestaltet.

Epik

Bildungs- und Gesellschaftsromane widmen sich dem Selbstverständnis, der Reibung an Rollenmustern und dem privaten Sein bürgerlicher Protagonisten. Daneben stehen **Novellen**, die von psychologischer Tiefe und formal anspruchsvoller Gestaltung geprägt sind. **Reisebilder und Reiseberichte** kennzeichnen den Vormärz.

Drama

An die Stelle des klassischen dramatischen Konflikts zwischen Protagonist und Antagonist tritt verstärkt der **Gegensatz von Individuum und Gesellschaft**. Dieser wird v. a. im Naturalismus in **historischen Tragödien** (formal oft noch in der Tradition der Klassik), dann aber auch im **sozialen Drama** (Büchner) gestaltet.

| **Die Leute von Seldwyla** 1853–1875, Novellenzyklus, Gottfried Keller | **Der Nachsommer** 1857, Roman, Adalbert Stifter | **Zum wilden Mann** 1874, Novelle, Wilhelm Raabe | **Der Schimmelreiter** 1888, Novelle, Theodor Storm | **Die Familie Selicke** 1890, Drama, Arno Holz/Johannes Schlaf | **Die Weber** 1892, Drama, Gerhart Hauptmann | **Effi Briest** 1894/95, Roman, Theodor Fontane | **Kinder der Eifel** 1897, Novellensammlung, Clara Viebig |

1860	1870	1880	1890	1900

| **Gründung des Deutschen Reichs unter Wilhelm I.** 1871 | **Bismarck ist Reichskanzler.** 1871–1890 | **Verbot sozialdemokratischer Aktivitäten (Sozialistengesetze)** 1878–1890 | **Sozialgesetzgebung, Reaktion auf die soziale Not infolge der Industrialisierung** 1883–1889 | **Deutschland wird Kolonialmacht.** 1884 | **Carl Benz entwickelt ersten Motorwagen.** 1886 | **Wilhelminismus: Kaiser Wilhelm II. regiert** 1888–1918 |

Moderne (1890–1945)

Epochenmerkmale

Themen und Motive

Fin de Siècle/Dekadenz und Ästhetizismus/Symbolismus
- Verlust, Zerfall, Bedrohung des Ich, Angst, Trauer, Nihilismus
- Sehnsucht, Einsamkeit, Weltschmerz, Melancholie, Suche, Liebe, Verlangen
- Identität, Ich-Destruktion, Dissoziation, Psyche, Künstlernatur, Sprachskepsis

Expressionismus
- Generationenkonflikt, Militarismus, Krieg, Untergang
- Großstadt, Geschwindigkeit, Masse, Wahnsinn, Rausch, Leere
- Erneuerung, Aufbruch, Revolution

Neue Sachlichkeit
- Liberalismus, Massenkultur, Großstadtleben, Alltag, Liebe, Anonymität
- Moral, Politik, Kapitalismus, Kommunismus, Kriminalität, Armut, Verantwortung

Sprache und Stil

Fin de Siècle/Dekadenz und Ästhetizismus/Symbolismus
- Symbol, Chiffre
- Farbsymbolik, Klangbild, Synästhesie

Expressionismus
- Fragmentierung, Reihungsstil, Simultantechnik, Montage, Wortkunst, Bildsprache, Neologismen
- Ästhetik des Hässlichen
- Innerlichkeit: Bewusstseinsstrom, erlebte Rede, innerer Monolog

Neue Sachlichkeit
- Berichtstil, Dokumentartechnik

Gattungen und Genres

Fin de Siècle/Dekadenz und Ästhetizismus/Symbolismus
- Sonett, Dinggedicht

Expressionismus
- Sonett, Lautgedicht, Erzählgedicht
- Parabel, lyrischer Roman

Neue Sachlichkeit
- Gebrauchslyrik, Gesellschaftsroman, episches Theater, Kabarett
- Reportageliteratur, engagierte Literatur, Satire

Abbildung 1: Reinhold Völkel: *Café Griensteidl*, Gemälde, 1896
Wien, Berlin und München gelten als die Zentren der Moderne. In Künstlercafés treffen sich die Akteure des Kulturbetriebs. Sie tauschen Ideen aus, diskutieren gesellschaftliche und künstlerische Entwicklungen und sprechen über ihre aktuellen Arbeiten.

Literarische Werke	*Chandos-Brief* 1902, Hugo von Hofmannsthal	*Die Aufzeichnungen des Malte Laurids Brigge* 1910, Roman, Rainer Maria Rilke	*Der Tod in Venedig* 1912, Novelle, Thomas Mann	*Morgue und andere Gedichte* 1912, Gottfried Benn	*Vor dem Gesetz* 1915, Erzählung, Franz Kafka	*Gesammelte Gedichte* 1917, Else Lasker-Schüler	*Ulysses* 1922, Roman, James Joyce
1890 —	**1895** —	**1900** —	**1905** —		**1910** —	**1915** —
Historische Ereignisse	**Wilhelminismus Kaiser Wilhelm II.** 1888–1918	**In Berlin und Paris werden erstmals Filme vor Publikum vorgeführt.** 1895	**Erweiterung des deutschen Kolonialbesitzes, Flottenpolitik** ab 1898	**1. Internationale Friedenskonferenz in Den Haag** 1899	**Erster Weltkrieg** 1914–1918	**Oktoberrevolution in Russland** 1917

Epochenbild

Zeitbild/Gesellschaft

Ende des 19. Jahrhunderts geraten das enge und **militaristische** Leben des Kaiserreichs und seine traditionellen Lebensformen in krassen Widerspruch zum rasanten gesellschaftlichen Wandel: Hochgradige **Technisierung**, das Aufkommen einer massenmedial geprägten Öffentlichkeit (Presse, Radio, Film), die Verwissenschaftlichung aller Lebensbereiche und die in wachsenden **Großstädten** zunehmende Anonymität prägen die Jahrhundertwende.

Im **Ersten Weltkrieg (1914–1918)** zeigt sich die bis dahin ungeahnte materielle und psychische Zerstörungskraft industrieller Kriegsführung. Die militärische Niederlage bedeutet schließlich den Zusammenbruch des deutschen Kaiserreichs. Aus dem Chaos der Novemberrevolution entsteht die vergleichsweise liberale **Weimarer Republik**, in der allerdings kein nachhaltiger gesellschaftlicher Frieden gestiftet werden kann. Bis auf eine Phase relativer Stabilisierung zwischen Hyperinflation (1923) und Weltwirtschaftskrise (ab 1929) ist diese erste deutsche Demokratie gekennzeichnet von der Rivalität radikaler Ideologien wie dem Kommunismus und dem erstarkenden **Nationalsozialismus**, der mit der Machtübernahme Hitlers (1933) sämtlichen liberalen und demokratischen Entwicklungen ein Ende bereitet.

Welt-/Menschenbild

Umbruchserfahrungen auf materieller und geistiger Ebene führen zur Auflösung bisherigen bürgerlichen Selbstverständnisses: In dem Maß, wie Sigmund Freuds *Traumdeutung* (1899) und die Erforschung des **Unbewussten** das menschliche Selbstbild erschüttern und Kunst wie Literatur inspirieren, revolutionieren wissenschaftliche Entdeckungen wie Albert Einsteins Relativitätstheorie (1905/1916) tradierte Vorstellung von Raum und Zeit. Die Suche nach Identität, Orientierung und Stabilität mobilisiert zentrale Schaffenskräfte, die diesen **Krisenzustand des modernen Menschen** widerspiegeln, mit dem sich z. B. Friedrich Nietzsche am Ende des 19. Jahrhunderts philosophisch auseinandersetzt.

Literatur

Die Literatur der Moderne kennzeichnet eine Vielfalt sich überschneidender literarischer Strömungen. Die Zerrissenheit des Individuum rückt in den Mittelpunkt, es geht um avantgardistische Möglichkeiten des Ausdrucks gegenwärtiger Welterfahrung, um Schönheit und Stil und um das Aufbegehren gegen Grenzen der bürgerlichen Gesellschaft.

Lyrik

Während in der Dekadenz des Fin de Siècle Untergang und Verfall bestimmend waren, im **Ästhetizismus** das Schöne den höchsten Wert besitzt, drückt **impressionistische** Dichtung die Stimmung eines individuellen sinnlichen Eindrucks aus. Der **Symbolismus** versucht eine künstliche Welt idealer Vollkommenheit zu schaffen und Tiefenzusammenhänge zu ergründen. **Expressionistische** Lyrik entfaltet in häufig apokalyptischen Bildern, aber auch mit der Ästhetik des Hässlichen ausdrucksstark die Lage des entfremdeten Subjekts. Die **Neue Sachlichkeit** thematisiert in Abgrenzung zum radikalen Subjektivismus des Expressionismus Alltägliches in nüchterner Sprache.

Epik

Die Epik der Moderne erforscht unter dem Einfluss der Psychoanalyse das **innere Erleben** der Figuren und damit die Komplexität der individuellen Persönlichkeit. Moderne Erzählperspektiven und **Multiperspektivität** lösen logisch-kausale Handlungszusammenhänge zugunsten einer subjektiven Wahrnehmung des Geschehens auf.

Drama

Expressionistisches Theater und Kunst des **Dada** sind Entfaltungsräume der **Inszenierung eines Gesamtkunstwerks** aus Sprache, Körper, Klang, Technik und Kostüm. Die Einheiten von Raum und Zeit werden aufgelöst, Figuren treten häufig selbstreflexiv und monologisch auf. Das **epische Theater** Brechts und das Kabarett kommentieren mit **gesellschaftskritischen Stücken** die politischen Spannungen.

| *Die Dreigroschenoper* 1928, Theaterstück, Bertolt Brecht | *Berlin Alexanderplatz* 1929, Roman, Alfred Döblin | *Der Mann ohne Eigenschaften* 1930, Roman, Robert Musil | *Das lyrische Stenogrammheft* 1933, Lyriksammlung, Mascha Kaléko | *Auf dem Fundbureau* 1933, Kabarett, Erika Mann | *Nach Mitternacht* 1937, Roman, Irmgard Keun | *Das siebte Kreuz* 1942, Roman, Anna Seghers |

1920	1925	1930	1935	1940	1945
November-revolution, Räteregierungen 1918/19	Vertrag von Versailles 1919 / Weimarer Republik: Mischung aus parlamentarischer und präsidialer Demokratie 1919–1933	Kapp-Putsch von Republikgegnern 1920 / Inflation 1923	Aufnahme Deutschlands in den Völkerbund 1926	Weltwirtschaftskrise 1929 / Machtübernahme der Nationalsozialisten 1933	Zweiter Weltkrieg 1939–1945

Literatur der Gegenwart (1945–heute)

Epochenmerkmale

Themen und Motive

Literatur nach 1945
- Heimkehr
- Trümmerliteratur
- System- und Gesellschaftskritik
- Neue Subjektivität

Literatur nach 1989
- Mauerfall und Wende
- Aufarbeitung der (eigenen) Vergangenheit
- Alltagsrealität
- Identität und Identitätslosigkeit
- Pluralismus als Leitmotiv der Postmoderne
- Digitalisierung
- Migration
- Globalisierung

Sprache und Stil

Literatur nach 1945
- extreme Knappheit im Stil (Lakonismus)
- Verschlüsselung (Hermetismus)
- Chiffren
- schlichte parataktische Reihungen
- Bewusstseinsstrom

Literatur nach 1989
- Spiel mit dem Leser und mit literarischen Mustern
- Ironisierung
- Intertextualität
- Vermischung von Stilebenen
- nichtlineares Erzählen

Gattungen und Genres

Literatur nach 1945
- hermetisches Gedicht
- Alltagslyrik
- Kurzgeschichte
- Roman
- episches Theater
- Dokumentartheater
- Absurdes Theater
- Volksstück

Literatur nach 1989
- Slam-Literatur
- Wenderoman
- postmoderner Roman
- autofiktionale Romane
- postdramatisches Theater

Abbildung 1: Die zerstörte Innenstadt von Nürnberg im April 1945, Blick auf die Burg, in der Mitte das Albrecht-Dürer-Denkmal

Abbildung 2: Berliner Reichstag am Tag der deutschen Einheit am 3. Oktober 1990

Literarische Werke	*Draußen vor der Tür* 1947, Drama, Wolfgang Borchert	*Sternverdunkelung* 1949, Gedichte, Nelly Sachs	*Die Kahle Sängerin* 1950, Theaterstück, Eugène Ionesco	*Die gestundete Zeit* 1953, Gedicht, Ingeborg Bachmann	*Sprachgitter* 1959, Gedichte, Paul Celan		*Die Blechtrommel* 1959, Roman, Günter Grass
1945 — **1950** — **1955** — **1960** — **1965** — **1970** — **1975** — **1980**							
Historische Ereignisse	Potsdamer Abkommen: Deutschland wird nach Kriegsende in vier Besatzungszonen unterteilt. 1945	Gründung der Bundesrepublik und der DDR 1949	Beitritt der Bundesrepublik zur NATO, Beitritt der DDR zum Warschauer Pakt 1955	Bau der Berliner Mauer 1961	Erster Mensch im All 1961	Erste E-Mail 1984	Öffnung der Grenze der DDR zur Bundesrepublik 1989

Epochenbild

Zeitbild/Gesellschaft

Nach Kriegsende reagiert die Literatur in den **westlichen Besatzungszonen** auf die geistige und materielle Trümmerlandschaft infolge des Zweiten Weltkriegs (1939–1945), indem sie an Konzepte und Sprechweisen anknüpft, die in der Moderne, der Zeit vor dem Nationalsozialismus (1933–1945), entwickelt wurden. **Nach Gründung der Bundesrepublik 1949** setzt in den 1950er-Jahren das Wirtschaftswunder ein, das zusammen mit dem Kalten Krieg das Verdrängen der nationalsozialistischen Vergangenheit begünstigt. Als in den 1960er-Jahren die studentische Protestbewegung die Aufarbeitung der NS-Vergangenheit sowie gesellschaftliche Korrekturen mehrheitlich erfolglos einfordert, kommt es in der Neuen Subjektivität zu einem Rückzug in das eigene Ich. In der **1949 gegründeten Deutschen Demokratischen Republik (DDR)** soll die Kunst der sozialistischen Ideologie der SED entsprechen und auf Experimente und Individualismus verzichten. Kulturschaffende finden jedoch immer wieder Wege, sich gegen staatliche Auflagen zu behaupten. Nach dem Prager Frühling 1968 werden Systemkritiker jedoch verschärften Repressionen ausgesetzt.

Mit dem Zusammenbruch der sozialistischen Staaten, dem Mauerfall und der Wiedervereinigung 1990 setzen gesellschaftliche Debatten über eine angemessene Auseinandersetzung sowohl mit der NS-Vergangenheit als auch mit der DDR und der Nachwendezeit ein.

Welt- und Menschenbild

Das Welt- und Menschenbild wird zunehmend geprägt von der Postmoderne, die sich von wesentlichen Denkweisen der klassischen Moderne verabschiedet: vom Glauben an Fortschritt und Entwicklung bis hin zu der Erklärbarkeit der Wirklichkeit durch große Theorien. Ungeachtet der Bestrebungen, starre Identitätskonzepte infrage zu stellen und zu dekonstruieren, bleibt die Frage der Identität angesichts der Chancen und Herausforderungen von Individualisierung, Globalisierung und Migration im Zentrum gesellschaftlicher Diskurse.

Literatur

Die Literatur von 1945 bis heute ist geprägt von Sinnsuche und Aufarbeitung der Vergangenheit, daneben aber auch von postmoderner Heterogenität, die eine Vielfalt und ein Nebeneinander von Stilen und Schreibweisen begünstigt.

Lyrik

In der Lyrik der Nachkriegszeit wird nach Wegen gesucht, das Unsagbare der Vergangenheit auszudrücken. Neben die extreme Knappheit im Stil tritt eine chiffrenhafte Verschlüsselung des Gesagten. In der DDR führt die Kritik an den Verhältnissen bis zu Auftrittsverboten und Ausweisungen.

Ab den 1990er-Jahren wird die in den USA entstandene Bewegung des Poetry-Slams in Deutschland populär. Daneben finden sich alle bisherigen Formen der Lyrik, thematisch und stilistisch herrscht eine große Vielfalt.

Epik

In der Bundesrepublik wird nach dem Zweiten Weltkrieg die Kurzgeschichte nach dem Vorbild der amerikanischen Short Story besonders beliebt. In der DDR steht die Epik im Zeichen des Sozialistischen Realismus. Nach 1990 entsteht der „Wenderoman", in dem Teilung, Mauerfall und Wiedervereinigung thematisiert werden. In Abgrenzung zur Moderne spielt der Roman der Postmoderne mit bekannten literarischen Mustern und stellt diese gleichberechtigt nebeneinander. Gegenwärtig ist der autofiktionale Roman stark vertreten.

Drama

Die brüchig gewordene Realität wird im Drama der Nachkriegszeit mittels dokumentarischer und absurder Spielarten verarbeitet. Daneben besteht das epische Theater fort, v. a. in der Brecht'schen Ausprägung in der DDR. Dramenformen, die die Gattungen vermischen und die Welt zum Dramenschauplatz insgesamt erklären, entstehen im postdramatischen Theater.

| *Die Ermittlung* 1965, Dokumentarisches Theater, Peter Weiss | *Zimmerlautstärke* 1972, Gedichte, Reiner Kunze | *Krankheit oder Moderne Frauen* 1987, Theaterstück, Elfriede Jelinek | *Die Vermessung der Welt* 2005, Roman, Daniel Kehlmann | *Herkunft* 2019, autobiografischer Roman, Saša Stanišić | *Vom Aufstehen. Ein Leben in Geschichten* 2021, autobiografischer Roman, Helga Schubert |

1990	1995	2000	2005	2010	2015	2020	2024
Deutsche Einheit 1990	**Vertrag von Maastricht: offizielle Gründung der Europäischen Union (EU)** 1993	**Terroranschlag auf das World Trade Center in New York** 2001	**Der Euro wird in zwölf EU-Ländern gesetzliches Zahlungsmittel.** 2002	**Weltweite Wirtschafts- und Finanzkrise** 2008	**Erster weltweit organisierter Klimastreik („Fridays for Future")** 2019	**Corona-Pandemie** 2020	

Epik

Erschließungsaspekte epischer Texte

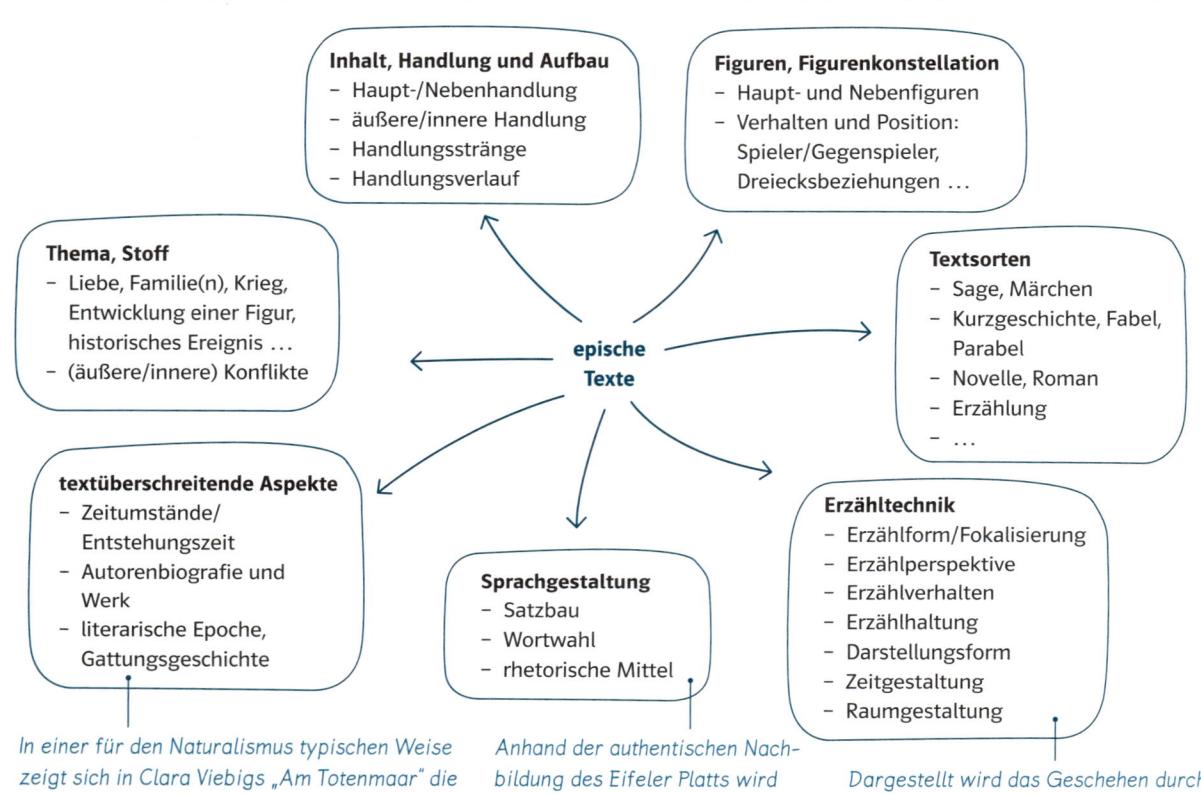

Inhalt, Handlung und Aufbau
– Haupt-/Nebenhandlung
– äußere/innere Handlung
– Handlungsstränge
– Handlungsverlauf

Figuren, Figurenkonstellation
– Haupt- und Nebenfiguren
– Verhalten und Position:
  Spieler/Gegenspieler,
  Dreiecksbeziehungen …

Thema, Stoff
– Liebe, Familie(n), Krieg,
  Entwicklung einer Figur,
  historisches Ereignis …
– (äußere/innere) Konflikte

Textsorten
– Sage, Märchen
– Kurzgeschichte, Fabel,
  Parabel
– Novelle, Roman
– Erzählung
– …

epische Texte

textüberschreitende Aspekte
– Zeitumstände/
  Entstehungszeit
– Autorenbiografie und
  Werk
– literarische Epoche,
  Gattungsgeschichte

Sprachgestaltung
– Satzbau
– Wortwahl
– rhetorische Mittel

Erzähltechnik
– Erzählform/Fokalisierung
– Erzählperspektive
– Erzählverhalten
– Erzählhaltung
– Darstellungsform
– Zeitgestaltung
– Raumgestaltung

In einer für den Naturalismus typischen Weise zeigt sich in Clara Viebigs „Am Totenmaar" die Determination der Protagonistin Annamarei durch innere wie äußere Faktoren: Die junge Frau weiß sehr wohl, wie verwerflich es ist, das Geldstück zu stehlen. Aber durch ihre inneren Triebe – konkret: den Drang, mit Hannes tanzen zu gehen – ist sie so stark determiniert, dass sie nicht in der Lage ist, den Diebstahl nicht zu begehen: Sogar aus der Rückschau kann sie ihre Tat nicht bereuen, bekennt im Gegenteil sogar, dass der Tanz, der ihr immer noch im Ohr klingt (vgl. u. a. Z. 68 ff.), „su schien gewest" sei (Z. 79 f.). Ganz anders als die schönen Seelen der Weimarer Klassik, Iphigenie etwa, die sich aus freiem Willen heraus für ein sittliches Handeln entscheiden können, bleibt Annamarei gefangen von den Fesseln der Vorherbestimmung.

Anhand der authentischen Nachbildung des Eifeler Platts wird deutlich, in welchem Maße die Tochter ihrer ärmlichen Herkunft verbunden bleibt und durch sie, sichtbar an ihrer Ausdrucksweise, determiniert ist. Dies steht jedoch in klarem Kontrast zu den Hoffnungen des Vaters auf einen sozialen Aufstieg Annamareis, von dem er sein Selbstwertgefühl ableitet. Bezeichnenderweise verwendet er die aus dem Französischen übernommenen Ausdrücke „Merci, merci" (Z. 23), um sich von seinem Dialekt zu lösen, wenn er stolz von Annamareis vermeintlichem beruflichem Erfolg erzählt.

Dargestellt wird das Geschehen durch einen Erzählerbericht, der geeignet ist, wichtige Informationen bzw. Rückblenden zu vermitteln. Gerade weil das auktoriale Erzählverhalten dominiert, fallen die Textpassagen besonders ins Auge, die das personale Erzählen zeigen: Deutlich wird das gegen Ende des Textauszugs, zusätzlich betont durch einen Tempuswechsel: „O Jesus, der Hannes! Was tut man nicht, wenn man einen zum Sterben liebhat?! Sie sieht sich wieder auf dem Tanzboden, sie fühlt sich von seinem Arm umschlungen (...)" (Z. 116–119). Der Leser ist unmittelbar bei den Gedanken von Annamarei, die sich an den Anlass ihres Diebstahls erinnert.

Fachbegriffe für die Interpretation von Erzähltexten

Fiktionalität

Autofiktion: Eine Autofiktion ist ein Text, in dem eine Figur, die eindeutig (z. B. durch den gleichen Namen) als Autorin bzw. Autor erkennbar ist, in einer offensichtlich als fiktional markierten Erzählung auftritt, wobei mehr oder minder starke Referenzen zur Biografie des Autors bzw. der Autorin erkennbar sind.

Diegese: „Diegese" ist die Bezeichnung für das von einem fiktionalen Text entworfene Universum, in dem sich das Erzählgeschehen abspielt. Teil der Diegese sind insbesondere Räume, Figuren und Handlungen.

fiktionale vs. faktuale Texte: Ein fiktionaler Text ist dadurch gekennzeichnet, dass er eine Welt entwirft (die Diegese), die dem Prinzip nach ohne den Anspruch auskommt, an der außersprachlichen Wirklichkeit überprüfbar zu sein. Für den faktualen Text dagegen ist der Bezug auf die außersprachliche Wirklichkeit entscheidend; danach bemisst sich, inwieweit man die Aussagen eines solchen Textes als ‚wahr' oder ‚falsch' einordnet.
Verschiedentlich wird diese Unterscheidung aber auch kritisch gesehen: Einerseits verzichtet in einem fiktionalen Text kaum eine Diegese ganz auf Bezüge zu außerliterarischen Orten, Zeiten oder Sachverhalten (v. a. beim realistischen Erzählen). Andererseits bedienen sich auch viele faktuale Texte fiktionalisierender Strategien, etwa, wenn eine Reportage erzählende Passagen enthält.

Genre: Unter einem Genre versteht man eine Gruppe von Texten, die als zusammengehörend empfunden werden, weil sie ähnliche Szenerien und Handlungsmuster entwerfen, auf ein ähnliches Figurenpersonal zurückgreifen, ähnliche Grundstimmungen erzeugen und so entsprechende Erwartungshaltungen bedienen. Bekannte Genres in Erzähltexten und Filmen sind etwa die Kriminalgeschichte, der Western, Science-Fiction, Horror und Fantasy.

impliziter Autor / impliziter Leser: Der implizite Autor ist die Autorfigur, die man sich beim Rezipieren eines fiktionalen Textes als dessen Urheber vorstellt, wobei jene allerdings weder mit der realen Autorperson noch mit der Erzählinstanz gleichgesetzt werden darf. Dieser aus dem Text erschlossenen Autorfigur können beim Interpretieren dementsprechend auch bestimmte Autorintentionen zugeordnet werden, selbst wenn man den historischen Autor nicht kennt (etwa in *Effi Briest* eine Sympathie Theodor Fontanes für die Titelfigur trotz ihrer Verfehlungen).
Entsprechend ist der implizite Leser die Leserfigur, die eine Autorperson vor Augen hat und deren Erwartungen, Normen und Werte das Verfassen eines fiktionalen Textes beeinflussen. Gerade bei Texten aus der Literaturgeschichte darf der

implizite Leser nicht mit den realen Lesenden gleichgesetzt werden. Die aus dem Text erschließbare Leserfigur ist beim Interpretieren hilfreich, um Entscheidungen des Textes besser einordnen zu können (etwa den Umstand, dass Effi Briest entgegen heutigen Erwartungen letzten Endes nicht aufbegehrt).

Intertextualität: Intertextualität bezeichnet das Phänomen, dass ein Text oder Kunstwerk auf andere Texte (sog. Prätexte) oder Kunstwerke Bezug nimmt oder sich mit ihnen auseinandersetzt, wobei es unerheblich ist, ob solche Bezüge von der Autorin oder vom Autor beabsichtigt sind oder nicht. Die Intertextualität kann auf verschiedenen Ebenen stattfinden, z. B. durch Anspielungen, Zitate, thematische und motivische Bezüge zum Prätext. Intertextualität kann dazu beitragen, dass ein Text oder Kunstwerk in einen größeren kulturellen Kontext eingebettet wird und neue Bedeutungen oder Interpretationen eröffnet. Besonders in der Postmoderne gilt Intertextualität als stilprägendes Merkmal.

Leerstelle: Da ein fiktionaler Text ein Geschehen nie erschöpfend mitteilen kann, sind Auslassungen unvermeidbar und auch Teil der literarischen Strategie, den impliziten Leser aktiv an der Rezeption eines Textes teilhaben zu lassen.

Pakt mit dem Leser: Das Funktionieren eines fiktionalen Textes ist bedingt durch die Annahme, dass der implizite Autor eines fiktionalen Textes indirekt einen Vertrag mit dem impliziten Leser schließt. Dieser Vertrag legt u. a. fest, welche Regeln nur innerhalb der Diegese gelten sollen (*Fiktionspakt*: etwa Existenz von Elben, Hobbits und Zauberern) und welche Elemente auf die außerliterarische Wirklichkeit referieren (*Referenzpakt*: etwa das Berlin des 19. Jahrhunderts als Schauplatz).

realistisches Erzählen: Ein im engeren Sinne realistisches Erzählen verweist in einer Art und Weise auf die außerliterarische Wirklichkeit, dass der Eindruck entsteht, die Diegese bilde nur eine detailgetreue Abbildung jener Wirklichkeit. Solche Texte werden daher auch als „homolog" (strukturverwandt zur Realität) bezeichnet. Verstärkt wird der realistische Eindruck dadurch, dass die Erzählinstanz weitgehend zurücktritt bzw. so zurückhaltend agiert, dass deren Steuerung kaum bemerkt wird.

fantastisches Erzählen: Wesentliches Merkmal des Fantastischen im engeren Sinne ist, dass die Lesenden bis zum Schluss unschlüssig darüber bleiben, ob das Geschehen innerhalb der Diegese (der erzählten Welt) gegen die dort geltenden (Natur-)Gesetze verstößt (somit als übernatürlich zu gelten hat) oder ob es sich damit vereinbaren lässt (vgl. etwa E. T. A. Hoffmanns *Der Sandmann*). Das Fantastische in diesem Sinne ist abzugrenzen gegen das *Wunderbare* (wo das vom impliziten Leser als übernatürlich Wahrgenommene innerhalb der Diegese zweifelsfrei gilt – etwa im Fantasy-Roman) und das *Unheimliche* (wo das scheinbar Übernatürliche letztlich eine natürliche Erklärung findet).

Sympathiesteuerung: Darunter versteht man Strategien des impliziten Autors, die den Rezipienten dazu veranlassen sollen, einer Figur gegenüber eine positive oder negative Haltung einzunehmen. Solche Strategien können direkt (etwa durch Bewertungen durch die Erzählerinstanz) oder indirekt (durch sprechende Namen, eine interne Fokalisierung, Kontrastierung zu einer anderen Figur usw.) stattfinden.

unzuverlässiges Erzählen: Wenn das Erzählen Widersprüche und Brüche aufweist, die nicht auf eine mangelhafte Planung der Autorin bzw. des Autors zurückzuführen sind, ist dies in der Erzählinstanz begründet, die nur als begrenzt glaubwürdig gelten kann.

Figuren

Figuren sind Akteure in einem fiktionalen Text, die im Unterschied zu realen Personen durch eine klar begrenzte Anzahl von Merkmalen charakterisiert werden. Wie literarische Figuren von Lesenden verstanden werden, hängt wesentlich von der Fokalisierung bzw. vom Erzählverhalten ab.

Charakterisierung: → vgl. S. 431

Figurenkonzepte: Bei der Untersuchung der Figuren können folgende Fragen helfen:
– Handelt es sich bei der Figur um einen **Typ oder Charakter** bzw. um einen **flachen Charakter** (eindimensional, unkompliziert, mit wenigen Eigenschaften) oder um einen **runden Charakter** (mehrdimensional, facettenreich, mit vielen, teils auch widersprüchlichen Eigenschaften)?
– Ist die Figur **statisch** oder **dynamisch** angelegt (also gleichbleibend oder so, dass sie im Lauf der Handlung eine Entwicklung durchmacht)?
– Handelt es sich um eine **offen** oder **geschlossen angelegte** Figur (ist ihr Verhalten also nachvollziehbar oder rätselhaft)?
– Ist die Figur in ihrem Handeln **frei** oder **durch die Verhältnisse bestimmt**?
– **Hauptfiguren** sind in der Regel komplexe/runde Charaktere mit individuellem Schicksal, spezifischen Eigenschaften und häufig auch eigener Sprache; **Nebenfiguren** sind häufig zum Fortgang der Handlung nötig.

Figurenkonstellation: → vgl. S. 431

Erzähltechnik

Für die Analyse der Erzähltechnik lassen sich unterschiedliche Herangehensweisen verfolgen. Entscheidend ist, dass die entsprechenden Fachbegriffe nie der bloßen Einordnung in ‚Schubladen' dienen, sondern zweckgerichtet eingesetzt werden, um die **Erzählstrategien** eines Textes besser zu verstehen und für die Deutung heranzuziehen.

1. Modell von Stanzel/Petersen:

Erzählform
– Ich-Form
– Er-/Sie-Form

Erzählverhalten
– **auktoriales Erzählverhalten:** Die Erzählinstanz hat den vollständigen Überblick über das Geschehen, kann zwischen Schauplätzen und Zeitebenen wechseln, in das Innere der Figuren blicken, sich leserlenkend einmischen und kommentieren. In diesen Kommentaren sind Aussagen in der Ich- oder Wir-Form, etwa als Ansprache an die Lesenden, möglich.
– **personales Erzählverhalten:** Indem die Erzählinstanz die Sicht einer der Figuren übernimmt, gewährt sie auch Einblick in deren Inneres.
– **neutrales Erzählverhalten:** Es scheint gar keine Erzählinstanz anwesend, sie verschwindet hinter dem Geschehen, das den Lesenden scheinbar unvermittelt vor Augen steht, oder hinter Figurendialogen, die die Handlung bestimmen.

Erzählperspektive
– **Innensicht:** Ein Geschehen um eine Figur wird so erzählt, dass die Lesenden Zugang zu deren Gedanken und Gefühlen erhalten.
– **Außensicht:** Das Handeln einer Figur wird erzählt, ohne dass die Lesenden Einblick in deren Gedanken oder Gefühle erhalten.

Darstellungsform
Das Geschehen kann als **Erzählerrede** oder (ähnlich dem Drama) als **Figurenrede** dargeboten werden. Die Darstellungsform spiegelt dabei auch die Nähe oder Distanz zum Geschehen wider.
– **Erzählerrede**
  • **Erzählerbericht:** straffe, geraffte Darstellung der Handlung
  • **Beschreibung:** anschauliche Darstellung der Schauplätze, Figuren, Gegenstände des Geschehens
  • **Kommentar:** Eingreifen der Erzählinstanz mit Bemerkungen, Urteilen oder Überlegungen

2. Modell von Genette

Modus: Mit dem Begriff Modus wird danach gefragt, aus welcher Sicht das Geschehen wahrgenommen wird.

- **Nullfokalisierung:** Ein Textabschnitt ist nullfokalisiert, wenn die Erzählinstanz über mehr Wissen als jede der Figuren verfügt. Die Wahrnehmung der Welt wird also von einem übergeordneten Standpunkt vermittelt.
- **interne Fokalisierung:** Ein Textabschnitt ist intern fokalisiert, wenn die Erzählinstanz über genauso viel Wissen wie eine der Figuren verfügt. Die Wahrnehmung der Welt wird also durch eine der Figuren vermittelt.
- **externe Fokalisierung:** Ein Textabschnitt ist extern fokalisiert, wenn die Erzählinstanz über weniger Wissen als die Figuren verfügt. Die Wahrnehmung der Welt wird also so vermittelt, dass die Gedanken und Gefühle der Figuren in der Erzählung unberücksichtigt bleiben.
- **multiple Fokalisierung:** Ein Textabschnitt ist multipel fokalisiert, wenn über das Wissen und die Wahrnehmungen verschiedener Figuren verfügt wird (z.B. im Briefroman).

Stimme: Mit dem Begriff Stimme wird danach gefragt, wer spricht, wobei die Fachbegriffe auf die **Diegese** als einen der zentralen Aspekte des Erzählens verweisen:

- **extra-/intra-/metadiegetisch:**
  - Als **extradiegetisch** bezeichnet man ein Erzählen, bei dem die Erzählinstanz *außerhalb* der erzählten Welt des Werkes agiert und über diese berichtet.
  - Im Gegensatz dazu steht das **intradiegetische** Erzählen, bei dem die Geschichte aus der Perspektive eines Charakters *innerhalb* der erzählten Welt erzählt wird.
  - **Metadiegetisches** Erzählen liegt dann vor, wenn eine Figur innerhalb der Diegese wiederum als Erzählinstanz fungiert, also eine Geschichte (eine sog. *Binnenerzählung*) erzählt.
- **homo-/heterodiegetisch:**
  - Als **homodiegetisch** bezeichnet man ein Erzählen, bei dem die Erzählinstanz *als Figur auch selbst* vorkommt und die Geschichte aus der Ich-Perspektive erzählt.
  - **Heterodiegetisch** ist demgegenüber ein Erzählen, bei dem die Erzählinstanz *nicht als Figur selbst* vorkommt.

Frequenz (Häufigkeit): Sie beschreibt, wie oft ein Ereignis stattfindet und wie häufig dieses erzählt wird:

- Beim **singulativen Erzählen** wird einmal erzählt, was einmal geschieht (1:1), z.B.: *Gestern traf ich Muriel und informierte sie über Johns Scheidung.*
- Beim **repetitiven Erzählen** wird mehrmals erzählt, was einmal geschieht (x:1), etwa aus unterschiedlichen Perspektiven, z.B.: *Gestern traf ich Muriel und unterhielt mich lange mit ihr … Irgendwie verlief dieses gestrige Treffen mit Muriel seltsam, denn … Bei besagtem Treffen erfuhr ich erstaunliche Neuigkeiten.*

- Beim **iterativen Erzählen** wird einmal erzählt, was mehrmals geschieht (1:x), in der Regel summarisch, also deutlich zeitraffend, z.B.: *In der letzten Woche traf ich Muriel gleich beinahe täglich, aber mir fiel nichts Besonderes an ihr auf.*

Ordnung: Sie zeigt an, in welcher Reihenfolge erzählt wird:

- **Chronologie:** Die Erzählung folgt der Reihenfolge der Ereignisse.
- **Analepse (Rückschau):** Ein Ereignis, das zeitlich vor dem bisher Erzählten stattgefunden hat, wird erst im Nachhinein erzählt (auch Retrospektive, Rückblende oder – v.a. im Film – „Flashback").
- **Prolepse (Vorausschau):** Erzählt wird ein in der Zukunft des bisher dargestellten Geschehens liegendes Ereignis, z.B., um durch eine Vorausdeutung Spannung zu erzeugen (auch Antizipation oder – v.a. im Film – „Flashforward").
- **Anachronie:** Die chronologische Darstellung wird durch mehrfache Rück- oder Vorausschau durchbrochen, z.B. beim Kriminalroman, um die Spannung zu steigern.

3. Figurenrede

Diegese → S. 211, 425

- Die **direkte Rede** gibt dem epischen Text einen dramatischen Akzent und zieht die Lesenden in das Geschehen hinein, wohingegen die Erzählinstanz zurücktritt, z.B.: *Er flüsterte ihr zu: „Wann kommt denn dieser Redner endlich zu einem Schluss?"*
- Die **indirekte Rede** (häufige Verwendung der 3. Person Konjunktiv) erzeugt Distanz zum erzählten Geschehen; deutlicher als in der direkten Rede wird erkennbar, dass bzw. wie eine Erzählinstanz das Geschehen vermittelt. (z.B.: *Genervt fragte er sie, wann denn dieser Redner endlich zu einem Schluss komme.*)
- Die **erlebte Rede** (in der 3. Person, in der Regel Präteritum) gibt das Geschehen aus der Innensicht einer Figur wieder, allerdings bei immer noch spürbarer Anwesenheit der Erzählinstanz, z.B.: *Wann würde dieser Redner denn endlich zu einem Schluss kommen? Er hatte doch so viel zu erledigen.*
- Der **innere Monolog** (bei der direkten Rede in der 1. Person, allerdings ohne Redebegleitsatz) gibt in der Art eines stillen Selbstgesprächs möglichst rein die Gedanken einer Figur wieder, wobei die Erzählinstanz völlig hinter die Figur zurücktritt und ein unmittelbares Mitfühlen mit dieser ermöglicht, z.B.: *Wann dieser Redner wohl zu einem Schluss kommt? Als ob ich nichts Besseres zu tun hätte!*
- Der **Bewusstseinsstrom** (stark assoziativ, oft grammatische Regeln sprengend), also die unmittelbare, protokollhafte Wiedergabe von Bewusstseinsinhalten (Gedanken, Wahrnehmungen, Äußerungen des Unterbewussten und der Wirklichkeit) erzeugt eine fast sug-

gestive Unmittelbarkeit, z.B.: *Hört er jetzt endlich auf? Was: schon acht Uhr? Um die Zeit hätte ich längst … KOMME ICH ALSO NUN ZUM SCHLUSS … Ja, wird auch Zeit jetzt – Moment mal, hatte der nicht gerade …*

Umgang mit der Zeit

Zeitgestaltung: Das Verhältnis von *Erzählzeit* (Dauer der erzählerischen Wiedergabe) und *erzählter Zeit* (Dauer eines Geschehens) bezeichnet man als *Erzähltempo*. Dabei kann man unterscheiden:

– **Zeitraffung:** Die Erzählinstanz fasst das Geschehen zusammen; bei diesem hohen Erzähltempo gilt: Erzählzeit < erzählte Zeit. Zeitsprünge (**Ellipsen**) lassen dabei ganze Handlungsteile aus.
– **Zeitdeckung:** Das Erzählen nimmt dieselbe Zeit wie das erzählte Geschehen ein, es gilt also: Erzählzeit = erzählte Zeit.
– **Zeitdehnung:** Das Erzählen dauert länger als das Geschehen selbst, d.h., es werden zusätzliche Informationen (Beschreibungen von Einzelheiten, innere Handlung, Kommentare oder Abschweifungen) gegeben; es gilt: Erzählzeit > erzählte Zeit.

Zeitgestaltung	Verhältnis von Erzählzeit und erzählter Zeit
zeitraffendes Erzählen	Erzählzeit < erzählte Zeit
zeitdeckendes Erzählen	Erzählzeit = erzählte Zeit
zeitdehnendes Erzählen	Erzählzeit > erzählte Zeit

Raumgestaltung

Die Erzählinstanz kann den Handlungsraum mit verschiedenen Bedeutungen und Funktionen aufladen.

Schauplatz: Der Ort, an dem die Handlung spielt, gibt zugleich die Bedingungen vor, aus denen sich Figurenkonstellationen oder Handlungszusammenhänge ergeben.

psychologischer Raum: Im Vordergrund steht, wie der Raum Einfluss auf das Denken und Fühlen einer Figur hat.

sozialer Raum: Er bezeichnet die soziale Umwelt, die die Figur in ihrem Denken, Fühlen, Handeln und Sprechen prägt.

Stimmungs- bzw. atmosphärischer Raum: Der Gemütszustand einer Figur wird von einer bestimmten Atmosphäre unterstrichen.

symbolischer Raum: Er verdichtet die Thematik in anschaulichen, bedeutsamen Bildern (Symbolen) mit Verweisfunktion (z.B. Labyrinth, Höhle).

Kontrastraum: Räume werden so gestaltet, dass sie in einem bezeichnenden Gegensatz zueinander stehen; Kontrastpaare sind etwa: innen/außen; nah/fern; zentral/peripher; oben/unten; eng/weit; Stadt/Land; Wildnis/Zivilisation. Solche Kontrastpaare markieren *Grenzen*, die häufig eine besondere Rolle spielen (Mauern; Türen/Tore; Fenster; Gewässer). Bedeutsam ist, ob eine Figur innerhalb der gesteckten Grenzen bleibt oder ob sie diese überschreiten kann.

Textsorten

Eine Textsorte bezeichnet eine Gruppe von Texten mit ähnlichen Merkmalen; die Vertrautheit mit einer Textsorte bestimmt in der Regel die Erwartungshaltungen der Leserinnen und Leser. In der folgenden Übersicht werden die Merkmale zentraler literarischer Textsorten erläutert:

Kurzge-schichte	Die **Kurzgeschichte** zeichnet sich, abgesehen von ihrem knappen Umfang, durch einen offenen Anfang und einen offenen Schluss aus. Im Gegensatz zur englischen *Short Story* gibt die deutsche Kurzgeschichte einer alltäglichen Begebenheit mit besonderer Bedeutung für die Hauptfigur oft eine überraschende Wendung, die ihr Leben verändert.
Novelle	Eine **Novelle** ist ein Erzähltext mittlerer Länge, der sich nicht durch romanhafte Breite, sondern durch die Begrenzung auf einen einzigen, oft schicksalhaften Konflikt („unerhörte Begebenheit") und einen dem Drama vergleichbaren Aufbau auszeichnet. Typisch sind Leitmotive, oft Rahmen- und Binnenerzählung, bevorzugt bei vorgetäuschter Mündlichkeit; oft werden mehrere Novellen zu einem Novellenzyklus zusammengefasst.
Parabel	Die traditionelle **Parabel** ist eine kurze, lehrhafte Erzählung: Ein anschauliches, unmittelbar verständliches Geschehen (auf der sog. *Bildebene*) lässt sich mithilfe von Vergleichsmerkmalen (dem *Tertium Comparationis*) auf die komplexe Wirklichkeit (die sog. *Sachebene*) übertragen, wobei die Lesenden diese Übertragung selbstständig leisten und daraus eine entsprechende Lehre ziehen müssen (im Gegensatz zum *Gleichnis*, das eine verbindliche Lehre explizit mitformuliert). Moderne parabolische Texte verweigern oft eine klare moralische Botschaft, erscheinen stattdessen ambivalent oder gar widersprüchlich und fordern so dazu auf, selbst Lösungen zu finden.
Roman	Der **Roman** ist die (seit dem 17. Jh. meist in Prosa verfasste) Langform der Epik. Vom Kurzroman bis hin zu vielbändigen Romanzyklen: Der Roman strebt stets eine möglichst umfassende Ausgestaltung der Diegese an, hat also einen gewissen Totalitätsanspruch bei der Erfassung einer fiktionalen Welt – unabhängig davon, ob nur eine Hauptfigur im Mittelpunkt steht oder eine ganze Gesellschaftsschicht porträtiert wird, ob das Geschehen sich über viele Jahre oder nur über einen einzigen Tag erstreckt. Typische Unterformen des Romans sind der *Bildungs- oder Entwicklungsroman*, der *Gesellschaftsroman*, der *Künstlerroman* und der *Schelmenroman*.

Drama

Erschließungsaspekte dramatischer Texte

Spielt in einem Drama mit klassischem Aufbau z. B. eine Szene im dritten von fünf Akten, befindet sich der dramatische Konflikt innerhalb dieses Dialogs wahrscheinlich in etwa auf dem Höhepunkt. Auch Nebentexte bzw. Regieanweisungen müssen beachtet werden.

Inhalt/Handlung und Aufbau
- Ort, Zeit
- Handlungsverlauf
- Strukturelemente: Akt, Szene, geschlossenes/offenes Drama
- Gesamtzusammenhang der Handlung

Thema, Stoff
- Alltagsrealität, gesellschaftliche Probleme …
- Geschichte, Mythos …

dramatisches Genre
- z. B. Tragödie, Komödie, bürgerliches Trauerspiel

dramatischer Konflikt
- innerer und/oder äußerer Konfliktverlauf: beteiligte Figuren, Ursachen, Entwicklung
- Lösung

dramatische Texte

Dialoggestaltung
- Thema/Gegenstand
- Gesprächssituation
- Beziehung der Gesprächspartner
- Sprechabsicht, Ziel
- Gesprächsstrategie, -verhalten
- Gesprächsverlauf, -ausgang

Figuren, Figurenkonstellation
- Haupt-/Nebenfiguren
- Typus oder Charakter
- Spieler (Protagonist) ↔ Gegenspieler (Antagonist)

Sprachgestaltung
- Vers oder Prosa
- Wortwahl
- Satzbau
- Sprachvarietät
- rhetorische Mittel

textüberschreitende Aspekte
- zeitgeschichtliche Bezüge
- Autorenbiografie und Werk
- literarische Epoche, Gattungsgeschichte

Bei der Beschreibung der Figuren sollte(n)
- Verhalten, Handlungsmotive und Ziele, Denkweise und Einstellungen untersucht werden,
- Figuren (Haupt- und Nebenfiguren, Protagonist, Antagonist) in ihren Beziehungen zueinander eingeordnet werden (bspw. Skizze zum Zusammenspiel der Figuren anfertigen),
- die Wirkung der Figuren auf die Leser/-innen und Zuschauer/-innen analysiert werden.

Die Analyse der Sprache einer Figur ermöglicht Rückschlüsse auf ihren Stand, ihr Bildungsniveau, ihre Einstellungen, ihre derzeitige Stimmung, die Beziehung zu anderen Figuren oder ihre Absichten im Dialog.

Bei der Drameninterpretation können Aspekte der Entstehungszeit miteinbezogen werden: Die politische und soziale Situation sowie philosophische Strömungen der Entstehungszeit können dabei ebenso eine Rolle spielen wie die Biografie der Autorin/des Autors oder die Entstehungsgeschichte eines Werks. All diese Aspekte können sich zum Beispiel auf Thema, Problemstellung, Konflikte, Figurenkonzeption und sprachliche Gestaltung eines Dramas auswirken.

Fachbegriffe für die Interpretation von Dramenszenen

Aufbau und Strukturmuster
Strukturelemente

Das **Drama** (von griech. *drama*: Handlung) ist die Darstellung eines konfliktbestimmten Geschehens durch handelnde und sprechende Figuren auf der Bühne. Es ist ein literarischer Text in Dialogform (**Haupttext**), den man lesen kann oder der szenisch aufgeführt wird. Während bei Prosatexten die Erzählerin/der Erzähler vermittelnd zwischen der dargestellten fiktiven Welt und der Leserin/dem Leser fungiert, gibt es beim Drama eine solche Vermittlungsinstanz nur im sogenannten **Nebentext** (Titel, Personenverzeichnis, Bühnenhinweise, Regieanweisungen). Die vielschichtige Handlung ist untergliedert in Akte, Szenen oder Bilder.

Der **Akt** (von lat. *agere*: handeln, auch Aufzug) bezeichnet einen abgeschlossenen, größeren Handlungsabschnitt, der seit dem 17. Jh. durch den sich öffnenden und schließenden Vorhang markiert wird. Die Entwicklung des Konflikts (Einführung, Wende- oder Höhepunkt, Lösung) spiegelt sich im Akt-Aufbau.

Die **Szene** (von griech. *skene*: Bühne, Zelt) ist im mehraktigen Drama eine Untereinheit des Aktes, die durch das Auf- bzw. Abtreten von Personen markiert wird. Szenen werden deshalb auch Auftritte genannt.

Aristotelisches oder klassisches Drama

Das sogenannte aristotelische oder klassische Drama ist meist in fünf Akte eingeteilt. Jeder Akt erfüllt eine bestimmte Funktion im Handlungsaufbau. Jahrhundertelang hat die auf den griechischen Philosophen Aristoteles zurückgehende Vorstellung der sogenannten drei Einheiten die Gestaltung von Dramen beeinflusst, die sich z.T. aus den Gegebenheiten der antiken Bühne ergaben:

- **Einheit des Ortes:** weitgehende Vermeidung von Ortsveränderungen
- **Einheit der Zeit:** weitgehende Vermeidung von Zeitsprüngen
- **Einheit der Handlung:** Reduzierung von Nebenhandlungen

Geschlossenes/offenes Drama

geschlossenes Drama	offenes Drama
einsträngige Haupthandlung, Nebenhandlungen auf die Haupthandlung bezogen, kausaler Handlungszusammenhang (Einheit der Handlung)	oft mehrere gleichgewichtige Handlungsstränge, lockere Struktur der Einzelszenen, Zusammenhang über Figuren oder Leitmotive geschaffen
wenige Personen, unterteilt nach Haupt- und Nebenfiguren	Vielzahl von Personen
eindeutiger Anfang (Konfliktanlass), Klären der Vorgeschichte (Exposition), eindeutige Lösung am Schluss (Einheit der Zeit)	unvermittelter Beginn, Vorgeschichte wird nicht geliefert, oft offener Schluss
Kunstsprache, oft Verssprache	realistische Standardsprache (Alltagssprache)
Handlungszeitraum kurz	Handlungszeitraum lang, oft Jahre
wenige Schauplätze (Einheit des Ortes)	zahlreiche Schauplätze
Bühnenwelt als idealisiertes Bild der Wirklichkeit	Bühnenbild als Abbild der Wirklichkeit
Beispiele: Goethe: *Iphigenie auf Tauris* Schiller: *Maria Stuart*	Beispiele: Büchner: *Woyzeck* Brecht: *Baal*

Es bilden sich auch **epochenspezifische Strukturmuster** heraus wie bspw. antikes (aristotelisches) Drama oder bürgerliches Trauerspiel.

Aufbauschema eines klassischen Dramas nach Gustav Freytag

3. Akt

2. Akt — 4. Akt

1. Akt — 5. Akt

1. Akt	2. Akt	3. Akt	4. Akt	5. Akt
Exposition: Einführung in die Situation, Vorstellung der handelnden Figuren	steigende Handlung mit erregendem Moment (Konfliktentwicklung)	Höhepunkt und Peripetie (unerwartete Wende)	fallende Handlung mit retardierendem Moment (Verzögerung)	Konfliktlösung: unglücklicher oder glücklicher Ausgang

Handlung

Handlungsarten: Die Handlung entwickelt sich in unterschiedlicher Art und Weise:

- **äußere Handlung:** Geschehen auf der Bühne oder auf anderen Schauplätzen
- **innere Handlung:** Vorgänge, die sich im Inneren der Figuren abspielen
- **offene Handlung:** auf der Bühne sichtbare Handlung
- **verdeckte Handlung:** Geschehen auf der Bühne nicht sichtbar, wird den Zuschauerinnen und Zuschauern durch Figurenrede vermittelt (z. B. durch Botenbericht oder Teichoskopie/Beobachterbericht)

Ort und Zeit der Handlung sind oft bestimmend für Aussage und Inhalt:

- Der Umgang mit Zeit wird bestimmt durch die **Zeitgestaltung**, **Frequenz** und **Ordnung**. → Vgl. S. 427 f.
- Bei der Gestaltung des Raums unterscheidet man zwischen **Ort/Schauplatz**, **sozialem Raum**, **Stimmungsraum** und **symbolischem Raum**. → Vgl. S. 428

Dramatischer Konflikt: Der Konflikt ist das Zentrum der dramatischen Handlung. Er bestimmt den Spannungsbogen, der entscheidend für den Aufbau des Dramas ist. Der Konflikt kann folgendermaßen betrachtet werden:

Art des Konflikts: innerer Konflikt (spielt sich im Inneren einer Figur ab) oder äußerer Konflikt (Teil der Handlung, des Geschehens)

Konfliktverlauf: Konfliktanlass → Konflikthandlungen → Entscheidungen → Folgehandlungen → Konfliktlösung

Konfliktlösungsmuster:

- Im **Enthüllungsdrama** liegt das auslösende Ereignis in der Vorgeschichte. In der Entwicklung des Dramas wird der Konflikt aufgeklärt und zu einer Lösung geführt.
- Im **Entfaltungsdrama** entwickelt sich ein Konflikt von einer Einstiegshandlung aus und die dramatische Handlung läuft auf einen Zielpunkt hin (z. B. Katastrophe, Versöhnung …).

Figuren

Figurencharakterisierung: Im Drama können ähnliche Aspekte herangezogen werden wie in der Untersuchung epischer Figuren. Figuren können **direkt charakterisiert** werden durch eine andere Figur, die Figur selbst oder über Regieanweisungen.

Figuren können **indirekt charakterisiert** werden durch die Art der Darstellung, aus der Lesende oder die Zuschauerin/der Zuschauer Rückschlüsse auf Eigenschaften usw. der Figur ziehen.

Figurenkonstellation: Im Drama können ähnliche Aspekte herangezogen werden wie in der Untersuchung epischer Figuren.

Figurenrede: Durch die Figurenrede wird die fiktive Welt auf die Bühne gebracht. Man unterscheidet **Dialoge** (Gespräch zweier oder mehrerer Personen) und **Monologe** (Selbstgespräch). Folgende Redeformen sind im Drama zu beobachten:

- **Botenbericht:** Eine Bühnenfigur schildert vergangene Ereignisse, die auf der Bühne nicht dargestellt werden können.
- **Beiseitesprechen** nennt man die Situation, in der eine Bühnenfigur etwas sagt, das ihre Dialogpartnerin oder ihr Dialogpartner auf der Bühne nicht hört, wohl aber das Publikum.
- **Chor:** Im antiken Drama eine Gruppe von Figuren, die durch Sprechgesänge die Handlung auf der Bühne kommentiert, aber auch die Bühnenfiguren wie die Zuschauerinnen und Zuschauer direkt anspricht.
- **Teichoskopie (Mauerschau):** Durch den Bericht eines Beobachters – oft von erhöhter Warte aus – werden gleichzeitig ablaufende Ereignisse vergegenwärtigt, die auf der Bühne nicht darstellbar sind, z. B. Schlachten oder Schiffskatastrophen. Die Teichoskopie ist, wie auch der Botenbericht, ein Mittel zur Wahrung der drei Einheiten im geschlossenen Drama.
- **Subtext (Untertext):** Gedanken, die eine Figur in bestimmten Momenten haben könnte, aber nicht ausspricht.
- **Stichomythie:** Zeilenrede (auch Wechselrede); mit jeder Zeile zwischen den Personen wechselnde Rede und Gegenrede in einem längeren Dialog (bspw. in Lessings *Nathan der Weise*)

Protagonist vs. Antagonist
(Spieler – Gegenspieler)

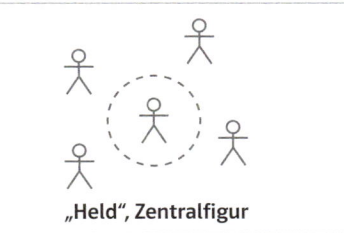

„Held", Zentralfigur

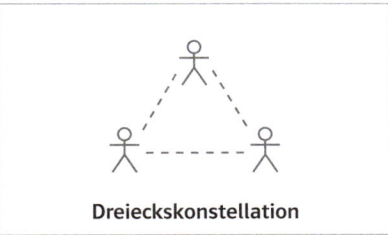

Dreieckskonstellation

Dialoggestaltung

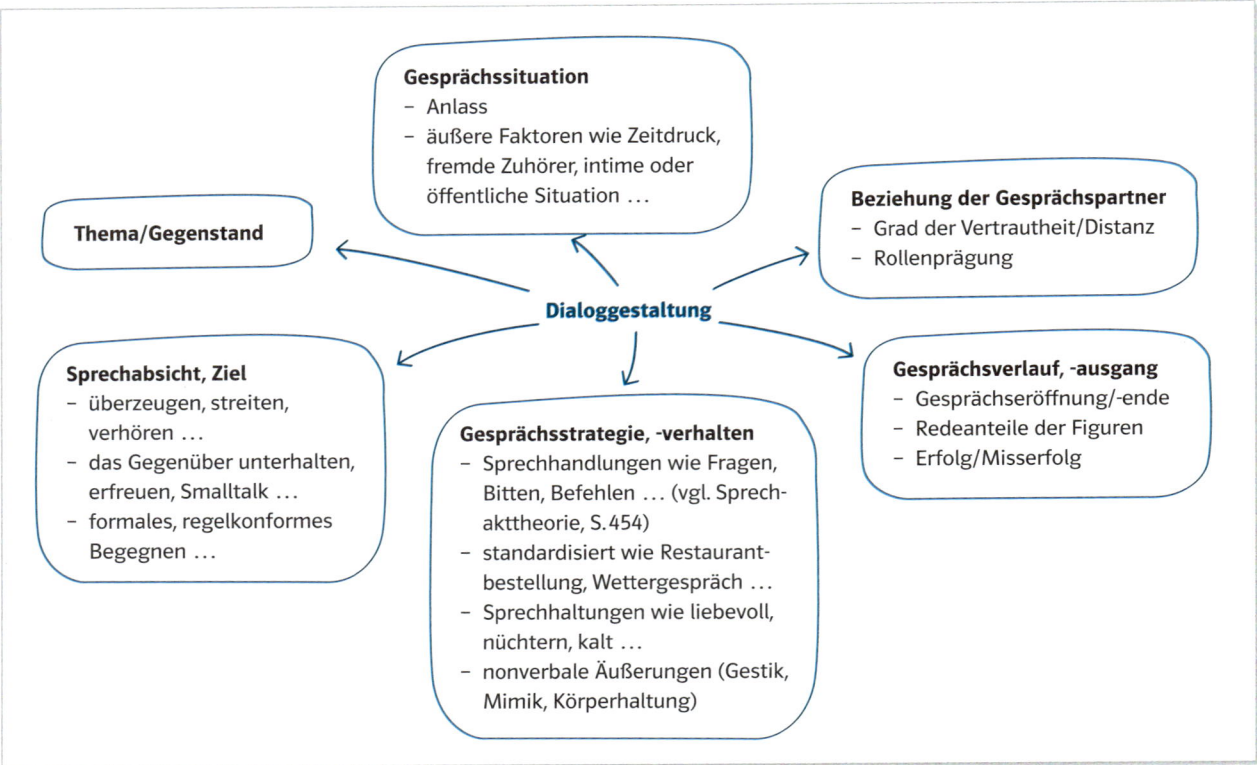

Sprachgestaltung

Die Sprachverwendung im Drama kann durch Konventionen der Epoche bestimmt sein (bspw. formal gebunden) oder auch in Bezug auf die Figuren individuell/typisierend und so durch die Untersuchung sprachlicher Mittel erfassbar sein. Auffällig sind u.a.:

- **Blankvers:** ungereimter jambischer Fünfheber als meistverwendete Versform im Drama in Aufklärung und Klassik; er ermöglicht häufige Enjambements (Zeilensprünge, d.h. Satz und Versende fallen nicht zusammen) und steht der Prosa nahe.

- **Kunstsprache:** Diese wird meist im klassischen Drama verwendet, d.h. alle Figuren sprechen auf gleicher hoher Ebene und/oder in Versform.
- **Umgangssprache:** Im modernen Drama nähert sich die Figurenrede der Umgangssprache an; sie ist nicht mehr metrisch gebunden. Kommunikationsschwierigkeiten sind häufig: Die Figuren gehen wenig aufeinander ein, monologisieren oder reden aneinander vorbei.

Dramatische Genres

Unterscheidung nach			
medialen Mustern, z.B.	epochenübergreifenden Handlungs- und Konfliktmustern, z.B.	epochenspezifischen Mustern, z.B.	Strukturelementen, z.B.
Theaterstück	Tragödie	klassisches Drama	geschlossenes Drama
Oper	Komödie	bürgerliches Trauerspiel	offenes Drama
Puppentheater	Schauspiel		episches Theater
Hörspiel	Tragikomödie		

Lyrik

Erschließungsaspekte lyrischer Texte

Thema, Stoff
- menschliche Grunderfahrung, z.B. Liebe, Glück, Einsamkeit, Vergänglichkeit
- Wirklichkeitsbereich, z.B. Arbeit, Krieg, Reise, Sehnsucht, zwischenmenschliche Begegnung
- zeittypische Motive, z.B. *Carpe diem*, *Vanitas*

Inhalt/Handlung und Aufbau
Zusammenhang von Inhalt und Aufbau, z.B.
- inhaltliche Steigerung von Strophe zu Strophe mit Höhepunkt/Auflösung in letzter Strophe
- antithetische Struktur, d.h. inhaltliche Zweiteilung in Gegensätze, ggf. mit Lösung/Konklusion
- Kreiskomposition: Anfang und Ende des Gedichts bilden einen Rahmen.

Gedichtformen
- Sonett
- Ode
- Epigramm
- Hymne
- Ballade
- Lied
- Erzählgedicht
- Rollengedicht
- …

lyrischer Sprecher
- personalisiert als lyrisches Ich/Wir oder nur indirekt sprechend (aber: nie gleichzusetzen mit Verfasser/-in)
- Sprechsituation
- Sprechhaltung
- Sprechabsicht

lyrische Texte

Form
- Vers
- Strophe
- Reim
- Kadenz
- Metrum
- Rhythmus
- Klanggestalt

textüberschreitende Aspekte
- zeitgeschichtliche Bezüge
- Autorenbiografie und Werk
- literarische Epoche, Gattungsgeschichte

Sprachgestaltung
- Wortwahl
- Satzbau
- Satzart
- Bildlichkeit
- rhetorische Mittel

Die biografischen Einflüsse der Autorin/des Autors und der Kontext weiterer Werke der Autorin/des Autors können gerade in der Lyrik wichtig für das Verständnis des Gedichts sein. Auch die Zeitumstände wie historische Ereignisse, gesellschaftliche Entwicklungen, wissenschaftliche Erkenntnisse, philosophische oder religiöse Einflüsse spiegeln sich unter Umständen im Text, der epochentypischen Mustern folgen kann:
- Gattungsgeschichte, wie z.B. Tradition des Sonetts von Petrarca oder Shakespeare
- literarische Epoche: zeitgenössische literarische oder literaturtheoretische Werke, Moden, Strömungen, programmatische Äußerungen

Die Stilebene und Wortwahl, wie bspw. handlungstreibende oder atmosphärische Verben, beschreibende Adjektive, Häufungen von Nominalisierungen, Neologismen (Wortneubildungen) u.a., sagen auch viel über den Inhalt aus. Genauso wie der Satzbau, also ob in ganzen Sätzen oder Ellipsen gesprochen wird, mit Inversionen oder im Zeilenstil, mit einem Satz pro Vers oder mit einem Satz über mehrere Verse bzw. (die) ganze Strophe(n) (Zeilensprung/Enjambement). Gibt es Satzreihen (parataktisch) oder überwiegend Satzgefüge (hypotaktisch)? Welche Satzarten werden verwendet (Fragesätze/rhetorische Fragen, Ausrufesätze, Aussagesätze) und wie wirken sie? Welcher Art ist die Bildlichkeit (werden Symbole, Allegorien, Metaphern usw. benutzt)? Was drücken sie aus? Welche rhetorischen Mittel (Wiederholungsfiguren, Kontrastfiguren usw.) werden verwendet und warum?

Fachbegriffe für die Interpretation lyrischer Texte

Formaspekte

Gedichtformen: Gedichtformen haben bestimmte inhaltliche oder formale Merkmale gemeinsam wie z.B. Thema, Ton, Anzahl der Verse/Strophen, Metrum, Reimschema.

Bezeichnung	Beschreibung	Beispiel
Sonett	Gedicht mit fester Bauform in 14 Versen und vier Strophen: zwei Quartette, zwei Terzette; gewöhnlich These und Antithese in den Quartetten, Zäsur, Synthese in den Terzetten	Karoline von Günderrode: *Der Kuss im Traume*
Epigramm	kurzes, zugespitztes, häufig lehrhaftes oder satirisches Sinngedicht, in der Antike als Inschrift am Grabmal oder Kunstwerk	Johann Wolfgang Goethe: *Venezianische Epigramme*
Hymne	feierliches Lied; Fest- oder Lobgesang auf Helden, Götter und Großes; zumeist Endreime ohne Strophen	Johann Wolfgang Goethe: *An Schwager Kronos, Das Göttliche*
Ode	durch den offenen Inhalt und den Ton definiert: feierlich, erhaben, in der griechischen Antike von Musikinstrumenten begleiteter Gesang; in Strophen unterteilt, gewöhnlich ohne festes Reimschema	Friedrich Hölderlin: *Hyperions Schicksalslied*
Elegie	ein oft in Distichen (vgl. S. 435) verfasstes Gedicht, das nach heutigem Verständnis oft traurige, klagende Themen zum Inhalt hat	Friedrich Schiller: *Nänie*
Lied	Gedicht, das in Anlehnung an das (Volks-)Lied einfach und singbar gestaltet ist, in der Regel gereimt und in Strophenform	Clemens Brentano: *In der Fremde*
Ballade	Gedicht, das eine Handlung erzählt und dabei Elemente der Gattungen Lyrik, Epik und Drama miteinander verknüpft; nach Johann Wolfgang Goethe „Ur-Ei der Dichtung"	Annette von Droste-Hülshoff: *Der Knabe im Moor*
Erzählgedicht	erzählendes Gedicht, das nicht die Geschlossenheit der Ballade besitzt. In der modernen Dichtung wird besonders auf Alltägliches verwiesen und ohne das Element des Dramatischen erzählt.	Bertolt Brecht: *Legende von der Entstehung des Buches Taoteking auf dem Weg des Laotse in die Emigration*
Rollengedicht	Der lyrische Sprecher tritt in einer bestimmten Gestalt (Rolle) auf, die meist bereits im Titel genannt wird.	Johann Wolfgang Goethe: *Prometheus*

Enjambement (Zeilensprung): Die Satz- oder Sinneinheit greift auf den folgenden Vers/die folgende Zeile über.

Zeilenstil: Satzende und Zeilen- bzw. Versende stimmen überein.

Kadenz: betrachtet das Versende, den Versschluss, von der letzten betonten Silbe an

männlicher/stumpfer Versschluss	weiblicher/klingender Versschluss
Abschluss mit einer betonten Silbe	Abschluss mit einer unbetonten Silbe
Aus deinen Blicken sprach dein Hérz.	*Es schlug mein Herz. Geschwind, zu Pférde!*

Klanggestalt: akustische Wirkung eines Gedichts, die neben den Reimen vor allem durch Klangfarbe und Lautmalerei erzielt wird

Klangfarbe: Helle und dunkle Vokale, weiche oder harte Konsonanten, d.h. die Tönung durch die Aussprache einzelner Laute oder Worte, können verschiedene Natureindrücke oder Gefühlszustände spiegeln, z.B.: *Hörst du, wie die Flammen flüstern, / Knicken, knacken, krachen, knistern* (James Krüss: *Das Feuer*).
Als helle Vokale gelten *i* und *e*, als dunkle *a*, *o* und *u*. Weiche Konsonanten sind beispielsweise *b* oder *d*, harte *t* oder *k*.

Onomatopoesie (Lautmalerei): Die Nachahmung akustischer Eindrücke durch sprachliche Bildungen (Wort oder Satz), um im Leser die gleichen Sinneseindrücke zu erzeugen, z.B. mit Wörtern wie *blubbern, knacken, knistern, Kuckuck, zischen* …

Metrum (Versmaß): Es wird bestimmt, indem man im Vers alle Silben (die kleinste Spracheinheit eines Wortes) auf ihre Betonung hin untersucht: Betonte Silben ($\acute{x}$) werden als Hebung und unbetonte Silben (x) als Senkung bezeichnet. Jede Takteinheit (der Versfuß) wird durch eine Hebung gebildet. Wechseln sich betonte und unbetonte Silben regelmäßig ab, handelt es sich um ein festes Metrum. Eine oder mehrere unbetonte Silben vor der ersten Hebung bezeichnet man als Auftakt. Mehrere Takteinheiten bilden den Vers. Die Anzahl der Hebungen in einem Vers wird unabhängig davon, ob ein regelmäßiges Metrum vorliegt oder nicht, benannt z. B. als Zwei-, Drei- oder Vierheber.

Versfuß, Metrum	Hebungen, Senkungen	Wirkung	Beispiel
Jambus	x x́	aufsteigend, beschleunigend	Gedícht
Trochäus	x́ x	abfallend, beruhigend	Díchter
Daktylus	x́ x x	fallend	Dáktylus
Anapäst	x x x́	steigend	Anapä́st

Reim: Gleichklang zweier oder mehrerer Wörter vom letzten betonten Vokal an. Nach der Stellung des Reims unterscheidet man zwischen Anfangsreim, Binnenrein und Endreim.

Anfangsreim	Binnenreim	Endreim
*Ein **Schnee**, der im Nu vergehet, / ein **See**, der niemals stille stehet.* (Harsdörffer)	*Ihm ist, als ob es tausend **Stäbe gäbe** / Und hinter tausend Stäben keine Welt.* (Rilke)	*Leise rieselt der **Schnee**, / still und starr liegt der **See**.* (Ebel)

Hinsichtlich der Qualität des Reims differenziert man zwischen dem identischen, dem reinen und dem unreinen Reim.

identischer Reim	reiner Reim	unreiner Reim
… *Liebste* … *Liebste*	… *Laus* … *Haus*	… *Beute* … *Freude*

Reimschema: Das Reimschema stellt eine bestimmte Abfolge von Endreimen innerhalb einer Strophe oder eines Gedichts dar. Diese werden notiert, indem für jeden Vers am Ende ein (Klein-)Buchstabe verwendet wird. Für Reime wird dabei der gleiche Buchstabe verwendet.
Nicht reimende Verse werden als „Waisen" bezeichnet.

Paarreim	Kreuzreim	umarmender Reim	Schweifreim	Haufenreim	verschränkter Reim	Kettenreim
aabb	abab	abba	aabccb	aaabbb	abc abc	aba bcb cdc

Rhythmus: Die Abfolge von betonten (Hebung: x́) und unbetonten Silben (Senkung: x) sowie die Sprechweise (Betonung, Lautstärke, Tempo, Pausen) machen den Rhythmus aus. Die Wirkung des Rhythmus (z. B. fließend, tänzerisch, ruhig) kann die Aussage des Gedichts unterstreichen oder kontrastieren.

Strophe: Abschnitt aus mehreren Versen

Vers: Gedichtzeile; kleinste Einheit eines Gedichts

Distichon: Doppelvers, der sich aus einem Hexameter (daktylischer Sechsheber) im ersten Vers und einem Pentameter (mit Zäsur in der Mitte) im zweiten Vers beim elegischen Distichon zusammensetzt

Versformen

Alexandriner jambischer Sechsheber mit einer Zäsur in der Versmitte, benannt nach dem altfranzösischen Alexanderroman	Bsp.: *Hat viel gesehn, gedacht / noch mehr geahnt, gefühlt* (Friedrich Rückert: *Die Weisheit der Brahmanen*, V. 3)
Vers commun verkürzte Variante des Alexandriners, jambischer Fünfheber mit einer Zäsur nach der zweiten Hebung	Bsp.: *Was ist die Welt / und ihr berühmtes gläntzen?* (Christian Hoffmann von Hoffmannswaldau: *Die Welt*)
Blankvers reimloser jambischer Fünfheber	Bsp.: *Denn ach! mich trennt das Meer von den Geliebten* (Johann Wolfgang Goethe: *Iphigenie auf Tauris*, V. 10)
Knittelvers 4-hebiger, paarweise gereimter Vers	Bsp.: *Da steh ich nun, ich armer Tor, Und bin so klug als wie zuvor!* (Johann Wolfgang Goethe: *Faust I*, V. 358 f.)
Freie Rhythmen keine feste Hebungszahl und kein festes Metrum, ungereimt; beliebt seit dem Sturm und Drang; variabel einsetzbar; prosahafte Wirkung	Bsp.: *Schöner als der beachtliche Mond und sein geadeltes Licht* (Ingeborg Bachmann: *An die Sonne*)

Gedichte verstehen

Gedichte sind sprachlich bewusst komponierte und inhaltlich aufgeladene, also oft stark verdichtete und nach Mustern strukturierte Texte, die gedeutet werden müssen. Bereits die Überschrift „spricht". Folgende Methoden können beim Verständnis helfen:

Erschließungsfragen: Eine erste Annäherung an den Text kann sein, einfache Erschließungsfragen zu stellen:
- Wer spricht? (→ Erfassen des lyrischen Sprechers)
- Worum geht es? (→ Thema/Inhalt erfassen)
- Wie ist der Text aufgebaut? (→ Erfassen von Sprache und Form)
- Was haben Inhalt und Aufbau miteinander zu tun? (→ Deutung)

In einem zweiten Schritt können über den Text hinausgehende Fragen gestellt werden (→ textüberschreitende Aspekte):
- In welcher biografischen Situation befand sich die
- Autorin/der Autor?
- Lassen sich Zusammenhänge mit anderen Texten erkennen?
- Unter welchen historischen/zeitgenössischen Umständen entstand der Text?

Die Antworten müssen mit der Deutung in Zusammenhang gebracht werden. Alle Aussagen zum Gedicht müssen mit Textstellen und eigenem Wissen belegt werden.

Bedeutungskartografie: Um die sprachlich-formale Seite von lyrischen Texten besser erschließen zu können, kann es sich lohnen, das Gedicht mit farbigen Markierungen zu versehen (vgl. So geht's, S. 172). Dabei werden gleiche Auffälligkeiten mit gleichen Farben ausgezeichnet, bspw. in der Aufgabenstellung genannte Aspekte, Stellen zum lyrischen Ich, alle Wörter eines gleichen Wortfelds/Schlüsselwörter, alle Wiederholungen, die Bildlichkeit, hoch- oder umgangssprachliche Wendungen, Adressatenansprachen und weitere Auffälligkeiten.

Anschließend wird untersucht, was diese Auffälligkeiten aussagen. In der Darstellung der Deutung kann chronologisch entlang des Textes (lineare Gliederung) oder nach den Auffälligkeiten geordnet vorgegangen werden (aspektorientierte Gliederung). Die Markierungen helfen als Textbelege.

Strukturskizzen: Es kann beim Verständnis helfen, Gedichte zu visualisieren, d.h. als Skizze darzustellen. Gibt es bspw. Steigerungen, Höhepunkte, gleichmäßige Verläufe? Ergibt sich eine Verlaufskurve? Lässt sich der Text in Segmente einteilen? Das erkannte Muster muss dann in eine sprachliche Aussage zum Gedicht (Deutung) überführt werden.

  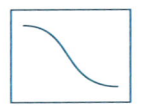

Sprachgestaltung

Sprachliche Mittel wie bspw. rhetorische Figuren sind nicht nur in der Lyrik, sondern auch in allen anderen literarischen Gattungen sowie in pragmatischen Texten wesentlich für die Wirkung, die von Formulierungen ausgeht.

sprachliche Bilder		
Allegorie	bildliche Veranschaulichung eines abstrakten Begriffs oder Vorgangs, oft in Form von Personifikationen; die Beziehung zwischen dem Dargestellten und dem Gemeinten muss gedanklich rekonstruiert werden oder beruht auf Übereinkünften	*Justitia (die Gerechtigkeit), Sensenmann (der Tod), Amor (die Liebe)*
Chiffre	ursprünglich Geheimzeichen, das entschlüsselt werden muss; in der romantischen und modernen Dichtung verkürztes, verrätseltes sprachliches Zeichen, das eher individuell und nicht übergreifend auflösbar ist	*das blaue Klavier (Else Lasker-Schüler für ihre Kindheit)*
Metapher	bildhafter Ausdruck mit einer Bedeutungsübertragung, d.h. Ausdruck und Gemeintes stammen nicht aus dem gleichen Begriffsfeld	*ein Herz aus Stein haben (ohne Mitleid sein), Rabeneltern (schlechte Eltern)*
Metonymie	ersetzt das eigentlich gemeinte Wort durch ein anderes, das zu ihm in enger Beziehung steht (Sachbezug)	*Stahl (statt: Schwert)*
Periphrase	Umschreibung eines Begriffs, oft konventionalisiert	*der Allmächtige (Gott), Freund und Helfer (Polizei), Halbgötter in Weiß (Ärzte)*

Personi-fikation	Gegenstände, Naturvorgänge usw. werden als handelnde Personen dargestellt.	*die Zeit rennt*
Symbol	Sinnbild, (Erkennungs-)Zeichen, das für größere Ideen oder Sinn-zusammenhänge steht; durch Kultur oder Tradition festgelegt	*Kreuz (für das Christentum), Rose (für die Liebe), Taube (für den Frieden)*
Synästhesie	Verbindung unterschiedlicher Sinneseindrücke	*Blickt zu mir der Töne Licht.* (Brentano)
Synekdoche	ersetzt einen Begriff durch einen engeren oder weiteren Begriff aus demselben Begriffsfeld, oft ein Ober- oder Unterbegriff; Teilbereich der Metonymie	*das Land mit dem Schwert erobern (statt: mit Waffengewalt)*
Verding-lichung	Zuschreibung gegenständlicher oder abstrakter Eigenschaften zu Lebendigem (Gegenteil der Personifikation)	*Dachdecker stürzen ab und gehn entzwei* (Jakob van Hoddis) *ein eiserner Blick Sein Eintreten erleuchtete den Raum.*
Vergleich	setzt zwei Bereiche durch einen Vergleichspunkt miteinander in Beziehung; sprachliche Hinweise: *wie, als ob*	*schnell wie ein Gepard*
Wiederholungsfiguren		
Akkumulation	Häufung; Reihung von Begriffen, die zu einem Oberbegriff gehören, zur Steigerung des Gesamteindrucks	*Wie schadhafft ist Spriet / Mast / Steur / Ruder / Schwerdt und Kill* (Andreas Gryphius)
Alliteration	gleicher Anlaut bei benachbarten oder syntaktisch verbun-denen Wörtern	**m**it **M**ann und **M**aus
Anapher	Wiederholung von Wörtern am Beginn von Teilsätzen, Sätzen oder Absätzen	*Mein sind die Jahre nicht / die mir die Zeit genommen / Mein sind die Jahre nicht / die etwa moechten kommen* (Andreas Gryphius)
Assonanz	Gleichklang der Vokale in mindestens zwei Wörtern	*Geben und Nehmen*
Asyndeton	unverbundene Aufzählung, Aneinanderreihung gleichwertiger Satzteile ohne Konjunktion (im Gegensatz zu **Polysyndeton**: gehäufte Setzung von Konjunktionen wie *Einigkeit und Recht und Freiheit*)	*Alles rennet, rettet, flüchtet* (Friedrich Schiller)
Chiasmus	Kreuzstellung von Wörtern oder Satzteilen	*Eng ist die Welt und der Verstand ist weit.*
Epipher	nachdrückliche Wiederholung eines Wortes oder einer Wort-gruppe am Ende aufeinanderfolgender Verse oder Sätze	*Ihr überrascht mich nicht, erschreckt mich nicht.* (Friedrich Schiller)
Klimax, Antiklimax	Wortfolge als Abstufung (Treppe); steigende Wortfolge zum Höhepunkt: Klimax, fallend: Antiklimax	*Schlafe, träume, flieg* (Clemens Brentano)
Parallelismus	Wiederholung von Satzbauformen in aufeinanderfolgenden Sätzen	*Heiß ist die Liebe, kalt ist der Schnee.*
Polysyndeton	verbundene Aufzählung – Aneinanderreihung gleichwertiger Satzteile mit Konjunktionen	*Und es wallet und siedet und brauset und zischt* (Friedrich Schiller)
Repetitio(n)	Wiederholung eines für die Aussage zentralen Begriffs zur Ver-stärkung	*Reisen soll ich, Freunde! reisen* (Ludwig Uhland)
Kontrastfiguren		
Anakoluth	Satzbruch, Umbau eines begonnenen Satzes; tritt oft in mündlichen Äußerungen auf	*Sie schläft, weil ... sie war erschöpft.*
Antithese	Entgegenstellung; Gegenüberstellung von gegensätzlichen Inhalten	*Der Tod ist das wahre Leben. Meine Antwort lautet: Ja und Nein.*

Antonyme	Wörter, die Gegensätze bezeichnen	*hell – dunkel*
Aposiopese	Abbruch einer Äußerung oder eines Gedankens im Satz (vor der entscheidenden Aussage)	*Sollten wir nicht besser die … nein, wohl eher nicht.*
Inversion	von der üblichen Wortfolge im Satz abweichende Wortstellung	*Hat die Katz' die Maus gefangen.*
Ironie	meint das Gegenteil des Gesagten	*Schöne Bescherung!* (für: *Unglück, Missgeschick*)
Oxymoron	einander widersprechende, gegensätzliche Begriffe werden pointiert miteinander verbunden	*lebendiger Tod, stumm sprechen, dummklug, alter Knabe*
Paradoxon	scheinbar widersinnige Aussage	*Ich weiß, dass ich nichts weiß.* (Sokrates)
rhetorische Frage	Frage, auf die keine Antwort erwartet wird (Gedankenfigur)	*Warum sollten sie unglücklich sein?*
Wortwahlfiguren		
Archaismus	veraltete sprachliche Bezeichnung	*Backfisch* (statt: *heranwachsendes Mädchen*)
Bescheiden-heitstopos	Bescheidenheitsbekundung; Untertreibung, die widerlegt wird	*Ich bin kein guter Läufer, konnte aber dennoch gewinnen.*
Correctio	Verbesserung, Selbstkorrektur, meist ersetzt ein stärkerer einen schwächeren Ausdruck	*Wir werden uns freuen – was sage ich – begeistert sein!*
Ellipse	unvollständiger Satz, oft fehlen Subjekt oder Prädikat	*Voller Liebe sein Herz. Was denn?*
Euphemismus	beschönigender Ausdruck oder schönfärbende Umschreibung	*organisieren* (statt: *stehlen*), *personale Verschlankung* (statt: *Stellenabbau*)
Hyperbel	starke, offensichtlich unglaubwürdige Übertreibung; Gegenstand oder Sachverhalt wird entweder vergrößert oder verkleinert	*Ein Schneidergeselle, so dünn, dass die Sterne durchschimmern konnten. Zuschauer wie Sand am Meer*
Litotes	Untertreibung oder doppelte Verneinung	*nicht übel* (statt: *gut*)
Pejorativ	herabsetzender Ausdruck	*Sozialfimmel* (statt: *Hilfsbereitschaft*)
Wortspiel	geistreiche/humorvolle Variation von Begriffen	*Leidenschaft, die Leiden schafft*
Zeugma	Ein Verb wird auf mehrere Objekte bezogen, oft auch wortspielerisch aufgrund verschiedener Bedeutungen der beiden Konstruktionen.	*Der See kann sich, der Landvogt nicht erbarmen.* (Friedrich Schiller) *Ich heiße nicht nur Heinz Erhardt, sondern Sie auch herzlich willkommen.* (Heinz Erhardt)
Wortschatzfiguren		
Hendiadyoin	Zwei durch *und* verbundene Wörter schaffen eine neue Aussage, die die Einzelworte z.T. nicht haben.	*ab und zu* (manchmal), *Feuer und Flamme* (begeistert), *klipp und klar* (eindeutig)
Neologismus	sprachliche Neubildung	*Knabenmorgen-Blütenträume* (Johann Wolfgang Goethe)
Pleonasmus	Zusatz eines überflüssigen Worts, das im Hauptwort schon enthalten ist; Bedeutungswiederholung	*schwarzer Rappe*
Tautologie	(überflüssige) Wiederholung von bereits Gesagtem mit gleichbedeutenden Wörtern	*nie und nimmer, angst und bange, neu renoviert, die Totalität ist vollständig*

Pragmatische Texte

Erschließungsaspekte für pragmatische Texte

Pragmatische Texte sind sachbezogene, meist faktenbasierte oder meinungsbasierte und thematisch eingegrenzte Texte.

Viele pragmatische Texte erfüllen auch mehrere dieser drei Funktionen, z. B.: Ein Kommentar soll vor allem die Leserinnen und Leser überzeugen. Oft wird allerdings auch über die Hintergründe des kommentierten Ereignisses informiert.

pragmatische Texte

Inhalt
– Darstellung von Hintergründen und/oder übergeordneten Zusammenhängen
– informierende Texte enthalten Fakten, ggf. Schlussfolgerungen
– argumentierende u. appellative Texte: Meinungsäußerungen, (in-)direkte Apelle

Thema, Anlass
– Bezug zu aktuellen Ereignissen
– Thema oft in Überschrift zu erkennen

Absicht, Funktion
– informieren
– argumentieren
– appellieren

Textsorte, Medium
– kontinuierliche Texte: Lexikonartikel, Bericht, Biografie, Interview (informierend)
– diskontinuierliche Texte: Diagramm, Tabelle, Schaubild (informierend)
– Kommentar, Essay, Stellungnahme, Leserbrief, Rezension (argumentierend)
– politische Rede, Werbetext, Einladung (appellierend)

Sprache, Stil
– je nach Textfunktion unterschiedlich
– informierende Texte: u.a. Fachwortschatz, komplexer Satzbau, objektiv, unpersönlicher Stil, Quellenangaben
– argumentierende Texte: u.a. pointiert, Einsatz rhetorischer Mittel (häufig Ironie, Übertreibung, rhetorische Fragen), subjektiv, wertend
– appellierende Texte: u.a. direkte Leseransprache, mögliche Folgen oder Alternativen aufzeigen

textüberschreitende Aspekte
– fachliches Themengebiet: Politik, Philosophie, Wirtschaft, Linguistik …
– Querverweise zu anderen Autorinnen und Autoren
– Unterschiede durch Veröffentlichungsmedium (z.B. Tageszeitung oder wissenschaftliche Fachpublikation) und Zielgruppe (Expertinnen/Experten oder Leser-/Hörerschaft ohne Vorwissen)

Darstellungsweise, Aufbau
– informierende Texte oft klar strukturiert; häufig mit Begriffsbestimmung beginnend
– Einleitung – Hauptteil – Schluss (z. B. Essay, Kommentar)

chronologisch, vom Allgemeinen zum Besonderen

Merkmale einer Rede

Frank-Walter Steinmeier: Rede zur Verleihung des Marion Dönhoff Preises für internationale Verständigung und Versöhnung an die „New York Times" am 3. Dezember 2017 in Hamburg
(2017, bundespraesident.de, Ausschnitt)

Wir ehren heute eine Autorität der Aufklärung – die Gray Lady, die New York Times. Wir ehren einen Leuchtturm der Vernunft in einem Zeitalter grassierender Unvernunft. Solange es sie gibt, solange äußern manche ihren Verdacht, dass die Gray Lady der herrschenden Elite zu nahesteht. Sie ist, wie alle unabhängigen Medien, die
5 kritische Instanz. Aber sie steht eben im demokratischen Gefüge – nicht gegen das demokratische Gefüge. [...]
Ich glaube, Qualitätsmedien vertragen solche Elitenkritik. Und sie müssen es sogar. Denn auch die Gray Lady, auch eine Autorität der Aufklärung ist nicht unfehlbar. Im Gegenteil: Die Aufklärung lebt von der Suche, den Fehlern, der Korrektur. Das gilt für
10 die New York Times – wie für ganz Amerika. Die Autorität der freien Presse ist eine geliehene: geliehen von der Autorität des mündigen Lesers. Immer schon hat sich die New York Times dessen kritischen Fragen stellen müssen: Hat die Zeitung, in der Nachrichtenflut des Zweiten Weltkrieges, die grauenvollen Wahrheiten des Holocaust deutlich genug herausgestellt – Wahrheiten, deren Aufarbeitung auch in der
15 Geschichte der New York Times ein schmerzhaftes Kapitel ist? Hat sich, gerade in den Jahrzehnten der erstarkenden Civil Rights-Bewegung, die Vielfalt der amerikanischen Gesellschaft angemessen in ihrer Redaktion gespiegelt? Hat sie – im Irak-Krieg – Quellen über angebliche Massenvernichtungswaffen ausreichend kritisch geprüft? [...]
20 „All the News That's Fit to Print!" Im Motto der New York Times spiegelt sich ein beeindruckendes, ein äußerst selbstbewusstes, ein zeitloses Berufsethos des Journalismus. Aber zugleich spiegeln sich im selben Motto alle großen, offenen Zukunftsfragen des Journalismus. Jedes Wort können wir heute mit einem Fragezeichen versehen: All ...? Welches Medium kann überhaupt noch Vollständigkeit beanspruchen
25 in dieser Welt? ... The News ...? Was sind News, was Fake News? Und wem traut man die Unterscheidung zu? ... Fit ...? Wer entscheidet, was „angemessen" ist für öffentliche Aufmerksamkeit? Sicherlich nicht nur Zeitungen, sondern längst auch Trolle und Bots, und twitternde Präsidenten. Tja, und: ... To Print ...? Als ich kürzlich eine Schülergruppe fragte, wann sie zuletzt eine gedruckte Zeitung in der Hand hatten,
30 da erntete ich nur staunende Blicke. Gedruckte Zeitungen?
In all diesen großen Fragen, in all den Umbrüchen unserer Zeit – Digitalisierung, die Zäsur der letzten US-Präsidentschaftswahl, die Kakophonie des Postfaktischen – erscheint mir die New York Times vor allem dies: besonnen. Sie hat sich besonnen auf die fundamentalen Tugenden ihrer Branche: Wie reagieren auf die Unvernunft? Mit
35 Vernunft und mit unbedingter Sachlichkeit. Wie reagieren auf ständige Aufregung und Hysterie? Mit dem guten Handwerk gründlicher Berichterstattung. Wie reagieren auf wachsende Polarisierung und Parteinahme? Indem der Journalist sich in die Schuhe des Gegenübers stellt, Argument und Gegenargument ernst nimmt. Wie reagieren auf Lügen? Indem man die Fakten klarstellt. [...]
40 Liebe New York Times, please continue to bring us „All the News That's Fit to Print" – so we can be informed! Congratulations, Gray Lady.

→ Bezug auf Redeanlass
→ Metapher („Leuchtturm") zur Hervorhebung

→ Wiederholung zentraler Inhalte (Redundanz)

→ Einsatz rhetorischer Mittel (hier Anapher, rhetorische Fragen)

→ klare Strukturierung des Redeinhalts (Leserlenkung)

→ Wertverteilungstaktik, Schwarz-Weiß-Taktik: Aufbau klarer Gegensätze („Unvernunft" vs. „Vernunft")

Die Rede

Eine Rede ist eine in der Regel **schriftlich konzipierte** und **mündlich realisierte** Mitteilung **eigener Gedanken** einer Person an viele. Im Unterschied zu Stellungnahmen und kurzen Ansprachen haben Reden einen gewissen Umfang und eine **komplexere Struktur** aus mehreren Gedankengängen und/oder Absichten. Als Gattung hat die Rede eine lange, bis in die Antike reichende **Tradition**, die ihr bis heute **Ansehen** verleiht; zugleich steht die Rhetorik (Redekunst) aber auch seit ihren Anfängen im 5. vorchristlichen Jahrhundert unter Täuschungs- und **Manipulationsverdacht**.

Thema

In der antiken Rhetorik unterschied man drei Hauptgattung der Rede: Gerichtsrede, Beratungsrede und Lobrede. Heute sind Reden thematisch praktisch nicht beschränkt, meist haben sie aber einen konkreten Anlass, der das Thema setzt.

Inhalt

– Reden gliedern ein Thema meist in mehrere inhaltliche Stränge, die miteinander verwoben werden bzw. zusammenlaufen. Häufig wird das Thema auch in einen übergeordneten Zusammenhang gestellt, der zumindest in Teilen von aktuellem Interesse ist.
– Reden weisen eine argumentative Grundstruktur auf: Aussagen werden begründet bzw. belegt und sind durch nachprüfbare Informationen untermauert.
– Reden bedienen inhaltliche Erwartungen und knüpfen an Bekanntes an, bieten oft aber zugleich einen neuen Blickwinkel und/oder neue, überraschende Informationen.

Absicht, Funktion

– Die Funktion der Rede ist von der Redesituation (inklusive des Publikums) und der Redegattung (Art der Rede) abhängig, wobei zwischen direkten Adressaten (z.B. bei Lobreden die oder der Geehrte oder bei Parlamentsreden die Mitglieder des Parlaments) und indirekten Adressaten (die weitere Zuhörerschaft bzw. die Öffentlichkeit) zu unterscheiden ist.
– Die Bandbreite der Funktionen reicht von der Würdigung einer Einzelperson bis hin zum aufrüttelnden Appell an eine ganze Nation. Der Grundtenor kann sachlich-argumentativ auf Überzeugung zielen oder auch emotional-appellativ auf Überredung gerichtet sein.

Darstellungsweise, Aufbau

– Auch der Redeaufbau ist stark abhängig von der Redegattung. Gemeinsam ist allen Reden jedoch der Einstieg mit einer Einleitung, die auf die Einstimmung der Zuhörerschaft abzielt und oft mit einer Begrüßung der Anwesenden verbunden ist.
– Der Schlussteil enthält meist eine Zusammenfassung oder Schlussfolgerung und ist oft appellativ und mit einer direkten Hinwendung an das Publikum verbunden.
– Der Mittelteil ist inhaltlich dominiert und hat einen darstellenden und/oder argumentativen Charakter. Im Zentrum steht die Entfaltung der eigenen Sicht, die mit einer Auseinandersetzung abweichender Sichtweisen verbunden sein kann.
– Die Darstellungsweise ist an verschiedene Strategien (z.B. Lob, Herabsetzung der gegnerischen Position, Emotionalisierung) und Techniken (z.B. Analogiebildungen, Berufung auf Autoritäten, Hervorhebung) geknüpft.

Sprache, Stil

– Die Sprache in Reden ist rhetorisch überformt und weist zahlreiche Stilfiguren auf, die oft auf Eindringlichkeit (z.B. Wiederholungen, Anaphern, Parallelismen) und gedankliche Zuspitzung (z.B. Metaphern, Antithesen, Klimaxe) hinauslaufen.
– Durch die mündliche Realisierung kommt den non- und paraverbalen Sprachbereichen eine besondere Bedeutung zu.

Merkmale eines Kommentars

Detlef Esslinger: Herzenswärme, gerne für alle (2022)

Ein Krieg zeigt immer das Schlimmste und das Beste, wozu Menschen fähig sind. Die Erbarmungslosigkeit von Putins Militär könnte in keinem größeren Kontrast stehen zur Herzenswärme, auf die die ankommenden Ukrainer in Deutschland und anderen Ländern nun glücklicherweise treffen. Die Feuerwehr in Fellbach, die Hebekissen
5 und Schaumwerfer sammelt und in die Ukraine schickt. Die Frankfurterin, der es gelingt, ihre Mutter, ihre Schwester und deren Kinder aus Lemberg herauszuholen. Die Berlinerin, die zum Hauptbahnhof aufbricht, um Menschen zu finden, denen sie ihr Gästezimmer anbieten kann. Die Frage ist: Woher rührt die Herzenswärme? Oder kommt demnächst der erste um die Ecke und ruft, dass sich 2015 aber bitte nicht
10 wiederholen darf?
Die Umstände sind kaum vergleichbar. Auch wenn es vermutlich nur die Wenigsten zugeben würden: Menschen kalkulieren, wen sie aufnehmen und wen nicht. Syrer, Afghanen oder Jemeniten trafen zwar ebenfalls auf große Hilfsbereitschaft. In Teilen des Volkes lösten sie aber stets Unbehagen aus. Es kamen vor allem Männer. Musli-
15 me. Aus einem sich dahinziehenden Krieg. Aus der Ukraine, dem christlich geprägten Land, fliehen vor allem Frauen und Kinder – aus einem Krieg, den es vor zwei Wochen noch nicht gab. Nichts drückt die Gleichzeitigkeit zwischen unverrückbaren Ressentiments und Herzlichkeit so aus wie die Aktion, die die Regierung von Oberbayern gerade für sinnvoll hält: Um Platz zu schaffen für Menschen aus der
20 Ukraine, wird 584 Asylbewerbern, vor allem Afghanen und Jemeniten, ihre Unterkunft in Fürstenfeldbruck genommen. Sie werden quer durch Oberbayern neu verteilt. Es gibt bestimmt administrative Gründe dafür. An der Teilnahmslosigkeit gegenüber Menschen, die sich über die Jahre mühsam ein soziales Gefüge aufgebaut haben, ändert es nichts.
25 Die grandiose Aufnahmebereitschaft für Menschen aus Kiew und Cherson dürfte noch aus einem weiteren Grund anhalten: weil man sich mit ihnen in einer Schicksalsgemeinschaft verbunden fühlt. Die Ankommenden sind es, auf deren Häuser die Raketen zielen – aber jeder weiß, dass dies auch deshalb geschieht, weil der Westen Forderungen von Putin nicht nachgeben konnte, die weit über Kiew hinausgingen.
30 Also wenigstens den Vertriebenen helfen, wie es nur geht: Wer könnte sich diesem Impuls entziehen?
Es ist aber leider nicht der einzige Impuls, der inzwischen zu beobachten ist. Russen, die hier leben, berichten, dass sie schief angeschaut werden, nur weil sie sich in ihrer Muttersprache unterhalten. Der aus Russland stammende Schriftsteller Wladimir
35 Kaminer berichtet von einer Berliner Grundschule, in der eine russische Schülerin als „Putins Schlampe" gemobbt werde. Die Schulleitung geht hoffentlich dagegen vor. Man kann nicht oft genug wiederholen, dass dies ein Krieg Putins, nicht aber der Russen gegen die Ukraine ist. Deshalb bleibt es so wichtig, Sanktionen keineswegs allumfassend anzulegen: Künstler, Austauschstudenten und Wissenschaftler etwa
40 haben in ihrer Gesamtheit mit dem Überfall nichts zu tun. Es sind immer nur Individuen, die sich schuldig machen. Wer jemanden brandmarkt, weil man ihn nur noch als Teil eines Kollektivs wahrnimmt, vergreift sich an seiner eigenen Humanität.

(Süddeutsche Zeitung, 09.03.2022)

→ Überschrift deutet Thema an, regt zum Weiterlesen an.
→ Aufgreifen des zugrunde liegenden Ereignisses
→ persönliche Wertung
→ anschauliche Hinführung zum Thema

→ prägnante Darstellung durch Doppelpunktkonstruktionen und Parataxen

→ kontrastive Gegenüberstellung
→ Informieren über Hintergründe

→ eindeutige Wertung des Ereignisses

→ Wertung

→ Darstellung von Hintergründen, Nachweis von Expertise

→ rhetorische Frage

→ Wertung
→ aktuelles Geschehen mit Bezug zum übergeordneten Thema
→ anschauliches Beispiel
→ indirekter Appell
→ Übertreibung
→ Leserin/Leser wird zum Nachdenken angeregt.

→ Resümee

Der Kommentar

Ein Kommentar ist eine **persönliche Meinungsäußerung** anlässlich einer **aktuellen Nachricht** bzw. eines aktuellen **Ereignisses**.

Thema

– Kommentare können zu allen Themenbereichen verfasst werden.
– Die Autorin oder der Autor bezieht zu diesem Thema eindeutig Stellung.
– In Zeitungen umfassen Kommentare meist eine halbe bis eineinhalb Druckseiten, sie können je nach Anlass aber auch umfangreicher ausfallen.

Inhalt

– Kommentare stellen einen direkten Bezug zum kommentierten Ereignis her und geben die persönliche Meinung der Autorin oder des Autors dazu wieder.
– Hintergründe und ggf. übergeordnete Zusammenhänge des Themas werden betrachtet.
– Die Sichtweise der Verfasserin oder des Verfassers wird argumentativ entfaltet, wobei sie oft komprimiert und zugespitzt dargestellt wird.

Absicht, Funktion

– Das übergeordnete Ziel eines Kommentars ist es, die Leserinnen und Leser dazu anzuregen, sich eine eigene Meinung zum Thema zu bilden bzw. sich der Meinung der Autorin bzw. des Autors anzuschließen.
– Kommentare informieren meist auch knapp über die Hintergründe von Ereignissen, um die Nachvollziehbarkeit für die Leserinnen und Leser zu gewährleisten.
– Oft enthalten Kommentare direkte und indirekte Appelle, z. B. an die Rezipientinnen und Rezipienten oder an die Verantwortlichen eines Ereignisses.

Darstellungsweise, Aufbau

– Die Überschrift deutet das Thema oft knapp und zugespitzt an und bringt meist auch die Meinung der Autorin oder des Autors zum Ausdruck. Dadurch soll das Interesse der Leserin oder des Lesers geweckt werden.
– Der Einstieg erfolgt oft über eine anschauliche, evtl. narrativ angelegte, den Sachverhalt klärende Hinführung zum Thema. Die Leserin bzw. der Leser soll anschaulich in das Thema eingeführt und zum Weiterlesen motiviert werden.
– Im Hauptteil wird die vertretene Meinung argumentativ fundiert, oft zugespitzt und sprachlich prägnant entfaltet. Notwendige Erklärungen, weitere Informationen, Beispiele oder direkte Appelle ergänzen die Darstellung häufig.
– Den Schluss des Kommentars stellt meist ein Resümee dar, mit welchem die Meinung der Autorin oder des Autors noch einmal – häufig pointiert – zusammengefasst wird.
– Entsprechend ihrer Funktion weisen Kommentare oft eine starke Lesereinbindung auf.

Sprache, Stil

– Kommentare werden im Präsens verfasst.
– Auch wenn Kommentare eine subjektive Sicht wiedergeben, sind sie im Sachstil geschrieben. Charakteristisch für den Kommentar ist eine pointierte und prägnante sprachliche Darstellung, häufig mit rhetorischen Mitteln wie Übertreibung, Ironie, Metaphorik oder rhetorischen Fragen. Auf der Satzebene wird dies oft durch Parataxen, Doppelpunktkonstruktionen oder Ellipsen verwirklicht.
– Wertende Formulierungen geben die persönliche Meinung wieder.
– Die appellative Funktion ist häufig mit dem Aufzeigen von möglichen Folgen, Anbieten von Alternativen oder einer direkten Ansprache der Leserinnen und Leser verbunden.

Merkmale eines Essays

Hilke Lorenz: Habt Mitgefühl! (2016, Ausschnitt)

Ein Mann tritt ans Mikrofon. „Warum dauert es so lange mit dem Bau der Flüchtlingsunterkunft in unserem Stadtteil?", fragt er bei einer Bürgerveranstaltung. Klar, direkt und in der Gewissheit, dass ihn das, was draußen in der Welt geschieht, etwas angeht. Auch das gibt es noch in diesen Zeiten, in denen das Klima kälter und der

5 Ton schneidender wird. Der Mann ist ungeduldig. Er will anpacken und mithelfen. Er will die Menschen aus den Nachrichten endlich kennenlernen. Pragmatik kann herzerwärmend und befreiend sein. Die Politik gibt seit Kurzem einen Ton vor, der nur noch bemüht ist, den verunsicherten Wählern zu signalisieren: Wir zeigen die harte Kante. Zwischentöne der Menschlichkeit bleiben dabei auf der Strecke. Das

10 verändert das gesellschaftliche Klima. „Sie müssen ja nicht kommen. Wir haben sie nicht eingeladen", raunt sich ein Ehepaar [...] zu, lässt Abneigung und fehlendes Mitgefühl gegenüber Fremden in hässlicher Deutlichkeit sichtbar werden.

Die Hälfte der Flüchtlinge ist psychisch krank

Zu lesen ist von schweren Erkältungen, an denen die Menschen leiden, die in ihren

15 Zelten in der griechisch-mazedonischen Grenzstadt Idomeni im Matsch ausharren. Daneben Bilder von weinenden Kindern mit Rotznasen. [...] Mehr als die Hälfte dieser Menschen sei psychisch krank, habe Gewalt gesehen oder erlebt, schätzt Dietrich Munz, der Präsident der Psychotherapeutenkammer. Es ist ein Elend, das offenbar eine Abwehrreaktion hervorruft, weil es nicht in die

20 mühsam errungene neue Ordnung passt: ihr da draußen, wir hier drinnen. Täuscht der Eindruck oder atmet gerade ein ganzer Kontinent kollektiv auf? „Die Flüchtlingszahlen gehen zurück", lautet die Erfolgsmeldung. [...] Sind das wirklich Erfolgsmeldungen? [...] Mitgefühl, so scheint es, das war einmal. Wer sich noch zu Menschlichkeit hinreißen

25 lässt, ist ein hoffnungsloser Romantiker. Ein Gutmensch. Und über dessen vermeintlichen Realitätsverlust lässt sich prächtig herziehen. Dabei sind es die viel gescholtenen Gutmenschen, die eine Zivilgesellschaft braucht, um zu funktionieren.[...] Warum lassen sich manche Menschen berühren und andere nicht? Warum verspüren manche Lust, den Neuankömmlingen zu begegnen und andere nicht? Warum

30 gibt es jene, die aufgeben wollen, bevor wir als Gesellschaft überhaupt richtig begonnen haben? Warum wollen wir es, wenn auch in großer gemeinsamer Anstrengung, nicht mehr zusammen schaffen? [...] Erfahrungen der Heimatlosigkeit und Entwurzelung finden in menschlichen Gesten ein Stück Heilung. Davon sollten wir einander jetzt erzählen. [...]

35 Gegen diese gesellschaftlichen Veränderungen kämpfen sogenannte Gutmenschen unermüdlich an. Ihr Handeln ist der Schatz einer funktionierenden Zivilgesellschaft, an das andere immer nur dann appellieren, wenn es um Seniorennachmittage oder die freiwillige Feuerwehr geht. [...] Sie geben Sprachunterricht, kämpfen sich durch den Dschungel des Asylrechts, weil

40 sie sich anrühren lassen wollen und nicht abschotten. Und weil sie es als Verpflichtung sehen, die sich aus der deutschen Geschichte ergibt. Sie wollen in den Neuankömmlingen Menschen sehen. Das ist mehr als nur naives Gutmenschentum. Das ist die Voraussetzung für eine gelingende Integration.

(Stuttgarter Zeitung, 2016, Ausschnitt)

→ Andeutung des übergeordneten Themas/ Haltung der Autorin
→ narrativer Einstieg

→ bildhafte Sprache
→ Einprägsamkeit durch Parallelismus

→ subjektive Wertung
→ umgangssprachliche Formulierungen

→ strukturierende Zwischenüberschrift
→ umgangssprachliche Formulierungen

→ zugespitzte, wertende Formulierung
→ rhetorische Fragen

→ Rückbezug zum Thema

→ ironische Formulierung
→ These
→ Fragen sollen zum Nachdenken und zur Selbstreflexion anregen.
→ Personalpronomen suggeriert Nähe.

→ Appell

→ bildhafte Ausdrucksweise
→ provokative Formulierung

→ pointiert formuliertes Resümee

Der Essay

Ein Essay (von frz. *essayer*: versuchen) ist ein **reflektierender** und **argumentierender** Text, der sich mit einem kulturellen, politischen oder auch gesellschaftlichen Thema in freier, kreativer und durchdachter Weise auseinandersetzt. Der essayistische Stil ist subjektiv, pointiert, häufig provokativ, die Haltung oft erzählend oder beschreibend. Die Form wirkt z. B. durch **Abschweifungen** assoziativ, dennoch liegt eine Struktur zugrunde. Der Essay regt die Leserinnen und Leser zu **Reflexionen** an und liefert **Denkanstöße**. Er wird deshalb auch als „**Gedankenspaziergang**" bezeichnet.

Thema

Essays sind thematisch nicht beschränkt. Oft stellt ein unmittelbares Ereignis oder Tagesgeschehen zwar den Ausgangspunkt für einen Essay dar, jedoch wird das Thema nicht eingegrenzt, sondern eher allgemein ausgeweitet.

Inhalt

– Das zugrunde liegende Thema wird in einem größeren Zusammenhang, vor einem anderen Hintergrund oder von mehreren Seiten betrachtet. Dies erfolgt zum Beispiel durch Reflexionen, Abschweifungen oder eine neue Kontextualisierung.

– Die Zusammenhänge werden argumentativ verdeutlicht, durch Informationen untermauert oder durch Beispiele und Vergleiche veranschaulicht. Das Schreiben eines Essays verlangt sowohl Sachkenntnis als auch argumentative und sprachlich-stilistische Fähigkeiten.

Absicht, Funktion

– Essays zielen in erster Linie darauf, die Leserinnen und Leser zum Nachdenken und Reflektieren anzuregen. Häufig geht es dabei um ein Umdenken, da ein Thema aus neuer Sicht – oft unterhaltsam – beleuchtet wird.

– Meist werden in Essays keine direkten Appelle formuliert (falls doch, handelt es sich um eher überraschende Aufforderungen); der Appellcharakter besteht eher indirekt in der Absicht, die Leserinnen und Leser z. B. zu einer Haltungsänderung anzuregen.

Darstellungsweise, Aufbau

– Der Einstieg in den Essay erfolgt oft durch eine schildernde Passage (z. B. einer kurzen Szene oder Begebenheit), eine überraschende oder irritierende Aussage oder eine provokante These mit dem Ziel, prägnant zum Thema hinzuführen und zum Weiterlesen anzuregen.

– Im Hauptteil wird das Thema von verschiedenen Seiten betrachtet und die zugrunde liegende These argumentativ entfaltet.

– Der neue Zugang des Essays und die oft provokante Darstellung finden in der Argumentation ihren Niederschlag, die durch Abschweifungen oder Aufgreifen anderer Zusammenhänge häufig zunächst frei und unzusammenhängend wirkt. Dass die Argumentation gleichwohl zum Ziel führt, erschließt sich zumeist vom Ende her.

– Der Schluss enthält meist ein zusammenfassendes Resümee, das häufig pointiert formuliert ist.

– Essays erheben keinen Anspruch auf Vollständigkeit, Objektivität wird nicht angestrebt. Im Gegenteil: Die Autorin oder der Autor besitzt zwar eine sehr gute Sachkenntnis, will aber gerade durch einen subjektiven Zugang die Leserinnen und Leser überzeugen.

Sprache, Stil

Essays leben von interessanten, unerwarteten Gedankengängen, die anschaulich, einprägsam und pointiert ausgestaltet sind. Sie sind von einem subjektiven Stil geprägt, der eine persönliche Sichtweise zum Ausdruck bringt. Auch mit satirischen Mitteln (v. a. Ironie, Übertreibung) oder rhetorischen Mitteln wird oft gearbeitet.

Lexikon Film und Graphic Novel

Fachbegriffe zur Untersuchung von Graphic Novels

Graphic Novel
→ S. 376

Als **Graphic Novel** wird eine Untergruppe von Comics bezeichnet, deren Gestaltung und Inhalt komplexer und subtiler sind als die der Comics und die sich damit an ein erwachsenes Publikum richten. Thematisch und darstellerisch handelt es sich um ernste, ungewöhnliche Erzählungen mit einem literarischen Anspruch. Graphic Novels sind häufig ästhetisch innovativ, d. h. sie experimentieren mit Erzählmustern, Bild-Schrift-Verknüpfungen, Gestaltung des Seitenlayouts usw. Inhaltlich greifen Graphic Novels – neben historisch-politischen, biografischen oder autobiografischen (sog. Graphic Memoir) Themen – häufig aktuelle politische und gesellschaftliche Diskussionen auf (z. B. zur Migration, Gender/Queer-Thematik oder zum Umgang mit der DDR-Vergangenheit). Vermehrt werden in Graphic Novels auch Literaturklassiker adaptiert (z. B. Franz Kafkas Erzählung *Die Verwandlung* oder Erich Maria Remarques Antikriegsroman *Im Westen nichts Neues*).

Bildausschnitte

Parallel zum Film (Totale, Halbtotale …) können die für ein Einzelbild (Panel) gewählten Ausschnitte Hinweise zur Interpretation liefern.

Panel

Das Einzelbild wird als Panel bezeichnet. Die Komposition (Zeichenstil, Farbe, Raum, Text, Sprech-/Gedankenblasen, Speedlines, Soundwords und Panelrahmen) kann für jedes Panel im Detail untersucht werden.
Fachbegriffe zur Bezeichnung von Panels:

Image Panel/Stummes Panel	Panel, das eine Geschichte ausschließlich über Bilder (weiter-)erzählt
Word Panel	Panel, das die Geschichte ausschließlich über Worte (weiter-)erzählt
Plot Panel	stellt das Grundgerüst der Handlung vor
Character Panel	stellt zentrale Figuren vor; charakterisiert sie
Setting Panel	stellt den Ort der Handlung vor
Conflict Panel	zeigt die Ursache eines Konflikts
Rising Action Panel	führt zum Spannungshöhepunkt hin, steigert die Spannung
Climax Panel	stellt den Spannungshöhepunkt dar
Resolution Panel	führt zum Ausgang/Ende der Handlung hin
Theme Panel	verdeutlicht die zentrale Idee
Splash Panel/ Opening Panel	großformatiges Bild, das in einen neuen Ort oder eine neue Szene einführt bzw. als atmosphärischer Einstieg dient

Perspektive

Parallel zum Film (Vogelperspektive, normal …) kann auch die Perspektive der Panels untersucht und mit dem Inhalt in Verbindung gebracht werden.

Seitenlayout

Als Seitenlayout wird die Seitenarchitektur bezeichnet, also die Zusammensetzung der Bildfolgen (Sequenzen) aus Einzelbildern (Panels) in einer bestimmten Anordnung. Es können hier Multiperspektivität (mehrere Handlungen nebeneinander) oder Handlungssequenzen (ein fortschreitender Handlungsstrang) angelegt sein. Der weiße Zwischenraum zwischen Panels wird als ‚gutter' (engl. für Rinnstein) bezeichnet. Für die Konstruktion der Story ist das Füllen des gutters durch die Leserin bzw. den Leser von zentraler Bedeutung. Dieser Prozess des Herstellens eines Zusammenhangs zwischen den Panels wird Closure-Prozess genannt (engl.: closure = dt.: Schließung; die Lücke zwischen zwei Panels wird durch die Imaginationsleistung des Rezipienten geschlossen).

Text-Bild-Beziehung

Es kann textlastig, bildlastig oder zweisprachig vorgegangen werden. Das Bild kann den Text ergänzen, Gegensätze darstellen oder rein illustrativ begleiten.

Fachbegriffe der Filmanalyse

Erzählstruktur

Filmhandlungen können wie erzählende Texte unterschiedlich aufgebaut sein. Folgende Aspekte können helfen, die Erzählstruktur eines Filmes zu untersuchen:

- **Handlung:** Gibt es mehrere Handlungsstränge? Gibt es eine Rahmen- und Binnenhandlung?
- **Konflikt:** Nach welchem Muster entwickelt er sich?
- **Zeitgestaltung:** Werden die Ergebnisse chronologisch oder nicht chronologisch, zeitdeckend, -dehnend oder -raffend wiedergegeben?
- **Funktion:** Was leistet die Erzählstruktur im Hinblick auf die Wirkung des Films?

Zur Beschreibung des Aufbaus von Filmen hat sich das **Strukturmodell (Drei-Akt-Schema) von Syd Field** etabliert.

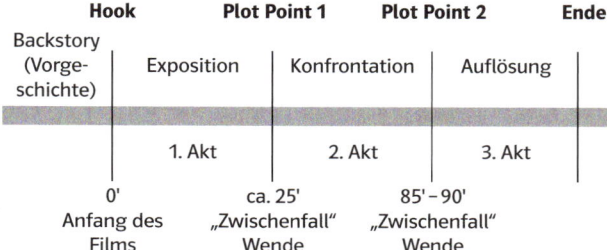

Hook	Plot Point 1	Plot Point 2	Ende
Backstory (Vorgeschichte)	Exposition	Konfrontation	Auflösung
	1. Akt	2. Akt	3. Akt
0' Anfang des Films	ca. 25' „Zwischenfall" Wende	85'–90' „Zwischenfall" Wende	

Hook bezeichnet in der Drehbuchdramaturgie einen kurzen Teil der Exposition, der die Aufmerksamkeit der Zuschauerinnen und Zuschauer erregen soll.

Exposition (auch **Set-up**) bezeichnet das Verfahren, die Zuschauerinnen und Zuschauer in die Handlung einzuführen, die zum Verständnis des Geschehens erforderlich ist (Figuren, Ort, Motivation usw.).

Plot Point bezeichnet eine überraschende Wendung im Verlauf der Handlung, sodass diese eine andere Richtung nimmt als erwartet.

Filmgenres

Filme lassen sich, ähnlich wie Literatur, nach bestimmten Genres ordnen, die typische Merkmale besitzen und nach bestimmten Konventionen gestaltet sind: z.B. Western, Fantasyfilm, Melodram, Komödie, Science-Fiction-Film, Thriller, Krimi, Zeichentrickfilm, Horrorfilm. Filme, die eindeutig einem Genre zugerechnet werden können, enthalten häufig genretypische Gestaltungselemente (Motive, Figuren, Erzählstrukturen). Bei Science-Fiction-Filmen werden beispielsweise bestimmte Motive immer wieder variiert (z.B. Begegnung mit außerirdischem Leben, künstliche Menschen, autonome KI, post-apokalyptische Szenarien, Expeditionen ins All usw.). Es gibt auch Filme, die sich keinem Genre zuordnen lassen bzw. Filme, in denen sich Genres überschneiden.

Filmmusik

Film → S. 377

Die Filmmusik (engl. *score*) trägt wesentlich zur Gestaltung der Atmosphäre des Films und zum Verständnis der Handlung bei. Oft wird Filmmusik dazu verwendet, die Handlung zu illustrieren bzw. zu unterlegen. Dabei handelt es sich häufig nicht um abgeschlossene Melodien, sondern um einen Soundteppich, der wiederum genrespezifisch gestaltet sein kann. Eine weitere Möglichkeit der Gestaltung von Filmmusik ist die Leitmotivtechnik. Dabei werden Dingen, Situationen oder Figuren Tonfolgen, Klänge oder Melodieteile zugeordnet, die im Verlauf des Films wiederholt auftreten, auch in Variationen oder an Stellen, an denen man sie nicht erwartet hätte. Die Leitmotivtechnik stellt ein weiteres Mittel dar, die Assoziationen der Zuschauenden zu lenken.

Filmische Realität

Der filmische Raum der Handlung ist das Produkt aus den physisch gezeigten Bestandteilen und ihrer Anordnung (Plot) und der daraus in der Vorstellungskraft der Zuschauerinnen und Zuschauer erzeugten Handlungslogik (Story). Wenn diese Logik durch die narrative Struktur gezielt infrage gestellt wird, spricht man von einem unzuverlässigen Erzählen. Ein gängiges Mittel ist auch das fehlende Markieren von Übergängen zwischen der objektiven Filmrealität (Diegese) und einer von einer Figur imaginierten Realität (mentale Metadiegese), z.B. in Form von Träumen, Visionen oder Wahnvorstellungen.

Filmsprachliche Mittel
Kameraeinstellungen:

Totale

Halbtotale

Halbnah

Nah

Großaufnahme

Detail

Weitere Kameraeinstellungen sind **Panorama** (auch: Weit) für Landschaftsaufnahmen oder Stadtarchitektur und **Amerikanisch**, bei der die Figuren vom Kopf bis kurz über dem Knie gezeigt werden.

Kameraperspektive:

| Froschperspektive/ | Untersicht/ | Normalsicht/ | Aufsicht/ | Vogelperspektive/ |
| *worm's eye view* | *low angle* | *eye-level angle* | *high angle* | *bird's eye view* |

Kamerabewegung: Die Beweglichkeit der Kamera eröffnet unterschiedliche Möglichkeiten der objektiven bzw. subjektiven Bildführung:
– Die **statische Kamera** lässt die Zuschauerin/den Zuschauer Handlungen und Protagonisten in Ruhe objektiv betrachten.
– **Schwenk bzw. Neigung** tastet sich an eine Person oder einen Gegenstand heran bzw. verfolgt eine Handlung vor der Kamera.
– Der **Zoom** holt eine Person näher heran oder schafft Distanz und macht dadurch die Kamera zu einer subjektiven Erzählerin/einem subjektiven Erzähler. Noch deutlicher erreicht das die Handkamera, die Unmittelbarkeit und subjektives Erleben nachvollziehbar macht.

Mise en Scène: Der Begriff bezeichnet den Bildaufbau/die Bildkomposition. Was die Zuschauenden über die Bilder eines Filmes wahrnehmen, ist bewusst „in Szene gesetzt" (Übersetzung aus dem Französischen). Dabei werden die Figuren und Gegenstände im Bild so angeordnet, dass ein räumlicher Eindruck entsteht und eine bestimmte Atmosphäre erzeugt wird. Folgende Fragen helfen bei der Untersuchung:
– Wie werden Personen und Gegenstände beleuchtet?
– Welche Farben enthält das Bild?
– Wie sieht der Bildhintergrund aus?
– Welche Stimmung wird erzeugt?

Montage: Der Begriff Montage (auch Editing, Schnitt) bezeichnet das Zusammenfügen von Filmszenen bzw. Aufnahmen aus dem Rohmaterial, sodass daraus eine Geschichte entsteht. Die Montage hat dabei die Funktion, die Handlung für die Zuschauenden nachvollziehbar zu gestalten (z.B. durch das Schuss-Gegenschuss-Verfahren in Dialogszenen). Darüber hinaus ist sie das zentrale Mittel zur Rekonstruktion der Story aufseiten der Zuschauerin oder des Zuschauers, da sie diesen Prozess sehr subtil steuern kann, indem sie z.B. bestimmte Assoziationen beim Zuschauenden hervorruft (Assoziation der Montage) oder bestimmte Informationen gezielt zurückhält (unzuverlässiges Erzählen).

Literaturverfilmung und Bühneninszenierung

Sowohl Literaturverfilmungen als auch Bühneninszenierungen sind Möglichkeiten der Rezeption literarischer Texte. Es gibt bei der Literaturverfilmung verschiedene Arten der Adaption, wobei auch Kombinationen möglich sind:
– **Stoffübernahme:** Verarbeitet werden nur einzelne Figuren bzw. deren Charakterzüge oder Handlungselemente aus der literarischen Vorlage.
– **Illustration:** Die literarische Vorlage soll möglichst genau in filmische Bilder umgesetzt werden.
– **Transformation:** Die literarische Vorlage wird mithilfe filmgestalterischer Mittel interpretiert.

Vergleichen lassen sich Film und Bühneninszenierung mit der literarischen Vorlage, indem sie in ihrem Eigenwert, also in ihrer Medien- und Gattungsspezifik, betrachtet werden:
– **Literatur:** Untersuchung nach Erschließungsaspekten epischer/dramatischer Texte
– **Film:** Untersuchung unter filmspezifischen Gesichtspunkten
– **Bühneninszenierung:** Untersuchung nach Regiekonzept (Werktreue, Regietheater)

Abschließend werden die Ergebnisse einander gegenübergestellt. Vergleichsaspekte können sein:
– erzählte Geschichte: z.B. inhaltliche Übereinstimmungen und Unterschiede, Auslassungen, Kürzungen, neue Szenen
– Komposition: z.B. Handlungsaufbau, Szenenauswahl und Gewichtung, Segmentierung
– Anlage und Handlungsmuster: Problemgehalt, Genre, z.B. Fokussierung auf eine Lovestory
– Kriminalgeschichte
– Figurenkonzeption
– Perspektivgestaltung
– Dialoggestaltung: im literarischen Text und im Drehbuch
– Gestaltungsmittel und Darstellungsweisen: medienspezifisch

Lexikon Medien

Einfluss der Medien auf die Politik

Die Macht der Massenmedien, die in ihrer **Kritik- und Kontrollfunktion der Politik** besteht, wird oft in dem Begriff **„vierte Gewalt"** gefasst. Die Onlinemedien wie soziale Netzwerke und Kommunikationsplattformen werden dazu noch als **„fünfte Gewalt"** (Bernhard Pörksen) gegenüber den drei Gewalten Legislative, Judikative und Exekutive, die der Staat innehat, bezeichnet. Diese Einschätzungen der Medienmacht werden von dem Philosophen Jürgen Habermas innerhalb des politischen Prozesses als „begrenzter Beitrag" der politischen Öffentlichkeit (= der Medien) qualifiziert:

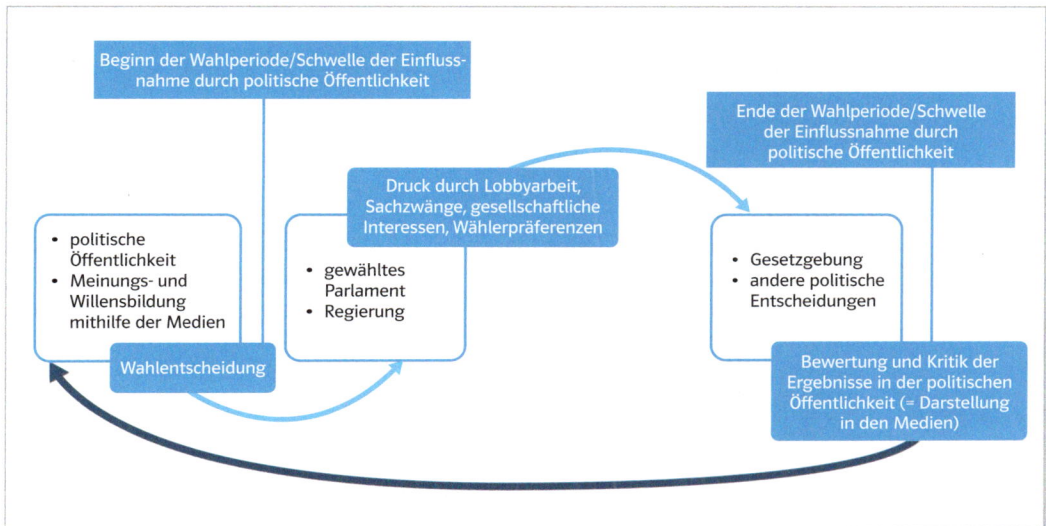

Während Habermas festhält, dass die Medien Politik zwar bewerten und kritisieren, nicht aber an den Entscheidungsprozessen beteiligt sind, dringt er auf die große Bedeutung der Medien für die **Meinungs- und Willensbildung**, die sich bei der Wahlentscheidung für politische Repräsentanten äußert. Die Massenmedien versetzen die Wahlberechtigten durch die **„aufklärende Qualität"** ihrer Beiträge in die Lage, sich entsprechend ihrem Willen zu entscheiden. Je mehr die Medien verschiedene Standpunkte darstellen und einen Meinungspluralismus abbilden, desto mehr können die Medienkonsumierenden eine eigene, für sie rational begründete Wahlentscheidung treffen.

Vergleich zwischen klassischem und Internet-Journalismus

Klassische Medien	Internet und Social Web
Tagesaktualität	kontinuierliches Updating möglich
explizite Qualitätsstandards	Informationsqualität unklar, nicht transparent
auf Dauer gestellte professionelle Leistung	spontan von „unabhängigen Laien" erbracht
strukturiertes Angebot	zugangsoffene egalitäre Vielfalt
Einseitigkeit der Massenkommunikation	zweiseitiger interaktiver Austausch
Rollentrennung: Journalist/-in – Rezipient/-in	Rollenwechsel: Produzent/-in – User/-in als Produser/-in
Push-Situation: Medien bieten Informationen an.	Pull-Situation: Nutzer/-innen müssen aktiv Informationen suchen.

Klassische Medien	Internet und Social Web
Nutzung tendenziell passiv-rezipierend	Nutzung aktiv → interaktiv → partizipativ
kaum Zugangsbarrieren	digitale Zugangsklüfte und Fragmentierung
Öffentlichkeit (Medienraum, zu dem alle Zugang haben und an dem alle teilnehmen)	Halböffentlichkeit (Filterblasen und Echokammern, Abgrenzung von Teilen der gesamten Öffentlichkeit in abgeschotteten Gemeinschaften, die in Konkurrenz mit den anderen stehen)
inhaltlich abgegrenzt, integrativ	inhaltlich entgrenzt, exkludierend
quantitative Begrenztheit	„aufgeblähtes" Angebot und steigende Nutzungsdauer
Nachrichtenauswahl nach journalistischen Kriterien, orientiert an Zielgruppen	algorithmische Steuerung der dargebotenen Inhalte, orientiert an individuellen Nutzer- und Nutzungsprofilen

Medientheorien

Medienwissenschaft versucht das Wesen und die Wirkung von Medien in der Gesellschaft zu beschreiben (Medientheorie) und zu hinterfragen (Medienkritik). Ihr liegen dabei unterschiedliche Ansätze zugrunde, sie geht z.B. kulturphilosophisch (Theodor W. Adorno/Max Horkheimer, Walter Benjamin, Neil Postman, Georg Seeßlen), kommunikationswissenschaftlich (Joshua Meyrowitz), psychologisch (Steven Pinker), neurowissenschaftlich, systemtheoretisch (Niklas Luhmann, Frank Marcinkowski) oder mediengeschichtlich (Friedrich Kittler) vor und behandelt dementsprechend verschiedene Aspekte von Medien auf differenzierte Weise, z.B. mit einer

- **affirmativ-optimistischen** oder einer **kritisch-pessimistischen** Sicht der Medien,
- **deskriptiv-analytischen** (z.B. Luhmanns Systemtheorie der Medien) oder **präskriptiv-normativen** (z.B. S. Pinker) Herangehensweise,
- **akteurs-** oder **systemorientierten** Auffassung der Medien, die im ersten Fall Mediennutzende und -produzenten in den Blick nimmt, im zweiten Fall die **personenunabhängigen** Funktionsweisen und Abläufe von Mediensystemen bzw. -betrieben,
- **technik-** (F. Kittler, N. Postman) oder **inhaltsbezogenen** (Nachrichtenwerttheorie, medienpsychologische Ansätze) Fragestellung,

und geht dabei auf unterschiedliche Aspekte ein:

Aspekt	Beispiel
Wesen und Leistung	Speicherung, technische Reproduktion, Globalisierung, Vernetzung
geschichtliche Entwicklung	Oralität, Schriftkultur, Buchkultur, Massenmedien, digitale Revolution
Intermedialität	Änderung der Leitmedien, Medienkonkurrenz, Wechselwirkung von Medien (z.B. Einfluss der digitalen Revolution auf Presse, Radio, TV)
Funktion	kulturelles Gedächtnis, Information, Öffentlichkeit, Unterhaltung
Wirkung	Rezeption durch die Individuen, Bewusstseinslenkung, Beeinflussung von Wahrnehmungs- und Erlebnismustern

Lexikon Sprache und Kommunikation

Sprach- und Kommunikationsbegriff

Im allgemeinsten Sinn meint „Kommunikation" die Verständigung zwischen mindestens zwei Personen. Bei Menschen gilt die Sprache als wichtigstes Mittel der Kommunikation. Der Begriff „Sprache" selbst ist in vielfacher Hinsicht mehrdeutig: Neben den **natürlichen Sprachen** wie Deutsch oder Englisch können damit auch künstliche Sprachen, Tiersprachen oder auch Zeichensysteme zur Verständigung gemeint sein.

Funktionen der Sprache in der Kommunikation

Im Rückgriff auf das Organon-Modell Karl Bühlers (vgl. S. 17) entwickelte Roman Jakobson (1896–1982) ein Modell, das die Funktionen von Sprache in der Kommunikation beschreibt:

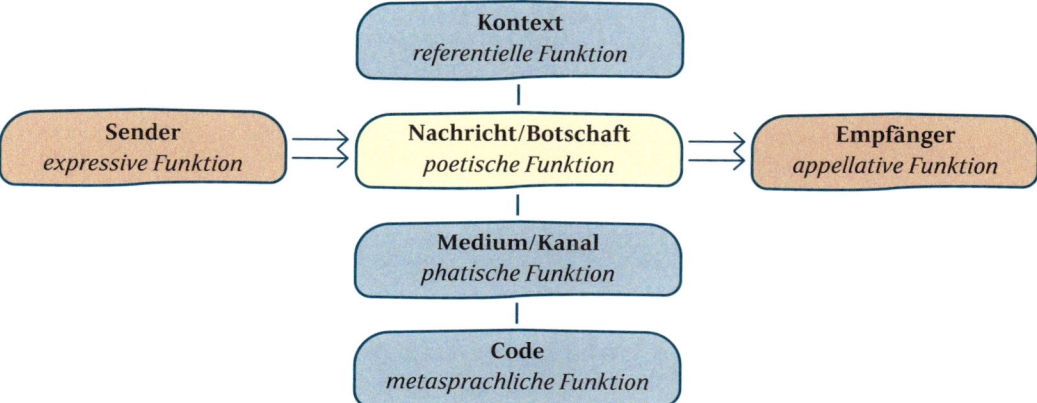

Die sprachliche Nachricht verweist im Kontakt zwischen Sender und Empfänger nicht nur auf den Kontext (die Welt), sondern auch auf den Empfänger (als Appell), den Sender (als Selbstausdruck) und sich selbst (durch die Art, wie sie gestaltet ist als spezielle Auswahl unter vielen Möglichkeiten). Die sprachliche Nachricht verweist außerdem auf das Medium (was vor allem dann auffällt, wenn der Kanal gestört ist, z.B. „Hallo, hörst du mich?") und den Code (was vor allem dann auffällig wird, wenn die Codierung thematisiert wird, z.B. „Was meinst du mit ‚xy'?").

Kommunikationsstörungen

Aus dem Sprachfunktionsmodell von Jakobson (s.o.) ergeben sich zugleich die wichtigsten möglichen Störungen der Kommunikation:

- unterbrochener/nicht vorhandener Kanal: ist z.B. der Fall, wenn beim Telefonieren die Verbindung abbricht oder bei einer Unterhaltung lauter Umgebungslärm das Gesagte übertönt
- kein gemeinsamer Code/unklarer Code: ist z.B. der Fall, wenn keine gemeinsame Sprache gesprochen wird; oft werden auch Begriffe oder Bezüge („Das da oder das dort?") unterschiedlich aufgefasst
- unterschiedliche Sprecher-Hörer-Intentionen: Sprecher/-in und/oder Hörer/-in interpretieren die vorrangige Funktion einer Äußerung unterschiedlich (wenn z.B. der Sprechende eine primär referentielle Funktion intendiert, die Hörerin/der Hörer aber eine primär appellative Funktion versteht; im Vier-Ohren-Modell nach Schulz von Thun (*1944) (vgl. S. 16) kommt die Beziehungsfunktion hinzu)

Sprachursprung und Spracherwerb

Die Frage nach Sprachursprung und -entwicklung (= **Phylogenese**) hat die Menschen seit jeher bewegt und ist Gegenstand verschiedener Mythen. Als wahrscheinlich gilt heute, dass sich natürliche Sprachen aus Gebärden heraus entwickelt haben, um gemeinsame Ziele zu verwirklichen. Seit mindestens 50 000 Jahren haben die Menschen dabei auch die anatomischen Voraussetzungen zur Lautsprachproduktion.

Mit dem Begriff **Soziogenese** wird die kulturell-historische Entwicklung bezeichnet, die z. B. kulturabhängige Unterschiede wie die Erfindung der Schrift und die Genese geschriebener Sprache erfasst. Der individuelle Spracherwerb (= **Ontogenese**) beginnt bereits im Mutterleib (Spracherkennung, prosodische Merkmale). Nach der Geburt beginnt die Laut- und Gebärdenproduktion und -erkennung. Sogenannte **Protowörter** (d. h. wortähnliche Eigenschöpfung mit konstanter Bedeutung) können ab 10 Monaten verwendet werden; bald darauf werden die ersten lexikalischen Wörter gebraucht. Mit zwei Jahren haben Kinder in der Regel die 50-Wort-Marke überschritten und können Zwei-Wort-Sätze bilden. Ab diesem Zeitpunkt wächst die Sprachfähigkeit rasant. Bereits mit vier Jahren kann die Muttersprache (= L1) verständlich ausgebildet sein. Global gesehen ist die Zwei- oder **Mehrsprachigkeit** die Regel (d. h. mehrere L1). Werden später weitere Sprachen erworben (L2, L3 usw.), kann dies in natürlicher Sprachumgebung geschehen (Zweitsprachen, z. B. Deutsch als Zweitsprache (DaZ)) oder nicht (Fremdsprachenunterricht, Selbststudium). Vgl. zum Spracherwerb auch das Stichwort „Grammatik", S. 454 f.

Sprachgeschichte und Sprachwandel

Natürliche Sprachen stellen dynamische Systeme dar, die nach Effizienz (Sprachökonomie) streben und sich bei Bedarf an veränderte Gebrauchsbedingungen anpassen. Der sich daraus ergebende Sprachwandel umfasst alle Sprachbereiche vom Lautbestand über die Wortbildung bis zum Wortschatz und der Grammatik. Für das Deutsche werden folgende Hauptsprachperioden unterschieden:
- **Althochdeutsch** (vom Beginn umfangreicher Schriftlichkeit im 8. Jhd. bis ca. 1050)
- **Mittelhochdeutsch** (1050 bis 1350)
- **Frühneuhochdeutsch** (1350 bis 1650)
- **Neuhochdeutsch** (ab 1650)

Sprachvarietäten

Varietäten nennt man charakteristische Ausprägungen einer Einzelsprache; erst die Summe der Varietäten und ihrer Beziehungen zueinander beschreibt die Wirklichkeit dieser Einzelsprache:
- **Standardsprache:** die durch die allgemein als verbindlich angesehene schriftliche Niederlegung von Wortschatz, Grammatik und Aussprache geprägte Sprache; die Verbindlichkeit entsteht in der Regel dadurch, dass sich der Staat hinter die Normen stellt und diese z. B. für den amtlichen Sprachgebrauch oder die Lehrpläne an Schulen vorschreibt. Neben der bundesdeutschen Standardsprache gibt es auch eine schweizerische und eine österreichische Standardsprache.
- **Alltagssprache:** alltäglicher Bereich der Standardsprache (in Abgrenzung zum medialen, wissenschaftlichen oder arbeitspraktischen Gebrauch der Standardsprache)
- **Umgangssprache:** stilistische Variante der Alltagssprache (in Abgrenzung zum familiären, saloppen, derben oder vulgären Sprachgebrauch)
- **regionalsprachliche Varietäten** (Regiolekte): Sprachsysteme zwischen Standardsprache und Dialekten, die Merkmale verschiedener Dialekte enthalten und wesentlich durch einen charakteristischen Akzent geprägt sind (z. B. Österreichisch, Berlinerisch)
- **Dialekt:** Ein Dialekt ist eine lokal gebundene und im Wesentlichen eine gesprochene Sprachform, die sich von der standardsprachlichen Norm hinsichtlich Aussprache (Phonetik), Wortschatz (Lexik) und Grammatik (Morphologie, Syntax) z. T. stark unterscheidet.
- Als **Sondersprachen** bezeichnet man im Gegensatz zur Alltags- und Umgangssprache jeden Ausschnitt, den nicht alle Sprecher/-innen teilen. „Sondersprache" ist somit ein Oberbegriff zu allen Fachsprachen und Soziolekten.
- **Fachsprachen** dienen der Verständigung innerhalb eines Sachbereichs (z. B. bei Berufen, Wissenschaftsgebieten, aber auch Hobbys) und weisen insbesondere eine spezifische Terminologie (Fachwortschatz) auf.
- **Gruppensprachen (Soziolekte):** Varietäten, die sowohl vom Standard abweichende sprachliche Charakteristika aufweisen als auch von Gruppen gebraucht werden, die auch anders konstituiert sind als nur durch den gemeinsamen Sprachgebrauch (z. B. jugendsprachliche Sprechweisen, Kiezdeutsch).

Natur der Sprache

Einer berühmten Definition des Schweizer Sprachwissenschaftlers Ferdinand de Saussure (1857–1913) zufolge ist „Sprache [...] ihrer Natur nach in sich gleichartig; sie bildet ein System von Zeichen, in dem einzig die Verbindung von Sinn [= ‚Vorstellung'] und Lautzeichen [= ‚Lautbild'] wesentlich ist und in dem die beiden Seiten des **Zeichens** gleichermaßen psychisch sind".

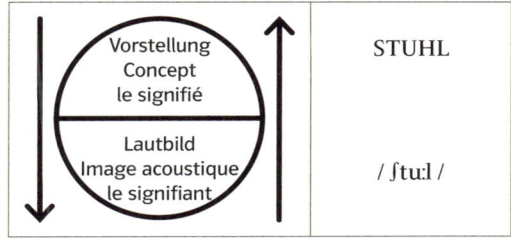

Mit dem Spracherwerb bilden sich bei allen Sprachteilnehmer/-innen Begriffe aus, z. B. auch von STUHL. Ein **Begriff** abstrahiert von allen Unterschieden zwischen z. B. realen Stühlen zugunsten des gemeinsamen Stuhlseins. Diesen idealen Stuhl gibt es nicht physisch, STUHL als Begriff existiert, laut de Saussure, nur als psychische Einheit in unseren Gehirnen. Ebenso verhält es sich mit dem Lautbild: /ʃtuːl/ abstrahiert von allen möglichen unterschiedlichen lautsprachlichen Äußerungen [ʃtuːl] zugunsten des Gemeinsamen. Auch dieses **Lautbild** existiert nur in unseren Gehirnen. Hören wir ein gesprochenes [ʃtuːl], erkennen wir das Lautbild /ʃtuːl/ und ordnen es dem Begriff STUHL zu.

Der Unterschied zwischen lautlicher Realität und physischer Repräsentation kommt auch im Organon-Modell Karl Bühlers (1879–1963) zum Ausdruck:

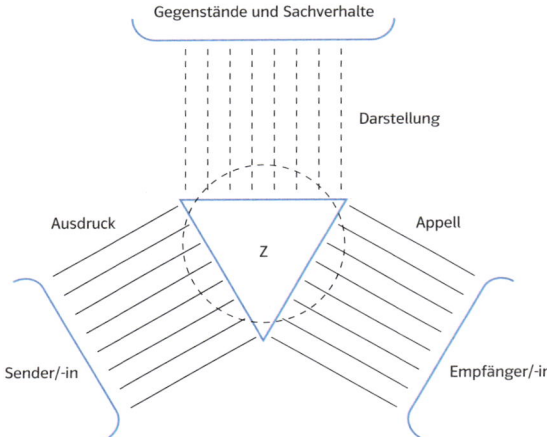

Der Kreis weist über das **Zeichen** hinaus, weil das Schallereignis auch zufällige und beliebige Komponenten aufweist (man hört also etwa, ob das Wort „Stuhl" von einem Mann oder Frau gesprochen wurde, ob diese Person überrascht oder genervt ist, ob die Person Schnupfen hat oder lispelt usw.; all das ist aber für die Bedeutung des Zeichens irrelevant); das Zeichen weist über den Kreis hinaus, weil der durch das Zeichen bezeichnete Gegenstand nicht mit seiner ganzen Bedeutungsfülle in die Zeichenbedeutung eingeht.

Sprachebenen

– **Lautebene:** Die kleinste Einheit einer Sprache ist der Laut, der aus systematischer Hinsicht die Fähigkeit besitzt, Bedeutungen zu unterscheiden, z. B. durch den Austausch von u zu a in / ʃtuːl / („Stuhl") vs. / ʃtaːl / („Stahl"). Im Deutschen gibt es etwa 40 systematisch relevante Laute (je nach Bewertung schwankt die Zahl leicht).
– **Morpheme:** Morpheme sind die kleinsten bedeutungstragenden Einheiten von Sprachen. Man unterscheidet zwischen grammatischen Morphemen (z. B. bedeutet „s" Plural oder Genitiv Singular in „Kino-s" oder „t" Präteritum in „sag-t-e") und lexikalischen Morphemen (wie „sag-" oder „Kino"). Zur Morphologie, der Lehre von den Wortformen, gehört dabei auch der gesamte Bereich der **Wortbildung** (vgl. zur Wortbildung S. 455).

– **Lexeme** (Wörter): Die Gesamtheit alle Lexeme bildet den Wortschatz einer Sprache, der bei durchschnittlichen Sprechern zwischen 6000 und 10 000 Wörtern beträgt. Der Gesamtwortschatz des Neuhochdeutschen wird auf etwa 75 000 Einheiten geschätzt (eine genaue Zählung ist nicht nur wegen Fremd- und Fachwörtern schwierig, sondern auch wegen der Bewertung von Zusammensetzungen: Ist z. B. „Apfelsaft" ein neues Wort, wenn man „Apfel" und „Saft" kennt?). Die Lexikologie beschreibt diesen Wortschatz hinsichtlich seiner Struktur (z. B. Wortbeziehungen wie Synonymie, Antonymie, Kohyponymie, also Nebengeordnetheit von Begriffen, oder Hyperonymie, Übergeordnetheit von Begriffen) und Bedeutung.

– **Syntax** (Satz- und Textebene): Die Syntax untersucht alle Zusammensetzungen einer Sprache oberhalb der Wortebene. Während man früher vor allem den Satz im Blick hatte (statt von „Syntax" sprach man deshalb auch von „Satzlehre"), rückt der Fokus heute stärker auf den Text, da viele grammatische Phänomene (z. B. Tempora, Pronomen oder Artikel) nur vom Textganzen aus verständlich werden; vgl. die Hinweise zum Textzusammenhang (S. 457).

Semantik

Die Semantik ist eine Teildisziplin der Sprachwissenschaft, die die Bedeutung sprachlicher Zeichen untersucht. Im einfachsten Falle steht ein Wort für einen Gegenstand in der Welt, das Zeichen „Stuhl" würde also auf alle Stühle der Welt verweisen. In der von Gottlob Frege (1848–1925) begründeten modernen Semantik unterscheidet man zwischen der **Intension** eines Begriffs (der Begriffsinhalt oder die Vorstellung des Begriffs im Sinne Ferdinand de Saussures) und der **Extension** (also allem, was unter den Begriff fällt und richtigerweise vom ihm bezeichnet wird); von **Nullextension** spricht man bei Begriffen ohne Extension (z. B. hat das Wort „Ufo" in jedem Fall eine Intension; ob es auch eine Extension hat, es also Ufos wirklich gibt, ist zumindest strittig).

Pragmatik

Die Pragmatik ist eine Teildisziplin der Sprachwissenschaft, die die Bedeutung von Sprachzeichen in ihrer Benutzung und das Handeln durch Sprache untersucht; wesentliche Aspekte sind z. B.:

– **Sprechakte:** Die von John L. Austin (1911–1960) und John Searle (*1932) entwickelte Sprechakttheorie geht von der Annahme aus, dass Sprechen eine regelgeleitete Form des Verhaltens darstellt. Für sprachliche Handlungen wie *drohen, versprechen, aussagen* usw. lassen sich Bedingungen beschreiben, die erfüllt sein müssen, damit die jeweilige Handlung auch tatsächlich vollzogen wird (z. B. muss bei einem Versprechen die Hörerin/der Hörer das Versprochene auch wollen, sonst wird aus einem Versprechen eine Ankündigung oder eine Drohung).

– **Implikaturen** sind nach Herbert Paul Grice (1913–1988) Folgerungen aus einer Äußerung, die sich ergeben, weil man dem Sprecher Kooperativität unterstellt (A: Ich habe Durst. B: Um die Ecke ist ein Kiosk. – Satz B impliziert, dass der Kiosk geöffnet hat und Getränke verkauft). Anders als logische Schlüsse können Implikaturen zurückgenommen bzw. bestritten (verneint) werden.

– **Präsuppositionen:** selbstverständliche Voraussetzungen einer Äußerung; z. B. setzt der Satz „Der deutsche Bundeskanzler ist kahlköpfig" voraus, dass es einen deutschen Bundeskanzler gibt. Präsuppositionen sind nicht verneinbar (auch der Satz „Der deutsche Bundeskanzler ist nicht kahlköpfig" präsupponiert, dass es einen deutschen Bundeskanzler gibt).

Grammatik

Der Begriff „Grammatik" ist mehrdeutig:

– **allgemeine Grammatik (Universalgrammatik):** verweist auf die Annahme bzw. den Versuch, die menschliche Sprachfähigkeit auf allgemeine (vielleicht sogar angeborene) Prinzipien zurückzuführen; der Gedanke ist vor allem in Bezug auf den Spracherwerb reizvoll, da mit seiner Hilfe das vergleichsweise leichte Erlernen der Muttersprache erklärt werden kann (s. „Spracherwerb", S. 451 f.)

– **deskriptive (beschreibende) Grammatik:** verweist auf die wissenschaftliche Vorgehensweise beim Erstellen einer Grammatik (Sprachbeschreibung), die letztlich die Muster beschreibt, wie eine Sprache tatsächlich verwendet wird

– **präskriptive (normative) Grammatik:** liegt dann vor, wenn einer bestimmten Sprachbeschreibung (deskriptive Grammatik) allgemeine Verbindlichkeit zugesprochen wird; Grammatik in der Schule hat in der Regel normativen Charakter, indem sie bestimmt, was richtig und falsch ist

Grammatische Terminologie

Einen verlässlichen und übersichtlichen Zugriff sowohl auf die Schulterminologie (Verzeichnis grundlegender grammatischer Fachausdrücke – VggF) als auch auf die wissenschaftliche Terminologie bietet das Leibniz-Institut für Deutsche Sprache (IDS) in Mannheim.

Wortbildung

Auf der Basis vorhandener Wörter lassen sich neue Wörter in einer Sprache bilden. Die drei Hauptformen der Wortbildung sind:

– **Ableitung** (Derivation) durch Erweiterung des Wortstamms durch Prä- und/oder Suffixe, z. B. Un-glück, trink-bar, er-freu-lich
– **Konversion** (Nullableitung, d. h. Wortartwechsel ohne Wortbildungselemente), z. B. *(der) Ernst* (Nomen)/*ernst* (Adjektiv), (das) Französisch (Nomen)/französisch (Adjektiv); die sog. syntaktische Konversion ist rechtschreibrelevant (Nominalisierung, z. B. *gut → das Gute, aus → im Aus*)
– **Komposition** (Zusammensetzung), z. B. Nomen + Adjektiv (wasserscheu), Adjektiv + Verb (warmlaufen), Nomen + Nomen (Holzkopf) oder Verb + Nomen (Schwimmbad)

Wortarten

– **Nomen** (Substantive; Deklination: veränderbar in Kasus und Numerus)
– **Pronomen** (Deklination: veränderbar in Kasus, Numerus und Genus): **Personalpronomen** (*ich, dich, euch …*), **Possessivpronomen** (*meines, ihre, seine …*), **Demonstrativpronomen** (*dieser, ebendiese, dasselbe …*), **Interrogativpronomen** (*wer, was, wessen …*), **Reflexivpronomen** (*sich, mich, uns …*), **Relativpronomen** (*der, welcher, wer …*), **Indefinitpronomen** (*jemand, man, etwas …*)
– **Artikel** (Determinierer; Deklination: veränderbar in Kasus, Numerus und Genus): **definiter Artikel** (*der Hund*), **indefiniter Artikel** (*eine Rose*); die Determinationsfunktion können auch Pronomen einnehmen: Possessivpronomen (*ihr Hund, meine Rose*), Demonstrativpronomen (*derselbe Geruch, diese Stadt*), Interrogativpronomen (*Welche Stadt? Wie viel Arbeit? Was für ein Glück!*), Indefinitpronomen (*alles Glück, irgendeine Stadt*)
– **Adjektiv** (graduierbar: Positiv, Komparativ, Superlativ (*gut, besser, am besten*); Deklination: veränderbar in Kasus, Numerus und Genus)
– **Verb** (**infinite Verbformen:** Infinitiv, Partizip I und II; **finite Verbformen:** veränderbar durch Konjugation in Person, Numerus, Modus (Indikativ, Konjunktiv, Imperativ) und Genus Verbi (Aktiv, Passiv); Verbarten: Vollverben, Modalverben, Hilfsverben)
– **Präposition** (unveränderbar; bestimmen den Kasus ihrer Bezugswörter), z. B. *vor, mit, für, ohne*
– **Adverb** (nicht flektierbar; modifizieren Prädikate, sind erfragbar und können im Vorfeld eines Satzes stehen), z. B. *leider, oft, hier, gestern*
– **Partikeln** (Klasse von unveränderbaren, nicht erfragbaren und nicht satzgliedfähigen Wörtern, die nicht im Vorfeld eines Satzes stehen können), z. B. *selbst, bloß, halt*
– **Junktoren** (unveränderbar): **Konjunktionen** (nebenordnend: *und, oder, sowohl … als auch …*), **Subjunktionen** (nebensatzeinleitend: *weil, nachdem, damit …*) und die **Adjunktoren** (Vergleichspartikeln) *wie* und *als*

Satzglieder und Attribute

Satzglieder (Satzkonstituenten) sind die Bestandteile eines Satzes, in die er auf oberster Ebene zerlegt werden kann und die in inhaltlicher Beziehung zum Prädikat stehen; Satzglieder können als Wort, Wortgruppe oder Nebensatz erscheinen und innerhalb des Feldermodells ins Vorfeld des Prädikats verschoben werden:

Vorfeld	linke Klammer	Mittelfeld	rechte Klammer	Nachfeld
Gestern	*habe*	*ich ein Buch*	*gelesen.*	
Ich	*werde*	*öfter*	*lesen*	*als früher.*
Dass du liest,	*freut*	*Tante Berta.*		
	Hast	*du heute*	*gelesen?*	
	Lies	*den Text heute!*		
		Wenn sie nur	*lesen könnte!*	

- **Prädikat:** in der traditionellen Schulgrammatik auch selbst Satzglied, eigentlich die Bedeutungsfunktion, die das Verb im Satz erfüllt; Kernbestandteil eines Satzes, von dem die Satzglieder im engeren Sinne abhängen; das Prädikat bildet die Satzklammer (linke und rechte Klammer)
- **Subjekt:** Satzglied, das mit dem Prädikat in Person und Numerus kongruiert
- **Objekt:** Satzglied, dessen Kasus bzw. Präposition vom Prädikat vorgegeben wird; man unterscheidet: Akkusativobjekt, Dativobjekt, Genitivobjekt (selten, z. B.: *Wir gedenken ihrer.*) und Präpositionalobjekt (z. B.: *Wir denken an sie.*)
- **Adverbial:** Satzglied meist ohne direkte Abhängigkeit vom Prädikat; hat die Funktion, den Satzinhalt zu modifizieren. Nach dem Umstand, den sie bestimmen, unterscheidet man lokale (*Wo? Woher? Wohin?*), temporale (*(Seit) wann? Wie lange?*), modale (*Wie?*), kausale (*Warum?*), finale (*Wozu?*), konditionale (*Unter welcher Bedingung?*), konzessive (*Trotz wessen?*), konsekutive (*Mit welcher Folge?*) und instrumentale (*Womit?*) Adverbiale; siehe dazu auch „Adverbialsätze nach ihrer Bedeutung" (S. 457)
- **Prädikativ:** Satzglied mit der Funktion, dem Subjekt (und seltener auch dem Objekt) eine Eigenschaft zuzuweisen (z. B. *Das Buch ist spannend.* bzw. mit Bezug auf das Objekt: *Ich mag die Bücher spannend.*)
- **Attribut:** Satzgliedergänzung als nähere Bestimmung zu einem Bezugswort (in der Regel Nomen); nach ihrer Form unterscheidet man u. a. adjektivische (*ein traditionelles Fest*), präpositionale (*ein Fest mit Tradition*) und Genitivattribute (*das Fest der Liebe*)

Die Satzglieder Subjekt, Objekt und Adverbial sowie die Satzgliedergänzung Attribut können auch als Nebensatz (bzw. als nebensatzwertige Infinitiv- oder Partizipialgruppen) erscheinen:

Subjekt	Objekt	Adverbial	Attribut
Wer alles kann, hat Glück.	*Ich darf machen, was ich will.*	*Sie lösten das Problem, ohne dass sie nachdachten.*	*ein Weg, der das Problem löst*
Alles zu können, ist unmöglich.	*Er hat beschlossen, nichts zu tun.*	*Sie lösten das Problem, ohne nachzudenken.*	*ein Weg, um das Problem zu lösen*

Nebensätze nach ihrer syntaktischen Form

Ihrer Form nach lassen sich Nebensätze nach der Art ihrer Einleitung unterscheiden:
- **uneingeleitet:** *Hast du Lust* (*Wenn du Lust hast*), *dann komm vorbei. Wir dachten, ihr kommt noch* (*dass ihr noch kommt.*)
- **eingeleitet:**

	Relativsätze (mit Relativanschluss als Einleitung)	Subjunktionalsätze (mit Subjunktion als Einleitung)
Subjektsatz	*Wer das versteht,* weiß schon viel.	*Mir ist neu, dass du Probleme hast.*
Objektsatz	*Er weiß nicht, welche Pläne du hast.*	*Sie weiß, dass das schwer ist.*
Adverbial	*Wir treffen uns, wo wir uns schon getroffen haben.*	*Sie lernten dort, weil es praktisch für sie war.*

Adverbialsätze nach ihrer Bedeutung

Adverbialsätze sind (mit Ausnahme des Lokalsatzes) immer Subjunktionalsätze. Es lassen sich nach der Art der Bedeutung unterscheiden (siehe auch „Satzglieder und Attribute", S. 455 f.):

- **Temporalsatz**, z. B.: *Bevor es anfängt zu regnen, gehen wir.*
- **Kausalsatz**, z. B.: *Weil es regnet, gehen wir jetzt nach Hause.*
- **Finalsatz**, z. B.: *Damit wir nicht so nass werden, gehen wir schneller.*
- **Konditionalsatz**, z. B.: *Wir gehen wandern, wenn es nicht regnet.*
- **Konsekutivsatz**, z. B.: *Wir spazierten lange im Regen, sodass wir nass wurden.*
- **Konzessivsatz**, z. B.: *Obwohl es heftig regnete, wurden sie nicht nass.*
- **Modalsatz**, z. B.: *Es regnet, als ob die Welt untergeht.*
- **Instrumentalsatz**, z. B.: *Indem sie eine Jacke trug, konnte sie sich gut vor dem Regen schützen.*

Textzusammenhang

„Text" (lat. *textus*) bedeutet „Gewebe, Geflecht". Den lexikalisch-semantischen Zusammenhang zwischen Sätzen bzw. Äußerungen, die einen Text bilden, nennt man **Kohärenz** (lat. *cohaerere* „zusammenhängen"): Bei den Sätzen *„Gestern habe ich mir ein neues Auto gekauft. Heute ist schon der Motor kaputt."* sind dies Beziehungen wie Antonymie (gestern/heute, neu/kaputt) und Teil-Ganzes (Auto/Motor). **Kohäsion** (auch von *cohaerere*) nennt man den grammatischen Zusammenhang zwischen Sätzen; im Falle der zwei Sätze oben das Tempus (Perfekt/Präsens). Weitere wichtige Mittel der Kohäsion:

- **Pronomen** (*Pia hat sich ein Buch gekauft. Gerade liest sie es.*)
- **Adverbien** (*Sie sitzt auf dem Sofa. Dort hat sie es sich bequem gemacht.*)
- **Pronominaladverbien** (*Ihr hat das Buch nicht gefallen. Damit hat sie nicht gerechnet.*)
- **Artikel** (*Es war einmal ein König. Der König hatte eine Tochter. Die Tochter besaß eine goldene Kugel.*)

Bildung von
Pronominaladverbien
→ S. 465

Rechtschreibung und Zeichensetzung

Seit dem Jahr 2016 gilt in Deutschland eine amtliche Rechtschreibung, die vom „Rat für deutsche Rechtschreibung" beobachtet und ggf. weiterentwickelt wird. Die jeweils aktuellen Regeln und das Wörterverzeichnis sind als amtliches Regelwerk beim Leibniz-Institut für Deutsche Sprache (IDS) Mannheim und beim Rechtschreibrat auch online abrufbar. Das Regelwerk umfasst sechs Bereiche:

Laut-Buchstaben-Zuordnung

Es gelten zwei Hauptprinzipien: Das **phonetische Prinzip** (Lautprinzip: „Schreib, wie du sprichst!") besagt, dass Laute und Buchstaben systematisch aufeinander beziehbar sind, also z. B. der Laut [m] immer „m" geschrieben wird. 26 Buchstaben stehen jedoch 40 systematisch relevanten Lauten gegenüber, sodass zahlreiche Laute keinen Buchstaben haben (z. B.: der Glottisschlag bzw. Knacklaut [ʔ] zwischen den Silben in *Beamte*) und andere Laute durch Buchstabenkombinationen wiedergegeben werden (z. B. durch „ch" oder „sch"). Umgekehrt stehen (z. B. wegen Fremdwörtern) mehrere Buchstaben oder Buchstabenverbindungen für einen Laut, so kann z. B. der f-Laut durch „v", „f", „ff" oder „ph" wiedergegeben werden. Das Prinzip der Schemakonstanz (Stammprinzip: „Schreibe Gleiches möglichst gleich!") besagt, dass die Schreibung des Wortstammes weitgehend erhalten bleibt, z. B. schreibt man *es zieht* (da: *zie-hen*) oder *Räuber* (da: *rauben*). Deshalb gibt es im Deutschen viele **Homophone** (gleichlautende Wörter mit unterschiedlicher Schreibung), z. B. *wieder/wider, dass/das, mahlen/malen.*

Getrennt- und Zusammenschreibung

Der Regelfall ist die Getrenntschreibung unmittelbar benachbarter und aufeinander bezogener Wörter. Wichtige Ausnahmen sind:

- verbale Zusammensetzungen mit einer Partikel als erstem Teil, z. B. *zusagen, vorbeigehen*
- untrennbare Zusammensetzungen mit Verben, z. B. *handhaben, schlafwandeln*
- adjektivische Zusammensetzungen, z. B. *freudestrahlend, nasskalt, letztmalig*
- Nominalkomposita, z. B. *Rechtschreibung, Tischtennis*

Schreibung mit Bindestrich

Die Bindestrichschreibung wird u.a. verwendet:
- in Zusammensetzungen mit Einzelbuchstaben, Abkürzungen oder Ziffern, z.B. *i-Punkt, 3:2-Sieg*
- bei Nominalisierungen von Reihungen, z.B. *das Als-ob, das Auf-die-lange-Bank-Schieben*
- bei Zusammensetzungen mit Eigennamen als zweitem Bestandteil oder aus zwei Eigennamen, z.B. *Foto-Maier, Baden-Württemberg*

Groß- und Kleinschreibung

Der Regelfall ist die Kleinschreibung. Großschreibung gilt bei: Überschriften, Werktiteln und dergleichen; Satzanfängen; Nomen und Nominalisierungen; Eigennamen mit ihren nichtnominalen Bestandteilen; bestimmten festen nominalen Wortgruppen mit nichtnominalen Bestandteilen (z.B. *der Heilige Vater*); Anredepronomen der höflichen Anrede.

Zeichensetzung

Satzzeichen sind Grenz- und Gliederungszeichen und sollen einen geschriebenen Text übersichtlich gestalten. Fünf Funktionen sind zu unterscheiden:
- Kennzeichnung des Schlusses von Ganzsätzen (durch Punkt, Frage- und Ausrufezeichen)
- Gliederung von Ganzsätzen (durch Komma, Semikolon, Doppelpunkt, Gedankenstrich und Klammern)
- Anführung von Äußerungen oder Textstellen bzw. Hervorhebung von Wörtern oder Textstellen durch Anführungszeichen (vgl. zum Zitieren und der Zeichensetzung S.470)
- Markierung von Auslassungen (durch Apostroph, Ergänzungsstrich und Auslassungspunkte)
- Kennzeichnung bestimmter Abkürzungen durch Punkt (z.B. *Dr. med.*) und bestimmter zusammengehöriger Wörter durch Schrägstrich (z.B. *die Schülerinnen/Schüler der gymnasialen Oberstufe*)

Zu den wichtigsten **Kommaregeln** gehören:
- Das Komma grenzt gleichrangige Teilsätze, Wortgruppen oder Wörter voneinander ab (= **Aufzählung**), sofern sie nicht durch *und*, *oder* usw. verbunden sind, z.B. *Sie lernen, lernen und lernen.*
- **Nebensätze** grenzt man mit Komma ab; eingeschobene Nebensätze schließt man mit paarigem Komma ein, z.B.: *Wenn die Sonne aufgeht, wird es langsam hell. Es wird, wenn die Sonne aufgeht, langsam hell.*
- **Infinitivgruppen** grenzt man mit Komma ab, wenn sie von einem Nomen abhängen (z.B. *Die Idee, ins Kino zu gehen, kam …*), mit *um, ohne, statt, anstatt, außer, als* eingeleitet sind (*Um das zu verstehen, muss man …*) oder von einem Korrelat oder Verweiswort abhängen (z.B. *Er liebt es, im Dunkeln zu sitzen. Sie warnte davor, nichts zu tun.*).
- **Zusätze oder Nachträge** (insbesondere Parenthesen, Appositionen, Infinitiv-, Partizipial- und Adjektivgruppen) grenzt man mit Komma ab; sind sie eingeschoben, schließt man sie mit paarigem Komma ein, z.B. *Waldi, mein geliebter Dackel, verstarb, es war kurz vor dem Abendessen, völlig überraschend.*
- **Anreden, Ausrufe oder hervorgehobene Ausdrücke einer Stellungnahme** grenzt man mit Komma (bzw. eingeschoben mit paarigem Komma) ab, z.B. *Jacob, mach doch mal mit! He, was ist los? Das hat er, leider, wirklich gesagt.*

Worttrennung am Zeilenende

Die Worttrennung am Zeilenende erfolgt nach Sprechsilben. Es gilt:
- Einzelne Vokalbuchstaben am Wortanfang und -ende werden nicht getrennt.
- Ein einzelner Konsonantenbuchstabe zwischen Vokalbuchstaben kommt bei der Trennung auf die neue Zeile (z.B. *ge-hen*); stehen mehrere dazwischen, so kommt nur der letzte auf die neue Zeile (z.B. *sin-gen, rech-nen*).
- Stehen Buchstabenverbindungen wie *ck, ch, sch, ph, rh, sh* oder *th* für einen (!) Konsonanten, so trennt man sie nicht (z.B. *We-cker, Sa-che, na-schen, deut-sche, Myr-rhe, pu-shen, Zi-ther*).
- Irreführende, die Sinnerfassung störende Trennungen sollten vermieden werden (z.B. nicht *Urin-stinkt*, sondern: *Ur-instinkt*; nicht *Altbauer-haltung*, sondern: *Altbau-erhaltung*).

Interpretation epischer Texte

Kapitel 8
→ S.240 ff.

Hinweise zum
schriftlichen Abitur
→ S.466

1. Aufgabenstellung erfassen – erstes Textverständnis festhalten

Markieren Sie sich in der Aufgabenstellung die entscheidenden Anforderungen. Lesen Sie den Text aufmerksam durch und klären Sie nach der Lektüre schwierige Stellen und Passagen, die Sie direkt mit der Aufgabenstellung in Verbindung bringen. Ordnen Sie Textsorte, Titel, Thema, Autorin bzw. Autor und die Entstehungszeit des Textauszugs ein.

2. Den epischen Text aspektorientiert untersuchen

Erschließen Sie unter Berücksichtigung der Aufgabenstellung den Textauszug. Sind keine näheren Angaben zu finden, untersuchen Sie Inhalt, Sprache und erzähltechnische Mittel (z.B. Erzählperspektive, Erzählverhalten/Fokalisierung, Figurenrede …) des Textauszugs. Sind explizit Aspekte vorgegeben (z.B. Raum- und Zeitgestaltung), beziehen Sie diese schwerpunktmäßig mit ein. Halten Sie Textbelege für Ihre Ergebnisse immer direkt fest.

3. Untersuchungsergebnisse ordnen

Erstellen Sie aus Ihren Notizen eine Übersicht Ihrer Untersuchungsergebnisse. Formulieren Sie ausgehend von Ihrem Verständnis des Textes eine **Deutungshypothese**. Dabei können Sie vom zentralen Thema des Auszugs ausgehen und aus diesem einen abstrahierenden Interpretationsansatz formulieren.

Beispiel für eine Deutungshypothese zu *Das Totenmaar* von Clara Viebig (siehe S.223 ff.):

> *Im Textausschnitt offenbart die Tochter dem Vater ihr Fehlverhalten. Dieser reagiert abweisend und es wird deutlich, dass das Verhältnis zwischen Vater und Tochter zerbricht. In seinem Verhalten wird die Unterwerfung des Individuums unter die konventionell-bürgerlichen Moralvorstellungen des 19. Jahrhunderts deutlich, die von Clara Viebig in diesem Textauszug eindrücklich dargestellt wird.*

Zentrales Thema des Auszugs benennen

Interpretation abstrahieren und in einen größeren Zusammenhang stellen

4. Schreibplan/Gliederung erstellen

Entscheiden Sie für den Hauptteil Ihrer Interpretation, ob Sie aspektorientiert oder dem Textverlauf folgend vorgehen möchten. Achten Sie dabei stets auf einen Zusammenhang mit Ihrer Deutungshypothese, die Sie formuliert haben. Fassen Sie zum Abschluss Ihre Ergebnisse mit Bezug zur Deutungshypothese zusammen. Als Abrundung Ihrer Interpretation können Sie beispielsweise einen Rückbezug zum Einleitungsgedanken herstellen oder den Textauszug mit einem anderen (literarischen) Text vergleichen.

5. Schriftliche Interpretation des epischen Textes verfassen

Beispiel für die Interpretation relevanter Textmerkmale mit Bezug zu Untersuchungsaspekten:

Untersuchungs-aspekt	Textmerkmale benennen	Interpretation formulieren und dabei Bezug zur Deutungshypothese herstellen
Erzähltechnische Gestaltung Darbietungs-formen	*Die Form des Er-Erzählers erlaubt es Lesenden, einen distanzierten Blick auf die Figuren zu gewinnen. Dargestellt wird das Geschehen durch einen Erzählerbericht, der geeignet ist, wichtige Informationen, wie den Stolz des Vaters auf seine Tochter ("Das war auch genug – die Ehre, die Ehre, das war die Hauptsache!", Z. 21 f.), zu vermitteln.*	*Durch diese Darbietungsform wird den Lesenden die von der Gesellschaft beeinflusste Haltung des Vaters vor Augen geführt.*

6. Schriftliche Interpretation des epischen Textes überarbeiten

Überarbeiten Sie Ihre schriftliche Interpretation. Achten Sie besonders auf sachliche Richtigkeit, Sprache und Stil sowie auf Rechtschreibung und Zeichensetzung. Überprüfen Sie die Zitierweise. Korrigieren und überarbeiten Sie Ihren Text.

Interpretation lyrischer Texte

Kapitel 7
→ S.184 ff.

Kapitel 9
→ S.296 ff.

Hinweise zum
schriftlichen
Abitur
→ S.466

1. Erstes Textverständnis festhalten – Aufgabenstellung erfassen

Lesen Sie die Aufgabenstellung aufmerksam durch und beachten Sie, was von Ihnen aufgrund der Operatoren erwartet wird. Lesen Sie das Gedicht mehrmals aufmerksam durch, klären Sie schwierige Stellen und halten Sie erste Ideen in Randnotizen fest.

2. Den lyrischen Text aspektorientiert untersuchen

Setzen Sie Inhalt, Sprache und Form des Gedichts in Bezug zueinander. Konzentrieren Sie sich bei Ihrer Interpretation des lyrischen Textes auf die durch die Aufgabe vorgegebenen oder selbstgewählten Untersuchungsaspekte. Aspekte, die für die Lösung der Aufgabe nicht relevant sind, sollten Sie in Ihren Text nicht einbringen.

3. Untersuchungsergebnisse ordnen

Ihr Textverständnis bzw. Ihre Interpretation des Textes formulieren Sie als **Deutungshypothese**. Diese bildet den roten Faden für Ihre Gliederung und für die Ausformulierung, mit der Sie Ihre Deutungshypothese begründen. Wichtig ist dabei vor allem, das Zusammenwirken von Inhalt, Aufbau und sprachlich-stilistischer Gestaltung aufzuzeigen, statt alle diese Teile einfach nur additiv-reihend zu präsentieren. Je nach lyrischem Text und Aufgabenstellung können oder müssen Sie auch Kontextwissen wie biografische, zeitgeschichtliche, epochen- oder gattungstypische Merkmale miteinbeziehen.

4. Schreibplan/Gliederung erstellen (vgl. S.184)

Strukturieren Sie Ihren Schreibplan bzw. Ihre Gliederung entlang Ihrer Deutungshypothese. Diese sollten Sie in der Einleitung ausformulieren. Im Hauptteil begründen und belegen Sie Ihre Deutungshypothese und fassen Ihre Ergebnisse im Hinblick auf sie im Schlussteil zusammen.

5. Schriftliche Interpretation des lyrischen Textes verfassen

Beispiel für eine Ausformulierung zum Aspekt der sprachlich-stilistischen Gestaltung:

Textstelle	Untersuchungs-aspekt	Ausformulierung
Clemens Brentano: Hörst du wie die Brunnen rauschen (1811, V. 1–4) <u>Hörst du wie</u> die Brunnen rauschen, <u>Hörst du wie</u> die Grille zirpt? Stille, stille, lass uns lauschen, Selig, wer in Träumen stirbt.	**Form:** – Volkslied-strophe: – Kreuzreim – regelmäßiger trochäischer Vierheber **Sprach-gestaltung:** – Anapher – Parallelismus – Todesmotiv	*Das aus einer einzigen Strophe mit zwölf Versen bestehende Gedicht beginnt mit einer rhetorischen Frage: „Hörst du wie die Brunnen rauschen [?]" (V. 1). In der Wiederholung des Appells durch das lyrische Ich in Form einer Anapher (vgl. V. 1 f.) wird eine auffordernde und gleichzeitig fürsorgliche Haltung gegenüber dem lyrischen Du ersichtlich. Dieses soll „stille" (V. 3) den Geräuschen der Natur „lauschen" (V. 3), in der nicht nur Tiere der Nacht (vgl. V. 2), sondern auch Gegenstände zum Leben erwachen (vgl. V. 1). Wie wichtig Ruhe ist, lässt sich anhand der zweimaligen Aufforderung zum „Silentium" (vgl. V. 3) schlussfolgern. Die Regelmäßigkeit und die Dauerhaftigkeit des fließenden Wassers wird durch den Parallelismus zu Beginn (vgl. V. 1 f.) und die Kreuzreimstruktur sowie den regelmäßigen trochäischen Vierheber verstärkt. Gemeinsam mit den „Träumen" (V. 4) und den bereits genannten Aspekten der Stille entwickelt sich im regelmäßigen Ton aus dem typischen Volks- ein Schlaflied. Im Raum der Nacht, des Schlafs und des Traums wird es möglich, […].*

6. Schriftliche Interpretation des lyrischen Textes überarbeiten

Lesen Sie Ihre Interpretation nach der Niederschrift noch mindestens einmal gründlich durch. Beachten Sie dabei die folgenden Aspekte: sachliche Richtigkeit, Abgleich mit Schreibplan und Deutungshypothese, Textzusammenhang (sprachliche Verknüpfungen) und sprachliche Richtigkeit (Rechtschreibung, Zeichensetzung, Grammatik, Zitate). Korrigieren und überarbeiten Sie Ihren Text.

Interpretation dramatischer Texte

Kapitel 6
→ S. 152 ff.

Hinweise zum
schriftlichen
Abitur
→ S. 466

→ vgl. S. 459

→ vgl. S. 459

1. **Erstes Textverständnis festhalten – Aufgabenstellung erfassen**

2. **Den dramatischen Text aspektorientiert untersuchen**

Erschließen Sie den Dramenauszug anhand der Untersuchungsaspekte und beziehen Sie ggf. textüberschreitende Aspekte (historischer Kontext, Autor/-in …) ein. Formulieren Sie eine Deutungshypothese.

3. **Untersuchungsergebnisse ordnen**

Strukturieren Sie Ihre Ergebnisse der Textuntersuchung und belegen Sie Ihre Deutungshypothese mit Textstellen. Wenn Sie das gesamte Drama kennen, ordnen Sie den Auszug in den Dramenkontext ein.

4. **Schreibplan/Gliederung erstellen** (vgl. S. 152)

5. **Schriftliche Interpretation des dramatischen Textes verfassen**

Beispiel für eine Ausformulierung zum Aspekt der sprachlich-stilistischen Gestaltung:

Textstelle	Untersuchungsaspekte	Ausformulierung

Johann Wolfgang Goethe: Iphigenie auf Tauris, Dritter Auftritt (1787, Auszug)
 THOAS Aufs Ungehoffte war ich nicht bereitet;
  Doch sollt ich's auch erwarten: wusst ich nicht,
 480 Dass ich mit einem Weibe handeln ging?
 IPHIGENIE Schilt nicht, o König, unser arm Geschlecht.
  Nicht herrlich wie die euern, aber nicht
  Unedel sind die Waffen eines Weibes.
  Glaub es, darin bin ich dir vorzuziehn
 485 Dass ich dein Glück mehr als du selber kenne.
  Du wähnest, unbekannt mit dir und mir
  Ein näher Band werd uns zum Glück vereinen.
  Voll guten Mutes, wie voll guten Willens,
  Dringst du in mich, dass ich mich fügen soll;
 490 Und hier dank ich den Göttern, dass sie mir
  Die Festigkeit gegeben, dieses Bündnis
  Nicht einzugehn, das sie nicht gebilligt.
 THOAS Es spricht kein Gott; es spricht dein eignes Herz.
 IPHIGENIE Sie reden nur durch unser Herz zu uns.
 495 THOAS Und hab ich, sie zu hören, nicht das Recht?
 IPHIGENIE Es überbraust der Sturm die zarte Stimme.
 THOAS Die Priesterin vernimmt sie wohl allein?
 IPHIGENIE Vor allen andern merke sie der Fürst.
 THOAS Dein heilig Amt und dein geerbtes Recht
 500 An Jovis Tisch bringt dich den Göttern näher
  Als einen erdgebornen Wilden.
 IPHIGENIE So
  Büß ich nun das Vertraun, das du erzwangst.
 THOAS Ich bin ein Mensch; und besser ist's, wir enden.
	Thema/Gegenstand: Thoas möchte Iphigenie zur Frau nehmen.
	
	 Zielvorstellungen der Dialogpartner: Iphigenie will Thoas' Heiratsantrag ablehnen und rechtfertigt sich. Thoas bringt Enttäuschung über Iphigenies ablehnende Haltung zum Ausdruck und wirft ihr Egoismus vor.
	
	 Gesprächsstrategien: Iphigenie führt Gründe gegen die Heirat an (Stärken der Frau, Wille der Götter), um sich zu rechtfertigen. Thoas kritisiert Frauen im Allgemeinen, entlarvt Eigennützigkeit in Iphigenies Argumentation und macht ihr Vorwürfe.
	
	 Sprache: Iphigenie: Metapher, Anruf, Hyperbel (Schmeichelei), Litotes, Anapher Thoas: rhetorische Frage, Parallelismus
		Zu Beginn des Auszugs bringt Thoas Enttäuschung und Wut zum Ausdruck, er wirft Iphigenie abwertend vor, typisch weiblich zu handeln (vgl. V. 480). Iphigenie antwortet direkt auf diesen Vorwurf, beschwichtigt Thoas und erweist ihm mit dem Anruf „o König" (V. 481) ihren Respekt. Indem sie männliche Eigenschaften in einer Hyperbel als „herrlich" (V. 482) bezeichnet und weibliche Merkmale mit der Litotes „nicht unedel" (V. 482 f.) umschreibt, gibt sie sich bescheiden und versucht ihm zu schmeicheln. Zudem zeigt sie Verständnis für seinen Wunsch nach einer Heirat und Beziehung, die sie metaphorisch als „näher Band" (V. 487) bezeichnet, und erkennt seine – in der Anapher (vgl. V. 488) besonders hervorgehobenen – guten Absichten an. Unter Berufung auf den Willen der Götter bleibt sie jedoch bei ihrer Meinung. Thoas entlarvt dieses Ausweichverhalten sofort und wirft ihr vor, eigennützig zu handeln. Diese Behauptung wirkt durch den Parallelismus (vgl. V. 493) sehr nachdrücklich.

→ vgl. S. 460

6. **Schriftliche Interpretation des dramatischen Textes überarbeiten**

Materialgestütztes informierendes Schreiben

Kapitel 2
→ S.52 ff.

Hinweise zum
schriftlichen Abitur
→ S.466

1. Erstes Textverständnis festhalten – Aufgabenstellung erfassen

Lesen Sie die Aufgabenstellung und leiten Sie aus dieser ab: Textsorte des zu schreibenden Textes (z.B. Lexikoneintrag, Zeitungsartikel, Broschürenbeitrag, Vortrag), Adressaten des Textes (Zielgruppe bzw. Leserschaft), Thema und Teilthemen, besondere Anforderungen (die sich aus der Situierung ergeben können, z.B. der Bezug zu einem Ereignis).

2. Materialien auswerten

Werten Sie zunächst den zentralen Text mithilfe der entsprechenden Lesetechniken (vgl. S.467) aus und notieren Sie wichtige Aussagen. Werten Sie anschließend die übrigen Materialien vergleichend zum zentralen Text aus. Halten Sie Ihre Untersuchungsergebnisse in Form einer Übersicht fest, zum Beispiel:

zentraler linearer Text 1	linearer Text 2	linearer Text 3	Diagramm
– Teilthema a • Aussage 1 • Aussage 2	– Teilthema a • Bestätigung Aussage 2 • Aussage 3	– Teilthema a • Bestätigung Aussage 2	– Teilthema a • Ergänzung Aussage 1 • Bestätigung Aussage 2
– Teilthema b • Aussage 1 – Teilthema c • Aussage 1	– Teilthema c • andere Sicht auf Aussage 1	– Teilthema c • Aussage 2	

3. Informationen organisieren

In diesem Schritt müssen Sie die aus der Auswertung der Materialien gewonnenen Informationen bewerten:
– Welche Informationen sind für den geforderten informierenden Text wichtig und warum?
– Handelt es sich um gesicherte Fakten oder um Meinungen?
Ergänzen Sie außerdem die Hauptaussagen der Materialien, indem Sie auf Ihr eigenes Wissen zurückgreifen.

4. Schreibplan/Gliederung erstellen

Halten Sie für die drei Teile des geforderten informierenden Textes (Einleitung, Hauptteil, Schluss) die zentralen Inhalte fest. Beachten Sie dabei vor allem: Bezug auf die vorgegebenen Materialien; roter Faden, der sich zwischen Einleitung und Schluss durchzieht; innere Stimmigkeit der Informationen (keine Widersprüche); Beleg aller Urteile durch die Materialien (Zitate, Textverweise).

5. Materialgestützten informierenden Text schreiben

Schreiben Sie den geforderten informierenden Text auf der Grundlage Ihrer Vorarbeiten.
– Achten Sie darauf, keine Leseransprachen zu verwenden.
– Vermeiden Sie eine persönliche Ausdrucksweise, z.B. indem Sie Indefinitpronomen wie *man*, *jemand*, *niemand* … nutzen.
– Zudem sollten Sie auf wertende Ausdrücke, persönliche Meinungen und Urteile sowie eine bildhafte Sprache verzichten.
– Einen strikt sachlichen Stil erzeugen Sie, indem Sie Fachbegriffe, Fakten, Zitate, Zahlen oder Orts- und Zeitangaben verwenden.
– Geben Sie Ihrem informierenden Text Struktur durch Zwischenüberschriften.
Tipp: Bevor Sie einen neuen Absatz beginnen, sollten Sie den letzten Absatz noch einmal kritisch lesen. Das erleichtert Korrekturen und hilft, Wiederholungen zu vermeiden und die Textübergänge zu gestalten.

6. Materialgestützten informierenden Text überarbeiten

Lesen Sie Ihre Arbeit nach der Niederschrift noch mindestens einmal gründlich durch. Beachten Sie dabei die folgenden Aspekte: sachliche Richtigkeit, gedankliche Zusammenhänge (roter Faden), Textzusammenhang (sprachliche Verknüpfungen) und sprachliche Richtigkeit (Rechtschreibung, Zeichensetzung, Grammatik, Zitate). Korrigieren und überarbeiten Sie Ihren Text (vgl. Checkliste S.56).

Materialgestütztes argumentierendes Schreiben

Kapitel 4
→ S.100 ff.

Hinweise zum
schriftlichen Abitur
→ S.466

1. Aufgabenstellung erfassen

Lesen Sie die Aufgabenstellung und gehen Sie folgendermaßen vor:
- Klären Sie den strittigen Sachverhalt, das Thema und die Teilthemen.
- Bestimmen Sie die geforderte Form:
  - **lineares Erörtern** (eher selten): steigerndes Vorgehen; diese Form erkennen Sie an Formulierungen wie „Nehmen Sie Stellung zu …"
  - **antithetisches Erörtern:** zwei große Thesenblöcke Pro und Contra; diese Form erkennen Sie v.a. an Formulierungen wie „Möglichkeiten und Grenzen", „Chancen und Risiken"
  - **aspektorientiertes Erörtern:** nach thematischen Oberpunkten geordnet; diese Form erkennen Sie v.a. an Formulierungen im Nominalstil wie „Erörtern Sie die Rolle der …"

2. Materialien auswerten

Skimming: Verschaffen Sie sich einen Überblick über den Inhalt der Materialien, indem Sie diese querlesen und jeweils den Wert bzw. die Verwendbarkeit des Materials einschätzen.

Scanning: Werten Sie das Material intensiv aus, indem Sie Markierungen im Text oder Notizen (ggf. als Kürzel oder Symbole) am Rand des Textes vornehmen. Stellen Sie sich folgende Fragen:
- Welche Begriffe sind mir unbekannt? Welche davon muss ich unbedingt klären?
- Welcher Textsorte gehört das jeweilige Material an? Was folgt daraus für die Auswertung?
- Welche Materialien eignen sich für Begriffsdefinitionen?
- Aus welchen Informationen lassen sich Thesen/Behauptungen extrahieren?
- Welche Informationen eignen sich zur Veranschaulichung als Beleg oder Beispiel?
- Welche Aspekte sind unverzichtbar (**Ankertext**), welche kann ich ggf. auch weglassen, z.B. ersetzbare Beispiele?

3. Informationen organisieren

Systematisieren Sie die Informationen, indem Sie ein übersichtliches Darstellungsprinzip entwickeln, z.B. eine **Mindmap** oder eine **Pro-/Contra-Tabelle**. Stellen Sie sich folgende Fragen:
- Welche Aspekte sind von Bedeutung, ggf. sogar unverzichtbar?
- Welche Aspekte müssen als Behauptung/These, Erläuterung, Veranschaulichung einander zugeordnet werden und ergeben zusammen ein Argument?
- Wie kann ich die Bestände aus dem Text durch weitere eigene Wissensbestände ergänzen, z.B. aus dem Unterricht oder aus privaten Erfahrungen?
- Wie kann ich Argumente einem gemeinsamen Teilthema zuordnen?
- Ist die Pro- oder die Contra-Seite die überzeugendere? Welche Lösung kann ich im **Fazit** anbieten?

4. Schreibplan/Gliederung erstellen (vgl. S.100)

Notieren Sie für Einleitung, Hauptteil und Schluss die zentralen Inhalte als Stichpunkte.

5. Materialgestützten argumentierenden Text verfassen

Ein Argumentationsblock muss nicht einer schablonenhaft vorgegebenen Reihenfolge gehorchen, sondern ist dann schlüssig und vollständig, wenn er folgende Kriterien erfüllt:
- Die Thesen/Behauptungen beziehen sich auf das Thema bzw. das Teilthema.
- Die Thesen/Behauptungen sind **klar**, **präzise** und **allgemein verständlich** formuliert.
- Die Argumentation wird durch ausreichende Veranschaulichungen gestützt, z.B. Belege, Beispiele, Expertenwissen.
- Die Argumentation, v.a. die Logik (Ursachen, Folgen, Einwände), wird durch **sprachliche Mittel** gestützt.
- Die Textübergänge sind abwechslungsreich gestaltet.

6. Materialgestützten argumentierenden Text überarbeiten (vgl. S.462)

Achten Sie bei der Überarbeitung Ihres Textes vor allem auf sachliche und sprachliche Richtigkeit, gedankliche Zusammenhänge und den Textzusammenhang.

Analyse eines pragmatischen Textes mit Zusatzauftrag

Kapitel 1
→ S. 26 ff.

Hinweise zum
schriftlichen Abitur
→ S. 466

1. Erstes Textverständnis festhalten – Aufgabenstellung erfassen

Lesen Sie die Aufgabenstellung und klären Sie, was genau verlangt wird. Lesen Sie dann den Text und halten Sie Ihr erstes Textverständnis fest. Achten Sie auf: Textsorte, Autor/-in, Titel, Quelle, Thema und Inhalt des Textes. Beachten Sie hierbei ggf. den **übergeordneten thematischen Zusammenhang**, in dem der Text steht.

2. Den pragmatischen Text aspektorientiert untersuchen

Bestimmen Sie in einem ersten Schritt die Position und Intention der Autorin/des Autors und formulieren Sie einen Verstehensentwurf. Neben den Thesen bzw. Urteilen, die sie/er vertritt, können außerdem folgende Fragen von Bedeutung sein:
– Sind die Thesen **sachbezogen** oder dienen sie (auch) der **Provokation** oder der **Diskussionsanregung**?
– Sind die Thesen und Urteile absolut gesetzt oder – inhaltlich und/oder zeitlich – eingeschränkt (etwa mit Wörtern wie „oft", „in der Regel", „hauptsächlich", „eigentlich", „derzeit", „gegenwärtig" usw.)?
– Wie bewertet die Autorin/der Autor selbst ihre bzw. seine Thesen und Urteile (Richtigkeit, Erfolgsaussichten)?
– Von welchen Positionen grenzen sich die Aussagen direkt oder indirekt ab?
– Wie ernsthaft bzw. gründlich erfolgt die **Auseinandersetzung mit anderen Positionen**?
Untersuchen Sie dann, wie die Position argumentativ und rhetorisch (Strategien und Techniken) und sprachlich-stilistisch gestützt ist. Notieren Sie charakteristische Beispiele für die **Funktion(en) der Sprache**.

3. Eigene Position entwickeln

Prüfen Sie auf der Grundlage Ihres aufgerufenen Wissens und Ihrer Erfahrungen kritisch die Argumentation der Autorin/des Autors: Ist die Argumentation in sich **stimmig**? Beruhen die Argumente auf Voraussetzungen, die selbst strittig oder zweifelhaft sind? Welche **Wertigkeit** (Qualität) haben ihre/seine Argumente? Welche **Konsequenzen** ergeben sich aus der Argumentation? Sind auch diese Konsequenzen gewünscht bzw. werden sie von Ihnen akzeptiert? Welche **Gegenpositionen** lassen sich grundsätzlich vertreten? Auf welchen Voraussetzungen beruhen diese Positionen, welche Konsequenzen haben sie?
Halten Sie Ihre Meinung (in Form einer **These** oder eines **Urteils**) schriftlich fest und sammeln Sie Argumente und Beispiele für Ihre Position. Gewichten Sie Ihre Argumente nach ihrer Wertigkeit.

4. Schreibplan/Gliederung erstellen

Halten Sie für die drei Teile des geforderten informierenden Textes (Einleitung, Hauptteil, Schluss) die zentralen Inhalte fest.
Den **Hauptteil** können Sie so anlegen:
– zusammenfassende Wiedergabe der Positionen und des Argumentationsaufbaus
– Beschreibung der Sprache des Textes und ihrer Funktion
– ggf. Darstellung weiterer in der Aufgabenstellung genannter Untersuchungsaspekte
– argumentative Entfaltung der eigenen Position unter Einbeziehung weiteren Wissens, z. B. nach dem These-Gegenthese-Modell: Thesen bzw. Argumente der Autorin/des Autors nacheinander mit den eigenen konfrontieren; Zusammenfassung der eigenen Position
Gestalten Sie den Schlussteil z. B. mit einem **Rückbezug zur Einleitung**, einem **Ausblick** oder einem **Vergleich** mit anderen Positionen.

5. Text schreiben

Schreiben Sie auf der Grundlage Ihrer Vorarbeiten Ihren Text.

6. Text überarbeiten (vgl. S. 462)

Achten Sie bei der Überarbeitung Ihres Textes auf sachliche und sprachliche Richtigkeit, gedankliche Zusammenhänge und den Textzusammenhang.

Erörtern eines pragmatischen Textes

Kapitel 3
→ S. 74 ff.

Hinweise zum schriftlichen Abitur
→ S. 466

1. Erstes Textverständnis festhalten – Aufgabenstellung erfassen

Lesen Sie die Aufgabenstellung genau und halten Sie Ihr erstes Textverständnis fest. Klären Sie die Textsorte, Autorschaft, den Publikationsort, das Thema und den Diskussionszusammenhang. Notieren Sie erste Überlegungen zur Haltung der Autorin/des Autors zum Thema. In meinungsäußernden Texten verraten die Überschrift und der erste Absatz häufig bereits die Position der Autorin/des Autors.

2. Den pragmatischen Text aspektorientiert auswerten

Im Zentrum steht zunächst die Analyse des Gedankengangs des Ausgangstextes: Halten Sie Thesen, Argumente und Wertungen des Textes fest. Bedenken Sie hierbei, dass nicht jedes Argument mit Belegen gestützt sein muss; auch die Reihenfolge kann variieren (erst Beleg, dann Argument). Skizzieren Sie anschließend die **Argumentationsstruktur** des Textes und prüfen Sie, ob und ggf. wie die Argumentation des Textes sprachlich gestützt ist. Formulieren Sie einen Verstehensentwurf des Textes, bei dem Sie neben der Argumentation auch die **Intention der Autorin/des Autors** berücksichtigen. Ihre Einstellung zum Verstehensentwurf ist die Grundlage für Ihre eigene Position.

3. Eigene Position entwickeln

Analysieren Sie die Argumentation und Wertungen des Textes kritisch. Setzen Sie sich mit jedem Argument auseinander, mit dem die Autorin ihre bzw. der Autor seine Position stützt. Eine **Durchnummerierung** der Argumente kann bei der Vorbereitung für Übersichtlichkeit sorgen. Machen Sie sich Notizen, ob Sie der Autorin/dem Autor zustimmen oder widersprechen, und fügen Sie Ihre Begründungen hinzu. Ergänzen Sie eigene Überlegungen, indem Sie auf Ihre Erfahrungen, Ihr Vorwissen bzw. Kontextwissen zurückgreifen.

4. Schreibplan/Gliederung erstellen

Halten Sie für alle Textteile die wesentlichen Inhalte stichpunktartig in der richtigen Reihenfolge fest; notieren Sie außerdem, wo Sie auf zentrale Textstellen verweisen möchten.
Orientieren Sie sich an folgendem Grundschema:
Einleitung
– Hinführung zum Thema und dem zugrunde liegenden Text (Autor/-in, Textsorte, Titel sowie ggf. Quelle)
Hauptteil
– Textanalyse mit Wiedergabe der Argumentation des Textes, einem Verstehensentwurf unter Berücksichtigung der Textintention sowie ggf. weiterer Untersuchungsaspekte (z. B. Sprache, Kontext)
– Erörterung der strittigen Frage z. B. nach dem **These-Gegenthese-Modell** (Thesen bzw. Argumente des Autors nacheinander mit den eigenen konfrontieren) oder nach dem **Sanduhrprinzip** (der kohärenten Darstellung der Kontraposition wird die Entfaltung der eigenen Position gegenübergestellt), Synthese mit Fazit
Schluss
– Ausblick oder Appell

5. Text schreiben

Verfassen Sie Ihren Text anhand Ihrer Vorarbeiten und Ihres Schreibplans. Achten Sie darauf, die Thesen und Argumente der Autorin/des Autors präzise zu formulieren, Ihre eigenen Thesen und Urteile überzeugend zu begründen, passende und korrekt zitierte Textbelege einzufügen, Ihrem roten Faden zu folgen, gedankliche Zusammenhänge durch sprachliche Verknüpfungen zu verdeutlichen, Überleitungen zu gestalten und Fachbegriffe korrekt zu verwenden.
Tipp: Gestalten Sie die Textübergänge sprachlich abwechslungsreich; verwenden Sie dabei aber vorrangig Pronomina und Pronominaladverbien (Pronominaladverbien werden mit den Adverbien „da", „hier" und „wo" und einer Präposition gebildet: *darin, darauf, dadurch, dafür, dagegen, dabei, darum …; hieran, hierdurch, hierzu, hierbei, hiermit …; woran, woraus, womit, worüber …*).

6. Text überarbeiten

Lesen Sie Ihre Arbeit nach der Niederschrift noch mindestens einmal gründlich durch. Beachten Sie dabei die folgenden Aspekte: sachliche Richtigkeit (Korrektheit, Logik in der Argumentation), Textzusammenhang (sprachliche Verknüpfungen), sprachliche Richtigkeit (Grammatik, v. a. Syntax, Rechtschreibung, Zeichensetzung). Korrigieren und überarbeiten Sie Ihren Text.

Hinweise zum schriftlichen Abitur

Die schriftliche Abiturprüfung in Deutsch bietet **vier Aufgaben** zur Auswahl an:
- zwei Aufgaben zum **Interpretieren literarischer Texte** (bezogen auf Lyrik, Drama, Epik; ggf. mit einem geringer gewerteten Zusatzauftrag als Teilaufgabe 2)
- eine dritte Aufgabe zum **Analysieren/Informieren**: Analyse eines pragmatischen Textes mit Zusatzauftrag oder materialgestütztes Verfassen eines informierenden Textes mit Situierung und Adressatenbezug
- eine vierte Aufgabe zum **Argumentieren**: textbezogene Erörterung oder materialgestützter argumentierender Beitrag mit Situierung und Adressatenbezug

Operatoren
→ S. 471

Dabei wird in jeder Abiturprüfung eine Aufgabe zu einem der **ländergemeinsamen Themenfelder** und eine weitere Aufgabe zu einer der **länderübergreifenden Lektüren** gestellt. Darüber hinaus ist es möglich, dass sich auch weitere Aufgaben auf die angekündigten Themenfelder oder festgelegten Lektüren beziehen. Aufgaben ohne einen solchen Bezug sind weiterhin möglich.

Weiterführende Schreibaufträge (Teilaufgaben 2) dienen der **Vertiefung oder Weiterführung** der Ergebnisse aus Teilaufgabe 1, sollten also im Zusammenhang damit und nicht als davon losgelöste „zweite" Aufgabe verstanden werden. Teilaufgaben 1 und 2 sollten schlüssig miteinander verknüpft werden, damit ein **kohärenter Text** entsteht. Über die Schwerpunktsetzung der Gesamtaufgabe informieren meist **Prozentangaben**, die eine Richtschnur für die Bearbeitung darstellen. In aller Regel liegt der Schwerpunkt auf Teilaufgabe 1. Eine Situierung ist meist nicht erforderlich, da textbezogene Aufgaben eher eine wissenschaftspropädeutische Funktion haben, d.h. dem Erkenntnisgewinn des/der Schreibenden bzw. eines impliziten Lesers dienen.

Kapitel 6
→ S. 152 ff.
Kapitel 7
→ S. 184 ff.
Kapitel 8
→ S. 240 ff., S. 250 f.
Kapitel 9
→ 296 ff.
Kapitel 10
→ 360 f.

Mögliche weiterführende Aufgaben bei der **Interpretation literarischer Texte** wären z. B.:
- Vergleich mit einem zweiten vorliegenden Text, entweder derselben Gattung (bspw. Gedichtvergleich) oder auch einer anderen Gattung (bspw. Motivvergleich Gedicht/Erzähltext)
- Vergleich (bspw. eines Motivs oder Themas) mit einem Werk oder Bezugnahme auf ein Werk, das man selbst auswählen kann, etwa aus den im Unterricht gelesenen Texten bzw. Ganzschriften
- poetologische Aufgabe (etwa zu literaturtheoretischen Überlegungen, Gattungsfragen, biografischen oder literaturgeschichtlichen Hintergründen), in der Regel mit Materialgrundlage (bspw. einem Zitat oder Leitgedanken der Autorin oder des Autors, einem Ausschnitt aus einem poetologischen Text, einem Ausschnitt aus literaturwissenschaftlicher Sekundärliteratur o. Ä.)
- Aufgabenstellung im Kontext von Themenfeldern, die für die jeweiligen Prüfungsjahre gelten

Kapitel 1
→ S. 26 ff.
Kapitel 3
→ S. 74 ff.

Mögliche weiterführende Aufgaben bei der **Analyse pragmatischer Texte** wären z. B.:
- Reflexion eines sich aus dem vorliegenden Text ergebenden Problems/Phänomens
- Stellungnahme zu einer durch den Text aufgeworfenen strittigen Frage (es wird keine ausführliche Erörterung erwartet)
- Aufgabenstellung im Kontext von Themenfeldern, die für die jeweiligen Prüfungsjahre gelten

Grundsätzliches Vorgehen
- Aufgabenstellung des weiterführenden Auftrags erfassen (Was wird konkret erwartet?)
- bei gegebenem Vergleichstext, Zitat oder Material: dessen Kernaussage und Intention ermitteln
- Untersuchungsaspekte bzw. Vergleichskriterien entwickeln (bspw. Gemeinsamkeiten und Unterschiede, Bezüge zum Haupttext), auch im Hinblick auf Teilaufgabe 1
- ggf. Epochenkontexte bzw. zeitgenössische oder aktuelle Diskurse miteinbeziehen
- Untersuchungsergebnisse ordnen und strukturieren (Schreibplan erstellen)
- kohärente Anbindung an Teilaufgabe 1 ermöglichen (trotz äußerem Absatz zur Kennzeichnung des Beginns der Teilaufgabe 2), d.h. Überleitung formulieren (Anschluss an die Ausführungen zu Teilaufgabe 1, etwa durch Verknüpfung mit Deutungshypothese bzw. Verstehensentwurf)
- Untersuchungsergebnisse substanziell entfalten und mit Belegen/Beispielen stützen, dabei bei vorliegenden Texten auf korrekte Zitierweise achten
- Fazit, Synthese bzw. Resümee formulieren, auch als Abrundung der gesamten Bearbeitung der Teilaufgaben 1 und 2

Lesetechniken

Komplexe lineare Texte

Komplexe lineare Texte sollten Sie sich in mehreren Schritten erarbeiten:

1. Vorwissen und Erwartungen klären

Lesen Sie die Textüberschrift, den Namen der Autorin bzw. des Autors und ggf. den Teaser (Anreißer); klären Sie außerdem den Veröffentlichungszusammenhang (Medium, Erscheinungs- bzw. Entstehungsdatum, Textsorte). Machen Sie sich bewusst, welche Erwartungen Sie auf der Grundlage dieser Informationen sowie Ihres Vorwissens an den Text haben (v.a. Art der Informationen und Haltung sowie Intention der Autorin/des Autors).

2. Fragen an den Text formulieren

Formulieren Sie ausgehend von Ihren spezifischen Leseinteressen Fragen an den Text. Werden Sie sich dabei auch Ihres Vorwissens/Ihrer eigenen Interessen bewusst.

3. Text erschließen

Das erschließende Lesen umfasst drei Schritte:
a) **Leseklippen beseitigen** – Leseklippen können unbekannte Wörter und komplexe Aussagen sein. Unbekannte Wörter schlagen Sie nach. Steht kein Wörterbuch zur Verfügung, können Sie meist die Bedeutung aus dem Zusammenhang erschließen. Wörter, die sich nicht aus dem Zusammenhang erschließen lassen, sind in der Regel von geringer Bedeutung. Komplexe Sätze lösen Sie am besten in mehrere einfache Hauptsätze auf.
b) **Ermittlung zentraler Stellen bzw. Informationen** – Markieren Sie die zentralen Begriffe (Schlüsselwörter) und Aussagen.
c) **Verständnis des Zusammenhangs** – Klären Sie den zeitlichen bzw. logischen Zusammenhang zwischen den Begriffen und Aussagen; achten Sie dabei auf Adverbien und Subjunktionen.

4. Wichtiges zusammenfassen

Fassen Sie Wichtiges (z.B. in Exzerpten) zusammen, indem Sie wie folgt vorgehen:
- Tragen Sie die zentralen Aussagen abschnittsweise, z.B. in Form einer inhaltsbezogenen Überschrift, schriftlich zusammen.
- Benennen Sie den gedanklichen Zusammenhang dieser Aussagen.
- Bestimmen Sie außerdem die Intention, Zielgruppe und Funktion des Textes.

5. Inhalte reformulieren

Formulieren (paraphrasieren) Sie die wichtigsten Erschließungsergebnisse noch einmal in anderen Worten. Dadurch merken Sie sich die Inhalte nicht nur besser; die Reformulierung erhöht auch das Verständnis der neuen Informationen in Ihrem Wissenshorizont.

Diskontinuierliche (nichtlineare) Texte

Diskontinuierliche (nichtlineare) Texte wie Schaubilder, Grafiken oder Tabellen können Sie unter folgenden Gesichtspunkten untersuchen:
- Überschrift der Darstellung (zugleich das Thema, aus dem Sie Ihre Erwartungen und Fragen ableiten können)
- Quelle/Urheberin oder Urheber der Darstellung und Entstehungszeitpunkt (um die Qualität einzuschätzen und die Intention zu bewerten)
- Maßeinheiten und Größenverhältnisse (zur inhaltlichen Erschließung: Zwischen welchen Größen bestehen Beziehungen? Welche Maßeinheiten werden verwendet?)
- Gesamtaussage und wichtige Einzeldaten (zur inhaltlichen Erschließung: Was will die Darstellung verdeutlichen?)
- Kritik (falls die Darstellung Fehler hat oder Mängel aufweist)

Recherche, Quellenkritik

Internetrecherche

Internetrecherche bedeutet entweder die Suche nach geeigneten Seiten (mit einer Suchmaschine) oder die Suche auf bereits bekannten bzw. gefundenen Seiten (z.B. in Textkorpora, Online-Lexika oder Wörterbüchern).

Für die Suche mit einer Suchmaschine gilt:

1. Wahl der Suchmaschine – Es gibt zahlreiche Möglichkeiten, mithilfe von Such- und Metasuchmaschinen zu recherchieren. Erkundigen Sie sich und tauschen Sie sich zu guten Suchmaschinen aus.
2. Wahl der Suchbegriffe – Hier gilt es, die Suche mithilfe von geeigneten Suchbegriffen, d.h. der Kombination von zwei und mehr Begriffen, einzugrenzen.
3. Eingrenzung bzw. Präzisierung der Suche – Die meisten Suchmaschinen bieten eine erweiterte Suche an, durch die man die Herkunft, den Zeitrahmen, den Suchort auf der Seite (z.B. in der URL) oder das gesuchte Dateiformat eingrenzen kann.
Für die Suche auf einer Seite (z.B. eines Textarchivs wie www.deutschestextarchiv.de) empfiehlt sich zunächst eine gründliche Durchsicht der Startseite, die oftmals Hilfen bzw. zusätzliche Suchinformationen zur Verfügung stellt. Danach muss man die Seite erproben, d.h. die verschiedenen Möglichkeiten so lange durchgehen, bis man eine entsprechende Routine entwickelt hat. Das ist zunächst zeitintensiv, aber bei verlässlichen Seiten auch eine Art Zukunftsinvestition, da man auf bewährte Seiten immer wieder zurückgreifen kann.

Quellenkritik

Für die Bewertung der Qualität von Suchergebnissen vor allem aus dem Internet gibt es verschiedene Kriterien:

1. Herkunft bzw. Quelle sowie Autorin/Autor: Die Wahrscheinlichkeit, dass offizielle Seiten (z.B. Behörden wie Ministerien, Bundes- und Landesämter oder Bundes- oder Landesinstitute, Universitäten und Fachhochschulen, Forschungseinrichtungen oder wissenschaftliche Verbände) verlässliche Informationen enthalten, ist sehr groß. Wird die Seite dagegen von Einzelpersonen oder unbekannten Vereinen oder Gesellschaften betrieben, sollte zu den Betreibern selbst recherchiert werden. Nennt eine Seite keinen Verantwortlichen bzw. verfügt sie über kein Impressum, sollte sie für schulische Zwecke nicht verwendet werden. Für Autorinnen und Autoren gilt Ähnliches: Ist die Autorin/der Autor als verlässlich bekannt, wird man auch einem neuen Text Vertrauen schenken.

2. Gestaltung der Seite: Hier sind verschiedene Aspekte zu beachten:
Werbung (Gibt es viel Werbung oder keine bzw. wenig? Wofür wird geworben? Stützt die Werbung die Textaussagen?)
Bildmaterial (Hat das Bildmaterial eine belegende oder eine effekthaschende Funktion?)
sprachliche Qualität (Wird eine sachliche Standardsprache bzw. Fachsprache verwendet? Sind Rechtschreibung und Grammatik in Ordnung?)
Übersichtlichkeit (Ist die Seite leicht handhabbar? Sind Informationen und deren Quellen leicht zu finden? Ist der Aufbau nachvollziehbar und strukturiert?)

3. Informationsgehalt und -plausibilität: Dieser Aspekt zielt auf die Güte der Informationen: Sind die Informationen belegt? Werden Quellen verwendet und gibt es externe Links? Sind die Informationen in sich widerspruchsfrei und genau? Werden Pauschalurteile vermieden und Urteile ggf. begründet?

4. Aktualität: Die Aktualität einer Information zeigt sich nicht nur am Entstehungsdatum, sondern auch an der letzten Aktualisierung.

Für alle wichtigen Informationen gilt: Verlassen Sie sich nie auf eine einzelne Quelle, wenn sie nicht offiziell ist, sondern suchen Sie nach einer Bestätigung der Informationen.

Ausarbeitung und Präsentation eines Referats

Referat ausarbeiten

Gliedern Sie Ihr Referat in Einleitung, Hauptteil und Schluss.

Einleitung: Wählen Sie einen motivierenden Einstieg, der das Interesse Ihrer Zuhörerinnen und Zuhörer weckt und das Thema deutlich werden lässt. Stellen Sie bei längeren Referaten ggf. knapp Ihre Gliederung vor und leiten Sie zum Hauptteil über.

Hauptteil: Hier entfalten Sie das Thema in nachvollziehbaren, d.h. logisch verknüpften Gedankenschritten. Nehmen Sie Bezug auf die Vorkenntnisse und Erwartungen Ihrer Zuhörerinnen und Zuhörer. Wichtige Aussagen unterstützen Sie z.B. durch Argumente, Quellen, Zitate, Beispiele.

Schluss: Er enthält eine Zusammenfassung, einen Ausblick oder Ihre eigene Meinung und stellt einen Bezug zur Einleitung her (thematische Klammer).

Fertigen Sie einen Stichwortzettel an. Dieser dient beim Vortragen als Wegweiser und Gedächtnisstütze. Er sollte übersichtlich und gut lesbar sein.

- Sie können nummerierte Karteikarten verwenden.
- Notieren Sie Regieanweisungen für sich in einer anderen Farbe.
- Heben Sie Zusammenhänge und Gelenkstellen mit Unterstreichungen oder Markierungen hervor.

Referat veranschaulichen

Visualisierung meint das Sichtbarmachen von abstrakten Sachverhalten und Zusammenhängen durch eine grafische bzw. visuell erfassbare Form. Sie kann ein Referat auflockern.

Bilder, Musik, Filmausschnitt	Der Einsatz von Bildern, Musik oder Filmausschnitten macht einen Vortrag lebendiger. Einige Informationen lassen sich darüber auch optisch besser transportieren (z.B. Porträt einer Autorin oder eines Autors).
Schaubilder	Informationen aus einem Text kann man in Form von Schaubildern visualisieren, um sie für sich selbst oder die Zuhörerinnen und Zuhörer übersichtlicher darzustellen. Ein Schaubild (z.B. Zeitstrahl, Tabelle, Mindmap oder Diagramm) orientiert sich dabei in der Regel am Aufbau des Textes.
Tischvorlage (Handout)	– Eine Tischvorlage enthält die Gliederung mit knappen Hinweisen zu den Punkten, ergänzende Materialien, z.B. Fotos, längere Zitate, Grafiken, sowie eine Literaturliste. – Sie bietet den Zuhörerinnen und Zuhörern Orientierung und entlastet beim Mitschreiben. – Ein Handout kann begleitend oder nachträglich zum Vortrag eingesetzt werden. – Das Handout sollte klar gegliedert, gut lesbar und nicht überfrachtet mit Inhalten und Gestaltungsmitteln sein.
Präsentationsfolien	– Präsentationsfolien fassen wichtige Informationen in übersichtlicher und gut lesbarer Form zusammen. Sie helfen den Zuhörerinnen und Zuhörern, dem Vortrag gut zu folgen. – Nutzen Sie Computerprogramme zur Erstellung von Präsentationsfolien. Sie sollten die Handhabung der Programme vor dem Einsatz üben. – Wenn Sie für Ihr Referat Präsentationstechnik (z.B. Laptop, Whiteboard, Beamer) verwenden möchten, sollten Sie vorher nach Möglichkeit einen technischen Probedurchlauf vor Ort durchführen. Testen Sie dabei nicht nur das grundsätzliche Funktionieren, sondern auch die Sichtbarkeit und Lautstärke Ihrer Präsentation für Ihre Zuhörerinnen und Zuhörer.

Referat präsentieren

- Üben Sie Ihren Vortrag zunächst zu Hause, um Sicherheit zu gewinnen.
- Sprechen Sie frei. Ein guter Stichwortzettel ist dabei hilfreich.
- Halten Sie Blickkontakt zu den Zuhörerinnen und Zuhörern.
- Sprechen Sie laut und deutlich, sodass Sie jeder im Raum verstehen kann.
- Gehen Sie am Ende auf Rückfragen oder Diskussionsbeiträge ein.

Zitieren

Richtig zitieren

Zitate haben die Funktion, Thesen und Argumente zu belegen oder auf andere Autorinnen/Autoren Bezug zu nehmen. Dabei gilt der Grundsatz, dass alles, was nicht von der Verfasserin/vom Verfasser stammt, kenntlich gemacht und nachgewiesen werden muss. Generell gilt:

- Zitate sollten zweckentsprechend sein. Zitieren Sie also immer dann, wenn eine zentrale These oder ein Argument belegt werden muss. Wählen Sie deshalb besonders prägnante Textstellen aus.
- Vermeiden Sie die Häufung von Zitaten. Zitate haben eine Hilfsfunktion und ersetzen nicht die Ausführungen des eigenen Gedankengangs.
- Werten Sie das Zitat im Kontext aus. Achten Sie darauf, dass Sie den Wortlaut des Zitats in Ihrem eigenen Text nicht wiederholen, sondern es für die Untersuchung verwerten oder Schlussfolgerungen daraus ziehen.
- Kürzen Sie ohne Einbuße der Verständlichkeit. Trotz der Auslassungen muss das Zitat in sich verständlich bleiben.

Formen des Zitats: wörtliches (direktes) Zitat

- Beim Zitieren ist buchstäbliche Genauigkeit erforderlich; alle Änderungen wie Kürzungen, Ergänzungen oder grammatikalische Anpassungen müssen kenntlich gemacht werden.
- Wörtliche Zitate – insofern sie aus ganzen Sätzen bestehen – werden behandelt wie direkte Rede, also nach einem Doppelpunkt in Anführungszeichen gesetzt.
- Nach dem Zitat folgt in Klammern die Quellenangabe.
  Beispiel: In seiner Schrift „Beantwortung der Frage: Was ist Aufklärung?" aus dem Jahr 1784 schreibt Immanuel Kant: „Sapere aude! Habe Mut, dich deines eigenen Verstandes zu bedienen!", was als Wahlspruch der Aufklärung gelten kann (Kant: Aufklärung, S. 1, Z. 4 f.).
- Zitierte Satzteile werden in den eigenen Satzfluss integriert und ebenfalls gekennzeichnet.
  Beispiel: Kant spricht in diesem Zusammenhang vom „Ausgang des Menschen aus seiner selbst verschuldeten Unmündigkeit" (Kant: Aufklärung, S. 1, Z. 1 f.).
- Ergänzungen, Umstellungen bzw. Veränderungen (auch in den Endungen) durch den Verfasser/ die Verfasserin werden in eckigen Klammern angegeben. Kürzungen werden durch drei Punkte in eckigen Klammern deutlich gemacht. *Beispiel: Kant schreibt, dass „Aufklärung [...] der Ausgang des Menschen aus seiner selbst verschuldeten Unmündigkeit [sei]" (Kant: Aufklärung, S. 1, Z. 1 f.).*

Formen des Zitats: indirektes Zitat

- Bei indirekten Zitaten werden keine Anführungszeichen gesetzt, sie werden behandelt wie indirekte Rede. Generell wird Konjunktiv I benutzt. Nach dem indirekten Zitat erfolgt die Quellenangabe in Klammern mit dem Hinweis „vgl.". *Beispiel: Der Rezensent betont, das Theaterstück sei, anders als von vielen Zuschauerinnen und Zuschauern wahrgenommen, ein komisches Stück (vgl. Z. 7).*
- Sind die Formen des Konjunktiv I und des Indikativs nicht zu unterscheiden, steht ersatzweise Konjunktiv II. Falls der Konjunktiv II dem Indikativ Präteritum entspricht oder die Form des Konjunktiv II veraltet ist, wird eine Ersatzform mit „würde" verwendet.
  Beispiel: Der Dichter führte in Anlehnung an seine Erfahrungen aus, dass die Schriftsteller Verantwortung trügen [oder: *tragen würden*].

Paraphrase

Grundsätzliche Möglichkeiten der Paraphrase (= Umschreibung) sind:

- Ersetzung eines Begriffs durch einen anschaulicheren, bildhafteren (z. B. „der junge Stürmer und Dränger" statt „Friedrich Schiller")
- Ersetzung eines Begriffs durch einen allgemeineren oder spezifischeren (z. B. „das bürgerliche Trauerspiel" statt „Drama")
- Ersetzung eines Begriffs durch ein (partielles) Synonym (auch in Form eines Fachbegriffes oder eines Fremdwortes, z. B. „Peripetie" statt „Umschwung/Wendepunkt")

Grundstock von Operatoren im Fach Deutsch

Operator/ Anforderungsbereich	Definition	Illustrierendes Aufgabenbeispiel
analysieren (I, II, III)	einen Text als Ganzes oder aspektorientiert unter Wahrung des funktionalen Zusammenhangs von Inhalt, Form und Sprache erschließen und das Ergebnis der Erschließung darlegen	Analysieren Sie den vorliegenden Essay. Analysieren Sie den Text im Hinblick auf die Wirkung der sprachlichen Mittel.
beschreiben (I, II)	Sachverhalte, Situationen, Vorgänge, Merkmale von Personen bzw. Figuren sachlich darlegen	Beschreiben Sie die äußere Situation des Protagonisten.
beurteilen (II, III)	einen Sachverhalt, eine Aussage, eine Figur auf Basis von Kriterien bzw. begründeten Wertmaßstäben einschätzen	Beurteilen Sie auf der Grundlage der vorliegenden Texte die Entwicklungstendenzen der deutschen Gegenwartssprache.
charakterisieren (II, III)	die jeweilige Eigenart von Figuren/Sachverhalten herausarbeiten	Charakterisieren Sie den Protagonisten im vorliegenden Textauszug.
darstellen (I, II)	Inhalte, Probleme, Sachverhalte und deren Zusammenhänge aufzeigen	Stellen Sie die wesentlichen Elemente des vorliegenden Kommunikationsmodells dar.
einordnen (I, II)	eine Aussage, einen Text, einen Sachverhalt unter Verwendung von Kontextwissen begründet in einen vorgegebenen Zusammenhang stellen	Ordnen Sie den folgenden Szenenauszug in den Handlungsverlauf des Dramas ein.
erläutern (I, II, III)	Materialien, Sachverhalte, Zusammenhänge, Thesen in einen Begründungszusammenhang stellen und mit zusätzlichen Informationen und Beispielen veranschaulichen	Erläutern Sie anhand der Textvorlage die wesentlichen Elemente der aristotelischen Dramentheorie.
erörtern (I, II, III)	auf der Grundlage einer Materialanalyse oder -auswertung eine These oder Problemstellung unter Abwägung von Argumenten hinterfragen und zu einem Urteil gelangen	Erörtern Sie die Position der Autorin.
in Beziehung setzen (II, III)	Zusammenhänge unter vorgegebenen oder selbst gewählten Gesichtspunkten begründet herstellen	Setzen Sie die Position des Autors in Beziehung zum Frauenbild des vorliegenden Textauszugs.
interpretieren (I, II, III)	auf der Grundlage einer Analyse im Ganzen oder aspektorientiert Sinnzusammenhänge erschließen und unter Einbezug der Wechselwirkung zwischen Inhalt, Form und Sprache zu einer schlüssigen Gesamt-(Deutung) gelangen	Interpretieren Sie das vorliegende Gedicht. Interpretieren Sie das Gedicht unter besonderer Berücksichtigung der Identitätsproblematik.
sich auseinandersetzen mit (II, III)	eine Aussage, eine Problemstellung argumentativ und urteilend abwägen	Setzen Sie sich mit der Auffassung des Autors auseinander.
überprüfen (II, III)	Aussagen/Behauptungen kritisch hinterfragen und ihre Gültigkeit kriterienorientiert und begründet einschätzen	Überprüfen Sie, inwieweit die These zutrifft, die Kunstauffassung der Autorin spiegle sich im vorliegenden Text wider.
verfassen (I, II, III)	auf der Grundlage einer Auswertung von Materialien wesentliche Aspekte eines Sachverhaltes in informierender oder argumentierender Form adressatenbezogen und zielorientiert darlegen	Verfassen Sie auf der Grundlage der Materialien einen Kommentar für die Tageszeitung.
vergleichen (II, III)	nach vorgegebenen oder selbst gewählten Gesichtspunkten Gemeinsamkeiten, Ähnlichkeiten und Unterschiede gegeneinander abwägen	Vergleichen Sie die Naturschilderungen in den beiden Gedichten.
zusammenfassen (I, II)	Inhalte oder Aussagen komprimiert wiedergeben	Fassen Sie die Handlung der vorliegenden Szene zusammen.

Stichwortverzeichnis

Autorenverzeichnis

Textsortenverzeichnis

Textquellen

13 Anton Benz: Mythos Spiegelneurone. (04.03.2022) Unter: https://www.spektrum.de/magazin/die-schrecken-des-dreissigjaehrigen-krieges/1567852; **14** Lutz Schrader: Was ist ein Konflikt? (17.07.2018) Unter: https://www.bpb.de/themen/kriege-konflikte/dossier-kriege-konflikte/54499/was-ist-ein-konflikt/ (Zugriff 25.04.2022, gek.); **15.f.** Paul Watzlawick, Janet H. Beavin, Don D. Jackson: Menschliche Kommunikation. Formen, Störungen, Paradoxien. Huber Bern 2007, S. 51, 53, 54f., 69f.; **17** Karl Bühler: Sprachtheorie: Die Darstellungsfunktion der Sprache. Lucius & Lucius Stuttgart 1999, S. 24–33; **19** Herbert Paul Grice: Logik und Gesprächsanalyse. In: Sprechakttheorie. Ein Reader. Übers. u. hrsg. v. Paul Kußmaul. Verlagsgesellschaft Athenaion Wiesbaden 1980, S. 109–126; **20.f.** Paul Sailer-Wlasits: Die Metastasen des Hasses. (31.12.2019) Unter: https://www.zeit.de/kultur/2019-12/hate-speech-hass-social-media-sprache-ursachen/komplettansicht (Zugriff 24.11.2021, gek.); **22.f.** Samira El Ouassil: Mehr Polarisierung wagen! (15.07.2022) Unter: https://www.spiegel.de/kultur/debattenkultur-mehr-polarisierung-wagen-kolumne-a-e48428c9-7733-4e35-8c2e-dcc2e08347e9 (Zugriff 08.08.2023, gek.); **24** „Cancel Culture" - Was ist das eigentlich? (27.07.2023) Unter: https://www.ndr.de/kultur/kulturdebatte/Cancel-Culture-Was-ist-das-eigentlich,cancelculture108.html (Zugriff 08.08.2023, gek.); **27.f.** Beate Meierfrankenfeld: Wie viel Empfindlichkeit hält die Demokratie aus. (14.07.2021) Unter: https://www.br.de/kultur/demokratie-streitkultur-identitaetspolitik-100.html/kultur/demokratie-streitkultur-identitaetspolitik-100.html (Zugriff 26.04.2022, gek.); **32** Martin Suter: Business Class. Diogenes, Zürich 2000, S. 124f.; **35** Franz Kafka: Brief an Milena Jesenska. Hrsg. v. Willy Haas. S. Fischer Frankfurt/M. 1970, S. 198f.; **36** Deutsches Wörterbuch von Jacob Grimm und Wilhelm Grimm. Verlag v. S. Hirzel Leipzig 1854; **37** Walter Seitter: Möbel als Medien. Prothesen, Passformen, Menschenbildner. Zur theoretischen Relevanz Alter Medien. In: Mediale Anatomien. Menschenbilder als Medienprojektionen. Hrsg. v. Annette Keck u. Nicolas Pethes. Transcript Bielefeld 2001, S. 178f.; **38** Andreas Ströhl: Medientheorien kompakt. UVK Konstanz 2014, S. 229; **40** Niklas Luhmann: Die Gesellschaft der Gesellschaft, Bd. 2. Suhrkamp Frankfurt/M. 1997, S. 1014; **40** Niklas Luhmann: Die Realität der Massenmedien. Springer Wiesbaden 2017, S. 9; **41** Hans Magnus Enzensberger: Repressiver und emanzipatorischer Mediengebrauch. In: Kursbuch. Band II. Kursbuch 11-20. 1968-1970. Hrsg. v. Hans Magnus Enzensberger. Zweitausendeins Frankfurt/M. 1976; **41.ff.** Jürgen Habermas: Überlegungen und Hypothesen zu einem erneuten Strukturwandel der politischen Öffentlichkeit. In: Ein neuer Strukturwandel der Öffentlichkeit? Leviathan Sonderband 37. Hrsg. v. Martin Seeliger u. Sebastian Sevignani. Nomos Baden-Baden 2021, S. 470-500; **43** Jürgen Habermas: Überlegungen und Hypothesen zu einem erneuten Strukturwandel der politischen Öffentlichkeit. In: Ein neuer Strukturwandel der Öffentlichkeit? Leviathan Sonderband 37. Hrsg. v. Martin Seeliger u. Sebastian Sevignani. Nomos Baden-Baden 2021, S. 470-500; **44.f.** Béla Balázs: Der Geist des Films. Wilhelm Knapp Halle/S. 1930, S. 96f., 112, 118f.; **46.f.** Walter Benjamin: Gesammelte Schriften, Bd. 1, Teil 2. Hrsg. v. R. Tiedemann u. H. Schweppenhäuser. Suhrkamp Frankfurt/M. 1991, S. 502-505; **48** Joachim Westerbarkey: Massenkommunikation. (10.06.2020) Unter: https://journalistikon.de/massenkommunikation/ (Zugriff 09.10.2023, gek.); **49.f.** Margarete Stokowski: Soziale Medien. Twitter ist nicht nur ein Rattenloch. (11.01.2022) Unter: https://www.spiegel.de/kultur/twitter-ist-nicht-nur-ein-rattenloch-kolumne-a-71b35584-7ba0-4e59-a09a-dc67fdc0f4f1 (Zugriff 09.08.2023, gek.); **54.M2** Béla Balázs: Der Geist des Films. Wilhelm Knapp Halle/S. 1930, S. 119; **54.M7** Margarete Stokowski: Soziale Medien. Twitter ist nicht nur ein Rattenloch. (11.01.2022) Unter: https://www.spiegel.de/kultur/twitter-ist-nicht-nur-ein-rattenloch-kolumne-a-71b35584-7ba0-4e59-a09a-dc67fdc0f4f1 (Zugriff 09.08.2023, gek.); **58** Ricarda Julia Vodermair: „Erkenne dich selbst? Erschaffe dich selbst!" – Selfie, Selbstinszenierung, Social Media. Dissertation LMU München 2020, S. 242. Unter: https://edoc.ub.uni-muenchen.de/26765/1/Vodermair_Ricarda_Julia.pdf (Zugriff 16.05.2024, gek.); **59** Wolfgang Ullrich: Selfies. Digitale Bildkulturen. Klaus Wagenbach Berlin 2019; **61** Deutschlandfunk Nova: Soziale Netzwerke belohnen Empörungs-Posts. Steffi Orbach im Gespräch mit Anne Tepper. (16.08.2021) Unter: https://www.deutschlandfunknova.de/beitrag/shitstorms-die-sozialen-medien-belohnen-empoerungs-posts (Zugriff 22.04.2022, gek.); **62.f.** Marco Bertolaso: Wie viel Demoskopie braucht Deutschland? (25.10.2018) Unter: https://www.deutschlandfunk.de/aus-der-nachrichtenredaktion-wie-viel-demoskopie-braucht-100.html (Zugriff 26.04.2022, gek.); **64.f.** Marianne Kneuer: Die Veränderung demokratischer Prozesse durch digitale Medien. (2017) Unter: https://www.bpb.de/medien/257953/1_2_Kneuer_Politische_Kommunikation_ba.pdf (Zugriff 22.04.2022, gek.); **65** Richard David Precht, Harald Welzer: Die vierte Gewalt. Wie Mehrheitsmeinung gemacht wird, auch wenn sie keine ist. S. Fischer Frankfurt/M. 2022. S. 9.f; **66** Marcus Maurer: Agenda-Setting /20.08.2020) Unter: https://journalistikon.de/agenda-setting/ (Zugriff 25.04.2022, gek.); **67** Wirkungsvolle politische Sprache und Framing. Ein Interview mit Dr. Elisabeth Wehling. Unter: https://www.fes.de/akademie-management-und-politik/veroeffentlichungen/mup-interviews/wirkungsvolle-politische-sprache-und-framing (Zugriff 25.04.2022, gek.); **68** Wirkungsvolle politische Sprache und Framing. Ein Interview mit Dr. Elisabeth Wehling. Unter: https://www.fes.de/akademie-management-und-politik/veroeffentlichungen/mup-interviews/wirkungsvolle-politische-sprache-und-framing (Zugriff 25.04.2022, gek.); **69** Oliver Georgi: Viel reden, wenig sagen. (18.03.2019) Unter: https://www.faz.net/aktuell/feuilleton/medien/politikerphrasen-vollstes-vertrauen-in-die-kleinen-leute-16080675.html?printPagedArticle=true#pageIndex_2 (Zugriff 25.04.2022, gek.); **70** Christoph Martin Wieland: Ein paar Goldkörner aus – Makulatur oder Sechs Antworten auf sechs Fragen. Aus: Der Teutsche Merkur vom 1789. 66. Band. Zweites Vierteljahr (April 1789), S. 94-105; **71.f.** Frank-Walter Steinmeier: Rede zur Verleihung des Marion Dönhoff Preises für internationale Verständigung und Versöhnung1 an die „New York Times" am 3. Dezember 2017 in Hamburg. Unter: http://www.bundespraesident.de/SharedDocs/Downloads/DE/Reden/2017/12/171203-Doenhoff-Preis-NYT.pdf?__blob=publicationFile (Zugriff 06.02.2020); **75.f.** Anatol Stefanowitsch: Empörungswellen in Sozialen Medien: Entgrenzte Kommunikation. (19.03.2019) Unter: https://www.tagesspiegel.de/wissen/entgrenzte-kommunikation-6512167.html (Zugriff 09.08.2023, gek.); **80** Frank-Walter Steinmeier: Jubiläum – 20 Jahre Jugend debattiert. Unter: https://www.jugend-debattiert.de/20-jahre (Zugriff 09.08.2023, gek.); **80.f.** 20 Jahre Jugend debattiert Debatte macht den Unterschied: klar denken, fair streiten. Unter: https://www.jugend-debattiert.de/20-jahre/zeitstrahl (Zugriff 09.08.2023, gek.); **83** Peter Köhler: Die Wahrheit. Hier wirst du Deutsch gelernt. (27.04.2021) Unter: https://taz.de/Die-Wahrheit/!5762756/ (Zugriff 09.08.2023, gek.); **85** Angelika Storrer: Über die Auswirkungen des Internets auf unsere Sprache. In: 2020 Gedanken zur Zukunft des Internets. Hrsg. v. Hubert Burda, Mathias Döpfner, Bodo Hombach u. Jürgen Rüttgers. Klartext Essen 2010, S. 219; **86** Standpunkt der Gesellschaft für deutsche Sprache (GfdS) zu einer geschlechtergerechten Sprache. Unter: https://gfds.de/standpunkt-der-gesellschaft-fuer-deutsche-sprache-gfds-zu-einer-geschlechtergerechten-sprache/ (Zugriff 09.08.2023, gek.); **89** Horst Schwinn: Normative Grammatik. In: Metzler Lexikon Sprache. Hrsg. v. Helmut Glück u. Michael Rödel. Metzler Stuttgart 2016, S. 470; **89.f.** Jan Georg Schneider: Sprachliche ‚Fehler' aus sprachwissenschaftlicher Sicht. Aus: Sprach Report 01-02/2013, S. 30ff. Unter: https://pub.ids-mannheim.de/laufend/sprachreport/pdf/sr13-1a.pdf (Zugriff 09.08.2023, gek.); **91** Ulrich Ammon: Gültigkeit und Legitimität von Normen. In: Standardvariation. Wie viel Variation verträgt die deutsche Sprache?. Hrsg. v. Ludwig M. Eichinger u. Werner Kallmeyer. De Gruyter Berlin 2005, S. 28-40; **93.f.** Claudius Seidl: Zu dumm für gutes Deutsch. (17.05.2021) Unter: https://www.faz.net/aktuell/feuilleton/debatten/sprachkritik-zu-dumm-fuer-gutes-deutsch-17341019.html (Zugriff 09.08.2023, gek.); **94.f.** Wolf Schneider: Deutsch für Profis. Wege zu einem guten Stil. Goldmann München 1986, S. 197-201; **96** Rudi Keller: Der so genannte Sprachverfall. In: Hans Weigel: Die Leiden der jungen Wörter. Ein Antiwörterbuch. Artemis München 1974; **96** Gustav Wustmann: Allerhand Sprachdummheiten. Kleine deutsche Grammatik des Zweifelhaften, des Falschen und des Hässlichen. Fr. Wilhelm Grunow Leipzig 1891; **96.ff.** RUDI KELLER: IST DIE DEUTSCHE SPRACHE VOM VERFALL BEDROHT? (1.07.2004) Unter: https://www.phil-fak.uni-duesseldorf.de/uploads/media/Sprachverfall.pdf (Zugriff 09.08.2023, gek.) © 1999-2004 RUDI KELLER; **106** Unwort des Jahres 2021. Unter: https://www.unwortdesjahres.net/unwort/das-unwort-seit-1991/2020-2029/ (Zugriff 09.08.2023, gek.); **106** Anette Auberle, Evelyn Knörr: Duden-Podcast, Folge 121: Vornamentrends. Unter: https://www.duden.de/digitales/podcast (Zugriff 10.08.2023, transkribiert); **109** Aristoteles' Politik. Übers. u. erl. v. J. H. von Kirchmann. Verlag der Durr'schen Buchhandlung 1880; **110.f.** Nele Pollatschek: Gender. Schafft die Frauen ab. (18.02.2022) Unter: https://www.sueddeutsche.de/kultur/frauenquote-transsexuellengesetz-gender-frau-1.5531816?reduced=true (Zugriff 09.08.2023, gek.); **111** Benjamin Lee Whorf: Die Grammatik formt den Gedanken. Das linguistische Relativitätsprinzip. In: Sprache, Denken, Wirklichkeit. Beiträge zur Metalinguistik u. Sprachphilosophie. Hrsg. u. übers. v. Peter Krausser. Rowohlt Reinbek bei Hamburg 1963, S. 58-60; **112** Wilhelm von Humboldt: Über die Verschiedenheit des menschlichen Sprachbaues und ihren Einfluß auf die geistige Entwicklung des Menschengeschlechts. Druckerei der Königlichen Akademie der Wissenschaften 1836; **112.f.** Gottlob Frege : Über Sinn und Bedeutung. In: Zeitschrift für Philosophie und philosophische Kritik, N. F., Bd. 100/1 (1892), S. 25-27; **115.f.** Eva Obermüller: Ein einzigartiges Echtzeit-Experiment. (19.05.2014) Unter: https://sciencev2.orf.at/stories/1738755/index.html (Zugriff 09.08.2023, gek.); **117.f.** Michael Tomasello: Die Ursprünge der menschlichen Kommunikation. Übers. v. Jürgen Schröder. Suhrkamp Frankfurt/M. 2009, S. 233–240; **119** Die Sprachentwicklung. Unter: https://www.kindererziehung.com/tl_files/entwicklung/sprachentwicklung.pdf (Zugriff 01.11.2023, bearb.); **119.f.** Michael Tomasello: Die Ursprünge der menschlichen Kommunikation. Übers. v. Jürgen Schröder. Suhrkamp Frankfurt/M. 2009, S. 176-179; **128** Roman Jakobson: Linguistische Aspekte der Übersetzung. In: Übersetzungswissenschaft. Hrsg. v. Wolfram Wilss. WBG Darmstadt 1981, S. 428; **128** Roman Jakobson: Linguistische Aspekte der Übersetzung. In: Übersetzungswissenschaft. Hrsg. v. Wolfram Wilss. WBG Darmstadt 1981, S. 428; **128** Roman Jakobson: Linguistische Aspekte der Übersetzung. In: Übersetzungswissenschaft. Hrsg. v. Wolfram Wilss. WBG Darmstadt 1981, S. 431; **128.f.** Bruno Osimo: Jakobson und die Übersetzung. Unter: http://courses.logos.it/plscourses/linguistic_resources.cap_1_13?lang=de (Zugriff 10.08.2023, gek.); **129** William Shakespeare: Shakespeare's Sonnets. Never before Imprinted, 1609; **129** Shakespeares Sonette, Nachdichtung v. Karl Kraus. Verlag Die Fackel Wien 1933; **131** Johann Wolfgang Goethe: Italienische Reise. Hamburger Ausgabe. Deutscher Taschenbuch Verlag München 1988; **132** Johann Wolfgang Goethe: Gedichte 1756-1799. Hrsg. v. K. Eibl. Deutscher Klassiker Verlag Berlin 2010, S. 332f.; **132** Johann Wolfgang von Goethe: Werke. Hamburger Ausgabe. Bd. 1: Gedichte und Epen. Hrsg. v. Erich Trunz. dtv München 1998, S. 44ff.; **133** Johann Wolfgang Goethe: Sämtliche Werke nach Epochen seines Schaffens. Münchner Ausgabe, Bd. 2.1: Erstes Weimarer Jahrzehnt 1775-1786. Hrsg. v. Hartmut Reinhardt. Hanser München 1987, S. 90f.; **135** Friedrich Hölderlin: Sämtliche Gedichte und Hyperion. Hrsg. v. Jochen Schmidt. Insel Frankfurt/M. 1999, S. 207; **135** Johann Joachim Winckelmann: Gedanken über die Nachahmung der griechischen Werke in der Malerei und Bildhauerkunst. Hrsg. v. L. Uhlig. Reclam Stuttgart 1995, S. 3ff.; **136** Goethe: Gedichte. Hrsg. u. komm. v. Erich Trunz. C. H. Beck München 2007.; **136** Christoph Martin Wieland: Sämtliche Werke, 49. Band. Hrsg. v. J.G. Gruber. G. J. Göschen Leipzig 1826, S. 296; **137** Friedrich Schiller: Sämtliche Werke. Bd. 3: Gedichte, Erzählungen, Übersetzungen. Artemis und Winkler Düsseldorf/Zürich 1996, S. 362f.; **137** Ernst Meister: Die Erzählung. Aus: Mit gemischten Gefühlen. Lyrik-Katalog Bundesrepublik. Hrsg. v. Jan Hans. Goldmann München 1978; **138.f.** Johann Wolfgang Goethe: Iphigenie auf Tauris. In: Goethes Werke. Hamburger Ausgabe in 14 Bänden. Bd. 5: Dramatische Dichtungen. Wegner Hamburg 1948; **141** Johann Wolfgang Goethe: Iphigenie auf Tauris. In: Goethes Werke. Hamburger Ausgabe in 14 Bänden. Bd. 5: Dramatische Dichtungen. Wegner Hamburg 1948; **142** Johann Wolfgang Goethe: Iphigenie auf Tauris. In: Goethes Werke. Hamburger Ausgabe in 14 Bänden. Bd. 5: Dramatische Dichtungen. Wegner Hamburg 1948; **142** Friedrich Schiller: Über Anmut und Würde. In: Schillers sämmtliche Werke, vierter Band. J. G. Cotta'sche Buchhandlung Stuttgart 1879, S. 454-496; **143** Johann Gottfried Herder: Briefe zur Beförderung der Humanität. In: Herders Werke. In fünf Bänden, Bd. 5. Ausgew. u. eingel. v. W. Dobbek. Aufbau Berlin/Weimar 1964, S. 102f.; **143.f.** Friedrich Schiller: Maria Stuart. Editionen mit Materialien. Hrsg. v. Thomas Kopfermann. Ernst Klett Stuttgart 2009, S. 109ff.; **144** Friedrich Schiller: Maria Stuart. Editionen mit Materialien. Hrsg. v. Thomas Kopfermann. Ernst Klett Stuttgart 2009, S. 121; **145** Johann Wolfgang Goethe: Faust. Der Tragödie erster Teil. Deutsch kompetent Kurslektüren. Ernst Klett Stuttgart 2023, S.17f.; **146** Johann Wolfgang Goethe: Faust. Der Tragödie erster Teil. Deutsch kompetent Kurslektüren. Ernst Klett Stuttgart 2023; **146.f.** Johann Wolfgang Goethe: Faust. Der Tragödie erster Teil. Deutsch kompetent Kurslektüren. Ernst Klett Stuttgart 2023; **148** Johann Wolfgang Goethe: Wilhelm Meisters Lehrjahre. In: Goethes Werke. Hamburger Ausgabe in 14 Bänden. Hrsg. von Erich Trunz. Bd. VII: Romane und Novellen II. München, Beck 1998, S. 290f.; **148** Friedrich Schiller: Über die ästhetische Erziehung des Menschen, in einer Reihe von Briefen. Neunter Brief. In: Schillers sämmtliche Werke, vierter Band. J. G. Cotta'sche Buchhandlung Stuttgart 1879, S. 558-634; **149** Friedrich Hölderlin: Hyperion oder Der Eremit in Griechenland. Erster Band. J. G. Cotta'sche Buchhandlung 1799, S. 112-118; **150** Johann Wolfgang Goethe: Wilhelm Meisters Lehrjahre. In: Goethes Werke. Hamburger Ausgabe in 14 Bänden. Hrsg. von Erich Trunz. Bd. VII: Romane und Novellen II. München, Beck 1998, S. 290f.; **150** Georg Wilhelm Friedrich Hegel: Sämtliche Werke. Jubiläumsausgabe in 20 Bänden. Bd. 12: Vorlesungen über die Ästhetik I. Hrsg. v. Hermann Glockner. Frommann Stuttgart 1953, S. 518f.; **153** Johann Gottfried Herder: Ideen zur Philosophie der Geschichte der Menschheit. 2 Bände, Bd. 2. Aufbau Berlin/Weimar 1965, S. 185-191; **158.f.** Jeremias Gotthelf: Die schwarze Spinne. Hrsg. v. Konrad Nussbächer. Reclam Stuttgart 1986, S. 3-121; **160.f.** Oscar Wilde: Das Bildnis des Dorian Gray. Übers. v. Ingrid Rein. Reclam Stuttgart 1992; **162.f.** Johann Wolfgang von Goethe: Faust. Der Tragödie erster und zweiter Teil. Hamburger Ausgabe. Bd. III. Hrsg. v. Erich Trunz. C.H. Beck München 1976; **165** Clemens Brentano: Hörst du wie die Brunnen rauschen. In: Ders.: Gedichte. Hrsg. v. Wolfgang Frühwald u. a. dtv München 1977, S. 252; **165** Joseph von Eichendorff. Werke. Bd. 1: Gedichte. Versepen. Hrsg. v. Hartwig Schultz. Deutscher Klassiker-Verlag Frankfurt am Main 1987, S. 226; **166** Joseph von Eichendorff: Die zwei Gesellen. In: unterwegs sein. Lyrik vom Barock bis zur Gegenwart. Mit Materialien, ausgew. v. Arnhild Nachreiner. Ernst Klett Verlag, Stuttgart 2018, S. 38; **166** Bettina von Arnim: Das Abendrot am Strand hinzieht. In: Dies.: Die Sehnsucht hat allemal recht. Gedichte, Prosa, Briefe. Hrsg. v. Gerhard Wolf. Fischer Taschenbuch Frankfurt/M. 1985, S. 10; **166** Joseph von Eichendorff: Schweigt der Menschen laute Lust. In: Ders.: Werke in vier Bänden. Hrsg. von Wolfdietrich Rasch. Bd. 1. München: Hanser 1981; **167** Novalis: Wenn nicht mehr Zahlen und Figuren. In: Ders.: Schriften. Bd. 1. Das dichterische Werk. Hrsg. v. Paul Kluckhohn u. Richard Samuel. W. Kohlhammer Stuttgart 1977, S. 344f.; **167** Sämtliche Werke des Freiherrn Joseph von Eichendorff. Historisch-kritische Ausgabe. Bd. 1: Gedichte. Hrsg. v. Harry Fröhlich u. Ursula Regener. De Gruyter Berlin 1993, S. 121; **167** Deutsches Wörterbuch von Jacob Grimm und Wilhelm Grimm. Verlag v. S. Hirzel Leipzig 1854; **168** Friedrich Wilhelm Joseph Schelling: Werke. Auswahl in drei Bänden. Hrsg. und eingeleitet von Otto Weiß. Leipzig: Fritz Eckart 1907, S. 17 ff.; **168** zitiert nach: Materialien zu Schellings philosophischen Anfängen. Hrsg. von Manfred Frank und Gerhard Kurz. Frankfurt am Main, Suhrkamp 1975, S. 110 f.; **168** Novalis: Vermischte Bemerkungen und Blüthenstaub. In: Schriften: Die Werke Friedrich von Hardenbergs. Hrsg. von Paul Kluckhohn und Richard Samuel. Bd. 2: Das philosophische Werk 1. Stuttgart, Berlin, Köln: Kohlhammer 1981; **169** Sophie von La Roche, Zitat. Unter: https://www.aphorismen.de/zitat/163075 (Zugriff 10.08.2023, gek.); **169** Friedrich Schlegel, Zitat. In: Stefan Matuschek: Der gedichtete Himmel. Eine Geschichte der Romantik. C. H. Beck München 2021; **169** Ludwig Uhland: Werke. Band 2: Sämtliche Dramen und Dramenfragmente, dichterische Prosa, ausgewählte Briefe. Winkler München 1980; **169** Jean Paul, Zitat. Unter: https://www.zitate.eu/autor/jean-paul-zitate/95060 (Zugriff 10.08.2023); **169** Bettina von Arnim: Goethes Briefwechsel mit einem Kinde (Auszug). Insel Frankfurt/M. 1984; **169** Wilhelm Wacken-roder: Werke und Briefe. Hrsg. v. Gerad Heinrich. Hanser München 1984, S. 299-303; **169** Novalis, Zitat. Unter: https://beruhmte-zitate.de/zitate/830724-novalis-die-welt-muss-romantisiert-werden-so-findet-man-de/ (Zugriff 10.08.2023); **169** Karoline von Günderrode, Zitat. Unter: https://gutezitate.com/zitat/143117

(Zugriff 10.08.2023); **169** E. T. A. Hoffmann, Zitat. In: Stefan Bergström: Between real and unreal. A thematic study of E. T. A. Hoffmann's „Die Serapionsbrüder". Lang Frankfurt/M. 2000, S. 31; **169** Novalis: Fragment. In: Schriften: Die Werke Friedrich von Hardenbergs. Hrsg. von Paul Kluckhohn und Richard Samuel. Bd. 2: Das philosophische Werk 1. Stuttgart, Berlin, Köln: Kohlhammer 1981; **170** Kritische Friedrich-Schlegel-Ausgabe. Erste Abteilung: Kritische Neuausgabe, Bd. 2. Hrsg. von Ernst Behler. Schöningh Paderborn 1967, S. 182f.; **171** Ludwig Uhland: Reisen. In Ders.: Werke. Bd 1. Gedichte, Dramen, Versepik und Prosa. Hrsg. v. Hans-Rüdiger Schwab. Insel Frankfurt/M. 1983, S. 58f.; **172** Josef Hofmiller, Zitat. In: Wandern ist eine Tätigkeit der Beine - und ein Zustand der Seele. Unter: https://oe1.orf.at/programm/20171015/492582/Wandern-ist-eine-Taetigkeit-der-Beine-und-ein-Zustand-der-Seele (Zugriff 10.08.2023); **172** Clemens Brentano: In der Fremde. In: Ders.: Werke. Bd. 1. Hrsg. v. Wolfgang Frühwald u. a. Carl Hanser München 1968, S. 243f.; **173.f.** Novalis: Heinrich von Ofterdingen. Ein Roman. Hrsg. v. Wolfgang Frühwald. Philipp Reclam jun. Stuttgart 2022, S. 11-15; **174** Ricarda Huch: Die Blaue Blume. In: Dies.: Dies.: Die Romantik. Ausbreitung, Blütezeit und Verfall. Rainer Wunderlich Tübingen 1951, S. 283; **174** Novalis: Fragmente über die Poesie. In: Ders.: Schriften. Die Werke Friedrich von Hardenbergs. Bd. 2. Das philosophische Werk I. Hrsg. v. Richard Samuel u. a. W. Kohlhammer Stuttgart 1960, S. 447-449; **175** Clemens Brentano: Der Philister, vor, in und nach der Geschichte. Gehalten als Tischrede im März 1811 in der „Christlich-Theutschen Tischgesellschaft in Berlin". In: Ders.: Werke. Bd. 2. Hrsg. v. Friedhelm Kemp u. Wolfgang Frühwald. Hanser München 1980, S. 1209; **175.f.** Friedrich de la Motte Fouqué: Werke. Bd. 1: Gedichte. Erzählungen, hg. von Walther Ziesemer. Berlin: Bong 1908; **176** Heinrich von Kleist: Wassermänner und Sirenen. In: Berliner Abendblätter, 5.2. und 6.2. 1811. Zitiert nach: Berliner Abendblätter. Stuttgart: Cotta 1959; **177** E.T.A. Hoffmann: Der Sandmann. Text mit Materialien, ausgew. v. Hans Ulrich Staiger. Klett Editionen für den Literaturunterricht. Ernst Klett Verlag Stuttgart 2008, S. 8f.; **178.f.** E. T. A. Hoffmann: Der Sandmann. Hrsg. v. Rudolf Drux. Philipp Reclam jun. Stuttgart 2014, S. 27-29; **179.f.** Jacob und Wilhelm Grimm: Deutsche Sagen. Zwei Bände in einem Band. Winkler München 1965, S. 10f.; **180** Jacob und Wilhelm Grimm: Vorrede zu den Märchen. Unter: http://www.maerchenlexikon.de/Grimm/vorrede.htm (Zugriff10.08.2023, gek.); **180** Jacob und Wilhelm Grimm: Deutsche Sagen. Zwei Bände in einem Band. Winkler München 1965, S. 25-29; **181** Novalis: Die Christenheit oder Europa. In: Schriften: Die Werke Friedrich von Hardenberg. Hrsg. von Paul Kluckhohn und Richard Samuel. Bd. 3: Das philosophische Werk 1. Stuttgart, Berlin, Köln: Kohlhammer 1968; **181** Claudia Köpfer: Erinnerungsort „Die Blaue Blume", unter: http://www.umwelterinnerung.de/index.php/kapitelseiten/verehrte-natur/35-die-blaue-blume (Zugriff: 29.05.24); **182** Heinrich von Kleist: Kriegslied der Deutschen. In: Ders.: Sämtliche Werke und Briefe in vier Bänden. Bd. 3. Erzählungen, Anekdoten, Gedichte, Schriften. Hrsg v. Ilse-Marie Barth u. a. Deutscher Klassiker Verlag Frankfurt/M. 1990, S. 434; **182** Zwei romantische Jahrhunderte. Interview Christoph Heinemanns mit Rüdiger Safranski. (12.10.2007) Unter: https://www.deutschlandfunk.de/zwei-romantische-jahrhunderte-100.html (Zugriff 11.08.2023, gek.); **185** Karoline von Günderrode: Sämtliche Werke und ausgewählte Studien. Historisch-kritische Ausgabe, Bd. 1. Hrsg. v. Walter Morgenthaler. Stroemfeld Frankfurt/M. 2006, S. 109; **190.f.** Simon Strauß: Sieben Nächte. Aufbau Taschenbuch Berlin 2018; **191** Leonhard Hieronymi: Ultraromantik. Ein Manifest. Korbinian Berlin 2020, S. 18f., 27f., 31; **192.M1** Manfred Daecher: Was ist eine romantische Liebe? Und gibt es Liebe ohne Romantik? (23.06.2016) Unter: https://www.florhof.ch/ist-eine-romantische-liebe-und-gibt-es-liebe-ohne-romantik.html (Zugriff 11.08.2023, gek.); **192.M2** Stefan Weiss: Neue Romantik: Wie Corona Kunst und Alltagskultur verändert. (12.12.2020) Unter: https://www.derstandard.de/story/2000122429027/neue-romantik-wie-corona-kunst-und-alltagskultur-veraendert (Zugriff 11.08.2023, gek.); **193.M3** Marlene Schulte-Körne: Wandern zu zweit: Romantische Wege für Paare. (14.02.2022) Unter: https://www.reisereporter.de/reiseziele/europa/deutschland/wandern-als-paar-5-schoene-touren-fuer-den-ausflug-in-deutschland-ZPUUNVQ24BJG3Z23YNPS7QUXRF.html (Zugriff 11.08.2023, gek.); **193.M4** Barbara Beer: Die neue Sehnsucht nach dem Wald, v. 24.06.2019, unter: https://kurier.at/reise/in-diesem-dunklen-gruen/400529641 [zuletzt eingesehen am 13.5.24]; **193.M5** Raoul Schrott: Tropen. Über das Erhabene. München: Hanser 1998; **195** Joachim Lottmann: Mai, Juni, Juli. Ein Roman. Kiepenheuer & Witsch Köln 1987, S. 87-105; **195** Theodor Fontane: Rezension zu Paul Lindau. In: Ders.: Sämtliche Werke. Nymphenburger Ausgabe. Band XXI, 2: Literarische Essays und Studien. Zweiter Teil. Hanser München 1974, S. 653f.; **195** Moritz Baßler: Populärer Realismus. Vom International Style gegenwärtigen Erzählens. C. H. Beck München 2022, S. 18 f., 36; **196** Eduard Mörike: Sämtliche Werke in zwei Bänden, Band 1. Winkler München 1967, S. 735; **196** Rolf Selbmann: Verunsicherte Wahrnehmung. Drei realistische Gedichte und ihre Epoche (Mörike, Keller, Fontane) Aus: Lyrik des Realismus. Hrsg. v. Christian Begemann u. Simon Bunke. Rombach Wissenschaft Freiburg/Br. 2019, S. 254, 265; **196** Eduard Mörike: Sämtliche Werke in zwei Bänden, Band 1. Winkler München 1967, S. 725; **197** Adalbert Stifter: Bunte Steine. Bd. 1. Pest u. a., 1853, S. 2f.; **197** Annette von Droste-Hülshoff: Die todte Lerche. In: Morgenblatt für gebildete Leser 38, 2. Cotta Stuttgart/München 1844; **198.f.** Droste-Portal: Literaturgeschichte. Unter: https://www.droste-portal.lwl.org/de/biographie/epoche/ (Zugriff 21.09.2023, gek.); **199** Heinrich Heine: Historisch-kritische Gesamtausgabe der Werke. Bd. 2: Neue Gedichte. Hrsg. v. Manfred Windfuhr. Hoffmann & Campe Hamburg 1983, S. 150; **200** Heinrich Heine: Verschiedenartige Geschichtsauffassung. In: Lesebuch. Vom Barock bis zur Gegenwart. Klett Stuttgart 1991, S. 137; **200** Art. 25 Abs. 1 Allgemeine Erklärung der Menschenrechte (AEMR). Unter: https://www.menschenrechtserklaerung.de/die-allgemeine-erklaerung-der-menschenrechte-3157/ (Zugriff 21.09.2023, gek.); **200.f.** Louise Aston: Wilde Rosen. W. Moeser und Kühn Berlin 1846; **201.f.** Anette Schneider: Louise Franziska Aston – „Die Emanzipation der Tat soll leben!" (26.11.2014) Unter: https://www.deutschlandfunk.de/louise-franziska-aston-die-emanzipation-der-tat-soll-leben-100.html (Zugriff 21.09.2023, gek.); **203** Gottfried Keller: Sämtliche Werke in acht Bänden, Band 1. Aufbau Berlin 1958-1961, S. 159-163; **203.M3** Daryna Gladun: Den Krieg übersetzen. Gedichte aus der Ukraine. Herausgegeben von Claudia Dathe, Tania Rodionova und Asmus Trautsch. Edition.fotoTAPETA Berlin 2024, S. 35; **204** Hugo Aust: Realismus. Lehrbuch Germanistik. Metzler Stuttgart 2006, S. 309f.; **205** Gottfried Keller: Sämtliche Werke in 8 Bänden, Band 1. Aufbau Berlin 1958–1961, S. 408; **205** Justinus Kerner: Sämtliche poetische Werke in 4 Bänden, Bd. 2. Hrsg. v. Josef Gaismaier. Max Hesse Leipzig 1905, S. 36ff.; **206** Theodor Storm: Meeresstrand. In: Hans-Dieter Gelfert: Wie interpretiert man ein Gedicht? Für die Sekundarstufe. Reclam, Stuttgart 1990, S. 127; **206** Theodor Storm: Briefe an seine Freunde Hartmuth Brinkmann und Wilhelm Petersen. Hrsg. v. Gertrud Storm. Westermann Braunschweig 1917; **207** Heinrich Heine: Historisch-kritische Gesamtausgabe der Werke. Bd. 1: Buch der Lieder. Bearb. v. Pierre Grappin. Hoffmann & Campe Hamburg 1983, S. 150; **207** Hans-Peter Kraus: Interpretation: Ich weiß nicht, was soll es bedeuten ... Unter: https://www.lyrikmond.de/gedicht-340.php#:~:text=Dabei%20ist%20es%20f%C3%BCr%20mich,f%C3%BCr%20alte%20Volksm%C3%A4rchen%20treiben%20wollte (Zugriff 21.09.2023, gek.); **208** Ida Gräfin von Hahn-Hahn: Doralice. Ein Familiengemälde aus der Gegenwart, Bd. 2. Mainz, Kirchheim 1861, S. 23-28; **208** Ida Gräfin von Hahn-Hahn, Doralice. Ein Familiengemälde aus der Gegenwart, Bd. 2. Mainz 1861, Kirchheim; **209** Gottfried Keller: Sämtliche Werke in sieben Bänden, Bd. 1: Gedichte. Hrsg. v. Kai Kauffmann. Dt. Klassiker-Verlag Frankfurt/M. 1995, S. 190f., 432f., 999; **209.M1** Inge Stephan: Weiblichkeit, Wasser und Tod, Undinen, Melusinen und Wasserfrauen bei Eichendorff und Fouque. In: Dies.: Inszenierte Weiblichkeit. Codierung der Geschlechter in der Literatur des 18. Jahrhunderts. Böhlau Köln 2004, S. 218; **209.M2** Ulla Hahn, Gesammelte Gedichte, Deutsche Verlags-Anstalt, München 2013, S.77.; **210** Adalbert Stifter: Sämtliche Erzählungen nach den Erstdrucken. Hrsg. v. Wolfgang Matz. dtv München 2021, S. 11-14; **211.f.** Adalbert Stifter: Sämtliche Erzählungen nach den Erstdrucken. Hrsg. v. Wolfgang Matz. dtv München 2021, S. 14-20; **213** Theodor Fontane: Effi Briest. Aufbau Taschenbuch Berlin 2021, S. 5f.; **214.M3** Monika Fludernik: Erzähltheorie. Eine Einführung. Wissenschaftliche Buchgesellschaft Darmstadt 2010, S. 67f.; **214.M4** Amos Oz: Das unmerkliche Fortschreiten des Schattens. Über den Anfang von Theodor Fontanes Effis Briest. In: Ders.: So fangen Geschichten an. Übers. v. Ruth Achlama. Suhrkamp Frankfurt/M. 1997, S. 21ff.; **215** Theodor Fontane: Effi Briest. Aufbau Taschenbuch Berlin 2021, S. 6f.; **216** Theodor Fontane: Effi Briest. Aufbau Taschenbuch Berlin 2021; **217** Theodor Fontane: Effi Briest. Aufbau Taschenbuch Berlin 2021, S. 36-38; **218.M6** Theodor Fontane: Werke, Schriften und Briefe. Bd. 4: Sämtliche Romane, Erzählungen, Gedichte, Nachgelassenes. Hrsg. v. Walter Keitel u. Helmuth Nürnberger. Hanser München 1998, S. 487f.; **218.f,** Theodor Fontane: Effi Briest. Aufbau Taschenbuch Berlin 2021, S. 275-280; **219.f.** Ute Frevert: Ehrenmänner. Das Duell in der bürgerlichen Gesellschaft. C. H. Beck München 1991, S. 226f.; **220** Theodor Fontane: Effi Briest. Aufbau Taschenbuch Berlin 2021, S. 345-348; **221** Theodor Fontane: Unsere lyrische und epische Poesie seit 1848, u. d. T. Realismus. In: Theorie des bürgerlichen Realismus. Hrsg. v. Gerhard Plumpe. Reclam Stuttgart 1985, S. 140-148; **222** Gustave Flaubert: Madame Bovary. Roman. Herausgegeben und übersetzt von Elisabeth Edl. Hanser-Verlag, München 2012; **222.M8** Burkhard Spinnen, Zitat. In: Julia Schröder: Theodor Fontane und die Frauen. Alle haben sie einen Knacks. (30.12.2019) Unter: https://www.deutschlandfunk.de/theodor-fontane-und-die-frauen-alle-haben-sie-einen-knacks-100.html (Zugriff 22.09.2023, gek.); **223.M11** Gustave Flaubert: Die Briefe an Louise Colet, übersetzt von Cornelia Hasting, Haffmann, Zürich 1995, S. 405; **223.M13** Martin R. Dean: Gustave Flauberts Erzählkunst aus dem Geist der Anatomie und Autopsie, in: Neue Zürcher Zeitung v. 22.12.2017, unter: https://www.nzz.ch/feuilleton/gustave-flauberts-erzaehlkunst-aus-dem-geist-der-anatomie-und-autopsie-ld.1340044; **223.ff.** Clara Viebig: Kinder der Eifel. Rein-Mosel-Verlag Zell/Mosel 2022, S. 80-92; **226.f.** Georg Büchner: Woyzeck. Deutsch kompetent Kurslektüre. Ernst Klett Stuttgart 2022, S. 11-13; **227** Georg Büchner: Brief an die Eltern in Darmstadt vom 28.07.1835. Unter: http://buechnerportal.de/werke/briefe/28-juli-1835-an-die-eltern-in-darmstadt (Zugriff 22.09.2023, gek.); **228** Georg Büchner: Woyzeck. Deutsch kompetent Kurslektüre. Ernst Klett Stuttgart 2022, S. 26f.; **228** Georg Büchner: Dantons Tod. Reclam Stuttgart 1995; **228.f.** Georg Büchner: Woyzeck. Lese- und Bühnenfassung. In: Ders.: Sämtliche Werke und Briefe, Bd. 1. Historisch-kritische Ausgabe mit Kommentar. Hrsg. v. R. Lehmann. Wegner Hamburg 1967, S. 413; **230** Peter de Mendelssohn: S. Fischer und sein Verlag. S. Fischer Frankfurt/M. 1970, S. 93; **230.f.** Arno Holz, Johannes Schlaf: Die Familie Selicke. Verlag von Wilhelm Issleib Berlin 1890; **232** Maximilian Harden: Die Wahrheit auf der Bühne . In: Der Kunstwart. Rundschau über alle Gebiete des Schönen, 15. Stück, Jahrgang 1, 1888, S. 201; **232** Arno Holz, Johannes Schlaf: Die Familie Selicke. Verlag von Wilhelm Issleib Berlin 1890; **232** Geschichte und Geschehen. Oberstufe Gesamtband. Ernst Klett Verlag Stuttgart 2013, S. 256; **233.f.** Arno Holz, Johannes Schlaf: Die Familie Selicke. Verlag von Wilhelm Issleib Berlin 1890; **235** Arno Holz: Die Kunst. Ihr Wesen und ihre Gesetze. Wilhelm Issleib Berlin 1891, S. 61-151; **235.f.** Arno Holz, Johannes Schlaf, Theodor Fontane: Vorwort zur 4. Auflage. In: Arno Holz, Johannes Schlaf: Die Familie Selicke. Verlag von Wilhelm Issleib Berlin 1891; **236** Wolfdietrich Rasch: Zur deutschen Literatur der Jahrhundertwende. Gesammelte Aufsätze. J. B. Metzlersche Verlagsbuchhandlung Stuttgart 1967, S. 77f.; **236** Reden des Kaisers. Ansprachen, Predigten und Trinksprüche Wilhelms II. Hrsg. v. Ernst Johann. dtv München 1996, S. 99-103; **237** Dorlis Blume: Dezember 1912 – Literaturnobelpreis für Gerhart Hauptmann. (09/2014) Unter: https://www.dhm.de/lemo/rueckblick/dezember-1912-literaturnobelpreis-fuer-gerhart-hauptmann.html (Zugriff 22.09.2023, gek.); **241** Émile Zola: Der Experimentalroman. Eine Studie. Julius Zeitler Leipzig 1904, S. 11, 13f., 15, 16, 18; **242** Clara Viebig: Kinder der Eifel. Rein-Mosel-Verlag Zell/Mosel 2022, S. 80-92; **246** Ingeborg Bachmann: Werke, Bd. 2. Erzählungen, Piper Verlag GmbH, München 1978 , S. 193 f.; **247** Peter von Matt, Liebesverrat. Die Treulosen in der Literatur, Hanser, München, Wien 1989, S. 245; **247** Andreas Kraß: Meerjungfrauen. Geschichten einer unmöglichen Liebe, S. Fischer, Frankfurt/M. 2010, S. 340 f.; **247.f.** Gabriel García Márquez: Chronik eines angekündigten Todes. Übers. v. Curt Meyer-Clason, überarb. v. Dagmar Ploetz. Kiepenheuer & Witsch Köln 2006; **249** Toni Morrison: Menschenkind. Übers. v. Helga Pfetsch u. Thomas Piltz. Rowohlt Taschenbuch Reinbek b. Hamburg 2007, S. 9-11; **249.f.** Toni Morrison: Menschenkind. Übers. v. Helga Pfetsch u. Thomas Piltz. Rowohlt Taschenbuch Reinbek b. Hamburg 2007, S. 238-244; **250.f.** Friedrich Hebbel: Agnes Bernauer. Ein Deutsches Trauerspiel in fünf Aufzügen. Philipp Reclam jun. Stuttgart 1964, S. 74–79; **253** Christian Morgenstern: Alle Galgenlieder. Insel Frankfurt/M. 1979. S. 79; **253** Rainer Maria Rilke: Sämtliche Werke, erster Band. Insel Frankfurt/M. 1955, S. 519; **253** Bertolt Brecht: Ausgewählte Werke in 6 Bänden, Band 3: Gedichte 1. Suhrkamp Frankfurt/M. 1997; **253** Paul Boldt: Junge Pferde! Junge Pferde! Kurt Wolff Leipzig 1914; **253** Selma Meerbaum-Eisinger: Ich gehe mit der Nacht vereint. Hrsg. v. Markus May. Reclam Stuttgart 2021. S. 39; **254** Friedrich Nietzsche: Sämtliche Werke. Kritische Studienausgabe in 15 Bänden, Bd. 11: Nachgelassene Fragmente 1884-1885. Hrsg. v. Giorgio Colli u. Mazzino Montinari. dtv München 1988, S. 329; **254** Friedrich Nietzsche: Werke in drei Bänden, Bd. 2: Die fröhliche Wissenschaft 2. Hanser München 1954, S. 126-128; **255** Rainer Maria Rilke: Ich fürchte mich so vor der Menschen Wort. In: Deutsche Lyrik aus Österreich seit Grillparzer. Hrsg. v. Camill Hoffmann. Meyer u. Jessen 1912; **255** Hugo von Hofmannsthal: Sämtliche Werke. Kritische Ausgabe, Bd. 31. Hrsg. v. Ellen Ritter. S. Fischer Frankfurt/M. 1991, S. 48ff.; **256.M1** Stefan George: Einleitungen der Blätter für die Kunst. In: Die deutsche Literatur in Text und Darstellung 13. Impressionismus, Symbolismus und Jugendstil. Hrsg. v. Ulrich Karthaus. Reclam Stuttgart 1977. S. 128; **257** Rainer Maria Rilke: Die Gedichte. Frankfurt am Main, Leipzig: Insel 1998, S. 451; **257** Georg Trakl: In einem alten Garten. In: Georg Trakl. Hrsg. v. Gunnar Decker. Deutscher Kunstverlag Berlin 2014. S. 37; **257.M2** Jan Wagner: nature morte, in: Selbstporträt mit Bienenschwarm. Hanser: Berlin 2016. S. 11; **258** Christian Morgenstern: Alle Galgenlieder. Insel Frankfurt/M. 1979. S. 105; **258** Gero von Wilpert: Sachwörterbuch der Literatur. Kröner Stuttgart 1989; **258** Joachim Ringelnatz: 103 Gedichte. Rowohlt Reinbek b. Hamburg 1933, S. 57f.; **259** Hermann Hesse: Unterwegs. G. Müller München 1911; **259** Jacob Burckhardt, Zitat. Unter: https://gutezitate.com/zitat/208645 (Zugriff 26.09.2023, gek.); **259** Else Lasker-Schüler: Sämtliche Gedichte. Hrsg. v. Friedhelm Kemp. Kösel München 1966; **260** Hermann Bahr: Die Überwindung des Naturalismus. In: Die deutsche Literatur in Text und Darstellung 13. Impressionismus, Symbolismus und Jugendstil. Hrsg. v. Ulrich Karthaus. Reclam Stuttgart 1977. S. 121-126; **260** Ricarda Huch: Neue Gedichte, Insel Verlag 1907, auch unter: https://www.projekt-gutenberg.org/huchric/neuegedi/titlepage.html; **261** Wilhelm Klemm: Meine Zeit. In: Kurt Pinthus: Menschheitsdämmerung. Ein Dokument des Expressionismus. Rowohlt Hamburg 1959, S. 40; **262** Gottfried Benn: Kleine Aster. Aus: Gedichte des Expressionismus. Hrsg. v. Dietrich Bode. Reclam, Stuttgart 2016, S. 79; **263** Rainer Maria Rilke: Briefe über Cézanne. Hrsg. v. Clara Rilke. Insel Frankfurt/M. 1983; **263** Charles Baudelaire: Die Blumen des Bösen. Übers. v. Carlo Schmid. Insel Frankfurt/M. 1976. S. 49; **263** Sylvia von Harden: Spelunken, in: Anna Bers (Hg): Frauen | Lyrik. Stuttgart: Reclam 2022. S. 472; **263.M2** Robert Gernhardt: In Zungen reden. Stimmenimitationen von Gott bis Jandl. S. Fischer Frankfurt/M. 2000. S. 124; **263.M3** Durs Grünbein: Nach den Satiren. Frankfurt a. M., Suhrkamp 1999. S. 11; **264** Georg Heym Lesebuch. Hrsg. v. Heinz Rölleke. C. H. Beck München 1984, S. 23; **264** Elsa Asenijeff: Der Vollmond, in: Anna Bers (Hg): Frauen | Lyrik. Stuttgart: Reclam 2022. S. 472; **265** Georg Heym: Werke. Mit einer Auswahl von Entwürfen aus dem Nachlass, von Tagebuchaufzeichnungen und Briefen. Hrsg. v. Gunter Martens. Reclam, Stuttgart 2006, S. 157; **265.M4** Georg Heym: Tagebucheintrag vom 06.07.1910, aus: Heinz Rölleke (Hg.): Georg Heym Lesebuch. München: C.H. Beck 1984. S. 280f.; **265.M5** Herbert Lehnert: Interpretation zu Georg Heyms „Die Stadt". In: Deutsche Gedichte und ihre Inter-pretationen, Bd. 7: Von Gottfried Benn bis Nelly Sachs. Hrsg. v. Marcel Reich-Ranicki. Insel Frankfurt/M. 2002, S. 222-224; **266** August Stramm: Gedichte, Dramen, Prosa, Briefe. Hrsg. v. Jörg Drews. Reclam Stuttgart 1997, S. 20; **266** August Stramm: Gedichte, Dramen, Prosa, Briefe. Hrsg. v. Jörg Drews. Reclam Stuttgart 1997, S. 70; **267** Erich Kästner: Sachliche Romanze. In: Ders.: Doktor Erich Kästners Lyrische Hausapotheke. Atrium Zürich 1986; **267** Bertolt Brecht: Gesammelte Werke in 20 Bänden, Bd. 6: Stücke 6. Suhrkamp Frankfurt/M. 1967; **268** Kurt Tucholsky: Gesammelte Werke, Bd. 1: 1907-1924. Hrsg. v. Mary Gerold-Tucholsky u. Fritz J. Raddatz. Rowohlt Reinbek 1960; **268** Mascha Kaléko: Das Lyrische Stenogrammheft. Kleines Lesebuch für Große. Rowohlt Reinbek b. Hamburg 1978; **269** Mascha Kaléko: Sämtliche Werke und Briefe. Hrsg. v. Jutta Rosenkranz, übers. v. Efrat Gal-Ed u. Britta Mümmler. dtv München 2012; **270** Bertolt Brecht: Gesammelte Werke. Bd. 9: Gedichte 2. Suhrkamp Frankfurt/M. 1967, S. 719f.; **270.M1** Bertolt Brecht: Flüchtlingsgespräche. Suhrkamp Berlin 2016; **271.f.** Bertolt Brecht: Werke. Große kommentierte Berliner und Frankfurter Ausgabe, Bd. 2: Stücke. Hrsg. v. W. Hecht et al. Aufbau Berlin/Suhrkamp Frankfurt/M. 1988, S. 233-236; **273** Bertolt Brecht: Gesammelte Werke, Bd. 15: Schriften zum Theater 1. Suhrkamp Frankfurt/M. 1967, S. 719f.; **274.f.** Erika Mann in ihrer Suite „Kaltes Grauen". In: Helga Keiser-Hayne: Erika Mann und ihr politisches Kabarett „Die Pfeffermühle" 1933-1937. Texte, Bilder, Hinter-gründe. Rowohlt Hamburg 1995, S. 96; **276.M1** Materialien zu Erika Mann „Auf dem Fundbureau". In: Helga Keiser-Hayne: Erika Mann und ihr politisches Kabarett "Die Pfeffermühle" 1933-1937. Texte, Bilder, Hintergründe. Rowohlt Hamburg 1995, S. 9; **276.M2** Materialien zu Erika Mann „Auf dem Fundbureau". In: Helga

Keiser-Hayne: Erika Mann und ihr politisches Kabarett „Die Pfeffermühle" 1933-1937. Texte, Bilder, Hintergründe. Rowohlt Hamburg 1995, S. 82f.; **276.M3** Erika Mann über „Die Pfeffermühle". In: Helga Keiser-Hayne: Erika Mann und ihr politisches Kabarett „Die Pfeffermühle" 1933-1937. Texte, Bilder, Hintergründe. Rowohlt Hamburg 1995, S. 82f.; **277** Robert Musil: Gesammelte Werke, Bd. 1: Der Mann ohne Eigenschaften. Hrsg. v. Adolf Frisé. Rowohlt Reinbek b. Hamburg 1978, S. 9f.; **278** Thomas Mann: Der Zauberberg. In: Ders.: Große kommentierte Frankfurter Ausgabe. Werke, Briefe, Tagebücher, Bd. 5.1: Der Zauberberg. Hrsg. v. Michael Neumann. S. Fischer Frankfurt/M. 2002, S. 9, 816f.; **278** Ulrike Draesner, Das Zeit-Erzählen. In: Die Seele. Die Dauerausstellung im Literaturmuseum der Moderne. Marbacher Katalog Nr. 68. Hrsg. v. Heike Gfereis u. Ulrich Raulff. Deutsche Schillergesellschaft Marbach 2015, S. 30-33; **278** Thomas Mann: Tonio Kröger. In: Ders.: Große kommentierte Frankfurter Ausgabe. Werke, Briefe, Tagebücher, Bd. 2.1: Frühe Erzählungen. Hrsg. v. Terence J. Reed. S. Fischer Frankfurt/M. 2004; **278** Thomas Mann: Buddenbrooks. Verfall einer Familie. In: Ders.: Große kommentierte Frankfurter Ausgabe. Werke, Briefe, Tagebücher, Bd. 1.1: Buddenbrooks. Verfall einer Familie. Hrsg. v. Eckhard Heftrich. S. Fischer Frankfurt/M. 2002, S. 9; **278** Thomas Mann: Tonio Kröger. In: Ders.: Große kommentierte Frankfurter Ausgabe. Werke, Briefe, Tagebücher, Bd. 2.1: Frühe Erzählungen. Hrsg. v. Terence J. Reed. S. Fischer Frankfurt/M. 2004, S. 243; **278** Thomas Mann: Joseph und seine Brüder. In: Ders.: Große kommentierte Frankfurter Ausgabe. Werke, Briefe, Tagebücher, Bd. 7.2: Joseph und seine Brüder I. Hrsg. v. Jan Assmann, Dieter Borchmeyer u. Stephan Stachorski. S. Fischer Frankfurt/M. 2002, S. 9; **278** Thomas Mann: Lotte in Weimar. In: Ders.: Große kommentierte Frankfurter Ausgabe. Bd. 9.1: Lotte in Weimar. S. Fischer Frankfurt/M. 2003, S. 11; **278** Thomas Mann: Der Zauberberg. In: Ders.: Große kommentierte Frankfurter Ausgabe. Werke, Briefe, Tagebücher, Bd. 5.1: Der Zauberberg. Hrsg. v. Michael Neumann. S. Fischer Frankfurt/M. 2002, S. 9; **278** Thomas Mann: Das Gesetz. In: Ders.: Große kommentierte Frankfurter Ausgabe. Werke, Briefe, Tagebücher, Bd. 6.1: Späte Erzählungen. S. Fischer Frankfurt/M. 2021, S. 381, Bd. 6.1 Späte Erzählungen, 2021, Frankfurt a.M., S. 381; **279** Thomas Mann: Doktor Faustus. In: Ders.: Große kommentierte Frankfurter Ausgabe. Werke, Briefe, Tagebücher, Bd. 10.1: Doktor Faustus. Hrsg v. Ruprecht Wimmer. S. Fischer Frankfurt/M. 2007, S. 11; **279** Thomas Mann: Das Gesetz. In: Ders.: Große kommentierte Frankfurter Ausgabe. Werke, Briefe, Tagebücher, Bd. 6.1: Späte Erzählungen. S. Fischer Frankfurt/M. 2021, S. 212; **279** Thomas Mann: Der Erwählte. In: Ders.: Große kommentierte Frankfurter Ausgabe. Werke, Briefe, Tagebücher, Bd. 11.1: Der Erwählte. Hrsg. v. Maren Ermisch. S. Fischer Frankfurt/M. 2021, S. 9; **279** Robert Musil: Die Verwirrungen des Zöglings Törleß. Rowohlt Hamburg 2008, S. 32f.; **280** Sigmund Freud: Das große Lesebuch. Hrsg. v. Cordelia Schmidt-Hellerau. Fischer TB Frankfurt/M. 2022, S. 289f.; **281** Thomas Mann: Tonio Kröger. In: Ders.: Große kommentierte Frankfurter Ausgabe. Werke, Briefe, Tagebücher, Bd. 2.1: Frühe Erzählungen. Hrsg. v. Terence J. Reed. S. Fischer Frankfurt/M. 2004, S. 582ff.; **282** Franz Kafka: Sämtliche Erzählungen. Fischer-Bücherei Frankfurt/M. 1970, S. 358; **283** Franz Kafka: Gesammelte Werke, Bd. 5. S. Fischer Frankfurt/M. 1958, S. 120-122; **284** Franz Kafka: Sämtliche Erzählungen. Fischer-Bücherei Frankfurt/M. 1970, S. 131f.; **285.M1** Peter-André Alt: Kafka und der Film. Über kinematographisches Erzählen. C. H. Beck München 2009, S. 194; **285.M2** Michael Maar: Die Schlange im Wolfspelz. Das Geheimnis großer Literatur. Rowohlt Hamburg 2020, S. 343; **285.f.** Bertolt Brecht: Geschichten vom Herrn Keuner. In: Ders.: Kalendergeschichten. Suhrkamp Frankfurt/M. 2001; **286** Bertolt Brecht: Geschichten vom Herrn Keuner. Suhrkamp Frankfurt/M. 1971; **286.f.** Wolfgang Herrndorf: Tschick. Rowohlt Reinbek 2010; **287** Rainer Maria Rilke: Werke. Kommentierte Ausgabe in 4 Bänden, Bd. 3: Prosa und Dramen. Hrsg. v. August Stahl. Insel Frankfurt/M. 1996, S. 455f.; **288** Alfred Döblin: Berlin Alexanderplatz. Die Geschichte vom Franz Biberkopf. dtv München 1965, S. 8f.; **289** Erich Kästner: Fabian. Die Geschichte eines Moralisten. dtv München 2007, S. 91f.; **290.f.** Reinhold Schneider: Las Casas vor Karl V. Szenen aus der Konquistadorenzeit. Nachdruck Insel-Verlag 1938, Frankfurt/Main, S. 187f.; **291.f.** Irmgard Keun: Nach Mitternacht. Claassen Düsseldorf 1981; **292** Anna Seghers: Das siebte Kreuz. Aufbau Berlin 2020, S. 151f.; **293** Thomas Mann: Essays 1937-1945, Bd. 5: Deutschland und die Deutschen. Hrsg. v. Hermann Kurzke u. Stephan Stachorski. S. Fischer Frankfurt/M. 1996, S. 176f.; **297** Jakob van Hoddis: Weltende. In: Menschheitsdämmerung. Ein Dokument des Expressionismus. Neu hrsg. v. Kurt Pinthus. Reclam, Leipzig 1980, S. 39; **297** Else Lasker-Schüler: Weltende. Aus: Gedichte des Expressionismus. Hrsg. v. Dietrich Bode. Reclam, Stuttgart 2016, S. 144; **302** James Joyce: Ulysses. Übers. v. Hans Wollschläger. Suhrkamp Frankfurt/M. 1981, S. 80f.; **303** James Joyce: Ulysses. Übers. v. Hans Wollschläger. Suhrkamp Frankfurt/M. 1981, S. 940; **303** John Dos Passos: Manhattan Transfer. Übers. v. Dirk van Gunsteren. Rowohlt Reinbek b. Hamburg 2016, S. 21f.; **304** Jürgen Wertheimer: Weltsprache Literatur. Die Globalisierung der Wörter. konkursbuch Tübingen 2018, S. 1-10; **305** Sven Regener: Herr Lehmann. Ein Roman. Goldmann München 2003, S. 151f.; **306** Hugo Ball: Was ist dada? In: Richard Huelsenbeck: Dada. Eine literarische Dokumentation. Rowohlt Reinbek b. Hamburg 1964; **306** Kurt Schwitters: Frühe rundet regen blau. In: Kurt Schwitters. Das literarische Werk, Bd. 1: Lyrik. Hrsg. v. Friedhelm Lach. DuMont Köln 2004, S. 52; **306.M1** Hugo Ball: Die Flucht aus der Zeit. In: Dada total. Manifeste, Aktionen, Texte, Bilder. Hrsg. v. Karl Riha u. Jörgen Schäfer. Reclam Stuttgart 2016; **307.M2** Raoul Hausmann: Der deutsche Spießer ärgert sich. In: Dada total. Hrsg. v. Karl Riha u. Jörgen Schäfer. Reclam Stuttgart 2016, S. 109-112; **309** Heinz Kahlau: Elementares Bedürfnis. (Entstehungsjahr 1981), In: Der große Conrady. Das Buch deutscher Gedichte. Hrsg. v. Karl Otto Conrady. Artemis & Winkler Düsseldorf 2008, S. 955; **310** Heinz Kahlau: Elementares Bedürfnis. In: Der große Conrady. Das Buch deutscher Gedichte. Hrsg. v. Karl Otto Conrady. Artemis & Winkler Düsseldorf 2008, S. 955; **312.M2** Theodor W. Adorno: Gesammelte Schriften, Bd. 10.2: Kulturkritik und Gesellschaft. WBG Darmstadt 1998, S. 674; **312.M3** Theodor W. Adorno: Ist die Kunst heiter? In: Ders.: Noten zur Literatur. Hrsg. v. Rolf Tiedemann. Suhrkamp Frankfurt/M. 1989, S. 603; **312.M4** Robert Gernhardt: Gedichte 1954-1994. Haffmans Zürich 1999, S. 17; **312.M5** Wolfdietrich Schnurre: Der Schattenfotograf. Aufzeichnungen. Ullstein Frankfurt/M. 1981, S. 454-457; **313** Günter Eich: Abgelegene Gehöfte. Gedichte. Suhrkamp Frankfurt/M. 1968, S. 38f.; **313** Nelly Sachs: Ihr Zuschauenden. In: Der große Conrady. Das Buch deutscher Gedichte. Hrsg. v. Karl Otto Conrady. Artemis & Winkler Düsseldorf 2008, S. 745; **314** Ingeborg Bachmann: Die gestundete Zeit. Gedichte. Faber & Faber Leipzig 2019, S. 36; **314.f.** Iris Radisch: Frauen im Schatten. (08.06.2022) Unter: https://www.zeit.de/2022/24/frauen-nachkriegsliteratur-ingeborg-bachmann ?utmreferrer=https%3A%2F%2Fwww.google.com%2F (Zugriff 28.09.2023, gek.); **316** Senthuran Varatharaja, Zitat. In: Susan Djahangard, Lara Fritzsche: »Eine Gruppe bringt sofort Gewalt mit sich«. (2022) Unter: https://sz-magazin.sueddeutsche.de/literatur/gruppe-47-literatur-91897?reduced=true (Zugriff 28.09.2023, gek.); **316** Helga M. Novak: Lernjahre sind keine Herrnjahre. In: Der große Conrady. Das Buch deutscher Gedichte. Hrsg. v. Karl Otto Conrady. Artemis & Winkler Düsseldorf 2008, S. 1033; **316** Reiner Kunze: zimmerlautstärke. Gedichte. S. Fischer Frankfurt/M. 1988, S. 19; **317** Heinz Kahlau: Tag der Einheit. In: Der große Conrady. Das Buch deutscher Gedichte. Hrsg. v. Karl Otto Conrady. Artemis & Winkler Düsseldorf 2008, S. 955; **317** Reiner Kunze: die mauer. In: Der große Conrady. Das Buch deutscher Gedichte. Hrsg. v. Karl Otto Conrady. Artemis & Winkler Düsseldorf 2008, S. 973; **317.M1** DDR-Erziehung: Im Sinne der Ideologie. (12.11.2019) Unter: https://www.mdr.de/geschichte/ddr/alltag/erziehung-bildung/schule-kinder-jugendliche-sozialismus-100.html (Zugriff 28.09.2023, gek.); **318** Volker Braun: Das Eigentum. In: Der große Conrady. Das Buch deutscher Gedichte. Hrsg. v. Karl Otto Conrady. Artemis & Winkler Düsseldorf 2008, S. 1087; **318.M4** Jürgen Engert: Die Volks-kammerwahl – ein historisches Ereignis- In: Das letzte Jahr der DDR. Von der Volkskammerwahl zur Wiedervereinigung. Hrsg. v. Andreas H. Apelt u. Robert Grünbaum. Metropol Berlin 2015, S. 19; **319** Adrian Kasnitz: ins lesebuch für die oberstufe (remodel enzensberger). In: Der große Conrady. Das Buch deutscher Gedichte. Hrsg. v. Karl Otto Conrady. Artemis & Winkler Düsseldorf 2008, S. 1308; **319** Hans Magnus Enzensberger: Gedichte 1955-1970. Suhrkamp Frankfurt/M. 1981, S. 13; **319.M5** Neue Zeit (Zeitung der CDU in der DDR), 19. März 1990, S. 1; **319.M5** Neue Zeit (Zeitung der CDU in der DDR), 19. März 1990, S. 1; **319.M5** ; **319.M5** Neue Zeit (Zeitung der CDU in der DDR), 19. März 1990, S. 1; **319.M5** Neue Zeit (Zeitung der CDU in der DDR), 19. März 1990, S. 1; **320** Sarah Kirsch: Drachensteigen. DVA München 1979, S. 28; **320** Sarah Kirsch: Sämtliche Gedichte. DVA München 2005, S. 54; **321** Friederike Mayröcker: Gesammelte Gedichte 1939–2003. Suhrkamp Berlin 2019; **321** Nora Gomringer: Klimaforschung. Voland & Quist Dresden 2010; **321** Charlotte Grasnick: Am Sonntag- nachmittag. In: Frauen-Lyrik. Gedichte in deutscher Sprache. Hrsg. v. Anna Maria Bers. Reclam Ditzingen 2020; **321.M1** Lutz Hagestedt: Die blanke Knospe des Schädels. In: Lesezeichen - Zeitschrift für neue Literatur und Kunst Herbst 1986; **322** Wolfgang Borchert: Das Gesamtwerk. Mitteldeutscher Verlag Halle/Saale 1966, S. 374f.; **323** Günter Grass: Die Blechtrommel. Luchterhand Darmstadt 1986, S. 49-52; **324.f.** Alfred Andersch: Der Vater eines Mörders. Eine Schulgeschichte. Diogenes Zürich 2006, S. 13-16; **325.f.** Judith Schalansky: Der Hals der Giraffe. Bildungsroman. Suhrkamp Berlin 2011, S. 7-10; **327** Daniel Kehlmann: Die Vermessung der Welt. Rowohlt Reinbek b. Hamburg 2005, S. 127f.; **327** Goethes sämmtliche Werke. Erster Band. J. G. Cotta'sche Buchhandlung Stuttgart 1827, S. 99; **327.ff.** Wolf Haas: Das Wetter vor 15 Jahren. Hoffmann & Campe Hamburg 2006, S. 5-11; **330** Saša Stanišić: Herkunft. Luchterhand München 2019, S. 123-125; **331** Slata Roschal: 153 Formen des Nichtseins. homunculus Erlangen 2022, S. 13, 25f.; **332** Deniz Ohde: Streulicht. Suhrkamp Berlin 2020, S. 60-71; **333** Kim de l'Horizon: Blutbuch. DuMont Köln 2022; **334.f.** Helga Schubert: Vom Aufstehen. Ein Leben in Geschichten. dtv München 2021; **335.M1** Daniel Schreiber: Gegenwartsliteratur: Ich will Ich. (15.10.2019) Unter: https://www.zeit.de/kultur/literatur/2019-10/erzaehlperspektive-ich-schriftsteller-literatur-demokratie-glaubwuerdigkeit/komplettansicht (Zugriff 28.09.2023, gek.); **337.M2** Heiner Keupp: Identität. Unter: https://www.spektrum.de/lexikon/psychologie/identitaet/6968# (Zugriff 28.09.2023, gek.); **338** Peter Weiss: Die Ermittlung. Oratorium in 11 Gesängen. Rowohlt Reinbek b. Hamburg 1986, S. 127ff.; **338.M1** Dokumentarische Spielarten. Unter: https://www.friedrich-verlag.de/friedrich-plus/sekundarstufe/schultheater/genres/dokumentarische-spielarten-3604 (Zugriff 28.09.2023, gek.); **339.f.** Rolf Hochhuth: McKinsey kommt. Molières Tartuffe. Zwei Theaterstücke. dtv München. S. 26-32; **340** Christine Dössel: Wenn der Frustmann zweimal klingelt. (17.05.2010) Unter: https://www.sueddeutsche.de/kultur/urauffuehrung-hochhuths-mckinsey-kommt-wenn-der-frustmann-zweimal-klingelt-1.432601?print=true (Zugriff 12.03.2024, gek.); **341** Helgard Haug, Stefan Kaegi, Daniel Wetzel: RIMINI PROTOKOLL 2009. Daimler Hauptversammlung. Ein Schauspiel in 5 Akten: Zum Stück. (08.04.2009) Unter: https://www.rimini-protokoll.de/website/media/hauptversammlung/HV_Katalog_finish_definitiv.pdf (Zugriff 05.10.2023, gek.); **342** Franz Xaver Kroetz: Gesammelte Stücke: Bauern sterben. Rotbuch Hamburg 2006; **343** Franz Xaver Kroetz: Gesammelte Stücke: Bauern sterben. Rotbuch Hamburg 2006; **343.f.** Elfriede Jelinek: Krankheit oder Moderne Frauen. In: Dies.: Theaterstücke. Hrsg v. Regine Friedrich. Rowohlt Reinbek b. Hamburg 1992, S. 201-204; **344.f.** Sibylle Berg: Und jetzt: die Welt! Oder: Es sagt mir nichts, das sogenannte Draußen. Rowohlt e-Book Theater Reinbek b. Hamburg 2014, S. 4-9; **349** Ingeborg Bachmann: Anrufung des Großen Bären. Gedichte. Piper München 1956; **349** Ingeborg Bachmann: Wozu Gedichte. In: Dies.: Werke, Bd. 4. Hrsg. v. Christine Koschel. Piper München 1982, S. 303f.; **354.f.** Italo Calvino: Wenn ein Reisender in einer Winternacht. Übers. v. Burkhart Kroeber. S. Fischer Frankfurt/M. 2021, S. 9ff.; **356.ff.** Eugène Ionesco: Die kahle Sängerin. Anti-Stück. In: Ders.: Theaterstücke, Bd. 1. Übers. v. Serge Stauffer. Luchterhand Darmstadt 1960, S. 7-10, 35-39; **358.f.** Annie Ernaux: Das andere Mädchen. Übers. v. Sonja Finck. Suhrkamp Berlin 2022, S. 13-24; **360.f.** Helene Hegemann: Schlachtensee. Stories. Kiepenheuer & Witsch Köln 2022, S. 189-194; **363** Ein Auge für Fortsetzungen. Nicht nur Nathanael schlottern die Knie. Comic-Couch Rezension zu „Sandmann" (Michael Mikolajczak, Jacek Piotrowski) von Marcel Scharrenbroich. (05/2019) Unter: https://www.comic-couch.de/titel/sandmann/ (Zugriff 05.10.2023, gek.); **363** Tobias Sedlmaier: Pochen Herzen algorithmisch, wenn sich ein Mensch in einen Roboter verliebt? (03.07.2021) Unter: https://www.nzz.ch/feuilleton/maria-schraders-science-fiction-liebesfilm-ich-bin-dein-mensch-ld.1632797 (Zugriff 05.10.2023, gek.); **364** Ein Auge für Fortsetzungen. Nicht nur Nathanael schlottern die Knie. Comic-Couch Rezension zu „Sandmann" (Michael Mikolajczak, Jacek Piotrowski) von Marcel Scharrenbroich. (05/2019) Unter: https://www.comic-couch.de/titel/sandmann/ (Zugriff 05.10.2023, gek.); **366.M1** Comics und Graphic Novels. Eine Einführung. Hrsg. v. Julia Abel u. Christian Klein. Metzler Stuttgart 2016, S. 84; **369.M4** Comics und Graphic Novels. Eine Einführung. Hrsg. v. Julia Abel u. Christian Klein. Metzler Stuttgart 2016, S. 212f.; **369.M5** Ein Auge für Fortsetzungen. Nicht nur Nathanael schlottern die Knie. Comic-Couch Rezension zu „Sandmann" (Michael Mikolajczak, Jacek Piotrowski) von Marcel Scharrenbroich. (05/2019) Unter: https://www.comic-couch.de/titel/sandmann/ (Zugriff 05.10.2023, gek.); **372** Ich bin dein Mensch. Film, Deutschland 2021 (Textauszug, Transkription Timecode: 30:24 min). Drehbuch: Jan Schomburg, Maria Schrader u. Emma Braslavsky © SWR/Letterbox Filmproduktion/Majestic; **372** Ich bin dein Mensch. Film, Deutschland 2021 (Textauszug, Transkription Timecode: 30:24 min). Drehbuch: Jan Schomburg, Maria Schrader u. Emma Braslavsky © SWR/Letterbox Filmproduktion/Majestic; **373.A** Maria Schrader, Zitat. In: Stellungnahme der Regisseurin Maria Schrader. (01.07.2021) Unter: https://www.weltexpresso.de/index.php/kino/22569-stellungnahme-der-regisseurin-maria-schrader (Zugriff 05.10.2023, gek.); **373.B** Kathleen Hildebrand: Im Kino: „Ich bin dein Mensch". Wovon 93 Prozent der Frauen träumen. (25.06.2021) Unter: https://www.sueddeutsche.de/kultur/film-ich-bin-dein-mensch-rezension-1.5333523 (Zugriff 05.10.2023, gek.); **373.C** Tobias Sedlmaier: Pochen Herzen algorithmisch, wenn sich ein Mensch in einen Roboter verliebt? (03.07.2021) Unter: https://www.nzz.ch/feuilleton/maria-schraders-science-fiction-liebesfilm-ich-bin-dein-mensch-ld.1632797 (Zugriff 05.10.2023, gek.); **374** Ich bin dein Mensch. Film, Deutschland 2021 (Textauszug, Transkription Timecode: 1:36:41 min). Drehbuch: Jan Schomburg, Maria Schrader u. Emma Braslavsky © SWR/Letterbox Filmproduktion/Majestic; **377** Ernst Bloch: Zur Philosophie der Musik. Suhrkamp Frankfurt/M. 1998, S. 245; **380.M1** Kerstin Lindemann: Interview mit Maria Schrader. „Ich bin dein Mensch": Maria Schrader fragt in ihrem neuen Film, wie Liebe zwischen Mensch und Roboter aussehen könnte (30.06.2021), Unter: https://www.vogue.de/kultur/artikel/maria-schrader-film-ich-bin-dein-mensch-liebe-zwischen-mensch-und-roboter (Zugriff 05.10.2023, gek.); **380.M2** Hannah Pilarczyk: Regisseurin Maria Schrader Starke Frauen? »Mit diesem Begriff kann ich nichts anfangen«. (04.07.2021) Unter: https://www.spiegel.de/kultur/kino/maria-schrader-ihr-film-ich-bin-dein-mensch-zeigt-warum-sie-die-regisseurin-der-stunde-ist-a-7e58f007-c6b0-473b-8f21-c2a342b32775 (Zugriff 05.10.2023, gek.); **381.M3** Sabine Schultz, Zitat. Unter: https://www.bambikino.de/film/ich-bin-dein-mensch/ (Zugriff 05.10.2023, gek.); **387** Marike Frick: Was du von Journalisten für deine Texte lernen kannst – 7 einfache Schreib-Tricks. (24.02.2023) Unter: https://www.wasjournalisten-wollen.de/blog/schreiben/schreibtipps-von-journalisten-lernen/ (Zugriff 05.10.2023, gek.); **387** Albert Ostermaier: Fremdkörper hautnah. Gedichte. Suhrkamp Frankfurt/M. 1997; **388** Johann Wolfgang von Goethe: Faust. Der Tragödie erster und zweiter Teil. Hamburger Ausgabe. Bd. III. Hrsg. v. Erich Trunz. C.H. Beck München 1976, S. 9-145; **389** Johann Wolfgang von Goethe: Faust. Der Tragödie erster und zweiter Teil. Hamburger Ausgabe. Bd. III. Hrsg. v. Erich Trunz. C.H. Beck München 1976; **390** Johann Wolfgang von Goethe: Berliner Ausgabe. Poetische Werke Bd.1–16. Bd. 2. Aufbau Berlin 1960, S. 47-48; **391** Bertolt Brecht: Gesammelte Werke, Bd. 19: Schriften zur Literatur und Kunst, Teil 2. Suhrkamp Frankfurt/M. 1967, S. 392f.; **392** Daniel Kehlmann: Schöns wär's. Den Buchpreis abschaffen. Aus: Frankfurter Allgemeine Sonntagszeitung v. 21.09.2008; **394** Wiebke Tomescheit: Warum junge Leute kaum mehr ins Theater gehen – und wie man das ändern könnte. (18.10.2019) Unter: https://www.stern.de/neon/feierabend/kunst-design/warum-viele-junge-leute-nicht-ins-theater-gehen---und-viele-aeltere-uebrigens-auch-nicht-8956704.html (Zugriff 05.10.2023, bearb.); **396.f.** Franziska Holzheimer: Warum Poetry Slams besser sind als ihr Ruf. Friede den Bars, Krieg den Literaturhäusern. (27.04.2016) Unter: https://www.vice.com/de/article/5g4vkn/warum-poetry-slams-besser-sind-als-ihr-ruf (Zugriff 05.10.2023, gek.); **398** Franziska Holzheimer: Warum Poetry Slams besser sind als ihr Ruf. Friede den Bars, Krieg den Literaturhäusern. (27.04.2016) Unter: https://www.vice.com/de/article/5g4vkn/warum-poetry-slams-besser-sind-als-ihr-ruf (Zugriff 05.10.2023, gek.); **399.f.** Heinrich Riethmüller: Lesekultur im Wandel - Essay. (15.03.2019) Unter: https://www.bpb.de/shop/zeitschriften/apuz/287319/lesekultur-im-wandel-essay/ (Zugriff 06.10.2023, gek.); **404.M1** Kim de l'Horizon: Blutbuch. DuMont Köln 2022, Klappentext; **404.M2** Deniz Ohde: Streulicht. Suhrkamp Berlin 2020, Klappentext; **405.M3** Saša Stanišić: Herkunft. Luchterhand München 2019, Klappentext; **440** Frank-Walter Steinmeier: Jubiläum – 20 Jahre Jugend debattiert. Unter: https://www.jugend-debattiert.de/20-jahre (Zugriff 09.08.2023, gek.); **442** Detlef Esslinger: Gesellschaft. Herzenswärme, gerne für alle. (09.03.2022) Unter: https://www.sueddeutsche.de/meinung/ukraine-fluechtlinge-hilfsbereitschaft-kommentar-1.5543528?reduced=true (Zugriff 10.11.2022, gek.); **444** Hilke Lorenz: Essay zur Flüchtlingsfrage. Habt Mitgefühl! (06.04.2016) Unter: https://www.stuttgarter-zeitung.de/inhalt.essay-zur-fluechtlingsfrage-habt-mitgefuehl.e17b3fd7-fb95-40ec-bdb7-2b32c2a4682e.html (Zugriff 10.11.2022, gek.); **461** Johann Wolfgang Goethe: Iphigenie auf Tauris. In: Goethes Werke. Hamburger Ausgabe in 14 Bänden. Bd. 5: Dramatische Dichtungen. Wegner Hamburg 1948

Bildquellen

Medien zum Schulbuch